SCHÄFFER

POESCHEL

Finanz und Steuern
Band 13

Erbschaft- und Schenkungsteuer, Bewertungsrecht

von

Dr. Harald Horschitz

Professor a. D.
an der Hochschule für öffentliche Verwaltung und Finanzen Ludwigsburg

Walter Groß

Professor a. D.
an der Hochschule für öffentliche Verwaltung und Finanzen Ludwigsburg

Dr. Stefan Lahme

Professor
an der Hochschule für öffentliche Verwaltung und Finanzen Ludwigsburg

Dr. Lars Zipfel

Professor
an der Hochschule für öffentliche Verwaltung und Finanzen Ludwigsburg

Elisabeth Knak

Oberregierungsrätin
an der Hochschule für öffentliche Verwaltung und Finanzen Ludwigsburg

Dr. Michael Szczesny

Professor
an der Hochschule für öffentliche Verwaltung und Finanzen Ludwigsburg

Holger Rüttenauer

Dozent
an der Hochschule für öffentliche Verwaltung und Finanzen Ludwigsburg

19. vollständig überarbeitete Auflage

2018 Schäffer-Poeschel Verlag Stuttgart

Bearbeiterübersicht:

Horschitz: Kapitel 1 Teile A, B 1–3.5, B 3.7
Knak: Kapitel 1 Teil F; Kapitel 3 Teile C, D
Lahme: Kapitel 1 Teile B 3.6, D, H; Kapitel 2
Rüttenauer: Kapitel 1 Teil B 3.6
Szczesny: Kapitel 1 Teile C, F; Kapitel 3 Teile A, B
Zipfel: Kapitel 1 Teil G

Gedruckt auf chlorfrei gebleichtem, säurefreiem und alterungsbeständigem Papier

Bibliografische Information der Deutschen Nationalbibliothek
Die Deutsche Nationalbibliothek verzeichnet diese
Publikation in der Deutschen Nationalbibliografie;
detaillierte bibliografische Daten sind im Internet über
< http://dnb.d-nb.de > abrufbar.

Print   ISBN 978-3-7910-3701-1   Bestell-Nr. 20183-0002
ePDF   ISBN 978-3-7910-3702-8   Bestell-Nr. 20183-0151

© 2018 Schäffer-Poeschel Verlag für Wirtschaft · Steuern · Recht GmbH

www.schaeffer-poeschel.de
service@schaeffer-poeschel.de

Umschlagentwurf: Goldener Westen, Berlin
Umschlaggestaltung: Kienle gestaltet, Stuttgart
Satz: primustype Hurler GmbH, Notzingen

November 2018
Schäffer-Poeschel Verlag Stuttgart
Ein Unternehmen der Haufe Group

Vorwort zur 19. Auflage

Das Bewertungsrecht ist in Ausbildung und Praxis ein wichtiges, für eine Reihe von Steuerarten verbindliches und dennoch oftmals zu wenig beachtetes Gebiet des Steuerrechts. Obwohl der Wertermittlung immense Bedeutung für die Steuerbelastungshöhe zukommt.

Sowohl das Bewertungsrecht als auch die besonderen Steuergesetze unterliegen erheblichen Veränderungen, welche nicht zuletzt auch durch mehrere jüngere, höchstrichterliche Entscheidungen beeinflusst wurden. So hat die vom Bundesverfassungsgericht festgestellte Verfassungswidrigkeit des Erbschaft- und Schenkungsteuergesetzes zu erheblichen Änderungen bei der Begünstigung von Unternehmensvermögen geführt. Im Falle der Bewertung für Grunderwerbsteuerzwecke führt die neue Wertermittlungsgrundlage zu erheblichen Steuermehrbelastungen. Hinsichtlich der ebenfalls als verfassungswidrig angesehenen Einheitsbewertung hat das Bundesverfassungsgericht dem Gesetzgeber eine Frist zur Neuregelung der Bewertung bis Ende 2019 gesetzt. Aufgrund der immensen administrativen Belastung bei der Neubewertung sämtlicher Grundstücke im Inland gelten die bisherigen Einheitswerte dann längstens noch bis zum 31.12.2024.

Die Verfasser stellen das Bewertungsgesetz und das Erbschaft- und Schenkungsteuergesetz – auch anhand von zahlreichen Schaubildern und Praxisbeispielen – so anschaulich wie möglich dar und zeigen hierbei insbesondere im Erbschaft- und Schenkungsteuerteil die Verbindungen zwischen Bewertung und Erbschaft- und Schenkungsteuer auf. Die Ausführungen basieren auf der umfangreichen praktischen und langjährigen Erfahrung der Verfasser an der Hochschule für öffentliche Verwaltung und Finanzen Ludwigsburg sowie in der steuerlichen Gestaltungsberatung.

Der Band enthält in Kapitel 1 die Grundzüge des Erbrechts, des Erbschaft- und Schenkungsteuerrechts sowie eine umfassende Darstellung zur Bedarfsbewertung für den Grundbesitz, das Betriebsvermögen und die nicht notierten Anteile an Kapitalgesellschaften sowie zum übrigen Vermögen für die Erbschaft- und Schenkungsteuer. In Kapitel 2 wird das Grunderwerbsteuerrecht einschließlich der hierbei maßgeblichen Bewertung behandelt. Das abschließende Kapitel 3 enthält einen Überblick über das Grundsteuerrecht und stellt die Einheitsbewertung des Grundbesitzes für Zwecke der Grundsteuer eingehend dar.

Durch Aufnahme von einfachen, aber auch umfangreicheren Beispielen und Fällen sollen sowohl Anfängern der Zugang zu der Materie eröffnet als auch Fortgeschrittene auf Prüfungsniveau geführt werden. Für die Anwendung in der Praxis hat sich das Buch ebenfalls bestens bewährt.

Das Lehrbuch wurde vollständig überarbeitet und basiert auf den aktuellsten gesetzlichen Regelungen mit dem Stand vom September 2018 und den hierzu ergangenen Verwaltungsvorschriften und Verfügungen (inkl. dem koordinierten Ländererlass zur Begünstigung von Unternehmensvermögen). Neu in das Autorenteam aufgenommen wurde Herr Holger Rüttenauer, der seit mehreren Jahren in der Finanzverwaltung im Bereich Erbschaftsteuer und Unternehmensbewertung sowie als Lehrbeauftragter an der Hochschule in Ludwigsburg tätig ist.

Wir wünschen den Lesern, Studierenden und Praxisanwendern viel Erfolg beim Studium der Lektüre.

Ludwigsburg, im Oktober 2018   Die Verfasser

Inhaltsverzeichnis

Kapitel 1 Erbschaft- und Schenkungsteuer

Teil A Erbrecht

Teil B Erbschaft- und Schenkungsteuerrecht

Teil C Allgemeine Vorschriften zum Bewertungsrecht

Teil D Spezielle Vorschriften für die Bewertung einzelner Wirtschaftsgüter (§§ 4–8, 11–16 BewG)

Teil E Verfahrensrechtliche Vorschriften für die Bedarfsbewertung

Teil F Bedarfsbewertung des land- und forstwirtschaftlichen Vermögens

Teil G Die Bedarfsbewertung des Grundvermögens
(§§ 176 bis 198 BewG)

Teil H Bedarfsbewertung des Betriebsvermögens und der Anteile an Kapitalgesellschaften

Kapitel 2 Grunderwerbsteuer

Teil A Das Grunderwerbsteuerrecht im Überblick

Teil B Bewertung von Grundstücken für Grunderwerbsteuerzwecke

Kapitel 3 Grundsteuer

Teil A Überblick über das Grundsteuerrecht

Teil B Allgemeines zur Einheitsbewertung

Teil C Einheitsbewertung des land- und forstwirtschaftlichen Vermögens (in den alten Bundesländern)

Teil D Einheitsbewertung des Grundvermögens (in den alten Bundesländern)

Abkürzungsverzeichnis

A	Abschnitt
a.a.O.	am angegebenen Ort
Abs.	Absatz
Abschn.	Abschnitt
AEBewLuF	Gleichlautender Länder-Erlass vom 05.05.2009 zur Umsetzung des Gesetzes zur Reform des Erbschaftsteuer- und Bewertungsrechts; Bewertung des Grundvermögens nach dem Sechsten Abschnitt des Zweiten Teils der BewG
a.F.	alte Fassung
AfA	Absetzung für Abnutzung
AG	Aktiengesellschaft
AK	Anschaffungskosten
AktG	Gesetz über AG'en und KG a.A.
AMBlFin	Amtliches Mitteilungsblatt der Verwaltung für Finanzen des Vereinigten Wirtschaftsgebietes
AntBewVO	Anteilsbewertungs-Verordnung vom 19.01.1977
AO	Abgabenordnung 1977
Art.	Artikel
Az.	Aktenzeichen
BaWü (BW)	Baden-Württemberg
BauGB	Baugesetzbuch
BB	Betriebsberater
BdF	Bundesminister der Finanzen
2. BerVO	2. VO über wohnungswirtschaftliche Berechnung v. 18.07.1979
BewÄndG	Gesetz zur Änderung des BewG
BewG	Bewertungsgesetz
BewDV	Durchführungsverordnung zum Bewertungsgesetz
Bew-Kartei	Bewertungs-Kartei
BewR Gr	Richtlinien für die Bewertung des Grundvermögens
BewR L	Richtlinien für die Bewertung des land- u. forstw. Vermögens
BFH	Bundesfinanzhof
BGB	Bürgerliches Gesetzbuch
BGBl I	Bundesgesetzblatt Teil I
BodSchätzG	Gesetz über die Schätzung des Kulturbodens vom 16.10.1934
BStBl I, II, III	Bundessteuerblatt Teil I, Teil II, Teil III
BVG	Bundesverfassungsgericht
II. BVO	II. Berechnungs-VO vom 12.10.1990 (BStBl I 1990, 735)
DB	Der Betrieb
DBA	Doppelbesteuerungsabkommen
DMBG	Gesetz über die Eröffnungsbilanz in Deutscher Mark und die Kapitalneu-festsetzung (D-Mark-Bilanzgesetz)
DMEB	D-Mark-Eröffnungsbilanz
DStZ	Deutsche Steuerzeitung
DStZ/E	Deutsche Steuerzeitung-Eildienst
EMZ	Ertragsmesszahl
Erbbau RG	Gesetz über das Erbbaurecht (Erbbaurechtsgesetz)
Erbbau VO	Verordnung über das Erbbaurecht
ErbStG	Erbschaftsteuergesetz
ErbStH	Erbschaftsteuer-Hinweise
ErbStR	Erbschaftsteuer-Richtlinien
ESt	Einkommensteuer
EStDV	Einkommensteuer-Durchführungsverordnung

EStG	Einkommensteuer-Gesetz
EStH	Einkommensteuer-Hinweise
EStR	Einkommensteuer-Richtlinien
EW	Einheitswert
FA, FÄ	Finanzamt, Finanzämter
FGO	Finanzgerichtsordnung
FinMin (FM)	Finanzministerium
FKPG	Gesetz zur Umsetzung des Föderalen Konsolidierungsprogramms vom 23.06.1993 (BStBl I 1993, 510)
FMB1	Amtsblatt des Bayerischen Staatsministerium der Finanzen
FoR	Fortschreibungsrichtlinien vom 02.12.1971 (BStBl I 1971, 638)
Fortschreibungsgesetz	Gesetz des Wirtschaftsrates vom 10.03.1949 betr. Fortschreibungen und Nachfeststellungen von Einheitswerten des Grundbesitzes auf den 21.06.1948 (WiGBl 1949, 25; AMBlFin 1949, 118)
FR	Finanz-Rundschau
FVG	Gesetz über die Finanzverwaltung
GAL	Gesetz über die Altershilfe für Landwirte vom 14.09.1965 (BGBl I 1965, 1449)
GewSt	Gewerbesteuer
GewStDV	Gewerbesteuer-Durchführungsverordnung
GewStG	Gewerbesteuergesetz
GewStR	Gewerbesteuer-Richtlinien
GG	Grundgesetz der Bundesrepublik Deutschland vom 23.05.1949
GmbH	Gesellschaft mit beschränkter Haftung
GmbHG	Gesetz betr. die Gesellschaften mit beschränkter Haftung
GrESt	Grunderwerbsteuer
GrEStG	Grunderwerbsteuergesetz
GrSt	Grundsteuer
GrStG	Grundsteuergesetz
GrStR	Grundsteuerrichtlinien
GVBl. NW	Gesetz und Verordnungsblatt für das Land Nordrhein-Westfalen
HFR	Höchstrichterliche Finanzrechtsprechung
HGB	Handelsgesetzbuch
HK	Herstellungskosten
h. M.	herrschende Meinung
HS	Halbsatz
InsO	Insolvenzordnung
i.S.d.	im Sinne der/des
i.S. v.	im Sinne von
i.V.n.	in Verbindung mit
JStG 1997	Jahressteuergesetz 1997 vom 20.12.1996 (BStBl I, 1997, 1523)
KapESt	Kapitalertragsteuer
KG	Kommanditgesellschaft
KG a. A.	Kommanditgesellschaft auf Aktien
koord. LE	Koordinierter Ländererlass
KSt	Körperschaftsteuer
KStDV	Körperschaftsteuer-Durchführungsverordnung
KStG	Körperschaftsteuergesetz
KStR	Körperschaftsteuer-Richtlinien
KStZ	Kommunale Steuer-Zeitschrift
KVStG	Kapitalverkehrsteuergesetz
LSt	Lohnsteuer
LuF	Land- und Forstwirtschaft

MinBlFin	Ministerialblatt des Bundesministers der Finanzen
NMV	Neubaumietenverordnung vom 18.07.1979 (BStBl I 1979, 549)
OFD	Oberfinanzdirektion
OFH	Oberster Finanzgerichtshof
OHG	Offene Handelsgesellschaft
RdF	Reichsminister der Finanzen
RdFErl	Erlass des Reichsministers der Finanzen
RFH	Reichsfinanzhof
RGBl I	Reichsgesetzblatt Teil I
RStBl	Reichssteuerblatt
Rz.	Randziffer
SBV	Sonderbetriebsvermögen
SoLZ	Solidaritätszuschlag
StÄnd	Steueränderungsgesetz
StMBG	Gesetz zur Bekämpfung des Missbrauchs und zur Bereinigung des Steuerrechts vom 21.12.1993 {BStBl I 1994, 50)
Stpfl.	Steuerpflichtiger
StuW	Steuer und Wirtschaft
StW	Steuerwarte
Tz.	Textziffer
U	Urteil
UmwG	Umwandlungsgesetz
UmwStG	Umwandlungssteuergesetz
USt	Umsatzsteuer
UStG	Umsatzsteuergesetz
VA-II. WoBauG	II. Wohnungsbaugesetz i.d.F. vom 19.08.1994 (BGBl I 1994, 2137}
VO	Verordnung
VorSt	Vorsteuer
VSt	Vermögensteuer
VStG	Vermögensteuergesetz
VStR	Vermögensteuerrichtlinien
VZ	Veranlagungszeitraum
WEG	Wohnungseigentumsgesetz
WG	Wirtschaftsgut (Wirtschaftsgüter)
WGG	Gesetz über die Gemeinnützigkeit im Wohnungswesen vom 29.02.1940
WiGBl	Gesetzblatt der Verwaltung des Vereinigten Wirtschaftsgebietes
WwA	Wertminderung wegen Alters
ZPO	Zivilprozessordnung
ZVG	Gesetz über die Zwangsversteigerung und Zwangsverwaltung

Kapitel 1
Erbschaft- und Schenkungsteuer

Teil A Erbrecht

1 Verknüpfung von Erbschaftsteuerrecht und Zivilrecht

Der Gesetzgeber hat seinem Kind den Namen Erbschaftsteuer- und Schenkungsteuergesetz gegeben (vgl. das Taufregister BGBl I 1991, 469). In § 1 ErbStG werden die beiden Begriffe Erbschaftsteuer und Schenkungsteuer noch einmal als Synonyme verwendet. Danach spricht das Gesetz nur noch von der Erbschaftsteuer. Allerdings wird deutlich, dass dabei stets auch die Fallgruppen der Schenkungen unter Lebenden in die jeweilige Regelung miteinbezogen werden. Wenn das Gesetz also beispielsweise in § 19 ErbStG die Steuersätze regelt, lautet der Wortlaut: »Die Erbschaftsteuer wird nach folgenden Vomhundertsätzen erhoben«. Dass diese auch für die Schenkungen unter Lebenden gelten, ergibt sich schon daraus, dass für die Schenkungen ansonsten keine besonderen Steuersätze aufgestellt werden. Wir folgen in diesem Kapitel der Vorgehensweise des Gesetzgebers: Wenn wir von der Erbschaftsteuer sprechen, ist die Schenkungsteuer für **Schenkungen unter Lebenden** immer **mit einbezogen**. **1**

§ 1 ErbStG knüpft die hauptsächlichen Fälle der Erbschaftsteuer (Schenkungsteuer) an den Erwerb von Todes wegen und an die Schenkungen unter Lebenden. § 3 ErbStG bestimmt, dass als Erwerb von Todes wegen der Erwerb durch Erbanfall (§ 1922 BGB), durch Vermächtnis (§§ 2147 ff. BGB) oder aufgrund eines geltend gemachten Pflichtteilsanspruchs (§§ 2303 ff. BGB) gelten. § 7 ErbStG bestimmt, was als Schenkungen unter Lebenden zu gelten hat, wobei auf den zivilrechtlichen Begriff der Schenkung (§ 516 BGB) zwar nicht ausdrücklich Bezug genommen, dieser jedoch als bekannt vorausgesetzt wird. **2**

Das Erbschaftsteuergesetz ist also eng mit den **zivilrechtlichen Regelungen** vor allem des Erbrechts und (in geringerem Umfang) des Schenkungsrechts verknüpft, so dass die Grundzüge der zivilrechtlichen Voraussetzungen der Erwerbe von Todes wegen und der Schenkungen unter Lebenden in einem besonderen Kapitel vorweg dargestellt werden. **3**

2 Zivilrechtliche Regelungen

2.1 Erben

2.1.1 Gesetzliche Erbfolge

Die wichtigste Gruppe der Rechtsnachfolger von Todes wegen sind die Erben, die wiederum als gesetzliche Erben oder als vom Erblasser eingesetzte Erben denkbar sind. Die **gesetzlichen Erben** sind in den Vorschriften der §§ 1924 bis 1936 BGB erwähnt. Auf diese geht das Vermögen des Erblassers als Ganzes im Wege der **Gesamtrechtsnachfolge** über, § 1922 BGB. Das übergehende Vermögen des Erblassers wird auch als Nachlass bezeichnet. Zwischen den Begriffen Erbschaft, Vermögen des Erblassers und Nachlass gibt es keine rechtlich gezogenen Abgrenzungen. Alle Begriffe werden zumindest erbschaftsteuerlich stets in demselben Sinne verwendet. **4**

Die **Erbfolge** ist die Rechtsnachfolge der Erben in das gesamte Vermögen des Erblassers einschließlich aller Verbindlichkeiten. Dies gilt auch dann, wenn das Vermögen negativ ist, weil die Schulden überwiegen. **Erbfall** ist der Tod des Erblassers. Daraus ergibt sich, dass eine Erb- **5** folge nur nach dem Tod einer natürlichen Person eintreten kann. Mit dem Tod des Erblassers geht dessen Vermögen unmittelbar auf den oder die Erben über, ohne dass es noch eines zusätzlichen Rechtsaktes bedürfte. Die Erben sind also die neuen Grundstückseigentümer auch ohne einen entsprechenden Grundbucheintrag, das Grundbuch ist entsprechend zu berichtigen. Der Erbfall tritt also ohne Wissen oder sogar gegen den Willen der Erben ein. Allerdings haben die Erben das Recht zur Ausschlagung der Erbschaft (§ 1942 BGB), sodass der endgültige Erwerb erst bei Annahme der Erbschaft oder Versäumnis der Ausschlagungsfrist eintritt (§ 1943 BGB).

6 Die gesetzlichen Erben werden verschiedenen **erbrechtlichen Ordnungen** zugeteilt, wobei die Regelung gilt, dass Verwandte fernerer Ordnungen nicht erben können, wenn ein Verwandter einer näheren Ordnung vorhanden ist. **Kein Verwandter** ist der Ehegatte, § 1589 BGB. Er ist auch nicht verschwägert (§ 1590 BGB). Er besitzt im Erbrecht eine Sonderstellung, auf die später eingegangen wird.

7 **Gesetzliche Erben der ersten Ordnung** sind die Abkömmlinge (Kinder, Enkel, Urenkel) des Erblassers (§ 1924 BGB). Lebt zum Zeitpunkt des Erbfalles ein Kind, so schließt dieses seine Kinder (die Enkel des Erblassers) aus, § 1924 Abs. 2 BGB. Ist ein Kind des Erblassers zum Zeitpunkt des Erbfalles bereits verstorben, so treten seine Kinder (die Enkel des Erblassers) an seine Stelle, § 1924 Abs. 3 BGB. Jedes Kind bzw. jeder durch ein Kind repräsentierte Stamm erbt neben den anderen zu gleichen Teilen (§ 1924 Abs. 4 BGB).

> **BEISPIEL**
>
> E (verwitwet) stirbt. Er hatte die Kinder A, B und C. A ist kinderlos, B hat die Kinder S und T. C ist vor E verstorben, er hat zwei Kinder X und Y.
>
> **LÖSUNG** Die Stämme A, B und C erben je 1/3. A erbt sein Drittel, B erbt sein Drittel und schließt damit S und T von der Erbschaft aus. Das auf C entfallende Drittel erben X und Y (mit je 1/6). Wäre dagegen C kinderlos verstorben, dann hätten A und B je 1/2 geerbt. Der Anteil des C wäre weder auf seine Ehefrau noch auf andere Verwandte übergegangen.

8 **Abkömmlinge** sind alle ehelichen und nichtehelichen Kinder, Enkel, Urenkel usw. des Erblassers. Ist der Erblasser eine Frau, dann sind ihre Kinder alle die Kinder, die sie geboren hat (§ 1591 BGB). Ist der Erblasser ein Mann, dann sind seine Kinder die, die während der Ehe mit der Mutter geboren wurden (es sei denn, er habe die Vaterschaft erfolgreich angefochten, § 1599 BGB), deren Vaterschaft er anerkannt hat oder deren Vaterschaft gerichtlich festgestellt wurde (§ 1592 BGB). Seit 01.04.1998 sind auch die **nichtehelichen Kinder** des Vaters, auf die eine der vorigen Alternativen zutrifft, neben den ehelichen Kindern voll erbberechtigt. Für Todesfälle bis 31.03.1998 vgl. Art. 225 EGBGB: danach wird das nichteheliche Kind neben den ehelichen Kindern und neben dem Ehegatten des Erblassers nicht Vollerbe, sondern es erwirbt lediglich einen schuldrechtlichen Erbersatzanspruch (§ 1934a BGB a. F.). Hier galt also der Grundsatz: Geldanspruch statt Erbteil. Auch als Kinder angenommene Kinder (Adoptivkinder) gelten als Abkömmlinge (§ 1754 BGB). Zu den Abkömmlingen zählt schließlich auch das noch nicht geborene, aber im Zeitpunkt des Todes des Erblassers bereits gezeugte Kind (Nasciturus, § 1923 Abs. 2 BGB).

9 **Gesetzliche Erben der zweiten Ordnung** sind die Eltern des Verstorbenen und deren Abkömmlinge (also die Geschwister des Verstorbenen, § 1925 BGB). Erben der zweiten Ordnung können aber nur Erben werden, wenn keine Erben erster Ordnung vorhanden sind, § 1930 BGB oder die Erbschaft ausgeschlagen haben (§ 1953 Abs. 2 BGB), einen Erbverzicht erklärt haben (§ 2346 Abs. 1 Satz 2 BGB), enterbt worden (§ 1938 BGB) oder für erbunwürdig erklärt worden sind (§ 2344 Abs. 2 BGB). Leben Vater und Mutter noch, so schließen sie die Geschwister des Verstorbenen von der Erbfolge aus, § 1925 Abs. 2 BGB. Ist ein Elternteil verstorben, so gelangt dessen Anteil an die Geschwister des Erblassers, § 1925 Abs. 3 BGB.

BEISPIELE ━━

a) Witwer W verstirbt kinderlos. Sein Vater V ist vor ihm verstorben, seine Mutter M lebt noch. Daneben leben noch die Geschwister A, B und C.
LÖSUNG Die M erbt die Hälfte, A, B und C erben zu je 1/6 die andere Hälfte.

b) Abweichung:
War W das einzige Kind von V und M, dann würde die M das ganze Vermögen des W erben.

c) Abweichung:
Hätte V ein Kind X aus 1. Ehe gehabt, während A, B, C und W aus zweiter Ehe mit der M stammen, dann würde M die Hälfte und die Kinder des V, nämlich A, B, C und X dessen Hälfte zu je 1/8 erben.

━━

Gesetzliche Erben der dritten Ordnung sind die Großeltern des Verstorbenen und deren   **10**
Abkömmlinge (§ 1926 BGB). Sie können nur erben, wenn gesetzliche Erben der ersten und zweiten Ordnung nicht vorhanden sind. Die väterliche und die mütterliche Großelternseite bilden je eine Gruppe, die je die Hälfte erbt. Leben alle vier Großeltern noch, dann erhält jeder 1/4 und schließt seine Abkömmlinge aus (§ 1926 Abs. 2 BGB).

Ist dagegen ein Teil eines Großelternpaares vor dem Erblasser gestorben, dann treten dessen Abkömmlinge an dessen Stelle und erben dessen Viertel. Hat der verstorbene Großelternteil keine Abkömmlinge, dann fällt sein Viertel an seinen noch lebenden anderen Großelternteil. Sind beide Großeltern einer Seite ohne noch erbberechtigte Abkömmlinge vorverstorben, dann erbt die andere Großelternseite diese Hälfte hinzu.

Als **gesetzliche Erben der vierten Ordnung** sind die Urgroßeltern und deren Abkömm-   **11**
linge berufen (§ 1928 BGB). Hier und in den **folgenden Ordnungen** gilt aber dann der gradnächste Verwandte als Erbe. Leben noch alle acht Urgroßeltern, dann erben sie je 1/8. Lebt nur noch ein Urgroßvater, so erbt er allein; an die Stelle der weggefallenen Urgroßeltern treten nicht deren Abkömmlinge (§ 1928 Abs. 2 BGB). Dies ist erst der Fall, wenn kein Urgroßelternteil mehr lebt. Dann erben die Abkömmlinge der Urgroßeltern. Von diesen erbt dann der Gradnächste, § 1928 Abs. 3 BGB.

Fehlt jeglicher Erbe, auch ein testamentarischer, so ist als **letzter gesetzlicher Erbe** der   **12**
Staat vorgesehen (§ 1936 BGB). Der Staat kann auch dann als letzter gesetzlicher Erbe zum Zuge kommen, wenn (etwa bei einem überschuldeten Nachlass) alle Erben die Erbschaft ausschlagen. »Der Staat« ist das Bundesland, in dem der Verstorbene im Todeszeitpunkt lebte.

Lebte er in mehreren Bundesländern, so erben sie zu gleichen Anteilen, § 1936 Abs. 1 Satz 2 BGB.   **13**
Die Erbberechtigung des Fiskus ist an eine formale Feststellung gebunden, § 1964 BGB.

2.1.2   Das Erbrecht des Ehegatten und des eingetragenen Lebenspartners   **14–20 frei**

Da der Ehegatte mit seinem Partner weder verwandt noch verschwägert ist (§§ 1589 f.   **21**
BGB), musste das Erbrecht ihm eine **eigene Rechtsstellung** im Erbrecht verschaffen, §§ 1931 ff. BGB. Diese eigene erbrechtliche Rechtsstellung wird im Todesfall des Ehegatten noch ergänzt um eine familien- oder güterrechtliche Komponente, § 1371 (Zugewinngemeinschaft), § 1482 (Gütergemeinschaft), § 1931 Abs. 4 (Gütertrennung) BGB. Erbberechtigt ist nur der Ehegatte, der mit dem Erblasser zum Zeitpunkt des Todes in einer **bestehenden Ehe** gelebt hat. Der Lebensgefährte einer nichtehelichen Lebensgemeinschaft zählt ebenso wenig zu den gesetzlich Erbberechtigten wie der geschiedene Ehegatte (zu den Besonderheiten, wenn die Ehegatten bereits die Scheidung eingereicht hatten, als der Erblasser starb, vgl. § 1933 BGB: Ausschluss des Erbrechts des Ehegatten; zum Unterhaltsanspruch des geschiedenen Ehegatten gegen die Erben, vgl. § 1586b BGB).

22   Der eingetragene (gleichgeschlechtliche) Lebenspartner hat gemäß § 10 Lebenspartnerschaftsgesetz (LPartG) ein dem Erbrecht des Ehegatten nachgebildetes Erbrecht. Da Lebenspartnern dieselben güterrechtlichen Regelungen wie Ehegatten offenstehen (§§ 6, 7 LPartG), gelten für sie auch die nachfolgenden Regelungen entsprechend, vgl. § 10 LPartG.

23   Der überlebende Ehegatte erbt **neben den Verwandten** der ersten Ordnung 1/4, neben Verwandten der zweiten Ordnung oder neben Großeltern 1/2, neben anderen Verwandten den gesamten Nachlass (§ 1931 BGB). Hier müssen aber sofort die güterrechtlichen Ergänzungen miterwähnt werden: Der Erbteil des § 1931 BGB erhöht sich für den Fall des gesetzlichen Güterstandes der **Zugewinngemeinschaft** durch den gesetzlichen Zugewinnausgleich des § 1371 BGB um nochmals 1/4. Dieser gesetzliche Zugewinnausgleich steht dem Überlebenden auch dann zu, wenn tatsächlich gar kein Zugewinn erzielt wurde. Das Erhöhungsviertel des § 1371 BGB steht im gleichen Umfang auch dem überlebenden Lebenspartner einer eingetragenen Lebenspartnerschaft zu, der mit dem verstorbenen Lebenspartner im gesetzlichen Güterstand der Zugewinngemeinschaft gelebt hat, § 6 LPartG. Für den Fall der Gütertrennung ist § 1931 Abs. 4 BGB (sind als gesetzliche Erben ein oder zwei Kinder berufen, so erben der überlebende Ehegatte und jedes Kind zu gleichen Teilen), für den Fall der Gütergemeinschaft sind die §§ 1412, 1482 BGB zu beachten. Gleiches gilt für die Gütertrennung von Lebenspartnern einer eingetragenen Lebenspartnerschaft, § 10 Abs. 2 Satz 2 LPartG sowie für deren Gütergemeinschaft, § 7 LPartG.

BEISPIELE

a) Der verstorbene Ehemann hinterlässt seine Ehefrau F und **ein** Kind A.
LÖSUNG

Zugewinngemeinschaft:	F erhält 1/2 und A erhält 1/2 (§§ 1931, 1371 BGB).
Gütertrennung:	F erhält 1/2 und A erhält 1/2, § 1931 Abs. 4 BGB.
Gütergemeinschaft:	F erhält 1/4 und A 3/4, § 1931 BGB. Allerdings erhält die F aus ihrer güterrechtlichen Beteiligung bereits ihren hälftigen Anteil aus dem Gesamtgut zu Lebzeiten, § 1416 BGB, in den Nachlass fällt nur der Anteil des M am Gesamtgut, § 1482 BGB.

b) M und F haben zwei Kinder A und B.
LÖSUNG

Zugewinngemeinschaft:	F erhält 1/2, A und B je 1/4.
Gütertrennung:	F, A und B erhalten je 1/3.
Gütergemeinschaft:	F erhält 1/4, A und B je 3/8.

c) M und F haben drei Kinder, A, B und C.
LÖSUNG

Zugewinngemeinschaft:	F erhält 1/2, A, B und C je 1/6.
Gütertrennung:	F erhält 1/4, A, B und C ebenfalls je 1/4.
Gütergemeinschaft:	F erhält 1/4, A, B und C ebenfalls je 1/4.

d) M und F haben vier Kinder, A, B, C und D.
LÖSUNG

Zugewinngemeinschaft:	F erhält 1/2, die Kinder je 1/8.
Gütertrennung:	F erhält 1/4, die Kinder je 3/16.
Gütergemeinschaft:	F erhält 1/4, die Kinder je 3/16.

Zu dem Erbteil des Ehegatten tritt möglicherweise noch ein Anteil am Hausrat und an den Hochzeitsgeschenken hinzu, vgl. § 1932 Abs. 1 Satz 2 BGB.

e) M hinterlässt seine Ehefrau F und seinen verwitweten Vater V. Ansonsten gibt es keine weiteren Verwandten.

LÖSUNG

Zugewinngemeinschaft: F erhält gem. §§ 1931, 1371 BGB 3/4, der V 1/4.

Gütertrennung: F erhält 1/2, V 1/2.

Gütergemeinschaft: F erhält 1/2, V 1/2.

Dazu kommen noch der Hausrat und die dem Erblasser ganz oder zu Miteigentum gehörenden Hochzeitsgeschenke als Voraus, § 1932 Abs. 1 Satz 1 BGB. Hausrat sind Möbel, Haushaltsgeräte, Einrichtungsgegenstände, Haushalts- und Bettwäsche, soweit sie dem Erblasser gehören oder anteilig mitgehören und nicht Grundstückszubehör sind.

f) M hinterlässt seine Ehefrau F und die Großmutter G mütterlicherseits; von väterlicher Seite sind die Großeltern zwar verstorben, aber es lebt noch ein Sohn (Onkel O des Erblassers).

LÖSUNG Hier trifft § 1931 Abs. 1 Satz 2 BGB eine verzwickte und zusätzlich noch äußerst umstrittene Lösung, die im Fall der Zugewinngemeinschaft noch umstrittener wird, weil streitig ist, wann die Erhöhung um 1/4 rechnerisch zu berücksichtigen ist. Insgesamt erbt die F im vorliegenden Fall für den Fall der Zugewinngemeinschaft 7/8 und G 1/8 (str.), bei Gütertrennung und Gütergemeinschaft erben F 7/8 und G 1/8 (vgl. Lange/Kuchinke, Lehrbuch des Erbrechts, 4. Auflage, 1995, Seite 242 f. m. w. NW.). – Gäbe es den Onkel O (der ja im vorigen Fall nichts erbte) nicht, dann erhielte die F bei Zugewinngemeinschaft 3/4, bei Gütertrennung und Gütergemeinschaft 1/2, da dann § 1931 Abs. 1 Satz 2 BGB nicht anzuwenden wäre. Insgesamt eine höchst unbefriedigende Regelung oder wie Weidlich in Palandt, 75. Aufl. 2016 Rdnr. 8 zu § 1931 sagt: nicht plausibel.

Außerdem ergeben sich einige Besonderheiten:

a) Ein Verwandter oder Ehegatte kann bei **verzwickten Verwandtschaftsverhältnissen** **24** mehrfach als Erbe berufen sein. Heiratet ein Onkel seine Nichte und stirbt er, so erbt sie als Ehefrau und (wenn Erben der ersten Ordnung nicht vorhanden sind) als Verwandte der zweiten Ordnung.

b) **Schlägt** ein Erbe **die Erbschaft aus** (§ 1953 BGB) oder wird er enterbt (§ 1938 BGB) oder **25** für erbunwürdig erklärt (§ 2344 BGB) oder verzichtet er auf sein Erbrecht (§ 2346 BGB), so fällt sein Erbrecht grundsätzlich an seine Abkömmlinge (beim Erbverzicht gilt dieser jedoch »im Zweifel« auch für seine Abkömmlinge, § 2346 BGB). Sind solche nicht vorhanden oder schlagen sie ihrerseits aus, so erhöht dieser Anteil den der übrigen Erben (§ 1935 BGB). Gibt es Abkömmlinge des ausschlagenden, enterbten oder für erbunwürdig erklärten Erben 1. Ordnung, so sind diese ebenfalls Erben 1. Ordnung, sodass Erben 2. Ordnung nicht zum Zuge kommen können, § 1930 BGB.

c) Hat ein gesetzlicher Erbe schon zu Lebzeiten größere **Zuwendungen** erhalten, so muss er **26** sich diese unter Umständen auf seinen Erbteil **anrechnen** lassen. Dies gilt im Zweifel (d. h. wenn der Erblasser nicht gleich bei der Schenkung etwas anderes angeordnet hat) für sog. Ausstattungen (§ 2050 Abs. 1 BGB). Als Ausstattung gilt gem. § 1624 BGB »was einem Kind mit Rücksicht auf seine Verheiratung oder auf die Erlangung einer selbstständigen Lebensstellung zur Begründung oder zur Erhaltung der Wirtschaft oder der Lebensstellung von dem Vater oder der Mutter zugewendet wird.« Da Zuschüsse und Aufwendungen für die Schulausbildung und für ein Studium unter § 2050 Abs. 2 BGB fallen, die nur dann anzurechnen sind, wenn sie die Vermögensverhältnisse des Erblassers übersteigen, bleibt für die **Ausstattung** nach § 2050 Abs. 1 BGB regelmäßig die Aussteuer (Mitgift) und das Startkapital für einen beruflichen Anfang als Hauptanwendungsfall übrig. Nach h. M. wird in der schenkweisen Zuwendung eines Kapitalkontos als Mitgesellschafter des Erblassers kein Fall einer Ausstattung gesehen, da das Kind als Gegenleistung für das Kapital Haftung, Verlustbeteiligung und Geschäftsführungspflicht übernimmt, vgl. BGH WM 1977,864. **Zuwendungen anderer Art** als der Ausstattung und die die Vermögensverhältnisse des Zuwendenden übersteigenden Ausbildungskosten sind nur dann anzurechnen, wenn der Erblasser dies gleich bei der Zuwendung angeordnet hat (§ 2050 Abs. 3 BGB).

Die **Anrechnung** erfolgt über § 2055 BGB: Der Wert der Zuwendung wird nach den Wertverhältnissen vom Tage der Zuwendung dem Wert des Gesamtnachlasses hinzugerechnet, von diesem Gesamtwert wird der Anteil jedes Miterben berechnet und die Zuwendung wird vom Wertanteil des Begünstigten abgezogen. Allerdings findet die Ausgleichung nur unter Abkömmlingen des Erblassers statt, für andere Miterben, insbesondere den Ehegatten, ist die Ausgleichung ohne Bedeutung.

BEISPIELE

a) Wert des Nachlasses 1,0 Mio. €, Miterben die Kinder A und B. A hat eine Ausstattung von 500 000 € erhalten, die anzurechnen ist.
LÖSUNG Gesamtwert 1 500 000 €, auf A und B entfallen je 750 000 €. A erhält seine 500 000 € angerechnet, so dass A noch 250 000 €, B 750 000 € aus dem Nachlass zu beanspruchen hat.

b) Wert des Nachlasses 500 000 €, Wert der Ausstattung des A 1,0 Mio €.
LÖSUNG Auf beide entfallen 750 000 €, wobei sich A seine Ausstattung anrechnen lassen muss. Dies führt aber nur dazu, dass B den gesamten Nachlass für sich beanspruchen kann, eine darüber hinausgehende Ausgleichungspflicht besteht nicht (vgl. allerdings den Pflichtteilsergänzungsanspruch, §§ 2325 ff. BGB).

c) Wert des Nachlasses 1,0 Mio €. Erben sind die im gesetzlichen Güterstand lebende Ehefrau F und die Kinder A und B. A muss sich eine Ausstattung von 100 000 € anrechnen lassen.
LÖSUNG F erbt 500 000 € und A und B erben 500 000 €. Eine Ausgleichungspflicht besteht nur im Verhältnis A und B zueinander. Deren Anteil wird auf 600 000 € erhöht, wovon A und B je 300 000 € zu beanspruchen haben; auf die 300 000 € des A werden seine zuvor schon erhaltenen 100 000 € angerechnet. Aus dem Nachlass haben also zu beanspruchen: F 500 000 €, A 200 000 €, B 300 000 €.

27   d)   Hat ein Abkömmling gegenüber dem Erblasser **besondere Leistungen** erbracht, so kann er verlangen, dass diese ausgeglichen werden (§ 2057a BGB). Ein Ausgleich findet jedoch nur unter den Abkömmlingen statt, der Anteil des Ehegatten ist daher nicht betroffen.

28   Der Ausgleichsanspruch steht einem Abkömmling zu, der eine unentgeltliche oder nicht angemessen vergütete Leistung über einen längeren Zeitraum im Haushalt, Beruf oder Geschäft des Erblassers erbracht hat. Da der Ausgleichsanspruch vererblich ist, kann er bei Vorversterben auch von dessen Abkömmlingen geltend gemacht werden.

BEISPIEL

V stirbt. Seine Kinder waren Sohn S und Tochter T, von denen die T dem Vater jahrelang unentgeltlich den Haushalt geführt hat. T ist verstorben, sie hinterlässt ihrerseits die Kinder A und B. Als V stirbt, wird er in gesetzlicher Erbfolge von S (1/2), A (1/4) und B (1/4) beerbt. A und B können den in der Person der T entstandenen Ausgleichsanspruch gegen S geltend machen. Die Höhe des Ausgleichsanspruchs ist gem. § 2057a Abs. 3 BGB »so zu bemessen, wie es mit Rücksicht auf die Dauer und den Umfang der Leistungen und auf den Wert des Nachlasses der Billigkeit entspricht.«

29   Dasselbe gilt bei mehrjähriger Pflegetätigkeit, die unter völligem oder teilweisem Verzicht auf eigene Einkünfteerzielung geleistet wurde, § 2057a Abs. 1 Satz 2 BGB.

30   Wie bei den unter c) dargestellten Ausgleichsansprüchen kommen die Regelungen nur bei Erbfällen zur Anwendung, bei denen die gesetzliche Erbfolge eintritt. Hat der Erblasser eine Regelung zur gewillkürten Erbfolge getroffen, wird vom Gesetzgeber vermutet, dass er die Besonderheiten bei seiner gewillkürten Verfügung berücksichtigt hat.

e) Der sog. **Dreißigste** stellt einen Anspruch für die Personen dar, die mit dem Erblasser zum **31** Zeitpunkt seines Todes in einem Hausstand lebten und von ihm Unterhalt bezogen haben. Der Anspruch richtet sich gegen die Erben und umfasst die Weitergewährung von Wohnung und Unterhalt im bisherigen Umfang bis zum 30. Tag nach dem Tod des Erblassers (§ 1969 BGB). Der Anspruch kann durch letztwillige Verfügung des Erblassers ausgeschlossen werden.

32–35 frei

2.1.3 Gewillkürte Erbfolge

Die gesetzliche Erbfolge lässt sich ausschließen oder ergänzen durch Testament (§ 1937 **36** BGB) oder Erbvertrag (§ 1941 BGB) des Erblassers. Das Testament kann zur Niederschrift beim Notar, es kann aber auch gleichwertig privat eigenhändig geschrieben sein. Daneben gibt es eine ganze Reihe von Nottestamenten. Der Erbvertrag kann dagegen nur zur Niederschrift des Notars bei gleichzeitiger Anwesenheit beider Teile geschlossen werden.

2.1.3.1 Das Testament

Das Testament kann nur persönlich errichtet werden, § 2064 BGB. Eine Stellvertretung ist **37** ausgeschlossen. Erforderlich ist die **Testierfähigkeit**, d. h. die Vollendung des 16. Lebensjahres (§ 2229 BGB, allerdings kann ein 16-jähriger ein Testament nur vor einem Notar machen, für ein eigenhändiges Testament muss er volljährig (18 Jahre alt) sein, §§ 2247 Abs. 4, 2233 BGB). Ein Testierunfähiger kann kein Testament errichten, auch nicht mit Zustimmung von Vertretern und Vormundschaftsgericht. Beim Erbvertrag muss der Erblasser zwar auch persönlich handeln (§ 2274 BGB). Dazu ist grundsätzlich unbeschränkte Geschäftsfähigkeit erforderlich (§ 2275 Abs. 1 BGB). Unter Verlobten oder Ehegatten aber kann auch der beschränkt Geschäftsfähige einen Erbvertrag schließen (§ 2275 BGB). Er bedarf dazu nur der Zustimmung seines gesetzlichen Vertreters (und, ist dieser ein Vormund, auch der Zustimmung des Vormundschaftsgerichts).

Es gibt unterschiedliche Formen von Testamenten: **38**

- Das **private, eigenhändige** Testament muss vollständig eigenhändig geschrieben und unterschrieben sein (§ 2247 BGB). Ein maschinengeschriebenes und unterschriebenes Testament ist also unwirksam, § 125 BGB. Das Testament soll das Datum seiner Erstellung enthalten, ein Verstoß gegen diese Vorschrift macht das Testament jedoch nicht nichtig. Gibt es jedoch zwei vollständig eigenhändig geschriebene und unterschriebene einander widersprechende Testamente, ist nur das letzte Testament verbindlich. Lässt sich aufgrund der fehlenden Daten nicht feststellen, welches das Letzte ist, sind beide unter Umständen ungültig, § 2247 Abs. 5 BGB. Dies gilt auch, wenn nur auf einem der Testamente das Datum fehlt, sich aber nicht feststellen lässt, ob es vor oder nach dem datierten Testament errichtet worden ist. Auch ein handschriftlich errichtetes privates Testament kann auf Wunsch des Erblassers vom Amtsgericht in amtliche Verwahrung genommen werden (§ 2248 BGB). (Nicht zu verwechseln mit dem einem Notar überreichten Testament, § 2232 BGB).
- Das **öffentliche** Testament kann dem Notar mündlich erklärt und von ihm niederge- **39** schrieben sein (§§ 2231 ff. BGB).
- Es kann **dem Notar** aber auch als offene oder verschlossene Schrift **übergeben** werden (§ 2232 BGB). Übergibt der Erblasser eine offene Schrift, so wird der Notar von ihrem Inhalt Kenntnis nehmen (§ 30 Satz 4 BeurkG). Das verschlossene Testament bleibt auch dem Notar verschlossen, es wird erst nach dem Tod des Erblassers geöffnet.

40   • Als **Nottestament** kommen in Betracht: Das Bürgermeistertestament des § 2249 BGB (wenn zu befürchten ist, dass der Erblasser sterben werde, bevor die Errichtung eines Testaments vor dem Notar möglich ist, kann das Testament vor dem Bürgermeister und zwei weiteren hinzugezogenen Zeugen zur Niederschrift errichtet werden); das Dreizeugentestament des § 2250 Abs. 2 BGB (wer sich in so naher Todesgefahr befindet, dass er weder Notar noch Bürgermeister hinzuziehen kann, kann ein Testament durch mündliche Erklärung vor drei Zeugen errichten; diese haben die mündliche Erklärung in eine Niederschrift aufzunehmen); das Absperrungstestament des § 2250 Abs. 1 BGB (wer so abgesperrt ist, dass er ein Notartestament nicht errichten kann, kann nach seiner Wahl ein Bürgermeistertestament oder ein Dreizeugentestament errichten); das Seetestament des § 2251 BGB (wer sich an Bord eines Schiffes außerhalb eines inländischen Hafens auf hoher See befindet (kein Binnensee!), der kann ein Dreizeugentestament – auch bei ruhiger See und ohne aktuelle Gefahr – machen; nicht erforderlich ist, dass einer der drei Zeugen der Kapitän oder ein Offizier des Schiffes ist). Allen Nottestamenten ist gemeinsam, **dass sie drei Monate nach der Errichtung enden,** wenn der Erblasser zu diesem Zeitpunkt noch lebt (§ 2252 BGB). Solange der Erblasser jedoch außerstande ist, ein Testament vor einem Notar zu errichten, sind Beginn und Lauf der Frist gehemmt.

41   Das Testament ist auch als **gemeinschaftliches Testament** möglich, jedoch nur unter Ehegatten (§ 2265 BGB) und unter eingetragenen Lebenspartnern (§ 10 Abs. 4 LPartG). Das gemeinschaftliche Testament ist kein Vertrag, sondern eine von zwei Personen in einer Urkunde zusammengefasste, jeweils einseitige Verfügung von Todes wegen. Der Erbvertrag ist grundsätzlich unwiderruflich, das gemeinschaftliche Testament ist dagegen **grundsätzlich widerruflich.** Der Erbvertrag kann zwischen jedermann (aber nur vor einem Notar) geschlossen werden, das gemeinschaftliche Testament kann dagegen nur zwischen Ehegatten und eingetragenen Lebenspartnern (dafür aber auch als eigenhändiges Testament) geschlossen werden. Das gemeinschaftliche Testament eignet sich besonders, wechselbezügliche Erbeinsetzungen, Vermächtnisse oder Auflagen aufzunehmen, weil der Widerruf der einen Person dann die Unwirksamkeit der Verpflichtung der anderen zur Folge hat (§ 2270 BGB).

42   Die Ehegatten oder eingetragenen Lebenspartner können frei wählen, ob sie ihr gemeinschaftliches Testament in eigenhändiger oder in Form des öffentlichen Testaments errichten wollen. Errichten sie es eigenhändig, dann können sie sich der Formerleichterung des § 2267 BGB bedienen, d. h. der eine Ehegatte/Lebenspartner errichtet das Testament eigenhändig und beide Ehegatten/Lebenspartner unterschreiben es. Stets muss aber der Wille, ein gemeinsames Testament zu errichten, erkennbar sein. Nur dann greifen die gesetzlichen Formerleichterungen (§ 2267 BGB), der Ausschluss einseitiger Rücknahme aus amtlicher Verwahrung (§ 2272 BGB) und die abhängige Verbindung der einen Verfügung von der anderen (§§ 2270, 2271 BGB). Das gemeinschaftliche öffentliche Testament kann nur zur Niederschrift eines Notars gem. § 2232 BGB erklärt werden. Nicht Voraussetzung ist die gleichzeitige Anwesenheit beider Teile, es kann auch erst der eine Teil eine Erklärung abgeben oder übergeben und dann der andere Teil, sofern nur der Wille ein gemeinschaftliches Testament zu errichten, aus beiden Erklärungen ersichtlich ist. Der Wortlaut der beiden Erklärungen muss auch nicht identisch sein. – Das gemeinschaftliche Testament verliert automatisch seine Gültigkeit durch Scheidung der Ehe, § 2268 BGB. Ergibt aber die Auslegung der Verfügungen, dass sie auch für den Fall der Scheidung weiter gelten sollen, dann lässt § 2268 Abs. 2 BGB eine solche Fortgeltung zu.

43   Hauptfall des gemeinschaftlichen Testaments ist das sog. **Berliner Testament** (§ 2269 BGB). In ihm wird bestimmt, dass sich die Ehegatten oder eingetragene Lebenspartner (§ 10 Abs. 4 LPartG) zunächst gegenseitig als (Allein-) Erben einsetzen, dann aber zusätzlich bestimmen, dass der Nachlass nach dem Tode des zuletzt Versterbenden an einen Dritten (meist die Kinder) als Erben fallen soll. Beim Berliner Testament ist der überlebende Ehegatte oder eingetragene Lebenspartner nicht Vorerbe (mit den Beschränkungen der §§ 2112 ff. BGB), sondern **Vollerbe**. Eine anderweitige Bestimmung kann von den Eheleuten oder Lebenspartnern jedoch getroffen werden. Sie können auch die Bestimmung aufnehmen, dass der Nachlass im Falle der Wiederverheiratung des überlebenden Ehegatten oder Lebenspartners sofort an die Abkömmlinge fallen solle. – Da der überlebende Erbe Vollerbe ist, steht den dadurch im ersten Erbfall automatisch enterbten Abkömmlingen der Pflichtteil zu. Sind die Abkömmlinge zu Nacherben berufen, wird häufig im Testament eine Sanktion festgesetzt für den Fall, dass der vorläufig übergangene Abkömmling seinen Pflichtteil geltend macht (oder ausbezahlt bekommt). Zu denkbaren Sanktionen vgl. Weidlich in Palandt, Rz. 13–15 zu § 2269 BGB.

Erstellen unverheiratete Paare oder Partner einer nicht eingetragenen Lebenspartnerschaft **44** ein gemeinschaftliches Testament, dann ist dies regelmäßig unwirksam. Sie müssen sich der Form zweier Einzeltestamente bedienen oder einen notariellen Erbvertrag schließen. § 2275 Abs. 3 BGB sieht dies für Verlobte (auch für gleichgeschlechtliche Verlobte, die eine eingetragene Lebenspartnerschaft eingehen wollen) ausdrücklich vor.

45–50 frei

2.1.3.2 Der Erbvertrag

Der Erbvertrag kann nicht nur unter Ehegatten, Verlobten und eingetragenen Lebenspart- **51** nern, sondern **zwischen jedermann** geschlossen werden. Er kann auch mit anderen vertraglichen Gestaltungen verbunden werden, etwa als Ehe- und Erbvertrag (§ 2276 Abs. 2 BGB). Jede Vertragspartei, die in dem Erbvertrag eine Verfügung trifft, kann einen Erbvertrag **nur persönlich** vor dem **Notar** schließen (§§ 2274, 2276 BGB). Ist eine Vertragspartei hingegen nur Begünstigte, dann braucht sie nicht persönlich anwesend zu sein, sie kann sich dann auch vertreten lassen. Unbeschränkte Geschäftsfähigkeit ist nur bei Erbverträgen von Nichteheleuten und Nichtverlobten erforderlich, Eheleute und Verlobte können auch beschränkt geschäftsfähig sein; sie bedürfen dann der Zustimmung ihrer gesetzlichen Vertreter (ist dieser ein Vormund, dann bedarf er überdies der Genehmigung des Vormundschaftsgerichtes, § 2275 BGB). Erforderlich ist der Abschluss eines Erbvertrages vor dem Notar. Dass § 2276 Abs. 2 BGB für Eheleute und Verlobte, die gleichzeitig einen Ehevertrag abschließen, die für den Ehevertrag erforderliche Formvorschrift »genügen« lässt, bedeutet keine Erleichterung mehr: § 1410 BGB verlangt für den Ehevertrag ebenfalls den Abschluss vor einem Notar.

Der wesentliche Unterschied zwischen Testament (§ 1937 BGB) und Erbvertrag (§ 1941 **52** BGB) ist, dass das Testament eine einseitige Willenserklärung darstellt, die daher jederzeit auch einseitig widerrufen werden kann, während der Erbvertrag ein zweiseitiges Rechtsgeschäft darstellt, das für den Erblasser bindend ist. Dies unterscheidet den Erbvertrag auch vom gemeinschaftlichen Testament, das erst für den überlebenden Ehegatten wirklich bindend wird, § 2271 Abs. 2 BGB. Zu Lebzeiten beider Ehegatten ist ein einseitiger Widerruf beim gemeinschaftlichen Testament noch möglich, wenn auch mit der Folge, dass dann auch der Ehegatte oder Lebenspartner von seiner Verfügung frei wird, § 2270 BGB. Der Erbvertrag ist dagegen verbindlich, was etwa einem den Erblasser pflegenden Vertragspartner eine Sicherheit hinsichtlich seiner späteren Absicherung und Versorgung verschafft. In Ehegattenerbverträgen können verlässliche Nachfolgeregelungen getroffen werden. Der Erbvertrag ist daher sowohl als Verfügung von Todes wegen, als auch als echter Vertrag anzusehen (Doppelnatur). Allerdings ist der Erblasser durch den Erbvertrag nicht daran gehindert noch zu Lebzeiten über sein Vermögen zu verfügen, § 2286 BGB. Die Rechte der in dem Erbvertrag begünstigten Person entstehen erst mit dem Erbfall.

53   Der Erbvertrag ist nicht nur gegen den einseitigen Widerruf geschützt, auch abweichende spätere testamentarische Verfügungen sind konsequenterweise unwirksam, § 2289 Abs. 1 Satz 2 BGB. Allerdings ist zu beachten, dass in einem Erbvertrag mit bindender Wirkung nur Verfügungen über Erbeinsetzungen, Vermächtnisse und Auflagen getroffen werden können, § 2278 Abs. 2 BGB. Andere Verfügungen wie etwas Teilungsanordnungen, Enterbungen, Testamentsvollstreckungen sind zwar möglich, jedoch später wieder frei widerruflich, § 2299 BGB.

2.1.3.3   Die Einsetzung von Erben

54   Der Erblasser muss die Bestimmung seines Erben selbst treffen. Er kann sie nicht einem Dritten überlassen (§ 2065 BGB). Bestimmt der Erblasser, dass seine gesetzlichen Erben bedacht sein sollen, so sind dies dann nach der Auslegungsregel des § 2066 BGB diejenigen Erben, die auch ohne letztwillige Verfügung mit ihren jeweiligen Erbteilen nach Gesetz bedacht würden. Gleiches gilt, wenn der Erblasser seine »Verwandten«, seine »Kinder«, seine »Abkömmlinge« bedacht hat. Der Erblasser kann aber auch **jede andere Person,** auch juristische Personen, als Erben einsetzen. Er kann jemanden zum Alleinerben oder zu einem Bruchteil berufen (§§ 2087–2093 BGB). Er kann jemanden unter einer Bedingung oder unter einer Befristung berufen (§§ 2104 f. BGB). Er kann seine Erbeinsetzung auch auf einen Teil des Nachlasses beschränken (§ 2088 BGB), mit der Wirkung, dass für den Rest gesetzliche Erbfolge eintritt. Er kann jemanden als Ersatzerben bezeichnen mit der Wirkung, dass dieser nur zum Zuge kommt, wenn der eingesetzte Erbe beim Erbfall weggefallen ist (§ 2096 BGB).

55   Allerdings liegt in der Zuweisung bestimmter Gegenstände an bestimmte Personen keine Erbeinsetzung, § 2087 Abs. 2 BGB. Hier muss aus dem Gesamtzusammenhang durch Auslegung ermittelt werden, ob ein Vermächtnis, ein Vorausvermächtnis oder eine Teilungsanordnung vorliegt. Stellt der zugewendete Gegenstand praktisch das gesamte Vermögen des Erblassers dar, dann kann in der Zuwendung dieses Gegenstandes auch ausnahmsweise eine Erbeinsetzung gesehen werden (ebenso Haussmann–Hohloch–Everts, Handbuch des Erbrechts, 2010, S. 850).

56–60 frei

2.1.3.4   Der Ausschluss von Erben

61   Der Erblasser kann auch einen, einzelne oder alle gesetzlichen Erben von der Erbschaft **ausschließen.** Setzt er einen Erben zum Alleinerben ein, so hat er damit alle anderen gesetzlichen Erben, die ohne diese Verfügung zur Erbschaft berufen gewesen wären, automatisch ausgeschlossen, auch ohne dass er sie ausdrücklich enterbt hat. Ebenso kann der Erblasser über sein Vermögen vollständig verfügen und dabei einen gesetzlichen Erben bei der Bestimmung der Empfänger übergehen; auch darin liegt ein Ausschluss des Übergangenen. Enterbt der Erblasser ausdrücklich alle gesetzlichen Erben, ohne einen Empfänger zu benennen, dann erbt automatisch der Staat (§ 1938 BGB).

62   Wird ein **gesetzlicher Erbe enterbt,** der als Abkömmling, Ehegatte oder Elternteil gesetzlich erbberechtigt wäre, so entsteht für den Enterbten der **Pflichtteilsanspruch** in Höhe der Hälfte des Werts des gesetzlichen Erbteils (§ 2303 BGB). Gleiches gilt, wenn ein gesetzlicher Erbe auf weniger eingesetzt ist, als der Hälfte des Werts des gesetzlichen Erbteils entspricht (Zusatzpflichtteil, § 2305 BGB). Ein Pflichtteilsrecht steht gleichermaßen dem enterbten eingetragenen Lebenspartner zu, § 10 Abs. 6 LPartG. Näheres zum Pflichtteil siehe unten.

2.1.3.5 Vorerbe und Nacherbe

Nach § 2100 BGB kann der Erblasser anordnen, dass jemand erst Erbe wird (Nacherbe), **63** nachdem zuvor ein anderer Erbe war (Vorerbe). Sowohl der Vorerbe als auch der Nacherbe gehören daher zu den Erben des Erblassers im Gegensatz zum Ersatzerben: bei ihm wird entweder der Erbe oder der Ersatzerbe Erbe. Lebt der Erbe zum Zeitpunkt des Erbfalls, geht der Ersatzerbe leer aus.

Bei der Gestaltung der Vor- und Nacherbfolge besitzt der Erblasser **weitgehende Gestaltungsfreiheit,** sowohl was die Personen als auch was die Erbteile betrifft. Sogar noch nicht gezeugte Personen können als Nacherben eingesetzt werden (§ 2101 BGB). Beim Tod des Erblassers fällt der gesamte Nachlass an den Vorerben, mit dem Nacherbfall an den Nacherben.

Der Umfang des dem **Vorerben** vererbten Nachlasses soll möglichst zusammengehalten **64** werden, damit er **möglichst ungeschmälert** auf den Nacherben übergehen kann. Dem dienen eine ganze Reihe von Ordnungsvorschriften (§ 2111 Surrogation), als auch von Verfügungsbeschränkungen des Vorerben (§§ 2112 ff. BGB). Verschenkt der Vorerbe Nachlassgegenstände, so ist die Schenkung unwirksam (§ 2113 Abs. 2 BGB), verkauft er Nachlassgegenstände, so fließt die Kaufpreisforderung bzw. der Kaufpreis in den Nachlass (§ 2111 BGB). Verkauft der Vorerbe absichtlich unter Wert, so sieht die Rechtsprechung dies als Schenkung an mit der Folge, dass die gesamte Verfügung unwirksam ist (BGH vom 16.03.1977 NJW 1977, 1631, zu dem subjektiven Moment BGH vom 23.11.1983 NJW 1984, 366). Das Interesse des Erwerbers wird bei diesen Regelungen nur durch die Regelungen über den gutgläubigen Erwerb berücksichtigt; dies setzt jedoch voraus, dass dem Erwerber die Vorerbenstellung unbekannt war.

Im **Innenverhältnis** ist der Vorerbe dem Nacherben gegenüber im Ergebnis zu ordnungs- **65** gemäßer Verwaltung verpflichtet, §§ 2130 f. BGB; der Nacherbe hat über die §§ 2121, 2127 BGB Auskunfts- und über § 2128 BGB Sicherungsrechte. Der Erblasser kann den Vorerben von diesen **Beschränkungen** jedoch **befreien,** § 2136 BGB (dies gilt jedoch nicht für die Beschränkungen hinsichtlich unentgeltlicher Verfügungen, § 2113 Abs. 2 BGB, und der Surrogation, § 2111 BGB).

Der **Nacherbe** erwirbt bereits mit dem Tode des Erblassers eine **Anwartschaft** auf den **66** Nachlass. Diese Anwartschaft ist ihrerseits vererblich (§ 2108 BGB). Tritt jedoch der Nacherbfall nicht spätestens 30 Jahre nach dem Vorerbfall ein, so erlischt die Nacherbschaft (§ 2109 Abs. 1 BGB); eine Regel, von der es jedoch auch wieder Ausnahmen gibt (§ 2109 Abs. 1 Satz 2 BGB). Der Nacherbfall kann nicht nur für den Fall des Todes des Vorerben bestimmt, sondern er kann auch an andere **Bedingungen** und **Befristungen** geknüpft werden. Fehlt jedoch eine Festlegung einer solchen Bedingung oder Befristung, so ist die Nacherbschaft im Zweifel erst für den Todesfall des Vorerben bestimmt (§ 2106 Abs. 1 BGB). Ist ein **gesetzlicher Erbe** nur als Nacherbe eingesetzt, dann kann er wahlweise die Nacherbschaft annehmen und hat dann keinen Pflichtteil, oder die Nacherbschaft ausschlagen und den Pflichtteil geltend machen (Palandt, Rz. 6 zu § 2306 und § 2306 Abs. 2 BGB).

67–70 frei

2.1.3.6 Vermächtnis und Auflage

Der Erblasser kann testamentarisch oder in seinem Erbvertrag bestimmen, dass jeman- **71** dem aus dem Nachlass ein Vermögensvorteil zugewendet wird (**Vermächtnis**, § 1939 BGB). Der so Bedachte wird durch die Zuwendung eines Vermächtnisses nicht Erbe (§ 2087 Abs. 2 BGB). Allerdings ist es auch möglich, dem Erben durch ein Vermächtnis etwas im Voraus zuzuwenden (**Vorausvermächtnis**, § 2150 BGB), was anschließend nicht auf den Erbteil am Nachlass angerechnet wird. (Anders die Teilungsanordnung (§ 2048 BGB), durch die lediglich die Art und Weise der Erbauseinandersetzung innerhalb des Rahmens des Erbteils durch den Erblasser festgelegt wird). Der Unterschied zwischen Vorausvermächtnis und Teilungsanordnung ist gravierend. Erhält der Erbe ein Vorausvermächtnis, so führt dies zu einer Verschiebung der Wertanteile der Miterben, die nicht ausgeglichen werden müssen und gegen die der benachteiligte Miterbe nur durch den Pflichtteil geschützt ist (§ 2306 BGB). Die Teilungsanordnung dagegen soll nicht zu einer Verschiebung der Wertanteile führen; erhält ein Miterbe mehr als ihm nach seiner Erbquote zusteht, so hat er den Mehrwert bei der Erbauseinandersetzung auszugleichen. Außerdem kann das Vorausvermächtnis wie jedes andere Vermächtnis auch sofort geltend gemacht werden (§ 2176 BGB), während die Teilungsanordnung erst bei der Erbauseinandersetzung zur Anwendung kommen kann. Was der Erblasser dem Erben als Vorausvermächtnis vermacht hat, unterliegt bei Anordnung von Vor- und Nacherbschaft auch nicht den Einschränkungen der §§ 2112 ff. BGB (§ 2110 Abs. 2 BGB). Der Vermächtnisnehmer hat nur einen **schuldrechtlichen Anspruch** gegen den oder die Erben, er ist also im Verhältnis zu den Erben ein Außenstehender. Das Vermächtnis kann in einem Geldanspruch bestehen, es kann eine bestimmte Sache oder auch eine Sachgesamtheit, etwa ein Betrieb, zugewendet werden, es kann aber darüber hinaus in jedwedem Tun oder Unterlassen bestehen. Vermächtnisnehmer kann jede natürliche und jede juristische Person sein. Allerdings ist erforderlich, dass der Vermächtnisnehmer zum Zeitpunkt des Todes des Erblassers noch lebt, das Vermächtnis geht nicht automatisch auf die Erben des vorgesehenen Vermächtnisnehmers über (§ 2160 BGB). Der Erblasser kann jedoch einen Ersatzvermächtnisnehmer bestimmen (§ 2190 BGB).

72   Mit dem Vermächtnis **beschwert** ist in der Regel der Erbe (die Erben), jedoch kann der Erblasser auch einen weiteren Vermächtnisnehmer mit dem Vermächtnis beschweren (§§ 2147, 2186 f. BGB, Untervermächtnis). Es ist auch als sog. Nachvermächtnis denkbar (§ 2191 BGB), nämlich dann, wenn bestimmt ist, dass das Vermächtnis von einem bestimmten Zeitpunkt oder Ereignis an dem Nachvermächtnisnehmer zustehen soll (das Nachvermächtnis ist also nicht der Nacherbfolge nachgebildet). Die Vermächtnislast tragen diejenigen, denen sie der Erblasser auferlegt hat. Im Zweifel sind dies beim Geldvermächtnis als dem häufigsten Fall die Erben nach dem Verhältnis ihrer Erbteile; hat der Erblasser mehrere Vermächtnisnehmer mit einem Vermächtnis belastet, so sind sie im Zweifel im Verhältnis des Werts ihrer Vermächtnisse mit dem weiteren Vermächtnis beschwert (§ 2148 BGB). Für die Erben gehören die Vermächtnisse zu den Nachlassverbindlichkeiten (§ 1967 Abs. 2 BGB).

73   Der Vermächtnisnehmer hat das Recht, das Vermächtnis auszuschlagen (§ 2176 BGB). Das Vermächtnis wird daher endgültig erst durch eine ausdrückliche Annahmeerklärung erworben, § 2180 BGB. Diese erfolgt gegenüber dem Beschwerten. Eine Annahme- oder Ausschlagungsfrist besteht jedoch nicht (vgl. jedoch die Regelung des § 2307 Abs. 2 BGB beim Pflichtteilsberechtigten, der zugleich mit einem Vermächtnis bedacht ist; ihm kann der Erbe eine Erklärungsfrist über die Annahme des Vermächtnisses setzen).

74   Die Belastung des Nachlasses mit einer **Auflage** schafft für den Begünstigten keinen Anspruch auf die Leistung (§ 1940 BGB). Als Leistung einer Auflage kommen wieder alle Leistungen in Betracht, jedoch werden sich häufig Auflagen wie Grabpflege, das Lesen von Messen, das Unterlassen von Veröffentlichungen von Manuskripten des Erblassers, das Zugänglichmachen eines Bauwerkes für die Öffentlichkeit und ähnliche Bestimmungen finden. Da der Begünstigte die Auflage nicht durchsetzen kann, wird der Erblasser sie häufig in die Hand eines Testamentsvollstreckers legen (§§ 2197 ff. BGB).

75–80 frei

2.1.3.7   Rechtsgeschäft unter Lebenden auf den Todesfall

Der Erblasser kann auch ein Schenkungsversprechen eingehen unter der aufschiebenden   **81**
Bedingung, dass der Beschenkte den Erblasser überlebt (§ 2301 BGB). Diese Konstruktion
nennt man eine **Schenkung unter Lebenden auf den Todesfall**. Es sind dann, wenn die Schenkung nicht schon zu Lebzeiten erfüllt wird, dieselben Vorschriften anzuwenden, wie sie für die
Verfügungen von Todes wegen gelten; dabei genügen die Formvorschriften des öffentlichen
Testaments oder Erbvertrages ebenso, wie die des privaten handschriftlichen Testaments (eine
andere Meinung wäre im Hinblick auf die jederzeitige Umdeutungsmöglichkeit eines formnichtigen Schenkungsversprechensvertrages in ein formgültiges Testament wenig praktikabel).
Wichtig ist insbesondere die Heilung eines formnichtigen Schenkungsversprechensvertrages
durch den Vollzug der Schenkung (§ 2301 Abs. 2 BGB).

Von der Vorschrift des § 2301 BGB nicht umfasst sind Lebensversicherungsverträge oder   **82**
sonstige **Verträge zu Gunsten Dritter auf den Todesfall** des Erblassers. Diese Verträge unterfallen den Vorschriften der §§ 330 f. BGB. Ist in einem Lebensversicherungsvertrag eine bezugsberechtigte Person angegeben, dann fällt die Summe mit dem Todesfall automatisch an diesen
Bezugsberechtigten, ohne zuvor in den Nachlass zu gelangen. Nur wenn kein Bezugsberechtigter
angegeben wäre, würde die Summe in den Nachlass gelangen. Vor dem Todesfall hat der Dritte
keinerlei Rechte, auch keine Anwartschaften. Der Versprechensempfänger kann über die Guthaben bei der Bank oder Lebensversicherung frei verfügen, Gläubiger des Versprechensempfängers
können in seinen Anspruch, den er zu Lebzeiten hat, vollstrecken. Hat der Versprechensempfänger (= Schenker) einen Lebensversicherungsvertrag aufgelöst oder ein Konto abgeräumt, dann
steht dem Bezugsberechtigten (= Dritter) ein Ersatzanspruch gegen den Nachlass nicht zu.

83–85 frei

2.1.3.8   Schranken des letzten Willens

Zunächst einmal sind alle letztwilligen Verfügungen, die von einem Testierunfähigen   **86**
stammen oder die nicht in der erforderlichen Form vorgenommen worden sind, nichtig
(§§ 2229, 125 BGB). Die Nichtigkeit kann sich darüber hinaus auch aus einem Verstoß gegen die
guten Sitten ergeben (§ 138 BGB). Sogenannte Geliebtentestamente sind in aller Regel nicht
sittenwidrig, vgl. Ellenberger in Palandt, Rz. 50 zu § 138 m. w. N. Daneben sind die letztwilligen
Verfügungen des Erblassers aber auch anfechtbar (§§ 2078 ff., 2281 BGB).

Dem Erblasser sind aber auch durch andere Gründe Grenzen gesetzt. Insbesondere kön-   **87**
nen sich solche Grenzen aus der Höchstpersönlichkeit eines Rechts ergeben; so ist beispielsweise eine Mitgliedschaft in einem Verein grundsätzlich nicht vererblich (§ 38 BGB).

88–90 frei

2.1.3.9   Erbrecht und Unternehmensnachfolge

2.1.3.9.1   Einzelunternehmen

Rein erbrechtlich macht die Vererbung eines Einzelunternehmens keine Probleme. Der   **91**
oder die Erben werden die Rechtsnachfolger des bisherigen Einzelunternehmers. Die Kauf-
mannseigenschaft ist zwar nicht vererblich, aber sie entsteht bei dem oder den Nachfolgern neu.

Problematisch sind die Haftungsfragen. Während der Kaufmann oder die Kaufleute grund-   **92**
sätzlich unbeschränkt für Firmenschulden haften, können Erben ihre Haftung gem. den §§ 1967,
1975 ff. BGB beschränken. Eine Lösung in diesem Konflikt bietet die Vorschrift des § 27 i. V. m. § 25
HGB, die die kaufmännische Haftung bei Fortführung der Firma vorsieht, was auch dann gilt, wenn
in die Firma ein Nachfolgezusatz aufgenommen wird. Die Haftung lässt sich aber durch eine Eintra-

gung ins Handelsregister gem. § 25 Abs. 2 HGB einschränken, wobei diese Erklärung gegenüber dem Handelsregister unverzüglich abgegeben werden muss, sodass der Erbe nicht erst abwarten kann, bis er einen vollständigen Überblick über die Vermögenssituation des Erblassers hat.

93   Zu einer guten Nachfolgeberatung gehört aber in erster Linie, sich mit dem Erblasser über folgende Punkte klar zu werden: welche Qualifikationen haben etwaige Rechtsnachfolger, welches Alter haben sie, müssen vielleicht Zeiträume überbrückt werden, bis die erforderlichen Qualifikationen oder ein bestimmtes Alter erreicht sind. Muss vielleicht die Struktur des Unternehmens verändert werden, um eine Nachfolge auf verschiedene Nachfolger zu erreichen. Hier sind dann vielfältige Überlegungen anzustellen, wie z. B. Erteilen von Prokura, Einsetzen von Geschäftsführern, Gründung von Betriebsaufspaltungen, zeitweiligen Betriebsverpachtungen, Vor- und Nacherbfolge, Vermächtnis, Güterstandsänderung, Pflichtteilsverzichtvereinbarungen, Nießbrauchs- oder Wohnrechtsregelungen, Umwandlung in KG oder GmbH bis hin zur Betriebsveräußerung. Schließlich ist die steuerliche Belastung bei den verschiedenen Lösungsmöglichkeiten zu berücksichtigen.

94   Bedacht werden sollte auch, welche der beabsichtigten Maßnahmen schon zu Lebzeiten vorgenommen werden sollten, etwa im Wege der vorweggenommenen Erbfolge, die stets eine Schenkung unter Lebenden darstellt. Eine besondere Form ist, noch zu Lebzeiten mit den präsumptiven Nachfolgern eine Personengesellschaft zu gründen, da die Nachfolge in die Gesellschafterstellung eines persönlich haftenden Gesellschafters sich außerhalb der Erbengemeinschaft vollziehen kann.

2.1.3.9.2 Personengesellschaft

95   Bei einer **Personengesellschaft** hängt die Frage der Vererblichkeit der Rechtsstellung eines unbeschränkt haftenden Gesellschafters von der Gestaltung des Gesellschaftsvertrages ab. Bei der **Fortsetzungsklausel** ist im Gesellschaftsvertrag bestimmt, dass die Personengesellschaft im Todesfall unter den Altgesellschaftern fortgesetzt wird. In der Person des Erblassers entsteht lediglich ein Abfindungsanspruch, der in den Nachlass fällt. Dessen Höhe kann im Gesellschaftsvertrag geregelt werden, z. B. Verkehrswert, Buchwert. Die gesellschaftsrechtlich vereinbarte Fortsetzungsklausel kann nicht durch ein Testament außer Kraft gesetzt werden. Bei der **Nachfolgeklausel** sieht der Gesellschaftsvertrag dagegen die Nachfolge eines, mehrerer oder aller Erben vor (einfache oder qualifizierte Nachfolgeklausel). Beschränkt der Gesellschaftsvertrag die Nachfolge auf einen oder einige Erben, dann kann diese Beschränkung wiederum nicht durch eine letztwillige Verfügung umgangen werden. Bei der **Eintrittsklausel** ist schließlich im Gesellschaftsvertrag vereinbart, dass einer oder mehrere oder alle Erben ein Recht haben, in die Gesellschaft einzutreten. Die Eintrittsklausel kann wiederum nicht durch eine letztwillige Verfügung beseitigt werden. Denkbar ist jedoch, dass in allen Fällen der Gesellschaftsvertrag eine solche letztwillige Verfügung als relevant bezeichnet. – Sieht der Gesellschaftsvertrag für den Fall des Todes eines persönlich haftenden Gesellschafters einer **Handelsgesellschaft** eine Regelung überhaupt nicht vor, so gilt die Gesellschaft beim Tode als mit den Altgesellschaften fortgesetzt; die Erben haben ohne Regelung im Gesellschaftsvertrag kein Eintrittsrecht. Anders die Regelung des § 177 HGB: Stirbt der Kommanditist, treten seine Erben an seine Stelle. Für die **GbR** gilt dagegen nach wie vor der Grundsatz, dass die Gesellschaft mit dem Tode eines Gesellschafters aufgelöst wird (§ 727 BGB), wenn nicht der Gesellschaftsvertrag etwas Abweichendes regelt. Diese Regelung gilt also insbesondere für alle freiberuflichen Zusammenschlüsse, falls auf sie nicht die Regelungen des HGB anzuwenden sind, wie etwa bei der **Partnergesellschaft**, vgl. § 9 Abs. 1 PartGG. Zu den ertragsteuerlichen Folgen vgl. Rz. 69–74 des Erlasses betr. die Erbengemeinschaft und Erbauseinandersetzung BMF vom 14. 03. 2006 BStBl I 2006, 253.

96–100 frei

2.1.3.9.3 Kapitalgesellschaft

Die Vererbung von Anteilen an Kapitalgesellschaften ist grundsätzlich unproblematisch. **101**
Wer 20 Daimler-Aktien besitzt, kann diese mühelos vererben. Das Problem steckt wieder im
Gesellschaftsrecht, genauer gesagt in der Satzung der AG oder der GmbH.

In der Satzung kann eine Einziehungsklausel enthalten sein, §§ 237 AktG, 34 GmbHG, die **102**
zur Folge hat, dass die Gesellschaft unter den Altgesellschaftern fortgesetzt wird. Möglich ist auch
eine Satzungsbestimmung, die die Einziehung auf bestimmte Fälle beschränkt, etwa wenn im Erbfall Familienfremde begünstigt sind. Die Zahlung der zu leistenden Abfindung darf nicht zu Lasten des Stammkapitals erfolgen, bei der AG sind die Vorschriften über die Kapitelherabsetzung zu
beachten, § 237 Abs. 2 bzw. Abs. 3 AktG. Die Folge einer Einziehung ist der Wegfall des Kapitalanteils, d. h. der Anteil wird noch vererbt, dann jedoch von der Gesellschaft eingezogen. Durch die
Einziehung erfolgt automatisch eine Anwachsung bei den übrigen Gesellschaftern. Dieser wird
das Verhältnis der bisherigen Beteiligung zugrunde gelegt. Empfehlenswert ist, dass die Satzung
eine Frist zur Ausübung des Einziehungsrechts vorsieht. Ansonsten wird den Erben eine angemessene Fristsetzung zugestanden. Läuft die Frist ereignislos ab, dann gilt das Einziehungsrecht als
verwirkt. Die Satzung sollte auch eine Regelung enthalten, wie die Höhe der Abfindung berechnet
wird (Verkehrswert, Stuttgarter Verfahren, Buchwert, ja sogar ein völliger Ausschluss von Abfin-
dungsansprüchen wird für zulässig erachtet, vgl. BGH GmbHR 1977, 81).

Die Satzung der GmbH kann auch Abtretungsklauseln vorsehen, d. h. die Erben müssen **103**
die Anteile an Dritte (Miterben, Gesellschafter, die GmbH selbst oder sonstige Dritte) abtreten.
Eine solche Klausel ist bei der GmbH über § 3 Abs. 2 GmbH zulässig, bei der AG wegen §§ 54,
55 AktG unzulässig. Auch hier fällt der Anteil zunächst in den Nachlass, er muss aber schuld-
rechtlich an den Berechtigten abgetreten werden.

Eine Kombination von Einziehungs- und Abtretungsklausel bietet sich an, wenn die mit **104**
der Einziehung verbundene Anwachsung zu einer nicht erwünschten Überschreitung bestimmter Beteiligungsgrenzen (25 %, 50 %) führen würde. Während die Einziehungsklausel der Fortsetzungsklausel der Personengesellschaft entspricht, ähnelt die Abtretungsklausel der qualifizierten Nachfolgeklausel.

105 frei

2.1.3.10 Die Anfechtung einer letztwilligen Verfügung

Die Vorschriften über die Anfechtung gelten in erster Linie für die **Anfechtung eines ein-** **106**
seitigen Testaments, §§ 2078 ff. BGB. Anfechtungsberechtigt ist jeder, der durch eine Aufhebung der letztwilligen Verfügung einen Vorteil rechtlicher oder wirtschaftlicher Art haben
würde, § 2080 BGB. Nicht anfechtungsberechtigt ist also der Erblasser – er bedarf eines solchen
Rechtes auch nicht, da er sein Testament jederzeit widerrufen kann. Das Anfechtungsrecht
eines einseitigen Testaments entsteht daher auch erst nach dem Tod des Erblassers. Dabei ist es
möglich, nur einzelne Punkte eines Testaments anzufechten (§ 2085 BGB), wie z. B. eine Enterbung, eine Erbeinsetzung, eine Belastung mit einem Vermächtnis, eine Einsetzung eines Testamentsvollstreckers, eine Bestimmung bestimmter Quoten usw. Anfechtbar ist aber auch der
Widerruf eines Testaments durch den Erblasser.

Das Gesetz benennt die **Anfechtungsgründe** in den §§ 2078 und 2079 BGB abschließend. **107**
Ein Anfechtungsgrund ist also der Irrtum des Erblassers. Dabei gelten dieselben Irrtumsfälle als
relevant, die auch für die Vorschrift des § 119 BGB gelten. Relevant sind also sowohl der Erklä-
rungsirrtum (der Erblasser hat sich verschrieben; er hat einen Namen eingesetzt, den er verwechselt hat; er hat einen Betrag eingesetzt, bei dem er eine null zu viel geschrieben hat) als auch
der Inhaltsirrtum (er schreibt »Mutter« und will damit – wie schon zu Lebzeiten – seine Ehefrau

bezeichnen). Darüberhinaus erkennt aber das Erbrecht auch eine Anfechtung wegen eines Motivirrtums als Anfechtungsgrund an (§ 2078 Abs. 2 BGB). Die Rechtsprechung hat diese Vorschrift in einem sehr weiten subjektiven Maße ausgelegt; sie gibt daher der Anfechtung eines Testaments einen breiten Raum. Anfechtungsgründe sind dabei auch **Erwartungen,** die der Erblasser bei Abfassung des Testaments zwar nicht ausgesprochen, aber wie selbstverständlich zugrunde gelegt hat (bei Aussetzen eines Vermächtnisses also beispielsweise die Erwartung, dass sein Vermögen sich bei seinem Tode nicht wesentlich schmälert; oder die Erwartung, dass sich das Verhältnis zu einem enterbten Abkömmling sich bis zu seinem Tode nicht mehr einrenken wird; ähnlich auch die Erwartung, Grundstücken in der ehemaligen DDR werde kein wesentlicher wirtschaftlicher Wert mehr beizumessen sein). Einen Unterfall des Motivirrtums bildet der Fall des Übergehens eines Pflichtteilsberechtigten (§ 2079 BGB, der Erblasser war bei Abfassung seines Testaments noch nicht (wieder) verheiratet; oder er hatte von der Existenz eines nichtehelichen Kindes keine Ahnung). Einen weiteren Anfechtungsgrund bildet die arglistige Täuschung und die Drohung (§ 2078 Abs. 2 BGB). – **Voraussetzung** ist stets, dass der Irrtum oder die Drohung bestimmend für die letztwillige Verfügung war. Wer aus einer Anfechtung Rechte für sich herleitet, muss diese Ursächlichkeit beweisen. Dagegen gilt für die in § 2079 BGB enthaltene weitere Bestimmung, dass der Erblasser die Person des Pflichtteilsberechtigten bei der Erbeinsetzung nicht in dieser Eigenschaft kannte und dass er bei Kenntnis eine andersartige Verfügung getroffen hätte. Hier muss also der Anfechtungsgegner beweisen, dass der Erblasser bei Kenntnis des Pflichtteilsberechtigten dieselbe (ausschließende) Verfügung getroffen hätte. Allerdings taucht natürlich in all diesen Fällen die Frage auf, weshalb der Erblasser trotz späterer Kenntnis sein Testament nicht geändert hat. Zweifel in dieser Hinsicht gehen bei allgemeinen Irrtums- und Drohungsfällen zu Lasten des Anfechtenden, bei Übergehen eines Pflichtteilsberechtigten zu Lasten des Anfechtungsgegners. Die Anfechtung ist **innerhalb eines Jahres** nach Kenntnis des Anfechtungsgrundes zu erklären (§ 2082 BGB). Die Ausübung macht die Verfügung im Umfang der Anfechtung unwirksam (§ 142 BGB).

108   Beim **Erbvertrag** hat dagegen auch der Erblasser ein **Anfechtungsrecht** (§ 2081 BGB), mit dem er sich von seinen bindenden Verpflichtungen lösen kann. Dieses Anfechtungsrecht gesteht die Rechtsprechung dem überlebenden Ehegatten **eines gemeinschaftlichen Testaments** hinsichtlich der ihn sonst nach § 2271 Abs. 2 BGB bindenden Teile des Testaments ebenfalls zu, vgl. BGH FamRZ 1970, 79.

109–115 frei

2.1.4   Der Pflichtteil

116   Pflichtteilsberechtigt sind die Abkömmlinge, die Eltern und der Ehegatte des Erblassers (§ 2303 BGB), sowie der Lebenspartner einer eingetragenen Lebenspartnerschaft, § 10 LPartG. Nicht pflichtteilsberechtigt sind die sonstigen Verwandten. Ebenfalls nicht pflichtteilsberechtigt sind **frühere Ehegatten,** deren Ehe im Zeitpunkt des Erbfalles bereits geschieden ist; besteht beim Tode des Erblassers eine Ehe nur noch deshalb, weil zwar die Scheidung läuft oder gar schon ausgesprochen, aber noch nicht rechtskräftig ist, so entfällt neben dem Erbteil (§ 1933 BGB) auch das Pflichtteilsrecht, weil der Verlust nach § 1933 BGB kein Ausschluss im Sinne des § 2303 BGB ist. In diesen Fällen bleibt aber das Recht auf den Zugewinnausgleich nach § 1371 BGB unberührt (§ 2303 Abs. 2 Satz 2 BGB). Ebenfalls unberührt bleibt ein Unterhaltsanspruch bis zur rechnerischen Höhe des Pflichtteils, § 1586b BGB. Dieselbe Regelung gilt hinsichtlich des nachpartnerschaftlichen Unterhalts, vgl. § 16 LPartG.

117   Nicht pflichtteilsberechtigt sind die **Eltern,** wenn Abkömmlinge des Erblassers das ihnen Hinterlassene annehmen oder den Pflichtteil geltendmachen; dasselbe gilt für entferntere

Abkömmlinge, wenn in ihrem Stamm ein näherer Abkömmling das ihm Hinterlassene annimmt oder den Pflichtteil geltendmacht (§ 2309 BGB). Das Pflichtteilsrecht des entfernteren Abkömmlings kann also nur bestehen, wenn der nähere Abkömmling seines Stammes enterbt wurde (§ 1938 BGB), die Erbschaft ausgeschlagen hat (§§ 1942, 1957 BGB), auf die Erbschaft verzichtet hat (§ 2346 BGB), für erbunwürdig erklärt wurde (§ 2344 BGB) und einen ihm zustehenden Pflichtteil nicht geltendmacht. Das **nichteheliche Kind** ist pflichtteilsberechtigt; im Verhältnis zur Mutter hat es dieselbe Rechtsstellung wie ein eheliches Kind; im Verhältnis zum Vater ist es erbberechtigt, wenn die Vaterschaft nach § 1592 BGB festgestellt wurde. Auch das Adoptivkind ist pflichtteilsberechtigt.

Weitere Voraussetzung für das Entstehen des Anspruch auf den Pflichtteil ist, dass der **118** Berechtigte »**von der Erbfolge ausgeschlossen**« ist (§ 2303 BGB). Ein solcher Ausschluss liegt vor bei einer ausdrücklichen oder stillschweigenden Enterbung (§ 1938 BGB). Ist er als Vorerbe eingesetzt, so ist er gegenüber einem Vollerben beschränkt, daher gilt für ihn § 2306 Abs. 1 BGB. Dasselbe gilt, wenn der Erbe durch Teilungsanordnungen, Vermächtnisse oder Auflagen oder durch die Einsetzung eines Testamentsvollstreckers **beschränkt** wurde; in allen Fällen kann er darauf verweisen, dass die Beschränkungen nicht gelten, sofern sie seinen Erbteil unter den Wert des gesetzlichen Pflichtteils herabdrücken würden; er kann aber in diesen Fällen nach seiner Wahl auch die Erbschaft ausschlagen und stattdessen den gesetzlichen Pflichtteil verlangen. Trifft eine der genannten Beschränkungen für den Erben nicht zu, so führt die Ausschlagung der Erbschaft auch zum Verlust des Pflichtteils (anders beim Ehegatten, der bei Zugewinngemeinschaft immer die Erbschaft ausschlagen und stattdessen den Pflichtteil und den Zugewinnausgleich verlangen kann, § 1371 Abs. 3 BGB). Wurde der gesetzliche Erbe nur als **Nacherbe** eingesetzt, gilt für ihn § 2306 Abs. 2 BGB, d. h. er gehört zu den Pflichtteilsberechtigten, allerdings nur, wenn er die Nacherbschaft ausschlägt. Wurde dem gesetzlichen Erben nur ein Vermächtnis zugewendet, gilt § 2307 BGB, d. h. er kann das Vermächtnis ausschlagen und den Pflichtteil geltendmachen. Ist der gesetzliche Erbe auf weniger eingesetzt, als es seinem Pflichtteil entspricht, so kann er den fehlenden Rest als Pflichtteil geltend machen (§ 2305 BGB), sog. **Pflichtteilsrestanspruch** (nicht zu verwechseln mit dem sog. Pflichtteilsergänzungsanspruch der §§ 2325 ff. BGB). Wer für **erbunwürdig** erklärt ist (§ 2339 BGB), ist nicht von der Erbfolge »ausgeschlossen« worden; er ist daher nicht pflichtteilsberechtigt. Allerdings fällt er auch nur persönlich als Erbberechtigter weg, d. h. seine Kinder treten an seine Stelle (§ 2344 Abs. 2 BGB). Wer dagegen auf sein Erbteil **verzichtet** hat, hat damit auch auf seinen Pflichtteil verzichtet (§ 2346 Abs. 1 Satz 2 BGB). Der Verzichtende kann seinen Verzicht auch auf seinen Pflichtteil beschränken (§ 2346 Abs. 2 BGB; etwa wenn er weiß, dass er enterbt wird und sich jetzt auch noch seinen Verzicht auf seinen Pflichtteil »abkaufen« lässt). Der Verzicht bedarf der notariellen Beurkundung (§§ 2348, 312 Abs. 2 BGB). Er wirkt im Zweifel auch für seine Abkömmlinge, die damit ebenfalls von der Erbfolge und vom Pflichtteil ausgeschlossen sind (§ 2349 BGB).

Der Erblasser kann den Erben nicht nur jederzeit enterben, er kann ihm (allerdings nur **119** beim Vorliegen besonders schwerwiegender Gründe) darüberhinaus auch noch den Pflichtteil entziehen (§§ 2333 ff. BGB).

Der **Wert des Pflichtteils** besteht in der Hälfte des gesetzlichen Erbteils (§ 2303 Abs. 1 **120** Satz 2 BGB, § 10 Abs. 6 LPartG). Allerdings hat der Pflichtteilsberechtigte nur einen reinen Geldanspruch gegen die Erben, eine Realteilung kann der Pflichtteilsberechtigte nicht verlangen. Der Wertberechnung sind die gemeinen Werte zugrunde zu legen (§ 2311 BGB). Auch Grundstücke sind also mit ihrem Verkehrswert im Zeitpunkt des Erbfalles anzusetzen.

Besondere Schwierigkeiten macht in aller Regel die Bestimmung eines **Unternehmens-** **121** **wertes.** Die Summe der im Betrieb vorhandenen Einzelwerte (Substanzwert) wird dem inneren

Wert des Unternehmens nicht gerecht. Auch die künftigen Gewinnchancen sind in den Wert des Unternehmens miteinzubeziehen. Dabei gibt es ungefähr so viele Methoden, wie es Lehrbücher gibt. Als Praktikermethode gilt seit BGH-Urteil vom 30.09.1981, NJW 1982, 575 eine Mittelwertmethode zwischen Substanzwert (das sind die Verkehrswerte der im Betrieb vorhandenen Wirtschaftsgüter abzüglich der Schulden) und Ertragswert (das ist der Barwert der zukünftigen Erfolge nach der Formel »Erwartetes Ergebnis R × 100 : Kapitalisierungszins i = Barwert der zukünftigen Erfolge«; beträgt also beispielsweise das jährlich zu erwartende Ergebnis R = 100 000 €, der Kapitalisierungszinssatz, den ein potentieller Erwerber bei einer Fremdkapitalanlage erzielen könnte 8 %, so ergibt sich nach der obigen Formel ein Ertragswert von 1 250 000 €. Beträgt nun etwa der Substanzwert 750 000 €, so sind nach BGH/NJW 1982, 575 Substanz- und Ertragswert zu addieren. Ob der Unternehmenswert voll mit 2,0 Mio. € oder nur anteilig anzusetzen ist, ist sehr umstritten. Nach der sog. direkten Methode ist eine Herabsetzung nicht vorzunehmen. Zu dem gesamten Komplex vgl. Ernst/Schneider/Thielen, Unternehmensbewertungen, 2012, S. 5 ff.. Zu weiteren Methoden, den Ertragswert zu bestimmen, vgl. Band 1, Horschitz/Groß/Fanck; Bilanzsteuerrecht und Buchführung, 14. Aufl., S. 416 ff.

122   Der Zugewinnausgleichsanspruch ist vom **Wert des Nachlasses** wie jede andere Nachlassschuld zur Bestimmung des Pflichtteilsanspruchs abzuziehen. Vermächtnisse, Auflagen und Pflichtteilsansprüche sind dagegen nicht abzuziehen, BGH vom 16.09.1987 NJW 1988, 136. Möglicherweise sind Zuwendungen, die der Pflichtteilsberechtigte noch zu Lebzeiten des Erblassers erhalten hat, auf den Pflichtteil anzurechnen. Dies ist der Fall, wenn der Erblasser dies bei der Zuwendung ausdrücklich so bestimmt hat (§ 2315 BGB). Möglich ist aber auch eine Ausgleichungspflicht in den gesetzlichen Fällen des § 2316 BGB. Eine weitere wertmäßige Erhöhung kann das Pflichtteilsrecht durch den Pflichtteilsergänzungsanspruch haben (§§ 2325 ff. BGB). Bei diesem kann der Pflichtteilsberechtigte verlangen, dass sich der Wert seines Anspruchs um den Betrag erhöht, der bei einer Hinzurechnung von Geschenken, die der Erblasser noch zu Lebzeiten gemacht hat, zum Nachlass anteilig auf ihn entfiele. Allerdings ist dieser Erhöhungsbetrag seit der Neufassung des § 2325 Abs. 3 BGB im Jahr 2008 nur noch teilweise zu berücksichtigen. Bei der Wertberechnung sind Miterben mitzuzählen, die von der Erbenstellung kraft letztwilliger Verfügung ausgeschlossen worden sind, ebenso solche, die die Erbschaft ausgeschlagen haben oder für erbunwürdig erklärt worden sind, nicht jedoch Miterben, die ohne Abkömmlinge vorverstorben sind oder auf ihren Erbteil (nicht nur auf ihren Pflichtteil) verzichtet haben (§ 2310 BGB).

123   Für den Ehegatten im gesetzlichen Güterstand der **Zugewinngemeinschaft** gilt: Wird der überlebende Ehegatte Erbe, so erhöht sich sein gesetzlicher Erbteil als Ausgleich des Zugewinns um 1/4. Neben gemeinsamen Abkömmlingen erbt also der im gesetzlichen Güterstand lebende Ehegatte grundsätzlich zu 1/2, neben den Eltern zu 3/4. Wird nun dieserEhegatte durch letztwillige Verfügung neben gemeinsamen Abkömmlingen auf weniger als 1/4 (bzw. neben den Eltern auf weniger als 3/8) als Erbe oder Vermächtnisnehmer eingesetzt, so verbleibt ihm dieses 1/4 (3/8) als großer Pflichtteil nach der erbrechtlichen Lösung des § 1371 Abs. 1 BGB i.V.m. § 2303 Abs. 1 Satz 2 BGB. Dafür erhält dieser Ehegatte aber keinen gesonderten Zugewinnausgleich.

124   Wird der überlebende Ehegatte nicht Erbe oder Vermächtnisnehmer (was er durch Ausschlagung der Erbschaft oder des Vermächtnisses auch im Gegensatz zu anderen Erbberechtigten ohne Wirkung für den Pflichtteil selbst herbeiführen kann), so erhält dieser Ehegatte gem. § 1371 Abs. 2 BGB den **kleinen Pflichtteil** aus dem nicht erhöhten Erbteil (also neben Abkömmlingen zu 1/8) und daneben den rechnerisch richtig ermittelten Zugewinnausgleich nach der güterrechtlichen Lösung der §§ 1373 ff. BGB. Ein Wahlrecht hat der enterbte Ehegatte nicht, vgl.

BGH vom 25. 06. 1964 NJW 1964, 2404. Er ist stets auf den kleinen Pflichtteil plus güterrechtlichem Zugewinnausgleich zu verweisen.

Bei der Gütertrennung errechnet sich die Höhe des Pflichtteilsanspruchs aus der Hälfte des nach § 1931 Abs. 4 BGB zustehenden gesetzlichen Erbteils. **125**

BEISPIEL

Das Anfangsvermögen des Erblassers M betrug 100 000 €, das Endvermögen 800 000 €, das Anfangsvermögen seiner Ehefrau betrug 0 €, das Endvermögen 200 000 €. Aus der Ehe sind drei Kinder hervorgegangen. Die Ehegatten lebten im gesetzlichen Güterstand der Zugewinngemeinschaft.

LÖSUNG Ist die Ehefrau als Alleinerbin eingesetzt, so erhalten die Kinder je 1/12 als Pflichtteil (ihr gesetzlicher Erbteil betrüge 1/2, also beträgt ihr Pflichtteil zusammen 1/4, also für jeden der drei 1/12).
– Ist die Ehefrau zu 50 000 € als Erbin eingesetzt, so kann sie noch weitere 150 000 € als Pflichtteilsrest fordern, da ihr Pflichtteil sich entsprechend §§ 2303, 2305, 1371 Abs. 1 BGB auf 200 000 € beläuft. Sie hat aber auch die Möglichkeit, gem. § 1371 Abs. 3 BGB die Erbschaft auszuschlagen und den kleinen Pflichtteil (ohne das Erhöhungsviertel allein aus § 1931 BGB) sowie zusätzlich den güterrechtlichen Zugewinnausgleich zu fordern. Bei der Berechnung ist zu beachten, dass der Anspruch auf Ausgleich des Zugewinns nach § 1371 Abs. 2 und 3 BGB dem Anspruch des Pflichtteilsberechtigten vorgeht. Er ist deshalb vom Aktivbestand des Nachlasses abzuziehen. Der Zugewinnausgleichsanspruch der Ehefrau beträgt also 250 000 €. Der Pflichtteilsanspruch berechnet sich dann von dem noch verbleibenden Nachlasswert von 550 000 €, er beläuft sich also auf 68 750 €. (Sein Zugewinn betrug 700 000 €, ihr Zugewinn 200 000 €, der Zugewinnausgleich beträgt also 250 000 €, § 1378 BGB. Der kleine Pflichtteil berechnet sich von dem nicht erhöhten Erbteil des § 1931 BGB, beträgt also die Hälfte von 1/4 = 1/8 von 550 000 €. Zur Berechnung vgl. Weidlich in Palandt, 75. Aufl., 2016, Rz. 6 zu § 2311; Weinreich/Klein, Familienrecht, 5. Aufl., 2013, Rdnr. 15 ff. zu § 1371). – Ist die Ehefrau voll enterbt, so kann sie gem. § 1371 Abs. 2 BGB nur den Zugewinnausgleich und den kleinen Pflichtteil fordern.

Der **Pflichtteilsanspruch entsteht** mit dem Erbfall (§ 2317 BGB). In den oben genannten Fällen, in denen ein Pflichtteilsanspruch erst eine Ausschlagung des Erbes oder eines Vermächtnisses voraussetzt (§§ 2306, 2307, 1371 Abs. 3 BGB), entsteht der Pflichtteilsanspruch erst mit dieser jeweiligen Ausschlagung (§ 2317 Abs. 1 BGB). Der Pflichtteilsanspruch entsteht nicht bei Erbverzicht oder Pflichtteilsverzicht, § 2346 BGB und bei wirksamer Pflichtteilsentziehung (§ 2333 ff. BGB). Die **Geltendmachung** des Pflichtteilsanspruchs wirkt zivilrechtlich nicht konstitutiv für die Entstehung (er ist aber ohne Geltendmachung für die Gläubiger des Pflichtteilsberechtigten wertlos, vgl. § 852 ZPO). Die Steuerschuld der Erbschaftsteuer entsteht allerdings erst mit der Geltendmachung des Pflichtteilsanspruchs, § 9 Abs. 1 Nr. 1 Buchst. b ErbStG. Umgekehrt kann bei der Erbschaftsteuer eine Belastung mit einem Pflichtteil erst ab dessen Geltendmachung abgezogen werden, § 10 Abs. 5 Nr. 2 ErbStG. Der Grund liegt darin, dass im Steuerrecht erst eine wirtschaftliche Bereicherung oder Belastung relevant wird, nicht schon eine reine Rechtsstellung. **126**

BEISPIELE

a) Erblasser V hinterlässt drei Söhne: A, B und C. Da er sich mit A überworfen hat, verfügt er in seinem Testament, dass anstelle des A dessen Kinder S und T je 1/6 erben sollen. Wert des Nachlasses 900 000 €.

LÖSUNG A ist als gesetzlicher Erbe von der Erbschaft ausgeschlossen worden. Ihm steht somit ein Pflichtteilsanspruch gem. § 2303 BGB zu. Dieser beträgt 1/6 von 900 000 € = 150 000 €.
Fraglich ist, wer diesen Pflichtteilsanspruch zu erfüllen hat. Hier lässt die Vorschrift des § 2340 BGB dem Erblasser weitgehend freie Hand. Hat er eine letztwillige Verfügung über das Tragen der Pflichtteilslast nicht getroffen, so sind im vorliegenden Fall gleichwohl nicht alle Miterben belastet, sondern § 2320 BGB legt im vorliegenden Fall die Pflichtteilslast den Kindern des A auf; B und C sind mit der Pflichtteilslast nicht belastet.

b) Erblasser V hat zwei Kinder, S und M. Der M hat er bereits 15 Jahre vor seinem Tod die Hälfte sei-nes Grundstücks geschenkt. Dem S vermacht er daher die verbliebene Hälfte als Vorausvermächtnis, den Rest sollen S und M zu gleichen Teilen erben. Die Hälfte des Grundstücks hat einen Wert von 900 000 €, der Restnachlass einen Wert von 100 000 €.

LÖSUNG Gem. § 2306 BGB gilt das Vorausvermächtnis der M gegenüber insoweit »als nicht angeord-net«, wie dadurch ihr Pflichtteilsrecht wertmäßig beeinträchtigt wird. Sie kann also im Ergebnis neben ihrem hälftigen Anteil an dem Nachlass (Wert 50 000 €) einen Restanspruch in Höhe von 200 000 € geltendmachen. – Die damalige Schenkung ihres hälftigen Grundstücksanteils braucht sie sich dabei nicht anrechnen zu lassen, da es insoweit an einer Rechtsgrundlage fehlt (§ 2315 BGB gilt nur, wenn der Erblasser die Anrechnung auf den Pflichtteil schon bei der Schenkung angeordnet hat).

127–130 frei

2.1.5   Die Erbengemeinschaft

131
Mit dem Tod des Erblassers geht dessen Vermögen als Ganzes auf die Erbengemeinschaft über (§ 1922 BGB, **Gesamtrechtsnachfolge**). Jeder Miterbe wird automatisch Mitglied der Erbengemeinschaft. Er kann sich dem nur entziehen, wenn er die Erbschaft **ausschlägt,** wozu ihm das Gesetz eine Frist von sechs Wochen setzt, gerechnet ab der Kenntnis des Erben vom Erbfall (§ 1944 BGB). Die Frist beträgt sechs Monate, wenn der Erbe sich bei Fristbeginn im Ausland aufhielt oder wenn der Erblasser seinen letzten Wohnsitz im Ausland hatte, ohne gleichzeitig noch einen Inlandswohnsitz zu besitzen, § 1944 Abs. 3 BGB. Die Ausschlagung der Erbschaft bedarf einer öffentlich beglaubigten Form (§ 1945 BGB). Schlägt der Erbe die Erb-schaft aus, so gilt er rückwirkend zum Zeitpunkt des Erbfalles nicht als Erbe (§ 1953 BGB).

132
Der Erbe kann die Erbschaft auch ausdrücklich annehmen. Lässt er die Ausschlagungsfrist verstreichen, so gilt sie als angenommen (§ 1943 BGB).

Die Erbengemeinschaft ist eine **Gesamthandsgemeinschaft** (§ 2032 BGB). Kein Miterbe kann über einen einzelnen Nachlassgegenstand verfügen, dies kann vielmehr nur die Erbenge-meinschaft, die das Recht hat, den Nachlass gemeinschaftlich zu verwalten (§§ 2040, 2038 BGB). Da § 2038 BGB auf § 745 BGB verweist, bedeutet das Verwaltungsrecht, dass einstimmiges Handeln nur notwendig ist bei einer wesentlichen Veränderung des Gesamtnachlasses, § 745 Abs. 3 BGB. Handelt es sich dagegen um die erforderliche Veränderung eines bloßen Nachlass-gegenstandes (Grundstück, Unternehmen), der nicht gleichzeitig den gesamten Nachlass dar-stellt, so genügt ein Mehrheitsbeschluss. Die Mehrheitsverwaltung stellt also den Regelfall für die Nachlassverwaltung dar. Die Stimmrechte werden dabei gem. § 745 Abs. 1 Satz 2 BGB nach der Größe der Anteile bestimmt. Ist Gefahr im Verzuge, dann kann jeder Miterbe in Einzelver-waltung die erforderlichen Maßnahmen treffen, § 2038 Abs. 1 Satz 2 BGB. Dazu gehören nicht aufschiebbare Reparaturen oder fristgebundene Rechtsmittel. Die Maßnahme muss erhaltungs-notwendig und dringlich sein, ansonsten gilt wieder das Mehrheitsprinzip. Allerdings kann jeder Miterbe über seinen Erbanteil verfügen (§ 2033 BGB). Er kann also seinen Anteil veräu-ßern, allerdings haben die übrigen Miterben dabei ein gesetzliches Vorkaufsrecht (§ 2034 BGB).

133
Jeder Miterbe kann auch jederzeit die **Auseinandersetzung** der Erbengemeinschaft ver-langen (§ 2042 BGB), allerdings sind vor der Teilung von Gesetzes wegen erst die Schulden zu tilgen (§ 2046 BGB). Zu den Nachlassverbindlichkeiten zählen gem. den §§ 1967 ff. BGB auch die Pflichtteilsansprüche, die Vermächtnisse, die Auflagen und die Beerdigungskosten.

Der Erblasser kann durch **Teilungsanordnungen** im Sinne des § 2048 BGB Einfluss auf die Verteilung des Nachlasses nehmen. Dass diese Teilungsanordnungen auch unbedingt beach-tet werden, kann er nur erreichen, wenn er gleichzeitig einen Testamentsvollstrecker einsetzt (§ 2204 BGB). Ansonsten können sich die Erben einvernehmlich über die Teilungsanordnungen hinwegsetzen. Will aber ein Miterbe, dass die Teilungsanordnung beachtet wird, so kann er sie gerichtlich durchsetzen.

Wichtig ist, dass die Teilungsanordnungen die **Erbquoten unberührt** lassen. Erhält also ein Miterbe durch Befolgung der Teilungsanordnungen wertmäßig mehr als ihm nach seiner Erbquote zusteht, dann muss er den Mehrwert an den Nachlass zurückerstatten. Will der Erblasser dies nicht, so muss er den Erben entweder quotenmäßig begünstigen oder ihm ein Vorausvermächtnis zuwenden (§ 2150 BGB). Im letzteren Fall wendet der Erblasser dem begünstigten Erben zuerst einen Vermögensvorteil zu und lässt nur den Rest des Nachlasses quotenmäßig unter den Miterben zur Verteilung gelangen. Was der Erblasser gewollt hat, Teilungsanordnung oder Vorausvermächtnis, ist notfalls durch **Auslegung** des Testaments zu ermitteln. Bleibt nach Berichtigung der Vermächtnisse und der Nachlassschulden kein Vermögen mehr übrig oder mussten die Nachlassgegenstände, die zur Verteilung gelangen sollten, zur Berichtigung der Nachlassschulden versilbert werden (vgl. § 2046 Abs. 3 BGB), dann geht die Teilungsanordnung ins Leere. **134**

Sind sich die Erben einig, so können sie den Nachlass auch unter Umgehung des Willens des Erblassers teilen. Sind sie sich uneinig, so kann jeder Miterbe die Teilung nach den gesetzlichen Teilungsregeln gerichtlich erzwingen und durchsetzen. Anzuwenden sind dabei die Regelungen der §§ 752 bis 757 BGB, denen allerdings Teilungsanordnungen des Erblassers vorgehen. Die **Teilungsvorschriften** sehen grundsätzlich eine Teilung in Natur vor (§ 752 BGB); lässt sich der Nachlass oder einzelne Nachlassgegenstände nicht in quotenmäßige Anteile zerlegen, so sieht § 753 BGB die Verwertung und Teilung des Erlöses vor. Zu beachten ist aber stets, dass vorrangig die Nachlassschulden zu berichtigen sind. **135**

Die Miterben können auch zunächst einmal nur eine **Teilauseinandersetzung** durchführen und die Verteilung des restlichen Nachlasses aussetzen. Die Miterben können auch den gesamten Nachlass an einen oder mehrere Erwerber verkaufen, sog. **Erbschaftskauf** (§ 2371 BGB). **136**

137–140 frei

2.1.6 Haftung und Haftungsbeschränkung

Der Erbe haftet für die **Nachlassverbindlichkeiten** (§ 1967 BGB). Er tritt also in die Schulden des Erblassers ein. Hat er die Erbschaft ausgeschlagen, so bedeutet dies wegen der Rückwirkung der Ausschlagung auch, dass er sich der Schulden des Erblassers entledigt hat. Eine Schuldübernahme kommt daher erst durch Annahme der Erbschaft zustande (wobei das Verstreichenlassen der Ausschlagungsfrist als Annahme gilt, § 1943 BGB). **141**

Zu den Nachlassverbindlichkeiten gehören in erster Linie die Schulden des Erblassers. Zu ihnen gehören aber auch die Schulden, die durch den Erbfall verursacht wurden, also die Schulden, die sich aus dem Zugewinnausgleich, dem Pflichtteilsrecht eines Pflichtteilsberechtigten, dem durch ein Vermächtnis Begünstigten, sowie aus den Beerdigungskosten (§ 1968 BGB) ergeben. Dazu gehören auch die Nachlasskosten oder -verwalterschulden, die ebenfalls nur den Nachlass berühren. **142**

Der Alleinerbe haftet für diese Schulden grundsätzlich mit seinem gesamten Vermögen, § 1967 BGB. Er kann jedoch die Haftung über die Gestaltungsmöglichkeiten der **Nachlassverwaltung** und des **Nachlassinsolvenzverfahrens** auf den übernommenen Nachlass beschränken (§§ 1975 ff. BGB). Bei der Nachlassverwaltung reicht der Nachlass zur Befriedigung der Gläubiger aus, beim Nachlassinsolvenzverfahren dagegen reicht der Nachlass nicht aus. Ist der Nachlass überschuldet, so ist der Erbe verpflichtet, das Insolvenzverfahren herbeizuführen (§ 1980 BGB). Andernfalls haftet er den Gläubigern gegenüber persönlich auch für den daraus entste- **143** henden Schaden. Ist die Nachlassverwaltung oder das Insolvenzverfahren mangels Masse nicht eröffnet oder eingestellt worden, so kann der Erbe einem Gläubiger gegenüber die sog. **Dürftigkeitseinrede** des § 1990 BGB erheben und damit seine Haftung auf den Nachlass beschränken.

144   Die **Miterben** haften für die Nachlassverbindlichkeiten als Gesamtschuldner (§ 2058 BGB). Die Miterben des ungeteilten Nachlasses können jedoch eine Begleichung von Schulden auf den Nachlass beschränken (§ 2059 BGB). Gleichwohl empfiehlt sich auch für die Miterben, für den hoch verschuldeten oder gar überschuldeten Nachlass die Nachlassverwaltung oder das Nachlassinsolvenzverfahren zu betreiben, da sich nur so eine zuverlässige Haftungsbeschränkung für den Fall der Teilung erreichen lässt (§ 2060 BGB). Die Nachlassverwaltung kann nach der Teilung nicht mehr beantragt werden, das Nachlassinsolvenzverfahren kann dagegen auch nach der Teilung noch herbeigeführt werden (§ 316 InsO).

     Das Steuerrecht schafft sich in § 45 AO einen selbstständigen Haftungstatbestand, der jedoch die Möglichkeiten, die das BGB zur Haftungsbeschränkung eröffnet, nicht einschränkt (vgl. Tipke/Kruse, AO und FGO, § 45 Rdnr. 23 ff.).

145–150 frei

2.1.7 Der Erbschein

151   Der Erbschein gibt Auskunft darüber, **wer** Erbe geworden ist und zu welcher **Quote** er Erbe geworden ist (§ 2353 BGB). Er wird auf Antrag des Erben durch das Nachlassgericht erteilt. Der Erbe wird diesen Erbschein in aller Regel benötigen, um eine Berichtigung des Grundbuchs herbeizuführen (§ 35 GBO), oder um Forderungen oder Guthaben des Erblassers geltend zu machen. Der Nachteil des Erbscheins liegt in der Umständlichkeit seines in den §§ 2354 bis 2356 BGB geregelten Erteilungsverfahrens und in den Kosten, die seine Ausstellung verursacht. Ist ein **Testamentsvollstrecker** eingesetzt, so wird er, um Forderungen oder Guthaben des Erblassers einzuziehen, in aller Regel einen Testamentsvollstreckerschein benötigen (§ 2368 BGB).

152–160 frei

2.2 Die Schenkung

161   Zu unterscheiden ist die sofort vollzogene Schenkung (**Handschenkung**, § 516 BGB) und das **Schenkungsversprechen** (§ 518 BGB). Die Schenkung setzt eine unentgeltliche Zuwendung aus dem Vermögen des Schenkers in das Vermögen des Beschenkten voraus, bei dem sich beide Vertragspartner über die Unentgeltlichkeit einig sind. Allerdings sind auch **gemischte Schenkungen** als Schenkungen im Sinne des § 516 BGB denkbar: Dies ist der Fall, wenn der Wert der Gegenleistung nach dem Willen der Parteien unter dem Wert der Leistung liegt und sich beide Parteien über die Unentgeltlichkeit des überschießenden Teils einig sind. In solchen Fällen ist das Rechtsgeschäft zum Teil nach den Vorschriften über entgeltliche Rechtsgeschäfte (Kauf) und zum Teil nach den §§ 516 ff. BGB zu beurteilen. Häufige Formen der gemischten Schenkung sind die Schenkung mit Schuldenübernahme oder mit Übernahme einer Leistungspflicht (dauernde Lasten) oder des Nießbrauchs oder Wohnrechtsvorbehalts.

     Ebenfalls Schenkungen sind die sog. **Schenkungen unter einer Auflage**. Von solchen spricht man, wenn die Schenkung mit der Bestimmung zu einem Tun oder Unterlassen des Beschenkten verknüpft wird (§ 525 BGB). Zu den ertragsteuerlichen Folgen einer gemischten Schenkung oder einer Schenkung unter Auflage vgl. insbesondere den Erlass über die vorweggenommene Erbfolge, BMF vom 26.02.2007 BStBl I 2007, 269 und zu den schenkungsteuerlichen Folgen R E 7.4 ErbStR.

162   Keine Schenkungen sind die **Ausstattung** im Sinne des § 1624 BGB und die sog. **unbenannten Zuwendungen** unter Ehegatten. Von einer solchen spricht man, wenn sich Ehegatten Vermögensgegenstände zuwenden, die ihren Rechtsgrund in der bestehenden Ehe haben. Als

besonders häufiges Beispiel sei der Fall genannt, in dem bei der Zugewinngemeinschaft (die ja während des Bestehens der Ehe in einer Gütertrennung besteht) ein Ehegatte die gesamten Anschaffungs- und Finanzierungskosten eines eigengenutzten Hauses oder einer Eigentums-wohnung trägt und dennoch damit einverstanden ist, dass beide Ehegatten im Grundbuch als Eigentümer eingetragen werden. Dasselbe gilt, wenn ein Ehegatte die Rentenbeiträge des anderen Ehegatten trägt, um diesem eine angemessene Altersvorsorge zu sichern.

Das **Schenkungsversprechen** im Sinne des § 518 BGB besteht in einer einseitigen Verpflichtung, einem anderen unentgeltlich eine Leistung zukommen zu lassen. Der Schenkungs-versprechensvertrag bedarf zu seiner Gültigkeit der notariellen Beurkundung. Ohne diese Form kann der Versprechensempfänger nicht auf Erfüllung klagen. Allerdings wird der Formmangel durch den Vollzug der Schenkung geheilt. Das ohne Beachtung der Formvorschrift erfüllte Schenkungsversprechen führt also nicht dazu, dass die Schenkung wegen ungerechtfertigter Bereicherung zurückverlangt werden könnte. **163**

Einige Besonderheiten seien noch angemerkt: Dem Schenker steht innerhalb der ersten zehn Jahre nach der Schenkung auch ohne Vorbehalt ein **Widerrufsrecht** zu, falls er außer-stande ist, seinen angemessenen Unterhalt zu bestreiten und die ihm obliegenden Unterhalts-pflichten zu erfüllen (§ 528 BGB). Der Beschenkte kann die Herausgabe des geschenkten Gegenstandes verweigern, wenn dadurch wiederum sein Unterhalt gefährdet wäre; außerdem kann er die Herausgabe durch Zahlung einer Unterhaltsrente abwehren. Der Herausgabean-spruch wegen Verarmung des Schenkers kann nach Überleitung gem. § 93 SGB XII auch durch den Träger der Sozialhilfe gegen den Beschenkten geltend gemacht werden. **164**

Ein weiteres Widerrufsrecht steht dem Schenker gem. §§ 530 ff. BGB zu, wenn sich der Beschenkte dem Schenker gegenüber **grob undankbar** verhalten hat. Darüber hinaus kann der Schenker jede Schenkung unter einen **allgemeinen Vorbehalt** des jederzeitigen Widerrufs stellen. Ein solches allgemeines Widerrufsrecht wird ebenso wie ein vertragliches Rücktrittsrecht anerkannt. Ertragsteuerlich gilt aber eine solche unter Widerrufsvorbehalt gestellte Schenkung unter nahen Angehörigen als nicht vollzogen, der Schenker erzielt also weiterhin die Einkünfte, der Beschenkte wird nicht als Mitunternehmer angesehen, BFH vom 16.05.1989 BStBl II 1989, 877; schenkungsteuerlich wird die Schenkung jedoch in vollem Umfang als vollzogen angese-hen, vgl. Vfg. der OFD Nürnberg vom 27.01.1994 DStR 1994, 467. **165**

Weitere **Sonderformen** stellen der Vorbehalt der Zustimmung für den Fall der Weiterver-äußerung oder Belastung oder für den Fall des Vorversterbens ohne Abkömmlinge oder für den Fall der Insolvenz des Beschenkten dar. Für all diese Fälle kann sich der Schenker die Zustim-mung vorbehalten oder gar eine auflösende Bedingung vereinbaren, die allerdings gerade bei Grundstücksschenkungen nur zu einem Rückforderungsanspruch führen, da die Auflassung bedingungsfeindlich ist; jedoch kann für den Fall des Eintritts der Bedingung bereits eine Rück-auflassungsvormerkung in das Grundbuch eingetragen werden. Der Widerruf muss jeweils erst ausgeübt werden, die auflösende Bedingung wirkt automatisch. **166**

Eine weitere automatische Folge der Schenkung ist der **Pflichtteilsergänzungsanspruch** des § 2325 BGB innerhalb einer gleitenden Ausschlussfrist während der ersten 10 Jahre nach der Schenkung. Zusätzlich kann der Schenker anordnen, dass sich der Beschenkte die Schen-kung nach § 2050 Abs. 3 BGB auf den Erbteil oder nach § 2315 BGB auf den Pflichtteil anrech-nen lassen muss (Anrechnung). Maßgebend ist der Verkehrswert der Schenkung zuzüglich einem Inflationsausgleich. Die Anordnung kann nur vor oder gleichzeitig mit der Schenkung erfolgen, also beispielsweise nicht mehr im Testament angeordnet werden. **167**

Auch ohne ausdrückliche Anordnung findet die Anrechnung bei der **Ausstattung** im Sinn des § 1624 BGB statt, z. B. anlässlich einer Heirat oder zur Existenzgründung oder zur Erhal-tung der Selbstständigkeit. **168**

169   **Zusammenfassend** lässt sich sagen:

a) Bei einer Schenkung erfolgt normalerweise keine Anrechnung auf das Erbe, außer auf Anordnung des Schenkers. Die Ausstattung wird im Normalfall angerechnet, dies kann jedoch ausdrücklich bei Vornahme der Ausstattung ausgeschlossen werden. Neuerdings kann der Erblasser früher bei der Schenkung getroffene Anordnungen durch letztwillige Verfügung wieder abändern, § 2050 Abs. 4 BGB. Außerdem werden Pflegeleistungen besser berücksichtigt, § 2057b BGB.

b) Ist der durch eine Ausstattung Begünstigte auf den Pflichtteil gesetzt, so muss er sich seine Ausstattung zwingend auf seinen Pflichtteil anrechnen lassen (§§ 2316 Abs. 3, 2050 Abs. 1 BGB). Der Beschenkte dagegen erhält seine Schenkung nur dann auf den Pflichtteil angerechnet, wenn der Schenker dies ausdrücklich angeordnet hat (§ 2050 Abs. 3 BGB).

c) Ein anderer auf den Pflichtteil gesetzter gesetzlicher Erbe als der Beschenkte kann nicht verlangen, dass für ihn eine Pflichtteilsergänzung in Höhe der Ausstattung stattfindet (§ 2325 Abs. 1 BGB), da die Ausstattung ja gerade keine Schenkung ist. Dagegen kann er verlangen, dass eine Schenkung zu einer Ergänzung des Pflichtteils führt (§ 2325 BGB).

BEISPIELE

a) V schenkt seinem Sohn S ein Grundstück im Wert von 500 000 €. Später sind S und T seine Erben, der Nachlass hat einen Wert von 2,0 Mio. €.

LÖSUNG Im Fall der Schenkung braucht sich S die Schenkung nicht anrechnen zu lassen, er kann also aus dem Nachlass 1,0 Mio. € beanspruchen (V kann jedoch die Anrechnung bei der Schenkung anordnen).

b) V gibt S das Grundstück als Ausstattung.

LÖSUNG Erhöhung des Nachlasses um die Zuwendung auf 2 500 000 €. Dies ergibt bei hälftiger Teilung je 1 250 000 €. Darauf muss sich S 500 000 € anrechnen lassen. S kann also 750 000 € beanspruchen, T 1 250 000 €. Eine vereinfachte Berechnung führt zu demselben Ergebnis: Die T kann vorab den zugewendeten Wert von 500 000 € für sich beanspruchen, der Rest wird nach den Erbquoten mit je 750 000 € geteilt (Allerdings könnte der V bei Vornahme der Ausstattung verfügt haben, dass diese nicht anzurechnen sei).

c) Wie Beispiel a), aber S ist im Testament enterbt.

LÖSUNG S kann als Pflichtteilsberechtigter von T die Hälfte seines gesetzlichen Erbteils, also 500 000 € in Geld, verlangen (V hätte jedoch schon bei der Schenkung verfügen können, dass sich S die Schenkung auf seinen Erbteil oder seinen Pflichtteil anrechnen lassen müsse; in diesem Fall hätte die Berechnung gelautet: 2 500 000 € : 4 = 625 000 € ./. 500 000 = 125 000 €).

d) Wie Beispiel a), aber die T ist im Testament enterbt.

LÖSUNG Erfolgt der Erbfall innerhalb von 10 Jahren seit der Schenkung, dann kann die T verlangen, dass dem Nachlass der Wert der Schenkung hinzugerechnet wird. Ihr Pflichtteilsanspruch berechnet sich also mit 1/4 von 2 500 000 €, also auf 625 000 €.

e) Wie Beispiel b), aber S wird im Testament enterbt.

LÖSUNG Gemäß § 2316 Abs. 3 BGB muss sich S seine Ausstattung auf den Pflichtteil anrechnen lassen, also Berechnung mit 2 500 000 € : 4 = 625 000 € ./. 500 000 € = 125 000 €.

f) Wie Beispiel b), aber die T wird im Testament enterbt.

LÖSUNG T kann nicht verlangen, dass die Ausstattung in den Nachlass als Pflichtteilsergänzung einbezogen wird, sie kann also nur 500 000 € verlangen.

Je nach gewünschter Gestaltung sollte ein Schenker also überlegen, ob er nicht die etwas unmodern gewordene Form der Ausstattung im Sinne des § 1624 BGB wählen möchte. Allerdings ist darauf hinzuweisen, dass die Ausstattung zwar zivilrechtlich als eigenes Rechtsinstitut und nicht als Schenkung angesehen wird (ein Ausstattungsversprechen ist also auch ohne die Form des § 518 BGB rechtsverbindlich), jedoch besteht schenkungsteuerlich zwischen den beiden kein Unterschied.

Teil B Erbschaft- und Schenkungsteuerrecht

1   Allgemeines

Die Erbschaftsteuer ist eine in die Substanz eingreifende Steuer, die unabhängig von der **201** Ertragskraft des übergehenden Vermögens entsteht, deshalb kann man sie zu den Besitzsteuern zählen. Da sie aber stets an den Übergang von Vermögen anknüpft, wird sie im Allgemeinen zu den **Verkehrsteuern** gerechnet. Sie gehört zu den einmaligen, nicht laufend veranlagten Steuern.

Voraussetzung ist, dass eine natürliche oder juristische Person aufgrund einer unentgeltli- **202** chen Bereicherung (und hier vor allem eines Erbfalls oder einer Schenkung) Eigentümer eines steuerpflichtigen Erwerbs wird, § 10 ErbStG. Als Gegenstand der Erbschaftsteuer benennt § 1 ErbStG

- den Erwerb von Todes wegen,
- die Schenkung unter Lebenden,
- die Zweckzuwendungen (eine besondere Form der Auflage, vgl. § 8 ErbStG) und
- als besonderen Tatbestand die Besteuerung des Vermögens einer Familienstiftung oder eines Familienvereins im Zeitabstand von je 30 Jahren.

Die Erbschaftsteuer kann von ihrem Ansatz her mit **anderen Steuern** an sich **nicht zusammen-** **203** **fallen.** Die obigen Vermögensmehrungen unterliegen weder der Umsatzsteuer noch der Grunderwerbsteuer, § 3 Nr. 2 Satz 2 GrErwStG (bei einer teilentgeltlichen Zuwendung unterliegt allerdings der entgeltliche Teil der Grunderwerbsteuer, der unentgeltliche Teil der Schenkungsteuer). Wohl aber können erbschaftsteuerliche Tatbestände beim Erben mit der **Einkommensteuer** kollidieren. Beispielsweise können beim Erwerb einer Beteiligung im Sinne des § 17 EStG stille Reserven mit Erbschaftsteuer belastet sein, die später noch einmal der Einkommensteuer zu unterwerfen sind. Oder der Erblasser hinterlässt ein Grundstück, das der Erbe innerhalb der Frist des § 23 EStG veräußert; auch hier werden unter Umständen stille Reserven sowohl der Erbschaftsteuer als auch der Einkommensteuer unterworfen. Oder der Erbe eines Überschussrechners zieht Honorarforderungen ein, die dann sowohl der Erbschaftsteuer als auch der Einkommensteuer zu unterwerfen sind. Hätte sie noch der Erblasser eingezogen, dann wären sie zwar bei ihm ebenfalls zu versteuern gewesen, der Nachlass wäre aber um die entsprechende Einkommensteuerschuld geringer gewesen. Oder der Erbe zieht rückständigen Lohn oder rückständiges Gehalt des Erblassers ein. In all diesen Fällen sind die erbschaftsteuerlichen Erwerbe zusätzlich latent mit einer eigenen Einkommensteuer des Erben belastet. Für diese Fälle verbleibt es bei der Festsetzung der Erbschaftsteuer ohne Berücksichtigung der latenten Einkommensteuerbelastung. Allerdings sieht § 35b EStG für Erbfälle (nicht Schenkungen!) eine Anrechnungsmöglichkeit innerhalb eines Anrechnungszeitraums von 4 Jahren vor.

BEISPIELE

a) E erbt am 01. 10. 01 ein Grundstück, das er noch innerhalb der Zehnjahresfrist des § 23 EStG am 01. 12. 04 veräußert. Da die Veräußerung innerhalb des Anrechnungszeitraums, der bis 31. 12. 04 (und nicht etwa nur bis 30. 09. 04) läuft, veräußert, ist § 35b EStG anwendbar.

S erbt einen Betrieb mit einem Verkehrswert von 1 Mio Euro. S entscheidet sich für den Verschonungsabschlag von 85 %. Im dritten Jahr nach dem Erbfall verkauft S den Betrieb mit einem Gewinn von 500 000 €. Darauf wäre Einkommensteuer festzusetzen in Höhe von $0,45 \times 500\,000 - 15\,694 = 209\,306$ €, § 32a EStG. Auf Antrag wird die ESt um den prozentualen Abschlag des § 35b Satz 2 EStG ermäßigt.

204 An dieser Stelle sei darauf hingewiesen, dass der BFH das Erbschaftsteuergesetz insgesamt für verfassungswidrig hielt. Es hatte daher mit Vorlagebeschluss vom 27.09.2012 BStBl II 2012, 899 das Bundesverfassungsgericht angerufen, um die **Verfassungsmäßigkeit der Erbschaftsteuer** insgesamt überprüfen zu lassen. Der BFH sah insbesondere folgende Mängel: Anwendung einheitlicher Steuertarife nach § 19 ErbStG bei Überprivilegierung des Betriebsvermögens über die Verschonungsabschläge von 85 % oder gar 100 % durch die §§ 13a, 13b ErbStG (Gleiches gilt für das land- und forstwirtschaftliche Vermögen und Anteile an Kapitalgesellschaften, für diese jedoch nur bei einer Mindestbeteiligung von mehr als 25 %); »unverhältnismäßig kurze Behaltensfrist« von fünf bzw. sieben Jahren; Begünstigung (über § 13a ErbStG) kleiner Betriebe mit bis zu 20 Arbeitnehmern, bei denen der Erhalt von Arbeitsplätzen nicht im Vordergrund stehe; keine Berücksichtigung der Leistungsfähigkeit der Betriebe; zu hohe Begünstigung von Verwaltungsvermögen, die es ermögliche dem Betriebsvermögen auch privates Vermögen »beizumischen« (so Thonemann-Micker in DB 2012, 2538); Privilegierung von betrieblichen Bank- und Festgeldguthaben, da sie kein Verwaltungsvermögen darstellten. Mit seinem Urteil vom 17.12.2014 BStBl II 2015, 50, hat das BVerfG die Bedenken des BFH hinsichtlich der Überprivilegierung des Betriebsvermögens im Wesentlichen bestätigt. Näheres s. Rz. 450.

205 frei

2 Steuerpflicht

206 Die Erbschaftsteuer unterscheidet zwischen der **persönlichen** Steuerpflicht des § 2 ErbStG und der **sachlichen** Steuerpflicht (Steuerentrichtungspflicht). Ob der persönlich steuerpflichtige Empfänger der Bereicherung am Ende auch tatsächlich Erbschaftsteuer entrichten muss, ist von einer Vielzahl von Faktoren, insbesondere von der Höhe des Werts der Bereicherung und von den zu gewährenden Freibeträgen, abhängig.

2.1 Persönliche Steuerpflicht

207 Das Gesetz spricht in § 2 ErbStG direkt von der unbeschränkten und der beschränkten Steuerpflicht. Zu ergänzen sind diese Vorschriften noch um diejenigen einer erweitert beschränkten Erbschaftsteuerpflicht nach § 4 Außensteuergesetz (AStG). Persönlich steuerpflichtig ist **jeder Erwerber** einer Bereicherung, also sowohl natürliche als auch juristische Personen (AG, GmbH, Verein), darüberhinaus aber auch jede andere Art von Personenvereinigungen oder Vermögensmassen. § 2 ErbStG bestimmt aber nicht den Steuerschuldner (dieser ergibt sich vielmehr aus der Vorschrift des § 20 ErbStG), sondern soll eine Abgrenzung treffen, welche Art von Erwerben der deutschen Erbschaftsteuer unterliegen, wenn die Bereicherung auch persönliche oder sachliche Beziehungen zum Ausland aufweist.

2.1.1 Unbeschränkte Steuerpflicht

208 Unbeschränkte Steuerpflicht besteht, wenn entweder der **Erblasser** (Schenker) oder der **Erwerber Inländer** ist. Abgestellt wird dabei beim Erblasser auf den Zeitpunkt des Todes, beim Schenker auf den Zeitpunkt der Ausführung der Schenkung und beim Erwerber auf den Zeitpunkt des Entstehens der Steuer (§ 9 ErbStG). Als Rechtsfolge der unbeschränkten Steuerpflicht unterliegt der **gesamte Vermögensanfall** einschließlich der im Ausland belegenen Vermögensteile der deutschen Erbschaftsteuer. Steuerliche Erleichterung für das Auslandsvermögen schafft nur entweder ein DBA, das sich auch auf die Erbschaftsteuer bezieht, oder die Anrechnungsvorschrift des § 21 ErbStG.

Natürliche Personen sind Inländer, wenn sie im Zeitpunkt des Todes bzw. der Zuwendung bzw. des Entstehens der Steuer einen **Wohnsitz** (§ 8 AO) oder ihren **gewöhnlichen Aufenthalt** (§ 9 AO) im Inland haben. Haben sie also im Inland einen Wohnsitz oder ihren gewöhnlichen Aufenthalt, dann kommt es auf ihre Staatsangehörigkeit nicht an. Darüberhinaus schafft § 2 in Abs. 1 Nr. 1 Satz 2 Buchst. b und c für deutsche Staatsangehörige noch eine erweiterte Zuordnung zur unbeschränkten Steuerpflicht, wenn sie sich entweder nicht länger als fünf Jahre im Ausland aufgehalten haben (bei Aufenthalt in den USA 10 Jahre gem. DBA USA) oder (ungeachtet der Fünfjahresfrist) in einem Dienstverhältnis zu einer inländischen juristischen Person des öffentlichen Rechts stehen und Arbeitslohn aus einer inländischen öffentlichen Kasse beziehen. **209**

Juristische Personen, Personenvereinigungen und Vermögensmassen sind Inländer, wenn sie ihren **Sitz** (§ 11 AO) oder ihre **Geschäftsleitung** (§ 10 AO) im Inland haben. **210**

BEISPIELE

a) Der Schweizer Staatsangehörige A hatte bei seinem Tode einen Wohnsitz in Stuttgart und einen Wohnsitz in Zürich, seinen gewöhnlichen Aufenthalt hatte er in Zürich.
LÖSUNG Es besteht unbeschränkte Steuerpflicht, d. h. sein gesamter in- und ausländischer Nachlass unterliegt nach § 2 ErbStG der deutschen Erbschaftsteuer, auch wenn die Erben alle in der Schweiz leben – wenn nicht ein deutsch-schweizerisches Doppelbesteuerungsabkommen dafür eine andere Lösung vorsieht. In der Tat sieht das deutsch-schweizerische DBA zur Vermeidung der Doppelbesteuerung auf dem Gebiet der Nachlass- und Erbschaftsteuer vom 30. 11. 1978 dafür eine andere Lösung vor. Solche DBA auf dem Gebiet der Erbschaftsteuer bestehen aber nur zu wenigen Staaten. Ansonsten helfen nur Anrechnungsvorschriften, vgl. § 21 ErbStG.
Das in der Schweiz belegene Vermögen bleibt jedoch über die Vorschrift des § 19 Abs. 2 ErbStG für den deutschen Steuersatz von Bedeutung.

b) Der Erblasser ist Chilene, der im Inland weder Wohnsitz noch gewöhnlichen Aufenthalt hat. Erben sind seine neun Kinder, von denen ein Sohn in Heidelberg studiert. Der gesamte Nachlass befindet sich in Chile.
LÖSUNG Soweit es den in Heidelberg lebenden Sohn betrifft, besteht wegen dessen inländischen Wohnsitzes unbeschränkte Steuerpflicht. In Höhe seines Erbteils ist der Erbfall daher der deutschen Erbschaftsteuer zu unterwerfen. Für die Höhe des Erbteils ist chilenisches Recht anzuwenden. Zur Berechnung des anteiligen Werts des Nachlasses sind die §§ 31, 9 BewG anzuwenden. Eine evtl. zu zahlende chilenische Erbschaftsteuer wird nach § 21 ErbStG angerechnet.

2.1.2 Beschränkte Steuerpflicht

Sind weder der Erblasser (Schenker) noch der Erwerber Inländer im obigen Sinne, dann liegt beschränkte Steuerpflicht vor, wenn der Erwerb **Wirtschaftsgüter des Inlandsvermögens** im Sinne des § 121 BewG betrifft. Als Rechtsfolge wird dann nur der Erwerb dieses Inlandsvermögens der deutschen Erbschaftsteuer unterworfen. Als Freibetrag kommt nur ein Betrag in Höhe von 2 000 € in Betracht (§ 16 Abs. 2 ErbStG). **211**

2.1.3 Erweiterte beschränkte Steuerpflicht

Die erweiterte beschränkte Steuerpflicht kommt in Betracht für Steuerpflichtige, die in den letzten 10 Jahren vor dem Ende ihrer unbeschränkten Steuerpflicht mindestens fünf Jahre lang als Deutsche unbeschränkt einkommensteuerpflichtig waren und ihren Wohnsitz zum **212**

Zeitpunkt des Todes oder der Ausführung der Schenkung in ein sog. Oasenland (ausländisches Gebiet mit niedriger Besteuerung) verlegt hatten und dennoch zum Zeitpunkt des Todes (Schenkung) noch wesentliche wirtschaftliche Interessen im Inland hatten (§ 4 AStG i. V. m. § 2 AStG).

213 Als **Rechtsfolge** beschränkt sich die Steuerpflicht nicht auf das Inlandvermögen im Sinne des § 121 BewG, sondern umfasst alle Teile des Erwerbs, deren Erträge nicht ausländische Erträge im Sinne des § 34c Abs. 1 EStG wären. Als solche weiteren Vermögensposten benennt der Anwendungserlass des BMF vom 02. 12. 1994 BStBl I Sondernummer 1/1995,19: Kapitalforderungen gegen einen Schuldner im Inland; Spareinlagen und Bankguthaben bei Geldinstituten im Inland; Aktien, Anteile an Kapitalgesellschaften, Investmentfonds, offene Immobilienfonds und Geschäftsguthaben an Genossenschaften im Inland; Ansprüche auf Renten und andere wiederkehrende Leistungen gegen Schuldner im Inland; Nießbrauchs- und Nutzungsrechte an Vermögensgegenständen im Inland; Erfindungen und Urheberrechte, die im Inland verwertet werden; Versicherungsansprüche gegen Versicherungsunternehmen im Inland; bewegliche Wirtschaftsgüter, die sich im Inland befinden; Vermögen, dessen Erträge nach § 5 AStG der erweiterten beschränkten Steuerpflicht unterliegen; Vermögen, das nach § 15 AStG dem erweitert beschränkt Steuerpflichtigen zuzurechnen ist. Diese Ausweitung findet nicht statt, wenn der ausländische Staat für diese über das Inlandsvermögen hinaus steuerpflichtigen Wirtschaftsgüter seinerseits eine Erbschaft- oder Schenkungsteuer erhebt, die sich auf mindestens 30 % der deutschen Erbschaftsteuer beläuft. Über § 5 Abs. 1 Satz 2 AStG i. V. m. § 8 AStG unterliegt auch das von einer ausländischen **Zwischengesellschaft** gehaltene Vermögen des Erblassers (Schenkers) der erweiterten beschränkten Steuerpflicht.

214 Da die unbeschränkte Steuerpflicht gem. § 2 Abs. 1 Nr. 1 Buchst. b ErbStG sich sowieso noch bis zu einem Zeitraum von fünf Jahren nach dem Wegzug erstreckt, beginnt die erweiterte beschränkte Steuerpflicht erst nach Ablauf von fünf Jahren nach dem Wegzug und endet 10 Jahre nach dem Wegzug, da in § 2 AStG das Ende auf 10 Jahre nach Wegfall der einkommensteuerlichen unbeschränkten Steuerpflicht festgelegt und in § 4 AStG auf diese Vorschrift für Zwecke der Erbschaftsteuer verwiesen wird. Hat der Steuerpflichtige zugleich mit dem Wohnsitzwechsel auch die deutsche Staatsangehörigkeit aufgegeben, so entfällt die fünfjährige unbeschränkte Steuerpflicht des § 2 Abs. 1 Nr. 1 Buchst. b ErbStG; in diesen Fällen beginnt sofort die erweiterte beschränkte Steuerpflicht des § 4 AStG.

215 Für unbeschränkt steuerpflichtige Empfänger verbleibt es aber bei ihrer unbeschränkten Erbschaftsteuerpflicht; für sie ändert sich nichts, wenn der Erblasser oder Schenker erweitert beschränkt steuerpflichtig ist.

BEISPIELE ▬▬

a) Erblasser E ist Ausländer und wohnt in einem ausländischen Staat, mit dem kein DBA besteht. Sein Gesamtvermögen beläuft sich auf 1,0 Mio. €, von dem 100 000 € Inlandvermögen im Sinne des § 121 BewG darstellt. Seine Erben sind seine Kinder A und B zu je 50 %. A lebt ebenfalls im Ausland, B studiert in Deutschland und hat hier einen Wohnsitz.

LÖSUNG Da sowohl E als auch A beschränkt steuerpflichtig sind, unterliegt A mit seinem Anteil von 50 000 € Inlandvermögen der deutschen Erbschaftsteuer. Für ihn kommt nur der Freibetrag des § 16 Abs. 2 ErbStG in Höhe von 2 000 € in Betracht. Für den Steuersatz bestehen keine Besonderheiten.

Da zwar nicht E, wohl aber B unbeschränkt steuerpflichtig ist, unterliegt sein voller Anteil von 500 000 € der deutschen Erbschaftsteuer. Allerdings kommt auf ihn der volle Freibetrag von 400 000 € zur Anwendung. Für eine daneben etwa in dem ausländischen Staat zu zahlende Steuer besteht über § 21 ErbStG eine Anrechnungsmöglichkeit.

b) E zog am 01. 01. 01 in ein Steueroasenland, mit dem kein DBA besteht. Am 01. 05. 05 schenkte er seinem bei ihm lebenden Sohn S ein im Ausland belegenes Grundstück. Am 01. 05. 07 verstarb E.

LÖSUNG Zur Zeit der Schenkung am 01. 05. 05 war E noch unbeschränkt erbschaftsteuerpflichtig nach § 2 Abs. 1 Nr. 1 Buchst. b ErbStG, der Erwerb unterliegt also der deutschen Erbschaftsteuer (Schenkungsteuer). Zum Zeitpunkt des Todes unterlag der Erblasser der erweiterten beschränkten Steuerpflicht. Der deutschen Erbschaftsteuer unterliegen sowohl das Inlandvermögen im Sinne des § 121 BewG, als auch die in den §§ 4 und 5 AStG bezeichneten Vermögensteile.

2.1.4 Fiktive unbeschränkte Steuerpflicht

Durch § 2 Abs. 3 ErbStG hat der Gesetzgeber die Möglichkeit geschaffen, dass bestimmte der beschränkten Steuerpflicht unterliegende Vorgänge auf Antrag wie bei unbeschränkt Steuerpflichtigen behandelt werden, was insbesondere die Anwendung der höheren Freibeträge des § 16 Abs. 1 ErbStG ermöglicht. **216**

Der Antrag ist an folgende Voraussetzungen gebunden: **217**
- Zum Erwerb gehört Inlandsvermögen im Sinne des § 121 BewG
- Zumindest einer der Beteiligten (Erblasser, Erbe, Vermächtnisnehmer, Schenker, Beschenkter) hat im Zeitpunkt des Entstehens der Steuer (§ 9 ErbStG) seinen Wohnsitz in der EU oder in Island, Liechtenstein, Norwegen (= neben den EU-Mitgliedstaaten solche des Europäischen Wirtschaftsraums)
- die Steuer ist nach dem 13. 12. 2011 entstanden
- der Erwerber (Erbe, Beschenkter) stellt einen Antrag; dies gilt auch, wenn der Schenker die Schenkungsteuer übernimmt.

Der Antragsteller wird dann insgesamt wie ein unbeschränkt Steuerpflichtiger behandelt, Bewertungsgrundlage für einen Erbfall ist also nicht mehr nur das Inlandsvermögen, sondern das auf ihn entfallende Weltvermögen. Örtlich zuständig ist das nach § 35 Abs. 4 ErbStG zuständige Finanzamt. **218**

BEISPIEL

Vater V und Sohn S wohnen in Österreich. V schenkt S ein in Lindau belegenes Grundstück, Steuerwert 400 000 €.

LÖSUNG V und S sind beschränkt steuerpflichtig, das Grundstück ist Inlandsvermögen. Ohne Antrag sind 400 000 € ./. 2 000 € Freibetrag = 398 000 € zu versteuern (§ 16 Abs. 2 ErbStG), Steuersatz gem. § 19 ErbStG 15 %. Stellt S einen Antrag nach § 2 Abs. 3 ErbStG, so kann er den Freibetrag von 400 000 € in Anspruch nehmen. Allerdings ist er in den folgenden 10 Jahren für Folgeschenkungen oder im Erbfall ebenfalls wie ein unbeschränkt Steuerpflichtiger zu behandeln.

219–220 frei

2.2 Erwerb von Todes wegen

Als ersten steuerpflichtigen Erwerbstatbestand der Erbschaftsteuer benennt die Vorschrift des § 1 ErbStG den Erwerb von Todes wegen. Welche Einzelfälle darunter zu verstehen sind, ergibt sich aus der Vorschrift des § 3 ErbStG. Das Gesetz knüpft auch hier an den Vorgang der Bereicherung an. Mit Erbschaftsteuer belastet sind daher nicht nur die Erben, sondern alle infolge eines Todesfalles Begünstigten. **221**

Beim Erwerb von Todes wegen ist auf die **zivilrechtliche Eigentümerstellung** des Erblassers abzustellen. Eine wirtschaftliche Eigentümerstellung ist dem Erbrecht und dem Erbschaftsteuerrecht beim Erwerb von Todes wegen fremd, BFH vom 15. 10. 1997 BStBl II 1997, 820. Hat **222** also der Erblasser kurz vor seinem Tode ein Grundstück gekauft und sind Nutzen und Lasten bereits auf ihn übergegangen, ist er jedoch noch nicht im Grundbuch eingetragen, so fällt nur der Sachleistungsanspruch in den Nachlass, nicht das Grundstück (wobei der Sachleistungsanspruch gem. dem o. a. Urteil des BFH mit seinem gemeinen Wert, also mit dem Verkehrswert des Grundstücks anzusetzen ist und nicht mit dessen Steuerwert. Der Sachleistungsanspruch ist nicht mit dem Verschonungsabschlag des § 13c ErbStG begünstigt).

BEISPIEL

Erblasser E hatte kurz vor seinem Tode ein Grundstück gekauft, Abschluss des notariellen Kaufvertrags am 01.02.01, Übergang der Nutzen und Lasten am 01.04.01. Bis zum Todestag des E am 20.05.01 war der Eigentumswechsel noch nicht im Grundbuch eingetragen.

LÖSUNG In diesem Fall fällt nicht das Grundstück in den Nachlass des S, sondern der Sachleistungsanspruch auf Übereignung des Grundstücks. Nach dem o. a. BFH-Urteil vom 15.10.1997 ist dieser Sachleistungsanspruch mit dem gemeinen Wert, also mit dem Verkehrswert des Grundstücks anzusetzen. Der Steuerwert, der nach den §§ 178 ff. BewG ermittelt wird, entspricht aber gem. § 177 BewG dem gemeinen Wert des § 9 BewG.

2.2.1 Erbfolge

223   An erster Stelle der erbschaftsteuerlichen Erwerbe steht naturgemäß der **Erbfall.** Gemeint sind damit sowohl die gesetzlichen Erben, als auch die testamentarischen Erben und die Erben infolge eines Erbvertrages. Nicht Erbe wird, wer die Erbschaft ausschlägt, § 1953 BGB; der ausschlagende Erbe ist daher auch nicht erbschaftsteuerpflichtig. An seiner Stelle wird Erbe, wer zur Erbfolge berufen wäre, wenn der Ausschlagende zum Zeitpunkt des Erbfalles nicht gelebt hätte (§ 1953 Abs. 2 BGB). Bei der **gesetzlichen Erbfolge** gilt also: Schlägt der Sohn des Erblassers die Erbschaft aus, so erben seine Kinder seinen Anteil; schlägt der Ehegatte die Erbschaft aus, so erben die Abkömmlinge seinen Anteil; bei der **gewillkürten Erbfolge** dagegen gilt, dass der Anteil des ausschlagenden Erben den übrigen eingesetzten Erben zuwächst, § 2094 BGB; nur wenn der eingesetzte Alleinerbe ausschlägt, gilt wieder die gesetzliche Erbfolge, Weidlich in Palandt, Rz. 5 zu § 1953 BGB.

224   Da Erbe gem. § 1923 BGB nur werden kann, wer zur Zeit des Erbfalles seinerseits noch lebte (§ 1923 BGB), ist der genaue **Todeszeitpunkt** für das Entstehen des Erbfalls und damit der Erbschaftsteuer wichtig. Bei gemeinsamen Unfällen kommt es also darauf an, wer welchen Erblasser zunächst überlebt hat. Gibt es dafür keinen Nachweis, so wird gem. § 11 VerschG gesetzlich vermutet, dass beide oder mehrere Verstorbene gleichzeitig gestorben sind, so dass eine Erbfolge untereinander ausscheidet. Umgekehrt kann auch Erbe werden, wer zum Zeitpunkt des Todes noch nicht lebte (§ 1923 Abs. 2 BGB). Gleiches gilt für den Nacherben, § 2101 Abs. 1 BGB, und für den Vermächtnisnehmer, § 2162 Abs. 2 BGB.

225   Als Erwerber von Todes wegen **gilt** auch, wer bei streitiger Erbfolge infolge eines Vergleichs wie ein Erbe behandelt wird (st. Rspr. vgl. BFH vom 24.07.1972 BStBl II 1972, 886 und zuletzt wieder vom 13.02.1997 BStBl II 1997, 535). Gleiches gilt, wenn die Erben aus Pietät eine unwirksame Erbeinsetzung als wirksam betrachten (§ 41 Abs. 1 AO). Wie ein Erbfall wirkt auch der Übergang eines Anteils an einer Personengesellschaft aufgrund einer einfachen oder qualifizierten Nachfolgeklausel oder aufgrund eines Eintrittsrechtes auf den Erben, vgl. BMF vom 14.03.2006 BStBl I 2006, 253.

226   Die Erbschaftsteuer bemisst sich nach der **Bereicherung** (§ 10 ErbStG). Das ist der Wert des übergegangenen Vermögens (§ 12 ErbStG) gekürzt um die persönlichen und sachlichen Steuerbefreiungen und um die zum Abzug zugelassenen Nachlassverbindlichkeiten.

Die **anteilige Zurechnung** richtet sich grundsätzlich nach der Quote, zu der der Miterbe **227**
am Nachlass beteiligt ist. Die spätere Erbauseinandersetzung ist dabei unbeachtlich. Im Gegenteil: Führt die Erbauseinandersetzung zu relevanten Abweichungen von der Erbquote und liegt
diese nicht in der Beseitigung von Ungewissheit oder Streit über die Erbeinsetzung, so kann in
dieser Erbauseinandersetzung ihrerseits wieder eine Zuwendung unter Lebenden liegen. Allerdings ist zu beachten, dass sich der Teilungsanteil durch notwendige Ausgleichsverpflichtungen
nach den §§ 2050 ff. BGB verschieben kann.

> **BEISPIEL**
>
> Die Kinder S und T sind Erben zu je 1/2. Der Wert des Nachlasses beträgt 500 000 €. Der S hat als
> Kapitalstart zur Eröffnung eines Betriebes eine Ausstattung in Höhe von 100 000 € erhalten, die jetzt
> gem. § 2050 Abs. 1 BGB anzurechnen ist.
>
> **LÖSUNG** Die Zuwendung wird dem Nachlasswert hinzugerechnet (Wert also 600 000 €) und bei dem
> S vorab angerechnet. Auf S entfällt also ein Anteil in Höhe von 200 000 €, auf T ein Anteil von
> 300 000 €.

Da eine Ausgleichung gem. §§ 2050 ff. BGB zu Teilungsquoten führt, die von den Erb- **228**
schaftsquoten abweichen (so ausdrücklich BGH vom 30. 10. 1985 BGHZ 96,174), sind diese Teilungsquoten der Erbschaftsteuer zugrunde zu legen (R E 3.1 Abs. 5 ErbStR).

2.2.2 Teilungsanordnung und Vorausvermächtnis

Anders ist dies bei einer Teilungsanordnung, die der Erblasser nach § 2048 BGB getroffen **229**
hat. Eine solche Teilungsanordnung lässt die **Teilungsquoten unberührt.** Hat der durch eine
Teilungsanordnung Begünstigte mehr erhalten als seinem Anteil entspricht, so hat er den Mehrwert an den Nachlass zu erstatten. Aus diesem Grund lässt eine Teilungsanordnung die Verteilung der Erbschaftsteuerlast unberührt (R E 3.1 Abs. 1 ErbStR). Dies gilt nicht nur hinsichtlich
der Quote, sondern auch hinsichtlich der einzelnen Gegenstände.

> **BEISPIEL**
>
> Erben sind die Kinder S und T. Der Nachlass hat einen Wert von 800 000 €. Er besteht aus einem
> Grundstück (Verkehrswert 500 000 €) und Geldvermögen in Höhe von 300 000 €. Entsprechend einer
> Teilungsanordnung des Erblassers einigen sich S und T dahin, dass S das Grundstück und T das
> Geldvermögen erhalten.
>
> **LÖSUNG** Gleichwohl ist der gesamte Nachlass mit seinem Steuerwert von 800 000 € den Miterben S
> und T zu je 400 000 € zuzurechnen, vgl. BFH vom 05. 02. 1992 BFH/NV 1993, 100 und vom
> 01. 04. 1992, BStBl II 1992, 669. Da Ausgleichszahlungen nicht dem Erbfall, sondern der nachfolgen-
> den Erbauseinandersetzung zuzurechnen sind, spielt es keine Rolle, ob S zum Ausgleich des Mehr-
> werts an die T eine Zahlung leistet. Wird darauf verzichtet, um den S nicht zu nötigen, das Grund-
> stück zu verkaufen, liegt in dem Verzicht der T keine zusätzliche freigebige Zuwendung, wenn die
> Einigung zur Vermeidung eines Rechtsstreits erfolgt.

Teilungsanordnungen beeinflussen daher nicht die Erbschaftsteuer (vgl. R E 3.1 Abs. 1 bis **230**
3 ErbStR). Ergibt eine Testamentsauslegung, dass der Erblasser mit seiner Teilungsanordnung
nicht nur eine Regelung zur Verteilung des Nachlasses innerhalb der Erbquoten erreichen, sondern darüberhinaus die Quoten verändern wollte, dann liegt die Anordnung eines Vorausvermächtnisses vor (R E 3.1 Abs. 4 ErbStR). Bestimmt der Erblasser eine **vollständige Teilungsanordnung** und bestimmt er gleichzeitig, dass kein Ausgleich zu zahlen sei, dann hat er ausnahmsweise damit die Erbquoten verändert, vgl. das Beispiel in H E 3.1 (2) ErbStR.

BEISPIEL

Nach H E 13c »Weitergabeverpflichtung« ErbStR Beispiel 2:

Erblasser E setzt seine Kinder A und B zu gleichen Teilen als Erben ein. Der Nachlass besteht aus einem Grundstück mit einem Steuerwert von 900 000 € abzüglich 10 % Verschonungsabschlag nach § 13c ErbStG und aus Geldvermögen im Wert von 300 000 €. E bestimmt, dass A das Grundstück gegen Wertausgleichszahlung an B in Höhe von 300 000 € und B das Geldvermögen erhalten soll (Teilungsanordnung).

LÖSUNG Als Erwerb durch Erbanfall sind bei A und B ohne Rücksicht auf die Teilungsanordnung jeweils die Hälfte des Steuerwerts des Nachlasses anzusetzen, also jeweils (1/2 von 1 200 000 € =) 600 000 €.

Für A gilt:

Sein Grundstücksanteil beträgt 450 000 + Werterhöhung Ausgleichszahlung »aus dem Nachlass« 150 000 € = 600 000 ./. Verschonungsabschlag § 13c ErbStG 90 000 €. Also Erbanteil A 600 000 ./. 90 000 = 510 000 €.

Für B gilt:

Erbanteil 600 000 € wegen der Weitergabeverpflichtung kommt ihr der Verschonungsabschlag nicht zu Gute.

231   Bei einem **Vorausvermächtnis** wendet der Erblasser einen bestimmten Gegenstand einem der Erben ohne Anrechnung auf seinen Erbteil im Voraus zu (§ 2150 BGB). Der verbleibende Nachlass wird dann unter den Erben entsprechend ihrer Quote verteilt. Dieses Vorausvermächtnis muss daher zusätzlich zu der Erbquote der Bereicherung des begünstigten Miterben hinzugerechnet werden. Zu dem Bereicherungsgrund »Erbanfall« tritt also noch der Bereicherungsgrund »Vermächtnis« hinzu.

BEISPIEL

Nach H E 3.1 Abs. 4 ErbStR:

Erblasser E setzt seine Kinder A und B zu gleichen Teilen als Erben ein. Der Nachlass besteht aus Wertpapieren mit einem Steuerwert von 810 000 € und aus Geldvermögen im Wert von 600 000 €. E bestimmt, dass A die Wertpapiere (ohne Wertausgleichszahlung an B) und dass B das Geldvermögen erhalten soll.

LÖSUNG Es liegt ein Vorausvermächtnis (des A) hinsichtlich des Anteils der Wertpapiere (des B), für den keine Wertausgleichszahlung zu leisten ist, vor. Das Vorausvermächtnis (des A) ist erbschaftsteuerlich wie folgt zu bewerten:

Steuerwert des Vorausvermächtnisses des A (Wertpapieranteil des B)

1/2 von 810 000 €		=	405 000 €

Für A und B ergeben sich somit folgende Erwerbe:

Steuerwert des Nachlasses			1 410 000 €
abzüglich Steuerwert des Vorausvermächtnisses des A		./.	405 000 €
			1 005 000 €

Erbanteil je 1/2 von 1 005 000 €		502 500 €	502 500 €
Vorausvermächtnis des A	+ 405 000 €	+	0 €
Erwerb von Todes wegen somit		907 500 €	502 500 €

2.2.3 Vermächtnis

232   Der durch ein Vermächtnis Begünstigte ist **nicht unmittelbarer** Rechtsnachfolger des Erblassers, sondern er hat einen schuldrechtlichen Erfüllungsanspruch gegen die Erben, §§ 1939, 2174 BGB (in Ausnahmefällen auch einmal gegen andere Personen, bspw. gegen einen anderen Vermächtnisnehmer). Dies gilt auch im Falle des Vorausvermächtnisses (§ 2150 BGB).

Es sind folgende Formen von Vermächtnissen zu unterscheiden:

- **Geldvermächtnis** (auf Geld gerichtetes Vermächtnis; die am häufigsten praktizierte Form),
- **Sachvermächtnis** (auf Herausgabe einer Sache oder Übertragung eines Rechts gerichtetes Vermächtnis),
- **Rentenvermächtnis** (Anspruch auf Zahlung einer Rente),
- **Nießbrauchs- oder Wohnrechtsvermächtnis** (Anspruch auf einen Nießbrauch bzw. ein Recht auf Nutzung einer Wohnung) und
- **Verschaffungsvermächtnis.** (Der Bedachte kann verlangen, dass der Erbe ihm aus Mitteln des Nachlasses einen nicht zum Nachlass gehörenden Gegenstand besorgt, § 2170 BGB; hinterlässt der Erblasser Geld, mit dem der Erbe dem Vermächtnisnehmer ein Grundstück verschaffen soll, so ist der gemeine Wert des Sachleistungsanspruchs und nicht der Steuerwert des Grundstücks zugewendet; die Regeln über die mittelbare Grundstücksschenkung sind auf diesen Fall nicht anwendbar, BFH vom 05. 04. 2005 BStBl 2007 II 461.)

Beim **Sachvermächtnis** hat der Bedachte einen gegen die Erben gerichteten Anspruch auf Übereignung eines im Nachlass befindlichen Gegenstandes. Obwohl also auch beim Sachvermächtnis der Vermächtnisnehmer nur einen schuldrechtlichen Erfüllungsanspruch hat, gilt als Wert des Sachvermächtnisses der Wert der zugewendeten Sache (vgl. R B 9.1 Abs. 2 ErbStR). Die zugewendete Sache wird also einmal beim **Erben** als **Teil des Nachlasses** gem. § 12 ErbStG angesetzt, aber auch als **abzugsfähige Schuld** nach § 10 Abs. 5 Nr. 2 ErbStG berücksichtigt; **zusätzlich** wird sie beim **Vermächtnisnehmer** als **zugewendete Sache** nach § 12 ErbStG angesetzt. **233**

> **BEISPIEL**
>
> Der Nachlass hat einen Wert von 1,0 Mio. €. Darin ist ein Grundstück mit einem Wert von 300 000 € enthalten. Dieses hat der Alleinerbe E an den Vermächtnisnehmer N herausgegeben.
> N hat als Zuwendung das Grundstück mit dem Wert von 300 000 € erhalten. E hat zunächst das Grundstück mit dem Wert von 300 000 € und die sonstigen Wirtschaftsgüter mit 700 000 € erhalten, kann aber das herauszugebende Grundstück mit seinem Wert von 300 000 € als Nachlassverbindlichkeit nach § 10 Abs. 5 Nr. 2 ErbStG abziehen.

Das Vermächtnis ist **mit dem Todesfall** zugewendet (§ 2176 BGB), die Erbschaftsteuer entsteht also bereits mit dem Todesfall, nicht erst mit Erfüllung des Vermächtnisses. Schlägt der Vermächtnisnehmer das Vermächtnis aus, so entsteht für ihn keine Erbschaftsteuerschuld. Da im Gegensatz zur Erbausschlagung (§ 1944 BGB) eine Ausschlagungsfrist nicht besteht, kann die Ausschlagung des Vermächtnisses auch relativ spät erklärt werden. Gleichwohl gilt auch in solchen Fällen das Vermächtnis als von Anfang an nicht angefallen (§ 2180 verweist insoweit auf § 1953 Abs. 1 BGB). Eine bereits festgesetzte Steuer entfällt gem. § 175 Abs. 1 Nr. 2 AO. **234**

2.2.4 Pflichtteilsanspruch

Der Pflichtteilsanspruch ist stets auf eine **Geldsumme** gerichtet. Anspruchsberechtigt können nur **235**

- Abkömmlinge,
- Eltern
- Ehegatten
- Lebenspartner einer eingetragenen Lebenspartnerschaft

des Erblassers sein, wenn sie nach der gesetzlichen Ordnung zur Erbfolge berufen wären, aber durch letztwillige Verfügung des Erblassers von der Erbfolge ausgeschlossen worden sind

(§ 2303 BGB). Die Großeltern und die Geschwister sind nicht pflichtteilsberechtigt. Obwohl der Pflichtteilsanspruch zivilrechtlich zu seinem Entstehen keiner Geltendmachung bedarf, entsteht die **Steuerpflicht** gemäß § 3 Abs. 1 ErbStG erst dann, wenn der Anspruch auch tatsächlich **geltendgemacht** wird. Solange der Pflichtteilsanspruch nicht geltendgemacht ist, kann er beim Pflichtteilsberechtigten weder besteuert, noch beim Erben als Nachlassschuld abgezogen werden (§ 10 Abs. 5 Nr. 2 ErbStG). Dennoch richtet sich die Höhe des Pflichtteilsanpruchs nach dem Wert des Nachlasses im Zeitpunkt des Erbfalles und nicht der Geltendmachung. Der Pflichtteilsanspruch richtet sich auf die **Hälfte** des Wertes des gesetzlichen Erbteils (§ 2303 Abs. 1 Satz 2 ErbStG). Bei der Bestimmung sind auch andere enterbte Personen sowie für erbunwürdig erklärte Personen und Personen, die die Erbschaft ausgeschlagen haben, mitzuzählen. Dagegen sind Personen, die auf die Erbschaft verzichtet haben oder vorverstorben sind, bei der Bestimmung des Pflichtteils nicht mitzuzählen.

236   Erbschaftsteuerlich besteht der Pflichtteil in einer **Kapitalforderung,** auch wenn der Berechtigte später mit einem Sachwert aus dem Nachlass abgefunden wird. Wird der Sachwert gem. § 364 BGB an Erfüllungs Statt geleistet, so muss wohl dieselbe Lösung gelten (so jedenfalls BFH vom 25. 10. 1995 BStBl II 1996, 97 für das Geldvermächtnis, während BFH vom 17. 02. 1982 BStBl II 1982, 350 für den Pflichtteilsanspruch noch den Steuerwert des an Erfüllungs Statt hingegebenen Wirtschaftsguts als Besteuerungsgrundlage nahm; in dem Urteil vom 25. 10. 1995 lässt der BFH es offen, ob er an seinem Urteil vom 17. 02. 1982 bei Entscheidung eines vergleichbaren Sachverhaltes noch festhalten könnte).

BEISPIELE

a) V hinterlässt Sohn S und Tochter T. Er setzt den Sohn zum Alleinerben ein. Der Wert des Nachlasses beläuft sich auf 1 Mio. €.
LÖSUNG Die T hat einen Pflichtteilsanspruch in Höhe von 250 000 €. Dies ist auch der erbschaftsteuerliche Wert, wenn sie den Anspruch geltend macht. S erwirbt den Nachlass mit 1 Mio. € und zieht die 250 000 € ab, wenn die T den Pflichtteil geltend macht.

b) V hinterlässt seine Ehefrau M und Tochter T. V setzt die Ehefrau, mit der er im gesetzlichen Güterstand der Zugewinngemeinschaft lebte, zur Alleinerbin ein. Der während der Ehe erzielte Zugewinn beträgt für den Erblasser 1 Mio. €, für die Ehefrau 500 000 €. Der Wert des Nachlasses beträgt 1 Mio. €.
LÖSUNG T hat hier einen Pflichtteilsanspruch in Höhe von 187 500 € (der Zugewinnausgleichsanspruch ist vorab abzuziehen).
Die Ehefrau hat eine nach §§ 1373 ff. BGB berechnete fiktive Ausgleichsforderung von 250 000 €. Diese kann sie vom Wert des Nachlasses abziehen. Zusätzlich kann sie den Wert des Pflichtteils mit 187 500 € abziehen. Verbleibender Nachlasswert also 562 500 €.

237–240 frei

2.2.5 Schenkung auf den Todesfall

241   § 2301 BGB spricht richtigerweise von einem Schenkungsversprechen auf den Todesfall, § 3 Abs. 1 Nr. 2 ErbStG dagegen von einer Schenkung auf den Todesfall. Da das Versprechen nur unter der Bedingung wirksam werden soll, dass der Beschenkte den Schenker überlebt, erwirbt der Beschenkte im Zeitpunkt des Todes des Erblassers einen Sachleistungsanspruch gegen den Erben.

242   Da es einen Unterschied zwischen Nachlassverbindlichkeiten und der Übernahme von Verbindlichkeiten bei Schenkungen (gemischten Schenkungen) nicht mehr gibt und da auf Erbfälle und Schenkungen gleichermaßen § 10 Abs. 6 Satz 5 ErbStG anzuwenden ist, gibt es hinsichtlich des Schuldenabzugs keinen Unterschied mehr zwischen der Schenkung unter Lebenden und der Schenkung auf den Todesfall.

BEISPIEL

V schenkt S ein Mietwohngrundstück mit einem Grundbesitzwert von 900 000 €. Aus der Anschaffung besteht noch eine Verbindlichkeit in Höhe von 250 000 €.
a) Die Schenkung erfolgt sofort unter Lebenden.
b) Die Schenkung erfolgt als notarielles Schenkungsversprechen auf den Todesfall.
LÖSUNG In beiden Fällen greift die Befreiung des § 13c ErbStG, sodass als Grundbesitzwert 900 000 € ./. 90 000 € = 810 000 € verbleiben. In beiden Fällen kommt es gem. § 10 Abs. 6 Satz 5 ErbStG zu einer Kürzung der Verbindlichkeiten auf 250 000 € ./. 25 000 € = 225 000 €. die Bereicherung beträgt somit in beiden Fällen 585 000 €, vgl. H E 7.4 (2) Bemessungsgrundlage bei der Inanspruchnahme einer Steuerbefreiung, R E 10.10 Abs. 5 R E 13c Abs. 7, H E 13c Schuldenkürzung ErbStR.

2.2.6 Ausscheiden eines Erblassers aus einer Personengesellschaft zum Buchwert

Ist im Gesellschaftsvertrag einer Personengesellschaft die **Fortsetzungsklausel** (Fortsetzung unter den alten Gesellschaftern ohne Eintritt eines Erben in die Gesellschaft) vereinbart (§§ 736 BGB, 138 HGB), so ergibt sich in der Regel dadurch ein Ausgleichsanspruch nach § 738 Abs. 1 Satz 2 BGB, der noch in der Person des Erblassers entsteht und der als **Geldanspruch** auf die Erben übergeht. Das Problem einer Bereicherung der Altgesellschafter ergibt sich in diesem Regelfall nicht.   **243**

Haben allerdings die Altgesellschafter nach dem Gesellschaftsvertrag weniger zu bezahlen, als es dem Wert des Anteils des Verstorbenen entspricht, dann sind die Altgesellschafter bereichert. Allerdings erfüllt diese Bereicherung nur dann den Tatbestand des § 3 Abs. 1 Nr. 2 Satz 2 ErbStG, wenn die Abfindung unter dem Wert des Anteils im Sinne des § 12 ErbStG liegt.   **244**

Fälle dieser Art finden sich besonders häufig, wenn der Gesellschaftsvertrag eine **Abfindung zu Buchwerten** vorsieht, jedoch ist die Regelung auch auf alle anderen Fälle einer Abfindung unter den Steuerwerten anzuwenden, ja selbst dann, wenn eine Abfindung überhaupt ausgeschlossen ist. Sie ist auch anzuwenden, wenn es nur noch einen verbliebenen Gesellschafter gibt, der die bisherige Gesellschaft nunmehr als Einzelunternehmer fortsetzt (R E 3.4 Abs. 1 und 2 ErbStR). Nach BFH vom 01. 07. 1992 BStBl II 1992, 912 setzt der Tatbestand des § 3 Abs. 1 Nr. 2 Satz 2 ErbStG das subjektive Merkmal der Unentgeltlichkeit ausnahmsweise nicht voraus.   **245**

Eine Ausdehnung der Vorschrift des § 3 Abs. 1 Nr. 2 Satz 2 ErbStG auf **Fälle der GmbH** kommt schon deshalb nicht in Betracht, weil die GmbH-Satzung die Vererblichkeit von GmbH-Anteilen nicht ausschließen kann (§ 15 GmbHG). Gleichwohl kann auch auf diese Fälle die Vorschrift des § 3 Abs. 1 Nr. 2 Satz 2 ErbStG anzuwenden sein, nämlich dann, wenn gesellschaftsvertragliche Vereinbarungen bestehen, nach denen der Erbe verpflichtet ist, den durch Erbanfall erworbenen Geschäftsanteil auf die Gesellschafter oder die Gesellschaft gegen eine Abfindung zu übertragen, die geringer ist als der Steuerwert der Anteile (R E 3.4 Abs. 3 ErbStR). Erwerber sind dann die begünstigten Gesellschafter oder die begünstigte Gesellschaft. War der Erblasser zu mehr als 25 % beteiligt, dann unterliegt der Erwerb den Vergünstigungen der §§ 13a, 19a ErbStG (wobei allerdings § 19a ErbStG nur auf den Erwerb durch eine natürliche Person anwendbar ist).   **246**

BEISPIELE

a) Nach H E 3.4 Abs. 2 ErbStR:
Gesellschafter der gewerblich tätigen X-OHG sind natürliche Personen A, B und C zu je 1/3. Im Falle des Todes eines Gesellschafters sieht der Gesellschaftsvertrag die Fortsetzung der Gesellschaft durch die verbleibenden Gesellschafter und die Abfindung der Erben zum Buchwert vor. Beim Tod des A hatte sein Gesellschaftsanteil einen steuerlichen Wert von 600 000 € und einen Buchwert von 500 000 €.

LÖSUNG Der Anwachsungserwerb von B und C unterliegt als Schenkung auf den Todesfall der ErbSt mit folgendem Wert:

Steuerwert des Gesellschaftsanteils A	600 000 €
abzüglich Abfindung an die Erben zum Buchwert	./. 500 000 €
Übersteigender Wert	100 000 €
davon entfallen auf B bzw. C (je 1/2)	50 000 €

Der Erwerb von B und C ist steuerbegünstigt nach §§ 13a, 19a ErbStG (vgl. R 13b.5 und H E 19a.1 ErbStR).

b) Sachverhalt: A, B und C sind Gesellschafter einer OHG. Das Kapitalkonto des C in der OHG beträgt zum maßgebenden Besteuerungszeitpunkt 100 000 €, der Wert seines Anteils beläuft sich auf 800 000 €. C stirbt am 31. 01. 2013. Gesetzliche Erben sind seine beiden Kinder S und T.

aa) Der Gesellschaftsvertrag der OHG sieht vor, dass beide Kinder in die OHG nachfolgen können. Im Zuge der Erbauseinandersetzung erklärt T, dass sie nicht in die OHG als Gesellschafterin nachfolgen wolle. Sie wird daher mit anderen Wirtschaftsgütern aus dem Nachlass abgefunden.
Welche Konsequenzen ergeben sich aus dem Übergang des Gesellschaftsanteils des verstorbenen C aus erbschaftsteuerlicher Sicht? Dabei ist auf die Frage einzugehen, wer bereichert ist und auf welchen Wert sich die Bereicherung hinsichtlich des Gesellschaftsanteils des C beläuft.
Dabei ist außerdem von Folgendem auszugehen:
Weiteres Vermögen im Sinne des § 13a ErbStG ist nicht vererbt worden, eine Bestimmung hinsichtlich des Freibetrags nach § 13a Abs. 1 ErbStG wurde nicht getroffen, Vorerwerbe haben in den letzten 10 Jahren nicht stattgefunden.

bb) Der Gesellschaftsvertrag der OHG sieht vor, dass nur S in die OHG nachfolgen kann. C hat in seinem Testament verfügt, dass T als Erbin wertmäßig aus dem übrigen Nachlass gleichzustellen sei und dass S den vollen Freibetrag des § 13a ErbStG erhalten soll.
Welche Konsequenzen ergeben sich in diesem Fall für S und T?

cc) Der Gesellschaftsvertrag sieht vor, dass die OHG beim Tod eines Gesellschafters unter den Altgesellschaftern fortgesetzt wird. Als Abfindung braucht nur der Buchwert erstattet zu werden.

LÖSUNG aa) Es liegt ein Fall einer einfachen Nachfolgeklausel vor (kein Fall des § 3 Abs. 1 Nr. 2 Satz 2 ErbStG). In diesem Fall geht der Anteil des verstorbenen Gesellschafters C auf beide Miterben S und T über. Es liegt ein Erwerb von Todes wegen durch Erbanfall nach § 3 Abs. 1 Nr. 1 ErbStG und nicht nach § 3 Abs. 1 Nr. 2 Satz 2 ErbStG vor.
S und T erben also je 1/2 des Werts des Anteils des C an der OHG, also je 400 000 € als Wert der Bereicherung. Da testamentarisch nichts anderes verfügt wurde, erhalten beide erbende Kinder die Verschonungsregel des § 13a Abs. 1 Nr. 1 ErbStG.

bb) Es liegt ein Fall der qualifizierten Nachfolgeklausel vor. Diese wirkt erbschaftsteuerlich wie eine Teilungsanordnung des Erblassers, die die Erbquote nicht beeinträchtigen soll (R E 3.1 Abs. 3, R E 13b.1 Abs. 2 ErbStR).
Nach R E 13b.1 Abs. 2 ErbStR liegt bei der qualifizierten Nachfolgeklausel ebenfalls ein Erwerb durch Erbanfall nach § 3 Abs. 1 Nr. 1 ErbStG vor.
Die Lösung ist also dieselbe wie im Fall aa)

cc) S und T erben einen Geldanspruch über (zusammen) 100 000 €. A und B sind um zusammen 700 000 € bereichert, § 3 Abs. 1 Nr. 2 ErbStG.

2.2.7 Vermächtnisgleicher Erwerb

247   Unter die Vorschrift des § 3 Abs. 1 Nr. 3 ErbStG fallen Erwerbe, die häufig als gesetzliche Vermächtnisse bezeichnet werden. Hierzu gehört das Recht des überlebenden Ehegatten gem. § 1932 BGB, die zum Haushalt gehörenden Gegenstände und die Hochzeitsgeschenke im Voraus ohne Anrechnung auf den Erbteil zu übernehmen (**Voraus**). Dazu gehört auch das Recht von Familienangehörigen des Erblassers, die zum Zeitpunkt des Todes mit ihm in einem Hausstand gelebt und von ihm Unterhalt bezogen haben, in den ersten dreißig Tagen nach dem Erbfall Fortsetzung der Unterhaltsgewährung und die Benutzung der Wohnung und der Haushaltsgegenstände von dem Erben zu verlangen (§ 1969 BGB, **Dreißigster**). Dazu gehört des Weiteren der Anspruch aus einer letztwilligen Verfügung im Bereich der fortgesetzten Gütergemeinschaft (§ 1514 BGB). Auch der Anspruch auf Ausbildungsmittel, der den durch den Zugewinnausgleich benachteiligten Stiefkindern gem. § 1371 Abs. 4 BGB zusteht, dürfte zu diesen Ansprüchen gehören (so Palandt-Weidlich, Rz. 1 zu § 1939 BGB).

2.2.8 Erwerb durch Vertrag zu Gunsten Dritter

Unter dieser Vorschrift sind in erster Linie Ansprüche aus einer vom Erblasser auf den **248** Todesfall abgeschlossenen **Renten- oder Lebensversicherung** zu erfassen. Ist der Begünstigte in dem Versicherungsvertrag benannt, so entsteht sein Anspruch unmittelbar mit dem Erbfall aufgrund der Vorschrift des § 331 BGB, sodass der Anspruch auf die Versicherungssumme von vornherein gar nicht in den Nachlass gelangt. Der Bezugsberechtigte ist daher erbschaftsteuerpflichtig nach § 3 Abs. 1 Nr. 4 ErbStG, und zwar unabhängig davon, ob es sich um Ansprüche auf Einmalzahlungen oder um Ansprüche auf wiederkehrende Leistungen handelt. Hat allerdings der Dritte die Versicherungsprämien ganz oder teilweise selbst bezahlt, kommt insoweit eine Steuerpflicht nicht in Betracht, R E 3.7 Abs. 2 Satz 2 ErbStR. Verzichtet der Dritte gegen Abfindung auf den Anspruch, dann fällt dieser in den Nachlass, die Abfindung ist bei dem Dritten zu versteuern, § 3 Abs. 2 Nr. 4 ErbStG, bei den Erben ist die Abfindung mit dem Anspruch verrechenbar.

Nicht unter diese Vorschrift fallen dagegen Sozialversicherungsrenten und Hinterbliebenen- **249** ansprüche aus dem Beamtenverhältnis, da es sich insoweit um **gesetzliche Renten** und nicht um vertragliche Ansprüche handelt. Diese Erwerbe sind daher erbschaftsteuerfrei. Dasselbe gilt für die Versorgungsbezüge aus gesetzlich vorgeschriebenen Versorgungswerken von Angehörigen freier Berufe sowie für das Sterbegeld aus der gesetzlichen Krankenversicherung. Dasselbe gilt, wenn sich Ansprüche auf eine betriebliche Alters- oder Hinterbliebenenversorgung aus Tarifverträgen, Betriebsvereinbarungen oder ähnlichen Rechtsgrundlagen ergeben (R E 3.5 Abs. 2 ErbStR). Sind sie dagegen **individual-arbeitsrechtlich** vereinbart, dann fallen sie an sich wieder unter die Vorschrift des § 3 Abs. 1 Nr. 4 ErbStG. Sie sollen jedoch nach BFH vom 20.05.1981 BStBl II 1981, 715 ebenfalls nicht der Erbschaftsteuer unterfallen. Der BFH hat dieses Ergebnis gegen den Wortlaut schon der Vorgängervorschrift des § 3 Abs. 1 Nr. 4 ErbStG nach dem Sinn und Zweck der Norm und im Sinne einer am Gleichheitsgedanken orientierten verfassungsgemäßen Auslegung gewonnen. Die Verwaltung hat dieses Ergebnis übernommen, jedoch auf die Fälle einer angemessenen Versorgung beschränkt. Als angemessen sollen dabei nach R E 3.5 Abs. 3 ErbStR Hinterbliebenenbezüge gelten, die 45 % des Brutto-Arbeitslohnes des verstorbenen Ehegatten nicht übersteigen.

Bei den **Versorgungsbezügen** nach dem Tod von **Gesellschaftern** ist zu unterscheiden, ob **250** es sich um Gesellschafter einer Kapitalgesellschaft oder einer Personengesellschaft handelt. Bei den Gesellschafter-Geschäftsführern einer **Kapitalgesellschaft** kann Steuerfreiheit durch Nichtanwenden des § 3 Abs. 1 Nr. 4 ErbStG nur angenommen werden, wenn der Gesellschafter eine arbeitnehmerähnliche Stellung innehatte, BFH vom 31.12.1989 BStBl II 1990, 323. Ist er dagegen beherrschender Gesellschafter, so sollen die Hinterbliebenenbezüge von § 3 Abs. 1 Nr. 4 ErbStG erfasst werden (R E 3.5 Abs. 3 Satz 4 ErbStR). Die Finanzverwaltung hat eine solche beherrschende Stellung in einem gleich lautenden Ländererlass vom 21.01.1991 BStBl I 1991, 141 dann angenommen, wenn folgende Voraussetzungen vorliegen:

a) der Gesellschafter besitzt einen Kapitalanteil von mindestens 50 % oder er besitzt durch besondere Vereinbarung in einem Gesellschaftsvertrag eine Sperrminorität, durch die er eine Beschlussfassung gegen sich verhindern kann oder

b) der Gesellschafter besitzt zwar einen Kapitalanteil von weniger als 50 %, aber doch von mehr als 10 % **und** er erreicht, dass er zwar zusammen mit anderen eine Mehrheit erreichen, die anderen aber nie allein gegen ihn entscheiden können;

c) eine faktische Beherrschung soll vorliegen, wenn der Gesellschafter-Geschäftsführer von dem Selbstkontrahierungsverbot des § 181 BGB befreit ist oder er als einziger die erforderlichen Branchenkenntnisse besitzt, die zur Führung dieses Betriebes erforderlich sind oder wenn er Großgläubiger der Gesellschafter ist.

Liegt eine dieser Voraussetzung bei Eingehen der Hinterbliebenenversorgung vor, dann unterliegen die Versorgungsansprüche der Hinterbliebenen der Erbschaftsteuer nach § 3 Abs. 1 Nr. 4 ErbStG.

251   Versorgungsbezüge von persönlich haftenden Gesellschaftern einer **Personengesellschaft** hingegen unterliegen nach der Rechtsprechung des BFH in der Regel der Erbschaftsteuer. Dies ist nur dann ausgeschlossen, wenn ausnahmsweise einmal eine arbeitnehmerähnliche Stellung vorliegen sollte. Wegen der unbeschränkten Außenhaftung müsste eine sehr starke Einschränkung im Innenverhältnis der Gesellschaft vorliegen, um eine solche arbeitnehmerähnliche Stellung annehmen zu können. Es lässt sich also sagen, dass die Versorgungsbezüge von Hinterbliebenen von persönlich haftenden Gesellschaftern einer Personengesellschaft regelmäßig der Erbschaftsteuer unterliegen werden (R E 3.5 Abs. 4 ErbStR). Dies hielt das Bundesverfassungsgericht in seinem Beschluss vom 05.05.1994 BStBl II 1994, 547 für unproblematisch.

2.2.9 Sonstige Erwerbe von Todes wegen

252   Als sonstige Erwerbe unterliegen nach § 3 Abs. 2 ErbStG der Erbschaftsteuer folgende Fälle:

- Erblasser hat die Übertragung auf eine von ihm gegründete **Stiftung** angeordnet, § 3 Abs. 2 Nr. 1 ErbStG. Dasselbe gilt, wenn die Stiftung erst nach seinem Tod gegründet wird. Gem. § 84 BGB gilt sie dann dennoch als bereits vor seinem Tod entstanden. Die Zuwendung ist jedoch nach § 13 Abs. 1 Nr. 16 Buchst.b ErbStG steuerfrei, wenn die Stiftung ausschließlich und unmittelbar kirchliche, gemeinnützige oder mildtätige Zwecke verfolgen soll.

- Erwerb durch Vollziehung einer **Auflage** oder durch Erfüllung einer **Bedingung** des Erblassers. Da der Auflagenbegünstigte keinen Anspruch gegenüber dem Erben erwirbt (§ 1940 BGB), entsteht in diesem Fall die Erbschaftsteuer erst mit der Vollziehung der Auflage, siehe auch § 9 Abs. 1 Nr. 1 Buchst.d ErbStG. Anders wenn der Kreis der Adressaten der Auflage nicht bestimmbar ist. In diesen Fällen kann eine Zweckzuwendung vorliegen, für die die Vorschriften der §§ 1 Abs. 1 Nr. 3, 8 ErbStG anzuwenden sind.

253   - Erwerbe bei staatlicher Genehmigung einer Zuwendung, die bei juristischen Personen im Ausland außerhalb der EU unter Umständen einzuholen sind (vgl. Art. 86 EGBGB). Diese Zuwendungen gelten dann als erbrechtliche Zuwendungen von Todes wegen (§ 3 Abs. 2 Nr. 3 ErbStG).

254   - Abfindungen für **Pflichtteilsverzichte**, für **Erbausschlagungen** oder **Ausschlagungen von Vermächtnissen** sowie von Ansprüchen aus einem Vertrag zugunsten Dritter, wenn die Zahlungen im Zusammenhang mit dem Erbfall durch den Erben oder von dritter Seite erfolgen (§ 3 Abs. 2 Nr. 4, 5 ErbStG). Auch diese Entgelte gelten als vom Erblasser zugewendet. Die Zuwendungen sind, wenn sie der Erbe geleistet hat, bei ihm nach § 10 Abs. 5

ErbStG abzugsfähig. Die Motive können vielfältiger Natur sein: Der Erwerber eines Geldvermächtnisses kann die Erbschaftsteuer günstig beeinflussen, wenn er auf sein Vermächtnis verzichtet und sich dafür ein anderes Wirtschaftsgut zuwenden lässt. Oder der Vermächtnisnehmer verschiebt den Besteuerungszeitpunkt, da der Verzicht rückwirkend wirkt, während die Abfindung erst bei Ausschlagung wirksam wird (§ 9 Abs. 1 Nr. 1 Buchst.f ErbStG).

- Entgelte für die **Übertragung von Anwartschaften**. Der **Nacherbe** wird nicht unmittelbar **255** Erbe, sondern er erwirbt zunächst eine Anwartschaft auf eine Erbschaft. Der Vorerbe ist dagegen durch die Nacherbschaft in vielfältiger Hinsicht in seinen wirtschaftlichen Möglichkeiten, über den Nachlass zu verfügen beschränkt (§§ 2112 ff. BGB). Überträgt der Nacherbe seine Anwartschaft auf den Vorerben oder auf einen Dritten, so unterliegt das Entgelt gem. § 3 Abs. 2 Nr. 6 ErbStG der Erbschaftsteuer.

- Schließlich die Wirtschaftsgüter, die der überlebende Partner eines Erbvertrages oder der **256** Schlusserbe eines gemeinschaftlichen Testaments von jemandem herausverlangen kann, die dieser von dem Erblasser zugewendet bekommen hat. Anspruchsgrundlage für die Herausgabeansprüche ist die Vorschrift des § 2287 BGB bzw. des § 2288 Abs. 2 BGB; er besteht nur für Schenkungen, die der Erblasser in der Absicht vorgenommen hat, den Vertragserben bzw. Schlusserben zu beeinträchtigen. Die Beeinträchtigungsabsicht ist nur dann zu verneinen, wenn der Erblasser ein anzuerkennendes Eigeninteresse an der Schenkung hatte. – Auch die Erbschaftsteuer für diesen Anspruch entsteht nur mit Geltendmachung des Anspruchs (§ 9 Abs. 1 Nr. 1 Buchst. j ErbStG) und auch nur dann, wenn der Vertragserbe tatsächlich etwa erlangt hat (§ 3 Abs. 2 Nr. 7 ErbStG).

257–260 frei

2.3 Fortgesetzte Gütergemeinschaft

Im Normalfall ist der Güterstand der Gütergemeinschaft mit dem Tode eines der beiden **261** Ehegatten oder Lebenspartner einer eingetragenen Lebenspartnerschaft beendet. Der Anteil des verstorbenen Ehegatten oder Lebenspartners am Gesamtgut (§ 1416 BGB) fällt in den Nachlass und wird dort den Miterben nach ihrer Erbquote zugerechnet (§ 1482 BGB).

Allerdings können die Ehegatten oder Lebenspartner auch durch Ehevertrag vereinbaren, **262** dass die Gütergemeinschaft mit dem Tode des zuerst Versterbenden nicht beendet sein, sondern mit den **gemeinschaftlichen Abkömmlingen fortgesetzt** werden soll (fortgesetzte Gütergemeinschaft, §§ 1483 ff. BGB). In diesem Fall treten beim Tode des ersten Ehegatten oder Partners die gemeinsamen Abkömmlinge in die Gütergemeinschaft ein, die bei gesetzlicher Erbfolge als Erben berufen sind. Der Anteil des verstorbenen Ehegatten oder Lebenspartners geht also **direkt** auf diese gemeinsamen Abkömmlinge über, er gelangt gar nicht erst in den Nachlass (§§ 1483 Abs. 1 Satz 3, 1503 BGB). Die erbschaftsteuerliche Regelung des § 4 Abs. 1 ErbStG knüpft mit ihrer Steuerpflicht unmittelbar an diese zivilrechtliche Regelung an, verdeutlicht aber, dass die anteilsberechtigten Abkömmlinge zur **Erbschaftsteuer** von Todes wegen herangezogen werden.

Die Regelung beachtet jedoch nicht, dass der Erblasser den Anteil eines jeden Abkömm- **263** lings an der fortgesetzten Gütergemeinschaft durch letztwillige Verfügung jederzeit bis auf die Hälfte des ihm normalerweise zustehenden Anteils gem. § 1512 BGB herabsetzen oder unter bestimmten Voraussetzungen sogar gem. § 1513 BGB ganz entziehen kann. Den dadurch **freiwerdenden Anteil** kann er dann einem beliebigen Dritten durch letztwillige Verfügung zuwenden (§ 1514 BGB). Allerdings benötigt er zur Wirksamkeit einer solchen Aktion die Zustimmung des anderen Ehegatten oder Lebenspartners, § 1516 BGB. Macht ein Ehegatte oder

Lebenspartner von dieser Möglichkeit Gebrauch, so ist der dem Dritten zugewendete Teil diesem Dritten nach § 3 Abs. 1 Nr. 1 ErbStG zuzurechnen, sodass die Vorschrift des § 4 Abs. 1 ErbStG insoweit einschränkend auszulegen ist.

264   Eines besonderen Hinweises bedarf auch die Vorschrift des § 1483 Abs. 2 BGB. Während § 1483 Abs. 1 BGB festlegt, dass die Gütergemeinschaft für den Fall des Todes eines Ehegatten nur mit den gemeinsamen Abkömmlingen der Ehegatten fortgesetzt wird, bestimmt § 1483 Abs. 2 BGB, dass dies gegenüber den **nicht gemeinschaftlichen Abkömmlingen** (etwa aus einer anderen Ehe oder nichtehelichen Abkömmlingen mit einer anderen Frau) hinsichtlich ihres Erbanteiles nicht gelten solle. Daraus folgt, dass die nichtgemeinschaftlichen Abkömmlinge eine Aufteilung nicht nur des Vorbehalts- und Sonderguts, sondern auch des Gesamtguts verlangen können (a. A. Meincke, Rz. 7 zu § 4, der die nichtgemeinschaftlichen Abkömmlinge auf einen Geldanspruch gegenüber den gemeinschaftlichen Abkömmlingen beschränken möchte; dem widerspricht jedoch die Vorschrift des § 1485 Abs. 1 BGB, aus der sich ergibt, dass die nichtgemeinschaftlichen Abkömmlinge eine Realteilung des Gesamtgutes in Höhe ihres Erbanteils verlangen können; wie hier wohl auch Palandt-Brudermüller, Rz. 3 zu § 1483, Rz. 1 zu § 1485; Schulze zur Wiesche, ErbSt, 4. Auflage, 1997, Rz. 82). Auf die gemeinschaftlichen Abkömmlinge entfällt dann nur der ihnen verbliebene Anteil, auch insoweit bedarf die Vorschrift des § 4 ErbStG einer einschränkenden Auslegung.

265   **Stirbt** während des Bestehens der fortgesetzten Gütergemeinschaft ein **anteilsberechtigter Abkömmling,** dann gehört dessen Anteil an der fortgesetzten Gütergemeinschaft nach § 1490 BGB zivilrechtlich nicht zu seinem Nachlass, sondern sein Anteil geht wiederum güterrechtlich auf seine Abkömmlinge, sind solche nicht vorhanden auf die übrigen Abkömmlinge in der fortgesetzten Gütergemeinschaft und sind solche nicht vorhanden, auf den verbliebenen Ehegatten oder Lebenspartner als Berechtigte über. Demgegenüber bestimmt § 4 Abs. 2 ErbStG, dass der Anteil in den Nachlass falle. Über § 4 Abs. 2 ErbStG soll aber nicht die Vorschrift des § 1490 BGB beseitigt werden; § 4 ErbStG hat vielmehr überhaupt keine zivilrechtliche Wirkung; die Regelung bringt nur zum Ausdruck, dass die Berechtigten des § 1490 BGB erbschaftsteuerlich von Todes wegen bereichert sind.

266   **Stirbt** bei der fortgesetzten Gütergemeinschaft der **überlebende Ehegatte oder Lebenspartner,** so fällt sein Anteil am Gesamtgut der Gütergemeinschaft in seinen Nachlass, seine Erben unterliegen der Erbschaftsteuer nach § 3 Abs. 1 Nr. 1 ErbStG.

267   Soweit der erstverstorbene Ehegatte oder Lebenspartner neben Gesamtgut auch Sondergut oder Vorbehaltsgut besaß, stellt dieses auch zivilrechtlich einen Nachlass dar. Dieser geht auf die Erben des Verstorbenen nach § 1483 Abs. 1 Satz 3 BGB über; dieser Teil wird daher bereits durch § 3 Abs. 1 Nr. 1 ErbStG erfasst.

268   Ungeachtet der Tatsache, dass der überlebende Ehegatte oder Lebenspartner keine Zuwendung aus dem Gesamtgut erhalten kann (von den Ausnahmefällen der §§ 1490 Satz 2 BGB einerseits und 1514 BGB andererseits einmal abgesehen), so wird er über § 20 Abs. 2 ErbStG doch (neben den begünstigten Abkömmlingen) zum Steuerschuldner der Erbschaftsteuer für das Gesamtgut des § 4 ErbStG und über § 31 Abs. 3 ErbStG sogar zum alleinigen Verpflichteten zur Abgabe einer Steuererklärung gemacht.

269–270 frei

2.4   Zugewinnausgleich

271   Im gesetzlichen Güterstand der **Zugewinngemeinschaft** (§§ 1363 ff. BGB) leben die Ehegatten immer dann, wenn sie entweder keinen anderen Güterstand vereinbart haben, oder einen solchen zwar einmal vereinbart hatten, dann aber den vereinbarten Güterstand aufgehoben und stattdessen den Güterstand der Zugewinngemeinschaft vereinbart haben. Dasselbe gilt gem. § 6 LPartG für die Lebenspartner einer eingetragenen Lebenspartnerschaft.

Endet der gesetzliche Güterstand der Zugewinngemeinschaft, so erwirbt der überlebende **272** Ehegatte bzw. Lebenspartner einen Anspruch auf den Zugewinnausgleich. Während des Bestehens der Ehe bzw. der Lebenspartnerschaft besteht beim gesetzlichen Güterstand der Zugewinngemeinschaft faktisch Gütertrennung, sodass beide Ehegatten bzw. Lebenspartner (ungeachtet des Rechts, Wirtschaftsgüter zu gemeinsamem Eigentum zu erwerben) in unterschiedlichem Umfang Vermögen erwerben und bilden können.

Endet die Ehe bzw. die Lebenspartnerschaft durch **Scheidung,** so wird das Endvermögen **273** eines jeden Ehegatten festgestellt und mit dem Anfangsvermögen verglichen; überschreitet das Endvermögen das Anfangsvermögen, so bildet der überschreitende Betrag den sog. Zugewinn (§§ 1373 bis 1377 BGB). Der Ehegatte bzw. Lebenspartner mit dem geringeren Zugewinn hat gegen den Ehegatten bzw. Lebenspartner mit dem höheren Zugewinn gem. § 1378 BGB einen Geldanspruch in Höhe der **Hälfte des Differenzbetrages,** den sog. Zugewinnausgleichsanspruch. Diese Art der Berechnung des Zugewinnausgleichsanspruchs wird als die **güterrechtliche Lösung** der Berechnung bezeichnet.

Endet die Ehe bzw. die Lebenspartnerschaft durch den **Tod** des Erblassers, dann ist diese **274** güterrechtliche Lösung nicht die Regel. Regelfall ist vielmehr gem. § 1371 Abs. 1 BGB die sog. **erbrechtliche Lösung,** wonach sich zum Ausgleich des Zugewinns der nach § 1931 BGB zustehende Erbteil des überlebenden Ehegatten bzw. Lebenspartners kurzerhand um 1/4 erhöht – ohne Rücksicht darauf, ob der verstorbene Ehegatte bzw. Lebenspartner überhaupt einen Zugewinn erzielt hat, oder ob sein Zugewinn den des überlebenden Ehegatten bzw. Lebenspartners auch wirklich übersteigt.

Eine konkrete Berechnung nach der güterrechtlichen Lösung erfolgt dagegen in den Aus- **275** nahmefällen des § 1371 Abs. 2 und 3 BGB; wurde der Ehegatte bzw. Lebenspartner enterbt und ist ihm auch kein Vermächtnis zugewendet, so kann er gem. § 1371 Abs. 2 BGB einen Ausgleich des Zugewinns nach der güterrechtlichen Lösung verlangen und erhält den Pflichtteil nur in Höhe von 50 % von dem nicht erhöhten Erbteil **(kleiner Pflichtteil).** Auch im Falle der Ausschlagung der Erbschaft steht dem Ehegatten bzw. Lebenspartner nur der Zugewinnausgleich nach der güterrechtlichen Lösung und der kleine Pflichtteil zu (§ 1371 Abs. 3 BGB).

Die Erfüllung des Zugewinnausgleichsanspruchs im Falle der Scheidung ist kein Fall der **276** Schenkung (§ 5 Abs. 2 ErbStG), der »Zuwendung« fehlt das Merkmal der Freiwilligkeit. Daher stellt die Erfüllung des Zugewinnausgleichsanspruchs im Todesfall auch keinen Erwerb von Todes wegen dar. Gleiches gilt gem. § 5 Abs. 1 ErbStG auch dann, wenn der Zugewinnausgleichsanspruch über die erbrechtliche Lösung des § 1371 Abs. 1 BGB erfolgt.

Zur **Berechnung** des **steuerfreien Teils** des Zugewinnausgleichs im Todesfall wäre es für **277** den Normalfall des § 1371 Abs. 1 BGB am einfachsten, das Erhöhungsviertel steuerfrei zu stellen (so auch frühere Fassungen des ErbStG). § 5 Abs. 1 ErbStG geht diesen einfachen Weg nicht. Er sieht vielmehr vor, dass die Höhe des Zugewinnausgleichsanspruchs für die Zwecke der Erbschaftsteuer auch bei einem Ausgleich nach § 1371 Abs. 1 BGB konkret nach den Grundsätzen der güterrechtlichen Lösung berechnet werden muss. Dieser konkret berechnete Betrag bleibt dann für die Erbschaftsteuer steuerfrei (Freibetrag).

Entspricht jedoch der Verkehrswert des Endvermögens für die Berechnung des Zuge- **278** winnausgleichsanspruchs nicht dem Steuerwert der Erbschaftsteuer, dann bestimmt § 5 Abs. 1 Satz 5 ErbStG eine Anpassung des steuerfreien Betrages an den Steuerwert nach der Formel:

Steuerfreier Betrag
nach § 5 Abs. 1 Satz 5

$$\text{Ausgleichsforderung} \times \frac{\text{Steuerwert Endvermögen}}{\text{Verkehrswert Endvermögen}}$$

Dies ist insbesondere für Erbfälle von Bedeutung, in denen Verschonungsabschläge zu gewähren sind.

BEISPIEL

Der Nachlass des Erblassers E besteht aus einem Mietwohngrundstück (Verkehrswert 700 000 €, Steuerwert gem. § 13d ErbStG 630 000 €) und aus Geldvermögen in Höhe von 300 000 €. Die Ehegatten lebten im gesetzlichen Güterstand der Zugewinngemeinschaft. Erben sind die Ehefrau F und der gemeinsame Sohn S. Frau F hat kein Vermögen, das Anfangsvermögen des E betrug 200 000 €.
a) Dies ist in einem Inventar festgehalten.
b) Dies ist nicht in einem Inventar festgehalten.
Zivilrechtlich gibt es für die F zwei Möglichkeiten:
1. Sie kann das Erbe annehmen, dann erbt sie wertmäßig 500 000 € und S erbt 500 000 €.
2. Oder sie schlägt das Erbe aus und macht den güterrechtlichen Zugewinnausgleichsanspruch in Höhe von a) 400 000 €, b) 500 000 € (§ 1377 Abs. 3 BGB) geltend sowie zusätzlich den kleinen Pflichtteil (= 1/8) von dem um den Zugewinnausgleich bereinigten Nachlass, also im Fall a) 1/8 von 600 000 €, im Fall b) 1/8 von 500 000 €. Im Fall a) erhält sie also bei dieser **Lösung** 475 000 €, im Fall b) erhält sie 562 500 €.
Steuerlich ist dagegen auf jeden Fall und ungeachtet der zivilrechtlichen Entscheidung der F der Zugewinnausgleichsanspruch wie folgt auszuscheiden:
LÖSUNG Der Nachlass hat einen Steuerwert von 930 000 €, während bei der Berechnung des Zugewinnausgleichs nach § 1371 Abs. 2 BGB von einem Endvermögen von 1 000 000 € auszugehen ist. Das Mehr an Zugewinn des E gegenüber dem Zugewinn der F beträgt also 800 000 €, führt also zu einem Ausgleichsanspruch von 400 000 €. Von dem Steuerwert des Nachlasses hat der S entsprechend seinem Erbanteil 465 000 € zu versteuern. Denselben Betrag hätte die F zu versteuern. Davon ist nun noch der Zugewinnausgleichsanspruch abzuziehen. Dieser fiktive Ausgleichsanspruch ist jedoch gem. § 5 Abs. 1 Satz 5 ErbStG lediglich in Höhe des Verhältnisses von Steuerwert zu Verkehrswert des Nachlasses, also mit 372 000 € abzuziehen (vgl. R E 5.1 Abs. 5 ErbStR, H E 5.1 Abs. 5 ErbStR (Berechnung der fiktiven Ausgleichsforderung)). Hätte der E über sein Anfangsvermögen kein Inventarverzeichnis aufgenommen, so würde gem. § 1377 Abs. 3 BGB gesetzlich vermutet, dass er kein Anfangsvermögen hatte. Im Falle einer Scheidung oder eines Zugewinnausgleichs nach § 1371 Abs. 2 und 3 BGB wäre also von einem Zugewinn des E in Höhe von 1 Mio. € auszugehen gewesen. Da jedoch § 5 Abs. 1 Satz 3 ErbStG die gesetzliche Vermutung des § 1377 Abs. 3 BGB ausschließt, muss für Zwecke der Erbschaftsteuer immer ein Anfangsvermögen ermittelt werden, wobei der überlebende Ehegatte gem. § 90 AO zur Mitwirkung verpflichtet ist. Der auf bloßen Wertsteigerungen infolge Kaufkraftschwundes beruhende Vermögenszuwachs ist dabei nach Ansicht der Verwaltung aus dem Zugewinnausgleichsanspruch auszuscheiden, indem der Wert des Anfangsvermögens um diese Wertsteigerung erhöht wird; die dabei zu verwendenden Indices finden sich in H E 5.1 Abs. 2 ErbStR (Wertsteigerungen infolge des Kaufkraftschwundes).

279 Ehevertragliche Vereinbarungen über die Berechnung der Ausgleichsforderung, die gem. § 1408 BGB zivilrechtlich zulässig sind, sind für Zwecke der Berechnung des Ausgleichsfreibetrages nicht zu berücksichtigen (§ 5 Abs. 1 Satz 3 ErbStG).

280 Vereinbaren die Ehegatten zunächst den Güterstand der Gütertrennung und heben sie diesen später rückwirkend zum Tag der Eheschließung auf, dann ist eine solche Vereinbarung zivilrechtlich zulässig, § 1408 BGB. Für die Zwecke der Erbschaftsteuer ist einer solchen Vereinbarung jedoch die Rückwirkung zu versagen (§ 5 Abs. 1 Satz 4 ErbStG).

Weitere Einzelheiten können dem nachfolgend abgedruckten Verwaltungsbogen zur Ermittlung des steuerfreien Betrags bei Zugewinngemeinschaft entnommen werden (vgl. Rz. 299). **281**

282–290 frei

2.5 Vorerbschaft und Nacherbschaft

§ 2100 BGB bestimmt, dass der Erblasser einen Erben in der Weise einsetzen kann, dass dieser erst Erbe wird, nachdem **zunächst ein anderer** Erbe geworden ist. Mit dem Tode des Erblassers erbt dann zunächst der Vorerbe. Nach dem Vorerben erbt dann der Nacherbe. Meist wird der Nacherbfall mit dem Tod des Vorerben eintreten, er kann jedoch auch von einer Bedingung (Nacherbfall bei Wiederheirat des Vorerben) oder Befristung (18. Geburtstag des Nacherben) abhängig gemacht werden. **291**

Mit dem Erbfall geht der Nachlass **als Ganzes** auf den (oder die) Vorerben über (§ 1922 BGB). Erst mit dem Nacherbfall geht dann der Nachlass auf den Nacherben über (§ 2139 BGB). Obwohl der Vorerbe, wenn er nicht durch den Erblasser befreit wurde, eine sehr **eingeschränkte Rechtsstellung** innehat, die ihm kaum mehr als ein Nutzungsrecht belässt, gilt er doch als Vollerbe (§ 6 Abs. 1 ErbStG). Die Verfügungsbeschränkungen, denen der Vorerbe unterworfen ist, wirken sich auf die Bewertung des Nachlasses und auf die Höhe seiner Erbschaftsteuer nicht aus (§ 9 Abs. 3 BewG, der über § 12 Abs. 1 ErbStG auch für das Erbschaftsteuerrecht von Bedeutung ist). Allerdings erfährt der Vorerbe insoweit eine gewisse Entlastung, als er die Erbschaftsteuer aus dem Nachlass entrichten darf (§§ 20 Abs. 4 ErbStG, 2120 BGB). **292**

Der Nacherbe hat zwar bereits mit dem Tod des Erblassers eine **Anwartschaft** erworben, über die er schon verfügen könnte, jedoch ist er vor dem Nacherbfall noch nicht erbschaftsteuerpflichtig. Verzichtet er gem. § 2142 BGB zu Gunsten des Vorerben auf seine Nacherbenstellung gegen eine Abfindung, so unterliegt diese Abfindung allerdings gem. § 3 Abs. 2 Nr. 4 ErbStG der Erbschaftsteuer. Überträgt der Vorerbe zum Nachlass gehörende Gegenstände bereits vor dem Nacherbfall auf den Nacherben, so liegt eine Schenkung unter Lebenden vor, § 7 Abs. 1 Nr. 7 ErbStG. **293**

Erbschaftsteuer für den Nacherben fällt erst mit dem **Nacherbfall** an. Zivilrechtlich wird der Nacherbe Rechtsnachfolger des Erblassers (§ 2100 BGB). Dagegen scheint die Vorschrift des § 6 Abs. 2 Satz 1 ErbStG zu stehen, die besagt, dass der Erwerb des Nacherben als vom Vorerben stammend zu behandeln sei. Tatsächlich ist die erbschaftsteuerliche Rechtslage jedoch komplizierter: **294**

- Der Erwerb des Nacherben gilt als **vom Vorerben** bezogen (§ 6 Abs. 2 Satz 1 ErbStG). Für die Steuerklasse des § 15 ErbStG ist also der Verwandtschaftsgrad zum Vorerben maßgebend.
- Der Nacherbe hat aber ein **Wahlrecht,** die Erbschaft als vom Erblasser stammend zu behandeln (§ 6 Abs. 2 Satz 2 ErbStG). Hat der Nacherbe also zum Erblasser einen vorteilhafteren Verwandtschaftsgrad, so wird er von diesem Wahlrecht Gebrauch machen.
- Diese Betrachtungsweise gilt aber von Gesetzes wegen nur dann, wenn der **Nacherbfall** durch den **Tod des Vorerben** eintritt. Ist der Nacherbfall unabhängig vom Tod des Vorerben etwa durch eine auflösende Bedingung (Wiederheirat des Vorerben) oder durch eine aufschiebende Bedingung (bestandenes Examen) oder durch eine Befristung (Vollendung des 18. Lebensjahres) eingetreten, so gilt der Nacherbe auch hinsichtlich seines Vermögenserwerbs als Rechtsnachfolger des Erblassers (§ 6 Abs. 3 Satz 1 ErbStG). Ein Wahlrecht, sich als Nachfolger des Vorerben zu verstehen, besteht in diesem Falle nicht. Der Wortlaut des § 6 Abs. 3 Satz 1 ErbStG lässt dies nicht auf Anhieb erkennen. Als aufschiebend beding-

ter Anfall kann er jedoch nach RFH RStBl 1939, 726 (727) nur vom Erblasser stammen, so auch Seltenreich in Rödl/Preißer, Erbschaft- und Schenkungsteuer, 2009, § 6 Kap. 3.3. 3. 1.

295   • Ist der Nacherbfall an den Tod des Vorerben geknüpft, so sind **zwei** volle erbschaftsteuerliche **Erbfälle** zu versteuern, einer vom Vorerben (als Nachfolger des Erblassers) und später einer vom Nacherben (als Nachfolger des Vorerben oder wahlweise des Erblassers).

296   Macht der Nacherbe von seinem **Wahlrecht,** als Nachfolger des Erblassers zu gelten **keinen Gebrauch,** dann geht das Vermögen des Erblassers als Teil des Nachlasses des Vorerben auf ihn über. Eine Trennung in das vom Erblasser stammende Vermögen und das vom Vorerben selbst stammende Vermögen erfolgt für Zwecke des Erbschaftsteuerrechts nicht. Beide Vermögensmassen werden zusammengerechnet und besteuert. Der Nacherbe besteuert also in einem das vom Erblasser stammende Vermögen und seine Quote von dem allein vom Vorerben stammenden Nachlass. Die Steuerklasse richtet sich allein nach seinem Verwandtschaftsgrad zum Vorerben.

297   Wählt der Nacherbe dagegen, hinsichtlich des vom **Erblasser** stammenden Vermögens als **dessen Nachfolger** behandelt zu werden, dann muss eine Aufteilung der Vermögensmassen erfolgen (§ 6 Abs. 2 Satz 3 ErbStG). Die Steuerklasse des § 15 ErbStG bestimmt sich hinsichtlich des vom Erblasser stammenden Vermögens nach dem Verwandtschaftsgrad zum Erblasser und hinsichtlich des direkt vom Vorerben stammenden freien Vermögens nach dem Verwandtschaftsgrad zu diesem (§ 6 Abs. 2 Satz 3 ErbStG). Dies scheint die Vermutung nahezulegen, dass beim Übergang von Erblasservermögen zum freien vom Vorerben stammendem Vermögen zwei Veranlagungen mit zwei Freibeträgen und zwei getrennten Steuersätzen zu erfolgen habe. Jedoch besagt die Vorschrift des § 6 Abs. 2 Satz 4 ErbStG, dass der Nacherbe nicht zwei Freibeträge, sondern nur einen Freibetrag erhalten soll, der der Höhe nach von dem Verwandtschaftsgrad zum Erblasser abhängt. Übersteigt also das vom Erblasser stammende Vermögen den maßgeblichen Freibetrag, so bleibt für eine Gewährung eines weiteren Freibetrages für das Vermögen, das vom Vorerben selbst stammt, keine Möglichkeit mehr. Ist dagegen das vom Erblasser stammende Vermögen geringer als der Freibetrag (nach dem Verwandtschaftsgrad zum Erblasser), so kann noch weiteres direkt vom Vorerben stammendes Vermögen in diesen Erblasserfreibetrag fallen. Der Steuersatz des § 19 ErbStG schließlich bestimmt sich für das vom Erblasser stammende Vermögen (bei Ausüben des Wahlrechts nach § 6 Abs. 2 Satz 2 ErbStG) nach dem Verwandtschaftsgrad des Erblassers zum Nacherben und für das vom Vorerben stammende Vermögen nach dem Verwandtschaftsgrad zum Vorerben. Die Progressionsstufe, die sich nach dem Wert des steuerpflichtigen Erwerbs richtet, hat sich aber für beide Berechnungen nach dem Gesamtwert des auf den Nacherben übergegangenen Vermögens zu richten (§ 6 Abs. 2 Satz 5 ErbStG).

298   Ist der Nacherbfall nicht an den Tod des Vorerben geknüpft, dann fällt zwar beim Vorerben auch die volle Erbschaftsteuer (als Nachfolger des Erblassers) an. Sie wird jedoch dem Nacherben bei dessen Nacherbfall (als Nachfolger des Erblassers) auf seine **Erbschaftssteuerschuld angerechnet** (§ 6 Abs. 3 Satz 2 ErbStG). Damit ist gleichzeitig klargestellt, dass eine Möglichkeit, die Erbschaftsteuer des Vorerben nach § 5 Abs. 2 BewG zu berichtigen, in den Fällen des § 6 Abs. 3 ErbStG nicht besteht.

Finanzamt	Steuernummer/Aktenzeichen

Ermittlung des steuerfreien Betrags nach § 5 Abs. 1 ErbStG
bei Zugewinngemeinschaft
Hinweise entnehmen Sie bitte den Erläuterungen

		EUR	EUR
1.	**Anfangsvermögen**	Erblasser	Ehegatte/ Lebenspartner
1.1	Vermögen nach Verkehrswerten am Tag des Eintritts der Zugewinngemeinschaft (Eheschließung/Ehevertrag) nach Korrektur der Wertsteigerung infolge Kaufkraftschwundes $\dfrac{\text{Anfangsvermögen} \; \times \; \text{Lebenshaltungskostenindex am Ende des Güterstandes}}{\text{Lebenshaltungskostenindex zu Beginn des Güterstandes}}$ (Einzelaufstellung bitte beifügen); mindestens 0 EUR (§ 1374 Abs. 1 BGB); wenn der Todestag nach dem 31.08.2009 liegt, kann der Wert negativ sein (§ 1374 Abs. 3 ErbStG);		
1.2	Hinzurechnungen gemäß § 1374 Abs. 2 BGB (nach Verkehrswerten im Zeitpunkt des Erwerbs nach Korrektur der Wertsteigerung infolge Kaufkraftschwundes, bitte jeweils Einzelaufstellung beifügen):		
	1.2.1 Erwerb von Todes wegen $\dfrac{\text{Vermögen} \; \times \; \text{Lebenshaltungskostenindex am Ende des Güterstandes}}{\text{Lebenshaltungskostenindex zum Zeitpunkt des Erwerbs}}$		

	1.2.2 Unentgeltliche Zuwendung
	     (ohne Schenkungen zwischen Ehegatten)
	     $\dfrac{\text{Vermögen} \; \times \; \text{Lebenshaltungskostenindex am Ende des Güterstandes}}{\text{Lebenshaltungskostenindex zum Zeitpunkt des Erwerbs}}$		

1.3	Berichtigtes Anfangsvermögen		

		EUR	EUR
2.	**Endvermögen**	Erblasser	Ehegatte/ Lebenspartner
2.1	Endvermögen nach Verkehrswerten zum Todestag (bitte Einzelaufstellung beifügen) mindestens 0 EUR (§ 1375 Abs. 1 Satz 2 BGB); wenn der Todestag nach dem 31.08.2009 liegt, kann der Wert negativ sein (§ 1375 Abs. 1 Satz 2 BGB);		
2.2	Hinzurechnungen gemäß § 1375 Abs. 2 BGB (nach Verkehrswerten im Zeitpunkt der Vermögensminderung nach Korrektur der Wertsteigerung infolge Kaufkraftschwundes, bitte Einzelaufstellung beifügen) $\dfrac{\text{Vermögen} \; \times \; \text{Lebenshaltungskostenindex am Ende des Güterstandes}}{\text{Lebenshaltungskostenindex zum Zeitpunkt der Minderung}}$		
2.3	Berichtigtes Endvermögen		

		EUR	EUR
3.	**Zugewinn**	Erblasser	Ehegatte/ Lebenspartner
3.1	Differenz zwischen berichtigtem Endvermögen (Nr. 2.3) und berichtigtem Anfangsvermögen (Nr. 1.3) mindestens Null (§ 1373 BGB);		
3.2	Hinzurechnungen gemäß § 1380 Abs. 2 BGB (anrechenbare Schenkungen an den anderen Ehegatten / Lebenspartner nach Verkehrswerten im Zeitpunkt der Zuwendung)		
3.3	Kürzung (Betrag Nr. 3.2) bei dem Ehegatten / Lebenspartner, der die anrechenbare Schenkung erhalten hat, sofern die Zuwendung noch im Endvermögen enthalten ist;		
3.4	Berichtigter Zugewinn		

		EUR
4.	**Fiktive Zugewinnausgleichsforderung des überlebenden Ehegatten/ Lebenspartners**	
4.1	Überschuss des Erblassers (Differenz zwischen berichtigtem Zugewinn des Erblassers und berichtigtem Zugewinn des überlebenden Ehegatten / Lebenspartners)	
4.2	davon 50 v.H.	
4.3	Kürzung gemäß § 1380 Abs. 1 BGB (Betrag Nr. 3.2) um anrechenbare Schenkungen vom Erblasser	
4.4	Fiktive Zugewinnausgleichsforderung höchstens berichtigtes Endvermögen des Erblassers gemäß § 1378 Abs. 2 Satz 2 BGB (Betrag Nr. 2.2)	

Ich versichere, dass ich die vorstehenden Angaben wahrheitsgemäß nach besten Wissen und Gewissen gemacht habe.

Ort, Datum

Unterschrift

Erläuterungen zur Ermittlung des steuerfreien Betrages nach § 5 Abs. 1 ErbStG

Währungsangabe

Soweit sich einzelne Berechnungsgrundlagen (z. B. Anfangsvermögen) auf Wertverhältnisse beziehen, für die noch die Währung DM maßgebend war, sind die Beträge mit dem amtlichen Umrechnungskurs (1 EUR = 1,95583 DM) umzurechnen.

Allgemeines

Kommt es mit Beendigung der Zugewinngemeinschaft zur **erbrechtlichen Abwicklung**, weil die Eheleute bis zum Tod eines Ehegatten im Güterstand der Zugewinngemeinschaft gelebt und der überlebende Ehegatte das Vermögen des verstorbenen Ehegatten ganz oder teilweise durch Erbanfall oder Vermächtnis erworben hat, ist nur für steuerliche Zwecke fiktiv eine steuerfrei zu stellende Ausgleichsforderung zu ermitteln und vom Erwerb des Ehegatten abzuziehen. Die **fiktive Ausgleichsforderung** ist für die tatsächliche Dauer der Zugewinngemeinschaft nach den Bestimmungen der §§ 1373 bis 1383 und 1390 BGB zu ermitteln; von diesen Vorschriften abweichende ehevertragliche Vereinbarungen bleiben hierbei unberücksichtigt. Für jeden Ehegatten ist das Anfangs- und Endvermögen nach Verkehrswerten gegenüberzustellen. Die Zu- und Abrechnungen nach §§ 1374 ff. BGB sind dabei zu beachten. Bei Überschuldung ist das Vermögen mit seinem negativen Wert anzusetzen (§§ 1374 Absatz 1, § 1375 Absatz 1 BGB). Die infolge des **Kaufkraftschwunds** nur nominale Wertsteigerung des Anfangsvermögens eines Ehegatten während der Ehe stellt keinen Zugewinn dar; das gilt auch in Fällen eines negativen Anfangsvermögens. Dies gilt entsprechend für die Wertsteigerung bei Hinzurechnungen zum Anfangs- beziehungsweise Endvermögen. Die Indexzahlen ergeben sich aus dem Statistischen Jahrbuch der Bundesrepublik Deutschland.
Die Regelungen des § 5 Abs. 1 ErbStG gelten für den erbrechtlichen Zugewinnausgleich unter Lebenspartner i.S.d. Lebenspartnerschaftsgesetzes entsprechend.

Zu Nr. 1   Anfangsvermögen

Anfangsvermögen ist das Vermögen, das einem Ehegatten - nach Abzug von Verbindlichkeiten - beim Eintritt des Güterstandes gehörte (§ 1374 Absatz 1 BGB). Im Fall des § 5 Absatz 1 ErbStG gilt als Tag des Eintritts des Güterstands
1. für alle Ehen, die nach dem 1.7.1958 geschlossen wurden oder werden und die nicht durch Ehevertrag einen anderen Güterstand vereinbart haben, der Tag der Eheschließung;
2. für vor dem 1.7.1958 geschlossene Ehen der 1.7.1958 (Art. 8 Abschn. I Nummer 3 und 4 Gleichberechtigungsgesetz);
3. für Ehen, bei denen die Eheleute (aus einem zunächst vertraglich vereinbarten anderen Güterstand) später durch ehevertragliche Vereinbarung in den Güterstand der Zugewinngemeinschaft wechseln, der Tag des Vertragsabschlusses;
4. für Ehen, für die im Beitrittsgebiet der gesetzliche Güterstand nach § 13 des Familiengesetzbuchs der DDR (Errungenschaftsgemeinschaft) galt und die Überleitung in den gesetzlichen Güterstand der Zugewinngemeinschaft nicht durch Erklärung eines Ehegatten ausgeschlossen wurde, der 3.10.1990.

Die Regelungen des § 5 Abs. 1 ErbStG gelten für den erbrechtlichen Zugewinnausgleich unter Lebenspartner i.S.d. Lebenspartnerschaftsgesetzes entsprechend. Als Tag des Eintritts des Güterstands gilt
1. für Lebenspartnerschaften, die nach dem 31. Dezember 2004 begründet wurden oder werden und bei denen nicht durch Lebenspartnerschaftsvertrag eine anderer Güterstand vereinbart wurde oder wird, der Tag der Begründung der Lebenspartnerschaft;
2. für Lebenspartnerschaften, die bis zum 31. Dezember 2004 begründet wurden, für die der Güterstand der Ausgleichsgemeinschaft galt und bei denen die Lebenspartner die Überleitung in den gesetzlichen Güterstand der Zugewinngemeinschaft nicht durch Erklärung eines Lebenspartners ausgeschlossen wurde, der 1. Januar 2005. Als Anfangsvermögen im Sinne des § 6 LPartG i. V. m. § 1374 BGB gilt das Vermögen, das einem Lebenspartner bei Begründung des Vermögensstands der Ausgleichsgemeinschaft gehörte.
3. für Lebenspartnerschaften, bei denen die Lebenspartner (aus einem zunächst vertraglich vereinbarten anderen Güterstand) später durch lebenspartnerschaftsvertragliche Vereinbarung in den Güterstand der Zugewinngemeinschaft wechseln, der Tag des Vertragsabschlusses.

Zu Nr. 1.2 **Hinzurechnungen zum Anfangsvermögen**

§ 1374 Abs. 2 BGB ist auf unbenannte Zuwendungen und auf Schenkungen zwischen Ehegatten nicht anzuwenden (BGH-Urteile vom 26.11.1981, BGHZ 82 S. 227, NJW 1982 S. 1093 und vom 20.05.1987, BGHZ 101 S. 65, NJW 1987 S. 2814).

Zu Nr. 2.1 **Endvermögen**

Bei der Ermittlung der fiktiven Zugewinnausgleichsforderung nach § 5 Absatz 1 ErbStG sind Erwerbe des überlebenden Ehegatten / Lebenspartners im Sinne des § 3 Absatz 1 Nummer 4 ErbStG dem Endvermögen des verstorbenen Ehegatten / Lebenspartner zuzurechnen. Dies gilt auch für erbschaftsteuerpflichtige Hinterbliebenenbezüge, die dem überlebenden Ehegatten / Lebenspartner aufgrund eines privaten Anstellungsvertrags des verstorbenen Ehegatten / Lebenspartners zustehen, sowie für Lebensversicherungen, die dem überlebenden Ehegatten /Lebenspartner zustehen, auch soweit es sich dabei um Ansprüche aus einer privaten Rentenversicherung des verstorbenen Ehegatten / Lebenspartners handelt. Eine Hinzurechnung zum Endvermögen des verstorbenen Ehegatten / Lebenspartners unterbleibt, soweit es sich um Ansprüche handelt, die zivilrechtlich dem Versorgungsausgleich unterliegen, da diese nicht in den Zugewinnausgleich einbezogen werden.

Zu Nr. 2.2 **Hinzurechnungen zum Endvermögen**

Dem Endvermögen sind nach § 1375 Abs. 2 BGB die folgenden nach Eintritt des Güterstandes der Zugewinngemeinschaft eingetretenen Vermögensminderungen hinzuzurechnen:
- unentgeltliche Zuwendungen, die nicht auf einer sittlichen Pflicht oder einer auf den Anstand zu nehmenden Rücksicht beruhten,
- Verschwendung von Vermögen,
- Handlungen, die in der Absicht vorgenommen wurden, den anderen Ehegatten zu benachteiligen.

Eine Erhöhung des Endvermögens nach § 1375 Abs. 2 BGB ist nicht vorzunehmen, wenn die Vermögensminderung mindestens 10 Jahre vor Beendigung des Güterstandes eingetreten ist oder wenn der andere Ehegatte / Lebenspartner mit der unentgeltlichen Zuwendung oder Verschwendung einverstanden war.

Zu Nr. 3.2, 3.3 und 4.3 Schenkungen, die auf die Ausgleichsforderung angerechnet werden

Ergibt sich eine Zugewinnausgleichsforderung des überlebenden Ehegatten / Lebenspartners, sind Schenkungen des verstorbenen Ehegatten / Lebenspartners im Sinne des § 1380 Absatz 2 BGB dem Zugewinn des verstorbenen Ehegatten / Lebenspartners mit dem Verkehrswert zur Zeit der Zuwendung hinzuzurechnen. Sie sind im Zugewinn des anderen Ehegatten / Lebenspartners nicht zu erfassen (Abzug mit dem Verkehrswert im Zeitpunkt der Zuwendung, höchstens mit dem Wert, zu dem der Schenkungsgegenstand noch im Endvermögen des Ehegatten / Lebenspartners enthalten ist). Vom Ausgleichsbetrag sind die anrechenbaren Schenkungen mit diesem Verkehrswert abzuziehen (§ 1380 BGB Absatz 1 BGB).

Verbraucherpreisindex für Deutschland
2010 = 100

Jahre 1958 bis 1990

1958	1959	1960	1961	1962	1963	1964	1965	1966	1967
14,9	25,0	25,3	26,1	26,3	27,2	27,8	28,7	29,6	30,2
1968	**1969**	**1970**	1971	**1972**	**1973**	**1974**	**1975**	**1976**	**1977**
30,6	31,2	32,3	34,0	35,9	38,4	41,0	43,5	45,3	47,0
1978	**1979**	**1980**	1981	**1982**	**1983**	**1984**	**1985**	**1986**	**1987**
48,3	50,3	53,0	56,3	59,3	61,2	62,8	64,0	64,0	64,0
1988	**1989**	**1990**							
65,0	66,7	68,5							

Jahre ab 1991

1991	1992	1993	1994	1995	1996	1997	1998	1999	2000
70,2	73,8	77,1	79,1	80,5	81,6	83,2	84,0	84,5	85,7
2001	2002	2003	2004	2005	2006	2007	2008	2009	2010
87,4	88,6	89,6	91,0	92,5	93,9	96,1	98,6	98,9	100,0
2011	2012	2013	2014	2015					
102,1	104,1	105,7	106,6	106,9					

2016

Januar	Februar	März	April	Mai	Juni
106,1	106,5	107,3	106,9	107,2	107,3
Juli	**August**	**September**	**Oktober**	**November**	**Dezember**
107,6					

§ 6 Abs. 4 ErbStG bestimmt, dass die Regelungen über die Nacherbfolge auch auf das **299** Nachvermächtnis oder Auflagen Anwendung finden. Von einem solchen spricht man, wenn der Erblasser bestimmt, dass ein Vermächtnisnehmer (eben der Nachvermächtnisnehmer) erst eingesetzt ist, nachdem ein anderer (der Vorvermächtnisnehmer) das Vermächtnis innegehabt hat (§ 2191 BGB). Das Vorvermächtnis darf nicht mit dem Vorausvermächtnis verwechselt werden.

BEISPIEL

Erblasser E hat als einzige Erben zwei Söhne, den volljährigen V und den Minderjährigen N. Er hat testamentarisch im Wege einer Teilungsanordnung verfügt, dass der Nachlass auf V und N übergehen solle, und zwar soll V den Betrieb mit einem Wert von 800 000 € erhalten, während M ein Mietwohngrundstück mit einem Verkehrswert von 500 000 € und Bargeld in Höhe von 300 000 € erhalten soll. E hat bestimmt, dass V bis zum 18. Lebensjahr als Vorerbe hinsichtlich des Erbanteils des N gelten solle.

LÖSUNG Die testamentarische Bestimmung ist zunächst zivilrechtlich auszulegen, und zwar so, dass sie in möglichst weitgehendem Umfang Bestand haben kann. Es ist zivilrechtlich zwar möglich, eine Nacherbfolge hinsichtlich eines Bruchteils anzuordnen (vgl. Palandt-Weidlich, Rz. 5 zu § 2100 BGB m. w. NW.), nicht aber hinsichtlich eines bestimmten Gegenstandes (Palandt, Rz. 2 vor § 2100 BGB). Als angeordnet gilt also die Nacherbschaft für die Hälfte des Nachlasses. Bei der Herausgabe gilt dann hinsichtlich der Teilungsanordnung die Vorschrift des § 2048 BGB entsprechend. Erbschaftsteuerlich ist V zunächst Erbe des ganzen Nachlasses geworden. Als Sohn fällt er unter die Steuerklasse I/2. Der Betrieb ist bei V mit 800 000 € anzusetzen. Der Verschonungsabschlag des § 13a Abs. 1 und der Abzugsbetrag des § 13a Abs. 2 ErbStG kommt ihm im vollen Umfang zugute. Den Verschonungsabschlag des § 13c ErbStG erhält er ebenfalls, da vor Bedingungseintritt ein Fall des § 13c Abs. 2 ErbStG nicht gegeben ist, vgl. § 7 BewG. Der Rest ist mit 500 000 € bzw. 300 000 € anzusetzen. Der Steuerwert des Nachlasses beträgt also insgesamt 1 600 000 € abzüglich der Steuerbefreiungen des § 13 ErbStG, der Vergünstigungen der §§ 13a, 13c ErbStG und der mit dem Erbfall verbundenen Nachlassverbindlichkeiten insbesondere des § 10 Abs. 5 Nr. 3 ErbStG. Hierauf steht dem V ein Freibetrag in Höhe von 400 000 € zu. Der Rest ist der Erbschaftsteuer zu unterwerfen. Die Hälfte der Steuer darf V aus dem Nacherbennachlass entrichten, § 20 Abs. 4 ErbStG, die auf seinen eigenen Erbteil entfallende Erbschaftsteuer hat er dagegen aus eigenen Mitteln oder dem auf ihn allein entfallenden Nachlass zu entrichten. Am 18. Geburtstag des M tritt der Nacherbfall nach § 6 Abs. 3 ErbStG ein. Auf den N entfällt ein Anteil am Nachlass in Höhe von 1/2 von 1 400 000 € = 700 000 €. Einen Freibetrag für das Betriebsvermögen kann N nicht geltendmachen. Da V den Betrieb nicht an N herausgibt, steht die Vorschrift des § 13a Abs. 3 ErbStG dem nicht entgegen. Der Verschonungsabschlag des § 13c ErbStG steht ihm dagegen zu. Für V greift jetzt bei Bedingungseintritt die Berücksichtigung als Nachlassverbindlichkeit. Da der Nacherbfall nicht vom Todesfall des Vorerben abhängig ist, gilt N gem. § 6 Abs. 3 ErbStG als Nachfolger des Erblassers. Das Wahlrecht nach § 6 Abs. 2 Satz 2 ErbStG steht ihm nicht zu. Als Rechtsnachfolger des E steht ihm ein Freibetrag von 400 000 € zu (§ 16 ErbStG). Außerdem wird der von V bezahlte hälftige Betrag an Erbschaftsteuer, der auf die mit der Nacherbschaft belastete Quote entfiel, auf die Erbschaftsteuer des N angerechnet (§ 6 Abs. 3 Satz 2 ErbStG).

300–310 frei

2.6 Schenkungen unter Lebenden

311   Auch die Schenkungen unter Lebenden unterliegen gem. § 1 Abs. 1 Nr. 2 ErbStG dem Erbschaftsteuergesetz. In dieser Form erhoben, wird die Erbschaftsteuer auch alternativ als Schenkungsteuer bezeichnet, § 1 ErbStG. Was als Schenkung unter Lebenden gilt, wird in § 7 ErbStG geregelt.

2.6.1 Freigebige Zuwendungen

312   Als Grundform der **Schenkung** unter Lebenden benennt § 7 Abs. 1 Nr. 1 ErbStG jegliche freigebige Zuwendung unter Lebenden. Dies bedeutet, dass sowohl Schenkungen im Sinne des § 516 BGB als auch sonstige Zuwendungen (z. B. **Ausstattungen** im Sinne des § 1624 BGB) unter diese Norm fallen.

313   Darunter fallen auch die ehebedingten sog. **unbenannten Zuwendungen** (BFH vom 02.03.1994 BStBl II 1994, 366, R E 7.2 ErbStR). Eine solche unbenannte Zuwendung liegt beispielsweise vor, wenn ein Ehegatte dem anderen bei Vorliegen des gesetzlichen Güterstandes der Zugewinngemeinschaft hälftiges Miteigentum an einem erworbenen Grundstück einräumt, jedoch die Anschaffungskosten alleine trägt. Nach Ansicht der Rechtsprechung liegt in einem solchen Falle sowohl der objektive Tatbestand des § 7 Abs. 1 Nr. 1 ErbStG (»soweit der Bedachte auf Kosten des Zuwendenden bereichert wird«), als auch der subjektive Tatbestand (der aus dem Tatbestandsmerkmal der Freigebigkeit abgeleitete Bereicherungswille) vor. Nutzen die Ehegatten das erworbene Haus zu eigenen Wohnzwecken, dann braucht der Empfänger-Ehegatte für diesen Fall dennoch keine Erbschaftsteuer zu bezahlen, da der Gesetzgeber gerade diesen Fall von der Erbschaftsteuer freigestellt hat (§ 13 Abs. 1 Nr. 4a ErbStG).

314   Auch die Übertragung im Wege der **vorweggenommenen Erbfolge** stellt eine freigebige Zuwendung im Sinne des § 7 Abs. 1 ErbStG dar, wenn sie unentgeltlich erfolgt. Als Entgelt oder, was erbschaftsteuerlich ebenfalls wie ein Entgelt behandelt wird, als Leistungsauflage sind jedoch nicht nur die einkommensteuerlichen Entgelte (Abfindungszahlungen, Gleichstellungsgelder, Übernahme von Verbindlichkeiten) anzusehen, sondern auch die einkommensteuerlich nicht als Entgelt anzusehenden Zahlungen, z. B. die Versorgungszusagen. Die in dem Erlass vom 11.03.2010 (BStBl I 2010, 227) in den Rz. 5 ff. getroffenen Unterscheidungen können also nicht in die erbschaftsteuerliche Beurteilung übernommen werden.

315   Eine freigebige Zuwendung liegt **nicht** vor, wenn der Empfänger auf sie einen Anspruch hat. So liegt in den Zahlungen der Eltern für den Unterhalt oder für ein Studium der Kinder keine freigebige Zuwendung, da die Kinder auf diese einen Anspruch haben.

316   Eine freigebige Zuwendung liegt auch nicht vor, wenn sie gegen ein angemessenes Entgelt erfolgt. Die Angemessenheit ist dabei an dem Verkehrswert (gemeinen Wert) des zugewendeten Wirtschaftsguts zu messen. Sind die Parteien von einer zumindest subjektiven Gleichwertigkeit ausgegangen, so liegt keine freigebige Zuwendung vor. Lag allerdings eine auffallende Ungleichwertigkeit vor, so kann von einem Willen zur Bezahlung eines Vollentgelts nicht mehr ohne weiteres ausgegangen werden. In diesen Fällen liegt dann eine gemischte Schenkung vor.

2.6.2 Gemischte Schenkung

Von einer gemischten Schenkung wird gesprochen, wenn ein Teil eines Wirtschaftsgutes **317**
gegen Entgelt übertragen wird, während ein weiterer Teil unentgeltlich übertragen wird.

Da bei diesen gemischten Schenkungen zugleich Verbindlichkeiten eingegangen werden,
wird der Wert nun über § 10 Abs. 6 Satz 5 ErbStG bestimmt.

BEISPIEL

Ein Mietwohngrundstück mit einem Verkehrswert von 800 000 € und einem Steuerwert von
720 000 € (§ 13c ErbStG) wird von V an S zu einem »Freundschaftspreis« in Höhe von 200 000 € veräußert, wobei V und S sich darüber einig sind, dass der Rest unentgeltlich übergehen soll.

LÖSUNG Hier liegt eine gemischte Schenkung von V an S vor. S hat das Grundstück zu 25 % gegen
Entgelt erworben (insoweit liegt ein grunderwerbsteuerlicher Tatbestand vor, vgl. Erlass vom
21. 05. 1990 DStR 1990, 496) und zu 75 % unentgeltlich. Für das Verhältnis des entgeltlichen zum
unentgeltlichen Teil ist das Verhältnis des Entgelts zum Verkehrswert (hier 200 000 zu 800 000 €)
maßgebend, BFH vom 12. 12. 1979 BStBl II 1980, 260. Das Grundstück ist mit dem Steuerwert von
720 000 € anzusetzen, die Kaufpreisschuld ist mit

$$\frac{200\,000\,€ \times 720\,000\,€}{800\,000\,€} = 180\,000\,€$$

abzuziehen, § 10 Abs. 6 Satz 5 ErbStG. Der Wert der Bereicherung beträgt also 540 000 €. Vgl. die
Beispiele in H E 7.4 Abs. 1 »Bemessungsgrundlage« und »Berücksichtigung«. Daraus ist zu entneh-
men: Bezieht sich die Gegenleistung des Beschenkten auf eine Schenkung mehrerer Wirtschaftsgüter
oder wird die Verpflichtung zur Gegenleistung erst anlässlich der Schenkung begründet, ist die
Gegenleistung auf alle Wirtschaftsgüter entsprechend dem Verhältnis der Steuerwerte aufzuteilen.
Steht eine übernommene Schuld nur mit einem (von mehreren) Wirtschaftgut in unmittelbarem
Zusammenhang, so ist sie diesem zuzuordnen (z. B. eine aus der Anschaffung eines Grundstücks
herrührende Hypothekenverbindlichkeit), Nießbrauchs- und Duldungsverpflichtungen werden stets
bei dem genutzten oder mit einer Duldungspflicht belegten Wirtschaftsgut berücksichtigt.

2.6.3 Schenkung unter Auflage

Als Schenkung unter Auflage werden Schenkungsvorgänge bezeichnet, bei denen der **318**
Beschenkte vom Schenker verpflichtet wird, bestimmte Leistungen an einen Dritten oder den
Schenker zu erbringen (**Leistungsauflage**) oder bestimmte Einschränkungen (insbesondere
Nutzungseinschränkungen) zu dulden (**Duldungsauflage**). Als Schenkung unter Auflage kom-
men somit in erster Linie folgende Fälle in Betracht:

- Grundstücks- oder Betriebsübertragung unter der Auflage, eine Verbindlichkeit zu über-
nehmen;
- Grundstücks- oder Betriebsübertragung unter Nießbrauchs- oder (beim Grundstück)
Wohnrechtsvorbehalt;
- Grundstücks- oder Betriebsübertragung unter Übernahme von Versorgungs- oder Pflege-
leistungen.

Zivilrechtlich ist die gemischte Schenkung eine Konstruktion, auf die zum Teil Kaufrecht, zum **319**
Teil Schenkungsrecht anzuwenden ist. Dagegen ist die Schenkung unter einer Auflage voll dem
Schenkungsrecht zuzurechnen (§ 525 BGB). Für die Erbschaftsteuer gibt es hinsichtlich der
Bereicherung keinen Unterschied zwischen dem unentgeltlichen Teil einer gemischten Schen-
kung und der Schenkung unter einer Leistungsauflage (vgl. R E 7.4 ErbStR).

Ebenfalls voll abzugsfähig ist der Kapitalwert des Nießbrauchs oder Wohnrechts, und zwar **320**
mit dem Kapitalwert, der sich aufgrund der jeweils aktuell geltenden Sterbetafel ergibt.

BEISPIELE

a) V überträgt dem S ein Mietwohngrundstück mit einem Verkehrswert von 800 000 € und einem Steuerwert von 720 000 € mit der Verpflichtung, seiner Schwester T ein Gleichstellungsgeld in Höhe von 200 000 € zu bezahlen.

LÖSUNG Zivilrechtlich liegt ein Fall einer Schenkung unter einer Auflage vor (vgl. OLG Köln vom 10. 11. 1993 FamRZ 1994, 1242; vgl. auch insoweit den Erlass vom 21. 05. 1990 zur Grunderwerbsteuer in DStR 1990, 496).

Zivilrechtlich wird der Fall als Schenkung unter einer Leistungsauflage angesehen. Steuerlich liegt für S eine gemischte Schenkung vor, für T eine Forderungsschenkung, vgl. BFH vom 23. 10. 2002 BStBl II 2003, 162. Daher ist S um die Differenz zwischen dem Verkehrswert des Grundstücks und dem Wert der Leistungsauflage bereichert; der Steuerwert der Bereicherung ist nach dem obigen Umrechnungsschlüssel auf den Steuerwert des Grundstücks mit 720 000 ./. 180 000 € = 540 000 € umzurechnen (vgl. H E 7.4 Abs. 2 Bemessungsgrundlage bei der Inanspruchnahme einer Steuerbefreiung ErbStR). Die Bemessungsgrundlage für die Bereicherung beläuft sich also auch in diesem Fall wiederum auf 540 000 €. Die Pflicht zur Zahlung des Gleichstellungsgeldes kann auch in diesem Fall nicht voll als Schuld von der Zuwendung abgezogen werden. Die T ist im vorliegenden Beispiel ebenfalls bereichert (vgl. § 7 Abs. 1 Nr. 2 ErbStG). Für die Steuerklasse ist ihre Verwandtschaft zum V maßgebend, da der V der T eine Forderung über 200 000 € zugewendet hat. Die T hat also (von der Gewährung von Freibeträgen einmal abgesehen) einen Betrag in Höhe von 200 000 € der Schenkungsteuer zu unterwerfen.

b) V schenkt im vorigen Fall das Grundstück dem S, verpflichtet ihn jedoch, seiner Schwester T an einer der Wohnungen unentgeltlich ein dingliches Wohnrecht einzuräumen. Der Wert des Wohnrechtes beläuft sich nach den §§ 13 bis 16 BewG auf 200 000 €.

LÖSUNG Ertragsteuerlich gilt in diesem Falle nur ein mit einem dinglichen Nutzungsrecht belastetes Grundstück als erworben (BFH vom 21. 07. 1992 BStBl II 1993, 486 und vom 15. 12. 1992 BStBl II 1993, 488, Erl. vom 13. 01. 1993 BStBl I 1993, 80 Rz. 10).

Erbschaftsteuerlich erwirbt S in diesem Falle das ganze Grundstück unentgeltlich (Steuerwert 720 000 €), während der Wert der Last gem. § 10 Abs. 6 Satz 5 ErbStG wieder mit 180 000 € abzuziehen ist. Der Fall hat auch noch einen grunderwerbsteuerlichen Aspekt: Da der Berechnung der Belastung mit dem Wohnrecht unter Berücksichtigung des § 16 BewG kein höherer Jahreswert als der 18,6te Teil des Werts des genutzten Gegenstandes zugrunde gelegt werden kann, könnte der Steuerwert der Belastung (in unserem Fall mit 180 000 € vorgegeben) niedriger sein als der Wert ohne diese Beschränkung. Da bei der Grunderwerbsteuer der Jahreswert gem. § 17 Abs. 3 Satz 2 BewG ohne die Beschränkung des § 16 BewG zu berechnen ist, könnte der unbeschränkte Kapitalwert höher sein als der Betrag von 180 000 €. Dieser Differenzbetrag wäre dann mit Grunderwerbsteuer zu belasten, vgl. Ziff. 4 des Erl. vom 21. 05. 1990 DStR 1990, 496.

321–339 frei

2.6.4 Mittelbare Schenkung

2.6.4.1 Mittelbare Grundstücksschenkung

340   Von einer solchen mittelbaren Grundstücksschenkung spricht man, wenn der Zuwendende dem Empfänger **Geld** gibt mit der **Bestimmung,** hiervon ein **Grundstück zu kaufen.** Würde die Erbschaftsteuer in diesem Fall an die Geldschenkung anknüpfen, so ist in der Vergangenheit in der Regel eine höhere Steuerschuld entstanden, als wenn der Wert des Grundstücks mit seinem Grundbesitzwert anzusetzen gewesen wäre. Nach BFH vom 15. 11. 1978 BStBl II 1979, 201 und vom 03. 08. 1988 BStBl II 1988, 1025 liegt in einem solchen Fall eine (eben nur mittelbare) Grundstücksschenkung vor, sodass der Steuer der Steuerwert des Grundstücks zugrunde zu legen ist. Dies ist auch heute noch von Bedeutung: Der Verschonungsabschlag des § 13c ErbStG kann nur angewandt werden, wenn die Schenkung als Grundstücksschenkung anzusehen ist. Beteiligt sich der Schenker nur teilweise an den Anschaffungskosten des Grundstücks, so ist der Grundbesitzwert anteilig aufzuteilen. Dies soll allerdings nach R E 7.3 Abs. 3 ErbStR nicht gelten, wenn es sich nur um einen unbedeutenden Anteil an den Erwerbskosten handelt; beträgt er nur »bis etwa 10 %« des Kaufpreises, so soll eine Geldschenkung vorliegen.

Erforderlich für diese Vergünstigung ist allerdings, dass bei der Schenkung bereits der **341** Erwerb eines genau bezeichneten Grundstücks zugrunde gelegt wird. Gibt der Schenker nur einen Geldbetrag, um damit irgendein noch **nicht näher bezeichnetes** Grundstück zu erwerben, so gilt dies als Geldschenkung. Die Auflage des Schenkers, mit dem Geld ein noch nicht näher bezeichnetes Grundstück zu kaufen, ist nicht als Belastung abzugsfähig (§ 10 Abs. 9 ErbStG). Da die Unterscheidung nur auf subjektiven Angaben der Beteiligten beruht, sollte sie nicht weiter aufrechterhalten bleiben (kritisch auch Troll, Anm. 97 zu § 7). Allerdings hat der BFH diesen Gedanken in seinem Urteil (BFH vom 26. 11. 1996 BFH/NV 1997, 643) nicht nur aufrechterhalten, sondern auch noch auf die ertragsteuerliche Beurteilung eines dem Schenker eingeräumten Nießbrauchsrechtes ausgedehnt. Bei Erwerb eines bestimmten Grundstücks vom Geld des Schenkers soll der dem Schenker vom Grundstückserwerber und Beschenkten eingeräumte Nießbrauch wie ein Vorbehaltsnießbrauch, bei Erwerb eines nicht bestimmten Grundstücks dagegen wie ein Zuwendungsnießbrauch behandelt werden.

Gibt der Schenker dem Beschenkten Geld, um einen bestimmten Rohbau zu erwerben, so **342** ist der Steuerwert aus den Bewertungsvorschriften eines Grundstücks im Zustand der Bebauung zu entnehmen. Stellt der Schenker aber auch noch das Geld zur Fertigstellung des Bauwerkes zur Verfügung, so ist der Steuerwert des bebauten Grundstücks maßgebend (vgl. H E 7.3 (Mittelbare Grundstücksschenkung-Einzelfälle) ErbStR).

Stellt der Schenker dem Beschenkten Geld zur Verfügung, damit dieser sich auf einem ihm **343** **bereits gehörenden Grundstück** ein Gebäude errichten kann, dann gilt die Werterhöhung des Steuerwertes als Wert der Zuwendung (BFH vom 03. 08. 1988 BStBl II 1988, 1025). Beim früheren Ertragswertverfahren war dies immer noch ein relevanter Wert, da als Wertzuwachs im Ertragswertverfahren der Gebäudewertanteil angesehen wurde, der sich bei der Berechnung des Grundstückswertes abzüglich des Bodenwertanteils des Abschn. 20 BewRGr ergab, Anm. 2. 2 des Erl. vom 02. 11. 1989. Beim heutigen Ertragswertverfahren ist ein Herausrechnen des Bodenwertanteils nicht mehr möglich. Abzustellen ist daher auf den Wertunterschied des unbebauten zum bebauten Grundstück (H E 7.3 (Mittelbare Grundstücksschenkung – Einzelfälle; hier: Fall 5) ErbStR).

Auch bei der Übernahme der **Kosten für Aus-, Um-** oder **Anbauten** durch den Schenker **344** entspricht der Wert der Zuwendung nur dem durch den Ausbau eingetretenen Wertzuwachs am Grundbesitzwert, vgl. H E 7.3 (Mittelbare Grundstücksschenkung-Einzelfälle; hier Ziffer 7) ErbStR. Bei der Übernahme von Reparaturkosten sollen danach die Regeln über die mittelbare Grundstücksschenkung nur anwendbar sein, wenn die Reparaturen unmittelbar mit dem Erwerb eines bestimmten Grundstücks in Zusammenhang stehen; so auch BFH vom 05. 02. 1986 BStBl II 1986, 460. Hat der Beschenkte das Grundstück bereits gekauft und beteiligt sich der Schenker hinterher an der Tilgung des Kaufpreises, dann liegt allerdings eine Geldschenkung vor.

Beim **Erwerb von Todes** wegen ist eine mittelbare Grundstücksschenkung **nicht möglich.** Vermacht der Erblasser dem Erben oder einem Vermächtnisnehmer Geld, damit dieser sich ein bestimmtes Grundstück kaufen soll, so ist der Geldbetrag vererbt. Der BFH lehnte eine entsprechende Anwendung der Regeln über die mittelbare Grundstücksschenkung ab, da der Erwerb mit dem Erbfall abgeschlossen sei (BFH vom 23. 01. 1991 BStBl II 1991, 310 und vom 10. 07. 1996 BFH/NV 1997, 28). **345**

346 Auch ein zum Nachlass gehörender **Sachleistungsanspruch** auf Übertragung von Grundbesitz ist mit dem **Verkehrswert** des Grundstücks und nicht mit dessen Steuerwert anzusetzen (BFH vom 27.11.1991 BStBl II 1991, 298 und vom 15.10.1997 BStBl II 1997, 820). In diesem Urteil befindet sich auch noch einmal der Hinweis, dass beim Erwerb durch Erbfall stets die zivilrechtliche Rechtslage zugrunde zu legen ist und nicht die Grundsätze über ein wirtschaftliches Eigentum.

BEISPIELE

a) V schenkt dem S mit notariellem Schenkungsvertrag ein Mietwohngrundstück. Die Auflassung und Eintragungsbewilligung erfolgt am 01.03. Übergang von Nutzen und Lasten am 01.04. Die Eintragung im Grundbuch erfolgt am 02.05.
LÖSUNG Grundstücksschenkung, R E 9.1 ErbStR. Die nach R E 9.1 Abs. 1 Satz 1 ErbStR erforderlichen Erklärungen liegen zwar schon seit dem 01.03. vor, der vereinbarte spätere Übertragungszeitpunkt aber ist erst am 01.04. erreicht. Vollzug der Schenkung also am 01.04. Der Verschonungsabschlag des § 13c ErbStG ist zu gewähren.

b) Zusatz: S stirbt am 30.04. Alleinerbe ist T.
LÖSUNG S ist am 30.04. noch nicht im Grundbuch eingetragen, im Zeitpunkt des Erbfalls also noch nicht zivilrechtlicher Eigentümer, T erbt daher nur einen Sachleistungsanspruch, der mit dem gemeinen Wert des Grundstücks ohne die Vergünstigung des § 13c ErbStG einzusetzen ist, R E 12.2 ErbStR. Allerdings ist der Erbfall nach § 27 ErbStG (mehrfacher Erwerb desselben Vermögens) begünstigt. – Vgl. auch die Einzelfälle in H E 12.2 ErbstR.

2.6.4.2 Mittelbare Schenkung von Betriebsvermögen

347 Schenkt der Schenker dem Beschenkten einen Geldbetrag, damit dieser einen Betrieb oder Anteile an Personen- oder Kapitalgesellschaften erwerben oder sich beteiligen kann, dann ist auch dieser Vorgang begünstigt, R E 13b.2 Abs. 2 Satz 1 ErbStR.

2.6.5 Andere Arten der Schenkung im Sinne des § 7 Abs. 1 Nr. 1 ErbStG

348 Erlässt der Schenker dem Beschenkten eine Forderung, so handelt es sich um eine Schenkung, wenn dem Erlass der Gedanke der Freigebigkeit zugrundeliegt (**Forderungsschenkung**). Gibt ein Darlehensgeber dem Darlehensnehmer ein unverzinsliches Darlehen, so stellt diese Zuwendung des Zinsvorteils nach BFH vom 12.07.1979 BStBl II 1979, 631 eine Schenkung dar (**Zinsschenkung**). Als Jahreswert der Nutzung soll nach BFH ein Zinsbetrag in Höhe von 5,5 % zugrunde gelegt werden. Dieser erbschaftsteuerlichen Beurteilung steht nicht die Rechtsprechung zur Ertragsteuer entgegen, die davon ausgeht, dass eine langfristige Darlehenshingabe auch bei vereinbarter Unverzinslichkeit gem. § 12 Abs. 3 BewG der Abzinsung unterliegt. Als Darlehensvaluta gilt dieser Rechtsprechung der abgezinste Betrag. Die Differenz zwischen Barwert und Rückzahlungsbetrag führt beim Darlehensgeber im Zeitpunkt der Darlehensrückzahlung zu Einnahmen aus Kapitalvermögen, so ganz richtig BFH vom 26.06.1996 BFH/NV 1997, 175. Beide Urteile widersprechen sich nicht. Der Fall ist so zu beurteilen, als ob der Darlehensgeber dem Darlehensnehmer den (zur Rückzahlung bestimmten) abgezinsten Darlehensbetrag überlassen hätte, der natürlich keine Schenkung darstellt, und ihm zusätzlich die Zinsen geschenkt hätte, damit er sie künftig zurückbezahlen kann. Zinsen sind aber regelmäßig aus dem Vermögen des Darlehensnehmers zu erbringen. Dass ihm der Darlehensgeber den Betrag zur Erbringung zur Verfügung stellt, stellt eine freigebige Zuwendung dar. Da der Darlehensnehmer sofort über den Gesamtbetrag verfügen kann, liegt hinsichtlich der Zinszuwendung eine Schenkung vor.

BEISPIEL

V gibt S ein unverzinsliches Darlehen von 100 000 €, rückzahlbar nach 10 Jahren.

LÖSUNG Das Darlehen ist zu bewerten mit 100 000 € × 0,585 = 55 850 €. Die restlichen 44 150 € stellen in 01 eine Schenkung dar. Im Jahr 10 hat V Einküfte aus § 20 EStG in Höhe von 44 150 €, vgl. BFH/HV 1997, 175.

Die schenkweise Umbuchung eines Kapitalanteils an einem Einzelunternehmen zur **349** Begründung eines Gesellschaftsanteils von Kindern an einer Personengesellschaft stellt ebenfalls eine Schenkung dar (**Anteilsschenkung**). Will also ein Vater seine Kinder in sein Unternehmen als Kommanditisten aufnehmen, und schenkt er ihnen ein durch Umbuchen vom eigenen Kapitalkonto abgezweigtes Kapitalkonto, so liegt hierin bereits ein Vollzug einer Schenkung. Fehlt es also an der notariellen Beurkundung der Schenkungszusage, dann wird dieser Mangel durch den Vollzug der Schenkung geheilt. Geschenkt ist in diesen Fällen ein Mitunternehmeranteil.

Dies gilt jedoch nicht, wenn die Kinder als stille Gesellschafter beteiligt werden sollen, **350** BMF vom 08. 12. 1975 BStBl I 1975, 1130. Hier liegt nach wie vor ein formunwirksames Schenkungsversprechen vor, das eine Bereicherung noch nicht darstellt (so auch Moench, Erbschaft- und Schenkungsteuer, 2012, Rz. 61 zu § 7 ErbStG). Hier sind nur die jeweils ausbezahlten Gewinnbeteiligungen zugewendet. Diese Lösung soll nach der Rechtsprechung selbst beim formwirksamen Schenkungsversprechen Anwendung finden, da sich das Schenkungsversprechen nur auf eine Forderung bezieht (BFH vom 28. 11. 1967 BStBl II 1968, 239). Wie Anteile als stille Gesellschafter sind auch Unterbeteiligungen am Anteil eines Gesellschafters einer Personengesellschaft zu behandeln.

Die schenkweise Zuwendung eines Kapitalanteils an einer Personengesellschaft fällt nicht **351** unter den Tatbestand des § 7 Abs. 5 bis 7 ErbStG. Hierunter fallen vielmehr **Schenkungen mit Buchwertklausel** (§ 7 Abs. 5 ErbStG), die **überhöhte Gewinnbeteiligung** (§ 7 Abs. 6 ErbStG) und die **Abfindungen unter dem Wert der Anteile** (§ 7 Abs. 7 ErbStG). Hier sind die zum Ertragsteuerrecht entwickelten Grundsätze anzuwenden, bei der Zuwendung einer Kommanditbeteiligung also auch die Grundsätze über die Angemessenheit der Gewinnverteilung. Erhält also ein Kind ein eigenes Kapitalkonto schenkweise zugewendet und wird dieses mit einer unangemessen hohen Gewinnbeteiligung ausgestattet, dann stellt die Schenkung des Kapitalkontos eine Zuwendung im Sinne des § 7 Abs. 1 Nr. 1 ErbStG dar und der kapitalisierte Wert des den angemessenen Teil übersteigenden Teils der Gewinnbeteiligung eine Zuwendung im Sinne des § 7 Abs. 6 ErbStG. Bei der Kapitalisierung der Gewinnbeteiligung wird von einer ungewissen Dauer ausgegangen, also Kapitalisierung mit dem Faktor 9,3 (R E 7.8 Abs. 1 S. 4 ErbStR). Schenkweise zugewendet können auch Anteile an Kapitalgesellschaften werden.

Problematisch sind die **Zuwendungen zwischen Gesellschaftern einer Kapitalgesell-** **352** **schaft und ihrer Gesellschaft.** Eine unentgeltliche Zuwendung eines Gesellschafters an seine Gesellschaft erhöht ja gleichzeitig den Wert seines Anteils, sodass ein steuerbarer Tatbestand insoweit nicht vorliegt. Für Schenkungen ab dem 14. 12. 2011 gelten hierfür die Regelungen in den §§ 7 Abs. 8, 15 Abs. 4 ErbStG, sowie die Verwaltungsanweisungen in dem Erlass vom 14. 03. 2012 BStBl I 2012, 331.

BEISPIEL

Vater V und Bruder B sind je hälftig Gesellschafter einer GmbH. Die T ist die Tochter bzw. Schwester von V und B. Die T gestaltet die Homepage der GmbH und erhält hierfür ein Honorar in Höhe von 900 000 €, angemessen wären 250 000 €.

LÖSUNG Die GmbH wendet der T einen Vermögensvorteil in Höhe von 650 000 € zu, § 7 Abs. 8 ErbStG. Für die Besteuerung ist aber gem. § 15 Abs. 4 darauf abzustellen, in welchem Verwandtschaftsgrad die T zu V bzw. B steht, vgl. Tz. 6 des Erlasses vom 14. 03. 2012 BStBl I 2012, 331. Nach diesem Verwandtschaftsgrad richten sich Freibetrag, Steuersatz und Vorerwerb i. S. d. § 14 ErbStG. Die Zuwendung bemisst sich also mit je 325 000 € nach der Steuerklasse I (V) und der Steuerklasse II (B).

353   Von **Kettenschenkung** oder **Durchgangsschenkung** spricht man, wenn ein Schenker den Beschenkten verpflichtet, die Zuwendung weiter zu verschenken, z. B. der Vater schenkt seiner Ehefrau 200 000 € mit der Bestimmung, davon je 20 000 € an die beiden Kinder weiterzugeben. Hier ist die Ehefrau nur um 160 000 € bereichert, die Kinder erhalten die 20 000 € jeweils direkt vom Vater, vgl. BFH vom 13. 10. 1993 BStBl II 1994, 128. Ist die Schenkung von dem Beschenkten erst bei Eintritt einer Bedingung (**bedingte Schenkungen**) an den Dritten weiterzugeben, dann ist der Durchgangserwerb bei dem Beschenkten zunächst zu erfassen und bei Eintritt der Bedingung nach den §§ 5 Abs. 2, 6 Abs. 2, 7 Abs. 2, 14 Abs. 2 BewG zu berichtigen. Der Letztbedachte erwirbt wieder direkt vom Ausgangsschenker.

354   **Schenkungen unter Widerrufsvorbehalt** sind zivilrechtlich zulässig; ertragsteuerlich werden sie nicht anerkannt, der Schenker erzielt weiterhin die Einkünfte aus der verschenkten Einkunftsquelle (BFH vom 16. 05. 1989 BStBl II 1989, 877). Schenkungsteuerlich wird diese Form der Schenkung wie eine bedingte Schenkung behandelt, also zunächst volle Schenkung, anschließend bei Ausüben des Widerrufs Korrektur nach den Bewertungsvorschriften der §§ 4 bis 8 BewG (Vgl. BFH vom 13. 09. 1989 BStBl II 1989, 1034; Vfg. OFD Nürnberg vom 27. 01. 1994 DStR 1994, 467).

355   Wird ein Grundstück verschenkt, die Schenkung jedoch vor der Eintragung des Beschenkten im Grundbuch aufgehoben, dann liegt eine Schenkung nicht vor, auch dann nicht, wenn die Auflassung schon beurkundet und die Eintragungsbewilligung erteilt war, BFM vom 24. 07. 2002 BStBl I 2002, 781.

356–370 frei

2.7   Die übrigen Schenkungstatbestände des § 7 ErbStG

2.7.1   Vollziehung einer vom Schenker angeordneten Auflage

371   Schenkt der Schenker dem Beschenkten etwas unter einer Auflage, so ist der Beschenkte nach § 7 Abs. 1 Nr. 1 ErbStG begünstigt. Die Auflage wird unterschieden in Leistungsauflage und Duldungsauflage. Zu deren Behandlung beim Beschenkten vgl. unter Rz. 318 ff. Der durch die Auflage Begünstigte hat die Zuwendung direkt vom Schenker erhalten; sie unterliegt gem. § 7 Abs. 1 Nr. 2 ErbStG der Erbschaftsteuer. Da der Auflagenbegünstigte in der Regel keinen eigenständigen Rechtsanspruch gegen den Beschenkten auf Erfüllung der Auflage erwirbt, fällt die Bereicherung erst an, wenn die Auflage erfüllt wird (»... was erlangt wird ...«).

BEISPIEL

V schenkt dem S ein Grundstück unter der Auflage, seiner Schwester T ein Gleichstellungsgeld zu bezahlen (Leistungsauflage) und seiner Tante U ein dingliches Wohnrecht einzuräumen (Duldungsauflage). Zur Bemessungsgrundlage vgl. R E 7.4 Abs. 1 bis 4 ErbStR.

372   Dieselben Rechtsfolgen gelten dann, wenn der Schenker in irgendeinem Rechtsgeschäft (nicht notwendigerweise einer Schenkung) eine unentgeltliche Zuwendung an einen Dritten verfügt und diese Zuwendung vom Eintritt einer Bedingung abhängig macht. Einen wirtschaftlichen Sinn ergeben solche Gestaltungen in erster Linie bei einer gemischten Schenkung, bei der

der Erwerber einen geringeren Kaufpreis bezahlt in Anbetracht der ihm auferlegten Verpflichtung zum Erbringen einer unentgeltlichen Leistung bei Bedingungseintritt. Unter einer Bedingung ist auch ein Fall einer Befristung im Sinne des § 8 BewG zu verstehen. Die Vorschrift des § 7 Abs. 1 Nr. 3 ErbStG hat bislang noch keine praktische Bedeutung erlangt.

BEISPIEL

V verkauft dem K ein Grundstück zu einem Vorzugspreis. Dafür wird dem K die Verpflichtung auferlegt, der langjährigen Haushälterin des V ab deren 65. Lebensjahr unentgeltlich ein dingliches Wohnrecht an einer Wohnung einzuräumen.

2.7.2 Vereinbarung der Gütergemeinschaft

Vereinbaren die Ehegatten den vertraglichen Güterstand der Gütergemeinschaft, dann haben sie fortan unterschiedliche Gütermassen zu unterscheiden: das Sondergut des § 1417 BGB, das Vorbehaltsgut des § 1418 BGB und das Gesamtgut des § 1416 BGB. **373**

Sondergut sind die Wirtschaftsgüter, die nicht durch Rechtsgeschäft übertragen werden können. Hierzu gehören die nicht abtretbaren und unpfändbaren Forderungen der §§ 399, 400 BGB (z. B. Unterhaltsrenten im Sinne des § 850b Satz 1 Nr. 2 ZPO), der Anteil als persönlich haftender Gesellschafter einer Personengesellschaft, der Nießbrauch, das Urheberrecht.

Vorbehaltsgut sind die Wirtschaftsgüter, an denen sich der Ehegatte bei Vereinbarung der Gütergemeinschaft das Eigentum vorbehalten hat; Wirtschaftsgüter, die von Todes wegen oder durch Schenkungen erworben wurden, wenn der Erblasser oder Schenker sie zum Vorbehaltsgut beim Empfänger erklärt hat; Ersatzstücke für Wirtschaftsgüter, die sich im Vorbehaltsgut befanden (wozu auch Versicherungssummen für den Ersatz gehören, nicht jedoch Kaufpreise beim Verkauf). **374**

Gesamtgut ist alles, was nicht Sondergut oder Vorbehaltsgut ist. Dabei ist es gleichgültig, ob es sich bei Beginn der Ehe im Eigentum eines Ehegatten befand oder im Verlauf der Ehe erworben wurde. Unter die Vorschrift des § 7 Abs. 1 Nr. 4 ErbStG fällt jedoch nur das, was bei der Vereinbarung der Gütergemeinschaft Gesamtgut wird und nicht das, was im Weiteren Verlauf der Ehe ins Gesamtgut erworben wird; dies folgt aus der ausdrücklichen Verweisung auf § 1415 BGB. Allerdings ist zu beachten, dass die Vereinbarung der Gütergemeinschaft nicht zu Beginn der Ehe erfolgen muss; wird die Gütergemeinschaft erst später vereinbart, dann ist davon auszugehen, dass der bereicherte Ehegatte seinen Zugewinnausgleichsanspruch mit in die Gütergemeinschaft einbringt, sodass seine Bereicherung dadurch häufig gleich null sein wird (R E 7.6 Abs. 2 ErbStR). Überführt also ein Ehegatte ein Wirtschaftsgut **nach Vereinbarung der Gütergemeinschaft** vom Vorbehaltsgut ins Gesamtgut, so mag dies unter den Tatbestand des § 7 Abs. 1 Nr. 1 ErbStG fallen, es fällt jedenfalls nicht unter den des § 7 Abs. 1 Nr. 4 ErbStG; so die h. M., a. A. Moench, Rz. 159 zu § 7, der daher den Ehegatten mit Rücksicht auf § 14 ErbStG empfiehlt, mit der Umwandlung von Vorbehaltsgut in Gesamtgut 10 Jahre lang zu warten; da die Umwandlung auch nach der h. M. den Tatbestand der Nr. 1 erfüllen kann, gilt diese Empfehlung auch hier. **375**

Das Eigentum beider Ehegatten fällt (soweit es nicht Sondergut oder Vorbehaltsgut wird) ins Gesamtgut. Bringt der M 200 000 € und die F 500 000 € ins Gesamtgut ein, dann sind die 700 000 € Gesamtgut. Dadurch bereichert ist aber nur der M, und zwar in Höhe von 150 000 €. Interessant werden diese Fälle dann, wenn sich die Steuerwerte nicht entsprechen. Bringt also der M die 200 000 € in bar ein, während die F ein Grundstück mit einem Verkehrswert von 500 000 € und einem Steuerwert von 320 000 € einbringt, dann ist nach § 7 Abs. 1 Nr. 4 ErbstG durch einen Vergleich der Verkehrswerte geklärt, dass der M bereichert ist, eine Steuerpflicht also nur bei ihm **376** entstehen kann. Diese richtet sich aber gem. § 10 ErbStG nach der Höhe der Steuerwerte. M hat daher den halben Mehrwert der Steuerwerte (also 60 000 €) der Besteuerung zu unterwerfen. Eine Verhältnisrechnung kann nicht in Betracht kommen, da der M sonst möglicherweise Steuern von seinem eigenen Gesamtgutanteil versteuern müsste. Hat also das Grundstück der F einen Steuerwert von nur 180 000 €, dann steht nach § 7 fest, dass nur der Mehrerwerb des M zu einer Steuerpflicht führen könnte, da M aber keinen steuerlichen Mehrwert im Sinne des § 10 erworben hat, unterbleibt eine Besteuerung (ebenso die h. M., vgl. Moench, Rz. 157 zu § 7; Meincke, Anm. 102 zu § 7; Troll, Rz. 310 zu § 7. In Anbetracht des hohen Ehegattenfreibetrages von 500 000 € dürfte die Frage keine allzu große praktische Bedeutung haben, kann diese jedoch als Vorerwerb im Rahmen des § 14 ErbStG jederzeit nachträglich erhalten).

2.7.3 Abfindung für einen Erbverzicht

377   Der Steuerpflichtige kann auf sein gesetzliches Erbrecht verzichten (§ 2346 BGB), was gleichzeitig bewirkt, dass er auch keinen Pflichtteil erhält. Er kann aber auch nur auf seinen Pflichtteil verzichten, § 2346 Abs. 2 BGB, was ebenfalls als Erbverzicht im Sinne des § 2346 BGB gilt. Schließlich kann er auch auf eine Zuwendung (Vermächtnis, testamentarisch eingeräumter Erbteil) verzichten, § 2352 BGB. Auch dies gilt als Erbverzicht im Sinne des Erbschaftsteuerrechts. Der Erbverzicht geschieht unter Lebenden durch notariell beurkundeten Vertrag mit dem Erblasser und wirkt im Zweifel auch auf für seine Abkömmlinge, § 2349 BGB.

378   Für einen solchen Erbverzicht gibt es die verschiedenartigsten »Interessenten«. Der Erblasser selbst kann ein Interesse daran haben, dass ein potentieller Erbe auf seinen Erbteil verzichtet, etwa um die Unternehmensnachfolge nicht durch Erb- und Pflichtteilsansprüche gefährdet zu sehen; Miterben können ein Interesse daran haben und schließlich auch der Verzichtende selbst. Erhält der Verzichtende von irgendeiner Seite eine Abfindung für seinen Verzicht, so fällt diese unter § 7 Abs. 1 Nr. 5 ErbStG. Für die Frage der Steuerklasse gilt die Abfindung immer als vom Erblasser selbst bezogen (BFH vom 25. 05. 1977 BStBl II 1977, 733).

2.7.4 Stiftung

379   Die Stiftung war bereits mehrfach Gegenstand der Darstellung. Wird sie von Todes wegen mit Zuwendungen ausgestattet, so unterliegt dieser Vorgang gem. § 3 Abs. 2 Nr. 1 ErbStG der Erbschaftsteuer. Wird sie erstmalig bei Gründung mit einer Schenkung bedacht, so fällt dies unter § 7 Abs. 1 Nr. 8 ErbStG (was allerdings bei gemeinnützigen Stiftungen keine Steuer auslöst, vgl. § 13 Nr. 16 Buchst. b ErbStG). Wird sie nach Gründung mit Schenkungen bedacht, so fällt dies unter § 7 Abs. 1 Nr. 1 ErbStG. Besteht die Stiftung fort, so unterliegt sie alle 30 Jahre der Erbschaftsteuer (§ 1 Abs. 1 Nr. 4 ErbStG). Wendet die Stiftung aufgrund ihrer Satzung einem Dritten etwas unentgeltlich zu, so stellt dies keinen schenkungssteuerpflichtigen Tatbestand dar, da diesem Akt das Merkmal der Freiwilligkeit fehlt. Wird die Stiftung schließlich aufgelöst, so fallen Zuwendungen, die in diesem Zusammenhang anfallen, unter § 7 Abs. 1 Nr. 9 ErbStG. Die restlichen Tatbestände des § 7 Abs. 1 ErbStG haben nur geringe praktische Bedeutung, sodass sie im Rahmen eines Lehrbuchs vernachlässigt werden können.

2.7.5 Zweckzuwendung

Die Zweckzuwendung im Sinne des § 8 ErbStG steht neben der Erbschaftsteuer und der **380** Schenkungsteuer als weiterer Steuertatbestand. Die Zweckzuwendung kann ähnliche Ziele verfolgen wie die Stiftung, sie unterscheidet sich von der Stiftung aber dadurch, dass sie **nicht gesetzlich geregelt** ist (vgl. § 80 BGB für die Stiftung) und daher mit dem Zuwendungszweck immer ein Dritter belastet ist. Dieser Dritte erhält Mittel zugewendet, mit denen er die Zweckzuwendung zu bestreiten hat. Als letztlich begünstigte Zuwendungsempfänger kommen nach der Zielrichtung der Zweckzuwendung entweder ein unbestimmter Personenkreis oder etwas Unpersönliches in Betracht (die Armen zu speisen, ein Denkmal zu errichten), jedenfalls **fehlt** es an einem **Letztbegünstigten,** der seinerseits als Zuwendungsempfänger einer freigebigen Zuwendung erfasst werden könnte. Diese Erfordernisse ergeben sich nicht aus dem Gesetzeswortlaut, sondern nur aus einer historischen Auslegung des gesetzgeberischen Willens bei Abfassung der Vorschrift.

In der Regel wird der mit der Zweckzuwendung Beauftragte auch selbst eine Zuwendung **381** erfahren. Er kann dann die Mittel, die für die Erfüllung der Zweckzuwendung erforderlich sind, vom **Wert** der Gesamtzuwendung **abziehen,** § 10 Abs. 5 Nr. 2 ErbStG. Dafür hat er dann für die Entrichtung der Steuer aus dem Wert der Zweckzuwendung zu sorgen, § 20 Abs. 1 ErbStG. Dass es sich dabei jedoch um ein gesondertes Vermögen handeln müsse, das der Beauftragte nur treuhänderisch verwaltet, ist nicht erforderlich, denn sonst könnte es nicht zu einer »Minderung der Bereicherung des Erwerbers« kommen, von der § 8 ErbStG spricht. Die Zweckzuwendung kann auf einer **letztwilligen Verfügung** oder einer **Zuwendung eines Lebenden** beruhen, beide Alternativen fallen unter die Vorschrift des § 8 ErbStG.

2.8   Entstehen der Steuer

Die Vorschrift des § 9 ErbStG stellt auf den Zeitpunkt ab, in dem die Erbschaftsteuer ent- **382** steht. Dies ist auch gleichzeitig der Stichtag für die Wertermittlung und für die persönlichen Verhältnisse des Steuerschuldners (unbeschränkte oder beschränkte Steuerpflicht, Verwandtschaftsgrad). Maßgeblicher **Stichtag beim Erwerb von Todes wegen** ist der Todeszeitpunkt des Erblassers (§ 9 Abs. 1 Nr. 1 ErbStG). Der Tag des Todes ergibt sich aus der Sterbeurkunde. Dies gilt sowohl für den gesetzlichen wie auch für den auf letztwilliger Verfügung beruhenden Erbteil. Es gilt gleichermaßen auch für den Vermächtnisnehmer und für den durch eine Schenkung auf den Todesfall Begünstigten. Etwas anderes gilt für den Pflichtteilsberechtigten: Hier entsteht die Steuerschuld erst mit der Geltendmachung des Pflichtteilsanspruchs (§ 9 Abs. 1 Nr. 1 Buchst.b ErbStG, während der Anspruch selbst bereits mit dem Tode entsteht). Hängt der Erwerb vom Eintritt einer Bedingung ab, so entsteht die Steuer mit Bedingungseintritt (§ 9 Abs. 1 Nr. 1 Buchst.a ErbStG). **Schlägt** ein Erbe die Erbschaft **aus,** so wirkt dies auf den Zeitpunkt des Todes zurück (§ 1953 BGB). Als Erbquoten gelten dann diejenigen, die nach der Ausschlagung maßgeblich sind.

Ordnet der Erblasser aufgrund letztwilliger Verfügung eine **Stiftung** an, so entsteht die **383** Erbschaftsteuerschuld mit dem Zeitpunkt der Genehmigung der Stiftung (§ 9 Abs. 1 Nr. 1 Buchst. c ErbStG). Erwirbt ein Begünstigter infolge einer vom Erblasser verfügten **Auflage,** so entsteht die Steuerschuld mit Vollziehung der Auflage (§ 9 Abs. 1 Nr. 1 Buchst.d ErbStG). Erhält der Erbe etwas für den **Verzicht** oder die **Ausschlagung der Erbschaft,** so entsteht die Steuer im Zeitpunkt des Verzichts oder der Ausschlagung (nicht erst bei Erwerb der Abfindung, § 9 Abs. 1 Nr. 1 Buchst.f ErbStG). Hat der Erblasser jemanden zum **Nacherben** eingesetzt, so entsteht die

Steuerschuld erst bei Eintreten des Nacherbfalles (sei es im Zeitpunkt des Todes des Vorerben, sei es bei Eintritt einer Bedingung, § 9 Abs. 1 Nr. 1 Buchst. h ErbStG). Veräußert ein Nacherbe sein **Anwartschaftsrecht**, so entsteht die Steuer mit der Übertragung der Anwartschaft (§ 9 Abs. 1 Nr. 1 Buchst.i ErbStG).

384 **Stichtag bei Schenkungen unter Lebenden** ist der Zeitpunkt der Ausführung der Zuwendung (§ 9 Abs. 1 Nr. 2 ErbStG). Dies ist der Zeitpunkt, in dem der Bedachte wirtschaftlicher Eigentümer im Sinne des § 39 AO geworden ist. Dies ist ein gravierender Unterschied zur Verfügung von Todes wegen. Da bei der Verfügung von Todes wegen der Erwerb im Todeszeitpunkt abgeschlossen ist, kommt es hier immer auf die zivilrechtliche Rechtslage an. Da bei Schenkungen unter Lebenden dagegen der Zeitpunkt der Ausführung der Zuwendung maßgebend ist, ist die Zuwendung der Verfügungsmacht im Sinne des Steuerrechts maßgebend (BFH vom 14.02.1962 BStBl III 1962, 204). Bei Grundstücksschenkungen gilt die Schenkung als ausgeführt, wenn die Auflassung beurkundet und die Eintragungsbewilligung erteilt ist, da der Schenker damit alles zur Bewirkung der Leistung Erforderliche getan hat, R E 9.1 Abs. 1 Satz 2 ErbStR, BFH vom 26.09.1990 BStBl II 1991, 320. Allerdings gilt dies nicht, wenn die Schenkung nach diesem Zeitpunkt, aber vor dem Vollzug der Umschreibung aufgehoben wird, BFH vom 24.07.2002 BStBl II 2002, 781.

385 **Stichtag für die Zweckzuwendung** ist der Zeitpunkt des Eintritts der Verpflichtung des Beschwerten (§ 9 Abs. 1 Nr. 3 ErbStG). **Stichtag für die Familienstiftung** im Sinne des § 1 Abs. 1 Nr. 4 ErbStG ist jeweils der Ablauf von 30 Jahren seit dem ersten Übergang von Vermögen auf die Stiftung (§ 9 Abs. 1 Nr. 4 ErbStG).

386–387 frei

3 Wertermittlung

388 Während der erste Abschnitt des Erbschaftsteuergesetzes mit seinen §§ 1 bis 9 regelt, was der Erbschaftsteuer zu unterwerfen ist, regelt der zweite Abschnitt mit seinen §§ 10 bis 13d, mit welchem Wert die einzelnen Wirtschaftsgüter der Erbschaftsteuer unterliegen. Die Vorschriften des zweiten Abschnitts dienen also dazu, die Bemessungsgrundlage der Steuer zu errechnen.

§ 10 Abs. 1 Satz 1 ErbStG nennt als **steuerpflichtigen Erwerb**:
Bereicherung des Erwerbers bewertet nach § 12 ErbStG
./. Zugewinnausgleich nach § 5 ErbStG
./. sachliche Steuerbefreiungen nach §§ 13,13a–d ErbStG
./. persönlicher Freibetrag nach § 16 ErbStG
./. Versorgungsfreibetrag nach § 17 ErbStG

= steuerpflichtiger Erwerb (abgerundet auf volle 100 € nach § 10 Abs. 1 Satz 6 ErbStG)
Bemessungsgrundlage für den Tarif des § 19 ErbStG.

3.1 Die Bereicherung

389 Die erste Position, die Bereicherung, wird im weiteren Verlauf des § 10 ErbStG geregelt. Dabei erfährt insbesondere die Bereicherung beim Erwerb von Todes wegen eine besonders ausführliche Behandlung.

3.1.1 Erbfall

Im Erbfall gilt als Bereicherung das im Nachlass befindliche Vermögen, bewertet nach § 12 **390** ErbStG abzüglich der Nachlassverbindlichkeiten. Zu den **Nachlassverbindlichkeiten** gehören zunächst die **vom Erblasser** herrührenden Schulden, wobei die Betriebsschulden bereits im Wert des Betriebes mitberücksichtigt sind, § 12 Abs. 5 ErbStG i. V. m. § 103 BewG (vgl. § 10 Abs. 5 Nr. 1 ErbStG). Weiter gehören zu den Nachlassverbindlichkeiten dem Begünstigten **auferlegte Schulden** und Lasten aus Vermächtnissen, Auflagen und aus geltend gemachten Pflichtteilen (§ 10 Abs. 5 Nr. 2 ErbStG), allerdings nur in Höhe des tatsächlichen geltend gemachten Pflichtteils.

Schließlich zählen zu den Nachlassverbindlichkeiten auch die **Kosten,** die mit der **Bestat- 391 tung** des Erblassers, seinem Grabdenkmal, der Grabpflege und den Kosten der Erbauseinandersetzung zusammenhängen. Die Kosten der Grabpflege sind dabei gemäß § 10 Abs. 5 Nr. 3 ErbStG mit den üblichen Kosten anzusetzen, als Dauer der Grabpflege ist stets eine unbestimmte Dauer und damit ein Vervielfältiger von 9,3 zugrunde zu legen (§ 13 Abs. 2 BewG). Kann ein besonderer Nachweis über höhere Kosten nicht geführt werden, so ist eine Erbfallkostenpauschale mit 10 300 € anzusetzen (§ 10 Abs. 5 Nr. 3 Satz 2 ErbStG).

Nicht zu den Nachlassverbindlichkeiten gehört die **Erbschaftsteuer.** Mit ihr ist der ein- **392** zelne Erbe selbst belastet (§ 10 Abs. 8 ErbStG). Abzugsfähig ist dagegen das Honorar für den Steuerberater für die Anfertigung der Erbschaftsteuererklärung, sowie für die Anfertigung der Erklärung zur gesonderten Feststellung nach §§ 157,151 BewG. Ebenfalls abzugsfähig sind Honorare zur Erstellung von Wertgutachten für den Grundbesitz, das Betriebsvermögen und nicht notierte Anteile an Kapitalgesellschaften, soweit sie vom Erwerber getragen worden sind. Schließt sich an die Festsetzung der Erbschaftsteuer ein Rechtsbehelfsverfahren oder ein Klageverfahren an, dann sind die dafür erforderlichen Kosten ebenso wie die Erbschaftsteuer nicht abzugsfähig. Abzugsfähig sind dagegen wieder die Kosten für Wertgutachten, die im Rahmen des Rechtsbehelfs- oder Klageverfahren entstanden sind. Eine Kürzung der Honorarkosten nach § 10 Abs. 6 ErbStG unterbleibt in diesen Fällen auch dann, wenn zum Erwerb ganz oder teilweise steuerbefreites Vermögen gehört, H E 10.7 »Steuerberatungskosten und Rechtsberatungskosten im Rahmen des Besteuerungs- und Wertermittlungsverfahrens« ErbStH. Ebenfalls nicht zu den Nachlassverbindlichkeiten gehören die Kosten der **Nachlassverwaltung** (§ 10 Abs. 5 Nr. 3 Satz 3 ErbStG). Schulden und Lasten, die zu einzelnen **nicht steuerbaren Teilen** des Erwerbs gehören, sind ebenfalls nicht abzugsfähig (§ 10 Abs. 6 ErbStG). Erlöschen infolge des Erbanfalls Forderungen und Schulden, so gelten sie erbschaftsteuerlich als nicht erloschen (§ 10 Abs. 5 ErbStG). Ebenfalls nicht zu den Nachlassverbindlichkeiten gehört beim Vorerben die angeordnete Nacherbschaft, obwohl ihn diese erheblich in seiner Verfügungsbefugnis einschränkt. Umgekehrt braucht der Nacherbe auch noch keine Erbschaftsteuer zu entrichten (§ 10 Abs. 4 ErbStG), obwohl er bereits eine verwertbare Anwartschaft zugewendet erhält.

Steuererstattungsansprüche des Erblassers entstehen ungeachtet vom Zeitpunkt des **393** Ergehens des Steuerbescheides stets mit Ablauf des jeweiligen Veranlagungszeitraums, §§ 36 Abs. 1, 25 Abs. 1 EStG, BFH vom 16. 01. 2008 BStBl II 2008, 626, R E 10.3 ErbStR. Zum Nachlass gehören also alle Erstattungsansprüche bereits abgelaufener Veranlagungszeiträume. Für das laufende Kalenderjahr, in das der Todeszeitpunkt fällt, entstehen die Erstattungsansprüche erst mit Ablauf des Jahres, sie gehören daher nicht in den steuerpflichtigen Erwerb.

Steuerschulden der Einkommensteuer für das laufende (Todes-)Jahr entstehen ebenfalls **394** erst mit Ablauf des Jahres: Aus diesem Grund wurden sie in R E 10.8 Abs. 3 ErbStR als nichtabzugsfähig bezeichnet. Dies führte aber in vielen Fällen zu einer Doppelbelastung mit Einkommensteuer und mit Erbschaftsteuer. Der BFH erkannte hierin einen Verstoß gegen das Prinzip der Leistungsfähigkeit (BFH vom 04.07.2012 BStBl II 2012, 790). Die Verwaltung folgt dem und erkennt die noch vom Erblasser herrührenden Steuerschulden für die Einkommensteuer, Kirchensteuer und Solidaritätszuschlag als Nachlassverbindlichkeiten an (vgl. Erl. Nds. FinMin vom 26.10.2012). Voraussetzung ist allerdings, dass die Schuld noch in der Person des Erblassers entstanden ist. Dasselbe gilt für Steuerberatungskosten im Zusammenhang mit der Einkommensteuerschuld des Erblassers. Hat der Erblasser den Steuerberater noch zu Lebzeiten beauftragt, dann sind die daraus herrührenden Honorarschulden als Erblasserschulden abzugsfähig. Beauftragt erst der Erbe den Steuerberater mit der Erstellung der Einkommensteuererklärung, dann sind die Honorarschulden (anders als bei der Erbschaftsteuer) nicht abzugsfähig.

BEISPIEL

Das Finanzamt fordert den Erben auf, hinsichtlich der Kapitaleinkünfte des Erblassers berichtigte Steuererklärungen abzugeben. Der Erbe beauftragt damit einen Steuerberater.
LÖSUNG Die sich daraus ergebende Mehrsteuer ist als Erblasserschuld abzugsfähig, vgl. BFH vom 28.10.2015 DStR 2016,401 (da die Steuer aufgrund des Verlangens des FA nach einer berichtigten Erklärung festgesetzt wurde). Die Honorarschuld für den Steuerberater dagegen nicht.

Fließen beim Erblasser entstandene Ansprüche erst nach dem Tod des Erblassers zu, sodass sie gem. § 11 EStG dem Erben zuzurechnen sind, z. B. Tantiemen des Arbeitnehmer-Erblassers, dann handelt es sich nicht um Nachlassverbindlichkeiten des Erblassers, BFH vom 17.02.2010 BStBl II 2010, 641. Bezüglich der Tantiemenforderung, die zum Nachlass gehört und der dafür zu entrichtenden Einkommensteuer kann ein Ausgleich nur über § 35b EStG hergestellt werden.

395 Die noch nicht entrichteten Einkommensteuer-Vorauszahlungen sind abzugsfähig, da sie mit Beginn des Vorauszahlungszeitraums entstehen, R E 10.8 Abs. 4 ErbStR.

3.1.2 Schenkung

396 Bei einer Schenkung gilt als Bereicherung immer der Wert des positiven Vermögens. Sind mit der Schenkung Entgelte, Auflagen oder die Übernahme von Verbindlichkeiten verbunden, so gelten die Ausführungen über gemischte Schenkungen oder Schenkungen unter einer Auflage.

397 Diese führen nur teilweise zu einer Bereicherung des Erwerbers. Dabei würde insbesondere beim teil(un)entgeltlichen Erwerb von Grundbesitz der Ansatz des Erwerbs mit dem Steuerwert des Grundstücks und der Vollabzug der Schuld mit dem Nennwert zu ungerechtfertigten Steuervorteilen beim Erwerber führen. Daher gelten die folgenden Grundsätze (BFH vom 12.04.1989 BStBl II 1989, 524 und ihm folgend R E 7.4 ErbStR):

398 Bei Schenkungen unter **Duldungs- oder Nutzungsauflage** ist die Auflage mit ihrem Kapitalwert gemäß §§ 13 bis 16 BewG abzuziehen. Bei der **Leistungsauflage** und der **gemischten Schenkung** wird der Steuerwert der freigebigen Zuwendung ermittelt. Dabei sind ggf. Verschonungsabschläge nach den §§ 13–13d ErbStG abzuziehen. Die zu berücksichtigenden Nachlassverbindlichkeiten sind dann gem. § 10 Abs. 6 ErbStG ebenfalls anteilig zu kürzen, vgl. H E 7.4 Abs. 3 »Wirtschaftlicher Zusammenhang von Gegenleistungen, übernommenen Schulden, Leistungsauflagen, Nutzungs- und Duldungsauflagen mit der Schenkerleistung« ErbStR.

3.1.3 Übertragung von Anteilen an vermögensverwaltenden Personengesellschaften

Anteile an gewerblich tätigen Personengesellschaften werden entsprechend § 12 Abs. 5 **399** ErbStG in Verbindung mit den §§ 95, 97 BewG so bewertet, dass zunächst das **Betriebsvermögen** der Personengesellschaft als Ganzes bewertet und anschließend entsprechend § 97 BewG **aufgeteilt** wird.

Dies gelte, so entschied der BFH in seinem Urteil vom 14.12.1995 (BStBl II 1996, 546), **400** auch für die Anteile an **vermögensverwaltenden Personengesellschaften.** Der Gesetzgeber hat aber diese Rechtsprechung korrigiert: In § 10 Abs. 1 Satz 4 ErbStG wird klargestellt, dass die teilentgeltliche Übertragung der Anteile an vermögensverwaltenden Gesellschaften nicht nach den Vorschriften über die Bewertung von Personengesellschaften, sondern nach den für die jeweiligen Wirtschaftsgüter geltenden Vorschriften zu bewerten ist. Das Ergebnis ist eine Beschränkung des Schuldenabzugs, da nunmehr auch die Vorschrift des § 10 Abs. 6 ErbStG anzuwenden ist. Vgl. auch R E 10.4 ErbStR. Der Gesetzgeber wollte damit vermeiden, dass jemand die Vorschriften über die gemischten Schenkungen dadurch umgeht, dass er das Grundstück in eine Personengesellschaft einbringt und den Gesellschaftsanteil gegen ein Teilentgelt veräußert. Allerdings hat der Gesetzgeber durch Einfügen der Vorschrift des § 10 Abs. 1 Satz 4 ErbStG jetzt nicht nur für gemischte Schenkungen den Schuldabzug begrenzt, sondern auch für Erbfälle, bei denen in den Nachlass ein Anteil an vermögensverwaltenden Gesellschaften fällt.

3.1.4 Übernahme der Schenkungsteuer durch den Schenker

Hat der Erblasser die Entrichtung der vom Erwerber geschuldeten ErbSt einem anderen **401** auferlegt oder hat der Schenker die Entrichtung der vom Beschenkten geschuldeten SchenkSt selbst übernommen oder einem anderen auferlegt, so gilt als Erwerb der Betrag, der sich bei Zusammenrechnung der (steuerpflichtigen) Bereicherung im Sinne des § 10 Abs. 1 ErbStG zuzüglich der aus ihr errechneten Steuer ergibt (vgl. § 10 Abs. 2 ErbStG).

BEISPIELE

a) Bruder B schenkte seiner Schwester S einen Geldbetrag in Höhe von 120 000 €, wobei er sich verpflichtete, die auf die Zuwendung entfallende SchenkSt selbst zu übernehmen.

LÖSUNG Die von S zu entrichtende SchenkSt würde sich auf 30 000 € belaufen (120 000 € abzüglich Freibetrag nach § 16 Abs. 1 Nr. 4 ErbStG von 20 000 € = 100 000 €, davon 30 %). Der Wert der Bereicherung der S beträgt nach § 10 Abs. 2 ErbStG somit 150 000 €.

B hat somit eine SchenkSt aus 130 000 € (120 000 € zuzüglich übernommene SchenkSt von 30 000 € abzüglich Freibetrag 20 000 €) zu entrichten.

Steuerklasse II	30 % von 130 000 €	= 39 000 €

b) B schenkt seiner Schwester S 500 000 €. Die Schenkungsteuer trägt die S

LÖSUNG Wert der Zuwendung 500 000 €

Freibetrag	./.	20 000 €
steuerpfl. Erwerb		480 000 €
Steuer 30 %		144 000 €

Von den 500 000 € verbleiben der S somit 356 000 €.

c) Abwandlung von b): B schenkt seiner Schwester 356 000 € und übernimmt die Schenkungsteuer.

LÖSUNG Wert der Zuwendung	356 000 €
abzügl. Freibetrag	./. 20 000 €
steuerpfl. Erwerb	336 000 €
Steuer 30 %	100 800 €
Berechnung nach § 10 Abs. 2 ErbStG	356 000 €
Wert der Zuwendung	
zuzügl. Steuerbetrag	+ 100 800 €
abzügl. Freibetrag	./. 20 000 €
steuerpfl. Erwerb	436 800 €
Steuer 30 %	131 040 €

ERGEBNIS In den Fällen b) und c) verbleiben der S 356 000 €. Im ersten Fall muss B dafür 500 000 € aufwenden, im zweiten Fall dagegen nur 356 000 € + 131 040 € = 487 040 €. Der Grund dafür liegt darin, dass die »Steuer von der Steuer« nach dem ersten Rechenvorgang gekappt wird.

3.2 Bewertungsstichtag

402 Bewertungsstichtag ist jeweils der Zeitpunkt, der für die Entstehung der Steuer nach § 9 ErbStG maßgebend ist, § 11 ErbStG. Dies ist beim Erbfall der Tod des Erblassers, bei Schenkungen der Zeitpunkt der Ausführung der Zuwendung. Zu den übrigen Fällen vgl. die Ausführungen unter Rz. 382 ff.

403–405 frei

3.3 Übersicht über die Wertermittlung der Bereicherung

406

Art des Vermögens	Bewertung
Grundbesitz § 12 Abs. 3 ErbStG	
a) Unbebaute Grundstücke (§ 179 BewG)	Fläche × Bodenrichtwert oder nachgewiesener geringerer Wert, § 198 BewG
b) Wohnungseigentum, Teileigentum, EFH, ZFH, § 182 Abs. 2 BewG	Vergleichswertverfahren, § 183 BewG Vergleichspreise von vergleichbaren Grundstücken oder statt diesen Verwendung von Vergleichsfaktoren oder nachgewiesener geringerer Wert, § 198 BewG
c) Mietwohngrundstücke, sowie Geschäfts- und gemischt-genutzte Grundstücke, für die sich eine übliche Miete ermitteln läßt, § 182 Abs. 3 BewG	Ertragswertverfahren, §§ 184–188 BewG Bodenwert wie § 179 BewG zuzüglich Gebäudeertragswert [Jahresmiete bzw. übliche Miete ./. Bewirtschaftungskosten ./. Bodenwertverzinsung = Gebäudeeinertrag × Vervielfältiger der Anlage 21 zum BewG); mindestens Bodenwert. Nachweis niedrigeren Werts möglich, § 198 BewG
d) Sonstige bebaute Grundstücke, WET, TET, EFH, ZFH, für die sich kein Vergleichswert, und Geschäfts- und gemischt-genutzte Grundstücke, für die sich keine übliche Miete feststellen läßt, § 182 Abs. 4 BewG	Sachwertverfahren §§ 189–191 BewG Bodenwert wie § 179 BewG zuzüglich Gebäudesachwert (§ 190 BewG) = vorläufiger Sachwert (§ 189 Abs. 3 BewG), der m. H. von Wertzahlen an den gemeinen Wert angepasst wird, § 191 BewG. Nachweis eines geringeren Werts möglich, § 198 BewG

Art des Vermögens	Bewertung
e) Erbbaurecht (§ 192 BewG)	Grundstück, § 194 BewG: Vergleichswert; liegt ein solcher nicht vor, dann abgezinster Bodenwert (Anl. 26) zuzüglich kapitalisierter Erbbauzins (Anl. 21) ggf. zuzüglich abgezinster Gebäudewertanteil gem. § 194 Abs. 4 BewG Erbbaurecht, § 193 BewG: Vergleichswert; liegt ein solcher nicht vor, dann Bodenwertanteil gem. § 193 Abs. 3 BewG (angemessener Verzinsungsbetrag ./. vereinbarter Erbbauzins = Differenzbetrag × Vervielfältiger Anl. 21) zuzüglich Gebäudewertanteil gem. § 193 Abs. 5 BewG Nachweise geringerer Werte möglich, § 198 BewG
f) Gebäude auf fremdem Grund und Boden, § 195 BewG	Grundstück, § 195 Abs. 3 BewG Wie Erbbaurechtsgrundstücke ohne Vergleichswerte; jedoch ohne Gebäudewertanteil beim Heimfall Gebäude, § 195 Abs. 2 BewG Wie der Gebäudewertanteil beim Erbbaurecht, jedoch ohne Abzug bei ganz oder teilweise entschädigungslosem Heimfall Nachweise geringerer Werte möglich, § 198 BewG
g) Gebäude im Zustand der Bebauung, § 196 BewG	Bodenwert nach § 179 BewG zuzüglich bisher angefallene HK oder nachgewiesener geringerer Wert, § 198 BewG
h) Land- und forstwirtschaftliches Vermögen, § 198 BewG	Wohnteil und Betriebswohnungen, § 167 BewG: Wie Grundvermögen, ggf. Abschlag von 15 %, § 167 Abs. 3 BewG. Nachweis eines niedrigeren Werts möglich, § 167 Abs. 4 BewG Wirtschaftsteil, §§ 162–166 BewG: Ertragswert gem. § 163 BewG, Beachtung eines Mindestwerts gem. § 164 BewG, Nachweis eines niedrigeren Werts als Ertrags- oder Mindestwert möglich, § 165 Abs. 3 BewG. Wird der Betrieb oder wesentliche Betriebsgrundlagen innerhalb von 15 Jahren veräußert oder entnommen, erfolgt rückwirkend eine Nachbewertung mit dem Liquidationswert, §§ 166, 162 Abs. 3 und 4 BewG. Verbindlichkeiten, die mit dem Wirtschaftsteil zusammenhängen, mindern dessen Wert, § 158 Abs. 5 BewG, hängen sie mit dem Wohnteil oder den Betriebswohnungen zusammen, werden sie gesondert bei der Wertermittlung berücksichtigt, § 168 Abs. 1 BewG, hängen sie mit dem Wirtschaftsteil zusammen, dann sind sie beim Ertragswert des § 163 BewG durch den Ansatz des standardisierten Reingewinns bereits berücksichtigt, beim Mindestwert des § 164 BewG müssen sie dagegen abgezogen werden.

Art des Vermögens	Bewertung
Betriebsvermögen, § 12 Abs. 5 ErbStG	Bewertung mit dem gemeinen Wert, § 109 BewG Vorrangig Ableitung aus Vergleichsverkäufen zwischen fremden Dritten des letzten Jahres vor dem Erwerbszeitpunkt, §§ 109, 11 Abs. 2 BewG. Dies gilt für alle Arten des BV (Rechtsformneutralität). Liegen solche Vergleichsverkäufe nicht vor, dann gilt ein modifiziertes Ertragswertverfahren, §§ 199–203 BewG oder eine Schätzung unter Berücksichtigung der Ertragsaussichten nach einem branchenüblichen anerkannten Verfahren Mindestwert ist der Substanzwert, § 11 Abs. 2 Satz 3 BewG, also der gemeine Wert der EinzelWG abzüglich der Verbindlichkeiten. In besonderen Fällen ist der Mindestwert der Liquidationswert.
Beteiligungen an Personengesellschaften	Wertermittlung nach § 97 Abs. 1a BewG: Ermittlung und Aufteilung des Werts des Gesamthandsvermögens nach §§ 199–203 BewG (zunächst Zurechnung der Kapitalkonten, Restverteilung nach dem Gewinnverteilungsschlüssel). Hinzugerechnet wird das SBV des übertragenden Gesellschafters, das im Wege der Einzelbewertung bewertet wird.
Beteiligungen an Kapitalgesellschaften	Gemäß § 11 Abs. 2 BewG wie Bewertung eines Einzelunternehmens: Ableitung aus Vergleichsverkäufen unter fremden Dritten innerhalb des letzten Jahres vor dem Besteuerungszeitpunkt oder Bewertung nach den Ertragsaussichten der Kapitalgesellschaft oder nach einer anderen anerkannten und im gewöhnlichen Geschäftsverkehr für nicht steuerliche Zwecke üblichen Methode. Der Substanzwert darf nicht unterschritten werden.
Kapitalforderungen	Gemeiner Wert nach § 12 BewG
Wiederkehrende Leistungen und Nutzungen	Gemeiner Wert nach §§ 13–16 BewG s. aber auch Sonderregelung in § 23 ErbStG
Übriges Vermögen	Gemeiner Wert nach § 9 BewG
Zweckzuwendung	Verpflichtung des Beschwerten, § 10 Abs. 1 Satz 4 ErbStG
Nachlassverbindlichkeiten Kapitalschulden	Gemeiner Wert nach § 12 BewG, ggf. nach §§ 13–16 BewG
Nachlassverbindlichkeiten Sachleistungsschulden	Gemeiner Wert nach § 9 BewG
Vermächtnislast	• Beim Geldvermächtnis: Nennbetrag • Beim Sachvermächtnis: Steuerwert des nachlasszugehörigen Vermächtnisgegenstandes • Beim Verschaffungsvermächtnis: gemeiner Wert
Pflichtteilslast	Ab Geltendmachung gemeiner Wert nach § 12 BeWG
Bestattung, Grabdenkmal, Grabpflege	Entstandene Kosten Jahreswert × 9,3 ggf. Pauschbetrag 10 300 €, § 10 Abs. 5 Nr. 3 ErbStG

Der letztgenannte Pauschbetrag bezieht sich auf den Erbfall. Mit ihm sind die **gesamten** **407** **Kosten** für Bestattungskosten (Bestattung, Grabdenkmal, Grabpflege und die Kosten für die Abwicklung, Regelung, Verteilung des Nachlasses sowie die Kosten für die Erlangung des Erwerbs) **abgegolten.** Der Pauschbetrag wird also auch bei einer Mehrzahl von Erben **nur einmal** gewährt (R E 10.9 Abs. 3 ErbStR). Wie er zu verteilen ist, wird im Gesetz und in den Richtlinien (R E 10.9 Abs. 3 Satz 4 ErbStR: »in geeigneter Weise«) nicht näher ausgeführt. Es erscheint sachgerecht, zunächst zu prüfen, ob die gesamten Aufwendungen den Pauschbetrag voraussichtlich übersteigen werden. Ist dies der Fall, so kann jeder Erwerber, der mit den vorgenannten Kosten belastet war, seine Kosten geltendmachen. Überschreitet der Gesamtbetrag den Pauschbetrag nicht, so erscheint es sachgerecht, jedem Erben rechnerisch einen Anteil am Pauschbetrag zuzurechnen; gibt es jedoch Miterben, die darüber hinaus belastet sind, so sollte deren Betrag zunächst zugeteilt und von dem Pauschbetrag abgezogen und der verbleibende Rest dann auf die übrigen Erben verteilt werden. Kosten der mit dem Pauschbetrag abgegoltenen Art können auch für andere als Miterben anfallen. Haben diese eigene für den Erwerb anfallende Kosten aufgewendet, so belasten diese den Nachlass nicht. Sie sind daher neben dem Pauschbetrag und ohne Anrechnung auf diesen abzugsfähig. Haben dagegen andere als Miterben (etwa ein Vermächtnisnehmer) aus sittlichen Gründen Kosten getragen, für die ansonsten die Erben gem. § 1968 BGB eintrittspflichtig gewesen wären, so sind deren Kosten anzuerkennen, jedoch unter Anrechnung auf den Pauschbetrag (so auch OFD München vom 21.04.1988 DStR 1988, 429).

Verbindlichkeiten, die mit steuerfreien Wirtschaftsgütern zusammenhängen, sind nicht **408** abzugsfähig, § 10 Abs. 6 ErbStG. Hierunter fallen alle Steuerbefreiungen des § 13 ErbStG, etwa Kulturgüter im Sinne des § 13 Abs. 1 Nr. 2 ErbStG. In den Fällen des § 13 Abs. 1 Nr. 2 und 3 ErbStG eröffnet jedoch § 13 Abs. 3 ErbStG die Möglichkeit, auf die Steuerbefreiungen zu verzichten und damit die Schulden abzugsfähig zu machen.

Stehen Verbindlichkeiten mit **teilweise steuerfreien Gegenständen** in Zusammenhang, **409** so sind sie nur in dem Verhältnis abzugsfähig, der dem steuerpflichtigen Teil im Verhältnis zum Gesamtwert des Gegenstandes entspricht (§ 10 Abs. 6 Satz 3 ErbStG). Ist aber nur ein Freibetrag gewährt, wie beispielsweise beim Hausrat der Nr. 1 oder den Gegenständen der Nr. 6, so gehören diese Gegenstände zu den an sich steuerpflichtigen Gegenständen, die damit zusammenhängenden Schulden sind also in vollem Umfang abzugsfähig (R E 10.10 Abs. 3 Satz 2 ErbStR).

Ebenfalls nur **anteilig abzugsfähig** sind Schulden, die mit Betriebsvermögen im Sinne des **410** § 13b ErbStG zusammenhängen, § 10 Abs. 6 Satz 4 ErbStG.

BEISPIEL

V schenkt seinem Sohn S sein Einzelunternehmen (Wert 5 Mio. €). Dafür soll S der Tochter T ein Gleichstellungsgeld in Höhe von 2 Mio. € bezahlen.

LÖSUNG Fälle dieser Art waren bisher unter dem Stichwort gemischte Schenkung in den Erbschaftsteuerrichtlinien geregelt. Durch Aufnahme in die Vorschrift des § 10 Abs. 6 ErbStG erfolgt eine andere Systembewertung: Das begünstigte Betriebsvermögen beträgt 5 Mio. €. Nach Inanspruchnahme des Verschonungsabschlags von 85 % verbleiben als steuerpflichtiger Erwerb 750 000 € (wegen der Höhe des Erwerbs ist für eine zusätzliche Berücksichtigung des § 13a Abs. 2 ErbStG kein Raum). Daher ist die Verbindlichkeit von 2 Mio. € ebenfalls um 85 % zu kürzen, sodass nur 300 000 € abzugsfähig sind. Der Wert der Schenkung beläuft sich also auf 450 000 €, R E 10.10 Abs. 4 ErbStR.

Verbindlichkeiten, die sich im Betriebsvermögen oder Sonderbetriebsvermögen des **411** Schenkers oder Erblassers befunden haben, sind gem. § 103 BewG bereits bei der Wertermittlung des Betriebs oder des Mitunternehmeranteils zu berücksichtigen, sodass die Vorschrift des

§ 10 Abs. 6 Satz 4 EStG auf sie nicht anwendbar ist. Dasselbe gilt für Schulden, die bereits bei dem Landwirt zu den betrieblichen Schulden gehörten. Soweit sie mit dem Wirtschaftsteil zusammenhängen, sind sie bei dessen Bewertung berücksichtigt (§ 158 Abs. 5 BewG), soweit sie mit dem Wohnteil oder den Betriebswohnungen zusammenhängen, werden sie nach § 168 Abs. 1 BewG berücksichtigt.

412 Dieselbe Einschränkung gilt hinsichtlich der Schulden, die mit einer im **Privatvermögen** gehaltenen wesentlichen Beteiligung an einer Kapitalgesellschaft zusammenhängen. Da für diese Beteiligungen gem. § 13b Abs. 1 Nr. 3 ErbStG auch die soeben geschilderten Vergünstigungen gelten, gilt hinsichtlich der Beschränkung des Schuldenabzugs das soeben Gesagte entsprechend, § 10 Abs. 6 Satz 3 ErbStG.

413 Verbindlichkeiten, die mit Grundstücken im Sinne des § 13c ErbStG zusammenhängen, sind gem. § 10 Abs. 6 Satz 5 ErbStG ebenfalls nur beschränkt abzugsfähig, R E 10.10 Abs. 5 ErbStR.

> **BEISPIEL**
>
> V schenkt seinem Sohn ein Mietwohngrundstück mit einem Wert von 5 Mio. €. S verpflichtet sich die Restkaufpreisschuld von 2 Mio. € zu tilgen.
> **LÖSUNG** Nach Inanspruchnahme des Verschonungsabschlags des § 13c ErbStG in Höhe von 10 % verbleiben als steuerpflichtiger Erwerb noch 4 500 000 €. Daher ist die übernommene Verbindlichkeit ebenfalls um 10 % auf 1 800 000 € zu kürzen. Der Wert der Schenkung beläuft sich daher auf 2 700 000 €.

414–420 frei

3.4 Abrundung

421 Die endgültige Summe der Bereicherung ist gemäß § 10 Abs. 1 Satz 6 ErbStG auf volle 100 € nach unten abzurunden.

3.5 Steuerbefreiungen

422 Die Steuerbefreiungen sind in § 13 ErbStG aufgezählt. Zu unterscheiden sind die insgesamt steuerbefreiten Gegenstände und die nur durch einen Freibetrag begünstigten Gegenstände, die zu den an sich steuerpflichtigen Gegenständen gehören (wichtig wegen des Schuldenabzugs im Sinne des § 10 Abs. 6 Satz 1 ErbStG). Zu den mittels **Freibetrag** begünstigten Vermögensgegenständen gehören:

423 • Der Erwerb von Hausrat bis zu 41 000 € bei Erwerben in der Steuerklasse I, der Erwerb von anderen beweglichen körperlichen Gegenständen in der Steuerklasse I bis zu 12 000 € (allein oder zusätzlich zum Hausrat möglich), Hausrat und andere bewegliche körperliche Gegenstände bei Erwerben in den Steuerklassen II und III bis zu 12 000 € (§ 13 Abs. 1 Nr. 1 ErbStG). Wie ein Erwerb der Steuerklasse I wird auch der Erwerb durch den Lebenspartner der eingetragenen Lebenspartnerschaft behandelt, § 13 Abs. 1 Nr. 1 Satz 2 ErbStG. **Hausrat** sind die Haushaltsgegenstände, also alles, was der Hauswirtschaft und dem familiären Zusammenleben dient, wie Wohnungseinrichtung, Fernseh- und Videogeräte, Computer, Spiele, Bücher, Musikinstrumente, Haushalts- und Gartengeräte, Tisch- und Leibwäsche, zum Haushalt gehörende Tiere. Nach Ansicht der Verwaltung gehört der zum Privatvermögen gehörende PKW nicht zum Hausrat. Dies erscheint im Hinblick auf die Anknüpfung des Begriffs –Hausrat an den Haushalt auch gerechtfertigt (a. A. Meincke, Rz. 3 zu § 13, Troll, Rz. 8 zu § 13, Erle in ZEV 2016, 241). Der PKW gehört aber auf jeden

Fall zu den sonstigen beweglichen körperlichen Gegenständen der Nr. 1 Buchst. b. Zu diesen gehören dann des Weiteren auch Fotoapparate und Schmuck. **Nicht** unter die Befreiung fällt kraft ausdrücklicher gesetzlicher Beschränkung Geld, Wertpapiere, Münzen, Edelmetalle, Edelsteine und Perlen (§ 13 Abs. 1 Nr. 1 Satz 3 ErbStG).

Die **Freibeträge** beziehen sich auf den jeweiligen Erwerb bei **einem Erwerber.** Bei vier Miterben kann der Freibetrag also vierfach in Anspruch genommen werden. Die Steuerbefreiungen des § 13 ErbStG sind im Übrigen nicht auf Erwerbe von Todes wegen beschränkt, können also auch bei Schenkungen unter Lebenden in Anspruch genommen werden (es sei denn, dies sei in der einzelnen Ziffer des § 13 ErbStG ausgeschlossen).

- Zuwendung an **gebrechliche Eltern** und Großeltern (§ 13 Abs. 1 Nr. 6 ErbStG). Wenn die Zuwendung zusammen mit dem bei den Bedachten bereits vorhandenen Vermögen eine Freigrenze von 41 000 € nicht übersteigt, bleibt die Zuwendung ganz steuerfrei, übersteigen der Wert von Zuwendung und bereits vorhandenem Vermögen die Freigrenze von 41 000 €, dann wird die Steuer nur insoweit erhoben, als sie aus der Hälfte des 41 000 € übersteigenden Betrages gedeckt werden kann. Insgesamt handelt es sich um eine Vorschrift ohne große praktische Bedeutung. **424**

- Zuwendungen als angemessenes **Entgelt** für **Pflege oder Unterhalt,** die in der Vergangenheit geleistet wurden, in Höhe von 20 000 €, § 13 Abs. 1 Nr. 9 ErbStG. Damit werden Zuwendungen in Höhe des Freibetrags steuerfrei gestellt, wenn der Empfänger dem Erblasser **Unterhalt** oder ohne Entgelt bzw. oder gegen unzureichendes Entgelt **Pflege** geleistet hat. **425**

Steuerfreiheit kommt demzufolge bei folgenden Gegenständen in Betracht: **426**

- Erwerb von Gegenständen, deren Erhaltung im **öffentlichen Interesse** liegt (§ 13 Abs. 1 Nr. 2 ErbStG) und Erwerb von Grundbesitz für Zwecke der Volkswohlfahrt (§ 13 Abs. 1 Nr. 3 ErbStG). Wegen des damit verbundenen Nachteils für den Abzug von Schulden und Lasten (§ 10 Abs. 6 Satz 1 ErbStG), bestimmt § 13 Abs. 3 Satz 2 ErbStG, dass der Erwerber auf die Steuerbefreiung der Nr. 2 und 3 (aber nur auf diese!) verzichten kann.

- Erwerb des sog. **Dreißigsten** (§ 13 Abs. 1 Nr. 4 ErbStG i. V. m. § 1969 BGB).

- Zuwendung unter lebenden Ehegatten in Zusammenhang mit einem »**Familienheim**« (§ 13 Abs. 1 Nr. 4 Buchst. a ErbStG). Darunter versteht man eine zu eigenen Wohnzwecken genutzte Wohnung in einem im Inland, in der Europäischen Union oder im Europäischen Wirtschaftsraum gelegenem Objekt im Sinne des § 181 Abs. 1 Nr. 1–5 BewG (EFH, ZFH, Mietwohngrundstück, Wohneigentum, Teileigentum, Geschäftsgrundstück, gemischtgenutztes Grundstück). Die eigenen Wohnzwecke beziehen sich auf das familiäre Leben beider Ehegatten. Befindet sich die Wohnung in einem Teil des Gebäudes, so erfolgt eine anteilige Befreiung nach dem Wertanteil der Wohn- oder Nutzfläche. **427**

BEISPIELE

a) M räumt seiner Ehefrau F den hälftigen Miteigentumsanteil an einem Mietwohngrundstück mit acht gleich großen Wohnungen ein; in einer der Wohnungen wohnen M und F.
LÖSUNG Die Zuwendung des hälftigen Miteigentums stellt eine Schenkung unter Lebenden dar, die zu 1/8 befreit ist.

b) M und F gehört je zur Hälfte ein Gebäude mit einer 150 qm großen Wohnung und einer 50 qm großen Arztpraxis, in der die F ihre Tätigkeit als Ärztin ausübte. Für Zwecke der Einheitsbewertung ist das Gebäude als EFH bewertet.
LÖSUNG Befinden sich die Räume der Arztpraxis in der Wohnung, ist die Zuwendung insgesamt begünstigt, R E 13.3 Abs. 2 Satz 10 ErbStG. Sind die Wohnung und die Praxis dagegen baulich abgegrenzt, handelt es sich nach wie vor um ein EFH, § 75 Abs. 5 Satz 4 BewG, Abschn. 15 Abs. 3 Satz 11 BewRGr, jedoch gilt nur die Wohnung als Familienheim, R E 13.3 Abs. 2 Satz 13 ErbStR.

428   Begünstigt sind folgende Zuwendungsarten (R E 13.3 Abs. 4 ErbStR):

- Ein Ehegatte überträgt dem anderen das Alleineigentum an einem ihm zuvor allein gehörenden Objekt.
- Er schenkt ihm einen Miteigentumsanteil wie in den beiden obigen Beispielen.
- Er schenkt ihm die Geldmittel, damit er Eigentum oder Miteigentum an einem Objekt erwerben kann (mittelbare Grundstücksschenkung).
- Er schenkt ihm die Geldmittel, um eine Herstellung eines Gebäudes vornehmen zu können.
- Er schenkt ihm die Geldmittel, damit er die Verbindlichkeiten aus dem Kauf oder der Herstellung eines Objekts tilgen kann.
- Er schenkt ihm die Geldmittel, damit er nachträglichen Herstellungs- oder Erhaltungsaufwand an einer als Familienheim anzusehenden Wohnung durchführen kann, das in seinem (Mit-)Eigentum steht.

Eine Behaltensfrist besteht nicht, R E 13.3 Abs. 5 Satz 5 ErbStR.

429   Auch hier werden die Lebenspartner einer eingetragenen Lebenspartnerschaft dem Ehegatten gleichgestellt, § 13 Abs. 4a Satz 3 ErbStG.

430   Es handelt sich um eine sehr wichtige innerfamiliäre Befreiungsvorschrift, bei der es gleichgültig ist, ob der zuwendende Ehegatte den bereicherten Ehegatten dadurch bereichert, dass er ihm (Mit-) Eigentum an dem Familienwohnheim verschafft oder ihm die Geldmittel für den Erwerb, die Bebauung oder Reparatur eines Familienwohnheimes überlässt. Wichtig ist die tatsächliche Nutzung als Familienwohnsitz im Zeitpunkt der Zuwendung bzw. eine geplante Nutzung als Familienwohnsitz. Eine bloße Nutzung als Ferienobjekt genügt der Nutzung als Familienwohnsitz nicht (R E 13.3 Abs. 2 Satz 5 ErbStR).

Vererbung eines Familienheims an den Ehegatten, § 13 Abs. 1 Nr. 4b ErbStG

431   Voraussetzung für die Steuerbefreiung der Wohnung ist, dass der Erblasser die Wohnung bis zu seinem Tod zu eigenen Wohnzwecken genutzt hat oder aus zwingenden Gründen (z. B. wegen Aufenthalts in einem Pflegeheim) an der Selbstnutzung zu Wohnzwecken gehindert war. Weitere Voraussetzung ist, dass die Wohnung beim Erwerber zur Selbstnutzung bestimmt ist.

Wohnt der Ehegatte noch nicht in der Wohnung, dann kommt als weitere Voraussetzung hinzu, dass die Wohnung »unverzüglich zur Selbstnutzung zu eigenen Wohnzwecken bestimmt« wird. Unter »unverzüglich« versteht die Rechtsordnung ohne schuldhaftes Zögern, § 121 Abs. 1 Satz 1 BGB. Eine Selbstnutzung innerhalb einer Frist von 6 Monaten nach dem Erbfall gilt als angemessen und damit als unverzügliche Selbstnutzung im Sinne dieser Vorschrift, BFH vom 23.06.2015 BStBl II 2016, 225 Rz. 24 f.

Eine unverzügliche Selbstnutzung kann aber auch noch nach Ablauf von 6 Monaten gegeben sein, nämlich dann, wenn sich die Miterben auf die Übernahme des Familienheims durch einen der Miterben einigen (Ehegatte oder Lebenspartner im Sinne des § 13 Abs. 1 Nr. 4b oder Kinder im Sinne der Nr.4cErbStG). Der von der Verwaltung in R E 13.4 Abs. 5 Satz 11 ErbStR und H E 13.4 »Freie Erbauseinandersetzung« ErbStH geäußerten Ansicht, dass in einem solchen Fall die Vergünstigung nur erfolgen könne, wenn die Erbauseinandersetzung zeitnah zum Erbfall erfolge, ist der BFH in seinem Urteil BFH vom 23.06.2015 BStBl II 2016, 225 Leitsatz 2 nicht gefolgt; vielmehr greife die Vergünstigung auch dann, wenn die Erbauseinandersetzung außerhalb der zeitnahen Frist von 6 Monaten erfolge (zustimmend Mensch in ZEV 2016,75; einschränkend BMF vom 03.03.2016 BStBl I 2016, 280: Der Stpfl. müsse darlegen, welche Gründe einer Erbauseinandersetzung innerhalb der Sechsmonatsfrist entgegengestanden hätten; der BFH stellte dagegen ausdrücklich fest, dass es für die Erbauseinandersetzung keine gesetzlichen Fristen gebe).

BEISPIEL

Eine Eigentumswohnung gehört M und F zur Hälfte. M und F bewohnen die ETW bis zum Tode des M gemeinsam. Alleinerbin ist die F, die dort weiterhin wohnt.

LÖSUNG Der Erwerb des hälftigen Miteigentums ist gem. § 13 Abs. 1 Nr. 4b ErbStG von der Erbschaftsteuer befreit.

Die Steuerbefreiung entfällt rückwirkend, wenn der Erwerber das Familienheim innerhalb von 10 Jahren nicht mehr zu Wohnzwecken nutzt, es sei denn, er sei aus zwingenden Gründen an der Wohnnutzung gehindert, § 13 Abs. 1 Nr. 4b Satz 5 ErbStG. Solche zwingenden Gründe könnten sein der Tod des Ehegatten oder die Aufnahme in ein Alten- oder Pflegeheim.

Vererbung eines Familienheims an Kinder und Enkel, § 13 Abs. 1 Nr. 4c ErbStG

Auch bei der Vererbung eines Familienheims an Kinder oder Kinder bereits verstorbener **432** Kinder (Enkel) greift die Steuerfreiheit für das Familienheim. Die Voraussetzungen Nutzung zu eigenen Wohnzwecken beim Erblasser (oder zwingender Hinderungsgrund) und Bestimmung zur unverzüglichen Wohnnutzung beim Empfänger gelten auch hier. Ebenso gilt auch hier der rückwirkende Wegfall der Befreiung, wenn die Wohnung nicht mindestens 10 Jahre lang zu Wohnzwecken genutzt wird (Ausnahme: Bei zwingender Aufgabe der Wohnnutzung, z. B. wegen Todes oder wegen Aufnahme in ein Alten- oder Pflegeheim; berufliche Gründe rechtfertigen dagegen eine solche Ausnahme nicht, R E 13.4 Abs. 6 Sätze 8 und 9, Abs. 7 Satz 5 ErbStR und BFH vom 23. 06. 2015 BStBl II 2016, 225).

Bei Kindern und Kindern verstorbener Kinder kommt allerdings noch als zusätzliches **433** Erfordernis hinzu, dass die Wohnfläche der Wohnung nicht mehr als 200 qm beträgt. Übersteigt sie diese Wohnfläche, so ist der Wertanteil für 200 qm befreit. Die Berechnung der Wohnfläche erfolgt nach der Wohnflächenverordnung.

Handelt es sich in den Fällen des § 13 Abs. 1 Nr. 4b und 4c ErbStG um mehrere Erben, **434** dann tritt die Steuerbefreiung nur bei den Erben ein, die die Voraussetzungen erfüllen.

BEISPIEL

M stirbt. Er hatte die 160 qm große ETW, deren Alleineigentümer er war, zusammen mit seiner Ehefrau F und der Tochter T bewohnt, der Sohn S war bereits ausgezogen. An der Nutzung durch F und T ändert sich nichts. Erben sind F, T und S zu je 1/3. Der Wert der ETW beläuft sich auf 450 000 €.

LÖSUNG Die ETW ist bei F und T von der Erbschaftsteuer befreit, während bei S die Voraussetzungen für die Befreiung nicht vorliegen.

Müssen die Erben das geerbte Familienheim aufgrund einer letztwilligen oder einer **435** rechtsgeschäftlichen Verfügung des Erblassers an einen Dritten herausgeben, so steht ihnen die Steuerbefreiung nicht zu, z. B. Vorausvermächtnis, Vermächtnis, Teilungsanordnung. Dasselbe gilt, wenn sich Miterben im Rahmen der Erbauseinandersetzung einigen, dass der eine Miterbe das Familienheim erhalten und der andere dafür andere Werte aus dem Nachlass erhalten soll.

BEISPIELE

a) M stirbt, seine Erben sind seine Ehefrau F und der gemeinsame Sohn S je zu 1/2. Zum Nachlass gehört ein EFH des M (Wert 900 000 €), in dem M und F bis zum Tode des M gemeinsam gewohnt haben (S war bereits ausgezogen), und Bankguthaben in Höhe von 1 100 000 €. F und S einigen sich, dass F das EFH und 100 000 €, S 1 000 000 € erhalten soll. F wohnt weiter in dem EFH.

LÖSUNG Mit dem Erbfall sind F und S Miteigentümer des Grundstücks geworden, § 2032 BGB. Dies hat zunächst zur Folge, dass der Erwerb des hälftigen Eigentums bei der F steuerfrei ist, während es bei S steuerpflichtig wäre. Da S seine Hälfte aber im Rahmen der Erbauseinandersetzung auf die F überträgt, ist auch diese Hälfte bei der F steuerfrei, § 13 Abs. 1 Nr. 4c Satz 3, während S einen Erwerb von 1 000 000 € zu versteuern hat. Der persönliche Freibetrag des § 16 ErbStG ist dabei natürlich noch zu berücksichtigen.

b) Im Fall a) stellt das EFH den einzigen Nachlassgegenstand dar. F und S einigen sich, dass F das EFH erhält und dem S dafür eine Abfindung von 450 000 € zahlt.
LÖSUNG Da die 450 000 € nicht von M und damit nicht aus der Teilung des Nachlasses stammen, greift die Regelung nicht. Bei F ist die Hälfte steuerfrei, S muss seine Hälfte des EFH versteuern.

436   Weiter bestehen Steuerbefreiungen für
- Befreiung von einer **Schuld gegenüber** dem **Erblasser** (§ 13 Abs. 1 Nr. 5 ErbStG), deren Entstehungsgrund in der Gewährung angemessenen Unterhalts oder einer Ausbildung oder in der Beseitigung einer Notlage bestand. Hat der Bedachte neben dem Schulderlass noch eine zusätzliche Zuwendung erhalten, so wird die Steuer für die gesamte Bereicherung (Schulderlass und weitere Zuwendung) genau berechnet, jedoch höchstens bis zur Höhe der Hälfte der weiteren Zuwendung erhoben. Die Angemessenheit richtet sich nach den Vermögensverhältnissen und der Lebensstellung des Bedachten (§ 13 Abs. 2 ErbStG). Ging sie darüber hinaus, so ist nicht die damalige Eingehung der Schuld, wohl aber der Schulderlass in vollem Umfang steuerpflichtig (§ 13 Abs. 2 Satz 2 ErbStG).
- Entschädigungen nach dem Lastenausgleichsgesetz und anderen Folgegesetzen (§ 13 Abs. 1 Nr. 7 und 8 ErbStG).
- Vermögensgegenstände, die Eltern oder Großeltern ihren Abkömmlingen zu Lebzeiten zugewendet haben und die nun im **Todesfall** des Abkömmlings an diese **zurückfallen** (§ 13 Abs. 1 Nr. 10 ErbStG, R E 13.6 ErbStR).
- Der Verzicht auf die Geltendmachung des Pflichtteilsanspruchs (§ 13 Abs. 1 Nr. 11 ErbStG).
437
- Zuwendungen unter Lebenden zum Zwecke angemessenen **Unterhalts** oder zur Ausbildung (§ 13 Abs. 1 Nr. 12 ErbStG). Die Angemessenheit richtet sich nach den Vermögensverhältnissen und der Lebensstellung des Bedachten (§ 13 Abs. 2 ErbStG). Geht die Zuwendung über dieses Maß hinaus, ist sie in vollem Umfang steuerpflichtig (§ 13 Abs. 2 Satz 2 ErbStG).
- Zuwendungen an Pensions- und Unterstützungskassen (§ 13 Abs. 1 Nr. 13 ErbStG).
- **Übliche Gelegenheitsgeschenke** (§ 13 Abs. 1 Nr. 14 ErbStG). Die Höhe bestimmt sich nach der Verkehrsauffassung.
- Vermögensanfälle des Bundes und der Länder (§ 13 Abs. 1 Nr. 15 ErbStG).
- Zuwendungen an Religionsgesellschaften und an gemeinnützige Körperschaften (§ 13 Abs. 1 Nr. 16 ErbStG).
- Zuwendungen zu ausschließlich mildtätigen, gemeinnützigen oder kirchlichen Zwecken (§ 13 Abs. 1 Nr. 17 ErbStG).
- Zuwendungen an politische Parteien und kommunale Wählervereinigungen (§ 13 Abs. 1 Nr. 18 ErbStG).

438–449 frei

3.6   Die Verschonung des land- und forstwirtschaftlichen Vermögens und des Unternehmensvermögens

450   Für Erwerbe von land- und forstwirtschaftlichem Vermögen, (Anteilen am) Betriebsvermögen bzw. Anteilen an Kapitalgesellschaften von Todes wegen oder durch Schenkung unter Lebenden wurden durch das ErbStAnpG vom 04.11.2016 (BGBl. I 2464) die erbschaftsteuerlichen Verschonungen (§§ 13a–c und 28a ErbStG) neu geregelt. Die Regelungen finden erstmals

Anwendung für Erwerbe, für die die Steuer **nach dem 30. 06. 2016** entsteht (vgl. § 37 Abs. 12 ErbStG).

Hintergrund, Voraussetzungen und Folgen dieser Verschonungsregelungen werden nachfolgend dargestellt.

3.6.1 Hintergrund der Änderung der Verschonungsregelungen

Grund für die Änderung der Verschonungsregelungen war, dass das **BVerfG** in seinem Urteil vom 17. 12. 2014 (1 BvL 21/12, BStBl. 2015 II 50) u. a. die Regelung über das **Verwaltungsvermögen** als nicht verfassungsgemäß ansah, weil diese den Erwerb von begünstigtem Unternehmensvermögen selbst dann uneingeschränkt verschonte, wenn es bis zu 50 % aus Verwaltungsvermögen bestand, ohne dass hierfür ein tragfähiger Rechtfertigungsgrund vorlag. Insoweit beanstandete das BVerfG eine Überprivilegierung von Betriebsvermögen.

451

Daneben war es lt. BVerfG verfassungswidrig, dass **Großunternehmen** ohne weitere Differenzierung bzw. ohne Prüfung der Verschonungsbedürftigkeit in den Genuss der hohen erbschaftsteuerlichen Verschonungen kamen.

452

Weiterhin beanstandete das BVerfG u. a. die bisherige **Lohnsummenregelung**, die zwar im Grundsatz verfassungsgemäß war. Unverhältnismäßig war jedoch die Freistellung von Betrieben mit bis zu 20 Beschäftigten von der Einhaltung einer Mindestlohnsumme. Hierdurch war die überwiegende Mehrheit der Unternehmen nicht von der Lohnsummenregelung betroffen. Insbesondere die Einhaltung einer Mindestlohnsumme stellt eine der wesentlichen Gemeinwohlrechtfertigungskriterien für die Privilegierung von Unternehmensvermögen gegenüber sonstigem Vermögen dar.

453

3.6.2 Allgemeines

Erwerber von land- und forstwirtschaftlichem Vermögen, (Anteilen am) Betriebsvermögen bzw. Anteilen an Kapitalgesellschaften können für das begünstigte Vermögen entweder die **Regelverschonung** mit einem Verschonungsabschlag von 85 % (§ 13a Abs. 1 Satz 1 ErbStG) und einem zusätzlichen gleitenden Abzugsbetrag von höchstens 150 000 € (§ 13a Abs. 2 ErbStG) in Anspruch nehmen oder sie können einen Antrag auf **Optionsverschonung** mit einem Verschonungsabschlag von 100 % stellen (§ 13a Abs. 10 Satz 1 Nr. 1 ErbStG). Voraussetzung für die Inanspruchnahme der Regelverschonung von 85 % und der Optionsverschonung von 100 % ist, dass der Wert des begünstigten Vermögens (§ 13b Abs. 2 Satz 1 ErbStG) den **Schwellenwert** von 26 Mio. € nicht überschreitet. Bei Überschreiten dieses Schwellenwerts gelten für Erwerbe ab dem 01. 07. 2016 die Sonderregelungen für Großvermögen nach den Vorschriften der §§ 13c und 28a ErbStG.

454

Für die Rechtslage zwischen dem **01. 01. 2009 und dem 30. 06. 2016** war für die Inanspruchnahme der Verschonung ein vorheriger **Verwaltungsvermögenstest** erforderlich. Hierbei war der Bruttowert des Verwaltungsvermögens (ohne Berücksichtigung von Schulden) zum gemeinen Wert des Unternehmens ins Verhältnis zu setzen.

455

Betrug die Verwaltungsvermögensquote einer wirtschaftlichen Einheit bis zu 50 %, konnte das gesamte Vermögen inkl. des Verwaltungsvermögens zu 85 % verschont werden. Bei einer Verwaltungsvermögensquote bis zu 10 % konnte das entsprechende Vermögen zu 100 % verschont werden. Bei einer Verwaltungsvermögensquote von mehr als 50 % wurde keine Verschonung für die wirtschaftliche Einheit gewährt (»**Alles-oder-Nichts-Prinzip**«).

456   Für Besteuerungszeitpunkte **ab dem 01.07.2016** sind das land- und forstwirtschaftliche Vermögen, das Betriebsvermögen bzw. Anteile an Kapitalgesellschaften in begünstigtes Vermögen und nicht begünstigtes Verwaltungsvermögen aufzuteilen (»**Aufteilungsprinzip**«). Die Verschonung wird seitdem nur noch auf das begünstigte Vermögen gewährt. Das um die anteiligen Schulden und um den unschädlichen Teil von 10 % verminderte Verwaltungsvermögen wird dagegen besteuert.

457   **Übersicht über die Gewährung der Verschonungen der §§ 13a–c und 28a ErbStG:**

I) Erreichen der Begünstigungen im Zeitpunkt der Übertragung:
1. Prüfung begünstigungsfähiges Vermögen (§ 13b Abs. 1 ErbStG).
2. Prüfung der 90 %-Verwaltungsvermögensgrenze (§ 13b Abs. 2 Satz 2 ErbStG).
3. Aufteilung des Unternehmenswerts in begünstigtes und nicht begünstigtes Vermögen (§ 13b Abs. 2 Satz 1 ErbStG).
4. Prüfung und Gewährung des Vorwegabschlags bei Familienunternehmen (§ 13a Abs. 9 ErbStG).
5. Prüfung Weitergabeverpflichtung (§ 13a Abs. 5 ErbStG).
II) Gewährung Begünstigungen
1. bei Erwerb Unternehmensvermögen **bis 26 Mio. €:**
a) **Regelverschonung** (Verschonungsabschlag 85 % und Abzugsbetrag bis zu 150 000 €; § 13a Abs. 1 Satz 1 und Abs. 2 ErbStG).
b) **Optionsverschonung** (Verschonungsabschlag 100 %; § 13a Abs. 10 ErbStG).
2. bei Erwerb Unternehmensvermögen **über 26 Mio. €** Wahlrecht:
a) Sich reduzierender Verschonungsabschlag; **Abschmelzmodell** (§ 13c ErbStG).
b) **Verschonungsbedarfsprüfung** (§ 28a ErbStG).
III) Behalten der Begünstigungen:
a) Erfüllen der **Behaltensregelungen** von 5 bzw. 7 Jahren bzw. Prüfung der **Überentnahmeregelung** (bei Personenunternehmen) bzw. der **Überausschüttungsregelung** (bei Kapitalgesellschaften) (§ 13a Abs. 6 ErbStG).
b) Erfüllen der **Lohnsummenregelungen** (§ 13a Abs. 3 ErbStG).

3.6.3   Ermittlung des begünstigten Vermögens

3.6.3.1   Grundsätzliches

458   Die Definition des begünstigten Vermögens ist in § 13b Abs. 2 Satz 1 ErbStG geregelt. Hinsichtlich der Ermittlung des Verwaltungsvermögens wird am bisherigen Prinzip der Negativabgrenzung festgehalten (§ 13b Abs. 4 ErbStG). Das **begünstigte Vermögen** wird durch Abzug des steuerpflichtigen Verwaltungsvermögens vom gemeinen Wert des Unternehmens ermittelt. Nur das begünstigte operative Vermögen unterliegt schlussendlich den **Verschonungen der §§ 13a–c und 28a ErbStG**. Das **Verwaltungsvermögen** ist mit Ausnahme einer Quote von 10 % nicht mehr begünstigt und voll zu **versteuern**.

3.6.3.2 Reihenfolge zur Ermittlung des begünstigten Vermögens

Für die Ermittlung des begünstigten Vermögens ist folgende **Reihenfolge** anzuwenden: **459**
1. Vorhandensein von begünstigungsfähigem Vermögen (§ 13b Abs. 1 ErbStG),
2. Ermittlung des Verwaltungsvermögens (§ 13b Abs. 4 ErbStG),
3. Berücksichtigung von Altersversorgungsverpflichtungen (§ 13b Abs. 3 ErbStG),
4. Berücksichtigung von Schulden (§ 13b Abs. 8 ErbStG),
5. 90 % Verwaltungsvermögenstest (§ 13b Abs. 2 Satz 2 ErbStG),
6. Finanzmitteltest (§ 13b Abs. 4 Nr. 5 ErbStG),
7. Ermittlung des Netto-Verwaltungsvermögens (§ 13b Abs. 6 ErbStG),
8. Abzug unschädliches Verwaltungsvermögen von 10 % (§ 13b Abs. 7 ErbStG),
9. Ergebnis: Begünstigtes Vermögen bzw. steuerpflichtiges Verwaltungsvermögen (§ 13b Abs. 2 Satz 1 ErbStG).

3.6.3.3 Begünstigungsfähiges Vermögen

Zum begünstigungsfähigen Vermögen gehören **460**
a) der **inländische Wirtschaftsteil des land- und forstwirtschaftlichen Vermögens** (§ 168 Abs. 1 Nr. 1 BewG), mit Ausnahme der Stückländereien i. S. d. § 160 Abs. 7 BewG, und selbstbewirtschaftete Grundstücke i. S. d. § 159 BewG sowie entsprechendes land- und forstwirtschaftliches Vermögen, das einer Betriebstätte in einem **Mitgliedstaat der Europäischen Union (EU) oder in einem Staat des Europäischen Wirtschaftsraums (EWR)** dient (§ 13b Abs. 1 Nr. 1 ErbStG); zum EWR gehören die Mitgliedstaaten der EU sowie Island, Liechtenstein und Norwegen.

Nicht begünstigungsfähig sind die Betriebswohnungen und der Wohnteil einschließlich der Altenteilerwohnungen, da diese Teile der wirtschaftlichen Einheit nicht originär der land- und forstwirtschaftlichen Tätigkeit i. S. d. § 158 Abs. 1 BewG dienen. Übertragungen von Betriebsteilen oder einzelner Wirtschaftsgüter sind nicht begünstigungsfähig (Abschnitt 13b.4 Abs. 3 und 4 koord. LE vom 22.06.2017).

b) **inländisches Betriebsvermögen** i. S. d. §§ 95 – 97 Abs. 1 Satz 1 BewG beim Erwerb eines **461** **ganzen Gewerbebetriebs** oder eines freiberuflichen Betriebs,
- eines **Teilbetriebs,**
- einer **Beteiligung an einer Gesellschaft** i. S. d. § 15 Abs. 1 Satz 1 Nr. 2 und Abs. 3 oder § 18 Abs. 4 Satz 2 EStG, eines Anteils eines persönlich haftenden Gesellschafter einer KGaA oder eines Anteils daran

sowie entsprechendes Betriebsvermögen in einem **Mitgliedstaat der EU/Staat des EWR** (§ 13b Abs. 1 Nr. 2 ErbStG).

Die Begriffe ganzer Gewerbebetrieb, Teilbetrieb oder Beteiligung an einer Personengesellschaft sind nach ertragsteuerrechtlichen Grundsätzen abzugrenzen. Begünstigungsfähig ist nur der unmittelbare Übergang von Betriebsvermögen. Andere **Teilübertragungen** eines Gewerbebetriebs oder die Übertragung einzelner Wirtschaftsgüter eines Betriebsvermögens sind **nicht begünstigungsfähig**. Dies gilt insbesondere, wenn der Schenker wesentliche Betriebsgrundlagen zurückbehält oder auf andere Erwerber überträgt.

Der Erwerb einzelner Wirtschaftsgüter aus dem **Sonderbetriebsvermögen** des Gesellschafters einer Personengesellschaft ist nur **begünstigungsfähig**, wenn er unmittelbar mit dem Erwerb einer Gesellschaftsbeteiligung verbunden ist; zum Sonderbetriebsvermögen gehörende Anteile an einer Kapitalgesellschaft können selbstständig begünstigungsfähiges

Vermögen i. S. d. § 13b Abs. 1 Nr. 3 ErbStG sein. Die Gesellschaftsanteile und das Sonderbetriebsvermögen müssen nicht im gleichen quotalen Umfang auf den Erwerber übergehen. Das Sonderbetriebsvermögen kann in geringerem bzw. größerem Umfang übertragen oder insgesamt zurückbehalten werden, wenn das zurückbehaltene Sonderbetriebsvermögen weiterhin zum Betriebsvermögen derselben Personengesellschaft gehört (Abschnitt 13b.5 Abs. 3 koord. LE vom 22.06.2017).

Nicht begünstigungsfähig ist der Erwerb von Vermögen einer in einem **Drittstaat** belegenen **Betriebstätte** eines inländischen Gewerbebetriebs, eines Betriebs in einem Mitgliedstaat der EU oder in einem Staat des EWR (Abschnitt 13b.5 Abs. 4 Satz 3 koord. LE vom 22.06.2017).

462 c) **Anteile an einer Kapitalgesellschaft** mit Sitz oder Geschäftsleitung **im Inland, in einem Mitgliedstaat der EU/Staat des EWR** bei einer Mindestbeteiligung des Erblassers oder Schenkers von **unmittelbar mehr als 25 %**. (§ 13b Abs. 1 Nr. 3 Satz 1 ErbStG).

Es ist auch möglich – zwecks Überschreitens der 25 %-Grenze – Anteile des Erblassers oder Schenkers ≤ 25 % mit den Anteilen anderer Gesellschafter zusammen zu rechnen (sog. **Pooling**). Die Anteile stellen bei Überschreiten der 25 %-Grenze begünstigungsfähiges Vermögen dar. Voraussetzung ist, dass der Erblasser oder Schenker sowie die anderen Gesellschafter untereinander verpflichtet sind, über ihre Anteile nur **einheitlich zu verfügen** oder diese nur innerhalb dieses geschlossenen Personenkreises zu übertragen sowie ihre **Stimmrechte** gegenüber nichtgebundenen Gesellschaftern **einheitlich ausüben** (§ 13b Abs. 1 Nr. 3 Satz 2 ErbStG). Eine solche (schuldrechtliche) **Poolvereinbarung** kann sich aus dem Gesellschaftsvertrag oder aus anderen schriftlichen Vereinbarungen ergeben und muss im Besteuerungszeitpunkt vorliegen. Eine Poolung über eine vermögensverwaltende Gesellschaft bürgerlichen Rechts, welche die Kapitalgesellschaftsanteile in ihrem Gesamthandsvermögen hält, ist hingegen nicht begünstigt, da die Anteile in diesem Falle nicht unmittelbar, sondern nur mittelbar vom Erblasser oder Schenker gehalten werden.

463 Unmittelbar gehaltenes Betriebsvermögen bzw. Anteile daran sowie Anteile an Kapitalgesellschaften in **Drittstaaten** zählen **nicht zum begünstigungsfähigen Vermögen** (Abschnitt 13b.5 Abs. 4 Satz 2 koord. LE vom 22.06.2017).

Begünstigungsfähig ist dagegen ausländisches Betriebsvermögen in Drittstaaten, wenn es als eine Beteiligung an einer Personengesellschaft oder Anteile an einer Kapitalgesellschaft **Teil einer wirtschaftlichen Einheit des Betriebsvermögens** im Inland/EU/EWR ist (Abschnitt 13b.5 Abs. 4 Satz 4 koord. LE vom 22.06.2017).

Übersichten begünstigungsfähiges Vermögen:

Zum Vermögen des Einzelunternehmers bzw. der Personengesellschaft gehören:	Begünstigungsfähig:
Betriebsstätte im Inland/EU/EWR	Ja
Betriebsstätte in Drittstaat	Nein
Beteiligung an Personengesellschaft im Inland/EU/EWR bzw. in Drittstaat	Ja
Anteile an Kapitalgesellschaft im Inland/EU/EWR bzw. in Drittstaat	Ja

Zum Vermögen der Kapitalgesellschaft gehören:	Begünstigungsfähig:
Betriebsstätte im Inland/EU/EWR	Ja
Betriebsstätte in Drittstaat	Ja
Beteiligung an Personengesellschaft im Inland/EU/EWR bzw. in Drittstaat	Ja
Anteile an Kapitalgesellschaft im Inland/ EU/EWR bzw. in Drittstaat	Ja

464

BEISPIELE

a) Erblasser A hat in seinem Nachlass einen land- und forstwirtschaftlichen Betrieb im Inland. Der festgestellte Grundbesitzwert beträgt 750 000 €. Darin enthalten sind der Wirtschaftsteil des Betriebs mit 500 000 € und der Wohnteil des Erblassers mit 250 000 €.

LÖSUNG Beim Wirtschaftsteil im Wert von 500 000 € handelt es sich um begünstigungsfähiges Vermögen nach § 13b Abs. 1 Nr. 1 ErbStG. Der Wohnteil ist nicht nach §§ 13a, 13b ErbStG begünstigungsfähig. Ggf. kann hierfür die Befreiung für ein Familienheim nach § 13 Abs. 1 Nr. 4b bzw. 4c ErbStG in Anspruch genommen werden.

b) Erblasser A ist an einer Personengesellschaft mit Sitz in Österreich beteiligt.

LÖSUNG Hierbei handelt es sich um begünstigungsfähiges Vermögen nach § 13b Abs. 1 Nr. 2 ErbStG (Abschnitt 13b.5 Abs. 4 Satz 1 und Hinweis 13b.5 Begünstigungsfähiges Betriebsvermögen, koord. LE vom 22. 06. 2017).

c) Erblasser A ist Gesellschafter einer inländischen Personengesellschaft, die ihrerseits an einer schweizerischen AG beteiligt ist.

LÖSUNG Der inländische Mitunternehmeranteil ist begünstigungsfähig; dieser umfasst den Anteil an der schweizerischen AG, welcher in das begünstigte Betriebsvermögen einfließt (Abschnitt 13b.5 Abs. 4 Satz 4 und Hinweis 13b.5 Begünstigungsfähiges Betriebsvermögen, koord. LE vom 22. 06. 2017).

d) Erblasser A ist Eigentümer eines Einzelunternehmens in der Schweiz.

LÖSUNG Hierbei handelt es sich um kein begünstigungsfähiges Vermögen, da es sich nicht um Betriebsvermögen nach § 13b Abs. 1 Nr. 2 ErbStG im Inland/EU/EWR handelt (Abschnitt 13b.5 Abs. 4 Satz 2 und Hinweis 13b.5 Begünstigungsfähiges Betriebsvermögen, koord. LE vom 22. 06. 2017).

e) Erblasser A ist Gesellschafter einer österreichischen Personengesellschaft, die über eine Betriebstätte in der Schweiz verfügt.

LÖSUNG Die Wirtschaftsgüter der Betriebstätte in der Schweiz sind nicht in das begünstigte Vermögen der österreichischen Personengesellschaft mit einzubeziehen, da diese nicht einer Betriebstätte in einem EU-/EWR-Staat dienen (Abschnitt 13b.5 Abs. 4 Satz 2 und 3 und Hinweis 13b.5 Begünstigungsfähiges Betriebsvermögen, koord. LE vom 22. 06. 2017). Ansonsten ist das österreichische Vermögen der Personengesellschaft dem Grunde nach begünstigungsfähig nach § 13b Abs. 1 Nr. 2 ErbStG.

f) Erblasser A hat in seinem Nachlass Anteile an einer inländischen Kapitalgesellschaft von 30 %.

LÖSUNG Hierbei handelt es sich um begünstigungsfähiges Vermögen nach § 13b Abs. 1 Nr. 3 Satz 1 ErbStG, da die Mindestbeteiligung von mehr als 25 % überschritten ist und die Kapitalgesellschaft sich im Inland befindet.

g) Erblasser A hat in seinem Nachlass Anteile an einer inländischen Kapitalgesellschaft von 25 %.
a) Der Erblasser hat mit anderen Gesellschaftern keinen Poolvertrag abgeschlossen.
b) Der Erblasser hat mit einem anderen Gesellschafter einen (schuldrechtlichen) Poolvertrag abgeschlossen. Der Pool beinhaltet 35 % der Anteile an der inländischen Kapitalgesellschaft

LÖSUNG

a) Hierbei handelt es sich um kein begünstigungsfähiges Vermögen nach § 13b Abs. 1 Nr. 3 Satz 1 und 2 ErbStG, da die Mindestbeteiligung von mehr als 25 % nicht erreicht und kein Poolvertrag mit anderen Gesellschaftern abgeschlossen wurde.

b) Hierbei handelt es sich um begünstigungsfähiges Vermögen nach § 13b Abs. 1 Nr. 3 Satz 2 ErbStG, da die Mindestbeteiligung von mehr als 25 % durch den mit anderen Gesellschaftern abgeschlossenen Poolvertrag erreicht wurde.

465–470 frei

3.6.3.4   Ermittlung des Verwaltungsvermögens

471   Die Prüfung des Verwaltungsvermögens (§ 13b Abs. 4 ErbStG) hat bei jeder übertragenen wirtschaftlichen Einheit zu erfolgen. Maßgebend sind die Verhältnisse im **Besteuerungszeitpunkt**. Veränderungen hinsichtlich der Zuordnung zum Verwaltungsvermögen, die nach dem Besteuerungszeitpunkt beim Erwerber eintreten, sind – vorbehaltlich der Investitionsklausel nach § 13b Abs. 5 ErbStG – unbeachtlich (Abschnitt 13b.12 Abs. 2 koord. LE vom 22. 06. 2017).

472   Wirtschaftsgüter des Verwaltungsvermögens sind mit ihrem **gemeinen Wert** (§ 9 BewG) oder ihrem **festgestellten Wert** (§ 151 Abs. 1 BewG) anzusetzen.

473   Bei **Beteiligungen an Personengesellschaften** ist das Verwaltungsvermögen aus dem Gesamthandsvermögen und dem mitübertragenen Sonderbetriebsvermögen zu berücksichtigen. Das Verwaltungsvermögen aus dem Gesamthandsvermögen ist dem Gesellschafter nach dem Wert der Beteiligung des Gesellschafters am Gesamthandsvermögen zum gemeinen Wert des Gesamthandsvermögens (§ 97 Abs. 1a Nr. 1 BewG) der Gesellschaft zuzurechnen, d. h. nicht nur nach dem allgemeinen Gewinnverteilungsschlüssel (Abschnitt 13b.12 Abs. 4 koord. LE vom 22. 06. 2017).

Bei **Anteilen an Kapitalgesellschaften** ist das Verwaltungsvermögen nach dem Verhältnis aufzuteilen, das bei der Aufteilung des gemeinen Werts nach § 97 Abs. 1b BewG angewendet wurde (Abschnitt 13b.12 Abs. 4 koord. LE vom 22. 06. 2017).

474   **Übersicht über die Wirtschaftsgüter des Verwaltungsvermögens:**

1. Dritten zur Nutzung überlassene Grundstücke (§ 13b Abs. 4 Nr. 1 ErbStG),
2. Anteile an Kapitalgesellschaften mit einer Beteiligung von 25 % oder weniger (§ 13b Abs. 4 Nr. 2 ErbStG),
3. Kunstgegenstände, Kunstsammlungen, wissenschaftliche Sammlungen, Bibliotheken und Archive, Münzen, Edelmetalle und Edelsteine, Briefmarkensammlungen, Oldtimer, Yachten, Segelflugzeuge sowie sonstige typischerweise der privaten Lebensführung dienende Gegenstände (§ 13b Abs. 4 Nr. 3 ErbStG),
4. Wertpapiere und vergleichbare Forderungen (§ 13b Abs. 4 Nr. 4 ErbStG),
5. Überbestand an Finanzmitteln (§ 13b Abs. 4 Nr. 5 ErbStG).

475   Zu Nr. 1: **Dritten zur Nutzung überlassene Grundstücke**, Grundstücksteile, etc. (z. B. ein vermietetes Mietwohngrundstück) gehören zum Verwaltungsvermögen. Dabei ist nicht entscheidend, ob die Überlassung entgeltlich oder ganz bzw. teilweise unentgeltlich erfolgt. Gehört nur ein Grundstücksteil zum Verwaltungsvermögen, ist der gemeine Wert des Grundstücks regelmäßig nach der Wohn- bzw. Nutzfläche aufzuteilen (Abschnitt 13b.13 koord. LE vom 22. 06. 2017).

476   **Ausnahmen** (§ 13b Abs. 4 Nr. 1 Satz 2 Nr. 1a–f ErbStG):

1. Grundstücke, die von einem gewerblichen Besitzunternehmen im Rahmen einer **Betriebsaufspaltung** an die Betriebsgesellschaft verpachtet werden; hierbei ist durch den übertragenden Gesellschafter das Durchsetzen eines einheitlichen geschäftlichen Betätigungswil-

lens allein oder zusammen mit anderen Gesellschaftern sowohl im überlassenden Betrieb als auch im nutzenden Betrieb (Personengruppentheorie) sowie ein Übergang dieser Rechtstellung erforderlich;

2. Grundstücke des **Sonderbetriebsvermögens**; auch hierbei ist ein Übergang der Rechtstellung erforderlich;

3. Grundstücke, die im Rahmen einer **Betriebsverpachtung im Ganzen** verpachtet sind; hierbei sind gewerbliche Einkünfte des Verpächters sowie eine unbefristete Verpachtung an den Erwerber erforderlich; zudem muss der Pächter als Erbe eingesetzt sein;

4. Grundstücksverpachtungen im **Konzern i. S. d. § 4h Abs. 3 Satz 5 und 6 EStG (Zinsschrankenkonzern)**;

5. Grundstücke bei **Wohnungsunternehmen**; der Hauptzweck des Betriebs muss in der Vermietung von eigenen Wohnungen i. S. d. § 181 Abs. 9 BewG bestehen; daneben ist ein wirtschaftlicher Geschäftsbetrieb i. S. d. § 14 AO erforderlich; bei mehr als 300 eigenen Wohnungen kann ein wirtschaftlicher Geschäftsbetrieb angenommen werden (Abschnitt 13b.17 Abs. 3 koord. LE vom 22. 06. 2017). Mit Urteil vom 24. 10. 2017 (Az. II R 44/15, BStBl. 2018 II 358) hat der BFH entschieden, dass Wohnungen, die eine Wohnungsvermietungsgesellschaft an Dritte überlässt, nur zum begünstigten Vermögen i. s. d. § 13b Abs. 2 Nr. 1 Satz 2 Buchst. d) ErbStG a. F. gehören, wenn die Gesellschaft neben der Vermietung im Rahmen eines wirtschaftlichen Geschäftsbetriebes Zusatzleistungen erbringt, die das bei langfristigen Vermietungen übliche Maß überschreiten. Maßgeblich ist laut BFH, dass die Vermietungstätigkeit nach ertragsteuerlichen Grundsätzen die Grenze der privaten Vermögensverwaltung überschreiten und als originär gewerblich i. S. d. § 15 Abs. 1 Nr. 1 und Abs. 2 EStG zu qualifizieren sein müsse. Hierfür reiche die bloße Verwaltung und Bewirtschaftung von Wohnungen nicht aus. Auch auf die Anzahl der vermieteten Wohnungen komme es entgegen der Verwaltungsauffassung nicht an. Die Finanzverwaltung wendet das Urteil nicht über den entschiedenen Einzelfall hinaus an (gl. LE vom 23. 04. 2018, BStBl. 2018 I 692).

6. Grundstücke, die vorrangig überlassen werden, um im Rahmen von **Lieferungsverträgen** dem **Absatz von eigenen Erzeugnissen und Produkten** zu dienen. **Beispiele:** Verpachtete Grundstücke eines Mineralölunternehmens bzw. einer Brauerei;

7. Grundstücke, die an Dritte zur **land- und forstwirtschaftlichen Nutzung** überlassen werden;

8. Grundstücke, bei denen neben der Überlassung von Grundstücksteilen **weitere gewerbliche Leistungen** in Anspruch genommen werden; zudem muss die Tätigkeit nach ertragsteuerrechtlichen Gesichtspunkten insgesamt als originär gewerbliche Tätigkeit einzustufen sein (Abschnitt 13b.13 Satz 3 koord. LE vom 22. 06. 2017). **Beispiele:** Verpachtete Grundstücke von Beherbergungsbetrieben wie Hotels und Pensionen oder Campingplätzen

Zu Nr. 2: Gehören zum Betriebsvermögen der Betriebe oder Gesellschaften **Anteile an Kapitalgesellschaften** und beträgt die unmittelbare Beteiligung am Nennkapital dieser Gesellschaften **25 % oder weniger**, sind die Anteile dem Verwaltungsvermögen zuzurechnen. Auch hier gilt die Zusammenrechnungsmöglichkeit bei Vorliegen einer Poolvereinbarung.   **477**

Der Sitz der Gesellschaft ist – wie die Funktion der Beteiligung – unerheblich. Entscheidend ist die **Höhe der Beteiligung**. Bei Gesellschaften, die in einem Konzern unter einheitlicher Leitung stehen, ist eine gesonderte Poolvereinbarung grundsätzlich nicht erforderlich.

Gehören Anteile teilweise zum Gesamthandsvermögen und teilweise zum Sonderbetriebsvermögen, sind die Beteiligungsgrenzen sowohl für das Gesamthandsvermögen als auch für das Sonderbetriebsvermögen jeweils **getrennt** zu prüfen (Ausnahme: Abschluss einer Poolvereinbarung).

Ausgenommen sind Beteiligungen von Kredit- oder Finanzdienstleistungsinstituten (Abschnitt 13b.20 koord. LE vom 22. 06. 2017).

478 **Zu Nr. 3: Kunstgegenstände und andere besondere Wirtschaftsgüter:** Diese Gegenstände zählen **nicht** zum Verwaltungsvermögen, wenn der Handel mit diesen Gegenständen, deren Herstellung oder Verarbeitung oder die entgeltliche Nutzungsüberlassung an Dritte der **Hauptzweck** des Betriebs ist. Der Hauptzweck ist gegeben, wenn mit diesen Gegenständen ein Umsatz von mehr 50 % erzielt wird bzw. wenn sich diese Gegenstände im Umlaufvermögen befinden.

Daneben liegt eine Ausnahme von Verwaltungsvermögen vor, wenn diese Gegenstände Bestandteile eines **Museums zur Unternehmensgeschichte** und in einer für ein Museum üblichen Art und Weise für die Öffentlichkeit zugänglich sind. Voraussetzung ist, dass die Gegenstände entweder von dem Unternehmen selbst hergestellt, verarbeitet oder gehandelt wurden oder aber einen Bezug zur Unternehmensgeschichte aufweisen, indem sie Teil des Herstellungs- oder Verarbeitungsprozesses sind oder Teil der Entstehungsgeschichte der von dem Unternehmen hergestellten, verarbeiteten oder gehandelten Produkte sind (Abschnitt 13b.21 koord. LE vom 22. 06. 2017).

479 **Zu Nr. 4: Wertpapiere und vergleichbare Forderungen** gehören zum Verwaltungsvermögen. Wertpapiere i. S. d. erbschaftsteuerrechtlichen Verschonungsvorschriften sind ausschließlich auf dem Markt gehandelte Wertpapiere i. S. d. § 2 Abs. 1 des Wertpapierhandelsgesetzes (WpHG). Vergleichbare Forderungen im Sinne dieser Vorschrift sind solche, über die keine Urkunden ausgegeben wurden, die nach § 2 Abs. 1 WpHG aber als Wertpapiere gelten.

Beispiele: Aktien, andere Anteile an in- oder ausländischen juristischen Personen, Pfandbriefe, Schuldbuchforderungen, Geldmarktfonds, Festgeldfonds

Ausgenommen sind Wertpapiere und vergleichbare Forderungen von Kredit- oder Finanzdienstleistungsinstituten (Abschnitt 13b.22 koord. LE vom 22. 06. 2017).

480 **Zu Nr. 5:** Zum Verwaltungsvermögen gehört der gemeine Wert des nach Abzug des gemeinen Werts der Schulden verbleibenden Bestands an Zahlungsmitteln, Geschäftsguthaben, Geldforderungen und anderen Forderungen (Finanzmittel), soweit er 15 % des anzusetzenden Werts des Betriebsvermögens des Betriebs oder der Gesellschaft übersteigt (**Finanzmitteltest**, Abschnitt 13b.23 koord. LE vom 22. 06. 2017).

- **Schritt 1: Ermittlung Finanzmittel:** Geld, Sichteinlagen, Sparanlagen, Festgeldkonten, Forderungen aus Lieferungen und Leistungen, Forderungen an verbundene Unternehmen, Ansprüche aus Rückdeckungsversicherungen, Forderungen im Sonderbetriebsvermögen eines Gesellschafters einer Personengesellschaft, insbesondere Forderungen des Gesellschafters gegen die Personengesellschaft, Forderungen von Personengesellschaften oder Kapitalgesellschaften gegen ihre Gesellschafter, sonstige auf Geld gerichtete Forderungen aller Art, soweit sie nicht bereits § 13b Abs. 4 Nr. 4 ErbStG zuzuordnen sind, insbesondere geleistete Anzahlungen, Steuerforderungen, Forderungen aus stillen Beteiligungen (ohne Finanzmittel aus Altersversorgungsansprüchen i. S. d. § 13b Abs. 3 ErbStG).

- **Schritt 2: Ermittlung Schulden:** alle Schulden, die ertragsteuerrechtlich zum Betriebsvermögen gehören (inkl. erhaltene Kundenanzahlungen), Rückstellungen, auch wenn ein steuerrechtliches Passivierungsverbot besteht, Sachleistungsverpflichtungen bei Nichtbilanzierenden, Darlehenskonten der Gesellschafter, falls diese Fremdkapital darstellen.

  Hierzu gehören nicht: Rechnungsabgrenzungsposten, Rücklagen, Schulden aus Altersversorgungsverpflichtungen

- **Schritt 3: Prüfung Abzug Sockelbetrag von 15 %**: Ist der Saldo der Finanzmittel abzgl. der Schulden positiv, dann ist dies unschädlich, soweit er 15 % des Werts des Betriebsvermögens nicht übersteigt. Hierbei ist der festgestellte bewertungsrechtliche Wert des Unternehmensvermögens maßgebend. Diese 15 % stellen einen Freibetrag dar.

  Voraussetzung für den Abzug des Sockelbetrags von 15 % ist, dass das begünstigungsfähige Vermögen des Betriebs oder von nachgeordneten Gesellschaften nach seinem **Hauptzweck** einer land- und forstwirtschaftlichen oder originär gewerblichen oder freiberuflichen Tätigkeit dient, wobei diese Voraussetzung auch als erfüllt anzusehen ist, wenn die entsprechende Tätigkeit durch nachgeordnete Gesellschaften ausgeübt wird.

- **Schritt 4: Überbestand Finanzmittel als Verwaltungsvermögen**: Verbleibt im Rahmen des Finanzmitteltests nach Abzug der Schulden und des Sockelbetrags von 15 % ein positiver Wert der Finanzmittel, zählen sie in diesem Umfang zum Verwaltungsvermögen. Ist der Saldo der Finanzmittel abzüglich der Schulden negativ, liegen keine Finanzmittel i. S. d. § 13b Abs. 4 Nr. 5 ErbStG bzw. kein entsprechendes Verwaltungsvermögen vor.

Übersicht zum Finanzmitteltest (vgl. H 13b.23 koord. LE vom 22. 06. 2017 mit Beispielsrechnungen): 481

	festgestellter Wert der Finanzmittel
./.	festgestellter Wert der jungen Finanzmittel nach § 13b Abs. 4 Nr. 5 Satz 2 ErbStG; höchstens der festgestellte Wert der Finanzmittel
=	Saldo
./.	festgestellter Wert der Schulden
=	Saldo
./.	Sockelbetrag 15 % des festgestellten Werts des (Anteils) Betriebsvermögens (vorbehaltlich Hauptzweck gemäß § 13b Abs. 4 Nr. 5 Satz 4 ErbStG)
=	verbleibender Wert der Finanzmittel, mindestens 0 € (§ 13b Abs. 4 Nr. 5 Satz 1 ErbStG)

Der Finanzmitteltest ist nicht erforderlich, wenn die Finanzmittel dem Hauptzweck des 482
Gewerbebetriebs eines Kreditinstituts oder eines Finanzdienstleistungsinstituts i. S. d. § 1 Abs. 1 und 1a KWG oder eines Versicherungsunternehmens, das der Aufsicht nach § 1 Abs. 1 Nr. 1 VersAG unterliegt, zuzurechnen sind.

BEISPIEL

Der gemeine Wert des Betriebsvermögens beträgt 1 Mio. €. Darin enthalten sind Finanzmittel i. H. v. 483
500 000 € und Schulden i. H. v. 300 000 €. Keine Altersversorgungsverpflichtungen i. S. d. § 13b Abs. 3 ErbStG. Wie hoch ist das Verwaltungsvermögen aus Finanzmitteln?

LÖSUNG Nach dem Schuldenabzug von den Finanzmitteln verbleiben 200 000 €. Hiervon werden 15 % des Wert des Betriebsvermögens (= 150 000 €) nicht als Verwaltungsvermögen eingeordnet. Es verbleiben 50 000 € als Verwaltungsvermögen.

Junge Finanzmittel sind der positive Saldo der innerhalb von zwei Jahren vor dem Zeit- 484
punkt der Entstehung der Steuer **eingelegten** und der **entnommenen** Finanzmittel (§ 13b Abs. 5 Nr. 4 Satz 2 ErbStG). Bei Anteilen an Kapitalgesellschaften müssen begrifflich an die Stelle der Einlagen und Entnahmen die offenen und verdeckten Einlagen von Gesellschaftern und Ausschüttungen an Gesellschafter treten. Diese Berechnung gilt unabhängig davon, ob die eingelegten Finanzmittel am Besteuerungszeitpunkt noch vorhanden sind.

Junge Finanzmittel sind stets **Verwaltungsvermögen** und im Rahmen des Finanzmitteltests vom Wert der Finanzmittel abzuziehen. Junge Finanzmittel sind **nicht** in die **Schuldenver-**

rechnung mit dem Verwaltungsvermögen einzubeziehen (§ 13b Abs. 8 Satz 1 ErbStG) und stellen **kein unschädliches Verwaltungsvermögen** dar (§ 13b Abs. 7 Satz 2 ErbStG).

Der Wert der jungen Finanzmittel ist nur auf **oberster Beteiligungsebene begrenzt** auf den Wert der Finanzmittel in diesem Zeitpunkt vor Abzug der abzugsfähigen Schulden und des Sockelbetrags. Auf unteren Beteiligungsebenen kann der Wert der jungen Finanzmittel höher sein als der Wert der Finanzmittel (Abschnitt 13b.29 Abs. 4 Satz 2 koord. LE vom 22.06.2017).

485   Verwaltungsvermögen i. S. d. § 13b Abs. 4 Nr. 1–4 ErbStG, das dem Betrieb im Besteuerungszeitpunkt weniger als zwei Jahre zuzurechnen war, stellt **junges Verwaltungsvermögen** dar (§ 13b Abs. 7 Satz 2 ErbStG). Hierzu gehört nicht nur innerhalb des Zweijahreszeitraums eingelegtes Verwaltungsvermögen (ggf. auch durch Dritte eingelegtes Verwaltungsvermögen), sondern auch Verwaltungsvermögen, das innerhalb dieses Zeitraums aus betrieblichen Mitteln angeschafft oder hergestellt worden ist (Abschnitt 13b.27 koord. LE vom 22.06.2017).

Beispiele: Umschichten von Verwaltungsvermögen in anderes Verwaltungsvermögen, z. B. innerhalb eines Wertpapierdepots oder von Nicht-Verwaltungsvermögen in Verwaltungsvermögen innerhalb von zwei Jahren vor dem Besteuerungszeitpunkt.

486   Vermögensgegenstände, die **seit zwei Jahren und mehr** zum Betriebsvermögen gehören, stellen kein junges Verwaltungsvermögen dar, wenn die Eigenschaft als Verwaltungsvermögen erst innerhalb der letzten zwei Jahre eingetreten ist.

BEISPIEL

Ein Grundstück wurde fünf Jahre vor dem Besteuerungszeitpunkt erworben und für eigenbetriebliche Zwecke genutzt. Ein halbes Jahr vor dem Besteuerungszeitpunkt wird ein Teil des Grundstücks von 1/3 an fremde Gewerbetreibende vermietet.

LÖSUNG Der anteilige Wert von 1/3 des Grundstücks stellt zum Besteuerungszeitpunkt zwar Verwaltungsvermögen, jedoch kein junges Verwaltungsvermögen, dar. Es liegt kein junges Verwaltungsvermögen vor, da das Grundstück länger als zwei Jahre dem Betrieb zuzurechnen ist.

---

487   Junges Verwaltungsvermögen ist stets **Verwaltungsvermögen**. Es ist **nicht** in die **Schuldenverrechnung** mit dem Verwaltungsvermögen einzubeziehen (§ 13b Abs. 8 Satz 1 ErbStG) und stellt **kein unschädliches Verwaltungsvermögen** dar (§ 13b Abs. 7 Satz 2 ErbStG).

Als **Nettowert des Verwaltungsvermögens** ist **mindestens** der gemeine Wert des jungen Verwaltungsvermögens und der jungen Finanzmittel anzusetzen (§ 13b Abs. 8 Satz 3 ErbStG). Junge Finanzmittel und junges Verwaltungsvermögen bleiben damit von jeder Begünstigung ausgeschlossen und sind **stets erbschaftsteuerpflichtig**.

488–495 frei

3.6.3.5   Berücksichtigung von Altersversorgungsverpflichtungen

496   Teile des begünstigungsfähigen Vermögens, die ausschließlich und dauerhaft der **Erfüllung von Schulden aus Altersversorgungsverpflichtungen dienen** und dem Zugriff aller übrigen nicht aus den Altersversorgungsverpflichtungen unmittelbar berechtigten Gläubiger entzogen sind, werden bis zur Höhe des gemeinen Werts der Schulden aus Altersversorgungsverpflichtungen **nicht als Verwaltungsvermögen** behandelt (§ 13b Abs. 3 ErbStG, Abschnitt 13b.11 koord. LE vom 22.06.2017).

Betriebliche Altersversorgungsansprüche und -verpflichtungen liegen vor, wenn der Arbeitgeber seinem Arbeitnehmer aus Anlass eines Arbeitsverhältnisses Versorgungsleistungen bei Alter, Invalidität und/oder Tod i. S. d. § 1 Abs. 1 BetrAVG oder in anderer Weise zusagt.

Beispiele: CTA-Strukturen (Contractual Trust Arrangement); Rückdeckungsversicherungen, wenn diese an die Pensionszusage-Berechtigten insolvenzfest abgetreten bzw. verpfändet werden

Als **Deckungsvermögen** für Altersversorgungsverpflichtungen kommen insbesondere die Wirtschaftsgüter des (jungen) Verwaltungsvermögens (z. B. Grundstücke, Wertpapiere, Gesellschaftsanteile) und Finanzmittel in Betracht. Nicht darunter fallen junge Finanzmittel und die Wirtschaftsgüter, die nicht zum Verwaltungsvermögen gehören.

Folglich sind bei Altersversorgungsverpflichtungen des Betriebs die entsprechenden Wirtschaftsgüter des **Verwaltungsvermögens** bzw. die entsprechenden **Schulden** gleichermaßen zu **kürzen.** Der Ausschluss vom Verwaltungsvermögen ist summenmäßig auf die Höhe des gemeinen Werts der Altersversorgungsverpflichtungen begrenzt.

497

Altersversorgungsverpflichtungen – wie auch Wirtschaftsgüter des Verwaltungsvermögens – sind mit ihrem **gemeinen Wert** (§ 9 BewG) anzusetzen (ggf. mit Barwert lt. HGB).

498

BEISPIELE

a) Der gemeine Wert der Altersversorgungsverpflichtung nach HGB beträgt 1 Mio. €. Nach § 6a EStG hat das Unternehmen nur eine steuerliche Rückstellung i. H. v. 600 000 € bilden können. **Lösung** Bis zur Höhe von 1 Mio. € (= gemeiner Wert) sind die Gegenstände des Verwaltungsvermögens, welche der Tilgung der Altersversorgungsverpflichtung dienen und dem Zugriff aller übrigen Gläubiger entzogen sind, nicht als Verwaltungsvermögen einzuordnen.

b) B ist Alleingesellschafter einer Maschinenfabrik in der Rechtsform einer GmbH und übertrug die kompletten Anteile an Tochter T. Der gemeine Wert des Unternehmens beträgt 5 Mio. €. Die Wertpapiere sind dem Zugriff aller übrigen Gläubiger entzogen. Wie sind die Vermögensgegenstände bzw. Schulden bzgl. der Pensionszusage im Rahmen der Bewertung und im Feststellungsverfahren zu berücksichtigen?

Aktiva (€)		Passiva (€)	
Betriebsgrundstück	1 500 000	Eigenkapital	3 500 000
Maschinen, Vorräte	2 000 000	Verbindlichkeiten	2 000 000
Forderungen	1 500 000	(davon Schulden	
		Pensionszusage 500 000)	
Wertpapiere	500 000		
(zur Absicherung von Pensionszusage)			

Lösung Die Wertpapiere i. H. v. 500 000 €, die die Pensionszusage absichern, sind mit den Schulden bzgl. der Pensionszusage direkt und gesondert zu verrechnen und stellen damit kein Verwaltungsvermögen dar. Die bisherigen Schulden i. H. v. 2 Mio. € sind um die verrechneten Altersversorgungsverbindlichkeiten i. H. v. 500 000 € zu kürzen und betragen nun noch 1,5 Mio. €. Im Anschluss daran ist mit den verbleibenden Schulden der Finanzmitteltest durchzuführen.

3.6.3.6 Berücksichtigung von Schulden

Die im Betriebsvermögen vorhandenen Schulden zum Bewertungsstichtag sind bei der Ermittlung des **Netto-Verwaltungsvermögens** anteilig vom Verwaltungsvermögen abzuziehen. Zu den Schulden gehören

499

- alle Schulden, die ertragsteuerrechtlich zum Betriebsvermögen gehören (inkl. erhaltene Kundenanzahlungen),
- Rückstellungen, auch wenn ein steuerrechtliches Passivierungsverbot besteht (z. B. Drohverlustrückstellungen),
- Sachleistungsverpflichtungen bei Nichtbilanzierenden,

- Darlehenskonten der Gesellschafter, falls diese Fremdkapital darstellen.

Schulden aus Altersversorgungsverpflichtungen (soweit nach § 13b Abs. 3 ErbStG bereits mit Verwaltungsvermögen verrechnet), Rechnungsabgrenzungsposten und Rücklagen gehören **nicht** zu den zu berücksichtigenden Schulden.

500   Eine Verrechnung von Schulden mit Verwaltungsvermögen findet bei **wirtschaftlich nicht belastenden Schulden** (z. B. falls Gläubiger Rangrücktritt erklärt) nicht statt (§ 13b Abs. 8 Satz 2 ErbStG).

501   Darüber hinaus ist eine Schuldenberücksichtigung ausgeschlossen, soweit der im Zeitpunkt der Steuerentstehung vorhandene Schuldenstand den **durchschnittlichen Schuldenstand** der letzten drei Jahre vor dem Zeitpunkt der Steuerentstehung übersteigt.

Eine Begrenzung der zu berücksichtigenden Schulden erfolgt nicht, soweit die Erhöhung des Schuldenstands durch die **Betriebstätigkeit** veranlasst ist (§ 13b Abs. 8 Satz 2 ErbStG). Davon ist auszugehen, wenn Schulden durch den laufenden Geschäftsbetrieb veranlasst sind.

Es ist deshalb ein **Vergleich** der tatsächlichen Schulden zum Bewertungsstichtag mit dem Durchschnitt der Schulden der letzten drei Wirtschaftsjahre durchzuführen.

Der durchschnittliche Schuldenstand kann regelmäßig aus den **Beständen der letzten drei vor dem Besteuerungszeitpunkt endenden Wirtschaftsjahre** abgeleitet werden (Abschnitt 13b.28 Abs. 2 koord. LE vom 22.06.2017). Der Erwerber hat die Möglichkeit im Rahmen eines Gegenbeweises darzulegen, dass ein erhöhter Stichtagswert des Schuldenbestands durch die Betriebstätigkeit veranlasst ist.

Falls die durchschnittlichen Schulden niedriger sind als die Schulden am Bewertungsstichtag und keine betriebliche Veranlassung hierfür gegeben ist, ist der Wert der durchschnittlichen Schulden anzusetzen. Falls die Erhöhung des Schuldenstandes am Bewertungsstichtag betrieblich veranlasst ist, dann sind die tatsächlichen Schulden zum Bewertungsstichtag anzusetzen.

BEISPIEL

502   **Beispiel** A hat sein Einzelunternehmen am 31.03.04 an B übertragen. Die tatsächlichen Schulden zum Bewertungsstichtag haben 800 000 € betragen. Die durchschnittlichen Schulden aus den Abschlüssen der letzten drei Wirtschaftsjahre (01–03) betrugen 600 000 €.

a) Die Schuldenerhöhung zum Bewertungsstichtag resultiert daraus, dass die Schulden zum Erwerb einer Mietwohnung (nicht betriebsnotwendiges Vermögen) aufgenommen wurden.

b) Die Schuldenerhöhung zum Bewertungsstichtag resultiert daraus, dass kurz vor der Übertragung betriebsnotwendige Maschinen auf Kredit angeschafft wurden.

LÖSUNG

a) Die Schuldenerhöhung ist **nicht betrieblich** veranlasst, da hierbei nicht betriebsnotwendiges Vermögen erworben wurde. Es sind daher 200 000 € nicht verrechenbare Schulden anzunehmen und die Schulden mit dem Durchschnittswert von 600 000 € anzusetzen.

b) Die Schuldenerhöhung ist **betrieblich** veranlasst, da insoweit betrieblich erforderliche Maschinen angeschafft wurden. Es sind daher die tatsächlichen Schulden zum Bewertungsstichtag i. H. v. 800 000 € anzusetzen.

3.6.3.7   90-%-Verwaltungsvermögenstest

503   Besteht das begünstigungsfähige Vermögen nahezu ausschließlich, d. h. zu mindestens 90 %, aus Verwaltungsvermögen (**übermäßiges Verwaltungsvermögen**), ist es von jeder Verschonung ausgenommen (§ 13b Abs. 2 Satz 2 ErbStG). Das betrifft die Verschonungen nach

§ 13a und § 13c ErbStG, die Stundung nach § 28 Abs. 1 ErbStG und die Verschonungsbedarfsprüfung nach § 28a ErbStG.

Ziel des sog. 90-%-Tests ist die **Vermeidung missbräuchlicher Gestaltungen**. Hierbei wurde in das ErbStG ein »Vorabfilter« eingebaut. Demnach ist begünstigungsfähiges Vermögen vollständig nicht begünstigt, wenn der gemeine Wert des Verwaltungsvermögens mindestens 90 % des begünstigungsfähigen Vermögens beträgt. Aufgrund der Ausschlusswirkung ist diese 90-%-Grenze des übermäßigen Verwaltungsvermögens vorab zu prüfen, bevor die weiteren Betriebsvermögensbegünstigungen geprüft werden.

Für die Prüfung, ob übermäßiges Verwaltungsvermögen vorliegt, ist folgendes **Verhältnis**   **504** maßgebend:

$$\frac{\substack{\text{Wert des Verwaltungsvermögens} \\ \text{(einschließlich des jungen Verwaltungsvermögens)} \\ \text{und Wert der Finanzmittel (einschließlich der jungen Finanzmittel)}}}{\text{Wert des Unternehmensvermögens}}$$

Der gemeine Wert des Verwaltungsvermögens setzt sich hierbei aus dem **Bruttowert des**   **505** **Verwaltungsvermögens bzw. der Finanzmittel** nach § 13b Abs. 4 ErbStG zusammen. Ausgenommen bleibt Verwaltungsvermögen nur, wenn es mit durch Treuhandverhältnisse abgesicherten Altersversorgungsverpflichtungen i. S. d. § 13b Abs. 3 Satz ErbStG im Zusammenhang steht.

Bei dem 90%-Verwaltungsvermögenstest bleiben die Schuldenverrechnung mit den Finanzmitteln, der Sockelbetrag beim Finanzmitteltest, die quotale Schuldenverrechnung mit dem Verwaltungsvermögen und das unschädliche Verwaltungsvermögen von 10 % **unberücksichtigt** (Abschnitt 13b.10 koord. LE vom 22.06.2017). Erfahrungen in der Praxis zeigen, dass die Begünstigung der einen oder anderen Unternehmensübertragung bereits an dieser Hürde scheitert (z. B. bei hohen ausstehenden Forderungen und Verbindlichkeiten, die aufgrund der Bruttomethode an dieser Stelle nicht miteinander verrechnet werden dürfen). Ob dies in einschlägigen Fällen einer verfassungsrechtlichen Überprüfung Stand halten wird, darf bezweifelt werden.

506

BEISPIELE

a) A ist als alleiniger Kommanditist an der A GmbH & Co. KG vermögensmäßig zu 100 % beteiligt. Deren gemeiner Wert beträgt 1 Mio. €. Der Wert der Finanzmittel (ohne Abzug von Schulden und Sockelbetrag) und des Verwaltungsvermögens beträgt a) 900 000 €, b) 800 000 €.

LÖSUNG

a) Hierbei liegt kein begünstigtes Vermögen vor, da die Verwaltungsvermögensquote 90 % beträgt und entsprechend § 13b Abs. 2 Satz 2 ErbStG kein begünstigtes Vermögen anzunehmen ist. Eine Verschonung des Unternehmensvermögens ist daher nicht möglich.

b) Hierbei besteht eine Verwaltungsvermögensquote von 80 %. Damit kann aus dem begünstigungsfähigen Vermögen das begünstigte Vermögen ermittelt und verschont werden.

b) A ist Alleingesellschafter einer Maschinenfabrik in der Rechtsform einer GmbH und übertrug die kompletten Anteile an Tochter T. Der gemeine Wert des Unternehmens beträgt 1 Mio. €.

Aktiva (€)		Passiva (€)	
Betriebsgrundstück	2 000 000	Eigenkapital	1 000 000
Maschinen, Vorräte	3 000 000	Verbindlichkeiten/	6 000 000
Forderungen	2 000 000	Rückstellungen	

LÖSUNG Im Rahmen des 90-%-Verwaltungsvermögenstests werden die Forderungen i. H. v. 2 Mio. € ins Verhältnis zum Unternehmenswert von 1 Mio. € gesetzt, was eine Verwaltungsvermögensquote von 200 % ergibt, da die Schulden hierbei nicht berücksichtigt werden dürfen. Eine Verschonung des Unternehmensvermögens ist daher nicht möglich. Das tatsächliche Verwaltungsvermögen nach § 13b Abs. 4 Nr. 5 ErbStG würde bei einer Verrechnung der Forderungen mit den Schulden indes 0 € betragen, was jedoch beim 90-%-Test nicht von Bedeutung ist.

3.6.3.8 Finanzmitteltest

507 Zum Verwaltungsvermögen gehört der gemeine Wert des nach Abzug des gemeinen Werts der Schulden verbleibenden Bestands an Finanzmitteln, soweit er 15 % des anzusetzenden Werts des Betriebsvermögens des Betriebs oder der Gesellschaft übersteigt (**Finanzmitteltest**). Der gemeine Wert der Finanzmittel ist zuvor um den Wert der jungen Finanzmittel zu verringern (§ 13b Abs. 4 Nr. 5 Satz 1 und 2 ErbStG).

Bereits verrechnete Finanzmittel und Schulden aus Altersversorgungsverpflichtungen sind beim Finanzmitteltest **nicht** mehr zu berücksichtigen (Abschnitt 13b.23 Abs. 5 koord. LE vom 22.06.2017).

Die bei der Ermittlung des Verwaltungsvermögens aus Finanzmitteln berücksichtigten Schulden sind bei dem anteiligen Abzug der Schulden vom Verwaltungsvermögen i. S. d. § 13b Abs. 6 ErbStG nicht mehr zu berücksichtigen (Abschnitt 13b.25 Satz 1 koord. LE vom 22.06.2017).

BEISPIEL

508 M betreibt einen Elektrogroßhandel als Einzelunternehmen und übertrug dieses an Sohn S. Der gemeine Wert des Unternehmens beträgt 4 Mio. €.

Aktiva (€)		Passiva (€)	
Betriebsgrundstück	1 000 000	Eigenkapital	4 000 000
Mietwohngrundstück	500 000	Verbindlichkeiten/	1 000 000
Waren	1 000 000	Rückstellungen	
Forderungen	2 000 000		
Bankguthaben	500 000		

LÖSUNG Die Forderungen i. H. v. 2 Mio. € und das Bankguthaben i. H. v. 500 000 € stellen Finanzmittel von insgesamt 2,5 Mio. € dar. Hiervon sind die Schulden von 1 Mio. € abzuziehen, so dass nach der Schuldensaldierung noch Finanzmittel i. H. v. 1,5 Mio. € vorhanden sind. Da das Einzelunternehmen originär gewerblich tätig ist, wird auch der Abschlag von 15 % des Unternehmenswerts gewährt (15 % von 4 Mio. € = 600 000 €). Von dem Finanzmittelüberschuss von 1,5 Mio. € ist damit ein Abzug von 600 000 € vorzunehmen, so dass noch schädliche Finanzmittel von 900 000 € als Verwaltungsvermögen verbleiben. Es sind damit keine Schulden mehr vorhanden, die anteilig vom Mietwohngrundstück als Verwaltungsvermögen abgezogen werden können.

509–515 frei

3.6.3.9 Ermittlung des Netto-Verwaltungsvermögens

516 Der Nettowert des Verwaltungsvermögens ergibt sich durch Kürzung des gemeinen Werts des Verwaltungsvermögens um den nach Anwendung der § 13b Abs. 3 und 4 ErbStG verbleibenden anteiligen gemeinen Wert der Schulden (§ 13b Abs. 6 Satz 1 ErbStG). Damit sind nur die Schulden, die nach Verrechnung mit Wirtschaftsgütern der Altersversorgung und nach Durch-

führung des Finanzmitteltests noch verbleiben, anteilig vom Verwaltungsvermögen abzuziehen.

Der **quotale Schuldenabzug** hat zur Folge, dass bei Verwaltungsvermögen Schulden entgegen der wirtschaftlichen Zuordnung nur in dem **Verhältnis** abgezogen werden können, in welchem das Verwaltungsvermögen zum gemeinen Wert des Betriebs insgesamt steht (Abschnitt 13b.25 Satz 2 koord. LE vom 22.06.2017). Selbst vollständig fremd finanziertes Verwaltungsvermögen wird somit nicht vollständig verschont. Eine Saldierung mit Schulden findet für junge Finanzmittel i. S. d. § 13b Abs. 4 Nr. 5 Satz 2 ErbStG und junges Verwaltungsvermögen i. S. d. § 13b Abs. 7 Satz 2 ErbStG nicht statt (§ 13b Abs. 8 Satz 1 ErbStG).

a) **Aufteilbare Schulden** 517

> Gemeiner Wert Schulden (tatsächliche bzw. durchschnittliche Schulden)
> ./. Gemeiner Wert Schulden aus Altersversorgungsverpflichtungen
> ./. Gemeiner Wert Schulden, die im Rahmen des Finanzmitteltests verrechnet wurden
> = **aufteilbare verbleibende Schulden**

b) **Berechnung der anteilig verbleibenden Schulden**

Die anteiligen Schulden bestimmen sich nach dem Verhältnis des gemeinen Werts des Verwaltungsvermögens zum gemeinen Wert des Betriebsvermögens des Betriebs oder der Gesellschaft zuzüglich der nach Anwendung der § 13b Abs. 3 und 4 ErbStG verbleibenden Schulden.

$$\frac{\text{verbleibende Schulden} \times \text{Saldo Verwaltungsvermögen}}{\text{Wert Unternehmensvermögen} + \text{verbleibende Schulden}}$$

= **anteilig verbleibende Schulden**

c) **Berechnung des Nettowerts des Verwaltungsvermögens**
Saldo Verwaltungsvermögen
./. anteilig verbleibende Schulden
= **Nettowert des Verwaltungsvermögens**

Als Nettowert des Verwaltungsvermögens ist **mindestens** der gemeine **Wert des jungen Verwaltungsvermögens** und der **jungen Finanzmittel** anzusetzen (§ 13b Abs. 8 Satz 3 ErbStG).

BEISPIELE 518

a) Der gemeine Wert des Gewerbebetriebs beträgt 1 Mio. €. Der gemeine Wert des Verwaltungsvermögens 500 000 € und der gemeine Wert der verbleibenden Schulden 300 000 €. In welcher Höhe können die Schulden vom Verwaltungsvermögen abgezogen werden?

LÖSUNG Der gemeine Wert des Gewerbebetriebs zuzüglich der verbleibenden Schulden beträgt 1,3 Mio. €. Der Wert des Verwaltungsvermögens beträgt 500 000 €. Der anteiligen verbleibenden Schulden ermitteln sich wie folgt:

$$\frac{\text{verbleibende Schulden } 300\,000\,€ \times \text{Saldo Verwaltungsvermögen } 500\,000\,€}{\text{Wert Betrieb 1 Mio. € + verbleibende Schulden } 300\,000\,€}$$

= anteilig verbleibende Schulden: 115 385 €

Die Schulden des Betriebs von 300 000 € können damit i. H. v. 115 385 € vom Verwaltungsvermögen von 500 000 € abgezogen werden. Der Nettowert des Verwaltungsvermögens beträgt deshalb 384 615 €.

b) Der gemeine Wert des Gewerbebetriebs wurde mit 500 000 €, das Verwaltungsvermögen mit 25 000 € und der Wert des jungen Verwaltungsvermögens mit 10 000 € festgestellt. Nach der Anwendung des Finanzmitteltests verbleiben Schulden von 30 000 €.

LÖSUNG

Verwaltungsvermögen	25 000 €
./. junges Verwaltungsvermögen	./. 10 000 €
= Saldo Verwaltungsvermögen	15 000 €

Berechnung der anteilig verbleibenden Schulden:

$$\frac{\text{Schulden } 30\,000\,€ \text{ x Verwaltungsvermögen } 15\,000\,€}{\text{Wert Betrieb } 500\,000\,€ \ + \text{ Schulden } 30\,000\,€} = 850\,€$$

Saldo Verwaltungsvermögen	15 000 €
./. anteilig verbleibende Schulden	./. 850 €
Nettowert des Verwaltungsvermögens	**14 150 €**
+ junges Verwaltungsvermögen	+ 10 000 €
= steuerpflichtiges Verwaltungsvermögen	**24 150 €**

3.6.3.10 Unschädliches Verwaltungsvermögen von 10 %

519 Abschließend ist der Nettowert des Verwaltungsvermögens um das **unschädliche Verwaltungsvermögen** zu kürzen. Unschädliches Verwaltungsvermögen entspricht 10 % des Werts des Betriebsvermögens. Dies gilt ausdrücklich nicht für junges Verwaltungsvermögen und junge Finanzmittel (§ 13b Abs. 7 ErbStG, Abschnitt 13b.26 koord. LE vom 22. 06. 2017).

Dieses quasi begünstigte Vermögen stellt eine Art Freibetrag für Verwaltungsvermögen dar, denn insoweit nimmt es als Teil des begünstigten Vermögens an den gesetzlich vorgesehenen Verschonungen teil.

Berechnung des unschädlichen Verwaltungsvermögens:

	Wert des Unternehmensvermögens
./.	Nettowert des Verwaltungsvermögens
./.	Wert des jungen Verwaltungsvermögens
./.	Wert der jungen Finanzmittel
=	**Bemessungsgrundlage unschädliches Verwaltungsvermögen**
	Nettowert des Verwaltungsvermögens
./.	Bemessungsgrundlage unschädliches Verwaltungsvermögen x 10 %
=	**gekürzter Nettowert des Verwaltungsvermögens**

520

BEISPIELE ▬▬▬▬▬▬▬▬▬▬▬▬▬▬▬▬▬▬▬▬▬▬▬▬▬▬▬▬▬▬▬▬▬▬▬▬▬

a)

Wert des Betriebsvermögens	10,0 Mio. €
Nettowert des Verwaltungsvermögens	1,5 Mio. €

LÖSUNG

Wert des Betriebsvermögens	10,0 Mio. €
Abzgl. Nettowert des Verwaltungsvermögens	./. 1,5 Mio. €
Bemessungsgrundlage für unschädliches Verwaltungsvermögen	8,5 Mio. €
Davon 10 % =	0,85 Mio. €

Steuerpflichtiges Verwaltungsvermögen:

Nettowert 1,5 Mio. € abzgl. unschädliches Verwaltungsvermögen 0,85 Mio. € =	0,65 Mio. €
Insgesamt begünstigtes Betriebsvermögen: 8,5 Mio. € + 0,85 Mio. € =	9,35 Mio. €
(= Wert des Betriebsvermögens ./. schädliches Verwaltungsvermögen)	

b)

Wert des Betriebsvermögens	10,0 Mio. €
Nettowert des Verwaltungsvermögens	0,5 Mio. €

LÖSUNG

Wert des Betriebsvermögens	10,0 Mio. €
Abzgl. Nettowert des Verwaltungsvermögens	./. 0,5 Mio. €
Bemessungsgrundlage für unschädliches Verwaltungsvermögen	9,5 Mio. €
Davon 10 % =	0,95 Mio. €

Steuerpflichtiges Verwaltungsvermögen:

Nettowert 0,5 Mio. € abzgl. unschädliches Verwaltungsvermögen 0,95 Mio. € =	0 Mio. €
Insgesamt begünstigtes Betriebsvermögen: 9,5 Mio. € + 0,5 Mio. € =	10,0 Mio. €

3.6.3.11 Ermittlung des begünstigten Vermögens

Das **begünstigte Vermögen** nach § 13b Abs. 2 Satz 1 ErbStG ermittelt sich durch Abzug des steuerpflichtigen Verwaltungsvermögens vom begünstigungsfähigen Vermögen. **521**

Der **Wert des steuerpflichtigen Verwaltungsvermögens** ergibt sich aus der Summe des um 10 % gekürzten Nettowerts des Verwaltungsvermögens zzgl. der Werte des jungen Verwaltungsvermögens und der jungen Finanzmittel.

Berechnung des steuerpflichtigen Verwaltungsvermögens:

	gekürzter Nettowert des Verwaltungsvermögens
+	Wert des jungen Verwaltungsvermögens
+	Wert der jungen Finanzmittel
=	**steuerpflichtiges Verwaltungsvermögen (nicht begünstigtes Vermögen)**

Berechnung des begünstigten Vermögens:

	Wert des Unternehmensvermögens
./.	Wert des steuerpflichtigen Verwaltungsvermögens
=	**begünstigtes Vermögen**

BEISPIEL

Der festgestellte Unternehmenswert beträgt 2,5 Mio. €; der festgestellte Wert des jungen Verwaltungsvermögens beträgt 300 000 €. Der ermittelte gekürzte Nettowert des Verwaltungsvermögens beträgt 200 000 €. **522**

LÖSUNG Der steuerpflichtige Wert des schädlichen Verwaltungsvermögens beträgt 500 000 € (junges Verwaltungsvermögen 300 000 € zzgl. gekürzter Nettowert des Verwaltungsvermögens 200 000 €). Vom Unternehmenswert von 2,5 Mio. € ist der steuerpflichtige Wert des Verwaltungsvermögens von 500 000 € abzuziehen, so dass das begünstigte Vermögen 2 Mio. € beträgt.

3.6.3.12 Zusammenfassendes Beispiel

BEISPIEL

E hinterlässt seinem Alleinerben S am 01. 07. 2017 u. a. ein Einzelunternehmen mit einem festgestellten Wert von 5 Mio. €. Die Buchwerte entsprechen aus Vereinfachungsgründen den gemeinen Wer- **523** ten. Es liegen kein junges Verwaltungsvermögen und keine jungen Finanzmittel vor. Wie hoch ist das begünstigte bzw. nicht begünstigte Vermögen?

Aktiva (€)		Passiva (€)	
Betriebsgrundstück	2 000 000	Eigenkapital	3 200 000
Mietwohngrundstück	1 000 000	Verbindlichkeiten	1 000 000
Maschinen, Vorräte	700 000	Rückstellungen	800 000
Forderungen	300 000	(keine Pensions-RSt)	
Bankguthaben	500 000		
Wertpapiere	500 000		

LÖSUNG

1. Prüfung begünstigungsfähiges Vermögen (§ 13b Abs. 1 ErbStG):
Bei dem Einzelunternehmen handelt es sich um begünstigungsfähiges Vermögen i. S. d. § 13b Abs. 1 Nr. 2 ErbStG.

2. Ermittlung Verwaltungsvermögen (§ 13b Abs. 4 Nr. 1 – 4 ErbStG):
Die Wertpapiere (500 000 €) und das Mietwohngrundstück (1 Mio. €) stellen Verwaltungsvermögen i. H. v. 1,5 Mio. € dar. Dieses ist nach § 13b Abs. 10 ErbStG festzustellen.

3. Ermittlung Finanzmittel (§ 13b Abs. 4 Nr. 5 ErbStG):
Die Forderungen (300 000 €) und das Bankguthaben (500 000 €) stellen Finanzmittel i. H. v. 800 000 € dar. Diese sind nach § 13b Abs. 10 ErbStG festzustellen.

4. Ermittlung Schulden (§ 13b Abs. 8 ErbStG):
Die Verbindlichkeiten (1 Mio. €) und die Rückstellungen (800 000 €) stellen Schulden i. H. v. 1,8 Mio. € dar. Diese sind nach § 13b Abs. 10 ErbStG festzustellen.

5. 90-%-Verwaltungsvermögens-Test (§ 13b Abs. 2 Satz 2 ErbStG):

Verhältnis $\frac{\text{Brutto-Verwaltungsvermögen (1,5 Mio. €) und Brutto-Finanzmittel (800 000 €)}}{\text{Unternehmenswert 5 Mio. €}} = 46\,\%$ zu

Ein Ausschluss der Begünstigung nach § 13b Abs. 2 Satz 2 ErbStG greift demnach nicht ein.

6. Finanzmitteltest (§ 13b Abs. 4 Nr. 5 ErbStG):

Finanzmittel	800 000 €
./. Schulden	./. 1 800 000 €
=	– 1 000 000 €

Es ist kein Abzug des Sockelbetrags von 15 % erforderlich, da ein Schuldenüberhang besteht. Damit liegt kein Verwaltungsvermögen aus dem Überbestand von Finanzmitteln vor. Die verbleibenden Schulden von 1 Mio. € sind noch anteilig vom Verwaltungsvermögen abzuziehen.

7. Ermittlung Netto-Verwaltungsvermögen (§ 13b Abs. 6 ErbStG):
Die verbleibenden Schulden sind anteilig vom Verwaltungsvermögen abzuziehen. Hierbei ist folgende Formel anzuwenden:

$\frac{\text{Schulden 1 Mio. € x Verwaltungsvermögen 1,5 Mio. €}}{\text{Wert Betrieb 5 Mio. € + Schulden 1 Mio. €}} = $ anteilig verbleibende Schulden: 250 000 €

Vom Verwaltungsvermögen i. H. v. 1,5 Mio. € sind die anteiligen Schulden von 250 000 € abzuziehen, was einen Nettowert des Verwaltungsvermögens i. H. v. 1,25 Mio. € ergibt.

8. Ermittlung unschädliches Verwaltungsvermögen (§ 13b Abs. 7 ErbStG):

Wert des Betriebsvermögens	5,00 Mio. €
./. Nettowert des Verwaltungsvermögens	./. 1,25 Mio. €
Bemessungsgrundlage unschädliches Verwaltungsvermögen	3,75 Mio. €
Davon 10 % =	0,375 Mio. €

9. Ermittlung steuerpflichtiges Verwaltungsvermögen (§ 13b Abs. 2 ErbStG):

Netto-Verwaltungsvermögen	1 250 000 €
./. unschädliches Verwaltungsvermögen	375 000 €
= steuerpflichtiges Verwaltungsvermögen	875 000 €

10.   **Ermittlung begünstigtes Vermögen (§ 13b Abs. 2 ErbStG):**

Festgestellter Wert Betriebsvermögen	5 000 000 €
./. steuerpflichtiges Verwaltungsvermögen	./. 875 000 €
= begünstigtes Vermögen	4 125 000 €

3.6.4   Investitionsklausel

Beim **Erwerb von Todes wegen** entfällt die Zurechnung von Vermögensgegenständen   **524**
zum Verwaltungsvermögen **rückwirkend** zum Zeitpunkt der Entstehung der Steuer, wenn der
Erwerber **innerhalb von zwei Jahren** ab dem Zeitpunkt der Entstehung der Steuer diese Vermögensgegenstände in Vermögensgegenstände innerhalb des vom Erblasser erworbenen,
begünstigungsfähigen Vermögens investiert hat, die unmittelbar einer gewerblichen Tätigkeit
dienen und kein Verwaltungsvermögen sind (§ 13b Abs. 5 ErbStG, Abschnitt 13b.24 koord. LE
vom 22. 06. 2017).

Hierdurch wird das ansonsten strenge Stichtagsprinzip der Erbschaftsteuer durchbrochen.
Ziel der Regelung ist es, in Fällen hohen Verwaltungsvermögens die Besteuerung zu ver   **525**
meiden, wenn dieses Vermögen innerhalb von zwei Jahren zu den vom Gesetz als besonders
förderungswürdig angesehenen investiven Zwecken verwendet wird.

Folgende Voraussetzungen sind kumulativ zu erfüllen: **526**

- Es muss sich um einen **Erwerb von Todes wegen** handeln;
- der Erwerber muss erworbenes nicht begünstigtes **Verwaltungsvermögen** innerhalb des
  erworbenen begünstigungsfähigen Vermögens in Vermögen **investieren**, das kein Verwaltungsvermögen ist;
- die durch die Investition geschaffenen oder angeschafften Gegenstände müssen unmittelbar einer land- und forstwirtschaftlichen oder **originär gewerblichen oder freiberuflichen Tätigkeit** dienen;
- die Investition muss aufgrund eines im Zeitpunkt der Entstehung der Steuer vorgefassten
  Plans des Erblassers erfolgen und darf nicht zu neuem Verwaltungsvermögen führen;
- die Investition muss innerhalb einer **Frist von zwei Jahren** nach dem Besteuerungszeitpunkt erfolgt sein.

Folge ist, dass das investierte Vermögen **rückwirkend** nicht (mehr) zum Verwaltungsvermögen
gehört.

Der **Plan des Erblassers** muss so konkret sein, dass dieser und die entsprechend vom   **527**
Erwerber umgesetzte **Investition** nachvollzogen werden können. Der Plan muss die zu erwerbenden oder herzustellenden Gegenstände beinhalten.

Hatte der Erblasser, z. B. als ein Minderheitsgesellschafter, keinen Einfluss auf die
Geschäftsleitung (Geschäftsführung, Vorstand) des Betriebs, reicht es aus, wenn die **Geschäftsleitung** zum Zeitpunkt des Todes des Erblassers einen konkreten **Investitionsplan** gefasst hatte
und diesen innerhalb der Frist von zwei Jahren verwirklicht. Dieser Plan und seine Umsetzung
werden dem Erblasser zugerechnet.

Das am Besteuerungszeitpunkt vorhandene Verwaltungsvermögen ist für die Investition
zu verwenden, ohne dass der Erblasser vorgegeben haben muss, welche konkreten Gegenstände

des Verwaltungsvermögens zur Finanzierung zu verwenden sind (Abschnitt 13b.24 Abs. 3 koord. LE vom 22. 06. 2017).

528 Daneben entfällt beim Erwerb von Todes wegen die **Zurechnung von Finanzmitteln zum Verwaltungsvermögen** rückwirkend zum Zeitpunkt der Entstehung der Steuer, soweit der Erwerber diese Finanzmittel innerhalb von zwei Jahren ab dem Zeitpunkt der Entstehung der Steuer verwendet, um bei aufgrund wiederkehrender **saisonaler Schwankungen** fehlenden Einnahmen die **Vergütungen**, die in die **Lohnsummenregelung** einfließen, zu zahlen.

Hierbei sollten Härtefälle im Zusammenhang mit der Stichtagsbesteuerung bei Saisonbetrieben mit saisonal bedingten Liquiditätsschwankungen abgemildert werden (z. B. bei Freizeitparks, Bergbahnen, Strandkorbvermietung).

Folge ist, dass die zur Zahlung verwendeten Finanzmittel **rückwirkend** nicht (mehr) zum Verwaltungsvermögen zählen.

Die Regelungen bzgl. der Voraussetzungen bei der Umwidmung des Verwaltungsvermögens gelten entsprechend.

529 Soweit der Steuerpflichtige das Vorliegen der entsprechenden Voraussetzungen nachweist, verlieren die investierten Vermögensteile ihre Verwaltungsvermögenseigenschaft. Folge hiervon ist, dass die Bestimmung des steuerpflichtigen **Verwaltungsvermögens** durch das Betriebsfinanzamt und damit auch des **begünstigten Vermögens** durch das Erbschaftsteuerfinanzamt erneut durchgeführt bzw. entsprechend **angepasst** werden müssen.

BEISPIEL

530 Der zum Todestag festgestellte Unternehmenswert beträgt 3,5 Mio. €; der festgestellte Wert des Verwaltungsvermögens (Wertpapiere) beträgt 1 Mio. €. Der Alleinerbe erwirbt ein Jahr nach dem Tod des Erblassers aus dem Erlös der Veräußerung eines Teils des Wertpapierdepots eine neue Fertigungsmaschine im Wert von 700 000 €. Der Erblasser hatte die Investition in einem einige Zeit vor seinem Tode abgefassten Testament schriftlich verfügt.

LÖSUNG Die Voraussetzungen der Investitionsklausel liegen vor (Erwerb von Todes wegen, Investition von Verwaltungsvermögen in begünstigtes Vermögen innerhalb von zwei Jahren nach dem Tod, Plan des Erblassers, originäre gewerbliche Tätigkeit des Betriebs). Das investierte Vermögen zählt damit rückwirkend nicht mehr zum Verwaltungsvermögen. Das Betriebsfinanzamt hat den Wert des Verwaltungsvermögens neu auf 300 000 € festzustellen (bisher 1 Mio. €).

531–545 frei

3.6.5 Verbundvermögensaufstellung in mehrstufigen Beteiligungsstrukturen

546 Über die Frage, wie das zu dem erworbenen begünstigungsfähigen Vermögen gehörende begünstigte Vermögen und das nicht begünstigte Verwaltungsvermögen bei **mehrstufigen Beteiligungsstrukturen** voneinander unterschieden und bemessen wird, ist nicht mehr auf der Ebene jeder Gesellschaft getrennt zu unterscheiden.

Gehören zum begünstigungsfähigen Vermögen unmittelbar oder mittelbar Beteiligungen an Personengesellschaften oder Anteile an Kapitalgesellschaften > 25 % im Inland bzw. Ausland, erfolgt die rechentechnische Ermittlung des begünstigten Vermögens durch eine **Verbundvermögensaufstellung** (§ 13b Abs. 9 ErbStG, Abschnitt 13b.29 koord. LE vom 22. 06. 2017).

Eine Konzernbilanz bildet keine Grundlage für die Verbundvermögensaufstellung.

547 In der Verbundvermögensaufstellung sind zur Ermittlung des begünstigten Vermögens die folgenden zusammengefassten Vermögensgegenstände mit dem **Anteil** einzubeziehen, zu dem die unmittelbare oder mittelbare Beteiligung besteht und mit den entsprechenden Vermögensgegenständen des zu bewertenden Betriebs zusammen zu rechnen:

- Verwaltungsvermögen,

- junges Verwaltungsvermögen,
- Finanzmittel,
- junge Finanzmittel,
- Schulden.

Die Rechentechnik der Verbundvermögensaufstellung ist auf **jeder Beteiligungsstufe** anzuwenden. Festgestellt werden jeweils die Werte, die sich auf den Anteil beziehen, zu dem jeweils die Beteiligung besteht. Bei mehrstufigen Beteiligungsstrukturen ist deshalb eine **konsolidierte Betrachtung** des (jungen) Verwaltungsvermögens, der (jungen) Finanzmittel und der Schulden vorgesehen.

Unmittelbar gehaltene **Anteile an Kapitalgesellschaften ≤ 25 %** sind in der Verbundvermögensaufstellung nicht zu berücksichtigen. Diese Anteile gehören zum Verwaltungsvermögen i. S. d. § 13b Abs. 4 Nr. 2 ErbStG und werden damit dem Verwaltungsvermögen zugeordnet. Es erfolgt deshalb keine Aufgliederung in die einzelnen Gegenstände, die diesen Gesellschaften zuzurechnen sind.   **548**

Soweit sich in der Verbundvermögensaufstellung **Forderungen und Verbindlichkeiten** zwischen den Gesellschaften untereinander oder im Verhältnis zu dem übertragenen Betrieb oder der übertragenen Gesellschaft gegenüberstehen, sind diese nicht anzusetzen. Damit scheidet der Ansatz einer Forderung als Finanzmittel aus, soweit der Forderung eine Verbindlichkeit innerhalb der zum übertragenen Vermögen gehörenden Beteiligungsstruktur gegenübersteht; das gilt in gleicher Weise für die Verbindlichkeit. Forderungen und Verbindlichkeiten, die sich im **Gesamthandsvermögen** und im **Sonderbetriebsvermögen** einer Personengesellschaft gegenüber stehen, sind anzusetzen, weil es sich nicht um eine Beteiligung handelt.   **549**

Bedenklich ist, wenn bei mehrstufigen Beteiligungsstrukturen Finanzmittel vom Gesellschafter – z. B. in die Holding – eingelegt werden und von dort wiederum in die nachfolgenden Beteiligungen ebenfalls eingelegt werden. Bei strenger Anwendung des Gesetzeswortlautes können dadurch auf mehreren Beteiligungsebenen (schädliche) junge Finanzmittel entstehen, die im Rahmen der Verbundvermögensfeststellung (mehrfach) erfasst werden. Eine einschränkende Auslegung des Gesetzeswortlautes auf Grundlage des Sinn und Zwecks der Regelung wäre für diese Fälle angezeigt.

550

BEISPIELE ▬▬▬▬▬▬▬▬▬▬▬▬▬▬▬▬▬▬▬▬▬▬▬▬▬▬▬▬▬

a) Verbundvermögensaufstellung
B ist Alleingesellschafter der M-GmbH und hat die kompletten Anteile an Sohn S im Wege einer Schenkung übertragen. Die M-GmbH ist zu 80 % an der T-GmbH beteiligt. Der gemeine Wert der M-GmbH beträgt unter Berücksichtigung der T-GmbH 3 Mio. €. Junges Verwaltungsvermögen und junge Finanzmittel sind nicht vorhanden.

Bilanz M-GmbH:

Aktiva (€)		Passiva (€)	
Betriebsgrundstück	1 000 000	Eigenkapital	2 400 000
Fremdgenutztes Grundstück	500 000		
Bankguthaben	500 000		
Beteiligung 80 % T-GmbH	400 000		

Bilanz T-GmbH:

Aktiva (€)		Passiva (€)	
Maschinen	800 000	Eigenkapital	400 000
Forderungen	300 000	Verbindlichkeiten Bank	800 000
Wertpapiere	100 000		

LÖSUNG Das Verwaltungsvermögen ist in dieser Konstellation durch Aufstellung einer konsolidierten Verbundvermögensaufstellung inkl. der Beteiligung zu ermitteln. Hierbei sind auf Ebene der M-GmbH die festzustellenden Wirtschaftsgüter/Schulden der M-GmbH und der T-GmbH miteinzubeziehen.

Feststellungen T-GmbH:
- **Verwaltungsvermögen:** 80 000 € (Wertpapiere: 100 000 € x Beteiligung 80 %)
- **Finanzmittel:** 240 000 € (Forderungen: 300 000 € x Beteiligung 80 %)
- **Schulden:** 640 000 € (Schulden: 800 000 € x Beteiligung 80 %)

Feststellungen M-GmbH:
- **Verwaltungsvermögen:** 580 000 € (fremdgenutztes Grundstück: 500 000 €; Verwaltungsvermögen T-GmbH: 80 000 €)
- **Finanzmittel:** 740 000 € (Bankguthaben: 500 000 €; Forderungen T-GmbH: 240 000 €)
- **Schulden:** 640 000 € (aus T-GmbH)

b) Verrechnung von Forderungen und Verbindlichkeiten

S verschenkt 100 % seiner Anteile an der S-Holding-GmbH. Die S-Holding GmbH hat ihrer 30 %igen Tochtergesellschaft T-GmbH ein Darlehen über 500 000 € gegeben, das zum Bewertungsstichtag noch voll valutiert.

LÖSUNG Die S-Holding-GmbH hat zum Bewertungsstichtag eine Forderung von 500 000 € in ihrem Betriebsvermögen; die T-GmbH eine Verbindlichkeit von 500 000 €. Forderung und Verbindlichkeit stehen sich zu einer Beteiligungsquote von 30 % gegenüber. Auf Ebene der geringeren Beteiligung (hier bei 30 %-Beteiligung T-GmbH) ist daher die Verbindlichkeit in voller Höhe nicht anzusetzen. Die Forderung bei der S-Holding GmbH ist folglich um 30 % (= 150 000 €) zu kürzen. Es verbleibt deshalb ein Ansatz der Forderung bei der S-Holding GmbH von 350 000 €.

3.6.6 Verfahrensrechtliche Regelungen

551   Die Vorschriften der §§ 13a Abs. 4 und 13b Abs. 10 ErbStG regeln die förmlichen **Feststellungen** der Besteuerungsmerkmale. Festzustellen sind alle Werte, die für die Ermittlung des begünstigten Vermögens bzw. des steuerpflichtigen Verwaltungsvermögens sowie die Lohnsummenregelung erforderlich sind (Abschnitte 13a.9 und 13b.30 koord. LE vom 22.06.2017). Das für die Bewertung der wirtschaftlichen Einheit örtlich zuständige Finanzamt i. S. d. § 152 Nr. 2–3 BewG (Betriebsfinanzamt) nimmt folgende Feststellungen vor:
- die Summen der gemeinen Werte der **Finanzmittel,**
- die Summen der gemeinen Werte der **jungen Finanzmittel,**
- die Summen der gemeinen Werte des **Verwaltungsvermögens,**
- die Summen der gemeinen Werte des **jungen Verwaltungsvermögens,**
- die Summen der **Schulden,**
- die Anzahl der **Beschäftigten,**
- die **Ausgangslohnsumme,**
- und die **Summe der maßgebenden jährlichen Lohnsummen.**

Feststellungen erfolgen nur, soweit sie für die Erbschaftsteuer oder eine andere Feststellung auf einer übergeordneten Ebene von **Bedeutung** sind. Die Entscheidung, ob die Werte von Bedeutung sind, trifft das für die Festsetzung der Erbschaftsteuer oder für die Feststellung nach § 151 Abs. 1 Satz 1 Nr. 2–3 BewG zuständige Finanzamt.

Die Feststellungen erfolgen seit dem 01.01.2016 größtenteils **gesondert und einheitlich** (Ausnahmen: Erwerb eines Grundstücks bzw. eines Einzelunternehmens durch einen Alleinerben).

552   Neben den vorgenannten Feststellungen hat das Betriebsfinanzamt folgende **nachrichtliche Angaben** an das Erbschaftsteuerfinanzamt zu übermitteln (Abschnitt 13b.30 Abs. 5 koord. LE vom 22.06.2017):

- Mitteilung **gewerblicher Tätigkeit etc., Hauptzweck,** (inkl. nachgeordneter Ebenen) zwecks Inanspruchnahme eines Sockelbetrags beim Finanzmitteltest i. S. d. § 13b Abs. 4 Nr. 5 Satz 4 ErbStG;
- das Vorliegen der Voraussetzungen und den Prozentsatz des **Vorwegabschlags** (lt. A 13a.19 LE) nach § 13a Abs. 9 ErbStG;
- bei Einzelunternehmen bzw. Beteiligungen an Personengesellschaften den Umfang und den Wert des ausländischen Vermögens, welches im festgestellten Wert des Betriebsvermögens enthalten ist, jedoch einer **Betriebstätte in einem Drittstaat** dient;
- bei Einzelunternehmen bzw. Beteiligungen an Personengesellschaften für Grundstücke, die sowohl dem Betriebsvermögen als auch dem Grundvermögen zuzuordnen sind, den **Wert des dem Grundvermögen** zuzuordnenden Anteils.

3.6.7 Vorwegabschlag (lt. A 13a.19 LE) wegen gesellschaftsvertraglicher Verfügungsbeschränkungen

Der Gesetzgeber gewährt für **Erwerbe nach dem 30. 06. 2016** unter bestimmten Voraussetzungen für **gesellschaftsvertragliche Verfügungsbeschränkungen** einen **Abschlag von bis zu max. 30 %** auf das begünstigte Vermögen (§ 13a Abs. 9 ErbStG). Damit ist der Gesetzgeber einer vielfachen Forderung nachgekommen, wonach bestimmte gesellschaftsvertragliche Verfügungsbeschränkungen, die eine freie Veräußerung der erworbenen Beteiligung am Markt nicht zulassen und Abfindungsbeschränkungen im Falle des Ausscheidens vorsehen, bei der Besteuerung mindernd berücksichtigt werden sollen (vgl. Zipfel/Lahme, DStZ 2016, 566). Dies ist u. E. auch deshalb gerechtfertigt, weil im Falle des Ausscheidens mit einer gesellschaftsvertraglichen Abfindungsbeschränkung unter dem (erbschaftsteuerlichen) Wert des Anteils zugleich eine Schenkung an die Mitgesellschafter gesehen wird (vgl. § 7 Abs. 7 ErbStG bzw. § 3 Nr. 2 ErbStG). Zum Vorwegabschlag (lt. A 13a.19 LE) für Familienunternehmen nach § 13a Abs. 9 ErbStG siehe auch Abschnitt 13a.19 koord. LE vom 22. 05. 2017, wobei der Abschlag nicht auf Familienunternehmen begrenzt ist. **553**

Erwähnung verdient, dass es sich nicht um einen Abschlag auf **Bewertungsebene** handelt. Das heißt der nach § 151 Abs. 1 BewG festgestellte Unternehmenswert bleibt **unberührt.** Vielmehr handelt es sich um einen **Abschlag,** der – bei Vorliegen der Voraussetzungen – **auf Begünstigungsebene** zu einem Abschlag auf das **begünstigte** Vermögen führt. Ein Antrag des Erwerbers ist nicht erforderlich, der Erwerber ist aber verpflichtet, die Voraussetzungen nachzuweisen. **554**

Gemäß § 13a Abs. 9 ErbStG wird **für begünstigtes Vermögen** i. S. d. § 13b Abs. 2 ErbStG **vor Anwendung der Verschonungsabschläge** (Regelverschonung von 85 % nach § 13a Abs. 1 ErbStG bzw. Optionsverschonung von 100 % nach § 13a Abs. 10 Nr. 1 ErbStG) und vor der Prüfung der Großunternehmensregelung (26 Mio. €, § 13a Abs. 1 ErbStG) ein Abschlag gewährt, wenn der Gesellschaftsvertrag oder die Satzung Bestimmungen enthält, die **555**

- 1. die Entnahme oder Ausschüttung auf höchstens 37,5 % des um die auf den Gewinnanteil oder die Ausschüttungen aus der Gesellschaft entfallenden Steuern vom Einkommen gekürzten Betrages des steuerrechtlichen Gewinns beschränken; Entnahmen zur Begleichung der auf den Gewinnanteil oder die Ausschüttungen aus der Gesellschaft entfallenden Steuern vom Einkommen bleiben von der Beschränkung der Entnahme oder Ausschüttung unberücksichtigt **und**

- 2. die Verfügung über die Beteiligung an der Personengesellschaft oder den Anteil an der Kapitalgesellschaft auf Mitgesellschafter, auf Angehörige i. S. d. § 15 AO oder auf eine Familienstiftung (§ 1 Abs. 1 Nr. 4 ErbStG) beschränken **und**
- 3. für den Fall des Ausscheidens aus der Gesellschaft eine Abfindung vorsehen, die unter dem gemeinen Wert der Beteiligung an der Personengesellschaft oder des Anteils an der Kapitalgesellschaft liegt **und**
- 4. die Bestimmungen den tatsächlichen Verhältnissen entsprechen.

Gelten die vorgenannten Bestimmungen nur für einen Teil des begünstigten Vermögens im Sinne des § 13b Abs. 2 ErbStG, ist der Abschlag nur für diesen Teil des begünstigten Vermögens zu gewähren. Hinsichtlich der Voraussetzungen des Vorwegabschlags erfolgt keine Feststellung. Das **Betriebsfinanzamt** teilt das Vorliegen der Voraussetzungen und den Prozentsatz des Abschlags **nachrichtlich** mit (Abschnitt 13a.19 des koord. LE vom 22. 06. 2017).

556   Die Höhe des **Abschlags** entspricht der im Gesellschaftsvertrag oder in der Satzung vorgesehenen prozentualen Minderung der Abfindung gegenüber dem gemeinen Wert (s. o. Nr. 3) und darf **30 % nicht übersteigen**. Die o. g. **Voraussetzungen** müssen **zwei Jahre vor** dem Zeitpunkt der **Entstehung der Steuer** (§ 9 ErbStG) vorliegen. Die **Steuerbefreiung entfällt mit Wirkung für die Vergangenheit**, wenn die o. g. Voraussetzungen nicht über einen **Zeitraum von 20 Jahren nach** dem Zeitpunkt der Entstehung der Steuer eingehalten werden (Fallbeileffekt; d. h. nicht nur zeitanteiliger Wegfall); die §§ 13c und 28a bleiben unberührt.

557   Der Erwerber ist bei (vorläufiger) Gewährung eines Abschlags nach § 13a Abs. 9 ErbStG verpflichtet, dem für die Erbschaftsteuer zuständigen Finanzamt die **Änderungen** der genannten Bestimmungen oder der tatsächlichen Verhältnisse innerhalb einer Frist von einem Monat **anzuzeigen**. Die Festsetzungsfrist für die Steuer endet nicht vor dem Ablauf des vierten Jahres, nachdem das für die Erbschaftsteuer zuständige Finanzamt von der Änderung einer der o. g. Bestimmungen oder der tatsächlichen Verhältnisse Kenntnis erlangt (§ 13a Abs. 9 Satz 6 ErbStG).

558–580 frei

3.6.8 Verschonungsregelungen

3.6.8.1 Regelverschonung

581   Beim Erwerb von begünstigtem Vermögen beträgt bei der Regelverschonung der **Verschonungsabschlag 85 %** (§ 13a Abs. 1 Satz 1 ErbStG) mit einem zusätzlichen gleitenden **Abzugsbetrag** von höchstens **150 000 €** (§ 13a Abs. 2 ErbStG), wenn der Wert des begünstigten Vermögens den **Schwellenwert von 26 Mio. €** nicht überschreitet (Abschnitt 13a.1 Abs. 1 koord. LE vom 22. 06. 2017).

582   Die Regelverschonung wird nur auf das ermittelte **begünstigte Vermögen** gewährt. Das hierbei ermittelte **steuerpflichtige Verwaltungsvermögen** ist voll steuerpflichtig. Ein Antrag ist für die Inanspruchnahme der Regelverschonung nicht erforderlich. Die Gewährung der Regelverschonung erfolgt damit von Amts wegen.

583   Umfasst das auf einen Erwerber übertragene begünstigungsfähige Vermögen **mehrere** selbstständig zu bewertende wirtschaftliche **Einheiten** einer Vermögensart (z. B. mehrere Gewerbebetriebe) oder mehrere Arten begünstigungsfähigen Vermögens (land- und forstwirtschaftliches Vermögen, Betriebsvermögen, Anteile an Kapitalgesellschaften), sind die darauf jeweils entfallenden Werte des begünstigten Vermögens vor der Anwendung der Steuervergünstigungen nach §§ 13a, 13c oder 28a ErbStG **zusammenzurechnen**. Für die zusammengerechneten Werte aller erworbenen Einheiten kann nur **einheitlich** entweder die Regelverschonung oder die Optionsverschonung gewährt werden.

Stellt ein Erwerber für den gleichzeitigen Erwerb begünstigten Vermögens mehrerer wirtschaftlichen Einheiten einen Antrag auf Optionsverschonung, ist die Optionsverschonung nur für die übertragenen wirtschaftlichen Einheiten zu gewähren, bei denen das Verwaltungsvermögen nach § 13b Abs. 3 und Abs. 4 ErbStG die Grenze von 20 % nicht überschreitet. Für wirtschaftliche Einheiten, die über Verwaltungsvermögen nach § 13b Abs. 3 und Abs. 4 ErbStG von mehr als 20 % verfügen, kommt dann weder eine Optionsverschonung noch eine Regelverschonung in Betracht (Abschnitt 13a.20 Abs. 1 und 4 koord. LE vom 22.06.2017).

Nach Anwendung des Verschonungsabschlags von 85 % kann für den verbleibenden **584** Betrag ein Abzugsbetrag von bis zu 150 000 € (**gleitender Abzugsbetrag**) gewährt werden. Der Abzugsbetrag von **bis zu 150 000 €** ist **abzuschmelzen**, wenn der Wert des verbleibenden Vermögens mehr als 150 000 € beträgt. Bei Übersteigen der Wertgrenze von 150 000 € verringert sich der Abzugsbetrag um 50 % des diese Wertgrenze übersteigenden Betrags (§ 13a Abs. 2 ErbStG, Abschnitt 13a.3 koord. LE vom 22.06.2017).

BEISPIEL

Erwerb Unternehmensvermögen von 2 Mio. €, davon begünstigtes Vermögen von 1,8 Mio. €
LÖSUNG Verschonungsabschlag 85 % von 1,8 Mio. € = 1,53 Mio. €; verbleibender Wert 270 000 €; dieser Wert übersteigt den Abzugsbetrag von 150 000 € um 120 000 €; Minderung des Abzugsbetrag um 50 % von 120 000 € = 60 000 €; verbleibender Abzugsbetrag 90 000 €; steuerpflichtiger Wert des Unternehmensvermögens:

2 Mio. € ./. 1,53 Mio. € ./. 90 000 € = 380 000 €

Der Abzugsbetrag entfällt rechnerisch ab einem Wert des Unternehmensvermögens von **585** 3 Mio. €. Im Fall der Optionsverschonung ist der Abzugsbetrag ohne Bedeutung. Er kann innerhalb von zehn Jahren für von derselben Person anfallende Erwerbe begünstigten Vermögens nur einmal berücksichtigt werden. Auch der nicht ausgeschöpfte Teil des Abzugsbetrags (im vorgenannten Beispiel i. H. v. 60 000 €) ist dann für nachfolgende Erwerbe von derselben Person innerhalb von zehn Jahren verbraucht.

3.6.8.2 Optionsverschonung

Der Erwerber kann **unwiderruflich** erklären, dass die Steuerbefreiung bei Vorliegen der **586** entsprechenden Voraussetzungen nach den Regelungen der Optionsverschonung (100 % Verschonungsabschlag) gewährt wird, wenn der Wert des begünstigten Vermögens den **Schwellenwert von 26 Mio. €** nicht überschreitet (§ 13a Abs. 10 ErbStG, Abschnitt 13a.20 koord. LE vom 22.06.2017).

Der Erwerber muss die Optionsverschonung beim zuständigen Erbschaftsteuerfinanzamt **schriftlich** oder zur Niederschrift beantragen. Er kann den Antrag bis zum Eintritt der materiellen Bestandskraft der Festsetzung der Erbschaft- oder Schenkungsteuer stellen. Der Antrag kann nach Zugang dieser Willenserklärung beim Erbschaftsteuerfinanzamt nicht mehr widerrufen werden.

Voraussetzung für die Gewährung der Optionsverschonung ist, dass das begünstigungsfä- **587** hige Vermögen **nicht zu mehr als 20 % aus Verwaltungsvermögen** besteht.

Der Anteil des Verwaltungsvermögens am gemeinen Wert des Betriebs bestimmt sich nach folgendem **Verhältnis:**

$$\frac{\text{Summe gemeine Werte Verwaltungsvermögen nach § 13b Abs. 3 und 4 ErbStG}}{\text{gemeiner Wert des Betriebs}}$$

Bei der Ermittlung dieser Verwaltungsvermögensquote sind die quotale Schuldenverrechnung und der Freibetrag von 10 % für das Verwaltungsvermögen nicht anzuwenden. Der Finanzmitteltest ist jedoch vor Prüfung der 20 %-Grenze durchzuführen.

588

BEISPIELE

a) Erwerb Unternehmensvermögen von 2,5 Mio. €, davon Verwaltungsvermögen von 300 000 €; zusätzlich Überbestand Finanzmittel nach Abzug der Schulden und des Sockelbetrags von 15 %: 150 000 €

LÖSUNG Maßgebendes Verwaltungsvermögen 450 000 € / Unternehmenswert 2,5 Mio. € = Verwaltungsvermögensquote: 18 %. Die Optionsverschonung kann hierbei gewährt werden.

b) Erwerb Unternehmensvermögen von 2 Mio. €, davon Verwaltungsvermögen von 500 000 €; verbleibende Schulden nach Finanzmitteltest 300 000 €

LÖSUNG

$$\frac{\text{Maßgebendes Verwaltungsvermögen 500 000 €}}{\text{Unternehmenswert 2 Mio. €}} = \text{Verwaltungsvermögensquote: 25 \%;}$$

die verbleibenden Schulden werden bei diesem Verwaltungsvermögenstest nicht berücksichtigt. Die Optionsverschonung kann hierbei nicht gewährt werden.

589 Stellt ein Erwerber begünstigten Vermögens einen Antrag auf Optionsverschonung, ist diese nur für übertragene **wirtschaftliche Einheiten** zu gewähren, bei denen das Verwaltungsvermögen die **Grenze von 20 % nicht überschreitet.** Für wirtschaftliche Einheiten, die über Verwaltungsvermögen von mehr als 20 % verfügen, kommt dann weder eine Optionsverschonung noch eine Regelverschonung in Betracht. Der Antrag geht ins Leere, wenn das Verwaltungsvermögen **aller** übertragenen wirtschaftlichen **Einheiten mehr als 20 %** beträgt; in diesem Fall kommt die **Regelverschonung** in Betracht. Dies gilt auch, wenn nur eine wirtschaftliche Einheit erworben wurde (Abschnitt 13a.20 Abs. 4 koord. LE vom 22. 06. 2017).

3.6.9 Behaltensregelungen

3.6.9.1 Allgemeines

590 Die Verschonungen der §§ 13a–c bzw. 28a ErbStG fallen bei Inanspruchnahme der Regelverschonung mit Wirkung für die Vergangenheit weg, soweit der Erwerber **innerhalb von fünf Jahren** (sog. Behaltensfrist) gegen die Behaltensregelungen für das begünstigte Vermögen verstößt (§ 13a Abs. 6 Satz 1 ErbStG). Bei der Optionsverschonung verlängert sich die Behaltensfrist auf **sieben Jahre** (§ 13a Abs. 10 Nr. 6 ErbStG). Die Gründe für den Verstoß gegen die Behaltensregelungen sind unbeachtlich. Die Behaltensfrist ist für **jeden Erwerber** gesondert zu prüfen. Der Steuerbescheid ist in Fällen eines Verstoßes nach § 175 Abs. 1 Satz 1 Nr. 2 AO zu ändern **(Nachversteuerung).**

3.6.9.2 Verstoß gegen die Behaltensregelungen

Ein Verstoß gegen die Behaltensregelungen bei begünstigten Erwerben von Unterneh- **591** mensvermögen bzw. land- und forstwirtschaftlichem Vermögen liegt innerhalb der Behaltensfrist von fünf bzw. sieben Jahren insbesondere in folgenden Fällen vor (§ 13a Abs. 6 Satz 1 Nr. 1 – 5 ErbStG, Abschnitte 13a.12, 13a.13, 13a.15 und 13a.16 koord. LE vom 22.06.2017):

- **Veräußerung** eines ganzen gewerblichen oder freiberuflichen Betriebs, eines Teilbetriebs oder eines Anteils an einer Personengesellschaft/Kapitalgesellschaft bzw. eines Anteils an einem solchen Anteil;
- **Veräußerung** von land- und forstwirtschaftlichem Vermögen (Wirtschaftsteil) und selbst bewirtschafteter Grundstücke;
- **Aufgabe** eines ganzen gewerblichen, freiberuflichen oder land- und forstwirtschaftlichen Betriebs, Teilbetriebs, Mitunternehmeranteils oder Auflösung einer Kapitalgesellschaft sowie die Eröffnung des Insolvenzverfahrens über den Betrieb;
- **Veräußerung von wesentlichen Betriebsgrundlagen** oder Überführung in das Privatvermögen bei Betriebsvermögen bzw. Anteilen daran. Der Begriff wesentliche Betriebsgrundlage ist nach den Grundsätzen des Ertragsteuerrechts (funktionale Betriebsnotwendigkeit) zu beurteilen. Der Umfang der schädlichen Verfügung bemisst sich nach dem gemeinen Wert des Einzelwirtschaftsguts (z. B. Betriebsgrundstück) im ursprünglichen Besteuerungszeitpunkt;
- **Verdeckte Einlage** der erworbenen Anteile an der Kapitalgesellschaft in eine Kapitalgesellschaft;
- **Herabsetzung** des Kapitals der Kapitalgesellschaft;
- **Veräußerung wesentlicher Betriebsgrundlagen** bei einer Kapitalgesellschaft **und Verteilung des Vermögens** an die Gesellschafter;
- **Aufhebung der Poolvereinbarung** im Fall des § 13b Abs. 1 Nr. 3 Satz 2 ErbStG bei Kapitalgesellschaften bzw. Absinken der Beteiligung auf 25 % oder weniger, z. B. bei Ausscheiden eines oder mehrerer Poolgesellschafter oder infolge einer Kapitalerhöhung.

Der Erwerber ist gemäß § 13a Abs. 7 Satz 2 ErbStG bei **Verstoß** gegen die Behaltensvorschriften **592** des Absatzes 6 verpflichtet, dem für die Erbschaftsteuer zuständigen Finanzamt den entsprechenden Sachverhalt **innerhalb** einer Frist von **einem Monat**, nachdem der jeweilige Tatbestand verwirklicht wurde, **anzuzeigen**.

3.6.9.3 Verstoß gegen die Entnahmebegrenzung

Ein Erwerber verstößt gegen die Entnahmebegrenzung bei gewerblichen oder land- und **593** forstwirtschaftlichen Betrieben, wenn und soweit er ab dem Zeitpunkt der Steuerentstehung **bis zum Ende des letzten in die Fünf- bzw. Siebenjahresfrist fallenden Wirtschaftsjahrs** Entnahmen tätigt, die die Summe seiner Einlagen und der ihm zuzurechnenden Gewinne oder Gewinnanteile seit dem Erwerb um **mehr als 150 000 €** übersteigen (**Überentnahmen**; § 13a Abs. 6 Satz 1 Nr. 3 ErbStG, Abschnitt 13a.14 koord. LE vom 22.06.2017).

In diesem Fall ist nämlich davon auszugehen, dass mit den Entnahmen auch auf geerbte Substanz zugegriffen wird. Die Entnahmebegrenzung ist für jeden Betrieb **gesondert** zu prüfen. Bei Ausschüttungen an Gesellschafter einer Kapitalgesellschaft ist entsprechend zu verfahren (**Überausschüttungen**). Überentnahmen bzw. Überausschüttungen sind ebenfalls anzeigepflichtig (§ 13a Abs. 7 Satz 2 ErbStG).

Die Begriffe Entnahme, Ausschüttung, Einlage, Gewinn und Gewinnanteil sind nach **594** **ertragsteuerrechtlichen Grundsätzen** zu bestimmen. Verluste bleiben unberücksichtigt

(Abschnitt 13a.14 Abs. 1 Satz 4 koord. LE vom 22.06.2017). Eine Entnahme liegt auch in der Bezahlung der Erbschaft- oder Schenkungsteuer vor.

Tätigt ein Erwerber gegen Ende der Behaltensfrist (d.h. bis zum Ende des in die Fünfjahresfrist fallenden Wirtschaftsjahres) eine Einlage, um den Betrag von 150 000 € übersteigende Entnahmen auszugleichen, liegt darin grundsätzlich kein Gestaltungsmissbrauch. Wird die **Einlage** jedoch nicht aus vorhandenem privatem Vermögen, sondern unter **Aufnahme eines Kredits** geleistet, ist zu prüfen, ob der Kredit als betriebliche Schuld oder ggf. als negatives Sonderbetriebsvermögen des Erwerbers zu behandeln ist. Sofern die Prüfung ergibt, dass der Kredit als Betriebsvermögen des Erwerbers zu behandeln ist, liegt keine Einlage vor (Abschnitt 13a.14 Abs. 4 koord. LE vom 22.06.2017).

3.6.9.4 Reinvestitionsklausel

595 In den Fällen der Veräußerung von begünstigtem land- und forstwirtschaftlichem Vermögen, Betriebsvermögen und von begünstigten Anteilen an Kapitalgesellschaften ist von der **Nachversteuerung abzusehen**, wenn der **Veräußerungserlös** innerhalb der begünstigten Vermögensart verbleibt. Dies wird angenommen, wenn der Erlös **innerhalb von sechs Monaten** in entsprechendes Vermögen **investiert** wird, das nicht zum Verwaltungsvermögen gehört (§ 13a Abs. 6 Satz 3 und 4 ErbStG, Abschnitt 13a.17 koord. LE vom 22.06.2017).

596 Zu den **begünstigten Investitionen** gehören neben der Anschaffung von neuen Betrieben, Betriebsteilen oder Anlagegütern, die das veräußerte Vermögen im Hinblick auf den ursprünglichen oder einen neuen Betriebszweck ersetzen, auch beispielsweise die Tilgung betrieblicher Schulden. Da auch Finanzmittel zum Verwaltungsvermögen gehören, ist eine unschädliche Reinvestition in Liquiditätsreserven grundsätzlich nicht möglich.

597

BEISPIELE

a) Der Alleinerbe eines Einzelunternehmens veräußert dieses sechs Monate nach dem Tod des Erblassers für 1 Mio. €. Er erwirbt mit diesem Veräußerungserlös Anteile an einer Personengesellschaft.
LÖSUNG Mit dem Veräußerungserlös wurde Betriebsvermögen erworben, also Vermögen derselben Vermögensart. Hier ist eine **Reinvestition** anzunehmen. Dieser Vorgang löst deshalb keine Nachversteuerung aus.

b) Der Alleinerbe eines Einzelunternehmens veräußert dieses sechs Monate nach dem Tod des Erblassers für 1 Mio. €. Er erwirbt mit diesem Veräußerungserlös Anteile an einer Kapitalgesellschaft.
LÖSUNG Mit dem Veräußerungserlös wurde kein Vermögen derselben Vermögensart erworben; Anteile an einer Kapitalgesellschaft stellen eine andere Vermögensart als Betriebsvermögen dar. Hier ist keine unschädliche Reinvestition erfolgt. Dieser Vorgang löst deshalb eine **Nachversteuerung** aus.

598–620 frei

3.6.10 Lohnsummenregelung

3.6.10.1 Grundlagen

621 Das Erfüllen der Voraussetzungen der **Lohnsummenregelung** (§ 13a Abs. 3 ErbStG) ist neben dem Erfüllen der Behaltensregelungen für den Erhalt der Regel- bzw. der Optionsverschonung innerhalb der jeweiligen Behaltensfrist nach dem Erwerb von Todes wegen bzw. nach dem Erwerb durch Schenkung unter Lebenden von Bedeutung.

622 Voraussetzung für die Gewährung und den Erhalt des Verschonungsabschlags von 85 % ist, dass die **Summe der maßgebenden jährlichen Lohnsummen** des Betriebs, bei Beteiligungen an einer Personengesellschaft oder Anteilen an einer Kapitalgesellschaft des Betriebs der jeweiligen Gesellschaft bei der Regelverschonung innerhalb von fünf Jahren nach dem Erwerb (**Lohnsummenfrist**) insgesamt **400 %** der **Ausgangslohnsumme** nicht unterschreitet (**Mindestlohnsumme**).

An die Stelle der Mindestlohnsumme von 400 % tritt bei mehr als zehn, aber nicht mehr als 15 Beschäftigten eine Mindestlohnsumme von **300 %** und bei mehr als fünf, aber nicht mehr als zehn Beschäftigten eine Mindestlohnsumme von **250 %**.

In den Fällen der Optionsverschonung sind nach § 13a Abs. 10 Nr. 3–5 ErbStG entsprechende Prozentsätze von **700 %, 565 % und 500 %** zu erreichen.

3.6.10.2 Ermittlung der Anzahl der Beschäftigten

Die Lohnsummenregelung ist bei Betrieben mit **nicht mehr als fünf Beschäftigten** oder einer **Ausgangslohnsumme von 0 €** nicht anzuwenden (§ 13a Abs. 3 Satz 3 ErbStG). Maßgebend hierfür sind die Beschäftigten zum Besteuerungszeitpunkt. Dabei ist es unerheblich, zu welchem Anteil der Betrieb oder die Gesellschaft zugewendet wird. Einzubeziehen sind grundsätzlich alle Beschäftigten unabhängig von ihrem sozialversicherungsrechtlichen Status. Hierzu zählen auch geringfügig Beschäftigte.   **623**

Nach der Rechtslage bis zum 30. 06. 2016 war die Lohnsummenregelung erst bei Betrieben mit mehr als 20 Beschäftigten anzuwenden.

Bei der Prüfung, ob die Mindestbeschäftigtenzahl erreicht wird, sind auch die Beschäftigten nachgeordneter Gesellschaften mit der entsprechenden Beteiligungsquote einzubeziehen. Dies gilt für **Anteile an Kapitalgesellschaften**, wenn die unmittelbare oder mittelbare Beteiligung **mehr als 25 %** beträgt, sowie für **Beteiligungen an Personengesellschaften** (unabhängig von der Beteiligungsquote), die ihren Sitz oder ihre Geschäftsleitung im **Inland**, in einem **Mitgliedstaat der EU** oder in einem **Staat des EWR** haben. Im Fall einer **Betriebsaufspaltung** ist die Anzahl der Beschäftigten der Besitzgesellschaft und der Betriebsgesellschaft zusammen zu rechnen (§ 13a Abs. 3 Satz 11–13 ErbStG).   **624**

Umfasst das auf einen Erwerber übertragene begünstigte Vermögen **mehrere** selbstständig zu bewertende **wirtschaftliche Einheiten** einer Vermögensart oder mehrere Arten begünstigten Vermögens, sind die Beschäftigten für jede wirtschaftliche Einheit getrennt zu ermitteln. Wenn die Anzahl der Beschäftigten in einer der wirtschaftlichen Einheiten nicht mehr als fünf beträgt, bleibt deren Ausgangslohnsumme und Summe der maßgebenden jährlichen Lohnsummen außer Betracht (Abschnitt 13a.4 Abs. 2 Satz 10 und 12 koord. LE vom 22. 06. 2017).   **625**

Bei der Ermittlung der Beschäftigten und der Ermittlung der Lohnsumme bleiben folgende Personen **außer Betracht** (§ 13a Abs. 3 Satz 7 ErbStG):   **626**

- Beschäftigte in Mutterschutz,
- Auszubildende,
- Bezieher von Krankengeld,
- Bezieher von Elterngeld,
- Beschäftigte, die nicht ausschließlich oder überwiegend in dem Betrieb tätig sind (Saisonarbeiter); darunter fallen auch Leiharbeitnehmer, freie Mitarbeiter und Praktikanten, wenn diese nur kurzfristig im Betrieb eingesetzt werden,
- Einzelunternehmer, Gesellschafter-(Geschäftsführer) einer Personengesellschaft (mit oder ohne schuldrechtlichen Vertrag).

3.6.10.3 Ermittlung der Ausgangslohnsumme

627   **Ausgangslohnsumme** ist die durchschnittliche Lohnsumme des Betriebs der **letzten fünf** vor dem Zeitpunkt der Entstehung der Steuer **endenden Wirtschaftsjahre** (§ 13a Abs. 3 Satz 2 ErbStG). Hierbei sind auch **Anteile an Kapitalgesellschaften** einzubeziehen, wenn die unmittelbare oder mittelbare Beteiligung **mehr als 25 %** beträgt, sowie **Beteiligungen an Personengesellschaften** (unabhängig von der Beteiligungsquote), die ihren Sitz oder ihre Geschäftsleitung im Inland, in einem **Mitgliedstaat der EU** oder in einem **Staat des EWR** haben. Die Lohnsummen dieser Gesellschaften sind zu dem **Anteil** zu berücksichtigen, zu dem die unmittelbare oder mittelbare Beteiligung besteht.

Im Fall einer **Betriebsaufspaltung** sind die Lohnsummen der Besitzgesellschaft und der Betriebsgesellschaft zusammen zu rechnen (§ 13a Abs. 3 Satz 11–13 ErbStG).

628   Die Lohnsumme umfasst **alle Vergütungen** (Löhne und Gehälter und andere Bezüge und Vorteile), die im **maßgebenden Wirtschaftsjahr** an die auf den Lohn- und Gehaltslisten erfassten Beschäftigten gezahlt werden. Hierzu zählen alle **Geld- oder Sachleistungen** für die von den Beschäftigten erbrachte Arbeit, unabhängig davon, wie diese Leistungen bezeichnet werden und ob es sich um regelmäßige oder unregelmäßige Zahlungen handelt inkl. aller von den Beschäftigten zu entrichtenden Sozialbeiträge, Einkommensteuern und Zuschlagsteuern, Sondervergütungen, Prämien, Gratifikationen, Abfindungen, Zuschüsse zu Lebenshaltungskosten, Familienzulagen, Provisionen, Teilnehmergebühren und vergleichbare Vergütungen (§ 13a Abs. 3 Satz 8–10 ErbStG).

629   Im Allgemeinen ist es nicht zu beanstanden, wenn bei inländischen Gewerbebetrieben von dem in der **Gewinn- und Verlustrechnung** ausgewiesenen **Aufwand für Löhne und Gehälter** (vgl. § 275 Abs. 2 Nr. 6 HGB) ausgegangen wird (inkl. Altersvorsorge, die durch Entgeltumwandlung vom Beschäftigten getragen wird). Ausgenommen bleiben der Arbeitgeberanteil zu den gesetzlichen Sozialabgaben sowie tariflich vereinbarte, vertraglich festgelegte oder freiwillige Sozialbeiträge durch den Arbeitgeber (Abschnitt 13a.5 koord. LE vom 22.06.2017).

630   Die Ausgangslohnsumme, die Anzahl der Beschäftigten und die Summe der maßgebenden jährlichen Lohnsummen werden gesondert **festgestellt**, wenn diese Werte für die Erbschaftsteuer von Bedeutung sind (§ 13a Abs. 4 ErbStG). Der Erwerber ist gemäß § 13a Abs. 7 Satz 1 ErbStG verpflichtet, dem für die Erbschaftsteuer zuständigen Finanzamt innerhalb einer Frist von sechs Monaten nach Ablauf der Lohnsummenfrist das Unterschreiten der Mindestlohnsumme (§ 13a Abs. 3 Satz 1 ErbStG) anzuzeigen.

3.6.10.4 Lohnsumme bei Erwerb mehrerer wirtschaftlicher Einheiten

631   Umfasst das auf einen Erwerber übertragene begünstigte Vermögen **mehrere** selbstständig zu bewertende **wirtschaftliche Einheiten** einer Vermögensart oder mehrere Arten begünstigten Vermögens, erfolgt die Ermittlung zunächst bezogen auf jede wirtschaftliche Einheit. Zur Ermittlung der **Mindestlohnsumme** für alle wirtschaftlichen Einheiten sind die Mindestlohnsummen, die sich für die einzelnen wirtschaftlichen Einheiten auf der Grundlage der jeweiligen Ausgangslohnsummen und der jeweiligen Prozentsätze nach der Beschäftigtenzahl ergeben, zu einer Summe der Mindestlohnsummen zusammen zu rechnen.

Zur Ermittlung der **Summe der maßgebenden jährlichen Lohnsummen** sind ebenfalls die Summen der maßgebenden jährlichen Lohnsummen der einzelnen wirtschaftlichen Einheiten **zusammen zu zählen**. Sind Beteiligungen an einer Personengesellschaft oder Anteile an einer Kapitalgesellschaft > 25 % in die Ermittlung der Lohnsumme einzubeziehen, ist dabei anteilig auf die Lohnsumme der Gesellschaft selbst abzustellen (Abschnitt 13a.6 koord. LE vom 22.06.2017).

3.6.11 Durchführung der Nachversteuerung

Soweit ein Erwerber innerhalb der Behaltensfrist nach § 13a Abs. 6 ErbStG in **schädlicher** **Weise** über das begünstigte Vermögen **verfügt**, entfallen der Verschonungsabschlag und der Abzugsbetrag. Es ist der erbschaftsteuerliche Wert im Zeitpunkt der Steuerentstehung anzusetzen. Veräußert der Erwerber das gesamte begünstigte Vermögen innerhalb der Behaltensfrist und erfolgt keine Reinvestition, entfällt der Abzugsbetrag insgesamt, während der Verschonungsabschlag für die Jahre erhalten bleibt, in denen keine schädliche Verfügung erfolgt ist (Abschnitt 13a.18 Abs. 1 Satz 1–5 koord. LE vom 22.06.2017). 632

Der **Wegfall des Verschonungsabschlags** beschränkt sich auf den Teil, der dem Verhältnis der im Zeitpunkt der schädlichen Verfügung verbleibenden Behaltensfrist einschließlich des Jahres, in dem die Verfügung erfolgt, zur gesamten Behaltensfrist entspricht. Damit kommt es bei Nichteinhaltung der Fünfjahresfrist zu einem jährlichen Verschonungswegfall von 1/5 (= 20 %). Das Jahr der schädlichen Verfügung wird bei der Gesamtberechnung und Aufteilung der steuerschädlichen Zeit zugerechnet. 633

BEISPIEL

Die schädliche Verfügung erfolgt im 4. Jahr nach der Übertragung des begünstigten Vermögens. **LÖSUNG** Der anteilige Verschonungsabschlag in der Regelverschonung bleibt für volle drei Jahre, also zu 60 % (3/5) erhalten und fällt zu 40 % (2/5) weg. 634

Betrifft die schädliche Verfügung nur einen **Teil des begünstigten Vermögens**, sind der Verschonungsabschlag und ggf. der Abzugsbetrag für den weiterhin begünstigten Teil des Vermögens zu gewähren. Der Verschonungsabschlag bezüglich des Teils des Vermögens, über das der Erwerber schädlich verfügt hat, bleibt ebenfalls für die Jahre erhalten, in denen keine schädliche Teilverfügung erfolgt ist (Abschnitt 13a.18 Abs. 1 Satz 6 und 8 koord. LE vom 22.06.2017). 635

Bei einem **Unterschreiten der Lohnsummenregelung** im Zeitpunkt des Ablaufs der Lohnsummenfrist von fünf Jahren entfällt der Verschonungsabschlag in dem Verhältnis, in dem die tatsächliche Lohnsumme die Mindestlohnsumme unterschreitet. Der Abzugsbetrag unterliegt bei einem Unterschreiten der Mindestlohnsumme keiner Anpassung (Abschnitt 13a.18 Abs. 2 koord. LE vom 22.06.2017). 636

Führt die **Veräußerung oder Aufgabe** des gesamten begünstigten Vermögens vor Ablauf der Frist von fünf Jahren ohne entsprechende Reinvestition **zugleich** dazu, dass die **Mindestlohnsumme unterschritten** wird, ist der Verschonungsabschlag zu kürzen. Die entfallenden Verschonungsabschläge wegen der Verfügung über das begünstigte Vermögen und wegen Unterschreitens der Mindestlohnsumme sind gesondert zu berechnen; der höhere der sich hierbei ergebenden Beträge wird bei der Kürzung angesetzt (Abschnitt 13a.18 Abs. 3 koord. LE vom 22.06.2017). 637

638–660 frei

3.6.12 Begünstigungen für Großunternehmen

Für den Erwerb von sog. Großunternehmen gelten nicht die normalen Begünstigungsregelungen. Vielmehr wurden erstmals durch das ErbStAnpG vom 04.11.2016 (BGBl. I, 2464) für begünstigte Erwerbe von Großunternehmen, welche die **Prüfschwelle** von **26 Mio. €** (vgl. § 13a 661

Abs. 1 Satz 1 ErbStG) überschreiten, **Sonderregelungen** eingeführt. Die Sonderregelungen finden erstmals Anwendung für Erwerbe von Großunternehmen, für die die Steuer nach dem **30. 06. 2016** entsteht (vgl. § 37 Abs. 12 ErbStG). Abgestellt wird insoweit auf den Steuerentstehungszeitpunkt i. S. v. § 9 ErbStG, der nicht mit dem Tag des Abschlusses des Schenkungsvertrages übereinstimmen muss (z. B. bei einer dinglich aufschiebend bedingten Schenkung eines Kommanditanteils). Beim Erwerb von Großunternehmen hat der Erwerber ein **Wahlrecht** zwischen

- dem **Abschmelzmodell** mit reduziertem Verschonungsabschlag nach § **13c ErbStG** und
- dem Steuererlass nach der **Verschonungsbedarfsprüfung** gemäß § **28a ErbStG**.

Hintergrund, Voraussetzungen und Folgen dieser Sonderregelungen werden nachfolgend dargestellt.

3.6.12.1 Hintergrund der Sonderregelungen

662   In seinem Beschluss vom 17. 12. 2014 (1 BvL 21/12) erkannte das **BVerfG** auch den Umstand als verfassungswidrig an, dass Großunternehmen – ohne weitere Differenzierung – in den Genuss der erbschaftsteuerlichen Begünstigungen kommen (vgl. Leitsatz Nr. 4 Buchst. b und Rz. 155 des Beschlusses). Dies sei vom ursprünglichen Gesetzeszweck nicht mehr gedeckt. Auch mit Blick auf die Höhe der steuerbefreiten Beträge erreiche die Privilegierung bei Erwerb von großen Unternehmensvermögen ein Maß, das ohne die konkrete Feststellung der Verschonungsbedürftigkeit des erworbenen Unternehmens mit den Anforderungen an eine **gleichheitsgerechte Besteuerung (Art. 3 Abs. 1 GG)** nicht mehr in Einklang zu bringen sei (Beschluss, Rz. 172). Letztlich dienen die Verschonungsregelungen dem Schutz der Unternehmen und nicht in erster Linie dem Schutz des Erwerbers.

663   Nach Ansicht des BVerfG können Großunternehmen jedoch auch in Zukunft grundsätzlich begünstigt werden, da nicht auszuschließen sei, dass auch sehr große Unternehmen durch eine entsprechend hohe Erbschaft- oder Schenkungsteuerlast der Erwerber in finanzielle Schwierigkeiten geraten und an Investitionskraft verlieren könnten, Arbeitsplätze abbauen, verkauft oder sogar aufgelöst werden müssten. Die hiermit verbundenen gemeinwohlschädlichen Lasten wären dann entsprechend größer. Mit Rücksicht auf den Grundsatz der Lastengleichheit fordert das BVerfG für den begünstigten Erwerb von Großunternehmen jedoch **besondere Vorkehrungen** zur Erreichung der mit der Befreiung verfolgten Ziele, wie die beispielhaft genannte Feststellung einer konkreten Verschonungsbedürftigkeit des Erwerbers. Bzgl. der Art der Begünstigung von Großunternehmen (z. B. Gewährung geringerer Begünstigungen, bloße Stundungsmöglichkeit etc.) eröffnet das BVerfG dem Gesetzgeber einen weitreichenden Spielraum (vgl. Beschluss, Rz. 171, 175).

664   Für die Frage, wann von einem **Großunternehmen** auszugehen ist, gibt das BVerfG dem Gesetzgeber zwar Hinweise, stellt jedoch gleichzeitig klar, dass es Aufgabe des Gesetzgebers ist, unter Berücksichtigung der mit der Privilegierung verfolgten Gemeinwohlziele präzise und handhabbare Kriterien für die Bestimmung dieser Grenze festzulegen (Beschluss, Rz. 174).

3.6.12.2 Großunternehmen

3.6.12.2.1 Übersteigen des Schwellenwerts von 26 Mio. €

665   Die erbschaftsteuerlichen Begünstigungen kommen gemäß § 13a Abs. 1 Satz 1 ErbStG uneingeschränkt zur Anwendung, wenn der Erwerb **begünstigten Vermögens** i. S. d. § 13b Absatz 2 ErbStG zuzüglich der Erwerbe i. S. d. § 13a Abs. 1 Satz 2 ErbStG insgesamt 26 Mio. €

nicht übersteigt. Einbezogen in die Prüfung der Erwerbsschwelle wird nur begünstigtes Unternehmensvermögen i. S. v. § 13b Abs. 2 ErbStG. D. h. der nicht begünstigte Teil (schädliches Verwaltungsvermögen) des übertragenen Unternehmensvermögens unterliegt der vollen sachlichen Steuerpflicht und wird bei der 26 Mio. €-Grenze nicht einbezogen. Gleiches gilt auch für übriges Vermögen wie z. B. Grundstücke oder Bankguthaben im Privatvermögen. Wird diese Prüfschwelle von **26 Mio. €** **überschritten**, dann liegt insgesamt der Erwerb eines Großunternehmens vor. Die Grenze von 26 Mio. € entfaltet somit Wirkung wie eine Freigrenze. Bei Überschreiten kommen die Sonderregelungen für Großvermögen zur Anwendung.

BEISPIELE ·· 666

a) Schenker S schenkt Erwerber A **begünstigtes** Vermögen i. S. v. § 13b Abs. 2 ErbStG im Wert von 30 Mio. €.
LÖSUNG Da die Erwerbsschwelle von 26 Mio. € i. S. v. § 13a Abs. 1 ErbStG überschritten ist, finden die Vorschriften für den Erwerb von Großunternehmen (§ 13c und § 28a ErbStG) Anwendung.

b) Schenker S schenkt Erwerber B Unternehmensvermögen im Wert von 30 Mio. €. Davon sind **begünstigt** i. S. v. § 13b Abs. 2 ErbStG 25 Mio. €.
LÖSUNG Da das Großunternehmen sich nur auf das begünstigte Vermögen i. S. v. § 13b Abs. 2 ErbStG bezieht, ist die Prüfschwelle von 26 Mio. € somit nicht überschritten und es liegt kein Großunternehmen i. S. v. § 13a Abs. 1 ErbStG vor. Die Sondervorschriften für Großunternehmen kommen mithin nicht zur Anwendung.

c) Für das von Schenker S an Erwerber C geschenkte Unternehmensvermögen wurde ein Wert von 30 Mio. € festgestellt, wovon 27 Mio. € begünstigt sind i. S. v. § 13b Abs. 2 ErbStG. Aufgrund von gesellschaftsvertraglichen Verfügungsbeschränkungen liegen die Voraussetzungen für einen Vorababschlag i. S. v. § 13a Abs. 9 ErbStG i. H. v. 10 % vor.
LÖSUNG Da die Voraussetzungen für einen Vorababschlag vorliegen, ist dieser gemäß § 13a Abs. 9 ErbStG *vor* Anwendung des § 13a Abs. 1 ErbStG vorzunehmen. Somit ist von dem begünstigten Unternehmensvermögen von 27 Mio. € noch ein Vorababschlag von vorliegend 10 % (= 2,7 Mio. €) abzuziehen. Unter Berücksichtigung des Vorababschlags von 2,7 Mio. € beträgt das begünstigte Vermögen i. S. v. § 13a Abs. 1 ErbStG nur noch 24,3 Mio. €. Da die Prüfschwelle von 26 Mio. € nicht überschritten ist, liegt kein Erwerb eines Großunternehmens i. S. v. § 13a Abs. 1 ErbStG vor.

d) D erbt vom Erblasser begünstigtes Unternehmensvermögen i. S. v. § 13b Abs. 2 ErbStG im Wert von 25 Mio. € sowie ein Mietwohngrundstück im Wert von 2 Mio. €.
LÖSUNG Zwar beträgt der Gesamterwerb des D auch hier mehr als 26 Mio. €. Da jedoch nur begünstigtes Vermögen i. S. v. § 13b Abs. 2 ErbStG in die Prüfung der Erwerbsschwelle einzubeziehen ist und somit nicht das Mietwohngrundstück, liegt mangels Überschreitens der Prüfschwelle von 26 Mio. € gemäß § 13a Abs. 1 ErbStG kein Großunternehmen vor.

e) Bei einem Verkehrsunfall sterben M und F. Alleinerbe E erbt von M und F begünstigtes Vermögen i. S. v. § 13b Abs. 2 ErbStG im Wert von jeweils 15 Mio. €.
LÖSUNG Zwar übersteigt der Gesamterwerb 26 Mio. €. Für die Prüfschwelle werden jedoch nur Erwerbe von *derselben* Person zusammengerechnet, sodass vorliegend mangels Überschreitens der 26 Mio. €-Grenze bei beiden Erwerben kein Großunternehmen vorliegt.

3.6.12.2.2 Zusammenrechnung im 10-Jahreszeitraum

Bei mehreren Erwerben begünstigten Vermögens i. S. d. § 13b Absatz 2 ErbStG **von der-** 667
selben Person innerhalb von zehn Jahren werden zur Prüfung der Erwerbsschwelle die früheren Erwerbe nach ihrem früheren Wert dem letzten Erwerb hinzugerechnet (§ 13a Abs. 1 Satz 2 ErbStG). Die Zusammenrechnung von Erwerben innerhalb von 10 Jahren von derselben Person verhindert, dass die Sondervorschriften für Großunternehmen durch mehrere Teilübertra-

gungen umgangen werden. Die Erwerbsschwelle ist somit **zeitraumbezogen und erwerberbezogen** (nicht unternehmensbezogen) ausgestaltet.

668 Wird die Grenze von 26 Millionen Euro durch **mehrere** innerhalb von zehn Jahren von derselben Person anfallende Erwerbe überschritten, **entfällt** die **Steuerbefreiung** gemäß § 13a Abs. 1 Satz 3 ErbStG für die bis dahin nach der Regel- oder Optionsverschonung (§ 13a Abs. 1 Satz 1 und Abs. 10 ErbStG) als steuerfrei behandelten früheren Erwerbe **mit Wirkung für die Vergangenheit**.

669 In die **Zusammenrechnung im 10-Jahreszeitraum** sind nicht nur Vorerwerbe begünstigten Vermögens einzubeziehen, für die die Steuer nach dem 30.06.2016 entsteht, sondern **auch Vorerwerbe** begünstigten Vermögens, für die die Steuer nach der jeweils geltenden Gesetzeslage **vor dem 01.07.2016** bzw. 01.01.2009 entstanden ist. Im Hinblick auf die befürchteten Verschärfungen durch die ErbSt-Reform wurde vielfach noch Unternehmensvermögen nach alter Rechtslage übertragen. Der Einbezug auch dieser früheren Zuwendungen von derselben Person innerhalb des 10-Jahreszeitraums **in die Prüfung der Erwerbsschwelle** wird durch die Anwendungsvorschrift des § 37 Abs. 12 ErbStG nicht eingeschränkt. Zu Recht geht die Finanzverwaltung u. E. davon aus, dass die Zusammenrechnung **keine unzulässige Rückwirkung** darstellt, denn für die Besteuerung der früheren Erwerbe vor dem 01.07.2016 hat das Überschreiten des Schwellenwerts keine nachteiligen Folgen. Diese werden ausschließlich nach der bis zum 31.12.2008 bzw. 30.06.2016 anzuwendenden Gesetzeslage besteuert. § 13a Abs. 1 Satz 2 i. V. m. Satz 1 ErbStG trifft keine **Rechtsfolgen** für die früheren Erwerbe vor dem 01.07.2016, sondern **nur für Erwerbe nach dem 30.06.2016** (vgl. Abschnitt 13a.2 Abs. 2 koord. LE vom 22.06.2017).

3.6.12.2.3 Wertansatz früherer Erwerbe bei Schwellenwertprüfung

670 Gemäß § 13a Abs. 1 Satz 2 ErbStG werden bei mehreren Erwerben **begünstigten Vermögens i. S. d. § 13b Abs. 2 ErbStG** von derselben Person innerhalb von zehn Jahren die früheren Erwerbe nach ihrem **früheren Wert** dem letzten Erwerb hinzugerechnet. Dies ist für Erwerbe nach dem 30.06.2016 unproblematisch, da insoweit das begünstigte Vermögen i. S. v. § 13b Abs. 2 ErbStG jeweils ermittelt wird. Problematisch und vom Wortlaut etwas unpräzise ist dies bzgl. der Einbeziehung früherer **Erwerbe vor dem 01.07.2016**, für die das Aufteilungsprinzip (begünstigtes Vermögen i. S. v. § 13b Abs. 2 ErbStG n. F. vs. schädliches Verwaltungsvermögen) noch nicht galt. In diesen Fällen wird nicht nachträglich das begünstigte Vermögen i. S. v. § 13b Abs. 2 ErbStG n. F. neu ermittelt. Vielmehr werden die früheren Schenkungen mit dem **früheren Wert des dem Grunde nach begünstigten Unternehmensvermögens – vor Abzug der Begünstigungen** – angesetzt. Im Ergebnis behandelt man die früheren Erwerbe wie die späteren Erwerbe. Die Erwerbe begünstigten Vermögens i. S. d. § 13b Abs. 2 ErbStG nach dem 30.06.2016 werden ja ebenfalls mit dem Wert vor Abzug der Begünstigungen (Optionsverschonung bzw. Regelverschonung, ggfs. mit Abzugsbetrag) angesetzt.

671 Ist ein früherer Erwerb einzubeziehen, für den die Steuer vor dem 01.07.2016 und nach dem 31.12.2008 entstanden ist, wird gemäß Abschnitt 13a.2 Abs. 2 Satz 8 koord. LE vom 22.06.2017 als früherer Wert des begünstigten Vermögens der nach § 13b Abs. 1 bis 4 ErbStG in der bis zum 30.06.2016 anzuwendenden Fassung ermittelte Wert von 85 % (Regelverschonung) bzw. 100 % (Optionsverschonung) des begünstigungsfähigen Vermögens zugrunde gelegt. Die Formulierung im Anwendungserlass ist sprachlich irreführend und steht im Widerspruch zu den **Berechnungsbeispielen H 13c.4 des koord. LE**. Im Falle der **Regelverschonung** werden ausweislich der Berechnungsbeispiele für die Prüfung des Schwellenwerts nicht 85 % angesetzt, sondern der **Wert vor Abzug** des Regelverschonungsabschlags und des Abzugsbetrags (§ 13a

Abs. 2 ErbStG) zu Grunde gelegt. Im Fall eines früheren Erwerbs, für den die Steuer **vor dem 01. 01. 2009** entstanden ist, ist als früherer Wert des begünstigten Vermögens der Wert anzusetzen, der nach § 13a Abs. 4 ErbStG in der bis zum 31. 12. 2008 anzuwendenden Fassung ermittelt wurde. Der bei der Besteuerung des jeweiligen Erwerbs angesetzte Wert des begünstigten Vermögens kann ohne zusätzliche Ermittlung übernommen werden (vgl. Abschnitt 13a.2 Abs. 2 Satz 9 f. koord. LE vom 22. 06. 2017). Zwar enthält der Anwendungserlass zu diesen früheren Erwerben vor dem 01. 01. 2009 keine Beispielsberechnung. Jedoch ist entsprechend den vorgenannten Grundsätzen auch in diesen Fällen davon auszugehen, dass der **Wert** des dem Grunde nach begünstigten Unternehmensvermögens i. S. v. § 13a Abs. 4 ErbStG a. F. **vor Abzug** des früheren Freibetrags und des Abschlags zum Ansatz kommt.

BEISPIELE

a) Schenker S schenkt Erwerber A im Juli 2016 begünstigtes Unternehmensvermögen i. S. v. § 13b   **672** Abs. 2 ErbStG im Wert von 20 Mio. €. Zwei Jahre später stirbt S und A erbt weiteres begünstigtes Unternehmensvermögen im Wert von 8 Mio. € sowie sonstiges Vermögen im Wert 5 Mio. €.
LÖSUNG Da gemäß § 13a Abs. 1 Satz 2 ErbStG bei der Prüfung der Erwerbsschwelle mehrere Erwerbe begünstigten Vermögens i. S. d. § 13b Abs. 2 ErbStG von derselben Person innerhalb von zehn Jahren dem letzten Erwerb hinzugerechnet werden, ist vorliegend die Erwerbsschwelle von 26 Mio. € (erstmals) überschritten (20 Mio. € zzgl. 8 Mio. € = 28 Mio. €). Gemäß § 13a Abs. 1 Satz 3 ErbStG finden sowohl auf die Schenkung im Juli 2016 (rückwirkendes Ereignis i. S. v. § 175 Abs. 1 Satz 1 Nr. 2 AO) als auch auf das geerbte begünstigte Vermögen in 2018 die Sondervorschriften für Großvermögen Anwendung. Der Erwerber kann – auch für die frühere Schenkung – anstelle eines reduzierten Verschonungsabschlags nach § 13c ErbStG einen Antrag auf Anwendung der Verschonungsbedarfsprüfung nach § 28a ErbStG stellen (vgl. Abschnitt 13c.1 Abs. 4 Satz 3 koord. LE vom 22. 06. 2017).

b) Wie Beispiel a), jedoch ist das zuvor geschenkte Vermögen im Todeszeitpunkt nur noch 17 Mio. € wert.
LÖSUNG Gleiche Lösung wie im Beispiel a). Gemäß § 13a Abs. 1 Satz 2 ErbStG werden bei mehreren Erwerben von derselben Person innerhalb von zehn Jahren bei der Prüfung der Erwerbsschwelle die früheren Erwerbe nach ihrem früheren Wert (hier: 20 Mio. €) dem letzten Erwerb (hier: 8 Mio. €) hinzugerechnet.

c) Wie Beispiel a), jedoch wurde bereits im **Juni 2016** Unternehmensvermögen im Wert von 20 Mio. € geschenkt, für das der Erwerber die Regelverschonung (85-%-Abschlag) in Anspruch nahm (alternativ: Optionsverschonung, 100-%-Abschlag).
LÖSUNG Für die Prüfung, ob die Erwerbsschwelle von 26 Mio. € überschritten ist, werden auch Erwerbe einbezogen, für die noch die alte Rechtslage galt (hier: Erwerb vor dem 01. 07. 2016). Bei Anwendung der Regelverschonung auf die Schenkung ist diese **nicht** mit 85 % (bzw. 17 Mio. €) anzusetzen, sondern mit dem Wert von 20 Mio. € vor Abzug der Begünstigungen (vgl. Berechnungsbeispiele in Abschnitt 13c.4 koord. LE vom 22. 06. 2017). Zusammen mit dem späteren Nachlasserwerb von 8 Mio. € ergibt sich insgesamt ein begünstigter Erwerb von 28 Mio. €, weshalb für den Nachlasserwerb die Vorschriften für Großunternehmen zur Anwendung kommen.
Das gleiche Ergebnis ergibt sich bei Anwendung der Optionsverschonung (**Alternative**) für den früheren Erwerb. Die frühere Schenkung wird auch in diesem Falle mit 20 Mio. € als begünstigtes Vermögen für die Prüfung des Schwellenwerts angesetzt. Zusammen mit dem Nachlasserwerb von 8 Mio. € beträgt der Gesamterwerb 28 Mio. €.
Somit finden in beiden Fällen auf den Nachlasserwerb die Sonderregelungen für Großunternehmen Anwendung, nicht jedoch für die frühere Schenkung nach alter Rechtslage vor dem 01. 07. 2016. Der Optionsverschonungsabschlag von 100 % für die Schenkung (alte Rechtslage) wird nicht rückwirkend gekürzt.

d) Wie Beispiel c), jedoch betrug der Wert der Unternehmensschenkung im Juni *2016* nur 16 Mio. €. Zudem hatte A bereits im Dezember 2008 begünstigtes Unternehmensvermögen im damaligen Wert von 3 Mio. € an S geschenkt. Nach Abzug des (damaligen) Freibetrags (225 000 €) und eines Abschlages von 35 % wurde das 2008 geschenkte Unternehmensvermögen gemäß § 13a ErbStG a. F. mit 1 803 750 € der Schenkungsteuer unterworfen. Die Differenz von 1 196 250 € war hingegen gemäß § 13a Abs. 4 ErbStG a. F. von der Besteuerung ausgenommen.

LÖSUNG Für die Prüfung der Erwerbsschwelle von 26 Mio. € nach § 13a Abs. 1 Satz 2 ErbStG werden auch frühere Schenkungen von derselben Person innerhalb von 10 Jahren berücksichtigt und somit auch die Schenkungen in 2008 und 2016. Gemäß Abschnitt 13a.2 Abs. 2 Sätze 8 ff. des koord. LE vom 22. 06. 2017 wird die begünstigte Schenkung 2008 mit 3 Mio. € und die in 2016 mit 16 Mio. € angesetzt (jeweils Wert vor Abzug der Begünstigungen). Zusammen mit dem begünstigten Nachlasserwerb in 2018 (8 Mio. €) wird somit insgesamt die Erwerbsschwelle i. S. d. § 13a Abs. 1 Satz 1 ErbStG überschritten (3 Mio. € + 16 Mio. € + 8 Mio. € = 27 Mio. €). Nur auf den Nachlasserwerb (Erwerb nach dem 30. 06. 2016) finden die Sonderregelungen für Großunternehmen Anwendung. Die Besteuerung der früheren Schenkungen nach alter Rechtslage wird hingegen nicht geändert.

3.6.12.3 Antragsgebundene Wahlrechte bei Erwerb von Großunternehmen

673   Liegen die Voraussetzungen für den Erwerb von Großunternehmen vor, kann der Erwerber **wählen** zwischen der Nutzung

- eines **sich reduzierenden Verschonungsabschlags** nach **§ 13c ErbStG** (Abschmelzmodell)

oder

- eines Steuererlasses im Falle seiner Bedürftigkeit nach **§ 28a ErbStG Verschonungsbedarfsprüfung.**

674   Das Wahlrecht zwischen dem Abschmelzmodell und der Verschonungsbedarfsprüfung ist jeweils **antragsgebunden** (vgl. § 13c Abs. 1 Satz 1 ErbStG bzw. § 28a Abs. 1 Satz 1 ErbStG). Der Erwerber muss den Antrag auf Erlass nach § 28a Abs. 1 Satz 1 ErbStG bei dem für die **Erbschaft-oder Schenkungsteuer zuständigen Finanzamt schriftlich** stellen oder zur Niederschrift erklären (vgl. Abschnitt 13c.1 Abs. 2 Satz 1 und Abschnitt 28a.1 Abs. 2 Satz 1 koord. LE vom 22. 06. 2017).

675   Der **Antrag**, auf den Erwerb das **Abschmelzmodell** für den Verschonungsabschlag anzuwenden, ist nach dem Wortlaut des § 13c Abs. 2 Satz 6 ErbStG **unwiderruflich.** Der Antrag ist bis zum Eintritt der materiellen Bestandskraft der Festsetzung der Erbschaft- oder Schenkungsteuer zu stellen. Nach Zugang der Willenserklärung beim zuständigen Finanzamt kann der Antrag somit nicht mehr widerrufen werden. Dies gilt auch dann, wenn der Erwerber gegen die Behaltensregelungen oder die Lohnsummenregelung des § 13c Abs. 2 Satz 1 i. V. m. § 13a Abs. 3 oder 6 ErbStG verstößt (vgl. Abschnitt 13c.1 Abs. 2 koord. LE vom 22. 06. 2017).

676   Demgegenüber ist der Antrag zur Anwendung der **Verschonungsbedarfsprüfung** nach § 28a ErbStG **widerruflich.** D. h. der Erwerber kann den Antrag für die Verschonungsbedarfsprüfung nach § 28a ErbStG grds. bis zur materiell bestandskräftigen Veranlagung widerrufen und sich für das Abschmelzmodell entscheiden (vgl. Abschnitt 13a.2 Abs. 1 Satz 4 und Abschnitt 28a.1 Abs. 2 koord. LE vom 22. 06. 2017). Unabhängig vom Eintritt der materiellen Bestandskraft der Erbschaft- oder Schenkungsteuerfestsetzung kann der Antrag nach § 28a ErbStG spätestens bis zum Eintritt der Zahlungsverjährung gestellt werden (Abschnitt 28a.1 Abs. 2 Satz 2 koord. LE vom 22. 06. 2017). Der Antrag ist **ausgeschlossen,** wenn der Erwerber bereits **unwiderruflich beantragt** hat, das **Abschmelzmodell** nach § 13c ErbStG anzuwenden (§ 13c Abs. 2 Satz 6 ErbStG, § 28a Abs. 8 ErbStG). Beantragt der Erwerber von Großunternehmen keine der Möglichkeiten, unterliegt er mit dem gesamten Betriebsvermögen der Erbschaftsteuer. Eine

Günstigerprüfung bzw. die Berücksichtigung einer Verschonung von Amts wegen findet nicht statt (vgl. Abschnitt 28a.1 Abs. 1 Satz 1 koord. LE vom 22.06.2017).

Bei Wahl des sich reduzierenden Verschonungsabschlags nach § 13c ErbStG (**erstes Wahl-** **677** **recht**) kann der Erwerber grundsätzlich noch zwischen

- der Regelverschonung nach § 13a Abs. 1 ErbStG

und – sofern die weiteren Voraussetzungen vorliegen –

- der Optionsverschonung nach § 13a Abs. 10 ErbStG

wählen (**zweites Wahlrecht**), § 13c Abs. 1 Satz 1 ErbStG. Voraussetzung für das zweite Wahlrecht ist nach § 13a Abs. 10 Satz 2 ErbStG, dass das begünstigungsfähige Vermögen nach § 13b Abs. 1 ErbStG nicht zu mehr als 20 Prozent aus Verwaltungsvermögen nach § 13b Abs. 3 und 4 ErbStG besteht. Liegen die Voraussetzungen für die Optionsverschonung in diesem Falle vor, bedarf es auch insoweit eines Antrags (§ 13a Abs. 10 Satz 1 ErbStG). Andernfalls bestimmt sich die Begünstigung für das Großvermögen nach den entsprechenden Grundsätzen der Regelverschonung.

Begünstigungen für Großunternehmen – Überblick **678**

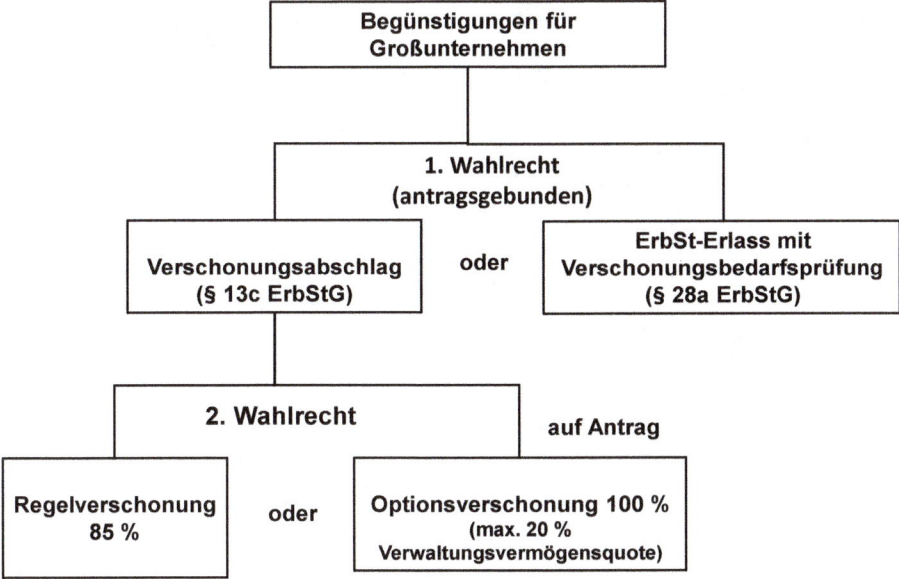

679–700 frei

3.6.12.4 Abschmelzmodell nach § 13c ErbStG

3.6.12.4.1 Reduzierung des Verschonungsabschlags

Überschreitet der Erwerb von begünstigtem Vermögen im Sinne des § 13b Abs. 2 ErbStG **701** die Grenze des § 13a Abs. 1 Satz 1 von 26 Mio. €, **verringert sich** gemäß **§ 13c Abs. 1 Satz 1 ErbStG** auf Antrag des Erwerbers der **Verschonungsabschlag** nach § 13a Abs. 1 (Regelverschonung) oder Abs. 10 ErbStG (Optionsverschonung) **um jeweils einen Prozentpunkt für jede vollen 750 000 €**, die der Wert des begünstigten Vermögens im Sinne des § 13b Abs. 2 ErbStG den Betrag von **26 Mio. € übersteigt**.

BEISPIELE

702 a) Schenker S schenkt Erwerber A begünstigtes Vermögen i. S. v. § 13b Abs. 2 ErbStG im Wert von 35 Mio. €. Wie hoch wäre der Verschonungsabschlag nach § 13c ErbStG und die erbschaftsteuerliche Bemessungsgrundlage im Falle der Regel- bzw. der Optionsverschonung?

LÖSUNG Da die Erwerbsschwelle von 26 Mio. € i. S. v. § 13a Abs. 1 ErbStG überschritten ist, finden die Vorschriften für den Erwerb von Großunternehmen (§ 13c und § 28a ErbStG) Anwendung. Ermittlung reduzierter Verschonungsabschlag und erbschaftsteuerliche Bemessungsgrundlage:

		Regel-verschonung	Options-erschonung
Wert begünstigtes Vermögen	35 000 000 €	85 %	100 %
abzgl. Freigrenze	./. 26 000 000 €		
übersteigt Freigrenze um	9 000 000 €		
dividiert durch 750 000 €	12,00		
abgerundet	12,00		
Minderung um	12 %	./. 12 %	./. 12 %
reduzierter Verschonungsabschlagssatz		**73 %**	**88 %**
Wert begünstigtes Vermögen		35 000 000 €	35 000 000 €
./. reduzierter Verschonungsabschlag		./. 25 550 000 €	./. 30 800 000 €
verbleiben		9 450 000 €	4 200 000 €
./. Abzugsbetrag (§ 13a Abs. 2 ErbStG)		0 €	0 €
Erbschaftsteuerliche BMG		**9 450 000 €**	**4 200 000 €**
im Vergleich: bei Abschlag ohne Kürzung		*5 250 000 €*	*0 €*
Erhöhung BMG aufgrund § 13c ErbStG		*4 200 000 €*	*4 200 000 €*

b) Wie Beispiel a, der Wert des begünstigten Vermögens beträgt jedoch 35,5 Mio. €. Wie hoch wäre der Verschonungsabschlag nach § 13c ErbStG im Falle der Regel- bzw. der Optionsverschonung?

Lösung Die Höhe der prozentualen Verschonungsabschläge wären unverändert, da der Abschlag sich nur für **jede vollen 750 000 €** um jeweils einen Prozentpunkt verringert.

		Regel-verschonung	Options-verschonung
Wert begünstigtes Vermögen	35 500 000 €	85 %	100 %
abzgl. Freigrenze	./. 26 000 000 €		
übersteigt Freigrenze um	9 500 000 €		
dividiert durch 750 000 €	12,67		
abgerundet	**12,00**		
Minderung um	12 %	./. 12 %	./. 12 %
reduzierter Verschonungsabschlag		**73 %**	**88 %**

703 Der Erwerber kann den **Antrag** auf Durchführung des Abschmelzmodells nach § 13c Abs. 1 ErbStG (s. o.) **insgesamt nur einheitlich** für alle Arten des erworbenen begünstigungsfähigen Vermögens (land- und forstwirtschaftliches Vermögen, Betriebsvermögen und Anteile an Kapitalgesellschaften) stellen. Maßgeblich ist das insgesamt erworbene begünstigte Vermögen. Das begünstigte Vermögen mehrerer wirtschaftlicher Einheiten ist zusammenzurechnen. Bei Schenkungen mit z. B. mehreren Betriebsübertragungen in mehreren Schenkungsverträgen ist

bei Vorliegen eines **einheitlichen Schenkungswillens** von nur einer Schenkung auszugehen (vgl. Abschnitt 13c.1 Abs. 3 koord. LE vom 22.06.2017).

BEISPIEL

Erblasser E hinterlässt ein Einzelunternehmen und einen Mitunternehmeranteil mit begünstigtem Vermögen i. S. v. § 13b Abs. 2 ErbStG i. H. v. 20 Mio. € und 10 Mio. €. Alleinerbe A muss sich bei Erwerb des Großunternehmens i. S. v. § 13a Abs. 1 Satz 1 ErbStG für beide wirtschaftlichen Einheiten **einheitlich** entscheiden, ob er den reduzierten Verschonungsabschlag nach § 13c ErbStG oder die Verschonungsbedarfsprüfung nach § 28a ErbStG in Anspruch nehmen möchte. **704**

3.6.12.4.2 Kein Verschonungsabschlag für Größtunternehmen

Der Verschonungsabschlags nach § 13c ErbStG verringert sich bei Anwendung der **Regel- verschonung** bei einem Erwerb von begünstigtem Vermögen i. S. d. § 13b Abs. 2 ErbStG von **mehr als 89 750 000 €** auf **0 %** (89 750 000 € ./. 85 × 750 000 € = 26 000 000 €). Bei Anwendung der Optionsverschonung käme zwar rechnerisch noch ein Abschlag von 15 % in Betracht (100 % ./. 85 % = 15 %). Jedoch stellt § 13c Abs. 1 Satz 2 ErbStG ausdrücklich klar, dass im Falle der **Optionsverschonung** ab einem Erwerb von begünstigtem Vermögen im Sinne des § 13b Abs. 2 ErbStG i. H. v. **90 Mio. € ein Verschonungsabschlag nicht mehr** gewährt wird (> 89 999 999 €). Bei Überschreiten dieser Grenze spricht man auch von »**Größtunternehmen**«, für die eine Ver- schonung nach § 13c ErbStG gänzlich ausscheidet. Steuerpflichtige können in diesen Fällen – auf Antrag – allenfalls noch eine Vergünstigung nach den Grundsätzen der Verschonungsbe- darfsprüfung gemäß § 28a ErbStG errcichen. **705**

Reduzierter Verschonungsabschlag nach § 13c ErbStG **706**

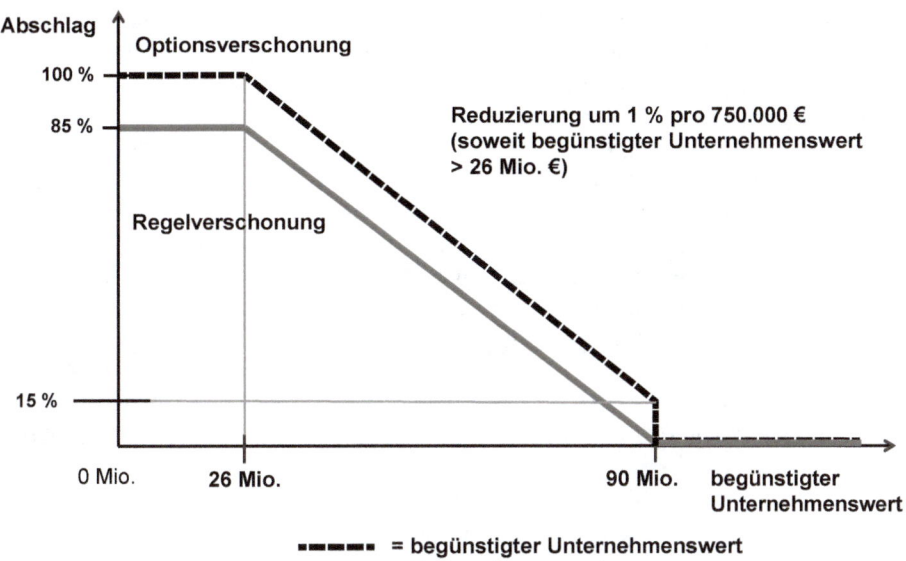

707   Tabelle: reduzierte Verschonungsabschläge nach § 13c ErbStG

	Wert des begünstigten Anteilserwerbs	Verschonungsabschlag u. stpfl. Betrag bei der			
		Regelverschonung		Optionsverschonung	
»Normal-vermögen«	5.000.000	85%	750.000	100%	0
	10.000.000	85%	1.500.000	100%	0
	20.000.000	85%	3.000.000	100%	0
»Groß-vermögen«	30.000.000	80%	6.000.000	95%	1.500.000
	35.000.000	73%	9.450.000	88%	4.200.000
	40.000.000	67%	13.200.000	82%	7.200.000
	45.000.000	60%	18.000.000	75%	11.250.000
	50.000.000	53%	23.500.000	68%	16.000.000
	55.000.000	47%	29.150.000	62%	20.900.000
	60.000.000	40%	36.000.000	55%	27.000.000
	65.000.000	33%	43.550.000	48%	33.800.000
	70.000.000	27%	51.100.000	42%	40.600.000
	75.000.000	20%	60.000.000	35%	48.750.000
	80.000.000	13%	69.600.000	28%	57.600.000
	85.000.000	7%	79.050.000	22%	66.300.000
	89.999.900	0%	89.999.900	15%	6.500.000
»Größt-vermögen«	90.000.000	0%	90.000.000	0%	**90.000.000**
	100.000.000	0%	100.000.000	0%	100.000.000

3.6.12.4.3 Rückwirkend reduzierter Verschonungsabschlag für frühere Erwerbe

708   Wird die Grenze von 26 Mio. € durch mehrere innerhalb von zehn Jahren von derselben Person anfallende Erwerbe überschritten, **entfällt die Steuerbefreiung** für die bis dahin nach der Regel- bzw. Optionsverschonung als steuerfrei behandelten früheren Erwerbe **mit Wirkung für die Vergangenheit**, es sei denn, für den früheren Erwerb wurde ein Antrag nach § 28a Abs. 1 ErbStG gestellt (vgl. § 13c Abs. 2 Satz 3 f. i. V. m. § 13a Abs. 1 Satz 3 f. ErbStG). D. h. der durch die Zusammenrechnung ermittelte reduzierte Verschonungsabschlag findet nicht nur auf den Letzterwerb, sondern auch auf die früheren Erwerbe Anwendung, sofern der **frühere Erwerb nach dem 30. 06. 2016** erfolgte und damit unter die Neuregelung des Erbschaftsteuerrechts fällt (vgl. § 37 Abs. 12 ErbStG) und hierfür kein Antrag nach § 28a Abs. 1 ErbStG gestellt wurde. Frühere Erwerbe vor dem 01. 07. 2016 werden zwar im Zehnjahreszeitraum für die Prüfung der Schwellengrenze und die Ermittlung des reduzierten Verschonungsabschlags einbezogen. Die Steuerfestsetzung für diese früheren Erwerbe nach alter Rechtslage vor dem 01. 07. 2016 wird jedoch nicht rückwirkend geändert.

709   In diesen Fällen wird **zuerst** die zu dem **früheren Erwerb** ergangene **Steuerfestsetzung geändert**. Sodann wird die erstmalige Steuerfestsetzung für den aktuellen Erwerb unter Berücksichtigung des § 14 ErbStG durchgeführt. Soweit bei dem früheren Erwerb innerhalb der jeweiligen Fristen gegen die Lohnsummen- oder Behaltensregelungen verstoßen und eine Nachsteuer erhoben wurde, ist auch insoweit eine Neuberechnung der Erbschaft- oder Schenkungsteuer auf der Grundlage des abgeschmolzenen Verschonungsabschlags durchzuführen (vgl. Abschnitt 13c.4 Abs. 2 Sätze 4 ff. koord. LE vom 22. 06. 2017).

710   Die **Festsetzungsfrist** für die Steuer der früheren Erwerbe endet nicht vor dem Ablauf des vierten Jahres, nachdem das für die Erbschaftsteuer zuständige Finanzamt von dem letzten Erwerb Kenntnis erlangt (§ 13a Abs. 1 Satz 4 ErbStG).

BEISPIEL

Schenker S schenkt Erwerber A in 2018 begünstigtes Vermögen i. S. v. § 13b Abs. 2 ErbStG im Wert von 20 Mio. € (Voraussetzungen für Optionsverschonung liegen nicht vor, da Verwaltungsvermögenquote > 20 %, vgl. § 13a Abs. 10 Satz 2 ErbStG). S schenkte dem A bereits zuvor im Jahre 2017 begünstigtes Vermögen i. S. v. § 13b Abs. 2 ErbStG im Wert von 5 Mio. € (besteuert nach Regelverschonungsabschlag mit 750 000 €) sowie im Jahre 2015 Unternehmensvermögen im Wert von 8 Mio. €, welches nach Abzug der Regelverschonung i. H. v. 1,2 Mio. € der Besteuerung unterlag. Folgen des Letzterwerbs für die früheren Erwerbe?

LÖSUNG Durch den Letzterwerb in 2018 wurde die Erwerbsschwelle von 26 Mio. € i. S. v. § 13a Abs. 1 ErbStG (erstmals) überschritten (8 Mio. € + 5 Mio. € + 20 Mio. € = 33 Mio. €). Auf Antrag des Erwerbers kommt für den Letzterwerb entweder nur ein reduzierter Verschonungsabschlag nach § 13c ErbStG oder die Verschonungsbedarfsprüfung nach § 28a ErbStG zur Anwendung. Die Vorschriften für Großunternehmen finden rückwirkend auch Anwendung auf die Schenkung in 2017 (Erwerb nach dem 30. 06. 2016), nicht jedoch auf den Erwerb in 2015 (Erwerb vor dem 01. 07. 2016), vgl. § 37 Abs. 12 ErbStG. Stellt der Erwerber einen Antrag nach § 13c Abs. 1 Satz 1 ErbStG und entfällt wegen des Überschreitens des Schwellenwerts (teilweise) die Steuerbefreiung für den früheren Erwerb in 2017, wird die weggefallene Steuerbefreiung ersetzt durch eine neue Steuerbefreiung auf der Grundlage des abgeschmolzenen Prozentsatzes des Verschonungsabschlags, der sich bezogen auf den zusammengerechneten Wert des begünstigten Vermögens ergibt. Die Minderung des Verschonungsabschlags ist sowohl auf den letzten Erwerb (2018) als auch auf den früheren Erwerb (2017) anzuwenden. Das gilt unabhängig davon, ob für den früheren Erwerb – wie vorliegend – erstmals die Steuerbefreiung nach § 13c Abs. 1 ErbStG gewährt wird oder für den früheren Erwerb nunmehr ein geringerer Verschonungsabschlag nach § 13c Abs. 1 ErbStG zu gewähren ist, und unabhängig davon, ob jeweils die Regelverschonung oder die Optionsverschonung in Anspruch genommen wurde (vgl. Abschnitt 13c.4 Abs. 2 koord. LE vom 22. 06. 2017).

Der reduzierte Verschonungsabschlag nach § 13c Abs. 1 ErbStG ermittelt sich wie folgt:

		Erwerb 2017 Regelverschonung	Erwerb 2018 Regelverschonung
Wert begünstigtes Vermögen	33 000 000 €	85 %	85 %
	./.		
abzgl. Freigrenze	26 000 000 €		
übersteigt Freigrenze um	7 000 000 €		
dividiert durch 750 000 €	9,33		
abgerundet	9,00		
Minderung um	9 %	./. 9 %	./. 9 %
reduzierter Verschonungsabschlagssatz		76 %	76 %
begünstigtes Vermögen (§ 13b Abs. 2 ErbStG)		5 000 000 €	20 000 000 €
./. Verschonungsabschlag		./. 3 800 000 €	./. 15 200 000 €
Abzugsbetrag (§ 13a Abs. 2 ErbStG)		./. 0 €	./. 0 €
Steuerpflichtiger Erwerb		1 200 000 €	4 800 000 €
Im Vergleich: BMG bisher		750 000 €	
rückwirkende Erhöhung der BMG		450 000 €	

3.6.12.4.4 Anwendung der Lohnsummen- und Behaltensvoraussetzungen

Für die endgültige Gewährung der reduzierten Verschonungsabschläge müssen die jeweiligen Lohnsummen- und Behaltensregelungen eingehalten werden Dies wird durch die entsprechende Anwendung von § 13a Abs. 3 bis 9 ErbStG auch auf den Erwerb von Großunternehmen klargestellt (§ 13c Abs. 2 Satz 1 ErbStG; vgl. Abschnitt 13c.2 koord. LE vom 22.06.2017).

BEISPIEL

Schenker S schenkt Erwerber E in 2017 begünstigtes Vermögen i. S. v. § 13b Abs. 2 ErbStG im Wert von 32 Mio. €, wofür – bei Antrag auf Optionsverschonung – ein reduzierter Verschonungsabschlag von 92 % gewährt wird. Nach Ablauf der Lohnsummenfrist steht fest, dass die Mindestlohnsumme nur zur Hälfte erreicht wurde.

LÖSUNG Aufgrund des Unterschreitens der Mindestlohnsumme fällt der ursprünglich gewährte Verschonungsabschlag rückwirkend in demselben Umfang weg, wie die Mindestlohnsumme unterschritten wird (§ 13c Abs. 2 Satz 1 i. V. m. § 13a Abs. 3 Satz 5 ErbStG). Somit wird wegen Nichteinhaltens der Mindestlohnsumme nur ein Verschonungsabschlag von 46 % gewährt (= 92 % x 50 %).

3.6.12.4.5 Begünstigte Erwerbe bei Familienstiftungen

712   Wird begünstigtes Vermögen i. S. v. § 13b Abs. 2 ErbStG auf Grund eines Stiftungsgeschäfts unter Lebenden (§ 7 Abs. 1 Nr. 8 ErbStG) auf eine **Familienstiftung** oder einen Familienverein übertragen und wird hierbei der Schwellenwert von 26 Mio. € überschritten, so gelten die vorgenannten **Grundsätze entsprechend**. Die Familienstiftung kann zwischen dem reduzierten Verschonungsabschlag nach § 13c ErbStG und der Verschonungsbedarfsprüfung nach § 28a ErbStG wählen. Die gleichen Grundsätze gelten auch für die **Ersatzerbschaftsteuer** einer Familienstiftung (§ 1 Abs. 1 Nr. 4 ErbStG), § 13c Abs. 3 ErbStG (vgl. Abschnitt 13c.5 koord. LE vom 22.06.2017).

713–730 frei

3.6.12.5   Verschonungsbedarfsprüfung nach § 28a ErbStG

3.6.12.5.1 Grundprinzip

731   Überschreitet der Erwerb von begünstigtem Vermögen i. S. d. § 13b Abs. 2 ErbStG den Schwellenwert des § 13a Abs. 1 Satz 1 von 26 Mio. €, so finden erstmals für Erwerbe nach dem 30.06.2016 die Sondervorschriften für Großunternehmen Anwendung (s. o.). Der Erwerber kann in diesem Falle zwischen dem Abschmelzmodell des § 13c ErbStG (s. o.) und der Verschonungsbedarfsprüfung nach § 28a ErbStG wählen. **Beantragt** der Erwerber die Verschonungsbedarfsprüfung, so ist gemäß **§ 28a Abs. 1 ErbStG** die **auf das begünstigte Vermögen i. S. d. § 13b Abs. 2 ErbStG entfallende Steuer zu erlassen, soweit** er nachweist, dass er **persönlich nicht in der Lage** ist, die **Steuer aus seinem verfügbaren Vermögen** i. S. d. § 28a Abs. 2 ErbStG zu begleichen. Zum grds. widerruflichen Antrag s. o. Die Vorschrift des § 28a ErbStG steht im IV. Abschnitt des Erbschaftsteuergesetzes (Steuerfestsetzung und Erhebung), da die Verschonungsbedarfsprüfung – anders als der reduzierte Verschonungsabschlag – keine sachliche Steuerbefreiung für das begünstigte Vermögen vorsieht, sondern eine Begünstigung erst i. R. d. Steuerfestsetzung unter bestimmten Voraussetzungen.

732   Die Vorschrift des § 28a ErbStG ermöglicht auch künftig, dass begünstigtes Vermögen i. S. d. § 13b Abs. 2 ErbStG ggfs. in Milliardenhöhe ohne bzw. nur mit einer ermäßigten Steuerbelastung verschenkt oder vererbt werden kann. Beträgt der Erwerb begünstigten Vermögens von derselben Person innerhalb von 10 Jahren 90 Mio. € und mehr, so kann eine Begünstigung für dieses Großunternehmensvermögen nur noch über die Verschonungsbedarfsprüfung in Betracht kommen; das Abschmelzungsmodell des § 13c ErbStG greift in diesem Falle nicht mehr ein; ein Antrag nach § 13c ErbStG liefe letztlich ins Leere (vgl. Abschnitt 13c.1 Abs. 4 Satz 3 koord. LE vom 22.06.2017). Der Gesetzgeber geht davon aus, dass der Erwerber beim

Erwerb von Großunternehmen oftmals über umfangreiche Mittel verfügt, um die Erbschaft-bzw. Schenkungsteuer ganz oder zumindest teilweise bezahlen zu können. Verschont soll letztlich nur das begünstigte Unternehmensvermögen werden, nicht jedoch die Person des Erwerbers selbst bzw. dessen sonstiges verfügbares Vermögen. Zum Hintergrund der Sonderregelungen für Großvermögen s. o.

Wird die Verschonungsbedarfsprüfung gewählt, wird **zunächst** die **Erbschaftsteuer bzw.** **Schenkungsteuer ohne Anwendung der Verschonungsabschläge ermittelt.** Wird ein (unwiderruflicher) Antrag auf Anwendung des Abschmelzmodells nach § 13c ErbStG gestellt, so kommt die Verschonungsbedarfsprüfung nicht in Betracht (§ 28a Abs. 8 ErbStG). Im nächsten Schritt muss die auf das **begünstigte Vermögen** i. S. d. § 13b Abs. 2 ErbStG **entfallende anteilige Erbschaft- bzw. Schenkungsteuer** ermittelt werden. Nur für diesen Teil der Steuer kommt ein Steuererlass nach § 28a Abs. 1 ErbStG in Betracht, »soweit« sie nicht durch verfügbares Vermögen beglichen werden kann. Der Teil der Steuer, der durch das verfügbare Vermögen (50 % eines bestimmten in § 28a Abs. 2 ErbStG definierten Vermögens) beglichen werden könnte, wird demzufolge nicht erlassen und ist grundsätzlich zum Fälligkeitszeitpunkt zu zahlen. Gleiches gilt auch für die anteilige Steuer, die auf das nicht begünstigte (Unternehmens-)Vermögen entfällt.

Vereinfacht ist folgendes **Ermittlungsschema** anzuwenden:

1. Ermittlung der Erbschaftsteuer auf das gesamte übertragene Vermögen.
2. Ermittlung der anteiligen – auf das begünstigte Vermögen entfallende – ErbSt.
3. Ermittlung des verfügbaren Vermögens nach § 28a Abs. 2 ErbStG.
4. Berechnung der zu erlassenden Erbschaftsteuer.
5. Berechnung der zu zahlenden Erbschaftsteuer.

3.6.12.5.2 Ermittlung der auf begünstigtes Vermögen entfallenden Steuer

Die auf das **begünstigte Vermögen nach § 13b Abs. 2 ErbStG entfallende Steuer** ist wie folgt zu berechnen (Abschnitt 28a.1 Abs. 5 koord. LE vom 22. 06. 2017):

1. Die tarifliche Steuer nach § 19 ErbStG auf den gesamten steuerpflichtigen Erwerb ist ggfs. um die anzurechnende Steuer auf einen Vorerwerb nach § 14 Abs. 1 ErbStG zu kürzen.
2. Die danach verbleibende Steuer ist nach dem Verhältnis des Werts des begünstigten Vermögens ggfs. nach Abzug des Vorwegabschlags nach § 13a Abs. 9 ErbStG und nach Abzug der damit in wirtschaftlichem Zusammenhang stehenden abzugsfähigen Schulden und Lasten (§ 10 Abs. 5 und 6 ErbStG) zum Wert des gesamten Vermögensanfalls nach Abzug der mit diesem Vermögen in wirtschaftlichem Zusammenhang stehenden abzugsfähigen Schulden und Lasten aufzuteilen.
3. Sind für das begünstigte Vermögen die Voraussetzungen der §§ 19a, 21 oder 27 ErbStG erfüllt, sind der Ermäßigungsbetrag nach § 19a ErbStG, die darauf entfallende Ermäßigung nach § 27 ErbStG bzw. die darauf entfallende, nach § 21 ErbStG anrechenbare Steuer abzuziehen.

BEISPIEL

Beispiel für die Berechnung der auf das begünstigte Vermögen entfallenden Steuer (vgl. Beispiel in H 28a.1 koord. LE vom 22. 06. 2017):
Unternehmerin U hat ihre Tochter T zur Alleinerbin eingesetzt. Zum Nachlass gehören sämtliche Anteile an einer GmbH mit einem Steuerwert 100 000 000 €. Das begünstigte Vermögen hat einen gemeinen Wert von 95 000 000 €. Die Gesellschaft erfüllt die Voraussetzungen für einen Vorwegabschlag nach § 13a Abs. 9 ErbStG i. H. v. 5 %. Zum Nachlass gehört Kapitalvermögen im Wert von

733

734

735

736

25 000 000 €. Ein im Zusammenhang mit der Anschaffung der GmbH-Anteile aufgenommener Kredit valutiert noch i. H. v. 3 000 000 €.

Die Tochter ist Eigentümerin eines Grundstücks mit einem gemeinen Wert von 2 000 000 €, welches sie zu eigenen Wohnzwecken nutzt.

LÖSUNG Für T ergibt sich folgende Steuerberechnung:

GmbH-Anteile		
nicht begünstigtes Vermögen		5 000 000 €
begünstigtes Vermögen	95 000 000 €	
./. Vorwegabschlag 5 %	./. 4 750 000 €	
verbleiben	90 250 000 €	
steuerpflichtiges begünstigtes Unternehmensvermögen		+ 90 250 000 €
Kapitalvermögen		+ 25 000 000 €
gesamter Vermögensanfall		120 250 000 €

Auf das nicht begünstigte Vermögen entfallende Schulden:

$$\frac{3\,000\,000\,€ \times 5\,000\,000\,€}{100\,000\,000\,€} = 150\,000\,€$$

Auf das begünstigte Vermögen entfallende Schulden:
3 000 000 € - 150 000 € = 2 850 000 €

Schuldenkürzung nach § 10 Abs. 6 ErbStG:

$$\frac{2\,850\,000\,€ \times 90\,250\,000\,€}{95\,000\,000\,€} = 2\,707\,500\,€$$

Abziehbare Schulden (150 000 € + 2 707 500 € =)		./. 2 857 500 €
Vermögensanfall nach Schuldenabzug		117 392 500 €
./. Erbfallkostenpauschale		./. 10 300 €
./. persönlicher Freibetrag		400 000 €
steuerpflichtiger Erwerb		116 982 200 €
Anteil des begünstigten Vermögens:		
begünstigtes Vermögen	90 250 000 €	
./. darauf entfallende abziehbare Schulden	./. 2 707 500 €	
Saldo	87 542 500 €	

Entspricht Anteil am Gesamterwerb vor Freibeträgen:
87 542 500 € : 117 392 500 € = **74,58 %** *(aufgerundet)*

Steuer nach StKl. I (30 %) auf Gesamterwerb		35 094 660 €
davon entfällt anteilig **auf begünstigtes Vermögen**		**26 173 598 €**

35 094 660 € x 74,58 %
(= maximal erlassfähige Steuer nach § 28a ErbStG)

auf nicht begünstigtes Vermögen entfallende Differenz von
8 921 062 € (= 35 094 660 € ./. 26 173 598 €) auf jeden Fall
sofort fällig und nicht erlassfähig nach § 28a ErbStG

T muss die Hälfte ihres verfügbaren Einkommens i. S. d. § 28a
Abs. 2 ErbStG einsetzen, um die auf das begünstigte Vermögen entfallende Steuer (26 173 598 €) zu begleichen. Der Rest
wird erlassen.

3.6.12.5.3 Ermittlung des verfügbaren Vermögens nach § 28a Abs. 2 ErbStG

3.6.12.5.3.1 Allgemeines

Nach § 28a Abs. 1 ErbStG kommt ein **Erlass** nur für den Teil der auf das begünstigte Ver- **737** mögen i. S. d. § 13b Abs. 2 ErbStG entfallenden Steuer in Betracht, den der Erwerber **nicht aus seinem verfügbaren Vermögen begleichen kann.** Zum verfügbaren Vermögen gehören gemäß § 28a Abs. 2 ErbStG **50 %** der Summe der gemeinen Werte des

1. mit der Erbschaft oder Schenkung zugleich übergegangenen Vermögens, das nicht zum begünstigten Vermögen i. S. d. § 13b Abs. 2 ErbStG gehört, und
2. dem Erwerber im Zeitpunkt der Entstehung der Steuer (§ 9 ErbStG) gehörenden Vermögens, das nicht zum begünstigten Vermögen i. S. d. § 13b Abs. 2 ErbStG gehören würde.

Selbst wenn der Erwerber in der Lage wäre, die gesamte Erbschaftsteuer zu entrichten, muss nach dem Willen des Gesetzgebers nur die **Hälfte des verfügbaren Vermögens** zur Steuerzahlung eingesetzt werden. Im Rahmen des **Gesetzgebungsverfahrens** wurde dies wie folgt **begründet** (vgl. BR-Drucks. 353/18 vom 14. 08. 2015: Entwurf eines Gesetzes zur Anpassung des Erbschaftsteuer- und Schenkungsteuergesetzes an die Rechtsprechung des Bundesverfassungsgerichts): Das Erbschaft- und Schenkungsteuerrecht erkennt in § 13 ErbStG an, dass bestimmtes Vermögen für die Bestreitung des Lebensunterhalts zur Verfügung stehen sollte, z. B. Hausrat, Familienheim. Dabei ist zu berücksichtigen, dass bei einer Veräußerung von bestimmten Wirtschaftsgütern unter Umständen andere Steuern anfallen oder bei einer eventuellen Beleihung von Wirtschaftsgütern und Vermögensgegenständen eine Beleihung zu 100 Prozent ihres Verkehrswerts in der Regel nicht zu realisieren ist. Da der zu wahrende Kernbestand des Vermögens nicht zweifelsfrei abgegrenzt werden kann, ist das übrige Vermögen typisierend mit einem Anteil von 50 % einzubeziehen (vgl. Abschnitt 28a.2 Abs. 1 koord. LE vom 22. 06. 2017).

3.6.12.5.3.2 Bestandteile des verfügbaren Vermögens

Gemäß Abschnitt 28a.2 Abs. 1 Satz 7 koord. LE vom 22. 06. 2017 gehören zum verfügbaren **738** Vermögen insbesondere

1. das **nicht** nach § 13b Abs. 1 ErbStG **begünstigungsfähige** Vermögen, z. B. Anteile an Kapitalgesellschaften, die die Mindestbeteiligung nach § 13b Abs. 1 Nr. 3 ErbStG nicht erreichen, ausländisches Betriebsvermögen in einem Drittstaat, Privatvermögen (Kapitalvermögen, Grundstücke, übriges Vermögen),
2. das **nicht begünstigte Verwaltungsvermögen**, das zu einer wirtschaftlichen Einheit des begünstigungsfähigen Vermögens nach § 13b Abs. 1 ErbStG gehört (steuerpflichtiger Wert des Verwaltungsvermögens, vgl. Abschnitt 13b.9 Abs. 2 koord. LE),
3. Vermögen, das nicht der Besteuerung nach dem ErbStG unterliegt, z. B. Vermögen, das nicht der unbeschränkten Steuerpflicht nach § 2 Abs. 1 Nr. 1 ErbStG unterliegt oder nach einem DBA von der Besteuerung ausgenommen ist.

Bzgl. Bestand und Wert des verfügbaren Vermögens wird hierbei – vorbehaltlich weiterer Erwerbe i. S. v. § 28a Abs. 4 Nr. 3 ErbStG – allein auf die **Verhältnisse im Besteuerungszeitpunkt** abgestellt.

Im Rahmen der Verschonungsbedarfsprüfung muss der Erwerber sein **ganzes Vermögen** **739** – mit **Ausnahme** des bereits vorhandenen oder erworbenen **begünstigten Vermögens** i. S. d. § 13b Abs. 2 ErbStG – **zur Hälfte** einsetzen, um die auf das begünstigte Vermögen entfallende Erbschaft- bzw. Schenkungsteuer zu bezahlen. Nach § 13b Abs. 2 ErbStG begünstigtes Vermögen rechnet also in keinem Falle zum verfügbaren und damit zum für die Steuerzahlung nach § 28a ErbStG einzusetzenden Vermögen. Demgegenüber rechnet das nicht zum begünstigten

Vermögen i. S.d § 13b Abs. 2 ErbStG zählende Vermögen selbst dann zum verfügbaren Vermögen, wenn das ErbStG auch hierfür Begünstigungen vorsieht (z. B. Steuerbefreiungen für Hausrat, Kulturgüter oder das Familienheim). Schulden und Lasten bzw. Nachlassverbindlichkeiten nach § 10 Abs. 5 ErbStG sind bei der Ermittlung des verfügbaren Vermögens ungekürzt abzuziehen. Einschränkungen beim Schuldenabzug nach § 10 Abs. 6 ErbStG spielen an dieser Stelle keine Rolle (vgl. Abschnitt 28a.2 Abs. 2 koord. LE vom 22.06.2017).

740 Über die Ermittlung des verfügbaren Vermögens i. S. v. § 28a Abs. 2 ErbStG waren sich Bayern und die restlichen **Bundesländer nicht einig**. Neben eines weiteren Streitpunktes bei jungen Finanzmitteln im Konzern war dies der Grund, weshalb nur ein **koordinierter Ländererlass (ohne Bayern)** an Stelle eines sonst üblichen gleichlautenden Ländererlasses verabschiedet wurde. Gemäß Abschnitt 28a.2 Abs. 2 koord. LE vom 22.06.2017 **mindert** die auf den steuerpflichtigen Erwerb entfallende **Erbschaft- bzw. Schenkungsteuer** den Wert des **verfügbaren Vermögens nicht**. Ebenso wenig mindern die durch einen späteren Verkauf verfügbaren Vermögens anfallenden anderen Steuern, z. B. Einkommensteuer oder Grunderwerbsteuer, das verfügbare Vermögen nicht. Die nach Anwendung des § 28a Abs. 1 Satz 1 ErbStG verbleibende Steuer kann unter den Voraussetzungen des § 28a Abs. 3 ErbStG ganz oder teilweise bis zu sechs Monate gestundet werden.

BEISPIEL

741 Schenker V schenkt seinem Sohn S seine Unternehmensbeteiligung im Wert von 100 Mio. €. Davon sind begünstigt i. S. v. § 13b Abs. 2 ErbStG 80 Mio. €. Das nicht begünstigte Betriebsvermögen (20 Mio. €) besteht aus einem fremd vermieteten Grundstück. Weiteres Vermögen des S ist nicht vorhanden. Persönliche Freibeträge hier vereinfachend unberücksichtigt. S stellt einen Antrag nach § 28a ErbStG zur Besteuerung nach den Grundsätzen der Verschonungsbedarfsprüfung. Fraglich ist die Höhe des verfügbaren Vermögens.

LÖSUNG Die für den Erwerb anfallende Schenkungsteuer beträgt nach § 19 Abs. 1 ErbStG 30 Mio. € (Steuersatz 30 %). Auf das begünstigte Vermögen entfallen hiervon 24 Mio. € (= 30 Mio. x 80 %). Die verbleibenden 6 Mio. € Schenkungsteuer sind sofort zur Zahlung fällig. Zum verfügbaren Vermögen i. S. v. § 28 Abs. 2 ErbStG rechnet das nicht begünstigte Vermögen i. H. v. 20 Mio. €, obwohl hiervon bereits 6 Mio. € Schenkungsteuer zu entrichten ist. Gemäß **Abschnitt 28a.2 Abs. 2 koord. LE vom 22.06.2017** muss die Hälfte hiervon (= 10 Mio. €) eingesetzt werden, um die auf das begünstigte Vermögen entfallende Schenkungsteuer (24 Mio. €) zu zahlen. Lediglich die verbleibende Schenkungsteuer (24 Mio. € ./. 10 Mio. € = 14 Mio. €) würde nach § 28a ErbStG erlassen.

Nach Ansicht von **Bayern** beträgt das verfügbare Vermögen des S i. S. d. § 28a ErbStG hingegen nur 14 Mio. € statt 20 Mio. €, da die Schenkungsteuer hierauf i. H. v. 6 Mio. € das »verfügbare« Vermögen bereits gemindert hat. Folge: max. 7 Mio. (die Hälfte) müssten zur Steuerzahlung auf das begünstigte Vermögen herangezogen werden. Zudem wäre demnach ggfs. auch noch eine latente Ertragsteuerlast mindernd zu berücksichtigen, etwa wenn zur Schenkungsteuerzahlung das steuerlich verstrickte fremdvermietete Grundstück veräußert werden müsste und eine zusätzliche Ertragsteuerlast auslösen würde.

3.6.12.5.4 Erlass unter auflösender Bedingung

742 Der Erlass der Steuer steht nach § 28a Abs. 4 ErbStG unter der **auflösenden Bedingung**, dass

1. die maßgebenden jährlichen Lohnsummen innerhalb von **sieben Jahren** nach dem Erwerb (Lohnsummenfrist) insgesamt die **Mindestlohnsumme unterschreitet**. Der Erlass der Steuer mindert sich in diesem Falle mit Wirkung für die Vergangenheit in demselben **prozentualen** Umfang, wie die Mindestlohnsumme unterschritten wird.

2. der Erwerber innerhalb von **sieben Jahren** (Behaltensfrist) gegen die Behaltensbedingungen entsprechend § 13a Absatz 6 Satz 1 ErbStG verstößt. Entsprechend § 13a Absatz 6 Satz 2 bis 4 ErbStG mindert sich die erlassene Steuer anteilig.

3. der Erwerber **innerhalb von zehn Jahren** nach dem Zeitpunkt der Entstehung der Steuer **weiteres Vermögen durch Schenkung oder von Todes** wegen erhält, das verfügbares Vermögen i. S. d. Absatzes 2 darstellt. Der Erwerber kann erneut einen Antrag nach Absatz 1 stellen. Das verfügbare Vermögen nach Absatz 2 ist um **50 %** des gemeinen Werts des weiteren erworbenen Vermögens zu erhöhen. Die rückwirkende Erhöhung des verfügbaren Vermögens gilt für alle Schenkungen und Erwerbe von Todes wegen (mit Ausnahme von begünstigtem Vermögen i. S. d. § 13b Abs. 2 ErbStG) und unabhängig von der Person des Zuwendenden. Selbst erspartes Vermögen innerhalb von 10 Jahren nach dem Erwerb bleibt unberücksichtigt. Vereinfachungshalber sind auch übliche Gelegenheitsgeschenke i. S. v. § 13 Abs. 1 Nr. 14 ErbStG unbeachtlich (Abschnitt 28a.4 Abs. 2 koord. LE vom 22. 06. 2017).

Der Erwerber ist gemäß § 28a Abs. 5 ErbStG verpflichtet, Sachverhalte, die zum Widerruf des Steuererlasses führen können, dem für die Erbschaftsteuer zuständigen Finanzamt fristgemäß anzuzeigen.

Der Verwaltungsakt über den Erlass der Steuer nach § 28a Abs. 1 Satz 1 ErbStG steht unter **743** dem Vorbehalt des Widerrufs (§ 120 Abs. 2 Nr. 3 AO). Der Verwaltungsakt über den Erlass der Steuer ist bei Eintritt der auflösenden Bedingung nach Satz 1 mit Wirkung für die Vergangenheit ganz oder teilweise zu widerrufen; § 131 Abs. 4 AO gilt entsprechend (vgl. § 28a Abs. 4 Satz 2 f. ErbStG).

3.6.12.5.5 Verschonungsbedarfsprüfung bei Familienstiftung

Beim Erwerb von Größtvermögen (> 90 Mio. €) innerhalb von 10 Jahren von derselben **744** Person kommt als Begünstigung für Unternehmensvermögen (abgesehen vom Vorwegabschlag nach § 13a Abs. 9 ErbStG) lediglich die Verschonungsbedarfsprüfung in Betracht. Die Verschonungsbedarfsprüfung nach § 28a ErbStG kommt auch bei Familienstiftungen zur Anwendung (vgl. Abschnitt 28a.6 koord. LE vom 22. 06. 2017). Dies hat in der Praxis in diesen Fällen zur vermehrten Gründung von Familienstiftungen geführt. Dadurch kann sichergestellt werden, dass das Privatvermögen bzw. vom Erwerber gehaltene nicht begünstigte Unternehmensvermögen nicht als verfügbares Vermögen i. S. d. § 28a Abs. 2 ErbStG zur Steuerzahlung herangezogen wird. Durch entsprechende Gestaltung kann zudem ggfs. erreicht werden, dass die begünstigte Familienstiftung kein oder nur wenig verfügbares Vermögen hält.

745–799 frei

3.7   Verschonung des Grundvermögens (§ 13d ErbStG)

Innerhalb des Grundvermögens ist nur der zu Wohnzwecken vermietete Teil begünstigt. **800** Ist dieser Teil bilanziert, dann gehört er zum Betriebsvermögen mit der Folge, dass die Verschonungsregel des § 13d ErbStG nicht greift. Gleiches gilt, wenn der vermietete Teil zu einem Betrieb der Land- und Forstwirtschaft gehört. Allerdings ist in beiden Fällen (Betrieb und Betrieb der L + F) erforderlich, dass die vermieteten Wohnungen dort auch nach den §§ 13a, 13b ErbStG begünstigt sind. Gehört also der vermietete Wohnteil (wie dies regelmäßig der Fall sein wird) zum Verwaltungsvermögen, dann greift die Verschonung der §§ 13a, 13b ErbStG gem. § 13b Abs. 2 ErbStG nicht. Aus diesem Grund ist der vermietete Wohnteil dann nach § 13d ErbStG begünstigt.

801 Die Verschonung vermieteter Wohnteile besteht in einem Abschlag von 10 % des Werts des Grundstücks. Ist das Grundstück nur teilweise zu Wohnzwecken vermietet, bezieht sich der Abschlag nur auf den anteiligen Wert. Der Wohnungsbegriff ergibt sich aus § 181 Abs. 9 BewG.

BEISPIEL

Ein Gebäude hat vier gleich große und gleichwertige Stockwerke. Ein Stockwerk wird eigenbetrieblich genutzt, eines fremdbetrieblich vermietet, eines zu fremden Wohnzwecken vermietet und eines zu eigenen Wohnzwecken genutzt. Bilanziert ist nur der eigenbetrieblich genutzte Teil. Die Nutzung des Grund und Bodens entspricht der Gebäudenutzung. Der Gesamtwert beträgt 1 000 000 €.

LÖSUNG Der bilanzierte Teil gehört zum Betriebsvermögen. Der Rest stellt Grundvermögen dar. Von diesem ist aber nur der vermietete Teil (Wertanteil 250 000 €) nach § 13d ErbStG begünstigt. Dieser Teil ist also mit 225 000 € anzusetzen.

802 Der Grundstücksteil muss zu Wohnzwecken vermietet sein. Auch wenn die Vermietung an nahe Angehörige zu einer verbilligten Miete erfolgt, gilt dies als Vermietung im Sinne des § 13d ErbStG (ebenso R E 13c Abs. 3 Satz 2 ErbStR; a. A. Rödl u. a. Erbschaft- und Schenkungsteuer Erl. 3.2.2.2.2 zu § 13c: nur anzuerkennen, wenn die Miete mindestens 56 % der ortsüblichen Miete entspricht). Eine unentgeltliche Überlassung führt zur Versagung des § 13d ErbStG R E 13c Abs. 3 Satz 3 ErbStR. Ein vorübergehender Leerstand ist dagegen unschädlich.

803 Weitere Voraussetzungen für den 10 %igen Abschlag sind:
- Es muss sich um ein bebautes Grundstück handeln, die vermietete Wohnung muss also einerseits bereits bezugsfertig sein, andererseits darf es sich nicht um ein unbebautes Grundstück im Zustand der Bebauung handeln, bei dem z. B. ein ZFH errichtet wird und eine Wohnung bereits fertiggestellt ist, während die andere zwar zügig errichtet, jedoch noch nicht fertiggestellt ist.
- Es muss sich um ein Grundstück handeln, das im Inland, in der EU oder im EWR (Norwegen, Island, Liechtenstein) belegen ist. Für die Schweiz gilt das DBA.
- Der Erbe erhält den Verschonungsabschlag nicht, wenn er das Grundstück mit der vermieteten Wohnung aufgrund von Weitergabeverpflichtungen des Erblassers oder Schenkers auf einen Dritten übertragen muss, § 13d Abs. 2 Satz 1 ErbStG.
- Dasselbe gilt, wenn ein Miterbe das Grundstück im Rahmen der Erbauseinandersetzung auf einen anderen Miterben überträgt, § 13d Abs. 2 Satz 2 ErbStG. Dies gilt auch dann, wenn die Aufteilung nicht einer Verfügung des Erblassers entspringt, sondern von den Miterben originär vorgenommen wurde, R E 13c Abs. 5 Satz 10, H E 13c »Weitergabeverpflichtung« Beispiel 2). Auch hier ist der BFH der Meinung der Verwaltung nicht gefolgt, dass dies nur gelte, wenn die Erbauseinandersetzung »zeitnah zum Erbfall« erfolge, BFH vom 23. 06. 2015 BStBl II 2016, 225 gegen RE 130 Abs. 5 Satz 10 ErbstR.

804 Erhält ein Erbe den Verschonungsabschlag des § 13d ErbStG, dann ist zu beachten, dass mit dem begünstigten Wohnraum in Zusammenhang stehende Nachlassverbindlichkeiten ebenfalls nur mit 90 % abzugsfähig sind, § 10 Abs. 6 Satz 5 ErbStG, H E 13c Schuldenkürzung.

805–810 frei

4 Berechnung der Steuer

4.1 Berücksichtigung früherer Erwerbe (§ 14 ErbStG)

Die Vorschrift sieht die Zusammenrechnung aller Erwerbe vor, die innerhalb der letzten **811**
10 Jahre von derselben Person zugewendet wurden. Dabei ist die auf die früheren Erwerbsvorgänge bezahlte Steuer anzurechnen. Der **Zehnjahreszeitraum** ist auf den Tag genau nach den
Vorschriften des § 108 Abs. 1 AO in Verbindung mit den §§ 187 ff. BGB zu errechnen. Für eine
am 15. 04. 2017 ausgeführte Schenkung beginnt der Zeitraum am 16. 04. 2007. Maßgeblich sind
für Schenkungen jeweils der Tag der Ausführung der Schenkung und für Erwerbe von Todes
wegen der Todestag des Erblassers (§ 9 ErbStG).

Maßgebend sind immer nur die Zuwendungen derselben Person. Haben also die Eltern **812**
dem Sohn gemeinsam einen Geldbetrag geschenkt und beerbt der Sohn innerhalb des Zehnjahreszeitraums den Vater, so wird nur die hälftige Schenkung berücksichtigt. Für die früheren
Erwerbe bleibt stets deren früherer Wert maßgebend. Für Schenkungen von Grundbesitz vor
dem 01. 01. 2009 also der frühere Wert, der nach den §§ 138 ff. BewG zu ermitteln war. Vorerwerbe mit negativem Steuerwert von Betrieben oder Anteilen an Personengesellschaften wirken
sich nicht aus. Der aktuelle Erwerb und die früheren Erwerbe werden zusammengerechnet und
für die Summe wird die Steuer nach den heute geltenden Vorschriften errechnet.

Davon wird abgezogen der Betrag, der bei Anwendung der heute geltenden Vorschriften **813**
auf die Vorerwerbe mit ihren damaligen Werten zu bezahlen gewesen wäre (fiktive Steuer). Statt
dieser fiktiven Steuer kann auch die tatsächlich entrichtete Steuer abgezogen werden, wenn
diese höher ist. Liegt die Summe der tatsächlich entrichteten Steuern höher als die für den
Gesamterwerb errechnete Steuer, so kommt es nicht zu einer Erstattung (R E 14.1 Abs. 3 Satz 8
ErbStR).

Allerdings ist als Mindeststeuer der Betrag zu entrichten, der sich für den letzten Erwerb **814**
ohne die Zusammenrechnung mit früheren Erwerben ergibt.

Schema zur Berechnung der Erbschaftsteuer bei Vorerwerben nach § 14 ErbStG **815**

1. Berechnung der Steuer für alle Erwerbe innerhalb des Zehnjahreszeitraums vor Anrechnung:

Steuerwert des aktuellen Vermögensanfalls	€
+ frühere Erwerbe zu ihrem damaligen Steuerwert	€
Summe des heutigen und früherer Erwerbe	€
./. Freibetrag nach § 16 ErbStG	€
./. Versorgungsfreibetrag nach § 17 ErbStG	€
Steuerpflichtiger Erwerb innerh. des 10-J-Zeitraums	€
maßgeblicher Steuersatz (Härteausgleich)	%
Erbschaftsteuer vor Anrechnung	€

2. Berechnung des Anrechnungsbetrages

frühere Erwerbe zu ihrem damaligen Steuerwert (s. o.)	€
./. Freibetrag nach § 16 ErbStG (s. o.)	€
steuerpflichtiger Vorerwerb	€
maßgeblicher Steuersatz (Härteausgleich)	%
fiktive Steuer auf Vorerwerb	€
oder falls günstiger (der höhere Betrag wird angerechnet)	
tatsächlich zu entrichtende Steuer auf Vorerwerb	€

3. Festzusetzende Steuer nach Anrechnung   €

   (höchstens 50 % des aktuellen Erwerbs, § 14 Abs. 2 ErbStG)   €

   Mindeststeuer

   Steuerwert des aktuellen Vermögensanfalls   €

   ./. persönlicher Freibetrag   €

   steuerpflichtiger Erwerb   €

   Steuersatz = Mindeststeuer   €

BEISPIELE

a) E schenkte seiner Tochter T 2008 ein Grundstück mit einem damals maßgeblichen Steuerwert von 280 000 €. T zahlte damals 280 000 € ./. persönlicher Freibetrag 205 000 € = 75 000 € × 11 % = 8 250 € Schenkungsteuer. Am 01. 09. 2016 erhält sie weitere Vermögensgegenstände im Wert von 600 000 €.

LÖSUNG

Steuerwert 2016	600 000 €
Steuerwert 2008	280 000 €
Gesamterwerb	880 000 €
./. persönlicher Freibetrag	400 000 €
steuerpflichtiger Erwerb	480 000 €
aktueller Steuersatz	15 %
Steuer vor Anrechnung	72 000 €
Berechnung des Anrechnungsbetrages	
fiktive Steuer für	280 000 €
./. persönlicher Freibetrag 400 000, anrechenbar aber	
gem. H E 14.1 Abs. 3 Abzugssteuer ErbStR nur	205 000 €
zu versteuern	75 000 €
fiktive Steuer 7 %	5 250 €
oder falls günstiger	
tatsächlich entrichtete Steuer	8 250 €
festzusetzende Steuer nach Anrechnung	
72 000 ./. 8250	63 750 €
Mindeststeuer für aktuellen Erwerb	600 000 €
./. persönlicher Freibetrag	400 000 €
steuerpflichtiger Erwerb	200 000 €
Steuersatz	11 %
Mindeststeuer	22 000 €
(kommt nicht zur Anwendung)	

b) E schenkte seiner Ehefrau 2008 400 000 €. Die Ehefrau entrichtete dafür 400 000 € ./. FB 307 000 € = 93 000 € × 11 % = 10 230 € Schenkungsteuer. 2014 wird die Ehe geschieden. E schenkt ihr 2016 weitere 120 000 €.

LÖSUNG

Schenkung 2016	120 000 €
+ Schenkung 2008	400 000 €
Gesamterwerb	520 000 €
./. Freibetrag (St.-Kl. II/7)	20 000 €
steuerpflichtiger Erwerb	500 000 €
Steuersatz	30 %
Steuer vor Anrechnung	150 000 €
Anrechnung fiktive Steuer	400 000 €
./. Freibetrag	20 000 €
steuerpflichtiger Vorerwerb	380 000 €

Steuersatz	30 %
anzurechnende fiktive Steuer	114 000 €
(günstiger als die tatsächlich bezahlte Steuer von 10 230 €)	
festzusetzende Steuer	36 000 €
Mindeststeuer	
Schenkung 2016	120 000 €
./. Freibetrag	20 000 €
steuerpflichtiger Erwerb	100 000 €
Steuersatz	30 %
Mindeststeuer	30 000 €
(kommt nicht zur Anwendung)	

c) E hat seiner Tochter 2008 250 000 € geschenkt. T hat dafür 2008 250 000 € ./. 205 000 € = 45 000 € × 7 % = 3 150 € Schenkungsteuer bezahlt. 2016 schenkt er ihr weitere 100 000 €.

LÖSUNG

Schenkung 2016	100 000 €
Schenkung 2008	250 000 €
Gesamterwerb	350 000 €
Freibetrag	400 000 €
steuerpflichtiger Erwerb	0 €

Eine Erstattung des 2008 bezahlten Betrages erfolgt gleichwohl nicht, R E 14.1 Abs. 3 Satz 8 ErbStR.

d) E schenkte seiner Freundin F Anfang 2016 170 000 €. Dafür bezahlte sie 170 000 € ./. 20 000 € = 150 000 € × 30 % = 45 000 € Schenkungsteuer. Im Spätjahr 2016 heiratet er die F. 2017 schenkt er ihr 750 000 €.

LÖSUNG

Schenkung 2017		750 000 €
+ Schenkung 2016		170 000 €
Gesamterwerb		920 000 €
Freibetrag	./.	500 000 €
steuerpflichtiger Erwerb		420 000 €
Steuersatz		15 %
Steuer vor Anrechnung		63 000 €
anzurechnende Steuer		45 000 €
verbleiben		
Mindeststeuer		18 000 €
Schenkung 2017		750 000 €
Freibetrag	./.	500 000 €
steuerpflichtiger Erwerb		250 000 €
Steuersatz		11 %
Mindeststeuer		27 500 €

Festzusetzen ist die Mindeststeuer mit 27 500 €.

e) Erblasser E schenkt 01 seinem Bruder einen Betrieb, Steuerwert 900 000 €, Verwaltungsvermögen 25 %. Im Jahr 04 schenkt er ihm eine 40 %ige Beteiligung an einer GmbH (Wert 1 000 000 €), Verwaltungsvermögen 28 %.

LÖSUNG 01

Wert Betrieb	900 000 €
./. Verschonungsabschlag 85 %	765 000 €
Verbleibender Wert	135 000 €
Abzugsbetrag	135 000 €
Bereicherung	0 €

Der Rest von 15 000 € wirkt sich nicht aus, gilt aber gem. R E 13a.2 Abs. 2 Satz 3 ErbStR als verbraucht, sodass er sich bei der nachfolgenden Schenkung nicht mehr auswirken kann.

LÖSUNG 04

Steuerwert Anteil	1 000 000 €
./. Verschonungsabschlag 85 %	850 000 €
Abzugsbetrag verbraucht	0 €
Bereicherung	150 000 €
./. Freibetrag	20 000 €
Steuerpflichtiger Erwerb	130 000 €
Steuersatz 20 %	26 000 €

816–820 frei

4.2 Steuerklassen (§ 15 ErbStG)

821 Die Höhe der Besteuerung hängt vom Verwandtschaftsgrad ab, in dem der Bedachte zu dem Erblasser bzw. Schenkenden steht. Hierzu werden die Erwerber in drei Steuerklassen eingeteilt. Nach dieser Einteilung richtet sich dann der persönliche Freibetrag des § 16 ErbStG und der Steuersatz des § 19 ErbStG.

Steuerklasse I:
1. der Ehegatte und Lebenspartner einer eingetragenen Lebenspartnerschaft
2. die Kinder und Stiefkinder
3. die Abkömmlinge der in Nummer 2 genannten Kinder und Stiefkinder
4. die Eltern und Voreltern bei Erwerben von Todes wegen.

Steuerklasse II:
1. die Eltern und Voreltern, soweit sie nicht zur Steuerklasse I gehören (also soweit kein Erwerb von Todes wegen vorliegt)
2. die Geschwister
3. die Abkömmlinge ersten Grades von Geschwistern
4. die Stiefeltern
5. die Schwiegerkinder
6. die Schwiegereltern
7. der geschiedene Ehegatte.

Steuerklasse III:
Alle übrigen Erwerber und die Zweckzuwendungen.

822 Haben Ehegatten ein Berliner Testament nach § 2269 BGB errichtet, so gilt die Vorschrift des § 15 Abs. 3 ErbStG. Ein Berliner Testament liegt vor, wenn sich die Ehegatten beim Tode des zuerstversterbenden Ehegatten gegenseitig als Alleinerben einsetzen und für den weiteren Todesfall des Zuletztversterbenden verfügen, dass eine bestimmte Person (in der Regel das Kind oder die Kinder) Alleinerbe des Zuletztversterbenden sein soll. In diesem Fall kann auf Antrag des letzten Erben entweder dessen Familienverhältnis zu dem Zuerstversterbenden oder sein Familienverhältnis zu dem Zuletztversterbenden zugrunde gelegt werden.

BEISPIEL

S hat seine zukünftige Ehefrau F als Alleinerbin eingesetzt. Als Tag der Eheschließung ist zunächst ein Termin im Januar vorgesehen. Wegen bürokratischer Schwierigkeiten muss der Termin jedoch auf den 20. 03. verschoben werden. Am 18. 03. verstirbt S.

LÖSUNG (BFH vom 23. 03. 1998 BStBl II 1998, 396)

F ist Erbin der Steuerklasse III. Für eine Billigkeitsregelung ist kein Raum.

4.3   Freibeträge (§ 16 ErbStG)

Die Freibeträge betragen in der   823

Steuerklasse I – Ehegatte und Lebenspartner	500 000 €
Steuerklasse I – Kinder und Kinder verstorbener Kinder	400 000 €
Steuerklasse I – Kinder noch lebender Kinder	200 000 €
Steuerklasse I – Sonstige	100 000 €
Steuerklasse II	20 000 €
Steuerklasse III	20 000 €
Beschränkt Steuerpflichtige	2 000 €

Als Kombination von § 14 ErbStG mit § 16 ErbStG ergibt sich, dass jeder Elternteil alle   824
10 Jahre an seine Kinder je 400 000 € steuerfrei verschenken kann. Eine Gestaltung, mit der man nicht früh genug anfangen kann.

4.4   Besonderer Versorgungsfreibetrag (§ 17 ErbStG)

Dem überlebenden Ehegatten und den Kindern wird nur bei Erwerben von Todes wegen   825
(niemals bei Schenkungen unter Lebenden) ein besonderer Versorgungsfreibetrag nach § 17 ErbStG gewährt. Dabei ist die Wortwahl sehr unglücklich gewählt, denn sie scheint anzudeuten, als gebe es einen Freibetrag nur dann, wenn der Begünstigte Versorgungsbezüge erwirbt. Das Gegenteil aber ist der Fall. Der Ehegatte und die Kinder erhalten den Freibetrag nach § 17 ErbStG als ganz normalen Freibetrag und dieser wird gekürzt, wenn der Begünstigte durch den Tod des Erblassers steuerschädliche Versorgungsbezüge erwirbt.

Der Versorgungsfreibetrag beträgt:

Ehegatte und Lebenspartner einer eingetragenen Lebenspartnerschaft	256 000 €
Kind bis zu 5 Jahren	52 000 €
Kind von mehr als 5 bis zu 10 Jahren	41 000 €
Kind von mehr als 10 bis zu 15 Jahren	30 700 €
Kind von mehr als 15 bis zu 20 Jahren	20 500 €
Kind von mehr als 20 bis zur Vollendung 27. Jahr	10 300 €

Der **Versorgungsfreibetrag des überlebenden Ehegatten** beträgt 256 000 €. Nach der   826
Konstruktion des § 17 ErbStG wird er aber ungeschmälert nur dann gewährt, wenn der überlebende Ehegatte keine Versorgungsbezüge hat oder nur solche, die der Erbschaftsteuer unterliegen. Der Erbschaftsteuer unterliegen gemäß § 3 Abs. 1 Nr. 4 ErbStG die privaten Versorgungsrenten (etwa aus Lebensversicherungsverträgen). Liegen nur solche vor, dann erhält der Ehegatte den Freibetrag von 256 000 € zusätzlich zu dem persönlichen Freibetrag nach § 16 ErbStG voll.

827   Werden durch den Tod des Ehegatten Versorgungsbezüge ausgelöst, die nicht unter § 3 Abs. 1 Nr. 4 ErbStG fallen, also beispielsweise gesetzliche Versorgungsbezüge (die Pension des überlebenden Nichtbeamtenehegatten), so brauchen diese nicht der Erbschaftsteuer unterworfen zu werden. Um einen gewissen Ausgleich zu schaffen, muss aber deren Kapitalwert (der nach § 14 BewG zu errechnen ist) von dem Versorgungsfreibetrag abgezogen werden.

> **BEISPIEL**
>
> Frau F ist die Ehefrau des 2012 verstorbenen Beamten M. Sie erhält nach seinem Tode eine Witwenpension in Höhe von monatlich 1 000 €. Frau F ist 62 Jahre alt.
> **LÖSUNG** Der Versorgungsfreibetrag von 256 000 € ist um den Kapitalwert der Pension zu kürzen. Der Kapitalwert errechnet sich wie folgt: Jahreswert 12 000 € × Vervielfältiger der Anlage zu § 14 BewG 13,264 = 159 168 €. Als Versorgungsfreibetrag wird der F daher ein Betrag in Höhe von 256 000 € ./. 159 168 € = 96 832 € gewährt.

828   Fraglich ist, wie zu verfahren ist, wenn der Ehegatte eine Zeitrente mit einer festen Laufzeit oder gar nur eine einmalige Kapitalzahlung als Versorgungsleistung erhält. § 17 Abs. 1 Satz 2 ErbStG bestimmt, dass der Versorgungsfreibetrag um den nach § 14 BewG zu ermittelnden Kapitalwert zu kürzen sei. Der Kapitalwert nach § 14 BewG enthält die Vorschriften zur Bewertung von auf Lebenszeit zu gewährenden laufenden Leistungen. Hieraus ergäbe sich bei wörtlicher Auslegung, dass eine Kürzung bei zeitlich begrenzten Leistungen (die nach § 13 BewG zu kapitalisieren sind) oder gar von einmaligen Versorgungszahlungen nicht zu einer Kürzung des Versorgungsfreibetrages führen könnten. Nach ihrem Sinn und Zweck ausgelegt muss der Versorgungsfreibetrag aber auch durch zeitlich begrenzte Leistungen gekürzt werden, wenn sie der Versorgung des Empfängers dienen; diese Leistungen sind dann (entgegen dem Wortlaut des § 17 ErbStG) nach § 13 BewG zu kapitalisieren und vom Versorgungsfreibetrag abzuziehen. Der BFH ging sogar noch einen Schritt weiter, indem er sogar eine Einmalzahlung aus einer betrieblichen Direktversicherung, die der Versorgung diente, vom Versorgungsfreibetrag abzog (BFH vom 02. 07. 1997 BStBl II 1997, 623).

829   Der **Versorgungsfreibetrag für Kinder** steht den ehelichen und den nichtehelichen Kindern, den Adoptivkindern und den Stiefkindern des Erblassers zu. Er wird nach demselben Schema berechnet wie der Versorgungsfreibetrag des Ehegatten.

> **BEISPIELE**
>
> a) Der 12-jährige Sohn S ist als gesetzlicher Erbe am Nachlass des V mit 600 000 € beteiligt. Eigene Versorgungsbezüge als Waise erhält er nicht.
> **LÖSUNG** S erhält einen persönlichen Freibetrag nach § 16 ErbStG in Höhe von 400 000 €. Zusätzlich erhält er einen Versorgungsfreibetrag in Höhe von 30 700 €, der ihm ungekürzt zu gewähren ist.
>
> b) Wie Beispiel a), jedoch mit folgender Abwandlung: Dem S steht bis zur Vollendung des 18. Lebensjahres ein Waisengeld in Höhe von monatlich 100 € zu. S war am Todestag genau 12 Jahre und 6 Monate alt.
> **LÖSUNG** In diesem Fall ist der Versorgungsfreibetrag um den Kapitalwert der Waisenrente zu kürzen. Da es sich nicht um eine Leibrente (also eine auf Lebenszeit zu gewährende Rente), sondern um eine zeitlich begrenzte Rente handelt, ist der Kapitalwert nicht nach § 14 BewG, sondern nach § 13 BewG zu berechnen. Dabei sind die Vervielfältiger der Anlage 9a zum Bewertungsgesetz anzuwenden. Im Gegensatz zu den Vervielfältigern der Anlage im Ausgangsfall sind die Vervielfältiger der Anlage 9a taggenau zu interpolieren, vgl. Tz. II 3. 1. 2 und III 1. 2. 1 des Erlasses vom 10. 10. 2010 BStBl I 2010, 810. Die Restlaufzeit am Todestag des Erblassers betrug genau 5 Jahre und 6 Monate. Der Vervielfältiger ist als Zwischenwert zwischen der Restlaufzeit für 5 Jahre (4,388) und der Restlaufzeit für 6 Jahre (5, 133) taggenau zu interpolieren. Er beträgt im vorliegenden Fall 4,7605. Der

Kapitalwert der Rente beträgt somit 1 200 € × 4,7605 = 5 712 €. Dem S verbleibt also ein Versorgungs-freibetrag in Höhe von 30 700 € ./. 5 712 € = 24 988 €.

Der Versorgungsfreibetrag für Ehegatten und Kinder ist auch zu kürzen, wenn er nicht in Form wiederkehrender Bezüge, sondern in Form einer Einmalzahlung gewährt wird, BFH vom 02. 07. 1997 BStBl II 1997, 623. Entscheidend ist allein, dass die Versicherungs- oder Versor-gungsleistungen nicht von der Erbschaftsteuer erfasst sind.   **830**

831–835 frei

4.5   Steuersätze (§ 19 ErbStG)

Steuersätze bei einem Wert des steuerpflichtigen Erwerbs bis einschließlich €	% in der Steuerklasse		
	I seit 01. 01. 09	II seit 01. 01. 10	III seit 01. 01. 09
75 000	7	15	30
300 000	11	20	30
600 000	15	25	30
6 000 000	19	30	30
13 000 000	23	35	50
26 000 000	27	40	50
über 26 000 000	30	43	50

Die Steuersätze der Erbschaftsteuer sind anders gestaltet als beispielsweise die Steuersätze der Einkommensteuer. Bei der Einkommensteuer profitiert jeder, auch der Einkommensmillio-när von dem progressiven Steuertarif. Auch der Einkommensmillionär braucht also die Ein-künfte bis zur Höhe des Existenzminimums nicht zu versteuern, die Beträge, die über das Exis-tenzminimum hinausgehen, versteuert er zu Beginn auch nur mit dem geringsten Progressions-satz. Und erst wenn er die Einkommenshöhe erreicht hat, ab der der Höchststeuersatz greift, muss er ab dieser Höhe sein zu versteuerndes Einkommen mit dem Höchststeuersatz versteu-ern.   **836**

Ganz anders die Steuersätze der Erbschaftsteuer: Sie greifen jeweils in voller Höhe und erfassen dann die Bereicherung in Höhe des jeweiligen Prozentsatzes vom ersten EURO an. Ein steuerpflichtiger Erwerb von 600 000 € in der Steuerklasse I wird also mit 15 % besteuert (= 90 000 €) und nicht etwa zerlegt in drei Teilbeträge von 75 000 €, 225 000 € und weiteren 300 000 €, die mit 7, 11 und 15 % zu besteuern wären.   **837**

Dies würde aber dazu führen, dass ein steuerpflichtiger Erwerb in Höhe von 601 000 € plötzlich mit 19 % = 114 190 € zu besteuern wäre, während ein Erwerb von 600 000 € nur 90 000 € kostete. Die 1 000 € Mehrwert am steuerpflichtigen Erwerb würden 24 190 € mehr Steu-ern kosten. Dieses Ergebnis zu verhindern hilft der **Härteausgleich** nach § 19 Abs. 3 ErbStG. Dieser Härteausgleich besagt, dass der Mehrwert von 1 000 € in unserem Fall allenfalls mit 50 %, also mit 500 € besteuert werden kann. Die Steuer ist folglich auf 90 500 € festzusetzen. Zum Härteausgleich vgl. die nachfolgende Tabelle der Grenzwerte, bis zu deren der Härteausgleich des § 19 Abs. 3 ErbStG anzuwenden ist (H E 19 »Härteausgleich« ErbStR):   **838**

Wertgrenze	Härteausgleich bei Überschreiten der letztvorhergehenden Wertgrenze bis ... in Steuerklasse		
	I	II	III
75 000 €	–	–	–
300 000 €	82 600 €	87 400 €	–
600 000 €	334 200 €	359 900 €	–
6 000 000 €	677 400 €	749 900 €	–
13 000 000 €	6 888 800 €	6 749 900 €	10 799 900 €
26 000 000 €	15 260 800 €	14 857 100 €	–
über 26 000 000 €	29 899 900 €	28 437 400 €	–

BEISPIELE

a) Wie hoch ist die Erbschaftsteuer bei einem steuerpflichtigen Erwerb in Höhe von 78 000 € in der Tarifklasse I?

LÖSUNG

Erbschaftsteuer bei 75 000 € × 7 %	=	5 250 €
Erbschaftsteuer bei 78 000 € ohne Härteausgleich × 11 %	=	8 580 €
Die 3 000 € können aber nur bis zu 50 % besteuert werden.	=	1 500 €
Die Steuer ist somit auf 5 250 € + 1 500 € festzusetzen.	=	6 750 €

b) Wie hoch ist die Erbschaftsteuer bei einem steuerpflichtigen Erwerb von 8 000 000 € in der Steuerklasse III?

LÖSUNG

Erbschaftsteuer bei 6 000 000 € × 30 %	=	1 800 000 €
Erbschaftsteuer bei 8 000 000 € × 50 %	=	4 000 000 €
Die 2 000 000 € können aber nur bis zu 75 % besteuert werden.	=	1 500 000 €
Die Erbschaftsteuer ist somit festzusetzen auf		3 300 000 €

c) Der Lebenspartner P des verstorbenen Erblassers erbt 10 756 000 €. Eigene Versorgungsansprüche erwirbt er aus dem Erbfall nicht.

LÖSUNG

P steht der persönliche Freibetrag von 500 000 € und der ungekürzte Versorgungsfreibetrag von 256 000 € zu. Der steuerpflichtige Erwerb beläuft sich also auf 10 000 000 €. Als Lebenspartner unterliegt P der Steuerklasse I.

Erbschaftsteuer bei 10 000 000 € × 23 %	2 300 000 €

4.6 Tarifbegrenzung nach § 19a ErbStG

839 Das Produktivvermögen im Sinne des § 13a Abs. 1 ErbStG wird gemäß § 13a ErbStG durch einen Verschonungsabschlag begünstigt. Darüber hinaus gewährt § 19a ErbStG denjenigen natürlichen Personen, denen Gewerbebetriebe, freiberufliche Betriebe, Mitunternehmeranteile, Betriebe der Land- und Forstwirtschaft sowie wesentliche Anteile an Kapitalgesellschaften zugewendet wurden und die **nicht der Steuerklasse I** angehören, für ihr Produktivvermögen eine weitere Vergünstigung in Form einer **Tarifentlastung**. Die Form der Vergünstigung erfolgt als **Entlastungsbetrag** (§ 19a Abs. 4 ErbStG). Damit wird die Forderung des Bundesverfassungsgerichtes umgesetzt, dass betrieblich gebundenes Vermögen unabhängig vom Verwandtschaftsgrad so zu bemessen sei, dass die Fortführung des Betriebes nicht gefährdet werde (Beschluss vom 22.06.1995 BStBl II 1995, 671).

Begünstigt ist das Produktivvermögen in demselben Umfang wie bei der Begünstigung **840** nach § 13a ErbStG. Die dort gemachten Ausführungen zu § 13a Abs. 1 ErbStG gelten also entsprechend. Begünstigt ist der Erwerb von Todes wegen und der Erwerb durch Schenkung unter Lebenden. Ein Fall des § 19a ErbStG liegt auch im Falle der mittelbaren Schenkung von Produktivvermögen vor, also in den Fällen, in denen der Schenker Geld zuwendet mit der Auflage, sich damit am Betriebsvermögen des Schenkers zu beteiligen oder vom Schenker gehaltene Anteile zu erwerben (R E 13b.2 Abs. 2 ErbStR).

Schema zur **Berechnung des Entlastungsbetrages und der Steuer** (§ 19a Abs. 3 und 4 **841** ErbStG):

1. Berechnung der Steuer nach der tatsächlichen Steuerklasse
2. Ermittlung des Anteils des Produktivvermögens am gesamten Vermögensanfall
3. Ermittlung der auf das Produktivvermögen entfallenden vorläufigen Erbschaftsteuer
4. Ermittlung der fiktiven Steuer nach der Steuerklasse I für den gesamten Vermögensanfall
5. Ermittlung des auf das Produktivvermögen entfallenden Anteils vom gesamten Vermögensanfall nach Steuerklasse I
6. Ermittlung des Entlastungsbetrages =
   Vorläufige Erbschaftsteuer auf Produktivvermögen (Nr. 3)
   ./. fiktive Erbschaftsteuer auf Produktivvermögen (Nr. 5)
7. Ermittlung der endgültigen Steuer =
   Vorläufige Erbschaftsteuer (Nr. 1)
   ./. Entlastungsbetrag (Nr. 6).

Bei der Ermittlung des Werts des Anteils des Produktivvermögens am gesamten Vermögensan- **842** fall (Nr. 2 und 5) sind die Vergünstigungen nach den §§ 13, 13a ErbStG anteilig zu berücksichtigen, ebenso die Nachlassverbindlichkeiten, die mit den Anteilen an einer Kapitalgesellschaft zusammenhängen (vgl. H E 19a.2 Berechnung des Entlastungsbetrags ErbStR). Bei der Berechnung der jeweiligen Erbschaftsteuer ist die Härteregelung jeweils mit einzubeziehen. Für die Höhe des persönlichen Freibetrages bleibt in jedem Fall der Freibetrag des jeweiligen Erwerbers maßgebend.

§ 19a Abs. 5 ErbStG normiert eine Behaltensregelung. Nach dieser fällt der Entlastungsbe- **843** trag mit Wirkung für die Vergangenheit weg, wenn der Erwerber innerhalb von fünf bzw. sieben Jahren das Produktivvermögen ganz oder teilweise veräußert oder durch Aufgabe der unternehmerischen Tätigkeit in sein Privatvermögen überführt. Dasselbe gilt, wenn der Erwerber innerhalb dieses Zeitraums Entnahmen tätigt, die die Summe seiner Einlagen und der auf ihn entfallenden Gewinne und Gewinnanteile um mehr als 150 000 € übersteigt. Insoweit handelt es sich um eine Parallele zu der Vorschrift des § 13a Abs. 5 ErbStG. Die Regelungen bezüglich der Lohnsumme haben für die Tarifbegrenzung des § 19a ErbStG keine Bedeutung, R E 19a.3 Abs. 1 Satz 2 ErbStR.

BEISPIELE

a) S erbt als Alleinerbe von seinem Bruder einen Gewerbebetrieb mit einem Steuerwert von 3 000 000 € sowie Sparguthaben im Wert von 100 000 €.

LÖSUNG

1. Berechnung nach der tatsächlichen Steuerklasse

Betriebsvermögen	3 000 000 €
./. Verschonungsabschlag 85 %	2 550 000 €
verbleiben	450 000 €

+ übriges Vermögen	1 000 000 €
	1 450 000 €
./. Bestattungspauschale	10 300 €
	1 439 700 €
./. Freibetrag	20 000 €
steuerpflichtiger Erwerb	1 419 700 €
Steuersatz	30 %
vorläufige Erbschaftsteuer	425 910 €

2. Ermittlung des Anteils des Produktivvermögens am gesamten Vermögensanfall (ohne Nachlassverbindlichkeiten und Freibetrag):

$$\frac{450\,000 \times 100}{1\,450\,600} = 31{,}03\,\%$$

3. Von der Erbschaftsteuer entfallen also auf das Produktivvermögen

31,03 % von 425 910 € =	132 160 €

4. Fiktive Steuer nach der Steuerklasse I für den gesamten Vermögensanfall

1 419 700 € × 19 % =	269 743 €

5. Davon entfielen auf das Produktivvermögen

31,03 % von 269 743 € =	83 701 €

6. Die Differenz 132 160 € ./. 83 701 € = 48 459 € ist der Entlastungsbetrag.

Endgültige Erbschaftsteuer also	377 451 €

S kann auch die völlige Entlastung wählen, er zahlt dann nur 30 % von 969 700 € = 290 910 €. Er ist dann aber sieben Jahre lang an die Voraussetzungen für den Verschonungsabschlag und die Behaltensregel gebunden, § 19a Abs. 5 ErbStG.

b) Erblasser E vererbt seinem Neffen N ein Bankguthaben von 1 000 000 € und einen Betrieb mit einem Steuerwert von 5 Mio. €. N ist Alleinerbe.
Abwandlung: E hat den N vor seinem Tod adoptiert.

LÖSUNG

Wert des Betriebs	5 000 000 €
Abschlag 85 %	./. 4 250 000 €
verbleibender Wert	750 000 €

Der Zusatzbetrag gem. § 13a Abs. 2 ErbStG kommt nicht zum Abzug.

+ Restnachlass	+ 1 000 000 €
./. Bestattungskosten, § 10 Abs. 5 Nr. 3 ErbStG	10 300 €
./. Freibetrag § 16 ErbStG	20 000 €
steuerpfl. Erwerb	1 719 700 €
Steuer (vorläufig)	515 910 €

Anteil des begünstigten Vermögens von 750 000 € : 1 750 000 € = 42,85 %
42,85 % von ErbSt 515 910 € = 221 067 €
Steuer nach St-Kl. I 19 % von 1 719 700 € = 326 743 €
42,85 % von ErbSt 326 743 € = 140 009 €

Entlastungsbetrag 221 067 € ./. 140 009 € =	./. 81 058 €
Steuer (endgültig)	434 852 €
Abwandlung	
Wert BV und Bankguthaben	1 750 000 €
./. Bestattungskosten	10 300 €
./. Freibetrag	400 000 €
steuerpfl. Erwerb	1 339 700 €
Steuer 19 %	254 543 €

4.7 Mehrfacher Erwerb desselben Vermögens, § 27 ErbStG

Kommt es innerhalb kurzer Zeit zu mehreren steuerpflichtigen Erbfällen innerhalb einer **844** Familie, dann könnte sich eine unangemessen hohe Besteuerung des Familienvermögens ergeben. Dieser soll die Vorschrift des § 27 ErbStG entgegenwirken.

Die Vorschrift gilt nur, wenn der heutige Erwerbsfall ein Erwerb von Todes wegen ist, **845** nicht wenn es sich bei dem heutigen Fall um eine Schenkung handelt (so auch BFH vom 16.07.1997 BStBl II 1997, 625). Sie ist anzuwenden, wenn innerhalb von 10 Jahren vor dem jetzigen Todesfall bereits ein steuerpflichtiger Erwerb desselben Vermögens stattgefunden hat. Dabei ist es gleichgültig, ob die Steuer des Vorerwerbs durch einen Erwerb von Todes wegen oder durch eine Schenkung ausgelöst wurde. Voraussetzung ist jedoch, dass sowohl der vorige Erwerber als auch der jetzige Erwerber der Steuerklasse I angehören.

BEISPIEL

Großvater O schenkte seinem Sohn V am 01.04.01 Aktien mit einem Steuerwert von 545 000 €. V bezahlte nach Abzug eines Freibetrages von 400 000 € 11 % aus 145 000 € = 15 950 € Schenkungsteuer. Am 01.05.02 stirbt V und sein Alleinerbe wird seine 30-jährige Tochter T. Die Aktien haben inzwischen einen Steuerwert von 650 000 €. Der Wert des übrigen Nachlasses beträgt 560 300 €.

LÖSUNG

T bezahlt folgende Erbschaftsteuer:	1 210 300 €
Übergegangenes Vermögen	
Beerdigungskosten nach § 10 Abs. 5 Nr. 3	10 300 €
Vermögensanfall	1 200 000 €
./. persönlicher Freibetrag	400 000 €
Steuerpflichtiger Erwerb	800 000 €
Steuersatz § 19 ErbStG	19 %
Steuer vor Anwendung des § 27 ErbStG	152 000 €

Ermäßigung nach § 27 Abs. 2 ErbStG:

$$45\,\% \text{ von } \frac{650\,000 \times 152\,000}{1\,200\,0000} = 37\,050\,€$$

höchstens jedoch nach § 27 Abs. 3 ErbStG

45 % von 15 950 €	=	7 177 €
Steuer nach Anwendung des § 27 ErbStG		144 823 €

Was unter dem Erwerb desselben Vermögens zu verstehen ist, ist nicht eindeutig geklärt. **846** Dies wird ja schon deutlich, wenn ein Betrieb überlassen wird: Möglicherweise ist kein einziger Vermögensgegenstand mehr vorhanden, der durch den Vorerwerb belastet war. Dennoch dürfte es keinen Zweifel geben, dass es sich um dasselbe Vermögen im Sinne des § 27 ErbStG handelt.

Fraglich ist es, wenn der Vorerwerb ein unbebautes Grundstück darstellte, das der Vorer- **847** werber bebaut und nun als bebautes Grundstück hinterlassen hat. Hier soll nach Troll, Rz. 4 zu § 27 ErbStG das bebaute Grundstück einen neuen Vermögensgegenstand darstellen und folglich nicht begünstigt sein. Dieses Ergebnis ist nicht zu rechtfertigen. Wenn der BFH in seinem Urteil vom 30.10.1979 BStBl II 1980, 46 sogar Surrogate für verkaufte Gegenstände gelten lässt, muss dies umsomehr für ein Wirtschaftsgut gelten, das im Kern noch vorhanden ist.

848–860 frei

5 Renten- und Nießbrauchslasten

861 Seit der Streichung des § 25 ErbStG bestehen hier keine Besonderheiten mehr. Die Lasten werden kapitalisiert und in voller Höhe von der Bereicherung abgezogen.

BEISPIEL

V (50) überträgt dem S ein Mietwohngrundstück, Wert 1 860 000 €, unter Vorbehalt des Nießbrauchs. Gemäß § 13d ErbStG beträgt der Steuerwert 90 % = 1 674 000. Die Nettomiete beträgt 120 000 € pro Jahr.
LÖSUNG Jahreswert 120 000 €, höchstens jedoch gem. § 16 BewG 1 860 000 € : 18,6 = 100 000 €
100 000 × 14,832 = 1 483 200. Gemäß § 10 Abs. 6 Satz 5 ErbStG ist die Last ebenfalls nur mit 90 %, also mit 1 334 880 €, abzugsfähig. Die Bereicherung beträgt also 1 674 000 € ./. 1 326 600 € = 339 120 €. Diese liegt unter dem persönlichen Freibetrag von 400 000 €.

862 Der eigentliche Regelungsinhalt der Vorschrift ist jedoch die Besteuerung eines zugewendeten Nutzungs- oder Rentenrechts.

Überträgt der Vater dem Sohn ein Grundstück unter der Auflage, dass der Sohn der Ehefrau/Mutter eine lebenslange Rente bezahlen solle, dann kann der Sohn die Rente von der Bereicherung abziehen, während die Mutter die Rente nach § 23 ErbStG zu versteuern hat. Dabei hat sie ein **Wahlrecht**, ob sie die Rente sofort mit ihrem Barwert versteuern möchte (Regelbesteuerung) oder ob sie stattdessen die Rente jährlich nach dem Zufluss versteuern möchte. Im letzteren Fall wird die Steuer nach dem Steuersatz erhoben, der sich bei einer Besteuerung nach dem Kapitalwert ergäbe.

BEISPIEL

V schenkt seinem Sohn am 01. 07. 2016 festverzinsliche Wertpapiere im Wert von 1 Mio. €. S soll dafür seiner 58-jährigen Mutter eine monatliche Rente von 5 000 € bezahlen.
LÖSUNG Der Sohn erhält eine Zuwendung von 1 000 000 €. Der Abzug der Rentenlast erfolgt mit dem Barwert. Dieser berechnet sich nach dem BMF-Schreiben vom 02. 12. 2015 wie folgt:
60 000 € x 14,228 = 853 680 €.
Damit verbleibt für den Sohn eine Bereicherung in Höhe von 146 320 €, die unterhalb der Freibetragsgrenze von 400 000 € liegt.
Die Mutter hat ein Wahlrecht:
Sie kann einerseits den gesamten Barwert sofort versteuern. In diesem Fall liegt die Bereicherung nach der Abrundung des § 10 Abs. 1 Satz 6 ErbStG bei 853 600 € und des Freibetrags von 500 000 € bei 353 600 €. Die ErbSt beträgt somit nach § 19 ErbStG 15 % von 353 600 € = 53 040 €.
Sie kann aber andererseits auch die Besteuerung nach der Jahressteuer wählen. In diesem Fall hat sie rechnerisch 60 000 € mit dem Steuersatz von 15 % zu versteuern, § 23 Abs. 1 Satz 2 ErbStG. Allerdings ist der Zufluss bis zum Verbrauch des Freibetrags von 500 000 € steuerfrei. In den ersten 7 Jahren fällt also keine ErbSt an. Im Jahr 08 ist noch ein Restfreibetrag von 20 000 € übrig, der Rest von 40 000 ist mit 15 % zu versteuern. Ab dem Jahr 09 ist dann jeweils der volle Jahresbetrag von 60 000 € mit 15 % zu versteuern (Aufzehrungsmethode, vgl. H E 23 ErbStH Abzug persönlicher Freibeträge). Lebt die Mutter länger als in der statistischen Restlebenserwartung zugrunde gelegt, dann läuft die Steuerpflicht weiter. Verstirbt die Mutter vorher, dann richten sich die Rechtsfolgen nach § 14 Abs. 2 BewG. Statt der Aufzehrungsmethode kann die Mutter auch die Kürzungsmethode wählen (BFH vom 17. 09. 1997 BFH NV 1998,587; H 84 ErbStH 2003). Dabei wird eine Kürzungsquote wie folgt errechnet: 500 000 × 100 : 853 600 = 58,58 %. In diesem Fall wird der Jahreswert von 60 000 € um 58,58 % gekürzt. Somit verbleibt noch ein steuerpflichtiger Jahreswert von 24 852 €. Die Jahressteuer beträgt dann ab dem ersten Jahr 15 % von 24 852 € = 3727,80 €. Diese Steuer ist dann während der gesamten Laufzeit zu entrichten.

Gemäß § 23 Abs. 2 ErbStG hat der Stpfl. das Recht, die Jahressteuer zum nächsten Fällig- **863** keitstermin mit dem Kapitalwert abzulösen. Da im obigen Beispiel die Schenkung zum 01.07.2016 ausgeführt wurde, ist die Jahressteuer jeweils zum 01.07. eines jeden Folgejahres fällig. Der Antrag auf Ablösung ist dann jeweils bis zum 01.06. für die Berechnung zum nächsten Fälligkeitstermin zu stellen, § 23 Abs. 2 Satz 2 ErbStG. Der Kapitalwert wird dann nach dem nunmehr höheren Alter des Berechtigten zum Fälligkeitszeitpunkt errechnet.

6 Erbengemeinschaft

864–870 frei

Bei einer Mehrheit von Erben geht zivilrechtlich das Vermögen als Ganzes auf die Erben **871** über (§ 1922 BGB). An diesen Erbanfall knüpft die Erbschaftsteuerpflicht an (§ 3 Abs. 1 Nr. 1 ErbStG). Maßgebend ist also, wie der Nachlass als Ganzes zu bewerten ist und mit welcher Erbquote der einzelne Miterbe am Nachlass beteiligt ist. Umgekehrt gesagt: Es kommt grundsätzlich nicht darauf an, welche einzelnen Nachlassgegenstände der einzelne Miterbe aus der Erbauseinandersetzung zugeteilt erhält. Dies gilt selbst für den Fall, in dem der Erblasser die Zuwendung per Teilungsanordnung testamentarisch angeordnet hat (R E 3.1 ErbStR). Etwas anderes würde nur gelten, wenn die Auslegung des Testamentes ergäbe, dass der Erblasser damit eindeutig die Erbquoten verändern wollte (etwa wenn eine Verteilung eines Restes nicht mehr zu gleichen Erbquoten führen könnte und der Erblasser ausdrücklich eine Teilungsanordnung ohne Ausgleichszahlungen angeordnet hat) oder in den Fällen des Vorausvermächtnisses, vgl. H E 3.1 Abs. 1 (erbschaftsteuerliche Behandlung einer Teilungsanordnung), H 5 Abs. 2 (Erbanteile nach Teilungsanordnungen) und H E 3.1 Abs. 4 (Vorausvermächtnis und Auflage im Fall einer unechten Teilungsanordnung).

Abweichend davon wird bei Vererbung von Familienheimen die Erbauseinandersetzung **872** gem. § 13 Abs. 1 Nr. 4b Satz 3 und Nr. 4c Satz 3 ErbStG vorgenommen. Hier kann bei der nachfolgenden Erbauseinandersetzung nochmals ein Anteil an einem Familienheim steuerfrei übergehen.

BEISPIELE

a) E stirbt. Erben sind seine Kinder S und T. Im Nachlass befindet sich ein vermietetes ZFH mit einem Verkehrswert von 1 000 000 € sowie ein Gewerbebetrieb mit einem Verkehrswert von 1 000 000 €. S und T einigen sich alsbald nach dem Tod des E dahingehend, dass S das Grundstück und T den Betrieb erhalten sollen.

b) **ABWANDLUNG** In einer der beiden gleichwertigen Wohnungen wohnten E und S, S wohnt dort weiterhin.

LÖSUNG

a) S und T ist der Nachlass je hälftig zuzurechnen. Im Ausgangsfall ist das Grundstück insgesamt vermietet, also mit 90 % = 900 000 € anzusetzen, der Betrieb mit 15 % = 150 000 €. Die 150 000 € fallen unter die zusätzliche Befreiung des § 13a Abs. 2 ErbStG. Auf S und T entfallen also je 450 000 €.

b) **ABWANDLUNG** Hier ist hinsichtlich des ZFH zu differenzieren. Die vermietete Wohnung hat einen Wertanteil von 500 000 € abzüglich 10 % gem. § 13c ErbStG = 450 000 €. Dieser Anteil wird S und T je hälftig zugerechnet. Die von S zu Wohnzwecken genutzte Wohnung ist anteilig ebenfalls 500 000 € Wert, der hälftige Anteil des S ist gem. § 13 Abs. 1 Nr. 4c ErbStG steuerbefreit, der Anteil der T zunächst steuerpflichtig. Der im Rahmen der Erbauseinandersetzung übergehende Anteil ist dann bei S ebenfalls steuerbefreit, § 13 Abs. 1 Nr. 4c Satz 3 ErbStG, wenn dies entweder auf einer Teilungsanordnung des E beruht oder wenn die »freie« Erbauseinandersetzung zeitnah, d. h. innerhalb von 6 Monaten erfolgt (R E 13.4 Abs. 5 Satz 10, H E 13.4 Freie Erbauseinandersetzung ErbStR. Für diese Einschränkung gibt es im Gesetz keine Rechtsgrundlage. Kritisch auch Viskorf/Haag, DStR 2012, 219, 223).

873   Dasselbe gilt beim Übergang eines Mitunternehmeranteils, wenn der Gesellschaftsvertrag eine Nachfolge eines, mehrerer oder aller Erben vorsieht. Bei der **einfachen Nachfolgeklausel**, bei der nach dem Gesellschaftsvertrag alle Erben das Recht haben, in die Personengesellschaft nachzurücken, leuchtet dies ohne weiteres ein. Nach Rechtsprechung und Verwaltung soll es aber auch im Falle der **qualifizierten Nachfolgeklausel gelten**, bei der nur ein Erbe (oder mehrere, jedenfalls nicht alle) in die Gesellschaft nachrücken dürfen. Gleichwohl gilt der Mitunternehmeranteil als Erbanfall bei allen Miterben (BFH vom 10.11.1982 BStBl II 1983, 329 (331: »damit erweist sich der hier vorliegende Fall der qualifizierten Nachfolge in einen Gesellschaftsanteil als ein gesellschaftsrechtlich besonders ausgestalteter Unterfall einer bloßen Teilungsanordnung, die für die Erbschaftsteuer ohne Bedeutung ist«); R E 3.1 Abs. 3, E 13b.1 Abs. 2 ErbStR). Für diese Fälle bestimmt nunmehr § 10 Abs. 10 ErbStG, dass an die Stelle des Anteils der Abfindungsanspruch tritt. Dies gilt auch dann, wenn der Abfindungsanspruch unter dem Wert des Mitunternehmeranteils liegt. In diesem Fall ergänzt § 7 Abs. 3 ErbStG, dass der begünstigte Miterbe um diesen Differenzbetrag bereichert ist, vgl. § 7 Abs. 7 Satz 3 ErbStG. Bei einer **Fortsetzungsklausel** dagegen, bei der im Gesellschaftsvertrag vereinbart ist, dass die Altgesellschafter die Gesellschaft ohne die Erben fortsetzen, entsteht in der Person des Erblassers noch ein Abfindungsanspruch (§ 738 BGB), der als Kapitalforderung auf die Erben übergeht; das Problem des Freibetrages stellt sich nicht. (Es stellt sich vielmehr ganz anders: müssen die Altgesellschafter weniger bezahlen, als dem Steuerwert des Mitunternehmeranteils des Erblassers entspricht (etwa bei Buchwertklauseln), dann sind die Altgesellschafter bereichert und bei ihnen entsteht ein Anspruch auf Gewährung des Freibetrags (§ 3 Abs. 1 Nr. 2 ErbStG). Bei einer **Eintrittsklausel** haben ein Erbe, mehrere Erben oder alle Erben das Recht, durch Erklärung in die Gesellschaft einzutreten. Bis zur Ausübung der Erklärung ist ein Anteil auf die Erbengemeinschaft noch nicht übergegangen (§ 4 BewG). Machen sie von diesem Recht endgültig keinen Gebrauch, ist die Lösung dieselbe wie bei der Fortsetzungsklausel. Machen sie Gebrauch (und sei es auch nur ein einziger Miterbe), dann fällt der Mitunternehmeranteil in den Nachlass, so dass sich dieselben Folgen ergeben wie bei der Nachfolgeklausel (zu demselben Ergebnis kommt zumindest für die Zwecke der Ertragsteuern die Verwaltung in Rz. 69 bis 74 des BMF-Schreibens über die Behandlung der Erbengemeinschaft und ihre Auseinandersetzung vom 14.03.2006 BStBl I 2006, 253).

874   Die Nachlassverbindlichkeiten gehen ebenfalls je hälftig (entsprechend ihrer Erbquote) auf S und T über. Gleiches gilt für den Freibetrag von 10 300 € für die Bestattungskosten des § 10 Abs. 5 Nr. 3 ErbStG. Zu den Nachlassverbindlichkeiten zählen auch die Vermächtnislasten und der geltend gemachte Pflichtteil. Nicht zu den Nachlassverbindlichkeiten zählt dagegen der Zugewinnausgleichsanspruch des § 5 ErbStG. Der Betrag, der dem Ausgleichsanspruch nach § 1371 Abs. 2 BGB entspricht, ist nur von dem Anteil des überlebenden Ehegatten abzuziehen.

875   Die Freibeträge des § 13 stehen dem jeweiligen Erwerber der betroffenen Steuerklasse entsprechend seinem Erwerb zu. Die persönlichen Freibeträge des § 16 ErbStG sind bei dem jeweiligen Erben zu berücksichtigen. Sind an dem Nachlass mehrere Personen beteiligt, so soll in der Regel ein einheitlicher Steuerbescheid erlassen werden. Hierbei handelt es sich aber nicht um einen einheitlichen Steuerbescheid, sondern nur um einen zusammengefassten Bescheid (BFH vom 27.03.1968 BStBl II 1968, 376). Denn der Bescheid muss jedem einzelnen Erben unter Angabe des von diesem Erben geschuldeten Steuerbetrages zugestellt werden.

876–880 frei

7 Steuerfestsetzung und Erhebung, § 20 ErbStG

7.1 Steuerschuldner

Steuerschuldner der Erbschaftsteuer ist grundsätzlich der Erwerber, § 20 ErbStG. Im Erb- **881** fall ist dies der Erbe, aber auch jeder andere, der etwas von Todes wegen erhalten hat, also auch der Vermächtnisnehmer, der Pflichtteilsberechtigte (§ 3 ErbStG). Bei der Schenkung schuldet neben dem Erwerber auch der Schenker selbst die Steuer, § 20 Abs. 1 ErbStG. Nach der Rechtsprechung des BFH hat sich die Verwaltung gleichwohl zunächst an den Beschenkten zu halten (BFH vom 29.11.1961 BStBl II 1962, 323). Bei der Zweckzuwendung ist Steuerschuldner der mit der Ausführung der Zuwendung Beschwerte. Bei der Erbersatzsteuer der Stiftung ist die Stiftung oder der Verein selbst Steuerschuldner.

7.2 Anzeige des Erwerbs (§ 30 ErbStG), Steuererklärung (§ 31 ErbStG) und Steuerfestsetzung (§§ 22, 23 ErbStG)

Jeder der Erbschaftsteuer unterliegende Erwerb im Sinne des § 1 ErbStG ist vom Erwerber **882** innerhalb einer Frist von drei Monaten nach Kenntnis des Anfalls dem zuständigen Erbschaftsteuer-Finanzamt anzuzeigen. Bei der Schenkung ist auch der Schenkende zur Anzeige verpflichtet.

Einer Anzeige bedarf es allerdings nicht, wenn der Erwerb auf einer von einem deutschen **883** Gericht oder Notar (oder einem deutschen Konsul) eröffneten Verfügung von Todes wegen oder auf einer hier gerichtlich oder notariell beurkundeten Schenkung beruht und sich aus der Verfügung das Verhältnis des Erwerbers zum Erblasser eindeutig ergibt (§ 30 Abs. 3 ErbStG). Gehört zum Erwerb jedoch Grundbesitz, Betriebsvermögen, Anteile an Kapitalgesellschaften, die nicht der Anzeigepflicht des § 33 ErbStG unterliegen oder im Ausland gelegen sind, bleibt die Anzeigepflicht bestehen.

Neben den Begünstigten selbst sind insbesondere auch die Banken verpflichtet, dem Finanzamt den Tod eines Erblassers und die Höhe seiner bei der Bank befindlichen Konten und Depotbestände und das Vorhandensein eines Schließfachs mitzuteilen, § 33 Abs. 1 ErbStG in Verbindung mit § 5 ErbStDV. Wegen weiterer Verpflichteter vgl. die §§ 33, 34 ErbStG sowie die §§ 1 ff. ErbStDV.

Das Finanzamt wird von den Begünstigten gem. § 31 ErbStG die Abgabe einer Steuererklä- **884** rung verlangen. § 31 ErbStG gibt dem Finanzamt darüber hinaus die Möglichkeit, von jedem an einem Erbfall oder einer Schenkung oder einer Zweckzuwendung Beteiligten die Abgabe einer Steuererklärung zu verlangen, ohne Rücksicht darauf, ob er selbst steuerpflichtig ist. Nur in den Fällen der fortgesetzten Gütergemeinschaft kann die Abgabe der Steuererklärung allein von dem überlebenden Ehegatten verlangt werden (§ 31 Abs. 3 ErbStG).

Die Steuer wird vom Finanzamt festgesetzt. Dabei kann eine im Ausland bezahlte Erb- **885** schaftsteuer angerechnet werden (§ 21 ErbStG), wenn die Erfassung ausländischen Vermögens nicht wegen einer speziellen Regelung in einem Doppelbesteuerungsabkommen gleich ganz unterbleibt. Von der Festsetzung der Steuer ist abzusehen, wenn die Steuer den Betrag von 50 € nicht übersteigt (§ 22 ErbStG). Bei der Festsetzung sind die bereits erwähnten Vorschriften der §§ 23 bis 27 ErbStG zu beachten. Weiter zu beachten ist die Stundungsvorschrift des § 28 ErbStG (die Erbschaftsteuer ist auf Antrag bis zu zehn Jahren zu stunden, wenn zum Erwerb Betriebsvermögen, vermietete und selbst genutzte Wohngrundstücke oder land- und forstwirtschaftliches Vermögen gehört und die Stundung zum Erhalt des Betriebes erforderlich ist oder so weit die Steuer nur durch Veräußerung der Wohngrundstücke aufgebracht werden könnte, wobei die Stundung bei Erwerben von Todes wegen zinslos zu erfolgen hat) und die Erlöschensvorschrift des § 29 ErbStG.

886–1600
frei

Teil C Allgemeine Vorschriften zum Bewertungsrecht

1   Begriff und Aufgabe der Bewertung

Steuern sind nach § 3 Abs. 1 AO Geldleistungen. Sie werden in Geld (in Währungsgeld) **1601** festgesetzt und erhoben. Das bedingt, für bestimmte Steuern, dass auch die Bemessungsgrundlage, auf der die Steuerfestsetzung erfolgt, auf einen bestimmten Geldbetrag lautet. Wirtschaftsgüter, die nicht in Geld bestehen, müssen daher, um als Bemessungsgrundlage dienen zu können, in Geld ausgedrückt werden. Diesen Vorgang nennt man Bewertung. Bewerten heißt also: nicht in Währungsgeld bestehende Wirtschaftsgüter für Zwecke ihrer Besteuerung in Währungsgeld umrechnen.

BEISPIELE

a) Die Gewinnermittlung durch Betriebsvermögensvergleich (§ 4 Abs. 1 und § 5 Abs. 1 EStG) erfordert eine Bewertung des Betriebsvermögens am Schluss des Wirtschaftsjahrs.
b) Die Heranziehung von geerbtem bzw. geschenkt erhaltenem Vermögen zur Erbschaft- und Schenkungsteuer (§§ 3 bis 7 ErbStG) und von Grundbesitz zur Grundsteuer (§ 2 GrStG).

2   Bewertungsvorschriften

Die Umrechnung der Wirtschaftsgüter in Geld muss nach bestimmten Regeln erfolgen. **1602** Diese Regeln werden Bewertungsvorschriften genannt. Sie bestimmen vor allem die **Art**, den **Umfang** und die **Beschaffenheit** des zu bewertenden Gegenstandes, den für die Bewertung maßgebenden **Zeitpunkt** und den anzuwendenden **Bewertungsmaßstab**.

Die sachlich-rechtlichen Bewertungsvorschriften sind zum größten Teil in einem beson- **1603** deren Gesetz, dem **Bewertungsgesetz** (BewG) enthalten. Die Verfahrensvorschriften befinden sich hauptsächlich in der **Abgabenordnung** (AO), aber neuerdings auch zum Teil im BewG (vgl. hierzu die Regelungen im Zweiten Teil Fünfter Abschnitt §§ 151 bis 156 BewG). Auch die **Einzelsteuergesetze** enthalten zum Teil Bestimmungen über die Bewertung (z. B. § 6 EStG und § 10 UStG).

Auch das **Handelsrecht** enthält an verschiedenen Stellen Bewertungsvorschriften (z. B. §§ 252 **1604** bis 256 HGB für den Ansatz der Vermögensgegenstände und Schulden in der Handelsbilanz).

1605–1610
frei

3   Entstehung und Entwicklung des Bewertungsgesetzes

3.1   Entstehung

Das Problem der steuerlichen Bewertung ist in seiner ganzen Bedeutung erst entstanden, **1611** als – im Zuge der Miquelschen Steuerreform (1893) – das Deutsche Reich, die Länder und Gemeinden mehr und mehr zur Vermögensbesteuerung übergingen. Einheitliche Vorschriften für die steuerliche Bewertung des Besitzes bestanden zunächst nicht. Die Bewertung richtete sich nach den Vorschriften der einzelnen Steuergesetze. Das führte dazu, dass ein und derselbe Gegenstand für verschiedene Steuern verschieden bewertet wurde.

1612   Dieser Zustand des Wirrwarrs und der Vielfältigkeit dauerte nach einem nur unvollkom-
menen Versuch der ersten Fassung der Reichsabgabenordnung vom 13.12.1919, allgemeine
Grundsätze für die Wertermittlung aufzustellen, praktisch an bis zum Erlass des RBewG vom
10.08.1925, das im Zuge der Steuernotverordnung vom 01.12.1930 durch Bekanntmachung
vom 22.05.1931 RGBl I 1931, 222 eine neue Fassung erhielt. Das Ziel dieses Gesetzes, das die
Länder und Gemeinden (Gemeindeverbände) verpflichten wollte, den Steuern, die sie nach
dem Merkmal des Wertes erheben, die für die Vermögensteuer des Reiches festgestellten Werte
(**Einheitswerte**) zugrunde zu legen, wurde nur unvollkommen erreicht, da die Bindung der
Länder und Gemeinden an die festgestellten Werte immer wieder hinausgeschoben wurde.

1613   Das RBewG 1925/1931 wurde abgelöst durch das ab 01.01.1935 geltende RBewG vom
16.10.1934 RGBl I 1934, 1035 und RStBl 1934, 1291, das durch § 1 des Gesetzes zur Bewertung
des Vermögens für die Kalenderjahre 1949 bis 1951 (Hauptveranlagung 1949) vom 16.01.1952
BGBl I 1952, 22 und BStBl I 1952, 35 in »**Bewertungsgesetz (BewG)**« umbenannt worden ist. Im
Bereich der neuen Bundesländer ist parallel hierzu das Bewertungsgesetz der Deutschen Demo-
kratischen Republik entstanden, dessen §§ 10, 11 Abs. 1 und 2 und Abs. 3 Satz 2 sowie die §§ 50 bis
53 in der Fassung vom 18.09.1970 für dieses Gebiet weiterhin anzuwenden waren. Dieses Gesetz,
das die Grundgedanken seiner Vorgänger in vervollkommneter Weise fortführte, hat das seit lan-
gem erstrebte Ziel der Einheitlichkeit der Bewertung insbesondere dadurch erreicht, dass die in
seinem Gefolge ergangenen **Realsteuergesetze** vom 01.02.1936, nämlich das Grundsteuergesetz
(GrStG) und das Gewerbesteuergesetz (GewStG), die Einheitswerte, die nach den Vorschriften
des RBewG festgestellt wurden, als Besteuerungsgrundlage einführten.

1614   Durch das JStG 1997 vom 20.12.1996 BStBl I 1996, 1523 wurde das BewG wiederum in
erheblichem Umfang geändert. Der neu gefasste Zweite Teil des BewG (Besondere Bewertungsvorschriften) enthielt nunmehr vier Abschnitte. Im Dritten Abschnitt sind die Vorschriften für die
Bewertung von Vermögen in den neuen Bundesländern enthalten, während im Vierten Abschnitt
die Bewertung des Grundbesitzes (Bedarfsbewertung) für die Erbschaft- und Schenkungsteuer ab
01.01.1996 und für die Grunderwerbsteuer ab 01.01.1997 aufgenommen wurden. Die Einheitsbewertung kommt (aufgrund des Wegfalls der Gewerbekapitalsteuer, vgl. Art. 4 des Gesetzes zur
Fortsetzung der Unternehmenssteuerreform vom 29.10.1997 BStBl I 1997, 928) ab 01.01.1998
nur noch für den Grundbesitz für Zwecke der Grundsteuer in Betracht.

1615   Durch das **Erbschaftsteuerreformgesetz (ErbStRG)** vom 24.12.2008 BStBl I 2008, 140
wurde die Bewertung des Grundbesitzes, des Betriebsvermögens und der nicht notierten
Anteile an Kapitalgesellschaften für die Erbschaft- und Schenkungsteuer grundlegend neu geregelt. Die gesamte Bewertung wurde auf einen gemeinen Wert zugeschnitten. Diese Änderungen
gelten grundsätzlich ab 01.01.2009 und waren auf Grund des Beschlusses des Bundesverfassungsgerichts vom 07.11.2006 BStBl II 2007, 192 zur Erbschaft- und Schenkungsteuer erforderlich geworden. Mit dem **Steueränderungsgesetz (StÄndG) 2015** wurden die Vorschriften des
Sechsten Abschnitts des Zweiten Teils des Bewertungsgesetzes, insbesondere zur Bewertung des
Grundvermögens im Sachwertverfahren, an die Sachwertrichtlinie vom 05.09.2012 BAnz vom
18.10.2012 für Bewertungsstichtage nach dem 31.12.2015 angepasst.

3.2   Durchführungs-Verordnungen

1616   Zum BewG existieren u. a. folgende Verordnungen (VO):
1. Durchführungs-VO zum Bewertungsgesetz (BewDV) vom 02.02.1935 RGBl I 1935, 86
   und RStBl 1935, 189.
   Im Bereich der neuen Bundesländer gelten § 3a Abs. 1 und die §§ 32 bis 46 BewDV weiterhin.

Im gesamten Bundesgebiet waren nur noch die §§ 73 und 87 BewDV in Kraft. Diese Durchführungs-VO zum BewG wurde inzwischen durch Art. 6 des JStG 1997 (a. a. O.) aufgehoben.

2. Außerdem wurden im Zuge der Hauptfeststellung der Einheitswerte des Grundbesitzes zum 01. 01. 1964 zu einigen Bestimmungen des BewG 1965 Verordnungen erlassen: z. B. die VO zur Durchführung des § 81 BewG vom 02. 09. 1966 BStBl I 1966, 882 und die VO zur Durchführung des § 90 BewG vom 02. 09. 1966 BStBl I 1966, 885.

3. Die Rechtsverordnungen der Präsidenten der Landesfinanzämter über die Bewertung bebauter Grundstücke vom 17. 12. 1934, Reichsministerialblatt S. 785 ff., soweit sie ihren Geltungsbereich in den neuen Bundesländern haben.

1617–1620
frei

3.3 Verwaltungsanordnungen

1621

Zur Erleichterung der Anwendung des BewG und zur Wahrung der Gleichmäßigkeit der Bewertung sind Verwaltungsanordnungen ergangen, die wichtige Auslegungsvorschriften und Anweisungen an die Finanzämter zur Verwaltungsvereinfachung enthalten.

Es kommen insbesondere in Betracht:

1. Die Richtlinien für die Bewertung des Grundvermögens (**BewR Gr**) vom 19. 09. 1966 BStBl I 1966, 890;

1622

2. Die Richtlinien zur Bewertung des land- und forstwirtschaftlichen Vermögens (**BewR L**) BStBl I 1968, 223;

3. Allgemeine Verwaltungsvorschriften zur Anwendung des ErbStG und des BewG und zwar:

- für die Zeit **bis 31. 12. 2008**:
  – Allgemeine Verwaltungsvorschriften zur Anwendung des Erbschaftsteuer- und Schenkungsteuergesetzes (**ErbStR 2003**) vom 17. 03. 2003 BStBl I 2003, Sondernummer 1/2003
  – sowie gleich lautender Ländererlass vom 02. 04. 2007 BStBl I 2007, 314 zur Umsetzung des JStG 2007 hinsichtlich der Regelungen zur Anwendung des Vierten und Fünften Abschnitts des Zweiten Teils des BewG für Besteuerungszeitpunkte nach dem 31. 12. 2006 bis 31. 12. 2008 (im Buch als **Ländererlass vom 02. 04. 2007** zitiert);
- für die Zeit **ab 01. 01. 2009 bis 02. 11. 2011** mehrere gleich lautende Ländererlasse:
  – gleich lautender Ländererlass vom 30. 03. 2009 BStBl I 2009, 546 zur Feststellung von Grundbesitzwerten, von Anteilswerten und Betriebsvermögenswerten (AEBewFestV),
  – gleich lautender Ländererlass vom 01. 04. 2009 BStBl I 2009, 552 zur Bewertung des land- und forstwirtschaftlichen Vermögens nach dem Sechsten Abschnitt des Zweiten Teils des BewG (AEBewLuF),
  – gleich lautender Ländererlass vom 05. 05. 2009 BStBl I 2009, 590 zur Bewertung des Grundvermögens nach dem Sechsten Abschnitt des Zweiten Teils des BewG (AEBew-GrV),
  – gleich lautender Ländererlass vom 25. 06. 2009 BStBl I 2009, 698 zur Anwendung der §§ 11, 95 bis 109 und 199 ff. BewG in der Fassung durch das ErbStRG, geändert durch den gleich lautenden Ländererlass vom 17. 05. 2011 BStBl I 2011, 606 (AEBewAntBV),
  – gleich lautender Ländererlass vom 25. 06. 2009 BStBl I 2009, 713 zur Anwendung der geänderten Vorschriften des Erbschaftsteuer- und Schenkungsteuergesetzes (AEErbSt).
- für die Zeit **ab 03. 11. 2011** (vgl. I. Einführung zu den ErbStR 2011):
  Allgemeine Verwaltungsvorschrift zur Anwendung des Erbschaftsteuer- und Schenkungsteuerrechts (**ErbStR 2011**) vom 19. 12. 2011 BStBl I 2011, Sondernummer 1, 2) sowie Erbschaftsteuer-Hinweise 2011 (**ErbStH 2011**) vom 19. 12. 2011 BStBl I 2011, Sonder-

nummer 1, 117. (Anmerkung: In diese ErbStR 2011 wurden die vorstehend aufgeführten gleich lautenden Ländererlasse vom 30.03.2009, vom 01.04.2009, vom 05.05.2009 und vom 25.06.2009 eingearbeitet.) Die ErbStR 2011 und die ErbStH 2011 wurden an das StÄndG 2015 durch gleich lautenden Ländererlass vom 08.01.2016, BStBl I 2016, 173 angepasst.

Hinweis: In diesem Buch werden die ErbStR 2011 nur mit »ErbStR« und die ErbStH 2011 nur mit »ErbStH« zitiert. Soweit frühere Fassungen der ErbStR und ErbStH von Bedeutung sind, werden diese mit einer entsprechenden Jahreszahl versehen.

1623–1630
frei

4 Aufgabe und Bedeutung des BewG

1631
Das BewG war bis Ende 1995 – ähnlich wie die Abgabenordnung (AO) – eine Art Grundgesetz für das gesamte deutsche Steuerrecht. Es bildete die einheitliche Fundstelle der Bewertungsvorschriften für grundsätzlich alle Steuern des Bundes, der Länder und der Gemeinden (wegen der Ausnahmen vgl. Rz. 1634–1675). Seine wichtigste Aufgabe war die weitgehende Vereinheitlichung der für die einzelnen Steuern maßgebenden Bewertungsmaßstäbe. Dadurch sollte gewährleistet werden, dass ein Gegenstand, der mehreren Steuern unterlag, bei möglichst allen diesen Steuern mit demselben Wert angesetzt wird. Der **einheitliche Wert**, der Einheitswert, war bisher der **tragende Gedanke des BewG**.

1632
Dadurch, dass nunmehr das BewG **eigene Bestimmungen** für die Einheitsbewertung des Grundbesitzes (Zweiter Teil Zweiter Abschnitt §§ 17 bis 94 BewG für Zwecke der Grundsteuer), für die Bedarfsbewertung des Grundbesitzes (Zweiter Teil Vierter Abschnitt §§ 138 bis 150 BewG für Zwecke der Grunderwerbsteuer) und für die Bedarfsbewertung des Grundbesitzes, des Betriebsvermögens und der nicht notierten Anteile an Kapitalgesellschaften (Zweiter Teil Sechster Abschnitt §§ 157 bis 203 BewG für Zwecke der Erbschaft- und Schenkungsteuer) hat, ist die ursprüngliche Aufgabe und Bedeutung des BewG fast völlig untergegangen.

1633
Für die Durchführung von Bewertungen sind regelmäßig folgende **Grundfragen** von Bedeutung:
1. **Was** ist zu bewerten? – Frage nach dem **Bewertungsgegenstand** (vgl. § 2 BewG).
2. **Wann** ist zu bewerten? – Frage nach dem Zeitpunkt, zu dem eine Bewertung in Betracht kommt (**Bewertungsstichtag**; vgl. z. B. §§ 21 bis 24, § 132, § 138 Abs. 1, 4 und Abs. 5 Satz 1 sowie § 157 Abs. 1 BewG).
3. **Wie** ist zu bewerten? – Frage nach dem **Bewertungsmaßstab** (z. B. gemeiner Wert, § 9 BewG oder § 10 BewG DDR, typisierende Werte für das Grundvermögen im Rahmen der Bedarfsbewertung für Zwecke der Grunderwerbsteuer, § 138 Abs. 3 BewG, Berücksichtigung von Klassifizierungssystemen (Standarddeckungsbeiträgen) für die Ermittlung des Reingewinns im Rahmen der Ermittlung des Wirtschaftswerts für Betriebe der Land- und Forstwirtschaft, § 163 BewG, für Zwecke der Erbschaft- und Schenkungsteuer) und der **Bewertungsmethode** (z. B. Ertragswertverfahren oder Sachwertverfahren für die Einheitsbewertung des Grundbesitzes, § 76 BewG, § 33 RBewG).

5 Gliederung und Geltungsbereich des BewG

1634
Das BewG ist in **drei Teile** aufgegliedert: Erster Teil Allgemeine Bewertungsvorschriften (§§ 1 bis 16), Zweiter Teil Besondere Bewertungsvorschriften (§§ 17 bis 203) und Dritter Teil Schlussbestimmungen (§§ 204 und 205) sowie Anlagen.

Der Zweite Teil (Besondere Bewertungsvorschriften) ist wiederum aufgegliedert in sechs Abschnitte:

1635

Erster Abschnitt:	Einheitsbewertung (§§ 19 bis 109 BewG),
Zweiter Abschnitt:	Sondervorschriften und Ermächtigungen (§§ 121 bis 123 BewG),
Dritter Abschnitt:	Vorschriften für die Bewertung von Vermögen in dem in Artikel 3 des Einigungsvertrages genannten Gebiet (neue Bundesländer, §§ 125 bis 137 BewG),
Vierter Abschnitt:	Vorschriften für die Bewertung von Grundbesitz für die Grunderwerbsteuer ab 01. 01. 1997 (Bedarfsbewertung, §§ 138 bis 150 BewG); **Hinweis:** Zur Anwendbarkeit dieser Vorschriften vgl. die Ausführungen bei Rz. 1655,
Fünfter Abschnitt:	Gesonderte Feststellungen (für die Bedarfsbewertung, §§ 151 bis 156 BewG) und
Sechster Abschnitt:	Vorschriften für die Bewertung von Grundbesitz, von nicht notierten Anteilen an Kapitalgesellschaften und von Betriebsvermögen für die Erbschaft- und Schenkungsteuer ab 01. 01. 2009 (Bedarfsbewertung, §§ 157 bis 203 BewG).

Welcher Bewertungsmaßstab im einzelnen Fall anzuwenden ist, richtet sich nach dem Geltungsbereich der beiden Teile und – innerhalb des Zweiten Teils – der sechs Abschnitte.

1636

Es ist für das Verständnis des ganzen BewG, mehr noch für seine Anwendung, von grundlegender Bedeutung, die Geltungsbereiche der Teile I und II und innerhalb des Zweiten Teils die Geltungsbereiche der sechs Abschnitte scharf auseinander zu halten. In jedem Bewertungsfall ist zunächst zu prüfen, welcher Teil bzw. welcher Abschnitt für ihn maßgebend ist. Die Geltungsbereiche der Teile I und II sind nach **Steuerarten** voneinander **abgegrenzt**, die sechs Abschnitte des Zweiten Teils darüber hinaus nach Vermögensarten und der Belegenheit.

1637

1638–1640 frei

5.1 Geltungsbereich des Ersten Teils (Allgemeine Bewertungsvorschriften)

5.1.1 Grundsatz

Der Erste Teil des BewG enthält in den §§ 2 bis 16 die Allgemeinen Bewertungsvorschriften. Diese gelten nach § 1 BewG **grundsätzlich für alle öffentlich-rechtlichen Abgaben**, die durch Bundesrecht geregelt sind, soweit sie durch Bundesfinanzbehörden oder durch Landesfinanzbehörden verwaltet werden.

1641

Die wichtigsten Steuern sind aufgrund des Art. 105 GG bundesgesetzlich geregelt (z. B. die Grundsteuer, die Erbschaft- und Schenkungsteuer), nicht jedoch die Steuern mit örtlich bedingtem Wirkungsbereich. Durch Landesgesetze haben aber die meisten Länder bestimmt, dass auch für solche Abgaben, die nicht der Gesetzgebung des Bundes unterliegen, die bundesrechtliche Regelung in ihrer jeweiligen Fassung entsprechend gelten soll, soweit die Abgaben durch Landesbehörden verwaltet werden.

1642

Hinweis: Die Vorschriften über die Bedingung und Befristung (§§ 4 bis 8 BewG) sowie über die Bewertung von Wertpapieren und Anteilen, Kapitalforderungen und Schulden und wiederkehrende Nutzungen und Leistungen (§§ 11 bis 16 BewG) werden im Kapitel 1 Teil D dieses Buches behandelt.

1643

5.1.2 Ausnahmen

Von dem Grundsatz der Allgemeingültigkeit der §§ 2 bis 16 BewG gibt es nach § 1 Abs. 2 BewG zwei wichtige Ausnahmen:

1644

1. Die Allgemeinen Bewertungsvorschriften (Erster Teil) des BewG gelten nicht, soweit im Zweiten Teil des BewG besondere (eigenständige) Bewertungsvorschriften enthalten sind, aus denen sich etwas anderes ergibt.

BEISPIELE

a) Der einem Gewerbebetrieb gewidmete Pkw wird bei Steuerpflichtigen, die den Gewinn nach § 5 EStG ermitteln, für Zwecke der Erbschaft- und Schenkungsteuer gemäß § 109 Abs. 1 BewG im Rahmen der Bewertung des Gewerbebetriebs mit dem gemeinen Wert berücksichtigt, für deren Ermittlung § 11 Abs. 2 BewG entsprechend gilt. Die allgemeine Bewertungsvorschrift des § 9 BewG (gemeiner Wert) gilt hier nicht, ebenso wenig die Vorschrift des § 10 BewG (Teilwert).

b) Für die Bewertung wiederkehrender Nutzungen und Leistungen, die zu einem Gewerbebetrieb gehören, gilt ebenfalls (insbesondere für Zwecke der Erbschaft- und Schenkungsteuer) die Regelung des § 109 Abs. 1 BewG (vgl. Beispiel a), so dass dafür die Vorschriften der §§ 13 bis 16 BewG nicht in Betracht kommen. Die Regelungen der §§ 13 bis 16 BewG sind jedoch z. B. im Bereich der Einkommensteuer anzuwenden, vgl. H 16 [11] (Ratenzahlungen, Zeitrente) EStH und R 16 Abs. 11 EStR.

2. Die Allgemeinen Bewertungsvorschriften (Erster Teil) des BewG gelten nicht, soweit die einzelnen Steuergesetze besondere (eigenständige) Bewertungsvorschriften enthalten. Diese in einzelnen Steuergesetzen festgelegten eigenständigen (besonderen) Bewertungsvorschriften haben den Vorrang vor sämtlichen Bewertungsvorschriften des BewG. Das BewG kommt also nur insoweit zum Zuge, als das Einzelsteuergesetz eine Regelung für die Bewertung des Steuergegenstandes nicht enthält.

BEISPIELE

a) § 10 Abs. 4 und 5 UStG regelt abschließend die Bewertung von bestimmten Umsätzen für die Umsatzsteuer.

b) Die §§ 6 ff. EStG enthalten Bewertungsvorschriften für die Zwecke der Einkommensteuer und (gemäß § 8 Abs. 1 KStG) der Körperschaftsteuer. Soweit diese Vorschriften den Bestimmungen des BewG inhaltlich entgegenstehen, gehen sie diesen für Zwecke der Einkommensteuer vor. Die §§ 4 bis 8 BewG (Behandlung von Bedingungen und Befristungen) gelten jedoch auch für die Einkommensteuer und Körperschaftsteuer, soweit nicht bilanzsteuerrechtliche Vorschriften zum Zuge kommen.

**1645–1650
frei**

5.2 Geltungsbereich des Zweiten Teils (Besondere Bewertungsvorschriften)

5.2.1 Abgrenzung nach Steuerarten

1651   Nach § 17 Abs. 1 BewG gelten die **Besonderen Bewertungsvorschriften** (gesamter Zweiter Teil) nach Maßgabe des jeweiligen Einzelsteuergesetzes. Das bedeutet: Wenn ein Einzelsteuergesetz (z. B. das ErbStG) den Wertansatz vorschreibt, wie er sich aus einem Abschnitt dieses Teils des BewG ergibt (z. B. in § 12 Abs. 3 ErbStG für den Ansatz des Grundbesitzes für die Erbschaft- und Schenkungsteuer), so ist der Wert entsprechend nach den Bestimmungen des betreffenden Abschnitts des Zweiten Teils des BewG zu ermitteln und ggf. gesondert festzustellen.

1652   Der **Erste Abschnitt** des Zweiten Teils des BewG (§§ 19 bis 109, überschrieben mit »Einheitsbewertung«) gilt nach § 17 Abs. 2 BewG ab 01.01.1998 nur noch für die Grundsteuer. Er galt bis 01.01.1997 auch noch für die Gewerbekapitalsteuer sowie bis 01.01.1996 auch für die Vermögensteuer, bis Ende 1995 für die Erbschaft- und Schenkungsteuer und bis Ende 1996 für die Grunderwerbsteuer. Man spricht (bzw. sprach) bei den bezeichneten Steuern von den »Einheitswertsteuern«. (**Hinweis:** Diese Vorschriften werden im Kapitel 3 Teile B bis D, Rz. 4701–5195 dieses Buches behandelt.)

Der **Zweite Abschnitt** des Zweiten Teils des BewG (§§ 121 bis 123) enthält nur noch Sondervorschriften und Ermächtigungsvorschriften.

1653

Der **Dritte Abschnitt** des Zweiten Teils des BewG (§§ 125 bis 137) enthält Vorschriften für die Bewertung von Vermögen in den neuen Bundesländern (Beitrittsgebiet nach Art. 3 des Einigungsvertrages) für die Grundsteuer in diesen Gebieten. (**Hinweis:** Diese Vorschriften wurden in Band 13, Horschitz/Groß/Schnur et. al., Erbschaft- und Schenkungsteuer, Bewertungsrecht, 18. Auflage, Kapitel 3 Teile D und F, Rz. 3901–3991 und Rz. 4201–4463 behandelt. In der hier vorliegenden 19. Auflage sind sie nicht mehr enthalten.)

1654

Der **Vierte Abschnitt** des Zweiten Teils des BewG (§§ 138 bis 150) enthält die Vorschriften für die Bedarfsbewertung des Grundbesitzes für die Grunderwerbsteuer ab 01.01.1997. (**Hinweis:** Diese Vorschriften werden in Kapitel 2 Teil B behandelt. Aufgrund der Richtervorlage des BFH vom 02.03.2011 BStBl II 2011, 932 hat das BVerfG [Beschluss BVerfG vom 23.06.2015 BStBl II 2015, 871] die bisherige Regelung der Grundbesitzbewertung nach § 8 Abs. 2 GrEStG i. V. m. § 138 Abs. 2 bis 4 BewG für Erwerbe, die ab dem 01.01.2009 verwirklicht wurden, für verfassungswidrig erachtet. Die Reaktion des Gesetzgebers auf diese Entscheidung erfolgte im Rahmen des Steueränderungsgesetzes 2015 vom 02.11.2015 BGBl I 2015, 1834. In § 8 Abs. 2 GrEStG ist nunmehr vorgeschrieben, dass auch für Grunderwerbsteuerzwecke in den in § 8 Abs. 2 GrEStG bezeichneten Fällen die für das Erbschaft- und Schenkungsteuerrecht geltende Grundbesitzbewertung anzuwenden ist. Die §§ 138 bis 150 BewG sind daher nur noch für die Grunderwerbsteuerfälle bis 31.12.2008 von Bedeutung.)

1655

Der **Fünfte Abschnitt** des Zweiten Teils des BewG (§§ 151 bis 156 BewG enthält die verfahrensrechtlichen Vorschriften über die gesonderten Feststellungen zu den Bedarfsbewertungen für die Erbschaft- und Schenkungsteuer sowie für die Grunderwerbsteuer. (**Hinweis:** Diese Vorschriften werden im Kapitel 1 Teil E, Rz. 2301–2448 dieses Buches behandelt.)

1656

Der **Sechste Abschnitt** des Zweiten Teils des BewG enthält (ab 01.01.2009) die Vorschriften über die Bedarfsbewertung des Grundbesitzes, der nicht notierten Anteile an Kapitalgesellschaften und des Betriebsvermögens für die Erbschaft- und Schenkungsteuer. (**Hinweis:** Diese Vorschriften werden im Kapital 1 Teile F bis H, Rz. 2501–3826 dieses Buches behandelt.)

1657

5.2.2 Abgrenzung nach Vermögensarten

Ebenso wichtig wie die Abgrenzung nach Steuerarten ist für die Anwendung der Vorschriften des Zweiten Teils des BewG die für die Geltungsbereiche der einzelnen Abschnitte maßgebende Abgrenzung nach Vermögensarten.

1658

Das Vermögen, das nach den Vorschriften des Zweiten Teils (Besondere Bewertungsvorschriften) des BewG zu bewerten ist, umfasst nach § 18 BewG die folgenden **drei Vermögensarten:**

1659

1. das land- und forstwirtschaftliche Vermögen,
2. das Grundvermögen und
3. das Betriebsvermögen.

Das land- und forstwirtschaftliche Vermögen, das Grundvermögen und die Betriebsgrundstücke (vgl. § 99 BewG) bilden den **Grundbesitz** (§ 19 Abs. 1 BewG). Für deren wirtschaftliche Einheiten sind regelmäßig **Einheitswerte** festzustellen. Diese Einheitswerte haben ab 01.01.1998 aber nur noch Bedeutung für die Grundsteuer. Die Bewertung erfolgt für den Grundbesitz in den alten Bundesländern nach den §§ 33 bis 94 BewG (Erster Abschnitt des Zweiten Teils des BewG). Das Gleiche gilt hinsichtlich der Einteilung des Vermögens in diese

1660

drei Vermögensarten, soweit der Grundbesitz in den neuen Bundesländern liegt. Vgl. hierzu auch die besonderen Regelungen für die Bewertung in den §§ 125 bis 137 BewG (Dritter Abschnitt des Zweiten Teils des BewG).

1661   Auch für die **Bedarfsbewertung** des Grundbesitzes im Vierten Abschnitt des Zweiten Teils des BewG für die Grunderwerbsteuer und im Sechsten Abschnitt des Zweiten Teils für die Erbschaft- und Schenkungsteuer wird der Grundbesitz in land- und forstwirtschaftliches Vermögen, Grundvermögen und Betriebsgrundstücke eingeteilt (vgl. § 138 Abs. 1 bis 3 und § 157 Abs. 1 bis 3 BewG).

1662–1670
frei

5.3   Abgrenzung nach Belegenheit

1671   Durch das Einfügen des Dritten Abschnitts im Zweiten Teil des BewG wurde ein weiteres Abgrenzungskriterium eingeführt: Die Abgrenzung nach der Belegenheit. Dies bedeutet, dass Wirtschaftsgüter derselben Vermögensart, je nachdem, in welchem Gebiet sie liegen, unterschiedlich zu bewerten sind. Auch kann der Umfang der wirtschaftlichen Einheit unterschiedlich sein. Sogar das Bewertungsverfahren (Bewertungsmethode) kann sich deutlich unterscheiden. Dies soll an den folgenden Beispielen verdeutlicht werden:

BEISPIELE

a) Ein Landwirt in Hof (Bayern) pachtet in Sachsgrün (Sachsen) 10 ha Acker- und Wiesenfläche zu seinem eigenen Betrieb der Land- und Forstwirtschaft hinzu.
LÖSUNG Es liegen zwei wirtschaftliche Einheiten vor. Der Betrieb der Land- und Forstwirtschaft in Hof wird dem Landwirt als Eigentümer zugerechnet und nach den §§ 33 bis 67 des Ersten Abschnittes des Zweiten Teils des BewG bewertet. Hierbei umfasst die wirtschaftliche Einheit gemäß § 34 Abs. 1 BewG auch den Wohnteil. Für diesen Betrieb wird gemäß § 19 Abs. 1 BewG, § 180 Abs. 1 Nr. 1 AO ein Einheitswert gesondert festgestellt.
Die Grundstücksflächen in Sachsgrün werden dem Landwirt unabhängig von der Eigentumsfrage als Nutzer zugerechnet. Die als Nutzungseinheit bezeichnete wirtschaftliche Einheit umfasst hier gemäß § 125 Abs. 3 BewG keine Wohnteile. Die Bewertung erfolgt nach den §§ 125 bis 128 des Dritten Abschnitts des Zweiten Teils des BewG und wird im Steuermessbetragsverfahren bei der Grundsteuer durchgeführt (§ 126 Abs. 1 BewG).

b) Zu bewerten ist ein Einfamilienhaus in Stuttgart (Baden-Württemberg) bzw. in Dresden (Sachsen).
LÖSUNG Das in Stuttgart belegene Einfamilienhaus ist nach den Bewertungsvorschriften der alten Bundesländer (§§ 68 bis 94 des BewG) zu bewerten, in der Regel also im Ertragswertverfahren.
Das in Dresden belegene Einfamilienhaus ist nach den Bewertungsvorschriften der neuen Bundesländer (§§ 129 bis 133 BewG, die auf das BewG DDR verweisen) im Sachwertverfahren zu bewerten. Liegt ein Einheitswert noch nicht vor und wird er nur für die Grundsteuer benötigt, wird lediglich für Zwecke der Grundsteuer die Ersatzbemessungsgrundlage ermittelt.

5.4   Verhältnis der verschiedenen Teile und Abschnitte des BewG zueinander

1672   Das Verhältnis der Teile des BewG zueinander ist in den §§ 1 Abs. 1 und 17 Abs. 3 BewG geregelt. Die Vorschriften des Ersten Teils des BewG (Allgemeine Bewertungsvorschriften) gelten danach unmittelbar nur für die Steuerfälle, für die der Zweite Teil gemäß § 17 BewG nicht oder nur beschränkt gilt. Der Zweite Teil des BewG (Besondere Bewertungsvorschriften) gilt nur beschränkt, z. B. für die Erbschaft- und Schenkungsteuer. Außerdem hat der Erste Teil nach § 17 Abs. 3 BewG auch im Rahmen der Bewertung nach den Vorschriften des Zweiten Teils, also im Rahmen der Einheitsbewertung und der Bedarfsbewertung für den Grundbesitz, für nicht notierte Anteile an Kapitalgesellschaften und für das Betriebsvermögen Geltung, »soweit sich nicht aus den §§ 19 bis 150 (müsste eigentlich auf Grund des ErbStRG heißen: §§ 19 bis 203 – wohl ein Versehen des Gesetzgebers) etwas anderes ergibt«. Für die Einheitsbewertung sind aus dem Ersten Teil des BewG insbesondere die Vorschriften von Bedeutung, die allgemeine Begriffe aufstellen oder erläutern, z. B. über die wirtschaftliche Einheit und über den gemeinen Wert (vgl. auch BFH vom 25. 10. 1951 BStBl III 1952, 37).

Danach lassen sich **fünf Grundsätze** aufstellen: **1673**

1. Die **Vorschriften des Ersten Teils** (Allgemeine Bewertungsvorschriften) des BewG gelten bei der Einheitsbewertung des Grundbesitzes (Erster Abschnitt der Besonderen Bewertungsvorschriften), für die Bewertung des Grundbesitzes in den neuen Bundesländern (Dritter Abschnitt der Besonderen Bewertungsvorschriften) sowie für die Bedarfsbewertung des Grundbesitzes für die Grunderwerbsteuer (Vierter und Fünfter Abschnitt der Besonderen Bewertungsvorschriften) und für die Bedarfsbewertung des Grundbesitzes, der nicht notierten Anteile an Kapitalgesellschaften und des Betriebsvermögens für die Erbschaft- und Schenkungsteuer (Fünfter und Sechster Abschnitt der Besonderen Bewertungsvorschriften) nur insoweit, als ihnen nicht Vorschriften des Zweiten Teils (Besonderen Bewertungsvorschriften) entgegenstehen.

2. Die **Vorschriften des Ersten Abschnitts des Zweiten Teils** des BewG gelten grundsätzlich nur für die Einheitsbewertung des Grundbesitzes, nicht auch für die Bewertung nach dem Ersten Teil.

3. Die **Vorschriften des Vierten und Fünften Abschnitts des Zweiten Teils** des BewG gelten nur für die Bedarfsbewertung des Grundbesitzes für die Grunderwerbsteuer.

4. Die **Vorschriften des Fünften und Sechsten Abschnitts des Zweiten Teils** des BewG gelten nur für die Bedarfsbewertung des Grundbesitzes, der nicht notierten Anteile an Kapitalgesellschaften und des Betriebsvermögens für die Erbschaft- und Schenkungsteuer.

5. Für das in den neuen Bundesländern belegene land- und forstwirtschaftliche Vermögen und das Grundvermögen für die Grundsteuer sowie für bestimmte Bilanzposten nach dem DM-Bilanzgesetz sind die **Vorschriften des Dritten Abschnitts des Zweiten Teils** des BewG maßgebend.

5.5   Übersicht zu §§ 1 und 17 BewG

1674   1.   Gliederung

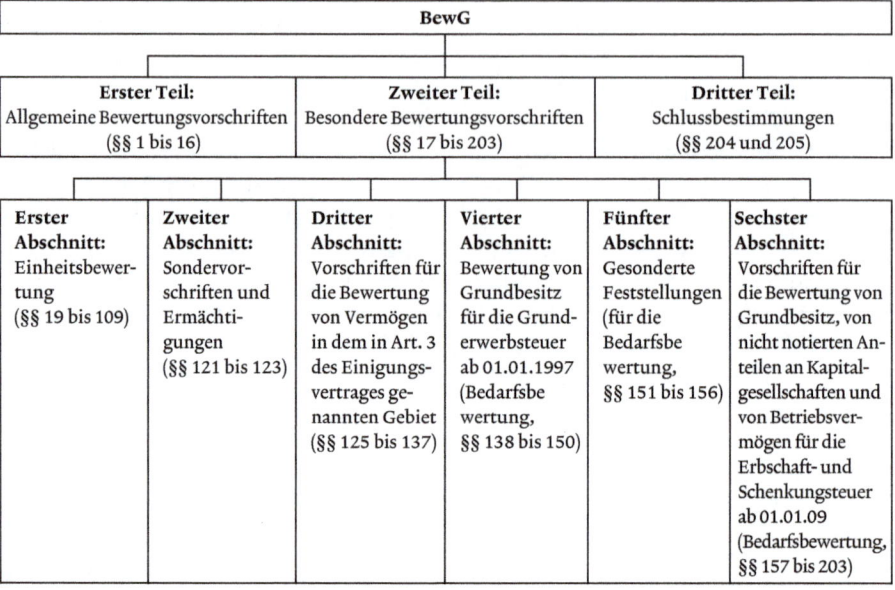

BewG		

Erster Teil: Allgemeine Bewertungsvorschriften (§§ 1 bis 16)	**Zweiter Teil:** Besondere Bewertungsvorschriften (§§ 17 bis 203)	**Dritter Teil:** Schlussbestimmungen (§§ 204 und 205)

Erster Abschnitt: Einheitsbewertung (§§ 19 bis 109)	**Zweiter Abschnitt:** Sondervorschriften und Ermächtigungen (§§ 121 bis 123)	**Dritter Abschnitt:** Vorschriften für die Bewertung von Vermögen in dem in Art. 3 des Einigungsvertrages genannten Gebiet (§§ 125 bis 137)	**Vierter Abschnitt:** Bewertung von Grundbesitz für die Grunderwerbsteuer ab 01.01.1997 (Bedarfsbewertung, §§ 138 bis 150)	**Fünfter Abschnitt:** Gesonderte Feststellungen (für die Bedarfsbewertung, §§ 151 bis 156)	**Sechster Abschnitt:** Vorschriften für die Bewertung von Grundbesitz, von nicht notierten Anteilen an Kapitalgesellschaften und von Betriebsvermögen für die Erbschaft- und Schenkungsteuer ab 01.01.09 (Bedarfsbewertung, §§ 157 bis 203)

1675   2.   Geltungsbereich

Regelung in § 1 BewG	Regelung in § 17 BewG	Regelung in § 17 Abs. 1 BewG und in der Überschrift des Dritten Abschnitts des Zweiten Teils	Regelung in § 17 BewG
Gilt Grundsätzlich für alle Steuern (§ 1 Abs. 1). Erster Teil gilt nicht, soweit (§ 2 Abs. 2): a) der Zweite Teil des BewG entgegenstehende Spezialvorschriften enthält oder b) Einzelsteuergesetze für die Bewertung eigene Bewertungsvorschriften enthalten (z.B. § 6 EStG, § 10 UStG).	Abgrenzung des Geltungsbereichs nach: a) **Vermögensarten** (§ 18) 1. Land- und forstw. Vermögen 2. Grundvermögen 3. Betriebsvermögen b) **Steuerarten** (§ 17 Abs. 2): Gilt für die Grundsteuer.	Abgrenzung des Geltungsbereichs nach: c) **Belegenheit** in den neuen Bundesländern für das: 1. Land- und forstw. Vermögen 2. Grundvermögen d) **Steuerarten** (§ 17 Abs. 2): Gilt für die Grundsteuer.	Abgrenzung des Geltungsbereichs nach: c) **Bedarfsbewertung** für den Grundbesitz: im gesamten Bundesgebiet für: 1. das Land- und forstw. Vermögen, 2. das Grundvermögen 3. die Betriebsgrundstücke für die Grunderwerbsteuer (§ 2 Abs. 2 GrEStG) d) **Bedarfsbewertung** für den Grundbesitz, für nicht notierte Anteile an Kapitalgesellschaften und für das Betriebsvermögen für die Erbschaft- und Schenkungsteuer (§ 12 Abs. 2, 3 und 5 ErbStG).

6 Bewertungsgegenstand

1676–1700
frei

6.1 Allgemeines

Bewertungsgegenstand ist nach § 2 Abs. 1 Satz 1 BewG die wirtschaftliche Einheit. Jeder Bewertungsvorgang muss deshalb mit der Bestimmung und Abgrenzung der wirtschaftlichen Einheit beginnen. Dies ist »die erste Vorbedingung jeder Einheitsbewertung« (RFH vom 18. 12. 1935 RStBl 1936, 311); das Gleiche gilt für die Bedarfsbewertung für Zwecke der Erbschaft- und Schenkungsteuer sowie der Grunderwerbsteuer. Für die Frage, was als wirtschaftliche Einheit zu gelten hat, stellt § 2 Abs. 1 Sätze 3 und 4 BewG auf die Anschauungen des Verkehrs (Verkehrsauffassung) ab und fordert, dass dabei die örtliche Gewohnheit, die tatsächliche Übung, die Zweckbestimmung und die wirtschaftliche Zusammengehörigkeit der einzelnen Wirtschaftsgüter zu berücksichtigen sind.

1701

Bewertungsgegenstand ist nicht die jeweilige Vermögensart des § 18 BewG, sondern die wirtschaftliche Einheit dieser Vermögensarten. Das sind:

1702

a) **beim land- und forstwirtschaftlichen Vermögen:** der Betrieb der Land- und Forstwirtschaft (§ 158 Abs. 2 Satz 1 BewG für die Bedarfsbewertung für Zwecke der Erbschaft- und Schenkungsteuer sowie § 33 Abs. 1 Satz 2 BewG für die Einheitsbewertung für Zwecke der Grundsteuer und § 138 Abs. 2 BewG für die Bedarfsbewertung für Zwecke Grunderwerbsteuer), in den neuen Bundesländern die Nutzungseinheit der Land- und Forstwirtschaft (§ 125 Abs. 2 Satz 2 BewG für die Zwecke der Grundsteuer),

b) **beim Grundvermögen:** das Grundstück (§§ 176 ff. BewG für die Bedarfsbewertung für Zwecke der Erbschaft- und Schenkungsteuer, § 70 BewG und § 50 Abs. 1 Satz 3 BewG-DDR für die Einheitsbewertung für Zwecke der Grundsteuer und § 138 Abs. 3 BewG für die Bedarfsbewertung für Zwecke der Grunderwerbsteuer),

c) **beim Betriebsvermögen:** der Gewerbebetrieb (§ 95 Abs. 1 sowie § 199 Abs. 2 BewG für die Bedarfsbewertung für Zwecke der Erbschaft- und Schenkungsteuer).

Von einer Vermögensart kann ein Steuerpflichtiger mehrere wirtschaftliche Einheiten haben.

1703

BEISPIELE

a) Eine natürliche Person betreibt eine Bäckerei und eine Tankstelle.
LÖSUNG Es liegen zwei selbstständige Gewerbebetriebe des Betriebsvermögens vor.

b) Ein Arbeitnehmer ist Eigentümer eines unbebauten Grundstücks (Bauplatz) und eines Einfamilienhauses.
LÖSUNG Es liegen zwei selbstständige Grundstücke des Grundvermögens vor.

1704–1710
frei

6.2 Wirtschaftsgut

6.2.1 Begriff

Der Begriff **Wirtschaftsgut**, von dem das BewG in § 2 und an vielen anderen Stellen spricht (z. B. §§ 3 bis 5, 8 bis 10, 19, 20, 97, 109, 121, 125, 126, 158 und im BewG-DDR § 10), ist gesetzlich nirgendwo festgelegt. Er ist durch die Rechtsprechung entwickelt und dann allmählich in die Steuergesetze (z. B. auch in § 39 AO, § 6 EStG) übernommen worden.

1711

Das bürgerliche Recht verwendet demgegenüber den Begriff »**Gegenstand**«, worunter sowohl Sachen (d. h. körperliche Gegenstände, § 90 BGB) als auch Rechte verstanden werden.

1712

Dieser Begriff reicht für das Steuerrecht nicht aus. Das Steuerrecht will einerseits nur solche Güter erfassen, die im Wirtschaftsleben einen realisierbaren Vermögenswert haben, vorausgesetzt, dass diesen Gütern nach den Anschauungen des Verkehrs eine selbstständige Bedeutung, Umsatzfähigkeit und ein selbstständiger Geldwert zukommen. Andererseits will das Steuerrecht auch die so genannten **immateriellen** (unkörperlichen) **Güter,** die weder Sachen noch Rechte sind (z. B. – unter gewissen Voraussetzungen – den Geschäfts- oder Firmenwert), für seine Zwecke mobilisieren. Das geschieht durch den Begriff »Wirtschaftsgut«. Der Begriff »Wirtschaftsgut« ist also einerseits enger, andererseits weiter als der Begriff »Gegenstand« i. S. d. bürgerlichen Rechts. Wirtschaftsgüter, die ausdrücklich von der Besteuerung ausgenommen sind, sind nicht zu bewerten. Die dem allgemeinen Geschäftsverkehr entzogenen Sachen sind keine Wirtschaftsgüter und daher nicht bewertungsfähig, wie beispielsweise Grabdenkmäler auf Friedhöfen (RFH vom 15. 11. 1934 RStBl 1935, 476), Erbbegräbnisse, Burgruinen als Gedenkstätten (RFH vom 30. 07. 1942 RStBl 1942, 1083), die Arbeitskraft des Unternehmers, eine im Gebrauch einer natürlichen Person befindliche Prothese oder Brille.

Dagegen hindert ein gesetzliches Veräußerungsverbot nicht die Verkehrs- und Bewertungsfähigkeit der davon betroffenen Wirtschaftsgüter (BFH vom 05. 07. 1957 BStBl III 1957, 295). Schlösser sind auch dann bewertungsfähige Wirtschaftsgüter, wenn sie niemals oder nur schwerlich einen Käufer finden (RFH vom 25. 05. 1932 RStBl 1932, 772).

6.2.2 Das einzelne Wirtschaftsgut als wirtschaftliche Einheit oder als Teil einer solchen

1713   Wirtschaftliche Einheit kann ein einzelnes Wirtschaftsgut oder eine Mehrheit von Wirtschaftsgütern sein. Ein einzelnes Wirtschaftsgut ist als wirtschaftliche Einheit zu behandeln, wenn es für sich allein selbstständig benutzt wird. Das gilt auch dann, wenn das Eigentum an dem Wirtschaftsgut mehreren Personen zusteht (§ 3 Satz 1 BewG), wie beispielsweise das einer Erbengemeinschaft gehörende unbebaute Grundstück. Demgegenüber können mehrere oder gar viele Wirtschaftsgüter eine wirtschaftliche Einheit nur unter zwei Voraussetzungen bilden: einmal muss wirtschaftliche Zusammengehörigkeit der mehreren Wirtschaftsgüter vorliegen (§ 2 Abs. 1 BewG) und zum anderen müssen die – wirtschaftlich zusammengehörigen Wirtschaftsgüter – demselben Eigentümer gehören (§ 2 Abs. 2 BewG). Von dem letzten Erfordernis besteht allerdings für das landwirtschaftliche Vermögen eine Ausnahme. Nach § 34 Abs. 4 BewG sind in einen landwirtschaftlichen Betrieb die der Bewirtschaftung des Betriebes dienenden Betriebsmittel und Gebäude auch dann einzubeziehen, wenn sie nicht dem Eigentümer des Grund und Bodens gehören (zu weiteren Spezialvorschriften zur Bestimmung der wirtschaftlichen Einheit s. Rz. 1752).

1714   Ob ein Wirtschaftsgut für sich allein eine wirtschaftliche Einheit bildet oder Teil einer wirtschaftlichen Einheit ist (insbesondere eines Grundstücks oder Gewerbebetriebs), ist von großer Bedeutung für die Frage, zu welcher Vermögensart es gehört, und damit für die Frage, welcher Bewertungsmaßstab maßgebend ist, und schließlich für die Frage, ob es auch z. B. zur Grundsteuer herangezogen wird.

> **BEISPIEL**
>
> Ein Fabrikant hat zwei Bankguthaben über je 20 000 €. Das erste Guthaben ist aus betrieblichen Mitteln angelegt und dient den Zwecken des Gewerbebetriebs. Das zweite Guthaben ist zur Bestreitung der Ausbildungskosten der Kinder angelegt.
>
> **LÖSUNG** Das erste Guthaben gehört zum Betriebsvermögen und ist bei der Bewertung des Gewerbebetriebs voll anzusetzen (z. B. im Rahmen der Bilanzierung und bei Erbschaft- und Schenkungsteuer). Das zweite Guthaben gehört zum übrigen Vermögen und spielt ggf. nur bei der Erbschaft- und Schenkungsteuer eine Rolle.

6.3 Wirtschaftliche Einheit

Wenn ein einziges Wirtschaftsgut eine selbstständige wirtschaftliche Einheit bildet (z. B. ein unbebautes Grundstück bestehend aus einem Flurstück als Bauplatz), ergeben sich keine Besonderheiten. Sehr oft sind jedoch mehrere an sich selbstständige Wirtschaftsgüter bewertungsrechtlich zu einer wirtschaftlichen Einheit zusammenzufassen.

1715

BEISPIELE

a) Einem Betrieb der Land- und Forstwirtschaft dienen eine landwirtschaftlich genutzte Fläche, mehrere Wirtschaftsgebäude, Maschinen, sonstige landwirtschaftliche Geräte und Vieh.
LÖSUNG Die verschiedenen Wirtschaftsgüter bilden nur eine wirtschaftliche Einheit (Betrieb der Land- und Forstwirtschaft).

b) Einem Gewerbebetrieb dienen ein Betriebsgrundstück, Maschinen, Geräte, Rohstoffe, Bankguthaben, Forderungen an Kunden und Bargeld sowie betriebliche Schulden.
LÖSUNG Alle diese Wirtschaftsgüter werden zu einer wirtschaftlichen Einheit (Gewerbebetrieb) zusammengefasst.

c) Auf dem Grund und Boden einer Privatperson befinden sich ein Mehrfamilienhaus und ein Gartenzaun.
LÖSUNG Alle Wirtschaftsgüter werden zu einer wirtschaftlichen Einheit (Grundstück des Grundvermögens) zusammengefasst.

Für eine derartige Zusammenfassung an sich selbstständiger Wirtschaftsgüter zu einer wirtschaftlichen Einheit stellt das BewG (in § 2) folgende Voraussetzungen auf:
1. Es muss einheitliches Eigentum vorliegen (§ 2 Abs. 2 BewG).
2. Die (mehreren) Wirtschaftsgüter müssen nach der Verkehrsauffassung eine Einheit bilden (§ 2 Abs. 1 Sätze 3 und 4 BewG).
3. Die (mehreren) Wirtschaftsgüter müssen zur selben Vermögensart gehören (einheitliche Vermögensart).

Die Einzelheiten werden in den folgenden Textziffern dargestellt.

1716

6.3.1 Einheitliches Eigentum

6.3.1.1 Grundsatz

Die Wirtschaftsgüter müssen demselben Eigentümer gehören (§ 2 Abs. 2 BewG). Wirtschaftsgüter, von denen z. B. das eine dem A und das andere dem B gehört, können grundsätzlich nicht zusammen eine wirtschaftliche Einheit bilden. Wegen der Ausnahmen bei Ehegatten vgl. 6.3.1.2.1 (Rz. 1720–1722).

1717

BEISPIELE

a) A betreibt seinen Fabrikbetrieb auf einem von B gepachteten Grundstück.
LÖSUNG Das Grundstück des B kann nicht in die wirtschaftliche Einheit »Fabrikbetrieb« des A einbezogen werden.

b) A hat im Rahmen seines Gewerbebetriebs eine Maschine gemietet, die Eigentum des B ist.
LÖSUNG Die Maschine gehört nicht zur wirtschaftlichen Einheit Gewerbebetrieb des A.

Das Erfordernis der Einheitlichkeit des Eigentums gilt auch bei so genannten gemeinschaftlichem Eigentum, d. h. bei Miteigentum nach Bruchteilen oder zur gesamten Hand. Hier

1718

wird die Gemeinschaft als Eigentümer behandelt. Hauptanwendungsfall ist § 97 Abs. 1 Satz 1 Nr. 5 BewG. Hiernach werden alle Wirtschaftsgüter, die einer OHG, einer KG oder einer ähnlichen Gesellschaft gehören, bei der die Gesellschafter als Unternehmer (Mitunternehmer) anzusehen sind – insbesondere Gesellschaften des bürgerlichen Rechts und Erbengemeinschaften, wenn sie ein Gewerbe betreiben –, zu einem Gewerbebetrieb zusammengefasst, wobei es sogar unerheblich ist, ob die Wirtschaftsgüter dem Gewerbebetrieb tatsächlich dienen. Doch kommt dieser Grundsatz auch in zahlreichen anderen Fällen zum Zuge.

BEISPIELE

a) Mehrere Geschwister sind in ungeteilter Erbengemeinschaft Eigentümer eines Wohngrundstücks und einer Gemäldesammlung.

b) Ein nicht eingetragener Verein besitzt ein Aktienpaket.

6.3.1.2 Ausnahmen von dem Grundsatz des einheitlichen Eigentums

1719 Von dem Grundsatz, dass nur Wirtschaftsgüter, die demselben Eigentümer oder denselben Eigentümern zu Miteigentum gehören, zu einer wirtschaftlichen Einheit zusammengefasst werden können, gibt es folgende Ausnahmen:

6.3.1.2.1 Wirtschaftsgüter der Ehegatten oder Lebenspartner

1720 Nach § 26 BewG wird die Zusammenrechnung mehrerer Wirtschaftsgüter zu einer wirtschaftlichen Einheit nicht dadurch ausgeschlossen, dass die Wirtschaftsgüter zum Teil dem einen, zum Teil dem anderen **Ehegatten oder Lebenspartner** gehören, wenn das Vermögen der Ehegatten zusammenzurechnen ist. Allerdings ist dieser Grundsatz seit 01.01.1993 auf den Grundbesitz beschränkt und kommt nur bei der Einheitsbewertung des Grundbesitzes für Zwecke der Grundsteuer zur Anwendung.

1721 Die Vorschrift, die im Zweiten Teil des BewG steht, hat (seit dem Wegfall der Einheitsbewertung des Betriebsvermögens ab 01.01.1998) daher nur noch für die Einheitsbewertung des Grundbesitzes Bedeutung. Ihr Grundgedanke ist, dass Ehegatten oder Lebenspartner auch bei der Bestimmung des Umfangs der wirtschaftlichen Einheit im Einheitswertverfahren eine **Personeneinheit** bilden.

1722 Da § 26 BewG nur für Ehegatten und Lebenspartner gilt, dürfen bei der Einheitsbewertung des Grundbesitzes Wirtschaftsgüter der Eltern mit Wirtschaftsgütern ihrer **Kinder** nicht zu einer wirtschaftlichen Einheit zusammengefasst werden; zu beachten ist aber, dass z. B. ein Elternteil oder beide Elternteile wirtschaftliches Eigentum am Kindesvermögen haben können (als Eigenbesitzer gemäß § 39 Abs. 2 Nr. 1 AO). § 26 BewG ist bei der Erbschaft- und Schenkungsteuer und somit bei der Bedarfsbewertung des Grundbesitzers, des Betriebsvermögens und des übrigen Vermögens ebenfalls nicht anwendbar (vgl. dazu R B 95 Abs. 1 ErbStR).

BEISPIELE

a) Die Eheleute A betreiben einen Betrieb der Land- und Forstwirtschaft. Die landwirtschaftlich genutzten Flächen gehören teils dem Ehemann, teils der Ehefrau.
LÖSUNG Die landwirtschaftlich genutzten Flächen beider Ehegatten werden bei der Einheitsbewertung des Betriebs der Land- und Forstwirtschaft zu einer wirtschaftlichen Einheit zusammengefasst.

b) A betreibt auf dem Grundstück, das seiner Ehefrau und deren Bruder in ungeteilter Erbengemeinschaft gehört, einen Gewerbebetrieb.
LÖSUNG Das Grundstück ist nicht Betriebsgrundstück des Betriebs des A. Die Anteile der Ehefrau und des Bruders der Ehefrau sind vielmehr als Grundvermögen zu bewerten.

c) Der Vater betreibt einen Gewerbebetrieb auf einem Grundstück, das Eigentum seines 15-jährigen Sohnes ist (der es von einem Onkel geerbt hat).

LÖSUNG Das Grundstück gehört zur Vermögensart Grundvermögen. Es darf nicht als Betriebsgrundstück in die wirtschaftliche Einheit Gewerbebetrieb des Vaters einbezogen werden.

6.3.1.2.2 Besonderheiten beim Grundbesitz im Rahmen der Einheitsbewertung

Für die Einheitsbewertung des Grundbesitzes für Zwecke der Grundsteuer in den alten Bundesländern sieht das BewG einige Sonderregelungen vor: **1723**

* für das land- und forstwirtschaftlichen Vermögen in § 34 Abs. 4 bis 6 BewG und
* für das Grundvermögen in § 70 Abs. 2 BewG.

Für die Ermittlung des Ersatzwirtschaftswerts für Zwecke der Grundsteuer in den neuen Bundesländern ist ebenfalls eine Sonderregelung in § 125 Abs. 2 BewG getroffen. **1724**

Diese Besonderheiten wurden in Band 13, Horschitz/Groß/Schnur et. al., Erbschaft- und Schenkungsteuer, Bewertungsrecht, 18. Auflage, Kapitel 3 Teile C bis F, Rz. 3801–4463, behandelt. In der hier vorliegenden 19. Auflage sind sie nicht mehr enthalten. **1725**

1726–1730 frei

6.3.2 Verkehrsanschauung

6.3.2.1 Verkehrsanschauung und einheitliche Zweckbestimmung

Voraussetzung für die Zusammenfassung mehrerer Wirtschaftsgüter zu einer wirtschaftlichen Einheit ist außerdem, dass die Wirtschaftsgüter nach den Anschauungen des Verkehrs eine derartige Einheit bilden (§ 2 Abs. 1 Satz 3 BewG). Dabei sind die **örtliche Gewohnheit**, die **tatsächliche Übung**, die **Zweckbestimmung** und die **wirtschaftliche Zusammengehörigkeit** der einzelnen Wirtschaftsgüter zu berücksichtigen (§ 2 Abs. 1 Satz 4 BewG). Unter »Anschauungen des Verkehrs« ist nicht etwa der Standpunkt der beteiligten Wirtschaftskreise, sondern die Auffassung der Allgemeinheit vernünftig denkender Menschen zu verstehen (vgl. BFH vom 03.02.1956 BStBl III 1956, 78). Damit ist die Auffassung gemeint, die urteilsfähige und unvoreingenommene Staatsbürger von einer Sache haben oder gewinnen, wenn sie mit ihr befasst werden (vgl. BFH vom 27.05.1970 BStBl II 1970, 678). **1731**

Das Merkmal »**örtliche Gewohnheit**« ist vor allem bei der Abgrenzung der wirtschaftlichen Einheiten des Grundvermögens bedeutsam. **1732**

BEISPIELE

a) In einer Gegend mit aufgelockerter Bauweise gehört zu einem Wohngrundstück häufig ein Hausgarten. Wohngrundstück und Hausgarten werden daher regelmäßig eine wirtschaftliche Einheit bilden, wenn sie räumlich zusammenhängen; vgl. RFH vom 17.09.1931 RStBl 1932, 286. Eine an ein Einfamilienhausgrundstück angrenzende unbebaute Fläche kann aber auch bei so genannter offener Bauweise eine selbstständige wirtschaftliche Einheit sein (BFH vom 16.02.1979 BStBl II 1979, 279).

b) Im Gegensatz dazu ist in einer Gegend mit geschlossener Bauweise eine als Hausgarten genutzte Fläche, die eine Baufläche darstellt, grundsätzlich als selbstständige wirtschaftliche Einheit zu bewerten. Vgl. hierzu RFH vom 10.04.1930 RStBl 1930, 298 und vom 26.03.1931 RStBl 1931, 802.

Für das Merkmal »**tatsächliche Übung** (tatsächliche Nutzung)« spielt der persönliche Wille des Eigentümers des Wirtschaftsguts eine entscheidende Rolle. **1733**

BEISPIEL

Fabrikant F erwirbt mit betrieblichen Mitteln einen Pkw, der für Betriebsfahrten vorgesehen war. Der Pkw wird jedoch ausschließlich vom Sohn des Fabrikanten für private Zwecke genutzt.

LÖSUNG Der Pkw gehört nicht zum Gewerbebetrieb des F.

1734   Bei dem Merkmal »**Zweckbestimmung**« kommt es nicht auf die innere Willensbildung des Eigentümers, sondern darauf an, wie der Eigentümer seinen Willen in die Tat umgesetzt hat (vgl. BFH vom 15. 10. 1954 BStBl III 1955, 2). Die Zweckbestimmung tritt dann zurück, wenn sie mit der Verkehrsanschauung oder mit einer ausdrücklichen Gesetzesvorschrift (z. B. § 97 BewG, wonach die den dort bezeichneten Körperschaften usw. gehörenden Wirtschaftsgüter auch dann zu ihrem Betriebsvermögen zu rechnen sind, wenn sie dem Gewerbebetrieb tatsächlich nicht dienen) im Widerspruch steht (vgl. BFH vom 15. 06. 1983 BStBl II 1983, 752).

BEISPIEL

Ein Viehhändler, der als Hobby das Sammeln alter Waffen betreibt, erwirbt mit betrieblichen Mitteln einen wertvollen alten Säbel.

LÖSUNG Das erworbene Wirtschaftsgut kann nicht dem Gewerbebetrieb »Viehhandel« dienen, da die Zweckbestimmung privater Natur ist. Der erworbene Säbel rechnet daher, ebenso wie die übrigen Teile der Waffensammlung, zum übrigen Vermögen und nicht zum Gewerbebetrieb.

1735   Das Merkmal »**wirtschaftliche Zusammengehörigkeit**« setzt für die verschiedenen Wirtschaftsgüter einen gemeinsamen Zweck voraus. Die Wirtschaftsgüter müssen daher z. B. einem bestimmten Betrieb der Land- und Forstwirtschaft oder einem Gewerbebetrieb dienen. Für diesen gemeinsamen Zweck müssen die Wirtschaftsgüter objektiv geeignet sein und sich gegenseitig ergänzen. Dieser Zustand darf nicht nur vorübergehend sein; eine nur vorübergehende Trennung ist jedoch unschädlich.

BEISPIELE

a) Ein Gewerbetreibender nutzt den Geschäfts-Pkw am Bewertungsstichtag für eine Urlaubsfahrt.

LÖSUNG Durch die nur vorübergehende private Nutzung des Pkw wird die wirtschaftliche Zugehörigkeit zum Gewerbebetrieb nicht gelöst.

b) Ein Fuhrunternehmer nutzt vier nebeneinander liegende Flurstücke (selbstständige Parzellen im Grundbesitzkataster) als Abstellplatz für seine Fahrzeuge.

LÖSUNG Die vier Flurstücke bilden eine wirtschaftliche Einheit »Betriebsgrundstück« (vgl. § 99 BewG) des Gewerbebetriebs »Fuhrunternehmen«. Grundsätzlich müssen in derartigen Fällen jedoch die einzelnen Flurstücke räumlich zusammenhängen (vgl. A 4 Abs. 1 BewR Gr).

c) Ein Steuerpflichtiger, der ein Einfamilienhaus besitzt, will eine 200 m entfernt liegende, aber vom Hausgrundstück getrennte Parzelle, die er als Hausgarten benutzt, zu dem Hausgrundstück hinzunehmen. Er lässt beide Parzellen im Grundbuch zusammenschreiben.

LÖSUNG Diese Flächen können trotzdem nicht zu einer wirtschaftlichen Einheit zusammengefasst werden, weil die Verkehrsanschauung solche nicht zusammenhängende Grundstücke grundsätzlich als verschiedene wirtschaftliche Einheiten ansieht.

d) Ein Reiheneinfamilienhaus liegt etwa 100 m entfernt von dem dazugehörigen Garagengrundstück.

LÖSUNG Ein Reiheneinfamilienhaus wird man mit einem wenn auch getrennt, so doch in der Nähe liegenden Garagengrundstück zu einer wirtschaftlichen Einheit zusammenfassen können, da bei den heute üblichen Siedlungen die Verkehrsanschauung beide Gebäude als eine wirtschaftliche Einheit ansieht. Anders jedoch, wenn z. B. eine Hauptverkehrsstraße das Reiheneinfamilienhaus und die Garage trennt (A 4 Abs. 1 BewR Gr).

e) Ein Steuerpflichtiger besitzt eine größere zusammenhängende Grundfläche. Sie ist mit einem Einfamilienhaus (Wohngebäude mit nur einer Wohnung) und mit zugehörigem Hausgarten bebaut, im Übrigen landwirtschaftlich genutzt. Von der landwirtschaftlich genutzten Fläche ist ein Teil zur Bebauung vorgesehen, der übrige Teil ist für eine Bebauung nicht geeignet.

LÖSUNG Es liegen trotz des räumlichen Zusammenhangs nach der Verkehrsanschauung drei selbstständige wirtschaftliche Einheiten vor: Bauland, Betrieb der Land- und Forstwirtschaft und Einfamilienhaus (sofern nicht das Wohngebäude in den Betrieb der Land- und Forstwirtschaft einzubeziehen ist). Vgl. RFH vom 05.05.1944 RStBl 1944, 547.

f) Eine Häusergruppe besteht aus vier Reihenhäusern, die alle einem Eigentümer gehören.

LÖSUNG Ein Reihenhaus, das nur eine Wohnung enthält, ist, sofern es selbstständig veräußerbar ist, als selbstständige wirtschaftliche Einheit (Einfamilienhaus) zu bewerten, auch wenn die Häusergruppe, zu der das Reihenhaus gehört, nur einem Eigentümer gehört (vgl. A 15 Abs. 5 BewR Gr).

g) Ein Mietshaus besteht aus Vorderhaus und Hinterhaus mit einem dazwischen liegenden Hof.

LÖSUNG Ein solches Mietshaus ist in der Regel eine wirtschaftliche Einheit.

h) Ein Unternehmen zweigt einen Teil seiner Aufgaben ab und überträgt sie einer zu diesem Zweck neu gegründeten GmbH (z. B. einer so genannten Vertriebs-GmbH).

LÖSUNG Mutterunternehmen und Tochterunternehmen bilden in der Regel je eine wirtschaftliche Einheit für sich (vgl. BFH vom 08.10.1971 BStBl II 1972, 111).

i) Mehrere räumlich getrennt liegende Flächen werden landwirtschaftlich genutzt.

LÖSUNG Sie bilden eine wirtschaftliche Einheit, wenn sie von einer Hofstelle aus gemeinsam bewirtschaftet werden.

j) Wie ist der zu einem Bauernhof gehörende Wald zu bewerten?

LÖSUNG Er ist in der Regel kein selbstständiger Betrieb, sondern Teil eines Betriebs der Land- und Forstwirtschaft (vgl. § 34 Abs. 2 BewG sowie A 1.05 Abs. 2 BewR L).

k) Ein Arzt erstellt im rechten Winkel an sein Wohngebäude angrenzend einen Praxisanbau mit gesonderten Eingängen, der Möglichkeit eigenständiger Versorgung und einer Verbindung im Inneren.

LÖSUNG Im Urteil des BFH vom 15.10.1954 BStBl III 1955, 2 wird auch in diesem Fall auf die getrennte Veräußerungsmöglichkeit abgestellt, und es wurden zwei wirtschaftliche Einheiten angenommen. Die Praxis folgt dem mit Recht nicht. Nach der Verkehrsanschauung liegt in solchen Fällen eine wirtschaftliche Einheit vor (vgl. auch Gürsching-Stenger, Komm. zum BewG und ErbStG, Rz. 35 zu § 70 BewG). Vgl. BFH vom 15.06.1983 BStBl II 1983, 752 zu einem ähnlichen Fall.

l) In einem Windenergiepark stehen zehn Windkraftanlagen auf einem Grundstück, welches aus zehn nicht aneinander grenzenden Teilflächen besteht, auf denen jeweils eine Windkraftanlage errichtet ist. Die umliegenden Grundstücke werden landwirtschaftlich genutzt.

LÖSUNG Bei der Beurteilung, ob mehrere Teilflächen eine wirtschaftliche Einheit bilden, kommt es auch auf deren räumliche Lage zueinander an. Bei räumlicher Trennung liegen beim Grundvermögen (§ 68 BewG) regelmäßig mehrere wirtschaftliche Einheiten vor (BFH vom 03.12.1954 BStBl III 1955, 5). Demgegenüber ist es für die Abgrenzung der wirtschaftlichen Einheiten des Grundvermögens grundsätzlich ohne Einfluss, ob eine Grundstücksfläche katastertechnisch verselbstständigt ist und ein eigenes Flurstück bildet. Das bewertungsrechtliche Grundstück kann mehrere Flurstücke umfassen, aber auch nur Teil eines Flurstücks sein (BFH vom 25.02.1983 BStBl II 1983, 552). Daher bilden mehrere mit Windkraftanlagen bebaute Grundstücksflächen bilden regelmäßig keine wirtschaftliche Einheit, wenn sie durch Grundstücke, die zum land- und forstwirtschaftlichen Vermögen gehören, voneinander getrennt sind (BFH vom 25.01.2012 BStBl II 2012, 403)

Bestehen Zweifel darüber, wie eine wirtschaftliche Einheit abzugrenzen ist, so wird man in der Regel zu einem richtigen Ergebnis gelangen, wenn man sich die Frage stellt, welche Wirt-

1736

schaftsgüter bei einer normalen Veräußerung der wirtschaftlichen Einheit mit veräußert werden würden.

6.3.2.2 Geteilte Zweckbestimmung

1737   Wenn ein Wirtschaftsgut verschiedene Zweckbestimmungen hat, insbesondere zum Teil einem Betrieb der Land- und Forstwirtschaft oder einem Gewerbebetrieb, zum Teil betriebsfremden Zwecken dient oder für mehrere wirtschaftliche Einheiten verwendet wird, so kann die Einbeziehung in die wirtschaftliche Einheit zweifelhaft sein, z. B. wenn ein Gewerbetreibender einen Personenkraftwagen zum Teil für betriebliche, zum Teil für private Zwecke nutzt.

1738   Da aufgrund der nunmehrigen Regelung in § 95 Abs. 1 BewG bewertungsrechtlich für die Zuordnung zum Betriebsvermögen die gleichen Regelungen gelten, wie im Ertragsteuerrecht, bestehen keine besonderen Probleme mehr. Wenn nämlich ein Wirtschaftsgut (z. B. ein Pkw) in der Steuerbilanz zutreffend als gewillkürtes Betriebsvermögen aufgenommen wurde, so ist es auch bewertungsrechtlich als Betriebsvermögen zu behandeln (vgl. R 4.2 Abs. 1 Satz 3 ff. EStR i. V. m. R B 95 Abs. 1 ErbStR).

1739   Dient ein Wirtschaftsgut gleichzeitig mehreren Betrieben desselben Eigentümers, so kann es notwendig sein, dass sein Wert entsprechend dem Ausmaß seiner Benutzung auf die verschiedenen Betriebe aufgeteilt wird.

> **BEISPIELE**
>
> a) Ein Landwirt betreibt in seinem Wohnhaus eine Gastwirtschaft.
> **LÖSUNG** Der auf die Gastwirtschaft entfallende Teil des Wohnhauses ist Teil der wirtschaftlichen Einheit Gewerbebetrieb Gastwirtschaft (Betriebsgrundstück), der andere Teil des Wohnhauses gehört zur wirtschaftlichen Einheit Betrieb der Land- und Forstwirtschaft (A 1.03 Abs. 6 BewR L; in den neuen Bundesländern bildet er Grundvermögen, § 125 Abs. 3 BewG).
>
> b) X betreibt ein Sägewerk und eine Futtermittelgroßhandlung. Er ist Eigentümer eines Lastzuges mit Traktor, der je zur Hälfte für das Sägewerk und die Futtermittelgroßhandlung benutzt wird.
> **LÖSUNG** Der Wert des Lastzuges ist – entsprechend der Behandlung in der Steuerbilanz – bei dem einen oder dem anderen Betrieb anzusetzen. Ist er in beiden Bilanzen zum Teil erfasst, so ist dem auch für die Bewertung des Betriebsvermögens zu folgen (§ 95 Abs. 1 BewG, R B 95 Abs. 1 ErbStR).

6.3.3 Einheitliche Vermögensart

1740   Eine wirtschaftliche Einheit kann nur Wirtschaftsgüter derselben Vermögensart umfassen.

> **BEISPIELE**
>
> a) Ein an einer Straße gelegenes unbebautes Grundstück (Baulücke), das zum Grundvermögen gehört, kann nicht in einen in unmittelbarer Nähe gelegenen Betrieb der Land- und Forstwirtschaft einbezogen werden.
> b) Ein wertvolles Schmuckstück, das privaten Zwecken dient und somit übriges Vermögen ist, kann nicht in einen Gewerbebetrieb seines Eigentümers einbezogen werden.

1741   Ein Wirtschaftsgut, das teils im Rahmen der einen, teils im Rahmen einer anderen wirtschaftlichen Einheit genutzt wird, kann in bestimmten Fällen jedoch wegen seiner unterschiedlichen Nutzung und Zweckbestimmung teils zu der einen, teils zu einer anderen Vermögensart gehören. Vgl. Beispiele a) und b) aus 6.3.2.2 (Rz. 1739).

1742–1750 frei

6.4 Bestimmung der wirtschaftlichen Einheit durch Spezialvorschriften

In vielen Fällen bestimmt das BewG selbst, was zu einer wirtschaftlichen Einheit gehört, **1751** d. h. welche Wirtschaftsgüter in eine wirtschaftliche Einheit einzubeziehen bzw. aus ihr auszusondern sind. In diesen Fällen kommt es dann weder auf die Verkehrsanschauung an, noch sind die im § 2 Abs. 1 Satz 4 BewG bezeichneten Merkmale zu berücksichtigen.

Solche Fälle sind bei der **Einheitsbewertung des Grundbesitzes** für die Grundsteuer und **1752** bei der **Bedarfsbewertung des Grundbesitzes** für die Erbschaft- und Schenkungsteuer vor allem:

- **§§ 33 Abs. 3 und 158 Abs. 4 BewG,** wonach bestimmte Wirtschaftsgüter nicht zum land- und forstwirtschaftlichen Vermögen gehören.
- **§ 34 Abs. 4 bis 6 BewG:** Einbeziehung von Wirtschaftsgütern und Anteilen an Wirtschaftsgütern in den Betrieb der Land- und Forstwirtschaft.
- **§§ 53 und 171 BewG:** Einbeziehung von eingeschlagenem Holz in bestimmtem Umfang als umlaufende Betriebsmittel bei forstwirtschaftlicher Nutzung in den Betrieb der Land- und Forstwirtschaft.
- **§§ 56 und 173 BewG:** Einbeziehung der Vorräte an Weinen als umlaufende Betriebsmittel bei Betrieben der Land- und Forstwirtschaft mit weinbaulicher Nutzung.
- **§§ 62 und 175 Abs. 2 BewG:** Bestimmung der Arten der sonstigen land- und forstwirtschaftlichen Nutzung.
- **§§ 68 und 176 BewG:** Begriffsbestimmung für das Grundvermögen, Nichteinbeziehung von Bodenschätzen und Betriebsvorrichtungen.
- **§§ 69 und 159 BewG:** Abgrenzung des Grundvermögens vom land- und forstwirtschaftlichen Vermögen in bestimmten Fällen.
- **§§ 70 und 157 Abs. 3 Satz 2 BewG:** Begriffsbestimmung für das Grundstück, Einbeziehung von Anteilen an anderen Grundvermögen.
- **§§ 72 und 178 BewG:** Bestimmung und Abgrenzung der wirtschaftlichen Einheit unbebautes Grundstück.
- **§§ 74 und 180 BewG:** Bestimmung und Abgrenzung der wirtschaftlichen Einheit bebautes Grundstück.
- **§ 125 Abs. 2 BewG:** Begriffsbestimmung der »Nutzungseinheit« sowie Beschreibung des Umfangs dieser Nutzungseinheit für die Bewertung des land- und forstwirtschaftlichen Vermögens in den neuen Bundesländern; nach **§ 125 Abs. 3 BewG** gehören dabei Wohngebäude einschließlich des dazugehörigen Grund und Bodens nicht zum land- und forstwirtschaftlichen Vermögen.
- **§ 131 Abs. 1 BewG:** Bestimmung der wirtschaftlichen Einheit für das Wohnungs- und Teileigentum bei der Einheitsbewertung in den neuen Bundesländern.

6.5 Bewertung der wirtschaftlichen Einheit im Ganzen

Wenn eine wirtschaftliche Einheit aus mehreren Bestandteilen (Wirtschaftsgütern) **1753** zusammengesetzt ist oder wenn an ihr mehrere Eigentümer beteiligt sind, so ergibt sich die Frage, ob die Wertermittlung unmittelbar von der Einheit oder von den einzelnen Bestandteilen bzw. Anteilen ausgehen soll. Das BewG hat sich grundsätzlich für die erstere Möglichkeit entschieden, weil die wirtschaftliche Einheit als solche, unabhängig von ihrer Zusammensetzung und ihren Eigentumsverhältnissen, erfasst werden soll.

6.5.1 Bewertung der zusammengesetzten wirtschaftlichen Einheit

1754   Nach § 2 Abs. 1 Satz 2 BewG ist die wirtschaftliche Einheit **im Ganzen zu bewerten.** Das bedeutet, dass der Wert einer aus mehreren Wirtschaftsgütern bestehenden wirtschaftlichen Einheit nicht einfach durch Zusammenzählen der Einzelwerte der zur wirtschaftlichen Einheit gehörenden Wirtschaftsgüter gebildet wird, sondern dass unmittelbar der Gesamtwert der wirtschaftlichen Einheit zu ermitteln ist. Dabei können die Einzelwerte unter Umständen als Hilfsmittel herangezogen werden. Oft wird das Ergebnis der Bewertung im Ganzen aber nicht mit der Summe der Einzelwerte übereinstimmen. Es kann größer oder auch kleiner sein.

BEISPIELE

a) Wertpapiere und Anteile bilden in der Regel selbstständige wirtschaftliche Einheiten. Gehören aber einer Einzelperson z. B. so viele Aktien einer Gesellschaft, dass sie die Gesellschaft tatsächlich beherrscht, so verlieren die einzelnen Aktien ihren Charakter als selbstständige wirtschaftliche Einheiten. Es entsteht eine neue wirtschaftliche Einheit »Beteiligung« (»Aktienpaket«). Ihr wirtschaftlicher Wert ist in der Regel höher als die Summe der Einzelwerte (vgl. § 11 Abs. 3 BewG).

b) X ist Eigentümer eines großen, noch nicht parzellierten zusammenhängenden Baugeländes. Wirtschaftliche Einheit ist das Baugelände. Sein Wert im Ganzen wird niedriger sein als die Summe der bei Verkauf der Parzellen als einzelne Baustellen erzielbaren Einzelwerte.

1755   Typische Anwendungsfälle der Gesamtbewertung sind bei der Einheitsbewertung des Grundbesitzes für die Grundsteuer der Ertragswert, der für den Wirtschaftsteil eines Betriebs der Land- und Forstwirtschaft anzusetzen ist (vgl. §§ 36 ff., 46, 55 BewG) und das Ertragswertverfahren, das bei der Einheitsbewertung des Grundvermögens für bestimmte Grundstücksarten (vgl. §§ 76 und 78 ff. BewG) bzw. für bestimmte Grundstückshauptgruppen in den neuen Bundesländern (vgl. §§ 32 und 33 RBewDV) gilt. Das Gleiche gilt bei der Bedarfsbewertung für die Erbschaft- und Schenkungsteuer hinsichtlich der Ermittlung des gemeinen Werts für das land- und forstwirtschaftliche Vermögen (§§ 162 ff. BewG) und für die Bewertung von nicht notierten Anteilen an Kapitalgesellschaften und für das Betriebsvermögen (§§ 199 ff. BewG).

6.5.2 Ausnahmen von dem Grundsatz der Bewertung im Ganzen bei einer zusammengesetzten wirtschaftlichen Einheit

1756   Der Grundsatz der Bewertung im Ganzen gilt nach § 2 Abs. 3 BewG nicht, soweit eine Bewertung der einzelnen Wirtschaftsgüter vorgeschrieben ist. Das ist innerhalb des BewG in den folgenden Fällen geschehen:

- Der Kapitalwert (Gesamtwert) von **wiederkehrenden Nutzungen und Leistungen,** die auf bestimmte Zeit beschränkt sind, ist nach § 13 Abs. 1 Satz 1 BewG mit dem Anlage 9a zu entnehmenden Vielfachen des Jahreswerts anzusetzen.
- Beim **Sachwertverfahren,** das **bei der Einheitsbewertung** des Grundvermögens für bestimmte Grundstücksarten anzuwenden ist (vgl. § 76 Abs. 2 und 3 BewG, § 33 RBewDV), kann insofern von einer Einzelbewertung gesprochen werden, als in § 83 BewG angeordnet ist, dass der Bodenwert, der Gebäudewert und der Wert der Außenanlagen jeweils gesondert ermittelt werden und aus der Summe dieser drei Werte (dem Ausgangswert) der gemeine Wert abgeleitet wird. Das Gleiche gilt für die **Bedarfsbewertung des Grundbesitzes** im Sachwertverfahren für die Erbschaft- und Schenkungsteuer (§§ 189 ff. BewG).
- Zu bemerken ist, dass für die Einkommensteuer nach § 6 EStG und für die Körperschaftsteuer nach § 8 Abs. 1 KStG (i. V. m. § 6 EStG) Einzelbewertung vorgeschrieben ist.

6.5.3 Bewertung einer gemeinschaftlichen wirtschaftlichen Einheit

Eine Bewertung im Ganzen findet nach § 3 Satz 1 BewG auch dann statt, wenn ein Wirtschaftsgut mehreren Personen zusteht. Man spricht dann von (nicht rechtsfähigen) Gesellschaften oder Gemeinschaften. Das gemeinsame Eigentum kann sowohl Bruchteilseigentum (§ 1008 ff. BGB) als auch Gesamthandseigentum (§ 705 BGB, §§ 105, 161 HGB, §§ 1416, 1483, 2032 BGB) sein. Letzteres kommt besonders oft vor (z. B. Offene Handelsgesellschaften, Kommanditgesellschaften, Erbengemeinschaften). **1757**

Wenn § 3 BewG in diesem Zusammenhang auch nur von »Wirtschaftsgütern« spricht, so sind damit doch auch die aus mehreren Wirtschaftsgütern zusammengesetzten wirtschaftlichen Einheiten gemeint (vgl. § 19 Abs. 3 Nr. 2 BewG). In dem Fall hat die Anordnung der Bewertung im Ganzen eine doppelte Bedeutung. Die Bewertung hat einmal unabhängig von den Einzelwerten der Wirtschaftsgüter, zum andern unabhängig von den Eigentumsverhältnissen zu erfolgen. **1758**

Der im Ganzen ermittelte Wert (Gesamtwert) wird für diejenigen Steuern gebraucht, von denen die Gesellschaft oder Gemeinschaft als solche betroffen wird. Die Gesellschaft oder Gemeinschaft ist selbstständig steuerpflichtig, z. B. bei der Grundsteuer. Im Übrigen ist der Gesamtwert gemäß § 3 Satz 2 BewG auf die Beteiligten nach dem Verhältnis ihrer Anteile zu verteilen. Dies gilt für die Erbschaft- und Schenkungsteuer dann, wenn nur ein Anteil an einer Personengesellschaft auf einen Erwerber (z. B. Erben oder Beschenkten) übergeht. **1759**

Der Aufteilungsmaßstab ergibt sich aus § 39 Abs. 2 Nr. 2 AO. Danach sind gesamthänderisch Beteiligte so zu behandeln, als ob sie nach Bruchteilen berechtigt wären. Die Höhe der Bruchteile ist nach den Anteilen zu bestimmen, zu denen die Beteiligten an dem Vermögen zur gesamten Hand berechtigt sind, oder nach Verhältnis dessen, was ihnen bei Auflösung der Gemeinschaft zufallen würde. **1760**

BEISPIEL

Die Geschwister A, B und C sind durch Erbschaft Miteigentümer eines Grundstücks in ungeteilter Erbengemeinschaft.
LÖSUNG Der Gesamtwert des Grundstücks ist maßgebend für die Grundsteuer. Zwecks Heranziehung der drei Geschwister zur Erbschaftsteuer ist der Gesamtwert aufzuteilen. Dabei ist er, wenn nicht im Testament des Erblassers eine andere Bestimmung getroffen ist, zu gleichen Teilen auf A, B und C zu verteilen (vgl. § 151 Abs. 2 Nr. 2 BewG).

6.6 Zurechnung

1761–1770 frei

Die Bewertung als vorbereitende Maßnahme der Besteuerung setzt voraus, dass das Wirtschaftsgut einem bestimmten Steuerpflichtigen, dem Eigentümer, zugerechnet werden kann. Durch die Zurechnung wird bestimmt, bei welchem Steuerpflichtigen das Wirtschaftsgut anzusetzen, d. h. zu versteuern ist. **1771**

In aller Regel sind Wirtschaftsgüter dem bürgerlich-rechtlichen Eigentümer zuzurechnen (BFH vom 06.08.1971 BStBl II 1972, 28). Steht die tatsächliche Sachherrschaft und Nutzungsmöglichkeit dagegen bei wirtschaftlicher Betrachtung einem anderen als dem bürgerlich-rechtlichen Eigentümer zu, so wird dieser andere als **wirtschaftlicher Eigentümer** bezeichnet. § 39 Abs. 2 Nr. 1 Satz 1 AO enthält insoweit eine allgemeine Definition des wirtschaftlichen Eigentums. Danach muss der wirtschaftliche Eigentümer den bürgerlich-rechtlichen Eigentümer von der Einwirkung auf das Wirtschaftsgut ausschließen können, so dass der Herausgabeanspruch, **1772** den der bürgerlich-rechtliche Eigentümer gegen den wirtschaftlichen Eigentümer noch hat, wirtschaftlich keine Bedeutung mehr hat (BFH vom 26. 01. 1970 BStBl II 1970, 264). Dies kann der Fall sein, weil der wirtschaftliche Eigentümer den bürgerlich-rechtlichen Eigentümer durch rechtlich zu beachtende Einwendungen auf Dauer an der Durchsetzung des Herausgabeanspruchs hindern kann, wie etwa der nicht in Verzug befindliche Käufer unter Eigentumsvorbehalt, oder der Leasingnehmer, der während einer unkündbaren Grundmietzeit, die 90 % der betriebsgewöhnlichen Nutzungsdauer übersteigt, das gemietete Wirtschaftsgut bis zur Erschöpfung seiner Substanz nutzen kann (nicht dagegen der »normale« Mieter, Pächter, Nießbraucher); dies kann auch der Fall sein, weil der bürgerlich-rechtliche Eigentümer bei Durchsetzung seines Herausgabeanspruchs in einer Höhe Ersatz leisten müsste, die die Durchsetzung als wirtschaftlich sinnlos erscheinen ließe, wie das etwa bei Mietereinbauten denkbar ist; dies könnte auch einmal der Fall sein, weil durch besondere Gestaltung der tatsächlichen Verhältnisse die Geltendmachung des Herausgabeanspruchs auf Dauer als ausgeschlossen erscheinen muss, wie das etwa bei manchen Gestaltungen zwischen nahen Angehörigen denkbar ist. Zwar ist die wirtschaftliche Ausschließung des Herausgabeanspruchs bei der Vielfalt der Lebenssachverhalte kein ausschließliches, gleichwohl aber ein wichtiges Abgrenzungskriterium.

1773 In den Fällen des § 39 Abs. 2 Nr. 1 AO kommt es also für die Besteuerung nicht auf das zivilrechtliche, sondern auf das **wirtschaftliche Eigentum** an. Solche Fälle sind insbesondere die in § 39 Abs. 2 Nr. 1 AO genannten. Nach § 39 Abs. 2 Nr. 1 AO (der keine abschließende Aufzählung enthält) werden die drei nachfolgend erläuterten Fälle unterschieden.

6.6.1 Sicherungsübereignung

1774 Wirtschaftsgüter, die zum Zweck der Sicherung übereignet worden sind, werden dem **Sicherungsgeber zugerechnet** (§ 39 Abs. 2 Nr. 1 AO).

> **BEISPIEL**
>
> Der Fabrikant F will ein Darlehen bei einer Bank aufnehmen. Als Sicherheit bietet er der Bank die in seinem Betrieb befindlichen und ihm gehörigen Maschinen an. Die Maschinen werden der Bank übereignet. Im Sicherungsübereignungsvertrag wird vereinbart, dass F als Mieter oder Entleiher der Bank im unmittelbaren Besitz der Maschinen verbleibt und sie weiterhin in seinem Betrieb benutzen darf.
> **LÖSUNG** Die Maschinen werden dem F als wirtschaftliches Eigentum zugerechnet.

1775 Das Rechtsinstitut des **Sicherungseigentums,** das durch Rechtslehre und Rechtsprechung entwickelt worden ist, ist ein **Ersatz für** das im BGB nicht vorgesehene **besitzlose Pfandrecht** an beweglichen Sachen. Für die Entstehung eines Pfandrechts an einer beweglichen Sache ist nach § 1205 BGB zwingend die Übergabe (Übertragung des unmittelbaren Besitzes) der Sache an den Gläubiger vorgeschrieben. Bei der Sicherungsübereignung wird das Eigentum nur formell auf den Sicherungsnehmer übertragen, während der unmittelbare Besitz bei dem Sicherungsgeber verbleibt, der dann Verwahrer, Entleiher, Mieter oder Pächter wird. Wirtschaftlich betrachtet ist der Sicherungsgeber Eigentümer geblieben, weil ihm der unmittelbare Besitz und die Nutzungen verblieben sind. Der Sicherungsnehmer hat wirtschaftlich die Stellung eines Pfandgläubigers.

6.6.2 Treuhandverhältnisse

1776 Wirtschaftsgüter, die zu **treuen Händen** (entgeltlich oder unentgeltlich) **übereignet** worden sind, werden dem **Treugeber zugerechnet** (§ 39 Abs. 2 Nr. 1 AO).

BEISPIELE

a) A, der für längere Zeit ins Ausland geht, überträgt sein Vermögen auf B mit der Vereinbarung, dass B dieses Vermögen während der Abwesenheit des A verwalten soll.

LÖSUNG Nach außen wird B Eigentümer, im Innenverhältnis ist er lediglich Verwaltungstreuhänder. Die Übertragung des Eigentums verfolgt lediglich den Zweck, dem B als Verwalter nach außen eine stärkere Rechtsstellung zu verschaffen. Nach Erledigung des Auftrags muss er das Eigentum an A zurückübertragen. Wirtschaftlich betrachtet ist das Vermögen dem Treugeber A zuzurechnen, obgleich bürgerlich-rechtlich nicht er, sondern der Treuhänder Eigentümer ist.

b) Der Kaufmann A tritt eine ihm zustehende Geldforderung an B (Inkassoinstitut) ab, damit B diese Forderung gegen den Schuldner einklagen soll.

LÖSUNG Im Innenverhältnis (wirtschaftlich) ist A Treugeber (Gläubiger) der Forderung. Die Forderung ist A zuzurechnen.

Eine Treuhandschaft im Rechtssinn ist nur dann gegeben, wenn dem Treuhänder bereits im Vermögen des Treugebers vorhanden gewesen Sachen oder Rechte anvertraut worden sind. Dabei schließt die Treuhandschaft begrifflich in sich ein, dass der Treuhänder die ihm zustehenden Rechte zwar in eigenem Namen, jedoch nur zum Vorteil des Treugebers ausüben darf. Der Treuhänder ist zwar nach außen hin Eigentümer des Treuhandgutes, die Rechte und Pflichten aus dem Eigentum übt er jedoch nicht für eigene, sondern nach den Weisungen des Treugebers für dessen Rechnung aus. Die Rechte aus dem Eigentum stehen also im Innenverhältnis nicht dem Treuhänder, sondern dem Treugeber zu (vgl. BFH vom 03. 11. 1961 BStBl III 1962, 21). **1777**

Wirtschaftsgüter, die durch einen Treuhänder zu **treuen Händen** für einen Treugeber **erworben** worden sind, werden ebenfalls dem **Treugeber zugerechnet** (§ 39 Abs. 2 Nr. 1 AO). **1778**

BEISPIELE

a) X ist Verwalter eines Mietwohngrundstücks, das einer Erbengemeinschaft gehört. Die Mieter zahlen die Mieten auf ein Bankkonto, das auf den Namen des X lautet. X muss die auf dem Konto angesammelten Beträge an die Erben abführen.

LÖSUNG Wirtschaftlich betrachtet steht das Bankguthaben den Erben (als Treugebern) zu, es ist ihnen daher zuzurechnen.

b) A ersteigert bei einer Zwangsversteigerung ein Grundstück im Auftrag und für Rechnung des B, der ihm die erforderlichen Geldmittel zur Verfügung gestellt hat.

LÖSUNG Das Grundstück ist dem B als Treugeber zuzurechnen.

6.6.3 Eigenbesitz

Grundsätzlich werden Wirtschaftsgüter, die jemand im Eigenbesitz hat dem Eigenbesitzer zugerechnet (§ 39 Abs. 2 Nr. 1 AO). Eigenbesitzer ist, wer ein Wirtschaftsgut als ihm gehörig besitzt (§ 872 BGB). **1779**

BEISPIELE

a) X hat durch notariellen Kaufvertrag vom 06. 10. 01 sein Grundstück an Y verkauft. Vereinbarungsgemäß sind der unmittelbare Besitz, die Nutzungen und die Lasten ab 01. 11. 01 auf Y übergegangen. Die Eintragung (des Y als Eigentümer) in das Grundbuch ist erst am 20. 01. 02 erfolgt.

LÖSUNG Bürgerlich-rechtlich (§ 873 BGB) ist Y erst mit der Eintragung im Grundbuch Eigentümer des Grundstücks geworden. Wirtschaftlich betrachtet ist Y bereits seit dem 01. 11. 01 Eigentümer, da von diesem Zeitpunkt ab der Besitz und die Nutzungen auf ihn übergegangen sind. Ab 01. 11. 01 besitzt er das Grundstück, wie wenn er bereits Eigentümer wäre. Er besitzt das Grundstück als ihm gehörig und ist somit Eigenbesitzer gemäß § 39 Abs. 2 Nr. 1 AO. Zum 01. 01. 02 ist somit im Rahmen der Einheitsbewertung des Grundbesitzes eine Zurechnungsfortschreibung auf Y gemäß § 22 Abs. 2 BewG vorzunehmen. Wäre das Grundstück bei einem bilanzierenden Einzelgewerbetreibenden notwendiges Betriebsvermögen (vgl. R 4.2 Abs. 7 EStR), so müsste er das Grundstück bereits ab 01. 11. 01 aktivieren (einbuchen).

b) C hat am 20. 12. 01 unter dem Vorbehalt des Eigentums bis zur Zahlung des vollen Kaufpreises an D Maschinen verkauft und geliefert. Die letzte Kaufpreisrate ist am 10. 08. 02 bezahlt worden.

LÖSUNG Bürgerlich-rechtlich ist D erst am 10. 08. 02 Eigentümer geworden (§ 449 BGB). Wirtschaftlich sind die Maschinen bereits mit der Lieferung aus dem Vermögen des C ausgeschieden und in das Vermögen des D übergegangen. Seit dem 20. 12. 01 ist D Eigenbesitzer und damit wirtschaftlicher Eigentümer.

1780 Der **Gegensatz** zum Eigenbesitz ist der **Fremdbesitz.** Fremdbesitzer ist derjenige, der eine Sache nicht als ihm gehörig besitzt, vielmehr eine andere Person als Eigentümer der Sache anerkennt. Regelmäßig sind daher z. B. der Mieter, der Pächter, der Nießbraucher (auch der auf Lebenszeit), der Pfandgläubiger, der Entleiher und der Testamentsvollstrecker als Fremdbesitzer und damit nicht als wirtschaftliche Eigentümer anzusehen.

1781 Die Grundsätze des wirtschaftlichen Eigentums gelten auch bei der Entscheidung der Frage, wem ein auf **fremdem Grund und Boden errichtetes Gebäude** zuzurechnen ist (vgl. A 4 Abs. 3 BewR Gr sowie die Ausführungen zu § 195 und § 70 Abs. 3 BewG in diesem Buch).

BEISPIEL

Der Pächter hat auf einem von ihm gepachteten (bisher unbebauten) Grundstück ein Gebäude errichtet. Er ist berechtigt, Einbauten und Umbauten an diesem Gebäude durchzuführen und das Gebäude vor oder bei Ablauf der Pachtzeit abzureißen.

LÖSUNG Das Gebäude ist gemäß § 70 Abs. 3 i. V. m. § 94 BewG bzw. § 50 Abs. 3 BewG-DDR (für die Einheitsbewertung des Grundbesitzes) und gemäß § 180 Abs. 2 i. V. m. § 194 BewG (für die Bedarfsbewertung des Grundbesitzes für die Erbschaft- und Schenkungsteuer) eine selbstständige wirtschaftliche Einheit des Grundvermögens und dem Pächter als wirtschaftlichem Eigentümer zuzurechnen (vgl. A 4 Abs. 3 BewR Gr). Ob in diesem Fall möglicherweise sogar ein Scheinbestandteil nach § 95 Abs. 1 BGB beim Pächter vorliegt, ist also für die Zurechnung bedeutungslos.

1782–1800 frei

7   Bewertungsmaßstäbe und Bewertungsmethoden

7.1   Allgemeines

1801 Es gibt verschiedene Möglichkeiten, den Wert von Wirtschaftsgütern zu bestimmen. Man kann z. B. den erzielten oder erzielbaren Kaufpreis, die tatsächlichen Anschaffungs- oder Herstellungskosten oder den kapitalisierten Ertrag zugrunde legen. Für steuerrechtliche Zwecke muss (bzw. sollte) die Wertermittlung zunächst möglichst einfach sein. Zum anderen müssen die zu bewertenden Wirtschaftsgüter möglichst einheitlich und gleichmäßig bewertet werden. Die Art der Wertermittlung kann nicht immer gleich sein. Sie muss sich nach den verschiedenen Arten der Wirtschaftsgüter richten. Das BewG sieht deshalb verschiedene Arten der Wertermittlung vor. Einerseits nennt das BewG **Bewertungsmaßstäbe,** nach denen bestimmte Wirtschaftsgüter zu bewerten sind, andererseits schreibt es **Bewertungsmethoden,** d. h. im Einzelnen geregelte Verfahren vor, die bei der Ermittlung des Werts (des Einheitswerts und des Bedarfswerts) von Wirtschaftsgütern bzw. wirtschaftlichen Einheiten angewendet werden müssen.

1802 Der **Einheitswert** und der **Bedarfswert** selbst sind mithin keine Bewertungsmaßstäbe und keine Bewertungsmethoden, sondern Werte, die nach den Vorschriften des BewG bemessen und ggf. nach den Vorschriften des BewG oder der Abgabenordnung in einem geordneten Feststellungsverfahren festgestellt werden.

7.2 Bewertungsmaßstäbe

7.2.1 Arten

Das BewG unterscheidet folgende Bewertungsmaßstäbe: **1803**
a) Gemeiner Wert (§ 9 BewG, § 10 BewG-DDR),
b) Teilwert (§ 10 BewG),
c) Kurswert (§ 11 Abs. 1 BewG),
d) Rücknahmepreis (§ 11 Abs. 4 BewG),
e) Nennwert (§ 12 Abs. 1 BewG),
f) Gegenwartswert (§ 12 Abs. 3 BewG),
g) Rückkaufswert (§ 12 Abs. 4 BewG),
h) Kapitalwert (§§ 13 bis 16 BewG).

Die lt. Buchst. c) bis h) aufgeführten Bewertungsmaßstäbe sind nichts anderes als besondere **1804**
Erscheinungsformen oder Bezeichnungen des gemeinen Wertes, die den verschiedenen Arten
und Besonderheiten der Wirtschaftsgüter, für die sie vorgesehen sind, Rechnung tragen sollen.

7.2.2 Anwendung der verschiedenen Bewertungsmaßstäbe innerhalb der einzelnen Teile des BewG

Die Anwendung der einzelnen Bewertungsmaßstäbe wird im Folgenden kurz dargestellt. **1805**

a) **Gemeiner Wert**

Mit dem gemeinen Wert werden bewertet: **1806**

- im Rahmen des Ersten Teils des BewG
- – nicht notierte Anteile an Kapitalgesellschaften (§ 11 Abs. 2 BewG),
- – ersatzweise wiederkehrende Nutzungen und Leistungen (§ 13 Abs. 3 und § 14 Abs. 4 BewG);
- im Rahmen des Ersten Abschnitts des Zweiten Teils des BewG
- – ausländisches Sachvermögen (§ 31 BewG),
- – bei der Einheitsbewertung des Grundvermögens: unbebaute Grundstücke (§§ 72 und 73 BewG, § 53 BewG-DDR), bebaute Grundstücke (§ 76 BewG, § 52 BewG-DDR, § 33 RBewDV);
- im Rahmen des Sechsten Abschnitts des Zweiten Teils des BewG bei der Bedarfsbewertung für Zwecke der Erbschaft- und Schenkungsteuer
- – das land- und forstwirtschaftliche Vermögen und das Grundvermögen (§§ 162, 168 und 177 BewG),
- – das Betriebsvermögen (§ 109 i. V. m. § 11 Abs. 2 BewG).

b) **Teilwert** **1807**

Mit dem Teilwert ist gemäß des Ersten Abschnitts des Zweiten Teils des BewG das Unternehmensvermögen (Betriebsvermögen) zu bewerten, soweit nichts anderes vorgeschrieben ist. Tatsächlich schreibt aber § 109 i. V. m. § 11 Abs. 2 BewG für die Bedarfsbewertung für Zwecke der Erbschaft- und Schenkungsteuer ab 01. 01. 2009 die Bewertung mit dem gemeinen Wert vor. § 10 BewG hat daher neuerdings für Bewertungen nach dem BewG keine praktische Bedeutung mehr, da für die Bewertung im Ertragsteuerrecht (Einkommensteuer, Körperschaftsteuer und Gewerbesteuer) die Regelungsinhalte für die Ansätze mit dem Teilwert in § 6 EStG enthalten sind (vgl. u. a. § 6 Abs. 1 Nr. 1 und 2 EStG).

1808　c)　**Ertragswert**

Die Bewertung mit dem Ertragswert im Rahmen des Ersten Abschnitts des Zweiten Teils des BewG ist für den Wirtschaftsteil des land- und forstwirtschaftlichen Vermögens im Rahmen der Einheitsbewertung (§ 36 Abs. 1 BewG, § 125 Abs. 4 BewG) vorgesehen.

1809　d)　**Steuerbilanzwert**

Der Steuerbilanzwert war bis 31. 12. 2008 über § 109 Abs. 1 BewG a. F. der regelmäßige Wertansatz bei der Bewertung des Betriebsvermögens bilanzierender Gewerbetreibender und Freiberufler für Zwecke der Erbschaft- und Schenkungsteuer sowie früher für die Vermögensteuer.

1810　e)　**Abgeleitete Bewertungsmaßstäbe**

Sogenannte abgeleitete Bewertungsmaßstäbe sind besondere Erscheinungsformen des gemeinen Werts.

1811　　Im Rahmen des Ersten Teils des BewG sind sie für Zwecke der Erbschaft- und Schenkungsteuer bei der Bewertung folgender Wirtschaftsgüter zugrunde zu legen (vgl. § 12 Abs. 1 und 2 ErbStG):

Kurswert bzw. Rücknahmepreis	(§ 11 Abs. 1 BewG) (§ 11 Abs. 4 BewG)	für bestimmte Wertpapiere und Anteile
Nennbetrag bzw. Gegenwartswert	(§ 12 Abs. 1 BewG) (§ 12 Abs. 3 BewG)	für Kapitalforderungen und Kapitalschulden
Rückkaufswert	(§ 12 Abs. 4 BewG)	für Lebens-, Kapital- oder Rentenversicherungen
Kapitalwert	(§§ 13 bis 15 BewG)	für wiederkehrende Nutzungen und Leistungen

7.3　Bewertungsmethoden

1812　　Bewertungsmethoden sind im Einzelnen geregelte Verfahren zur Ermittlung des Einheitswerts von wirtschaftlichen Einheiten des Grundbesitzes oder des Bedarfswerts für die wirtschaftlichen Einheiten des Grundbesitzes sowie für nicht notierte Anteile an Kapitalgesellschaften und das Betriebsvermögen oder des Werts einzelner Wirtschaftsgüter. Die Verfahren werden z. T. durch das BewG, z. T. durch die Finanzverwaltung geregelt.

1813　　Im **BewG geregelte Verfahren** sind (insbesondere für die Bewertungen für Zwecke der Grundsteuer sowie der Erbschaft- und Schenkungsteuer):

a)　Das **vergleichende Verfahren** und das **Einzelertragswertverfahren**: Es dient der Ermittlung des Ertragswerts bei der Einheitsbewertung des land- und forstwirtschaftlichen Vermögens in den alten Bundesländern und des Ersatzwirtschaftswerts in den neuen Bundesländern (vgl. §§ 36 ff. BewG, § 125 Abs. 4 BewG). Die sich hierbei ergebenden Werte sind durch die Vorschrift des § 40 BewG sehr niedrig und liegen erheblich unter dem gemeinen Wert i. S. d. § 9 BewG.

b)　Das **Ertragswertverfahren** (vgl. §§ 78 ff. BewG, § 33 Abs. 1 RBewDV, §§ 34 ff. RBewDV) und das **Sachwertverfahren** (vgl. §§ 83 ff. BewG, § 33 Abs. 2 RBewDV): Diese Bewertungsverfahren gelten für die Einheitsbewertung bebauter Grundstücke des Grundvermögens. Die Werte (Einheitswerte), die sich bei ihrer Anwendung ergeben, sollen zwar nach dem Wortlaut des Gesetzes auch den gemeinen Werten entsprechen (vgl. insbesondere den Wortlaut des § 83 BewG, § 33 Abs. 2 RBewDV). Es besteht jedoch kein Zweifel, dass dies nur fiktive gemeine Werte sind. Denn Vergleiche haben ergeben, dass die auf den 01.01.1964 bzw. 01.01.1935 (Hauptfeststellungszeitpunkte) errechneten Einheitswerte für Grundstücke weit unter den Preisen liegen, die nach den Wertverhältnissen vom 01.01.1964 bzw. 01.01.1935 im gewöhnlichen Geschäftsverkehr erzielbar waren, wobei die im Sachwertverfahren bewerteten Grundstücke dem gemeinen Wert näher kommen als die im Ertragswertverfahren bewerteten, bei denen der gemeine Wert um 20 bis 80 % unterschritten wurde (vgl. Stenger, Inf. 1976, 561).

c) Die **Ermittlung des Bedarfswerts** für den Grundbesitz sowie für nicht notierte Anteile an Kapitalgesellschaften und das Betriebsvermögen für Zwecke der Erbschaft- und Schenkungsteuer (§§ 157 bis 203 BewG) und die Ermittlung des Bedarfswerts für den Grundbesitz in bestimmten Fällen für Zwecke der Grunderwerbsteuer (§§ 138 bis 150 BewG).

Von der **Verwaltung geregelte Verfahren** sind (insbesondere für die Bewertungen für Zwecke der Grundsteuer sowie der Erbschaft- und Schenkungsteuer): **1814**

a) Die **Wertermittlung für unbebaute Grundstücke** bei der Einheitsbewertung in den alten Bundesländern in A 7 bis 12 BewR Gr und für die neuen Bundesländer die Rechtsverordnungen der Präsidenten der Landesfinanzämter vom 17.12.1934 und der hierzu ergangenen Ländererlasse.

b) Die **Ermittlung des gemeinen Werts nicht notierter Aktien und Anteile** gemäß R 96 bis 108 ErbStR 2003 für die Zeit bis 31.12.2008.

1815–1830 frei

8 Bewertungsmaßstab gemeiner Wert

8.1 Bedeutung und Anwendungsbereich

Nach § 9 Abs. 1 BewG ist bei steuerrechtlichen Bewertungen, soweit nichts anderes vorgeschrieben ist, der gemeine Wert zugrunde zu legen. Innerhalb des BewG ist der gemeine Wert für bestimmte wirtschaftliche Einheiten und Wirtschaftsgüter ausdrücklich vorgeschrieben; vgl. hierzu die Ausführungen zu 7.1.2.2 (Rz. 1806). **1831**

Der gemeine Wert gilt darüber hinaus für diejenigen Wirtschaftsgüter, für die das BewG einen Bewertungsmaßstab nicht ausdrücklich angeordnet hat, nämlich **1832**

- für unbebaute Grundstücke bei der Einheitsbewertung (vgl. §§ 72, 73 i. V. m. § 9 BewG, § 53 BewG-DDR i. V. m. § 10 BewG-DDR),
- für eine Reihe von Wirtschaftsgütern des übrigen Vermögens für die Erbschaft- und Schenkungsteuer (§ 12 Abs. 1 und 2 ErbStG).

8.2 Begriff und Merkmale

Der gemeine Wert wird durch den Veräußerungspreis bestimmt, der im gewöhnlichen Geschäftsverkehr zu erzielen wäre, wobei alle den Preis beeinflussenden Umstände, insbesondere die Beschaffenheit des Wirtschaftsgutes, zu berücksichtigen, ungewöhnliche und persönliche Verhältnisse aber auszuschalten sind (§ 9 Abs. 2 BewG bzw. § 10 Abs. 2 BewG-DDR). Er stellt somit den Wert dar, den das Wirtschaftsgut nach objektiven Gesichtspunkten für jedermann hat. **1833**

8.2.1 Erzielbarer Veräußerungspreis

Zugrunde zu legen ist der **Einzelveräußerungspreis**, d. h. der Preis, der bei einer Einzelveräußerung des Wirtschaftsguts erzielbar wäre (**Verkehrswert, Marktpreis**). Im Gegensatz **1834** hierzu steht der Teilwert (§ 10 BewG), der durch einen Anteil am Gesamtveräußerungspreis eines Unternehmens (Gewerbebetriebs oder freiberuflichen Betriebs) bestimmt wird.

1835   Maßgebend ist der **erzielbare,** nicht der tatsächlich einmal erzielte **Preis.** Das Gesetz will auf diese Weise die vielfach auf Zufälligkeiten beruhenden Einflüsse der Preisbildung ausschalten. Doch bietet ein kurz vor oder nach dem Bewertungsstichtag auf dem freien Markt erzielter Kaufpreis einen Anhalt für den gemeinen Wert, von dem ohne triftige Gründe nicht abgewichen werden kann. Bei Wirtschaftsgütern von größerer Bedeutung, z. B. bei unbebauten Grundstücken (§ 72 BewG, § 53 BewG-DDR), wird für die Bestimmung des gemeinen Werts der tatsächlich erzielte Kaufpreis nicht ausreichen. Es werden dazu vielmehr grundsätzlich mehrere für Grundstücke gleicher Art und gleicher Lage erzielte Kaufpreise als Schätzungsgrundlage herangezogen werden müssen (vgl. RFH vom 20. 10. 1938 RStBl 1938, 1106).

1836   Der erzielbare Veräußerungspreis ist auch für schwer veräußerliche oder gar unverkäufliche Wirtschaftsgüter anzusetzen, wie z. B. für Kunstsammlungen, seltene Schmuckstücke oder Schlösser. In solchen Fällen muss er besonders vorsichtig ermittelt werden.

8.2.2 Gewöhnlicher Geschäftsverkehr

1837   Der Verkaufspreis muss im gewöhnlichen Geschäftsverkehr erzielbar sein, d. h. im freiwilligen Verkauf am freien Markt, auf dem die Preise vor allem durch Angebot und Nachfrage bestimmt werden. Unfreiwillige Verkäufe, d. h. solche, die in einer Not- oder Zwangslage erfolgt sind (z. B. im Zwangsversteigerungsverfahren oder im Insolvenzverfahren), liegen nicht mehr im Rahmen des gewöhnlichen Geschäftsverkehrs, ebenso grundsätzlich nicht Verkäufe unter nahen Verwandten, weil sich die verwandtschaftlichen Beziehungen oft auf die Höhe des Kaufpreises ausgewirkt haben. Andererseits sind die Voraussetzungen des gewöhnlichen Geschäftsverkehrs auch dann gegeben, wenn, wie z. B. bei seltenen Kunstgegenständen, der Kreis der in Betracht kommenden Erwerber nur sehr klein ist, so dass auch so genannte Sammler- oder Liebhaberwerte eine geeignete Grundlage für die Ermittlung des gemeinen Werts sein können (vgl. RFH vom 18. 09. 1930 RStBl 1930, 585).

8.2.3 Umstände, die den Preis beeinflussen

1838   Von den den Preis beeinflussenden und deshalb zu berücksichtigenden Umständen (§ 9 Abs. 2 Satz 1 BewG bzw. § 10 Abs. 1 Satz 1 BewG-DDR) nennt das Gesetz nur die **Beschaffenheit** des Wirtschaftsguts. Dazu gehört z. B. das Alter (alt oder neu), die Verwendbarkeit, die Art und Güte des Materials; bei Grundstücken auch die Größe, die Lage, der Zuschnitt, die Oberflächenbeschaffenheit, der Baugrund, die Bebauungsmöglichkeit nach Fläche und Höhe.

1839   Darüber hinaus sind aber **alle Umstände,** die den Preis beeinflussen, zu berücksichtigen (§ 9 Abs. 2 Satz 2 BewG bzw. § 10 Abs. 1 Satz 2 BewG-DDR). Solche Umstände erschöpfend aufzuzählen ist nicht möglich. In Betracht kommen vor allem: die Anschaffungs- und Herstellungskosten; bei Grundstücken die Ertragsfähigkeit, die Lage zum öffentlichen Verkehrsnetz, der Anschluss an das Versorgungs- und Kanalisationsnetz, das Bestehen wesentlicher Beschränkungen in der Nutzung und in der Bebaubarkeit (z. B. durch Wegerechte, Bausperren, Hochspannungsleitungen, Fluchtlinienpläne, baupolizeiliche Auflagen und andere Baubeschränkungen, das Bestehen langfristiger Miet- oder Pachtverträge, die der wirtschaftlichen Verwertung des Grundstücks im Wege stehen), ferner Beeinträchtigungen durch Lärm, Rauch und Gerüche, Baumängel und Bauschäden, die Notwendigkeit baldigen Abbruchs (vgl. § 82 Abs. 1 BewG bzw. § 37 RBewDV) und konkrete Schadensgefahren (z. B. durch Bergbau und Hochwasser).

8.2.4 Ungewöhnliche Verhältnisse

Entsprechend der Eigenschaft des gemeinen Werts als eines objektiven Werts für jedermann sind ungewöhnliche Verhältnisse nicht zu berücksichtigen (§ 9 Abs. 2 Satz 3 BewG bzw. § 10 Abs. 1 Satz 3 BewG-DDR). Dazu gehört insbesondere jede Abweichung von den sonst im Geschäftsverkehr üblichen Zahlungsbedingungen. **1840**

Dagegen sind keine ungewöhnlichen Umstände solche, die für die Allgemeinheit gelten, wie z. B. eine allgemeine wirtschaftliche Hochkonjunktur oder umgekehrt, eine allgemeine Mangellage, die eine Begrenzung von Preisen durch Preisstoppvorschriften mit sich bringt. Preisstoppvorschriften sind also bei der Ermittlung des gemeinen Werts zu beachten. Denn die gesetzwidrige Umgehung von Preisvorschriften ist, auch wenn sie einen größeren Umfang annimmt, ein ungewöhnlicher Umstand, der auf die Ermittlung des gemeinen Werts keinen Einfluss hat (BFH vom 03. 04. 1964 HFR 1964 Nr. 368, 453). **1841**

8.2.5 Persönliche Verhältnisse

Wie die ungewöhnlichen sind auch die persönlichen Verhältnisse nicht zu berücksichtigen (§ 9 Abs. 2 Satz 3 BewG bzw. § 10 Abs. 2 BewG-DDR). Die Abgrenzung zwischen ihnen ist fließend. **1842**

Als persönliche Verhältnisse kommen insbesondere in Betracht: Käufe zwischen **Verwandten,** wenn mit Rücksicht auf die Verwandtschaft ein besonders niedriger Preis oder ungewöhnliche Zahlungsbedingungen vereinbart worden sind. Ein ungewöhnlich niedriger Preis kann auch dadurch zustande gekommen sein, dass jemand durch eine **Notlage** zum Verkauf gezwungen war, wenn z. B. A sein unbebautes Grundstück zu einem Schleuderpreis veräußert, weil er hohe Krankenhauskosten sofort bezahlen muss. **1843**

Umgekehrt kann auch ein besonders hoher Kaufpreis durch persönliche Verhältnisse verursacht worden sein, z. B. dann, wenn einem Käufer an dem Erwerb aus geschäftlichen oder privaten Gründen besonders viel gelegen ist. **1844**

BEISPIELE

a) Der Kaufmann K zahlt für ein Nachbargrundstück einen besonders hohen Preis, um einen anderen Interessenten, der auf dem Grundstück ein Konkurrenzgeschäft errichten möchte, auszuschalten.
b) Der Eigentümer einer Luxusvilla zahlt für ein gegenüberliegendes unbebautes Grundstück einen besonders hohen Preis, um zu verhindern, dass dieses Grundstück durch einen Dritten gekauft und dann bebaut wird.

Das BewG nennt in § 9 Abs. 3 bzw. das BewG-DDR in § 10 Abs. 2 Satz 2 als persönliche Verhältnisse ausdrücklich die Verfügungsbeschränkungen, die in der Person des Steuerpflichtigen oder eines Rechtsvorgängers begründet sind oder denen der Steuerpflichtige aufgrund von letztwilligen Verfügungen unterworfen ist. Dazu gehören grundsätzlich alle **vertraglichen Verfügungsbeschränkungen** (z. B. durch Verpfändung begründete Veräußerungsverbote, Vorkaufsrechte), ferner Beschränkungen aufgrund eines Insolvenz- oder Zwangsversteigerungsverfahrens (vgl. z. B. § 21 Insolvenzordnung, §§ 20, 23 ZVG) sowie solche, die sich für den Erben z. B. aus der Einsetzung eines Testamentsvollstreckers (vgl. §§ 2205 ff. BGB) und für den Vorerben und Vorvermächtnisnehmer aus §§ 2100 ff. und 2191 BGB ergeben. Auch fallen hierunter **Verkaufs- und Nutzungsbeschränkungen,** die Bergmannssiedlungen und so genannte Reichsheimstätten anhaften (vgl. BFH vom 28. 10. 1955 BStBl III 1955, 365), desgleichen Beschränkungen, die sich daraus ergeben, dass mehrere Miteigentümer eines Grundstücks vereinbart **1845** haben, dass die Aufhebung der Gemeinschaft ausgeschlossen sein soll, oder Beschränkungen der Art, dass jemand (gesetzlich) verpflichtet ist, sein Grundstück einem anderen zur unentgeltlichen Nutzung zu überlassen, oder Beschränkungen, die jemand sich selbst auferlegt, indem er sein Grundstück nur ungenügend ausnutzt.

1846 Nicht um persönliche Verhältnisse, sondern um objektive Umstände handelt es sich bei bestimmten dinglichen Beschränkungen des Eigentümers am Grundstück (z. B. bei nachbarrechtlichen Beschränkungen gemäß § 906 f. BGB) und bei Baubeschränkungen aufgrund von Polizeiverfügungen, von Bebauungs- und Fluchtlinienplänen (vgl. RFH vom 22.04.1937 RStBl 1937, 634).

8.3 Ermittlung des gemeinen Werts

1847 Sofern Verkäufe des zu bewertenden Wirtschaftsguts oder gleichartiger Wirtschaftsgüter tatsächlich nicht stattgefunden haben, muss der Preis, der im gewöhnlichen Geschäftsverkehr unter Berücksichtigung aller Umstände im Sinne des § 9 Abs. 2 BewG bzw. § 10 Abs. 1 BewG-DDR erzielt werden kann, **geschätzt** werden. Zum Zwecke einer solchen Schätzung sind für bestimmte Wirtschaftsgüter **Schätzungsmethoden** entwickelt worden, deren Anwendung durch Verwaltungsanweisung (Richtlinien) geregelt ist.

1848 Für nicht notierte Anteile (§ 11 Abs. 2 BewG a. F.) galt bis 31.12.2008 das so genannte **Stuttgarter Verfahren** (R 96 bis 108 ErbStR 2003), für die Ermittlung des gemeinsamen Werts unbebauter Grundstücke im Rahmen der Einheitsbewertung gelten die **Bodenwertrichtlinien** (BStBl II 1957, 28), für die Ermittlung (Schätzung) des Werts der Bodenschätze (Kohle, Erze, Erdöl, Kali usw.), die von einzelnen Oberfinanzdirektionen als so genannten **Hauptorten** herausgegebenen **Richtlinien**.

1849–1870 frei

9 Bewertungsmaßstab Teilwert

9.1 Bedeutung

1871 Der Begriff »Teilwert« ist sowohl für die Bewertung als auch für die Einkommensteuer bzw. Körperschaftsteuer durch die Rechtsprechung des RFH entwickelt und im Jahre 1934 in das BewG und das EStG aufgenommen worden (vgl. § 6 Abs. 1 Nr. 1 Satz 3 EStG und § 10 BewG). Der einzige Unterschied in den beiden Begriffsbestimmungen besteht darin, dass in § 6 EStG von »Betrieb«, in § 10 BewG dagegen von »Unternehmen« die Rede ist.

1872 Nach § 10 Satz 1 BewG sind Wirtschaftsgüter, die einem Unternehmen dienen, in der Regel mit dem Teilwert anzusetzen. Der Begriff »Unternehmen« ist weitergehend als der Begriff »Gewerbebetrieb«. Unternehmen sind auch Betriebe der Land- und Forstwirtschaft. Jedoch ist für die Bewertung der Wirtschaftsgüter, die einem inländischen Betrieb der Land- und Forstwirtschaft dienen, für die Einheitsbewertung der Ertragswert vorgeschrieben (vgl. §§ 36 ff. BewG, § 125 Abs. 4 BewG) und für ausländisches land- und forstwirtschaftliches Vermögen sowie ausländisches Betriebsvermögen der gemeine Wert (§ 31 BewG). Da auch ab 01.01.2009 für die Bewertung des inländischen Betriebsvermögens für Zwecke der Erbschaft- und Schenkungsteuer (ebenfalls) der gemeine Wert vorgeschrieben ist (§ 109 BewG), bleibt für die Anwendung des Teilwerts im Rahmen des BewG ab diesem Zeitpunkt kein Raum mehr. Bis 31.12.2008 war der Teilwert nur für die dem inländischen Betriebsvermögen eines § 4 Abs. 3 EStG-Gewinnermittlers dienenden Wirtschaftsgüter einschlägig, die sich im Umlaufvermögen befanden oder bei denen ansonsten in R 123 Nr. 9, 14 und 17 ErbStR 2003 auf den Teilwert verwiesen wurde. Für diese Wirtschaftsgüter war der Teilwert in der Regel anzusetzen (§ 109 BewG a. F. i. V. m. § 10 Satz 1 BewG).

9.2 Begriff und Ermittlung des Teilwerts

Teilwert ist nach § 10 Sätze 2 und 3 BewG der Betrag, den der Erwerber des ganzen Unternehmens im Rahmen des Gesamtkaufpreises für das einzelne Wirtschaftsgut ansetzen würde, wobei davon auszugehen ist, dass der Erwerber das Unternehmen fortführt, negativ ausgedrückt also der Betrag, den ein Käufer des ganzen Unternehmens weniger für das Unternehmen zahlen würde, wenn das Wirtschaftsgut nicht zum Unternehmen gehörte. Teilwert ist daher der Wert, den das einzelne Wirtschaftsgut für den laufenden Betrieb hat. **1873**

Da ein gedachter Erwerber des Gesamtunternehmens Wirtschaftsgüter in der Regel allenfalls zu dem Preis ansetzen würde, zu dem er sie sonst auf dem Markt erhalten kann, entspricht der Teilwert regelmäßig den **Wiederbeschaffungskosten** oder den **Wiederherstellungskosten.** **1874**

Der Teilwert hängt nicht von der persönlichen Auffassung des einzelnen Kaufmanns über die zukünftige wirtschaftliche Entwicklung, auch nicht von seiner Tüchtigkeit oder Unfähigkeit, sondern von der allgemeinen Auffassung ab, wie sie in der Marktlage am Bilanzstichtag ihren Ausdruck findet (BFH vom 26. 01. 1956 BStBl III 1956, 113). Seine Höhe wird durch den Nutzen bestimmt, den das Wirtschaftsgut gerade für dieses Unternehmen hat. **1875**

Eine nachhaltige und erhebliche Unrentabilität eines Betriebs rechtfertigt allerdings den Ansatz niedriger Teilwerte, wenn das Unternehmen Maßnahmen zur Stilllegung oder Liquidierung getroffen hat (BFH vom 02. 03. 1973 BStBl II 1973, 475 und FG Köln vom 25. 11. 1980 EFG 1981, 330). **1876**

Auf die Ermittlung des Teilwerts wird im Rahmen dieses Buches nicht (mehr) eingegangen, da der Teilwert bewertungsrechtlich keine Bedeutung (mehr) hat. **1877**

1878–1900 frei

Teil D Spezielle Vorschriften für die Bewertung einzelner Wirtschaftsgüter (§§ 4–8, 11–16 BewG)

1 Bedingung und Befristung

1.1 Begriff der Bedingung und Befristung

1901 Rechtsgeschäfte werden gelegentlich mit der Klausel abgeschlossen, dass sie erst wirksam werden sollen, wenn ein bestimmtes Ereignis oder ein bestimmter Zeitpunkt eintritt, oder dass sie nur bis zum Eintritt eines bestimmten Ereignisses oder eines bestimmten Zeitpunktes wirksam bleiben sollen. Derartige Rechtsgeschäfte sind vor allem bei der Erbschaft- und Grunderwerbsteuer von Bedeutung. Gerade Schenkungen und Erbschaften sind häufig mit Bedingungen und Befristungen verbunden, um die mit der Zuwendung verfolgten Interessen des Schenkers bzw. Erblassers sicherzustellen. Bedingungen und Befristungen wirken sich insbesondere auf den Besteuerungszeitpunkt und den Umfang der Besteuerung aus und führen ggf. zu einer nachträglichen Berichtigung der Steuerfestsetzung. Die Vorschriften über die Bedingung und Befristung sind in den §§ 4–8 BewG geregelt.

a) Bedingung

1902 Eine Bedingung ist die in ein Rechtsgeschäft aufgenommene Bestimmung, dass die Wirkungen des Rechtsgeschäftes von einem zukünftigen ungewissen Ereignis abhängig sein sollen. Im landläufigen Sprachgebrauch wird auch das zukünftige ungewisse Ereignis selbst als Bedingung bezeichnet. Der **Zeitpunkt** für den Eintritt des zukünftigen ungewissen Ereignisses kann gewiss (z. B. die Erlangung der Volljährigkeit) oder ungewiss sein (z. B. der Hochzeitstag), vgl. § 158 BGB. Die Bedingung führt zu einem **Schwebezustand,** während dessen die endgültige Rechtslage noch nicht feststeht (vgl. § 160 BGB).

1903 Es ist zu unterscheiden zwischen der **aufschiebenden** und der **auflösenden** Bedingung. Aufschiebend bedingt ist ein Rechtsgeschäft, wenn sein Wirksam**werden,** auflösend, wenn sein Wirksam**bleiben** von einem zukünftigen ungewissen Ereignis abhängt. Bei der aufschiebenden Bedingung soll die Rechtswirkung erst bei Eintritt der Bedingung beginnen. Bei der auflösenden Bedingung soll die Rechtswirkung sofort beginnen, aber bei Eintritt der Bedingung enden. Ein vertraglich vereinbartes Rücktrittsrecht wirkt bewertungsrechtlich wie eine auflösende Bedingung, ein vertraglich vereinbartes Erwerbsrecht oder eine vertraglich eingeräumte Erwerbspflicht wie eine aufschiebende Bedingung (vgl. R B 4 Abs. 1 Satz 5 ErbStR).

1904 **Ungewisse Ereignisse,** an deren Eintritt oder Wegfall das Wirksamwerden oder das Wirksambleiben geknüpft ist, können grundsätzlich Handlungen und Unterlassungen von Personen (insbesondere dritter Personen) wie auch Begebenheiten von tatsächlicher oder rechtsgeschäftlicher Art sein.

BEISPIELE

a) X verspricht dem Y 20 000 €, falls dieser seine Prüfung besteht oder falls er heiratet.
LÖSUNG Aufschiebende Bedingung (§ 158 Abs. 1 BGB).

b) D muss der E eine lebenslängliche Rente zahlen, bis sie wieder heiratet.
LÖSUNG Auflösende Bedingung (§ 158 Abs. 2 BGB).

Keine echte Bedingungen im Sinne des § 158 BGB sind so genannte Rechtsbedingungen (z. B. A setzt den B als Erben ein unter der »Bedingung«, dass B ihn überlebt) oder so genannte Vertrags- oder Lieferungsbedingungen, auch nicht die in einen Vertrag aufgenommene Klausel, dass der Vertrag nur gelten soll, falls nicht noch eine abweichende Einigung zustande kommt. **1905**

Bürgerlich-rechtlich gibt es so genannte **bedingungsfeindliche Rechtsgeschäfte.** Das sind solche, bei denen das Gesetz selbst im Interesse der Rechtsklarheit oder im Hinblick auf das Gebot der Sittlichkeit eine Bedingung nicht zulässt, z. B. die Aufrechnung (§ 388 BGB), die Auflassung (§ 925 BGB), die Annahme an Kindesstatt (§ 1752 BGB), die Annahme und die Ausschlagung der Erbschaft (§ 1947 BGB) und des Vermächtnisses (§ 2180 BGB), die Eheschließung (§ 1311 BGB). **1906**

b) Befristung

Eine Befristung liegt vor, wenn die Wirkungen eines Rechtsgeschäfts von einem Anfangs- oder Endtermin abhängig sein sollen. Es ist möglich, dass entweder Eintritt und Zeitpunkt des Ereignisses gewiss sind (**bestimmte** Befristung, z. B. Beginn der Rente am 10.04.2022) oder dass der Eintritt des Ereignisses gewiss und nur der Zeitpunkt ungewiss ist (**unbestimmte** Befristung, § 163 BGB). Die Befristung unterscheidet sich von der Bedingung also dadurch, dass bei der **Befristung** der Eintritt des zukünftigen Ereignisses **gewiss** ist, während bei der **Bedingung** der Eintritt des Ereignisses **ungewiss** ist. **1907**

Eine Bedingung oder Befristung liegt dagegen nicht vor, wenn eine Forderung oder Schuld nach dem Willen der Beteiligten bereits entstanden und nur ihre Fälligkeit bis zu einem bestimmten Zeitpunkt oder bis zum Eintritt eines unbestimmten Ereignisses hinausgeschoben oder nur ihre Höhe unbestimmt ist. **1908**

BEISPIELE

a) Der Erbe X ist gemäß testamentarischer Anordnung verpflichtet, bei Tode seines Bruders Y an dessen gesetzliche Erben 20 000 € auszuzahlen.
LÖSUNG Unbestimmte Befristung, da der Tod des Y sicher, der Zeitpunkt des Todes jedoch ungewiss ist.

b) X hat dem Z ein Darlehen gegeben, das erst nach dem Tode des X zurückgezahlt werden soll.

c) Dem Y ist eine Gewinnbeteiligung zugesichert, deren Höhe von der Höhe des künftigen Gewinns oder des Umsatzes abhängt. Die Forderung ist bereits entstanden. Lediglich die Höhe ist noch unbestimmt.

1909–1920 frei

1.2 Bewertungsrechtliche Behandlung von Bedingung und Befristung

1.2.1 Aufschiebend bedingter Erwerb

Nach § 4 **BewG** werden Wirtschaftsgüter, deren Erwerb vom Eintritt einer aufschiebenden Bedingung abhängig ist, erst nach Eintritt der Bedingung berücksichtigt. Das soll nicht heißen, dass Wirtschaftsgüter dieser Art für die Bewertung überhaupt ausfallen, sondern dass sie bis zum Eintritt der Bedingung nicht dem Erwerber, sondern noch dem Veräußerer zuzurechnen sind. **1921**

Auf Forderungen, die unbedingt entstanden sind und bei denen lediglich die **Fälligkeit** von einem zukünftigen ungewissen Ereignis abhängt, ist § 4 BewG nicht anwendbar. Entspre- **1922** chendes gilt für unbedingt entstandene Forderungen, bei denen lediglich die **Höhe** am Stichtag der Bewertung noch nicht feststeht.

BEISPIELE

a) A verspricht B notariell eine Schenkung von 50 000 € für den Fall, dass B heiratet.
LÖSUNG Der Anspruch auf Zahlung der 50 000 € ist aufschiebend bedingt, also bei B kein Ansatz einer Forderung, bei A kein Ansatz einer Schuld.

b) Die Schwester A hat gegen ihren Bruder B (der testamentarisch als alleiniger Erbe eingesetzt worden ist) einen Anspruch auf Übereignung eines der zum Nachlass gehörenden Grundstücke, falls sie heiratet.
LÖSUNG Der Anspruch (Sachleistungsanspruch) ist aufschiebend bedingt, also bei A kein Ansatz des Sachleistungsanspruchs, bei B kein Abzug einer Schuld (Sachleistungsverpflichtung).

c) A bezieht (als Erlös aus der Veräußerung eines Grundstücks) eine lebenslängliche Rente. Der Anspruch auf Zahlung der Rente soll auf seine Ehefrau übergehen, falls sie ihn überlebt.
LÖSUNG Es liegt ein zukünftiges ungewisses Ereignis vor. Der Anspruch der Ehefrau ist folglich aufschiebend bedingt, er ist daher bei ihr nicht anzusetzen. Statistische Lebenserwartungen sind hierbei unbeachtlich.

d) K erwirbt von V eine Maschine. V und K einigen sich, dass das Eigentum erst dann auf K übergehen soll, wenn K den Kaufpreis voll bezahlt hat.
LÖSUNG K kauft unter Eigentumsvorbehalt (§ 455 BGB). An sich aufschiebende Bedingung, jedoch ist K wirtschaftlicher Eigentümer (Eigenbesitzer, § 39 Abs. 2 Nr. 1 AO).

e) A hat aufgrund eines Dienstvertrags Anspruch auf Zahlung von Tantieme.
LÖSUNG Die Höhe des Tantieme-Anspruchs ist vom Gewinn des Unternehmens im vorangegangenen Wirtschaftsjahr abhängig. Der Anspruch ist unbedingt entstanden. Wenn seine Höhe am Stichtag nicht bekannt ist, muss sie geschätzt und die ErbSt-Veranlagung ggf. gemäß § 165 Abs. 1 AO vorläufig durchgeführt werden.

1.2.2 Auflösend bedingter Erwerb

1923 Wirtschaftsgüter, die unter einer auflösenden Bedingung erworben sind, werden nach § 5 **Abs. 1 BewG** wie unbedingt erworbene behandelt. Ungeachtet der Bedingung wird also, entsprechend dem äußerlich erkennbaren Besitzstand, das Wirtschaftsgut mit dem vollen Wert dem Erwerber zugerechnet. Dabei bleiben jedoch die Vorschriften über die Berechnung des Kapitalwerts der Nutzungen von unbestimmter Dauer (§ 13 Abs. 2 und 3, § 14 und § 15 Abs. 3 BewG) unberührt.

BEISPIEL

A überträgt seinem Neffen B schenkungshalber ein Grundstück mit der Maßgabe, dass B das Grundstück wieder herausgeben muss, falls die Ehe des B geschieden wird.
LÖSUNG Solange die Ehe nicht geschieden ist, ist das Grundstück dem B zuzurechnen, aber auch danach ist das Grundstück zunächst weiter dem B zuzurechnen, da A es ja nur aufgrund einer Auflassung und Eintragung zurück erwerben könnte. Eine Auflassung unter der Bedingung ist aber unwirksam. Tatsächlich entsteht für A ein Rückübereignungsanspruch, der jedoch bis zum Eintritt der Bedingung aufschiebend bedingt ist.

1924 Tritt die Bedingung ein, so entfällt die zunächst eingetretene Rechtsfolge. Dabei ist zu unterscheiden, ob nur das schuldrechtliche Geschäft auflösend bedingt war oder das dingliche Geschäft: Im ersten Fall entsteht bei Schenkungen unter einer auflösenden Bedingung ein Rückübereignungsanspruch, im zweiten Fall fällt das Eigentum automatisch zurück (bei Grundstücken wegen § 925 BGB nicht möglich). Eine bereits durchgeführte Festsetzung von **nicht laufend veranlagten Steuern (z. B.** Erbschaftsteuer) ist dann nach dem tatsächlichen Wert des Erwerbs zu **berichtigen** (§ 5 Abs. 2 BewG; als tatsächlicher Wert des Erwerbs kommt beispielsweise der Kapitalwert der bis zum Bedingungseintritt gezogenen Nutzungen in Betracht, §§ 13 ff. BewG). Die Berichtigung erfolgt **nur auf Antrag,** der bis zum Ablauf des Jahres, das auf den Eintritt der Bedingung folgt, zu stellen ist. Die Festsetzungsfrist beginnt in diesen Fällen gemäß § 175 Abs. 1 Satz 2 AO erst mit Ablauf des Kalenderjahres, in dem die Bedingung eingetreten ist, d. h. eine Erbschaftsteuerveranlagung ist auch dann noch berichtigungsfähig, wenn die Bedingung mehrere Jahre nach dem Erbfall eintritt. Eine Berichtigung der **laufend veranlagten Steuern** (z. B. der Einkommensteuer) ist dagegen nach § 5 Abs. 2 BewG nicht möglich.

1.2.3 Aufschiebend bedingte Lasten

Lasten, deren Entstehung vom Eintritt einer aufschiebenden Bedingung abhängen, werden nicht berücksichtigt. Sie werden wie aufschiebend bedingt erworbene Wirtschaftsgüter (vgl. § 4 BewG) behandelt, d. h. sie werden nicht abgezogen (§ 6 Abs. 1 BewG). Der Begriff »Lasten« umfasst **Verpflichtungen jeder Art.** Er schließt den Begriff der Schulden ein, geht aber über diesen hinaus. Er umfasst insbesondere auch Verpflichtungen zur Gewährung von Renten und anderen wiederkehrenden Leistungen.

1925

BEISPIELE

a) Vgl. die Beispiele a) bis c) in 1. 2. 1.
LÖSUNG Die den Ansprüchen jeweils entsprechenden Verpflichtungen sind in gleicher Weise aufschiebend bedingt und somit nicht zu berücksichtigen.

b) C ist aufgrund testamentarischer Anordnung verpflichtet, im Falle der Veräußerung des geerbten Grundstücks einen Teil des Verkaufserlöses an seine Geschwister abzuführen.
LÖSUNG Vor der Veräußerung kann er eine Last nicht berücksichtigen.

c) D ist verpflichtet, eine Vertragsstrafe zu entrichten für den Fall, dass er mit seiner Leistung in Verzug kommt.
LÖSUNG Vor Eintritt des Verzugs kann er keine Last berücksichtigen.

d) Das Grundstück des A ist mit einem lebenslänglichen Nießbrauch des Großvaters G und des Vaters (des A) V belastet. Der Nießbrauch des V soll jedoch erst dann wirksam werden, wenn G stirbt.
LÖSUNG Die Nießbrauchslast gegenüber V ist aufschiebend bedingt, weil das Überleben des V ein zukünftiges ungewisses Ereignis darstellt. Solange also G lebt, ist für die Bewertung des Nießbrauchs allein das Lebensalter des G maßgebend.

Ob eine Last im Bewertungszeitpunkt als unbedingt oder als aufschiebend bedingt besteht, ist oft zweifelhaft. **Entscheidend** ist **nicht,** ob der **Eintritt** des maßgebenden **Ereignisses wahrscheinlich oder unwahrscheinlich** ist und ob ein Käufer des Unternehmens deshalb bei der Bemessung des Kaufpreises die Last wertmindernd berücksichtigen wird. Auf das Maß der Aussichten für den Eintritt oder Nichteintritt einer Bedingung kommt es nicht an. Insoweit wird die wirtschaftliche Betrachtungsweise durch die §§ 4 ff. BewG ausgeschlossen (R B 4 Abs. 2 Satz 4 ff. ErbStR). Infolgedessen wird auch eine Last, deren Entstehung vom Eintritt einer aufschiebenden Bedingung abhängt, nicht dadurch zu einer auflösend bedingten Last, dass der Eintritt der Bedingung wahrscheinlich ist und der Verkehr mit der Schuld als ihrem Grunde nach gegenwärtig schon bestehend rechnet (BFH vom 30. 04. 1959 BStBl III 1959, 315 und vom 14. 07. 1967 BStBl III 1967, 770).

1926

1927   **Tritt die Bedingung ein**, so ist – ebenso wie im Falle des § 5 BewG bei auflösend bedingt erworbenen Wirtschaftsgütern – die bereits erfolgte Festsetzung einer **nicht laufend veranlagten Steuer** (z. B. Erbschaft-, Grunderwerbsteuer) **auf Antrag** zu **berichtigen** (§ 6 Abs. 2 BewG).

> **BEISPIELE**
>
> a) Fall nach BFH vom 14. 07. 1967 BStBl III 1967, 770
> Pächter P hat von Verpächter V ein bebautes Grundstück gepachtet. Da er darin Getreide lagert, hat er die Decke an vielen Stellen durchbrochen. Nach dem Pachtvertrag hat er den ursprünglichen Zustand wiederherzustellen, **wenn** V dies verlangt.
> **LÖSUNG** Eine Schuld kann bei P noch nicht abgezogen werden, da die Last nach § 6 BewG aufschiebend bedingt ist. Dass V die Wiederherstellung des ursprünglichen Zustandes höchstwahrscheinlich verlangen wird, berechtigt nicht, die aufschiebende Bedingung zu einer auflösenden zu machen. Auch die Anwendung der wirtschaftlichen Betrachtungsweise scheidet aus (anders ausdrückl. § 92 Abs. 4 BewG für den Fall des Gebäudeabbruchs beim Erbbaurecht; jedoch darf diese Sonderregelung nicht auf andere Sachverhalte ausgedehnt werden). Anders auch, wenn P Gewerbetreibender ist. Eine entsprechende Rückstellung wäre in die Vermögensaufstellung zu übernehmen.
>
> b) X ist testamentarischer Erbe geworden. Im Testament ist angeordnet, dass X seiner Schwester 50 000 € auszuzahlen habe, falls diese heiratet.
> **LÖSUNG** Bei der Erbschaftsteuerveranlagung des X ist diese Verpflichtung als aufschiebend bedingte Last nicht abzugsfähig. Tritt die Bedingung ein, so wird die Erbschaftsteuerfestsetzung auf Antrag des X nach dem Wert des tatsächlichen Erwerbs berichtigt (Abzug der abgezinsten 50 000 €). Die Schwester wird dann – ohne dass es hierzu eines Antrags bedarf – erstmalig zur Erbschaftsteuer herangezogen (aufschiebend bedingter Erwerb).

1.2.4   Auflösend bedingte Lasten

1928   Lasten, deren Fortdauer auflösend ist, werden nach **§ 7 Abs. 1 BewG** wie unbedingte abgezogen. Wegen des Begriffs »Lasten« vgl. 1.2.3 dieses Abschnitts. Tritt die Bedingung ein, fällt also die Last weg, so ist die Festsetzung einer nicht laufend veranlagten Steuer, z. B. Erbschaft- oder Grunderwerbsteuer, zu berichtigen (§ 7 Abs. 2 BewG). Diese Berichtigung, die zu einer Höherveranlagung führt, wird von Amts wegen vorgenommen. Besteht eine solche Last in wiederkehrenden Leistungen von unbestimmter Dauer, so ist sie mit dem nach § 13 Abs. 2 und 3, § 14, § 15 Abs. 3 BewG berechneten Wert anzusetzen (§ 7 Abs. 1 BewG).

> **BEISPIELE**
>
> a) X ist testamentarischer Erbe geworden. Nach dem Testament ist ihm die Verpflichtung auferlegt, an seinen Bruder Y am 01. 01. 16 30 000 € auszuzahlen. Die Verpflichtung soll wegfallen, falls sich Y bis zum 01. 01. 16 strafbar machen sollte.
> **LÖSUNG** Die Verpflichtung ist bereits im Zeitpunkt des Erbfalls unbedingt entstanden. Der 01. 01. 16 ist lediglich Fälligkeitszeitpunkt. Bei der Heranziehung des X zur Erbschaftsteuer ist der Betrag von 30 000 €, abgezinst gemäß § 12 Abs. 3 BewG, als Schuld abzuziehen. Tritt die Bedingung ein, so ist von Amts wegen die Erbschaftsteuerfestsetzung zu berichtigen. Der als Schuld abgezogene Betrag ist hierbei zu streichen.
>
> b) E ist als Erbe nach den Bestimmungen des Testaments verpflichtet, der W (Witwe des Erblassers) eine lebenslängliche jährliche Rente zu zahlen. Die Verpflichtung soll wegfallen, falls W sich wieder verheiratet.
> **LÖSUNG** Bei der Erbschaftsteuerveranlagung des E ist die Rentenverpflichtung, die auflösend bedingt ist, wie eine unbedingte Last abzuziehen. Der Kapitalwert der Rente wird hierbei nach § 14 BewG berechnet.

Im Falle des Eintritts der Bedingung wird die Erbschaftsteuerveranlagung des E von Amts wegen berichtigt. Für die Berechnung des Kapitalwerts der an die W tatsächlich geleisteten Rentenzahlungen gilt dann § 13 Abs. 1 BewG.

1.2.5 Befristungen

Nach **§ 8 BewG** gelten die Vorschriften der §§ 4 bis 7 auch, wenn der Erwerb des Wirtschaftsguts, die Entstehung oder der Wegfall der Last von einem Ereignis abhängt, dessen **Eintritt gewiss,** bei dem aber der **Zeitpunkt** des Eintritts **ungewiss** ist.   **1929**

§ 8 BewG findet jedoch keine Anwendung, wenn der Anspruch oder die Schuld bereits entstanden und lediglich die **Fälligkeit befristet** ist (so genannte **Betagung,** vgl. BFH vom 24.11.1972 BStBl II 1973, 354).   **1930**

Eine Berichtigung kommt aber insoweit nicht in Betracht, als die unbestimmte Befristung bereits bei der Kapitalisierung nach §§ 13 ff. BewG (z. B. nach § 13 Abs. 2 – Leistungen von unbestimmter Dauer – oder nach § 14 – Leistungen auf Lebenszeit –) berücksichtigt worden ist (vgl. § 8 i. V. m. § 5 Abs. 1 Satz 2 und § 7 Abs. 1 BewG).   **1931**

BEISPIELE

a) E hat drei Aktien geerbt. Nach dem Testament hat er nach dem Tode seines 85-jährigen Onkels dessen Kindern A und B, im Falle ihres Todes deren gesetzlichen Erben, eine dieser Aktien herauszugeben.

LÖSUNG Es liegt eine unbestimmte Befristung vor, da der Tod des Onkels gewiss, der Zeitpunkt des Todes jedoch ungewiss ist. Der Erwerb der einen Aktie ist bei E wie ein auflösend befristeter Erwerb (§§ 8, 5 BewG) zu behandeln. Bei den Kindern A und B liegt ein aufschiebend bedingter Erwerb (§ 4 BewG) vor, da ihr Erwerb davon abhängt, dass sie ihren Vater überleben (zukünftiges ungewisses Ereignis).

b) A braucht ein ihm gegebenes Darlehen erst dann zurückzuzahlen (und zwar an die Erben des D), wenn der Darlehensgeber D verstorben ist.

LÖSUNG § 8 BewG findet keine Anwendung, denn die Ungewissheit besteht hier lediglich hinsichtlich des Zeitpunktes der Rückzahlung, nicht aber hinsichtlich der Rückzahlungsverpflichtung selbst. Das Darlehen kann abgezogen werden. Ist es unverzinslich, dann ist es nach § 12 BewG abzuzinsen.

c) Der Erbe E muss seinem 12-jährigen Bruder B bis zur Beendigung von dessen Berufsausbildung jährlich 4 000 € zahlen.

LÖSUNG Bei der Erbschaftsteuerveranlagung des E ist die Verpflichtung abzugsfähig. Für die Bewertung der Leistung gilt § 13 Abs. 2 BewG (Jahreswert von 4 000 € x Vervielfältiger von 9,3 = 37 200 €). Bei vorzeitiger Beendigung der Berufsausbildung kommt eine Berichtigung nicht in Betracht.

d) Der Erbe E muss seinem Bruder B bis zu dessen Tod eine Rente zahlen.

LÖSUNG Der Tod ist ein mit Sicherheit eintretendes Ereignis. Daher liegt eine unbestimmte Befristung vor. Nach Eintritt des Todes wird eine Berichtigung nicht vorgenommen, es sei denn, dass die Voraussetzungen des § 14 Abs. 2 BewG vorliegen.

1932–1940 frei

1.2.6 Übersicht

(Abgedruckt auf der nachfolgenden Doppelseite.)   **1941**

Bedingung und Befristung im Bewertungsrecht (§§ 4–8 BewG, §§ 158–163 BGB)

Zurechnung von Wirtschaftsgütern (§§ 4, 5 und 8 BewG)

zukünftiger Erwerb		»Durchgangs-Erwerb«	
Aufschiebend bedingter Erwerb	**Aufschiebend befristeter Erwerb** (fristgebundener Erwerb)	**Auflösend bedingter Erwerb**	**Auflösend befristeter Erwerb** (Aufgabe des Erwerbs zum Endtermin)
Das Wirtschaftsgut wird dem Erwerber erst dann zugerechnet, wenn das **ungewisse** Ereignis eingetreten ist.	Das Wirtschaftsgut wird dem Erwerber erst dann zugerechnet, wenn das **gewisse** Ereignis eingetreten ist (erst vom **Anfangstermin** an zugerechnet).	Das Wirtschaftsgut wird dem Erwerber (Eigentümer) solange zugerechnet, bis das **ungewisse** Ereignis eingetreten ist.	Das Wirtschaftsgut wird dem Erwerber (Eigentümer) solange zugerechnet, bis das **gewisse** Ereignis (der Frist-Zeitpunkt bzw. der **Endtermin**) eingetreten ist.
§ 4 BewG	§ 8 i.V.m. § 4 BewG	§ 5 BewG	§ 8 i.V.m. § 5 BewG

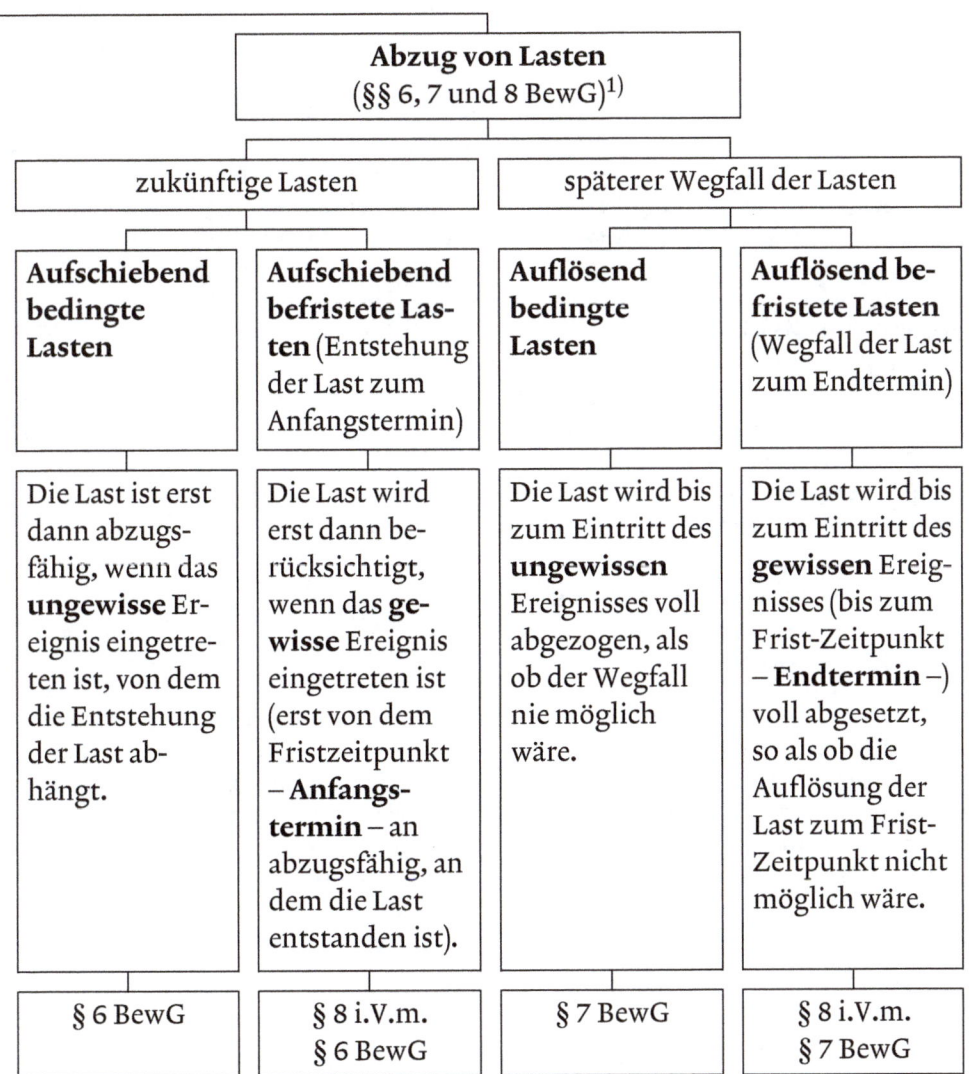

Abzug von Lasten
(§§ 6, 7 und 8 BewG)[1]

zukünftige Lasten		späterer Wegfall der Lasten	
Aufschiebend bedingte Lasten	**Aufschiebend befristete Lasten** (Entstehung der Last zum Anfangstermin)	**Auflösend bedingte Lasten**	**Auflösend befristete Lasten** (Wegfall der Last zum Endtermin)
Die Last ist erst dann abzugsfähig, wenn das **ungewisse** Ereignis eingetreten ist, von dem die Entstehung der Last abhängt.	Die Last wird erst dann berücksichtigt, wenn das **gewisse** Ereignis eingetreten ist (erst von dem Fristzeitpunkt – **Anfangstermin** – an abzugsfähig, an dem die Last entstanden ist).	Die Last wird bis zum Eintritt des **ungewissen** Ereignisses voll abgezogen, als ob der Wegfall nie möglich wäre.	Die Last wird bis zum Eintritt des **gewissen** Ereignisses (bis zum Frist-Zeitpunkt – **Endtermin** –) voll abgesetzt, so als ob die Auflösung der Last zum Frist-Zeitpunkt nicht möglich wäre.
§ 6 BewG	§ 8 i.V.m. § 6 BewG	§ 7 BewG	§ 8 i.V.m. § 7 BewG

[1] Lasten sind Verpflichtungen jeder Art, insbesondere Schulden.

2 Bewertung der Wertpapiere und Anteile (Allgemeines)

2.1 Anwendungsbereich des § 11 BewG

1942
Nach seiner Überschrift regelt § 11 BewG die Bewertung von Wertpapieren und Anteilen. Diese Inhaltsangabe ist jedoch nicht vollständig, denn Gegenstand dieser Vorschrift ist nicht nur die Bewertung der Wertpapiere und Anteile, sondern auch die Bewertung von Schuldbuchforderungen, Beteiligungen und Anteilen an Kapitalanlagegesellschaften (Investmentzertifikate). Hierbei ist zu berücksichtigen, dass sich die Begriffe »Wertpapiere« und »Anteile« überschneiden können.

Der Wortlaut des § 11 **Abs. 2** BewG bezieht sich unmittelbar nur auf die Bewertung von nicht notierten Anteilen an Kapitalgesellschaften. Die Vorschrift findet jedoch entsprechende Anwendung für die Bewertung von Betriebsvermögen von Einzelunternehmern und von freiberuflich Tätigen (§ 157 Abs. 5 i. V. m. § 109 Abs. 1 i. V. m. § 11 Abs. 2 BewG) sowie für die Bewertung von Anteilen an Personengesellschaften (Mitunternehmerschaften; § 157 Abs. 5 BewG i. V. m. § 109 Abs. 2 i. V. m. § 11 Abs. 2 BewG). Damit soll dem durch das Erbschaftsteuerreformgesetz mit Wirkung ab 01. 01. 2009 verfolgten Ziel, sämtliches Unternehmensvermögen nach einheitlichen Grundsätzen zum gemeinen Wert zu bewerten (vgl. § 12 Abs. 1 und Abs. 5 ErbStG i. V. m. §§ 9 und 11 BewG), Rechnung getragen werden. Aufgrund der (entsprechenden) Anwendung des § 11 Abs. 2 BewG erfolgt die Bewertung von Unternehmensvermögen somit – **rechtsformneutral** – für sämtliche Rechtsformen.

2.2 Begriff und Abgrenzung

2.2.1 Wertpapiere

1943
Wertpapiere (auch Effekten genannt, wenn am Kapitalmarkt gehandelt) sind Urkunden über ein Vermögensrecht, dessen Verwirklichung von dem **Besitz der Urkunde** abhängt. Im Gegensatz dazu stehen **bloße Beweisurkunden** (Legitimationspapiere), wie z. B. Darlehensschuldscheine, Sparkassenbücher und GmbH-Anteilscheine, bei denen weder die Geltendmachung noch die Übertragung des in ihnen beurkundeten Rechts den Besitz der Urkunde erforderlich macht. Auch die handelsrechtlichen Papiere (z. B. Lagerschein, Ladeschein, Konnossement, Frachtbrief) fallen nicht unter § 11 BewG. Die Wertpapiere teilt man allgemein insbesondere nach folgenden Abgrenzungsmerkmalen ein:

a) nach der **Art der Übertragung** in:
   – Inhaberpapiere (z. B. Scheck),
   – Namenspapiere (z. B. Hypothekenbrief),
   – Orderpapiere (z. B. Wechsel, Scheck);

b) nach der **Art der Erträge** in:
   – festverzinsliche Wertpapiere – Gläubigereffekten – (z. B. Anleihen),
   – Dividendenpapiere – Teilhabereffekten – (z. B. Aktien);

c) nach der **Art des verbrieften Rechts** in:
   – Forderungspapiere (Wertpapiere des Zahlungsverkehrs und des Geldverkehrs),
   – Anteilspapiere.

1944
Die Einteilung nach der Art der Übertragung spielt für die Bewertung mittelbar nur insofern eine Rolle, als Namenspapiere in der Regel nicht an der Börse gehandelt werden und deshalb keinen Kurswert haben. Bewertungsrechtlich ist die Einteilung nach der Art des verbrieften Rechts ausschlaggebend.

a) Forderungspapiere

Forderungspapiere, auch Gläubigereffekten genannt, sind Effekten mit in der Regel festge-   **1945**
setztem Zinsertrag (festverzinsliche Wertpapiere). Man nennt sie »**Anleihen**« (Anleihestücke)
oder »**Schuldverschreibungen**« (Obligationen). Durch das Forderungspapier wird beurkundet, dass sein Inhaber bzw. Erstinhaber einem Staat, einer Stadt, einer Gesellschaft usw. (Schuldner) einen bestimmten Betrag gegen Verzinsung oder andere Vorteile in der Art eines Darlehens zur Verfügung gestellt hat. Bei sog. effektiven Stücken (auch Tafelpapiere genannt, d. h.
tatsächlich gedruckte Effekten) findet die Zinszahlung gegen Einreichung der (meist halbjähr-
lich) fälligen Kupons statt (derartige Tafelgeschäfte haben in der heutigen Praxis aber an Bedeutung verloren). Als Forderungspapiere kommen in Betracht:

- **Staatsanleihen,** wozu auch die so genannten Schatzwechsel und Schatzanweisungen
  gehören, die zur Beschaffung gegenwärtig erforderlicher Geldmittel dienen. Sie können
  auch unverzinslich sein, sind dann aber mit anderen Vorteilen ausgestattet (z. B. Erwerb zu
  95, Einlösung zu 100). Anleihestücke können durch Eintragung in ein Schuldbuch von
  dem Besitz der über die Forderung ausgestellten Urkunde unabhängig gemacht und
  dadurch gesichert werden.
- **Kommunalanleihen** (Kommunalschuldverschreibungen), das sind Anleihen von Krei-
  sen, Städten und anderen öffentlich-rechtlichen Verbänden;
- **Hypothekenpfandbriefe,** das sind Schuldverschreibungen, die von Hypothekenbanken
  ausgegeben werden, um langfristige Kredite an Haus- und Grundbesitzer zu finanzieren
  und die durch Hypotheken auf dem beliehenen Grundbesitz mittelbar gesichert sind. Ist
  das durch die Ausgabe der Hypothekenpfandbriefe beschaffte Geld als Darlehen an kommunale Körperschaften gegeben worden, spricht man von »kommunalen Obligationen«;
- **Industrieobligationen (Unternehmensanleihen)** werden regelmäßig von Industrieunternehmen zur Beschaffung von Fremdkapital am Kapitalmarkt ausgegeben, ohne dass es
  hierzu einer Bankerlaubnis bedarf. Sie können auch von Banken ausgegeben werden zu
  dem Zweck, die für einen größeren Bankkredit an Industriegesellschaften erforderlichen
  Mittel zu beschaffen. Da diese Industrieobligationen praktisch nur Teile einer großen Forderung der Bank an die Gesellschaft darstellen, bezeichnet man sie auch als »Teilschuld-
  verschreibungen«;
- **Wandelschuldverschreibungen** sind verzinsliche Schuldverschreibungen von Aktienge-
  sellschaften, bei denen dem Inhaber das Recht zusteht, sie (meist nach einer bestimmten
  Frist) in Aktien umzutauschen (§ 221 Abs. 1 AktG);
- **Gewinnschuldverschreibungen** sind Schuldverschreibungen, bei denen der Inhaber über
  den bestimmten Zinssatz hinaus in einem zu der Dividende der Aktionäre in Beziehung
  gesetzten Verhältnis am Gewinn der Aktiengesellschaft beteiligt ist (§ 221 Abs. 1 AktG);
- **Genussscheine** gewähren dem Inhaber keine bestimmte (gewinnunabhängige) Verzinsung, sondern einen Anspruch auf einen Anteil am Gewinn oder am Abwicklungserlös
  einer Aktiengesellschaft ohne gesellschaftliche Anteilsrechte, insbesondere das Stimm-
  recht, zu begründen (Genussrechte, vgl. § 221 Abs. 3 AktG). Auch bei ihnen handelt es sich
  um Gläubiger- und nicht um Anteilspapiere.

b) Anteilspapiere

Anteilspapiere (auch Teilhabereffekten genannt) verbürgen dem Inhaber einen Anteil am   **1946**
Geschäftsvermögen und am Gewinn eines Unternehmens. Sie werfen nicht wie Obligationen
einen festen Zinsertrag, sondern eine nach der Höhe des Gewinns bemessene Dividende ab. Ist
kein Gewinn erzielt worden, wird keine Dividende verteilt. Als Anteilspapiere kommen in
Betracht:

Aktien können als Nennbetragsaktien oder als Stückaktien begründet werden. Nennbetragsaktien sind auf einen bestimmten Geldbetrag (Nennbetrag) lautende Anteile am Grundkapital einer Aktiengesellschaft oder einer Kommanditgesellschaft auf Aktien (§§ 8 ff., 278 AktG). Stückaktien lauten auf keinen Nennbetrag, sondern vermitteln eine Beteiligung am Grundkapital in gleichem Umfang. Neben den **Stammaktien** gibt es verschiedene **Aktiengattungen** (§ 11 AktG), insbesondere:

- **Vorzugs-(Prioritäts-)** Aktien, die in der Regel keine Stimmrechte gewähren, als Ausgleich dafür aber besondere Vorteile verbriefen, z. B. das Recht auf bevorzugte Dividendenausschüttung (die Ausgabe von sog. Mehrstimmrechtsaktien ist grundsätzlich nicht mehr zulässig, vgl. § 12 Abs. 2 AktG);
- **Vorrats**aktien, die noch nicht in den Verkehr gelangt, sondern zur späteren Verwendung durch die AG bestimmt sind, sowie **junge** (d. h. neue) Aktien, die noch nicht an der Börse eingeführt, aber schon voll dividendenberechtigt sind (vgl. § 217 AktG).

c) Wechsel, Schecks und andere handelsrechtliche Wertpapiere

1947 (z. B. Konnossemente, Lagerscheine, Ladescheine) interessieren, obwohl sie Wertpapiere sind, im Zusammenhang mit der Bewertung nach § 11 Abs. 1 BewG nicht, da sie keinen Kurswert haben. Gehören sie zu einem Betriebsvermögen, so sind sie im Rahmen der Bewertung des Unternehmensvermögens zu berücksichtigen. Als Wirtschaftsgüter des sonstigen Vermögens werden sie – soweit sie Geldforderungen enthalten – nach § 12 BewG (Nennwert), soweit sie Warenforderungen enthalten, nach § 9 BewG (gemeiner Wert) bewertet.

2.2.2 Schuldbuchforderungen

1948 Schuldbuchforderungen sind Forderungen gegen den Bund oder die Länder, für die Schuldbuchverschreibungen nicht ausgestellt, die vielmehr durch **Eintragung in das Staatsschuldbuch** beurkundet sind. Die Errichtung eines Bundesschuldbuchs, wie auch von Landesschuldbüchern in einigen Ländern, ist jeweils gesetzlich geregelt.

2.2.3 Anteile, die nicht durch Wertpapiere verbrieft sind

1949 Dies sind insbesondere **GmbH-Anteile.** Letztere sind Geschäftsanteile der Mitglieder einer Gesellschaft mit beschränkter Haftung (vgl. §§ 14 ff. GmbH-Gesetz). Daneben gehören auch die Anteile an eingetragenen **Genossenschaften** in diese Gruppe von Anteilen.

2.2.4 Beteiligungen

1950 Von einer Beteiligung (vgl. § 11 Abs. 3 BewG) spricht man, wenn jemand sich mit Kapital auf Dauer an einem anderen Unternehmen beteiligt, mit dem Zweck, die Geschäftsführung dieses Unternehmens zu beeinflussen. Die Möglichkeit zur Einflussnahme hängt regelmäßig von der Höhe der Beteiligung ab. Eine derartige (Sperrminoritäts-)Beteiligung, für die bei der Bewertung ein Paketzuschlag in Betracht kommt, wird jedoch erst dann angenommen, wenn ein Steuerpflichtiger mehr als 25 % der Anteile einer Kapitalgesellschaft besitzt (Aktien oder GmbH-Anteile); vgl. R B 11.6 Abs. 3 ErbStR. Handelsrechtlich wird allerdings schon bei einem Anteilsbesitz von mehr als 20 % von einer Beteiligung gesprochen, § 271 Abs. 1 Satz 3 HGB. Der Begriff der Beteiligung im bewertungsrechtlichen Sinne ist auch nicht zu verwechseln mit dem Begriff der Beteiligung im Sinne des § 17 EStG.

2.2.5 Investmentzertifikate

Investmentzertifikate sind **Anteile** an Kapitalanlagegesellschaften oder sonstigen Fonds. **1951** Kapitalanlagegesellschaften sind Unternehmen, die von den Erwerbern der Investmentzertifikate erhaltene Gelder im eigenen Namen für gemeinschaftliche Rechnung der Einleger in Wertpapieren anlegen. Die Kapitalanlagegesellschaften stellen den Geldgebern (Anteilsinhabern) Anteilscheine aus, in denen die Rechte der Einleger verbrieft sind. Diese **Anteilscheine** (Investmentzertifikate genannt) sind Wertpapiere (vgl. § 1 Kapitalanlagegesetzbuch).

2.3   Stichtag für die Bewertung

Die Bewertung der unter § 11 BewG fallenden Wirtschaftsgüter erfolgt, wie jede Bewer- **1952** tung nach dem BewG, nach den Verhältnissen an einem bestimmten Stichtag. Welcher Stichtag maßgebend ist, bestimmt sich grundsätzlich nach den einzelnen Steuergesetzen. So ist für die Erbschaftsteuer der Todestag des Erblassers und für die Schenkungsteuer der Tag der Ausführung der Schenkung grds. maßgebend (§§ 9 und 11 ErbStG – Besteuerungszeitpunkt).

2.4   Bewertungsmaßstäbe

Für die Bewertung von Wertpapieren, Schuldbuchforderungen, Anteilen an Kapitalgesell- **1953** schaften, Beteiligungen und Investmentzertifikaten stellt das BewG insgesamt vier Bewertungsmaßstäbe zur Verfügung:

1. Kurswert,
2. gemeiner Wert,
3. Nennwert und
4. Rücknahmepreis.

Für Wertpapiere und Schuldbuchforderungen, die am Stichtag an einer deutschen Börse zum **1954** amtlichen Handel zugelassen oder in den so genannten geregelten Freiverkehr einbezogen sind, gelten die nach § 11 Abs. 1 BewG maßgebenden Kurse vom Besteuerungszeitpunkt **(Kurswerte).** Für Wertpapiere, die Rechte der Anleger gegen eine Kapitalanlagegesellschaft oder einen sonstigen Fonds verbriefen (Anteilscheine, Investmentzertifikate), gilt nach § 11 Abs. 4 BewG der **Rücknahmepreis.**

Anteile an Kapitalgesellschaften (Wertpapiere und nichtverbriefte Anteilsrechte), die nicht **1955** unter § 11 Abs. 1 BewG fallen (für die also ein Kurswert nicht besteht), werden nach § 11 Abs. 2 BewG mit dem **gemeinen Wert** bewertet. Das gilt auch für ausländische Wertpapiere, die nicht an einer deutschen, sondern einer ausländischen Börse gehandelt werden. Sie sind möglichst aus den Kursen des Emissionslandes abzuleiten (vgl. R B 11.1 Abs. 3 ErbStR), andernfalls nach den allgemeinen Bewertungsgrundsätzen des § 11 Abs. 2 BewG. Wertpapiere, die **nur Forderungsrechte** verbriefen und für die ein Kurswert nach § 11 Abs. 1 BewG nicht besteht, werden mit dem sich nach § 12 Abs. 1 BewG ergebenden Wert **(Nennwert)** angesetzt.

Für Anteile an Personengesellschaften und ähnlichen Mitunternehmerschaften sowie **1956** für Einzelunternehmen und für freiberufliches Vermögen gelten die allgemeinen Bewertungsgrundsätze für die Bewertung von Anteilen an nicht notierten Anteilen an Kapitalgesellschaften entsprechend (§ 157 Abs. 5 i. V. m. § 109 i. V. m. § 11 Abs. 2 BewG). Für die Ermittlung und Aufteilung von Anteilen an Mitunternehmerschaften sind zudem auch die Sondervorschriften nach § 97 Abs. 1a i. V. m. § 97 Abs. 1 Nr. 5 BewG zu beachten. Die Mitunternehmeranteile sind mit den Beträgen anzusetzen, die sich aus der Aufteilung des für das Betriebsvermögen der Gesellschaft festgestellten Werts auf die einzelnen Gesellschafter zuzüglich etwaigen Sonderbetriebsvermögens ergeben (hierzu s. Kapitel 1 H).

1957–1970
frei

2.5   Übersicht

1971

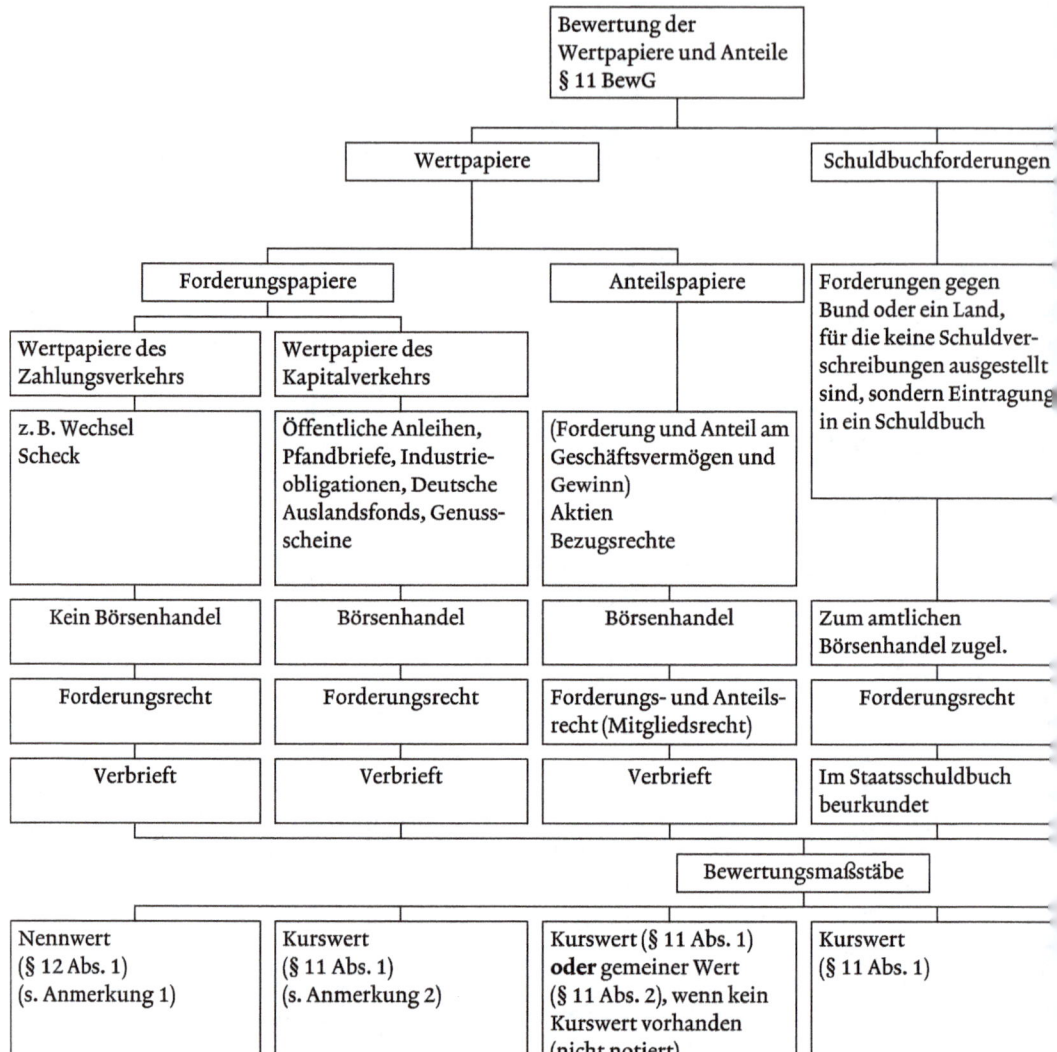

1) **Anmerkung zu den Wertpapieren des Zahlungsverkehrs:**
Die Wertpapiere des Zahlungsverkehrs werden nicht im Rahmen des § 11 BewG bewertet, sondern nach § 12 Abs. 1 BewG.
Ebenso scheiden die handelsrechtlichen Wertpapiere (z.B. Ladeschein, Lagerschein) und die sachenrechtlichen Wertpapiere (z.B. Hypothekenbrief, Grundschuldbrief) aus der Bewertung nach § 11 BewG aus.
Sachleistungsforderungen (Sachleistungsansprüche) sind mit dem für den Gegenstand maßgebenden steuerlichen Wert zu bewerten.
2) **Anmerkung zu den Wertpapieren des Kapitalverkehrs:**
Besteht dafür kein Kurswert, dann werden sie nach § 12 BewG (grundsätzlich mit dem Nennwert) bewertet.
3) Die gilt entsprechend für Einzelunternehmen, Freiberufler und Anteile an Mitunternehmerschaften.

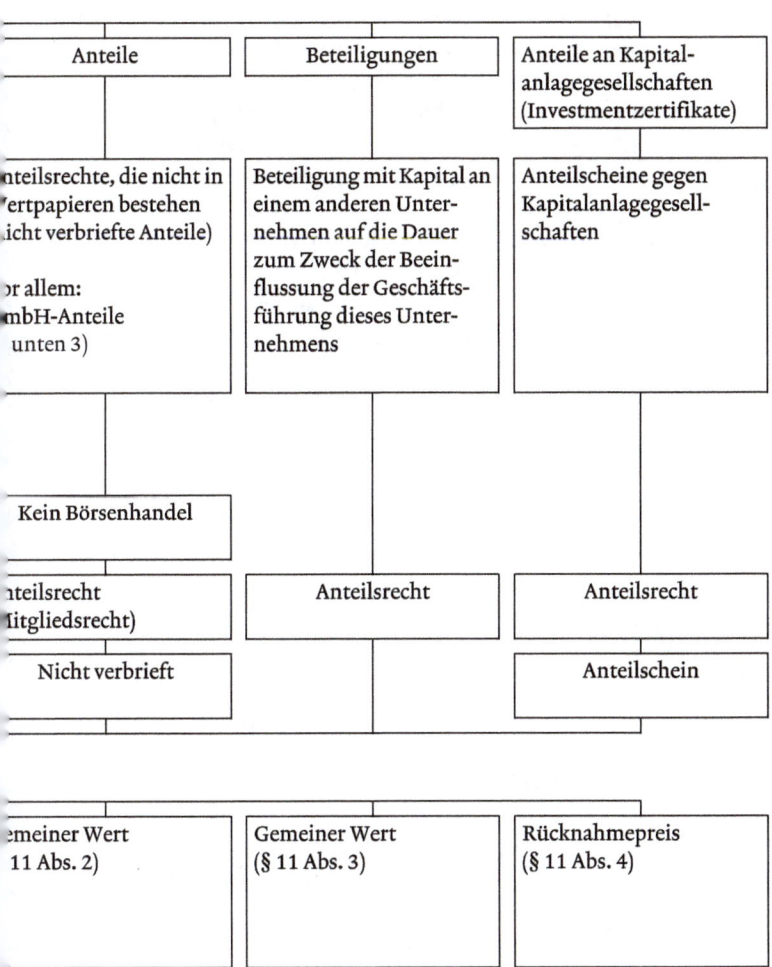

Anteile	Beteiligungen	Anteile an Kapital-anlagegesellschaften (Investmentzertifikate)
Anteilsrechte, die nicht in Wertpapieren bestehen (nicht verbriefte Anteile) Vor allem: GmbH-Anteile (unten 3)	Beteiligung mit Kapital an einem anderen Unternehmen auf die Dauer zum Zweck der Beeinflussung der Geschäftsführung dieses Unternehmens	Anteilscheine gegen Kapitalanlagegesellschaften
Kein Börsenhandel		
Anteilsrecht (Mitgliedsrecht)	Anteilsrecht	Anteilsrecht
Nicht verbrieft		Anteilschein
Gemeiner Wert (§ 11 Abs. 2)	Gemeiner Wert (§ 11 Abs. 3)	Rücknahmepreis (§ 11 Abs. 4)

3 Bewertung mit dem Kurswert im Einzelnen

3.1 Allgemeines

1972   Gemäß § 11 Abs. 1 BewG sind Wertpapiere und Schuldbuchforderungen, die am Stichtag an einer **deutschen** Börse zum amtlichen Handel zugelassen sind, mit dem niedrigsten am Stichtag für sie im amtlichen Handel notierten Kurs anzusetzen (**Kurswert**). Sind an den einzelnen Börsen mithin unterschiedliche Kurse notiert worden, so ist der niedrigste am Stichtag notierte Kurs maßgebend. Der Börsenkurs stellt den Marktpreis zum Bewertungsstichtag dar und ist daher das geeignetste Mittel, um den gemeinen Wert eines Wirtschaftsguts zu ermitteln. Alle anderen (nachrangigen) Bewertungsmethoden stellen im Vergleich hierzu nur Hilfsmethoden zur Ermittlung des gemeinen Werts zum Stichtag dar. Hat am Stichtag eine Notierung nicht vorgelegen (z. B. wegen mangelnder Verkaufs- und Kaufaufträge), so ist der letzte innerhalb von 30 Tagen vor dem Stichtag im amtlichen Handel notierte Kurs anzusetzen (§ 11 Abs. 1 Satz 2 BewG), und zwar wiederum der niedrigste, wenn unterschiedliche Kurse bestanden haben. Ist innerhalb von 30 Tagen ein Kurs nicht notiert worden, so ist der gemeine Wert nach § 11 Abs. 2 BewG anzusetzen. Entsprechend sind die Wertpapiere zu bewerten, die nur in den so genannten Freiverkehr einbezogen sind. Der Kurswert ist zum Stichtag des Besteuerungszeitpunkts für die Erbschaftsteuer zu ermitteln, § 12 Abs. 1 und 2 ErbStG.

3.2 Börse und Kurs

1973   Die Wertpapiere und Schuldbuchforderungen müssen, um mit dem notierten Kurs angesetzt werden zu können, an einer deutschen Börse zum **amtlichen Handel** zugelassen sein. Das geschieht durch eine besondere Kommission.

1974   Die **Börse** ist ein Wertpapiermarkt. Sie ist eine vom Staat genehmigte und unter Staatsaufsicht stehende Veranstaltung, in der dazu zugelassene Kaufleute meist täglich zum Zwecke des Abschlusses von Handelsgeschäften ohne gleichzeitige Vorzeigung, Übergabe und Bezahlung der Ware zusammenkommen. Es gibt Warenbörsen und Effekten-(Wertpapier-)börsen. An Effektenbörsen, die hier allein interessieren, gibt es in Deutschland insgesamt acht, nämlich die in Berlin, Hamburg, Hannover, Düsseldorf, Leipzig, Frankfurt/Main, Stuttgart und München.

1975   Der **Kurs** ist der jeweils festgestellte Preis. Er wird im Allgemeinen in Euro pro Stück angegeben. Die amtliche Kurswertfestsetzung besorgen die Börsenverbände gemeinsam mit den Maklern oder die Kursmakler unter Aufsicht der Maklerkammer. Die Kurse werden in den regelmäßig erscheinenden Kurszetteln, Kursberichten oder Kursblättern der einzelnen Börsen zusammengestellt, denen im Allgemeinen auch die Freiverkehrsnotierungen beigefügt sind.

3.3 Freiverkehr

1976   Den zum amtlichen Handel zugelassenen Wertpapieren sind bei der Bewertung solche Wertpapiere gleichzusetzen, die nur in den so genannten Freiverkehr einbezogen sind (§ 11 Abs. 1 Satz 3 BewG). Das ist ein börsentechnischer Begriff (vgl. hierzu BFH vom 06.05.1977 BStBl II 1977, 626). Es handelt sich um den (im Allgemeinen nicht bedeutsamen) Handel mit nicht zur amtlichen Notierung zugelassenen Wertpapieren, der einer gewissen Beaufsichtigung durch die Börsenorgane bzw. durch den Freiverkehrsausschuss unterliegt. Für diese Wertpapiere wird zwar ein regulärer Kurs nicht festgestellt; jedoch werden im Allgemeinen den amtlichen Kurszetteln Freiverkehrskurszettel beigefügt, aus denen die ermittelten Preise ersehen werden können.

Dem Freiverkehr ist nicht gleichzusetzen der so genannte Telefonverkehr oder Bankenverkehr (freier Markt), der weder amtlich noch halbamtlich überwacht wird. Die nur im Telefonverkehr gehandelten Wertpapiere werden deshalb entweder nach § 12 Abs. 1 BewG (soweit es sich um Forderungspapiere handelt) oder nach § 11 Abs. 2 BewG (soweit es Anteilspapiere sind) bewertet. **1977**

3.4 Maßgeblichkeit des Kurswerts

Der Kurswert entspricht dem **Marktpreis**, der sich aus dem im Augenblick der Bildung der Kurswerte an der Börse vorhandenen Verhältnis von Angebot und Nachfrage ergibt. Er bietet deshalb im Allgemeinen die Gewähr dafür, dass alle den Wert beeinflussenden Umstände gebührend berücksichtigt sind. Er ist dann ausnahmsweise nicht maßgebend, wenn nachgewiesen wird, dass der Kurswert nach Börsenrecht aufgehoben oder gestrichen werden müsste (vgl. BFH vom 26.07.1974 BStBl II 1974, 656, BFH vom 06.05.1977 BStBl II 1977, 626). Dies ist nur dann der Fall, wenn sich durch persönliche Interventionen eines Verkäufers oder Käufers, durch Scheinangebote, Scheinnachfrage oder ähnliches ein Kurs bilden würde, der der wirklichen Geschäftslage des Verkehrs an der Börse nicht entspräche. Daraus ergibt sich, dass sonstige spekulative Tendenzen der Anwendung des Kurswerts nicht entgegenstehen. Zum Problem des **Paketzuschlags** vgl. R B 11.2 Abs. 1 Satz 7 und R B 11.6 ErbStR. Von einem Paket spricht man, wenn ein Anteil Beteiligungscharakter hat. Dies ist der Fall, wenn der Schenker oder Erblasser an der Gesellschaft mehr als 25 % der Anteile an einer Kapitalgesellschaft auf einen oder mehrere Erwerber überträgt (R B 11.6 Abs. 3 ErbStR). Hierbei bleiben eigene Anteile der Kapitalgesellschaft außer Betracht. **1978**

BEISPIEL

V vererbt seinen Kindern A, B und C je 10 % an der V-GmbH.

LÖSUNG Ein Paketzuschlag ist vorzunehmen, obwohl bei der anschließenden (quotalen) Aufteilung unter den Erben jeder Erbe nur eine Beteiligung von weniger als 25 % erhält, vgl. R B 11.6 Abs. 4 ErbStR.

Hätte V den Kindern die Anteile geschenkt, so wäre ein Paketzuschlag nicht vorzunehmen (R B 11.6 Abs. 6 ErbStR) es sei denn, bei einem der Kinder hätten die geschenkten 10 % zusammen mit bereits vorhandenen Anteilen, die von derselben Person in den letzten 10 Jahren bereits geschenkt wurden, nunmehr zu einer Beteiligung von mehr als 25 % geführt (R B 11.6 Abs. 8 ErbStR).

Die Höhe des Paketzuschlags richtet sich nach den Umständen des Einzelfalls. Je nach Umfang der zu bewertenden Beteiligung kann im Allgemeinen ein Zuschlag bis zu 25 % in Betracht kommen. Höhere Zuschläge sind nur unter besonderen Umständen im Einzelfall möglich (R B 11.6 Abs. 9 ErbStR). Nach der Rechtsprechung (vgl. u. a. BFH vom 23.02.1979 BStBl II 1979, 618) kommen folgende Paketzuschläge in Betracht: **1979**
- Beteiligung > 25–50 %: Zuschlag 5–10 %
- Beteiligung > 50–75 %: Zuschlag 15–20 %
- Beteiligung > 75–100 %: Zuschlag 25 %

Ein Paketzuschlag kommt bei der Ableitung des Werts aus Kurswerten und aus Vergleichsverkäufen in Betracht (R B 11.6 Abs. 2 ErbStR). Ist der Wert aus einem Verkauf eines Pakets abgeleitet und stellt der jetzt verschenkte oder vererbte Anteil ein solches Paket nicht dar, dann ist der Vergleichswert um den Paketzuschlag zu kürzen (R B 11.2 Abs. 1 Satz 7 ErbStR). **1980**

BEISPIEL ▬▬

V erwarb 50 % an der X-GmbH für 50 000 € (40 000 € zuzüglich 10 000 € Paketzuschlag). Jetzt schenkt er seinem Sohn 10 % seiner GmbH-Beteiligung.
LÖSUNG Dieser Anteil ist mit 4 000 € zu bewerten.

Wird der gemeine Wert in einem Ertragswertverfahren (nicht: vereinfachtes Ertragswertverfahren) oder nach einer anderen anerkannten, auch im gewöhnlichen Geschäftsverkehr für nichtsteuerliche Zwecke üblichen Methode ermittelt, so ist der Paketzuschlag vorzunehmen, wenn die in § 11 Abs. 3 BewG genannten Umstände bei der Wertermittlung nicht berücksichtigt worden sind (R B 11.6 Abs. 2 ErbStR).

4   Bewertung von Anteilen mit dem gemeinen Wert im Einzelnen

1981   Anteile an Kapitalgesellschaften (AG, SE, KGaA, GmbH, UG), die nicht unter § 11 Abs. 1 BewG fallen, sind mit dem gemeinen Wert anzusetzen (§ 11 Abs. 2 BewG). In Betracht kommen sowohl Wertpapiere, die ein Anteilsrecht verbriefen und die **keinen inländischen Kurswert** haben (z. B. auch ausländische Wertpapiere, die an einer deutschen Börse nicht gehandelt werden; sie werden mit dem gemeinen Wert nach § 9 BewG angesetzt, der aus dem Kurswert des Ausgabelandes abgeleitet werden kann; R B 11.1 Abs. 3 ErbStR), als auch **nicht verbriefte Anteilsrechte**, wie insbesondere **GmbH-Anteile.**

1982   Für Wertpapiere, die nur Forderungsrechte beinhalten und die keinen Kurswert haben (hierzu gehören vor allem Bundesschatzbriefe, Sparbriefe und Zero-Bonds), ist der sich aus § 12 Abs. 1 BewG ergebende Wert (grds. Nennwert) anzusetzen. Dabei sind vom Nennwert abweichende Kursnotierungen für vergleichbare oder ähnlich ausgestattete festverzinsliche Wertpapiere als besonderer Umstand i. S. d. § 12 Abs. 1 BewG anzusehen, der auch hier einen vom Nennwert abweichenden Wertansatz rechtfertigt (R B 11.1 Abs. 2 Nr. 2 ErbStR). Für die Ermittlung des gemeinen Werts ist ein **besonderes Feststellungsverfahren** nicht mehr vorgesehen. Vielmehr wird der Wert im normalen Veranlagungsverfahren zur Erbschaft- oder Schenkungsteuer ermittelt.

1983–1990
frei

4.1   Ableitung des gemeinen Werts aus Verkäufen

1991   Für die Ermittlung des gemeinen Werts (§ 9 BewG) sollen nach § 11 Abs. 2 Satz 2 BewG in erster Linie die aus Verkäufen erzielten Erlöse maßgebend sein. Hierbei kommen Verkäufe in Betracht, die im **gewöhnlichen Geschäftsverkehr**, sei es im Telefonverkehr (von Bank zu Bank), sei es auch privat stattgefunden haben. Verkäufe unter nahen Verwandten, bei denen die Kaufpreise in der Regel durch persönliche Verhältnisse beeinflusst worden sind, sind mithin auszuscheiden (§ 9 Abs. 2 Satz 3 BewG). Ein krasses Missverhältnis stichtagsnaher Verkaufspreise zu den nach anderen Verfahren ermittelten Werten lässt nicht den Schluss zu, es müsse sich um ungewöhnliche oder persönliche Gründe handeln (BFH vom 22.08.2002 BFH/NV 2003, 11). Da auch für die Anteilsbewertung das Stichtagsprinzip gilt, sind möglichst **zeitnahe Verkäufe** zugrunde zu legen. Verkäufe, die ein Jahr und länger vor dem Stichtag liegen, sind nicht zu berücksichtigen (§ 11 Abs. 2 Satz 2 BewG). Verkäufe, die **nach** dem **Stichtag** stattgefunden haben, kommen **grundsätzlich nicht** in Betracht. Allerdings wurde im Urteil des BFH vom 11.11.1998, BFH/NV 1999, 908 ein Vergleichsverkauf kurz nach dem Stichtag anerkannt, bei dem die Einigung über den Kaufpreis schon am Stichtag herbeigeführt war oder sich die Verhandlungen durch Festlegen eines Preisrahmens schon so weit verdichtet hatten, dass der Kaufpreis durch den nachfolgenden Vertrag »nur noch dokumentiert« wurde.

Für die Ableitung des gemeinen Werts aus Verkäufen genügt grundsätzlich auch ein einziger Verkaufsfall, sofern – wegen der geringeren Aussagekraft – Gegenstand des Verkaufs nicht nur ein sog. **Zwerganteil** (geringfügiger Anteil, bis 10 %) ist oder der zu bewertende Anteil ebenfalls ein Zwerganteil ist (R B 11.2 Abs. 1 Satz 3 ErbStR). Liegen – umgekehrt – **mehrere** Verkaufsfälle vor, so wird nicht der niedrigste **Verkaufspreis**, sondern grds. der **Mittelwert** aller innerhalb der Jahresfrist vereinbarten Verkaufspreise zugrunde zu legen sein. Für die Bildung eines Durchschnittswerts spricht u. a. auch der Wortlaut des § 11 Abs. 2 Satz 1 BewG (plural: »aus Verkäufen«). Hiervon geht offensichtlich auch die Finanzverwaltung aus (vgl. R B 11.2 Abs. 1 ErbStR). Die Heranziehung des Mittelwerts erscheint u. E. jedenfalls dann sachgerecht, solange die Referenzkaufpreise innerhalb der Jahresfrist sich nicht extrem nach oben oder nach unten verändert haben. Bei großen Preisunterschieden könnte dies dafür sprechen, dass sich der gemeine Wert nachhaltig verändert hat und daher vorrangig auf die in zeitlicher Nähe zum Bewertungsstichtag liegenden Verkaufspreise abzustellen ist (entsprechend der Regelung des § 11 Abs. 1 Satz 2 BewG).

1992

BEISPIEL

Erblasser E verstirbt am 15. 01. 05. Für die zur Erbmasse gehörende und zu bewertende GmbH-Beteiligung (Stammanteil von 25 000 €) liegen folgende Verkaufsfälle vor:

14. 01. 04	Stammanteile von	20 000 €	für	26 000 €	= 130 %
20. 01. 04	Stammanteile von	10 000 €	für	12 000 €	= 120 %
20. 03. 04	Stammanteile von	20 000 €	für	25 000 €	= 125 %
10. 08. 04	Stammanteile von	10 000 €	für	10 000 €	= 100 %
07. 11. 04	Stammanteile von	30 000 €	für	39 900 €	= 133 %
18. 01. 05	Stammanteile von	10 000 €	für	12 000 €	= 120 %

Bei dem Verkauf am 10. 08. 04 hatte ein Gesellschafter seinen Kapitalanteil zu Anschaffungskosten (10 000 €) an seinen Sohn verkauft.

LÖSUNG Der gemeine Wert der von E vererbten GmbH-Beteiligung ist nach § 11 Abs. 2 Satz 2 BewG aus im gewöhnlichen Geschäftsverkehr zustande gekommenen Verkäufen, die weniger als ein Jahr vom Bewertungsstichtag zurückliegen, abzuleiten. Die Verkaufsfälle vom 14. 01. 04 und vom 18. 01. 05 liegen außerhalb dieses Zeitraums und sind daher für die Ableitung des gemeinen Werts nicht zu berücksichtigen. Auch der Verkauf vom 10. 08. 04 ist in die Wertermittlung nicht miteinzubeziehen, da er nicht wie unter fremden Dritten und damit nicht im gewöhnlichen Geschäftsverkehr zustande kam. Richtig erscheint es daher, den gemeinen Wert zum Besteuerungszeitpunkt aus dem Durchschnittspreis der Verkäufe vom 20. 01. 04, 20. 03. 04 und 07. 11. 04 abzuleiten. Eine unterschiedliche Gewichtung der Preise in Abhängigkeit vom Umfang der verkauften Anteile findet hierbei nicht statt. Der Durchschnittspreis ermittelt sich also wie folgt:
120 + 125 + 133 = 378 : 3 = 126 = 126 %. Somit ist für die vererbte GmbH-Beteiligung zum Bewertungsstichtag nach § 11 Abs. 2 Satz 2 BewG ein gemeiner Wert von 31 500 € (= 25 000 € × 126 %) anzusetzen.

Bei **ausländischen** Wertpapieren, die an deutschen Börsen nicht gehandelt werden, ist möglichst von dem im Heimatstaat der Kapitalgesellschaft notierten Kurs auszugehen, der nach den Wechselkursverhältnissen zum Bewertungsstichtag in EURO umgerechnet werden muss (R B 11.1 Abs. 3 Satz 2 ErbStR). Zum Problem des Paketzuschlags vgl. R B 11.2 Abs. 1 Satz 7, R B 11.6 ErbStR und § 11 Abs. 3 BewG.

4.2 Schätzung nach anderen Verfahren

1993   Lässt sich der gemeine Wert aus brauchbaren Verkäufen nicht ableiten, so ist er unter Berücksichtigung der Ertragsaussichten der Gesellschaft zu schätzen (§ 11 Abs. 2 Satz 2 BewG). Diese Schätzung hat sich am gemeinen Wert zu orientieren. Da dieser seit 01.01.2009 rechtsformneutral zu ermitteln ist, macht es keinen Unterschied mehr, ob ein Einzelunternehmen, ein Anteil an einer Personengesellschaft oder an einer Kapitalgesellschaft übergeht. Stets erfolgt die Bewertung durch ein betriebswirtschaftliches Gutachten oder nach dem vereinfachten Ertragswertverfahren (§§ 199–203 BewG); in beiden Fällen ist stets der Substanzwert als Mindestwert zu beachten, vgl. § 11 Abs. 2 Satz 3 BewG, R B 11.2 Abs. 2, R B 11.3 ErbStR. Bei einer Wertableitung aus tatsächlichen Verkäufen unter fremden Dritten im gewöhnlichen Geschäftsverkehr ist der Ansatz des Substanzwerts als Mindestwert hingegen ausgeschlossen (R B 11.3 Abs. 1 Satz 2 ErbStR), da davon ausgegangen werden kann, dass die Vertragsparteien bei der Kaufpreisfindung ohnehin den Substanzwert als Mindestwert berücksichtigt haben.

1994   Eine Bewertung nach dem bis 31.12.2008 üblichen Stuttgarter Verfahren findet nicht mehr statt. Das Stuttgarter Verfahren stellte eine Addition aus Substanzwert (Vermögenswert) und Ertragswert dar. Seit 01.01.2009 kommt dagegen grds. ein vereinfachtes reines Ertragswertverfahren zum Ansatz (§§ 199–203 BewG), dem als Mindestwert der reine Substanzwert gegenüber gestellt wird, § 11 Abs. 2 Satz 3 BewG (das vereinfachte Ertragswertverfahren wird ausführlich dargestellt bei der Bewertung des Betriebsvermögens; vgl. Kapitel 1 Teil H). Der vereinfachte Ertragswert darf nicht angesetzt werden, wenn er zu offensichtlich unrichtigen Ergebnissen führt, § 199 Abs. 1 BewG. Das vereinfachte Ertragswertverfahren kann (Wahlrecht) durch den Steuerpflichtigen auch außer Acht gelassen und durch ein methodisch anerkanntes betriebswirtschaftliches Gutachten ersetzt werden, was insbesondere in Betracht kommt, wenn den Verkäufen üblicherweise branchenorientierte Bewertungsmethoden zugrunde gelegt werden (vgl. Drukarczyk/-Ernst, Branchenorientierte Unternehmensbewertung, 3. Auflage, 2010). Nach § 11 Abs. 2 Satz 2 2. HS BewG ist die Methode anzuwenden, die ein Erwerber der Bemessung des Kaufpreises zu Grunde legen würde. Auch bei dem Gutachtenwert ist der Wert mit dem Substanzwert als **Mindestwert** zu vergleichen (R B 11.3 Abs. 1 ErbStR).

1995   Der **Substanzwert** i. S. v. § 11 Abs. 2 Satz 3 BewG ergibt sich aus der Summe aller zum Betriebsvermögen gehörenden Wirtschaftsgüter und sonstigen aktiven Ansätze abzüglich der zum Betriebsvermögen gehörenden Schulden und sonstigen Abzüge. Die Wirtschaftsgüter und sonstigen Ansätze werden hierbei – anders als bei den Ertragswertmethoden oder sonstigen branchenüblichen Methoden (Gesamtbewertungsgrundsatz) – jeweils einzeln mit ihrem jeweiligen gemeinen Wert bewertet (Einzelbewertungsgrundsatz, vgl. R B 11.3 Abs. 2 und 5 ErbStR). Bzgl. den Wirtschaftsgütern und sonstigen Ansätzen ist dabei zwar vom ertragsteuerlichen Betriebsvermögen auszugehen, jedoch sind hierbei noch Besonderheiten zu berücksichtigen. Dies gilt u. a. für den Ansatz von bestimmten selbstgeschaffenen immateriellen Wirtschaftsgütern und ertragsteuerlich nicht passivierungsfähigen Drohverlustrückstellungen sowie für nicht abzugsfähige Rücklagen i. S. v. § 6b EStG (vgl. R B 11.3 Abs. 3 ErbStR; zu weiteren Details siehe Kapitel 1, Teil H).

1996   Die Wirtschaftsgüter sind grundsatzlich mit ihrem gemeinen Wert anzusetzen. Grundbesitz, Betriebsvermögen und Anteile an Kapitalgesellschaften, für die § 151 BewG eine gesonderte Wertfeststellung vorschreibt, sind mit diesem gesondert festgestellten Wert anzusetzen (R B 11.3 Abs. 5 ErbStR). Umlaufvermögen ist mit dem Teilwert (Wiederbeschaffungs- oder Herstellungskosten) anzusetzen (R B 11.3 Abs. 8 ErbStR). Bewegliches abnutzbares Anlagevermögen kann vereinfachend mit 30 % der Anschaffungs- oder Herstellungskosten angesetzt werden, wenn dies nicht zu völlig verfälschenden Ergebnissen führt (R B 11.3 Abs. 7 ErbStR).

Methodisch ist so vorzugehen, dass auf den Bewertungsstichtag eine Vermögensaufstellung mit den Wertansätzen der Besitz- und Schuldposten aufzustellen ist, aus der sich dann der Substanzwert ergibt (R B 11.4 Abs. 4 ErbStR). **1997**

Stattdessen kann aus Vereinfachungsgründen auch auf den letzten Bilanzstichtag eine solche Vermögensaufstellung aufgestellt werden, die die obigen Wertansätze enthält (R B 11.4 Abs. 2 ErbStR). Zu diesem sog. Ausgangswert sind dann alle Vermögensveränderungen hinzu zu addieren bzw. davon abzuziehen, die sich zwischen Bilanzstichtag und Bewertungsstichtag ergeben haben (vgl. hierzu R B 11.4 Abs. 3 ErbStR; zu weiteren Details siehe Kapitel 1 H). **1998**

4.2.1 Ermittlung des gemeinen Werts

Der gemeine Wert eines Anteils an einer Kapitalgesellschaft bestimmt sich grds. nach dem Verhältnis des Anteils am Nennkapital (Grund- oder Stammkapital) der Gesellschaft zum gemeinen Wert des Betriebsvermögens der Kapitalgesellschaft zum Bewertungsstichtag (§ 97 Abs. 1b BewG). Eigene Anteile der Gesellschaft mindern hierbei mit ihrem Nennwert das Nennkapital der Gesellschaft. **1999**

BEISPIEL

Nennkapital des zu bewertenden Anteils	200 000 €
Nennkapital der Kapitalgesellschaft (ohne eigene Anteile)	1 000 000 €
= Beteiligungshöhe 20 % (= 200 000 € / 1 000 000 €)	
Wert der Kapitalgesellschaft (nach Gutachten, Ertragswertverfahren oder Substanzwert als Mindestwert)	1 800 000 €
Gemeiner Wert des zu bewertenden Anteils (§ 97 Abs. 1b BewG): (= 1 800 000 € × 20 %)	360 000 €

4.2.2 Stichtag für die Bewertung von Anteilen an Kapitalgesellschaften

Stichtag für die Bewertung von Aktien und Anteilen an Kapitalgesellschaften ist gemäß § 11 ErbStG jeweils der Zeitpunkt der Entstehung der Steuer. Dies ist im Erbfall grds. der Todeszeitpunkt und bei Schenkungen der Zeitpunkt der Ausführung der Schenkung (§ 9 ErbStG). Das gilt in gleicher Weise für die Bewertung notierter wie auch nicht notierter Aktien und Anteile. **2000**

2001–2020 frei

5 Bewertung von Investmentzertifikaten im Einzelnen

Zum **Begriff** der Investmentzertifikate vgl. 2. 2. 5. **2021**

Die **Bewertung** erfolgt nach § 11 Abs. 4 BewG. Danach sind Wertpapiere, die Rechte der Einleger (Anteilhaber) gegen eine Kapitalanlagegesellschaft oder einen sonstigen Fonds verbriefen (Anteilscheine), mit dem Rücknahmepreis anzusetzen.

Für die **Veräußerung** von Investmentzertifikaten gibt es außer dem freihändigen Verkauf (durch die Bank) auch die Möglichkeit der Rücknahme des Anteilscheins durch die Kapitalanlagegesellschaft. Steuerlich maßgebend ist der Rücknahmepreis, den die jeweilige Kapitalanlagegesellschaft zahlt und mit dem sich der Anteilhaber beim Erwerb des Anteilscheins aufgrund **2022** der Vertragsbedingungen einverstanden erklärt hat. Dieser Rücknahmepreis spiegelt den tatsächlichen Wert des Fondsanteils wieder und ist von dem von der Kapitalanlagegesellschaft veröffentlichten Ausgabepreis (Tagespreis für den Erwerb von Anteilscheinen) zu unterscheiden. Der Ausgabepreis enthält nach den Fondsbedingungen einen – je nach Fondsgesellschaft und Fondsart (z. B. Aktien-, Rentenfonds oder gemischter Fonds) unterschiedlichen – Ausgabeaufschlag (i. d. R. bis zu 5 %) auf den inneren Wert des Fonds (Rücknahmepreis). Hierbei werden die von der Gesellschaft berechneten Verwaltungskosten, Kauf- und Verkaufskosten berücksichtigt, so dass der Ausgabepreis jeweils um einige Prozent über dem Rücknahmepreis des Stichtags liegt.

2023 frei

6 Bewertung von Kapitalforderungen und Kapitalschulden

6.1 Begriff der Kapitalforderungen

2024   Die Bewertung von Kapitalforderungen ist in § 12 Abs. 1 bis 4 BewG behandelt. Kapitalforderungen i. S. d. § 12 BewG sind **Forderungen, die auf Zahlung von Geld** (Geldforderungen) gerichtet sind. Als Geldforderungen kommen hauptsächlich in Betracht: Darlehensforderungen, Forderungen auf Zahlung eines Kaufpreises oder des Preises für eine andere Leistung, Forderungen auf fällige oder bereits entstandene Zinsen, Gehälter, Tantiemen und Gewinnanteile, stille Beteiligungen, Steuererstattungs- und Steuervergütungsansprüche. Ob solche Geldforderungen durch Grundpfandrechte (Hypotheken, Grundschulden) oder Pfandrechte an beweglichen Sachen dinglich gesichert sind oder nicht, spielt grundsätzlich keine Rolle.

2025   **Keine** Geldforderungen (Kapitalforderungen i. S. d. § 12 BewG) sind demgegenüber alle anderen Forderungen, die nicht auf Zahlung von Geld gerichtet sind **(Sachleistungsansprüche)**, wie z. B. Ansprüche auf Lieferung oder Übereignung von Gegenständen (Waren oder Grundstücken), Ansprüche auf Leistungen aus Werk- oder Werklieferungsverträgen, aus Dienst- oder Arbeitsverträgen. Derartige Sachleistungsansprüche sind mit dem gemeinen Wert anzusetzen, vgl. R B 9.1 ErbStR.

2026   Geldforderungen sind aber auch **Ansprüche** aus **Lebens-, Kapital- und Rentenversicherungen.** Für ihre Bewertung gilt die Sondervorschrift des § 12 Abs. 4 BewG, falls sie noch nicht fällig sind, ansonsten gelten die §§ 13, 14 BewG. Ein bereits fälliger Anspruch auf Auszahlung einer Summe aus einer Kapitallebensversicherung wird hingegen grds. mit dem Nennwert der Auszahlungsforderung bewertet (§ 12 Abs. 1 BewG).

6.2 Anwendungsbereich des § 12 BewG

2027   Nur solche Geldforderungen, die nicht in § 11 BewG bezeichnet sind, fallen unter § 12 BewG (vgl. § 12 Abs. 1 BewG). Soweit also Geldforderungen durch Wertpapiere verbrieft sind, richtet sich ihre Bewertung in erster Linie nach § 11 BewG, nach § 12 nur dann, wenn es sich um Forderungspapiere handelt, die keinen Kurswert haben (z. B. Wechsel und Schecks). Auch für Schuldbuchforderungen gilt in erster Linie der Kurswert (§ 11 Abs. 1 BewG).

2028   Für die Bewertung von Kapitalforderungen, die in Ansprüchen auf **wiederkehrende Nutzungen** und Leistungen bestehen, gelten die §§ 13 bis 15 BewG als Spezialvorschriften vorrangig gegenüber § 12 BewG.

2029   § 12 BewG gilt für Geldforderungen und -schulden, die **nicht Betriebsvermögen** sind, nicht dagegen für solche, die zum Betriebsvermögen gehören. Insoweit gelten für Geldforderungen und -schulden die besonderen Vorschriften über die Bewertung von Betriebsvermögen (vgl. § 109 i. V. m. § 11 Abs. 2 BewG).

6.3 Der Nennwert als Bewertungsgrundsatz

Kapitalforderungen sind nicht, wie z. B. Waren oder Wertpapiere, zur Veräußerung (Abtretung), sondern zur Verwertung durch Einzug bestimmt. Für ihre Bewertung ist daher grundsätzlich der Betrag maßgebend, der bei Geltendmachung der Forderung nach den Verhältnissen am Bewertungsstichtag vom Schuldner voraussichtlich gezahlt werden wird **(Nennwert)**. Bei Tilgungsdarlehen ist dabei jeweils der Nennwert des am Besteuerungsstichtag noch nicht getilgten Restdarlehens anzusetzen.

2030

Der Nennwert ist dann **nicht maßgebend**, wenn besondere Umstände einen höheren oder geringeren Wert begründen (§ 12 Abs. 1 BewG). Mit dem Ansatz des Nennwerts werden bewertungsrechtlich auch die künftigen Früchte der Forderungen (Erträge, Zinsen) miterfasst (ebenso wie mit dem Wertansatz für ein Grundstück auch die Grundstücksnutzungen erfasst werden).

2031

Ein **Damnum** (Agio, Disagio) ist im Betriebsvermögen abzugrenzen. Es stellt beim Gläubiger einen Schuldposten (Pass. RAP), beim Schuldner einen Besitzposten (Akt. RAP) dar, der in die Vermögensaufstellung zu übernehmen ist. Im Privatvermögen wird das Darlehen zum Nennwert abgezogen, das Damnum ist dabei miteinzubeziehen. Forderungen (und Schulden), die auf eine **ausländische Währung** lauten, sind auf EURO umzurechnen (R B 12.1 Abs. 5 ErbStR). Hierbei sind die **Umrechnungskurse (Briefkurs)** vom jeweiligen Stichtag maßgebend (H B 12.1 (Maßgebender Umrechnungskurs) ErbStH).

2032

2033–2040
frei

6.4 Bewertung über dem Nennwert

6.4.1 Voraussetzungen

Eine über den Nennwert hinausgehende Bewertung ist nach § 12 Abs. 1 BewG dann erforderlich, wenn besondere Umstände einen höheren Wert begründen. Eine solche Bewertung über dem Nennwert setzt voraus:

2041

a) die Forderung muss hoch verzinslich sein, d. h. der Zinssatz muss **über 9 %** liegen (R B 12.1 Abs. 2 Satz 3 ErbStR),

b) die Forderung muss noch für längere Zeit unkündbar sein, d. h. noch eine **Restlaufzeit von mindestens vier Jahren** haben (R B 12.1 Abs. 2 Satz 3 ErbStR),

c) dem Vorteil der hohen Verzinsung dürfen keine wirtschaftlichen Nachteile anderer Art gegenüberstehen (R B 12.1 Abs. 2 Satz 3 i. V. m. Satz 2 ErbStR).

Der gemeine Wert einer hochverzinslichen Forderung liegt i. d. R. über dem Nennwert, da ein potentieller Erwerber bereit wäre, einen Preis über dem Nennwert zu bezahlen. Dies zeigt auch ein Vergleich mit hochverzinslichen, an der Börse gehandelten festverzinslichen Wertpapieren, deren Kurswert aus diesem Grunde i. d. R. über dem Nennwert liegt. Bei dem in R B 12.1 Abs. 2 Satz 3 ErbStR genannten Zinssatz von 9 % handelt es sich um einen pauschalen Wert, der – losgelöst vom tatsächlichen Marktzins – bei Überschreiten die Annahme der Hochverzinslichkeit rechtfertigt. Ein Zinssatz von bis zu 9 % (z. B. 8 %) für eine Forderung mag – gemessen am allgemeinen Marktzins – zwar als hohe Verzinsung angesehen werden, rechtfertigt jedoch nicht eine Bewertung über dem Nennwert (§ 12 Abs. 1 BewG).

BEISPIEL ───

Eine Forderung im Nennwert von 50 000 € ist mit 13 % zu verzinsen und laut Vertrag vonseiten des Schuldners in frühestens acht Jahren ab dem Besteuerungszeitpunkt kündbar.

LÖSUNG Nach der vom BFH und der Finanzverwaltung vertretenen Ansicht kommt eine Bewertung über dem Nennwert in Betracht. Die Verzinsung liegt über 9 % und ist daher hoch im Sinne des Gesetzes. Daher ist eine Bewertung über dem Nennwert notwendig (vgl. Erl. vom 10.10.2010 Tz. 3.2.1 Beispiel 2):

Nennwert: 50 000 €.

Übersteigender Zinsgewinn: Jährlich 4 % von 50 000 € = 2 000 €. Kapitalisierter Zinsgewinn: 2 000 € × 6,509 = 13 018 €. Der Kapitalisierungsfaktor entspricht dem Vervielfältiger für 8 Jahre (Anlage 9a zum BewG bzw. Tabelle 2 des gleich lautenden Ländererlasses vom 10.10.2010 BStBl I 2010, 810, abgedruckt in Beck-Erlasse § 12/1 BewG). Der Wert der Forderung beträgt also 63 018 € (= 50 000 € zzgl. 13 018 €).

───

6.4.2 Einlage eines stillen Gesellschafters

2042 Als ein Sonderfall der Bewertung einer Forderung abweichend vom Nennwert wird allgemein die Einlage eines stillen Gesellschafters angesehen (vgl. R B 12.4 ErbStR). Damit ist allerdings nur der typische stille Gesellschafter gemeint, und zudem nur der, der seinen Anteil im Privatvermögen hält.

2043 Typische stille Gesellschaft und atypische stille Gesellschaft unterscheiden sich dadurch, dass der **typische stille Gesellschafter** dem Unternehmen Geld (oder geldwerte Wirtschaftsgüter) überlässt, aber dafür nur am Gewinn bzw. am Gewinn und Verlust der laufenden Erträge beteiligt wird. An den stillen Reserven aus der Veräußerung von Anlagevermögen ist er nicht beteiligt, ebenso wenig an einer Verteilung des Liquidationserlöses. Er ist trotz seiner Gewinnbeteiligung **nicht Mitunternehmer**, sondern nur Kapitalgeber des Unternehmens und erzielt hieraus Kapitaleinkünfte i. S. v. § 20 EStG. Das Unternehmen weist seinen Anteil als Verbindlichkeit aus (vgl. R B 103.2 Abs. 4 ErbStR).

2044 Der **atypische stille Gesellschafter** ist dem gegenüber insoweit atypisch, als er entweder an den stillen Reserven des Unternehmens beteiligt ist (sein Gewinnanspruch erstreckt sich also auch auf Erträge aus der Veräußerung von Anlagevermögen; für den Fall der Liquidation ist er am Liquidationsgewinn beteiligt), was ihn aufgrund der Risikotragung zum Mitunternehmer macht, oder er hat ansonsten eine gegenüber der typischen Ausgestaltung der §§ 230 ff. HGB weiterreichende Rechtsposition, die ihn zum Unternehmer machen würde (bloße Geschäftsführertätigkeit würde dazu jedoch nicht genügen). Der atypische stille Gesellschafter ist **Mitunternehmer**. Die atypische stille Gesellschaft ist eine Personengesellschaft im Sinne des § 97 Abs. 1 Nr. 5 BewG, die einen eigenen Wert erhält; dieser wird nach § 97 Abs. 1a BewG auf den atypischen stillen Gesellschafter und die übrigen Gesellschafter der stillen Gesellschaft aufgeteilt. Der Anteil des atypisch stillen Gesellschafters am gemeinen Wert stellt immer Betriebsvermögen dar.

2045 Hält der **typische stille Gesellschafter** seinen Anteil in einem eigenen Betrieb als **Betriebsvermögen**, so weist er diesen Anteil als Forderung aus. Der Wert der stillen Beteiligung wird im Rahmen der Bewertung des Betriebsvermögens des typisch stillen Gesellschafters nach den hierfür geltenden besonderen Bewertungsvorschriften berücksichtigt (vgl. § 109 i. V. m. § 11 Abs. 2 i. V. m. §§ 199 bis 203 BewG). R B 12.4 ErbStR findet hierbei keine Anwendung.

2046 Hält der typische stille Gesellschafter den Anteil im **Privatvermögen**, so ist zunächst zu beachten, dass es sich um eine Kapitalforderung handelt. Zu bewerten ist dieser Anteil nach R B 12.4 ErbStR. Hierbei ist auf die mangelnde Konsequenz der Verwaltungsmeinung hinzuweisen, wonach die Einlage des stillen Gesellschafters zwar wie eine Kapitalforderung zu behandeln, aber wie ein Zwitter zwischen Forderung und Anteil zu bewerten ist. Konsequent wäre es, auch in den Fällen der stillen Beteiligung ausschließlich nach der Zinsdifferenzmethode zu verfahren, nach der die Verwaltung in allen Fällen niedriger oder hoher Verzinsung vorgeht (vgl. Erlass vom 10. 10. 2010 BStBl I 2010, 810).

BEISPIEL

Vgl. Beispiel H B 12.4 ErbStH. Konsequenterweise müsste die **Lösung** folgendermaßen aussehen:

LÖSUNG

Nominalwert der Einlage	40 000 €
durchschnittlich zu erwartender Jahresertrag	7 000 €
abgestellt auf die Einlage	17,5 %

Der Zinsgewinn beträgt 17,5 % ./. 9 % = 8,5 % von 40 000 € = 3 400 €. Der Kapitalwert bei einer unterstellten Laufzeit von 5 Jahren beträgt 3 400 × 4,388 = 14 919 €, der Gegenwartswert also 54 919 €. Die Verwaltung kommt mit einer Zwittermethode in H B 12.4 ErbStH auf 57 000 €.

Die Verwaltung behandelt den stillen Gesellschafter zwar wie einen Inhaber einer Forderung, bewertet die Beteiligung aber in Anlehnung an das bis 2008 geltende Stuttgarter Verfahren nach der **Formel**: Wert der Beteiligung = (V + 5 E), wobei E die Differenz zwischen tatsächlicher Verzinsung und dem obersten Normalzinssatz von 9 % ist. Dabei ist der Vermögenswert V nach der Definition der typischen stillen Gesellschaft, bei der der Stille ja gerade nicht an den stillen Reserven des Unternehmens beteiligt ist, immer 100 %. Der Ertragswert E entspricht der Überverzinsung. **2047**

BEISPIELE

a) Der stille Gesellschafter, der sich mit 100 000 € an einem Unternehmen beteiligt hat, erhält bei Kündigung immer nur 100 000 € (plus eventueller rückständiger Gewinnanteile) zurück, da er an den stillen Reserven des Unternehmens nicht beteiligt ist.

b) G ist mit einer Einlage von 50 000 € (im Privatvermögen) bei S als stiller Gesellschafter beteiligt. Der hierüber abgeschlossene Vertrag läuft vom Besteuerungszeitpunkt an noch genau sieben Jahre lang und ist unkündbar. G ist dafür mit 30 % am jährlichen Gewinn beteiligt. An etwaigen Verlusten und am Vermögen des Betriebs des S ist G nicht beteiligt. S erwirtschaftete in den letzten Jahren folgende Gewinne:
01 = 60 000 €
02 = 40 000 €
03 = 35 000 €
04 = 45 000 €
Zu bewerten ist die Einlage des G auf den 04. 01. 05. Der Gewinnanteil, der auf 04 entfällt, ist am 04. 01. 05 noch nicht ausbezahlt.

LÖSUNG

Nennwert der Einlage	=	50 000 €
durchschnittlicher Jahresertrag der letzten drei Jahre	=	40 000 €
davon 30 %, die auf G entfallen würden	=	12 000 €

das ist eine Effektivverzinsung von 24 %, bezogen auf die Einlage von 50 000 €, nämlich

$$\frac{12\,000\,€ \times 100}{50\,000\,€} = 24\,\%$$

Gemeiner Wert = 100 + 5 × (24 ./. 9) = 175 %
angewandt auf die Einlage = 175 % × 50 000 € = 87 500 €.
Die Einlage des G ist mit 87 500 € zu bewerten.

Zu **beachten** ist, dass G am Bewertungsstichtag den Gewinnanteil 04 nicht ausbezahlt bekommen hat. Da G am 04. 01. 05 bereits einen festen Gewinnanspruch in Höhe von 30 % hat, ist dieser zusätzlich zum Wert der Einlage zu erfassen. Im vorliegenden Fall beträgt er 13 500 € (= 45 000 € × 30 %). Bei S wird der Wert des Gewerbebetriebs nach den allgemeinen Bewertungsgrundsätzen für die Bewertung von Betriebsvermögen ermittelt (§ 109 Abs. 1 i. V. m. § 11 Abs. 2 i. V. m. §§ 199–203 BewG). Die (typisch stille) Einlage des G führt hierbei zu einem geringeren Gewinn des S und demzufolge zu einem geringeren Ertragswert für den Gewerbebetrieb des S.

LÖSUNG nach der Zinsdifferenzmethode:

Nominalwert der Einlage	50 000 €
durchschnittlich zu erwartender Jahresertrag	40 000 €
davon 30 % Anteil G	12 000 €
Effektivverzinsung	24 %
Mehrzins (24 % ./. 9 % =)	15 %

Kapitalwert bei Restlaufzeit 7 Jahre

15 % von 50 000 € = 7 500 € × 5,839 = 43 792 €.

Der Gegenwartswert der Forderung betrüge 93 792 €.

2048   Das Beispiel zeigt, dass der Wert um so höher ist, je länger der unkündbare Zeitraum noch dauert. Dem ließe sich entgehen, indem man wie in H B 12.4 ErbStH nur auf die nächsten fünf Jahre kapitalisieren würde (d. h. immer den Vervielfältiger 4,388 anwenden würde).

2049   Es sei jedoch ausdrücklich darauf hingewiesen, dass der ganze Streit um den richtigen Ansatz sich nur ergibt, wenn die Kündigung langfristig, d. h. bei der stillen Gesellschaft auf mindestens fünf Jahre, ausgeschlossen ist. Bei kürzerer unkündbarer Restlaufzeit ist die Forderung des stillen Gesellschafters ebenso mit dem Nennwert zu bewerten wie bei jederzeitiger Kündbarkeit.

2050   **Partiarische Darlehen,** d. h. Darlehen, die nicht mit einem festen Zinssatz, sondern einem gewinnabhängigen Satz verzinst werden, sind nach den Grundsätzen der typischen stillen Gesellschaft zu bewerten.

2051–2060 frei

6.5   Bewertung unter dem Nennwert

2061   Eine Bewertung unter dem Nennwert ist geboten, wenn besondere Umstände einen geringeren Wert begründen (§ 12 Abs. 1 BewG). Solche Umstände können verschiedener Art sein.

6.5.1   Uneinbringliche Forderungen

2062   Der krasseste Fall des Vorliegens wertmindernder Umstände ist die Uneinbringlichkeit der Forderung. Kapitalforderungen, die uneinbringlich sind, bleiben gemäß § 12 Abs. 2 BewG außer Ansatz. Das bedeutet, dass diese mit 0 € zu bewerten sind.

2063   Fälle dieser Art liegen z. B. vor, wenn die **Zwangsvollstreckung** gegen den Schuldner fruchtlos verlaufen, wenn das **Insolvenzverfahren** über das Vermögen des Schuldners mangels Masse eingestellt worden ist, wenn der Schuldner eine eidesstattliche Versicherung nach § 807 ZPO (früherer Offenbarungseid) geleistet hat, wenn die Forderung verjährt ist und vonseiten des Schuldners mit der Erhebung der Einrede der Verjährung zu rechnen oder diese bereits erhoben ist.

6.5.2 Unsichere (zweifelhafte) Forderungen

Eine Forderung ist unsicher, wenn infolge der wirtschaftlichen Verhältnisse des Schuld- **2064** ners zweifelhaft geworden ist, ob sie in voller Höhe beigetrieben werden kann (Tz. 1.2 des Erlasses vom 10. 10. 2010). Die Beurteilung hängt von den tatsächlichen Verhältnissen am Bewertungsstichtag ab. Doch sind dabei auch alle wertaufhellenden Umstände zu berücksichtigen, die erst nach dem Stichtag bekannt geworden sind (vgl. BFH vom 27. 04. 1965 BStBl III 1965, 409 und vom 04. 04. 1973 BStBl II 1973, 485). Unsichere Forderungen sind mit ihrem **wahrscheinlichen Wert** anzusetzen. Wahrscheinlicher Wert ist der Betrag, der nach den voraussehbaren Umständen vom Schuldner mutmaßlich zu erhalten sein wird, im Insolvenzfalle z. B. die voraussichtliche Insolvenzquote. Maßgeblich sind die Wertverhältnisse zum Bewertungsstichtag (§ 11 i. V. m. § 9 ErbStG). Ein späterer Ausfall der Forderung aufgrund nachträglicher geänderter Verhältnisse wirkt nicht auf die Wertverhältnisse zum Bewertungsstichtag zurück.

Eine **Unsicherheit** der Forderung liegt z. B. vor, wenn der Schuldner die Forderung dem **2065** Grund oder der Höhe nach bestreitet, wenn ein Prozess über das Bestehen oder die Höhe der Forderung anhängig ist, wenn ein Vergleichs- oder Insolvenzverfahren über das Vermögen des Schuldners schwebt, wenn sich der Schuldner in Zahlungsschwierigkeiten befindet und auch eine etwa vorhandene dingliche Sicherheit (z. B. Hypothek) nicht ausreicht (vgl. RFH vom 02. 10. 1933 RStBl 1933, 217).

Dagegen ist der Wert einer **langfristigen sicheren** Forderung mit sicherem Zinseingang in **2066** der Regel nicht dadurch unter den Nennwert gedrückt, dass ihre alsbaldige Beitreibung infolge der allgemeinen Wirtschafts- oder Kapitalmarktlage oder durch staatliche Fürsorgemaßnahmen erschwert ist (RFH vom 28. 04. 1938 RStBl 1938, 602).

Eine Forderung, deren **dingliche Sicherheit** zur Befriedigung des Gläubigers ausreicht, ist **2067** in der Regel selbst dann voll anzusetzen, wenn der Schuldner bei Fälligkeit der Forderung voraussichtlich Schwierigkeiten in der Beschaffung der erforderlichen Barmittel haben wird (RFH vom 16. 02. 1933 RStBl 1933, 217). Soweit die dingliche Sicherheit nicht mehr gegeben ist, ist für die Bewertung der Forderung die persönliche Haftung des Schuldners zu berücksichtigen.

Ist es nach den Verhältnissen am Stichtag völlig ungewiss, ob oder in welcher Höhe eine **2068** Forderung besteht, so ist es verfahrensrechtlich zweckmäßig, den Bescheid gemäß § 165 AO für vorläufig zu erklären.

6.5.3 Unverzinsliche Forderungen

Für das Vorliegen einer unverzinslichen Forderung sind gem. § 12 Abs. 3 BewG folgende **2069** **Voraussetzungen** maßgebend:
- Die Forderung muss unverzinslich sein.
- Sie muss zu einem bestimmten Zeitpunkt fällig sein.
- Ihre Restlaufzeit muss vom Bewertungsstichtag aus gesehen noch länger als ein Jahr sein.
- Der wirtschaftliche Nachteil der Unverzinslichkeit der Forderung darf nicht durch wirtschaftliche Vorteile anderer Art ausgeglichen sein (R B 12.1 Abs. 2 Satz 2 ErbStR).

Unverzinsliche Forderungen, die die obigen Voraussetzungen erfüllen, sind mit ihrem abgezins- **2070** ten Gegenwartswert zu **bewerten**. Dies ist der Betrag, der unter Ansatz von Zins und Zinseszins und bei einem Zinssatz von 5,5 % am Fälligkeitstag den Nennwert ergibt. Zur Erleichterung der Berechnung des Gegenwartswerts dienen die Tabellen der Anlage zu dem gleich lautenden Ländererlass vom 10. 10. 2010 BStBl I 2010, 810, abgedruckt in Beck-Erlasse § 12/1 BewG.

Die **Tabelle 1** dient der Berechnung des Gegenwartswerts einer **Fälligkeitsforderung**, die **2071** im vollen Nennbetrag nach Ablauf des Fälligkeitszeitraumes (= nachschüssig) zu bezahlen ist.

Die **Tabelle 2** dient der Berechnung des Gegenwartswerts einer **Tilgungsforderung,** die in gleichmäßig auf die Laufzeit verteilten, jährlich fälligen Tilgungsraten zu bezahlen ist. Die Vervielfältiger der Tabellen 1 und 2 beziehen sich auf je 1 € Nennwert bzw. Jahrestilgungsbetrag. Die **Tabelle 2** (entspricht Anlage 9a zu § 13 Abs. 1 BewG) dient auch für die Kapitalisierung einer jährlich fälligen **wiederkehrenden Leistung.** Die Vervielfältiger beziehen sich auf je 1 € Nennwert bzw. Jahresleistung.

2072　　Die Tabellen 3 bis 5 dienen zur Berechnung hoch- und niedrigverzinslicher Forderungen und Schulden mit Ratentilgung und mit Annuitätentilgung. Die Vervielfältiger des BMF-Schreibens vom 28. 11. 2017 (unverändert gegenüber dem Vorjahr) beziehen sich im Gegensatz zu allen Vervielfältigern der oben genannten Tabellen nicht auf zeitlich festgelegte Zahlungszeiträume, sondern auf **wiederkehrende Leistungen,** die vom Lebensalter einer Person abhängen (z. B. Leibrenten). Sie bauen auf den jährlich aktualisierten Sterbetafeln auf und gelten für Bewertungsstichtag ab dem folgenden 01. 01. (hier: 01.01.2017 für Bewertungsstichtage in 2016 galten die Vervielfältiger lt. Schreiben des BMF vom 02. 12. 2015 BStBl I 2015, 954); siehe hierzu 7.

2073　　Bei allen Tabellen wird unabhängig vom tatsächlichen Tilgungszeitpunkt stets eine mittelschüssige Tilgung unterstellt, da das Gesetz eine solche Zahlungsweise fingiert (§ 12 Abs. 1 Satz 2, § 13 Abs. 3 Satz 2, § 14 Abs. 4 Satz 2 BewG).

Die Laufzeit von Kapitalforderungen oder Kapitalschulden, die in einem Betrag getilgt werden (Fälligkeitsforderungen bzw. -schulden) werden taggenau berechnet. Dies gilt sowohl für unverzinsliche wie auch für niedrig oder hoch verzinsliche Kapitalforderungen bzw. -schulden. Dabei wird nach Ansicht der Finanzverwaltung das Kalenderjahr mit 360 Tagen, jeder volle Monat mit 30 Tagen, der Monat, in dem der Fälligkeitstag liegt, mit der Anzahl der tatsächlichen Tage bis zur Fälligkeit, höchstens jedoch mit 30 Tagen gerechnet. Anders als im Wirtschaftsleben sonst üblich, rechnet die Finanzverwaltung den 1. Tag des Laufzeitbeginns bereits als vollen Tag in die Laufzeitberechnung mit ein (vgl. Tz. 2.1.1 des gleichlautenden Ländererlasses vom 10. 10. 2010 BStBl I 2010, 810 mit zahlreichen Beispielsfällen).

BEISPIELE ━━━

Nachfolgende Forderungen sind jeweils auf den Besteuerungszeitpunkt 01.01.2019 (Tag der Ausführung der Schenkung) zu bewerten:
a) Kapitalforderungen von 10 000 €, unverzinslich, fällig am 31.12.2019.
LÖSUNG Bewertung nach § 12 Abs. 1 BewG mit dem Nennwert = 10 000 €, da die Restlaufzeit nicht mehr als ein Jahr beträgt.

b) Kapitalforderung von 10 000 €, unverzinslich, fällig am 31.12.2025.
LÖSUNG Fälligkeitsdarlehen:
Restlaufzeit am 01.01.2019 noch sieben Jahre § 12 Abs. 3 BewG, Tabelle 1:
10 000 € × 0,687 = 6 870 € Gegenwartswert

c) Kapitalforderung von 10 000 €, unverzinslich, fällig am 31.03.2025.
LÖSUNG Tilgung im Laufe des Jahres: Restlaufzeit am 01.01.2019 noch sechs Jahre drei Monate, zur taggenauen Berechnung vgl. Tz. 2.1.1 des Erlasses vom 10.10.2010, § 12 Abs. 3 BewG, Tabelle 1 (interpolieren, kaufmännisch gerundet auf 3 Nachkommastellen):

Gegenwartswert 6 Jahre	=	0,725
Gegenwartswert 7 Jahre	=	0,687
Differenz	=	0,038
3/12 (kaufmännisch gerundet)	=	0,010
Gegenwartswert für 6¼ Jahre	=	0,725
	./.	0,010
		0,715

10 000 € × 0,715 = 7 150 €

d) Kapitalforderung von 10 000 €, unverzinslich, zurückzuzahlen in fünf gleichen Jahresbeträgen zu 2 000 € jeweils am Ende des Kalenderjahres.
LÖSUNG Tilgungsdarlehen, Tilgung am Jahresende, Restlaufzeit fünf Jahresraten
§ 12 Abs. 3 BewG: Tabelle 2: 2 000 € × 4,388 = 8 776 € Gegenwartswert

e) Kapitalforderung von 10 000 €, unverzinslich, zurückzuzahlen in fünf gleichen Jahresbeträgen zu 2 000 € jeweils am Anfang des Kalenderjahres.
LÖSUNG Da das Gesetz eine mittelschüssige Zahlungsweise fingiert, ist die Lösung dieselbe wie in Beispiel d).

f) Kapitalforderung von 10 000 €, unverzinslich, zurückzuzahlen in fünf gleichen Jahresbeträgen zu 2 000 € jeweils am Ende des Kalenderjahres, beginnend am 31. 12. 2025.
LÖSUNG Tilgungsfreie Zeit (01. 01. 2019–31. 12. 2024) = sechs Jahre (2025 ist bereits Tilgungsjahr), Tilgungsraten = fünf Jahre
§ 12 Abs. 3 BewG:
– Zunächst Abzinsung nach Tabelle 2 für die Ratenzahlungszeit: 2 000 € × 4,388 = 8 776 €
– Danach weitere Abzinsung nach Tabelle 1 für die Aufschubzeit (6 Jahre): 8 776 € × 0,725 = 6 362,60 € Gegenwartswert
oder Tabelle 2:

Vv. 11 Jahre:	8,315
./. Vv. 6 Jahre:	5,133
	3,182
3,182 × 2 000 € =	6 364 €

g) Kapitalforderung von 15 000 €, unverzinslich, wie folgt zurückzuzahlen: in den ersten fünf Jahren jährlich 2 000 €, in den nächsten fünf Jahren jährlich 1 000 €, jeweils am Ende des Kalenderjahres, beginnend am 31. 12. 2019.
LÖSUNG Nur zeitweise gleiche Tilgungsraten, deshalb zweckmäßige Aufspaltung in zwei Tilgungsdarlehen:
– 5 Jahre je 1 000 € = 5 000 €
– 10 Jahre je 1 000 € = 10 000 €
§ 12 Abs. 3 BewG, Tabelle 2:

– Entweder	1 000 € × 4,388	=	4 388 €
	+ 1 000 € × 7,745	=	7 745 €
			12 133 €
– oder	2 000 € × 4,388	=	8 776 €
	+ 1 000 € × (7,745 ./. 4,388)	=	3 357 €
			12 133 €

h) Kapitalforderung von 10 000 €, unverzinslich, zurückzuzahlen in Monatsbeträgen von 100 € jeweils am Monatsende, beginnend am 31. 01. 2019.
LÖSUNG Unterjährige Tilgung, Laufzeit acht Jahre und vier Monatsraten
§ 12 Abs. 3 BewG, Tabelle 2 (Interpolieren):

Gegenwartswert für 8 Jahre *(bezogen auf Tilgungsbetrag 1 € p. a.)*	=	6,509
Gegenwartswert für 9 Jahre	=	7,143
Differenz	=	0,634
davon 4/12	=	0,211
Gegenwartswert für acht Jahre vier Monate:		6,509
	+	0,211
		6,720

1 200 € (Jahrestilgungsbetrag) × 6,720 = 8 064 € Gegenwartswert

i) Kapitalforderung von 10 000 €, unverzinslich, zurückzuzahlen beim Ableben des Gläubigers Adam Müller, geboren am 01.01.1958, an dessen Erben.

LÖSUNG Fälligkeitsdarlehen abgestellt auf den Tod einer Person, Laufzeit abhängig von der Lebenserwartung. Der Gläubiger ist am 01.01.2018 60 Jahre alt. Seine Lebenserwartung beträgt nach der Sterbetafel 2013/2015, die für den Besteuerungszeitpunkt 01.01.2018 weiterhin Anwendung findet, 21,52 Jahre (vgl. BMF-Schreiben vom 28.11.2017 und vom 04.11.2016).

§ 12 Abs. 3 BewG, Tabelle 1 (interpolieren):

Vv. 21 Jahre:	= 0,325
./. Vv. 22 Jahre:	= 0,308
Differenz:	= 0,017
davon 0,52/1	= 0,009
Vv. für 21,52 Jahre: 0,325 ./. 0,009	= 0,316

10 000 € × 0,316 = 3 160 € Gegenwartswert

Besonderheit für Steuererstattungsansprüche

2074 Eine Besonderheit gilt für Steuererstattungsansprüche, die Jahre später aufgrund einer Außenprüfung entstehen. Der Erstattungsanspruch war dem Steuerpflichtigen zum früheren Zeitpunkt noch nicht bekannt, gleichwohl handelt es sich um einen Vermögenswert, der zu erfassen ist (vgl. BFH vom 10.05.1972 BStBl II 1972, 691 und vom 25.05.1973 BStBl II 1973, 623 sowie R B 12.1 Abs. 4 ErbStR).

2075–2090 frei

6.5.4 Niedrig verzinsliche Forderungen

2091 Für das Vorliegen einer niedrig verzinslichen Forderung sind gem. R B 12.1 Abs. 2 Sätze 1 und 2 ErbStR folgende **Voraussetzungen** maßgebend.
- Die Forderung muss niedrig verzinslich sein, d. h. der Zinssatz muss unter 3 % liegen.
- Die Forderung muss noch für längere Zeit unkündbar sein, d. h. noch eine Restlaufzeit von mindestens vier Jahren haben.
- Dem Nachteil der niedrigen Verzinsung dürfen keine wirtschaftlichen Vorteile anderer Art gegenüberstehen.

2092 Für die **Bewertung** wird wie folgt vorgegangen: Zu berechnen ist zunächst der jährliche Zinsverlust, d. h. die Differenz zwischen dem Zinsbetrag, der sich aus der Untergrenze der Normalverzinsung von 3 % ergäbe und dem tatsächlichen Zinsbetrag. Da die Zinsen jeweils abhängig sind von der Hauptforderung, wird der Zinsverlust bei Fälligkeitsforderungen jährlich gleich bleibend, bei Tilgungsforderungen dagegen jährlich fallend sein. Dieser Zinsverlust ist auf den Gegenwartswert zu berechnen und vom Nennwert abzuziehen (Tz. 1.2.2 des Erlasses vom 10.10.2010 und BFH vom 17.10.1980 BStBl II 1981, 247).

BEISPIELE

a) Kapitalforderung von 10 000 €, jährliche Verzinsung 2 %, zurückzuzahlen am 31.12.2022, zu bewerten auf den Besteuerungszeitpunkt 01.01.2019.

LÖSUNG Jährlicher Zinsverlust: 3 % ./. 2 % = 1 %, Zinsverlust vier Jahre lang jährlich 100 €.
Kapitalisierter Zinsverlust nach Tabelle 2: 100 € × 3,602 = 360,20 €
Nennwert ./. abgezinster Zinsverlust = 10 000 € ./. 360,20 = 9 639,80 €
Das Verfahren bei Tilgungsdarlehen ist mit Hilfe der Tabelle 3 zu lösen (s. Beispiel b).

b) Kapitalforderung von 10 000 €, jährliche Verzinsung 2 %, gleichmäßig in jährlichen Raten zu je 2 500 € zu tilgen bis einschließlich 31.12.2022, Besteuerungszeitpunkt 01.01.2019.

LÖSUNG Zinsverlust 1 % von 10 000 € = 100 €, zu kapitalisieren nach Tabelle 3 auf vier Jahre ×
1,824 = 182,40 € Kapitalwert Zinsdifferenz.
Gegenwartswert 10 000 € ./. 182,40 € = 9 817,60 €.

Nach der oben dargestellten Auffassung der Finanzverwaltung zu hochverzinslichen (>
9 %) bzw. niedrigverzinslichen (< 3 %) Kapitalforderungen bzw. -schulden rechtfertigt demnach der vereinbarte Zinssatz dann keine vom Nennwert abweichende Bewertung, wenn der
Zinssatz zwischen 3 % und 9 % liegt.

6.5.5 Andere wertmindernde Umstände

Als Umstände, die den Wert einer Kapitalforderung unter den Nennwert drücken können,   **2093**
kommen nach der Rechtsprechung des RFH und des BFH zum Beispiel noch in Betracht: Bei
Brandentschädigungsforderungen die Verpflichtung des Versicherungsnehmers, die Versicherungssumme voll zur Wiederherstellung der abgebrannten Gebäude zu verwenden (RFH vom
16. und 19. 02. 1942 RStBl 1942, 461).

Dagegen liegt eine **Wertminderung nicht** vor: **2094**
- wenn Lohn- und Gehalts-, Zins-, Dividenden- und Tantiemeforderungen der Steuerabzugspflicht unterworfen sind, weil Lohnsteuer ebenso wie Kapitalertragsteuer im Ergebnis Vorauszahlungen auf die Einkommensteuer und somit der Forderung nicht derart immanent
sind, dass sie den Wert der Forderung beeinflussen (vgl. BFH vom 15. 12. 1967 BStBl II 1968,
338 u. 340; Tz. 1.2 des gleich lautenden Ländererlasses vom 10. 10. 2010 BStBl I 2010, 810);
- bei Unzulässigkeit oder Erschwerung der Abtretung einer Forderung (RFH vom 19. 04. 1934
RStBl 1934, 647, vgl. § 9 Abs. 2 und 3 BewG, persönliche Verfügungsbeschränkung);
- wenn für eine sichere und landesüblich verzinsliche Forderung, die durch eine für längere
Zeit unkündbare Hypothek gesichert ist, im Falle ihrer Abtretung z. Z. nicht der volle
Nennwert erzielt werden kann (RFH vom 10. 01. 1935 RStBl 1935, 323);
- bei Belastung der Forderung mit einem Pfandrecht, also einer Verfügungsbeschränkung, die
nach § 9 Abs. 3 BewG nicht berücksichtigt wird (RFH vom 16. 12. 1937 RStBl 1938, 404);
- bei einer Forderung gegen eine OHG, solange noch ein zahlungsfähiger Gesellschafter
vorhanden ist, der für die Schulden der Gesellschaft persönlich in Anspruch genommen
werden kann (vgl. RFH vom 16. 12. 1937 RStBl 1938, 378);
- bei Schwierigkeiten in der Beurteilung einer Rechtsfrage. Für die Bewertung kommt es auf
die objektive Rechtslage am Stichtag an (BFH vom 01. 09. 1961 BStBl III, 493 sowie R B 12.1
Abs. 3 ErbStR).

Der Umstand, dass über eine Forderung ein Rechtsstreit anhängig ist, schließt ihren Ansatz   **2095**
nicht aus. Vielmehr muss in einem solchen Falle der mutmaßliche Wert der Forderung ermittelt
werden. Es wird dabei unter verständiger Würdigung aller Momente abzuwägen sein, ob und in
welcher Höhe der Gläubiger mit seinem Anspruch durchdringen wird. Gegebenenfalls ist eine
vorläufige Veranlagung gemäß **§ 165 AO** durchzuführen, die nach Klärung der Lage aufzuheben, zu ändern oder für endgültig zu erklären ist (**§ 165 Abs. 2 AO**). Wegen des Falles, dass
wegen einer Schadensersatzforderung am Stichtag ein Zivilprozess anhängig ist, vgl. BFH vom
05. 04. 1968 BStBl II 1968, 768. Zur Bewertung der **Sparbriefe, Finanzierungsschätze und
Bundesschatzbriefe** vgl. R B 12.2 ErbStR.

6.6 Bewertung der Kapitalschulden

6.6.1 Allgemeines

2096   Die in § 12 Absätze 1 und 3 BewG enthaltenen Vorschriften gelten in gleicher Weise wie für die Kapitalforderungen auch für die Schulden. Unter Schulden im Sinne dieser Vorschrift sind – entsprechend den Forderungen – nur **Geldschulden** zu verstehen. Maßgebend ist also in erster Linie der **Nennwert**. Nennwert ist der Betrag, zu dessen Zahlung der Schuldner nach dem Inhalt der Forderung verpflichtet ist. Dieser Betrag ist grundsätzlich auch dann anzusetzen, wenn nach den Verhältnissen am Stichtag bereits anzunehmen ist, dass der Schuldner am Fälligkeitstag nicht in der Lage sein wird, den vollen Nennbetrag der Schuld zu zahlen. Obgleich die Schuld das Korrelat der Forderung ist, so brauchen sich doch Schuld und Forderung bewertungsrechtlich nicht in gleicher Höhe gegenüberzustehen.

> **BEISPIEL**
>
> A hat eine Darlehensforderung gegen B in Höhe von 5 000 €. B befindet sich in Zahlungsschwierigkeiten. Nach den Verhältnissen am Bewertungsstichtag kann A nur mit einer Zahlung von 3 000 € rechnen.
>
> **LÖSUNG** A wird die Forderung mit 3 000 € bewerten. B kann gleichwohl die Schuld mit dem vollen Nennwert von 5 000 € abziehen.

2097   Eine vom Nennwert **abweichende Bewertung** kommt nur in den **Ausnahmefällen** in Betracht, in denen eine Abweichung bei Forderungen anerkannt wird (das sind insbesondere diejenigen Kapitalschulden, die den unverzinslichen Forderungen, vgl. Kapitel 1, 6.5.3, den hochverzinslichen Forderungen, vgl. Kapitel 1, 6.4.1, und den niedrigverzinslichen Forderungen, vgl. Kapitel 1, 6.5.4, entsprechen).

6.6.2 Besonderheiten

2098   Wird der **Vorteil** der Nichtverzinslichkeit oder der niedrigen Verzinslichkeit der Schuld **durch wirtschaftliche Nachteile ausgeglichen,** so ist eine Bewertung der Schuld unter dem Nennwert nicht gerechtfertigt (R B 12.1 Abs. 2 Satz 2 ErbStR). Als solche Nachteile kommen die Mietpreisbindungen bei Wohnungsbaudarlehen der öffentlichen Hand in Betracht. Schulden aus niedrig verzinslichen öffentlichen Wohnungsbaudarlehen sind daher mit dem Nennwert abzuziehen (BFH vom 24. 03. 1981 BStBl II 1981, 487 und vom 09. 07. 1982 BStBl II 1982, 639). Wird dem Schuldner ein Teil der Schuld erlassen, so ist naturgemäß nur der verbleibende Restbetrag anzusetzen.

2099   Besonderheiten gelten, wenn der Schuldner im Falle seiner Inanspruchnahme ein **Rückgriffsrecht** gegen einen Dritten hat. Das kommt bei Gesamtschuldverhältnissen und Bürgschaftsverpflichtungen in Betracht. Ein Gesamtschuldner (§§ 421 ff. BGB) kann zwar, wenn er selbst in Anspruch genommen wird, auch die Schuld abziehen, aber nur in der Höhe, in der sie nicht durch Rückgriffsrechte gegen die übrigen Gesamtschuldner als gedeckt gelten muss. Der Bürge (§§ 765 ff. BGB) kann die Bürgschaftsverpflichtung erst dann ansetzen, wenn er mit der Inanspruchnahme ernstlich rechnen muss, und dann nur in der Höhe, in der sein Rückgriffsrecht gegen den Hauptschuldner (§ 774 BGB) aller Voraussicht nach erfolglos sein wird. Schulden in **ausländischer Währung** sind nach dem Umrechnungskurs vom Stichtag in EURO umzurechnen (R B 12.1 Abs. 5 ErbStR).

2100–2110 frei

6.7 Bewertung von noch nicht fälligen Ansprüchen aus Lebens-, Kapital- oder Rentenversicherungen

6.7.1 Begriffe

Bei Ansprüchen aus Lebens-, Kapital- oder Rentenversicherungen (Gegensatz: Sachversicherungen) müssen unterschieden werden: **2111**
- Versicherungen, bei denen der Versicherungsfall (das den Anspruch auf Auszahlung der Versicherungssumme begründende Ereignis, z. B. Tod, Ablauf einer bestimmten Vertragsdauer) bereits eingetreten ist,
- und Versicherungen, bei denen der Versicherungsfall noch nicht eingetreten ist.

Ansprüche aus den erstgenannten Versicherungen werden, soweit sie auf einen Kapitalbetrag gerichtet sind, nach § 12 Abs. 1 bis 3 BewG, soweit sie auf wiederkehrende Leistungen (z. B. Zahlung einer Rente) gerichtet sind, nach §§ 13 bis 16 BewG bewertet.

Ansprüche aus Versicherungen, bei denen der **Versicherungsfall noch nicht eingetreten**   **2112** ist, gehören zu den »Kapitalforderungen« i. S. d. § 12 BewG und werden gemäß § 12 Abs. 4 BewG als »noch nicht fällige Ansprüche aus Lebens-, Kapital- oder Rentenversicherungen« bewertet. Das ist gerechtfertigt, weil sie – im Gegensatz zu Schadens- und Sachwertversicherungen (z. B. Feuer-, Hagel-, Diebstahlversicherungen) bzw. reinen Risikoversicherungen – regelmäßig schon vor Eintritt des Versicherungsfalls einen realisierbaren Vermögenswert haben.

6.7.2 Bewertungsmaßstäbe

Noch nicht fällige Lebens-, Kapital- und Rentenversicherungen werden mit dem **Rück-**   **2113** **kaufswert** angesetzt. Die früher eingeräumte Möglichkeit stattdessen 2/3 der eingezahlten Prämien anzusetzen, besteht seit 01. 01. 2009 nicht mehr.

Rückkaufswert ist der durch Vorlage einer Bescheinigung des Versicherungsunterneh-   **2114** mens nachgewiesene Wert. Wird vom Versicherungsunternehmen im Falle der vorzeitigen Aufhebung des Versicherungsvertrags nachweislich nichts erstattet, so beträgt der Rückkaufswert 0 €.

»Rückkaufswert« ist der Betrag, den das Versicherungsunternehmen dem Versicherungs-   **2115** nehmer im Fall der vorzeitigen Aufhebung des Vertragsverhältnisses zu erstatten hat. Er entspricht im Wesentlichen dem so genannten Deckungskapital (vgl. § 169 Abs. 3 des Versicherungsvertragsgesetzes), das nach zwingenden versicherungsrechtlichen Vorschriften gebildet werden muss (früher auch »**Prämienreserve**« genannt). Ob und inwieweit **Gewinnanteile** der Versicherungsnehmer anzusetzen sind, kann nach § 12 Abs. 4 Satz 3 BewG in einer Rechtsverordnung geregelt werden. Nachdem die Bewertungsdurchführungsverordnung vom 02. 02. 1935 aufgehoben wurde, in deren § 73 sich eine Regelung über die Behandlung der Gewinnansprüche befand, fehlt derzeit eine gesetzliche Regelung.

6.8 Bewertungsstichtag

Für die Bewertung der Kapitalforderungen und Kapitalschulden kommt es (wie bei ande-   **2116** ren zu bewertenden Wirtschaftsgütern) auf die **Verhältnisse vom Besteuerungszeitpunkt** an. Nach §§ 10–12 sowie § 9 ErbStG ist dies für die Ermittlung des steuerpflichtigen Erwerbs bei der Erbschaft- und Schenkungsteuer der Todestag bzw. der Zeitpunkt der Ausführung der Zuwendung. Die Verhältnisse von diesen Bewertungsstichtagen gelten aber nicht nur für die Wertermittlung, sondern auch für die Frage, ob überhaupt eine Forderung oder Schuld anzusetzen ist (d. h. bereits entstanden ist und noch besteht).

2117–2120
frei

7 Bewertung der wiederkehrenden Nutzungen und Leistungen

7.1 Begriffe

2121   Unter wiederkehrenden Nutzungen i. S. d. §§ 13 ff. BewG sind Bezüge oder Vorteile auf **Grund eines einheitlichen Rechts** zu verstehen. Den wiederkehrenden **Nutzungen des Berechtigten** entsprechen in der Regel die wiederkehrenden **Leistungen des Verpflichteten**. Zu den wiederkehrenden Nutzungen und Leistungen gehören insbesondere **Renten,** d. h. laufende Bezüge in Geld oder Geldeswert, die in bestimmten Zeiträumen wiederkehren und auf die der Empfänger aufgrund eines Stammrechts für eine gewisse Zeitdauer einen Anspruch hat (z. B. Leibrenten i. S. d. §§ 759 f. BGB) oder mit deren fortdauerndem Bezug er mit Sicherheit rechnen kann (vgl. BFH vom 09. 09. 1960 BStBl III 1961, 18, ferner R B 13 ErbStR). Zu den wiederkehrenden Nutzungen und Leistungen gehören auch **Erbbauzinsen, Altenteilleistungen** sowie Leistungen aufgrund eines Nießbrauchrechts, nicht jedoch in Raten zu tilgende Kapitalforderungen. Allerdings ergibt sich zwischen wiederkehrenden Nutzungen und in Raten zu tilgenden Forderungen bei gleicher Höhe der wiederkehrenden Leistung und gleicher Laufzeit wertmäßig kein Unterschied.

2122   Nutzungen, die aus den **eigenen** Wirtschaftsgütern des Nutzungsberechtigten fließen (z. B. Zinsen eines Kapitals, Mieten aus einem Grundstück), sind keine Nutzungen und Leistungen im Sinne der §§ 13–16 BewG. Solche Nutzungen und Leistungen werden steuerlich bei dem Berechtigten nicht gesondert erfasst, sondern sind mit dem Ansatz des Wirtschaftsguts selbst abgegolten, da das Eigentumsrecht das Recht der Nutzungen mit umfasst (RFH vom 19. 03. 1942 RStBl 1942, 542).

2123   Für die Bewertung sind **vier Gruppen** von wiederkehrenden Nutzungen und Leistungen zu unterscheiden:
1. auf bestimmte Zeit (§ 13 Abs. 1 BewG),
2. immerwährende (§ 13 Abs. 2 1. HS BewG),
3. von unbestimmter Dauer (§ 13 Abs. 2 2. HS BewG),
4. auf Lebenszeit einer Person (§ 14 BewG).

2124   Für alle Gruppen von wiederkehrenden Nutzungen und Leistungen gilt als **Bewertungsmaßstab** grundsätzlich der **Kapitalwert,** in bestimmten Fällen (siehe § 13 Abs. 3, § 14 Abs. 4 BewG) der **gemeine Wert.**

2125   Methodisch stellt sich für die Fälle des § 13 Abs. 1 BewG der Kapitalwert als »Gesamtwert (Jahreswert × Anzahl der Jahre abzüglich Zinsen und Zwischenzinsen für die Laufzeit)« dar, während es sich bei den Fällen des § 13 Abs. 2 und § 14 BewG um eine »Multiplikation des Jahreswerts mit einem Vervielfältiger« handelt. Beide **Bewertungsmethoden** führen jedoch im Ergebnis zu einem Kapitalwert. Den zur Ermittlung des Kapitalwerts in den §§ 13 und 14 BewG vorgeschriebenen Vervielfältigern liegt ein Zinssatz von 5,5 % zugrunde. Derselbe Zinssatz ist auch für die Ermittlung des Gegenwartswerts einer unverzinslichen befristeten Kapitalforderung (vgl. § 12 Abs. 3 BewG) maßgebend.

2126   Die Vorschriften der §§ 13 bis 16 BewG sind in gleicher Weise für den **Berechtigten und** den **Verpflichteten** maßgebend. Ob und unter welchen Voraussetzungen wiederkehrende Nutzungen und Leistungen zu einer Steuer heranzuziehen sind, richtet sich nach den Vorschriften der **einzelnen Steuergesetze**, vgl. etwa R 16 Abs. 11 EStR, § 12 Abs. 1 ErbStG, R B 13 ErbStR.

2127–2130 frei

7.2 Ermittlung des Jahreswerts wiederkehrender Nutzungen und Leistungen

7.2.1 Grundsätze

Der Kapitalwert wird durch Multiplikation des Jahreswerts der Nutzungen oder Leistungen mit einem bestimmten Vervielfältiger ermittelt. Welcher Vervielfältiger für den Einzelfall anzuwenden ist, hängt grundsätzlich zunächst davon ab, in welche der vier Gruppen die zu bewertende Nutzung oder Leistung fällt. Die **Ermittlung des Jahreswerts** bereitet keine Schwierigkeiten, wenn die Leistungen in Geld bestehen und wenn die Höhe der Jahresleistungen ziffernmäßig feststeht. Wenn die Nutzungen oder Leistungen in Naturalien bestehen oder wenn die Höhe der Nutzung oder Leistung nicht feststeht oder schwankt, gilt nach § 15 BewG Folgendes:

2131

a) Nutzung einer Geldsumme

Bei Nutzung einer Geldsumme sind, wenn kein anderer Wert feststeht, **5,5 % der Geld-summe** als Jahreswert anzusetzen (§ 15 Abs. 1 BewG). Für die Bewertung des Nutzungsvorteils eines unverzinslichen Darlehens **kann** der **nachgewiesene marktübliche Zinssatz** für derartige Kapitalanlagen angenommen werden, wenn dieser **unter** dem gesetzlich festgelegten Zinssatz von 5,5 % liegt (vgl. § 15 Abs. 1 BewG: »wenn kein anderer Wert feststeht«; Erlass des Landesamtes für Steuern Bayern vom 21.03.2018 im Einvernehmen mit den anderen Bundesländern, DStR 2018, 1127).

2132

> **BEISPIEL**
>
> A hat seinen Vater beerbt mit der Verpflichtung, seiner Schwester bei ihrer Verheiratung aus der Erbschaft 20 000 € zu zahlen. Nach fünf Jahren heiratet die Schwester.
> **LÖSUNG** Nunmehr ist auf Antrag des A gemäß § 6 Abs. 2 BewG die Erbschaftsteuerveranlagung nach dem tatsächlichen Wert des Erwerbs zu berichtigen. Tatsächlich erworben hat A – außer etwaigen anderen Vermögenswerten – lediglich die fünfjährige Nutzung des jetzt an seine Schwester ausgezahlten Geldbetrages. Sofern A keinen anderen Wert nachweist, sind als Jahreswert der Nutzung 5,5 % von 20 000 € (= 1 100 €) anzusetzen. Bei einer 5-jährigen Nutzungszeit errechnet sich ein Kapitalwert für die Nutzung i. H. v. 1 100 € × 4,388 (Vervielfältiger für 5 Jahre lt. Anlage 9a zu § 13 BewG) = 4 826,80 €.

Bei einem **niedrig verzinslichen** Darlehen ist in diesen Fällen der schenkungsteuerlich maßgebende Nutzungsvorteil aus der **Differenz** zwischen dem nachgewiesenen **marktüblichen Kapitalzinssatz** und dem **vereinbarten Zinssatz** zu berechnen. Liegt der vereinbarte Zinssatz **nur unwesentlich** unter dem marktüblichen Zins, ist eine freigebige **Zuwendung nicht** anzunehmen (einvernehmlicher Ländererlass des Landesamtes für Steuern Bayern vom 21.03.2018).

b) Nutzungen oder Leistungen, die nicht in Geld bestehen

Nutzungen oder Leistungen, die nicht in Geld bestehen (Wohnung, Kost, Waren und sonstige Sachbezüge), sind mit den **üblichen Mittelpreisen des Verbrauchsortes** anzusetzen (§ 15 Abs. 2 BewG). Diese Vorschrift entspricht dem § 8 Abs. 2 EStG. Sie hat Bedeutung insbesondere für die Bewertung von **Altenteilen** und landwirtschaftlichen **Nießbrauchsrechten**. In den Ver-

2133

mögensteuerrichtlinien war für die Praxis vorgeschrieben, dass dabei von den Sätzen ausgegangen werden kann, die im Veranlagungszeitpunkt beim Steuerabzug vom Arbeitslohn und bei der Sozialversicherung für Deputate in der Land- und Forstwirtschaft gelten. Bei nicht buchführenden Land- und Forstwirten können Pauschsätze für Altenteilsleistungen, die von den Finanzbehörden aufgestellt worden sind, übernommen werden. Vertraglich vereinbarte Barbezüge oder sonstige Sachleistungen sind nur zu berücksichtigen, wenn sie in den Pauschsätzen nicht mit abgegolten sind und wenn nachgewiesen wird, dass sie tatsächlich geleistet werden (vgl. BFH vom 05.11.1954 BStBl III 1954, 381, der die Anwendbarkeit der Pauschsätze für unbedenklich hält).

c) Nutzungen oder Leistungen, die in ihrem Betrag ungewiss sind oder schwanken

2134 Bei Nutzungen oder Leistungen, die in ihrem Betrag ungewiss sind oder schwanken, ist als Jahreswert der **Betrag** zugrunde zu legen, der in **Zukunft** im **Durchschnitt der Jahre** voraussichtlich erzielt wird (§ 15 Abs. 3 BewG). Diese Bestimmung ist insbesondere bei der Bewertung von Nießbrauchsrechten (z. B. an einem Mietwohngrundstück oder an einem GmbH-Anteil) von Bedeutung, bei denen der jährliche Reinertrag vielfach erheblichen Schwankungen unterliegt. In diesen Fällen wird der voraussichtlich im Durchschnitt der Jahre zu **erwartende Reinertrag** regelmäßig geschätzt werden müssen. Bei der Schätzung können jedoch die in den vergangenen Jahren tatsächlich erzielten Reinerträge einen wichtigen Anhaltspunkt bieten (vgl. BFH vom 11.02.1972 BStBl II 1972, 448, 450, in dem der BFH **grundsätzlich** auf den **Durchschnitt der letzten drei Jahre** abgestellt wissen will). Ausnahmsweise können auch solche Ereignisse berücksichtigt werden, die in nicht allzu langer Zeit nach dem Stichtag eingetreten sind. Außergewöhnliche Umstände, die am Stichtag nicht vorauszusehen waren, bleiben aber in jedem Falle außer Betracht (BFH vom 13.01.1956 BStBl III 1956, 62 sowie R B 13 ErbStR).

2135 Beim **Nießbrauch** an einem **Betriebsvermögen** kann nur von dem normalen, auf die Dauer anfallenden Jahresertrag ausgegangen werden und nicht von vorübergehend hohen Gewinnen einiger Jahre. Außerdem muss berücksichtigt werden, dass ebenso wie der Eigentümer so auch der Nießbraucher auf die Dauer nur einen Teil des jährlichen Betriebsgewinns für sich entnehmen kann. Auch der Nießbrauch an einem Mitunternehmeranteil erstreckt sich grds. nur auf den entnahmefähigen Gewinnanteil; auf die Höhe der tatsächlich entnommenen Gewinne kommt es hingegen nicht an. Als Jahresertrag wird deshalb im Allgemeinen nur der jährliche entnahmefähige Gewinnanteil angesetzt werden können.

2136 Beim **Nießbrauch** an einem **Betrieb der Land- und Forstwirtschaft** ist als Jahreswert nicht der Betrag anzusetzen, den der jeweilige Nießbraucher aufgrund seiner persönlichen Fähigkeiten im Durchschnitt der Jahre tatsächlich herauszuwirtschaften in der Lage ist (dies würde einer Kapitalisierung der Arbeitsleistung des Nießbrauchers gleichkommen), sondern vielmehr im Allgemeinen nur der Betrag, der bei gemeingewöhnlicher Bewirtschaftung voraussichtlich erzielt werden kann, d. h. regelmäßig der bei einer Verpachtung des Betriebs im Ganzen durchschnittlich erzielbare Betrag **(Jahrespachtwert)** (vgl. BFH vom 14.12.1962 HFR 1966, 369).

2137–2140 frei

7.2.2 Begrenzung des Jahreswerts bei Nutzungen eines Wirtschaftsguts

7.2.2.1 Nutzungen

2141 Nach § 16 BewG darf bei der Ermittlung des Kapitalwerts der Nutzungen eines Wirtschaftsguts der Jahreswert dieser Nutzungen nicht mehr als den 18,6ten Teil des Werts betragen, der sich nach den Vorschriften des Bewertungsgesetzes für das genutzte Wirtschaftsgut ergibt.

Diese Vorschrift beruht auf dem richtigen Gedanken, dass das Eigentumsrecht an einem Wirtschaftsgut das Recht der Nutzung einschließt, und dass deshalb das bloße Nutzungsrecht steuerlich keinen höheren Wert haben darf als das genutzte Wirtschaftsgut selbst. Da der höchste Vervielfältiger für wiederkehrende Nutzungen nach Anlage 9a zu § 13 BewG auf maximal 18,6 (für Laufzeit von mehr als 101 Jahren) begrenzt ist, kann der Kapitalwert der wiederkehrenden Nutzung durch die Deckelung des Jahreswerts nach § 16 BewG niemals höher sein als der Wert des Gegenstands selbst (max. Nutzungswert = Wert des genutzten Wirtschaftsguts/18,6 × (max.) Vervielfältiger von 18,6).

BEISPIEL

Der Grundbesitzwert des Grundstücks, an dem dem 50-jährigen A der lebenslange Nießbrauch zusteht, beträgt 126 000 €, der durchschnittliche jährliche Reinertrag 4 000 €.
LÖSUNG Anzusetzen als Jahreswert sind 4 000 €, weil 1/18,6 des bewertungsrechtlich maßgeblichen Werts von 126 000 € = 6 774 € nur ein Jahreshöchstwert ist. Bei Anwendung der auf den aktuellen Sterbetafeln aufbauenden Vervielfältigertabelle für Bewertungsstichtage ab dem 01.01.2018 (BMF-Schreiben vom 28.11.2017) wäre der Nießbrauch bei A daher mit 4 000 € × 14,927 = 59 708 € zu erfassen.

Die Begrenzung des Jahreswerts nach § 16 BewG gilt gleichermaßen für den Berechtigten **2142** wie auch für den Verpflichteten (so auch BFH vom 20.01.1978 BStBl II 1978, 257). Selbst ohne Nutzung verbleibt dem Eigentümer noch das Eigentumsrecht an der Sache, so dass es nicht angebracht ist, nur aufgrund der Nutzungslast eine den Wert des Gegenstandes übersteigende Last zu berücksichtigen; dies könnte nur dann der Fall sein, wenn den Eigentümer zusätzlich zu der Nutzungslast noch sonstige obligatorische Verpflichtungen träfen, die selbstständig zu berücksichtigen wären, also z. B. die Übernahme einer Abbruchverpflichtung, da gegenüber dem Nießbraucher seitens des Eigentümers ohnehin schon die Pflicht zur Nutzungsüberlassung besteht.

Die Begrenzung des § 16 BewG gilt für Nutzungen eines Wirtschaftsguts, nicht dagegen **2143** für die übrigen wiederkehrenden Leistungen. Dies sind nicht nur die »klassischen« **dinglichen Nutzungsrechte** Nießbrauch (bei dem der Nutzungsberechtigte selbst und durch Vermietung an Dritte, zu Wohn- und zu gewerblichen Zwecken zur Nutzung berechtigt ist) und dingliches Wohnrecht (bei dem der Nutzungsberechtigte nur selbst und nur zu Wohnzwecken zur Nutzung berechtigt ist). Es sind ebenso bloße **obligatorische,** nicht grundbuchmäßig abgesicherte Nutzungsrechte darunter zu verstehen, solange
- sich das Recht auf die Nutzung unmittelbar beschränkt (BFH vom 24.04.1970 BStBl II 1970, 591, vom 02.12.1971 BStBl II 1972, 473 und vom 30.03.1979 BStBl II 1979, 540) und
- das Stadium des schwebenden Vertragsverhältnisses bereits überwunden ist.

Die Vorschrift des § 16 BewG gilt im Übrigen nicht nur bei der Nutzung von Grundvermö- **2144** gen, sondern auch bei der Nutzung von anderen Wirtschaftsgütern (z. B. Aktien) oder wirtschaftlichen Einheiten (Betriebe). § 16 BewG gilt jedoch **nicht** beim **Erbbauzins.** Der Erbbauzins stellt nämlich keine Nutzung dar (die Nutzung ist das Erbbaurecht, das jedoch nicht nach den §§ 13–16 BewG, sondern nach § 92 BewG für Einheitswertzwecke bzw. § 193 BewG für Erbschaftsteuerzwecke zu bewerten ist), sondern die Gegenleistung für ein Nutzungsrecht. Diese fällt aber nicht unter § 16 BewG. Sofern eine Bewertung im Vergleichsverfahren nicht möglich ist (vgl. § 193 Abs. 1 BewG), ist daher im Rahmen der Bewertung des Erbbaurechts nach § 193 BewG das Recht auf den Erbbauzins beim Grundstückseigentümer mit dem vollen Kapitalwert der wiederkehrenden Leistung anzusetzen, beim Erbbauberechtigten (vgl. § 194 Abs. 3 BewG) mit dem vollen Kapitalwert abzuziehen (vgl. BFH vom 13.11.1981 BStBl II 1982, 184).

BEISPIELE

a) A hat als Altenteiler das Recht auf Nutzung einer Eigentumswohnung und auf Pflege gegenüber B; das Recht ist im Grundbuch nicht abgesichert, sondern bloß vertraglich vereinbart.
LÖSUNG Keine Begrenzung des Rechts nach § 16 BewG, da keine Beschränkung auf die Nutzung. Das Gesamtrecht ist als ein vertraglicher Anspruch zu bewerten.

b) B hat durch Mietvorauszahlungen das Recht erworben, ohne weitere Zahlungen vier Jahre ein Haus benutzen zu dürfen.
LÖSUNG Begrenzung des Rechts nach § 16 BewG.

c) C ist Mieter. Er hat mit seinem Vermieter einen langjährig unkündbaren Mietvertrag gegen Zahlung eines regelmäßigen monatlichen Mietzinses.
LÖSUNG Schwebender Vertrag, kein Ansatz von Nutzungsrecht und Zahlungslast.

d) D hat einen vertraglichen Anspruch auf Einziehung der Dividende aus Aktien. Sobald die Dividende unter einen bestimmten Mindestbetrag absinkt, hat der Verpflichtete (Aktieneigentümer) die Differenz zu dem Mindestbetrag zu tragen.
LÖSUNG Hier bestehen Ansprüche gegen den Verpflichteten, die über die reine Nutzung hinausgehen; § 16 BewG beschränkt den Jahreswert der Nutzung in diesem Fall nicht!

7.2.2.2 Sonderfälle

2145   Ist das **Nutzungsrecht auf einen Teil** der Gesamtnutzung beschränkt, so ermäßigt sich der Höchstbetrag des Jahreswerts entsprechend. Ist dagegen das Nutzungsrecht auf einen bestimmten abgrenzbaren Teil des Wirtschaftsguts beschränkt, so kommt es für die Ermittlung des Höchstbetrags auf den Wert an, der von dem steuerlich maßgebenden Wert für das ganze Wirtschaftsgut auf diesen Teil entfällt.

BEISPIELE

a) Den Brüdern A und B steht je zur Hälfte der Nießbrauch an einem Mietwohngrundstück zu, dessen Wert 350 000 € beträgt.
LÖSUNG Bei der Kapitalisierung ist als Jahreswert bei A und B höchstens jeweils 1/18,6 von 175 000 € = 9 408 € anzusetzen.

b) Der Nießbrauch an einem Mietwohngrundstück (Wert = 350 000 €) steht den beiden Brüdern A und B in der Weise zu, dass die Nutzungen des Erdgeschosses dem A und die Nutzungen der ersten bis vierten Etage dem B gebühren.
LÖSUNG In diesem Fall ist bei der Kapitalisierung als Jahreshöchstwert jeweils 1/18,6 des anteiligen Wertes (Wertanteil des Erdgeschosses und Wert der ersten bis vierten Etage) anzusetzen.

c) A ist Eigentümer eines Mietwohngrundstücks. Das aufstehende Gebäude enthält drei gleichgroße und gleichwertige Wohnungen. Zwei Wohnungen sind am Besteuerungszeitpunkt 01. 06. 2018 für je 400 € vermietet, die dritte Wohnung hat er seiner Tante Ida (geboren am 09. 09. 1958) und deren Tochter Klara (geboren am 10. 10. 1991) lebenslänglich zur Nutzung überlassen und dies auch grundbuchrechtlich abgesichert. Der Grundbesitzwert des Grundstücks wurde mit 168 000 € festgestellt. Der Verkehrswert beträgt 200 000 €.
LÖSUNG Ida und Klara haben ein lebenslängliches Nutzungsrecht (Verpflichtung des A). Die Bewertung erfolgt nach § 14 Abs. 1 BewG:

- Jahreswert (§ 15 BewG):
  400 € × 12   =   4 800 €
  (Ableitung von der vermieteten Wohnung)
- Begrenzung nach § 16 BewG:
  Steuerwert   =   168 000 €
  davon 1/3   =   56 000 €
  davon 1/18,6   =   3 010 €

– Kapitalwert:

Maßgebend ist das Lebensalter der Tochter Klara am 01. 06. 2018	=	26 Jahre
Vervielfältiger (BMF vom 28. 11. 2017)		17,823
3 010 € × 17,823	=	53 647 €
Ansatz bei Tante Ida (59 Jahre alt):		
3 010 € : 2 = 1505 × 14,053	=	21 149 €
Ansatz bei Klara:		
53 647 € ./. 21 149 €	=	32 498 €

Zu dieser Aufteilung vgl. 7.6.2.

Beim **Nießbrauch an einer Vermögensmasse** kommt es auf einen Vergleich des tatsächlichen Jahreswerts der Erträge aus dem Gesamtvermögen und von 1/18,6 der steuerlichen Werte des Gesamtvermögens an. **2146**

BEISPIELE

a) Die 56-jährige Mutter M hat den lebenslänglichen Nießbrauch an dem auf den Alleinerben S übergegangenen Gesamtvermögen des V. Besteuerungszeitpunkt ist der 28.02.2018. Das Vermögen besteht aus a) einem Grundstück (Grundbesitzwert 100 000 €) und b) einem KG-Anteil in Höhe von 10 % (anteiliger Wert 36 000 €; unterstellt: nicht begünstigt nach §§ 13a, 13b ErbStG). Die Erträge aus dem Grundstück betragen jährlich im Durchschnitt 8 000 €, die Erträge aus dem Anteil im Durchschnitt 1 500 €.

LÖSUNG Der tatsächliche Jahresertrag aus dem Gesamtvermögen beträgt 9 500 €. Das genutzte Vermögen besteht aus dem Grundstück – anzusetzen mit 100 000 € – und dem Anteil am Wert des Betriebes = 36 000 €, zusammen 136 000 €, davon 1/18,6 = 7 311 €
Maßgebender Jahreswert: 7 311 €
Vervielfältiger: 14,670 (BMF-Schreiben vom 28. 11. 2017)

Ansatz bei der M nach § 13 Abs. 1 ErbStG	107 252 €
Ansatz bei S als Last nach § 10 Abs. 5 ErbStG	107 252 €

Ergänzende Anmerkung: Sofern es sich bei dem KG-Anteil um begünstigtes Betriebsvermögen i. S. v. §§ 13a, 13b ErbStG handelte, wäre die Nießbrauchslast bei S insoweit nach § 10 Abs. 6 Satz 4 ErbStG nur i. H. d. steuerpflichtigen Anteils des KG-Anteils zum Abzug zugelassen. D. h. erwirbt S den KG-Anteil erbschaftsteuerfrei (Optionsverschonung, 100 %-Bewertungsabschlag, vgl. § 13a Abs. 10 Nr. 1 ErbStG), so ist auch die auf den KG-Anteil entfallende Nießbrauchslast bei S nicht abzugsfähig.

b) Die M hat den Nießbrauch an dem dem S zustehenden Nachlass des V. Dieser besteht aus einem Grundstück Grundbesitzwert 126 000 €, einem Pkw Wert 9 000 €, und Schulden im Wert von 36 000 €. Das Grundstück wirft Erträge in Höhe von jährlich 6 000 € ab, die Miete für den Pkw beträgt jährlich 4 000 €, für die Schulden sind Zinsen in Höhe von 2 000 € zu entrichten.

LÖSUNG Bei der Nutzung nur eines Wirtschaftsgutes sind Schulden (abgesehen vom Betrieb, bei dem sie sich im gemeinen Wert niederschlagen) im Rahmen der Erhaltungspflicht des § 1041 BGB und der Verpflichtung zur Tragung der Schulden des § 1047 BGB nur beim tatsächlichen Jahreswert, nicht dagegen bei dem nach § 16 BewG begrenzten Wert zu berücksichtigen. Dies muss auch beim Nießbrauch an einem Gesamtvermögen gelten, da die Berücksichtigung von Schulden dem Sinn und Zweck, das Nutzungsrecht auf den Wert des Eigentumsrechts zu beschränken, fremd ist. Außerdem ist auch beim Nießbrauch an einem Vermögen nur die Bestellung des Nießbrauchs an den einzelnen Gegenständen möglich (§ 1085 BGB).
Aus diesem Grunde hat die M auch nur den Nießbrauch an dem Grundstück und dem Pkw, nicht dagegen an der Verbindlichkeit (hierbei soll die Tatsache unberücksichtigt bleiben, dass S der M den Nießbrauch nicht an Gegenständen einräumen muss, die er zur Begleichung der Verbindlichkeit verwerten will, vgl. Palandt, Anm. 1 zu § 1089; BGHZ 19, 309). Gleichwohl ist die M gemäß § 1088 BGB verpflichtet, die laufenden Verbindlichkeiten aus ihren Erträgen zu begleichen. Hierzu gehören die

Zinsen, nicht dagegen die Tilgungen. Daher ist zu vergleichen der Jahresertrag unter Berücksichtigung der zu zahlenden Zinsen (= 8 000 €) mit dem 18,6ten Teil der Summe der bewertungsrechtlichen Ansätze; dabei ist der Pkw mit einem gemeinen Wert von 9 000 € anzusetzen. Sinn und Zweck ist, dass der zu erfassende Nutzungswert nicht höher ist als der Wert des genutzten Gegenstandes selbst. Begrenzter Wert nach § 16 BewG also 1/18,6 von 135 000 € = 7 258 €. Maßgebender Jahreswert sind somit 7 258 €.

c) Der Grundbesitzwert des Grundstücks, an dem dem 62-jährigen A am 01.01.2018 der lebenslängliche Nießbrauch schenkweise eingeräumt wurde, beträgt 219 000 €, der tatsächliche jährliche Reinertrag 12 000 €.

LÖSUNG 1/18,6 von 219 000 € = 11 774 €. Bei der Schenkungsteuer-Veranlagung des A ist als Jahreswert des Nießbrauches 11 774 € anzusetzen, also 11 774 € × 12,269 = 144 455 €.

2147–2150 frei

7.3 Bewertung von Nutzungen und Leistungen auf bestimmte Zeit

2151   Die Bewertung von Nutzungen oder Leistungen, die auf bestimmte Zeit beschränkt sind, d. h. deren Ende kalendermäßig feststeht, richtet sich nach § 13 Abs. 1 BewG. Ihr Gesamtwert (Kapitalwert) ist nach dieser Vorschrift die Summe der einzelnen Jahreswerte abzüglich der nach einem Zinssatz von 5,5 % zu berechnenden Zwischenzinsen einschließlich der Zinseszinsen.

7.3.1 Berechnung nach Tabelle 6

2152   Um die Berechnung zu erleichtern, enthalten **Anl. 9a** zum BewG und der gemeinsame Ländererlass vom 10.10.2010 in Tabelle 6 (entspricht der Anlage 9a zum BewG) Vervielfältiger. Aus ihnen ist der Kapitalwert einer Rente, Nutzung oder Leistung im Jahreswert von 1 €, die eine bestimmte Anzahl von Jahren läuft, abzulesen. Die Tabelle ist »**mittelschüssig**« aufgebaut, d. h. sie geht davon aus, dass die einzelnen Jahresleistungen jeweils in der Mitte des Jahres zu erbringen sind. Sie ist aber auch in den Fällen anwendbar, in denen die Jahresleistungen am Anfang oder am Ende oder im Laufe des Jahres erbracht werden müssen.

BEISPIELE

a) Für die Bewertung von wiederkehrenden Nutzungen und Leistungen gelten die §§ 13 bis 16 BewG. Es sind die maßgebenden Werte jeweils zum Besteuerungszeitpunkt 01.01.2019 zu ermitteln.
Rente, Jahreswert 1 000 €, fällig jeweils am Jahresanfang, (Rest-)Laufzeit am 01.01.2019 noch 10 Jahre.
LÖSUNG Vorschüssige Zahlung: Bewertung nach Anlage 9a zu § 13 Abs. 1 BewG (bzw. Tabelle 6 des gemeinsamen Ländererlasses vom 10.10.2010)
1 000 € × 7,745 = 7 745 €

b) Rente, Jahreswert 1 000 €, fällig jeweils am Jahresende, (Rest-)Laufzeit am 01.01.2019 noch 10 Jahre.
LÖSUNG Nachschüssige Zahlung, dennoch gleiche Bewertung, vgl. § 13 Abs. 3 Satz 2 BewG.

c) Rente, Jahreswert 1 000 €, fällig jeweils am Jahresanfang, erstmals zu zahlen am 01.01.2025, Laufzeit 10 Jahre (ab 01.01.2025), Besteuerungszeitpunkt 01.01.2019.
LÖSUNG Bewertung nach § 13 Abs. 1 BewG mit Tabelle 2, daher zunächst Kapitalisierung für die Laufzeit von 10 Jahren (praktisch auf den 01.01.2025) nach Tabelle 2: 1 000 € × 7,745 = 7 745 €.
Dieser Betrag ist noch abzuzinsen auf den 01.01.2019 nach Tabelle 1: 7 745 € × 0,725 = 5 615 €.
Möglich ist aber auch folgende alternative Berechnung:

Vervielfältiger 16 Jahre (letzte Zahlung)		10,750
Vervielfältiger 6 Jahre (erste Zahlung)	./.	5,133
maßgebender Vervielfältiger		5,617
1 000 € × 5,617	=	5 617 €

d) Rente, monatliche Zahlung 100 €, fällig jeweils zum Monatsanfang, (Rest-)Laufzeit am Bewertungsstichtag 01. 01. 2019 10 Jahre.
LÖSUNG Bewertung nach § 13 Abs. 1 BewG mit Tabelle 2:
1 200 € (Jahreswert × 7,745 (Vervielfältiger) = 9 294 €.

7.3.2 Begrenzung des Kapitalwerts

Der Gesamtwert (Kapitalwert) der auf bestimmte Zeit beschränkten Nutzungen oder Leistungen ist begrenzt durch § 13 Abs. 1 Satz 2 BewG: Wenn die Dauer des Rechts außerdem durch das Leben einer oder mehrerer Personen bedingt ist, so darf **der nach § 14 BewG zu berechnende Kapitalwert nicht überschritten** werden. Dieser Kapitalwert ist also Höchstwert. Die Vervielfältiger berücksichtigen die durchschnittliche Lebenserwartung von Männern und Frauen mit ihrem jeweiligen Alter am Stichtag; sie bauen auf den jeweils aktuell gültigen Sterbetafeln des Statistischen Bundesamtes auf und gelten ab dem 01. Januar des auf die Veröffentlichung folgenden Kalenderjahres (§ 14 Abs. 1 Satz 2 BewG). Für Bewertungsstichtage ab dem 01. 01. 2018 gelten die Vervielfältiger vom Vorjahr unverändert gemäß BMF-Schreiben vom 28. 11. 2017 (BStBl I 2017, 1526).   **2153**

BEISPIEL
Rente, Jahreswert 1 200 €, auf die Lebenszeit einer männlichen Person gewährt, höchstens jedoch für 20 Jahre (sog. **Höchstzeitrente**). Alter der Person am Bewertungsstichtag im Jahr 2018 58 Jahre.
LÖSUNG
- Bewertung nach Anlage 9a zu § 13 Abs. 1 BewG (= Tabelle 6):
  1 200 € × 12,279 (20 Jahre Laufzeit) = 14 734 €
- Bewertung nach § 14 Abs. 1 und der Anlage zum BMF-Schreiben vom 28. 11. 2017:
  1 200 € × 13,264 (Alter 58 Jahre) = 15 916 €
- Nach § 13 Abs. 1 Satz 2 BewG ist der niedrigere der beiden Werte maßgebend, also = 14 734 €.

§ 13 Abs. 1 Satz 2 BewG ist nicht anzuwenden, wenn die bestimmte Zeit als Mindestdauer gedacht ist und innerhalb dieser Mindestdauer eine vorzeitige Beendigung der Leistung durch den Tod einer Person nicht eintreten soll **(Mindestzeitrente).** In diesem Fall ist der **höhere** der beiden **Werte maßgebend** (vgl. Tz. 1.2.5 des gleich lautenden Ländererlasses vom 10. 10. 2010 BStBl I 2010, 810; BFH vom 02. 10. 1981 BStBl II 1982, 11).   **2154**

7.4 Bewertung immerwährender Nutzungen und Leistungen

Immerwährende Nutzungen und Leistungen sind solche, deren **Ende** überhaupt **nicht absehbar ist** oder von Ereignissen abhängt, von denen **ungewiss ist, ob und wann sie in absehbarer Zeit eintreten** werden (Definition bereits des RFH und des BFH, vgl. BFH vom 11. 12. 1970 BStBl II 1971, 386). Sie spielen in der Praxis keine große Rolle. Ihr Kapitalwert beträgt das 18,6fache des Jahreswerts (§ 13 Abs. 2 BewG). Keine immerwährenden Nutzungen und Leistungen liegen vor, wenn die Zahlungen auf das Leben einer Person abgestellt sind; hier handelt es sich um Nutzungen und Leistungen von unbestimmter Dauer. Immerwährende Nutzungen und Leistungen können somit grds. nur bei juristischen Personen oder etwa bei dinglichen Grundstückslasten (z. B. Grunddienstbarkeiten zu Gunsten des jeweiligen Grundstücksnachbarn) vorkommen.   **2155**

2156   Im Allgemeinen sollen jedoch wiederkehrende Leistungen beim Verpflichteten nicht als »immerwährend« anzusehen sein, wenn sie beim Berechtigten solche von unbestimmter Dauer oder auf Lebenszeit sind (vgl. BFH vom 11.03.1977 BStBl II 1977, 406).

> **BEISPIELE**
>
> a) Einem rechtsfähigen Verein ist das Recht eingeräumt, während der Dauer seines Bestehens verschiedene Räumlichkeiten eines Hotels, das Eigentum einer AG ist, für seine Zwecke uneingeschränkt zu benutzen.
> **LÖSUNG** Würde der Jahreswert gemäß § 15 Abs. 2 BewG mit 1 200 € anzusetzen sein, so beträgt der Kapitalwert: 1 200 × 18,6 = 22 320 €.
>
> b) Eine Stiftung ist verpflichtet, dem A eine jährliche Rente zu zahlen. Die Zahlungsverpflichtung soll nach dem Tode des A gegenüber seinen Rechtsnachfolgern, bei deren Tod gegenüber deren jeweiligen Rechtsnachfolgern usw. (zeitlich nicht begrenzt bis zu einer bestimmten Generation) weiterbestehen.
> **LÖSUNG** Bei den Berechtigten, die bereits eine Rente beziehen, ist eine auf Lebenszeit begrenzte Nutzung anzusetzen. Bei am Stichtag bereits lebenden Kindern, die noch nicht in den Rentenbezug eingetreten sind, bleiben die (künftigen) Rentenansprüche unberücksichtigt, weil die Entstehung der Ansprüche aufschiebend bedingt ist (wegen der Ungewissheit, ob sie ihre Eltern überleben). Bei der Stiftung soll als Last ebenfalls nur eine auf die Lebenszeit der Rentenberechtigten begrenzte Leistung abzugsfähig sein (BFH vom 18.01.1963, HFR 1963, 282). Diese Rechtsprechung wird jedoch der tatsächlichen Lage für das Unternehmen nicht gerecht; richtiger Ansicht nach muss hier eine Last gemäß § 13 Abs. 2 BewG mit dem 18,6fachen kapitalisiert werden.

2157–2160 frei

7.5   Bewertung von Nutzungen und Leistungen von unbestimmter Dauer

7.5.1   Allgemeines

2161   Nutzungen und Leistungen von unbestimmter Dauer sind solche, bei denen das **Ende in absehbarer Zeit sicher,** aber der **Zeitpunkt des Wegfalls unbestimmt** ist (RFH vom 30.11.1926 RStBl 1927, 81). Sie werden mit dem 9,3fachen des Jahreswerts bewertet (§ 13 Abs. 2 BewG). Lässt sich bei einer wiederkehrenden Nutzung der Zeitpunkt der Beendigung mit einiger Sicherheit vorausbestimmen, so ist nicht § 13 Abs. 2 BewG, sondern § 13 Abs. 1 BewG (Nutzung auf bestimmte Zeit) anzuwenden.

2162   Es ist schwierig, Nutzungen und Leistungen von unbestimmter Dauer von den immerwährenden abzugrenzen. Einen Anhaltspunkt für die Abgrenzung können die Jahreszahlen bieten, die den beiden Vervielfältigern (18,6 und 9,3) zugrunde liegen. Dem Vervielfältiger 18,6 liegen, wie sich aus der Tabelle 6 (bzw. Anlage 9a zu § 13 BewG) ergibt, mehr als 101 Jahre, dem Vervielfältiger 9,3 etwa 13 Jahre zugrunde. Diese beiden Jahreszahlen sind aber nur als Durchschnittszahlen anzusehen. Im Ergebnis setzt der Gesetzgeber für Nutzungen und Leistungen von unbestimmter Dauer den hälftigen Vervielfältiger für immerwährende Nutzungen und Leistungen an (18,6 x ½ = 9,3).

> **BEISPIELE**
>
> a) X muss dem 14-jährigen Y jährlich 1 200 € zahlen, bis dessen Berufsausbildung beendet ist.
> **LÖSUNG** Der Kapitalwert der Leistungen beträgt: 9,3 × 1 200 € = 11 160 €.
>
> b) X muss dem 23-jährigen Y, der im 10. Semester Medizin studiert, bis zur Beendigung von dessen Berufsausbildung jährlich 3 000 € zahlen.
> **LÖSUNG** Hier ist § 13 Abs. 2 wohl nicht anwendbar. Die voraussichtliche Dauer der Leistung lässt sich schätzen. § 13 Abs. 1 BewG ist daher u. E. anzuwenden.

7.5.2 Vorrang des § 14 BewG

Zu den Nutzungen und Leistungen von unbestimmter Dauer (fester Vervielfältiger von **2163**
9,3, § 13 Abs. 2 BewG) können begrifflich auch solche gehören, die von der Lebensdauer einer
Person abhängig sind. In § 5 Abs. 1 Satz 2 BewG werden die Fälle des § 14 BewG (lebenslängliche Nutzungen und Leistungen) ausdrücklich und allgemein als Nutzungen von unbestimmter
Dauer bezeichnet. Das kann aber – in Anbetracht des relativ niedrigen Vervielfältigers – nicht
richtig sein. Lebenslängliche Nutzungen können nur in den Fällen solche von »unbestimmter
Dauer« sein, in denen aufgrund eines höheren Lebensalters einer Person deren Tod in absehbarer Zeit gewiss ist. Diese Unterscheidung ist jedoch für die Bewertung als solche ohne Bedeutung, weil **lebenslängliche Nutzungen und Leistungen** – wie sich aus den Worten »vorbehaltlich des § 14« in § 13 Abs. 2 BewG ergibt – als **eine besondere Gruppe** von wiederkehrenden
Nutzungen und Leistungen herausgestellt und der Sondervorschrift des § 14 BewG unterworfen sind. § 14 BewG wird dann ausschließlich angewendet, wenn eine Nutzung auf die Lebenszeit einer Person begrenzt ist und es ungewiss ist, ob die Nutzung in absehbarer Zeit wegfällt.

BEISPIELE

a) X ist verpflichtet, dem 87-jährigen Y bis zu dessen Lebensende jährlich 1 200 € zu zahlen.
LÖSUNG In diesem Fall wird der Kapitalwert ausschließlich nach § 14 BewG berechnet.

b) Eine Stiftung ist verpflichtet, zunächst dem A bis zu seinem Tode und danach dessen Tochter B
eine jeweils lebenslängliche Rente zu zahlen.
LÖSUNG Eine Leistung von unbestimmter Dauer liegt nicht vor. Für die Berechnung des Kapitalwerts ist vielmehr lediglich das Lebensjahr des jeweils Berechtigten (gemäß § 14 BewG) maßgebend
(vgl. BFH vom 21. 10. 1955 BStBl II 1955, 342).

c) Rente, Jahreswert 1 000 €, zahlbar einer geschiedenen Ehefrau auf Lebenszeit, längstens aber bis
zur Wiederverheiratung der geschiedenen Ehefrau. Die geschiedene Ehefrau ist am Bewertungsstichtag im Jahre 2018 26 Jahre alt.
LÖSUNG Ermittlung des Kapitalwerts nach § 14 Abs. 1 BewG: 1 000 € × 17,823 = 17 823 €. Die eventuelle Wiederverheiratung der geschiedenen Ehefrau ist als auflösende Bedingung zu behandeln
(§§ 5 bzw. 7 BewG).

7.5.3 Konkurrenz gegenüber § 14 und gegenüber § 13 Abs. 1 BewG

Ist eine Leistung auf die Lebensdauer einer Person abgestellt und erfüllt sie – abgesehen **2164**
von diesen Merkmalen – zusätzlich die Begriffsmerkmale einer Leistung **von unbestimmter
Dauer,** so ist – entsprechend dem in § 13 Abs. 1 BewG geregelten Konkurrenzverhältnis – **der
niedrigere** von den beiden in Betracht kommenden Kapitalwerten der **wirtschaftlich zutreffende und richtige.** Das gilt für den Berechtigten in gleicher Weise wie für den Verpflichteten
(vgl. RFH vom 10. 04. 1930 RStBl 1930, 394).

Ist jedoch eine wiederkehrende Leistung lediglich dadurch von unbestimmter Dauer, dass **2165**
sie **von der Lebenszeit einer Person abhängt,** so ist eine Konkurrenz zwischen § 13 Abs. 2 und
§ 14 BewG nicht gegeben, vielmehr ist ausschließlich § 14 BewG anzuwenden.

Ist eine wiederkehrende Nutzung oder Leistung von unbestimmter Dauer auf eine **2166**
bestimmte Zeit als **Höchstdauer** beschränkt (Konkurrenz zwischen § 13 Abs. 2 und § 13 Abs. 1
BewG), so ist wiederum der **niedrigere von** den **beiden** in Betracht kommenden **Kapitalwerten** zutreffend.

BEISPIELE

a) Der zum Besteuerungszeitpunkt im Jahr 2018 80-jährige X muss dem 15-jährigen Y jährlich 2 000 € zahlen, bis dessen Berufsausbildung beendet ist. Die Verpflichtung soll im Fall des vorzeitigen Todes des X wegfallen.

LÖSUNG Die Leistung ist, da sie auf die Lebenszeit einer Person begrenzt ist, eine solche im Sinne des § 14 BewG. Zugleich erfüllt sie die Voraussetzungen einer Leistung von unbestimmter Dauer, da die Beendigung der Berufsausbildung in absehbarer Zeit sicher, der Zeitpunkt der Beendigung aber unbestimmt ist. Der nach § 14 BewG berechnete Kapitalwert beträgt: $6{,}384 \times 2\,000$ € $= 12\,768$ €, der nach § 13 Abs. 2 BewG berechnete: $9{,}3 \times 2\,000$ € $= 18\,600$ €. Der richtige und für den Berechtigten und Verpflichteten maßgebende Wert ist der niedrigere von beiden, also 12 768 €.

b) X hat einem Kaliunternehmen gegen Zahlung jährlicher Förderzinsen das Recht eingeräumt, Kali abzubauen. Das Recht (und der Gegenanspruch des X) sollen mit dem Tode des X erlöschen.

LÖSUNG Für die Ermittlung des Kapitalwerts gilt allein § 14 BewG (vgl. BFH vom 11.08.1961 BStBl III 1961, 477).

c) Der Erbe E ist verpflichtet, seinem 12-jährigen Bruder jährlich 5 000 € zu zahlen, bis dessen Berufsausbildung beendet ist, längstens jedoch auf die Dauer von 10 Jahren.

LÖSUNG Wert nach § 13 Abs. 2 BewG: $5\,000$ € $\times 9{,}3 = 46\,500$ €. Wert nach Anlage 9a zu § 13 Abs. 1 BewG (= Tabelle 6): $5\,000$ € $\times 7{,}745 = 38\,725$ €. Maßgebend ist der niedrigere Wert: 38 725 €.

2167–2170
frei

7.6 Bewertung lebenslänglicher Nutzungen und Leistungen

7.6.1 Grundsätze

2171 Für Renten und andere auf die Lebenszeit einer Person beschränkte Nutzungen und Leistungen gilt § 14 BewG. Nach dieser Vorschrift bestimmt sich ihr Wert nach dem Lebensalter derjenigen Person, auf deren Leben die Nutzung oder Leistung beschränkt ist. Dies kann der Berechtigte, der Verpflichtete und auch irgendeine andere dritte Person sein. Maßgebend ist das **vollendete** Lebensalter der Person im jeweiligen Zeitpunkt der Bewertung. Eine darüber hinausgehende exakte taggenaue Berechnung des Alters ist insoweit für die Ermittlung des Kapitalwerts nach § 14 BewG nicht vorzunehmen (d. h. keine Interpolierung erforderlich). Es spielt insoweit keine Rolle, ob die betreffende Person, an deren Lebenserwartung eine lebenslängliche Nutzung oder Leistung geknüpft ist, dieses Lebensalter gerade erst erreicht hat (z. B. Alter 80 Jahre und 1 Tag) oder kurz vor Vollendung des nächsten Geburtstages steht (z. B. Alter 80 Jahre, 11 Monate und 20 Tage).

2172 Entsprechend dem vollendeten Lebensalter dieser Person ist für Bewertungsstichtage ab dem 01.01.2018 der auf den Jahreswert anzuwendende Vervielfältiger aus der Anlage des BMF-Schreibens vom 04.11.2016, dessen Vervielfältiger auch für Bewertungsstichtage ab dem 01.01.2018 gelten, zu entnehmen. Der Vervielfältiger für Bewertungsstichtage in 2016 ist in dem BMF-Schreiben vom 02.12.2015 BStBl I 2015, 954 abzulesen. Für Bewertungsstichtage in den Jahren 2013, 2014 und 2015 galten die Vervielfältiger der Tabelle des BMF-Schreibens vom 26.10.2012 BStBl I 2012, 950 (vgl. auch BMF-Schreiben vom 13.12.2013 BStBl I 2013, 1609 und vom 21.11.2014 BStBl I 2014, 1576). Grundlage für diese Vervielfältigertabellen sind jeweils die im Vorjahr veröffentlichten Sterbetafeln des Statistischen Bundesamtes. Mangels neuer Sterbetafeln im Jahr 2017 galten die Vervielfältiger für das Jahr 2017 daher auch noch für das Folgejahr 2018.

Der höchste Vervielfältiger beträgt 2018 – bei einem Lebensalter eines neugeborenen Mädchens – 18,463 (bei neugeborenen Jungen 18,398), der niedrigste – bei einem Lebensalter eines mindestens 100-jährigen Mannes – 1,716. Die Vervielfältiger decken sich nicht mit den für die Lebenserwartung geltenden Jahreszahlen. Ihrer Berechnung liegt zwar die durchschnittliche Lebenserwartung aufgrund der vom Statistischen Bundesamt jeweils ermittelten Allgemeinen Sterbetafel 2013/2015 bzw. 2010/2012 zugrunde. Die der Lebenserwartung entsprechende Zahl ist jedoch entsprechend dem Wert der Zwischenzinsen nochmals ermäßigt worden; d. h. der maßgebliche Vervielfältiger für lebenslängliche Nutzungen und Leistungen nach Maßgabe einer bestimmten Lebenserwartung ergibt sich aus deren Abzinsung entsprechend der Tabelle 2. Dies wurde in den vom BMF veröffentlichten Vervielfältigertabellen für lebenslängliche Nutzungen und Leistungen bereits berücksichtigt.

Da die Vervielfältiger zwingend auf das vollendete Lebensalter am Bewertungsstichtag abstellen, können Einwendungen hinsichtlich der mutmaßlichen Lebensdauer (z. B. dass die Lebenserwartung aufgrund des Gesundheitszustandes höher oder geringer sei als es dem Vervielfältiger entspricht) nicht berücksichtigt werden; vgl. § 14 Abs. 4 Satz 2 BewG. **2173**

Die Vervielfältiger gelten auch ohne Rücksicht darauf, ob die Leistungen am Anfang oder am Ende des Jahres oder auch in monatlichen, vierteljährlichen oder halbjährlichen Teilbeträgen erbracht werden. Verringern oder erhöhen sich die Leistungen nach Ablauf einer bestimmten Zeit, so können die Leistungen zum Zwecke der Ermittlung des Kapitalwerts aufgeteilt werden. **2174**

BEISPIEL

Der Stpfl. Müller (M) erhält am 01.01.2018 eine Rente auf Lebenszeit zugewendet. Der Jahreswert ist jeweils zu Beginn des Jahres fällig und beträgt bis einschließlich 2021 20 000 € und vermindert sich ab 2022 auf 10 000 €. M ist am 10.04.1945 geboren. Die Rente ist zu bewerten auf den 01.01.2018.

LÖSUNG Bewertung nach § 13 Abs. 1 i. V. m. § 14 Abs. 1 BewG.

a) Methode 1

Die Rente des M ist für die Kapitalwertermittlung zu teilen in:

aa) eine Rente auf Lebenszeit von 10 000 € und

bb) eine Rente auf Lebenszeit höchstens für die Zeit bis 31.12.2021 = 4 Jahre (Höchstzeitrente) von 10 000 €

Kapitalwert:

aa) Vervielfältiger gemäß BMF-Schreiben vom 28.11.2017 zu § 14 Abs. 1 BewG:

Alter am 01.01.2018 = 72 Jahre

Vervielfältiger = 9,252

10 000 € × 9,252 = 92 520 €

bb) nach § 13 Abs. 1 Satz 2 BewG:

– § 13 Abs. 1 BewG, Anlage 9a (= Tabelle 6; 4 Jahre Restlaufzeit)

10 000 € × 3,602 = 36 020 €

– § 14 Abs. 1 BewG, Vervielfältiger gemäß BMF-Schreiben vom 28.11.2017:

10 000 € × 9,252 = 92 520 €

Maßgebend ist der niedere Betrag = 36 020 €

Kapitalwert insgesamt = 128 540 €

b) Methode 2

Ermittlung des Kapitalwerts:

– Kapitalwert für die Zeit vom 01.01.2018–31.12.2021 = 4 Jahre nach Anlage 9a zu § 13 Abs. 1 BewG:

20 000 € × 3,602 = 72 040 €

– Kapitalwert für den lebenslänglichen Teil der Rente nach BMF-Schreiben vom 28.11.2017

10 000 € × (9,252 ./. 3,602) = 10 000 € × 5,650 = 56 500 €

– Kapitalwert = 128 540 €

7.6.2 Abhängigkeit der Nutzung von der Lebenszeit mehrerer Personen

2175   Hängt die Dauer der Nutzung oder Leistung von der Lebenszeit mehrerer Personen ab, so ist das Lebensalter und Geschlecht derjenigen Person maßgebend, für die sich der höchste Vervielfältiger ergibt, wenn das Recht mit dem Tode des zuletzt Sterbenden erlischt (§ 14 Abs. 3 1. HS BewG). Wenn das Recht mit dem Tode des zuerst Sterbenden erlischt, dann ist das Lebensalter und Geschlecht derjenigen Person maßgebend, für die sich der niedrigste Vervielfältiger ergibt (§ 14 Abs. 3 2. HS BewG). Die Vervielfältiger ergeben sich aus den auf den jeweils gültigen Sterbetafeln aufbauenden BMF-Schreiben. Für Bewertungsstichtage ab 01.01.2018 lassen sie sich aus dem BMF-Schreiben vom 04.11.2016 entnehmen (BMF vom 28.11.2017).

BEISPIEL

Die Eheleute X erhalten eine Rente zugewendet, die bis zum Tode des zuletzt Sterbenden jährlich 5 000 € beträgt. Der Ehemann ist im Bewertungszeitpunkt (2018) 74, die Ehefrau 58 Jahre alt.

LÖSUNG Für den Verpflichteten ist das Lebensalter der jüngeren Ehefrau maßgebend, da sich nach Lebensalter und Geschlecht für sie der höhere Vervielfältiger ergibt:

Kapitalwert: 5 000 € × 14,268	=	71 340 €

Würde die Rente bereits mit dem Tode des zuerst Sterbenden erlöschen, so würde der Kapitalwert nur 5 000 € × 8,556 betragen. = 42 780 €

Für die Berechtigten gilt Tz III 1.2.6 des Erlasses vom 10.10.2010, d.h. im Zweifel gelten, solange beide Ehegatten leben, beide als je zur Hälfte Rentenberechtigte:

Ehemann:	2 500 € × 8,556	=	21 390 €
Ehefrau:	2 500 € × 8,556	=	21 390 €
	+ 5 000 € × (14,268 ./. 8,556)	=	29 285 €
			49 950 €

2176   Dementsprechend sind an sich **Rentenansprüche eines Ehepaares,** die zu Lebzeiten beider Ehegatten eine bestimmte Höhe haben und sich **nach dem Tode des Erstverstorbenen vermindern,** in der Weise zu kapitalisieren, dass der nach dem Tode des Erstverstorbenen verbleibende Teil nach dem Lebensalter und Geschlecht desjenigen Ehegatten ermittelt wird, für den sich der höhere Vervielfältiger ergibt und der bis dahin zu zahlende Mehrbetrag nach dem Lebensalter und Geschlecht desjenigen Ehegatten zu berechnen ist, für den sich der niedrigere Vervielfältiger ergibt. Falls die Ehefrau nicht älter ist als der Ehemann, ergibt sich für die Ehefrau (da Frauen nach den Sterbetafeln generell eine höhere Lebenserwartung als gleichaltrige Männer haben) stets ein höherer Vervielfältiger.

2177   Bezieht jedoch der Ehemann eine lebenslängliche Rente und soll die **Ehefrau nur** dann eine solche Rente erhalten, **wenn sie den Ehemann überlebt,** so ist der Rentenanspruch der Ehefrau **aufschiebend bedingt** (durch das Überleben) und daher nach § 4 BewG nicht zu berücksichtigen. Beziehen mehrere Personen als **Gesamtgläubiger** eine Rente, so kann für steuerliche Zwecke eine **Aufteilung des Gesamtwerts** der Rente gemäß § 3 BewG erforderlich sein.

BEISPIELE

a) Die Eheleute X erhalten als Gesamtgläubiger eine Rente zugewendet, die zu Lebzeiten beider Ehegatten monatlich 5 000 € beträgt und sich nach dem Tode des Erstverstorbenen auf 3 000 € vermindert. Der Ehemann ist im Bewertungszeitpunkt (2018) 74 (Vervielfältiger 8,556), die Ehefrau 58 (Vervielfältiger 14,268) Jahre alt.

LÖSUNG für den Schuldner:

36 000 € × 14,268 (Vervielfältiger für 58 Jahre)	=	513 648 €
24 000 € × 8,556 (Vervielfältiger für 74 Jahre)	=	205 344 €
Kapitalwert	=	718 992 €
oder		
Ehemann: 30 000 € × 8,556	=	256 680 €
Ehefrau: 30 000 € × 8,556	=	256 680 €
+ 36 000 € × (14,268 ./. 8,556)	=	205 632 €
		718 992 €

b) Rente eines Ehepaares, Jahreswert 20 000 €, zahlbar bis zum Ableben des zuletzt Sterbenden. Am Bewertungsstichtag (2018) ist der Ehemann 65 Jahre alt, die Ehefrau 62 Jahre alt.

LÖSUNG Behandlung nach § 14 Abs. 3 1. HS BewG: Es ist das Lebensalter und Geschlecht desjenigen Ehegatten maßgebend, für den sich der höhere Vervielfältiger ergibt (hier Ehefrau, Alter 62 Jahre): 20 000 € × 13,362 = 267 240 €.

Davon entfallen

auf den Ehemann: 10 000 € × 11,444	=	114 440 €
und der verbleibende Teil (Differenz) auf die Ehefrau:	=	152 800 €

(= 11,444 × 10 000 € + (13,362 ./. 11,444) × 20 000 €).

c) Wie Beispiel b). Nach dem Ableben des Erstversterbenden vermindert sich jedoch die Rente auf 15 000 € jährlich.

LÖSUNG Ehemann 65 Jahre alt = VV 11,444, Ehefrau 62 Jahre alt = VV 13,362.

Es ist zu rechnen:

20 000 € × 11,444	=	228 880 €
15 000 € × (13,362 ./. 11,444 =) 1,918	=	28 770 €
		257 650 €

Davon entfallen

auf den Ehemann: 10 000 € × 11,444	=	114 440 €
und der verbleibende Teil (Differenz) auf die Ehefrau:	=	143 210 €

(= 11,444 × 10 000 € + (13,362 ./. 11,444) × 15 000 €).

d) Rente, monatlich 2 000 € (vorschüssig), die dem Ehemann auf Lebenszeit zusteht. Nach seinem Ableben erhält die Ehefrau eine Rente nur, wenn sie den Ehemann überlebt. Im Besteuerungszeitpunkt 2018 ist der Ehemann 66 Jahre alt, die Ehefrau 63 Jahre alt.

LÖSUNG Es ist nur die Rente des Ehemannes anzusetzen. Die Rente der Ehefrau ist aufschiebend bedingt für den Fall, dass sie ihren Ehemann überlebt und wird daher erst bei Bedingungseintritt berücksichtigt (§ 4 BewG). Kapitalwert gemäß § 14 Abs. 1 BewG (Vervielfältiger gemäß BMF-Schreiben vom 28. 11. 2017):

2 000 € × 12 = 24 000 € Jahreswert
24 000 € × 11,155 = 267 720 €

e) Den beiden Brüdern X (65 Jahre alt) und Y (58 Jahre alt) steht als Gesamtgläubiger eine lebenslängliche Rente von jährlich 10 000 € zu (Besteuerungszeitpunkt in 2018). Falls einer der beiden stirbt, soll sie in voller Höhe an den Überlebenden weitergezahlt werden. Im Verhältnis der beiden Brüder zueinander (Innenverhältnis) hat jeder Anspruch auf die Hälfte (= 5 000 €).

LÖSUNG Es ist zunächst der Gesamtwert zu berechnen. Er beträgt:

10 000 € × 13,264 (Vervielfältiger für 58 Jahre, Lebensalter des Jüngsten) = 132 640 €. Dieser Wert ist wie folgt aufzuteilen:

auf X entfallen 5 000 € × 11,444 (Vervielfältiger für 65 Jahre)	=	57 220 €,
auf Y (58 Jahre alt) entfällt der Restbetrag von		75 420 €,

(= 11,444 × 5 000 € + [13,264 ./. 11,444] × 10 000 €).

f) Im vorigen Fall soll die lebenslängliche Rente nach dem Tode des Erstversterbenden nur in Höhe von 5 000 € an den Überlebenden weitergezahlt werden.

LÖSUNG Der Gesamtwert beträgt dann:

5 000 € × 13,264 (Vervielfältiger für 58 Jahre)	=	66 320 €
5 000 € × 11,444 (Vervielfältiger für 65 Jahre)	=	57 220 €
		123 540 €

auf X (65 Jahre alt) entfallen 57 220 € und auf Y (58 Jahre alt) 66 320 €.

7.6.3 Berichtigung der nicht laufend veranlagten Steuern bei vorzeitigem Wegfall

2178   Der Ansatz des Kapitalwerts nach § 14 BewG kann dann zu einer Härte führen, wenn die durch die Anwendung des Vervielfältigers als mutmaßlich unterstellte Lebensdauer wesentlich länger ist als die tatsächliche Dauer der Nutzung oder Leistung. Für derartige Fälle sieht § 14 Abs. 2 BewG in beschränktem Umfang die Möglichkeit einer **Berichtigung** vor. Die Berichtigung kommt nur **bei nicht laufend veranlagten Steuern,** also z. B. bei der Erbschaftsteuer und Grunderwerbsteuer, in Betracht, sofern der vorzeitige Wegfall der Nutzung oder Leistung auf dem **Tode** des Berechtigten oder Verpflichteten oder der sonst maßgebenden Person beruht und sofern die nach § 14 Abs. 1 BewG bewertete Nutzung oder Leistung nicht länger als in § 14 Abs. 2 BewG im Einzelnen angegeben bestanden hat.

2179   Die Berichtigung des **Erwerbs** erfolgt auf **Antrag,** für den § 5 Abs. 2 Satz 2 BewG entsprechend anzuwenden ist; d. h. der Antrag ist spätestens bis zum Ablauf des auf den Tod folgenden Kalenderjahres zu stellen. Wird der Antrag durch den Steuerpflichtigen oder dessen Erben nicht oder nicht fristgemäß gestellt, so bleibt es bei der ursprünglichen Besteuerung des Erwerbs mit dem (aufgrund der berücksichtigten höheren Lebenserwartung) höheren Kapitalwert. Bei Wegfall einer **Last** bedarf es **keines Antrags,** d. h. dass die Berichtigung von Amts wegen erfolgt. Eine Berichtigung nach § 14 Abs. 2 BewG ist nicht möglich, wenn der vorzeitige Wegfall auf anderen Gründen (z. B. auf Heirat, Wiederheirat, Verzicht oder Zahlungsunfähigkeit des Schuldners) beruht. Im Falle des **Eintritts einer Bedingung** ist eine Berichtigung bei nicht laufend veranlagten Steuern allerdings nach den §§ 5 bis 8 BewG möglich.

BEISPIEL

Der ledigen X, 30 Jahre alt, ist 2018 durch Vermächtnis eine lebenslängliche Rente zugewendet worden, die im Fall ihrer Heirat wegfallen soll. Bei der Heranziehung zur Erbschaftsteuer ist als Kapitalwert der Jahreswert × 17,622 anzusetzen.

LÖSUNG Stirbt Frau X, die das 30. Lebensjahr bereits vollendet hat, also mehr als 30 Jahre alt ist, innerhalb eines Zeitraums bis zu 9 Jahren, so wird die Erbschaftsteuer auf Antrag der Erben gemäß § 14 Abs. 2 BewG nach der wirklichen Dauer der Rente berichtigt. Die Begrenzung auf den Tod des Berechtigten stellt zwar eine unbestimmte Befristung im Sinne des § 8 BewG dar. Jedoch ist § 8 in Verbindung mit § 5 Abs. 2 BewG nicht anwendbar, da § 14 Abs. 2 BewG als Sondervorschrift den Bestimmungen der §§ 8, 4–7 BewG vorgeht.

Bei den mit dem Vermächtnis der Rentenverpflichtung belasteten Erben erfolgt die Berichtigung der Rentenlast aufgrund des vorzeitigen Wegfalls ohne Antrag, d. h. von Amts wegen (§ 14 Abs. 2 Satz 3 BewG). **Heiratet** Frau X, so wird auf ihren Antrag gemäß § 5 Abs. 2 BewG die Festsetzung der Erbschaftsteuer nach dem tatsächlichen Wert des Erwerbs berichtigt (auflösend bedingter Erwerb). Die Erbschaftsteuerfestsetzung der mit der Rentenverpflichtung belasteten Erben wird hingegen von Amts wegen nach der tatsächlichen Dauer der Rentenleistung berichtigt (auflösend bedingte Last, § 7 Abs. 2 BewG). Würde Frau X nach 5 Jahren freiwillig auf die Rente **verzichten**, so ist weder § 14 Abs. 2 noch § 8 BewG anwendbar. Vielmehr stellte der Verzicht auf den Rentenanspruch in Höhe seines Kapitalwerts im Verzichtszeitpunkt eine Schenkung der X an die rentenverpflichteten Erben dar.

2180–2190 frei

7.7 Der gemeine Wert wiederkehrender Nutzungen und Leistungen in Ausnahmefällen

§ 13 Abs. 3 und § 14 Abs. 4 Satz 1 BewG schreiben für bestimmte Fälle den **nachgewiesenen gemeinen Wert** statt des nach § 13 Abs. 1 und 2 bzw. nach § 14 Abs. 1 BewG berechneten Werts vor. Nach dem Sinn und Zweck dieser Vorschriften bedeutet das grundsätzlich nicht die Anwendung einer anderen als der in § 13 Abs. 1 und 2 bzw. § 14 Abs. 1 BewG vorgeschriebenen Berechnungsmethode. Denn auch der Kapitalwert ist im Grunde nichts anderes als eine besondere Erscheinungsform des gemeinen Werts. Eine abweichende Berechnung kann nur dann durchgeführt werden, wenn die Abweichung vom Kapitalwert aufgrund von Erfahrungssätzen oder nach den Denkgesetzen zwingend ist.

2191

BEISPIELE

a) Der Verpflichtete ist zahlungsunfähig.
LÖSUNG Tatsächliche Zahlungsunfähigkeit ist genügender Anlass einer abweichenden Bewertung. Nicht dagegen die allgemeine Annahme, es werde dem Verpflichteten im Alter schwer fallen, beispielsweise noch die vereinbarten Rentenbeträge aufzubringen.

b) Der Verpflichtete wird von dem Berechtigten mit den nach dem Vertrag geschuldeten Zahlungen nicht in Anspruch genommen. Er leistet stattdessen landwirtschaftliche Arbeitshilfe in dem Betrieb des Berechtigten.
LÖSUNG Als Jahreswert ist bei der Ermittlung des Kapitalwerts der Wert der zu erwartenden Arbeitsleistungen anzusetzen.

Der Ansatz eines geringeren oder höheren Werts als des nach § 14 Abs. 1 BewG berechneten kann keinesfalls darauf gestützt werden, dass mit einer **kürzeren** oder **längeren Lebensdauer** als derjenigen zu rechnen ist, die den zu § 14 Abs. 1 BewG veröffentlichten Vervielfachungszahlen zugrunde liegt (§ 14 Abs. 4 Satz 2 BewG). Denn die Vervielfältiger sind zwingend auf das Lebensalter am Stichtag abgestellt. Desgleichen liegt kein Anwendungsfall des § 13 Abs. 3 bzw. des § 14 Abs. 4 BewG vor, wenn vertraglich ein **anderer Zinssatz** als 5,5 % der Rentenberechnung zugrunde gelegt worden ist (vgl. BFH vom 08. 10. 1952 BStBl III 1952, 295) oder wenn die lebenslängliche Rente einer Witwe im Falle ihrer Wiederverheiratung wegfällt (vgl. BFH vom 15. 10. 1965 BStBl III 1966, 2) oder wenn anders als der gesetzlichen Fiktion entsprechend bezahlt wird (vor- oder nachschüssige Zahlungsweise; vgl. § 13 Abs. 3 Satz 2 bzw. § 14 Abs. 4 Satz 2 BewG).

2192

Der Kapitalwert einer durch eine Grundschuld gesicherten lebenslänglichen Rente wird nach dem Lebensalter des Berechtigten gemäß § 14 Abs. 1 BewG und nicht unter Anwendung des § 14 Abs. 4 BewG nach der Ablösungssumme für die Grundschuld berechnet (BFH vom 09. 03. 1962 HFR 1962 Nr. 282).

2193

7.8 Bewertungsstichtag

Vgl. hierzu die Ausführungen in 6.8, die für wiederkehrende Nutzungen und Leistungen entsprechend gelten.

2194

7.9   Besteuerung von Renten, Nutzungen und Leistungen beim Empfänger

2195   Die sofortige Besteuerung des Empfängers von wiederkehrenden Nutzungen und Leistungen mit dem (abgezinsten) Kapitalwert kann bei ihm zu erheblichen **Liquiditätsproblemen** führen, da er Erbschaftsteuer für den gesamten Kapitalwert zu entrichten hätte, d. h. auch für **künftige** Nutzungen und Leistungen, die ihm im Zeitpunkt der Steuerentrichtung noch gar nicht zugeflossen sind. Vor diesem Hintergrund sieht der Gesetzgeber in **§ 23 Abs. 1 ErbStG** für Steuern, die von dem Kapitalwert von Renten oder anderen wiederkehrenden Nutzungen oder Leistungen zu entrichten sind, ein Wahlrecht für den Erwerber vor. Der Erwerber kann die Steuer statt vom (gesamten) Kapitalwert **jährlich** im Voraus von dem **Jahreswert** entrichten. Die jährlich zu entrichtende Steuer ist in diesem Falle erstmals in dem Jahr zu entrichten, in dem die Summe der Jahreswerte die Freibetragsgrenzen (§ 16 bzw. § 17 ErbStG) überschreiten. Gemäß § 23 Abs. 1 Satz 2 ErbStG wird die Steuer in diesem Fall nach dem **Steuersatz** erhoben, der sich nach § 19 ErbStG **für** den **gesamten Erwerb** einschließlich des Kapitalwerts der Renten oder anderen wiederkehrenden Nutzungen oder Leistungen ergibt. Bzgl. Berechnungsbeispielen zu § 23 ErbStG vgl. auch H E 23 ErbStH.

2196   Hat der Erwerber die jährliche Versteuerung nach dem Jahreswert gewählt, hat er auch später noch das Recht, die **Jahressteuer** zum jeweils nächsten Fälligkeitstermin mit ihrem **Kapitalwert abzulösen** (§ 23 Abs. 2 ErbStG). Für die Ermittlung des Kapitalwerts im Ablösungszeitpunkt sind die Vorschriften der §§ 13 und 14 BewG anzuwenden. Der **Antrag** auf Ablösung der Jahressteuer ist spätestens bis zum Beginn des Monats zu stellen, der dem Monat vorausgeht, in dem die nächste Jahressteuer fällig wird.

2197   Die o. g. Liquiditätsschwierigkeiten können im Einzelfall für die Wahl der Jahressteuer vom Jahreswert sprechen. Aufgrund des weiterhin erwarteten Anstiegs bei der Lebenserwartung und aufgrund des anhaltend niedrigen Zinsniveaus am Kapitalmarkt erweist sich die Sofortversteuerung vom (mit 5,5 % abgezinsten) Kapitalwert oftmals jedoch als die **günstigere Variante** für den Steuerpflichtigen. Die Wahl der Jahresversteuerung ist nicht durch die im Zeitpunkt der Steuerentstehung geschätzte durchschnittliche Lebenserwartung begrenzt; d. h. lebt der Steuerpflichtige länger als nach der statistischen Lebenserwartung zunächst erwartet, so ist die Jahressteuer weiter bis zum Wegfall der wiederkehrenden Nutzungen oder Leistungen zu entrichten. Aus vorgenannten Gründen liegt daher der Gesamtbetrag der Jahressteuer oftmals über dem Betrag der Sofortsteuer (vgl. auch BFH vom 21. 11. 2013 BStBl II 2014, 263, Tz. 24).

8   Übriges Vermögen

2198   Der frühere vermögensteuerliche Begriff des sonstigen Vermögens ist mit Wegfall der Vermögensteuer entfallen (vgl. die Aufhebung der §§ 18 Abs. 1 Nr. 4, 110 BewG a. F.). Unter **sonstigem Vermögen** kann daher jetzt das der Erbschaftsteuer unterliegende Vermögen bezeichnet werden, das nicht in Grundbesitz und nicht in Betriebsvermögen besteht. Zum übrigen Vermögen zählen beispielsweise Fahrzeuge, Briefmarkensammlungen, Kunstgegenstände, Hausrat etc. Für dieses Vermögen (übriges Vermögen) sieht § 12 Abs. 1 ErbStG in Verbindung mit § 9 BewG grundsätzlich den Wertansatz des gemeinen Werts vor.

Das vom Gesetzgeber mit dem Erbschaftsteuerreformgesetz seit 2009 verfolgte Ziel, sämtliches Vermögen auf der Bewertungsebene mit dem gemeinen Wert anzusetzen, gilt auch für Anteile an Kapitalgesellschaften. Werden sie am Markt gehandelt (z. B. Aktien), so ist der zum Stichtag notierte Kurswert vorrangig für die Bewertung nach § 11 Abs. 1 BewG anzusetzen. Im

Übrigen wird der Wert von Anteilen an Kapitalgesellschaften, sofern er sich nicht aus Vergleichsverkäufen unter fremden Dritten innerhalb des letzten Jahres ableiten lässt, – wie Betriebsvermögen – unter Berücksichtigung der Ertragsaussichten der Kapitalgesellschaft oder einer anderen allgemein anerkannten Methode ermittelt (§ 11 Abs. 2 BewG). Daneben ist zu beachten, dass für Forderungen und Schulden § 12 BewG, für den Wertansatz von wiederkehrenden Leistungen die §§ 13–16 BewG zu beachten sind.

2199–2300
frei

Teil E Verfahrensrechtliche Vorschriften für die Bedarfsbewertung

1 Vorbemerkungen und historische Entwicklung der Bedarfsbewertung

2301   **Jahrzehntelang** wurden bei der Erbschaft- und Schenkungsteuer sowie in bestimmten Fällen bei der Grunderwerbsteuer für den Grundbesitz (Betriebe der Land- und Forstwirtschaft, Grundstücke des Grundvermögens und Betriebsgrundstücke des Betriebsvermögens) als Bemessungsgrundlage die **Einheitswerte** (§§ 19 ff. BewG) mit den Wertverhältnissen vom 01.01.1964 (letzter Hauptfeststellungszeitpunkt) zugrunde gelegt, auch soweit sie auf Feststellungszeitpunkte 01.01.1974 und später durch Nachfeststellungen oder Fortschreibungen festzustellen waren. Soweit es sich um Grundvermögen oder wie Grundvermögen bewertete Betriebsgrundstücke handelte, wurden diese Einheitswerte mit 140 % angesetzt (§ 121a BewG a. F.).

2302   Für den Grundbesitz im Beitrittsgebiet (neue Bundesländer) kamen für das Grundvermögen die Einheitswerte bezogen auf die Wertverhältnisse vom 01.01.1935 mit entsprechenden Zuschlägen (§§ 129 bis 133 BewG) und für das land- und forstwirtschaftliche Vermögen die Ersatzwirtschaftswerte (§§ 125 und 126 BewG) zum Ansatz.

2303   Viele Jahre ging der (auch politische) Streit darum, ob diese Werte im Rahmen der Vermögensbesteuerung (also in den alten Bundesländern für die Vermögensteuer und für die Gewerbesteuer sowie in allen Bundesländern für die Erbschaft- und Schenkungsteuer und für die Grunderwerbsteuer) noch berücksichtigt werden dürfen, da sie auch nicht nur annähernd den wirklichen gemeinen Wert bzw. Ertragswert widerspiegelten. Erst die beiden **Beschlüsse des Bundesverfassungsgerichts vom 22.06.1995** (2 BvL 37/91 BStBl II 1995, 655 für die Vermögensteuer und 2 BvR 552/91 BStBl II 1995, 672 für die Erbschaftsteuer) haben dem ein Ende gesetzt.

2304   Aufgrund dieser beiden Entscheidungen des Bundesverfassungsgerichts hatte der Gesetzgeber durch das **Jahressteuergesetz 1997** die Besteuerung des Grundbesitzes ab 01.01.1996 für die Erbschaft- und Schenkungsteuer und ab 01.01.1997 für die Grunderwerbsteuer auf eine andere Grundlage umgestellt und zwar in Art. 1, 5 und 6 Änderungen zum Bewertungsrecht (BewG), in Art. 2 bis 4 Änderungen zum Erbschaft- und Schenkungsteuerrecht (ErbStG) und in Art. 7 Änderungen zum Grunderwerbsteuerrecht (GrEStG). An die Stelle der Einheitswerte und Ersatzwirtschaftswerte waren sog. **Bedarfswerte** getreten. Die Regelungen für diese Bewertung des Grundbesitzes waren in den (neuen) Vierten Abschnitt des Zweiten Teils (§§ 138 bis 150) des BewG aufgenommen worden. Diese Bewertungsbestimmungen lehnten sich hinsichtlich der Abgrenzung der einzelnen Bewertungsgegenstände sehr stark an die Abgrenzung der wirtschaftlichen Einheiten des Grundbesitzes bei der Einheitsbewertung an. Auch in formeller Hinsicht waren bzw. sind ebenfalls Parallelen zur Einheitsbewertung des Grundbesitzes erkennbar, vor allem bezüglich der gesonderten Feststellung dieser Bedarfswerte. Zur Durchführung der Feststellungsarbeiten zur Bedarfsbewertung für den Grundbesitz für Zwecke der Erbschaft- und Schenkungsteuer sowie für die Grunderwerbsteuer waren zunächst im Jahre 1997 mehrere BMF-Schreiben (gleich lautende **Ländererlasse**) ergangen, und zwar für die Bewertung des land- und forstwirtschaftlichen Vermögens vom 16.04.1997 (BStBl I 1997, 543), für die Bewertung von unbebauten Grundstücken vom 15.04.1997 (BStBl I 1997, 394), für die Bewertung von bebauten Grundstücken vom 28.05.1997 (BStBl I 1997, 592), für die Bewertung von bebauten Grundstücken in Sonderfällen (§ 147 BewG) vom 16.06.1997 (BStBl I 1997, 859) und für die Bewertung von Erbbaurechtsgrundstücken, von Grundstücken mit Gebäuden auf fremdem Grund und Boden und von Grundstücken mit im Bau befindlichen Gebäuden vom 17.06.1997 (BStBl I 1997, 643). Diese Regelungen in den BMF-Schreiben für die Bedarfsbewertung des Grundbesitzes sind im Jahre 1998 in die »Allgemeine Verwaltungsvorschrift zur Anwendung des Erbschaftsteuer- und Schenkungsteuerrechts (**ErbStR**) vom 21.12.1998 (BStBl I 1998 Sondernummer 2/1998)« eingearbeitet worden. Dabei wurden auch manche Fragen und Probleme anders entschieden, als zunächst in den genannten BMF-Schreiben. Diese ErbStR sind in folgende drei Teile gegliedert worden: Teil I: Allgemeine Anwendungsregelung, Teil II: Erbschaftsteuer- und Schenkungsteuergesetz und Teil III: Bewertungsgesetz. Diese Richtlinien sind so wie die EStR konzipiert, d.h. die Zitierweise ist z.B. »R 124 Abs. 1 ErbStR«. Außerdem wird mit Hinweisen gearbeitet, die wie folgt zitiert werden: z.B. »H 132 Abs. 2 (Stichwort) ErbStH«. Die ErbStR lösten die einzelnen vorstehend genannten BMF-Schreiben zur Bedarfsbewertung des Grundbesitzes und auch die übrigen inzwischen zur Wertermittlung (Bedarfsbewertung) des Betriebsvermögens und des übrigen Vermögens sowie die zum ErbStG ergangenen BMF-Schreiben ab. Die ErbStR vom 21.12.1998 waren für alle Erwerbsfälle anzuwenden, für die die Erbschaft- bzw. Schenkungsteuer nach dem 30.06.1998 entstand (A I. ErbStR). Später wurden die ErbStR vom 21.12.1998 durch die ErbStR vom 17.03.2003 (**ErbStR 2003**, BStBl I 2003 Sondernummer 1/2003, 2) abgelöst. Die ErbStR 2003 waren für alle Erwerbsfälle anzuwenden, für die die Erbschaft- bzw. Schenkungsteuer nach dem 31.12.2002 entstanden war; sie galten auch für Erwerbsfälle, für die die Steuer vor dem 01.01.2003 entstanden war, soweit sie geänderte Vorschriften des ErbSt- und SchenkStG und des BewG betreffen, die vor dem 01.01.2003 anzuwenden sind (A I. Abs. 2 ErbStR 2003). Auch die Hinweise zu den ErbStR 2003 wurden neu gefasst (**ErbStH 2003**, gleich lautende Erlasse der obersten Finanzbehörden der Länder vom 17.03.2003 BStBl I 2003 Sondernummer 1/2003, 91).

Da durch Art. 18 des **Jahressteuergesetzes 2007** vom 13.12.2006 (BStBl I 2007, 28) zahl-reiche Regelungen zur Bedarfsbewertung für Zwecke der Erbschaft- und Schenkungsteuer und der Grunderwerbsteuer, insbesondere für die Grundbesitzbewertung, neu eingeführt bzw. geändert wurden, mussten auch zahlreiche Bestimmungen der ErbStR 2003 angepasst werden. Dies geschah durch den gleich lautenden Ländererlass vom 02.04.2007 (BStBl I 2007, 314). **2305**

Ab 1996 wurden **der Erbschaft- und Schenkungsteuer** für alle Vermögenswerte (Grundbesitz, Betriebsvermögen, Anteile an Personen- und Kapitalgesellschaften sowie das übrige Vermögen, insbesondere das Kapitalvermögen) nach § 19 Abs. 1 ErbStG einheitliche Steuersätze zu Grunde gelegt, obwohl sie mit unterschiedlichen Bewertungsmaßstäben bewertet wurden (z.B. der Grundbesitz mit erheblich niedrigeren Steuerwerten gegenüber den gemeinen Werten, das Betriebsvermögen grundsätzlich mit den Steuerbilanzwerten und das Kapitalvermögen mit den aktuellen Verkehrswerten). Mit **Beschluss vom 07.11.2006** (BStBl II 2007, 192) hatte das **Bundesverfassungsgericht** diese Art der Besteuerung für verfassungswidrig erklärt, weil sie gegen Art. 3 Abs. 1 GG verstößt. Das Bundesverfassungsgericht hatte in seinem Beschluss den Gesetzgeber verpflichtet, spätestens bis Ende 2008 eine neue gesetzliche Regelung dahingehend zu schaffen, dass alle Vermögenswerte für die Erbschaft- und Schenkungsteuer einheitlich am gemeinen Wert (Verkehrswert) als maßgeblichen Bewertungsziel ausgerichtet werden. Die dafür vorgesehenen Bewertungsmethoden müssen gewährleisten, dass alle Vermögensgegenstände in einem Annäherungswert an den gemeinen Wert erfasst werden. Der Gesetzgeber darf für die Erbschaft- und Schenkungsteuer aber für einzelne Vermögensteile (z.B. bestimmten **2306**

Grundbesitz oder das produktive Betriebsvermögen) Freibeträge oder unterschiedliche Steuersätze oder andere Verschonungsregelungen vorsehen. Die festgestellte Verfassungswidrigkeit des jetzigen Rechts wirkte aber zeitlich nicht für die Vergangenheit zurück. Alle bisherigen Erb- und Schenkungsfälle waren bzw. sind bis Ende 2008 nach dem noch geltenden Recht zu behandeln.

2307   Inzwischen hat der Gesetzgeber im dem **Gesetz zur Reform des Erbschaftsteuer- und Bewertungsrechts (ErbStRG) vom 24. 12. 2008** (BStBl I 2009, 140) die Besteuerung nach dem ErbStG grundlegend neu geregelt und dabei die Vorgaben des Bundesverfassungsgerichts zu berücksichtigen versucht. Neben gewichtigen Neuregelungen im ErbStG, insbesondere der Begünstigung von bestimmten zu Wohnzwecken vermieteten Grundstücken (§ 13c ErbStG) und für Betriebsvermögen, Betriebe der Land- und Forstwirtschaft und Anteile an Kapitalgesellschaften (§§ 13a und 13b ErbStG), wurde auch die Bewertung des gesamten Grundbesitzes sowie die Bewertung der nicht notierten Anteile an Kapitalgesellschaften und des Betriebsvermögens und der Anteile am Betriebsvermögen von Personengesellschaften auf Verkehrswerte umgestellt. Diese Neuregelung gilt grundsätzlich ab 01.01.2009, konnte allerdings nach Art. 3 des ErbStRG für bestimmte Bereiche auf Antrag auch auf Erwerbe, die nach dem 31.12.2006 und vor dem 01.01.2009 angefallen sind, angewendet werden. Durch Art. 6 des Gesetzes zur Beschleunigung des Wirtschaftswachstums (Wachstumsbeschleunigungsgesetz) vom 22.12.2009 (BGBl I 2009, 3950) wurden in den §§ 13a und 19a ErbStG die Vergünstigungen für die Erbschaft- und Schenkungsteuer verbessert und in § 19 ErbStG für einzelne Steuerklassen die Steuersätze herabgesetzt. Diese neuen Regelungen gelten für Erwerbe, für die die Steuer nach dem 31.12.2009 entsteht. Im BewG wurden keine Änderungen vorgenommen, so dass sich an den Vorschriften für die Bedarfsbewertung ab 01.01.2010 durch das Wachstumsbeschleunigungsgesetz nichts ändert.

2308   Durch **Art. 2 des ErbStRG** wurde das **BewG** für die Erbschaft- und Schenkungsteuer und für die Grunderwerbsteuer wie folgt **neu gestaltet:**

- Der bisherige **Vierte Abschnitt des Zweiten Teils des BewG** (§§ 138 bis 150) wurde grundsätzlich unverändert belassen; er gilt allerdings ab 01.01.2009 nur noch für die Bewertung des Grundbesitzes für die Grunderwerbsteuer.
- In dem neu eingefügten **Sechsten Abschnitt des Zweiten Teils des BewG** (§§ 158 bis 203) wurden die neuen Regelungen der Bewertung (sog. **Bedarfsbewertung**) für den Grundbesitz, für die nicht notierten Anteile an Kapitalgesellschaften und für das Betriebsvermögen und für Anteile am Betriebsvermögen von Personengesellschaften für die Erbschaft- und Schenkungsteuer ab 01.01.2009 bestimmt.
- Die formellen Regelungen zur **gesonderten Feststellung** von Bedarfswerten (sowohl für die Erbschaft- und Schenkungsteuer als auch für die Grunderwerbsteuer) sind weiterhin im **Fünften Abschnitt des Zweiten Teils des BewG** (§§ 151 bis 156) enthalten; sie wurden lediglich an die neue Situation angepasst, nämlich, dass die Regelungen für die Bedarfsbewertung des Grundbesitzes für Zwecke der Grunderwerbsteuer sich im Vierten Abschnitt des Zweiten Teils und die Regelungen für die Bedarfsbewertung des Grundbesitzes, der nicht notierten Anteile an Kapitalgesellschaften sowie für das Betriebsvermögen und für Anteile am Betriebsvermögen von Personengesellschaften im Sechsten Abschnitt des Zweiten Teils des BewG befinden.

2309   Dies hat nun u.a. zur Folge, dass das (ab 01.01.2009 geltende) BewG nunmehr **drei** völlig **unterschiedliche Regelungsbereiche für die Bewertung des Grundbesitzes** enthält, nämlich:

- der Erste Abschnitt des Zweiten Teils des BewG die **Einheitsbewertung** (nur noch) **für** Zwecke der **Grundsteuer,**

- der Vierte Abschnitt des Zweiten Teils des BewG die **Bedarfsbewertung** (ab 01.01.2009 nur noch) **für** Zwecke der **Grunderwerbsteuer** und
- der Sechste Abschnitt des Zweiten Teils des BewG die **Bedarfsbewertung** (ab 01.01.2009 nur) **für** Zwecke der **Erbschaft- und Schenkungsteuer.**

Zu den neuen Bestimmungen, insbesondere des Sechsten Abschnitts des Zweiten Teils für die Erbschaft- und Schenkungsteuer, sind zunächst mehrere **gleich lautende Ländererlasse** ergangen, die in Kapitel 1 Teil C 3.3 Nr. 3 (Rz. 1622) dieses Buches im Einzelnen aufgeführt sind. Diese zunächst ergangenen gleich lautende Ländererlasse wurden später in die »Allgemeine Verwaltungsvorschrift zur Anwendung des Erbschaftsteuer- und Schenkungsteuerrechts **(ErbStR 2011)«** vom 19.12.2011 (BStBl I 2011 Sondernummer 1, 2) übernommen; außerdem wurden durch gleich lautende Ländererlasse vom 19.11.2011 (BStBl I 2011 Sondernummer 1, 117) »Hinweise zu den Erbschaftsteuer-Richtlinien 2011 **(ErbStH 2011)«** erlassen (vgl. auch hierzu die Ausführungen in Kapitel 1 Teil C 3.3. Nr. 3 (Rz. 1622) dieses Buches) | **2310**

2311–2330 frei

2 Allgemeines zur Bedarfsbewertung für Zwecke der Erbschaft- und Schenkungsteuer

2.1 Begriff, Zweck und Zeitpunkt der Bedarfsbewertung

Die Bewertung des Grundbesitzes, der nicht notierten Anteile an Kapitalgesellschaften und für das Betriebsvermögen sowie für Anteile am Betriebsvermögen von Personengesellschaften nach dem Sechsten Abschnitt des Zweiten Teils des BewG für die Erbschaft- und Schenkungsteuer und hinsichtlich der Bewertung des Grundbesitzes für die Grunderwerbsteuer nach dem Vierten Abschnitt des Zweiten Teils des BewG ist als sog. **Bedarfsbewertung** ausgestaltet. Das bedeutet, eine Wertermittlung und Wertfeststellung (gesonderte Feststellung) kommt nur in Betracht, wenn sie für die Besteuerung benötigt wird (§ 157 Abs. 1 BewG für die Erbschaft- und Schenkungsteuer und § 138 BewG für die Grunderwerbsteuer). Im Gegensatz zur Einheitsbewertung des Grundbesitzes gelten für die neuen Bundesländer keine abweichenden Besonderheiten, d.h. die Bedarfsbewertung ist auf ganz Deutschland in gleicher Weise anzuwenden. Die nach § 151 BewG im Rahmen des Sechsten Abschnitts des Zweiten Teils des BewG gesondert festzustellenden Werte sind **Besteuerungsgrundlage** für die Erbschaft- und Schenkungsteuer, vgl. zur verfahrensrechtlichen Durchführung der Bedarfsbewertung die näheren Ausführungen in den nachstehenden Tz. 3 ff. (Rz. 2351 ff.). | **2331**

Feststellungszeitpunkt und somit Bewertungsstichtag für die Bedarfsbewertung ist der jeweilige Besteuerungszeitpunkt der Erbschaft- und Schenkungsteuer. Das ist bei der Erbschaftsteuer der **Todestag** und bei der Schenkungsteuer der **Tag der Ausführung der Schenkung** (§ 11 i.V.m. § 9 ErbStG). In § 157 Abs. 1 Satz 1 BewG ist hierzu ausdrücklich bestimmt, dass für die Grundbesitzwerte sowohl hinsichtlich der **tatsächlichen Verhältnisse** als auch der **Wertverhältnisse** die Verhältnisse vom Bewertungsstichtag, d.h. vom Besteuerungszeitpunkt der Erbschaft- und Schenkungsteuer, maßgebend sind. In § 157 Abs. 4 und 5 BewG ist ausgeführt, dass für die Ermittlung des Werts von nicht notierten Anteilen an Kapitalgesellschaften und des Werts von Betriebsvermögen oder des Anteils am Betriebsvermögen einer Personengesellschaft ebenfalls die tatsächlichen Verhältnisse und Wertverhältnisse vom Bewertungsstichtag und somit vom Besteuerungszeitpunkt der Erbschaft- und Schenkungsteuer zu berücksichtigen sind. Dabei ist hinsichtlich der tatsächlichen Verhältnisse und der Wertverhältnisse zu beachten, dass die **Verhältnisse des Erblassers bzw. Schenkers** an diesem Stichtag maßgebend sind, nicht die Verhältnisse des Erben bzw. des Beschenkten. | **2332**

BEISPIEL

Ein Grundstück des Erblassers E ist von Todes wegen, z. B. am 20. 07. 2016, auf seine Tochter T übergegangen. E hatte das Grundstück zu seinen Lebzeiten zu Wohnzwecken vermietet und in seinem Privatvermögen geführt. Die Erbin T nutzt das Grundstück nach dem Tode des E alsbald zu eigenbetrieblichen Zwecken.

LÖSUNG Im Rahmen der Bedarfsbewertung für Zwecke der Erbschaftsteuer ist das Grundstück mit den tatsächlichen und wertmäßigen Verhältnissen vom 20. 07. 2016 als Grundvermögen zu bewerten und der gesondert festzustellende Grundbesitzwert der Erbin zuzurechnen.

2333   Solche **Bedarfswerte** sind u. U. auch **nachträglich festzustellen**. Dies ist z. B. dann erforderlich, wenn eine Bewertung zunächst deshalb unterblieben ist, weil die Übertragung von Wirtschaftsgütern offensichtlich steuerfrei war und nachträglich weitere Schenkungen erfolgten oder der Erbfall eintritt. Vgl. hierzu auch R B 151.2 Abs. 4 ErbStR.

2.2   Regelungen zur Ermittlung der Bedarfswerte

2334   Die ab 01. 01. 2009 anzuwendenden Regelungen, nach denen die einzelnen Bedarfswerte zu ermitteln sind, sind in den § 157 Abs. 2 bis 5 BewG festgelegt.

- Für die wirtschaftlichen Einheiten des **land- und forstwirtschaftlichen Vermögens** und für Betriebsgrundstücke im Sinne des § 99 Abs. 1 Nr. 2 BewG sind die Werte unter Anwendung der §§ 158 bis 175 BewG zu ermitteln und gesondert festzustellen. Diese Werte werden als **Grundbesitzwerte** bezeichnet. Siehe hierzu die Ausführungen in Teil F (ab Rz. 2501) dieses Kapitels.

- Für die wirtschaftlichen Einheiten des **Grundvermögens** und für Betriebsgrundstücke im Sinne des § 99 Abs. 1 Nr. 1 BewG sind die Werte unter Anwendung der §§ 176 bis 198 BewG zu ermitteln und gesondert festzustellen. Diese Werte werden ebenfalls als **Grundbesitzwerte** bezeichnet. Siehe hierzu die Ausführungen in Teil G (ab Rz. 3001) dieses Kapitels.

- Der Wert von **nicht notierten Anteilen an Kapitalgesellschaften** (im Sinne von § 11 Abs. 2 Satz 2 BewG) ist unter Anwendung des § 11 Abs. 2 i. V. m. §§ 199 bis 203 BewG nach den tatsächlichen Verhältnissen und den Wertverhältnissen vom Bewertungsstichtag zu ermitteln und gesondert festzustellen. Diese Werte werden als **Anteilswerte** bezeichnet. Siehe hierzu die Ausführungen in Teil H (ab Rz. 3601) dieses Kapitels.

- Der Wert von **Betriebsvermögen** oder des **Anteils am Betriebsvermögen** einer Personengesellschaft im Sinne der §§ 95, 96 und 97 BewG ist unter Anwendung des § 109 Abs. 1 und 2 BewG i. V. m. § 11 Abs. 2 und den §§ 199 bis 203 BewG unter Berücksichtigung der tatsächlichen Verhältnisse und der Wertverhältnisse vom Bewertungsstichtag zu ermitteln und gesondert festzustellen. Diese Werte werden als **Betriebsvermögenswerte** bezeichnet. Siehe hierzu die Ausführungen in Teil H (ab Rz. 3601) dieses Kapitels.

2.3   Maßgebender Bewertungsmaßstab

2335   Entgegen den früheren Regelungen kommt ab 01. 01. 2009 für alle Fälle der Bedarfsbewertung als **Bewertungsmaßstab** der **gemeine Wert** (Verkehrswert) in Betracht. Dies war die Vorgabe im Beschluss des Bundesverfassungsgerichts vom 07. 11. 2006 (BStBl II 2007, 192) und ist sowohl für die Bewertung des Grundbesitzes (vgl. § 162 Abs. 1 Satz 1, § 167 Abs. 1, § 177 BewG) sowie für die Bewertung der nicht notierten Anteile an Kapitalgesellschaften und das Betriebsvermögen und der Anteile am Betriebsvermögen einer Personengesellschaft in § 11 Abs. 2

i. V. m. § 199 BewG bestimmt worden. Für die einzelnen Wertermittlungen werden jedoch **unterschiedliche Bewertungsmethoden** zu Grunde gelegt (vgl. hierzu die Regelungen in § 157 BewG und den dort benannten weiteren Bestimmungen des Sechsten Abschnitts des Zweiten Teils des BewG).

2.4 Abgrenzung der einzelnen Vermögensarten

Die Regelungen für die **Abgrenzung** der einzelnen Vermögensarten für die Bedarfsbewertung wurden zwar im Sechsten Abschnitt des Zweiten Teils des BewG für den **Grundbesitz** grundsätzlich **neu formuliert** (vgl. insbesondere §§ 158 und 159 BewG für das land- und forstwirtschaftliche Vermögen und § 176 für das Grundvermögen), entsprechen aber größtenteils den gleichen Bestimmungen, wie bei der Einheitsbewertung des Grundbesitzes (vgl. §§ 33, 68 und 69 BewG und Kapitel 3 Teile C bis D, Rz. 3801–5195, dieses Buches). Diese Regelungen gelten auch für Betriebsgrundstücke (vgl. § 157 Abs. 2 und 3 BewG infolge des Hinweises auf § 99 Abs. 1 Nr. 1 und 2 BewG). Für die **Abgrenzung des Betriebsvermögens** gelten im Prinzip dieselben Regelungen, wie sie schon (bis 1997) für die Einheitsbewertung des Betriebsvermögens gegolten hatten (vgl. §§ 95 bis 97 und § 109 BewG). Siehe hierzu die Ausführungen in Kapitel 1 Teile F, G und H, Rz. 2501–3826, dieses Buches.

2336

Eine zutreffende Abgrenzung der Vermögensarten hat **erhöhte Bedeutung** wegen der erbschaft- und schenkungsteuerlichen Begünstigungsvorschriften der §§ 13a bis 13d ErbStG und wegen der Tarifbegrenzung des § 19a ErbStG.

2337

2338–2350 frei

3 Verfahrensrechtliche Durchführung der Bedarfsbewertung

3.1 Gesonderte Feststellungen für bestimmte Fälle der Bedarfsbewertung

Nach § 10 Abs. 1 ErbStG gilt für die Erbschaft- und Schenkungsteuer als steuerpflichtiger Erwerb der Wert der Bereicherung des Erwerbers, soweit die Bereicherung nicht steuerfrei ist. Die **Bewertung** der einzelnen erworbenen Vermögensgegenstände und Schulden erfolgt nach § 12 Abs. 1 ErbStG **grundsätzlich** nach den **allgemeinen Bewertungsvorschriften** des Ersten Teils des BewG. Das bedeutet, dass grundsätzlich die Ermittlung und Bewertung der einzelnen Werte im Rahmen der Ermittlung des Werts der Bereicherung im Zuge der Erbschaft- bzw. Schenkungsteuer-Festsetzung zu erfassen und zu beurteilen sind.

2351

Für eine Reihe von Vermögensgegenständen sieht der Fünfte Abschnitt des Zweiten Teils des BewG in § 151 Abs. 1 Satz 1 jedoch eine von der eigentlichen Erbschaft- und Schenkungsteuer-Festsetzung losgelöste **gesonderte Feststellung** der Besteuerungsgrundlagen vor. Anders wie bei der Einheitsbewertung des Grundbesitzes (für die Zwecke der Grundsteuer) sind für die Zwecke der Erbschaft- und Schenkungsteuer solche gesonderte Feststellungen nur dann durchzuführen, wenn die Werte für diese Besteuerung **von Bedeutung** sind (R B 151.1 Abs. 1 Satz 2 ErbStR). Man spricht hier von der sog. **Bedarfsbewertung** (s. o. Tz. 2.1 Abs. 1, Rz. 2331). Nach R B 151.1 Abs. 3 ErbStR kann im Einvernehmen mit den Verfahrensbeteiligten auf ein formelles Feststellungsverfahren verzichtet werden, wenn es sich um einen Fall von geringer Bedeutung handelt. Ein solcher Fall liegt insbesondere vor, wenn der Verwaltungsaufwand der Beteiligten in keinem Verhältnis zur steuerlichen Auswirkung steht und der festzustellende Wert unbestritten ist. Zur Frage, wer Verfahrensbeteiligter ist, vgl. Tz. 6 (Rz. 2431 ff.).

2352

2353   Die (weiteren formellen) **verfahrensrechtlichen Vorschriften** für diese gesonderten Feststellungen befinden sich in § 151 Abs. 2 bis 5 und in den §§ 152 bis 156 BewG. Bei diesen gesonderten Feststellungen sind grundsätzlich auch die Regelungen des § 179 AO zu beachten (§ 151 Abs. 1 Satz 1 BewG). Es gelten insoweit grundsätzlich die gleichen Regelungen wie für die Einheitsbewertung des Grundbesitzes (vgl. § 19 BewG und Kapitel 3 Teil B insbesondere Tz. 3., Rz. 4708–4710 dieses Buches). Eine gesonderte Feststellung ist nach § 179 Abs. 2 AO auch einheitlich durchzuführen, wenn an dem Gegenstand mehrere Personen beteiligt sind.

2354   Die **Fälle der gesonderten Feststellung** von Bedarfswerten sind in § 151 Abs. 1 Satz 1 BewG benannt. Danach sind im Bedarfsfall gesondert festzustellen (vgl. auch R B 151.1 Abs. 1 Satz 1 ErbStR):

1. Grundbesitzwerte (§§ 138 und 157 BewG),
2. der Wert des Betriebsvermögens bei Gewerbebetrieben und freiberuflich Tätigen oder der Wert des Anteils am Betriebsvermögen einer Personengesellschaft (§§ 95, 96 und 97 Abs. 1a BewG),
3. der Wert von nicht notierten Anteilen an Kapitalgesellschaften im Sinne von § 11 Abs. 2 BewG sowie
4. der Anteil am Wert von anderen (nicht in § 151 Abs. 1 Satz 1 Nr. 1 bis 3 BewG genannten) Vermögensgegenständen und Schulden, die mehreren Personen zustehen (hierbei ist § 3 BewG zu beachten).

2355   Nach § 151 Abs. 4 BewG unterliegt **ausländisches Vermögen** nicht der gesonderten Feststellung. Dies gilt uneingeschränkt nur für ausländisches Vermögen, das nicht Teil einer inländischen wirtschaftlichen Einheit des Betriebsvermögens ist oder zum Vermögen einer Kapitalgesellschaft oder vermögensverwaltenden Gemeinschaft bzw. Gesellschaft mit Sitz oder Geschäftsleitung im Inland gehört (vgl. R B 151.1 Abs. 2 Satz 1 ErbStR); diese Bewertung hat nach § 12 Abs. 7 BewG mit dem gemeinen Wert zu erfolgen (vgl. auch § 31 BewG und R B 151.1 Abs. 2 Satz 3 ErbStR). Nach R B 151.1 Abs. 2 Satz 2 ErbStR ist der gemeine Wert des ausländischen Vermögens, das zu einem inländischen Betriebsvermögen oder zum Vermögen einer Kapitalgesellschaft oder vermögensverwaltenden Gemeinschaft bzw. Gesellschaft mit Sitz oder Geschäftsleitung im Inland gehört, im Rahmen der gesonderten Feststellung des gemeinen Werts dieser wirtschaftlichen Einheit nach § 151 Abs. 1 Satz 1 Nr. 2 bis 4 BewG zu berücksichtigen.

2356   **Ob Bedarfswerte** für die im § 151 Abs. 1 Satz 1 BewG genannten Fälle gesondert **festzustellen sind**, trifft grundsätzlich das Finanzamt, das für die Festsetzung der Erbschaft- und Schenkungsteuer oder für die Feststellung nach § 151 Abs. 1 Satz 1 Nr. 2 bis 4 BewG zuständig ist (§ 151 Abs. 1 Satz 2 BewG, R B 151.1 Abs. 1 Satz 3 ErbStR).

2357   Nach § 151 Abs. 5 BewG sind **Grundbesitzwerte** (im Sinne von § 151 Abs. 1 Satz 1 Nr. 1 BewG) auch **für Zwecke der Grunderwerbsteuer** gesondert festzustellen, soweit sie dafür von Bedeutung sind (§ 8 Abs. 2 GrEStG). Auf diese gesonderten Feststellungen, deren Bewertung im Vierten Abschnitt des Zweiten Teils des BewG (§§ 138 bis 150) geregelt ist, wird in Kapitel 2 dieses Buches eingegangen.

3.2   Feststellungen im Feststellungsbescheid

2358   Wie bei der Einheitsbewertung des Grundbesitzes (s. Kapitel 3 Teil B 3 und 5, Rz. 4708–4710 und Rz. 4712) wird auch der Bedarfswert für die Erbschaft- und Schenkungsteuer durch einen besonderen **Feststellungsbescheid** gesondert festgestellt. Der Feststellungsbescheid muss inhaltlich hinreichend bestimmt sein (§ 119 Abs. 1 AO). Ihm ist eine **Rechtsbehelfsbelehrung** beizufügen (§ 181 Abs. 1 Satz 1 i. V. m. § 157 Abs. 1 Satz 3 AO). Dieser Feststellungsbescheid ist ein **Grundlagenbescheid** und somit für die Festsetzung der Erbschaft- und Schenkungsteuer oder für einen Folgebescheid (z. B. einen Feststellungsbescheid über den Wert des Betriebsvermögens oder eines Anteils am Betriebsvermögen einer Personengesellschaft) bindend (sog. **bindende Wirkung** nach § 182 Abs. 1 AO).

In dem **Feststellungsbescheid für Grundbesitzwerte** sind nach § 151 Abs. 2 BewG auch folgende Feststellungen zu treffen:

2359

1. Feststellung über die **Art** der wirtschaftlichen Einheit (z. B. Betrieb der Land- und Forstwirtschaft, Grundstück des Grundvermögens). Da ab 01.01.2009 der bisherige § 99 Abs. 2 BewG a. F. weggefallen ist, kann neuerdings der Grundbesitzwert einer wirtschaftliche Einheit des Grundbesitzes in Grundvermögen und Betriebsvermögen aufzuteilen sein, da für die Zugehörigkeit zum Grundvermögen oder zum Betriebsvermögen nunmehr ausschließlich die ertragsteuerlichen Grundsätze gelten (§§ 95 bis 97 BewG, s. auch R B 151.2 Abs. 1 Satz 2 ErbStR).

   Wenn ein Grundstück sowohl zum Betriebsvermögen als auch zum Grundvermögen gehört kann sowohl das Erbschaftsteuer-Finanzamt als auch das Betriebsfinanzamt vom Lagefinanzamt einen Grundbesitzwert anfordern. Das Lagefinanzamt muss dann über den insgesamt festgestellten Grundbesitzwert sowohl an das anfordernde Betriebsfinanzamt als auch an das Erbschaftsteuer-Finanzamt eine Mitteilung machen. Das Betriebsfinanzamt hat dem Erbschaftsteuer-Finanzamt mitzuteilen, in welchem Umfang das Grundstück zum Betriebsvermögen gehört, damit das Erbschaftsteuer-Finanzamt entscheiden kann, welcher Wertanteil des Grundstücks zum Betriebsvermögen und welcher zum Grundvermögen zu rechnen ist. Vgl. hierzu die weiteren Ausführungen in H B 151.2 ErbStH (Aufteilung des Grundbesitzwerts bei nicht ausschließlich betrieblicher Nutzung). In der Mitteilung des Lagefinanzamts an das für die Berücksichtigung in einem Folgebescheid zuständige Finanzamt (z. B. das Erbschaftsteuer-Finanzamt oder Betriebsfinanzamt) sind nachträglich noch weitere Angaben aufzunehmen, die in H B 151.2 (Nachrichtliche Angaben) ErbStH aufgeführt sind.

2. Feststellungen über die **Zurechnung** der wirtschaftlichen Einheit und bei mehreren Beteiligten über die Höhe des Anteils, der für die Besteuerung oder eine andere Feststellung von Bedeutung ist. Beim Erwerb durch eine Erbengemeinschaft erfolgt die Zurechnung in Vertretung der Miterben auf die Erbengemeinschaft. Entsprechendes gilt für die Feststellungen nach § 151 Abs. 1 Satz 1 Nr. 4 BewG.

2360–2370 frei

3.3 Zurechnung der gesondert festzustellenden Bedarfswerte

Hinsichtlich der Zurechnung der gesondert festzustellenden Bedarfswerte sind zu unterscheiden:

2371

3.3.1 Zurechnung der wirtschaftlichen Einheit des Grundbesitzes

Für wirtschaftliche Einheiten des Grundbesitzes, für die ein Grundbesitzwert gesondert festzustellen ist, sind folgende Fälle zu unterscheiden (**Möglichkeiten des Eigentumsübergangs**, vgl. R B 151.2 Abs. 2 ErbStR):

2372

- Der **Erblasser** war **Alleineigentümer** einer wirtschaftlichen Einheit des Grundbesitzes und sein Eigentum geht **auf einen Erben** im Wege des Erbanfalls als Gesamtrechtsnachfolger über: In diesem Fall ist der gesamte Wert der wirtschaftlichen Einheit gesondert festzustellen und dem Erwerber allein zuzurechnen.

- Der **Erblasser** war **Alleineigentümer** einer wirtschaftlichen Einheit des Grundbesitzes und sein Eigentum geht im Wege des Erbanfalls **auf mehrere Erben** als Gesamtrechtsnachfolger über:

  In diesem Fall ist der gesamte Wert der wirtschaftlichen Einheit gegenüber der Erbengemeinschaft gesondert und einheitlich festzustellen und der Erbengemeinschaft (in Vertretung der Miterben) zuzurechnen. Hierbei sind nach § 154 Abs. 3 BewG die Regelungen des § 183 AO entsprechend anzuwenden. Bei der Bekanntgabe des Feststellungsbescheids ist darauf hinzuweisen, dass die Bekanntgabe mit Wirkung für und gegen alle Miterben erfolgt. Eine solche gesonderte Feststellung ist erforderlich, wenn sich bei mindestens einem Miterben eine materielle Steuerpflicht ergibt. Die Ermittlung der Erbquote obliegt aber dem Erbschaftsteuer-Finanzamt.

- Der **Erblasser** war **Miteigentümer** einer wirtschaftlichen Einheit des Grundbesitzes und sein Miteigentumsanteil daran geht im Wege des Erwerbs durch Erbanfall nur **auf einen Erben oder auf mehrere Erben** als Gesamtrechtsnachfolger über:

  In diesem Fall sind der gesamte Wert der wirtschaftlichen Einheit sowie der Wert des vererbten Miteigentumsanteils nach den vorstehenden Ausführungen festzustellen und dem Erben oder der Erbengemeinschaft (in Vertretung der Miterben) zuzurechnen. Die übrigen Miteigentümer sind nicht an dem Feststellungsverfahren beteiligt.

- Eine wirtschaftliche Einheit des Grundbesitzes oder ein Miteigentumsanteil daran wird durch **Vermächtnis** zugewendet:

  In diesem Fall ist der Wert der wirtschaftlichen Einheit oder des Miteigentumsanteils gesondert festzustellen und dem Erben oder der Erbengemeinschaft (in Vertretung der Miterben) zuzurechnen. Der Vermächtnisnehmer wird im Fall des Grundbesitzvermächtnisses bei der Erbschaftsteuer so behandelt, als sei auf ihn Grundbesitz mit dinglicher Wirkung übergegangen.

- Eine wirtschaftliche Einheit des Grundbesitzes oder ein Miteigentumsanteil daran geht im Wege der **Schenkung unter Lebenden** über:

  In diesem Fall ist für jeden Erwerber der Wert des von ihm erworbenen Eigentumsanteils (Miteigentumsanteils) am Grundbesitz gesondert festzustellen. Die Feststellung ist gegenüber dem Erwerber und dem Schenker einheitlich zu treffen.

2373 Zu den Fällen der **mittelbaren Grundstücksschenkung** und der Begrenzung eines Jahreswerts der Nutzungen eines Grundstücks nach § 16 BewG vgl. die Ausführungen in R B 151.2 Abs. 7 ErbStR.

3.3.2 Zurechnung des Werts des Betriebsvermögens oder des Anteils am Betriebsvermögen einer Personengesellschaft

2374 Der Wert des Betriebsvermögens eines Gewerbebetriebs oder einer freiberuflichen Tätigkeit oder des Anteils am Wert des Betriebsvermögens einer Personengesellschaft ist dem Erwerber oder den Erwerbern (Alleinerbe oder Erbengemeinschaft oder dem bzw. den Beschenkten) zuzurechnen.

2375 Nach R B 151.4 Abs. 1 ErbStR gelten hierfür die für den Grundbesitz maßgebenden Regelungen des R B 151.2 Abs. 2 Nr. 1 bis 5 ErbStR (vgl. 3.3.1, Rz. 2372) sinngemäß. Danach sind für die Zwecke der Erbschaft- und Schenkungsteuer hinsichtlich der Zurechnung von Betriebsvermögen oder des Anteils am Betriebsvermögen einer Personengesellschaft zu unterscheiden (**Möglichkeiten des Eigentumsübergangs**):

- Der **Erblasser** war **Alleineigentümer** eines Gewerbebetriebs oder Eigentümer eines Anteils Betriebsvermögen einer Personengesellschaft und sein Eigentum geht **auf einen Erben** im Wege des Erbanfalls als Gesamtrechtsnachfolger über:

In diesem Fall ist der gesamte Wert der wirtschaftlichen Einheit des Gewerbebetriebs bzw. der Anteil am Wert des Betriebsvermögens der Personengesellschaft gesondert festzustellen und dem Erwerber allein zuzurechnen.

- Der **Erblasser** war **Alleineigentümer** eines Gewerbebetriebs oder Eigentümer eines Anteils am Betriebsvermögen einer Personengesellschaft und sein Eigentum geht im Wege des Erbanfalls **auf mehrere Erben** als Gesamtrechtsnachfolger über:
  In diesem Fall ist der gesamte Wert der wirtschaftlichen Einheit des Gewerbebetriebs bzw. der Anteil am Wert des Betriebsvermögens der Personengesellschaft gegenüber der Erbengemeinschaft gesondert festzustellen und der Erbengemeinschaft (in Vertretung der Miterben) zuzurechnen. Diese Feststellung ist erforderlich, wenn sich bei mindestens einem Miterben eine materielle Steuerpflicht ergibt. Die Ermittlung der Erbquote obliegt aber dem Erbschaftsteuer-Finanzamt.

- Ein Gewerbebetrieb oder ein Anteil am Betriebsvermögen einer Personengesellschaft wird durch **Vermächtnis** zugewendet:
  In diesem Fall ist der Wert der wirtschaftlichen Einheit des Gewerbebetriebs bzw. der Wert des Anteils am Betriebsvermögen der Personengesellschaft gesondert festzustellen und dem Erben oder der Erbengemeinschaft (in Vertretung der Miterben) zuzurechnen. Der Vermächtnisnehmer wird im Fall des Vermächtnisses bei der Erbschaftsteuer so behandelt, als sei auf ihn das Betriebsvermögen übergegangen.

- Ein Gewerbebetrieb oder ein Anteil am Betriebsvermögen einer Personengesellschaft geht im Wege der **Schenkung unter Lebenden** über:
  In diesem Fall ist für den Erwerber des Gewerbebetriebs der Wert und für jeden erwerbenden Gesellschafter einer Personengesellschaft der Wert des Anteils am Betriebsvermögen der Personengesellschaft gesondert festzustellen und dem Erwerber bzw. den Erwerbern zuzurechnen.

Zu den Fällen der **mittelbaren Schenkung** von Betriebsvermögen oder eines Anteils am Betriebsvermögen einer Personengesellschaft und der Begrenzung eines Jahreswerts der Nutzungen oder Leistungen eines Betriebsvermögens oder eines Anteils am Betriebsvermögen einer Personengesellschaft vgl. R B 151.4 Abs. 2 ErbStR.

3.3.3 Zurechnung des Werts nicht notierter Anteile an Kapitalgesellschaften

Der ebenfalls (wie für Grundbesitz sowie für Betriebsvermögen und des Anteils am Betriebs-   **2376** vermögen einer Personengesellschaft) gesondert festzustellende gemeine Wert von nicht notierten Anteilen an Kapitalgesellschaften ist dem Erwerber oder den Erwerbern (Alleinerbe oder Erbengemeinschaft oder dem bzw. den Beschenkten) zuzurechnen. Hierbei gelten nach R B 151.5 Abs. 1 ErbStR die Regelungen für die Zurechnung von Grundbesitz sowie Betriebsvermögen und dem Anteil am Betriebsvermögen einer Personengesellschaft sinngemäß. Vgl. hierzu die Ausführungen in R B 151.2 Abs. 1 Nr. 1 bis 5 ErbStR (s. vorstehend die Ausführungen zu 3.3.1 und 3.3.2, Rz. 2371–2375). Zu den Fällen der **mittelbaren Schenkung** von nicht notierten Anteilen an einer Kapitalgesellschaft und der Begrenzung eines Jahreswerts der Nutzungen oder Leistungen von nicht notierten Anteilen an einer Kapitalgesellschaft vgl. R B 151.5 Abs. 2 ErbStR.

3.3.4 Zurechnung der Beteiligung (des Anteils) an einer vermögensverwaltenden Gesellschaft bzw. Gemeinschaft

Nach § 10 Abs. 1 Satz 4 ErbStG gilt der unmittelbare oder mittelbare Erwerb einer Beteili-   **2377** gung an einer Personengesellschaft oder einer anderen Gesamthandsgemeinschaft, die nicht unter § 97 Abs. 1 Satz 1 Nr. 5 BewG fällt (sog. vermögensverwaltende Gesellschaft bzw. Gemeinschaft), als Erwerb der anteiligen Wirtschaftsgüter; die dabei übergehenden Schulden und Lasten der Gesellschaft sind bei der Ermittlung der Bereicherung des Erwerbers (d. h. Ermittlung des Werts der Beteiligung an der Gesellschaft bzw. Gemeinschaft) wie eine Gegenleistung zu behandeln. Der Wert der Beteiligung ist dem Erwerber zuzurechnen. Hierbei gelten nach R B 151.6 Abs. 1 ErbStR die Regelungen für die Zurechnung des Erwerbs von Grundbesitz des R B 151.2 Abs. 2 Nr. 1 bis 5 ErbStR (s. oben die Ausführungen zu 3.3.1, Rz. 2371–2372) sinngemäß.

Auch in diesen Fällen gilt die Basiswertregelung in R B 151.2 Abs. 11 ErbStR entsprechend (R B 151.6 Abs. 3 ErbStR).

2378–2390
frei

3.4 Gesonderte Feststellungen bei mehrmaligem Erwerb innerhalb eines Jahres

2391 Bei mehrmaligem Erwerb einer wirtschaftlichen Einheit des Grundbesitzes hat das jeweilige Lagefinanzamt der (neuen) Wertermittlung einen bereits (zuvor) festgestellten Grundbesitzwert (sog. **Basiswert**) zu Grunde zu legen, wenn innerhalb eines Jahres keine wesentlichen Änderungen eingetreten sind. Der Basiswert ist der für den ersten Erwerbsfall auf den jeweiligen Bewertungsstichtag ermittelte Grundbesitzwert. Vgl. hierzu die weiteren Ausführungen in R B 151.2 Abs. 11 ErbStR.

2392 Diese Basiswertregelung gilt auch für die gesonderte Feststellung des Werts des Betriebsvermögens oder des Anteils am Wert des Betriebsvermögens einer Personengesellschaft (R B 151.4 Abs. 3 ErbStR) und für die gesonderte Feststellung des Werts nicht notierter Anteile an Kapitalgesellschaften (R B 151.5 Abs. 3 ErbStR).

3.5 Weitere Besonderheiten bei der gesonderten Feststellung von Bedarfswerten für das Betriebsvermögen oder eines Anteils am Betriebsvermögen einer Personengesellschaft oder des Anteils an einer Kapitalgesellschaft

2393 Beim Erwerb von Betriebsvermögen oder eines Anteils am Betriebsvermögen einer Personengesellschaft oder eines nicht notierten Anteils an einer Kapitalgesellschaft gilt **für Grundbesitz**, der zu dem erworbenen Betrieb oder zum Gesamthandsvermögen der betreffenden Personengesellschaft oder der Kapitalgesellschaft gehört, die Regelung über die gesonderte Feststellung von Grundbesitzwerten ebenfalls. Das bedeutet, dass auch in diesen Fällen für den dazu gehörenden Grundbesitz (Betriebsgrundstücke) Grundbesitzwerte gesondert und ggf. gesondert und einheitlich festzustellen sind. Vgl. hierzu im Einzelnen die Ausführungen im R B 151.2 Abs. 2 bis 8 ErbStR.

2394 Im Rahmen der gesonderten Feststellungen für Betriebsvermögen, für Anteile am Betriebsvermögen von Personengesellschaften und für nicht notierte Anteile an Kapitalgesellschaften sind vom Betriebsfinanzamt an das für den Erlass eines Folgebescheids zuständige Finanzamt (z. B. Erbschaftsteuer-Finanzamt) für die Anwendung von erbschaft- und schenkungsteuerlichen Vergünstigungsregelungen (z. B. §§ 13a bis 13c ErbStG) bestimmte Mitteilungen zu machen. Die entsprechenden Regelungen hierzu sind im gleich lautenden Ländererlass vom 21.06.2012 (BStBl I 2012, 712) in der sog. »Allgemeinen Verwaltungsanweisung für die Erbschaft- und Schenkungsteuer **(ErbStVA)**« festgelegt worden. Vgl. auch H B 151.7 (Nachrichtliche 'Angaben – bei Einzelunternehmen und Personengesellschaften –) ErbStH 2011 und

H B 151.8 (Angaben im Zusammenhang mit der Überwachung der Verschonungsvoraussetzungen der §§ 13a und 19a ErbSt) ErbStH 2011. Diese Regelungen sind mit gleich lautendem Ländererlass vom 03.07.2015 (BStBl I 2015, 546) modifiziert worden. Nachdem die erbschaft- und schenkungsteuerlichen Vergünstigungsregelungen mit dem Gesetz zur Anpassung des Erbschaftsteuer- und Schenkungsteuergesetzes an die Rechtsprechung des Bundesverfassungsgerichts vom 04.11.2016 für den Zeitraum ab 01.07.2016 neu gefasst wurden, sind durch den koordinierten Ländererlass vom 22.06.2017 (BStBl I, 2017, 902) wiederum Regelungen betreffend §§ 13a–13c ErbStG angepasst worden.

3.6 Vorläufiger Verzicht auf die gesonderte Feststellung eines Grundbesitzwerts

Ist bei einer **Grundstücksschenkung** absehbar, dass der gemeine Wert der freigebigen Zuwendung unter dem persönlichen Freibetrag des Erwerbers liegt und führt auch eine Zusammenrechnung mit früheren Zuwendungen von derselben Person (§ 14 ErbStG) nicht zu einer Steuerfestsetzung, kann auf eine gesonderte Feststellung des Grundbesitzwerts zunächst verzichtet werden. Diese gesonderte Feststellung ist auf den Zeitpunkt der Ausführung der Grundstücksschenkung nachzuholen, wenn im Verlauf der folgenden 10 Jahre die Grundstücksschenkung in die Zusammenrechnung mit einem weiteren Erwerb von derselben Person einzubeziehen ist und hierdurch der persönliche Freibetrag des Erwerbers überschritten wird. Vgl. hierzu auch die weiteren Ausführungen in R B 151.2 Abs. 4 ErbStR. **2395**

Ist ein **Grundstückserwerb von Todes wegen** nach den Regelungen des § 13 Abs. 1 Nr. 4 b und 4 c ErbStG **vollständig steuerfrei**, kann zunächst darauf verzichtet werden, die Feststellung des Grundbesitzwerts anzufordern. Vgl. hierzu die näheren Ausführungen in R B 151.2 Abs. 5 ErbStR. **2396**

Auch **in bestimmten anderen Fällen** kann das Betriebsfinanzamt zunächst auf die Anforderung eines Grundbesitzwerts gemäß § 151 Abs. 1 Nr. 1 BewG verzichten (vgl. hierzu R B 151.2 Abs. 6 ErbStR). **2397**

2398–2400 frei

3.7 Besonderheiten bei der Feststellung eines Grundbesitzwerts für das land- und forstwirtschaftliche Vermögen

Nach R B 151.2 Abs. 3 ErbStR gilt für die gesonderte Feststellung von Grundbesitzwerten für das land- und forstwirtschaftliche Vermögen Folgendes: **2401**

- Für den nach den Vorschriften des § 168 BewG zu ermittelnden und nach § 151 Abs. 1 Satz 1 Nr. 1 BewG gesondert festzustellende Grundbesitzwert sind die **Werte für** den **Wirtschaftsteil**, für die **Betriebswohnungen** und für den **Wohnteil** jeweils nachrichtlich im Feststellungsbescheid auszuweisen.
- Zum **Liquidationswert** im Sinne von § 166 BewG sind keine Aussagen zu treffen.
- Im Falle der **Nachbewertung** nach § 162 Abs. 3 und 4 BewG hat die Erbschaftsteuer-Stelle vom Lagefinanzamt die Feststellung des Werts für den Wirtschaftsteil unter Berücksichtigung des Liquidationswert anzufordern, wenn dies für die Besteuerung von Bedeutung ist.

4   Örtliche Zuständigkeit für die gesonderten Feststellungen

2402   Nach § 152 BewG sind für die gesonderten Feststellungen örtlich zuständig:
- für die **Grundbesitzwerte** (§ 151 Abs. 1 Satz 1 Nr. 1 BewG) das Finanzamt, in dessen Bezirk das Grundstück, das Betriebsgrundstück oder der Betrieb der Land- und Forstwirtschaft liegt (**Lagefinanzamt**); wenn sich das Grundstück, das Betriebsgrundstück oder der Betrieb der Land- und Forstwirtschaft auf die Bezirke mehrerer Finanzämter erstreckt, so ist das Finanzamt zuständig, in dessen Bezirk sich der wertvollste Teile befindet;
- für den Wert des **Betriebsvermögens bei Gewerbebetrieben** und den Wert von **Anteilen** am Betriebsvermögen **von Personengesellschaften** (§ 151 Abs. 1 Satz 1 Nr. 2 i. V. m. §§ 95 und 97 BewG) das Finanzamt, in dessen Bezirk sich die Geschäftsleitung des Gewerbebetriebs bzw. der Personengesellschaft befindet (**Betriebsfinanzamt**); bei Gewerbebetrieben ohne Geschäftsleitung im Inland ist es das Finanzamt, in dessen Bezirk eine Betriebsstätte – bei mehreren Betriebsstätten die wirtschaftlich bedeutendste Betriebsstätte – unterhalten wird;
- für den Wert des **Betriebsvermögens bei freiberuflich Tätigen** (§ 151 Abs. 1 Satz 1 Nr. 2 i. V. m. § 96 BewG) das Finanzamt, von dessen Bezirk aus die Berufstätigkeit vorwiegend ausgeübt wird (**Betriebsfinanzamt**);
- für den Wert von nicht notierten **Anteilen an Kapitalgesellschaften** (§ 151 Abs. 1 Satz 1 Nr. 3 i. V. m. § 11 Abs. 2 BewG) das Finanzamt, in dessen Bezirk sich die Geschäftsleitung der Kapitalgesellschaft befindet (**Betriebsfinanzamt**); bei Kapitalgesellschaften ohne Geschäftsleitung im Inland oder, wenn sich der Ort der Geschäftsleitung nicht feststellen lässt, das Finanzamt, in dessen Bezirk die Kapitalgesellschaft ihren Sitz hat;
- für den Wert von **anderen** (nicht in § 151 Abs. 1 Satz 1 Nr. 1 bis 3 BewG genannten) **Vermögensgegenständen und Schulden**, die mehreren Personen zustehen (§ 151 Abs. 1 Satz 1 Nr. 4 BewG) das Finanzamt, von dessen Bezirk die Verwaltung des Vermögens ausgeht, oder, wenn diese im Inland nicht feststellbar ist, das Finanzamt, in dessen Bezirk sich der wertvollste Teil des Vermögens befindet.

2403 Zur örtlichen Zuständigkeit von **Wertermittlungen ausländischen Vermögens** siehe die Ausführungen in R B 152 ErbStR.

5   Erklärungspflicht, Verfahrensvorschriften für die gesonderte Feststellung, Feststellungsfrist

2404   Das zuständige Finanzamt kann von jedem, für dessen Besteuerung eine gesonderte Feststellung von Bedeutung ist, die Abgabe einer Feststellungserklärung verlangen (§ 153 Abs. 1 BewG, R B 153 Abs. 1 Satz 1 ErbStR).

2405   In den Fällen der Bewertung von nicht notierten Anteilen an Kapitalgesellschaften kann die Erklärung nur von der Kapitalgesellschaft angefordert werden (§ 153 Abs. 3 BewG, R B 153 Abs. 1 Satz 2 ErbStR).

2406   In den Fällen, in denen der Gegenstand der Feststellung mehreren Personen zuzurechnen ist oder eine Personengemeinschaft bzw. Personengesellschaft oder eine Kapitalgesellschaft dessen Eigentümer ist, kann die Feststellungserklärung auch von der Gemeinschaft oder Gesellschaft angefordert werden (§ 153 Abs. 2 Sätze 1 und 2 BewG). Dies gilt auch, wenn Gegenstand der Feststellung ein Anteil am Betriebsvermögen einer Personengesellschaft ist. Bei vermögensverwaltenden Grundstücksgesellschaften gilt dies entsprechend. Die vermögensverwaltenden

Grundstücksgesellschaften sind vorrangig zur Abgabe einer Feststellungserklärung aufzufordern. Dadurch wird die Grundstücksgesellschaft Beteiligte des Feststellungsverfahrens (siehe auch die Ausführungen zu 6, Rz. 2431 ff.). In einem solchen Fall kann der Basiswert der Grundstücksgemeinschaft unter Wahrung des Steuergeheimnisses mitgeteilt werden. Vgl. auch die Ausführungen in R B 153 Abs. 1 Satz 3 ff. ErbStR.

In Erbbaurechtsfällen kann das zuständige Finanzamt (Lagefinanzamt) eine Feststellungserklärung sowohl vom Erbbauberechtigten als auch vom Erbbauverpflichteten verlangen (§ 153 Abs. 1 Satz 3 BewG). Im Falle der Bewertung eines Erbbaurechts ist vorrangig die Feststellungserklärung vom Erbbauberechtigten anzufordern; vgl. hierzu die weiteren Ausführungen in R B 153 Abs. 2 ErbStR. **2407**

In den Fällen der Begrenzung des Jahreswerts von Nutzungen eines Grundstücks nach § 16 BewG kann sowohl der Erwerber als auch der Grundstückseigentümer zur Abgabe einer Feststellungserklärung aufgefordert werden (§ 180 AO, R B 153 Abs. 3 ErbStR). **2408**

Der Erklärungspflichtige hat die Erklärung eigenhändig zu unterschreiben (§ 153 Abs. 4 Satz 1 BewG). Hat ein Erklärungspflichtiger eine Erklärung zur gesonderten Feststellung abzugeben, sind andere Beteiligte (außer in den Fällen des § 153 Abs. 2 ErbStG) insoweit von der Erklärungspflicht befreit (§ 153 Abs. 4 Satz 2 BewG). **2409**

Hinsichtlich der Abgabe von Erklärungen zu den gesonderten Feststellungen für die Bedarfsbewertung und bezüglich von gesonderten Feststellungen nach Ablauf der Feststellungsfrist sind die Regelungen des § 181 Abs. 1 und 5 AO entsprechend anzuwenden (§ 153 Abs. 5 BewG). **2410**

Die Frist zur Abgabe einer Feststellungserklärung beträgt mindestens einen Monat (§ 153 Abs. 1 Satz 2 BewG). Die Feststellungserklärung ist eine Steuererklärung im Sinne von § 170 Abs. 2 Nr. 1 AO. Für die gesonderten Feststellungen nach § 151 BewG gelten hinsichtlich der Feststellungsverjährung die Regelungen des § 181 Abs. 1 und 5 AO (§ 153 Abs. 5 BewG). Vgl. hierzu die entsprechenden Ausführungen in Band 4 Ax/Große/Melchior, Abgabenordnung und Finanzgerichtsordnung. **2411**

2412–2430
frei

6 Beteiligte am Feststellungsverfahren

Nach § 154 Abs. 1 BewG sind am Feststellungsverfahren **beteiligt:** **2431**
- diejenigen, denen der Gegenstand der Feststellung (z. B. das Grundstück oder der Gewerbebetrieb oder der Anteil am Betriebsvermögen einer Personengesellschaft oder der nicht notierte Anteil an einer Kapitalgesellschaft) zuzurechnen ist,
- diejenigen, die das zuständige Finanzamt zur Abgabe einer Feststellungserklärung aufgefordert hat;
- diejenigen, die eine Steuer als Schuldner oder Gesamtschuldner schulden und für deren Festsetzung die Feststellung von Bedeutung ist.

Grundsätzlich richtet sich der **Feststellungsbescheid** gegen den Steuerpflichtigen, dem der Gegenstand der Feststellung bei der Besteuerung zuzurechnen ist. Der Bescheid ist demjenigen Beteiligten **bekannt zu geben**, für den er bestimmt ist. Dies ist bei der Erbschaft- und Schenkungsteuer i. d. R. der Erbe oder Beschenkte. Vgl. § 179 Abs. 2 Satz 1 und § 122 Abs. 1 Satz 1 AO. **2432**

Sind mehrere Beteiligte i. S. des § 154 Abs. 1 Nr. 1 BewG vorhanden, gegen die sich ein Feststellungsbescheid richtet, erfolgt eine gesonderte und einheitliche Feststellung. **2433**

In den Fällen, in denen der Wert von nicht notierten Anteilen an einer Kapitalgesellschaft gesondert festzustellen ist (§ 151 Abs. 1 Satz 1 Nr. 3 BewG), ist der Feststellungsbescheid nicht **2434** nur dem jeweiligen Erwerber der Anteile bekannt zu geben, sondern auch der Kapitalgesellschaft.

2435 Soweit der Gegenstand der gesonderten Feststellung einer Erbengemeinschaft in Vertretung der Miterben zuzurechnen ist, ist § 183 AO entsprechend anzuwenden (§ 154 Abs. 3 Satz 1 BewG). Bei der Bekanntgabe des Feststellungsbescheids ist darauf hinzuweisen, dass die Bekanntgabe mit Wirkung für und gegen alle Miterben gilt.

2436 Die Vorschriften über die **Feststellungsverjährung** sind auch bei der Bedarfsbewertung in vollem Umfang gültig. Da es sich bei dem Feststellungsbescheid um einen Grundlagenbescheid handelt, endet die **Festsetzungsfrist** der Folgesteuern nach § 171 Abs. 10 AO nicht vor Ablauf von zwei Jahren nach Bekanntgabe des Grundlagenbescheids.

2437 Vgl. hierzu auch R B 154 ErbStR.

2438–2440 frei

7 Rechtsbehelfsbefugnis

2441 Nach § 155 Satz 1 BewG sind alle Beteiligten i. S. von § 154 BewG zur Einlegung von Rechtsbehelfen gegen den Feststellungsbescheid befugt. Soweit der Gegenstand der Feststellung einer Erbengemeinschaft zuzurechnen ist (§ 151 Abs. 2 Nr. 2 letzter Halbsatz BewG), ist sie grundsätzlich nur gemeinschaftlich befugt, den Feststellungsbescheid anzufechten.

2442 Rechtsbehelfe in Sachen von Betriebsvermögen und Anteilen an Betriebsvermögen von Personengesellschaften sowie von nicht notierten Anteilen an Kapitalgesellschaften sowie von gemeinschaftlichem Vermögen liegen unter Berücksichtigung des gesonderten Feststellungsverfahrens für Besteuerungszwecke nicht in der Zuständigkeit der Erbschaftsteuer-Stellen, sondern sind von dem für das gesonderte Feststellungsverfahren jeweils zuständigen Finanzamt zu bearbeiten (s. auch die Ausführungen zu 4, Rz. 2402–2403).

2443 Soweit der Gegenstand der gesonderten Feststellung einer Erbengemeinschaft in Vertretung der Miterben zuzurechnen ist, sind § 352 AO (Einspruchsbefugnis bei einer einheitlichen Feststellung) und § 48 FGO (Klagebefugnis bei einheitlicher und gesonderter Feststellung) entsprechend anzuwenden (§ 155 Satz 2 BewG).

2444 Vgl. auch R B 155 ErbStR.

8 Außenprüfung

2445 Nach § 156 BewG darf zur Ermittlung der Werte für gesonderte Feststellungen i. S. von § 151 BewG eine Außenprüfung i. S. der §§ 193 ff. AO angeordnet und durchgeführt werden (R B 156 ErbStR). Eine solche Außenprüfung ist bei jedem Beteiligten (§ 154 Abs. 1 BewG) zulässig.

9 Abrundung der Bedarfswerte

2446 Die ermittelten Bedarfswerte (Grundbesitzwerte, Betriebsvermögenswerte und Werte nicht notierter Anteile an Kapitalgesellschaften) sind nicht abzurunden. Die Regelung des § 139 BewG für die Abrundung von Grundbesitzwerten gilt nur für Zwecke der Grunderwerbsteuer. Eine entsprechende Vorschrift ist im Sechsten Abschnitt des Zweiten Teils des BewG nicht vorgesehen. Wie sonst üblich, sind jedoch die Endbeträge auf volle Euro nach unten zu runden.

10   Beziehung der Grundbesitzbedarfswerte zu den Einheitswerten des Grundbesitzes

Da die Bewertung des Grundbesitzes gemäß § 157 Abs. 1 bis 3 BewG nur im Bedarfsfalle in Betracht kommt (z. B. zum Todestag des Erblassers oder zum Schenkungstag einer Schenkung), gibt es insoweit **keine Zurechnungsfortschreibungen und Wertfortschreibungen** (keine Überprüfung von Wertgrenzen).

2447

Die Weiterführung der Einheitsbewertung des Grundbesitzes für die Grundsteuer aufgrund derartiger Änderungen an einer wirtschaftlichen Einheit (z. B. durch Erbfall oder Schenkung) bleibt von der Bedarfsbewertung jedoch unberührt. In diesen Fällen ist zum nächsten 01. Januar ggf. eine Nachfeststellung oder eine Fortschreibung und ggf. eine Aufhebung eines Einheitswerts nach den §§ 22 bis 24 BewG durchzuführen. Vgl. hierzu die Ausführungen in Kapitel 3 Teil B 8 bis 13, Rz. 4722–4763).

2448

2449–2500 frei

Teil F Bedarfsbewertung des land- und forstwirtschaftlichen Vermögens

1   Rechtsgrundlagen

2501   Da es sich beim land- und forstwirtschaftlichen Vermögen um Grundbesitz handelt (vgl. auch § 19 Abs. 1 BewG) sind für deren wirtschaftliche Einheiten für Zwecke der Erbschaft- und Schenkungsteuer im Bedarfsfalle (§ 151 Abs. 1 Nr. 1 BewG) Grundbesitzwerte gesondert festzustellen. Für die Wertermittlungen und gesonderten Feststellungen sind nach § 157 Abs. 1 BewG die tatsächlichen Verhältnisse und die Wertverhältnisse vom Bewertungsstichtag (§ 11 i. V. m. § 9 ErbStG) zu berücksichtigen.

2502   Die Einzelheiten zur Abgrenzung und Bewertung der wirtschaftlichen Einheiten des land- und forstwirtschaftlichen Vermögens und für Betriebsgrundstücke i. S. v. § 99 Abs. 1 Nr. 2 BewG, die nach § 99 Abs. 3 BewG wie land- und forstwirtschaftliches Vermögen zu bewerten sind, befinden sich nach § 157 Abs. 2 BewG in den §§ 158 bis 175 BewG. Hierzu enthalten die ErbStR in R B 158.1 bis R B 168 sowie ErbStH in H B 158.1 bis H B 168 weitere Ausführungen und Regelungen.

2   Begriff und Abgrenzung des land- und forstwirtschaftlichen Vermögens

2.1   Begriff der Land- und Forstwirtschaft

2503   Unter »**Land- und Forstwirtschaft**« ist die planmäßige Nutzung der natürlichen Kräfte des Bodens zur Erzeugung von Pflanzen und Tieren sowie die Verwertung der dadurch selbst gewonnenen Erzeugnisse zu verstehen (§ 158 Abs. 1 Satz 1 BewG). Als Boden in diesem Sinne gelten auch Substrate und Wasser. Vgl. hierzu auch R 15.5. Abs. 1 Sätze 1 und 2 EStR.

2.2   Wirtschaftliche Einheit des land- und forstwirtschaftlichen Vermögens

2504   Die wirtschaftliche Einheit (Bewertungseinheit) des land- und forstwirtschaftlichen Vermögens ist der **Betrieb der Land- und Forstwirtschaft** (§ 158 Abs. 2 Satz 1 BewG, vgl. auch § 19 Abs. 1 BewG). Wird ein Betrieb der Land- und Forstwirtschaft in Form einer Personengesellschaft oder Gemeinschaft geführt, sind in die wirtschaftliche Einheit auch Wirtschaftsgüter einzubeziehen, die einem oder mehreren Beteiligten gehören, wenn sie dem Betrieb der Land- und Forstwirtschaft auf Dauer zu dienen bestimmt sind (§ 158 Abs. 2 Satz 2 BewG); Es wird also zunächst der »Gesamtbetrieb« bestehend aus Gesamthandsvermögen (GHV) und Sonderbetriebsvermögen (SBV) bewertet. Anschließend wird den Beteiligten der Wert ihres Anteils am Gesamtbetrieb zugerechnet; vgl. hierzu auch R B 158.1 Abs. 3 ErbStR.

2505   Die Definition der wirtschaftlichen Einheit »Betrieb der Land- und Forstwirtschaft« richtet sich tätigkeitsbezogen nach den **Grundsätzen des R 15.5 EStR und** für die Abgrenzung sind prinzipiell auch die Grundsätze **des § 2 BewG** zu beachten (R B 158.1 Abs. 1 Satz 2 ErbStR). Es gelten also die Anschauungen des Verkehrs (Verkehrsauffassung), wobei die örtliche Gewohnheit, die tatsächliche Übung, die Zweckbestimmung und die wirtschaftliche Zusammengehörigkeit der einzelnen Wirtschaftsgüter zu berücksichtigen sind. Außerdem ist für die Zusammenfassung mehrerer Wirtschaftsgüter zu einer wirtschaftlichen Einheit Voraussetzung, dass sie ein und demselben Eigentümer gehören (einheitliches Eigentum). Vgl. hierzu 4 sowie Kapitel 1 Teil C 6.3 (Rz. 1715 ff.).

Die Bezeichnung »Betrieb der Land- und Forstwirtschaft« setzt, abweichend vom sonstigen Sprachgebrauch, nicht unbedingt eine wirtschaftlich bedeutsame Zusammenfassung von Wirtschaftsgütern voraus. Ein Betrieb der Land- und Forstwirtschaft ist (bewertungsrechtlich) nicht erst dann gegeben, wenn es sich um eine größere land- und forstwirtschaftlich genutzte Fläche handelt, die mit Gebäuden, Maschinen und Geräten ausgestattet ist und eine Familie ganz oder zum Teil ernährt, sondern schon dann, wenn nichts weiter vorhanden ist als der Grund und Boden, sofern dieser dazu bestimmt ist, dauernd land- und forstwirtschaftlichen Zwecken zu dienen und nicht (z. B. als Hausgarten eines Einfamilienhauses oder als Bauland gemäß § 159 BewG) zum Grundvermögen gehört. Es bedarf auch keiner Gewinnerzielungsabsicht des Betriebsinhabers; Liebhabereibetriebe unterliegen ebenfalls der Bewertung für land- und forstwirtschaftliches Vermögen. Ebenso wenig ist eine Mindestgröße des Betriebs erforderlich (vgl. R B 158.1 Abs. 2 Sätze 1 und 2 ErbStR). **2506**

BEISPIEL

Auf einer Fläche von 50 a, die einem Fabrikarbeiter gehörte, baute dieser bis zu seinem Tode regelmäßig Hackfrüchte oder Gemüse an.

LÖSUNG Diese Ackerfläche gehört zum land- und forstwirtschaftlichen Vermögen und bildet, wenn der Fabrikarbeiter keine weiteren land- und forstwirtschaftlichen Flächen hat, einen selbstständigen Betrieb der Land- und Forstwirtschaft.

In einem Betrieb der Land- und Forstwirtschaft werden regelmäßig mehrere Flächen, die vielfach räumlich nicht zusammenhängen, bewirtschaftet. Solche Flächen werden ohne Rücksicht auf ihre räumliche Lage unter der Voraussetzung zu einer wirtschaftlichen Einheit zusammengefasst, dass sie zusammen bewirtschaftet werden und zwischen ihnen ein innerer wirtschaftlicher Zusammenhang besteht. Das gilt auch, wenn ein Betrieb aus mehreren Nutzungsarten besteht. Vgl. auch R B 158.1 Abs. 2 Satz 3 ErbStR. **2507**

BEISPIELE

a) Ein Landwirt betreibt seinen Betrieb in der Gemeinde A. Daneben ist er noch Eigentümer von Acker- und Wiesenflächen in den Nachbargemeinden B und C, die er aber von seiner Hofstelle in der Gemeinde A aus ordnungsgemäß bewirtschaftet.

LÖSUNG Alle Flächen seines Betriebs (auch die in den Gemeinden B und C) bilden eine wirtschaftliche Einheit Betrieb der Land- und Forstwirtschaft.

b) In dem Betrieb Y werden Flächen landwirtschaftlicher (50 ha), forstwirtschaftlicher (20 ha) und gärtnerischer (0,5 ha) Nutzungsart zusammen bewirtschaftet.

LÖSUNG Alle Flächen werden – unter Einbeziehung der dazugehörigen Gebäude sowie der stehenden und umlaufenden Betriebsmittel – zu einer wirtschaftlichen Einheit Betrieb der Land- und Forstwirtschaft zusammengefasst.

Ein innerer wirtschaftlicher Zusammenhang mehrerer Flächen besteht dann nicht, wenn die Bewirtschaftung abgelegener Flächen von der Hofstelle oder einem sonstigen Sitz der Betriebsleitung aus nicht als gegendüblich anzusehen ist oder der Betriebsinhaber keine unmittelbare Einwirkungsmöglichkeit und keine eigene Aufsicht über die sachdienliche Nutzung dieser Flächen hat (vgl. auch R B 158.1 Abs. 2 Satz 4 ErbStR). **2508**

BEISPIEL

Erblasser L hinterließ seinen Erben einen 20 ha großen Betrieb der Land- und Forstwirtschaft (nur landwirtschaftliche Nutzung) in Waldhausen. L war außerdem Eigentümer einer vor Jahren von einem Onkel geerbten 0,8 ha großen Obstbaumwiese in Talheim (185 km entfernt von Waldhausen). **LÖSUNG** Da L die Obstbaumwiese von seiner Hofstelle aus nicht ordnungsgemäß bewirtschaften konnte, bildete sie bisher bei der Einheitsbewertung einen selbstständigen Betrieb der Land- und Forstwirtschaft (ggf. Stückländerei nach § 34 Abs. 7 BewG, wenn er die Fläche landwirtschaftlich verpachtet hatte). Diese Abgrenzung gilt auch für die Bedarfsbewertung der land- und forstwirtschaftlichen Vermögens für die Erbschaftsteuer (s. auch § 160 Abs. 7 BewG).

2509 Ein Land- und Forstwirt kann daher auch Eigentümer **mehrerer Betriebe** der Land- und Forstwirtschaft sein. Eine wirtschaftliche Einheit »Betrieb der Land- und Forstwirtschaft« bilden auch so genannte **Stückländereien** (§ 160 Abs. 7 BewG). Vgl. hierzu 4.2.2.4 (Rz. 2688–2689).

BEISPIEL

Ein verstorbener Beamter war Eigentümer einer Acker- oder Wiesenfläche von 30 a, die er für längere Dauer an einen Landwirt verpachtet hatte und die Pachtdauer noch für mindestens 15 Jahre zu erwarten ist. **LÖSUNG** Für die Bedarfsbewertung handelt es sich hier um einen Betrieb der Land- und Forstwirtschaft. Dafür ist für die Erbschaftsteuer ein eigener Grundbesitzwert gesondert festzustellen.

2510–2520 frei

2.3 Zum land- und forstwirtschaftlichen Vermögen gehörende Wirtschaftsgüter

2521 Zum land- und forstwirtschaftlichen Vermögen gehören alle **Wirtschaftsgüter**, die einem Betrieb der Land- und Forstwirtschaft zu den vorgenannten Zwecken **dauernd zu dienen bestimmt** sind (§ 158 Abs. 1 Satz 2 BewG, R B 158.1 Abs. 1 ErbStR). Nach diesem allgemeinen Grundsatz ist bewertungsrechtlich nicht die tatsächliche Nutzung, sondern die **Zweckbestimmung** des Wirtschaftsguts durch den Eigentümer oder den sonstigen Verfügungsberechtigten zum Bewertungsstichtag (§§ 11 und 12 Abs. 3 ErbStG i. V. m. §§ 151 und 157 BewG) entscheidend (vgl. R B 158.1 Abs. 4 Satz 3 sowie R B 161 ErbStR).

Beispiele hierfür sind:
a) Wiesen-, Acker-, Wald-, Weinbergflächen,
b) Ställe, Scheunen, Geräteschuppen,
c) Maschinen, Geräte, Silos,
d) Vieh, Futtermittel, Saatgut.

2522 Derartige Wirtschaftsgüter gehören so lange zum land- und forstwirtschaftlichen Vermögen, als sie nicht eine andere Zweckbestimmung erhalten haben. Eine vorübergehende anderweitige Nutzung ist nicht schädlich.

BEISPIELE

a) Ein Landwirt vermietet jedes Jahr im Herbst eine Wiesenfläche an einen Verein zur Durchführung eines Herbstfestes.
b) Ein Landwirt und Fuhrunternehmer setzt an einigen Tagen im Jahr ein landwirtschaftliches Fahrzeug im gewerblichen Fuhrunternehmen ein.

Die Einstellung einer land- und forstwirtschaftlichen Tätigkeit würde grundsätzlich zum Wegfall der Voraussetzungen des § 158 Abs. 1 Satz 1 BewG führen. Für eine Bewertung als land-

und forstwirtschaftlichen Vermögens kommt es nach § 158 Abs. 1 Satz 2 BewG auf die dauerhafte Zweckbestimmung der Wirtschaftsgüter an. In Folge dessen sind nicht genutzte Wirtschaftsgüter (z. B. Leerstand von Wirtschaftsgebäuden) bis zu einer anderweitigen Zweckbestimmung sowie die unentgeltliche oder entgeltliche **Nutzungsüberlassung** der wirtschaftlichen Einheit Betrieb der Land- und Forstwirtschaft zuzurechnen (vgl. wegen der Einzelheiten die gleichlautenden Ländererlasse vom 04.12.2014 (BStBl I 2014, 1577, sowie Eisele, NWB 2015, 1381).

Im Allgemeinen stimmen jedoch Zweckbestimmung und tatsächliche Nutzung des Wirtschaftsguts überein. Zu den Wirtschaftsgütern, die einem Betrieb der Land- und Forstwirtschaft zu dienen bestimmt sind, gehören auch Grunddienstbarkeiten und wiederkehrende Nutzungen und Leistungen wie Wegerechte, Weiderechte, Streuungsrechte (vgl. R B 158.1 Abs. 4 Satz 1 ErbStR). **2523**

§ 158 Abs. 3 Satz 1 BewG zählt die **wichtigsten Wirtschaftsgüter** auf, die einem Betrieb der Land- und Forstwirtschaft zu dienen bestimmt sind. Insbesondere sind dies: **2524**

1. der Grund und Boden,
2. die Wirtschaftsgebäude,
3. die stehenden Betriebsmittel,
4. der normale Bestand an umlaufenden Betriebsmitteln,
5. die immateriellen Wirtschaftsgüter (z. B. Milchquote, Zuckerrübenlieferrechte, Brennrecht, Jagdrecht, Zahlungsansprüche aus der GAP-Reform [Gemeinsame Agrarpolitik der Europäischen Union]),
6. die Wohngebäude und der dazu gehörende Grund und Boden.

Diese Aufzählung ist jedoch nicht abschließend (R B 158.1 Abs. 4 Satz 1 ErbStR). **2525**

Ob die Voraussetzung »**dauernde Zweckbestimmung**« vorliegt, muss in erster Linie nach objektiven Gesichtspunkten beurteilt werden. Die Dauer ist z. B. bei einer landwirtschaftlich genutzten Fläche nicht gewährleistet, wenn anzunehmen ist, dass sie in absehbarer Zeit anderen als landwirtschaftlichen Zwecken dienen wird. Solche Fläche sind deshalb nach § 159 BewG als Grundvermögen zu bewerten (s. 3.1.3, Rz. 2565 ff.). Wirtschaftsgüter sind dem Betrieb der Land- und Forstwirtschaft dann nicht mehr dauernd zu dienen bestimmt, soweit sie im Fall einer auf Dauer angelegten Vermietung ausschließlich durch den Mieter genutzt werden oder auch nur eine gemeinsame Nutzung »nach Absprache« durch den Mieter und den Vermieter erfolgt. So hat das Niedersächsische FG mit Urteil vom 04.03.2016 EFG 2016, 1058 im Fall einer Reitanlage entschieden, in dem die Reitanlage teilweise vermietet war bzw. der Eigentümer eine gemeinsame Nutzung mit einem Mieter vereinbart hatte. **2526**

Grund und Boden sowie Gebäude, die einem Betrieb der Land- und Forstwirtschaft dauernd zu dienen bestimmt sind, gehören auch dann zum land- und forstwirtschaftlichen Vermögen, wenn der Betrieb ganz oder in Teilen auf bestimmte oder unbestimmte Zeit nicht bewirtschaftet wird. Das ist dann der Fall, wenn diese Wirtschaftsgüter keine andere Zweckbestimmung erhalten haben, die zu einer zwingenden Zuordnung zum Grundvermögen oder Betriebsvermögen führen. Vgl. hierzu R B 158.1 Abs. 5 ErbStR und die dort aufgeführten Beispiele. **2527**

Nach § 158 Abs. 3 BewG gehören zum land- und forstwirtschaftlichen Vermögen auch **Verbindlichkeiten**, soweit sie nicht im unmittelbaren Zusammenhang mit in § 158 Abs. 4 BewG genannten Wirtschaftsgütern (s. 2.4, Rz. 2529) stehen. Diese Regelung erweitert in erster Linie den Umfang der wirtschaftlichen Einheit, da für Zwecke der Erbschaft- und Schenkungsteuer das Reinvermögen als Bereicherung zu ermitteln ist. In zweiter Linie wird dadurch klargestellt, dass Schulden nur insoweit abzugsfähig sind, als korrespondierend hierzu das entsprechende Wirtschaftsgut erfasst wird. Dieser Umstand drückt sich in den Bewertungsverfahren des § 163 BewG dadurch aus, dass für die Nutzungen und anderen Wirtschaftsgüter ein nachhaltiger Reingewinn zu ermitteln und der Wertermittlung des Wirtschaftswerts zu Grunde zu legen ist. **2528**

2.4 Bestimmte Wirtschaftsgüter, die nicht zum land- und forstwirtschaftlichen Vermögen gehören

2529 Es gibt eine Reihe von Wirtschaftsgütern, die betriebswirtschaftlich zwar Teile des land- und forstwirtschaftlichen Vermögens sind, aber aufgrund abweichender bewertungsrechtlicher Regelungen nicht dazu gerechnet werden dürfen. Diese Abgrenzung ist im Hinblick auf das anzuwendende Bewertungsverfahren und unter Berücksichtigung der traditionellen Verkehrsanschauung für das land- und forstwirtschaftliche Vermögen geboten. Nach § 158 Abs. 4 BewG gehören **nicht** zum **land- und forstwirtschaftlichen Vermögen** folgende Wirtschaftsgüter:

1. **Grund und Boden sowie Gebäude und Gebäudeteile**, die nicht land- und forstwirtschaftlichen Zwecken dienen; sie sind dem Grundvermögen oder dem Betriebsvermögen zuzuordnen;
2. **Kleingartenland und Dauerkleingartenland**;
3. **Geschäftsguthaben, Wertpapiere und Beteiligungen**; sie sind dem übrigen Vermögen zuzuordnen (R B 158.4 ErbStR);
4. der **Überbestand an umlaufenden Betriebsmitteln** (das ist der über den normalen Bestand hinausgehende Bestand an umlaufenden Betriebsmitteln; zum Begriff der Betriebsmittel vgl. R B 158.1 Abs. 6 ErbStR); sie sind ebenfalls dem übrigen Vermögen zuzuordnen (R B 158.4 Abs. 3 ErbStR);
5. **Tierbestände oder Zweige des Tierbestands** und die hiermit zusammenhängenden Wirtschaftsgüter, wenn die Tiere weder zur landwirtschaftlichen Nutzung noch nach § 175 BewG zu den übrigen land- und forstwirtschaftlichen Nutzungen gehören; sie sind insoweit dem Betriebsvermögen zuzuordnen;
6. **Geldforderungen und Zahlungsmittel**; sie sind dem übrigen Vermögen zuzuordnen;
7. **Pensionsverpflichtungen**; sie sind bei der Ermittlung des steuerpflichtigen Erwerbs im Erbfall als Nachlassverbindlichkeiten im Sinne des § 10 Abs. 5 ErbStG und im Schenkungsfall bei der Ermittlung des Steuerwerts der freigebigen Zuwendung (§ 7 Abs. 1 ErbStG) zu berücksichtigen (R B 158.4 Abs. 4 ErbStR).

2530 Darüber hinaus gehören auch **Wirtschaftsgüter**, die einem Betrieb der Land- und Forstwirtschaft zu dienen bestimmt sind, tatsächlich aber am Bewertungsstichtag einem derartigen Betrieb des Eigentümers nicht dienen, nicht zum land- und forstwirtschaftlichen Vermögen, sondern zum übrigen Vermögen (R B 158.4 Abs. 2 ErbStR).

Beispiele für Wirtschaftsgüter, die nicht zum land- und forstwirtschaftlichen Vermögen, sondern zum übrigen Vermögen gehören:

a) Geldforderungen und Geldbeträge, die aus Erlösen land- und forstwirtschaftlicher Erzeugnisse stammen.

b) Verbindlichkeiten aufgrund der Anschaffung von landwirtschaftlichen Flächen, Maschinen und Geräten, Saatgut usw.

c) Wirtschaftsgüter, die einem Betrieb der Land- und Forstwirtschaft zu dienen bestimmt sind, tatsächlich aber an dem maßgebenden Zeitpunkt einen derartigen Betrieb des Eigentümers (noch) nicht bzw. nicht mehr dienen. In Betracht kommen hier z. B. ein Traktor oder anderes Inventar, das bei dem Verkauf eines Betriebs der Land- und Forstwirtschaft nicht mit veräußert worden ist.

BEISPIEL

Ein Landwirt hat einen Mähdrescher bestellt, der zum Bewertungsstichtag noch nicht geliefert wurde.

LÖSUNG Der Anspruch auf Lieferung des Mähdreschers ist nicht dazu bestimmt, dauernd dem Betrieb der Land- und Forstwirtschaft zu dienen. Zwar gehört ein Mähdrescher wie das übrige (tote)

Inventar (Maschinen und andere Geräte) zu den stehenden Betriebsmitteln; doch gilt dies nicht für den auf den Mähdrescher gerichteten Sachleistungsanspruch, der ebenso wenig wie die ihm gegenüberstehende Geldforderung geeignet ist, die Ertragsfähigkeit eines land- und forstwirtschaftlichen Betriebs zu beeinflussen. Ein derartiger Anspruch kann, soweit er nicht Betriebsvermögen darstellt, stets nur zum sonstigen Vermögen gerechnet, nicht aber als land- und forstwirtschaftliches Vermögen oder Grundvermögen bewertet werden.

2531–2540
frei

3 Abgrenzung des land- und forstwirtschaftlichen Vermögens gegenüber den anderen Vermögensarten

Grundbesitz, der tatsächlich land- und forstwirtschaftlich genutzt wird, gehört in der Regel auch zum land- und forstwirtschaftlichen Vermögen (vgl. auch § 159 Abs. 1 BewG Umkehrschluss). Das Gleiche gilt für andere Wirtschaftsgüter, die einem Betrieb der Land- und Forstwirtschaft tatsächlich dienen. **2541**

Von diesem Grundsatz gibt es bewertungsrechtlich jedoch wichtige Ausnahmen. Land- und forstwirtschaftlich genutzte Flächen können unter bestimmten Voraussetzungen bereits zum Grundvermögen oder als Betriebsgrundstück zum Betriebsvermögen gehören. Andere in einem Betrieb der Land- und Forstwirtschaft vorhandene Wirtschaftsgüter können Betriebsvermögen oder übriges Vermögen sein. **2542**

Das land- und forstwirtschaftliche Vermögen ist daher abzugrenzen gegenüber dem **2543**
1. Grundvermögen,
2. Betriebsvermögen und
3. übrigen Vermögen.

3.1 Abgrenzung gegenüber dem Grundvermögen

Zwischen dem land- und forstwirtschaftlichen Vermögen und dem Grundvermögen ist insbesondere abzugrenzen hinsichtlich (R B 158.3 Abs. 1 ErbStR) **2544**
- des Grund und Bodens sowie
- der Wohn- und Wirtschaftsgebäude.

Über die Abgrenzung wird bei der Bedarfsbewertung des land- und forstwirtschaftlichen Vermögens entschieden. Vorbehaltlich der Sonderregelung des § 159 BewG (s. 3.1.3, Rz. 2565 ff.) gehören die vorstehend genannten Wirtschaftsgüter zum land- und forstwirtschaftlichen Vermögen, wenn sie einem Betrieb der Land- und Forstwirtschaft auf Dauer zu dienen bestimmt sind (s. 2.3, Rz. 2521–2528). **2545**

3.1.1 Abgrenzung des Grund und Bodens

Für die Abgrenzung des **Grund und Bodens** sind zu unterscheiden: **2546**
a) **Allgemeine Abgrenzung** (§ 158 Abs. 1 Satz 1 i. V. m. § 176 Abs. 1 BewG)

Grund und Boden gehört (grundsätzlich) dann zum land- und forstwirtschaftlichen Vermögen, wenn er **2547**
- einer der fünf land- und forstwirtschaftlichen Nutzungen (§ 160 Abs. 2 Nr. 1 BewG) dauernd zu dienen bestimmt ist, oder
- einem Nebenbetrieb dient (§ 160 Abs. 2 Nr. 2 BewG) oder
- Abbauland, Geringstland oder Unland ist (§ 160 Abs. 2 Nr. 2 BewG).

2548   Flächen, die Teil eines Grundstücks im Sinne des Grundvermögens sind (z. B. der zu einem Einfamilienhaus gehörende Hausgarten), gehören von der Zweckbestimmung her nicht zum land- und forstwirtschaftlichen Vermögen, sondern zum Grundvermögen.

2549   Wird ein in einem Naherholungsgebiet belegenes Grundstück tatsächlich gärtnerisch genutzt (z. B. als Streuobstwiese), so ist es dem land- und forstwirtschaftlichen Vermögen zuzurechnen, wenn es hinsichtlich Arbeitseinsatz, Investitionen zur Erhaltung oder Steigerung der Ertragsfähigkeit sowie erzielbarem Ertrag einem Vergleich mit einem durchschnittlichen landwirtschaftlichen Haupterwerbsbetrieb der gleichen Nutzungsart standhalten kann. Eine Erzeugung des Erwerbs wegen gehört nicht zu den Abgrenzungskriterien. Vgl. das zur Einheitsbewertung des land- und forstwirtschaftlichen Vermögens ergangene Urteil des BFH vom 04. 03. 1987 BStBl II 1987, 370.

b) **Besondere Abgrenzungsfälle** (§ 159 BewG)

2550   Unter bestimmten Voraussetzungen sind Grund- und Bodenflächen, die aufgrund ihrer Zweckbestimmung nach den allgemeinen Abgrenzungsregeln (vgl. vorstehende Ausführungen zu a)) noch zum land- und forstwirtschaftlichen Vermögen gehören würden, bereits als Grundvermögen zu bewerten. Es handelt sich hierbei um noch land- und forstwirtschaftlich genutzte Flächen, die beispielsweise mit Rücksicht auf die bestehenden Verwertungsmöglichkeiten in absehbarer Zeit als Bauland, Industrieland oder Land für Verkehrszwecke dienen werden. Vgl. hierzu 3.1.3 (Rz. 2565 ff.).

**2551–2560
frei**

3.1.2 Abgrenzung der Wirtschaftsgebäude

2561   Zu den **Wirtschaftsgebäuden,** die einem Betrieb der Land- und Forstwirtschaft dauernd zu dienen bestimmt sind, gehören insbesondere:

- Ställe,
- Scheunen,
- Lagerräume,
- Geräte- und Maschinenschuppen,
- Hopfendarren,
- Kesselhäuser,
- Kelleranlagen,
- Arbeitsräume.

2562   **Nicht** zu den **Wirtschaftsgebäuden** rechnen die Gebäude oder Gebäudeteile des Betriebs, die dessen Arbeitnehmern und deren Familienangehörigen zu Wohnzwecken zur Verfügung gestellt werden (sog. **Betriebswohnungen,** § 167 Abs. 1 BewG und R B 160.21 ErbStR) und Gebäude oder Gebäudeteile, die dem Inhaber des Betriebs und den zu seinem Haushalt gehörenden Familienangehörigen zu Wohnzwecken dienen (sog. **Wohnteil,** § 167 Abs. 1 BewG und R B 160.22 Abs. 1 ErbStR). Betriebswohnungen und der Wohnteil gehören zwar zum land- und forstwirtschaftlichen Vermögen, sind aber nach § 167 Abs. 1 BewG nach den Vorschriften, die für die Bewertung von Wohngrundstücken im Grundvermögen gelten (§§ 182 bis 196 BewG), zu bewerten (vgl. 7, Rz. 2871 ff.). Land- und forstwirtschaftliches Vermögen ist aber auch in diesem Fall nur gegeben, wenn ein funktioneller Zusammenhang zwischen dem Gebäude und dem landwirtschaftlichen Betrieb in dem Sinne besteht, dass die Bewirtschaftung des Betriebs es erforderlich macht, dass der Betriebsinhaber ständig beim Betrieb wohnt, um die laufende Versorgung und Überwachung durch seine Anwesenheit sicherzustellen. Diese Voraussetzung ist nicht erfüllt, wenn ein (ursprünglich) landwirtschaftlicher Betrieb altersbedingt so weit zurückgeführt wird, dass die wesentliche Ackerfläche an einen anderen Landwirt verpachtet und nur noch in geringem Umfang Hühnerhaltung betrieben wird (Hessisches FG vom 13.05.2015 EFG 2016, 612, Rev. zugelassen, Az. des BFH II R 58/15).

An Gewerbetreibende oder zu Wohnzwecken **vermietete Flächen** oder **Räume** und **Wohnungen** gehören zum Grundvermögen, wenn sich dadurch die Zweckbestimmung dieser Flächen und Räumlichkeiten geändert hat. Die darauf entfallende anteilige Grund- und Bodenfläche rechnet ebenfalls zum Grundvermögen. Auch eine von einem Pächter oder Unterpächter gepachtete Parzelle eines Kleingartenlandes, auf der er ein Wohngebäude errichtet hat, gehört zum Grundvermögen (vgl. das zur Einheitsbewertung ergangene Urteil des BFH vom 19.01.1979 BStBl II 1979, 398).

2563

Bei der **Beherbergung von Fremden** (»Ferien auf dem Bauernhof«) richtet sich die Abgrenzung des land- und forstwirtschaftlichen Vermögens vom Grundvermögen nach den Grundsätzen des R 15.7 EStR (R B 158.3 Abs. 2 ErbStR und unter Rz. 2629).

2564

3.1.3 Besondere Abgrenzungsregelung für den Grund und Boden

Nach § 159 BewG sind in ganz bestimmten **Sonderfällen** nicht bebaute Flächen, die zum maßgebenden Bewertungsstichtag noch land- und forstwirtschaftlich genutzt werden bzw. nach der Zweckbestimmung noch zum land- und forstwirtschaftlichen Vermögen zu rechnen wären, als Grundvermögen zu behandeln (vgl. auch R 159 Abs. 1 ErbStR). § 159 BewG ist eine Ausnahmevorschrift zu § 158 Abs. 1 BewG und entspricht genau der Regelung des § 69 BewG zur Einheitsbewertung des Grundbesitzes, soweit es die Abs. 1 bis 3 betrifft. Die für die Einheitsbewertung zu § 69 Abs. 1 bis 3 BewG in A 2 Abs. 2 bis 7 BewR Gr getroffenen Regelungen wurden daher für Bedarfsbewertung für Zwecke der Erbschaft- und Schenkungsteuer in R B 159 Abs. 2 ff. ErbStR (in zum Teil neu strukturierter Form) übernommen, soweit sie nicht überholt sind.

2565

Bei diesen Sonderfällen ist zwischen folgenden **drei** Arten (**Fallgruppen**) zu unterscheiden:

2566

1. Flächen, die in einem rechtsverbindlichen **Bebauungsplan** als Bauland ausgewiesen sind und unter den in § 159 Abs. 3 BewG näher bestimmten Voraussetzungen in jedem Fall als Grundvermögen bewertet werden müssen.
2. Flächen eines Betriebs der Land- und Forstwirtschaft, der die **Existenzgrundlage** des Betriebsinhabers bildet, wenn mit großer Wahrscheinlichkeit anzunehmen ist, dass diese Flächen spätestens nach zwei Jahren anderen als land- und forstwirtschaftlichen Zwecken dienen werden (§ 159 Abs. 2 BewG). § 159 Abs. 2 BewG ist eine Spezialvorschrift zu § 159 Abs. 1 BewG.
3. Flächen, die nicht unter § 159 Abs. 2 BewG fallen, bei denen aber nach den bestehenden Verwertungsmöglichkeiten oder den sonstigen Umständen anzunehmen ist, dass sie in **absehbarer Zeit anderen** als land- und forstwirtschaftlichen **Zwecken** dienen werden (§ 159 Abs. 1 BewG).

Die in § 159 Abs. 1 und 2 BewG bezeichneten Fälle sind grundsätzlich nach gleichen Merkmalen abzugrenzen (vgl. R B 159 Abs. 3 ErbStR), jedoch gelten für die Fälle des § 159 Abs. 2 BewG strengere Voraussetzungen für die Behandlung der Flächen als Grundvermögen. In der Praxis ist es daher zweckmäßig, bei Abgrenzungsfragen die Voraussetzungen in der vorstehenden Reihenfolge zu prüfen.

2567

3.1.3.1   Abgrenzung nach § 159 Abs. 3 BewG (Bauland)

2568   Land- und forstwirtschaftlich genutzte Flächen werden in jedem Fall zum Grundvermögen gerechnet, wenn die folgenden **Voraussetzungen** sämtlich erfüllt sind (R B 159 Abs. 2 ErbStR):

- Die Flächen müssen in einem **rechtsverbindlichen Bebauungsplan** als Bauland ausgewiesen sein.

  Der Bebauungsplan (vgl. §§ 8 bis 13a des Baugesetzbuches – BauGB – vom 23.09.2004 BGBl I 2004, 2414) enthält rechtsverbindliche Festlegungen für die städtebauliche Ordnung. Er wird von der Gemeinde als Satzung beschlossen und tritt nach der Genehmigung durch die höhere Verwaltungsbehörde und Veröffentlichung in Kraft. Die Aufnahme von Flächen in einen vorbereiteten Bauleitplan (Flächennutzungsplan; vgl. §§ 5 bis 7 BauGB) reicht nicht aus.

- Die **sofortige Bebauung** muss **rechtlich und tatsächlich möglich** sein.

  Rechtliche Hinderungsgründe sind z. B. Veränderungssperren nach § 14 BauGB sowie die Unzulässigkeit von Bauvorhaben nach § 30 BauGB. In tatsächlicher Hinsicht hängt die Bebauungsmöglichkeit von der Größe, dem Zuschnitt und den Bodenverhältnissen ab. Auf die Absichten des Grundstückseigentümers kommt es nicht an. Vgl. auch BFH vom 21.05.1982 BStBl II 1982, 582.

- Die Bebauung muss **innerhalb des Plangebiets** in einem benachbarten Bereich bereits **begonnen haben oder schon durchgeführt** sein.

  Plangebiet ist das Gebiet, das vom Bebauungsplan erfasst ist. An das Plangebiet unmittelbar angrenzende bebaute Flächen kommen als Bebauung im benachbarten Bereich nicht in Betracht. Bei Baulücken ist die geforderte Voraussetzung stets erfüllt.

2569 Diese zwingende Regelung gilt **nicht für** die **Hofstelle** des Betriebsinhabers und mit der Hofstelle **unmittelbar räumlich zusammenhängende Flächen** bis zu 1 ha (§ 159 Abs. 3 Satz 2 BewG). Dabei ist zu beachten:

- Zur Hofstelle gehört nicht der Hausgarten.
- Die Hofstelle selbst rechnet bei der Flächengröße von 1 ha nicht mit (vgl. auch FG München vom 17.07.1980 EFG 1981, 72). Hofstelle ist das Flurstück (oder mehrere Flurstücke), das im Grundbuch i. d. R. eine eigene Flurstücksnummer (Lagerbuchnummer) hat und auf dem sich regelmäßig die Wohn- und Wirtschaftsgebäude des Betriebs befinden (vgl. hierzu auch BFH vom 09.10.1985 BStBl II 1986, 3).
- Der unmittelbare Zusammenhang ist nach der Verkehrsanschauung zu beurteilen (vgl. das Urteil des FG München vom 17.07.1980 und BFH vom 02.05.1980 BStBl II 1980, 490). Eine innerörtliche Verbindungsstraße, ein Feldweg oder eine ähnliche Straße durchbrechen den räumlichen Zusammenhang nicht. Vgl. auch Urteil des FG München vom 25.09.1980 EFG 1981, 72.
- Nur die 1 ha Fläche übersteigende Fläche kann daher als Grundvermögen bewertet werden, wenn die Voraussetzungen des § 159 Abs. 3 Satz 1 BewG vorliegen, d. h. diese Fläche muss z. B. auch wiederum tatsächlich sofort bebaut werden können, also auch für eine Bebauung ausreichend groß sein.

  Anmerkung: Das FG München vertritt in seinen o. a. Urteilen vom 17.07.1980 und vom 25.09.1980 die Auffassung, der sich die Verwaltung anschließt, dass die Begünstigungsregelung des § 69 Abs. 3 Satz 2 BewG, der dem Wortlaut des § 159 Abs. 3 Satz 2 BewG entspricht, auch für die Sonderfälle des § 69 Abs. 1 und 2 BewG (bzw. § 159 Abs. 1 und 2 BewG) gelte. Gegen diese Ausdehnung bestehen u. E. erhebliche Bedenken, da der klare Wortlaut des § 69 Abs. 3 Satz 2 BewG bzw. § 159 Abs. 3 Satz 2 BewG sich nur auf den vorstehenden Satz 1 des § 69 Abs. 3 BewG bzw. § 159 Abs. 3 BewG bezieht; vgl. Rössler-Troll, Kommentar zum BewG, § 69 BewG Anm. 95.

2570–2580
frei

3.1.3.2 Abgrenzung nach § 159 Abs. 2 BewG (Betrieb als Existenzgrundlage)

Flächen eines Betriebs der Land- und Forstwirtschaft, der die Existenzgrundlage des **2581** Betriebsinhabers bildet, können nur unter erschwerten Bedingungen dem Grundvermögen zugeordnet werden (R B 159 Abs. 4 Satz 2 ff. ErbStR). Eine Behandlung als Grundvermögen ist nur dann möglich, wenn mit großer Wahrscheinlichkeit anzunehmen ist, dass die **Flächen spätestens nach 2 Jahren** – gesehen vom jeweiligen Bewertungsstichtag – **anderen** als land- und forstwirtschaftlichen **Zwecken dienen** werden.

Eine **Existenzgrundlage** im Sinne dieser Vorschrift bildet ein Betrieb, aus dem Reinerträge **2582** erwirtschaftet werden können, die mindestens den Sozialhilfeleistungen entsprechen, die der Betriebsinhaber unter Berücksichtigung seiner Familienverhältnisse im Falle der Hilfsbedürftigkeit erhalten würde (BFH vom 28.06.1974 BStBl II 1974, 702). Eine Existenzgrundlage bildet der Betrieb auch dann, wenn der Betriebsinhaber dem Personenkreis angehört, der nach dem Gesetz über die Alterssicherung der Landwirte – ALG – vom 29.07.1994 BGBl I 1994, 1890 als landwirtschaftlicher Unternehmer gilt (§ 1 ALG; vgl. FinMin BaWü vom 06.05.1977 zur Abgrenzung bei der Einheitsbewertung).

Es muss sich dabei um Flächen handeln, die **Eigentum des Betriebsinhabers** sind. **2583** Für Pachtflächen gilt § 159 Abs. 2 BewG nicht. Schließlich müssen die Flächen von einer (Hof-) Stelle aus **ordnungsgemäß bewirtschaftet** werden.

Die Bestimmung des § 159 Abs. 2 BewG ist eindeutig als **Schutzbestimmung** für die **2584** Land- und Forstwirtschaft zu verstehen; sie soll der Zerschlagung land- und forstwirtschaftlicher Betriebe entgegenwirken.

3.1.3.3 Abgrenzung nach § 159 Abs. 1 BewG

Liegen weder die in § 159 Abs. 3 noch die in § 159 Abs. 2 BewG genannten Merkmale vor, **2585** so ist die Abgrenzung nach § 159 Abs. 1 BewG vorzunehmen. Danach sind land- und forstwirtschaftlich genutzte **Flächen** dem Grundvermögen zuzurechnen, wenn nach ihrer Lage, den im Feststellungszeitpunkt bestehenden Verwertungsmöglichkeiten oder den sonstigen Umständen anzunehmen ist, dass sie **in absehbarer Zeit anderen als land- und forstwirtschaftlichen Zwecken,** insbesondere als Bauland, Industrieland oder Land für Verkehrszwecke, **dienen** werden.

Auch hier ist – wie bei § 159 Abs. 2 BewG – die Erwartung einer künftigen Verwendung der **2586** Fläche für andere als land- und forstwirtschaftliche Zwecke Voraussetzung für die Zurechnung zum Grundvermögen maßgebend. Während jedoch nach § 159 Abs. 2 BewG eine Zurechnung zum Grundvermögen erst erfolgen kann, »wenn mit großer Wahrscheinlichkeit anzunehmen ist, dass die Flächen spätestens nach 2 Jahren anderen als land- und forstwirtschaftlichen Zwecken dienen werden«, genügt es nach § 159 Abs. 1 BewG, dass – gesehen vom jeweiligen Bewertungsstichtag – in absehbarer Zeit eine anderweitige Verwendung anzunehmen ist. Der RFH hat den Begriff »**absehbare Zeit**«, wie er bereits im § 51 Abs. 2 BewG 1935 vorkommt, als einen Zeitraum von **6 Jahren** (d.h. die gesetzlich vorgeschriebene Dauer eines Hauptfeststellungszeitraumes für die Einheitswertfeststellung; vgl. § 21 Abs. 1 Nr. 1 BewG) definiert. Dieser Zeitraum kann auch bei der Bedarfsbewertung zu Grunde gelegt werden (R B 159 Abs. 4 ErbStR).

Allerdings hat das FG Düsseldorf vom 07.10.2004 EFG 2005, 94 mit seinem Urteil im Rahmen der Bedarfsbewertung angenommen, es könne nicht auf den von der Rechtsprechung für die Einheitsbewertung verstandenen Zeitraum von etwa sechs Jahren abgestellt werden; daher sei ein Grundstück, dass zum Besteuerungszeitpunkt die Voraussetzungen des früheren § 4 Abs. 2 WertV erfüllt, als Bauerwartungsland und damit als Grundvermögen zu bewerten. Ein als Ackerland genutztes Grundstück könne demgemäß auch bei einer neunjährigen oder längeren Entwicklungszeit bis zur Baureife dem Grundvermögen zugerechnet werden.

2587   Als **besondere Umstände,** die die Erwartung einer anderweitigen Verwendung rechtfertigen können, kommen insbesondere die Lage in der Nähe bereits bebauter oder erschlossener Gebiete, die Zahlung von Baulandpreisen, der Erwerb durch einen Nichtlandwirt (z. B. Wohnungsunternehmen), die Einleitung eines Umlegungsverfahrens (BFH vom 18. 07. 1984 BStBl II 1984, 744) in Betracht. Auf die Absicht des Eigentümers kommt es auch hier nicht an. Vgl. auch R B 159 Abs. 5 ErbStR.

BEISPIELE

a) Ein verstorbener Landwirt hatte eine an eine besiedelte Wohngegend angrenzende Ackerfläche bereits parzellieren lassen. Er rechnete mit einem baldigen Verkauf der Grundstücke.
LÖSUNG Die jeweilige Grundstücksfläche gehört zum Grundvermögen, da es sich bereits um Baugrundstücke handelt (zunächst um Rohbauland).

b) Ein verstorbener Architekt hatte von einem Landwirt eine Weidefläche erworben in der Absicht, darauf Wohngebäude errichten zu lassen. Als Kaufpreis hatte er ein Mehrfaches des Preises gezahlt, der sonst für landwirtschaftlich genutzte Flächen üblich ist. Bis zum Baubeginn darf der Veräußerer die Fläche weiterhin als Weide für sein Vieh nutzen.
LÖSUNG Auch hier gehört die Fläche bereits zum Grundvermögen.

3.2   Abgrenzung gegenüber dem Betriebsvermögen

2588   Häufig greift ein Unternehmen über die Gewinnung von organischen Erzeugnissen durch die Bewirtschaftung des Grund und Bodens hinaus in eine Tätigkeit ein, die gewerblichen Charakter hat, oder ein Steuerpflichtiger betreibt neben der land- und forstwirtschaftlichen noch eine gewerbliche Tätigkeit. Es ist dann zu prüfen, ob das ganze Unternehmen einen Betrieb der Land- und Forstwirtschaft oder einen Gewerbebetrieb darstellt bzw., wenn sich die Tätigkeit nur auf einen Teil des Unternehmens bezieht, ob dieser Teil ein Nebenbetrieb der Land- und Forstwirtschaft oder ein selbstständiger Gewerbebetrieb ist. Die gleiche Frage taucht auch für die Einkommensteuer (§ 13 und § 15 Abs. 1 Satz 1 Nr. 1 und Abs. 2 EStG), für die Gewerbesteuer (§ 2 Abs. 1 GewStG) und für die Umsatzsteuer (§ 24 Abs. 2 UStG) auf. Diese Abgrenzungsfrage ist für alle genannten Steuergebiete einheitlich zu beantworten. Während zwischen land- und forstwirtschaftlichem Vermögen und Grundvermögen nur bezüglich des Grund und Bodens und der Gebäude **abzugrenzen** ist (s. 3.1.1 und 3.1.2, Rz. 2546–2564), ist dies gegenüber dem Betriebsvermögen für **alle Wirtschaftsgüter** erforderlich.

2589   Nach R B 158.2 Abs. 1 Satz 1 ErbStR ist das land- und forstwirtschaftliche Vermögen vom Betriebsvermögen vorrangig **nach R 15.5 EStR abzugrenzen.** Für die Abgrenzung der Betriebe der Land- und Forstwirtschaft von den Gewerbebetrieben unterscheidet man im Wesentlichen die folgenden **Tätigkeitsbereiche:**

3.2.1 Nebeneinander von Betrieb der Land- und Forstwirtschaft und Gewerbebetrieb

Betreibt ein Steuerpflichtiger neben der (meist kleinbäuerlichen) Land- und Forstwirtschaft noch ein selbstständiges Gewerbe, so handelt es sich um **selbstständige Betriebe** der jeweiligen Vermögensart. Voraussetzung ist, dass zwischen Land- und Forstwirtschaft und Gewerbe kein wirtschaftlicher Zusammenhang besteht. Vgl. R 15.5 Abs. 1 EStR.

2590

BEISPIEL

Ein Stpfl. betreibt neben der Land- und Forstwirtschaft noch eine Metzgerei oder eine Gastwirtschaft oder einen Lebensmittelhandel oder einen Brennstoffhandel.

Benutzt der Steuerpflichtige in derartigen Fällen für die land- und forstwirtschaftliche und gewerbliche Tätigkeit dasselbe Gebäude, so ist der durch den Gewerbebetrieb in Anspruch genommene Teil des Gebäudes im Rahmen des § 99 i. V. m. § 95 Abs. 1 BewG als Betriebsgrundstück zu dem Gewerbebetrieb zu rechnen, der andere Teil in die wirtschaftliche Einheit des Betriebs der Land- und Forstwirtschaft einzubeziehen (R B 158.2 Abs. 5 ErbStR). Die Wohnung des Betriebsinhabers wird in einem solchen Falle dann nicht dem land- und forstwirtschaftlichen Vermögen zuzurechnen sein, wenn die land- und forstwirtschaftliche Betätigung des Eigentümers hinter der gewerblichen Tätigkeit zurücktritt und der Gewerbebetrieb die Haupterwerbsquelle bildet.

2591

Zur Frage des **Nebenbetriebs** eines Betriebs der Land- und Forstwirtschaft vgl. R 15.5 Abs. 3 EStR.

2592

2593–2600 frei

3.2.2 Land- und forstwirtschaftliche Tätigkeit als Teil eines Gewerbebetriebs

Wird eine land- und forstwirtschaftliche Tätigkeit planmäßig im Interesse eines Gewerbebetriebs dergestalt ausgeübt, dass diese Verbindung nicht ohne Nachteil für den gewerblichen Hauptbetrieb gelöst werden kann (wirtschaftliche Unterordnung), so handelt es sich um einen **einheitlichen Gewerbebetrieb**. Derartige land- und forstwirtschaftliche Tätigkeiten stellen einen **Nebenbetrieb des gewerblichen Hauptbetriebs** dar. Vgl. hierzu auch die Ausführungen in R 15.5 Abs. 3 EStR. Es handelt sich dann um ein Betriebsgrundstück i. S. v. § 99 Abs. 1 Nr. 2 BewG.

2601

BEISPIELE

a) Ein Stpfl. betreibt eine Konservenfabrik. Er baut auf eigenen Flächen feldmäßig Gemüse an und verarbeitet diese Erzeugnisse in seiner Konservenfabrik.

LÖSUNG Die landwirtschaftlichen Flächen sind ein unselbstständiger Teil (Betriebsgrundstück) des Gewerbebetriebs.

b) Ein Stpfl. betreibt eine Gastwirtschaft und Metzgerei und daneben noch eine Landwirtschaft. Die Erzeugnisse der Landwirtschaft, die ausschließlich auf die Gastwirtschaft und Metzgerei ausgerichtet sind, verwertet er nur in diesem Gewerbebetrieb.

LÖSUNG Die Land- und Forstwirtschaft gehört in diesem Fall als Betriebsgrundstück zum Gewerbebetrieb (BFH vom 16. 12. 1965 BStBl III 1966, 193).

c) Ein Stpfl., der einen umfangreichen gewerblichen Samenhandel betreibt, bewirtschaftet auch eigene Flächen, die planmäßig und organisch auf den Gewerbebetrieb ausgerichtet sind. Wenn der landwirtschaftliche Betriebsteil nur eine untergeordnete Rolle gegenüber dem tragenden Betriebsteil Samenhandel spielt, gilt er als unselbstständiger Teil des Gewerbebetriebs (Nebenbetrieb oder auch so genannter Hilfsbetrieb). Vgl. RFH vom 26. 03. 1936 RStBl 1936, 540.

2602   Als Betriebsgrundstück gilt stets jeder land- und forstwirtschaftlich genutzte Grundbesitz, der einer der in § 97 Abs. 1 Nr. 1 bis 4 BewG genannten **Körperschaften, Personenvereinigungen und Vermögensmassen** (z. B. Kapitalgesellschaften, Genossenschaften) gehört, da alles Vermögen dieser Gebilde von Gesetzes wegen grundsätzlich Betriebsvermögen ist (R B 158.2 Abs. 2 ErbStR). Bei **Personengesellschaften** gilt das Gleiche; es ist jedoch Voraussetzung, dass sie eine gewerbliche Tätigkeit ausüben (R 15.5 Abs. 1 Satz 7 EStR, wonach § 15 Abs. 3 Nr. 1 EStG anzuwenden ist). Nach § 158 Abs. 2 Satz 2 BewG sind bei einem Betrieb der Land- und Forstwirtschaft, der in Form einer Personengesellschaft oder Gemeinschaft geführt wird, in die wirtschaftliche Einheit auch die Wirtschaftsgüter einzubeziehen, die einem oder mehreren Beteiligten gehören, wenn sie dem Betrieb der Land- und Forstwirtschaft dauernd zu dienen bestimmt sind (vgl. auch R B 158.1 Abs. 3 ErbStR). In diesen Fällen ist der Wert des land- und forstwirtschaftlichen Vermögens einheitlich zu ermitteln (§ 3 BewG).

2603   Diese land- und forstwirtschaftlich genutzten, als (gewerbliche) Betriebsgrundstücke zu behandelnden Flächen sind jedoch bei der Bedarfsbewertung **wie Betriebe der Land- und Forstwirtschaft zu bewerten**, da sie, losgelöst von ihrer Zugehörigkeit zum Gewerbebetrieb, zum land- und forstwirtschaftlichen Vermögen gehören würden, wenn für sie ein selbstständiger Wertansatz erforderlich ist (§ 99 Abs. 3 BewG).

3.2.3 Gemischte Betriebe

2604   Werden im Rahmen einer land- und forstwirtschaftlichen Tätigkeit nicht nur eigene Erzeugnisse veräußert, sondern auch **fremde zugekaufte Erzeugnisse** (ggf. nach entsprechender Verarbeitung) weiterveräußert, so liegt ein **gemischter Betrieb** vor. Vgl. hierzu R 15.5 Abs. 5 EStR.

> **BEISPIEL**
>
> Eine Friedhofsgärtnerei verwendet für die Herstellung von Kränzen und den Verkauf von Blumen nicht nur eigenes, sondern auch zugekauftes Pflanzen- und Blumenmaterial.

2605   Fremde Erzeugnisse in diesem Sinne sind nur solche für die Weiterveräußerung bestimmten Erzeugnisse (z. B. Getreide, Vieh, Blumen, Gemüse, Obst, Wein), nicht solche Gegenstände, die zur Weiterzucht im Rahmen des Erzeugungsprozesses im eigenen Betrieb verwendet werden (wie z. B. Saatgut, Zwiebeln, Knollen, Stecklinge, Jungpflanzen und Jungtiere sowie sonstige Halbfertigwaren; vgl. R 15.5 Abs. 1 und Abs. 5 Sätze 1 bis 3 EStR).

2606   Ein solcher Betrieb ist nur dann ein Betrieb der Land- und Forstwirtschaft, wenn fremde Erzeugnisse **nicht dauernd und nachhaltig** über den betriebsnotwendigen Umfang hinaus zugekauft werden – Steuerunschädlicher Zukauf – (BFH vom 02.02.1951 BStBl III 1951, 65, R 15.5 Abs. 5 Satz 4 f. EStR). Danach kann ein dauernder und nachhaltiger Zukauf fremder Erzeugnisse wie folgt beurteilt werden:
- Beträgt der Zukauf bis zu 30 % des Umsatzes, so ist grundsätzlich ein Betrieb der Land- und Forstwirtschaft anzuerkennen (steuer**unschädlicher** Zukauf).
- Beträgt der Zukauf mehr als 30 % des Umsatzes, so ist in der Regel ein Gewerbebetrieb anzunehmen (steuer**schädlicher** Zukauf).

2607   Nach R 15.5 Abs. 1 Satz 9 EStR ist als Umsatz die Summe der Betriebseinnahmen (ohne Umsatzsteuer) zu verstehen.

BEISPIEL

Ein Stpfl. betreibt einen Gartenbaubetrieb (Gemüse-, Blumen- und Zierpflanzenanbau). Er setzt seine Erzeugnisse nur an Einzelhandelsgeschäfte und Supermärkte ab. Neben den eigenen Erzeugnissen beliefert er seine Abnehmer auch mit inländischen und ausländischen (importierten) Produkten anderer Erzeuger. Im Durchschnitt beträgt der Zukauf fremder Erzeugnisse (gemessen am Einkaufswert bzw. auf den Zukauf beruhender Umsatz).
a) 20 % des Gesamtumsatzes
b) 35 % des Gesamtumsatzes.
LÖSUNG Im Falle a) ist die gesamte Tätigkeit (Verkauf aus eigener Erzeugung und Weiterkauf zugekaufter Produkte) ein einheitlicher Betrieb der Land- und Forstwirtschaft und im Falle b) ein einheitlicher Gewerbebetrieb.

Nach R 15.5 Abs. 5 Satz 5 EStR soll diese Vereinfachungsregelung nur Anwendung finden, wenn der Umsatzanteil, der auf die Veräußerung der Fremdanteile entfällt, nicht erkennbar überwiegt.   **2608**

Danach ist diese gemischte Tätigkeit entweder **insgesamt ein Betrieb der Land- und Forstwirtschaft** oder **insgesamt ein Gewerbebetrieb.** Ein einheitlicher Betrieb darf aber nur dann angenommen werden, wenn die Verbindung der beiden Tätigkeiten nicht nur zufällig und vorübergehend ist, sondern planmäßig im Interesse der Haupttätigkeit liegt. Der Umfang der Warenlieferungen aus einem Gewerbebetrieb des Steuerpflichtigen in den Bereich seiner land- und forstwirtschaftlichen Tätigkeit allein ist regelmäßig nicht ausreichend für die Annahme eines einheitlichen Gewerbebetriebs (BFH vom 19.05.1971 BStBl II 1972, 8).   **2609**

2610–2621 frei

3.2.4 Absetzung der Erzeugnisse über eigenes Handels- oder Dienstleistungsgeschäft

Es sind zu unterscheiden:

a) Veräußerung ausschließlich eigener Erzeugnisse aus Land- und Forstwirtschaft
Die Veräußerung land- und forstwirtschaftlicher Erzeugnisse durch den Erzeuger stellt für sich allein keine gewerbliche Tätigkeit dar (dienender Bestandteil des Betriebs der Land- und Forstwirtschaft). Die Art der Absatzform (direkt vom Hof aus oder über ein eigenes Handelsgeschäft in Form eines Einzelhandelsbetriebs oder Großhandelsbetriebs oder in Verbindung mit Dienstleistungen) ist ohne Bedeutung. Die verschiedenen Absatzformen zählen noch zur Urproduktion. Hierbei handelt es sich nicht um einen Nebenbetrieb i. S. v. § 160 Abs. 3 BewG (s. 4.2.2.2, Rz. 2681–2684).   **2622**

BEISPIELE

a) Eine Gärtnerei veräußert ihre Blumen und Zierpflanzen, das Obst und Gemüse im eigenen Laden.
b) Ein Winzer bietet seine selbst hergestellten Weine in einem besonders eingerichteten Ladengeschäft an.

b) Veräußerung eigener und zugekaufter Erzeugnisse über ein eigenes Handelsgeschäft
Werden über ein solches Handelsgeschäft in beschränktem Umfang fremde zugekaufte Erzeugnisse umgesetzt, so ist dies für die Zugehörigkeit des Handelsgeschäfts zum Betrieb der Land- und Forstwirtschaft unschädlich (BFH vom 30.08.1960 BStBl III 1960, 460 und   **2623**

vom 26. 11. 1964 BStBl III 1965, 90). Vgl. hierzu im Einzelnen die Ausführungen in R 15.5 Abs. 6 EStR.

2624   Danach ist zu prüfen, ob Erzeugerbetrieb und Handelsbetrieb
- einen einheitlichen Betrieb der Land- und Forstwirtschaft oder
- einen einheitlichen Gewerbebetrieb oder
- zwei selbstständige Betriebe darstellen.

c) Dienstleistungsgeschäfte und Ausschank selbsterzeugter Getränke

2625   Vgl. hierzu die Regelungen in R 15.5 Abs. 7, 8 und 10 EStR.

3.2.5 Tierhaltung und Tierzucht mit nicht ausreichend bewirtschafteten Flächen

2626   Tierbestände gehören nur unter den Voraussetzungen des § 169 BewG zum land- und forstwirtschaftlichen Vermögen. Danach gehören die Tierbestände nur insoweit zum land- und forstwirtschaftlichen Vermögen, als die Viehwirtschaft im Wesentlichen auf der Grundlage einer **eigenen Futtererzeugung** betrieben werden kann (bezüglich der landwirtschaftlichen Nutzung s. Rz. 2690–2698).

2627   Wenn Tierbestände oder Zweige des Tierbestands danach nicht zum land- und forstwirtschaftlichen Vermögen gehören, vielmehr Betriebsvermögen sind, so gehören auch die mit ihnen in wirtschaftlichem Zusammenhang stehenden Gebäude und Gebäudeteile (sowie deren Grundflächen und Beiflächen) und die übrigen mit den Tierbeständen wirtschaftlich zusammenhängenden Wirtschaftsgüter, wie Futtermittel und andere Betriebsmittel sowie die damit im unmittelbaren wirtschaftlichen Zusammenhang stehenden Verbindlichkeiten, nicht zum land- und forstwirtschaftlichen Vermögen, sondern zum Betriebsvermögen (R B 158.2 Abs. 4 ErbStR). Die land- und forstwirtschaftlich genutzten Flächen verbleiben jedoch im land- und forstwirtschaftlichen Vermögen (vgl. auch § 158 Abs. 4 Nr. 5 Satz 2 BewG).

2628   Vgl. hierzu auch R 13.2 EStR.

3.2.6 Beherbergung von Fremden

2629   Räumlichkeiten, die in einem Betrieb der Land- und Forstwirtschaft zur Beherbergung von Fremden bereitgehalten werden, zählen grundsätzlich nicht zum land- und forstwirtschaftlichen Vermögen (vgl. § 158 Abs. 1 Satz 2 BewG). R 15.5 Abs. 13 Satz 2 EStR sieht allerdings vor (Vereinfachungsregelung), dass derartige Räumlichkeiten erst dann nicht mehr zum land- und forstwirtschaftlichen Vermögen zu rechnen sind, wenn weniger als vier Zimmer und weniger als sechs Betten zur Beherbergung von Fremden bereitgehalten werden und keine Hauptmahlzeit gewährt wird. Werden diese Grenzen überschritten, liegt insoweit eine gewerbliche Tätigkeit vor. Die für die Beherbergung von Fremden bereitgehaltenen Räumlichkeiten gehören dann als »Betriebsgrundstück« zum Betriebsvermögen oder zusammen mit weiteren Wohnungen oder anderen Räumen unter Umständen zum Grundvermögen.

3.2.7 Verwendung von Wirtschaftsgütern außerhalb des Betriebs

2630   Wenn ein Land- und Forstwirt Wirtschaftsgüter (insbesondere stehende Betriebsmittel, z. B. Maschinen und Geräte) außerbetrieblich verwendet, die er eigens zu diesem Zwecke angeschafft hat, liegt ohne weiteres von Anfang an ein Gewerbebetrieb vor. Verwendet ein Land- und Forstwirt Wirtschaftsgüter auch außerhalb seines Betriebs, indem er sie Dritten entgeltlich überlässt oder mit ihnen für Dritte Dienstleistungen verrichtet, stellt diese Betätigung entweder eine land- und forstwirtschaftliche oder eine gewerbliche Tätigkeit dar. Nach R 15.5 Abs. 9 EStR ist dafür eine Typisierung vorgesehen. Vgl. hierzu die weiteren Ausführungen in R 15.5 Abs. 9 Satz 3 ff. EStR.

3.2.8 Energieerzeugung

Bei der Erzeugung von Energie (z. B. durch Wind-, Solar- oder Wassertechnik) handelt es sich nicht um die planmäßige Nutzung der natürlichen Kräfte des Bodens i. S. v. § 158 Abs. 1 Satz 1 BewG, so dass in diesen Fällen regelmäßig eine gewerbliche Tätigkeit anzunehmen ist. Vgl. hierzu auch R 15.5 Abs. 12 EStR.   **2631**

3.3 Abgrenzung gegenüber dem übrigen Vermögen

Vgl. hierzu die Ausführungen zu 2.4 (Rz. 2529–2530).   **2632**

2633–2640 frei

4 Gliederung sowie Umfang und Bestandteile des Betriebs der Land- und Forstwirtschaft

4.1 Allgemeines

Nach § 160 Abs. 1 BewG umfasst ein Betrieb der Land- und Forstwirtschaft (R B 160.1 Abs. 1 ErbStR)   **2641**
1. den Wirtschaftsteil,
2. die Betriebswohnungen (für Arbeitnehmer des Betriebs) und
3. den Wohnteil (Betriebsleiter- und Altenwohnung).

In vielen Fällen besteht der Betrieb der Land- und Forstwirtschaft aber nur aus dem Wirtschaftsteil, wenn Betriebswohnungen und ein Wohnteil nicht vorhanden sind. Für alle drei Teile sind getrennte Werte zu ermitteln (s. 6 und 7, Rz. 2741–2879). Wirtschaftsteil, Betriebswohnungen und Wohnteil können aber auch jeweils für sich einen Betrieb der Land- und Forstwirtschaft bilden (R B 160.1 Abs. 7 ErbStR).   **2642**

4.2 Wirtschaftsteil

Von den Wirtschaftsgütern, die gemäß § 158 Abs. 1 Satz 2 und Abs. 3 BewG auf Grund ihrer Zweckbestimmung zum Betrieb der Land- und Forstwirtschaft gehören, zählen im Einzelnen: **2643**

1. Grund und Boden
Die Gesamtfläche des Wirtschaftsteils umfasst
a) die landwirtschaftlich, forstwirtschaftlich, weinbaulich und gärtnerisch genutzten Flächen sowie die sonstigen Flächen (R B 160.1 Abs. 2 Nr. 1 bis 5 ErbStR),
b) die Hof- und Wirtschaftsgebäudeflächen (R B 160.1 Abs. 2 Nr. 6 ErbStR). Wirtschaftswege, Hecken, Gräben, Grenzraine und dergleichen sind in die Hof- und Wirtschaftsgebäudeflächen einzubeziehen. Vgl. auch die weiteren Ausführungen in R B 160.1 Abs. 3 ErbStR.

Hierzu gehören alle Flächen, die nicht als Grundvermögen zu erfassen sind.   **2644**

2. Wirtschaftsgebäude

2645   Wirtschaftsgebäude sind Gebäude oder Gebäudeteile, die ausschließlich der unmittelbaren Bewirtschaftung des Betriebs und nicht zu Wohnzwecken dienen. Als Wirtschaftsgebäude kommen insbesondere Gebäude zur Unterbringung von Vieh, Vorräten, Maschinen und anderen Betriebsmitteln sowie Verkaufs-, Arbeits- und Sozialräume in Betracht. Auch Büroräume gehören dazu, wenn in ihnen ausschließlich die mit der Betriebsorganisation und Betriebsführung zusammenhängenden Arbeiten verrichtet werden. Vgl. auch R B 160.1 Abs. 4 ErbStR.

2646   Im Rahmen der Bedarfsbewertung des land- und forstwirtschaftlichen Vermögens zählen die Betriebswohnungen nicht zum Wirtschaftsteil und somit auch nicht zu den Wirtschaftsgebäuden (anders bei der Einheitsbewertung des land- und forstwirtschaftlichen Vermögens geregelt, vgl. Kapitel 3 Teil C 1.3.2.2, Rz. 4826–4827).

3. Betriebsmittel

2647   Zum Wirtschaftsteil gehören weiterhin die Betriebsmittel, und zwar die stehenden Betriebsmittel und ein normaler Bestand an umlaufenden Betriebsmitteln.

2648   **Stehende Betriebsmittel** (Anlagegegenstände) sind solche, die dauernd dem Betrieb dienen, im Betrieb arbeiten, also dauernd bei der Hervorbringung der land- und forstwirtschaftlichen Erzeugnisse mitwirken sollen. Dazu gehören das **tote Inventar** (Ackergeräte, Maschinen, Betriebsvorrichtungen) und das **lebende Inventar** (Viehbestand, z. B. Zug- und Zuchttiere, Milchkühe, Legehennen).

2649   Die stehenden Betriebsmittel zählen stets in vollem Umfang zum Betrieb der Land- und Forstwirtschaft.

2650   Stehende Betriebsmittel gehören auch dann zum Betrieb der Land- und Forstwirtschaft, wenn sie teilweise im eigenen Betrieb und teilweise in einem anderen Betrieb der Land- und Forstwirtschaft verwendet werden.

2651   **Umlaufende Betriebsmittel** (Umlaufvermögen) sind solche Gegenstände, die zum **Verbrauch** in der Land- und Forstwirtschaft oder zur **Veräußerung** bestimmt sind (z. B. landwirtschaftliche Erzeugnisse, Mastvieh, Dünger, Saatgut, Kraftfutter). Von den umlaufenden Betriebsmitteln gehört **nur der normale Bestand** zum Betrieb der Land- und Forstwirtschaft. Als normaler Bestand gilt ein solcher, der zur gesicherten Fortführung des Betriebs erforderlich ist (§ 170 BewG). Ein **Überbestand** rechnet nach § 158 Abs. 4 Nr. 4 BewG nicht zum land- und forstwirtschaftlichen, sondern zum übrigen Vermögen. Für die entsprechende Zuordnung ist allein die Zweckbestimmung entscheidend (vgl. RFH vom 21.06.1934 RStBl 1934, 919 und BFH vom 08.05.1964 BStBl III 1964, 447), die sich ändern kann (z. B. Vieh, das bisher zu den stehenden Betriebsmitteln zählte, wird auf Mast umgestellt; die Tiere rechnen dann zu den umlaufenden Betriebsmitteln).

2652   **Pensionsvieh** gehört zu den Betriebsmitteln (i. d. R. zu den stehenden Betriebsmitteln). Es ist auf Grund der Eigentümerstellung und der objektiven Zweckbestimmung nicht dem Pensionsbetrieb, sondern dem Betrieb des Inhabers zuzurechnen (R B 160.1 Abs. 5 ErbStR).

4. Immaterielle Wirtschaftsgüter

2653   Zu den immateriellen Wirtschaftsgütern gehören insbesondere Lieferrechte und von staatlicher Seite gewährte Vorteile, die die die Voraussetzungen eines Wirtschaftsguts erfüllen (z. B. Brennrechte).

2654–2660
frei

4.2.2 Gliederung des Wirtschaftsteils

Nach § 160 Abs. 2 BewG umfasst der Wirtschaftsteil eines Betriebs der Land- und Forstwirtschaft folgende Bereiche: **2661**

1. die land- und forstwirtschaftlichen Nutzungen
   a) landwirtschaftliche Nutzung,
   b) forstwirtschaftliche Nutzung,
   c) weinbauliche Nutzung,
   d) gärtnerische Nutzung und
   e) die übrigen land- und forstwirtschaftlichen Nutzungen.
2. die Nebenbetriebe,
3. die folgenden nicht zu einer Nutzung nach Nummern 1 und 2 gehörenden Wirtschaftsgüter:
   a) Abbauland,
   b) Geringstland sowie,
   c) Unland.

4.2.3 Begriff und Umfang der einzelnen Bereiche des Wirtschaftsteils

Der verwendete Begriff »**Land- und Forstwirtschaft**« dient insbesondere als **Sammelbezeichnung** für die in § 160 Abs. 2 BewG (sowie auch in § 34 Abs. 2 BewG und anderen Steuergesetzen) aufgeführten Nutzungen und Bereiche des land- und forstwirtschaftlichen Vermögens. **2662**

4.2.3.1 Begriff und Abgrenzung der land- und forstwirtschaftlichen Nutzungen

a) Landwirtschaftliche Nutzung

Darunter versteht man die planmäßige Bewirtschaftung der Bodenfläche zur Gewinnung von organischen (d. h. pflanzlichen und tierischen) Erzeugnissen sowie deren unmittelbare Verwertung in der Landwirtschaft. Zur landwirtschaftlichen Nutzung gehören alle Wirtschaftsgüter, die der Pflanzen- und Tierproduktion dienen. Man unterscheidet hierbei die Nutzungsarten (Betriebsformen) Ackerbau, Futterbau und Tierhaltung nach Maßgabe des § 169 BewG. Auch die Betriebsformen Pflanzenbau-Verbund, Vieh-Verbund sowie Pflanzen- und Viehverbund sind als landwirtschaftliche Nutzung einzustufen. Vgl. hierzu auch die Ausführungen in R B 160.2 ErbStR. **2663**

Zur Abgrenzung der Tierbestände der landwirtschaftlichen Nutzung zur gewerblichen Nutzung siehe 4.2.2.5 (Rz. 2690–2698). **2664**

b) Forstwirtschaftliche Nutzung

Darunter ist die planmäßige auf den Anbau und den Absatz von Holz gerichtete Tätigkeit zu verstehen. Zu dieser Nutzung gehören alle Wirtschaftsgüter, die der Erzeugung und Gewinnung von Rohholz dienen. Vgl. hierzu die Ausführungen in R B 160.3 ErbStR. **2665**

c) Weinbauliche Nutzung

Darunter sind der Anbau der Weinrebe, das Keltern der Trauben und der Ausbau (d. h. die Herstellung) des Weines zum Verkauf zu verstehen. Zu dieser Nutzung gehören alle Wirtschaftsgüter, die der Erzeugung von Trauben sowie der Gewinnung von Maische, Most und Wein dienen. Vgl. hierzu die Ausführungen in R B 160.4 ErbStR. **2666**

d) Gärtnerische Nutzung

2667   Darunter ist insbesondere der Anbau von Obst, Gemüse und Blumen sowie Zierpflanzen in meist intensiver Bearbeitung des Bodens zu verstehen. Zu dieser Nutzung gehören alle Wirtschaftsgüter, die dem Anbau von Gemüse, Blumen- und Zierpflanzen, Obst sowie Baumschulerzeugnissen dienen. Die gärtnerische Nutzung gliedert sich in die Nutzungsteile

- Gemüsebau,
- Blumen- und Zierpflanzenbau,
- Obstbau und
- Baumschulen.

2668   Vgl. hierzu die Ausführungen in R B 160.5 bis 160.8 ErbStR.

e) Übrige land- und forstwirtschaftliche Nutzungen

2669   Hierbei handelt es sich um einen **Sammelbegriff** für alle land- und forstwirtschaftlichen Nutzungen, die nicht unter die eigentlichen Nutzungen im Sinne von Buchstaben a) bis d) fallen. Nach § 175 Abs. 1 BewG gehören zu den übrigen land- und forstwirtschaftlichen Nutzungen:

- die **Sondernutzungen** Hopfen, Spargel, Tabak und andere Sonderkulturen (§ 160 Abs. 2 Satz 2 BewG); vgl. hierzu die Ausführungen in R B 160.9 Abs. 2 ErbStR;
- die **sonstigen land- und forstwirtschaftlichen Nutzungen**; nach § 175 Abs. 2 BewG (R B 160.9 Abs. 3 ErbStR) gehören dazu
  - die Binnenfischerei,
  - die Teichwirtschaft,
  - die Fischzucht für Binnenfischerei und Teichwirtschaft,
  - die Imkerei,
  - die Wanderschäferei,
  - die Saatzucht,
  - der Pilzanbau,
  - die Produktion von Nützlingen,
  - die Weihnachtsbaumkulturen und
  - die Besamungsstationen.

2670   Vgl. zu den einzelnen sonstigen land- und forstwirtschaftlichen Nutzungen die näheren Ausführungen in R B 160.10 bis 160.17 ErbStR.

2671–2680 frei

4.2.3.2   Begriff und Abgrenzung der Nebenbetriebe

2681   Nach § 160 Abs. 3 BewG sind Nebenbetriebe Betriebe, die dem Hauptbetrieb zu dienen bestimmt sind und nicht einen selbstständigen Gewerbebetrieb darstellen. Diese Definition entspricht inhaltlich der des Einkommensteuer-Rechts (R B 160.18 ErbStR und R 15.5 Abs. 3 EStR).

2682   Ein Nebenbetrieb der Land- und Forstwirtschaft (als **Verarbeitungsbetrieb**) liegt danach vor, wenn

1. überwiegend im eigenen Hauptbetrieb erzeugte Rohstoffe be- und verarbeitet werden und die dabei gewonnenen Erzeugnisse überwiegend für den Verkauf bestimmt sind (z. B. Kränze und Blumengebinde in einer Gärtnerei)

oder

2. ein Land- und Forstwirt Umsätze aus der Übernahme von Rohstoffen (z. B. organische Abfälle) erzielt, diese be- oder verarbeitet und die dabei gewonnenen Erzeugnisse nahezu ausschließlich im eigenen Betrieb der Land- und Forstwirtschaft verwendet

und

die Erzeugnisse im Rahmen einer ersten Stufe der Be- oder Verarbeitung, die noch dem land- und forstwirtschaftlichen Bereich zuzuordnen ist, hergestellt werden.

Nebenbetriebe sind auch **Substanzbetriebe** (z. B. Abbauland in Form von Sandgruben, Kiesgruben, Torfstiche; vgl. 4.2.2.3, Rz. 2685–2686), wenn die gewonnene Substanz überwiegend im eigenen Betrieb der Land- und Forstwirtschaft verwendet wird (R 15.5 Abs. 3 Satz 4 EStR).   **2683**

Der **Absatz von Eigenerzeugnissen** über einen eigenständigen Einzel- oder Großhandel, die Ausführung von Dienstleistungen und die Ausführung von besonderen Leistungen sind keine Nebenbetrieb (R 15.5 Abs. 3 Satz 5 EStR, vgl. auch 3.2.4 zu a), Rz. 2622).   **2684**

4.2.3.3 Begriff und Abgrenzung des Abbaulands, Geringstlands und Unlands

Zum **Abbauland** gehören die Betriebsflächen, die durch Abbau der Bodensubstanz überwiegend für den Betrieb der Land- und Forstwirtschaft nutzbar gemacht werden (Sand-, Kies-, Lehmgruben, Steinbrüche, Torfstiche und dergleichen, § 160 Abs. 4 BewG). Stillgelegte Kiesgruben und Steinbrüche eines Betriebs der Land- und Forstwirtschaft, die weder kulturfähig sind noch bei geordneter Wirtschaftsweise Ertrag abwerfen können, gehören zum Unland und nicht zum Abbauland (R B 160.19 Satz 2 ErbStR).   **2685**

Zum **Geringstland** gehören die Betriebsflächen geringster Ertragsfähigkeit, für die nach dem Bodenschätzungsgesetz vom 20. 12. 2007 keine Wertzahlen festzustellen sind (§ 160 Abs. 5 BewG). Hierbei handelt es sich um unkultivierte, jedoch kultivierfähige Flächen, deren Ertragskraft so gering ist, dass sie in ihrem derzeitigen Zustand nicht regelmäßig land- und forstwirtschaftlich genutzt werden können. Dazu gehören insbesondere unkultivierte Moor- und Heideflächen sowie ehemals bodengeschätzte Flächen und die ehemaligen Weinbauflächen, deren Nutzungsart sich durch Verlust des Kulturzustands verändert hat. Vgl. hierzu die Ausführungen in R B 160.20 ErbStR und die dort aufgeführten Fälle.   **2686**

Zum **Unland** gehören die Betriebsflächen, die auch bei geordneter Wirtschaftsweise keinen Ertrag abwerfen können (§ 160 Abs. 6 BewG).   **2687**

4.2.3.4 Sonderfall: Stückländereien

Einen Betrieb der Land- und Forstwirtschaft bilden auch so genannte Stückländereien, die als gesonderte wirtschaftliche Einheit zu bewerten sind (§ 160 Abs. 7 Satz 1 BewG). Das sind **einzelne** land- und forstwirtschaftlich genutzte **Flächen**, bei denen die Wirtschaftsgebäude oder die Betriebsmittel oder beide Arten von Wirtschaftsgütern entweder nicht dem Eigentümer des Grund und Bodens gehören oder überhaupt nicht vorhanden sind (§ 160 Abs. 7 Satz 2 BewG). Voraussetzung ist außerdem, dass diese Flächen am Bewertungsstichtag für mindestens 15 Jahre einem anderen Betrieb der Land- und Forstwirtschaft zu dienen bestimmt sind (s. auch R B 160.1 Abs. 6 ErbStR). Die in § 160 Abs. 7 BewG genannten Betriebe werden auch als sog. »echte Stückländereien« bezeichnet. Sie kommen in der Praxis selten vor (vgl. OFD Karlsruhe vom 24. 01. 2013, ZEV 2013, 412), vor allem, weil eine langfristige Verpachtung nur bei Gesamtbetrieben üblich ist. Nach Auffassung der Finanzverwaltung bildet jedoch ein Betrieb der Land- und Forstwirtschaft mit Wirtschaftsgebäuden und/oder Betriebsmitteln **keine Stückländerei** i. S. d. § 160 Abs. 7 BewG darstellt, selbst wenn er am Bewertungsstichtag für mehr als 15 Jahre verpachtet ist; denn in diesem Fall gehören die Wirtschaftsgebäude und die Betriebsmittel auch dem Eigentümer des Grund und Bodens. Mehrere Stückländereien in der Hand eines Eigentü-   **2688** mers können zu einer wirtschaftlichen Einheit zusammengefasst werden (R B 160.6 Abs. 6 Satz 2 ErbStR). Vgl. hierzu auch 2.2 am Schluss und das dort aufgeführte Beispiel (Rz. 2509).

2689   Der **Wert** des Wirtschaftsteils eines Betriebs der Land- und Forstwirtschaft »Stückländereien« wird nach § 162 Abs. 2 BewG mit dem **Mindestwert** gemäß § 164 BewG ermittelt (R B 162 Abs. 2 und 164 Abs. 9 ErbStR). Siehe hierzu die Ausführungen in 6.3.6 (Rz. 2814–2820). Stückländereien im obigen Sinne zählen nach § 13b Abs. 1 Nr. 1 ErbStG nicht zum begünstigten Vermögen. In der Folge werden für »echte Stückländereien« keine weitreichenden Steuerbefreiungen im Rahmen der Erbschaft- und Schenkungsteuerfestsetzung gewährt.

4.2.3.5   Abgrenzungen der Tierbestände der landwirtschaftlichen Nutzung von der gewerblichen Nutzung

2690   Nicht jeder Umfang an Tierbeständen gehört zur landwirtschaftlichen Nutzung. Die **Abgrenzung** der Tierzucht und Tierhaltung muss in aller Regel nur zwischen der landwirtschaftlichen Nutzung (Landwirtschaft) und der gewerblichen Nutzung (Gewerbebetrieb) vorgenommen werden, in Ausnahmefällen auch gegenüber dem übrigen Vermögen (z. B. bei einer Vollblutzucht als Liebhabereibetrieb). Da diese Abgrenzung nicht allein nach den Grundsätzen der Verkehrsanschauung (Verkehrsauffassung) möglich war, wurde hierfür in § 169 BewG eine besondere Abgrenzungsregelung getroffen. Diese Vorschrift stimmt mit der Regelung des § 51 BewG zur Einheitsbewertung und zum Teil auch mit § 13 Abs. 1 Nr. 1 EStG für die Einkommensteuer überein und wurde in § 24 Abs. 2 Nr. 2 UStG auch für die Umsatzsteuer übernommen.

2691   Grundgedanke dieser Vorschrift ist, dass eine Tierzucht oder Tierhaltung nur dann zur Landwirtschaft gehört, wenn sie im Zusammenhang mit der **Bodenbewirtschaftung** und einer eigenen **Futtergrundlage** betrieben wird oder betrieben werden könnte. Ausgangspunkt für die Abgrenzung ist demnach der **Futterbedarf für eine Vieheinheit** sowie die Größe der landwirtschaftlich genutzten Fläche. Untersuchungen haben ergeben, dass der jährliche Futterbedarf für eine Vieheinheit etwa 20 Doppelzentner Getreide beträgt und dass demnach ungefähr zwei Vieheinheiten aus der Futterproduktion von 1 ha landwirtschaftlicher Nutzfläche erzeugt oder gehalten werden können. Weiterhin ist ermittelt worden, dass sich die Futterproduktion und somit der mögliche Tierbestand mit abnehmender Betriebsgröße steigert. Entsprechend sind auch die Abgrenzungsgrößen in § 169 BewG festgelegt worden.

2692   Für die **Abgrenzung der landwirtschaftlichen** von der übrigen (insbesondere gewerblichen) **Tierzucht und Tierhaltung** sind nach § 169 BewG **folgende Ermittlungen und Beurteilungen** erforderlich (vgl. auch R B 160.2 Abs. 3 Satz 3 ErbStR):

2693   a) Zunächst sind die nachhaltig erzeugten und gehaltenen **Tierbestände** zu **ermitteln**. Dabei ist nicht von den Verhältnissen eines bestimmten Stichtags oder eines einzigen Wirtschaftsjahres, sondern von der regelmäßigen (nachhaltigen) Erzeugung oder Haltung während mehrerer Wirtschaftsjahre auszugehen (BFH vom 04.02.1976 BStBl II 1976, 423). Außerdem muss bedacht werden, dass z. B. Mastschweine etwa zweimal und Jungmasthühner etwa fünfmal innerhalb eines Wirtschaftsjahres umgeschlagen werden können.

2694   b) **Danach** sind die maßgebenden Tierbestände getrennt für jede vorhandene Tierart entsprechend dem unterschiedlichen Futterbedarf in **Vieheinheiten (VE) umzurechnen** (§ 169 Abs. 1 BewG). Die Umrechnung erfolgt nach dem Umrechnungsschlüssel der Anlage 19 des BewG (§ 169 Abs. 5 Satz 1 BewG), der bei geänderten wirtschaftlichen und technischen Entwicklungen durch Rechts-VO angepasst werden kann (§ 169 Abs. 5 Satz 2 BewG). Die Werte des Umrechnungsschlüssels gelten für die Erzeugung eines Tieres (z. B. eines Mastschweines oder eines Jungmasthuhnes) bzw. für die 12monatige Haltung eines Tieres (z. B. einer Milchkuh oder eines Zuchtschweines).

c) **Anschließend** ist die **Zahl der VE mit der Größe der regelmäßig landwirtschaftlich** **2695** **genutzten Fläche zu vergleichen.** Dabei sind sowohl die eigenen als auch die zugepachteten Flächen zu berücksichtigen, soweit sie vom Betriebsinhaber selbst bewirtschaftet werden (§ 169 Abs. 1 Satz 1 BewG). Ob auf dieser Fläche auch tatsächlich das für die Tiererzeugung und Tierhaltung benötigte Futter erzeugt wird, ist nicht Voraussetzung. Es genügt die Fiktion, dass dies möglich wäre. Wie landwirtschaftlich genutzte Flächen sind die Flächen der landwirtschaftlichen Sonderkulturen zu behandeln (vgl. auch A 2.20 Abs. 2 Nr. 1 BewR L). Obstbaulich genutzte Flächen, die so angelegt sind, dass eine regelmäßige landwirtschaftliche Unternutzung stattfindet, sind hierbei ebenfalls wie landwirtschaftliche Flächen zu behandeln, jedoch nur mit der Hälfte anzusetzen. Alle anderen Flächen scheiden dagegen aus.

d) Werden die in § 169 Abs. 1 BewG festgelegten **Grenzen** nicht überschritten, gehört der **2696** gesamte Tierbestand zur Landwirtschaft. Übersteigt die Zahl der VE diese Höchstgrenze, so gehört der darüber hinausgehende Tierbestand zur gewerblichen Tierzucht und Tierhaltung. Die jeweilige Zurechnung kann für einen **Zweig des Tierbestandes** aber nur einheitlich getroffen werden (§ 169 Abs. 2 Sätze 1 und 4 BewG). Dabei muss noch zwischen mehr oder weniger flächenabhängigen Zweigen des Tierbestandes unterschieden werden. Zur Landwirtschaft sind zunächst die mehr flächenabhängigen Zweige des Tierbestands zu rechnen. Außerdem ist eine bestimmte Reihenfolge einzuhalten. Vgl. hierzu § 169 Abs. 2 und 3 BewG i. V. mit Anlage 20 zum BewG.

e) **Pelztiere** gehören nur dann zur landwirtschaftlichen Nutzung, wenn die erforderlichen **2697** Futtermittel überwiegend aus den vom Inhaber des Betriebs landwirtschaftlich genutzten Flächen gewonnen werden. Für sie gelten die Vorschriften des § 169 Abs. 1 bis 3 BewG nicht (§ 169 Abs. 4 BewG).

BEISPIEL

Der Landwirt L bewirtschaftete am Bewertungsstichtag (z. B. Todestag) folgende Flächen: landwirtschaftliche Fläche:

Eigentum	18 ha
Zupacht	5 ha
eigene Spargelfläche	2 ha
eigene Weinbaufläche	1 ha

In dem Betrieb werden nachhaltig im Durchschnitt folgende Tierbestände erzeugt bzw. gehalten:
100 Kühe
120 Masttiere (Mastdauer weniger als ein Jahr)
100 Kälber (unter 1 Jahr)
2500 Legehennen.
Welche Tierbestände gehören zur landwirtschaftlichen Nutzung des Betriebs?

LÖSUNG Diese Tierbestände ergeben nach § 169 Abs. 1 BewG folgende Vieheinheiten:

100 Kühe × 1,00 VE =	100 VE
100 Kälber × 0,30 VE =	30 VE
120 Masttiere × 1,00 VE =	120 VE
2500 Legehennen × 0,02 VE =	50 VE
Tatsächlicher Tierbestand des Betriebs in VE	300 VE

Maßgebende Fläche für die Abgrenzung ist die eigene und zugepachtete landwirtschaftliche Fläche (einschließlich Spargelfläche) mit 25 ha. Danach beträgt die Höchstgrenze nach § 169 Abs. 1 Satz 1 BewG:

20 ha × 10 VE =	200 VE
5 ha × 7 VE =	35 VE
	235 VE

Einzelne Zweige des Tierbestandes sind daher aus der Landwirtschaft auszuscheiden. Nach § 169 Abs. 2 und 3 BewG sind dies:

a) Zunächst der zu den weniger flächenabhängigen Tierzweigen rechnende Tierzweig »Legehennen« mit 50 VE.

b) Von den danach noch verbleibenden (300 VE ./. 50 VE) = 250 VE ist der Tierzweig »Masttiere« mit 120 VE

ebenfalls auszuscheiden.

c) Der verbleibende Tierbestand von (300 VE ./. 50 VE ./. 120 VE) = 130 VE ist zur landwirtschaftlichen Nutzung zu rechnen.

Die Tierbestände der Zweige »Legehennen« mit 50 VE und »Masttiere« mit 120 VE (zusammen 170 VE) sind zur gewerblichen Nutzung (Gewerbebetrieb) zu rechnen. Vgl. auch BFH vom 12.08.1982 BStBl II 1983, 36.

2698   **Gemeinschaftliche Tierhaltungen** sind nach § 51 a BewG i. V. m. § 13 Abs. 1 Nr. 1 Satz 5 EStG der Land- und Forstwirtschaft zuzuordnen und damit land- und forstwirtschaftliches Vermögen im Sinne der §§ 158 ff. BewG. Nach § 51a Abs. 2 BewG kann – abweichend von § 13 Abs. 1 EStG und § 51 BewG – ein Betrieb der Landwirtschaft »Tierhaltung« auch ohne Bewirtschaftung eigener land- und forstwirtschaftlicher Flächen vorliegen. Für die Eigenschaft »landwirtschaftlicher Betrieb« ist vorrangig bedeutsam, dass alle Mitglieder bzw. Gesellschafter die persönlichen Voraussetzungen des § 51a Abs. 1 BewG erfüllen, andernfalls läge ein Gewerbebetrieb »Tierhaltung« vor (vgl. z. B. R 13.2 EStH). Der Gesetzgeber stellt aber hohe Anforderungen an die Erfüllung persönlicher und sachlicher Voraussetzungen durch die an einer Tierhaltungsgemeinschaft (THG) beteiligten Gesellschafter und Betriebe. Es muss sich bei den Teilnehmern um Land- und Forstwirte handeln, die hauptberuflich einen land- und forstwirtschaftlichen Betrieb mit selbstbewirtschafteten Flächen besitzen und leiten. Eine Tierhaltungsgemeinschaft i. S. d. § 51a BewG in Form einer KG liegt aber nach Ansicht des Niedersächsischen Finanzgerichts vom 26.10.2016 EFG 2017, 274 auch dann vor, wenn die beteiligten Landwirte zugleich Gesellschafter einer personenidentischen GbR sind, der sie ihren Grund und Boden zur land- und forstwirtschaftlichen Nutzung überlassen haben und die nicht an der KG beteiligte GbR mit Zustimmung der Gesellschafter ausreichend Vieheinheiten auf die KG überträgt. Die hauptberufliche Tätigkeit des Landwirts liegt vor, wenn mindestens 50 % der Arbeitskraft im land- und forstwirtschaftlichen Betrieb eingesetzt werden. Hierzu zählt auch die Tätigkeit für die THG, an der der Landwirt gesellschaftsrechtlich beteiligt ist. Die Tierzucht ist der landwirtschaftlichen Nutzung i. S. des § 160 Abs. 2 Satz 1 Nr. 1 Buchstabe a) BewG und der Nutzungsart Veredlung im Sinne der Anlage 14 zum BewG zuzuordnen. Vgl. R B 160.2 Abs. 4 ErbStR. Zur Mindestbewertung vgl. R B 164 Abs. 10 ErbStR und 6.3.7 (Rz. 2821).

4.3   Betriebswohnungen

2699   Betriebswohnungen sind Wohnungen, die einem Betrieb der Land- und Forstwirtschaft zu dienen bestimmt, aber nicht dem Wohnteil zuzurechnen sind (§ 160 Abs. 8 BewG).

2700   Hierbei handelt es sich um Gebäude oder Gebäudeteile des Betriebs, die dessen **Arbeitnehmern** und deren Familienangehörigen zu **Wohnzwecken** zur Verfügung gestellt werden. Eine ganzjährige Mitarbeit des Wohnungsinhabers oder seiner Familienangehörigen ist nicht erforderlich. Es genügt, dass der jeweilige Arbeitnehmer vertraglich dazu verpflichtet ist, wenigstens 100 Arbeitstage oder 800 Arbeitsstunden im Jahr im Betrieb mitzuarbeiten. Vgl. auch R B 160.21 Abs. 1 ErbStR.

Die **anteilig** auf die Betriebswohnungen entfallenden **Flächen des Grund und Bodens** gehören ebenfalls dazu. Dazu zählen neben der bebauten Fläche auch die vom Betrieb im Rahmen der Wohnungsüberlassung zur Verfügung gestellten übrigen Flächen, z. B. Stellplätze und Gärten (R B 160.21 Abs. 2 ErbStR). **2701**

Die **Bewertung** der Betriebswohnungen ist in 7 (Rz. 2871 ff.) dargestellt. **2702**

2703–2720 frei

4.4 Wohnteil

Der Wohnteil eines Betriebs der Land- und Forstwirtschaft umfasst die Gebäude und Gebäudeteile, die **2721**

- dem **Inhaber des Betriebs**,
- den zu seinem Haushalt gehörenden **Familienangehörigen** und
- den **Altenteilern**

zu **Wohnzwecken** dienen (§ 160 Abs. 9 BewG, R B 160.22 Abs. 1 ErbStR). Werden dem Hauspersonal (z. B. Küchenhilfe) nur einzelne zu Wohnzwecken dienende Räume überlassen, rechnen diese zum Wohnteil und nicht zu den Betriebswohnungen des Betriebs der Land- und Forstwirtschaft.

Für die Zurechnung einer Wohnung eines Inhabers eines Betriebs der Land- und Forstwirtschaft kommt es auch darauf an, ob es sich um **2722**

- die Wohnung des Inhabers eines **größeren Betriebs** oder
- die Wohnung des Inhabers eines **Kleinbetriebs** oder
- die Wohnung des Inhabers einer sogenannten **landwirtschaftlichen Nebenerwerbstelle**

handelt. Vgl. hierzu die näheren Ausführungen und Abgrenzungsregelungen in R B 160.22 Abs. 2 bis 4 ErbStR.

Die Wohnung des Betriebsinhabers muss sich nicht in unmittelbarer Nachbarschaft oder auf dem Hauptgrundstück eines mehrere Grundstücke umfassenden Betriebs der Land- und Forstwirtschaft befinden. Entscheidend ist, dass die **Lage der Wohnung** dem Betriebsinhaber ermöglicht, soweit erforderlich im Betrieb anwesend zu sein und in den Betriebsablauf eingreifen. Vgl. R B 160.22 Abs. 5 ErbStR. **2723**

Die **anteilig** auf den Wohnteil entfallenden **Flächen des Grund und Bodens** gehören ebenfalls dazu. Dazu zählen neben der bebauten Fläche auch die übrigen Flächen, z. B. Stellplätze und Gärten. Vgl. hierzu auch die weiteren Ausführungen in R B 160.22 Abs. 6 ErbStR. **2724**

Zur Behandlung von **Verpächterwohnungen** und **Altenteilerwohnungen** vgl. R B 160.22 Abs. 7 und 8 ErbStR. **2725**

Die **Bewertung** des Wohnteils ist in 7 (Rz. 2871 ff.) dargestellt. **2726**

5 Bewertungsstichtag

Nach § 161 Abs. 1 BewG sind für die **Größe** des Betriebs, für den Umfang und den Zustand der **Gebäude** sowie für die **stehenden Betriebsmittel** die Verhältnisse vom Bewertungsstichtag maßgebend. Hierbei sind insbesondere die tatsächlichen Verhältnisse gemeint. Die wertmäßigen Verhältnisse schlagen sich in dem jeweils anzuwendenden Bewertungsverfahren der §§ 162 bis 167 BewG nieder. Bewertungsstichtag ist gemäß § 11 i. V. m. § 9 sowie § 12 Abs. 3 ErbStG der Zeitpunkt der Entstehung der Erbschaft- und Schenkungsteuer (bei der Erbschaftsteuer i. d. R. der Todestag des Erblassers und bei der Schenkungsteuer der Tag der Zuwendung an den Erwerber). Dieser Bewertungsstichtag ist gleichzeitig der Feststellungszeitpunkt für die geson- **2727** derte Feststellung des Bedarfswerts eines Betriebs der Land- und Forstwirtschaft (§ 151 Abs. 1 Satz 1 Nr. 1 und § 157 Abs. 1 BewG, R B 161 Satz 1 ErbStR).

2728   Eine Ausnahme besteht für die **umlaufenden Betriebsmittel**. Dafür ist nach § 161 Abs. 2 BewG der Stand am Ende des Wirtschaftsjahres maßgebend, das dem Bewertungsstichtag vorangegangen ist (Vereinfachungsregelung, R B 161 Satz 2 ErbStR). Das Wirtschaftsjahr bestimmt sich nach § 4 a EStG i. V. m. § 8 c EStDV. Zu diesem Zeitpunkt sind in der Regel nur solche umlaufende Betriebsmittel vorhanden, die zur ordnungsgemäßen Bewirtschaftung benötigt werden. Dies erleichtert die Ermittlung der umlaufenden Betriebsmittel und die Abgrenzung der Überbestände.

2729–2740
frei

6   Bewertung des Wirtschaftsteils

6.1   Bewertungsmaßstab und Wertermittlungsverfahren für den Wirtschaftsteil

2741   Anders wie seit 1964 bei der Einheitswertung und vor 2009 bei der Bedarfsbewertung für Zwecke der Erbschaft- und Schenkungsteuer wird ab 01.01.2009 bei der Ermittlung des Grundbesitzwerts für den **Wirtschaftswert** des Betriebs der Land- und Forstwirtschaft nicht ein Ertragswert (vgl. hierzu die Regelungen in den §§ 36 und 142 BewG) der Bewertung zu Grunde gelegt, sondern nach § 162 Abs. 1 Satz 1 BewG der **gemeine Wert**, der grundsätzlich nach § 163 BewG zu ermitteln ist und nicht nach § 9 BewG. Dabei ist davon auszugehen, dass der Erwerber (Erbe oder Beschenkte) den erworbenen Betrieb der Land- und Forstwirtschaft fortführt (§ 162 Abs. 1 Satz 2 BewG), d. h. es ist ein gemeiner Wert aus der Sicht eines Erwerbers gemeint. Hierbei handelt es sich um einen sog. **Fortführungswert** (§ 165 BewG, R B 162 Abs. 1 Satz 1 ErbStR). Der Fortführungswert ist der Wert, der den einzelnen Nutzungen, Nebenbetrieben und übrigen Wirtschaftsgütern in einem Betrieb der Land- und Forstwirtschaft unter objektiven ökonomischen Bedingungen im Rahmen einer Betriebsfortführung unter Zugrundelegung eines kapitalisierten nachhaltig erzielbaren Reingewinns (§ 163 BewG) und unter Beachtung eines Mindestwerts (§ 164 BewG) beizumessen ist (R B 162 Abs. 1 Satz 2 ErbStR).

Für die Betriebe der Land- und Forstwirtschaft, die im Ganzen verpachtet sind, kommen ebenfalls die §§ 163, 164 BewG zur Anwendung. Da die **Betriebsverpachtung im Ganzen** als Fortsetzung der bisherigen Tätigkeit auf eine andere Art und Weise angesehen wird (vgl. R B 158.1 Abs. 1 Satz 3 ErbStR), wird bei der Betriebsverpachtung im Ganzen bei landwirtschaftlichen Nutzungen für die Ermittlung der Standarddeckungsbeiträge nicht auf die selbst bewirtschafteten, sondern auf die (durch den Pächter) bewirtschafteten Flächen der wirtschaftlichen Einheit abgestellt (vgl. hierzu OFD Nordrhein-Westfalen vom 08.11.2013 Juris).

2742   Auch für Betriebe der Land- und Forstwirtschaft muss der Wert des Betriebs eigentlich im Ganzen ermittelt werden. Allerdings handelt es sich dabei nicht um die klassische Bewertung im Ganzen, da die Wirtschaftswerte für die einzelnen Nutzungen und bestimmte Wirtschaftsgüter jeweils separat zu ermitteln sind (§ 163 Abs. 3 bis 12 BewG). Da das land- und forstwirtschaftliche Vermögen – anders als die übrigen Vermögensarten – jedoch durch mehrere Besonderheiten gekennzeichnet ist, die für die Frage der notwendigen realitätsgerechten Wertermittlung eines fortzuführenden Betriebs der Land- und Forstwirtschaft von herausragender Bedeutung sind, müssen diese für die Anwendung der Bewertungsmethoden (Bewertungsverfahren) zur Ermittlung des gemeinen Werts berücksichtigt werden. Dies wird besonders dadurch deutlich,

a) dass Betriebe der Land- und Forstwirtschaft nur in wenigen Fällen im Ganzen veräußert werden (ein Marktwert eines ganzen Betriebs kann daher regelmäßig nicht aus Verkaufsfällen oder Statistiken bestimmt werden) und

b) dass land- und forstwirtschaftlich genutzte Flächen typischerweise nicht verkauft, sondern überwiegend verpachtet werden. Hierdurch wird der Grundstücksmarkt für land- und forstwirtschaftliche Flächen so stark eingeschränkt, dass von einem funktionierenden Markt kaum gesprochen werden kann. Die erzielten Preise gehen auf seltene Einzelveräußerungen zurück, die nicht zwingend den tatsächlichen Flächenpreis bilden.

Die in den §§ 163 bis 166 BewG festgelegten Bewertungsregeln zur **Ermittlung des Wirtschaftswerts** sehen **typisierende Verfahren** (Methoden) vor, die sich am gemeinen Wert unter Berücksichtigung der Betriebsfortführung orientieren (**modifizierter Verkehrswert** als Gebrauchswert, der sich an den zivilrechtlichen Erbfolgeregelungen orientiert). Dabei wird grundsätzlich von einem nachhaltig erzielbaren **Reingewinn** (Reinertrag) ausgegangen, der nach Maßgabe des § 163 BewG zu ermitteln und zu **kapitalisieren** ist. Die Bewertung des Wirtschaftsteils erfolgt danach durch ein Ertragswertverfahren nach betriebswirtschaftlichen Grundsätzen, bei dem abweichende Besonderheiten zu berücksichtigen sind. Durch dieses **typisierende Ertragswertverfahren** wird die objektive Ertragsfähigkeit von Betrieben der Land- und Forstwirtschaft unter Berücksichtigung der Betriebsfortführung berücksichtigt. Außerdem ist jeweils ein **Mindestwert** zu beachten, der sich aus dem Wert des Grund und Bodens und dem Wert der übrigen Wirtschaftsgüter zusammensetzt und der nach Maßgabe des § 164 Abs. 2 bis 7 BewG zu ermitteln ist. **2743**

Des Weiteren sieht § 162 Abs. 2 und 3 i. V. m. § 166 BewG im Fall der Veräußerung eines Betriebs der Land- und Forstwirtschaft oder eines Anteils an einem als Personengesellschaft geführten Betriebs der Land- und Forstwirtschaft oder des Wegfalls der land- und forstwirtschaftlichen Zweckbestimmung innerhalb eines Zeitraums von 15 Jahren einen sog. **Nachbewertungsvorbehalt** (Ansatz eines **Liquidationswerts**) vor (R B 163 Abs. 3 und 4 ErbStR). Dieser Liquidationswert orientiert sich in zeitlicher Hinsicht an der Frist des § 17 des Grundstücksverkehrsgesetzes (BGBl I 1961, 1091, 1652, 2000, zuletzt geändert durch Gesetz vom 17. 12. 2008 BGBl I 2008, 2586) und gleicht auch in sachlicher Hinsicht den bewertungsrechtlichen Regelungen des Grundstücksverkehrsgesetzes, weil zur Ermittlung des Liquidationswerts nicht der tatsächliche Veräußerungserlös herangezogen wird, sondern der gemeine Wert rückwirkend am Bewertungsstichtag zu Grunde zu legen ist. Verbunden mit diesem Nachbewertungsvorbehalt sehen § 162 Abs. 3 Satz 2 und Abs. 4 Satz 2 BewG **Reinvestitionsklauseln** vor, die unter bestimmten Voraussetzungen den Ansatz eines Liquidationswerts nicht zur Auswirkung kommen lassen (R B 162 Abs. 3 und 5 ErbStR). **2744**

Die **Bewertung der Betriebswohnungen und des Wohnteils** erfolgt aber separat nach den Bewertungsvorschriften des Grundvermögens (§ 167 BewG und s. Ausführungen zu 7, Rz. 2871 ff.). **2745**

Zur **Ermittlung des gemeinen Werts des Wirtschaftsteils** (Wirtschaftswert bzw. Wert der einzelnen Wirtschaftsgüter) sind **folgende Bewertungsverfahren** (Bewertungsmethoden) gesetzlich festgelegt worden (**Überblick**): **2746**

Bewertungsverfahren:	Regelung in ...	Grundsätze des Bewertungsverfahrens:
Reingewinnverfahren (auch als Regelertragswertverfahren bezeichnet)	§ 163 BewG	1. Getrennte **Ermittlung des** nachhaltig erzielbaren **Reingewinns** für die jeweilige Nutzung bzw. Ansatz eines pauschalen Reingewinns. 2. **Kapitalisierung** des Reingewinns mit dem Faktor 18,6. 3. **Multiplikation** dieses Ergebnisses **mit der Fläche** der jeweiligen Nutzung oder des Geringstlandes.
Mindestwertverfahren	§ 164 BewG	1. **Getrennte Wertermittlung** für Grund und Boden und die übrigen Wirtschaftsgüter. 2. Als Wert für den **Grund und Boden** (§ 158 Abs. 3 Satz 1 Nr. 1 BewG): Ermittlung eines **Pachtpreises** pro ha abhängig von der Nutzung, dem Nutzungsteil und der Nutzungsart des Grund und Bodens und **Kapitalisierung** mit dem Faktor 18,6. 3. Als Wert für die **übrigen Wirtschaftsgüter** (**Besatzkapital**, § 158 Abs. 3 Satz 1 Nr. 2 bis 5 BewG): Dafür **Ansatz eines Werts** in EUR/ha nach Spalte 6 der Anlagen 14, 15 bzw. 15a und 17 sowie Spalte 5 der Anlagen 16 und 18 BewG **und** **Multiplikation** dieses ha-Werts mit der selbstbewirtschafteten Fläche **und** Kapitalisierung dieses Ergebnisses mit dem Faktor 18,6. 4. Zusammenrechnung der kapitalisierten Werte von Nr. 2 und Nr. 3 **und** Abzug der mit dem Grund und Boden und den übrigen Wirtschaftsgüter wirtschaftlich zusammenhängen Verbindlichkeiten. 5. Ergebnis: **Mindestwert.**
Vergleich der Summe der kapitalisierten **Reinertragswerte** mit dem **Mindestwert**	§ 165 Abs. 1 und 2 BewG	**Ansatz** des höheren der beiden Werte als sog. **Fortführungswert.**
Öffnungsklausel für Nachweis eines niedrigeren gemeinen Werts	§ 165 Abs. 3 BewG	Evtl. Ansatz eines nachgewiesenen **niedrigeren gemeinen Werts.**

Bewertungsverfahren:	Regelung in ...	Grundsätze des Bewertungsverfahrens:
Liquidationswert-verfahren	§ 166 Abs. 1 i. V. m. § 162 Abs. 3 Satz 1 und Abs. 4 Satz 1 BewG	**Nachbewertungsvorbehalt:** Bei **Veräußerung eines Betriebs** der Land- und Forstwirtschaft oder eines **Anteils** an einem als Personengesellschaft geführten Betriebs der Land- und Forstwirtschaft **innerhalb von 15 Jahren** (§ 162 Abs. 3 Satz 1 BewG) **oder** wenn für **wesentliche Wirtschaftsgüter** (Grund und Boden, Wirtschaftsgebäude und stehende Betriebsmittel, § 158 Abs. 3 Satz 1 Nr. 1 bis 3 BewG) **innerhalb von 15 Jahren** die Zweckbestimmung, »dauernd einem Betrieb der Land- und Forstwirtschaft zu dienen bestimmt sein«, **wegfällt** (§ 162 Abs. 4 Satz 1 BewG).
Reinvestitionsklausel	§ 162 Abs. 3 Satz 2 und Abs. 4 Satz 2 BewG	**Kein rückwirkender Ansatz des Liquidationswerts,** wenn der Veräußerungserlös eines veräußerten Betriebs der Land- und Forstwirtschaft oder eines Anteils an einer als Personengesellschaft geführten Betriebs der Land- und Forstwirtschaft innerhalb von 6 Monaten ausschließlich zum Erwerb eines anderen Betriebs der Land- und Forstwirtschaft oder eines Anteils an einer Personengesellschaft i. S. d. § 158 Abs. 2 Satz 2 BewG bzw. wenn der Veräußerungserlös bei Veräußerung nur wesentlicher Wirtschaftsgüter innerhalb von 6 Monaten ausschließlich im betrieblichen Interesse verwendet werden.

Zu den Einzelheiten der Ermittlung der jeweiligen Werte s. 6.2 bis 6.5 (Rz. 2751–2855).

2747

2748–2750 frei

6.2 Ermittlung der Wirtschaftswerte im Reingewinnverfahren

6.2.1 Grundsätze

Die Grundsätze zur Ermittlung der jeweiligen Wirtschaftswerte sind im § 163 Abs. 1 und 2 BewG festgelegt. Dabei ist von einer **nachhaltigen Ertragsfähigkeit** auszugehen. Ertragsfähigkeit ist der bei ordnungsmäßiger Bewirtschaftung gemeinhin und **nachhaltig erzielbare Reingewinn.** Dabei sind alle Umstände zu berücksichtigen, die bei einer **Selbstbewirtschaftung** den Wirtschaftserfolg beeinflussen. Der Reingewinn umfasst das ordentliche Ergebnis abzüglich eines angemessenen Lohnansatzes für die Arbeitsleistung des Betriebsinhabers und der nicht entlohnen Arbeitskräfte. Die im unmittelbaren wirtschaftlichen Zusammenhang mit dem Betrieb der Land- und Forstwirtschaft stehenden Verbindlichkeiten sind durch den Ansatz der Zinsaufwendungen abgegolten. Zur Berücksichtigung der nachhaltigen Ertragsfähigkeit ist der **Durchschnitt der letzten fünf** abgelaufenen **Wirtschaftsjahre** vor dem Bewertungsstichtag zu Grunde zu legen. Dabei ist nicht auf Muster- und Spitzenbetriebe abzustellen, sondern auf Betriebsergebnisse objektiv vergleichbarer Betriebe. Eine ordnungsmäßige Selbstbewirtschaftung liegt vor, wenn bei der Bewirtschaftung nur der betriebsnotwendige Arbeitskräfte- und Inventarbesatz vorhanden ist. Für die land- und forstwirtschaftlichen Nutzungen, Nebenbe-

2751

triebe und übrigen Wirtschaftsgüter ist jeweils gesondert ein Reingewinn zu ermitteln. Mit dem jeweiligen Reingewinn werden alle Wirtschaftsgüter i. S. des § 158 Abs. 3 und 5 BewG abgegolten. Vgl. auch R B 163 Abs. 1 ErbStR.

2752 Der maßgebende **Reingewinn** berücksichtigt die betriebswirtschaftliche Ausrichtung einer Nutzung und ist **mit 18,6 zu kapitalisieren** (§ 163 Abs. 11 BewG).

2753 Der **kapitalisierte Reingewinn** ist dann **mit** den jeweiligen **Eigentumsflächen** bzw. Flächenanteilen **zu multiplizieren** (§ 163 Abs. 12 BewG) und ergibt dann den (jeweiligen) Wirtschaftswert. Vgl. R B 163 Abs. 2 ErbStR. Die **Hof- und Wirtschaftsgebäudeflächen** sind dabei anteilig in die einzelnen Nutzungen (bzw. Nutzungteile) einzubeziehen, soweit sie ihr dienen und nicht den Betriebswohnungen oder dem Wohnteil zuzurechen sind (§ 163 Abs. 13 Satz 1 BewG, R B 163 Abs. 11 Satz 1 ErbStR). **Wirtschaftswege**, Hecken, Gräben, Grenzraine und dergleichen sind in die Nutzung einzubeziehen, zu der sie gehören (§ 163 Abs. 13 Satz 2 BewG). Zur Frage der Eigentumsflächen des Betriebs vgl. R B 163 Abs. 12 ErbStR; grundsätzlich sind dafür die Verhältnisse vom Bewertungsstichtag maßgebend.

2754 Der Ermittlung und Festlegung der **Reingewinne** für die einzelnen Nutzungen und Sondernutzungen wurden die typisierende Ertrags- und Aufwandspositionen aus dem Testbetriebsnetz des Bundesministeriums für Ernährung und Landwirtschaft (BMEL) zu Grunde gelegt und dabei alle unmittelbar betrieblich veranlassten Ertrags- und Aufwandsfaktoren eines Betriebs bei ordnungsmäßiger Bewirtschaftung berücksichtigt. Mit dem Testbetriebsnetz werden Buchführungsabschlüsse repräsentativ ausgewählter Betriebe gegliedert nach Rechtsform- und Erwerbstyp, Betriebsformen, Betriebsgrößen und Gebieten jährlich ausgewertet. In den **Anlagen 14 bis 18 des BewG** sind die ab 01.01.2009 geltenden Reingewinne in EUR/ha LF (= land- und forstwirtschaftliche Fläche) aufgelistet und wie folgt gegliedert:

- bei der **landwirtschaftlichen** Nutzung nach Regionen (Bundesland bzw. Regierungsbezirken), nach der Nutzungsart und Betriebsform sowie der Betriebsgröße,
- bei der **forstwirtschaftlichen** Nutzung nach der Nutzungsart und Baumartengruppe sowie der Ertragsklasse,
- bei der **weinbaulichen** Nutzung nach der Nutzungsart und Verwertungsform,
- bei der **gärtnerischen** Nutzung nach der Art des Nutzungsteils (Gemüsebau, Blumen- und Zierpflanzenbau sowie Bauschulen und Obstbau) und nach der Nutzungsart und
- bei den **Sondernutzungen** nach der Art der Sondernutzung Hopfen, Spargel und Tabak.

2755 Nähere **Einzelheiten** hierzu sind nachstehend in 6.2.2 bis 6.2.8 (Rz. 2757–2822) dargestellt.

2756 Nach § 163 Abs. 14 BewG ist das Bundesministerium der Finanzen ermächtigt, durch **Rechts-VO** mit Zustimmung des Bundesrates die Anlage 14 bis 18 zum BewG dadurch zu ändern, dass die darin aufgeführten Reingewinne turnusmäßig an die Ergebnisse der Erhebungen nach § 2 des Landwirtschaftsgesetzes angepasst werden.

6.2.2 Ermittlung des Reingewinns für die landwirtschaftliche Nutzung

2757 Nach den bis Ende 2008 maßgebenden Bewertungsbestimmungen (§ 142 BewG), die über den 01.01.2009 hinaus für Zwecke der Grunderwerbsteuer weiter gelten, orientierte sich die Ermittlung des Ertragswerts der landwirtschaftlichen Nutzung auch für die Erbschaft- und Schenkungsteuer im Wesentlichen an der natürlichen Ertragsfähigkeit der Bodenflächen, die aus den Ertragsmesszahlen der Bodenschätzung abgeleitet wurden. Nach der ab 01.01.2009 geltenden Regelung erfolgt die Einstufung der landwirtschaftlich genutzten Flächen nach dem gemeinschaftlichen Klassifizierungssystem der EU. Danach ist gemäß § 163 Abs. 3 BewG der maßgebende Reingewinn **in folgenden Schritten** zu ermitteln:

1. Zunächst sind die **Standarddeckungsbeiträge** nach der EU-Typologie für die selbstbe- **2758**
   wirtschafteten Flächen (Anbauflächen in ha, d. h. eigene und zugepachtete Flächen) und
   die Anzahl der Tiereinheiten des Betriebs gemäß **Anlage 2** ErbStR zu ermitteln (R B 163
   Abs. 3 Satz 1 1. HS ErbStR). Der Standarddeckungsbeitrag (SDB) dient der Eingruppie-
   rung der landwirtschaftlichen Betriebe nach ihrer betriebswirtschaftlichen Ausrichtung
   und zur Bestimmung der wirtschaftlichen Betriebsgröße. Die Standarddeckungsbeiträge
   sind von folgenden **Faktoren** abhängig:
   a) von der **Region** in der der Betrieb liegt (Bundesland und Regierungsbezirk),
   b) von den **Tierarten**, die gehalten oder erzeugt werden (Angaben in €/Tier und Jahr),
   c) von den **Flächenarten**, die bewirtschaftet wird (z. B. Ackerbau oder Futteranbau; Anga-
      ben in €/ha und Jahr).

2. Danach sind die **Betriebsform** und die **Betriebsgröße** zu bestimmen (R B 163 Abs. 3 **2759**
   Satz 1 Nr. 1 und 2 ErbStR).

   Zur **Bestimmung der Nutzungsart (Betriebsform)** ist das Verhältnis der einzelnen Standarddeckungsbeiträge zur Summe der Standarddeckungsbeiträge des gesamten Betriebs
   maßgebend (nach dem Überwiegensprinzip). Als Ergebnis erhält man (nach dem Über-
   wiegensprinzip nur) **eine** der nachfolgend auf geführten **Nutzungsarten bzw. Betriebs-
   formen** (d. h. es kommt für die landwirtschaftliche Nutzung nur eine der Betriebsformen
   für die weitere Wertermittlung in Betracht):
   – Ackerbau,
   – Milchviehhaltung,
   – Sonstiger Futterbau;
   – Veredelung,
   – Pflanzenbau-Verbund,
   – Vieh-Verbund **oder**
   – Pflanzen- und Viehverbund.

   Ist eine Einordnung des Betriebs in die Betriebsform erfolgt, ist die Betriebsgröße zu
   bestimmen. Hierzu ist die Summe aller Standarddeckungsbeiträge (Gesamtstandarddec-
   kungsbeitrag) in die Betriebsgröße nach der Europäischen Größeneinheit (EGE) umzu-
   rechnen. Eine EGE entspricht einem Gesamtstandarddeckungsbeitrag von 1 200 €. Zur
   Bestimmung der Betriebsgröße (nach der Europäischen Größeneinheit in EGE) ist die
   Summe der Standarddeckungsbeiträge des Betriebs somit durch 1 200 € zu dividieren.
   Danach erfolgt die Zuordnung zu einer der folgenden **Betriebsgrößenklassen**:
   – Kleinbetriebe   von 0 bis unter 40 EGE
   – Mittelbetriebe   40 bis 100 EGE
   – Großbetriebe   über 100 EGE.

3. Anschließend ist anhand der nach Nr. 1 und 2 ermittelten Bewertungsfaktoren der **Rein-** **2760**
   gewinn in EUR/ha nach Anlage 14 Spalte 4 BewG herzuleiten.

4. Der so ermittelte **Reingewinn/ha** ist **mit 18,6 zu kapitalisieren** und auf alle landwirt- **2761**
   schaftlich genutzten **Eigentumsflächen** (nicht auf die zugepachteten Flächen) der landwirtschaftlichen Nutzung anzuwenden. Der Begriff landwirtschaftlich genutzte Fläche ist
   ein Oberbegriff und umfasst die landwirtschaftliche Ackerfläche, Dauergrünland, landwirtschaftliche Dauerkulturflächen, die Grundfläche der Gartengewächse und die Flächen
   sonstiger landwirtschaftlicher Nutzung, d. h. maßgebend ist die am Bewertungsstichtag
   die tatsächliche Nutzung und nicht die Klassifizierung einer Fläche.

2762 **Als Beispiel zur Ermittlung des Wirtschaftswerts der landwirtschaftlichen Nutzung** siehe H B 163 [3] (Wirtschaftswert der landwirtschaftlichen Nutzung) ErbStH.

2763 Wie die Tabellenwerte in Anlage 14 Spalte 4 BewG zeigen, kann sich für eine landwirtschaftliche Nutzung auch ein negativer Wirtschaftswert ergeben.

6.2.3 Ermittlung des Reingewinns für die forstwirtschaftliche Nutzung

2764 Nach § 163 Abs. 4 Satz 1 BewG bestimmt sich der Reingewinn für forstwirtschaftliche Nutzung nach den Flächen der jeweiligen Nutzungsart (Baumartengruppe) und den Ertragsklassen. Die jeweilige Nutzungsart umfasst (§ 163 Abs. 4 Satz 2 BewG):

1. die Baumartengruppe Buche, zu der auch sonstiges Laubholz einschließlich der Roteiche gehörte,
2. die Baumartengruppe Eiche, zu der auch alle übrigen Eichenarten gehören,
3. die Baumartengruppe Fichte, zu der auch alle übrigen Nadelholzarten gehören,
4. die Baumartengruppe Kiefer und Lärchen mit Ausnahme der Weymouthskiefer,
5. die übrige Fläche der forstwirtschaftlichen Nutzung (Nichtwirtschaftswald, Nichtholzbodenflächen, Blößen).

2765 Für die einzelnen Nutzungsarten (Baumartengruppen) wurden bundeseinheitliche Reingewinne nach Ertragsklassen gestaffelt ermittelt (keine Regionalisierung). Die Wertermittlung beruht auf einer mittleren Erlös- und Kostenstruktur unter Voraussetzung einer planmäßigen und nachhaltigen Bewirtschaftung und wurde von der Universität Göttingen durchgeführt. Im Gegensatz zur landwirtschaftlichen Nutzung kommt es auf die Betriebsgröße nicht an, da dem ökonomischen Ertragswert durch die Ertrags- und Aufwandsstruktur der Baumartengruppe Rechnung getragen wird. Der entsprechende Reingewinn in EUR/ha ergibt sich aus **Anlage 15 Spalte 4 BewG**. Dieser Reingewinn ist mit 18,6 zu kapitalisieren. Vgl. auch R B 163 Abs. 4 ErbStR.

2766 **Als Beispiel zur Ermittlung des Wirtschaftswerts der forstwirtschaftlichen Nutzung** siehe H B 163 [4] (Wirtschaftswert der forstwirtschaftlichen Nutzung) ErbStH.

6.2.4 Ermittlung des Reingewinns für die weinbauliche Nutzung

2767 Nach § 163 Abs. 5 Satz 1 BewG bestimmt sich der **Reingewinn** für die weinbauliche Nutzung nach den **Flächen der** jeweiligen **Nutzungsart** (Verwertungsform) Flaschenweinerzeuger, Fassweinerzeuger, Traubenerzeuger. Bei der Beurteilung der Ertragsfähigkeit sind die Nutzungsarten (Verwertungsform) der geernteten Trauben zu berücksichtigen. Dabei sind folgende **Verwertungsformen** zu unterscheiden:

1. Die **Traubenerzeugung**: Sie umfasst die Erzeugung von Trauben, Maische oder Most und deren Veräußerung an Genossenschaften oder andere Betriebe (Nichtausbau).
2. Der **Fassweinausbau**: Er umfasst die Erzeugung und die Verarbeitung der Trauben im eigenen Betrieb und den Ausbau sowie den Verkauf von Fasswein.
3. Der **Flaschenweinausbau**: Er umfasst die Erzeugung und die Verarbeitung der Trauben im eigenen Betrieb und den Ausbau sowie die Bereitung und den Verkauf von Flaschenweinen.

Auf eine Regionalisierung wurde im Gegensatz zur bisherigen Bedarfsbewertung verzichtet.

2768 Kommen die **Verwertungsformen** in einem Betrieb **nebeneinander** vor, so ist der Wirtschaftswert unter Berücksichtigung der auf die jeweilige Verwertungsform nachhaltig entfallenden Erntemenge am Bewertungsstichtag zu ermitteln. Vgl. auch R B 163 Abs. 5 ErbStR.

Der jeweils maßgebende **Reingewinn in EUR/ha** ergibt sich aus **Anlage 16 Spalte 3 BewG** (§ 163 Abs. 5 Satz 2 BewG). Er ist **mit 18,6 zu kapitalisieren**. Das Ergebnis ist mit der jeweils anteiligen Fläche der jeweiligen Verwertungsform zu multiplizieren und ergibt zusammengefasst den Wirtschaftswert der weinbaulichen Nutzung.   **2769**

Als Beispiel zur Ermittlung des Wirtschaftswerts der weinbaulichen Nutzung siehe H B 163 [5] (Wirtschaftswert der weinbaulichen Nutzung) ErbStH.   **2770**

Wie die Tabellenwerte in Anlage 16 Spalte 3 BewG und das Beispiel in H B 163 [5] ErbStH zeigen, ergibt sich regelmäßig ein negativer Wirtschaftswert.   **2771**

2772–2780 frei

6.2.5 Ermittlung des Reingewinns für die gärtnerische Nutzung

Nach § 163 Abs. 6 Satz 1 BewG bestimmt sich der Reingewinn für die gärtnerische Nutzung nach dem maßgeblichen **Nutzungsteil** (Gemüsebau, Blumen- und Zierpflanzenbau sowie Obstbau und Baumschulen, s. R B 160.5 Abs. 1 ErbStR), der **Nutzungsart** (beim Nutzungsteil Gemüsebau sowie Blumen und Zierpflanzenbau; s. R B 160.6 Abs. 1 und 2 ErbStR) und den **Flächen**. Auf eine Regionalisierung wurde verzichtet.   **2781**

Der jeweils maßgebende **Reingewinn in EUR/ha** ergibt sich aus **Anlage 17 Spalte 4 BewG** (§ 163 Abs. 6 Satz 2 BewG). Er ist **mit 18,6 zu kapitalisieren**. Das Ergebnis ist mit der jeweils anteiligen Fläche des jeweiligen Nutzungsteils zu multiplizieren und ergibt zusammengefasst den Wirtschaftswert der gärtnerischen Nutzung. Vgl. auch R B 163 Abs. 6 ErbStR.   **2782**

Als Beispiel zur Ermittlung des Wirtschaftswerts der gärtnerischen Nutzung siehe H B 163 [6] (Wirtschaftswert der gärtnerischen Nutzung) ErbStH.   **2783**

Wie die Tabellenwerte in Anlage 17 Spalte 4 BewG und das Beispiel in H B 163 [3] ErbStH zeigen, kann sich für eine gärtnerische Nutzung auch für einzelne Nutzungsteile oder insgesamt ein negativer Wirtschaftswert ergeben.   **2784**

6.2.6 Ermittlung des Reingewinns für die Sondernutzungen Spargel, Hopfen und Tabak

Nach § 163 Abs. 7 BewG ergibt sich für die entsprechende Sondernutzung der jeweilige Reingewinn in EUR/ha aus **Anlage 18 Spalte 4 BewG** (R B 163 Abs. 7 ErbStR). Er ist **mit 18,6 zu kapitalisieren** und mit der jeweiligen Fläche zu multiplizieren. Auf eine Regionalisierung wurde ebenfalls verzichtet. Die Sondernutzungen Hopfen, Spargel und Tabak werden nur bei ausschließlich diese Kulturen anbauenden Betriebe gesondert bewertet (§ 160 Abs. 2 Satz 2 BewG). Sobald der Betrieb mindestens eine weitere landwirtschaftliche Nutzung betreibt, wird der Anbau von Hopfen, Spargel und Tabak nicht zusätzlich bewertet. Er ist dann mit dem Wert des übrigen Betriebs abgegolten.   **2785**

Als Beispiel zur Ermittlung des Wirtschaftswerts der Sondernutzungen siehe H B 163 [7] (Wirtschaftswert der Sondernutzungen) ErbStH.   **2786**

Wie die Tabellenwerte in Anlage 18 Spalte 3 BewG und das Beispiel in H B 163 [7] ErbStH zeigen, ergibt sich regelmäßig ein negativer Wirtschaftswert.   **2787**

6.2.7 Ermittlung des Reingewinns für die sonstigen land- und forstwirtschaftlichen Nutzungen sowie für die Nebenbetriebe und das Abbauland

Nach § 163 Abs. 8 BewG ist der Reingewinn dafür im Einzelertragswertverfahren zu ermitteln. Vgl. hierzu die Ausführungen in R B 163 Abs. 8 bis 10 ErbStR. Auf weitere Einzelheiten wird im Rahmen dieses Buches nicht eingegangen.   **2788**

6.2.8 Reingewinn für das Geringstland und Unland

2789   Der Reingewinn für das **Geringstland** wurde in § 163 Abs. 9 BewG pauschal mit 5,40 €/ha festgelegt. Eine Ermittlung kommt daher nicht in Betracht.

2790   Der Reingewinn für das **Unland** beträgt nach § 163 Abs. 10 BewG 0 Euro.

6.2.9 Ab- und Aufrundung

2791   Ergeben sich bei der Ermittlung eines Wirtschaftswerts Euro-Beträge mit Nachkommastellen, sind diese kaufmännisch auf volle Euro-Beträge auf- bzw. abzurunden, d. h. ab 0,5 = aufrunden und unter 0,5 = abrunden (H B 163 [1] (Abrundung/Aufrundung) ErbStH).

2792–2800 frei

6.3 Ermittlung des Mindestwerts

6.3.1 Grundsätze

2801   § 162 Abs. 1 Satz 4 und § 165 Abs. 2 BewG schreiben vor, dass der anzusetzende Wert des Wirtschaftsteils (**Wirtschaftswert** bzw. Fortführungswert) den **Mindestwert** gemäß § 164 BewG **nicht unterschreiten** darf. Da die in der Anlage 14 Spalte 4 (bei der landwirtschaftlichen Nutzung für die Mittel- und Kleinbetriebe), Anlage 17 Spalte 4 (bei einzelnen Nutzungsteilen der gärtnerischen Nutzung), Anlage 16 Spalte 3 (für alle Verwertungsformen der weinbaulichen Nutzung) und Anlage 18 Spalte 3 (für alle Sondernutzungen) festgelegten Reingewinne pro ha negativ sind, ergäbe sich in diesen Fällen demzufolge auch ein negativer Wirtschaftswert. Nach dem Willen des Gesetzgebers darf aber bei der Erbschaft- und Schenkungsteuer für das land- und forstwirtschaftliche Vermögen kein negativer Wert zur Auswirkung kommen. Da für diese Fälle aber ein Mindestwert vorgesehen ist, wird die **Mindestbewertung** gemäß § 164 BewG **sehr häufig** bedeutsam sein. Außerdem ist die Mindestbewertung bei den **Stückländereien** (§ 160 Abs. 7 BewG) **zwingend** vorgeschrieben (§ 162 Abs. 2 BewG, R B 162 Abs. 2 ErbStR).

6.3.2 Getrennte Wertermittlung für Grund und Boden und übrige Wirtschaftsgüter

2802   § 164 Abs. 1 BewG sieht für die Mindestbewertung eine **zweistufige Wertermittlung** vor. Danach sind getrennt zu ermitteln:

1. der **Wert des Grund und Bodens** des Wirtschaftsteils des Betriebs (§ 158 Abs. 3 Satz 1 Nr. 1 BewG) und
2. der **Wert der übrigen Wirtschaftsgüter** des Wirtschaftsteils des Betriebs (für die Wirtschaftsgebäude, die stehenden Betriebsmittel, den normalen Bestand an umlaufenden Betriebsmitteln und die immateriellen Wirtschaftsgüter, § 158 Abs. 3 Satz 1 Nr. 2 bis 5 BewG, auch als **Besatzkapital** bezeichnet).

6.3.3 Ermittlung des Mindestwerts für den Grund und Boden

2803   Nach § 164 Abs. 2 Satz 1 BewG ist der Wert des Grund und Bodens nach **Pachtpreisen in Euro pro ha** zu berechnen. Die Pachtpreise sind abhängig von der Nutzung, dem Nutzungsteil und der Nutzungsart und sind festgelegt (§ 164 Abs. 2 Satz 3 BewG)

1. für die landwirtschaftliche Nutzung in **Anlage 14 Spalte 5** BewG,
2. für die forstwirtschaftliche Nutzung in **Anlage 15 Spalte 4** BewG,
3. für die weinbauliche Nutzung in **Anlage 16 Spalte 4** BewG,

4. für die gärtnerische Nutzung in **Anlage 17 Spalte 5** BewG und

5. für die Sondernutzungen Spargel, Hopfen und Tabak in **Anlage 18 Spalte 4** BewG.

Bei der landwirtschaftlichen Nutzung ist dabei auch die Betriebsgröße in EGE zu berücksichtigen (§ 164 Abs. 2 Satz 2 BewG); dieser Umstand ist ebenfalls aus den Tabellenwerten der Anlage 14 Spalte 5 erkennbar, jedoch muss die Betriebsgröße in EGE wie bei der Bewertung im Reingewinnverfahren ermittelt werden (s. 6.2.2 Nr. 2, Rz. 2759). **2804**

Für die sonstigen land- und forstwirtschaftlichen Nutzungen, das Abbauland und das Geringstland sind in R B 164 Abs. 3 bis 5 ErbStR pauschale Pachtpreise pro ha festgelegt. **2805**

Diese ha-Werte sind **mit** den **Eigentumsflächen** bzw. Flächenanteilen des Betriebs **zu multiplizieren** und sodann mit **18,6 zu kapitalisieren** (§ 164 Abs. 2 Satz 3 und Abs. 3 BewG). Siehe auch R B 164 Abs. 1 Satz 2 und Abs. 2 ErbStR. **2806**

6.3.4 Ermittlung des Mindestwerts für die übrigen Wirtschaftsgüter (Besatzkapital)

Nach § 164 Abs. 4 BewG ist der Wert der übrigen Wirtschaftsgüter (Besatzkapital) abhängig von der Nutzung, dem Nutzungsteil und der Nutzungsart des Grund und Bodens zu bestimmen. Der danach maßgebliche **Wert für das Besatzkapital** ergibt sich (§ 164 Abs. 4 Satz 3 BewG) **2807**

1. für die landwirtschaftliche Nutzung aus **Anlage 14 Spalte 6** BewG,

2. für die forstwirtschaftliche Nutzung aus **Anlage 15 Spalte 6 i. V. m. Anlage 15a** BewG,

3. für die weinbauliche Nutzung aus **Anlage 16 Spalte 5** BewG,

4. für die gärtnerische Nutzung aus **Anlage 17 Spalte 6** BewG und

5. für die Sondernutzungen Spargel, Hopfen und Tabak aus **Anlage 18 Spalte 5** BewG.

Bei der landwirtschaftlichen Nutzung ist dabei auch die Betriebsgröße in EGE zu berücksichtigen (§ 164 Abs. 4 Satz 2 BewG); dieser Umstand ist ebenfalls aus den Tabellenwerten der Anlage 14 Spalte 6 erkennbar, jedoch muss die Betriebsgröße in EGE wie bei der Bewertung im Reingewinnverfahren ermittelt werden (s. 6.2.2 Nr. 2, Rz. 2759). **2808**

Für die Bewertung ist grundsätzlich davon auszugehen, dass übrige Wirtschaftsgüter vorhanden sind. **2809**

Diese ha-Werte sind **mit** den **selbst bewirtschafteten Flächen** bzw. Flächenanteilen des Betriebs (nicht nur mit der Eigentumsfläche) **zu multiplizieren** und sodann mit **18,6 zu kapitalisieren** (§ 164 Abs. 4 Satz 3 und Abs. 5 BewG). Siehe auch R B 164 Abs. 1 Satz 3 und Abs. 6 ErbStR. **2810**

6.3.5 Berücksichtigung von Verbindlichkeiten und Zusammensetzung des Mindestwerts

Die jeweiligen Werte (die kapitalisierten Werte für den Grund und Boden sowie die kapitalisierten Wert für die übrigen Wirtschaftsgüter) sind um die damit in unmittelbarem wirtschaftlichem Zusammenhang stehenden **Verbindlichkeiten** zu **mindern** (§ 164 Abs. 6 Satz 1 i. V. m. § 158 Abs. 5 BewG). Dadurch kann sich zunächst ein negativer (Einzel-)Wert ergeben. **2811**

Anschließend sind die **beiden Werte zusammenzurechnen** und ergeben den Mindestwert. Der Mindestwert, der sich hieraus insgesamt ergibt, darf jedoch **nicht weniger als 0 EUR** betragen (§ 164 Abs. 6 Satz 2 BewG). Siehe auch R B 164 Abs. 8 ErbStR. **2812**

Als Beispiele zur Mindestbewertung bei landwirtschaftlicher, forstwirtschaftlicher, weinbaulicher und gärtnerischer Nutzung siehe hierzu die Beispiele in H B 164 [1] (Mindestwert) ErbStH. **2813**

6.3.6   Sonderfall: Ermittlung des Mindestwerts für Stückländereien

2814   Stückländereien (§ 160 Abs. 7 BewG und 4.2.2.4, Rz. 2688–2689) sind **ausschließlich** im **Mindestwertverfahren** zu bewerten (§ 162 Abs. 2 BewG, R B 164 Abs. 9 Satz 1 ErbStR).

2815   Zur **Ermittlung des Wirtschaftswerts** (im Mindestwertverfahren) vgl. die weiteren Ausführungen in R B 164 Abs. 9 ErbStR. Soweit es dem Steuerpflichtigen nicht möglich ist die ertragswertbildenden Daten zu beschaffen, können zur Ermittlung des Werts des Grund und Bodens in einem **vereinfachten Verfahren** die Pachtpreise auf der Grundlage der Klassifizierung im Automatischen Liegenschaftskataster angewendet werden (R B 164 Abs. 9 Sätze 2 und 3 ErbStR). Hierbei sind die **Bodenflächen** entsprechend wie folgt zu **klassifizieren**:

1. für Flächen der landwirtschaftlichen Nutzung
   nach:
   - Sonstigem Futterbau,
   - Ackerbau,
   - Pflanzen-Verbund

2. für Flächen der forstwirtschaftlichen
   Nutzung: einheitlicher Pachtpreis   5,40 €/ha,

3. für Flächen der weinbaulichen Nutzung:
                                               einheitlicher Pachtpreis   589,00 €/ha

4. für Flächen der gärtnerischen
   Nutzung nach:
   - Gartenland   657,00 €/ha
   - Anbauflächen unter Glas   2414,00 €/ha
   - Baumschulen   223,00 €/ha
   - Obstplantage   325,00 €/ha

5. für Flächen der Sondernutzungen:
   - Spargel einheitlich   657,00 €/ha
   - Hopfen einheitlich   492,00 €/ha

2816   Für Flächen, die zur **landwirtschaftlichen Nutzung** gehören, ist außerdem **Folgendes zu berücksichtigen** (R B 164 Abs. 9 Sätze 4 bis 7 ErbStR):

2817   1. Die **Pachtpreise** sind unter Beachtung der **Betriebsgröße** in EGE (§ 164 Abs. 2 Satz 3 i. V. m. § 163 Abs. 3 Satz 4 BewG) zu bestimmen sind. Für die Bestimmung der Betriebsgröße sind für die einzelnen Regionen (Bundesländer und Regierungsbezirke) jeweils **durchschnittliche Standarddeckungsbeiträge** ermittelt und festgelegt worden (**Anlage 2** ErbStR). Im Rahmen der Ermittlung der maßgebenden Betriebsgröße ist der durchschnittliche Standarddeckungsbeitrag mit der Eigentumsfläche der landwirtschaftlichen Nutzung zu multiplizieren und der sich danach ergebende Wert durch 1 200 € zu dividieren. Auf Grund dieses Ergebnisses in EGE kann die **Größenklasse** (Kleinbetrieb, Mittelbetrieb oder Großbetrieb, § 163 Abs. 3 Satz 4 BewG) bestimmt werden.

2818   2. Anschließend ist der maßgebende **Pachtpreis aus Anlage 14 Spalte 5 BewG** zu entnehmen und mit der maßgebenden Eigentumsfläche der landwirtschaftlichen Nutzung zu multiplizieren. Das Ergebnis ist der **Wirtschaftswert** (Mindestwert) der landwirtschaftlichen Nutzung.

2819   Von dem Ergebnis der Wirtschaftswerte der wirtschaftlichen Einheit Stückländerei sind ggf. noch die mit ihr in unmittelbarem wirtschaftlichen Zusammenhang stehenden **Verbindlichkeiten** (§ 164 Abs. 6 Satz 1 i. V. m. § 158 Abs. 5 BewG) **abzuziehen**, da diese (im Gegensatz zum Reingewinnverfahren des § 163 BewG) bei den zu Grunde gelegten Pachtpreisen noch nicht berücksichtigt sind.

2820   **Als Beispiel zur Ermittlung des Wirtschaftswerts eines Betriebs der Land- und Forstwirtschaft Stückländerei** siehe hierzu das Beispiel in H B 164 [9] (Stückländerei) ErbStH.

6.3.7 Ermittlung des Werts von Anteilen an gemeinschaftlichen Tierhaltungen

Vgl. hierzu die Ausführungen in R B 164 Abs. 10 ErbStR, auf die in diesem Buch nicht näher eingegangen wird.

2821

6.3.8 Ab- und Aufrundung des Mindestwerts

Ergeben sich bei der Ermittlung eines Wirtschaftswerts Euro-Beträge mit Nachkommastellen, sind diese kaufmännisch auf volle Euro-Beträge auf- bzw. abzurunden, d. h. ab 0,5 = aufrunden und unter 0,5 = abrunden (H B 163 [1] (Abrundung/Aufrundung) ErbStH).

2822

2823–2840 frei

6.4 Ermittlung und Ansatz des Wirtschaftswerts mit dem Fortführungswert

6.4.1 Grundsatz

Nach § 165 Abs. 1 BewG setzt sich der Wert des Wirtschaftsteils des Betriebs der Land- und Forstwirtschaft aus der Summe der nach § 163 BewG ermittelten Wirtschaftswerte zusammen, ggf. aus der Summe der nach § 164 BewG ermittelten Mindestwerte. Der höhere der beiden Werte ist der maßgebende **Wirtschaftswert**. Dieser Wirtschaftswert wird als sog. **Fortführungswert** bezeichnet, da er unter dem Gesichtspunkt der Fortführung des Betriebs durch den Erwerber (Erben oder Beschenkten) als gemeiner Wert zu ermitteln ist. Der Mindestwert ist jedoch nach § 164 Abs. 6 Satz 2 BewG auf 0 EUR gedeckelt, da ein negativer Mindestwert nicht zulässig ist. Vgl. R B 165 Abs. 1 und 2 ErbStR mit dem dort dargestellten **Beispiel** in H B 165 (Wert des Wirtschaftsteils) ErbStH.

2841

6.4.2 Ausnahme: Nachgewiesener niedrigerer gemeiner Wert

Weist der Steuerpflichtige einen niedrigeren gemeinen Wert nach, als der sich im Reingewinnverfahren (§ 163 BewG) oder dem Mindestwertverfahren (§ 164 BewG) ergebende Wert des Wirtschaftsteils, so ist der **niedrigere gemeine Wert** (Verkehrswert bzw. Marktwert) für die Erbschaft- und Schenkungsteuer maßgebend (§ 165 Abs. 3 BewG, R B 165 Abs. 3 ErbStR). Dieser Nachweis eines niedrigeren gemeinen Werts kann nicht durch ein Einzelertragswertverfahren für den Wirtschaftsteil erbracht werden, da bei der Ermittlung des gemeinen Werts auch die Grundsätze eines Liquidationswerts zu berücksichtigen sind (vgl. § 166 BewG und Ausführungen zu 6.5, Rz. 2843 ff.). Von dem ermittelten und nachgewiesenen niedrigeren gemeinen Wert sind die unmittelbar in wirtschaftlichem Zusammenhang stehenden **Verbindlichkeiten abzuziehen**, so dass ggf. ein negativer Wert des Wirtschaftsteils in den Grundbesitzwert einfließt (R B 165 Abs. 4 Satz 5 ErbStR). Zur **Nachweislast** vgl. R B 165 Abs. 4 Sätze 1 bis 4 ErbStR.

2842

6.5 Liquidationswert als abweichender rückwirkender Bewertungsmaßstab (Liquidationswertverfahren)

6.5.1 Fälle für den rückwirkenden Ansatz des Liquidationswerts

An die Stelle des Fortführungswerts (§ 165 BewG, d. h. an Stelle des nach § 163 BewG im Reingewinnverfahren ermittelten Wirtschaftswerts oder des nach § 164 BewG ermittelten Mindestwerts, s. 6.4, Rz. 2841–2842) tritt in bestimmten Fällen **rückwirkend** auf den ursprüngli-

2843

chen Bewertungsstichtag (Besteuerungszeitpunkt der Erbschaft- und Schenkungsteuer) der Liquidationswert als abweichender Bewertungsmaßstab (sog. **Nachbewertungsvorbehalt**). Nach § 166 Abs. 1 BewG gilt dies **für folgende Fälle:**

2844 1. Bei **Veräußerung** eines Betriebs der Land- und Forstwirtschaft oder eines Anteils an einem als Personengesellschaft geführten Betriebs der Land- und Forstwirtschaft **innerhalb von 15 Jahren** nach dem Bewertungsstichtag (§ 162 Abs. 3 Satz 1 BewG); als Veräußerungszeitpunkt gilt u. E. der Abschluss des obligatorischen Vertrags (z. B. notarieller Kaufvertrag) sowie

2845 2. für **wesentliche Wirtschaftsgüter** (Grund und Boden, Wirtschaftsgebäude und stehende Betriebsmittel, § 158 Abs. 3 Satz 1 Nr. 1 bis 3 BewG) **bei Wegfall der Zweckbestimmung** »dauernd einem Betrieb der Land- und Forstwirtschaft zu dienen bestimmt zu sein« **innerhalb von 15 Jahren** nach dem Bewertungsstichtag (§ 162 Abs. 4 Satz 1 BewG); z. B. Änderung der Zweckbestimmung oder tatsächlichen Nutzung von Bodenflächen oder Wirtschaftsgebäuden zum Grundvermögen oder Betriebsvermögen oder Entnahme ins Privatvermögen.

2846 Der Liquidationswert führt regelmäßig zu einem höheren Grundbesitzwert und damit zu einer **nachträglichen Erhöhung der Erbschaft- und Schenkungsteuer.** Diese Erhöhung droht grundsätzlich 15 Jahre, sodass diese Fälle daher 15 Jahre lang »überwacht« werden müssen. Allerdings läuft diese Erhöhung ins Leere, wenn der Erwerber eines Betriebs der Land- und Forstwirtschaft zur 100 % Verschonung nach § 13a Abs. 8 ErbStG optiert hat und die Verschonungsbedingungen, insbesondere die Behaltensfrist, eingehalten hat. Wird bei optionaler Vollverschonung in den ersten 10 Jahren (bzw. ab 2010 in den ersten 7 Jahren) gegen die Behaltensfrist verstoßen, wirkt sich die Erhöhung dagegen »doppelt« aus, d. h. es findet eine (zeitanteilige) Nachversteuerung gemäß § 13a Abs. 5 ErbStG auf der Basis des höheren Liquidationswerts statt. Wird bei einer sog. Regelverschonung gegen die Behaltensfrist innerhalb von 7 Jahren (bzw. ab 2010 innerhalb von 5 Jahren) verstoßen, findet eine Nachversteuerung nach § 13a Abs. 5 ErbStG und somit ebenfalls nach dem höheren Liquidationswert statt. Nach erfolgreichem Ablauf der Behaltensfrist kann sich der höhere Ansatz des Liquidationswerts nur noch auf 15 % des betreffenden land- und forstwirtschaftlichen Vermögens auswirken, weil gemäß § 13a Abs. 6 ErbStG 85 % des Wirtschaftsteils (§ 13b Abs. 4 ErbStG) endgültig verschont werden. Vgl. hierzu die weiteren Ausführungen zu § 13a ErbStG in Teil B 3.6. Die Möglichkeit des Nachweises eines niedrigeren gemeinen Werts ist in § 166 BewG nicht vorgesehen. Der nach § 198 BewG mögliche Nachweis eines niedrigeren gemeinen Werts betrifft ausschließlich wirtschaftliche Einheiten des Grundvermögens (vgl. FG Nürnberg vom 14. 01. 2016 EFG 2016, 1401, Rev. unter Az. II R 9/16 anhängig).

6.5.2 Ermittlung des Liquidationswerts

6.5.2.1 Grundsätze

2847 Die Regelungen zur Ermittlung des Liquidationswerts befindet sich in § 166 Abs. 2 BewG (R B 166 Abs. 1 ErbStR). Danach kommen folgende Wertansätze in Betracht:

1. Der **Grund und Boden** (i. S. v. § 158 Abs. 3 Satz 1 Nr. 1 BewG) ist mit den zuletzt vor dem Bewertungsstichtag ermittelten Bodenrichtwerten (ohne Aufwuchs) für die Nutzung zu bewerten, wobei § 179 Sätze 2 bis 4 BewG entsprechend gelten (§ 166 Abs. 2 Nr. 1 BewG). Zur Berücksichtigung der Liquidationskosten ist der ermittelte Bodenwert ohne weiteren Nachweis um 10 % zu vermindern.

2. Die **übrigen Wirtschaftsgüter** (i. S. v. § 158 Abs. 3 Satz 1 Nr. 2 bis 5 BewG) sind mit dem gemeinen Wert, d. h. mit dem jeweiligen Einzelveräußerungspreis des Wirtschaftsguts, am Bewertungsstichtag zu bewerten (§ 166 Abs. 2 Nr. 2 BewG). Zur Berücksichtigung der Liquidationskosten ist der ermittelte Wert ohne weiteren Nachweis um 10 % zu vermindern.

6.5.2.2   Veräußerung des ganzen Betriebs

Bei der **Veräußerung des ganzen Betriebs** ist das Ergebnis der Summe der gemeinen Werte des Grund und Bodens sowie der gemeinen Werte des Besatzkapitals (übrige Wirtschaftsgüter) und der Berücksichtigung des 10 %igen Abschlags für die Liquidationskosten um die damit im unmittelbaren wirtschaftlichen Zusammenhang stehenden Verbindlichkeiten zu mindern. Der Wert des Wirtschaftsteils wird in diesem Fall vollständig durch den Liquiditätswert ersetzt. Vgl. R B 166 ErbStR mit dem dort dargestellten **Beispiel** in H B 166 [2] (Ermittlung des Liquidationswerts für einen Betrieb) ErbStH.   2848

6.5.2.3   Veräußerung einzelner Wirtschaftsgüter

Bei der **Veräußerung einzelner Wirtschaftsgüter** ist das Ergebnis der Summe der gemeinen Werte des Besatzkapitals (übrige Wirtschaftsgüter) und der Berücksichtigung des 10 %igen Abschlags für die Liquidationskosten um die damit im unmittelbaren wirtschaftlichen Zusammenhang stehenden Verbindlichkeiten zu mindern. Der Wert des Wirtschaftsteils ist in diesem Fall nach R B 166 Abs. 4 ErbStR und den Verhältnissen beim Mindestwert zu korrigieren. Vgl. R B 166 Abs. 3 ErbStR. Der **bisherige Wert des Wirtschaftsteils** (Wirtschaftswert) ist danach **wie folgt zu korrigieren**:   2849

1. Der bisherige Wert des Wirtschaftsteils (Wirtschaftswert) ist um den anteiligen Wert des ausscheidenden Wirtschaftsguts bzw. den anteiligen Werten der ausscheidenden Wirtschaftsgüter zu mindern.   2850
2. Soweit Grund und Boden ausscheidet, ist der bei der (ursprünglichen) Wertermittlung zu Grunde gelegte Pachtpreis sowie der Kapitalisierungsfaktor 18,8 heranzuziehen.   2851
   Soweit übrige Wirtschaftsgüter ausscheiden, ist die selbst bewirtschaftete Fläche, der bei der Wertermittlung zu Grunde gelegte Wert für das Besatzkapital, der Kapitalisierungsfaktor 18,6 und der prozentuale Anteil des Wirtschaftsguts am Besatzkapital heranzuziehen. Zur Ermittlung des prozentualen Anteils des Wirtschaftsguts am Besatzkapital sind die Buchwerte der einzelnen Wirtschaftsgüter ohne Grund und Boden am Bewertungsstichtag zu ermitteln. Aus dem Verhältnis der Buchwerte ergibt sich der prozentuale Anteil für die Minderung des Besatzkapitals.
3. Der hiernach korrigierte Wert des Wirtschaftsteils ist um den Liquidationswert des jeweils ausscheidenden Wirtschaftsguts zu erhöhen (R B 166 Abs. 5 ErbStR).   2852

Siehe hierzu das **Beispiel** in H B 166 [3] (Ermittlung des Liquidationswerts für einzelne Wirtschaftsgüter) ErbStH.   2853

Die **Verkaufserlöse**, die zum »schädlichen Ereignis« geführt haben, werden erbschaft- und schenkungsteuerrechtlich dem **übrigen Vermögen** zugeordnet.   2854

6.5.3 Vermeidung des Liquidationswerts (Reinvestitionsklausel)

2855   Der **Ansatz** des Liquidationswerts kann **vermieden** werden,

1. wenn der **Veräußerungserlös des Betriebs** der Land- und Forstwirtschaft oder des Anteils an einem als Personengesellschaft geführten Betriebs der Land- und Forstwirtschaft **innerhalb von 6 Monaten** ausschließlich zum Erwerb eines anderen Betriebs der Land- und Forstwirtschaft oder eines Anteils an einem als Personengesellschaft geführten Betriebs der Land- und Forstwirtschaft verwendet wird (§ 162 Abs. 3 Satz 2 BewG); der neue Betrieb der Land- und Forstwirtschaft kann in einem anderen Gebiet liegen und auch völlig anderer Nutzungsart sein;

2. wenn die **Veräußerungserlöse** wesentlicher Wirtschaftsgüter innerhalb von 6 Monaten ausschließlich im betrieblichen Interesse verwendet werden (§ 162 Abs. 4 Satz 2 BewG).

**2856–2870
frei**

7 Bewertung der Betriebswohnungen und des Wohnteils

7.1 Grundsätzliche Wertermittlung

2871   Die Werte der Betriebswohnungen und der Wert des Wohnteils sind **nach den Vorschriften** zu ermitteln, die **für** die Bewertung von Wohngrundstücken im **Grundvermögen** gelten (§ 167 Abs. 1 i. V. m. §§ 182 bis 196 BewG, R B 167.1 Abs. 1 Satz 1 ErbStR i. V. m. R B 182 bis 196.2 ErbStR). Siehe hierzu die Ausführungen in Kapitel 1 Teil G (ab Rz. 3001) dieses Buches.

2872   Wegen der **Zugehörigkeit von Gebäuden und Gebäudeteilen** eines Betriebs der Land- und Forstwirtschaft zu den Betriebswohnungen und zum Wohnteil vgl. § 160 Abs. 8 und 9 BewG und die Ausführungen in R B 167.1 Abs. 1 Satz 2 i. V. m. R B 166.21 und 166.22 ErbStR sowie in 4.3 und 4.4 (Rz. 2699–2726). Die Abgrenzung der Betriebswohnungen hat danach einerseits gegenüber dem Wirtschaftsteil und andererseits gegenüber dem Grundvermögen zu erfolgen.

2873   Die **Abgrenzung der** den Betriebswohnungen und dem Wohnteil zuzurechnenden **Bodenflächen** gegenüber dem Wirtschaftsteil erfolgt über die Pauschalregelung des § 167 Abs. 2 BewG. Danach ist als Grund- und Bodenfläche für die Betriebswohnungen und den Wohnteil **höchstens das Fünffache der bebauten Fläche** zum Grundvermögen zu rechnen. Liegt darüber hinaus ein Fall des § 158 Abs. 4 Nr. 1 BewG vor, so ist u. E. zunächst der Wert der einzelnen Teile der wirtschaftlichen Einheit zu ermitteln und dann eine anteilige Zuordnung zwischen land- und forstwirtschaftlichem Vermögen und Grundvermögen vorzunehmen.

2874   Für die Wohngebäude dürfte mangels entsprechender Vergleichswerte **regelmäßig** das **Sachwertverfahren** nach §§ 189 bis 191 BewG zur Anwendung kommen. Hierfür bietet die Änderung des § 196 BauGB (durch Art. 4 ErbStRG) eine geeignete Ausgangsbasis, weil Bodenrichtwerte künftig flächendeckend zu ermitteln sind. Siehe hierzu das **Beispiel** in H B 167.1 [2] (Abgrenzung des Grund und Bodens vom Wirtschaftsteil) ErbStH.

7.2 Ermäßigung zur Berücksichtigung von Besonderheiten

2875   Wertmindernde **Besonderheiten**, die sich **aus der engen räumlichen Verbindung** der Betriebswohnungen und des Wohnteils **mit der Hofstelle** ergeben (z. B. die Nähe der Stallungen und der übrigen Wirtschaftsgebäude zu den Wohnräumen), sind nach § 167 Abs. 3 BewG durch einen **Abschlag** in Höhe von **15 %** von dem wie Grundvermögen ermittelten Vergleichs-,

Ertrags oder Sachwerts zu berücksichtigen (§ 167 Abs. 3 BewG, R B 167.2 ErbStR). Die enge räumliche Verbindung ist für die Wohngebäude bzw. Wohnräume der Betriebswohnungen und des Wohnteils getrennt zu beurteilen. Es kann also vorkommen, dass für die Betriebswohnungen eine enge räumliche Verbindung zur Hofstelle besteht und für den Wohnteil nicht oder umgekehrt. Die 15 %ige Ermäßigung ist jeweils am Schluss des wie Grundvermögen ermittelten Werts vorzunehmen.

Zum **Begriff** der Hofstelle und der engen räumlichen Verbindung der Wohngebäude bzw. Wohnräume mit der Hofstelle vgl. die Ausführungen in R B 167.2 Abs. 2 bis 4 ErbStR. Siehe hierzu das **Beispiel** in H B 167.2 (Ermäßigung für Besonderheiten – Ermäßigung von 15 %) ErbStH.

2876

7.3 Nachweis eines niedrigeren gemeinen Werts (Öffnungsklausel)

Für Betriebswohnungen oder den Wohnteil des Betriebs der Land- und Forstwirtschaft kann abweichend von der Wertermittlung wie Grundvermögen (§§ 179 und 182 bis 196 BewG) der **niedrigere gemeine Wert** (Verkehrswert bzw. Marktwert) **am Bewertungsstichtag** angesetzt werden, wenn der Steuerpflichtige diesen nachweist (§ 167 Abs. 4 Satz 1 BewG, R B 167.3 Abs. 1 ErbStR). Der niedrigere gemeine Wert ist für die Wohnungen und Wohnräume der Betriebswohnungen und des Wohnteils getrennt zu beurteilen und nachzuweisen.

2877

Als **Nachweis** ist regelmäßig ein Gutachten des örtlich zuständigen Gutachterausschusses oder eines Sachverständigen für die Bewertung von Grundstücken erforderlich. Für den Nachweis des niedrigeren gemeinen Werts gelten grundsätzlich die auf Grund des § 199 Abs. 1 BauGB erlassenen Vorschriften (§ 167 Abs. 4 Satz 2 BewG). Vgl. hierzu R B 167.3 Abs. 2 ErbStR und die Hinweise in H 167.3 ErbStH.

2878

Ein im **gewöhnlichen Geschäftsverkehr** innerhalb eines Jahres vor oder nach dem Bewertungsstichtag zustande gekommener **Kaufpreis** über den entsprechenden Teil der wirtschaftlichen Einheit kann als Nachweis dienen (R B 167.3 Abs. 3 ErbStR). Siehe hierzu das **Beispiel** in H B 167.3 (Beispiel) ErbStH.

2879

2880–2889 frei

8 Grundbesitzwert des Betriebs der Land- und Forstwirtschaft

8.1 Zusammensetzung des Grundbesitzwerts

Nach § 168 Abs. 1 BewG setzt sich der **Grundbesitzwert** des Betriebs der Land- und Forstwirtschaft entsprechend der Gliederung des § 160 Abs. 1 Nr. 1 bis 3 BewG **aus folgenden Teilen** zusammen (R B 168 Abs. 1 ErbStR):
1. Wert des Wirtschaftsteils (Wirtschaftswert),
2. Wert der Betriebswohnungen abzüglich der damit im unmittelbaren wirtschaftlichen Zusammenhang stehenden Verbindlichkeiten und
3. Wert des Wohnteils abzüglich der damit im unmittelbaren wirtschaftlichen Zusammenhang stehenden Verbindlichkeiten.

2890

Dabei kann der Wert der Betriebswohnungen und/oder der Wert des Wohnteils durch die Berücksichtigung von Verbindlichkeiten zu einem **negativen Wert** führen, da es für deren Bewertung keinen Mindestwert gibt, sondern nur eine sog. Öffnungsklausel zum Ansatz eines niedrigeren nachgewiesenen gemeinen Werts (§ 198 BewG, R B 198 ErbstR, s. auch Kapitel 1 Teil G 3.8 (Rz. 3401–3405).

2891

2892 Der sich ergebende Wert ist **nicht abzurunden,** da die Bestimmungen über die Bedarfsbewertung des Grundbesitzes für Zwecke der Erbschaft- und Schenkungsteuer eine (dem § 139 BewG entsprechende) Abrundungsvorschrift nicht vorsehen.

BEISPIEL ────────────────────────────────────

Für einen Betrieb der Land- und Forstwirtschaft wurden zum maßgebenden Bewertungsstichtag 01.09.2014 (Besteuerungszeitpunkt für die Erbschaft- bzw. Schenkungsteuer) ein Wirtschaftswert in Höhe von 223 456 €, der Wert der Betriebswohnungen mit 134 567 € und der Wert des Wohnteils mit 145 678 € ermittelt. Von den Herstellungskosten für das Wohngebäude des Betriebsinhabers im Jahre 2009 sind am Bewertungsstichtag 01.09.2014 noch 23 455 € nicht bezahlt.

LÖSUNG Es ergibt sich somit gemäß § 168 Abs. 1 BewG folgender Grundbesitzwert für den Betrieb der Land- und Forstwirtschaft:

Wirtschaftswert			223 456 €
Wert der Betriebswohnungen			134 567 €
Wert des Wohnteils:	Ermittelter Wert	145 678 €	
	./. damit wirtschaftlich zusammen-		
	hängende Verbindlichkeiten	23 455 €	122 223 €
Grundbesitzwert des Betriebs der Land- und Forstwirtschaft			480 246 €

2893 Wird nicht der gesamte land- und forstwirtschaftliche Grundbesitzwert, sondern **nur ein Teil** davon **zur Besteuerung herangezogen,** so ist dennoch eine Wertermittlung für die gesamte wirtschaftliche Einheit erforderlich (§ 12 Abs. 3 ErbStG i.V.m. § 151 Abs. 1 Satz 1 Nr. 1 und § 157 BewG, R B 168 Abs. 2 ErbStR).

8.2 Wertansatz für einen Betrieb Stückländereien

2894 Der Grundbesitzwert für (echte) Stückländereien als Betrieb der Land- und Forstwirtschaft besteht nur aus dem Wert des Wirtschaftsteils (Wirtschaftswert, § 168 Abs. 2 BewG, R B 168 Abs. 1 Satz 4 ErbStR).

8.3 Aufteilung des Grundbesitzwerts bei Personengesellschaften oder Gemeinschaften

2895 Hat ein Erwerber einen Anteil an einem als Personengesellschaft oder Gemeinschaft geführten Betrieb der Land- und Forstwirtschaft durch Erbschaft oder Schenkung erworben (§ 158 Abs. 2 Satz 2 BewG), so ist **zunächst** für die gesamte wirtschaftliche Einheit ein **Grundbesitzwert einheitlich zu ermitteln** (R B 168 Abs. 3 ErbStR) und von diesem Wert der Anteil des Erwerbers nach den Bestimmungen des § 168 Abs. 3 bis 6 BewG zu ermitteln. Dabei sind alle Wirtschaftsgüter zu berücksichtigen, die dem Betrieb auf Dauer zu dienen bestimmt sind, auch wenn sie nur einem oder mehreren Beteiligten gemeinsam gehören.

2896 Da sich der Grundbesitzwert des Betriebs der Land- und Fortwirtschaft aus den 3 Teilen **Wirtschaftswert** (Wert des Wirtschaftsteils), Wert der **Betriebswohnungen** und Wert des **Wohnteils** zusammensetzt, sind auch diese Wertanteile **getrennt aufzuteilen.** Hierbei gilt Folgendes:

1. Der **Wert des Wirtschaftsteils** (Wirtschaftswert) ist nach den beim Mindestwert zu Grunde gelegten Verhältnissen aufzuteilen (§ 168 Abs. 4 Satz 1 BewG). Dabei richtet sich die Zuordnung der Wertanteile des Grund und Bodens, der Wirtschaftsgebäude und der Verbindlichkeiten nach den Eigentumsverhältnissen der Gesellschaft und der Gesellschaf-

ter (§ 168 Abs. 4 Satz 2 Nr. 1 und Nr. 3 BewG). Die Zuordnung des Wertanteils der übrigen Wirtschaftsgüter (Besatzkapital) richtet sich nach den Eigentumsverhältnissen der Gesellschaft und entsprechend dem vom Eigentümer zur Verfügung gestellten Umfang der Wirtschaftsgüter (§ 168 Abs. 4 Satz 2 Nr. 2 BewG, R B 168 Abs. 4 ErbStR). Aus Vereinfachungsgründen ist es zulässig, den Wert des Besatzkapitals nach dem Verhältnis der Buchwerte der einzelnen Wirtschaftsgüter aufzuteilen, die dem Betrieb am Bewertungsstichtag zu dienen bestimmt sind (R B 168 Abs. 5 ErbStR). Sind keine geeigneten Unterlagen vorhanden (z. B. in den Fällen der Gewinnermittlung nach § 13a EStG), so kann die Verteilung nach Köpfen erfolgen (R B 168 Abs. 6 ErbStR).

2. Der für die **Betriebswohnungen** und den **Wohnteil** jeweils ermittelte Wert ist nach den Eigentumsverhältnissen bzw. entsprechend der Beteiligungshöhe aufzuteilen (§ 168 Abs. 5 und 6 BewG, R B 168 Abs. 7 ErbStR).

Siehe hierzu die **Beispiele** in H B 168 (Personengesellschaften/Gemeinschaften – Aufteilung des festzustellenden Grundbesitzwerts) ErbStH.

9 Bewertung von land- und forstwirtschaftlichen Körperschaften, Personenvereinigungen und Vermögensmassen

Nach § 95 Abs. 2 BewG gilt die Land- und Forstwirtschaft zwar nicht als Gewerbe, wenn sie den Hauptzweck des Betriebs bildet. Da jedoch kraft gesetzlicher Fiktion eine land- und forstwirtschaftliche Betätigung der in § 97 Abs. 1 BewG genannten Körperschaften, Personenvereinigungen und Vermögensmassen einen Gewerbebetrieb darstellen, kommt für diesen Personenkreis nicht die Bewertung als land- und forstwirtschaftliches Vermögen in Betracht, sondern die Bewertung als Betriebsvermögen. Für dieses Betriebsvermögen ist nach § 109 Abs. 2 Satz 1 BewG der gemeine Wert anzusetzen, der nach § 109 Abs. 2 Satz 2 BewG entsprechend der Regelung des § 11 Abs. 2 BewG zu ermitteln ist. In der Praxis werden solche Betriebe in aller Regel als Kapitalgesellschaften oder Genossenschaften betrieben. **2897**

Zur Abgrenzung dieser Betriebe und Ermittlung des gemeinen Werts vgl. die Ausführungen in Teil H dieses Kapitels (ab Rz. 3601). **2898**

2899–3000 frei

Teil G Die Bedarfsbewertung des Grundvermögens (§§ 176 bis 198 BewG)

1   Erbschaftsteuerliche Bewertungsvorschriften

1.1   Bewertungsvorschriften im ErbStG

3001   Der Grundbesitz ist nach § 12 Abs. 3 ErbStG für erbschaftsteuerliche Zwecke mit dem nach § 151 Abs. 1 Satz 1 Nr. 1 BewG auf den Bewertungsstichtag gesondert festgestellten Wert anzusetzen. Für die Wertermittlung ist nach § 11 ErbStG, soweit im Gesetz nichts anderes geregelt ist, der Zeitpunkt der Entstehung der Steuer maßgebend. Der Zeitpunkt der Entstehung der Steuer bestimmt sich nach § 9 ErbStG.

1.2   Gesonderte Feststellung von Grundstücken im Privatvermögen

1.2.1   Gesonderte Feststellung nach §§ 151, 157 BewG

3002   In § 151 Abs. 1 Satz 1 Nr. 1 BewG wird eine gesonderte Feststellung der »Grundbesitzwerte (§§ 138, 157 BewG)« angeordnet, wenn die Werte für die Erbschaftsteuer oder eine andere Feststellung (z. B. den Unternehmenswert) von Bedeutung sind. Die Entscheidung über die Bedeutung für die Besteuerung trifft nach § 151 Abs. 1 Satz 2 BewG das für die Festsetzung der Erbschaftsteuer zuständige Finanzamt. Zählt das Grundstück zu einem Betriebsvermögen oder zum Vermögen einer Kapitalgesellschaft, trifft das für diese Feststellung zuständige Finanzamt die Entscheidung, ob der Wert der betreffenden Grundstücke gesondert festzustellen ist.

3003   In dem Feststellungsbescheid für Grundbesitzwerte sind nach § 151 Abs. 2 BewG unter anderem auch Feststellungen zu treffen
- über die Art der wirtschaftlichen Einheit;
- über die Zurechnung der wirtschaftlichen Einheit und bei mehreren Beteiligten über die Höhe des Anteils, der für die Besteuerung oder eine andere Feststellung von Bedeutung ist.

3004   Nach § 157 Abs. 1 BewG werden Grundbesitzwerte unter Berücksichtigung der tatsächlichen Verhältnisse und der Wertverhältnisse zum Bewertungsstichtag festgestellt.

Für die wirtschaftlichen Einheiten des Grundvermögens sind nach § 157 Abs. 3 Satz 1 BewG die Grundbesitzwerte unter Anwendung der §§ 159 und 176 bis 198 BewG zu ermitteln. Gleiches gilt nach § 99 Abs. 3 BewG für Betriebsgrundstücke im Sinne des § 99 Abs. 1 Nr. 1 BewG.

3005   Zusätzlich wird in § 151 Abs. 3 Satz 1 BewG geregelt, dass gesondert festgestellte Werte im Sinne des § 151 Abs. 1 Satz 1 Nr. 1 bis 4 BewG einer weiteren innerhalb einer Jahresfrist folgenden Feststellung für dieselbe wirtschaftliche Einheit unverändert zu Grunde zu legen sind, wenn sich die für die erste Bewertung maßgeblichen Stichtagsverhältnisse nicht wesentlich geändert haben. Nach § 151 Abs. 3 Satz 2 BewG kann der Erklärungspflichtige jedoch eine von diesem Wert abweichende Feststellung nach den Verhältnissen am Bewertungsstichtag durch Abgabe einer Feststellungserklärung beantragen.

1.2.2 Örtlich zuständiges Finanzamt für die gesonderte Feststellung

Die örtliche Zuständigkeit für die gesonderte Feststellung für Grundbesitz ergibt sich aus § 152 BewG. Nach § 152 Nr. 1 BewG ist hierfür das Finanzamt zuständig, in dessen Bezirk das Grundstück bzw. das Betriebsgrundstück liegt.   **3006**

Erstreckt sich das Grundstück oder das Betriebsgrundstück auf die Bezirke mehrerer Finanzämter, ist das Finanzamt zuständig, in dessen Bezirk der wertvollste Teil liegt.

1.2.3 Ausnahmen von der gesonderten Feststellung

In R B 151.2 Abs. 5 ErbStR werden Ausnahmen definiert, in denen zunächst auf die Feststellung des Grundbesitzwerts verzichtet werden kann. Dies ist insbesondere der Fall, wenn ein Grundstückserwerb von Todes wegen nach den Regelungen des § 13 Abs. 1 Nr. 4b oder 4c ErbStG (Familienheim) vollständig erbschaftsteuerfrei ist.   **3007**

Auch auf die Anforderung der Feststellung eines Grundbesitzwertes, der nach § 13 Abs. 1 Nr. 4c ErbStG wegen Überschreitens der Wohnungsgrößengrenze nur teilweise erbschaftsteuerfrei ist, kann zunächst dann verzichtet werden. Voraussetzung hierfür ist, dass der steuerpflichtige Anteil zusammen mit etwaigen anderen Zuwendungen vom Erblasser – auch unter Berücksichtigung etwaiger Vorerwerbe – den persönlichen Freibetrag des Erben nicht überschreitet, R B 151 Abs. 5 Satz 2 ErbStR.

Die jeweiligen Feststellungen sind allerdings bei einem nachträglichen Wegfall der Steuerbefreiungen nachzuholen, wenn die (vollständige) Steuerpflicht des Grundstücks – gegebenenfalls unter Berücksichtigung von Vorerwerben – zu einem Überschreiten der persönlichen Freibeträge führt, R B 151 Abs. 5 Satz 3 ErbStR.

3008–3010 frei

1.3 Besonderheiten bei der gesonderten Feststellung von inländischen Betriebsgrundstücken

1.3.1 Zugehörigkeit der Betriebsgrundstücke

Nach § 176 Abs. 1 i. V. m. §§ 95 und 99 BewG BewG ist zwischen Grundvermögen und dem zum Betriebsvermögen gehörenden Grundbesitz (Betriebsgrundstücke) zu unterscheiden, R B 176.1 Abs. 3 Satz 1 ErbStR.   **3011**

Betriebsgrundstück im Sinne des BewG ist nach § 99 Abs. 1 Nr. 1 BewG der zu einem Gewerbebetrieb gehörige Grundbesitz, soweit er – losgelöst von seiner Zugehörigkeit zu dem Gewerbebetrieb – zum Grundvermögen gehören würde. Die Bewertung von Betriebsgrundstücken im Sinne des § 99 Abs. 1 Nr. 1 BewG erfolgt nach denselben Vorschriften, wie denen für die Bewertung des Grundvermögens. Gem. § 157 Abs. 3 sowie § 99 Abs. 3 BewG sind für Betriebsgrundstücke im Sinne des § 99 Abs. 1 Nr. 1 BewG die Grundbesitzwerte unter Anwendung der §§ 159 und 176 bis 198 zu ermitteln.   **3012**

Die Zugehörigkeit eines Grundstücks zum Betriebsvermögen richtet sich nach § 99 BewG und R B 99 Abs. 1 ErbStR nach den ertragsteuerrechtlichen Regelungen. Ein Betriebsgrundstück kann beispielsweise vorliegen, wenn dieses   **3013**

- zum Gewerbebetrieb einer Kapitalgesellschaft gehört, § 97 Abs. 1 Satz 1 Nr. 1 BewG
- zum Gesamthandsvermögen einer gewerblichen Personengesellschaft i. S. d. § 15 Abs. 1 Nr. 2 und Abs. 3 bzw. § 18 Abs. 4 Satz 2 EStG gehört, § 97 Abs. 1 Satz 1 Nr. 5 Satz 1 BewG

- zum Sonderbetriebsvermögen eines Gesellschafters einer gewerblichen Personengesellschaft zählt, § 97 Abs. 1 Satz 1 Nr. 5 Satz 2 BewG

3014 Zu beachten ist nach § 176.1 Abs. 3 Satz 4 ErbStR, dass ein zum Gesamthandsvermögen einer Personengesellschaft im Sinne von § 97 Abs. 1 Satz 1 Nr. 5 BewG gehörendes Grundstück nach § 99 BewG nicht Betriebsvermögen sein kann, wenn es ausschließlich oder fast ausschließlich der privaten Lebensführung eines, mehrerer oder aller Gesellschafter dient. Dies ergibt sich auch aus der ertragsteuerlichen Sichtweise in H 4.2 Abs. 11 EStH.

3015 Grundsätzlich ist der gemeine Wert von Betriebsgrundstücken nicht gesondert festzustellen. Keine Bewertung ist demzufolge durchzuführen, wenn der Grundbesitzwert bei der Ermittlung des gemeinen Werts des Betriebsvermögens bereits berücksichtigt ist. Hier erfolgt kein gesonderter Wertansatz des Betriebsgrundstücks. Keine gesonderte Feststellung des Werts des Betriebsgrundstücks ist beispielsweise auch dann notwendig, wenn der Wert der Anteile an einer Kapitalgesellschaft aus Börsenkursen nach § 11 Abs. 1 BewG abgeleitet wird. Entsprechendes gilt, wenn der Wert der Anteile an einer Kapitalgesellschaft oder der Anteile an einem Betriebsvermögen aus Verkäufen innerhalb eines Jahres vor dem Besteuerungszeitpunkt nach § 11 Abs. 2 Satz 1 BewG ermittelt wird.

3016 Nur ausnahmsweise ist der gemeine Wert eines Grundstücks oder Grundstücksteils gesondert anzusetzen, soweit er auf den betrieblichen Teil entfällt. Dies ist nach ertragsteuerrechtlichen Grundsätzen zu entscheiden. Die gesonderte Feststellung des Grundbesitzwerts mit dem gemeinen Wert kommt beispielsweise zur Anwendung

- im Substanzwertverfahren i. S. d. § 11 Abs. 2 Satz 3 BewG,
- bei Ansatz als Sonderbetriebsvermögen i. S. d. § 97 Abs. 1 Satz 1 Nr. 5 Satz 2 i. V. m. § 97 Abs. 1a Nr. 2 BewG oder
- bei Ansatz als junges Betriebsvermögen i. S. d. § 200 Abs. 4 BewG im Rahmen des vereinfachten Ertragswertverfahrens
- bei Ansatz als nicht betriebsnotwendiges Betriebsvermögen i. S. d. § 200 Abs. 2 BewG im Rahmen des vereinfachten Ertragswertverfahrens

1.3.2 Gesonderte Feststellung nach § 151 BewG im Besonderen

1.3.2.1 Erwerb von Betriebsvermögen

3017 Beim Erwerb von Betriebsvermögen (§§ 95, 96 BewG) ist damit für Betriebsgrundstücke der Grundbesitzwert nur dann gesondert bzw. gesondert und einheitlich festzustellen, wenn er für die Feststellung des Werts des Betriebsvermögens erforderlich ist, R 151.2 Abs. 8 Satz 1 ErbStR. Erforderlich ist die gesonderte und einheitliche Feststellung des Werts des Betriebsgrundstücks nach R 151.2 Abs. 8 Satz 2 ErbStR stets, wenn

- der Substanzwert i. S. d. § 11 Abs. 2 Satz 3 BewG zu ermitteln ist,
- es sich bei dem Grundstück um nicht betriebsnotwendiges Vermögen i. S. d. § 200 Abs. 2 BewG handelt,
- junges Betriebsvermögen im Sinne des § 200 Abs. 4 BewG vorliegt oder
- es sich um Verwaltungsvermögen i. S. d. § 13b Abs. 4 Nr. 1 ErbStG bzw.
- um junges Verwaltungsvermögen i. S. d. § 13b Abs. 7 Satz 2 ErbStG handelt.

1.3.2.2 Besonderheiten beim Erwerb eines Anteils am Betriebsvermögen

3018 Beim Erwerb eines Anteils am Betriebsvermögen im Sinne des § 97 Abs. 1a BewG ist für Grundbesitz, der zum Gesamthandsvermögen der Gesellschaft gehört, der Grundbesitzwert gesondert festzustellen, wenn er für die Feststellung des Werts des Anteils erforderlich ist, R B 151.2 Abs. 9 Satz 1 ErbStR.

Entsprechendes gilt für Grundbesitz, der zum Sonderbetriebsvermögen gehört und Gegenstand des Erwerbs ist, R B 151.2 Abs. 9 Satz 2 ErbStR. Im Feststellungsbescheid ist nach R B 151.2 Abs. 9 Satz 3 ErbStR auch anzugeben, wem der Grundbesitz zuzurechnen ist. Dabei ist nach R B 151.2 Abs. 9 Satz 4 ErbStR Folgendes zu beachten: **3019**

- Gehört der Grundbesitz in vollem Umfang der Gesellschaft, ist der Grundbesitzwert der Gesellschaft zuzurechnen.
- Gehört der Grundbesitz nur zum Teil der Gesellschaft, ist neben dem gesamten Grundbesitzwert auch der auf die Gesellschaft entfallende Wertanteil festzustellen und der Gesellschaft zuzurechnen.
- Bei Grundstücken des Sonderbetriebsvermögens gilt dies entsprechend.

Der nach diesen Grundsätzen gesondert bzw. gesondert und einheitlich festgestellte Grundbesitzwert bzw. anteilige Grundbesitzwert geht nach R B 151 Abs. 9 Satz 5 ErbStR in die Ermittlung der erworbenen Beteiligung an der Personengesellschaft ein. **3020**

1.3.2.3 Besonderheiten beim Erwerb eines Anteils an einer Kapitalgesellschaft

Nach R B 151.2 Abs. 10 Satz 1 ErbStR ist beim Erwerb eines Anteils an einer Kapitalgesellschaft für Grundbesitz, der zum Vermögen der Gesellschaft gehört, der Grundbesitzwert gesondert festzustellen, wenn er für die Feststellung des Werts des Anteils erforderlich ist (zu Einzelheiten siehe 1.3.2.1). **3021**

1.3.3 Örtlich zuständiges Finanzamt für die gesonderte Feststellung

Für die gesonderte Feststellung des gemeinen Werts des Grundbesitzes ist nach § 152 BewG in den Fällen des § 151 Abs. 1 Satz 1 Nr. 1 das Finanzamt örtlich zuständig, in dessen Bezirk das Betriebsgrundstück liegt. Diesem Finanzamt obliegt auch nach § 151 Abs. 1 Satz 2 BewG die Entscheidung darüber, ob der Wert der betreffenden Grundstücke gesondert festzustellen ist. **3022**

1.3.4 Ausnahmen von der gesonderten Feststellung

Allerdings sind auch zahlreiche Ausnahmen vorgesehen, in denen von einer gesonderten Feststellung abgesehen werden kann. **3023**

Nach R B 151.2 Abs. 6 Satz 1 ErbStR verzichtet das Betriebsfinanzamt zunächst auf die Anforderung eines Grundbesitzwertes i. S. d. § 151 Abs. 1 Satz 1 Nr. 1 BewG, wenn

- der Substanzwert i. S. d. § 11 Abs. 2 BewG offensichtlich nicht zum Ansatz kommt,
- es sich bei dem Grundstück um betriebsnotwendiges Vermögen handelt, d. h. kein nicht betriebsnotwendiges Vermögen i. S. d. § 200 Abs. 2 BewG,
- kein junges Betriebsvermögen im Sinne des § 200 Abs. 4 BewG vorliegt und
- es sich nicht um Verwaltungsvermögen i. S. d. § 13b Abs. 4 Nr. 1 ErbStG handelt.

Die jeweiligen Feststellungen sind jedoch nachzuholen, wenn sie für die Besteuerung von Bedeutung sind, R B 151.2 Abs. 6 Satz 2 ErbStR. Dies ist der Fall, soweit der Verschonungsabschlag und der Abzugsbetrag mit Wirkung für die Vergangenheit nach § 13a Abs. 5 ErbStG wegfallen. **3024**

3025–3030 frei

1.4 Besonderheiten bei der gesonderten Feststellung von ausländischen Grundstücken

3031　Zu beachten ist dabei, dass ausländisches Grundvermögen nach § 151 Abs. 4 BewG nicht der gesonderten Feststellung unterliegt.

1.5 Begriff des Grundvermögens

3032　Nach § 176 Abs. 1 BewG gehören zum Grundvermögen
- der Grund und Boden, die Gebäude, die sonstigen Bestandteile und das Zubehör,
- das Erbbaurecht,
- das Wohnungseigentum, Teileigentum, Wohnungserbbaurecht und Teilerbbaurecht nach dem Wohnungseigentumsgesetz,

soweit es sich nicht um land- und forstwirtschaftliches Vermögen (§§ 158, 159 BewG) oder um Betriebsgrundstücke (§ 99 BewG) handelt.

3033　Nicht in das Grundvermögen werden dagegen nach § 176 Abs. 2 BewG einbezogen:
- Bodenschätze,
- die Maschinen und sonstigen Vorrichtungen aller Art, die zu einer Betriebsanlage gehören (Betriebsvorrichtungen), auch wenn sie wesentliche Bestandteile sind.

3034　Weiter konkretisiert wird der Begriff des Grundvermögens in R B 176.1 und R B 176.2 ErbStR.

3035　Die wirtschaftliche Einheit des Grundvermögens stellt nach R B 176.2 Abs. 1 Satz 1 ErbStR das Grundstück dar. Der Begriff »Grundstück« ist dabei nicht gleichbedeutend mit dem Begriff des Grundstücks im Sinne des Bürgerlichen Rechts, R B 176.2 Abs. 1 Satz 2 ErbStR.

3036　Nach § 2 BewG ist allein maßgebend, was als wirtschaftliche Einheit nach den Anschauungen des Verkehrs anzusehen ist, R B 176.2 Abs. 1 Satz 3 ErbStR. Nach § 2 Abs. 2 BewG kann zu einer wirtschaftlichen Einheit nur Grundbesitz zusammengefasst werden, der demselben Eigentümer gehört, R B 176.2 Abs. 1 Satz 4 ErbStR. Somit können Flächen, die im Eigentum eines Eigentümers stehen, und Flächen, die ihm und anderen Personen gemeinsam – gesamthänderisch oder nach Bruchteilen – gehören, nicht zu einer wirtschaftlichen Einheit zusammengefasst werden, R B 176.2 Abs. 1 Satz 5 ErbStR.

3037　Grenzt eine unbebaute Fläche an eine Grundstücksfläche, die zum Beispiel mit einem Einfamilienhaus bebaut ist, können beide Flächen auch bei so genannter offener Bauweise selbstständige wirtschaftliche Einheiten bilden, R B 176.2 Abs. 2 Satz 1 ErbStR. Wird von einem größeren Grundstück eine Teilfläche verpachtet und errichtet der Pächter auf dieser Fläche ein Gebäude, ist die Teilfläche nach R B 176.2 Abs. 2 Satz 2 ErbStR als besondere wirtschaftliche Einheit zu bewerten.

3038　Nach § 177 BewG ist den Bewertungen nach den §§ 179 und 182 bis 196 BewG der gemeine Wert (§ 9 BewG) zugrunde zu legen.

3039–3045
frei

2 Bewertung unbebauter Grundstücke

2.1 Begriff des unbebauten Grundstücks

3046　In § 178 Abs. 1 Satz 1 BewG werden unbebaute Grundstücke als Grundstücke definiert, auf denen sich keine benutzbaren Gebäude befinden. Die Benutzbarkeit eines Gebäudes beginnt nach § 178 Abs. 1 Satz 2 BewG im Zeitpunkt der Bezugsfertigkeit. Gebäude sind als bezugsfertig anzusehen, wenn den zukünftigen Bewohnern oder sonstigen Benutzern zugemutet werden kann, sie zu benutzen, § 178 Abs. 1 Satz 2 BewG. Die Abnahme durch die Bauaufsichtsbehörde ist nicht entscheidend.

Demzufolge gilt nach § 178 Abs. 2 Satz 1 BewG ein Grundstück als unbebaut, wenn sich auf dem Grundstück Gebäude befinden, die auf Dauer keiner Nutzung zugeführt werden können. Als unbebaut gilt auch ein Grundstück nach § 178 Abs. 2 Satz 2 BewG, auf dem infolge von Zerstörung oder Verfall der Gebäude auf Dauer kein benutzbarer Raum mehr vorhanden ist. **3047**

2.1.1 Gebäudebegriff

Was im bewertungsrechtlichen unter dem Begriff Gebäude zu verstehen ist, konkretisieren weder das Gesetz noch die ErbStR. Stattdessen verweist H 178 Abs. 1 ErbStH auf die Definition des Gleich gleich lautenden Erlasses zur Abgrenzung des Grundvermögens von den Betriebsvorrichtungen vom 05.06.2013 (BStBl I 2013, 734). Darin wird in Tz. 2.2 der Gebäudebegriff nach den in der höchstrichterlichen Rechtsprechung aufgestellten Grundsätzen definiert. Danach ist ein Bauwerk als Gebäude anzusehen, wenn es Menschen oder Sachen durch räumliche Umschließung Schutz gegen Witterungseinflüsse gewährt, den Aufenthalt von Menschen gestattet, fest mit dem Grund und Boden verbunden, von einiger Beständigkeit und ausreichend standfest ist (BFH vom 28.05.2003 BStBl II 2003, 693). Die Abgrenzung von Gebäude und Betriebsvorrichtung kann nicht unter Heranziehung einer in Bezug auf das gesamte Bauwerk bestehenden Verkehrsauffassung erfolgen. Bestehen jedoch Zweifel, ob ein bestimmtes Merkmal des Gebäudebegriffs vorliegt, ist die Entscheidung über das Vorliegen dieses Merkmals in Bezug auf das Bauwerk nach der Verkehrsauffassung zu treffen (zum Begriff der Verkehrsauffassung vgl. BFH vom 13.06.1969 BStBl II 1969, 517 und 612 sowie BFH vom 18.03.1987 BStBl II 1987, 551). **3048**

Der Begriff des Gebäudes setzt nicht voraus, dass das Bauwerk über die Erdoberfläche hinausragt. Auch unter der Erd- oder Wasseroberfläche befindliche Bauwerke, z. B. Tiefgaragen, unterirdische Betriebsräume, Lagerkeller und Gärkeller, können Gebäude im Sinne des Bewertungsgesetzes sein. Das Gleiche gilt für Bauwerke, die ganz oder zum Teil in Berghänge eingebaut sind. Ohne Einfluss auf den Gebäudebegriff ist auch, ob das Bauwerk auf eigenem oder fremdem Grund und Boden steht. **3049**

2.1.2 Merkmale der Benutzbarkeit und Bezugsfertigkeit

In § 178 Abs. 1 BewG wird bestimmt, dass ein Grundstück solange als unbebautes Grundstück gilt, solange sich darauf keine benutzbaren Gebäude befinden, wobei die Benutzbarkeit eines Gebäudes von der Bezugsfertigkeit des Gebäudes abhängt. **3050**

Insofern wird in R B 178 Abs. 2 ErbStR die Benutzbarkeit und in R B 178 Abs. 3 ErbStR die Bezugsfertigkeit weiter konkretisiert. Außerdem ist für das Vorliegen eines unbebauten Grundstücks nach § 178 Abs. 2 BewG zu prüfen, ob ein auf dem Grundstück befindliches Gebäude noch benutzbar ist. Konkretisierungen hierzu finden sich in R B 178 Abs. 4 ErbStR. **3051**

2.1.2.1 Merkmal der Benutzbarkeit

Die Benutzbarkeit beginnt nach § 178 Abs. 1 Satz 2 BewG im Zeitpunkt der Bezugsfertigkeit des Gebäudes, R B 178 Abs. 2 Satz 1 ErbStR. Es muss den zukünftigen Bewohnern oder sonstigen Benutzern nach objektiven Merkmalen zugemutet werden können, die Wohnungen oder Räume des gesamten Gebäudes zu benutzen, R B 178 Abs. 2 Satz 2 ErbStR. **3052**

3053   Entscheidend ist für die Benutzbarkeit, dass am Bewertungsstichtag alle wesentlichen Bauarbeiten abgeschlossen sind, R B 178 Abs. 2 Satz 3 ErbStR. Die Bezugsfertigkeit wird nicht dadurch ausgeschlossen, dass noch geringfügige Restarbeiten, die üblicherweise vor dem tatsächlichen Bezug durchgeführt werden (z. B. Malerarbeiten, Verlegen des Bodenbelags), noch ausstehen, R B 178 Abs. 2 Satz 4 ErbStR.

3054   Für die Bezugsfertigkeit ist die Abnahme durch die Bauaufsichtsbehörde unerheblich, R B 178 Abs. 2 Satz 5 ErbStR. Nach R B 178 Abs. 2 Satz 6 ErbStR gilt eine widerlegbare Vermutung hinsichtlich der Bezugsfertigkeit, wenn das Gebäude am Bewertungsstichtag bezogen ist.

2.1.2.2 Merkmal der Bezugsfertigkeit

3055   Bei der Entscheidung, ob ein Gebäude bezugsfertig ist, ist nach R B 178 Abs. 3 Satz 1 ErbStR auf das ganze Gebäude und nicht auf einzelne Wohnungen oder Räume abzustellen. Sind beispielsweise Wohnungen im Erdgeschoss vor dem Bewertungsstichtag, die übrigen Wohnungen jedoch erst danach bezugsfertig geworden, ist das Gebäude als nicht bezugsfertig anzusehen, R B 178 Abs. 3 Satz 2 ErbStR. Hier kommt gegebenenfalls die Bewertung für ein Grundstück im Zustand der Bebauung nach § 196 BewG in Betracht, R B 178 Abs. 3 Satz 4 ErbStR. In R B 178 Abs. 3 Satz 4 ErbStR wird als Beispiel der Fall angeführt, wenn bei einem Bürogebäude mehrere Geschosse bereits bezugsfertig sind und bei anderen noch der vollständige Innenausbau fehlt.

3056   Hiervon zu unterscheiden ist jedoch der Fall, in dem ein Gebäude nur zum Teil fertiggestellt und der Innenausbau nach den Wünschen der künftigen Nutzer zurückgestellt wird. In diesem Fall ist nach R B 178 Abs. 3 Satz 5 ErbStR das Gebäude insgesamt als bezugsfertig anzusehen.

3057   Bei abschnittsweise errichtetem Gebäude ist die Entscheidung, ob ein bezugsfertiges Gebäude anzunehmen ist, nach der Verkehrsanschauung zu treffen, R B 178 Abs. 3 Satz 6 ErbStR. Eine Errichtung in Bauabschnitten ist gegeben, wenn ein Gebäude nicht in einem Zuge in planmäßig vorgesehenem Umfang bzw. im Rahmen der behördlichen Genehmigung bezugsfertig erstellt wird (z. B. wird anstelle des geplanten Mietwohngrundstücks zunächst nur eine Wohnung im Erdgeschoss fertiggestellt), R B 178 Abs. 3 Satz 7 ErbStR. Die Verzögerung/Unterbrechung darf jedoch nicht auf bautechnischen Gründen beruhen (z. B. Überwindung einer Frostperiode) und muss von gewisser Dauer – mindestens zwei Jahre – sein, R B 178 Abs. 3 Satz 8 ErbStR.

2.1.3 Merkmale der Nichtbenutzbarkeit

3058   Ein Gebäude ist dagegen nach § 178 Abs. 2 Satz 2 BewG nicht mehr benutzbar, wenn infolge des Verfalls des Gebäudes oder der Zerstörung keine auf Dauer benutzbaren Räume vorhanden sind, R B 178 Abs. 4 Satz 1 ErbStR.

3059   Ein Gebäude ist nach R B 178 Abs. 4 Satz 2 ErbStR dem Verfall preisgegeben, wenn der Verfall so weit fortgeschritten ist, dass das Gebäude nach objektiven Verhältnissen auf Dauer nicht mehr benutzt werden kann. Die Verfallsmerkmale müssen das gesamte Gebäude betreffen und an der Bausubstanz erkennbar sein, R B 178 Abs. 4 Satz 3 ErbStR. Von einem Verfall ist auszugehen, wenn erhebliche Schäden an konstruktiven Teilen des Gebäudes eingetreten sind und ein Zustand gegeben ist, der aus bauordnungsrechtlicher Sicht die sofortige Räumung nach sich ziehen würde, R B 178 Abs. 4 Satz 4 ErbStR. Das ist stets der Fall, wenn eine Anordnung der Bauaufsichtsbehörde zur sofortigen Räumung des Grundstücks vorliegt, R B 178 Abs. 4 Satz 5 ErbStR. Dabei ist gesondert zu prüfen, ob der Zustand von Dauer ist.

Da behebbare Baumängel und Bauschäden sowie aufgestauter Reparaturbedarf infolge von unterlassenen Instandsetzungs- und Reparaturarbeiten sich regelmäßig nur vorübergehend auf Art und Umfang der Gebäudenutzung auswirken und nicht unmittelbar die Konstruktion des Gebäudes betreffen, führen diese nicht dazu, ein Gebäude als dem Verfall preisgegeben anzusehen, R B 178 Abs. 4 Sätze 6 und 7 ErbStR. **3060**

Befinden sich auf dem Grundstück Gebäude, die auf Grund von Umbauarbeiten nur vorübergehend nicht benutzbar sind, gilt das Grundstück dagegen weiterhin als bebautes Grundstück, R B 178 Abs. 4 Satz 8 ErbStR. Kein unbebautes Grundstück liegt nach R B 178 Abs. 4 Satz 9 ErbStR vor, wenn bereits vorhandene Gebäude am Bewertungsstichtag wegen baulicher Mängel oder fehlender Ausstattungsmerkmale (z. B. Heizung, Wohnungstüren) vorübergehend nicht benutzbar sind. **3061**

Nicht zu erfassen sind jedoch Gebäude, die infolge Entkernung keine bestimmungsgemäß benutzbaren Räume mehr enthalten, auch wenn dies nur vorübergehend der Fall ist, R B 178 Abs. 4 Satz 10 ErbStR.

3062–3070 frei

2.2 Bewertung der unbebauten Grundstücke

2.2.1 Allgemeine gesetzliche Voraussetzungen

In § 179 Satz 1 BewG wird angeordnet, dass sich der Wert unbebauter Grundstücke regelmäßig nach ihrer Fläche und den Bodenrichtwerten (§ 196 des Baugesetzbuchs) bestimmt. In R B 179.1 Abs. 1 ErbStR wird weiter konkretisiert, dass der Wert unbebauter Grundstücke den Wert des Grund und Bodens umfasst. In diesem Wert sind die Außenanlagen abgegolten. **3071**

Der Wert des Grund und Bodens (Bodenwert) ergibt sich aus der Multiplikation aus dem Bodenwert pro m² und der Grundstücksfläche, R B 179.3 Abs. 1 Satz 1 ErbStR. Der Bodenwert pro m² wiederum ergibt sich aus den Bodenrichtwerten, deren Besonderheiten im Folgenden dargestellt werden.

Die Bodenrichtwerte werden nach § 179 Satz 2 BewG von den Gutachterausschüssen nach dem Baugesetzbuch ermittelt und den Finanzämtern mitgeteilt. Bei der Wertermittlung ist stets der Bodenrichtwert anzusetzen, der vom Gutachterausschuss zuletzt ermittelt wurde, § 179 Satz 3 BewG. Wird von den Gutachterausschüssen kein Bodenrichtwert ermittelt, ist der Bodenwert aus den Werten vergleichbarer Flächen abzuleiten, § 179 Satz 4 BewG.

2.2.2 Definition der Bodenrichtwerte und Entwicklungszustände

Bei den Bodenrichtwerten handelt es sich um durchschnittliche Lagewerte, die von den Gutachterausschüssen nach § 196 BauGB auf Grund der Kaufpreissammlung flächendeckend unter Berücksichtigung des unterschiedlichen Entwicklungszustandes ermittelt werden, R B 179.1 Abs. 1 Satz 3 ErbStR. **3072**

Für die Ermittlung des anwendbaren Bodenrichtwerts kommt es demzufolge darauf an, welchen Entwicklungszustand das zu bewertende unbebaute Grundstück aufweist.

In R B 179.1 Abs. 2 ErbStR werden die folgenden Entwicklungszustände in Anlehnung an § 5 ImmoWertV unterschieden: **3073**

1. Flächen der Land- oder Forstwirtschaft,
2. Bauerwartungsland,
3. Rohbauland und
4. baureifes Land.

2.2.2.1 Bauerwartungsland

3074 Als Bauerwartungsland werden Flächen angesehen, die nach ihren weiteren Grundstücksmerkmalen, insbesondere dem Stand der Bauleitplanung und der sonstigen städtebaulichen Entwicklung des Gebiets, eine bauliche Nutzung auf Grund konkreter Tatsachen mit hinreichender Sicherheit erwarten lassen, R B 179.1 Abs. 3 Satz 1 ErbStR. Ist damit zu rechnen, dass die Flächen in absehbarer Zeit anderen als land- und forstwirtschaftlichen Zwecken dienen werden und daher gemäß § 159 BewG als Grundvermögen anzusehen sind, werden diese Flächen regelmäßig als Bauerwartungsland angesetzt, R B 179.1 Abs. 3 Satz 2 ErbStR.

2.2.2.2 Rohbauland

3075 Rohbauland sind Flächen, die nach den §§ 30, 33 und 34 BauGB für eine bauliche Nutzung bestimmt sind, deren Erschließung aber noch nicht gesichert ist oder die nach Lage, Form oder Größe für eine bauliche Nutzung unzureichend gestaltet sind, R B 179.1 Abs. 3 Satz 3 ErbStR.

3076 Im Regelfall handelt es sich hierbei um größere, unerschlossene Grundstücksflächen, die die Eigenschaft als land- und forstwirtschaftliches Vermögen verloren haben, selbst wenn sie noch land- und forstwirtschaftlich genutzt werden (§ 159 BewG), R B 179.1 Abs. 3 Satz 4 ErbStR.

Bruttorohbauland schließt im Gegensatz zum Nettorohbauland die für öffentliche Zwecke benötigten Flächen des Planungsgebiets ein, R B 179.1 Abs. 3 Satz 5 ErbStR.

2.2.2.3 Baureifes Land

3077 Als Baureifes Land gelten nach R B 179.1 Abs. 3 Satz 6 ErbStR Flächen, die nach öffentlich-rechtlichen Vorschriften und den tatsächlichen Gegebenheiten baulich nutzbar sind.

2.2.3 Ansatz der Bodenrichtwerte und Bodenwerte pro m²

2.2.3.1 Bodenrichtwerte der Gutachterausschüsse

3078 Bei der Wertermittlung unbebauter Grundstücke ist der Bodenrichtwert anzusetzen, dessen turnusmäßige Ermittlung dem Bewertungsstichtag vorausging, R B 179.2 Abs. 1 Satz 1 ErbStR. Es kommt somit nach R B 179.2 Abs. 1 Satz 2 ErbStR nicht darauf an, wann der Gutachterausschuss den Bodenrichtwert tatsächlich ermittelt und dem Finanzamt mitgeteilt hat.

Vom Gutachterausschuss veröffentlichte Bodenpreisindexreihen, die aus Kauffällen des Grundstücksmarktes abgeleitet wurden, sind als Bestandteil der Bodenrichtwerte zu berücksichtigen R B 179.2 Abs. 1 Satz 3 ErbStR.

3079 Nach § 196 BauGB sind Bodenrichtwerte vom Gutachterausschuss flächendeckend zu ermitteln, R B 179.2 Abs. 1 Satz 4 ErbStR. Der Gutachterausschuss bildet dabei Richtwertzonen, die jeweils Gebiete umfassen, die nach Art und Maß der Nutzung weitgehend übereinstimmen, R B 179.2 Abs. 1 Satz 5 ErbStR. Zudem sind vom Gutachterausschuss die wertbeeinflussenden Grundstücksmerkmale des Bodenrichtwertgrundstücks darzustellen, R B 179.2 Abs. 1 Satz 6 ErbStR.

3080 Wertbeeinflussende Grundstücksmerkmale sind nach R B 179.2 Abs. 1 Satz 7 ErbStR insbesondere

- die Art und das Maß der baulichen Nutzung, das sich in der Geschossflächenzahl und in der Anzahl der möglichen Geschosse ausdrücken kann,

- die Grundstückstiefe und die Grundstücksgröße
- sowie die Unterteilung in erschließungsbeitragspflichtiges oder erschließungsbeitragsfreies Bauland.

Für Grundstücke, die mit den wertbeeinflussenden Grundstücksmerkmalen des Bodenrichtwertgrundstücks in der jeweiligen Bodenrichtwertzone übereinstimmen, ist der Bodenrichtwert anzusetzen R B 179.2 Abs. 1 Satz 8 ErbStR. **3081**

Weicht dagegen das zu bewertende Grundstück von den wertbeeinflussenden Grundstücksmerkmalen des Bodenrichtwertgrundstücks ab, ist dessen Wert grundsätzlich nach den Vorgaben des Gutachterausschusses aus dem Bodenrichtwert der jeweiligen Richtwertzone abzuleiten, R B 179.2 Abs. 1 Satz 9 ErbStR.

2.2.3.2 Anpassung des anzuwendenden Bodenrichtwerts für den Bodenwert pro m²

Die Bodenrichtwerte sind abhängig von der Geschossflächenzahl. Aus diesem Grund wird zu dem Bodenrichtwert eine Geschossflächenzahl bzw. wertrelevante Geschossflächenzahl angegeben, R B 179.2 Abs. 2 Satz 1 ErbStR. Weicht die Geschossflächenzahl des zu bewertenden Grundstücks von der des Bodenrichtwertgrundstücks ab, ist der Bodenwert nach folgender Formel abzuleiten: **3082**

Bodenwert pro m² =

$$\frac{\text{Umrechnungskoeffizient für die Geschossflächenzahl des zu bewertenden Grundstücks}}{\text{Umrechnungskoeffizient für die Geschossflächenzahl des Bodenrichtwertgrundstücks}} \times \text{Bodenrichtwert}$$

Die Umrechnungskoeffizienten sind nach R B 179.2 Abs. 2 Satz 1 ErbStR den Bewertungsstellen der Finanzämter vom zuständigen Gutachterausschuss zusammen mit den Bodenrichtwerten mitzuteilen. Sofern die Gutachterausschüsse Umrechnungskoeffizienten in Abhängigkeit von der Grundstücksgröße vorgegeben haben, sind diese nach R B 179.2 Abs. 3 ErbStR anzusetzen. **3083**

Liegen dagegen keine örtlichen Umrechnungskoeffizienten vor, gelten nach H B 179.2 ErbStH die Folgenden:

Geschossflächenzahl	Umrechnungskoeffizient	Geschossflächenzahl	Umrechnungskoeffizient
0,4	0,66	1,5	1,23
0,5	0,72	1,6	1,28
0,6	0,78	1,7	1,32
0,7	0,84	1,8	1,36
0,8	0,9	1,9	1,41
0,9	0,95	2,0	1,45
1,0	1,0	2,1	1,49
1,1	1,05	2,2	1,53
1,2	1,1	2,3	1,57
1,3	1,14	2,4	1,61
1,4	1,19		

BEISPIELE

a) Der zuletzt ermittelte Bodenrichtwert eines Grundstücks beträgt 180 €/m² bei einer Geschossflächenzahl von 0,8.

LÖSUNG Das zu bewertende Grundstück hat eine zulässige Geschossflächenzahl von 0,5. Der Bodenwert/m² beträgt:

Bodenwert pro m² = 144 €/m²

$$\frac{0{,}72 \;(\; = \; \text{Umrechnungskoeffizient bei einer Geschossflächenanzahl von 0,5})}{0{,}90 \;(\; = \; \text{Umrechnungskoeffizient bei einer Geschossflächenanzahl von 0,8})} \times 180 \;\text{€}$$

b) Der zuletzt ermittelte Bodenrichtwert eines Grundstücks beträgt 180 €/m² bei einer Geschossflächenzahl von 0,8. Das zu bewertende Grundstück hat eine zulässige Geschossflächenzahl von 1,3.

LÖSUNG Der Bodenwert/ m² beträgt:

Bodenwert pro m² = 288 €/m²

$$\frac{1{,}14 \;(\; = \; \text{Umrechnungskoeffizient bei einer Geschossflächenanzahl von 1,3})}{0{,}90 \;(\; = \; \text{Umrechnungskoeffizient bei einer Geschossflächenanzahl von 0,8})} \times 180 \;\text{€}$$

3084   Sind die Bodenrichtwerte in Abhängigkeit von der Grundstückstiefe ermittelt worden, ist nach R B 179.2 Abs. 4 Satz 1 ErbStR die Grundstücksfläche aufzuteilen. Hierbei ist die Grundstücksfläche nach ihrer Tiefe in Zonen zu gliedern, deren Abgrenzung sich nach den Vorgaben des Gutachterausschusses richtet, R B 179.2 Abs. 4 Satz 2 ErbStR.

3085   Für Frei- und Verkehrsflächen, die als solche ausgewiesen sind, ist vom Bodenrichtwert ein angemessener Abschlag zu machen, soweit er nicht bereits in die Ermittlung des Bodenrichtwerts eingeflossen ist, R B 179.2 Abs. 5 Satz 1 ErbStR. Dabei ist die Höhe des Abschlags nach R B 179.2 Abs. 5 Satz 2 ErbStR unter Berücksichtigung der Verhältnisse des Einzelfalls zu bemessen.

3086   Zu den wesentlichen wertbeeinflussenden Grundstücksmerkmalen des Bodenrichtwertgrundstücks gehört bei baureifem Land nach R B 179.2 Abs. 6 Satz 1 ErbStR stets der erschließungsbeitragsrechtliche Zustand. Die Bodenrichtwerte für baureifes Land werden in der Regel von den Gutachterausschüssen für erschließungsbeitragsfreie und kostenerstattungsbeitragsfreie Grundstücke ermittelt, R B 179.2 Abs. 6 Satz 2 ErbStR. Hat der Gutachterausschuss einen Bodenrichtwert für erschließungsbeitragspflichtiges Bauland festgelegt, ist dieser Richtwert maßgebend, solange die Erschließungsbeitragspflicht besteht, R B 179.2 Abs. 6 Satz 3 ErbStR.

Auch nach Abschluss der Erschließungsmaßnahmen, kann die Beitragspflicht noch bestehen, R B 179.2 Abs. 6 Satz 4 ErbStR. Auf den tatsächlichen Erschließungszustand kommt es somit nach R B 179.2 Abs. 6 Satz 5 ErbStR nicht an.

3087   Bei unterschiedlichen erschließungsbeitragsrechtlichen Zuständen zwischen Bodenrichtwertgrundstück und zu bewertendem Grundstück kommt eine Anpassung (Zu- oder Abschlag) nach Maßgabe vom Gutachterausschuss dokumentierter Erschließungsbeiträge in Betracht, R B 179.2 Abs. 6 Satz 6 ErbStR.

3088   Die zuvor beschriebenen Wertkorrekturen des Bodenrichtwerts können auch nebeneinander in Betracht kommen, R B 179.2 Abs. 7 Satz 1 ErbStR. Sind die vom Gutachterausschuss mitgeteilten Umrechnungskoeffizienten für die Geschossflächenzahl, Grundstücksgröße oder Grundstückstiefe aus erschließungsbeitragsfreien Grundstücken abgeleitet worden, sind die erschließungsbeitragspflichtigen Grundstücke vor Anwendung der Umrechnungskoeffizienten zunächst auf einen erschließungsbeitragsfreien Zustand umzurechnen R B 179.2 Abs. 7 Satz 2 ErbStR.

BEISPIEL

Der zuletzt ermittelte Bodenrichtwert eines Grundstücks beträgt 180 €/m^2 (erschließungsbeitrags-pflichtig/noch zu leistende Erschließungsbeiträge: 50 €/m^2; GFZ = 1,4).
Das zu bewertende Grundstück ist 600 m^2 groß und erschließungsbeitragsfrei (GFZ 1,3).

Bodenrichtwert (erschließungsbeitragspflichtig)	180,00 €/m^2
+ Erschließungsbeiträge	+ 50,00 €/m^2
= Bodenrichtwert (erschließungsbeitragsfrei)	**230,00 €/m^2**

Anpassung wegen abweichender Geschossflächenzahl nach Anlage 11 WertR 2006
Umrechnungsfaktor:

Bodenwert pro m^2 = 220,33 €/m^2

$$\frac{1,14\ (\ =\ \text{Umrechnungskoeffizient bei einer Geschossflächenanzahl von 1,3})}{1,19\ (\ =\ \text{Umrechnungskoeffizient bei einer Geschossflächenanzahl von 1,4})} \times 230\ €$$

Wert des Grund und Bodens:

Grundstücksfläche	600 m^2
× Bodenrichtwert (erschließungsbeitragsfrei)	× 220,33 €/m^2
= Bodenwert (erschließungsbeitragsfrei)	**132 198 €**

Dagegen bleiben nach R B 179.2 Abs. 8 ErbStR weitere wertbeeinflussende Grundstücks-merkmale, wie z. B. Ecklage, Zuschnitt, Oberflächenbeschaffenheit und Beschaffenheit des Bau-grundes, Lärm-, Staub- oder Geruchsbelästigungen, Altlasten sowie Außenanlagen außer Ansatz. **3089**

2.2.3.3 Ermittlung des Bodenwerts (Abrundung)

Der aus dem Bodenrichtwert nach R B 179.2 ErbStR ermittelte Bodenwert pro m^2 ist auf volle Cent abzurunden und ergibt multipliziert mit der Grundstücksfläche den Wert des Grund und Bodens (Bodenwert), R B 179.3 Abs. 1 Satz 1 ErbStR. Der Bodenwert ist nach R B 179.3 Abs. 1 Satz 2 ErbStR auf volle Euro abzurunden. **3090**

2.2.3.4 Keine Bodenrichtwerte

Hat der Gutachterausschuss keinen Bodenrichtwert nach § 196 BauGB ermittelt, ist der Bodenwert pro m^2 aus den Bodenrichtwerten vergleichbarer Flächen abzuleiten. Die Regelun-gen in R B 179.2 sind hierbei entsprechend zu berücksichtigen, R B 179.3 Abs. 2 Satz 1 ErbStR. Bei Bedarf ist der Gutachterausschuss um Auskunft zu ersuchen. Hierbei ergibt sich der Boden-wert durch die Multiplikation von Grundstücksfläche und abgeleiteten Bodenwert pro m^2, der anschließend auf volle Euro abgerundet wird, R B 179.3 Abs. 2 Satz 2 ErbStR. **3091**

Für Bauerwartungsland und Rohbauland gelten in diesen Fällen aus Vereinfachungsgrün-den regelmäßig folgende Wertansätze, H B 179.3 Abs. 2 ErbStR: **3092**

- Bauerwartungsland   25 %
- Bruttorohbauland   50 %
- Nettorohbauland   75 %

des Bodenrichtwerts für vergleichbares erschließungsbeitragsfreies Bauland, sofern hierzu keine Angaben der Gutachterausschüsse vorliegen.

3093–3100 frei

3   Bewertung bebauter Grundstücke

3101   Die Bewertung bebauter Grundstücke hängt wesentlich von der Art des zu bewertenden Grundstücks ab. Aus diesem Grund werden zunächst die unterschiedlichen Grundstücksarten dargestellt. Anschließend folgt die Darstellung der für die einzelnen Grundstücksarten anzuwendenden Bewertungsverfahren. Zum Schluss werden die Bewertungsverfahren im Einzelnen vorgestellt.

3.1   Begriff des bebauten Grundstücks

3102   Bebaute Grundstücke sind nach § 180 Abs. 1 Satz 1 BewG Grundstücke, auf denen sich benutzbare Gebäude befinden, R B 180 Abs. 1 ErbStR. Wird ein Gebäude in Bauabschnitten errichtet, ist nach § 180 Abs. 1 Satz 2 BewG der fertiggestellte Teil als benutzbares Gebäude anzusehen. Als Grundstück gilt nach § 180 Abs. 2 BewG auch ein Gebäude, das auf fremdem Grund und Boden errichtet oder in sonstigen Fällen einem anderen als dem Eigentümer des Grund und Bodens zuzurechnen ist, selbst wenn es wesentlicher Bestandteil des Grund und Bodens geworden ist.

3103   Zur wirtschaftlichen Einheit eines **bebauten Grundstücks** gehören nach R B 180 Abs. 3 Satz 1 ErbStR

- der Grund und Boden,
- die Gebäude,
- die sonstigen Bestandteile und
- das Zubehör (R B 176.1 Abs. 1 ErbStR).

3104   Wesentliche Bestandteile des **Grundstücks** stellen damit die Gebäude und die mit Gebäuden verbundenen Anbauten (z. B. Wintergärten) dar, R B 180 Abs. 5 Satz 1 ErbStR. Auch sind im Grundbesitzwert Nebengebäude zu erfassen, wenn sie auf dem mit dem Hauptgebäude bebauten Grundstück stehen (z. B. Garagen), R B 180 Abs. 5 Satz 2 ErbStR.

Nicht einzubeziehen sind dagegen Maschinen und Betriebsvorrichtungen, R B 180 Abs. 3 Satz 2 ErbStR.

3105   Zum **Grund und Boden** gehören gem. nach R B 180 Abs. 4 Satz 1 ErbStR

- die bebaute Fläche und
- die mit dem Gebäude im Zusammenhang stehende unbebaute Fläche, insbesondere der Hofraum sowie Haus- und Vorgarten.

3106   Bei einer hieran anschließenden größeren unbebauten Fläche ist nach R B 180 Abs. 4 Satz 1 ErbStR für die Beurteilung, was als wirtschaftliche Einheit gilt, die Verkehrsanschauung maßgebend R B 180 Abs. 4 Satz 1 ErbStR.

3.2   Grundstücksarten

3107   Bei der Bewertung bebauter Grundstücke sind nach § 181 Abs. 1 BewG die folgenden Grundstücksarten zu unterscheiden:

- Ein- und Zweifamilienhäuser (§ 181 Abs. 2 BewG),
- Mietwohngrundstücke (§ 181 Abs. 3 BewG),
- Wohnungseigentum (§ 181 Abs. 4 BewG) und Teileigentum (§ 181 Abs. 5 BewG),
- Geschäftsgrundstücke (§ 181 Abs. 6 BewG),
- gemischt genutzte Grundstücke (§ 181 Abs. 7 BewG),und
- sonstige bebaute Grundstücke (§ 181 Abs. 8 BewG).

3.2.1 Ein- und Zweifamilienhäuser

Ein- und Zweifamilienhäuser sind nach § 181 Abs. 2 Satz 1 BewG Wohngrundstücke, die **3108** bis zu zwei Wohnungen enthalten und kein Wohnungseigentum sind. Gem. § 181 Abs. 2 Satz 2 BewG gilt ein Grundstück auch dann als Ein- oder Zweifamilienhaus, wenn es zu weniger als 50 %, berechnet nach der Wohn- oder Nutzfläche, zu anderen als Wohnzwecken mitbenutzt und dadurch die Eigenart als Ein- oder Zweifamilienhaus nicht wesentlich beeinträchtigt wird.

3.2.2 Mietwohngrundstücke

Mietwohngrundstücke sind nach § 181 Abs. 3 BewG Grundstücke, die zu mehr als 80 %, **3109** berechnet nach der Wohn- oder Nutzfläche, Wohnzwecken dienen, und nicht Ein- und Zweifamilienhäuser oder Wohnungseigentum sind.

3.2.3 Wohnungseigentum

Wohnungseigentum ist nach § 181 Abs. 4 BewG das Sondereigentum an einer Wohnung in **3110** Verbindung mit dem Miteigentumsanteil an dem gemeinschaftlichen Eigentum, zu dem es gehört.

3.2.4 Teileigentum

Teileigentum ist nach § 181 Abs. 5 BewG das Sondereigentum an nicht zu Wohnzwecken **3111** dienenden Räumen eines Gebäudes in Verbindung mit dem Miteigentum an dem gemeinschaftlichen Eigentum, zu dem es gehört.

3.2.5 Geschäftsgrundstücke

Geschäftsgrundstücke sind nach § 181 Abs. 6 BewG Grundstücke, die zu mehr als 80 %, **3112** berechnet nach der Wohn- und Nutzfläche, eigenen oder fremden betrieblichen oder öffentlichen Zwecken dienen und nicht Teileigentum sind.

3.2.6 Gemischt genutzte Grundstücke

Gemischt genutzte Grundstücke sind nach § 181 Abs. 7 BewG Grundstücke, die teils **3113** Wohnzwecken, teils eigenen oder fremden betrieblichen oder öffentlichen Zwecken dienen und nicht Ein- und Zweifamilienhäuser, Mietwohngrundstücke, Wohnungseigentum, Teileigentum oder Geschäftsgrundstücke sind.

3.2.7 Sonstige bebaute Grundstücke

Grundstücke, die nicht unter die § 181 Abs. 2 bis 7 BewG fallen, stellen nach § 181 Abs. 8 **3114** BewG sonstige bebaute Grundstücke dar.

3.2.8 Wohnung

Eine Wohnung ist nach § 181 Abs. 9 Satz 1 BewG die Zusammenfassung einer Mehrheit von **3115** Räumen, die in ihrer Gesamtheit so beschaffen sein müssen, dass die Führung eines selbständigen

Haushalts möglich ist. Die Zusammenfassung einer Mehrheit von Räumen muss gem. § 181 Abs. 9 Satz 2 BewG eine von anderen Wohnungen oder Räumen, insbesondere Wohnräumen, baulich getrennte, in sich abgeschlossene Wohneinheit bilden und einen selbständigen Zugang haben. Außerdem ist gem. § 181 Abs. 9 Satz 3 BewG erforderlich, dass die für die Führung eines selbständigen Haushalts notwendigen Nebenräume (Küche, Bad oder Dusche, Toilette) vorhanden sind. Die Wohnfläche muss gem. § 181 Abs. 9 Satz 4 BewG mindestens 23 m² betragen.

3.3   Anzuwendende Bewertungsvorschriften

3116   Das Bewertungsgesetz sieht für die Bewertung bebauter Grundstücke drei Bewertungsverfahren vor. Hierbei handelt es sich gem. § 182 Abs. 1 BewG um das
a) Vergleichswertverfahren (§ 182 Abs. 2 und § 183 BewG),
b) Ertragswertverfahren (§ 182 Abs. 3 und §§ 184 bis 188 BewG) oder
c) Sachwertverfahren (§ 182 Abs. 4 und §§ 189 bis 191 BewG).

3117   Welches Verfahren für die zu bewertende wirtschaftliche Einheit anzuwenden ist, richtet sich nach der Grundstücksart der wirtschaftlichen Einheit, R B 182 Abs. 1 Satz 2 ErbStR.

3.3.1   Anwendung des Vergleichswertverfahrens

3118   Im Vergleichswertverfahren sind gem. § 182 Abs. 2 BewG grundsätzlich zu bewerten:
- Wohnungseigentum (§ 182 Abs. 2 Nr. 1 BewG),
- Teileigentum (§ 182 Abs. 2 Nr. 2 BewG) und
- Ein- und Zweifamilienhäuser (§ 182 Abs. 2 Nr. 3 BewG),

sofern der Gutachterausschuss entsprechende Vergleichspreise oder Vergleichsfaktoren ermittelt hat, R B 182 Abs. 2 Satz 1 ErbStR. Nachrangig kann auch auf die in der Finanzverwaltung vorliegenden Unterlagen zu Vergleichspreisen zurückgegriffen werden, R B 182 Abs. 2 Satz 2 ErbStR.

3.3.2   Anwendung des Ertragswertverfahrens

3119   Im Ertragswertverfahren sind gem. § 182 Abs. 3 BewG zu bewerten
- Mietwohngrundstücke (§ 182 Abs. 3 Nr. 1 BewG),
- Geschäftsgrundstücke und gemischt genutzte Grundstücke, für die sich auf dem örtlichen Grundstücksmarkt eine übliche Miete ermitteln lässt (§ 182 Abs. 3 Nr. 2 BewG).

3120   Die für die Durchführung des Ertragswertverfahrens erforderliche übliche Miete kann auch durch ein Mietgutachten nachgewiesen werden, R B 182 Abs. 3 Satz 2 ErbStR.

Nach Auffassung der Finanzverwaltung ist das Verfahren jedoch nicht anzuwenden, wenn zwar eine tatsächliche Miete vereinbart ist, jedoch keine übliche Miete ermittelt werden kann, da in einem solchen Fall ein Vergleich nicht möglich ist, R B 182 Abs. 3 Satz 3 ErbStR. Sofern keine übliche Miete vorliegt, ist die Bewertung von Geschäftsgrundstücken und gemischt genutzten Grundstücken nach dem Sachwertverfahren durchzuführen.

3121   Mietwohngrundstücke sind dagegen nach § 182 Abs. 3 Nr. 1 BewG stets im Ertragswertverfahren zu bewerten, R B 182 Abs. 3 Satz 4 ErbStR. Sofern bei Mietwohngrundstücken weder eine tatsächliche Miete vorhanden noch eine ortsübliche Miete ermittelbar ist, ist die Miete marktbezogen – beispielsweise durch Abgleich mit den Mietverhältnissen in vergleichbaren überregionalen Lagen – zu schätzen, R B 182 Abs. 3 Satz 5 ErbStR. Somit scheidet eine Bewertung nach dem Sachwertverfahren bei Mietwohngrundstücken aus.

3.3.3 Anwendung des Sachwertverfahrens

Im Sachwertverfahren sind gem. § 182 Abs. 4 Nr. 3 BewG die sonstigen bebauten Grund- **3122**
stücke zu bewerten.

Darüber hinaus ist das Sachwertverfahren das Auffangverfahren für

- das Wohnungseigentum, das Teileigentum und für Ein- und Zweifamilienhäuser, wenn das Vergleichswertverfahren mangels Vergleichspreisen oder Vergleichsfaktoren nicht anwendbar ist (§ 182 Abs. 4 Nr. 1 BewG),
- Geschäftsgrundstücke und gemischt genutzte Grundstücke, für die sich auf dem örtlichen Grundstücksmarkt keine übliche Miete ermitteln lässt (§ 182 Abs. 4 Nr. 2 BewG)

anzuwenden, R B 182 Abs. 4 ErbStR.

3.3.4 Zusammenfassung der anzuwendenden Bewertungsverfahren im Überblick

Zusammenfassend sind je nach Grundstücksart folgende Bewertungsverfahren anwend- **3123**
bar:

Grundstücksart	Vergleichswert-verfahren § 182 Abs. 2 und § 183 BewG	Ertragswert-verfahren § 182 Abs. 3 und §§ 184 bis 188 BewG	Sachwertverfahren § 182 Abs. 4 und §§ 189 bis 191 BewG
Wohnungseigentum	§ 182 Abs. 2 Nr. 1 BewG		§ 182 Abs. 4 Nr. 1 BewG, wenn kein Vergleichswert vorliegt
Teileigentum	§ 182 Abs. 2 Nr. 2 BewG		
Ein- und Zweifamilien-häuser	§ 182 Abs. 2 Nr. 3 BewG		
Mietwohngrundstücke		§ 182 Abs. 3 Nr. 1 BewG	§ 182 Abs. 3 Nr. 2 BewG für die sich auf dem örtlichen Grund-stücksmarkt keine übliche Miete ermit-teln lässt
Geschäftsgrundstücke gemischt genutzte Grundstücke	§ 182 Abs. 3 Nr. 2 BewG für die sich auf dem örtlichen Grund-stücksmarkt eine übliche Miete ermit-teln lässt	§ 182 Abs. 3 Nr. 2 BewG für die sich auf dem örtlichen Grund-stücksmarkt eine übliche Miete ermit-teln lässt § 182 Abs. 4 Nr. 2 BewG für die sich auf dem örtlichen Grund-stücksmarkt keine übliche Miete ermit-teln lässt	§ 182 Abs. 4 Nr. 2 BewG für die sich auf dem örtlichen Grund-stücksmarkt keine übliche Miete ermit-teln lässt

gemischt genutzte Grundstücke			
sonstige bebaute Grundstücke			§ 182 Abs. 4 Nr. 3 BewG

3093–3100 frei

3.4 Bewertung nach dem Vergleichswertverfahren

3.4.1 Gesetzliche Grundlagen

3131   Im BewG wird bei Anwendung des Vergleichswertverfahrens gem. § 183 Abs. 1 Satz 1 BewG angeordnet, dass Kaufpreise von Grundstücken heranzuziehen sind, die hinsichtlich der ihren Wert beeinflussenden Merkmale mit dem zu bewertenden Grundstück hinreichend übereinstimmen (Vergleichsgrundstücke). Grundlage sind vorrangig die von den Gutachterausschüssen im Sinne der §§ 192 ff. BauGB mitgeteilten Vergleichspreise, § 183 Abs. 1 Satz 2 BewG.

3132   Anstelle von Preisen für Vergleichsgrundstücke können nach § 183 Abs. 2 Satz 1 BewG von den Gutachterausschüssen für geeignete Bezugseinheiten, insbesondere Flächeneinheiten des Gebäudes, ermittelte und mitgeteilte Vergleichsfaktoren herangezogen werden. Werden Vergleichsfaktoren verwendet, die sich nur auf das Gebäude beziehen, ist der Bodenwert nach § 179 BewG gesondert zu berücksichtigen.

3.4.2 Ergänzungen in den ErbStR

3133   Die Finanzverwaltung konkretisiert in R B 183 Abs. 1 ErbStR die Anwendung des Vergleichswertverfahrens. Danach wird der Grundbesitzwert des zu bewertenden bebauten Grundstücks im Vergleichswertverfahren entweder aus **Vergleichspreisen** für vergleichbare Grundstücke oder aus **Vergleichsfaktoren** abgeleitet.

Zudem umfasst der Vergleichswert bebauter Grundstücke den Boden- und Gebäudewert.

3.4.2.1 Bewertung nach dem Vergleichspreisverfahren

3134   Im Vergleichspreisverfahren wird der Vergleichswert aus einer ausreichenden Zahl von geeigneten Vergleichspreisen ermittelt, R B 183 Abs. 2 Satz 1 ErbStR.

Für die Ableitung der Vergleichspreise sind die Kaufpreise solcher Grundstücke heranzuziehen, die mit dem zu bewertenden Grundstück hinreichend übereinstimmende Grundstücksmerkmale aufweisen (Vergleichsgrundstücke), R B 183 Abs. 2 Satz 2 ErbStR.

3135   Eine hinreichende Übereinstimmung der Grundstücksmerkmale der Vergleichsgrundstücke wiederum liegt vor, wenn sie insbesondere hinsichtlich ihrer Lage, Art und Maß der baulichen Nutzung, Größe, Erschließungszustand, Gebäudeart und Alter des Gebäudes mit dem zu bewertenden Grundstück weitgehend übereinstimmen bzw. die Abweichungen in sachgerechter Weise berücksichtigt werden können, R B 183 Abs. 2 Satz 3 ErbStR. Vorrangig ist dabei auf die von den Gutachterausschüssen für Grundstückswerte mitgeteilten Vergleichspreise zurückzugreifen, R B 183 Abs. 2 Satz 4 ErbStR. Liegen mehrere Vergleichspreise vor, soll der Durchschnittswert angesetzt werden, R B 183 Abs. 2 Satz 5 ErbStR.

3136   Sofern der Gutachterausschuss nur Durchschnittskaufpreise (Kaufpreismittel) aus einer Vielzahl von Kauffällen einer Grundstücksart ohne Berücksichtigung unterschiedlicher wertbeeinflussender Grundstücksmerkmale abgeleitet hat, sind diese als Vergleichspreise nicht geeignet, R B 183 Abs. 2 Satz 6 ErbStR.

Soweit von den Gutachterausschüssen keine Vergleichspreise vorliegen, kann das zuständige Finanzamt auch geeignete Vergleichspreise aus anderen Kaufpreissammlungen als nach § 195 BauGB berücksichtigen, R B 183 Abs. 2 Satz 8 ErbStR.

3.4.2.2 Bewertung nach Vergleichsfaktoren

Anstelle von Vergleichspreisen können nach § 183 Abs. 2 BewG zur Ermittlung des Vergleichswerts auch Vergleichsfaktoren herangezogen werden, die vom Gutachterausschuss für Grundstückswerte für geeignete Bezugseinheiten, z. B. die Wohnfläche (Gebäudefaktor) oder den erzielbaren jährlichen Ertrag (Ertragsfaktor), ermittelt und mitgeteilt werden, R B 183 Abs. 3 Satz 1 ErbStR.   **3137**

Der Vergleichswert ergibt sich dann durch Vervielfachung der Bezugseinheit mit dem Vergleichsfaktor, R B 183 Abs. 3 Satz 2 ErbStR. Vergleichsfaktoren sind dabei geeignet, wenn die Grundstücksmerkmale der ihnen zugrunde liegenden Grundstücke hinreichend mit denen des zu bewertenden Grundstücks übereinstimmen bzw. die Abweichungen in sachgerechter Weise berücksichtigt werden können, R B 183 Abs. 3 Satz 3 ErbStR.   **3138**

Beziehen sich die Vergleichsfaktoren nur auf den Gebäudewert, ist der Bodenwert zusätzlich nach Maßgabe des § 179 BewG zu ermitteln, R B 183 Abs. 3 Satz 4 ErbStR.   **3139**

3.4.2.3 Bewertung bei abweichenden Vergleichsfaktoren

Weichen die Grundstücksmerkmale der Vergleichsgrundstücke bzw. der den Vergleichsfaktoren zugrunde liegenden Grundstücke von den Grundstücksmerkmalen des zu bewertenden Grundstücks ab, so sind diese Abweichungen nach R B 183 Abs. 4 Satz 1 ErbStR durch Zu- oder Abschläge nach Vorgabe des Gutachterausschusses für Grundstückswerte zu berücksichtigen.   **3140**

Besonderheiten, insbesondere die den Wert beeinflussenden Rechte und Belastungen privatrechtlicher und öffentlich-rechtlicher Art, werden in dem typisierenden Vergleichswertverfahren nach § 183 Abs. 1 und 2 BewG nicht berücksichtigt, § 183 Abs. 3 BewG, R B 183 Abs. 4 Satz 2 ErbStR.   **3141**

3.5 Bewertung nach dem Ertragswertverfahren

3.5.1 Allgemeine Grundsätze

Der Grundbesitzwert (Ertragswert) im Ertragswertverfahren setzt sich aus der Summe von **Bodenwert** (Bodenertragswert) und **Gebäudewert** (Gebäudeertragswert) zusammen, § 184 Abs. 3 Satz 1 BewG, R B 184 Satz 1 ErbStR. Somit ist nach § 184 Abs. 1 BewG der Wert der Gebäude (Gebäudeertragswert) getrennt von dem Bodenwert auf der Grundlage des Ertrags nach § 185 zu ermitteln. Der Bodenwert wiederum ermittelt sich nach § 184 Abs. 2 BewG wie bei einem unbebauten Grundstück nach Maßgabe des § 179 BewG. Hiervon getrennt ist der Gebäudewert auf der Grundlage des Ertrags zu bestimmen, R B 184 Satz 3 ErbStR. Als Ertragswert (Grundbesitzwert) ist mindestens der Bodenwert anzusetzen, § 184 Abs. 3 Satz 2 BewG, R B 184 Satz 5 ErbStR.   **3142**

Sonstige bauliche Anlagen, insbesondere Außenanlagen, sind regelmäßig mit dem Ertragswert des Gebäudes abgegolten, § 184 Abs. 3 Satz 3 BewG, R B 184 Satz 4 ErbStR.   **3143**

3.5.2 Berechnungsschema im Überblick

3144 Der anzusetzende Wert errechnet sich nach folgendem Schema:

		Rohertrag (Jahresmiete bzw. übliche Miete) (§§ 185 Abs. 1, 186 BewG)
		./.
		Bewirtschaftungskosten (§§ 185 Abs. 1, 187 BewG)
		=
		Reinertrag des Grundstücks (§ 185 Abs. 1 BewG)
		./.
		Bodenwertverzinsung/ Bodenwert × Liegenschaftszinssatz (§§ 179, 185 Abs. 2, 188 BewG)
		=
Bodenrichtwert (ggf. angepasster Bodenwert)		**Gebäudereinertrag (> 0 EUR)** (§ 185 Abs. 2 BewG)
×		×
Grundstücksfläche		Vervielfältiger (§ 185 Abs. 3 BewG)
=		=
Bodenwert (§§ 179, 184 Abs. 2 BewG)		**Gebäudeertragswert** (§ 185 Abs. 1 bis 3 BewG)
↓		↓
Ertragswert = Grundbesitzwert (§ 184 Abs. 3 BewG)		

3145 Die einzelnen Schritte werden im Folgenden noch detailliert dargestellt.

3.5.3 Ermittlung des Bodenwerts

3146 Der Bodenwert ermittelt sich aus der Multiplikation des Bodenrichtwerts und der Grundfläche des unbebauten Grundstücks (§ 184 Abs. 2 i. V. m. § 179 BewG).

BEISPIEL

Ertragswertverfahren (Für Bewertungsstichtage nach dem 31. 12. 2015):
Ein 42 Jahre altes Mehrfamilienhaus (mittlerer Standard) mit einer gesamten Wohnfläche von 600 m^2 steht auf einem Grundstück von 700 m^2. Der Bodenrichtwert für das Grundstück beträgt 450 €/m^2 und die übliche monatliche Miete 10 €/m^2.

LÖSUNG Der Bodenwert, d. h. der Wert des Grund und Bodens, beträgt 315 000 € und ermittelt sich wie folgt:
Grundfläche (700 m^2) × Bodenrichtwert (450 €/m^2) = Bodenwert: 315 000 €

3.5.4   Ermittlung des Gebäudeertragswerts

Der Gebäudeertragswert ermittelt sich aus dem Reinertrag des Grundstücks. Dieser wie-   **3147**
derum ergibt sich aus der Differenz zwischen dem Rohertrag und den Bewirtschaftungskosten
(§ 185 Abs. 1 Satz 2 BewG).

3.5.4.1   Ermittlung des Rohertrags

Ausgangsgröße für den Rohertrag ist nach § 186 Abs. 1 Satz 1 BewG grundsätzlich das   **3148**
Entgelt, das für die Benutzung des bebauten Grundstücks nach den am Bewertungsstichtag geltenden vertraglichen Vereinbarungen für den Zeitraum von zwölf Monaten zu zahlen ist.

Umlagen, die zur Deckung der Betriebskosten gezahlt werden, sind nach § 186 Abs. 1
Satz 2 BewG nicht anzusetzen.

Sofern keine Miete vereinbart wurde, d. h. insbesondere bei eigengenutzten, ungenutzten   **3149**
oder unentgeltlich überlassenen Grundstücken, wird nach § 186 Abs. 2 Satz 1 Nr. 1 BewG die
übliche Miete angesetzt. Der Ansatz der üblichen Miete kommt nach § 186 Abs. 2 Satz 1 Nr. 2
BewG auch zur Anwendung, wenn die tatsächliche Miete um mehr als 20 % von der üblichen
Miete abweicht, R B 186.4 Abs. 1 ErbStR. Die übliche Miete ist in Anlehnung an die Miete zu
schätzen, die für Räume gleicher oder ähnlicher Art, Lage und Ausstattung regelmäßig gezahlt
wird, § 186 Abs. 2 Satz 2 BewG.

3.5.4.2   Ansatz der vereinbarten Miete

3.5.4.2.1   Bestandteile des Rohertrags

In den ErbStR, konkret in R B 186.1 Abs. 1 ErbStR, wird der Rohertrag weiter konkreti-   **3150**
siert. Danach zählt zum Rohertrag das Entgelt, das der Mieter oder Pächter für die Benutzung
des bebauten Grundstücks nach den am Bewertungsstichtag geltenden vertraglichen Vereinbarungen, umgerechnet auf zwölf Monate, zu zahlen hat.

Neben der vertraglich vereinbarten Miete rechnen nach R B 186.1 Abs. 1 Satz 3 ErbStR   **3151**
zum Entgelt auch

- Mieteinnahmen für Stellplätze,
- Mieteinnahmen für Nebengebäude, z. B. für Garagen,
- Vergütungen für außergewöhnliche Nebenleistungen des Vermieters, die nicht die Raum-
  nutzung betreffen, aber neben der Raumnutzung auf Grund des Mietvertrags gewährt
  werden (z. B. Reklamenutzung sowie für das Aufstellen von Automaten),
- Vergütungen für Nebenleistungen, die zwar die Raumnutzung betreffen, jedoch nur ein-
  zelnen Mietern zugutekommen (z. B. zusätzliche Mieteinnahmen für die Verkabelung des
  Gebäudes zwecks Datenfernübertragung, für den Einbau einer Klimaanlage oder für die
  Nutzung eines Schwimmbads),
- Untermietzuschläge,
- Baukostenzuschüsse und Mietvorauszahlungen, soweit sie auf die Miete anzurechnen
  sind,
- Zahlungen des Mieters an Dritte für den Eigentümer, soweit es sich nicht um Betriebskos-
  ten im Sinne des § 27 der II. BV1 oder § 2 der Betriebskostenverordnung (BetrKV) handelt
  (z. B. Erschließungskosten),
- Leistungen des Mieters, die nicht in Geld bestehen, soweit sie nicht gleichzeitig als Betriebs-
  kosten zu berücksichtigen wären (z. B. die Übernahme der Grundstücksverwaltung),

- um Neben- und Betriebskosten bereinigte Leasing-Raten, soweit sie auf die Überlassung des Grundstücks entfallen.

3.5.4.2.2 Keine Bestandteile des Rohertrags

3152   Nicht zum Entgelt zählen dagegen nach R B 186.1 Abs. 1 Satz 4 ErbStR insbesondere

- Umlagen, die zur Deckung der Betriebskosten gezahlt werden,
- Einnahmen für die Überlassung von Maschinen und Betriebsvorrichtungen,
- Einnahmen für die Überlassung von Einrichtungsgegenständen (z. B. bei möblierten Wohnungen, Ferienwohnungen, Studentenwohnheimen),
- Dienstleistungen, die nicht die Grundstücksnutzung betreffen (Reinigungsdienste),
- Zuzahlungen Dritter außerhalb des Mietverhältnisses (z. B. bei Bauherrengemeinschaften Zahlungen des Mietgarantiegebers),
- Aufwendungszuschüsse im öffentlich geförderten Wohnungsbau,
- die Umsatzsteuer.

3153   Bei dem zu ermittelnden Entgelt handelt es sich nach R B 186.1 Abs. 1 Satz 5 ErbStR um eine Sollmiete. Auf die tatsächlich gezahlte Miete kommt es nicht an, R B 186.1 Abs. 1 Satz 6 ErbStR. So ist bei Mietausfall trotz des geringeren Ertrags eine Bewertung auf der Grundlage der vereinbarten Miete vorzunehmen, R B 186.1 Abs. 1 Satz 7 ErbStR. Bei mehrstöckigen Mietverhältnissen berechnet sich die Jahresmiete nach den Beträgen, die der oder die Mieter (Hauptmieter) an den Vermieter (Eigentümer) vereinbarungsgemäß zu zahlen haben, wozu auch Untermietzuschläge gehören, R B 186.1 Abs. 1 Sätze 8 und 9 ErbStR.

3.5.4.2.3 Sonderfall der Betriebsaufspaltung

3154   In den Fällen der Betriebsaufspaltung ist nach R B 186.1 Abs. 2 Satz 1 ErbStR grundsätzlich von der zwischen dem Besitzunternehmen und dem Betriebsunternehmen vertraglich vereinbarten Miete auszugehen. Allerdings ist auch in diesen Fällen § 186 Abs. 2 Satz 1 Nr. 2 BewG zu beachten. Ausnahmsweise ist in diesen Fällen anstatt der vereinbarten die übliche Miete anzusetzen, wenn die vereinbarte Miete zu mehr als 20 % von der üblichen Miete abweicht, R B 186.1 Abs. 2 Satz 1 ErbStR.

3155   Die übliche Miete ist auch anzusetzen, wenn das Grundstück oder ein Teil davon am Bewertungsstichtag nicht vermietet wird (z. B. Leerstand bei Mieterwechsel oder wegen Modernisierung), R B 186.1 Abs. 2 Satz 2 ErbStR.

BEISPIEL

Betriebsaufspaltung

A vermietet als Eigentümer ein Geschäftsgrundstück an die Betriebs-GmbH zur Ausübung ihrer gewerblichen Tätigkeit (tatsächliche Miete 30 €/m² Nutzfläche). A ist Alleingesellschafter der Betriebs-GmbH. Auf Grund der personellen und sachlichen Verflechtung liegt eine Betriebsaufspaltung vor. Am 01.05.2014 stirbt A. Erbe ist T. Die übliche Miete beträgt 20 €/m².

LÖSUNG Die zwischen Besitz- und Betriebsunternehmen vereinbarte Miete weicht mit 50 % (= 30 €/m² ./. 20 €/m²) / 20 €/m² = 10 €/m² / 20 €/m²) um mehr als 20 % von der üblichen Miete ab. Aus diesem Grund ist in diesem Fall nach § 186 Abs. 2 Satz 1 Nr. 2 BewG zum Bewertungsstichtag am 01.05.2014 die übliche Miete anzusetzen.

3.5.4.2.4 Nicht einzubeziehende Betriebskosten

3156   Betriebskosten sind nach § 186 Abs. 2 Satz 3 BewG nicht in den Rohertrag einzubeziehen. Einzelheiten werden in R B 186.2 ErbStR geregelt. Es handelt sich bei diesen Betriebskosten nach R B 186.2 Abs. 1 Satz 1 ErbStR um solche im Sinne des § 27 Abs. 2 BV oder § 2 BetrKV, die neben der Miete mit ihrem Mieter abgerechnet werden können (Umlage für Betriebskosten). Sofern die Betriebskosten ganz oder teilweise in der vereinbarten Miete enthalten sind, sind diese nach R B 186.2 Abs. 1 Satz 2 ErbStR herauszurechnen.

Falls die Betriebskosten pauschal erhoben werden und nicht mit dem Mieter abgerechnet werden, sind sie zunächst im Entgelt zu erfassen. Im zweiten Schritt sind die tatsächlich angefallenen Betriebskosten davon abzuziehen, R B 186.2 Abs. 1 Satz 3 ErbStR. **3157**

Nicht zu den Betriebskosten zählen nach R B 186.2 Abs. 1 Satz 4 ErbStR auch Instandsetzungs- und Verwaltungskosten sowie das Mietausfallwagnis (nicht umlagefähige Bewirtschaftungskosten). Diese werden bei der Ermittlung des Reinertrags erst auf Ebene der abzugsfähigen Bewirtschaftungskosten berücksichtigt.

Werden Instandsetzungs- und Instandhaltungskosten jedoch vom Mieter getragen (sog. Triple-Net-Vereinbarungen), sind diese Kosten – ggf. mit einem pauschalen Zuschlag – in die Jahresmiete einzurechnen, R B 186.2 Abs. 2 Satz 1 ErbStR. Dies gilt nach R B 186.2 Abs. 2 Satz 2 ErbStR nicht für die üblichen Schönheitsreparaturen bei Wohnraum. **3158**

3.5.4.3   Ansatz der üblichen Miete nach § 186 Abs. 2 BewG

Wenn im Einzelfall keine tatsächliche Miete vorliegt, ist die übliche Miete anzusetzen. Diese ist nach § 186 Abs. 2 Satz 2 BewG in Anlehnung an die Miete zu schätzen, die für Räume gleicher oder ähnlicher Art, Lage und Ausstattung regelmäßig gezahlt wird. **3159**

3.5.4.3.1   Anwendungsbereich des Ansatzes der üblichen Miete

In R B 186.4 Abs. 1 Satz 1 ErbStR wird weiter konkretisiert, in welchen Fällen des § 186 Abs. 2 BewG die übliche Miete anzusetzen ist. Dies sind Fälle, in denen Grundstücke oder Grundstücksteile **3160**

- eigengenutzt,
- ungenutzt,
- zu vorübergehendem Gebrauch überlassen,
- unentgeltlich überlassen sind oder
- zu einer um mehr als 20 % von der üblichen Miete abweichenden tatsächlichen Miete überlassen werden.

Der Ansatz der üblichen Miete bei der Nutzung durch den Eigentümer gilt nach R B 186.4 Abs. 2 Satz 1 ErbStR nicht nur für Wohnräume, sondern auch für gewerblich oder freiberuflich genutzte Räume. Deshalb ist z. B. das vom Grundstückseigentümer selbst genutzte Bürohaus und der selbst genutzte Laden unter Ansatz der üblichen Miete zu bewerten, R B 186.4 Abs. 2 Satz 2 ErbStR. Die übliche Miete ist auch dann anzusetzen, wenn ein Grundstück oder ein Grundstücksteil an andere unentgeltlich zur Nutzung überlassen wird. Unabhängig ist hierbei, ob es sich bei den anderen um Angehörige des Grundstückseigentümers oder um fremde Dritte handelt. Auch auf die Art der Nutzung des Grundstücks oder des Grundstücksteils kommt es nicht an, R B 186.4 Abs. 2 Satz 4 ErbStR. Als Ungenutzt gilt nach R B 186.4 Abs. 2 Satz 5 ErbStR ein Grundstück, wenn kein Mietvertragsverhältnis vorliegt und es leer steht. Unbeachtlich für den Ansatz der üblichen Miete sind nach R B 186.4 Abs. 2 Satz 7 ErbStR außerdem die Gründe, die zu der Abweichung der tatsächlichen Miete von der üblichen Miete um mehr als 20 % nach unten oder oben geführt haben. **3161**

Nach § 186 Abs. 2 Satz 2 BewG ist die übliche Miete in Anlehnung an die Miete zu schätzen, die für Räume gleicher oder ähnlicher Art, Lage und Ausstattung regelmäßig gezahlt wird. **3162**

In R B 186.4 Abs. 3 Satz 2 ErbStR wird der Begriff »Ausstattung« weiter konkretisiert. Dieser beinhaltet nicht den baulichen Zustand des Gebäudes bezogen auf Baumängel bzw. Bauschäden. Stattdessen handelt es sich bei der – für die übliche Miete maßgebenden – Ausstattung um die baualterstypischen, mietwertbestimmenden Merkmale eines Grundstücks wie z. B. Elektro-, Sanitär- und Heizungsinstallationen.

3163   Betriebskosten sind auch beim Ansatz der üblichen Miete nach § 186 Abs. 2 Satz 3 BewG nicht einzubeziehen.

3.5.4.3.2   Ermittlung der üblichen Miete für den Rohertrag

3164   Die Ermittlung der üblichen Miete kann auf verschiedenen Wegen erfolgen. In R B 186.5 Abs. 1 Satz 1 ErbStR kann die übliche Miete

- aus Vergleichsmieten oder Mietspiegeln abgeleitet,
- mit Hilfe einer Mietdatenbank (§ 558e BGB) geschätzt oder
- durch ein Mietgutachten ermittelt werden.

3165   Bei Garagen ist nach R B 186.5 Abs. 1 Satz 2 ErbStR als übliche Miete regelmäßig ein Festwert pro Stellplatz anzusetzen.

Ableitung aus Vergleichsmieten

3166   Nach R B 186.5 Abs. 2 Satz 1 ErbStR kommt die Ableitung der üblichen Miete aus Vergleichsmieten insbesondere in Betracht, wenn

- sich vermietete Räumlichkeiten und Räumlichkeiten, für die keine tatsächliche Miete verwendbar ist (z. B. eigengenutzte oder leerstehende Räume), in einem Objekt befinden, R B 186.5 Abs. 2 Satz 1 Nr. 1 ErbStR. In diesem Fall kann die übliche Miete bei vergleichbarer Ausstattung aus der vereinbarten Jahresmiete der vermieteten Räumlichkeiten abgeleitet werden. Beispielsweise ist dies bei einem Mietwohngrundstück möglich, in dem eine Wohnung selbstgenutzt und zumindest eine vermietete Wohnung in ihrer Ausstattung vergleichbar ist und die Miete für die vermietete Wohnung im gewöhnlichen Geschäftsverkehr zustande gekommen ist;
- der Steuerpflichtige Eigentümer mehrerer Objekte ist, die in unmittelbarer Nachbarschaft zu dem eigengenutzten Objekt belegen sind, R B 186.5 Abs. 2 Satz 1 Nr. 2 ErbStR. Auch in diesen Fällen hier kann die übliche Miete aus den Vergleichsmieten der vermieteten Objekte abgeleitet werden. Hierfür ist notwendig, dass der Steuerpflichtige die Vergleichsobjekte dem Finanzamt benennt;
- dem Finanzamt Vergleichsmieten vorliegen, z. B. aus ertragsteuerlichen Unterlagen, R B 186.5 Abs. 2 Satz 1 Nr. 3 ErbStR.

BEISPIEL

Ermittlung der üblichen Miete in einem Mietwohngrundstück
In einem Mietwohngrundstück befinden sich vier vergleichbare Wohnungen. Drei Wohnungen sind vermietet, zu 5, 9 und 10 €/m² Wohnfläche. Die vierte Wohnung ist selbstgenutzt. Die übliche Miete für vergleichbare Wohnungen beträgt nach dem Mietspiegel 11 €/m².

Wohnung	Vereinbarte Nettokaltmiete pro m²	Übliche Miete pro m²	Abweichung von üblicher Miete pro m²	Anzusetzende Miete pro m²
WE 1	5 €	11 €	54,5 % (6/11)	11 €
WE 2	8 €	11 €	27,3 % (3/11)	11 €
WE 3	10 €	11 €	9,1 % (1/11)	10 €
WE 4/ eigengenutzt	–	11 €		11 €

Ableitung aus einem Mietspiegel

Liegt ein nach dem Gesetz zur Regelung der Miethöhe bzw. nach den §§ 558c, 558d BGB **3168** erstellter Mietspiegel vor, kann bei der Ableitung der üblichen Miete nach R B 186.5 Abs. 3 Satz 1 ErbStR auf diesen zurückgegriffen werden. Voraussetzung ist, dass dieser Mietspiegel für den Bewertungsstichtag gilt. Bei anderen Mietspiegeln ist darauf zu achten, dass sie einen repräsentativen Querschnitt der ortsüblichen Entgelte vergleichbarer Wohnungen oder Räumlichkeiten enthalten, R B 186.5 Abs. 3 Satz 2 ErbStR. Zu beachten ist ferner, ob die Mietentgelte im Mietspiegel die Betriebskosten umfassen. Sofern dieser der Fall ist, müssen die Betriebskosten mit den dort angegebenen Beträgen nach R B 186.5 Abs. 3 Satz 2 ErbStR herausgerechnet werden.

Ableitung aus einer Mietdatenbank

Bei einer Ableitung aus einer Mietdatenbank ist zu beachten, dass es sich bei einer Mietda- **3169** tenbank nach § 558e BGB um eine zur Ermittlung der ortsüblichen Vergleichsmiete fortlaufend geführte Sammlung von Mieten handelt, die von der Gemeinde oder von Interessenvertretern der Vermieter und Mieter gemeinsam geführt oder anerkannt wird. Hieraus können Auskünfte gegeben werden, die für einzelne Wohnungen einen Schluss auf die ortsübliche Vergleichsmiete zulassen.

Ableitung aus einem Mietgutachten

Die Ableitung der üblichen Miete kann der Steuerpflichtige nach R B 186.5 Abs. 5 Satz 1 **3170** ErbStR durch ein Mietgutachten nachweisen. Das Mietgutachten hierfür ist allerdings von einem Sachverständigen oder dem zuständigen Gutachterausschuss zu erstellen, R B 186.5 Abs. 5 Satz 2 ErbStR.

Besonderheiten bei Ferienwohnungen

Schwierigkeiten bereitet auch die Ermittlung der üblichen Miete bei Ferienwohnungen. **3171** Hierzu helfen die Ausführungen in R B 186.5 Abs. 6 ErbStR weiter. Bei Mietwohngrundstücken, die Ferienwohnungen enthalten, ist die insoweit nach der saisonabhängigen Miete unter Berücksichtigung der üblichen Auslastung zu ermitteln. Dabei sind Zeiten der Selbstnutzung in die durchschnittliche Auslastung des Objekts einzubeziehen. Leerstandszeiten sind im zeitlichen Verhältnis der tatsächlichen Selbstnutzung zur tatsächlichen Vermietung aufzuteilen.

Bei der Ermittlung der üblichen Miete ist das Entgelt für die Überlassung von Einrich- **3172** tungsgegenständen oder sonstige Dienst- und Sachleistungen (z. B. Gestellung von Frühstück und Bettwäsche/Handtüchern, Endreinigung und Umlage von Nebenkosten sowie Gepäcktransfer) nicht zu berücksichtigen.

BEISPIEL

Fortführung des Beispiels zum Ertragswertverfahren (s. Rz. 3146)

Ein 42 Jahre altes Mehrfamilienhaus (mittlerer Standard) mit einer gesamten Wohnfläche von 600 m^2 steht auf einem Grundstück von 700 m^2. Der Bodenrichtwert für das Grundstück beträgt 450 €/m^2 und die übliche monatliche Miete 10 €/m^2.

Der Rohertragswert beträgt 72 000 € und ermittelt sich wie folgt:

Wohnfläche	600 m^2
× Miete pro m^2 und Monat	× 10 €/ m^2 und Monat
= monatliche Miete	6 000 € pro Monat
× 12 Monate	× 12 Monate
= Rohertrag (= jährlich vereinbarte Miete)	**72 000 €**

3173–3180
frei

3.5.5 Exkurs: Bestimmung der Restnutzungsdauer

3.5.5.1 Allgemeine Ausführungen zur Ermittlung der Restnutzungsdauer

3181 Die Bestimmung der Restnutzungsdauer ist im Rahmen des Ertragswertverfahrens entscheidend für die Höhe
- des anzuwendenden Kapitalisierungsfaktors,
- der anzuwendenden Bewirtschaftungskosten sowie
- der Verzinsung des Bodenwerts.

3182 Die Restnutzungsdauer ermittelt sich nach § 185 Abs. 3 Satz 3 BewG grundsätzlich aus dem Unterschiedsbetrag zwischen der wirtschaftlichen Gesamtnutzungsdauer und dem Alter des Gebäudes am Bewertungsstichtag. Nach R B 185.3 Abs. 1 Satz 2 ErbStR bestehen aus Vereinfachungsgründen keine Bedenken, das Alter des Gebäudes durch Abzug des Jahres der Bezugsfertigkeit des Gebäudes (Baujahr) vom Jahr des Bewertungsstichtags zu bestimmen. Sind nach Bezugsfertigkeit des Gebäudes Veränderungen eingetreten, die die wirtschaftliche Gesamtnutzungsdauer des Gebäudes verlängert oder verkürzt haben, ist nach § 185 Abs. 3 Satz 4 BewG von einer der Verlängerung oder Verkürzung entsprechenden Restnutzungsdauer auszugehen.

3183 Bei der Bestimmung der Restnutzungsdauer ist die Mindest-Restnutzungsdauer zu beachten. Nach § 185 Abs. 3 Satz 5 BewG beträgt die Restnutzungsdauer eines noch nutzbaren Gebäudes regelmäßig mindestens 30 % der wirtschaftlichen Gesamtnutzungsdauer.

3.5.5.2 Bestimmung der wirtschaftlichen Nutzungsdauer

3184 Die typisierte wirtschaftliche Gesamtnutzungsdauer eines Gebäudes ergibt sich aus Anlage 22 des BewG. Sie richtet sich nach der Grundstücksart im Sinne des § 181 BewG und den in der Anlage 22 zum BewG ausgewiesenen Gebäudeklassen, R B 185.3 Abs. 2 Satz 2 ErbStR.

Für Bewertungsstichtage nach dem 31. 12. 2016 gelten neue wirtschaftliche Nutzungsdauern.

In Anlage 22 sind beispielsweise folgende wirtschaftliche Nutzungsdauern enthalten:

Bewertungsstichtage	vor dem 01.01.2016		nach dem 31.12.2015	
	Wirtschaftliche Nutzungsdauer	Mindest-Restnutzungsdauer (30 % der wirtschaftlichen Nutzungsdauer)	Wirtschaftliche Nutzungsdauer	Mindest-Restnutzungsdauer (30 % der wirtschaftlichen Nutzungsdauer)
Ein- und Zweifamilienhäuser	80 Jahre	24 Jahre	70 Jahre	21 Jahre
Mietwohngrundstücke				
Wohnungseigentum				
Veranstaltungsgebäude (Saalbauten)	70 Jahre	21 Jahre	40 Jahre	12 Jahre
Bankgebäude	60 Jahre	18 Jahre	60 Jahre	18 Jahre
Hotels	60 Jahre	18 Jahre	40 Jahre	12 Jahre
Kaufhäuser	50 Jahre	15 Jahre	50 Jahre	15 Jahre
Krankenhäuser	50 Jahre	15 Jahre	40 Jahre	12 Jahre
Parkhäuser, Tiefgaragen	50 Jahre	15 Jahre	40 Jahre	12 Jahre
Industriegebäude, Lager	50 Jahre	15 Jahre	40 Jahre	12 Jahre

3185 Die Gesamtnutzungsdauer für nicht in der Anlage 22 aufgeführte Gebäudeklassen ist aus der Gesamtnutzungsdauer vergleichbarer Gebäudeklassen abzuleiten, R B 185.3 Abs. 2 Satz 3 ErbStR.

3186 Wird ein Gebäude mit nichtselbstständigen Gebäudeteilen unterschiedlich genutzt, ist nach R B 185.3 Abs. 2 Satz 4 ErbStR die Wahl der maßgeblichen wirtschaftlichen Gesamtnutzungsdauer entsprechend der Grundstücksart des § 181 BewG wie folgt vorzunehmen:

- Handelt es sich bei der zu bewertenden wirtschaftlichen Einheit um ein Mietwohngrundstück, ist eine typisierte wirtschaftliche Gesamtnutzungsdauer für Mietwohngrundstücke für Bewertungsstichtage nach dem 31.12.2015 in Höhe von 70 Jahren für Bewertungsstichtage vor dem 01.01.2016 in Höhe von 80 Jahren anzunehmen. Dies gilt unabhängig davon, ob im Gebäude enthaltene Räume (z. B. Verkaufsräume oder Büros) für Zwecke genutzt werden, für die eine abweichende wirtschaftliche Gesamtnutzungsdauer anzunehmen wäre.

- Handelt es sich bei der zu bewertenden wirtschaftlichen Einheit um ein Geschäftsgrundstück, das aus einem Gebäude mit nicht selbstständigen Gebäudeteilen verschiedener Bauart oder Nutzung (z. B. geschossweise unterschiedliche Bauart, Tiefgarage unter Bankgebäude) besteht, ist zur Ermittlung einer einheitlichen Restnutzungsdauer die typisierte wirtschaftliche Gesamtnutzungsdauer für Geschäftsgrundstücke laut Anlage 22 zum BewG anzunehmen, die dem durch die Hauptnutzung des Gebäudes bestimmten Gesamtgepräge des Gebäudes entspricht. Dies gilt unabhängig davon, ob im Gebäude enthaltene Räume (z. B. Wohnungen) für Zwecke genutzt werden, für die eine abweichende wirtschaftliche Gesamtnutzungsdauer anzunehmen wäre. Ist keine der Nutzungen des Gebäudes prägend, ist für dieses Gebäude bei der Ermittlung der Restnutzungsdauer von der durchschnittlichen Gesamtnutzungsdauer der jeweiligen Gebäudeklassen der Anlage 22 zum BewG auszugehen.

- Handelt es sich bei der zu bewertenden wirtschaftlichen Einheit um ein gemischt genutztes Grundstück, ist die typisierte wirtschaftliche Gesamtnutzungsdauer für gemischt genutzte Grundstücke von 70 Jahren anzunehmen.

3.5.5.3   Verlängerung der Restnutzungsdauer

3187   Sofern nach der Bezugsfertigkeit des Gebäudes Veränderungen eingetreten sind, die die wirtschaftliche Gesamtnutzungsdauer des Gebäudes verlängert haben, ist nach § 185 Abs. 3 Satz 4 BewG von einer der Verlängerung entsprechenden Restnutzungsdauer auszugehen. Eine Verlängerung der Restnutzungsdauer ist nach R B 185.3 Abs. 4 Satz 1 ErbStR nur dann anzunehmen, wenn in den letzten zehn Jahren durchgreifende Modernisierungen vorgenommen wurden, die nach einem Punktesystem zu beurteilen sind und zu dem Ergebnis führen können, dass eine überwiegende oder umfassende Modernisierung erfolgt ist.

3188   Hinsichtlich der durchgeführten Modernisierungsarbeiten ist nach R B 185.3 Abs. 4 Satz 2 ErbStR auf die überwiegende Erneuerung bzw. Verbesserung der jeweiligen einzelnen Bauteile abzustellen.

Durchführung des Punkteverfahrens

3189   Nach dem von der Finanzverwaltung vorgesehenen Punktesystem sind in einem ersten Schritt die Modernisierungsarbeiten daraufhin zu überprüfen, welche der einzelnen Elemente eines Gebäudes einer Modernisierung unterzogen wurden. Jedem Modernisierungselement werden verschiedene Punkte zugeteilt, die sich wie folgt darstellen:

Modernisierungselement	Punkte
Dacherneuerung inkl. Verbesserung der Wärmedämmung	3
Modernisierung der Fenster	2
Modernisierung der Leitungssysteme (Strom, Gas, Wasser, Abwasser)	2
Modernisierung der Heizungsanlage	2
Wärmedämmung der Außenwände	2
Modernisierung von Bädern	2
Einbau von Bädern	3
Modernisierung des Innenausbaus, z. B. Decken und Fußböden	3
Wesentliche Änderung und Verbesserung der Grundrissgestaltung	3

3190   Anschließend sind die einzelnen Modernisierungselemente und die dazugehörigen Punkte zu bestimmen und in einer Gesamtpunktzahl zusammenzufassen. Kommt es dabei zu einer Gesamtpunktzahl von 11 bis 15 Punkten, handelt es sich um eine überwiegende Modernisierung. Werden sogar über 15 Punkte erreicht, liegt eine umfassende Modernisierung vor.

3191   Zur Bestimmung der neuen Restnutzungsdauer sieht R B 185.3 Abs. 4 ErbStR in Abhängigkeit der wirtschaftlichen Gesamtnutzungsdauer des zu bewertenden Grundstücks mehrere Tabellen vor, nach denen in Abhängigkeit der Gesamtpunktzahl und des Gebäudealters die neue Restnutzungsdauer abgelesen werden kann. Konkret wird in R B 185.3 Abs. 4 ErbStR zur Neubestimmung der neuen Restnutzungsdauer je eine Tabelle für übliche Gesamtnutzungsdauer von 80 Jahren, 70 Jahren, 60 Jahren, 50 Jahren und 40 Jahren vorgesehen.

Bei Grundstücken mit einer üblichen Gesamtnutzungsdauer von 80 Jahren (Ein- und **3192** Zweifamilienhäuser, Mietwohngrundstücke, Wohnungseigentum für Bewertungsstichtage vor dem 01.01.2016 in Höhe von 80 Jahren) ergeben sich je nach Gesamtpunktzahl und Gebäudealter folgende neue Restnutzungsdauern::

	Modernisierungsgrad	
	11 bis 15 Punkte	> 15 Punkte
Gebäudealter	neue Restnutzungsdauer	
≥ 80 Jahre	32	40
Ab 70 Jahre	33	41
Ab 60 Jahre	35	42
Ab 50 Jahre	39	45
Ab 40 Jahre	43	48
Ab 30 Jahre	50	53
Ab 20 Jahre	unverändert	60

Bei Grundstücken mit einer üblichen Gesamtnutzungsdauer von 70 Jahren (gemischt **3193** genutzte Grundstücke, Saalbauten sowie für Bewertungsstichtage nach dem 31.12.2015 Ein- und Zweifamilienhäuser, Mietwohngrundstücke, Wohnungseigentum) ergeben sich je nach Gesamtpunktzahl und Gebäudealter folgende neue Restnutzungsdauern:

	Modernisierungsgrad	
	11 bis 15 Punkte	> 15 Punkte
Gebäudealter	neue Restnutzungsdauer	
≥ 70 Jahre	28	35
Ab 60 Jahre	29	36
Ab 50 Jahre	32	37
Ab 40 Jahre	35	40
Ab 30 Jahre	41	44
Ab 20 Jahre	50	50

3.5.5.4 Verkürzung der Restnutzungsdauer

Nach § 185 Abs. 3 BewG kann es neben der Verlängerung der Restnutzungsdauer auch zu **3194** einer Verkürzung der Restnutzungsdauer kommen. Allerdings wird in R B 185.3 Abs. 5 Satz 1 ErbStR festgestellt, dass eine Verkürzung der Restnutzungsdauer nur in besonders gelagerten Einzelfällen in Betracht kommt. Dies ist z.B. bei bestehender Abbruchverpflichtung für das Gebäude der Fall. Baumängel und Bauschäden oder wirtschaftliche Gegebenheiten können hingegen im typisierenden Bewertungsverfahren zu keiner Verkürzung der Restnutzungsdauer führen, R B 185.3 Abs. 5 Satz 2 ErbStR.

3.5.5.5 Mindest-Restnutzungsdauer

3195 Nach § 185 Abs. 3 Satz 5 BewG beträgt die Restnutzungsdauer eines noch nutzbaren Gebäudes regelmäßig noch mindestens 30 % der wirtschaftlichen Gesamtnutzungsdauer. Diese Regelung unterstellt einen durchschnittlichen Erhaltungszustand und macht insbesondere bei älteren Gebäuden in vielen Fällen die Prüfung entbehrlich, ob die restliche Lebensdauer infolge baulicher Maßnahmen verlängert wurde, R B 185.3 Abs. 6 Satz 2 ErbStR.

3196 Nur in besonderen Fallgestaltungen, wie z. B. bei bestehender vertraglicher Abbruchverpflichtung für das Gebäude, sieht R B 185.3 Abs. 6 Satz 3 ErbStR eine Unterschreitung der Mindest-Restnutzungsdauer vor.

3.5.5.6 Grundstück mit mehreren Gebäuden bzw. Gebäudeteilen

3197 Besteht eine wirtschaftliche Einheit aus mehreren Gebäuden oder Gebäudeteilen mit einer gewissen baulichen Selbstständigkeit, die eine verschiedene Bauart aufweisen, unterschiedlich genutzt werden oder die in verschiedenen Jahren bezugsfertig geworden sind, können sich unterschiedliche Restnutzungsdauern ergeben. Für diese Fälle bestimmt sich nach R B 185.4 Abs. 2 ErbStR bei einer wirtschaftlichen Einheit aus mehreren selbstständigen Gebäuden bzw. Gebäudeteilen unter Berücksichtigung der Grundstücksarten nach § 181 BewG.

3198 Bei Mietwohngrundstücken gilt für alle Gebäude bzw. Gebäudeteile – unabhängig von ihrer Nutzung – eine Gesamtnutzungsdauer von 70 Jahren für Bewertungsstichtage nach dem 31.12.2015 und 80 Jahre für Bewertungsstichtage vor dem 01.01.2016, R B 185.4 Abs. 2 Nr. 1 ErbStR. Dies gilt auch für Garagen und Nebengebäude. Sofern keine anderweitigen Erkenntnisse vorliegen, bestehen keine Bedenken, bei Garagen und Nebengebäuden die Bezugsfertigkeit im Zeitpunkt der Bezugsfertigkeit des Hauptgebäudes zu unterstellen.

3199 Auch bei Geschäftsgrundstücken und gemischt genutzten Grundstücken mit mehreren selbständigen Gebäuden bzw. Gebäudeteilen können sich – je nach Nutzung – unterschiedliche Gesamtnutzungsdauern ergeben, R B 185.4 Abs. 2 Nr. 2 ErbStR.

Die Gesamtnutzungsdauer kann hierbei ermittelt werden durch
- eine gewogene Restnutzungsdauer nach R B 185.4 Abs. 3 ErbStR oder
- eine gewichtete Restnutzungsdauer nach R B 185.4 Abs. 4 ErbStR.

Gewogene Restnutzungsdauer nach R B 185.4 Abs. 3 ErbStR

3200 Bei einer wirtschaftlichen Einheit, die aus mehreren selbstständigen Gebäuden bzw. Gebäudeteilen bestehen, ist die gewogene Restnutzungsdauer aus den für jeden selbstständigen Gebäudeteil unterschiedliche Restnutzungsdauer auf Basis der jeweiligen Roherträge zu ermitteln. Die Formel zur Ermittlung der **gewogenen Restnutzungsdauer** nach H B 185.4 ErbStH lautet wie folgt:

$$RND_{gewogen} \quad \frac{RoG1 \ \times RND1 + RoGN \times RNDN}{RoG1 \ \times RoGN}$$

RND = Restnutzungsdauer
RoG = Rohertrag des Gebäudes/Gebäudeteils

3201 **BEISPIEL** ──

Gewogene Restnutzungsdauer:
Die Gesamtrestnutzungsdauer für ein Geschäftsgrundstück, bebaut mit einem Verwaltungsgebäude (jährlicher Rohertrag: 400 000 €, Baujahr1994) und einem Industriegebäude (jährlicher Rohertrag: 600 000 €, Baujahr 1994), ermittelt sich am Bewertungsstichtag (01.02.2016) wie folgt:

1. Ermittlung der gewogenen Restnutzungsdauer für Bewertungsstichtage nach dem 31.12.2015:

Verwaltungsgebäude:	wirtsch. Gesamtnutzungsdauer (Anlage 22 BewG)		60 Jahre
	abzüglich Alter am Bewertungsstichtag		
	(2016 ./. 1994)	./.	22 Jahre
	Restnutzungsdauer		**38 Jahre**
Industriegebäude:	wirtsch. Gesamtnutzungsdauer (Anlage 22 BewG)		40 Jahre
	abzüglich Alter am Bewertungsstichtag (2016 ./. 1994)	./.	22 Jahre
	Restnutzungsdauer		**18 Jahre**

Die Mindest-Restnutzungsdauer nach § 185 Absatz 3 Satz 5 BewG ist jeweils überschritten.

$$RND_{gewogen} = \frac{RoG1 \,(400\,000\,€) \times RND1 \,(38\,Jahre) + RoGN \,(600\,000\,€) \times RND2 \,(18\,Jahre)}{RoG1 \,(400\,000\,€) + RoG2 \,(600\,000\,€)}$$

$RND_{gewogen} = 26$ Jahre

Gewichtete Restnutzungsdauer nach R B 185.4 Abs. 4 ErbStR

Sofern die die Roherträge nur mit einem unverhältnismäßig hohen Aufwand den einzelnen selbstständigen Gebäuden bzw. Gebäudeteilen zugeordnet werden können, bestehen nach R B 185.4 Abs. 4 ErbStR keine Bedenken, von einer nach Wohn- bzw. Nutzflächen gewichteten Restnutzungsdauer auszugehen. Dies ist z.B. bei Vermietung sämtlicher Gebäude zu einem Gesamtentgelt der Fall. Die **Formel** zur Ermittlung der gewichteten Restnutzungsdauer nach H B 185.4 ErbStH lautet wie folgt:

3202

$$RND_{gewichtet} = \frac{WF1\,bzw.\,NF1 \times RND1 + WFn\,bzw.\,NFn \times RNDn}{WF1\,bzw.\,NF1 + WFn\,bzw.\,NFn}$$

RND = Restnutzungsdauer
WF/NF = Wohn- bzw. Nutzfläche des Gebäudes/Gebäudeteils

3203

BEISPIEL ───

Gewichtete Restnutzungsdauer

Ein Geschäftsgrundstück ist mit einem Verwaltungsgebäude (jährlicher Rohertrag: 400 000 €, Baujahr 1994) und einem Industriegebäude (jährlicher Rohertrag: 600 000 €, Baujahr 1994) bebaut. Das Verwaltungsgebäude hat eine Nutzfläche von 4 000 m² und das Industriegebäude eine Nutzfläche von 5 000 m².

LÖSUNG Die Gesamtrestnutzungsdauer für das Geschäftsgrundstück ermittelt sich am Bewertungsstichtag (01.02.2016) durch die Ermittlung der gewogenen Restnutzungsdauer wie folgt:

Verwaltungsgebäude:	wirtsch. Gesamtnutzungsdauer (Anlage 22 BewG)		60 Jahre
	abzüglich Alter am Bewertungsstichtag	./.	22 Jahre
	(2016 ./. 1994)		
	Restnutzungsdauer		**38 Jahre**
Industriegebäude:	wirtsch. Gesamtnutzungsdauer (Anlage 22 BewG)		40 Jahre
	abzüglich Alter am Bewertungsstichtag (2016 ./. 1994)	./.	22 Jahre
	Restnutzungsdauer		**18 Jahre**

Die Mindest-Restnutzungsdauer nach § 185 Absatz 3 Satz 5 BewG ist jeweils überschritten

$$RND_{gewichtet} = \frac{NF1\,(4\,000\ m^2) \times RND1\,(38\ Jahre) + NF2n\,(5\,000\ m^2) \times\ \times RND2\,(18\ Jahre)}{NF1\,(4\,000\ m^2) + NF2\,(5\,000\ m^2)}$$

$$RND_{gewichtet} = 26{,}88\ Jahre$$

Besonderheiten für Anbauten, Aufstockungen Gewogene Restnutzungsdauer nach R B 185.4 Abs. 5 ErbStR

3204　Im Allgemeinen teilen Anbauten auf Grund ihrer Bauart oder Nutzung das Schicksal des Hauptgebäudes, R B 185.4 Abs. 5 Satz 1 ErbStR. Nur wenn anzunehmen ist, dass ein Erweiterungsbau nach Größe, Bauart oder Nutzung eine andere Restnutzungsdauer als das Hauptgebäude haben wird, gelten die oben dargestellten Grundsätze hinsichtlich der Ermittlung der Gesamt-Restnutzungsdauer aus den Restnutzungsdauern einzelnen Gebäudebestandteile entsprechend.

3205　Für Aufstockungen ist im Allgemeinen das Baujahr der unteren Geschosse zu Grunde zu legen, R B 185.4 Abs. 5 Satz 3 ErbStR. Hier ist jedoch zu prüfen, ob durch die baulichen Maßnahmen die Restnutzungsdauer des Gebäudes verlängert worden ist, R B 185.4 Abs. 5 Satz 4 ErbStR.

3.5.5.7　Ermittlung der Bewirtschaftungskosten

3206　Zur Ermittlung des Reinertrags des Grundstücks sind nach § 185 Abs. 1 Satz 2 BewG vom Rohertrag die Bewirtschaftungskosten abzuziehen. Als Bewirtschaftungskosten gelten nach § 187 Abs. 1 BewG die bei gewöhnlicher Bewirtschaftung nachhaltig entstehenden Verwaltungskosten, Betriebskosten, Instandhaltungskosten sowie das Mietausfallwagnis. Durch Umlagen gedeckte Betriebskosten zählen nicht zu den Bewirtschaftungskosten. Zinsen für Hypothekendarlehen und Grundschulden oder sonstige Zahlungen für auf dem Grundstück lastende privatrechtliche Verpflichtungen bleiben ebenfalls nach R B 187 Abs. 1 Satz 2 ErbStR außer Ansatz.

3207　Die Bewirtschaftungskosten sind nach R B 187 Abs. 2 Satz 1 ErbStR pauschal mit Erfahrungssätzen anzusetzen. Die tatsächlich entstandenen Kosten sind nicht zu berücksichtigen. In erster Linie sind die vom Gutachterausschuss ermittelten geeigneten Erfahrungssätze nach R B 187 Abs. 2 Satz 2 ErbStR zu Grunde zu legen. Nur wenn diese nicht zur Verfügung stehen, ist von den pauschalierten Bewirtschaftungskosten nach Anlage 23 zum BewG auszugehen. Maßgebend für die Anwendung der Anlage 23 sind nach R B 187 Abs. 2 Satz 4 ErbStR die Grundstücksart und die Restnutzungsdauer des Gebäudes. Zur Bestimmung der Restnutzungsdauer ist zudem die Mindest-Restnutzungsdauer nach § 185 Abs. 3 Satz 5 BewG zu berücksichtigen.

Die pauschalierten Bewirtschaftungskosten der Anlage 23 des BewG stellen sich wie folgt dar:

Rest-nutzungs-dauer	Grundstücksart			
	1	2	3	4
	Mietwohngrundstück	Gemischt genutztes Grundstück mit einem gewerblichen Anteil		Geschäftsgrundstück
		bis 50 %	über 50 %	
60 Jahre und mehr	21 %	21 %		18 %
40 bis 59 Jahre	23 %	22 %		20 %
20 bis 39 Jahre	27 %	24 %		22 %
unter 20 Jahre	29 %	26 %		23 %

BEISPIEL

3208

Fortführung des Beispiels zum Ertragswertverfahren (s. Rz. 3146 und 3172)
Ein 42 Jahre altes Mehrfamilienhaus (mittlerer Standard) mit einer gesamten Wohnfläche von 600 m²
steht auf einem Grundstück von 700 m². Der Bodenrichtwert für das Grundstück beträgt 450 €/m²
und die übliche monatliche Miete 10 €/m².
Der pauschale Bewirtschaftungssatz eines 42-jährigen Mehrfamilienhauses (= Restnutzungdauer
28 Jahre) beträgt 27 % (für Bewertungsstichtage nach dem 31. 12. 2015). Damit betragen die Bewirtschaftungskosten 16 200 € und ermitteln sich wie folgt:

Rohertrag (= jährlich vereinbarte Miete)	72 000 €
× Pauschaler Bewirtschaftungskostensatz	× 27 %
= **Bewirtschaftungskosten**	**19 440 €**

3.5.5.8   Ermittlung der Verzinsung des Bodenwerts

Mit dem Abzug einer Verzinsung des Bodenwerts wird vermieden, dass sich bestimmte   **3209**
Standortvorteile (Lage und Wert des Grundstücks) über den Bodenrichtwert des Bodenwerts
und zusätzlich über den Rohertrag (Miete) bei der Ermittlung des Gebäudeertragswerts doppelt
auswirken (R B 185.1 ErbStR). Die Verzinsung des Bodenwerts ergibt sich aus der Multiplikation des Bodenwerts i. S. d. § 179 BewG und des Liegenschaftszinses i. S. d. § 188 BewG.

Ist das Grundstück allerdings wesentlich größer, als es einer den Gebäuden angemessenen   **3210**
Nutzung entspricht, und ist eine zusätzliche Nutzung oder Verwertung einer Teilfläche zulässig
und möglich, ist ausnahmsweise bei der Berechnung des Verzinsungsbetrags der Bodenwert
dieser Teilfläche nicht anzusetzen, § 185 Abs. 2 Satz 3 BewG, R B 185.1 Abs. 3 ErbStR.

Ermittlung des Liegenschaftszinssatzes

Der Liegenschaftszinssatz ist nach § 188 Abs. 1 BewG der Zinssatz, mit dem der Verkehrs-   **3211**
wert von Grundstücken im Durchschnitt marktüblich verzinst wierden. Mit den Liegenschafts-
zinssätzen werden die allgemein vom Grundstücksmarkt erwarteten künftigen Entwicklungen,
insbesondere der Ertrags- und Wertverhältnisse sowie der üblichen steuerlichen Rahmenbe-
dingungen, berücksichtigt, R B 188 Abs. 1 Satz 2 ErbStR.

3212   Der angemessene und nutzungstypische Liegenschaftszinssatz ist nach der Grundstücksart und der Lage auf dem Grundstücksmarkt zu bestimmen, R B 188 Abs. 2 Satz 1 ErbStR. Vorrangig anzuwenden sind nach § 188 Abs. 2 Satz 1 BewG die von den Gutachterausschüssen im Sinne der §§ 192 ff. BauGB ermittelten örtlichen Liegenschaftszinssätze. Soweit von den Gutachterausschüssen keine geeigneten Liegenschaftszinssätze zur Verfügung stehen, sieht das Bewertungsgesetz in § 188 Abs. 2 Satz 2 BewG folgende anzuwendende Liegenschaftszinssätze vor:

		Liegenschaftszins in % auf den Bodenwert (= Wert des unbebauten Grundstücks)
Mietwohngrundstück		5,0
Gemischt genutzte Grundstücke mit gewerblichen Anteil	bis 50 %	5,5
	über 50 %	6,0
Geschäftsgrundstück		6,5

3213

BEISPIEL

Fortführung des Beispiels zum Ertragswertverfahren (s. Rz. 3146, 3172 und 3208)
Ein 42 Jahre altes Mehrfamilienhaus (mittlerer Standard) mit einer gesamten Wohnfläche von 600 m² steht auf einem Grundstück von 700 m². Der Bodenrichtwert für das Grundstück beträgt 450 €/m² und die übliche monatliche Miete 10 €/m².
Der pauschale Liegenschaftszins des Mehrfamilienhauses beträgt 5 % Damit beläuft sich die abzugsfähige Bodenwertverzinsung auf 15 750 € und ermittelt sich wie folgt:

Bodenwert (= Wert Grund und Boden)	315 000 €
× Pauschaler Liegenschaftszins	5 %
= **Bodenwertverzinsung**	**15 750 €**

3.5.5.9   Kapitalisierung des Gebäudereinertrags

3214   Der sich nach Abzug der Bodenwertverzinsung ergebende Reinertrag des Gebäudes ist nach § 185 Abs. 3 Satz 1 BewG mit einem aus der Anlage 21 des Bewertungsgesetzes abzulesenden Vervielfältiger zu kapitalisieren. Der Vervielfältiger hängt zum einen vom Liegenschaftszinssatz und zum anderen von der Restnutzungsdauer des Gebäudes ab, § 185 Abs. 3 Satz 2 BewG.

3215   Auszug aus Anlage 21 der Verordnung:

Liegenschaftszins	...	**5,00 %**	**5,50 %**	**6,00 %**	**6,50 %**	...
Restnutzungsdauer						
20	...	12,46	11,95	11,47	11,02	...
28	...	14,90	14,12	13,41	12,75	...
40	...	17,16	16,05	15,05	14,15	...
60	...	18,93	17,45	16,16	15,03	...
80	...	19,60	17,93	16,51	15,28	...

BEISPIEL

Fortführung des Beispiels zum Ertragswertverfahren (s. Rz. 3146, 3172, 3208 **und** 3213)

Ein 42 Jahre altes Mehrfamilienhaus (mittlerer Standard) mit einer gesamten Wohnfläche von 600 m^2 steht auf einem Grundstück von 700 m^2. Der Bodenrichtwert für das Grundstück beträgt 450 €/m^2 und die übliche monatliche Miete 10 €/m^2.

Der pauschale Liegenschaftszins des Mehrfamilienhauses beträgt 5 %. Hieraus ergibt sich unter Zugrundelegung einer Restnutzungsdauer von 28 Jahren für Bewertungsstichtage nach dem 31. 12. 2015 ein Kapitalisierungsfaktor von 14,90. Damit beziffert sich der Gebäudeertragswert auf 863 469 935 984 € und ermittelt sich wie folgt:

Rohertragswert	72 000 €	
./. Bewirtschaftungskosten	19 440 €	
= Reinertragswert	52 560 €	
./. Bodenwertverzinsung	15 750 €	
= Gebäudeeinertrag	36 810 €	
× Kapitalisierungsfaktor (5 % und RND von 28 Jahren)	× 14,9	
= Gebäudeertragswert		548 469 €
+ Bodenwert		+ 315 000 €
= Ertragswert		863 469 €

3216–3230
frei

3.6 Bewertung nach dem Sachwertverfahren

3.6.1 Anwendung des Sachwertverfahrens

Nach dem Sachwertverfahren werden zukünftig folgende bebaute Grundstücke bewertet, **3231** § 182 Abs. 4 BewG):

- Wohnungseigentum, Teileigentum sowie Ein- und Zweifamilienhäuser, wenn ein Vergleichswert nicht vorliegt,
- Geschäftsgrundstücke und gemischt genutzte Grundstücke, für die sich auf dem örtlichen Grundstücksmarkt keine übliche Miete ermitteln lässt,
- sowie sonstige bebaute Grundstücke.

3.6.2 Allgemeines Berechnungsschema

Bei Anwendung des Sachwertverfahrens ist nach § 189 Abs. 1 Satz 1 BewG der Wert der **3232** Gebäude (Gebäudesachwert) getrennt vom Bodenwert nach § 190 BewG zu ermitteln.

Sonstige bauliche Anlagen, insbesondere Außenanlagen, und der Wert der sonstigen **3233** Anlagen sind nach § 189 Abs. 1 Satz 2 BewG regelmäßig mit dem Gebäudewert und dem Bodenwert abgegolten. Hierzu zählen z. B. gärtnerische Anpflanzungen, R B 189 Satz 4 ErbStR. Nur in Ausnahmefällen mit besonders werthaltigen Außenanlagen, wie z. B. ein größerer Swimmingpool, und sonstigen Anlagen werden hierfür gesonderte Wertansätze nach den gewöhnlichen Herstellungskosten berücksichtigt, R B 189 Satz 5 ErbStR.

Der Bodenwert und der Gebäudesachwert (§ 190) ergeben den vorläufigen Sachwert des **3234** Grundstücks, § 189 Abs. 3 Satz 1 BewG. Der vorläufige Sachwert ist zur Anpassung an den gemeinen Wert mit einer Wertzahl nach § 191 BewG zu multiplizieren, § 189 Abs. 3 Satz 1 BewG. Im Folgenden werden Einzelheiten zum Sachwertverfahren nach dem Bewertungsgesetz dargestellt.

3235   Beim **Sachwertverfahren** ermittelt sich der Wert des bebauten Grundstücks nach folgendem Grundschema (H B 189 ErbStR):

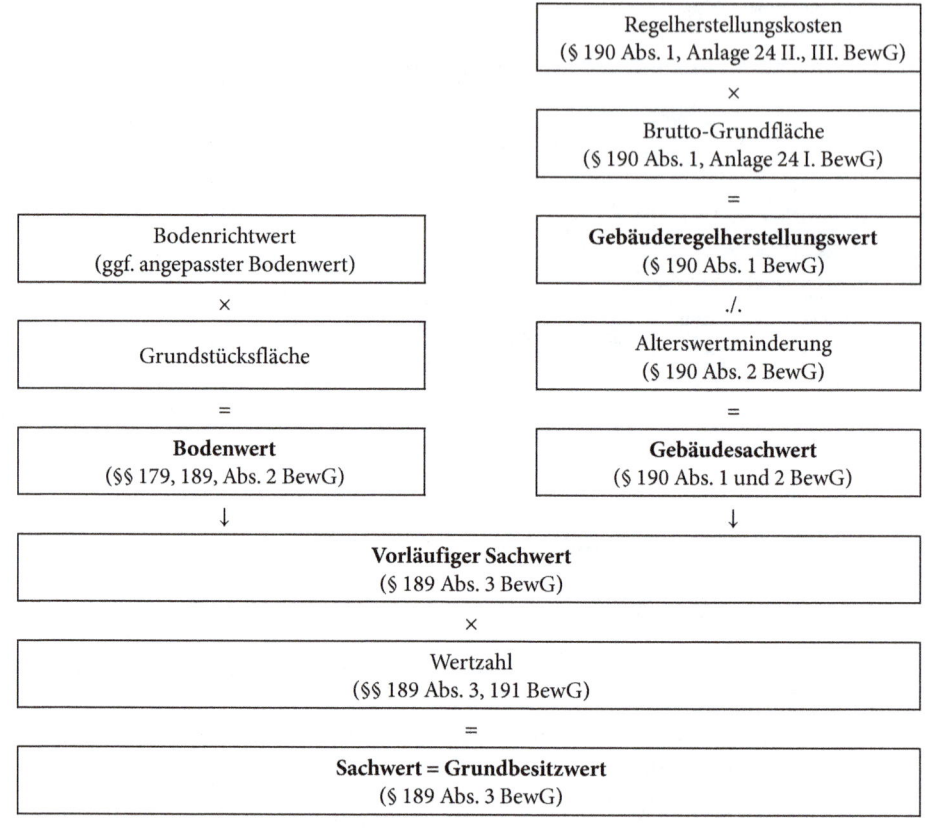

Zu beachten ist, dass sich bei der Ermittlung des Gebäuderegelherstellungswerts für Bewertungsstichtage nach dem 31. 12. 2015 eine Änderung ergeben hat, die imFolgenden dargestellt wird (vgl. 3.6.4.1).

3.6.3 Ermittlung des Bodenwerts

3236   Der Bodenwert ergibt sich dabei nach § 189 Abs. 2 BewG aus dem Wert des unbebauten Grundstücks nach § 179 BewG.

BEISPIEL

Sachwertverfahren:

Ein 20 Jahre altes Einfamilienhaus (gehobener Standard mit Keller und ausgebautem Dachgeschoss) mit einer Brutto-Grundfläche von 200 m² steht auf einem Grundstück von 600 m². Der Bodenrichtwert für das Grundstück beträgt 300 € pro m².

Der Bodenwert, d. h. der Wert des Grund und Bodens, beträgt 180 000 € und ermittelt sich wie folgt:

Grundfläche		600 m²
× Bodenrichtwert	×	300 €/m²
= Bodenwert	=	**180 000 €**

3.6.4 Ermittlung des Gebäudesachwerts

3.6.4.1 Regelherstellungswert des Gebäudes

Bei der Ermittlung des Gebäudesachwerts ist nach § 190 Abs. 1 Satz 1 BewG von den **3237** Regelherstellungskosten des Gebäudes auszugehen. Regelherstellungskosten sind nach § 190 Abs. 1 Satz 2 BewG die gewöhnlichen Herstellungskosten je Flächeneinheit.

Der Gebäuderegelherstellungswert ergibt sich nach § 190 Abs. 1 Satz 3 BewG durch Multi- **3238** plikation der jeweiligen Regelherstellungskosten mit der Brutto-Grundfläche des Gebäudes. Die Regelherstellungskosten sind in der Anlage 24 des BewG enthalten, § 190 Abs. 1 Satz 4 BewG. Das Bundesministerium der Finanzen wird nach § 190 Abs. 1 Satz 5 BewG ermächtigt, durch Rechtsverordnung mit Zustimmung des Bundesrates die Anlage 24 des BewG dadurch zu ändern, dass es die darin aufgeführten Regelherstellungskosten nach Maßgabe marktüblicher gewöhnlicher Herstellungskosten und des vom Statistischen Bundesamt veröffentlichten Baupreisindex aktualisiert, soweit dies zur Ermittlung des gemeinen Werts erforderlich ist.

Durch die Änderung der Anlage 24 für Bewertungsstichtage nach dem 31.12.2015 wurde die Berechnung der Regelherstellungskosten geändert, § 205 Abs. 10 BewG. Aus diesem Grund wird im Folgenden sowohl die Rechtslage für Übertragungen vor dem 01.01.2016 (Anwendung der alten Anlage 24) als auch nach dem 31.12.2016 (Anwendung der alten Anlage 24) dargestellt.

3.6.4.1.1 Regelherstellungskosten vor dem 01.01.2016

Die Regelherstellungskosten (RHK) im Sinne des § 190 Abs. 1 BewG waren nicht die tat- **3239** sächlichen, sondern die gewöhnlichen Herstellungskosten je Quadratmeter Brutto-Grundfläche einschließlich Umsatzsteuer, R B 190.1 Abs. 1 Satz 1 ErbStR. Sie wurden nach Grundstücksarten, Gebäudeklassen, Baujahrsgruppen und Ausstattungsstandards unterteilt, wie sie in der Anlage 24 (alt) zum BewG, dargestellt waren, R B 190.1 Abs. 1 Satz 2 ErbStR. Sie wurden aus den Normalherstellungskosten 2000 (NHK 2000) abgeleitet. Bei den Ausstattungsstandards wurde zwischen einfachem, mittlerem und gehobenem Standard unterschieden.

Die Regelherstellungskosten stellten Bundesmittelwerte dar, d. h. es handelte sich um **3240** Durchschnittswerte für das gesamte Bundesgebiet, R B 190.1 Abs. 2 Satz 1 ErbStR. Eine Regionalisierung der Regelherstellungskosten mittels sog. Regionalisierungs- und Ortsgrößenfaktoren erfolgte nicht, R B 190.1 Abs. 2 Satz 2 ErbStR. Örtliche Marktverhältnisse wurden in den Regelherstellungskosten nicht berücksichtigt. Diese flossen ausschließlich über die Anwendung der Wertzahl nach § 191 BewG in die Bewertung ein.

Für ein Einfamilienhaus, mit einem Baujahr zwischen 1985 und 1999 bzw. ab 2000, galten **3241** nach Anlage 24Anlage 24 (alt) beispielsweise folgende Regelherstellungskosten:

Baujahr	1985–1999			ab 2000		
	Einfach	Mittel	Gehoben	Einfach	Mittel	Gehoben
Mit Keller						
Dachgeschoss ausgebaut	840	910	1 060	870	940	1 110
Dachgeschoss nicht ausgebaut	750	820	960	790	850	1 010
Flachdach	850	910	1 060	880	950	1 110

Baujahr	1985–1999			ab 2000		
	Einfach	Mittel	Gehoben	Einfach	Mittel	Gehoben
Ohne Keller						
Dachgeschoss ausgebaut	950	1040	1 250	990	1080	1 300
Dachgeschoss nicht ausgebaut	840	920	1 100	880	960	1 150
Flachdach	1 040	1 130	1 350	1 080	1 180	1 400

3.6.4.1.2 Gebäudeklasse

3242 Zur Ermittlung der anzuwendenden Regelherstellungskosten nach Anlage 24 (alt) waren zudem noch die Gebäudeklasse festzustellen. Bei der Ermittlung der Gebäudeklasse war auf das gesamte Gebäude oder einen baulich selbstständig abgrenzbaren Teil eines Gebäudes (Gebäudeteil) abzustellen, R B 190.2 Abs. 1 Satz 1 ErbStR. Entscheidend für die Einstufung war allein das durch die Hauptnutzung des Gebäudes/Gebäudeteils entstandene Gesamtgepräge, R B 190.2 Abs. 1 Satz 2 ErbStR. Zur Hauptnutzung gehörende übliche Nebenräume (z. B. Lager- und Verwaltungsräume bei Warenhäusern) waren entsprechend dem Gesamtgepräge der Hauptnutzung zuzurechnen.

War eine Gebäudeklasse in Anlage 24Anlage 24 (alt) zum BewG nicht enthalten, so wurden diese aus den Regelherstellungskosten vergleichbarer Gebäudeklassen abgeleitet, R B 190.2 Abs. 2 Satz 1 ErbStR. Hierbei war auf die Gebäudeklasse abzustellen, die mit der Hauptnutzung des Gebäudes die größten Übereinstimmungen aufwies, R B 190.2 Abs. 2 Satz 2 ErbStR.

3.6.4.1.3 Feststellung der Unterkellerung oder eines ausgebauten Dachgeschosses

3244 Für die Ermittlung der anzuwendenden Regelherstellungskosten nach Anlage 24 (alt) war außerdem von Bedeutung, ob das Gebäude unterkellert ist oder über ein ausgebautes Dachgeschoss verfügt. Nach R B 190.2 Abs. 3 Satz 1 ErbStR war ein Gebäude unterkellert, wenn die bebaute Fläche zu mehr als 50 % unterkellert war. Entsprechend war vom Vorliegen eines ausgebautem Dachgeschosses auszugehen, wenn dieses zu mehr als 50 % ausgebaut war, R B 190.2 Abs. 3 Satz 2 ErbStR.

3.6.4.1.4 Ausstattungsstandard

3245 Zudem war für die Ermittlung der anzuwendenden Regelherstellungskosten der Ausstattungsstandard von erheblicher Bedeutung. Einzelheiten zur Ermittlung der dem Ausstattungsstandard adäquaten Regelherstellungskosten fanden sich in R B 190.4 ErbStR. Danach wurde zur Feststellung des Ausstattungsstandards eines Gebäudes oder eines Gebäudeteils der Ausstattungsbogen in Anlage 24 (alt) zum BewG, Teil III verwendet.

3246 Zur Ermittlung der dem Ausstattungsstandard adäquaten Regelherstellungskosten war wie folgt vorzugehen:

1. Zunächst war für jedes Bauwerksteil der Ausstattungsstandard zu bestimmen.
2. Anschließend waren jedem Bauwerksteil die Herstellungskosten entsprechend dem Ausstattungsstandard zuzuordnen.
3. Danach waren die so zugeordneten Herstellungskosten aller Bauwerksteile zu einer Gesamtsumme zu addieren.
4. Zum Schluss war die so ermittelte Gesamtsumme aus den Herstellungskosten aller Bauwerksteile durch die Anzahl der Bauwerksteile zu dividieren.

Als Bauwerksteile eines Gebäudes kamen nach R B 190.4 Satz 3 ErbStR die folgenden zehn in Betracht: **3247**

- Fassade,
- Fenster,
- Dächer,
- Sanitärinstallation,
- Innenwandbekleidung der Nassräume,
- Bodenbeläge,
- Innentüren,
- Heizung,
- Elektroinstallation,
- sonstige Einbauten.

Sofern ein Bauwerksteil bei einem Gebäude oder Gebäudeteil nicht vorhanden war, blieb dieser **3248** Bauwerksteil unberücksichtigt und die Anzahl der Bauwerksteile wurde entsprechend reduziert, R B 190.4 Satz 4 ErbStR.

BEISPIEL

Bestimmung der dem Ausstattungsstandard adäquaten Regelherstellungskosten

Ein Einfamilienhaus mit einem Baujahr 2003 soll bewertet werden. Das Einfamilienhaus verfügt über einen Keller und ein ausgebautes Dachgeschoss.

Nach Anlage 24 (alt) stellten sich die Regelherstellungskosten für ein ab dem Jahr 2000 erbautes Einfamilienhaus mit Keller und ausgebautem Dachgeschoss je nach Ausstattungsstandard wie folgt dar:

Baujahr		ab 2000	
Ausstattungsstandard	Einfach	Mittel	Gehoben
Mit Keller Dachgeschoss ausgebaut	$870 \, €/m^2$	$940 \, €/m^2$	$1\,110 \, €/m^2$

	Feststellung des Ausstattungs-standards	Einfach (in $€/m^2$)	Mittel (in $€/m^2$)	Gehoben (in $€/m^2$)
		870	940	1 110
1. Fassade	Mittel		940	
2. Fenster	Gehoben			1 110
3. Dächer	Mittel		940	
4. Sanitärinstallation	Gehoben			1 110
5. Innenwandbekleidung der Nassräume	Mittel		940	
6. Bodenbeläge	Gehoben			1 110
7. Innentüren	Gehoben			1 110
8. Heizung	Mittel		940	
9. Elektroinstallation	Mittel		940	
10. sonstige Einbauten	Einfach	870		
Anzahl		(1)	(5)	(4)
Summe		870	4 700	4 440
Gesamtsumme Geteilt durch 10 = ausstattungsstandardadäquate				10 010
Regelherstellungskosten				**1 001**

3.6.4.1.5 Brutto-Grundfläche

3249   Die Regelherstellungskosten waren für 1 m² der Brutto-Grundfläche eines Gebäudes angegeben. Gemäß R B 190.6 Abs. 1 ErbStR handelte es sich bei der Bruttogrundfläche um die Summe der Grundflächen aller Grundrissebenen eines Bauwerks mit Nutzungen nach DIN 277-2:2005-08 und deren konstruktive Umschließungen (siehe auch Anlage 24Anlage 24 (alt) Teil I BewG). Die Bruttogrundfläche war damit nicht mit der Nutzungsfläche oder mit der Wohnfläche identisch. R B 190.6 Abs. 5 ErbStR veranschaulichte die Ermittlung der Brutto-Grundfläche mit Hilfe einer Zeichnung. Die Grundflächen sind in m² anzugeben, R B 190.6 Abs. 4 ErbStR.

3.6.4.2   Besonders werthaltige Außenanlagen

3250   Besonders werthaltige Außenanlagen waren nach § 189 Abs. 2 BewG gesondert zu bewerten, R B 190.5 ErbStR. Wann besonders werthaltige Außenanlagen vorlagen und wie diese zu bewerten waren, war in R B 190.5 ErbStR geregelt.

BEISPIEL

Fortführung des Beispiels zum Sachwertverfahren (s. Rz. 3236):
Ein 20 Jahre altes Einfamilienhaus (gehobener Standard mit Keller und ausgebautem Dachgeschoss) mit einer Brutto-Grundfläche von 200 m² steht auf einem Grundstück von 600 m². Der Bodenrichtwert für das Grundstück beträgt 300 € pro m².
Der Gebäuderegelherstellungswert für den Übertragungsstichtag 2015 beträgt 212 000 € und ermittelt sich wie folgt:

Grundfläche des EFH	200 m²
× Regelherstellungskosten für ein Einfamilienhaus (Baujahr 1994) mit Keller und ausgebauten Dachgeschoss nach Anlage 24 (alt) des BewG	× 1 060 €/m²
= **Gebäuderegelherstellungswert**	= **212 000 €**

3.6.4.2.1   Regelherstellungskosten nach dem 31.12.2015

3251   Bei der Berechnung der Regelherstellungskosten (RHK) für Bewertungsstichtage nach dem 31.12.2015 haben sich zwei Änderungen ergeben. Zum einen wurde die Anlage 24 geändert, die die Regelherstellungskosten des Basisjahres 2010 enthält.

Zum anderen sind nach § 190 Abs. 2 Satz 1 BewG auf die nach Anlage 24 (neu) anzuwendenden Regelherstellungskosten in einem zweiten Schritt mit den anhand der vom Statistischen Bundesamt veröffentlichten Baupreisindizes anzupassen. Hierzu veröffentlicht das BMF jährlich dem für dieses Jahr anzuwendenden Baupreisindex.

Der Baupreisindex für das Basisjahr 2010 beträgt 100, sodass die Regelherstellungskosten des Basisjahres 2010, die in Anlage 24 (neu) enthalten sind, mit dem in jedem Jahr veröffentlichten BMF-Schreiben enthaltenen Index multipliziert werden.

3252   Bei der Berechnung der Indizes ist nach § 190 Abs. 2 Satz 2 BewG auf die Preisindizes für die Bauwirtschaft abzustellen, die das Statistische Bundesamt für den Neubau in konventioneller Bauart von Wohn- und Nichtwohngebäuden jeweils als Jahresdurchschnitt ermittelt.

Diese Preisindizes sind für alle Bewertungsstichtage des folgenden Kalenderjahres anzuwenden, § 190 Abs. 2 Satz 3 BewG. Demnach sind die 2016 veröffentlichten Baupreisindizes für alle Sachwertbewertungen des Jahres 2016 anzuwenden.

3253   Das BMF veröffentlicht dabei jeweils 2 Baupreisindizes, deren Anwendung von der zu bewertenden Gebäudeart abhängt.

Die für das Jahr 2018 anzuwenden Baupreisindizes wurden mit Schreiben des BMF vom 22.01.2018 veröffentlicht. Diese lauten wie folgt:

Betroffene Gebäude	Gebäudearten 1.01. bis 5.1. Anlage 24 Teil II. BewG	Gebäudearten 5.2. bis 18.2. Anlage 24 Teil II. BewG
Jahr des Besteuerungszeitpunkts (Baupreisindex)	Ein- und Zweifamilienhäuser (Gebäudeart 1 bis 3) Wohnungseigentum und vergleichbares Teileigentum in Mehrfamilienhäusern (ohne Tiefgaragenplatz)/Mehrfamilienhäusern (Gebäudeart 4) Gemischt genutzte Grundstücke: Wohnhäuser mit Mischnutzung (Gebäudeart 5.1)	Banken und ähnliche Geschäftshäuser mit Wohnanteil (Gebäudeart 5.2) Bürogebäude/Verwaltungsgebäude (Gebäudeart 6.1) Gemeindezentren/Vereinsheime (Gebäudeart 6.2) Allgemeinbildende Schulen, Berufsbildende Schulen, Hochschulen (Gebäudeart 8.2) Krankenhäuser/Kliniken (Gebäudeart 10.1) Beherbergungsstätten, Hotels (Gebäudeart 11.1) usw.
2018 BMF 22.01.2018, BStBl. I 2018, 205	116,8	117,4
2017 BMF 11.01.2017, BStBl. I 2017, 30	113,4	113,7
2016 BMF 11.01.2016, BStBl. I 2016, 6	111,1	111,4

Zur Berechnung der Regelherstellungskosten eines Einfamilienhauses sind die aus Anlage 24 (neu) anzuwenden Regelherstellungskosten des Basisjahres 2010 mit dem Faktor 116,8 zu multiplizieren, während bei der Berechnung der Regelherstellungskosten eines Bürogebäudes die aus Anlage 24 (neu) anzuwenden Regelherstellungskosten des Basisjahres 2010 mit dem Faktor 117,4 zu multiplizieren sind.

3254 Die Regelherstellungskosten (RHK) im Sinne des § 190 Abs. 1 BewG sind in Anlage 24 (neu) auf Grundlage der Normalherstellungskosten 2010 (NHK 2010) in Euro/m² BGF einschließlich Baunebenkosten und Umsatzsteuer für die jeweilige Gebäudeart (Kostenstand 2010) dargestellt.

Die anzuwenden Regelherstellungskosten sind neben der Gebäudeart auch von der Standardstufe abhängig. Hierbei werden 5 Standardstufen unterschieden.

3255 Für ein Einfamilienhaus oder Zweifamilienhaus wird zusätzlich noch danach unterschieden, ob dieses über folgende Geschosse verfügt:

- Keller- und Erdgeschoss
- Keller-, Erd- und Obergeschoss
- Erdgeschoss, nicht unterkellert
- Erd- und Obergeschoss, nicht unterkellert

Für ein Einfamilienhaus oder Zweifamilienhaus mit Keller- und Erdgeschoss stellen sich die Regelherstellungskosten nach Anlage 24 (neu) auszugsweise wie folgt dar:

		1	2	3	4	5
Keller- und Erdgeschoss						
Dachgeschoss ausgebaut						
1.01	freistehende Einfamilienhäuser	655	725	835	1005	1260
1.011	freistehende Zweifamilienhäuser	688	761	877	1055	1323
2.01	Doppel- und Reihenendhäuser	615	685	785	945	1180
3.01	Reihenmittelhäuser	575	640	735	885	1105
Dachgeschoss nicht ausgebaut						
1.02	freistehende Einfamilienhäuser	545	605	695	840	105
1.021	freistehende Zweifamilienhäuser	572	635	730	882	1103
2.02	Doppel- und Reihenendhäuser	515	570	655	790	985
3.02	Reihenmittelhäuser	480	535	615	740	925
Flachdach						
1.03	freistehende Einfamilienhäuser	705	785	900	1085	1360
1.031	freistehende Zweifamilienhäuser	740	824	945	1139	1428
2.03	Doppel- und Reihenendhäuser	665	735	845	1020	1275
3.03	Reihenmittelhäuser	620	690	795	955	1195

3.6.4.2.2 Gebäudeklasse

3256   Zur Ermittlung der anzuwendenden Regelherstellungskosten nach Anlage 24 (neu) ist zudem die Gebäudeklasse festzustellen. Bei der Ermittlung der Gebäudeklasse ist auf das gesamte Gebäude oder einen baulich selbstständig abgrenzbaren Teil eines Gebäudes (Gebäudeteil) abzustellen, R B 190.2 Abs. 1 Satz 1 ErbStR. Entscheidend für die Einstufung ist allein das durch die Hauptnutzung des Gebäudes/Gebäudeteils entstandene Gesamtgepräge, R B 190.2 Abs. 1 Satz 2 ErbStR. Zur Hauptnutzung gehörende übliche Nebenräume (z. B. Lager- und Verwaltungsräume bei Warenhäusern) sind entsprechend dem Gesamtgepräge der Hauptnutzung zuzurechnen.

3257   Ist eine Gebäudeklasse in Anlage 24 (neu) zum BewG nicht enthalten, so sind diese aus den Regelherstellungskosten vergleichbarer Gebäudeklassen abzuleiten, R B 190.2 Abs. 2 Satz 1 ErbStR. Hierbei ist auf die Gebäudeklasse abzustellen, die mit der Hauptnutzung des Gebäudes die größten Übereinstimmungen aufweist, R B 190.2 Abs. 2 Satz 2 ErbStR.

3.6.4.2.3 Feststellung der Unterkellerung oder eines ausgebauten Dachgeschosses

3258   Für die Ermittlung der anzuwendenden Regelherstellungskosten nach Anlage 24 (neu) ist unter anderem auch von Bedeutung, ob das Gebäude unterkellert ist oder über ein ausgebautes Dachgeschoss verfügt. Nach R B 190.2 Abs. 3 Satz 1 ErbStR ist ein Gebäude unterkellert, wenn die bebaute Fläche zu mehr als 50 % unterkellert ist. Entsprechend ist vom Vorliegen eines ausgebautem Dachgeschosses auszugehen, wenn dieses zu mehr als 50 % ausgebaut ist, R B 190.2 Abs. 3 Satz 2 ErbStR.

3.6.4.2.4 Ausstattungsstandard

Für die Feststellung der verschiedenen Standardstufen ist anhand folgender Merkmale **3259** vorzunehmen:

- Außenwände
- Dach
- Fenster und Außentüren
- Innenwände und –türen
- Deckenkonstruktion und Treppen
- Fußböden
- Sanitäreinrichtungen
- Heizung
- Sonstige technische Ausstattung

Danach wird zur Feststellung des Ausstattungsstandards eines Gebäudes oder eines Gebäudeteils der Ausstattungsbogen in Anlage 24 (neu) zum BewG, Teil III verwendet.

3.6.4.2.5 Brutto-Grundfläche

Die Regelherstellungskosten sind für 1 m^2 der Brutto-Grundfläche eines Gebäudes ange- **3260** geben. Gemäß R B 190.6 Abs. 1 ErbStR handelt es sich bei der Bruttogrundfläche um die Summe der Grundflächen aller Grundrissebenen eines Bauwerks mit Nutzungen nach DIN 277–2:2005–08 und deren konstruktiven Umschließungen (siehe auch Anlage 24 (alt) Teil I BewG). Die Bruttogrundfläche ist damit nicht mit der Nutzungsfläche oder mit der Wohnfläche identisch. R B 190.6 Abs. 5 ErbStR veranschaulicht die Ermittlung der Brutto-Grundfläche mit Hilfe einer Zeichnung. Nichtsdestotrotz dürfte die Ermittlung i. d. R. problematisch bleiben. Die Grundflächen sind in m2 anzugeben, R B 190.6 Abs. 4 ErbStR.

BEISPIEL

Fortführung des Beispiels zum Sachwertverfahren für Bewertungsstichtage nach dem 31. 12. 2015 (s. Rz. 3236):
Der Gebäuderegelherstellungswert für den Übertragungsstichtag 2018 beträgt 234 768 € und ermittelt sich wie folgt:

Grundfläche des EFH	200 m^2
× Regelherstellungskosten für ein freistehendes Einfamilienhaus (Standardstufe 4) mit ausgebauten Keller- und Erdgeschoss	× 1 005 €/m^2
Regelherstellungskosten für das Basisjahr 2010	= 201 000
x Baupreisindex für Gebäudeklasse 1.01 nach Schreiben des BMF vom 22. 01. 2018	× 116,8 / 100
= Gebäuderegelherstellungswert	= 234 768 €

3.6.4.3 Alterswertminderung

Vom Gebäuderegelherstellungswert ist nach § 190 Abs. 2 Satz 1 BewG eine Alterswertmin- **3261** derung abzuziehen. Diese bestimmt sich regelmäßig nach dem Verhältnis des Alters des Gebäudes am Bewertungsstichtag zur wirtschaftlichen Gesamtnutzungsdauer, § 190 Abs. 2 Satz 2 BewG. Die wirtschaftliche Gesamtnutzungsdauer ergibt sich aus Anlage 22 des BewG.

Sind nach Bezugsfertigkeit des Gebäudes Veränderungen eingetreten, die die wirtschaftli- **3262** che Gesamtnutzungsdauer des Gebäudes verlängert oder verkürzt haben, ist von einem entsprechenden früheren oder späteren Baujahr auszugehen, § 190 Abs. 2 Satz 3 BewG.

Zudem ist ein Mindestansatz zu beachten, der ebenfalls geändert wurde.

Für Bewertungsstichtage vor dem 01.01.2016 ist der nach Abzug der Alterswertminderung verbleibende Gebäudewert regelmäßig mit mindestens 40 % des Gebäuderegelherstellungswerts anzusetzen, § 190 Abs. 2 Satz 4 BewG a. F. Liegt der Bewertungsstichtag dagegen nach dem 31.12.2015 ist der nach Abzug der Alterswertminderung verbleibende Gebäudewert regelmäßig mit mindestens 30 % des Gebäuderegelherstellungswerts anzusetzen, § 190 Abs. 4 Satz 5 BewG n. F.

BEISPIEL

Fortführung des Beispiels zum Sachwertverfahren (s. Rz. 3236 und 3250):
Ein 20 Jahre altes Einfamilienhaus (gehobener Standard mit Keller und ausgebautem Dachgeschoss bzw. Standardstufe 4) mit einer Brutto-Grundfläche von 200 m² steht auf einem Grundstück von 600 m². Der Bodenrichtwert für das Grundstück beträgt 300 € pro m².
Die Gebäudesachwerte betragen 159 000 € bzw. 176 078 und ermitteln sich wie folgt:

	Stichtag 2016	Stichtag 2018
Gebäuderegelherstellungswert	212 000 €	234 768 €
Ermittlung Alterswertabschlag	25 % (20 Jahre/80 Jahre)	28,57 % (20 Jahre/70 Jahre)
./. Alterswertabschlag	./. 53 000 € (25 % von 212 000 €)	./. 67 073 € (28,57 % von 234 768 €)
= Gebäudesachwert	159 000 €	167 695 €

Die vorläufigen Sachwerte ermitteln sich wie folgt:

Gebäudesachwert		159 000 €	167 695 €
+ Bodenwert	+	180 000 €	+ 180 000 €
= Vorläufiger Sachwert	=	**339 000 €**	= 347 695 €

3.6.4.4 Verlängerung der Restnutzungsdauer

3263   Sofern nach der Bezugsfertigkeit des Gebäudes Veränderungen eingetreten sind, die die wirtschaftliche Gesamtnutzungsdauer des Gebäudes verlängert haben, ist nach § 190 Abs. 2 Satz 3 BewG von einer der Verlängerung entsprechenden Restnutzungsdauer auszugehen.

3264   In diesen Fällen, kann ein fiktiv späteres Baujahr anzunehmen sein, R B 190.7 Abs. 2 ErbStR. Ein fiktiv späteres Baujahr ist nach R B 190.7 Abs. 3 Satz 1 ErbStR anzunehmen, wenn in den letzten zehn Jahren durchgreifende Modernisierungen vorgenommen wurden, die nach dem Punktesystem eine **überwiegende** oder **umfassende Modernisierung** ergeben. Hinsichtlich der durchgeführten Modernisierungsarbeiten ist auf die überwiegende Erneuerung bzw. Verbesserung der jeweiligen einzelnen Bauteile (Modernisierungselemente) abzustellen, R B 190.7 Abs. 3 Satz 2 ErbStR.

Die Anzahl der Jahre der Verlängerung für die Ermittlung des fiktiv späteren Baujahrs ergibt sich in mehreren Tabellen in R B 190.7 Abs. 3 ErbStR. Eine Interpolation ist in diesen Fällen nicht vorzunehmen.

Übersteigt das Gebäudealter am Bewertungsstichtag die übliche Gesamtnutzungsdauer, ermittelt sich das fiktiv spätere Baujahr aus folgender Formel:

fiktives Baujahr = Jahr des Bewertungsstichtags
+ Verschiebung Baujahr
./. übliche Gesamtnutzungsdauer

Durchführung des Punkteverfahrens

Nach dem von der Finanzverwaltung vorgesehenen Punktesystem sind in einem ersten **3265** Schritt die Modernisierungsarbeiten daraufhin zu überprüfen, welche der einzelnen Elemente eines Gebäude einer Modernisierung unterzogen wurde. Dabei sind die nachfolgenden Tabellen für Wohngebäude und analog für Nichtwohngebäude anzuwenden.

Die Punkte in der nachfolgenden Modernisierungselemente-Tabelle sind für das jeweilige Bauteil folglich nur insgesamt oder gar nicht anzusetzen. Jedem Modernisierungselement werden verschiedene Punkte zugeteilt, die sich wie folgt darstellen:

Modernisierungselement	Punkte
Dacherneuerung inklusive Verbesserung der Wärmedämmung	4
Modernisierung der Fenster und Außentüren	2
Modernisierung der Leitungssysteme (Strom, Gas, Wasser, Abwasser)	2
Modernisierung der Heizungsanlage	2
Wärmedämmung der Außenwände	4
Modernisierung von Bädern	2
Modernisierung des Innenausbaus, z. B. Decken, Fußböden, Treppen	2
Wesentliche Verbesserung der Grundrissgestaltung	2

Hierbei sind die einzelnen Modernisierungselemente und die dazugehörigen Punkte zu **3266** bestimmen und in einer Gesamtpunktzahl zusammenzufassen. Kommt es dabei zu einer Gesamtpunktzahl von 14 bis 16 Punkten, handelt es sich um eine überwiegende Modernisierung. Werden sogar über 18 Punkte erreicht, liegt eine umfassende Modernisierung vor. Zur Bestimmung des neuen fiktiven Baujahrs sieht R B 190.7 Abs. 3 ErbStR in Abhängigkeit der wirtschaftlichen Gesamtnutzungsdauer des zu bewertenden Grundstücks in weiteren Tabellen die Verschiebung des Baujahrs vor, nach denen in Abhängigkeit der Gesamtpunktzahl und des Gebäudealters abgelesen werden kann.

In R B 190.7 Abs. 3 ErbStR sind zur Neubestimmung der neuen Restnutzungsdauer je eine **3267** Tabelle für übliche Gesamtnutzungsdauer von 70 Jahren, 60 Jahren, 50 Jahren, 40 Jahren und 30 Jahren vorgesehen.

Bei Grundstücken mit einer üblichen Gesamtnutzungsdauer von 70 Jahren (Ein- und **3268** Zweifamilienhäuser, Mietwohngrundstücke, Wohnungseigentum) verschiebt sich je nach Gesamtpunktzahl und Gebäudealter das Baujahr wie folgt:

Übliche Gesamtnutzungsdauer von 70 Jahren		
	Modernisierungsgrad	
	14 bis 16 Punkte	≥ 18 Punkte
Gebäudealter (Jahre)	Verschiebung Baujahr (Jahre)	
≥ 10	0	2
≥ 15	2	5
≥ 20	4	8
≥ 25	6	12
≥ 30	9	15
≥ 35	12	19
≥ 40	15	23
≥ 45	18	27
≥ 50	22	31
≥ 55	26	35
≥ 60	30	40
≥ 65	34	44
= 70	38	49
≥ 70	38 Baujahr = Jahr des Bewertungsstichtags + 38 ./. 70	49 Baujahr = Jahr des Bewertungsstichtags + 49 ./. 70

3269   Bei Grundstücken mit einer üblichen Gesamtnutzungsdauer von 60 Jahren verschiebt sich je nach Gesamtpunktzahl und Gebäudealter das Baujahr wie folgt:

Übliche Gesamtnutzungsdauer von 60 Jahren		
	Modernisierungsgrad	
	14 bis 16 Punkte	≥ 18 Punkte
Gebäudealter (Jahre)	Verschiebung Baujahr (Jahre)	
≥ 10	0	2
≥ 15	2	6
≥ 20	5	9
≥ 25	7	13
≥ 30	10	16
≥ 35	13	20
≥ 40	17	24

Übliche Gesamtnutzungsdauer von 60 Jahren		
	Modernisierungsgrad	
	14 bis 16 Punkte	≥ 18 Punkte
Gebäudealter (Jahre)	Verschiebung Baujahr (Jahre)	
≥ 45	20	28
≥ 50	24	33
≥ 55	28	37
= 60	33	42
≥ 60	33 Baujahr = Jahr des Bewertungsstichtags+ 33 ./. 60	42 Baujahr = Jahr des Bewertungsstichtags + 42 ./. 60

3.6.4.4.6 Verkürzung der Restnutzungsdauer

Nach § 190 Abs. 2 Satz 3 BewG kann es neben der Verlängerung der Restnutzungsdauer auch zu einer Verkürzung der Restnutzungsdauer kommen. Allerdings wird in R B 190.7 Abs. 4 ErbStR festgestellt, dass eine Verkürzung der Restnutzungsdauer nur in besonders gelagerten Einzelfällen in Betracht kommt. Dies ist z. B. bei bestehender Abbruchverpflichtung für das Gebäude der Fall. **3270**

3.6.4.4.7 Mindest-Restnutzungsdauer

Der nach Abzug der Alterswertminderung verbleibende Gebäudewert ist nach § 190 Abs. 2 Satz 4 BewG regelmäßig mit mindestens 30 % des Gebäuderegelherstellungswerts für Übertragungsstichtage nach dem 31.12.2015 anzusetzen. **3271**

Diese Restwertregelung berücksichtigt, dass auch ein älteres Gebäude, das laufend instand gehalten wird, einen Wert hat, R B 190.7 Abs. 5 Satz 2 ErbStR. Sie berücksichtigt einen durchschnittlichen Erhaltungszustand und macht in vielen Fällen die Prüfung entbehrlich, ob die restliche Lebensdauer des Gebäudes infolge baulicher Maßnahmen verlängert wurde.

Eine Unterschreitung des Mindestansatzes ist nur möglich, wenn eine geringere Nutzungsdauer objektiv feststeht (z. B. bei vertraglicher Abbruchverpflichtung für das Gebäude), R B 190.7 Abs. 5 Satz 4 ErbStR. **3272**

3.6.4.4.8 Grundstück mit mehreren Gebäuden bzw. Gebäudeteilen

Wie bereits im Ertragswertverfahren kann auch im Sachwertverfahren eine wirtschaftliche Einheit aus mehreren Gebäuden oder Gebäudeteilen von einer gewissen Selbstständigkeit bestehen. Im Sachwertverfahren ist jedes Gebäude bzw. Gebäudeteil für sich zu bewerten, R B 190.8 Abs. 1 Satz 1 ErbStR. Regelherstellungskosten, Bruttogrundfläche und Alterswertminderung sind jeweils gesondert zu ermitteln, R B 190.8 Abs. 1 Satz 3 ErbStR. **3273**

3.6.4.5   Ermittlung des endgültigen Grundbesitzwerts

3274   Zur Ermittlung des endgültigen Grundbesitzwerts nach dem Sachwertverfahren ist der vorläufige Sachwert noch mit einer Wertzahl zu multiplizieren, § 189 Abs. 3 Satz 2 BewG.

3275   Als Wertzahlen sind nach § 191 Abs. 1 BewG vorrangig die von den Gutachterausschüssen für das Sachwertverfahren bei der Verkehrswertermittlung abgeleiteten Sachwertfaktoren (Marktanpassungsfaktoren) zur Angleichung an den gemeinen Wert zu verwenden. Soweit von den Gutachterausschüssen für das zu bewertende Grundstück keine geeigneten Sachwertfaktoren zur Verfügung gestellt werden, sind nach § 191 Abs. 2 BewG die in Anlage 25 zum BewG geregelten Wertzahlen zu verwenden. Sachwertfaktoren sind dabei als geeignet anzusehen, wenn die Ableitung der Sachwertfaktoren weitgehend in demselben Modell erfolgt ist wie die Bewertung, R B 191 Abs. 2 ErbStR.

Die Wertzahlen in Anlage 25 wurden ebenfalls für Bewertungsstichtage nach dem 31.12.2015 geändert (Anlage 25 (neu)). Für Bewertungsstichtage vor dem 01.01.2016 gelten weiter die Wertzahlen der Anlage 25 (alt).

3276   Die in Anlage 25 (alt) des BewG vorgegebenen Wertzahlen hängen von der Art des Grundstücks, vom Bodenrichtwert und von der Höhe des vorläufigen Sachwerts ab. Für ein Einfamilienhaus mit einem Bodenrichtwert von über 200 € bis 300 €/m² sind je nach vorläufigem Sachwert folgende Wertzahlen vorgesehen:

vorläufiger Sachwert § 189 Abs. 3 BewG	Bodenrichtwert über 200 €/m² bis 300 €/m²	
Bewertungsstichtage	vor dem 01.01.2016	nach dem 31.12.2015
bis 50 000 €	1,2	1,3
100 000 €	1,2	1,2
150 000 €	1,1	1,1
200 000 €	1,1	1,1
300 000 €	1,0	1,0
400 000 €	0,9	0,9
500 000 €	0,8	0,9
über 500 000 €	0,7	0,8

BEISPIEL

Fortführung des Beispiels zum Sachwertverfahren (s. Rz. 3236, 3250 und 3252):
Ein 20 Jahre altes Einfamilienhaus (gehobener Standard mit Keller und ausgebautem Dachgeschoss bzw. mit Standard Stufe 4) mit einer Brutto-Grundfläche von 200 m² steht auf einem Grundstück von 600 m². Der Bodenrichtwert für das Grundstück beträgt 300 € pro m². Die Grundbesitzwerte nach dem Sachwertverfahren ermitteln sich wie folgt:

Vorläufiger Sachwert		339 000 €		374 695 €
× Wertzahl	×	0,9	×	0,9
= Grundbesitzwert nach Sachwertverfahren	=	**305 100 €**	=	**337 226 €**

3277–3279
frei

3.7 Bewertung von Grundstücken in Sonderfällen

3.7.1 Bewertung in Erbbaurechtsfällen

3.7.1.1 Allgemeine Ausführungen

Ist ein Grundstück mit einem Erbbaurecht belastet, sind nach § 192 BewG die Werte **3280**
- für die wirtschaftliche Einheit Erbbaurecht (§ 193 BewG) und
- für die wirtschaftliche Einheit des belasteten Grundstücks (§ 194 BewG)

gesondert zu ermitteln.

Die Bewertung der wirtschaftlichen Einheit Erbbaurecht erfolgt nach § 193 BewG, wäh- **3281**
rend die Bewertung der wirtschaftlichen Einheit des belasteten Grundstücks nach § 194 BewG
erfolgt. Mit der Bewertung des Erbbaurechts nach § 193 BewG ist die Verpflichtung zur Zahlung des Erbbauzinses und mit der Bewertung des Erbbaurechtsgrundstücks nach § 194 BewG
ist das Recht auf den Erbbauzins abgegolten, § 192 Satz 2 BewG. Die hiernach ermittelten
Grundbesitzwerte dürfen nicht weniger als 0 Euro betragen.

3.7.1.2 Begriff des Erbbaurechts

In R B 192.1 ErbStR wird der Begriff des Erbbaurechts konkretisiert. Nach R B 192.1 Abs. 1 **3282**
Satz 1 ErbStR ist das Erbbaurecht das veräußerliche und vererbliche Recht an einem Grundstück, auf oder unter der Oberfläche des Grundstücks ein Bauwerk zu haben.

Bei Grundstücken, die mit einem Erbbaurecht belastet sind, bilden das Erbbaurecht und **3283**
das belastete Grundstück je eine selbstständige wirtschaftliche Einheit (§ 176 Abs. 1 Nr. 2, § 192
BewG). Dabei stellt nach R B 192.1 Abs. 1 Satz 3 ErbStR das belastete Grundstück das Grundstück dar, an dem das Erbbaurecht bestellt ist. Das Erbbaurecht sowie das belastete Grundstück
bleiben auch dann jeweils eine selbstständige wirtschaftliche Einheit, wenn der Eigentümer des
belasteten Grundstücks das Erbbaurecht übernimmt oder der Erbbauberechtigte das belastete
Grundstück (»Eigentümererbbaurecht«) erwirbt, R B 192.1 Abs. 1 Satz 4 ErbStR.

Zivilrechtlich entsteht das Erbbaurecht mit der Eintragung in das Grundbuch (§ 11 Erb- **3284**
bauRG in Verbindung mit § 873 BGB). Schenkungsteuerrechtlich gilt dagegen nach R B 192.1
Abs. 2 Satz 2 ErbStR das Erbbaurecht bereits dann als entstanden, wenn an dem Grundstück
durch notariellen Vertrag ein Erbbaurecht bestellt worden ist und die Vertragsparteien in der
Lage sind, die Eintragung im Grundbuch zu bewirken. Das Erbbaurecht erstreckt sich im Allgemeinen auf das ganze Grundstück. Sofern sich das Erbbaurecht jedoch nur auf einen Teil des
Grundstücks im Sinne des Zivilrechts erstreckt, ist dieser Teil als selbstständige wirtschaftliche
Einheit im Sinne der §§ 192 ff. BewG zu bewerten, R B 192.1 Abs. 3 Satz 2 ErbStR. Für den restlichen Teil des Grundstücks ist die Bewertung nach den allgemeinen Grundsätzen durchzuführen, R B 192.1 Abs. 3 Satz 3 ErbStR.

Errichtet der Erbbauberechtigte ein einheitliches Gebäude sowohl auf einem erbbau- **3285**
rechtsbelasteten als auch auf einem ihm gehörenden angrenzenden Grundstück, sind zwei wirtschaftliche Einheiten getrennt zu bewerten, R B 192.1 Abs. 4 Satz 1 ErbStR. Hier ist zum einen
der Gebäudeteil auf dem erbbaurechtsbelasteten Grundstück als Erbbaurecht und zum anderen
der auf dem eigenen Grundstück errichtete Gebäudeteil als bebautes Grundstück zu bewerten.

Entsprechend ist zu verfahren, wenn das angrenzende Grundstück auf Grund eines Pacht- **3286**
vertrags vom Erbbauberechtigten bebaut worden ist und für diesen Gebäudeteil eine Bewer-

tung als Gebäude auf fremdem Grund und Boden nach § 195 BewG durchzuführen ist, R B 192.1 Abs. 4 Satz 2 ErbStR.

3.7.2 Bewertung des Erbbaurechts nach dem Bewertungsgesetz

3.7.2.1 Bewertung nach dem Vergleichswertverfahren

3287 Der Wert des Erbbaurechts ist vorrangig im Vergleichswertverfahren nach § 183 BewG zu ermitteln, wenn für das zu bewertende Erbbaurecht Vergleichskaufpreise oder aus Kaufpreisen abgeleitete Vergleichsfaktoren für entsprechende Vergleichsgrundstücke vorliegen, § 193 Abs. 1 BewG, R B 193 Abs. 1 Satz 1 ErbStR.

3288 Solche Vergleichspreise oder aus Kaufpreisen abgeleitete Vergleichsfaktoren liegen vor, wenn sie aus bebauten Erbbaurechten abgeleitet wurden, die mit der zu bewertenden wirtschaftlichen Einheit hinreichend übereinstimmen, R B 193 Abs. 1 Satz 2 ErbStR. Davon ist auszugehen, wenn die Grundstücksart übereinstimmt und die Bebauung, der Erbbauzinssatz, der Bodenrichtwert sowie die Restlaufzeit des Erbbaurechts nicht erheblich abweichen, R B 193 Abs. 1 Satz 3 ErbStR.

3.7.2.2 Alternative Bewertung zum Vergleichswertverfahren

3289 Sofern das Vergleichswertverfahren nicht angewandt werden kann, setzt sich der Wert des Erbbaurechts aus dem Bodenwertanteil und dem Gebäudewertanteil zusammen, § 193 Abs. 2 BewG, R B 193 Abs. 2 Satz 1 ErbStR. Ist das mit dem Erbbaurecht belastete Grundstück unbebaut, besteht der Grundbesitzwert des Erbbaurechts allein aus dem Bodenwertanteil (finanzmathematische Methode), R B 193 Abs. 2 Satz 2 ErbStR.

Liegen Vergleichswerte nicht vor, ist der Wert des Erbbaurechts nach folgendem Schema zu ermitteln:

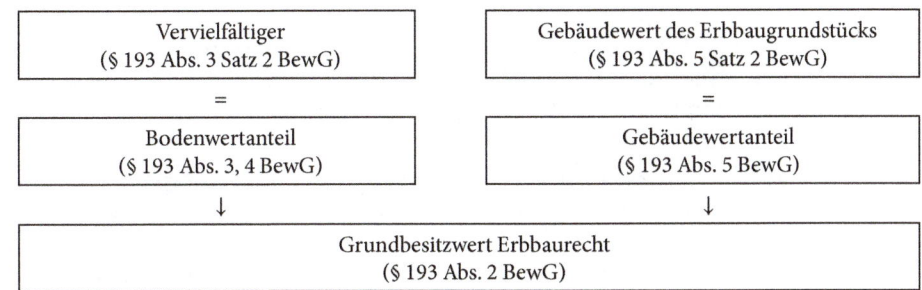

3.7.2.2.1 Ermittlung des Bodenwertanteils

Der Bodenwertanteil ergibt sich nach R B 193 Abs. 3 Satz 1 ErbStR aus dem kapitalisierten **3290**
Unterschiedsbetrag zwischen dem angemessenen Verzinsungsbetrag des Bodenwerts des unbelasteten Grundstücks und dem vertraglich vereinbarten jährlichen Erbbauzins am Bewertungsstichtag.

Hierzu ist einem ersten Schritt die Differenz zwischen **3291**

1. dem angemessenen Verzinsungsbetrag des Bodenwerts des unbelasteten Grundstücks und
2. dem vertraglich vereinbarten jährlichen Erbbauzins zu ermitteln.

Der so ermittelte Unterschiedsbetrag ist in einem zweiten Schritt über die Restlaufzeit des Erbbaurechts mit dem sich aus Anlage 21 ergebenden Vervielfältiger zu kapitalisieren. Im Einzelnen ist wie folgt vorzugehen:

Ermittlung des angemessenen Verzinsungsbetrags des Bodenwerts des unbelasteten Grundstücks

Zunächst ist der angemessene Verzinsungsbetrag zu ermitteln. Dieser ergibt sich nach **3292**
§ 193 Abs. 4 Satz 1 BewG aus der Multiplikation des Bodenwerts für das Grundstück nach § 179 BewG und des Liegenschaftszinssatzes.

Grundsätzlich sollen die von den Gutachterausschüssen ermittelten Liegenschaftszins- **3293**
sätze verwendet werden, R B 193 Abs. 4 Satz 1 ErbStR. Liegen von diesen keine Zinssätze vor, sind die in § 193 Abs. 4 Satz 2 BewG vorgegebenen Liegenschaftszinssätze zu verwenden, die wie folgt lauten:

	Liegenschaftszins in % auf den Bodenwert (Wert des unbebauten Grundstücks)
Ein- und Zweifamilienhäuser und ähnliche	3,0
Mietwohngrundstücke und Wohnungseigentum	5,0
Miet- und Geschäftsgrundstück mit gewerbl. Anteil bis 50 % sowie sonstige bebaute Grundstücke	5,5
Miet- und Geschäftsgrundstück mit gewerbl. Anteil über 50 %	6,0
Geschäftsgrundstücke und Teileigentum	6,5

Ermittlung des maßgebenden Erbbauzinses

3294 Maßgebender Erbbauzins ist nach § 193 Abs. 3 Satz 1 Nr. 2 BewG der am Bewertungsstichtag zu zahlende Erbbauzins, umgerechnet auf einen Jahresbetrag, R B 193 Abs. 5 Satz 1 ErbStR. Hierbei ist nach R B 193 Abs. 5 Satz 2 ErbStR stets auf die vertraglichen Vereinbarungen abzustellen. Auf den gezahlten Erbbauzins kommt es nicht an.

Sofern Erbbauzinsen während der Laufzeit des Erbbaurechts in unterschiedlicher Höhe vereinbart sind, kann aus Vereinfachungsgründen ein durchschnittlicher Jahresbetrag aus den insgesamt nach dem Bewertungsstichtag zu leistenden Erbbauzinsen in Abhängigkeit von der Restlaufzeit gebildet werden, R B 193 Abs. 5 Satz 2 ErbStR. Dies ist beispielsweise bei Sonderzahlungen oder einem gestaffelten Erbbauzins der Fall.

3295 Nicht im Erbbauzins zu berücksichtigen sind nach R B 193 Abs. 5 Satz 4 ErbStR) die künftigen Anpassungen auf Grund von Wertsicherungsklauseln (z. B. Anknüpfung der Erbbauzinsen an den Lebenshaltungskostenindex). Ist kein Erbbauzins zu zahlen, stellt der angemessene Verzinsungsbetrag des Bodenwerts gleichzeitig den Unterschiedsbetrag dar, R B 193 Abs. 5 Satz 5 ErbStR.

Kapitalisierung des Unterschiedsbetrags

3296 Der zuvor ermittelte Unterschiedsbetrag ist über die Restlaufzeit des Erbbaurechts mit dem sich aus Anlage 21 zum BewG ergebenden Vervielfältiger zu kapitalisieren, R B 193 Abs. 6 Satz 1 ErbStR. Der Vervielfältiger ergibt sich aus dem maßgebenden Liegenschaftszinssatz und der auf volle Jahre abgerundeten Restlaufzeit des Erbbaurechts, R B 193 Abs. 6 Satz 2 ErbStR. Sofern die Restlaufzeit des Erbbaurechts weniger als ein Jahr beträgt, ist der Vervielfältiger und der Bodenwert mit Null anzusetzen, R B 193 Abs. 6 Satz 3 ErbStR. Gibt der Gutachterausschuss andere Liegenschaftszinssätze als die in der Anlage 21 zum BewG aufgeführten vor, ist der Vervielfältiger nach der dort angegebenen Formel zu berechnen, R B 193 Abs. 6 Satz 4 ErbStR.

3297 Ist dagegen das mit einem Erbbaurecht belastete Grundstück unbebaut und liegen keine Angaben zur Nachfolgenutzung vor, bestehen nach R B 193 Abs. 6 Satz 5 ErbStR keine Bedenken, wie folgt zu verfahren:

- Mangels tatsächlichen Vorhandenseins eines Gebäudes kann zunächst auf die geplante Nutzung seitens des Erbbauverpflichteten bzw. -berechtigten abgestellt werden (vgl. Erbbaurechtsvertrag).
- Bestehen noch keine konkreten Nutzungspläne, kann von der vorgesehenen Bebauung und Nutzung laut Bauleitplan (Bebauungsplan/Flächennutzungsplan) auf die Grundstücksart geschlossen werden.

3.7.2.2.2 Ermittlung des Gebäudewertanteils

3298 Der für die Bewertung des Erbbaurechts erforderliche Gebäudewertanteil entspricht bei der Bewertung des bebauten Grundstücks

- im Ertragswertverfahren dem Gebäudeertragswert (§ 185 BewG) oder
- bei der Bewertung im Sachwertverfahren (§ 190 BewG) dem Gebäudesachwert, § 193 Abs. 5 Satz 1 BewG.

3299 Bei der Ermittlung des Gebäudeertragswerts ist nach R B 193 Abs. 7 Satz 2 ErbStR zu beachten, dass der Gebäudeertragswert mit Null € anzusetzen ist, wenn nach Abzug der Bodenwertverzinsung vom Grundstücksreinertrag kein oder ein negativer Betrag verbleibt.

3300 Ist der bei Ablauf des Erbbaurechts verbleibende Gebäudewert nicht oder nur teilweise zu entschädigen, ist zudem der Gebäudewertanteil des Erbbaurechts um den Gebäudewertanteil des Erbbaugrundstücks zu mindern, § 193 Abs. 5 Satz 2 BewG, R B 193 Abs. 7 Satz 3 ErbStR.

Bewertung des Erbbaurechts nach dem Ertragswertverfahren

Ein Mietwohngrundstück mit einem Rohertrag nach § 186 BewG in Höhe von 50 000 € ist in Ausübung eines Erbbaurechts im Jahre 2003 errichtet worden. Das belastete Grundstück hat eine Fläche von 600 m² und der Bodenrichtwert beträgt 400 €/m². Der vertraglich vereinbarte jährliche Erbbauzins beträgt zum Bewertungsstichtag am 15. 03. 2016 8 000 € und ist bis zum Ablauf des Erbbaurechts am 01. 01. 2036 zu zahlen. Eine Entschädigungszahlung für das Gebäude ist nicht vorgesehen. Der Gutachterausschuss verfügt über keine Vergleichspreise oder Vergleichsfaktoren. Liegenschaftszinssätze und Erfahrungssätze für Bewirtschaftungskosten hat der Gutachterausschuss ebenfalls nicht ermittelt.

1. Ermittlung des Bodenwertanteils

Verzinsungsbetrag des Bodenwerts			
Fläche des Grundstücks		600 m²	
Bodenrichtwert	×	400 €/m²	
Bodenwert	=	**240 000 €**	
Liegenschaftszins (§ 193 Abs. 4 Satz 2 Nr. 2 BewG)	×	5,0 %	
Verzinsungsbetrag des Bodenwerts	=	12 000 €	12 000 €
abzgl. vertraglich vereinbarter jährlicher Erbbauzins		./.	8 000 €
= Unterschiedsbetrag			**4 000 €**
Liegenschaftszins (§ 193 Abs. 4 Satz 2 Nr. 2 BewG)		5,0 %	
Ablauf des Erbbaurechts		01. 01. 2036	
./. Bewertungsstichtag		15. 03. 2016	
ergibt Restlaufzeit		19 Jahre	
ergibt Vervielfältiger (aus Anlage 21 BewG)		×	12,09
Bodenwertanteil (nach § 193 Abs. 3 i. V. m. Abs. 4 BewG)			**48 360 €**

2. Gebäudeertragswert am Bewertungsstichtag nach § 193 Abs. 5 i. V. m. § 185 BewG

Grundstücksart	Mietwohn-grundstück	
Bewertungsstichtag	15. 03. 2016	
Bezugsfertigkeit des Gebäudes	2003	
Alter des Gebäudes	13 Jahre	
Wirtschaftliche Gesamtnutzungsdauer? (aus Anlage 22 BewG)	70 Jahre	
Restnutzungsdauer	57 Jahre	
Jahresmiete (Rohertrag nach § 186 BewG)		50 000 €
Bewirtschaftungskosten (aus Anlage 23 BewG)	./.	11 500 €
23 % (RND 57 Jahre) von 50 000 €		
Grundstücksreinertrag		38 500 €
Liegenschaftszins (§ 188 Abs. 2 Satz 2 Nr. 1 BewG)	5,0 %	
Verzinsungsbetrag des Bodenwerts		
5,0 % von 240 000 €	./.	12 000 €
Gebäudereinertrag		26 500 €
Vervielfältiger (aus Anlage 21 BewG)	×	18,76
Restnutzungsdauer	57 Jahre	
Gebäudeertragswert am Bewertungsstichtag		497 140 €

3. Gebäudeertragswert bei Ablauf des Erbbaurechts nach § 194 Abs. 4 BewG

Jahresmiete (Rohertrag nach § 186 BewG)			50 000 €
Bewirtschaftungskosten (aus Anlage 23 BewG)		./.	11 500 €
23 % von 50 000 €			
Grundstücksart	Mietwohn-		
	grundstück		
Ablauf des Erbbaurechts	01. 01. 2036		
Bezugsfertigkeit des Gebäudes	2003		
Alter des Gebäudes bei Ablauf des Erbbaurechts	33 Jahre		
Wirtschaftliche Gesamtnutzungsdauer (Aus Anlage 22 BewG)	70 Jahre		
Restnutzungsdauer	37 Jahre		
Jahresmiete (Rohertrag nach § 186 BewG)			50 000 €
Bewirtschaftungskosten (aus Anlage 23 BewG)		./.	13 500 €
27 % von 50 000 €			
Grundstücksreinertrag			36 500 €
Liegenschaftszins (§ 188 Abs. 2 Satz 2 Nr. 1 BewG)	5,0 %		
Verzinsungsbetrag des Bodenwerts		./.	12 000 €
5,0 % von 240 000 €			
Gebäudereinertrag			24 500 €
Vervielfältiger (aus Anlage 21 BewG)		×	16,71
Restnutzungsdauer	37 Jahre		
Gebäudeertragswert bei Ablauf des Erbbaurechts			**409 395 €**

4. Gebäudewertanteil nach § 193 Abs. 5 i. V. m. § 194 Abs. 4 BewG

Gebäudeertragswert am Bewertungsstichtag				497 140 €
entschädigungsloser Anteil des Gebäudeertragswerts		409 395 €		
bei Ablauf des Erbbaurechts (keine Entschädigung)				
Bewertungsstichtag	15. 03. 2016			
Ablauf des Erbbaurechts	01. 01. 2036			
Restlaufzeit des Erbbaurechts	19 Jahre			
Liegenschaftszins (§ 193 Abs. 4 Satz 2 Nr. 2 BewG)	5,0 %			
Abzinsungsfaktor (aus Anlage 26 BewG)				
abgezinster Gebäudeertragswert bei Ablauf des	×	0,3957	./.	161 998 €
Erbbaurechts				
Gebäudewertanteil			=	**335 142 €**

5. Grundbesitzwert des Erbbaurechts nach § 193 BewG

Bodenwertanteil nach § 193 Abs. 3 BewG		48 360 €
Gebäudewertanteil nach § 193 Abs. 5 i. V. m. § 194 Abs. 4 BewG	+	335 142 €
Grundbesitzwert		**383 502 €**

3301–3310
frei

3.7.3 Bewertung des Erbbaugrundstücks

3.7.3.1 Bewertung im Vergleichswertverfahren

3311   Der Wert des Erbbaugrundstücks ist vorrangig im Vergleichswertverfahren nach § 183 BewG zu ermitteln, wenn für das Erbbaugrundstück Vergleichspreise oder aus Kaufpreisen abgeleitete Vergleichsfaktoren für entsprechende Vergleichsgrundstücke vorliegen, § 194 Abs. 1 BewG, R B 194 Abs. 1 Satz 1 ErbStR. Vergleichspreise oder aus Kaufpreisen abgeleitete Vergleichsfaktoren für ein Erbbaugrundstück liegen vor, wenn sie für Grundstücke ermittelt wurden, die nach der Grundstücksart übereinstimmen und hinsichtlich der Bebauung, der Erbbauzinssätze, der Bodenrichtwerte sowie der Restlaufzeit des Erbbaurechts nicht erheblich abweichen, R B 194 Abs. 1 Satz 2 ErbStR.

Der Wert für das Erbbaugrundstück kann auch durch Anwendung eines Vergleichsfaktors auf den Wert des unbelasteten Grundstücks ermittelt werden, R B 194 Abs. 1 Satz 3 ErbStR. **3312**

3.7.3.2 Alternative Bewertung zum Vergleichswertverfahren

Sofern das Vergleichswertverfahren nicht angewandt werden kann, setzt sich der Wert des Erbbaugrundstücks **3313**
- aus dem Bodenwertanteil nach § 194 Abs. 3 BewG und
- ggf. dem Gebäudewertanteil nach § 194 Abs. 4 BewG

zusammen (finanzmathematische Methode), R B 194 Abs. 2 Satz 1 ErbStR.

Grundsätzlich ergibt sich somit gem. § 194 Abs. Abs. 2 Satz 1 BewG der Wert des Erbbaugrundstücks aus dem der Bodenwertanteil i. S. d. § 194 Abs. 3 BewG. Dieser erhöht sich gem. § 194 Abs. Abs. 2 Satz 2 BewG um einen Gebäudewertanteil i. S. d. § 194 Abs. 4 BewG, wenn der Wert des Gebäudes vom Eigentümer des Erbbaugrundstücks nicht oder nur teilweise zu entschädigen ist.

Ist das mit dem Erbbaurecht belastete Grundstück unbebaut, besteht der Grundbesitzwert des Erbbaugrundstücks allein im Bodenwertanteil nach § 194 Abs. 3 BewG, R B 194 Abs. 2 Satz 2 ErbStR. **3314**

3.7.3.2.1 Schema
Der Wert des Erbbaugrundstücks ist nach folgendem Schema zu ermitteln: **3315**

3.7.3.2.2 Ermittlung des Bodenwertanteils nach § 194 Abs. 3 BewG

3316   Der Bodenwertanteil setzt sich nach § 194 Abs. 3 Satz 1 BewG aus der Summe
- des über die Restlaufzeit des Erbbaurechts abgezinsten Bodenwerts nach § 179 und
- der über die Restlaufzeit des Erbbaurechts kapitalisierten Erbbauzinsen

zusammen, R B 194 Abs. 3 Satz 1 ErbStR.

3317   Sowohl die Abzinsung des Bodenwerts als auch die Kapitalisierung des Erbbauzinses erfolgen nach der Restlaufzeit des Erbbaurechts, R B 194 Abs. 3 Satz 2 ErbStR. Eine Berücksichtigung weiterer wertbeeinflussender Umstände – beispielsweise vom Üblichen abweichenden Auswirkungen vertraglicher Vereinbarungen, insbesondere die Berücksichtigung von fehlenden Wertsicherungsklauseln oder der Ausschluss einer Anpassung des Erbbaurechtsvertrags – sowie die Anwendung von Marktanpassungsfaktoren kommt nach R B 194 Abs. 7 ErbStR nicht in Betracht.

Ermittlung des über die Restlaufzeit des Erbbaurechts abgezinsten Bodenwerts

3318   Der Abzinsungsfaktor für den Bodenwert wird gem. § 194 Abs. 3 Satz 2 BewG in Abhängigkeit vom Zinssatz nach § 193 Abs. 4 BewG und der Restlaufzeit des Erbbaurechts ermittelt. Er ist Anlage 26 zu entnehmen. Der Abzinsungsfaktor nach Anlage 26 zum BewG ist abhängig vom maßgebenden Liegenschaftszinssatz und der auf volle Jahre abgerundeten Restlaufzeit des Erbbaurechts, R B 194 Abs. 3 Satz 3 ErbStR. Dabei ist nach R B 194 Abs. 3 Satz 4 ErbStR vorrangig auf die von den Gutachterausschüssen ermittelten Liegenschaftszinssätze abzustellen. Wurden solche nicht ermittelt, sind die in § 193 Abs. 4 Satz 2 BewG genannten Zinssätze anzuwenden, R B 194 Abs. 3 Satz 5 ErbStR. Beträgt die Restlaufzeit des Erbbaurechts weniger als ein Jahr, ist der Abzinsungsfaktor 1 anzuwenden, R B 194 Abs. 3 Satz 6 ErbStR.

Ermittlung der über die Restlaufzeit kapitalisierten Erbbauzinsen

3319   Dem abgezinsten Bodenwert ist der kapitalisierte Erbbauzins hinzuzurechnen, R B 194 Abs. 4 Satz 1 ErbStR. Als Erbbauzinsen sind nach § 194 Abs. 3 Satz 3 BewG die am Bewertungsstichtag vereinbarten jährlichen Erbbauzinsen anzusetzen; sie sind mit dem sich aus Anlage 21 ergebenden Vervielfältiger zu kapitalisieren. Ist kein Erbbauzins zu zahlen, stellt der abgezinste Bodenwert den Bodenwertanteil dar, R B 194 Abs. 4 Satz 6 ErbStR.

3320   Maßgebender Erbbauzins ist nach § 194 Absatz 3 Satz 3 BewG der am Bewertungsstichtag zu zahlende Erbbauzins, umgerechnet auf einen Jahresbetrag, R B 194 Abs. 4 Satz 2 ErbStR. Dabei ist stets auf die vertraglichen Vereinbarungen abzustellen, R B 194 Abs. 4 Satz 3 ErbStR. Auf den gezahlten Erbbauzins kommt es nicht an. Sind Erbbauzinsen während der Laufzeit des Erbbaurechts in unterschiedlicher Höhe vereinbart (z. B. bei Sonderzahlungen oder gestaffeltem Erbbauzins), kann aus Vereinfachungsgründen ein durchschnittlicher Jahresbetrag aus den insgesamt nach dem Bewertungsstichtag zu leistenden Erbbauzinsen in Abhängigkeit von der Restlaufzeit gebildet werden, R B 194 Abs. 4 Satz 4 ErbStR. Die künftigen Anpassungen auf Grund von Wertsicherungsklauseln (z. B. Anknüpfung der Erbbauzinsen an den Lebenshaltungskostenindex) sind hingegen nicht zu berücksichtigen, R B 194 Abs. 4 Satz 5 ErbStR.

3321   Zur Kapitalisierung des Erbbauzinses ist der Vervielfältiger für die auf volle Jahre abgerundete Restlaufzeit und des Liegenschaftszinssatzes der Anlage 21 zum BewG zu entnehmen, R B 194 Abs. 4 Satz 7 ErbStR. Beträgt die Restlaufzeit des Erbbaurechts weniger als ein Jahr, ist der Vervielfältiger mit einem Wert von Null zu berücksichtigen, R B 194 Abs. 4 Satz 8 ErbStR. Gibt der Gutachterausschuss andere Liegenschaftszinssätze als die in der Anlage 21 zum BewG aufgeführten vor, ist der Vervielfältiger nach der dort angegebenen Formel zu berechnen.

3.7.3.2.3 Ermittlung des Gebäudewertanteils nach § 194 Abs. 4 BewG

Der Gebäudewertanteil des Erbbaugrundstücks entspricht nach § 194 Abs. 4 BewG dem **3322**
Gebäudewert oder dem anteiligen Gebäudewert, der dem Eigentümer des Erbbaugrundstücks
bei Beendigung des Erbbaurechts durch Zeitablauf entschädigungslos zufällt. Er ist nach Maßgabe der Anlage 26 des BewG auf den Bewertungsstichtag abzuzinsen. Ein Gebäudewertanteil
des Erbbaugrundstücks ergibt sich nur dann, wenn bei Beendigung des Erbbaurechts durch
Zeitablauf der verbleibende Gebäudewert nicht oder nur teilweise zu entschädigen ist, R B 194
Abs. 5 Satz 1 ErbStR. Dieser entspricht dem nach Anlage 26 zum BewG abgezinsten ggf. anteiligen Gebäudeertrags- bzw. Gebäudesachwert, der dem Eigentümer des Erbbaugrundstücks bei
Beendigung des Erbbaurechts durch Zeitablauf entschädigungslos zufällt, R B 194 Abs. 5 Satz 2
ErbStR.

Es ist dementsprechend eine Berechnung des Gebäudeertrags- bzw. Gebäudesachwerts auf **3323**
den Zeitpunkt des Ablaufs des Erbbaurechts durchzuführen, R B 194 Abs. 5 Satz 3 ErbStR. Bei
dieser Berechnung ist hinsichtlich des Rohertrags gemäß § 186 BewG vom gleichen Betrag wie
am Bewertungsstichtag auszugehen, R B 194 Abs. 5 Satz 4 ErbStR. Beim Ansatz der pauschalierten Bewirtschaftungskosten gemäß § 187 BewG (Anlage 23 zum BewG) und dem Vervielfältiger
nach Anlage 21 zum BewG im Ertragswertverfahren sowie bei der Ermittlung der Alterswertminderung im Rahmen der Gebäudesachwertermittlung gemäß § 190 Abs. 2 BewG ist auf den
Zeitpunkt des Ablaufs des Erbbaurechts abzustellen, R B 194 Abs. 4 Satz 5 ErbStR.

Sowohl bei der Ermittlung des Gebäudeertrags- als auch des Gebäudesachwerts gemäß **3324**
§ 194 Abs. 4 BewG ist der Mindestansatz gemäß § 185 Abs. 3 Satz 5 BewG bzw. § 190 Abs. 2
Satz 4 BewG zu beachten, R B 194 Abs. 5 Satz 6 ErbStR. Verbleibt bei der Ermittlung des Gebäudeertragswerts nach Abzug der Bodenwertverzinsung vom Grundstücksreinertrag kein oder
ein negativer Betrag ist im Sinne des § 184 Absatz 3 Satz 2 BewG der Gebäudeertragswert mit
Null € anzusetzen, R B 194 Abs. 5 Satz 7 ErbStR.

Der gemäß § 194 Absatz 4 BewG anzuwendende Abzinsungsfaktor ergibt sich aus Anlage **3325**
26 zum BewG. Er ist abhängig vom angewandten Liegenschaftszinssatz gemäß § 193 Abs. 4
BewG und der auf volle Jahre abgerundeten Restlaufzeit des Erbbaurechts, R B 194 Abs. 6 Satz 1
ErbStR. Beträgt die Restlaufzeit des Erbbaurechts weniger als ein Jahr, ist der Abzinsungsfaktor
1 anzuwenden, R B 194 Abs. 6 Satz 2 ErbStR. Gibt der Gutachterausschuss andere Zinssätze als
die in der Anlage 26 zum BewG aufgeführten vor, ist der Abzinsungsfaktor nach der dort angegebenen Formel zu berechnen, R B 194 Abs. 6 Satz 3 ErbStR.

3326

BEISPIEL

Bewertung des Erbbaurechts nach dem Ertragswertverfahren
Ein Mietwohngrundstück mit einem Rohertrag nach § 186 BewG in Höhe von 50 000 € ist in Ausübung eines Erbbaurechts im Jahre 2003 errichtet worden. Das belastete Grundstück hat eine Fläche
von 600 m² und der Bodenrichtwert beträgt 400 €/m². Der vertraglich vereinbarte jährliche Erbbauzins beträgt zum Bewertungsstichtag am 15. 03. 2016 10 000 € und ist bis zum Ablauf des Erbbaurechts am 01. 01. 2036 zu zahlen. Eine Entschädigungszahlung für das Gebäude ist nicht vorgesehen.
Der Gutachterausschuss verfügt über keine Vergleichspreise oder Vergleichsfaktoren. Liegenschaftszinssätze und Erfahrungssätze für Bewirtschaftungskosten hat der Gutachterausschuss ebenfalls
nicht ermittelt.
1. Ermittlung des Bodenwertanteils

Verzinsungsbetrag des Bodenwerts		
Fläche des Grundstücks		600 m²
Bodenrichtwert	×	400 €/m²
Bodenwert		**240 000 €**

Bewertungsstichtag	15.03.2016			
Ablauf des Erbbaurechts	01.01.2036			
Restlaufzeit des Erbbaurechts (RLZ)	19 Jahre			
Liegenschaftszins (§ 193 Abs. 4 Satz 2 Nr. 2 BewG)	5,0 %			
Abzinsungsfaktor (aus Anlage 26 BewG) bei				
Liegenschaftszins von 5,0 % und RLZ von 19 Jahren		×	0,3957	94 968 €
vertraglich vereinbarter jährlicher Erbbauzins		10 000 €		
Liegenschaftszins (§ 193 Abs. 4 Satz 2 Nr. 2 BewG)	5,0 %			
Restlaufzeit des Erbbaurechts	19 Jahre			
Vervielfältiger (aus Anlage 21 BewG)		×	12,09	+ 120 900 €
Bodenwertanteil (nach § 194 Abs. 3 BewG)				**215 868 €**

2. Gebäudeertragswert bei Ablauf des Erbbaurechts nach § 194 Abs. 4 BewG

Jahresmiete (Rohertrag nach § 186 BewG)				50 000 €
Bezugsfertigkeit des Gebäudes	2001			
Ablauf des Erbbaurechts	01.01.2036			
Alter des Gebäudes bei Ablauf Erbbaurecht	33 Jahre			
Wirtschaftliche Gesamtnutzungsdauer				
(aus Anlage 22 BewG)	70 Jahre			
Restnutzungsdauer bei Ablauf Erbbaurecht	37 Jahre			
Bewirtschaftungskosten (aus Anlage 23 BewG)				
27 % von 50 000 €			./.	13 500 €
Grundstücksreinertrag				36 500 €
Liegenschaftszins (§ 188 Abs. 2 Satz 2 Nr. 1 BewG)	5,0 %			
Verzinsungsbetrag des Bodenwerts				
5,0 % von 240 000 €			./.	12 000 €
Gebäudereinertrag (≥ 0)				24 500 €
Restnutzungsdauer bei Ablauf Erbbaurecht	37 Jahre			
Liegenschaftszins (§ 188 Abs. 2 Satz 2 Nr. 1 BewG)	5,0 %			
Vervielfältiger (aus Anlage 21 BewG)			×	16,71
Gebäudeertragswert bei Ablauf des Erbbaurechts				409 395 €
entschädigungsloser Anteil des Gebäudeertragswerts				409 395 €
bei Ablauf des Erbbaurechts (keine Entschädigung)				
Bewertungsstichtag	15.03.2016			
Ablauf des Erbbaurechts	01.01.2036			
Restlaufzeit des Erbbaurechts	19 Jahre			
Liegenschaftszins (§ 193 Abs. 4 Satz 2 Nr. 2 BewG)	5,0 %			
Abzinsungsfaktor (aus Anlage 26 BewG)			×	0,3957

Gebäudeertragswert bei Ablauf des Erbbaurechts gemäß § 194 Abs. 4 BewG abgezinst auf den Bewertungsstichtag	161 998 €

Grundbesitzwert des Erbbaugrundstücks gemäß § 194 BewG

Bodenwertanteil nach § 194 Abs. 3 BewG		215 868 €
Gebäudewertanteil nach § 194 Absatz 4 BewG	+	161 998 €
Grundbesitzwert		**377 866 €**

3327–3335
frei

3.7.4 Bewertung von Gebäuden auf fremdem Grund und Boden

In Fällen von Gebäuden auf fremdem Grund und Boden sind nach § 195 Abs. 1 BewG die Werte **3336**
- für die wirtschaftliche Einheit des Gebäudes auf fremdem Grund und Boden (§ 195 Abs. 2 BewG) und
- die wirtschaftliche Einheit des belasteten Grundstücks (§ 195 Abs. 3 BewG)

gesondert zu ermitteln.

Zu bewerten sind als selbstständige wirtschaftliche Einheiten sowohl ein Gebäude auf **3337**
fremdem Grund und Boden als auch das (mit dem Gebäude auf fremdem Grund und Boden)
belastete Grundstück, R B 195.1 Abs. 1 ErbStR.

3.7.4.1 Definition der Gebäude auf fremdem Grund und Boden und des belasteten Grundstücks

Ein Gebäude auf fremdem Grund und Boden liegt nach R B 195.1 Abs. 2 Satz 1 ErbStR vor, **3338**
wenn ein anderer als der Eigentümer des Grund und Bodens darauf ein Gebäude errichtet hat
und ihm das Gebäude zuzurechnen ist. Das ist insbesondere der Fall, wenn es Scheinbestandteil
des Grund und Bodens ist (§ 95 BGB), R B 195.1 Abs. 2 Satz 2 ErbStR.

Sofern dem Nutzungsberechtigten für den Fall der Nutzungsbeendigung gegenüber dem **3339**
Eigentümer des Grund und Bodens ein Anspruch auf Ersatz des Verkehrswerts des Gebäudes
zusteht, ist bewertungsrechtlich von einem Gebäude auf fremdem Grund und Boden auszugehen, R B 195.1 Abs. 2 Satz 3 ErbStR. Ein solcher Anspruch kann sich dabei aus einer vertraglichen Vereinbarung oder aus dem Gesetz ergeben, R B 195.1 Abs. 2 Satz 4 ErbStR.

Als Gebäude auf fremdem Grund und Boden nach R B 195.1 Abs. 2 Satz 5 ErbStR erfasst **3340**
werden
- das Gebäude,
- die sonstigen Bestandteile, wie
  - die vom Nutzungsberechtigten errichteten Außenanlagen und
  - das Zubehör.

Werden dagegen auf einem Grundstück nur Betriebsvorrichtungen (§ 176 Abs. 2 Satz 1 Nr. 2 **3341**
BewG) oder Außenanlagen errichtet, liegt kein Gebäude auf fremdem Grund und Boden vor,
R B 195.1 Abs. 2 Satz 6 ErbStR.

Die wirtschaftliche Einheit belastetes Grundstück umfasst die vertraglich überlassene Flä- **3342**
che des Grund und Bodens, R B 195.1 Abs. 3 Satz 1 ErbStR. Enthält der Vertrag hierzu keine
Angaben, ist auf die tatsächlichen Verhältnisse des Einzelfalls abzustellen, R B 195.1 Abs. 3
Satz 2 ErbStR. Dabei ist nach R B 195.1 Abs. 3 Satz 3 ErbStR neben der Grundfläche des Gebäu-
des regelmäßig auch die Fläche im Umgriff des Gebäudes zu erfassen. Ist eine eindeutige
Abgrenzung nicht möglich, bestehen nach R B 195.1 Abs. 3 Satz 4 ErbStR keine Bedenken, vom
Fünffachen der bebauten Fläche auszugehen.

3.7.4.2 Wertermittlung bei Gebäuden auf fremdem Grund und Boden und belasteten Grundstücken

Das Gebäude auf fremdem Grund und Boden wird nach § 195 Abs. 2 Satz 1 BewG **3343**
- bei einer Bewertung im Ertragswertverfahren mit dem Gebäudeertragswert nach § 185 BewG,
- bei einer Bewertung im Sachwertverfahren mit dem Gebäudesachwert nach § 190 BewG

bewertet.

3344   Ein Bodenwertanteil ist bei Gebäuden auf fremdem Grund und Boden nicht zu berücksichtigen, R B 195.2 Abs. 2 Satz 8 ErbStR

3.7.4.2.1 Gebäude auf fremdem Grund und Boden bei einer Bewertung im Ertragswertverfahren

3345   Der Grundbesitzwert ergibt sich bei der Bewertung im Ertragswertverfahren nach R B 195.2 Abs. 1 Satz 2 ErbStR aus dem Gebäudeertragswert (R B 184 bis 188 ErbStR). Ist der Nutzer verpflichtet, das Gebäude bei Ablauf des Nutzungsrechts zu beseitigen, ist bei der Ermittlung des Gebäudeertragswerts der Vervielfältiger nach Anlage 21 anzuwenden, der sich für die am Bewertungsstichtag verbleibende Nutzungsdauer ergibt, § 195 Abs. 2 Satz 2 BewG, R B 195.2 Abs. 1 Satz 3 ErbStR. Hierbei ist die Regelung der Mindest-Restnutzungsdauer von regelmäßig mindestens 30 % der wirtschaftlichen Gesamtnutzungsdauer nach § 185 Abs. 3 Satz 5 BewG nicht anzuwenden, § 195 Abs. 2 Satz 3 BewG, R B 195.2 Abs. 1 Satz 4 ErbStR.

3.7.4.2.2 Gebäude auf fremdem Grund und Boden bei einer Bewertung im Sachwertverfahren

3346   Bei der Bewertung des Gebäudes auf fremdem Grund und Boden im Sachwertverfahren ergibt sich nach R B 195.2 Abs. 2 Satz 5 ErbStR der Grundbesitzwert aus dem Gebäudesachwert (R B 189 bis 191 ErbStR). Ist der Nutzer verpflichtet, das Gebäude bei Ablauf des Nutzungsrechts zu beseitigen, bemisst sich die Alterswertminderung im Sinne des § 190 Abs. 2 Satz 1 bis 3 BewG nach dem Alter des Gebäudes am Bewertungsstichtag und der tatsächlichen Gesamtnutzungsdauer, § 195 Abs. 2 Satz 4 BewG, R B 195.2 Abs. 2 Satz 6 ErbStR.

3347   Auch hier ist der Ansatz des Mindest- Gebäuderegelherstellungswerts in Höhe von 30 % i. S. d. § 190 Abs. 2 Satz 5 BewG nicht anzuwenden, § 195 Abs. 2 Satz 5 BewG, R B 195.2 Abs. 2 Satz 7 ErbStR.

3.7.4.3 Wertermittlung des belasteten Grundstücks

3348   Der Wert des belasteten Grundstücks ermittelt sich nach § 195 Abs. 3 Satz 1 BewG aus dem
- auf den Bewertungsstichtag abgezinsten Bodenwert nach § 179 BewG
- zuzüglich des über die Restlaufzeit des Nutzungsrechts kapitalisierten Entgelts.

3349 Dabei wird der Abzinsungsfaktor für den Bodenwert nach § 195 Abs. 3 Satz 2 BewG in Abhängigkeit vom Zinssatz nach § 193 Abs. 4 und der Restlaufzeit des Nutzungsverhältnisses ermittelt. Er ist Anlage 26 des BewG zu entnehmen. Das über die Restlaufzeit des Nutzungsrechts kapitalisierte Entgelt ergibt sich nach § 195 Abs. 3 Satz 3 BewG durch Anwendung des Vervielfältigers nach Anlage 21 auf das zum Bewertungsstichtag vereinbarte jährliche Entgelt.

3350   Sowohl die Abzinsung des Bodenwerts (§ 195 Abs. 3 Satz 2 BewG) als auch die Kapitalisierung des Nutzungsentgelts (§ 195 Abs. 3 Satz 3 BewG) erfolgt nach R B 195.2 Abs. 3 Satz 2 ErbStR in Abhängigkeit der Restlaufzeit des Nutzungsrechts. Die Restlaufzeit ist nach R B 195.2 Abs. 3 Satz 3 ErbStR auf volle Jahre abzurunden. Ein Gebäudewertanteil ist nicht zu berücksichtigen, R B 195.2 Abs. 3 Satz 4 ErbStR.

3351–3360 frei

3.7.5 Bewertung von Grundstücken im Zustand der Bebauung

3.7.5.1 Definition der Grundstücke im Zustand der Bebauung

Nach § 196 Abs. 1 Satz 1 BewG liegt ein Grundstück im Zustand der Bebauung vor, wenn mit **3361**
den Bauarbeiten begonnen wurde und Gebäude und Gebäudeteile noch nicht bezugsfertig sind.
Hierbei beginnt nach § 196 Abs. 1 Satz 2 BewG der Zustand der Bebauung mit den Abgrabungen
oder der Einbringung von Baustoffen, die zur planmäßigen Errichtung des Gebäudes führen.

In R B 196.1 ErbStR wird weiter konkretisiert, ab wann und bis wann ein Grundstück im **3362**
Zustand der Bebauung vorliegt.

3.7.5.1.1 Beginn der Baumaßnahme

So wird in R B 196.1 Abs. 1 Satz 2 ErbStR klargestellt, dass der vorherige Abbruch eines **3363**
Gebäudes oder Gebäudeteils noch nicht als Beginn der Baumaßnahme zur Errichtung des neu
geschaffenen Gebäudes oder Gebäudeteils anzusehen ist. Als Beginn der Abgrabungsarbeiten auf
dem Grundstück ist der Zeitpunkt anzusehen, in dem mit den Erdarbeiten, insbesondere mit dem
Ausschachten der Baugrube oder mit dem Planieren als Vorarbeiten für eine Bodenplatte, begonnen wird, R B 196.1 Abs. 3 Satz 1 ErbStR. Bis zum Beginn der Erdarbeiten sind die für die Planung
des Gebäudes aufgewandten Kosten als immaterielles Wirtschaftsgut zu erfassen, R B 196.1 Abs. 3
Satz 2 ErbStR. Ab Beginn der Erdarbeiten sind die Planungskosten durch den Wert für das Grundstück im Zustand der Bebauung abgegolten, R B 196.1 Abs. 3 Satz 3 ErbStR.

Sind für die Durchführung der Baumaßnahme keine Abgrabungsarbeiten erforderlich **3364**
oder ist mit der Einbringung von Baustoffen zur planmäßigen Errichtung eines Gebäudes oder
Gebäudeteils vor Durchführung der Erdarbeiten begonnen worden, ist für den Beginn der Baumaßnahme auf den Zeitpunkt der erstmaligen Verarbeitung von Baustoffen abzustellen,
R B 196.1 Abs. 3 Satz 4 ErbStR.

3.7.5.1.2 Ende der Baumaßnahme

Der Zustand der Bebauung endet mit der Bezugsfertigkeit des ganzen Gebäudes, sofern es **3365**
nicht in Bauabschnitten errichtet wird, R B 196.1 Abs. 1 Satz 3 ErbStR.

Ein Grundstück im Zustand der Bebauung liegt demzufolge bis zur Bezugsfertigkeit des **3366**
Gebäudes oder Gebäudeteils vor, R B 196.1 Abs. 4 Satz 1 ErbStR. Bezugsfertig ist ein Gebäude, wenn
es den künftigen Bewohnern oder sonstigen Benutzern zugemutet werden kann, es zu benutzen; auf
die Abnahme durch die Bauaufsichtsbehörde kommt es nicht an R B 196.1 Abs. 4 Satz 2 ErbStR. Für
die Bezugsfertigkeit am Bewertungsstichtag müssen alle wesentlichen Bauarbeiten abgeschlossen
sein, R B 196.1 Abs. 4 Satz 3 ErbStR. Dies ist nach R B 196.1 Abs. 4 Satz 4 ErbStR nicht der Fall, wenn
noch Klempnerarbeiten ausstehen, an der zur Wohnung führenden Treppe das Geländer fehlt, Türen
und Fenster noch einzubauen sind, Anschlüsse für Strom- und Wasserversorgung verlegt werden
müssen, die Heizung zu installieren ist, sanitäre Einrichtungen noch einzubauen sind oder der
Untergrund für den Fußbodenbelag noch aufgebracht werden muss.

Geringfügige Restarbeiten, die üblicherweise vor dem tatsächlichen Bezug durchgeführt **3367**
werden (z. B. Malerarbeiten, Anbringen einer Antenne oder Satellitenanlage sowie Verlegen des
Fußbodenbelags), schließen dagegen die Bezugsfertigkeit nicht aus, R B 196.1 Abs. 4 Satz 5 ErbStR.

Sofern das Gebäude am Bewertungsstichtag bezogen ist, begründet dies die widerlegbare **3368**
Vermutung der Bezugsfertigkeit.

3.7.5.1.3 Errichtung von Gebäuden in Bauabschnitten

3369
Wird ein Gebäude in Bauabschnitten errichtet, ist die Entscheidung, ob sich ein Gebäude im Zustand der Bebauung befindet, unter Berücksichtigung der bis zum Bewertungsstichtag eingetretenen Verhältnisse nach der Verkehrsanschauung zu treffen R B 196.1 Abs. 4 Satz 7 ErbStR. Es kommt also darauf an, wie der Schenker oder Erblasser das Bauvorhaben durchführen wollte, R B 196.1 Abs. 4 Satz 8 ErbStR. Nach dem Bewertungsstichtag durchgeführte Baumaßnahmen bleiben bei der Entscheidung, ob eine abschnittsweise Errichtung eines Gebäudes vorliegt, außer Betracht, R B 196.1 Abs. 4 Satz 9 ErbStR.

3370
Kommt es durch den Eigentümerwechsel, z. B. im Erbfall, zu einer unvorhergesehenen Unterbrechung der Baumaßnahme, liegt keine Errichtung eines Gebäudes in Bauabschnitten vor, R B 196.1 Abs. 4 Satz 10 ErbStR. Wird ein Gebäude in Bauabschnitten errichtet, liegt hinsichtlich des bezugsfertigen Teils ein bebautes Grundstück vor, R B 196.1 Abs. 4 Satz 11 ErbStR. Ein Grundstück im Zustand der Bebauung kann in diesen Fällen nur angenommen werden, wenn mit dem nächsten Bauabschnitt bereits begonnen worden ist und hierfür Baumaterialien eingebracht worden sind (z. B. Ausbau eines zunächst als Abstellraum genutzten Gebäudeteils im Dach- oder Kellergeschoss, Aufstockung und Anbau), R B 196.1 Abs. 4 Satz 12 ErbStR.

3.7.5.1.4 Gebäude im Zustand der Bebauung bei An-, Aus- oder Umbauten und Abgrenzung zu Betriebsvorrichtungen

3371
Gebäude im Zustand der Bebauung liegen nach R B 196.1 Abs. 1 Satz 4 ErbStR auch dann vor, wenn durch An-, Aus- oder Umbauten an einem bereits vorhandenen Gebäude neuer Wohn- oder Gewerberaum geschaffen wird. Davon zu unterscheiden sind Modernisierungsmaßnahmen, die diese Voraussetzung regelmäßig nicht erfüllen, R B 196.1 Abs. 1 Satz 5 ErbStR.

3372
Zur wirtschaftlichen Einheit gehören der Grund und Boden, die Gebäude bzw. Gebäudeteile, auch wenn sie am Bewertungsstichtag noch nicht bezugsfertig sind, die sonstigen Bestandteile und das Zubehör, R B 196.1 Abs. 2 Satz 1 ErbStR. Nicht einzubeziehen sind Betriebsvorrichtungen, auch wenn sie wesentliche Bestandteile sind, R B 196.1 Abs. 2 Satz 2 ErbStR. Damit ist es unerheblich, ob die Betriebsvorrichtungen am Bewertungsstichtag fertiggestellt sind oder sich noch im Bau befinden, R B 196.1 Abs. 2 Satz 3 ErbStR.

3.7.5.2 Wertermittlung bei Grundstücken im Zustand der Bebauung

3373
Die Bewertung von Gebäuden oder Gebäudeteilen im Zustand der Bebauung erfolgt nach § 196 Abs. 2 BewG in der Form, dass dem Wert des bislang unbebauten oder bereits bebauten Grundstücks die am Bewertungsstichtag bereits entstandenen Herstellungskosten hinzuzurechnen sind.

3.7.5.2.1 Konkretisierung der hinzuzurechnenden Herstellungskosten

3374
Demzufolge umfasst der Grundbesitzwert für ein Grundstück mit einem Gebäude im Zustand der Bebauung neben dem Wert des unbebauten Grundstücks bzw. dem Wert der bezugsfertigen Gebäude oder Gebäudeteile auch die noch nicht bezugsfertigen Gebäude oder Gebäudeteile, R B 196.2 Abs. 1 Satz 1 ErbStR. Dem bisherigen Wert des unbebauten bzw. des bebauten Grundstücks ist der Wert der bis zum Bewertungsstichtag entstandenen Herstellungskosten des im Bau befindlichen Gebäudes oder Gebäudeteils hinzuzurechnen, R B 196.2 Abs. 1 Satz 2, Abs. 3 Satz 1 ErbStR. Maßgeblich sind nach R B 196.2 Abs. 3 Satz 2 ErbStR die entstandenen Herstellungskosten. Auf den tatsächlichen Zahlungsabfluss kommt es nicht an.

Abbruchkosten für auf dem Grundstück vor Beginn der Baumaßnahme vorhandene **3375** Gebäude oder Gebäudeteile rechnen unabhängig von ihrer ertragsteuerlichen Beurteilung nicht zu den Herstellungskosten, R B 196.2 Abs. 3 Satz 3 ErbStR. Können die bis zum Bewertungsstichtag entstandenen Herstellungskosten nicht eindeutig ermittelt werden, müssen sie anhand des Baufortschritts geschätzt werden, als Anhaltspunkt für diese Schätzung kann z. B. § 3 Abs. 2 Nr. 2 Makler- und Bauträgerverordnung (MaBV)1 dienen, R B 196.2 Abs. 3 Satz 4 ErbStR.

Grundstücke, die sich am Bewertungsstichtag im Zustand der Bebauung befinden, kön- **3376** nen sowohl unbebaute als auch bereits bebaute Grundstücke sein, R B 196.2 Abs. 2 Satz 1 ErbStR. Die Entscheidung, ob vor Beginn der am Bewertungsstichtag noch nicht abgeschlossenen Baumaßnahme ein unbebautes oder ein bebautes Grundstück vorgelegen hat, ist nach § 178 Abs. 1 BewG zu treffen, R B 196.2 Abs. 2 Satz 2 ErbStR.

3.7.5.2.2 Unbebaute Grundstücke im Zustand der Bebauung

Befinden sich auf einem Grundstück außer dem im Bau befindlichen Gebäude zu Beginn **3377** der Baumaßnahme keine bezugsfertigen Gebäude, liegt ein unbebautes Grundstück vor, R B 196.2 Abs. 2 Satz 3 ErbStR. Hierfür ist der Wert nach § 179 BewG zu ermitteln, R B 196.2 Abs. 2 Satz 4 ErbStR.

BEISPIEL

Errichtung eines Gebäudes auf einem bisher unbebauten Grundstück in Anlehnung an H B 196.2 (3) ErbStH

Ein zuvor unbebautes Grundstück (Größe 744 m², Bodenrichtwert 125 €/m²) wird mit einem Einfamilienhaus bebaut und zum 30. 06. 2016 verschenkt. Bis zu diesem Zeitpunkt sind Herstellungskosten von 120 000 € entstanden, von denen 80 000 € bezahlt worden sind.

Wert für das zuvor unbebaute Grundstück	
(§ 196 Abs. 2 i. V. m. § 179 BewG) 744 m² × 125 €/m²	93 000 €
Entstandene Herstellungskosten	+ 120 000 €
(§ 196 Absatz 2 BewG; die tatsächliche Zahlung ist unbeachtlich)	
Grundbesitzwert	**213 000 €**

3.7.5.2.3 Bebaute Grundstücke im Zustand der Bebauung

Sind dagegen auf einem Grundstück vor Beginn der noch nicht abgeschlossenen Baumaß- **3378** nahme bereits bezugsfertige Gebäude oder Gebäudeteile nach § 180 BewG vorhanden, erfolgt dessen Bewertung nach §§ 182 bis 195 BewG, R B 196.2 Abs. 2 Satz 5 ErbStR.

3379

BEISPIELE

a) Errichtung eines Zweifamilienhauses (Bewertung bisher nach Vergleichswertverfahren) auf einem bisher bebauten Grundstück in Anlehnung an H B 196.2 (3) ErbStH

Ein Zweifamilienhaus (ZFH), das auf einem 900 m² großen Grundstück errichtet worden ist (Bodenrichtwert 200 €/m²), wird um zwei Stockwerke aufgestockt. Nach Abschluss der Baumaßnahme wird das Mehrfamilienhaus 6 Wohnungen beinhalten. Der Eigentümer verstirbt noch während der Bauphase am 01. 07. 2016. Bis zu diesem Zeitpunkt sind Herstellungskosten für die Aufstockung von 150 000 € entstanden (ohne Abbruchkosten für die Beseitigung des alten Dachaufbaus). Der Vergleichswert (inkl. Bodenwert) beträgt lt. Grundstücksmarktbericht des örtlichen Gutachterausschusses für ein vergleichbares Zweifamilienhaus 465 000 €.

Wert des bebauten Grundstücks vor Beginn der Baumaßnahme
(§ 196 Absatz 2 i. V. m. § 183 Absatz 1 BewG)
Vergleichswert ZFH lt. Grundstücksmarktbericht (maßgeblich ist
die Grundstücksart und das Bewertungsverfahren vor Durch-   465 000 €
führung der Baumaßnahme)
Entstandene Herstellungskosten (§ 196 Absatz 2 BewG)   +   150 000 €
Grundbesitzwert   **615 000 €**

3380 **b) Errichtung eines Mehrfamilienhauses (Bewertung bisher nach Ertragswertverfahrens) auf einem bisher bebauten Grundstück in Anlehnung an H B 196.2 (3) ErbStH**
Ein mit einem Mehrfamilienhaus (Mietwohngrundstück) bebautes Grundstück, das 1 560 m² groß ist und für das ein Bodenrichtwert von 275 €/m² anzusetzen ist, wird um einen Anbau erweitert. Der Eigentümer verschenkt das Grundstück (während der Bauphase) zum 02. 01. 2016. Herstellungskosten sind bis zu diesem Zeitpunkt in Höhe von 85 000 € entstanden. Das Jahresentgelt (Miete) vor Errichtung des Anbaus beträgt 36 800 € und entspricht der üblichen Miete. Das Gebäude ist im Bewertungsstichtag 30 Jahre alt. Der Gutachterausschuss hat keine Erfahrungssätze für Bewirtschaftungskosten und keinen Liegenschaftszinssatz zur Verfügung gestellt.
Die Gesamtnutzungsdauer des Mietwohngrundstücks beträgt nach Anlage 22 BewG 70 Jahre. Da der Gutachterausschuss keine Erfahrungssätze für Bewirtschaftungskosten und keinen Liegenschaftszinssatz zur Verfügung stellt, gelten die Werte nach Anlage 23 BewG (Bewirtschaftungskosten = 27 %) und § 188 Abs. 2 Satz 2 Nr. 1 BewG (Liegenschaftszinssatz = 5 %). Der Vervielfältiger beträgt nach Anlage 21 BewG bei einer Restnutzungsdauer von 40 Jahren 17,16.

Wert des bebauten Grundstücks vor Beginn der Baumaßnahme
(§ 196 Abs. 2 i. V. m. §§ 184 ff. BewG)
Bodenwert
1 560 m² × 275 €/m²   429 000 €
Gebäudewert
Grundstücksrohertrag (Jahresentgelt)   36 800 €
Bewirtschaftungskosten (27 % × 36 800 €)   ./.   9 936 €
Grundstücksreinertrag   26 864 €
Bodenwertverzinsung (5 % × 429 000 €)   ./.   21 450 €
Gebäudereinertrag   5 414 €
Vervielfältiger   ×   17,16   +   92 904 €
Wert des bebauten Grundstücks vor Beginn der Baumaßnahme   521 904 €

Entstandene Herstellungskosten (§ 196 Abs. 2 BewG)   +   85 000 €
Grundbesitzwert   606 904 €

3.7.6 Bewertung von Gebäuden und Gebäudeteilen für den Zivilschutz

3381   Gebäude, Teile von Gebäuden und Anlagen, die wegen der in § 1 des Zivilschutzgesetzes bezeichneten Zwecke geschaffen worden sind und im Frieden nicht oder nur gelegentlich oder geringfügig für andere Zwecke benutzt werden, bleiben nach § 197 BewG bei der Ermittlung des Grundbesitzwerts außer Betracht, R B 197 Abs. 1 Satz 1 ErbStR. Eine nur gelegentliche oder geringfügige Mitbenutzung der Gebäude, Gebäudeteile und Anlagen für andere als dem Zivilschutz dienende Zwecke ist für die Gewährung der sachlichen Befreiung unschädlich, R B 197 Abs. 1 Satz 2 ErbStR. Diese liegen beispielsweise vor, wenn in einem für die begünstigten Zwecke geschaffenen Raum von Zeit zu Zeit Veranstaltungen abgehalten werden, zu deren Durchführung der Raum nicht besonders hergerichtet werden muss, R B 197 Abs. 1 Satz 3 ErbStR. Um eine geringfügige unschädliche Mitbenutzung handelt es sich ebenfalls, wenn in dem Gebäudeteil lediglich Gartengeräte, Fahrräder oder dergleichen abgestellt werden, R B 197 Abs. 1 Satz 4 ErbStR.

Dagegen versagt die Finanzverwaltung die Steuerbefreiung, wenn die Gebäude, Gebäude-teile und Anlagen ständig anderen Zwecken dienen, z. B. als Lager-, Lehr-, oder Ausbildungs-räume, R B 197 Abs. 1 Satz 5 ErbStR. **3382**

Der Wert des Grund und Bodens entspricht nach R B 197 Abs. 2 ErbStR regelmäßig mit dem gesamten Wert des unbebauten Grundstücks nach § 179 BewG. **3383**

3384–3400 frei

3.8 Nachweis des niedrigeren gemeinen Werts

Weist der Steuerpflichtige nach, dass der gemeine Wert der wirtschaftlichen Einheit am Bewertungsstichtag niedriger ist als der nach den §§ 179, 182 bis 196 ermittelte Wert, so ist nach § 198 Satz 1 BewG dieser Wert anzusetzen. Nach § 198 Satz 2 BewG gelten für den Nachweis des niedrigeren gemeinen Werts grundsätzlich die auf Grund des § 199 Abs. 1 des Baugesetzbuchs erlassenen Vorschriften. **3401**

Die Nachweislast für einen niedrigeren gemeinen Wert trifft nach R B 198 Abs. 1 Satz 2 ErbStR den Steuerpflichtigen. Nach Ansicht der Finanzverwaltung wird die Voraussetzung nicht durch die Vorlage von Auszügen aus der Kaufpreissammlung erfüllt, R B 198 Abs. 1 Satz 3 ErbStR. Der Nachweis des niedrigeren gemeinen Werts muss jeweils die gesamte wirtschaftliche Einheit umfassen, R B 198 Abs. 2 Satz 1 ErbStR. Bei Grundstücken im Zustand der Bebauung ist der Verkehrswertnachweis für die gesamte wirtschaftliche Einheit unter Berücksichtigung der baulichen Gegebenheiten zulässig, R B 198 Abs. 2 Satz 2 ErbStR. **3402**

Als Nachweis ist nach R B 198 Abs. 3 Satz 1 ErbStR regelmäßig ein Gutachten des zustän-digen Gutachterausschusses oder eines Sachverständigen für die Bewertung von Grundstücken erforderlich. Für das Finanzamt ist das Gutachten nicht bindend, sondern unterliegt dessen Beweiswürdigung, R B 198 Abs. 3 Satz 2 ErbStR. Enthält das Gutachten Mängel (z. B. methodi-sche Mängel oder unzutreffende Wertansätze), kann das Finanzamt dies zurückzuweisen, R B 198 Abs. 3 Satz 3 ErbStR. Ein Gegengutachten durch das Finanzamt ist nicht erforderlich. Gem. R B 198 Abs. 3 Satz 4 ErbStR gelten für den Nachweis des niedrigeren gemeinen Werts grundsätzlich die auf Grund des § 199 Abs. 1 BauGB erlassenen Vorschriften. Nach Maßgabe dieser Vorschriften sind sämtliche wertbeeinflussenden Umstände zur Ermittlung des gemei-nen Werts (Verkehrswerts) von Grundstücken zu berücksichtigen, R B 198 Abs. 3 Satz 5 ErbStR. Hierzu gehören auch die den Wert beeinflussenden Rechte und Belastungen privatrechtlicher und öffentlich-rechtlicher Art, wie z. B. Grunddienstbarkeiten und persönliche Nutzungsrechte R B 198 Abs. 3 Satz 6 ErbStR. **3403**

Mit Ausnahme des Nachweises der üblichen Miete (vgl. R B 186.5 Absatz 5) kommt ein Einzelnachweis zu Bewertungsgrundlagen nach § 179 und §§ 182 bis 196 BewG, z. B. hinsicht-lich der Bewirtschaftungskosten, nicht in Betracht, R B 198 Abs. 3 Satz 7 ErbStR. **3404**

Auch ein im gewöhnlichen Geschäftsverkehr innerhalb eines Jahres vor oder nach dem Bewertungsstichtag zustande gekommener Kaufpreis über das zu bewertende Grundstück kann nach R B 198 Abs. 4 Satz 1 ErbStR als Nachweis dienen. Auch ein außerhalb dieses Zeitraums im gewöhnlichen Geschäftsverkehr zustande gekommener Kaufpreis kann nach R B 198 Abs. 4 Satz 2 ErbStR auch als Nachweis des niedrigeren gemeinen Werts dienen, wenn die hierfür maßgeblichen Verhältnisse gegenüber den Verhältnissen zum Bewertungsstichtag unverändert geblieben sind. In diesen Fällen bestehen nach R B 198 Abs. 4 Satz 3 ErbStR keine Bedenken, diesen Wert regelmäßig ohne Wertkorrekturen als Grundbesitzwert festzustellen. **3405**

3406–3600 frei

Teil H Bedarfsbewertung des Betriebsvermögens und der Anteile an Kapitalgesellschaften

1 Grundsätzliches

1.1 Rechtsformneutrale Bewertung zum gemeinen Wert

3601   Bis zum Inkrafttreten der neuen Regelungen zur Bewertung und Begünstigung von Unternehmensvermögen durch das Erbschaftsteuerreformgesetz 2009 wurden Anteile an (nicht notierten) Kapitalgesellschaften grds. nach dem sog. Stuttgarter Verfahren und Einzelunternehmen sowie Personengesellschaftsbeteiligungen grds. mit Steuerbilanzwerten bewertet. Diese Bewertungsmethoden führten dazu, dass Unternehmensvermögen – im Vergleich zur Bewertung von sonstigen Vermögenswerten (z. B. Sparbuch) – im Allgemeinen mit einem deutlich unter dem gemeinen Wert liegenden Wert angesetzt wurde. Darin erkannte das Bundesverfassungsgericht in seiner Entscheidung vom 07. 11. 2006 (BStBl II 2007, 192) einen Verstoß gegen den verfassungsrechtlichen Gleichbehandlungsgrundsatz des Art. 3 Abs. 1 GG. Das Bundesverfassungsgericht forderte den Gesetzgeber auf, spätestens mit Wirkung vom 01. 01. 2009 ein neues Erbschaftsteuer- und Bewertungsgesetz zu schaffen, das den verfassungsrechtlichen Vorgaben des **Art. 3 Abs. 1 GG** entspricht. Der Gesetzgeber hat daraufhin mit Wirkung vom 01. 01. 2009 (bei fristgemäßem Antrag bereits rückwirkend für Erbfälle in den Jahren 2007 und 2008) das Erbschaftsteuerreformgesetz vom 24. 12. 2008 (BStBl I 2009, 140) erlassen.

3602   Die Bewertung des Betriebsvermögens erfolgt nach den Vorgaben des Bundesverfassungsgerichts nunmehr **rechtsformneutral**. Nach den Vorstellungen des Gesetzgebers soll Unternehmensvermögen auf der Bewertungsebene – genauso wie sonstiges Vermögen – jeweils mit dem Verkehrswert bzw. dem **gemeinen Wert** i. S. v. § 9 BewG bewertet werden, gleichgültig ob es sich um ein Einzelunternehmen, eine Personengesellschaft oder eine Kapitalgesellschaft handelt. Erst auf der zweiten Ebene kommen für bestimmtes begünstigtes Unternehmensvermögen, das die Voraussetzungen der §§ 13a, 13b ErbStG erfüllt, Bewertungsabschläge (85 % bei sog. Regelverschonung und 100 % bei sog. Optionsverschonung) in Betracht (s. Kapitel 1 B 3.6). Für sog. Großvermögen (das von derselben Person innerhalb von 10 Jahren geschenkte bzw. vererbte begünstigte Vermögen übersteigt insgesamt 26 Mio. €) ermäßigt sich der Verschonungsabschlag für Erwerbe nach dem 30. 06. 2016 bis zur Wertgrenze von 90 Mio. € nach § 13c ErbStG. Im Vergleich zur alten Rechtslage führt die Bewertung von Unternehmensvermögen mit dem gemeinen Wert somit zu einem höheren Ansatz (insoweit grds. Risiko). Auf der anderen Seite besteht für die Steuerpflichtigen unter den Voraussetzungen der §§ 13a, 13b, 13c und 28a ErbStG die Chance zur gänzlich oder weitgehend steuerbefreiten Übertragung von Betriebsvermögen. Lediglich bei Nichterreichung bzw. Nichteinhaltung dieser Begünstigungsvoraussetzungen drohen den Steuerpflichtigen im Vergleich zur alten Rechtslage höhere Steuerbelastungen.

1.2 Änderung der Interessenlage

3603   Im Hinblick auf das Erreichen dieser hohen Bewertungsabschläge für begünstigtes Betriebsvermögen hat sich auch die **Interessenlage** der Steuerpflichtigen **teilweise geändert**. Nach früherer Rechtslage bis 2008 waren die Steuerpflichtigen stets an einer niedrigen Bewertung des Betriebsvermögens interessiert. Von diesem (niedrigen) Wert konnte noch ein Freibetrag für Betriebsvermögen i. H. v. 225 000 € (für Übertragungen von derselben Person innerhalb eines 10-Jahreszeitraums) sowie ein Bewertungsabschlag von 35 % mindernd berücksichtigt werden (vgl. § 13a Abs. 1 und 4 ErbStG a. F.). Demgegenüber hingen die Begünstigungen für die Übertragungen von Betriebsvermögen **im Zeitraum zwischen 01.01.2009 und dem 30.06.2016** (u. a.) vom Einhalten einer sog. Verwaltungsvermögensquote ab (max. 50 % bei der Regelverschonung und max. 10 % bei der Optionsverschonung; vgl. § 13b Abs. 2 Satz 1 i. V. m. § 13a Abs. 8 Nr. 3 ErbStG a. F.; s. hierzu Kapitel 1 B 3.6.2). Je höher der Unternehmenswert war, desto niedriger war grds. die Verwaltungsvermögensquote. Dies bedeutete, dass im Einzelfall ein höherer Unternehmenswert für den Steuerpflichtigen vorteilhaft war, um in den Genuss eines hohen Bewertungsabschlags von 85 % (Regelverschonung) bzw. 100 % (Optionsverschonung) zu kommen.

BEISPIEL

A schenkte seinem Sohn S im Mai 2016 eine 100 %-ige Unternehmensbeteiligung. Im Vermögen des Unternehmens befand sich sog. Verwaltungsvermögen i. S. v. § 13b Abs. 2 ErbStG a. F. (z. B. Wertpapiere, fremdvermietete Grundstücke) im Wert von 2 Mio. €. Bei einem Unternehmenswert von 3 Mio. € kam eine erbschaftsteuerliche Begünstigung nach §§ 13a, 13b ErbStG a. F. nicht in Betracht, da die Verwaltungsvermögensquote 66,67 % (= 2 Mio. € Verwaltungsvermögen / 3 Mio. € Unternehmenswert) betrug. Der steuerpflichtige Erwerb des S betrug (jeweils ohne Berücksichtigung von persönlichen Freibeträgen) somit 3 Mio. €. Würde der Unternehmenswert hingegen 4 Mio. € betragen, so reduzierte sich die Verwaltungsvermögensquote auf 50 % (= 2 Mio. € / 4 Mio. €) und ein Bewertungsabschlag i. H. v. 85 % (Regelverschonung, § 13b Abs. 4 ErbStG a. F.) käme in Betracht. Der steuerpflichtige Erwerb des S betrug mithin nur 0,6 Mio. €. Bei einem Unternehmenswert von 10 Mio. € (Verwaltungsvermögensquote 20 % = 2 Mio. € / 10 Mio. €) wären demzufolge 1,5 Mio. € steuerpflichtig (= 10 Mio. € ./. 85 % Bewertungsabschlag). Bei einem Unternehmenswert von 20 Mio. € (Verwaltungsvermögensquote nur 10 % = 2 Mio. € / 20 Mio. €) käme auf Antrag sogar eine vollständige Steuerbefreiung nach der Optionsverschonung (100 %-Bewertungsabschlag, § 13a Abs. 8 i. V. m. § 13b Abs. 4 ErbStG a. F.) in Betracht. Dieses Beispiel zeigt, dass ein höherer Unternehmenswert für den Steuerpflichtigen im Einzelfall sogar günstiger sein konnte, sofern die Voraussetzungen für die erbschaftsteuerliche Begünstigung nach §§ 13a, 13b ErbStG a. F. erfüllt war.

Für Übertragungen **nach dem 30.06.2016** hat sich diese Interessenlage wieder grds. geändert. Das bisherige »Alles-oder-Nichts-Prinzip« (Bewertungsabschlag auf alles, wenn die Verwaltungsvermögensquote nicht überschritten ist) wurde abgeschafft und durch ein Aufteilungsprinzip ersetzt (**Paradigmenwechsel**). Verschonungsabschläge gibt es nach neuem Recht nur noch auf das begünstigte Unternehmensvermögen. Für das nicht begünstigte Vermögen (Verwaltungsvermögen, junges Verwaltungsvermögen und junge Finanzmittel) gibt es nach neuem Recht keine Verschonungsabschläge mehr. Insoweit kommt es nunmehr bzgl. der Verschonung grds. nicht mehr auf die Verwaltungsvermögensquoten an. Lediglich bei einer Verwaltungsvermögensquote von mindestens 90 % gibt es keinerlei Begünstigungen mehr (§ 13b Abs. 2 Satz 2 ErbStG). Voraussetzung für die Optionsverschonung ist nach neuem Recht, dass die Verwaltungsvermögensquote nicht mehr als 20 % des Unternehmenswerts beträgt (§ 13a Abs. 10 Satz 2 ErbStG; bisher 10 %).

3603a

BEISPIEL

Der Unternehmenswert beträgt 10 Mio. €. Davon sind 30 % (= 3 Mio. €) nicht begünstigtes Verwaltungsvermögen. Die restlichen 70 % (= 7 Mio. €) sind begünstigtes Betriebsvermögen. Da die Verwaltungsvermögensquote mehr als 20 % beträgt, kommt für den Steuerpflichtigen nur die Regelverschonung (85 %-Abschlag) und nicht die Optionsverschonung (100 %-Abschlag) in Betracht. Die Abschläge werden allerdings nur auf das begünstigte Betriebsvermögen (7 Mio. €) gewährt (§ 13a Abs. 1 Satz 1 ErbStG). Insoweit hat die Verwaltungsvermögensquote an Bedeutung verloren. Der Steuerpflichtige ist im Regelfall wieder an einer möglichst niedrigen Bewertung interessiert (wie schon zur Rechtslage bis 2008).

1.3 Folgen für Abfindungsbeschränkungen bei Ausscheiden aus Gesellschaft

3604   Die Bewertung von Betriebsvermögen mit dem gemeinen Wert hat auch im Falle von **Abfindungsbeschränkungen bei Ausscheiden aus einer Gesellschaft** erbschaftsteuerliche bzw. schenkungsteuerliche Folgen. Die meisten Gesellschaftsverträge enthalten zum Schutz der Gesellschaft Abfindungsbeschränkungen für den Fall des Ausscheidens eines Gesellschafters. Gemäß § 7 Abs. 7 ErbStG gilt (Fiktion) auch der auf dem Ausscheiden eines Gesellschafters beruhende Übergang des Anteils oder des Teils eines Anteils eines Gesellschafters einer Personen- oder Kapitalgesellschaft auf die anderen Gesellschafter oder die Gesellschaft als Schenkung, soweit der schenkungsteuerliche Wert des Anteils den Abfindungsanspruch übersteigt. Eine entsprechende Regelung für den Erwerb von Todes wegen enthält § 3 Abs. 1 Nr. 2 ErbStG. Da es sich um einen **sog. Fiktionstatbestand** handelt (»gilt«), kommt es in diesen Fällen nicht auf eine Bereicherungsabsicht des ausscheidenden Gesellschafters an. Diese Fiktionstatbestände haben seit Inkrafttreten des Erbschaftsteuerreformgesetzes 2009 in der Praxis an Bedeutung gewonnen. Denn während nach alter Rechtslage der schenkungsteuerliche Wert des Unternehmensanteils – aufgrund der früheren niedrigeren Bewertung – oftmals nicht höher als der Abfindungsanspruch lag, kommen diese Zuwendungstatbestände nach aktueller Rechtslage – aufgrund der Bewertung des Unternehmensanteils zum gemeinen Wert – beim Ausscheiden eines Gesellschafters gegen Abfindungsbeschränkung oftmals zum Tragen. Dass dies auch schenkungsteuerliche Folgen nach sich zieht, wird in diesen Fällen in der Praxis oft nicht bedacht.

BEISPIEL

A, der zu einem Drittel an der ABC-GmbH beteiligt ist, scheidet aus der Gesellschaft aus. Sein Geschäftsanteil wird von B und C je zur Hälfte übernommen. Als Abfindung erhält er nach den satzungsmäßigen Bestimmungen eine Abfindung nach den Bewertungsregelungen des sog. Stuttgarter Verfahrens. Der Verkehrswert (gemeine Wert) seiner Beteiligung beträgt 3 Mio. €. Der nach dem Stuttgarter Verfahren ermittelte Wert beträgt nur 1,8 Mio. € (= 60 % des Verkehrswerts); d. h. A erhält von den verbleibenden Gesellschaftern lediglich eine Abfindung i. H. v. 1,8 Mio. €.

Nach alter Rechtslage bis 2008 lag kein schenkungsteuerpflichtiger Vorgang vor, da der Abfindungsanspruch (1,8 Mio. €) den schenkungsteuerlichen Wert seiner Beteiligung (1,8 Mio. €; bis 2008 bewertet nach dem Stuttgarter Verfahren) nicht unterschritten hat. Nach aktueller Rechtslage (Ausscheiden nach 2008) liegt hingegen ein schenkungsteuerpflichtiger Vorgang i. S. v. § 7 Abs. 7 ErbStG vor, da der Abfindungsanspruch den Wert seiner Beteiligung um 1,2 Mio. € unterschritten hat. Daher gilt (Fiktion) das Ausscheiden des A gegen Abfindungsbeschränkung je zur Hälfte (jeweils i. H. v. 600 T€) als Zuwendung an die verbleibenden Gesellschafter B und C. Soweit die Voraussetzungen der §§ 13a, 13b ErbStG erfüllt sind, kommen die erbschaftsteuerlichen Begünstigungen für Betriebsvermögen (Bewertungsabschlag von 85 % bzw. 100 %, Abzugsbetrag nach § 13a Abs. 2 ErbStG und Tarifbegünstigung nach § 19a ErbStG) auf das begünstigte Vermögen in Betracht (vgl. § 13a Abs. 1 i. V. m. § 13b Abs. 2 ErbStG; R E 3.4 Abs. 3 ErbStR).

Würde der Anteil des A bei Ausscheiden von der Gesellschaft gegen Abfindungsbeschränkung eingezogen mit der Folge, dass der Anteil untergeht, so kämen die Begünstigungen nach §§ 13a, 13b ErbStG für den Erwerb von B und C nicht in Betracht. Gleiches würde grds. auch gelten, wenn A mangels Erreichen der Mindestbeteiligungsquote i. S. v. § 13b Abs. 1 Nr. 3 ErbStG zu nicht mehr als 25 % (kein Poolvertrag) beteiligt wäre.

1.4 Einheitliche Bewertungsmethoden

Ausfluss der rechtsformneutralen Bewertung ist, dass auch die Methoden der Wertermitt-   **3605**
lung für Einzelunternehmen, Freiberufler, Personen- und Kapitalgesellschaften grds. dieselben
sind. Die Methoden zur Bewertung eines Anteils an (nicht börsennotierten) Kapitalgesellschaften sind in § 11 Abs. 2 BewG geregelt. § 109 Abs. 1 BewG verweist für Gewerbebetriebe und
Freiberufler ebenso auf § 11 Abs. 2 BewG wie § 109 Abs. 2 BewG für Anteile an Personengesellschaften. Somit wird der **gemeine Wert für jede Rechtsform** grds. nach einheitlichen Bewertungsmethoden ermittelt.

Einzig bei **börsennotierten** Anteilen an Kapitalgesellschaften gibt es vorrangig den Bör-   **3606**
senwert, der bei den anderen Rechtsformen nicht besteht. Grundsätzlich ist bei Anteilen an
börsennotierten Kapitalgesellschaften, die am Stichtag an einer deutschen Börse zum Handel
im regulierten Markt oder im Freiverkehr zugelassen sind, der niedrigste am Bewertungsstichtag für sie im regulierten Markt notierte Kurs anzusetzen (§ 11 Abs. 1 Satz 1 und 3 BewG). Liegt
am Stichtag eine solche Notierung nicht vor, so ist der letzte innerhalb von 30 Tagen vor dem
Stichtag im regulierten Markt bzw. im Freiverkehr notierte Kurs maßgebend (§ 11 Abs. 1 Satz 2
und 3 BewG). Die Ableitung des Wertes von Anteilen an börsennotierten Kapitalgesellschafts-
beteiligungen aus Stichtagskursen bzw. stichtagsnahen Kursen stellt grds. die einfachste Wertermittlung dar. Sie kommt zugleich dem Ziel des Gesetzgebers, Unternehmensbeteiligungen zum
gemeinen Wert zu bewerten, am nächsten. Zu weiteren Details vgl. Kapitel 1 D 3. Anteile an
börsennotierten Kapitalgesellschaften werden unmittelbar vom Erbschaftsteuerfinanzamt
berücksichtigt; eine gesonderte Feststellung des Anteilswerts ist hierbei weder erforderlich noch
vorgesehen.

Für alle **anderen** Beteiligungen und Unternehmensvermögen, die die Voraussetzungen   **3607**
des § 11 Abs. 1 BewG nicht erfüllen (Anteile an nicht börsennotierten Kapitalgesellschaften und
an Personengesellschaften i. S. d. § 15 EStG, Einzelunternehmen und Betriebsvermögen von
Freiberuflern) sind nach **§ 11 Abs. 2 BewG** nachfolgende Methoden zur Ermittlung des gemeinen Werts vorgesehen. Für diese nicht börsennotierten Unternehmensbeteiligungen ist grds.
eine gesonderte Feststellung vorgesehen (vgl. für Kapitalgesellschaftsanteile § 12 Abs. 2 ErbStG
i. V. m. § 151 Abs. 1 Satz 1 Nr. 3 i. V. m. § 11 Abs. 2 BewG und für Personenunternehmen § 12
Abs. 5 ErbStG i. V. m. § 151 Abs. 1 Satz 1 Nr. 2 i. V. m. §§ 95 ff. i. V. m. § 109 i. V. m. § 11 Abs. 2
BewG).

1.5 Überblick über die Bewertungsmethoden

Alle nachfolgend genannten Bewertungsmethoden haben die Ermittlung des gemeinen   **3608**
Werts zum Ziel (§ 11 Abs. 2 Satz 1 BewG).

1.5.1 Vergleichsverkäufe

Liegen keine Börsenkurse nach § 11 Abs. 1 BewG vor, so ist zunächst zu überprüfen, ob der   **3609**
gemeine Wert aus Verkäufen unter fremden Dritten, die **nicht länger als ein Jahr vor** dem
Besteuerungszeitpunkt zurückliegen, abgeleitet werden kann. Gibt es einen solchen zeitnahen
Wert, so ist dieser am besten zur Ableitung des gemeinen Werts auf den Bewertungsstichtag
geeignet (unwiderlegbare Vermutung) und daher zwingend anzuwenden. **Fremdübliche Ver-
gleichsverkäufe**, die *nach* dem Bewertungsstichtag erfolgen, dienen hingegen grundsätzlich
nicht zur Ableitung des gemeinen Werts. Der Kaufpreis einer nach dem Bewertungsstichtag

erfolgten Veräußerung kann allerdings zur Überprüfung herangezogen werden, ob ein im vereinfachten Ertragswertverfahren ermittelter Wert offensichtlich unzutreffend ist (R B 199.1 Abs. 5 Nr. 1 ErbStR) und deshalb gem. § 199 Abs. 1 BewG die Wertermittlung nach dem vereinfachten Ertragswertverfahrens ausschließt. Der gemeine Wert ist dann mittels Gutachten nach einer anerkannten Bewertungsmethode i. S. v. § 11 Abs. 2 Satz 2 BewG zu ermitteln. Zu weiteren Details bzgl. der Ableitung des Werts aus Vergleichsverkäufen s. Kapitel 1 D 4.1.

3610   Gibt es einen solchen berücksichtigungsfähigen echten Marktwert nicht, so ist der gemeine Wert nach den nachfolgend genannten Bewertungsmethoden zu ermitteln. Gemäß § 11 Abs. 2 Satz 2 BewG ist der gemeine Wert unter Berücksichtigung der Ertragsaussichten des Unternehmens oder einer anderen anerkannten, auch im gewöhnlichen Geschäftsverkehr für nichtsteuerliche Zwecke üblichen Methode zu ermitteln. Dabei ist die Methode anzuwenden, die ein Erwerber der Bemessung des Kaufpreises zu Grunde legen würde (§ 11 Abs. 2 Satz 2 2. HS BewG). Neben diesen branchenüblichen Bewertungsmethoden kommt grds. auch das gesetzlich in §§ 199 bis 203 BewG geregelte, sog. vereinfachte Ertragswertverfahren in Betracht (§ 11 Abs. 2 Satz 4 BewG). Somit sind **alternative Bewertungsmethoden** denkbar. Bei all diesen letztgenannten Bewertungsmethoden ist jedoch stets zusätzlich noch der sog. Substanzwert als **Mindestwert** zu ermitteln (§ 11 Abs. 2 Satz 3 BewG).

1.5.2   Vereinfachtes Ertragswertverfahren

3611   Eine der denkbaren Methoden ist das sog. vereinfachte Ertragswertverfahren gem. § 200 BewG. Dieses ist nach § 199 BewG für alle Rechtsformen denkbar, wenn nicht vorrangig Kurswerte oder Werte aus Vergleichsverkäufen vorliegen. Dabei wird zunächst der nachhaltig erzielbare Jahresertrag ermittelt. Dieser wird aus dem durchschnittlichen (steuerlichen) Betriebsergebnis der letzten drei Jahre errechnet. Dieser Wert wird mit einem Kapitalisierungsfaktor multipliziert. Dieser Kapitalisierungsfaktor setzte sich – bis zum Inkrafttreten des ErbStAnpG vom 04.11.2016 (BGBl I 2016, 2464 ff.) – zusammen aus einem variablen Zinssatz, der dem jährlich von der Bundesbank festgesetzten und aus der durchschnittlichen Rendite langfristiger öffentlicher Anleihen ermittelten Basiszinssatz entspricht. Für das Jahr 2016 wurde dieser Basiszinssatz mit 1,10 % festgesetzt (vgl. BMF vom 04.01.2016 BStBl I 2016, 5). Hinzu kommt ein fester Risikozuschlag in Höhe von 4,5 % (§ 203 Abs. 1 BewG a. F.). Der Kapitalisierungsfaktor entspricht dem Kehrwert des Kapitalisierungszinssatzes, § 203 Abs. 3 BewG a. F.; d. h. für 2016 17,8571 (= 100 : 5,60). Durch das ErbStAnpG wurde der Kapitalisierungsfaktor rückwirkend für alle Erwerbe ab dem 01.01.2016 in § 203 Abs. 1 BewG n. F. einheitlich auf 13,75 festgelegt (zur Anwendung vgl. § 205 Abs. 11 BewG).

Der Ertragswert nach dem vereinfachten Ertragswertverfahren bemisst sich somit nach folgender **Formel**:

Durchschnittliches steuerliches Betriebsergebnis × Kapitalisierungsfaktor = Ertragswert.

3612   Zu beachten ist, dass mit diesem Ertragswert nur das betriebsnotwendige Vermögen bewertet wird. Das **nicht betriebsnotwendige Betriebsvermögen** wird aus dem Ertragswert herausgelöst und mit einem eigenständigen Wert hinzuaddiert, § 200 Abs. 2 BewG. Dasselbe gilt für **Beteiligungen** an anderen Gesellschaften (§ 200 Abs. 3 BewG) und für Wirtschaftsgüter, die innerhalb der letzten zwei Jahre vor dem Bewertungsstichtag eingelegt worden sind (§ 200 Abs. 4 BewG, sog. **junges Betriebsvermögen**; nicht zu verwechseln mit dem Begriff des jungen Verwaltungsvermögens i. S. d. § 13b Abs. 7 Satz 2 ErbStG).

3613   Dieses vereinfachte Ertragswertverfahren kann jedoch nur dann zur Anwendung kommen, wenn es nicht zu offensichtlich unzutreffenden Ergebnissen führt (§ 199 Abs. 1 BewG).

Wann dies der Fall ist, wird im Gesetz nicht ausgeführt. Es dürfte vor allem dann der Fall sein, wenn die Grundzüge des vereinfachten Ertragswertverfahrens mit seinen vergangenheitsorientierten Daten und dem ganzjährig festgezurrten Kapitalisierungsfaktor die Wachstumsaussichten und die künftigen Risiken nicht hinreichend berücksichtigt. Zu weiteren Details zum vereinfachten Ertragswertverfahren s. 2.1 ff.

1.5.3 Andere Methoden

Dem Steuerpflichtigen steht es frei, anstelle des vereinfachten Ertragswertverfahrens ein anderes anerkanntes Bewertungsverfahren anzuwenden. Er muss ein anderes Verfahren anwenden, wenn das vereinfachte Ertragswertverfahren zu offensichtlich unzutreffenden Ergebnissen führt. Voraussetzung ist aber stets, dass es sich um ein anerkanntes Verfahren handelt, das auch im gewöhnlichen Geschäftsverkehr zur Kaufpreisfindung angewandt wird, § 11 Abs. 2 Satz 2 BewG. Da bei dieser Kaufpreisfindung methodisch meist zwischen einem Verkäuferpreis und einem Käuferpreis unterschieden wird, stellt das Gesetz in § 11 Abs. 2 Satz 2 BewG ausdrücklich auf den Erwerber ab. **3614**

Die Ermittlung des gemeinen Werts auf Basis einer branchenüblichen Bewertungsmethode erfolgt grds. mittels Erstellung eines **Gutachtens**. Diese Gutachten werden regelmäßig von sachkundigen Fachleuten (z.B. Wirtschaftsprüfer, Steuerberater) erstellt und sind – insbesondere bei komplexeren Strukturen – mit **hohen Kosten** verbunden, die grds. vom Steuerpflichtigen zu tragen sind. Soweit sie vom Steuerpflichtigen selbst zu tragen sind, stellen diese Kosten abzugsfähige **Erwerbsnebenkosten** dar (§ 10 Abs. 5 Nr. 3 ErbStG; vgl. Tz. 1.1.5.1 und Tz. 2.4 des gleich lautenden Ländererlasses vom 23.03.2015 BStBl I 2015, 264; R E 7.4 Abs. 4 ErbStR und H 10.7 (Steuerberatungskosten) ErbStH). Betroffen sind hiervon nur Kosten, die im Rahmen der Erstellung der erforderlichen Erbschaft- bzw. Schenkungsteuererklärung angefallen sind. Dies gilt allerdings grds. nicht für solche Kosten, die im Vorfeld der Übertragung angefallen sind (z.B. Beratungskosten für überschlägige Ermittlung der Schenkungsteuerbelastung). Denkbar ist, dass die Kosten für die Erstellung eines Gutachtens auch von der Gesellschaft zu tragen sind. Dies gilt insbesondere für die Bewertung von Anteilen an (nicht börsennotierten) Kapitalgesellschaften, bei der die Abgabe der Feststellungserklärung (Betriebsvermögenswert) gemäß § 153 Abs. 3 i.V.m. § 151 Abs. 1 Nr. 3 BewG nur von der Kapitalgesellschaft verlangt werden kann. Da die Kapitalgesellschaft hierbei einer eigenen gesetzlichen Verpflichtung nachkommt, stellt der hierbei anfallende Aufwand insoweit bei ihr auch ertragsteuerlich abzugsfähiger Aufwand und keine verdeckte Gewinnausschüttung (da keine gesellschaftsrechtliche Leistung an den Gesellschafter) dar. Die im Zusammenhang mit der Erstellung der Feststellungserklärung durch die Kapitalgesellschaft entstehenden Kosten (insbesondere Steuerberatungskosten und Kosten für Verkehrswertgutachten) stellen daher für den Erwerber keine abzugsfähigen Erwerbsnebenkosten dar, soweit die Gesellschaft diese nicht an ihn weitergibt (Tz. 2.2 des gleich lautenden Ländererlasses vom 23.03.2015 BStBl I 2015, 264). **3615**

Einen Überblick über branchenübliche Bewertungsmethoden enthielt das Schreiben des Finanzministeriums Bayern vom 04.01.2013 (FM Bayern 34/31/33 – S 3102 – 0006 – 333/13; inzwischen mit Schreiben vom 20.12.2017 aufgehoben). Neben allgemeinen Begriffsbestimmungen und Methodenbeschreibungen wurden die für einzelne Branchen üblichen Bewertungsverfahren dargestellt. **3616**

Beispiele für im Geschäftsverkehr übliche Bewertungsmethoden sind:

3617
- **IDW Standard: Grundsätze zur Durchführung von Unternehmensbewertungen (IDW S1):** Die Bewertungsgrundsätze des IDW S1 wurden vom Institut der Wirtschaftsprüfer in Deutschland e. V. entwickelt. Hierbei handelt es sich um eines der in der Praxis gebräuchlichsten betriebswirtschaftlichen Verfahren, das branchen- und rechtsformübergreifend zur Bewertung von Unternehmen anerkannt ist. Die Ertragswertmethode nach IDW S1 orientiert sich an den zukünftig erwarteten Erträgen eines Unternehmens, die mit einem – branchen- und unternehmensspezifisch ermittelten – Kapitalisierungsfaktor multipliziert werden. Der Bewertung nach IDW S1 liegt der Gedanke zu Grunde, dass ein potentieller Investor – in Abhängigkeit der erwarteten künftigen Erträge – zur Zahlung eines bestimmten Kaufpreises bereit ist. Das Ertragswertverfahren nach IDW S1 ist ein sog. Gesamtbewertungsverfahren, das den Wert des ganzen Unternehmens – einschließlich etwaiger nachfolgender Beteiligungsgesellschaften – und nicht die Wertermittlung einzelner Wirtschaftsgüter zum Ziel hat. Einen Überblick über die Wertermittlung nach IDW S1 gibt das nachfolgende Schema:

Vereinfachtes Schema zur Ertragswertermittlung nach IDW S1:

(1) Ermittlung von plausiblen Zukunftserträgen für betriebsnotwendiges Vermögen
  - Basis: Aufwands- und Ertragsplanung des Unternehmens
  - Abzug konkreter Steuerbelastung

(2) Kapitalisierung des voraussichtlichen Jahresertrags
  Kapitalisierungsfaktor = Kehrwert des Kapitalisierungszinses
  = 100/Kapitalisierungszins
  Zusammensetzung des Kapitalisierungszinses:
  Basiszins in Höhe des Kapitalmarktzinses
  + branchen- und unternehmensspezifischer Risikozuschlag
  = Kapitalisierungszins

(3) zuzüglich Wert der nicht betriebsnotwendigen Wirtschaftsgüter

= Wert des Unternehmens nach IDW S1

3618
Ebenso wie beim vereinfachten Ertragswertverfahren handelt es sich bei der Wertermittlung nach IDW S1 um ein Ertragswertverfahren. Gleichwohl unterscheiden sich die beiden Methoden in wesentlichen Punkten. Dies betrifft u. a.

Ertragswertmethode nach IDW S1	Vereinfachtes Ertragswertverfahren (§§ 199–203 BewG)
• **Jahreserträge:** Ableitung der erwarteten Erträge aus plausiblen Planzahlen für die Zukunft	• **Jahresertrag:** Ableitung aus durchschnittlichen Steuerbilanzgewinnen der letzten 3 Jahre
• **Steuerbelastung:** Abzug der konkreten Belastung	• **Steuerbelastung:** pauschaler Abzug von 30 %
• **Risikozuschlag:** branchen- und unternehmensspezifisch (individuell) • Risikozuschlag und Marktzins nach aktuellen und spezifischen Gesichtspunkten	• **Risikozuschlag:** pauschal für alle Unternehmen (4,5 %; bis 31. 12. 2015) • Für Erwerbe nach dem 31. 12. 2015 beträgt Kapitalisierungsfaktor einheitlich 13,75 (§ 203 Abs. 1 BewG)

3619
Die unterschiedliche Vorgehensweise bei der Ertragswertermittlung führt letztlich auch zu erheblichen Abweichungen bei den ermittelten Ertragswerten. Der Steuerpflichtige kann

insoweit grds. wählen, welchen Wert er im Rahmen des Feststellungsverfahrens der Besteuerung zu Grunde legen möchte.

- **Discounted Cash-Flow-Verfahren (DCF**-Verfahren; = abgezinster Zahlungsstrom): Das DCF-Verfahren basiert auf der gleichen konzeptionellen Grundlage wie die Bewertung nach IDW S1. Beim DCF-Verfahren wird der Unternehmenswert durch Diskontierung von geschätzten künftigen Cash-Flows auf den Bewertungsstichtag berechnet. Der Cash-Flow (künftige Zahlungsüberschüsse) drückt die Fähigkeit eines Unternehmens aus, eigenwirtschaftete Mittel zu reinvestieren, Schulden zu tilgen und Dividenden zu zahlen, ohne auf fremde Mittel angewiesen zu sein. Cash-Flows sind verlässliche Indikatoren der Ertragskraft eines Unternehmens, da sie weniger durch bilanzpolitische Maßnahmen verzerrt sind. Die künftigen Cash-Flows werden verglichen mit der Rendite einer – hinsichtlich Laufzeitstruktur, Verfügbarkeit, Kaufkraft und Risikoaspekten – vergleichbaren Alternativanlage, die sich im Diskontierungszinssatz niederschlägt. Auch bei diesem Verfahren wird der Wert des nicht betriebsnotwendigen Vermögens separat ermittelt und hinzugerechnet. Da hier mehr zukunftsorientiert bewertet wird, dürften bei Wachstumsbranchen höhere Werte als im vereinfachten Ertragswertverfahren erzielt werden. Das DCF-Verfahren existiert in verschiedenen Varianten (vgl. Langenmeyer, Überblick branchenspezifische Bewertungsmethoden, Bayerisches Staatsministerium der Finanzen). **3620**
- **Vergleichsorientierte Bewertungsverfahren:** Sie orientieren sich an den tatsächlich bezahlten Preisen branchentypischer Verkaufsvorgänge; auch diese Verfahren werden in einer Vielzahl von Varianten angewandt (vgl. Barthel, Unternehmenswert: Die vergleichsorientierten Bewertungsverfahren, DB 1996, 149). Eine Form der Vergleichsverfahren ist auch das nachfolgend beschriebene Multiplikatorverfahren. **3621**
- **Multiplikatorverfahren:** Nicht in allen Fällen stellt die Ertragswertmethode die geeignete und branchenübliche Methode zur Bewertung eines Unternehmens dar. Daher hat der Gesetzgeber daneben auch andere anerkannte, auch im gewöhnlichen Geschäftsverkehr für nichtsteuerliche Zwecke übliche Bewertungsmethoden zur Ableitung des gemeinen Werts zugelassen (§ 11 Abs. 2 Satz 2 BewG). Insbesondere für die Bewertung kleiner und mittlerer Unternehmen kommen in der Praxis auch sog. Multiplikatorverfahren zur Anwendung. Die Multiplikatoren basieren auf branchenspezifischen Erfahrungssätzen. Je nach Branche können sie sich z. B. auf Umsatz, Gewinn oder Cash-Flows beziehen. Der für das zu bewertende Unternehmen individuelle Multiplikator ist aus den aktuellen brachenüblichen Multiplikatoren, die regelmäßig gewisse Bandbreiten enthalten, nach den konkreten Umständen des Einzelfalls abzuleiten. Aktuelle branchenbezogene Multiplikatoren finden sich beispielsweise unter www.finance-research.de. Die wertmäßige Größenordnung eines Unternehmens mittels Multiplikatorverfahren ist vergleichsweise einfach zu ermitteln. Multiplikatorverfahren eignen sich daher beispielsweise auch zur Plausibilisierung von Wertermittlungen nach dem vereinfachten Ertragswertverfahren. **3622**
- Bewertungsverfahren zur Bewertung von **Freiberuflerpraxen**, die von den jeweiligen Kammern herausgegeben werden; z. B. Richtlinien zur Bewertung von Rechtsanwaltskanzleien, herausgegeben von der Bundesrechtsanwaltskammer (Umsatzmethode, kein Abzug eines fiktiven Unternehmerlohns; BRAK-Mitteilungen 6/2009, S. 268–273, s. auch Römermann-Schröder, Die Bewertung von Anwaltskanzleien, NJW 2003, 2709); Methoden zur Bewertung von Arztpraxen, herausgegeben von der Bundesärztekammer (Kombination von Substanzwert- und Ertragswertverfahren unter Berücksichtigung eines fiktiven Unternehmerlohns, Deutsches Ärzteblatt 2008, S. 2778–2780; kritisch dazu Kniet, Die »Bewertung medizinischer Praxen« nach dem 31. 12. 2008 in DB 2009, 866; ablehnend **3623**

Merk in Drukarczyk-Ernst, Branchenorientierte Unternehmensbewertung, 2. Auflage 2007, S. 453). Die Bundessteuerberaterkammer hat im Juni 2010 (unverbindliche) Hinweise zur Ermittlung des Wertes einer Steuerberaterpraxis herausgegeben (veröffentlicht unter www.bstbk.de). Bei diesen Methoden handelt es sich meist um modifizierte Ertragswertverfahren, bei denen ein Multiplikatorverfahren auf eine bestimmte Ausgangsgröße (z. B. Umsatz, Gewinn) angewandt und zum vorhandenen Substanzwert hinzuaddiert wird.

3624   An dieser Stelle sei noch einmal an ein Urteil des FG Baden-Württemberg vom 10. 12. 1992 (10 K 71/90) erinnert, das sagt: »Geschäfts- oder Firmenwerte lassen sich, bei Licht besehen, nicht hinreichend genau ‚berechnen‘, sondern nur nach ganz unterschiedlichen Methoden grob schätzen. In der Vielzahl der Methoden, die zur Bestimmung des Geschäfts- oder Firmenwerts entworfen worden sind – es soll etwa 50 Berechnungsverfahren geben, von denen also ein jedes durch etwa 49 andere infrage gestellt oder gar widerlegt wird – spiegelt sich der untaugliche Versuch wider, die Dynamik wirtschaftlicher Prozesse einzufangen und statisch fixiert darzustellen. In Wirklichkeit sind die Berechnungsmethoden nicht wesentlich mehr als Argumentationshilfen bei Verkaufsverhandlungen, die der Verkäuferseite dazu dienen sollen, einen möglichst hohen Preis zu erzielen, und die die Käuferseite vorbringt, um den Preis möglichst niedrig zu halten. Wenn sich die Vertragspartner schließlich auf einen Kaufpreis für das Unternehmen im Ganzen geeinigt haben, geschieht das nicht, weil die eine Seite die andere von der Richtigkeit ihrer Argumente überzeugt hätte, sondern weil beide Seiten ein Interesse am Zustandekommen des Kaufvertrags haben und des Feilschens müde geworden sind.«

3625   Wie diesen Ausführungen zu entnehmen ist, gibt es »den« Unternehmenswert nicht. Vielmehr bewegt sich der gutachterlich ermittelte Unternehmenswert innerhalb gewisser Bandbreiten. Angesichts dieser Ausführungen wird das Finanzamt gut daran tun, sich bezüglich der gutachtlich ermittelten Werte in Bescheidenheit zu üben, solange der Wert unter Beachtung der branchenüblichen Bewertungsgrundsätze ermittelt und hinreichend dokumentiert wurde. Dies gilt zumal § 11 Abs. 2 Satz 2 BewG einen Wert vorschreibt, den ein Erwerber bei der Bemessung des Kaufpreises zugrunde legen würde.

3626   Durch die Möglichkeit der Ermittlung des gemeinen Werts eines Unternehmens mittels eines (branchenüblichen) Gutachtens, das den oben beschriebenen Grundsätzen entspricht und dessen ermittelter Wert sich vertretbar innerhalb der Bewertungsbandbreiten bewegt, kann der Steuerpflichtige somit – entsprechend seiner persönlichen Interessenlage (s. 1.2) – Einfluss auf den der Besteuerung zu Grunde gelegten Unternehmenswert nehmen. Dies gilt insbesondere auch im Hinblick auf die Tatsache, dass der nach den pauschalen und branchenunabhängigen Grundsätzen des vereinfachten Ertragswertverfahrens ermittelte Wert dem »wahren Wert« des Unternehmens in vielen Fällen nicht entspricht.

3627–3630
frei

1.5.4   Untergrenze: Substanzwert

3631   Die ermittelten Werte dürfen nicht unter dem reinen Substanzwert des Unternehmens liegen, ansonsten wird dieser angesetzt, § 11 Abs. 2 Satz 3 BewG. Der Substanzwert setzt sich zusammen aus der Summe der gemeinen Werte der Einzelwirtschaftsgüter, vermindert um die Schulden, Rückstellungen und sonstigen Abzüge. Zu weiteren Details s. 3.

1.6 Schema: Bewertungsmethoden zur Bewertung von Betriebsvermögen

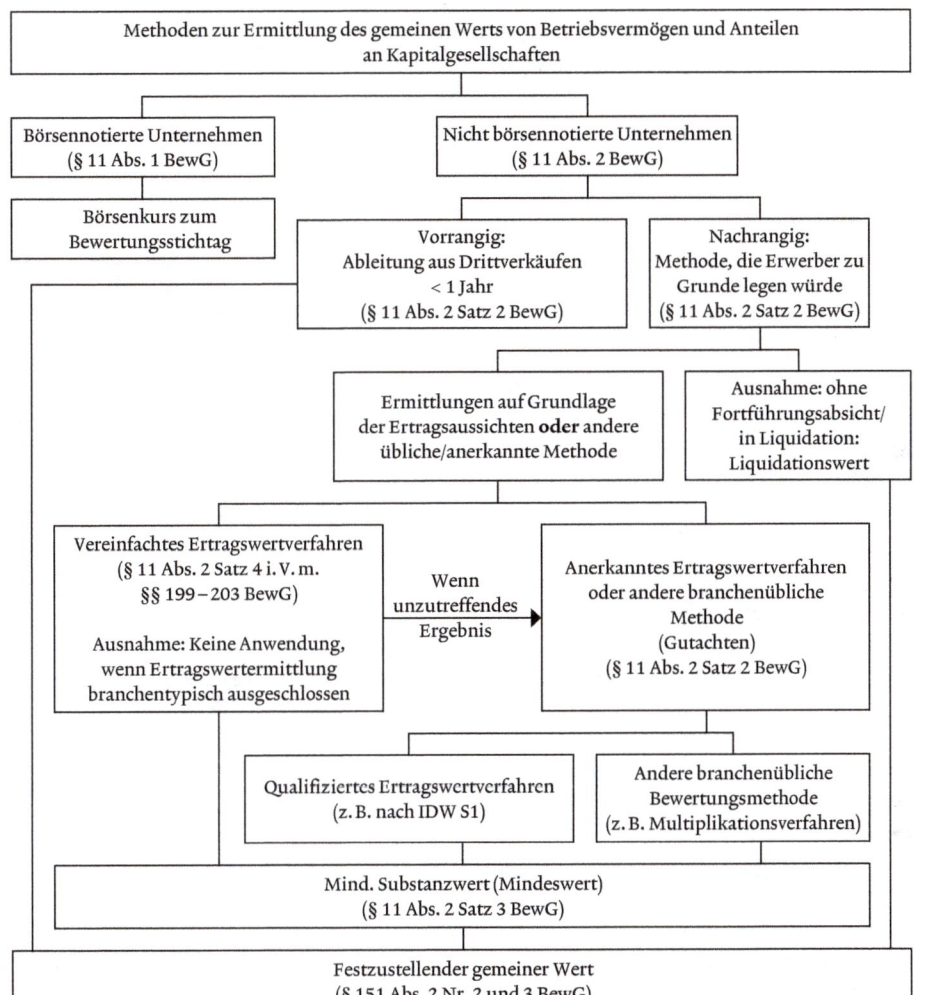

3632

1.7 Anwendungsbereich der Grundsätze zur Bewertung von Anteilen an Kapitalgesellschaften und von Betriebsvermögen

Die Ausführungen des Anwendungserlasses zum Erbschaftsteuerreformgesetz beschränkten sich noch ausdrücklich auf die Bewertung für Erbschaft- und Schenkungsteuerzwecke (Abschnitt 1 »Geltungsbereich« der gleich lautenden Ländererlasse vom 25.06.2009 BStBl I 2009, 698). Demgegenüber gelten die neuen Erbschaftsteuerrichtlinien und -hinweise 2011 zur Bewertung von Anteilen an Kapitalgesellschaften und von Betriebsvermögen nicht nur für Erbschaftsteuer- und Schenkungsteuerzwecke, sondern auch für ertragsteuerliche Zwecke (vgl. FM Schleswig-Holstein vom 20.07.2011, Az. VI 306 S – 2170 – 577, ZEV 2011, 616). Die Anwen-

3633

dung der Erbschaftsteuerrichtlinien kommt demnach beispielsweise bei Anteilsbewertungen im Rahmen von § 17 EStG oder § 6 AStG oder in Umwandlungsfällen in Betracht.

3634–3650
frei

2 Einzelheiten zur Bewertung nach dem vereinfachten Ertragswertverfahren

2.1 Grundsätzliches

3651   Das vereinfachte Ertragswertverfahren (§§ 199 bis 203 BewG) ist ein **typisierendes Ertragswertverfahren** für die Bewertung von Unternehmensvermögen, welches branchen- und rechtsformübergreifend gilt (s. 1.5.2). Es gilt sowohl für die Bewertung von Anteilen an Kapitalgesellschaften (§ 199 Abs. 1 i. V. m. § 11 Abs. 2 BewG) als auch für die Bewertung von Gewerbebetrieben und Vermögen von freiberuflich Tätigen (§ 109 Abs. 1 i. V. m. § 11 Abs. 2 i. V. m. §§ 199 ff. BewG) sowie für die Bewertung von Mitunternehmeranteilen (§ 109 Abs. 2 i. V. m. § 11 Abs. 2 i. V. m. §§ 199 ff. BewG). Aufgrund der schematischen, typisierenden und objektivierten Betrachtungsweise verursacht das vereinfachte Ertragswertverfahren einen vergleichsweise geringen Ermittlungsaufwand und erspart etwaige Kosten für einen Gutachter. Es stellt ein Gesamtbewertungsverfahren dar und ist grundsätzlich in allen Fällen anwendbar, in denen die Bewertung des Unternehmensvermögens unter Berücksichtigung der Ertragsaussichten marktüblich ist. Dies trifft in den meisten Fällen zu, denn in den meisten Branchen findet entweder ausschließlich oder zumindest neben anderen üblichen Bewertungsmethoden (z. B. Multiplikatorverfahren) die Bewertung nach Ertragswertgrundsätzen statt.

2.2 Keine Anwendung bei offensichtlich unzutreffenden Ergebnissen

3652   Grundsätzlich steht es dem Steuer- bzw. Erklärungspflichtigen frei, ob er die Unternehmensbewertung nach dem vereinfachten Ertragswertverfahren oder mittels Gutachten nach einer anderen anerkannten Bewertungsmethode i. S. v. § 11 Abs. 2 BewG vornimmt. Dieses **Wahlrecht** besteht nach § 199 Abs. 1 und 2 BewG allerdings **nicht, wenn** das vereinfachte Ertragswertverfahren zu **offensichtlich unzutreffenden Ergebnissen** führt (nach Ansicht der Finanzverwaltung trifft dies z. B. regelmäßig bei der Bewertung von Anteilen an einer gemeinnützigen Kapitalgesellschaft zu, vgl. gleich lautender Ländererlass vom 09. 10. 2013, ZEV 2013, 700). In diesem Falle ist der gemeine Wert mittels Gutachten anhand einer anerkannten branchenüblichen Methode zu ermitteln. Insbesondere aufgrund der typisierenden Betrachtungsweise wird der nach dem vereinfachten Ertragswertverfahren ermittelte Wert regelmäßig mehr oder weniger vom gemeinen Wert nach oben oder nach unten abweichen (vgl. R B 199.1 Abs. 3 Satz 1 ErbStR). Jedoch schließt nicht jede Abweichung bereits die Anwendung des vereinfachten Ertragswertverfahrens aus. Zur Feststellung von etwaigen Abweichungen müsste ansonsten stets zusätzlich eine Wertermittlung nach einer anderen branchenüblichen Bewertungsmethode stattfinden, was der Gesetzgeber mit der Einführung eines vereinfachten Ertragswertverfahrens gerade vermeiden wollte. Deshalb ist die Anwendung des vereinfachten Ertragswertverfahrens nur dann **ausgeschlossen**, wenn es zu **offensichtlich unzutreffenden Ergebnissen** führt (sog. negative Tatbestandsvoraussetzung).

3653   **Erkenntnisse** über eine offensichtlich unzutreffende Wertermittlung für den gemeinen Wert können beispielsweise in folgenden Fällen oder aus ähnlichen objektivierbaren Vorgängen hergeleitet werden (vgl. R B 199.1 Abs. 5 ErbStR):

- aus dem Vorliegen zeitnaher Verkäufe, wenn diese *nach* dem Bewertungsstichtag oder *mehr als Jahr vor* dem Bewertungsstichtag liegen (und deshalb nicht für die unmittelbare Wertableitung nach § 11 Abs. 2 Satz 2 2. HS BewG dienen);
- aus Erbauseinandersetzungen, bei denen die Verteilung der Erbmasse Rückschlüsse auf den gemeinen Wert zulässt.

BEISPIELE

E erbt von seinem Vater V im Juli 2018 eine GmbH-Beteiligung von 50 %. Der nach dem vereinfachten Ertragswertverfahren ermittelte gemeine Wert des Geschäftsanteils zum Bewertungsstichtag beträgt 5 Mio. €. Im September 2018 veräußert E den Geschäftsanteil an den Mitgesellschafter M, der die übrigen 50 % an der GmbH besitzt. Abfindungsbeschränkungen nach dem Gesellschaftsvertrag oder andere besondere Umstände, die sich grds. auf die Höhe des Kaufpreises auswirken können, bestehen nicht. Ferner haben sich im Zeitraum zwischen Juli 2018 (Bewertungsstichtag) und September 2018 (Verkauf) die Rahmendaten für die GmbH nicht wesentlich geändert. Welche Erkenntnisse ergeben sich hinsichtlich der Anwendbarkeit der Wertermittlung nach dem vereinfachten Ertragswertverfahren, wenn der Kaufpreis

a) 5,5 Mio. €;

b) 8 Mio. €;

c) 2,5 Mio. € beträgt.

LÖSUNG

a) Der beim zeitnahen Verkauf nach dem Bewertungsstichtag vereinbarte Kaufpreis kann grds. Aufschluss darüber geben, ob bei dem nach dem vereinfachten Ertragswertverfahren ermittelten Wert von einem offensichtlich unzutreffenden Wert auszugehen ist. Die Abweichung von nominal 500 000 € stellt zwar einen beachtlichen Betrag dar. Im Hinblick darauf, dass es *den* Wert nicht gibt, sondern die Marktbewertung sich regelmäßig innerhalb von gewissen Bewertungsbandbreiten vollzieht, dürfte jedoch bei der vorliegenden Abweichung von 10 % von keinem *offensichtlich* unzutreffenden Ergebnis auszugehen sein.

b) Anders verhält es sich bei einem Kaufpreis von 8 Mio. €, der damit um 60 % (3 Mio. €) über dem Wert nach dem vereinfachten Ertragswertverfahren liegt. Hier wird von einem offensichtlich unzutreffenden Wert auszugehen sein, der zum Ausschluss des vereinfachten Ertragswertverfahrens führt (§ 199 Abs. 1 BewG).

c) Hier ist ebenfalls davon auszugehen, dass der Wert nach dem vereinfachten Ertragswertverfahren zu einem offensichtlich unzutreffenden Wert führt. Anhaltspunkte für offensichtlich unzutreffende Bewertungen können sich sowohl durch wesentlich höhere als auch durch wesentlich niedrigere Marktpreise ergeben. Hier beträgt der Kaufpreis nur die Hälfte des nach dem vereinfachten Ertragswertverfahren ermittelten Werts.

In den Fällen b) und c) liefern die Kaufpreise zwar Erkenntnisse, dass das vereinfachte Ertragswertverfahren zu offensichtlich unzutreffenden Ergebnissen führt. Gleichwohl richtet sich in diesen Fällen der gemeine Wert des Geschäftsanteils nicht nach dem jeweils vereinbarten Kaufpreis. Vielmehr ist in diesem Falle der Wert zwingend durch Gutachten nach einer marktüblichen Bewertungsmethode zu ermitteln.

3654 Weder das Gesetz selbst, noch die Gesetzesmaterialien geben Aufschluss, ab welcher Über- bzw. Unterschreitung des gemeinen Werts von einem »offensichtlich unzutreffenden« Ergebnis auszugehen ist. Auch die Erbschaftsteuerrichtlinien und -hinweise liefern dem Rechtsanwender keine Anhaltspunkte. Teilweise wird in der Literatur vertreten, dass von einem offensichtlich unzutreffenden Ergebnis bereits bei einer Abweichung um 20 bis 25 % auszugehen sei (vgl. Rohde/Gemeinhardt, StuB 2008, 338, 340). Viskorf (ZEV 2009, 591, 596) geht beim Unternehmensvermögen von einer Schätzungsstreubreite von 60 % aus, deren Überschreiten ein offensichtlich unzutreffendes Ergebnis indiziere. Mannek (DB 2008, 423, 428) hingegen geht von einer Wertabweichung von mehr als 50 % aus. Wo genau die Grenze zu ziehen ist, dürfte wohl erst durch die Rechtsprechung entschieden werden. Aus der Gesetzesformulierung »offensichtlich« ist u. E. zu folgern, dass die Wertabweichung gravierend sein muss. Das ist u. E. zumindest dann der Fall, wenn der Wert nach dem vereinfachten Ertragswertverfahren um 50 % oder mehr vom gemeinen Wert abweicht. Maßgeblich ist stets eine relative und nicht allein betragsmäßige Abweichung; d. h. bei einem Unternehmenswert von 100 Mio. € führt nach diesem Verständnis beispielsweise eine Abweichung von 10 Mio. € (nur 10 %) noch nicht zu einem offensichtlich unzutreffenden Ergebnis.

3655   Die **Finanzverwaltung** geht insbesondere auch in den folgenden Fällen vom Vorliegen begründeter **Zweifel an der Anwendbarkeit** des vereinfachten Ertragswertverfahrens aus (vgl. R B 199.1 Abs. 6 Nr. 1 bis 5 ErbStR):

- Nr. 1: bei **komplexen Strukturen** von verbundenen Unternehmen: Die Finanzverwaltung lässt allerdings völlig offen, wann von einer komplexen Struktur auszugehen ist, was in der Praxis gerade in umfangreicheren Konzernfällen zu großer Unsicherheit führt. Allein das Halten von mehreren Tochter- bzw. Enkelgesellschaften dürfte u. E. für sich allein noch keine Zweifel an der Anwendbarkeit des vereinfachten Ertragswertverfahrens auslösen, zumal das Gesetz selbst im Rahmen der Bewertungsvorschriften zum vereinfachten Ertragswertverfahren von Beteiligungen an anderen Gesellschaften ausgeht (vgl. § 200 Abs. 3 BewG).
- Nr. 2: bei **neu gegründeten** Unternehmen, bei denen der künftige Jahresertrag noch nicht aus den Vergangenheitserträgen abgeleitet werden kann, insbesondere bei Gründungen innerhalb eines Jahres vor dem Bewertungsstichtag, weil das vereinfachte Ertragswertverfahren hier regelmäßig – z. B. wegen hoher Gründungs- und Ingangsetzungsaufwendungen – zu offensichtlich unzutreffenden Ergebnissen führt;
- Nr. 3: beim **Branchenwechsel** eines Unternehmens, bei dem deshalb der künftige Jahresertrag noch nicht aus den Vergangenheitserträgen abgeleitet werden kann;
- Nr. 4: in **sonstigen** Fällen, in denen aufgrund der besonderen Umstände der künftige Jahresertrag nicht aus den Vergangenheitserträgen abgeleitet werden kann. Hierzu gehören z. B. Wachstumsunternehmen, branchenbezogene oder allgemeine Krisensituationen oder absehbare Änderungen des künftigen wirtschaftlichen Umfeldes;
- Nr. 5: bei **grenzüberschreitenden** Sachverhalten, sofern der andere Staat nicht die Ergebnisse des vereinfachten Ertragswertverfahrens seiner Besteuerung zugrunde legt; unter diese Rubrik können Sachverhalte i. S. v. § 1 AStG (Berichtigung von Einkünften mit Auslandsbezug; Fremdvergleichsgrundsatz), § 4 Abs. 1 Satz 3 EStG (Ausschluss oder Beschränkung des inländischen Besteuerungsrechts hinsichtlich des Gewinns aus der Veräußerung oder Nutzung eines Wirtschaftsguts) oder nach § 12 Abs. 1 KStG (Verlust oder Beschränkung des inländischen Besteuerungsrechts) fallen.

In Neugründungs- und Branchenwechselfällen (Nr. 2 und Nr. 3) bestehen nach Ansicht der Finanzverwaltung grds. keine Bedenken, den Substanzwert als Mindestwert anzusetzen, sofern dies nicht zu offensichtlich unzutreffenden Ergebnissen führt (R B 199.1 Abs. 6 Satz 2 ErbStR).

2.3 Feststellungslast

3656   Der Steuerpflichtige hat nach § 199 Abs. 1 und 2 BewG grds. ein Wahlrecht (»kann«), ob er die Bewertung des Unternehmensvermögens nach dem vereinfachten Ertragswertverfahren oder mittels Gutachten nach einer anderen branchenüblichen Methode vornimmt. Gesetzliche Tatbestandsvoraussetzung hierfür ist, dass das vereinfachte Ertragswertverfahren nicht zu offensichtlich unzutreffenden Ergebnissen führt. Bezweifelt das Finanzamt die Anwendbarkeit des vereinfachten Ertragswertverfahrens, so muss es die Zweifel substantiiert darlegen und dem Steuerpflichtigen Gelegenheit geben, diese Bedenken des Finanzamts auszuräumen. Das vereinfachte Ertragswertverfahren kann vor allem in den o. g. in R B 199.1 Abs. 6 ErbStR aufgeführten Zweifelsfällen (s. 2.2) zu unzutreffenden Ergebnissen führen (vgl. R B 199.1 Abs. 4 ErbStR). In diesen Fällen kehrt sich die Beweislast insoweit um, als der Steuerpflichtige nun substantiiert darzulegen hat, warum das vereinfachte Ertragswertverfahren nicht zu einem offensichtlich unzutreffenden Ergebnis führt. Kommt der Steuerpflichtige dieser Mitwirkungspflicht nicht nach, kann davon ausgegangen werden, dass die Voraussetzungen für die Ausübung des Wahlrechts nicht vorliegen und die Bewertung daher nach allgemeinen Grundsätzen (d. h. i. d. R. durch Gutachten) vorzunehmen ist (R B 199.1 Abs. 4 ErbStR).

2.4 Aufbau und Wertermittlungsgrundsätze des vereinfachten Ertragswertverfahrens (§ 200 BewG)

Der Aufbau und die Zusammensetzung der Wertfindung nach dem vereinfachten Ertragswertverfahren ist in § 200 BewG geregelt. Gemäß § 200 Abs. 1 BewG ist zur Ermittlung des Ertragswerts – vorbehaltlich der Absätze 2 bis 4 der zukünftig nachhaltig erzielbare Jahresertrag (§§ 201 und 202 BewG) mit dem Kapitalisierungsfaktor (§ 203 BewG) zu multiplizieren. Der nachhaltig erzielbare Jahresertrag wird i. d. R. aus den Betriebsergebnissen der letzten drei vor dem Bewertungsstichtag abgelaufenen Wirtschaftsjahre abgeleitet (§ 201 Abs. 2 BewG). Da nur das nachhaltig erzielbare Betriebsergebnis der Bewertung zugrunde gelegt werden soll, werden die Betriebsergebnisse noch um bestimmte Hinzurechnungen (z. B. enthaltene außerordentliche Aufwendungen) und Kürzungen (z. B. außerordentliche Erträge) korrigiert (§ 202 BewG). **3657**

Von der Ertragswertberechnung ausgenommen werden die in **§ 200 Abs. 2 bis 4 BewG** genannten Wirtschaftsgüter. Deren Werte sind im Wege der **Einzelbewertung zu ermitteln und** dem oben ermittelten Ertragswert **hinzuzurechnen.** Um eine Doppelerfassung zu vermeiden, werden auch die mit diesen Wirtschaftsgütern in wirtschaftlichem Zusammenhang stehenden Aufwendungen und Erträge bei der Ermittlung des Jahresertrags eliminiert (vgl. § 202 Abs. 2 Nr. 1 f) und Nr. 2 f) BewG). **3658**

Gem. § 200 **Abs. 2** BewG sind die **nicht zum betriebsnotwendigen Vermögen gehörenden Wirtschaftsgüter** (sog. nicht betriebsnotwendiges Betriebsvermögen) **und** die damit zusammenhängenden **Schulden** auszuscheiden und mit dem gemeinen Wert (Einzelbewertung) hinzuzuaddieren. Daher sind auch die damit zusammenhängenden Aufwendungen und Erträge aus den Betriebsergebnissen auszuscheiden, so dass in den korrigierten Betriebsergebnissen nur noch die Ergebnisse des betriebsnotwendigen Vermögens enthalten sind. **3659**

Nach § 200 **Abs. 3** BewG sind auch die **Anteile** an anderen Gesellschaften auszuscheiden und als Einzelwirtschaftsgüter zu bewerten. Unter § 200 Abs. 3 BewG fallen dabei nur die Anteile, die zum **betriebsnotwendigen** Vermögen gehören (die anderen sind bereits unter den Wirtschaftsgütern des Abs. 2 erfasst). Die mit diesen Beteiligungen zusammenhängenden Erträge (z. B. Beteiligungserträge) sind ebenfalls abzuziehen (§ 202 Abs. 1 Satz 2 Nr. 2 f) BewG), während die Aufwendungen (z. B. Finanzierungsaufwendungen) nicht hinzuzurechnen sind (da nicht von § 202 Abs. 1 Satz 2 Nr. 1 f) BewG erfasst). **3660**

Gem. § 200 **Abs. 4** BewG werden schließlich auch die Wirtschaftsgüter ausgeschieden, die erst in den letzten zwei Jahren vor dem Bewertungsstichtag eingelegt worden sind (**sog. junges Betriebsvermögen**). Auch diese Wirtschaftsgüter und die damit im wirtschaftlichen Zusammenhang stehenden Schulden werden einzeln mit dem gemeinen Wert bewertet und hinzugerechnet. Hiermit zusammenhängende Aufwendungen und Erträge werden ebenfalls aus den Betriebsergebnissen ausgeschieden. **3661**

3662   Einen Überblick über den Aufbau und die Zusammensetzung des nach dem vereinfachten Ertragswertverfahren ermittelten gemeinen Werts gibt folgendes Schaubild:

Schema: Aufbau und Zusammensetzung der Wertermittlung nach dem vereinfachten Ertragswertverfahren (§ 200 BewG)

Ertragswert des **betriebsnotwendigen Vermögens** (§ 200 Abs. 1 BewG)

= **Jahresertrag** (§§ 201, 202 BewG) x **Kapitalisierungsfaktor** (§ 203 BewG)

+ gemeiner **(Netto-)**Wert des **nicht betriebsnotwendigen Vermögens** (§ 200 Abs. 2 BewG)
(Nettowert = nach Abzug der wirtschaftlich damit zusammenhängenden Schulden)

+ gemeiner Wert von **betriebsnotwendigen Beteiligungen** an anderen Gesellschaften (§ 200 Abs. 3 BewG)

+ gemeiner **(Netto-)** Wert der Wirtschaftsgüter des **jungen Betriebsvermögens** (§ 200 Abs. 4 BewG)
(innerhalb der letzten 2 Jahre eingelegte Wirtschaftsgüter und wirtschaftlich damit zusammenhängende Schulden)

= **gemeiner Wert nach dem vereinfachten Ertragswertverfahren** (§§ 199–203 BewG)

3663   **Einführendes Beispiel**

BEISPIEL ─────────

V überträgt seinem Sohn S schenkweise am 01.08.2018 sein als Einzelunternehmen geführtes Einzelhandelsgeschäft. Die nach §§ 201, 202 BewG ermittelten Betriebsergebnisse betragen für die Jahre 2015 500 000 €, 2016 400 000 € und für 2017 600 000 €. Zum Einzelunternehmen gehört ein (nicht betriebsnotwendiges) Mietwohngrundstück (gemeiner Wert: 500 000), für das noch ein Finanzierungsdarlehen von 400 000 € besteht. Zum Betriebsvermögen des Einzelunternehmens gehören ferner eine betriebsnotwendige Beteiligung (gemeiner Wert: 200 000) an einer Einkaufsgesellschaft, die ebenfalls mit einem Darlehen i. H. v. 100 000 € finanziert wurde, sowie ein 2017 in das Betriebsvermögen eingelegter Lieferwagen (gemeiner Wert: 30 000 €). Die o. g. Betriebsergebnisse wurden (vereinfachend) bereits um die nach § 202 BewG vorzunehmenden Hinzurechnungen und Kürzungen bereinigt (d. h. auch hinsichtlich solcher Aufwendungen und Erträge im Zusammenhang mit den vorgenannten Wirtschaftsgütern).

LÖSUNG Der gemeine Wert des Einzelunternehmens nach dem Ertragswertverfahren (§§ 199 bis 203 BewG) setzt sich zusammen aus dem Ertragswert des betriebsnotwendigen Vermögens zzgl. dem gemeinen (Netto-)Wert des nicht betriebsnotwendigen Vermögens, dem gemeinen Wert der (betriebsnotwendigen) Beteiligung sowie dem gemeinen (Netto-)Wert des jungen Betriebsvermögens (vgl. § 200 BewG).

Der Ertragswert des betriebsnotwendigen Vermögens ermittelt sich durch Multiplikation des durchschnittlichen Jahresertrags (§§ 201, 202 BewG) mit dem für das Jahr 2018 maßgeblichen Kapitalisierungsfaktor von 13,75 (§ 203 BewG; vgl. § 205 Abs. 11 BewG).

Jahresertrag 500 000 € (= (500 000 + 400 000 + 600 000)/3) × 13,75 (§ 200 Abs. 1 BewG)=	6 875 000 €
zzgl. nicht betriebsnotwendiges Vermögen 500 000 € (Grundstück) ./. 400 000 € (Darlehen, § 200 Abs. 2 BewG)=	100 000 €
zzgl. gemeiner Wert (betriebsnotwendige) Beteiligung (kein Abzug des Darlehens, § 200 Abs. 3 BewG)=	200 000 €
zzgl. gemeiner Wert junges Betriebsvermögen (§ 200 Abs. 4 BewG) =	30 000 €
= gemeiner Wert des Einzelunternehmens nach dem Ertragswertverfahren	7 205 000 €

2.4.1 Ermittlung des Jahresertrags (§ 201 BewG)

2.4.1.1 Nachhaltig erzielbarer Jahresertrag

Die Ermittlung des Ertragswerts ergibt sich aus der Multiplikation des zukünftig nachhal- **3664**
tig erzielbaren Jahresertrags mit dem Kapitalisierungsfaktor, § 200 Abs. 1 BewG (R B 201
ErbStR). Wie bei anderen anerkannten Ertragswertmethoden (z. B. Bewertungsgrundsätze
nach IDW S1) will der Gesetzgeber auf den *zukünftig* nachhaltig erzielbaren Jahresertrag abstellen. Auch bei Unternehmenskäufen schaut ein potenzieller Unternehmenskäufer nicht auf Ver-
gangenheitserträge, sondern auf die künftig erzielbaren Erträge seiner Investition. Chancen
(insbes. Gewinnerwartungen) und Risiken der Investition werden hierbei sorgfältig geprüft
(sog. due dilligence-Prüfung) und bei der Kaufpreisermittlung berücksichtigt. Die Ermittlung
der künftig nachhaltig erzielbaren Erträge erweist sich i. d. R. als aufwendig und mit vielen
Unsicherheiten behaftet. Zudem fehlen insbes. bei kleineren und mittleren Betrieben regelmäßig Planzahlen für die Zukunft.

Vor diesem Hintergrund wird der Jahresertrag beim vereinfachten Ertragswertverfahren **3665**
(im Gegensatz zu einer Bewertung nach IDW S1-Grundsätzen) aus den **Durchschnittserträ-
gen der vergangenen drei Jahre abgeleitet**, § 201 BewG. Dadurch wird auf einer objektiven
Beurteilungsgrundlage und nicht auf mehr oder weniger schwierig prognostizierbaren
Zukunftserwartungen aufgesetzt. Das Bewertungsverfahren erweist sich hierdurch als weniger
streitanfällig und steht zudem als »vereinfachtes« Verfahren insoweit für nahezu alle Unternehmensbewertungen zur Verfügung (d. h. ohne dass es auf die Existenz von etwaigen Planzahlen
ankommt). Aufgrund der Anknüpfung an vergangenheitsbezogene Ergebnisse ist der Jahreswert und damit auch die Ermittlung des Unternehmenswerts in vielen Fällen bereits im Übertragungszeitpunkt möglich. Dies dient auch der besseren Vorhersehbarkeit bzw. Berechen-
barkeit der mit Unternehmensübertragungen verbundenen erbschaft- bzw. schenkungsteuerlichen
Belastungen (z. B. hinsichtlich der Ausnutzung von Steuerfreibeträgen, dem Erfüllen der
Begünstigungsvoraussetzungen nach §§ 13a, 13b, 13c ErbStG).

Zur Ermittlung des künftig nachhaltig erzielbaren Jahresertrags wird somit beim verein- **3666**
fachten Ertragswertverfahren grds. auf die tatsächlich erzielten Betriebsergebnisse der letzten
drei Jahre aufgesetzt und dabei unterstellt, dass diese Ergebnisse sich im Durchschnitt auch in
Zukunft erzielen lassen. Um den *nachhaltig* erzielbaren Jahresertrag zu ermitteln, werden die
Betriebsergebnisse der einzelnen Jahre um außerordentliche Ergebniseinflüsse (z. B. einmalige
Veräußerungsgewinne oder -verluste und außerplanmäßige Sonderabschreibungen) bereinigt
(vgl. § 202 Abs. 1 BewG).

2.4.1.2 Grundsatz: Die letzten drei Wirtschaftsjahre als Beurteilungszeitraum

Der Jahresertrag ist regelmäßig als **Durchschnittsertrag** aus den Betriebsergebnissen der **3667**
letzten drei vor dem Bewertungsstichtag abgelaufenen Wirtschaftsjahre herzuleiten (§ 201
Abs. 2 Satz 1 BewG). Die Summe der Betriebsergebnisse wird durch drei geteilt; eine Gewichtung der Ergebnisse findet nicht statt. Es spielt insoweit grds. keine Rolle, ob die Übertragung
am Anfang oder am Ende eines Jahres stattfindet; d. h. selbst bei einer Übertragung am 31. 12.
eines Jahres werden grds. die letzten drei abgelaufenen und nicht das noch laufende Jahr für die
Ermittlung des Jahresertrags berücksichtigt. Dem Übertragungsstichtag kommt somit mit Blick
auf den Jahresertrag erhebliche Bedeutung zu.

Der Schenker S schenkt seiner Tochter T am 31.12.2014 (alternativ: am 01.01.2015) sein Einzelunternehmen. Die – um Hinzurechnungen und Kürzungen nach § 202 BewG bereits bereinigten – Betriebsergebnisse betragen 250000 € (2011), 500000 € (2012), 450000 € (2013) und 400000 € (2014).
LÖSUNG Für die Schenkung am 31.12.2014 sind grds. die letzten drei abgelaufenen Wirtschaftsjahre 2011 bis 2013 maßgeblich (§ 201 Abs. 2 Satz 1 BewG). Der durchschnittliche Jahresertrag für 2011 bis 2013 beträgt 400000 € (= (250000 € + 500000 € + 450000 €)/3). Bei einer Schenkung am 01.01.2015 wären hingegen die Wirtschaftsjahre 2012 bis 2014 und der durchschnittliche Jahresertrag von 450000 € (= 500000 € + 450000 € + 400000 €) maßgeblich. Allein durch die unterschiedlich maßgeblichen Jahreserträge (Steigerung um 12,5 %) steigt der Unternehmenswert quasi »über Nacht«. Hinzu kommt in diesem Beispiel, dass für die Übertragungen in den Jahren 2014 (14,1043) und 2015 (18,2149) unterschiedliche Kapitalisierungsfaktoren (§ 203 BewG) gelten. Für die Übertragung am 31.12.2014 beträgt der Wert des Einzelunternehmens somit 5641720 € (= 400000 € × 14,1043), während sich für die Schenkung am 01.01.2015 ein Unternehmenswert von 8196705 € errechnete. Der Wert nach dem vereinfachten Ertragswertverfahren ist somit »über Nacht« um über 2,5 Mio. € bzw. rd. 45,29 % gestiegen.
Für Übertragungen nach dem 31.12.2015 wurde der Kapitalisierungsfaktor nun rückwirkend durch das ErbStAnpG einheitlich auf 13,75 festgelegt (vgl. § 203 Abs. 1 ErbStG).

3668   Nach § 201 Abs. 2 Satz 2 ist das gesamte Betriebsergebnis eines am Bewertungsstichtag noch nicht abgelaufenen Wirtschaftsjahres anstelle des drittletzten abgelaufenen Wirtschaftsjahres einzubeziehen, wenn es für die Herleitung des künftig zu erzielenden Jahresertrags von Bedeutung ist. Das laufende Wirtschaftsjahr wird in diesem Falle mit dem vollen Betriebsergebnis und nicht nur zeitanteilig berücksichtigt. Die Summe der Betriebsergebnisse der letzten beiden Jahre und des laufenden Wirtschaftsjahres werden auch in diesen Fällen durch drei geteilt (vgl. R B 201 Abs. 3 ErbStR). Unter welchen Umständen das Betriebsergebnis des laufenden Wirtschaftsjahres für die Herleitung des künftigen Jahresertrags von Bedeutung ist, wird weder vom Gesetzgeber noch von der Finanzverwaltung näher konkretisiert. Dies ist vielmehr nach den konkreten Umständen des Einzelfalls zu beurteilen.

3669   Ausnahmsweise ist von einem entsprechend **verkürzten Ermittlungszeitraum** auszugehen, wenn sich im Dreijahreszeitraum der Charakter des Unternehmens nach dem **Gesamtbild der Verhältnisse nachhaltig verändert** hat oder das **Unternehmen neu entstanden** ist (§ 201 Abs. 3 BewG). Die Summe der Betriebsergebnisse ist in den Fällen eines verkürzten Ermittlungszeitraumes abweichend von § 201 Abs. 2 BewG durch zwei zu dividieren, weil der verkürzte Ermittlungszeitraum stets (mindestens) zwei volle Wirtschaftsjahre umfasst. Bei Neugründungen innerhalb eines Jahres vor dem Bewertungsstichtag findet das vereinfachte Ertragswertverfahren keine Anwendung (wg. offensichtlich unzutreffendem Ergebnis; vgl. R B 201 Abs. 2 Satz 4 i.V.m. R B 199.1 Abs. 6 Satz 1 Nr. 2 ErbStR).

S schenkt im Oktober 2018 seiner Tochter T eine KG-Beteiligung. Nach einem hohen Verlust der KG im Jahre 2015 von 1 Mio. € nahm die KG in den Jahren 2016 und 2017 umfangreiche Umstrukturierungen vor und stellte dabei auch die Produktpalette um. Die Betriebsergebnisse in den Folgejahren beliefen sich auf einen Gewinn von 150000 € in 2016 und einen Gewinn von 800000 € in 2017. Nach den betriebswirtschaftlichen Auswertungen der KG im Oktober 2018 erwartet die KG für das laufende Jahr einen Gewinn von 900000 €.
LÖSUNG Die Betriebsergebnisse haben sich aufgrund der erfolgreichen Umstrukturierung erkennbar verbessert. Der durchschnittliche Jahresertrag errechnet sich aus dem Durchschnitt der Jahre 2017 und 2018 und beträgt 850000 € (= (800000 € + 900000 €)/2), vgl. R B 201 Abs. 2 Satz 3 ErbStR). Die Betriebsergebnisse der Jahre 2015 und 2016 bleiben unberücksichtigt.

Umfasst der dreijährige Ermittlungszeitraum bei einer **Neugründung** zu Beginn ein **3670** **Rumpfwirtschaftsjahr**, ist regelmäßig nicht das Betriebsergebnis des Rumpfwirtschaftsjahrs, sondern das volle Betriebsergebnis des letzten, noch nicht abgelaufenen Wirtschaftsjahrs einzubeziehen. Ein Verstoß gegen das Stichtagsprinzip liegt insoweit nicht vor, weil das (noch nicht abgelaufene) Wirtschaftsjahr einerseits bereits vor dem Bewertungsstichtag begonnen hat und andererseits für die Prognose des zukünftig nachhaltig erzielbaren Jahresertrags von Bedeutung ist (R B 201 Abs. 4 ErbStR, s. Beispiel in H B 201 ErbStH).

Ist das Unternehmen durch **Umwandlung**, durch Einbringung von Betrieben oder Teilbe- **3671** trieben oder durch Umstrukturierungen **im Dreijahreszeitraum** entstanden, ist bei der Ermittlung des Durchschnittsertrags von den früheren Betriebsergebnissen des Gewerbebetriebs oder der Gesellschaft auszugehen (§ 201 Abs. 3 Satz 2 BewG). Ist beispielsweise eine GmbH zu bewerten, die im letzten Jahr durch Verschmelzung mit der Schwester-GmbH entstanden ist, so kann zur Ermittlung des Jahresertrags auf die früheren Betriebsergebnisse der Gesellschaften zurückgegriffen werden. Soweit sich die Änderung der Rechtsform auf den Jahresertrag auswirkt, sind die früheren Betriebsergebnisse entsprechend zu korrigieren (§ 201 Abs. 3 Satz 3 BewG).

Sofern zum Bewertungsstichtag fest steht, dass der künftige Jahresertrag durch **objektive** **3672** **Umstände**, z. B. wegen des Todes des Unternehmers, sich nachhaltig verändert, muss dies bei der Ermittlung des Durchschnittsertrags entsprechend berücksichtigt werden (R B 201 Abs. 5 ErbStR). Ggfs. scheidet die Anwendung des vereinfachten Ertragswertverfahrens aus, wenn es zu einem offensichtlich unzutreffenden Ergebnis führen würde.

2.4.1.3 Ermittlung der Betriebsergebnisse

Die Ermittlung der maßgeblichen **Betriebsergebnisse** des Beurteilungszeitraums (im **3673** Regelfall der letzten drei abgelaufenen Wirtschaftsjahre, § 201 Abs. 2 BewG) ist in § 202 geregelt. Hierbei ist zunächst das Betriebsergebnis für jedes Wirtschaftsjahr getrennt nach Maßgabe des § 202 BewG zu ermitteln. Der Durchschnittsertrag errechnet sich, indem die Summe der Betriebsergebnisse anschließend (im Regelfall) durch drei geteilt wird (§ 201 Abs. 2 BewG).

Im Hinblick auf das Ziel, den nachhaltig erzielbaren Jahresertrag zu ermitteln, sind bei der **3674** Erfassung der Betriebsergebnisse einige Besonderheiten gemäß § 202 BewG zu berücksichtigen:

1. **Ausgangswert** ist der **Gewinn i. S. d. § 4 Abs. 1 Satz 1 EStG**, d. h. der Bilanzgewinn bzw. **3675** der Gewinn i. S. d. Betriebsvermögensvergleichs, § 202 Abs. 1 BewG. Bei den **Überschuss- rechnern** (§ 4 Abs. 3 EStG) ist es der **Überschuss** der Betriebseinnahmen über die Betriebsausgaben, § 202 Abs. 2 BewG. Es ist mithin nicht auf das zu versteuernde Einkommen abzustellen. Daher entfallen auch etwaige außerbilanzielle Korrekturen (z. B. für nicht abzugsfähige Betriebsausgaben nach § 4 Abs. 5 EStG). Das Abstellen auf den **Steuer- bilanzgewinn** i. S. d. § 4 Abs. 1 Satz 1 EStG als Ausgangswert gilt sowohl bei Personenge- sellschaften als auch bei Kapitalgesellschaften und ist insoweit rechtsformneutral. Maßge- bend ist die zutreffende, nicht die tatsächliche ertragsteuerrechtliche Behandlung. Bei Personengesellschaften ist nur auf den Bilanzgewinn aus der Gesamthandsbilanz abzustel- len, da nur das Gesamthandsvermögen nach Ertragswertgrundsätzen bewertet wird. Die Ergebnisse aus den Sonder- und Ergänzungsbilanzen bleiben insoweit unberücksichtigt (vgl. R B 202 Abs. 1 ErbStR). Im Rahmen der Bewertung eines Mitunternehmeranteils wird das zugehörige Sonderbetriebsvermögen einzeln mit dem gemeinen Wert bewertet (vgl. § 97 Abs. 1a BewG; s. 4.2.3). Ergänzungsbilanzen erfassen nur steuerliche Wertkor- rekturen zu den Ansätzen in der Gesamthandsbilanz, um die zutreffende ertragsteuerliche Behandlung der stillen Reserven sicher zu stellen. Für die Ermittlung des gemeinen Werts des Gesamthandsvermögens spielen sie daher keine Rolle.

3676 2. **Diese Ausgangswerte sind für jedes Wirtschaftsjahr durch Hinzurechnung bzw. Abzug** von solchen Vermögensminderungen oder Vermögensmehrungen **zu korrigieren**, die einmalig sind oder jedenfalls den künftig nachhaltig erzielbaren Jahresertrag nicht beeinflussen oder in Zusammenhang stehen mit gesondert zu ermittelnden Ansätzen nach § 200 Abs. 2 bis 4 BewG (vgl. R B 202 Abs. 3 Satz 1 ErbStR). Für nicht bilanzierende Gewerbetreibende und für freiberuflich Tätige ist der Überschuss ebenfalls um die nachfolgend genannten Hinzurechnungen und Kürzungen zu korrigieren (vgl. § 202 Abs. 2 Satz 2 BewG; R B 202 Abs. 4 ErbStR):

3677 **Hinzugerechnet** werden nach § 201 Abs. 1 Nr. 1 a) bis f) BewG (vgl. R B 202 Abs. 3 Satz 2 Nr. 1 ErbStR):

– **Investitionsabzugsbeträge**, soweit sie den Gewinn gemindert haben; zu denen allerdings nicht die Abschläge nach § 7 g EStG gehören, da diese grundsätzlich außerhalb der Bilanz vorgenommen werden und daher den Bilanzgewinn nicht geschmälert haben;

– **Sonderabschreibungen** (zusätzlich zur normalen AfA) oder **erhöhte Absetzungen** (anstelle der normalen AfA), **Bewertungsabschläge** (z. B. nach § 7 g Abs. 2 Satz 2 EStG oder Abschreibungen bei Übertragung von Rücklagen nach § 6b EStG), **Zuführungen zu steuerfreien Rücklagen** (z. B. Rücklagen für Ersatzbeschaffung nach R 6.6 Abs. 4 EStR, Rücklagen nach § 6b EStG und Zuschussrücklagen nach R 6.5 Abs. 4 EStR) sowie **Teilwertabschreibungen. Berücksichtigungsfähig** sind nur die **normalen Absetzungen für Abnutzung**. Diese sind nach den Anschaffungs- oder Herstellungskosten bei gleichmäßiger Verteilung über die betriebsgewöhnliche Nutzungsdauer zu bemessen (§ 202 Abs. 1 Satz 1 Nr. 1 a) Satz 2 f. ErbStR). Zur normalen AfA – und nicht zur erhöhten AfA – rechnet auch die degressive AfA, für die eine Hinzurechnung daher ausscheidet (vgl. R B 202 Abs. 3 Satz 2 Nr. 1 a) Satz 2 ErbStR). Die normale AfA ist auch dann anzusetzen, wenn für die AfA in der Steuerbilanz vom Restwert auszugehen ist, der nach Inanspruchnahme der Sonderabschreibungen oder erhöhten AfA verblieben ist (§ 202 Abs. 1 Satz 2 Nr. 1 a) Satz 4 BewG). Wirtschaftsgüter, die in einen Sammelposten nach § 6 Abs. 2a EStG eingestellt und – unabhängig von der tatsächlichen betriebsgewöhnlichen Nutzungsdauer – gleichmäßig über die gesetzlich vorgeschriebene Dauer von 5 Jahren »abgeschrieben« werden, müssten streng nach dem Wortlaut des § 202 Abs. 1 Satz 2 Nr. 1 a) BewG ebenfalls über die tatsächlich betriebsgewöhnliche Nutzungsdauer abgeschrieben werden. Mit Blick auf die (meist geringe) Ergebnisauswirkung sollte u. E. jedoch im Regelfall eine Korrektur des Betriebsergebnisses aus Vereinfachungsgründen unterbleiben können. Entsprechendes gilt für die Sofortabschreibung von geringwertigen Wirtschaftsgütern nach § 6 Abs. 2 EStG. Korrespondierend zur Hinzurechnung von Zuführungen zu steuerfreien Rücklagen nach § 6b EStG wird auch der (einmalige) Veräußerungsgewinn i. S. d. § 6b Abs. 1 EStG aufgrund der fehlenden Nachhaltigkeit eliminiert (Abzug nach § 202 Abs. 1 Satz 1 Nr. 2 b) BewG). Entsprechendes gilt auch für Rücklagen und Gewinne aus der Veräußerung von Anteilen an Kapitalgesellschaften i. S. d. § 6b Abs. 10 EStG.

– **AfA auf den Geschäfts- oder Firmenwert oder auf firmenwertähnliche Wirtschaftsgüter** (z. B. Verlagswert); da der Ertragswert ja den aktuellen Firmenwert (in dem die Gewinnerwartungen zum Ausdruck kommen) enthält, macht es keinen Sinn, die AfA auf den derivativ erworbenen Firmenwert gesondert zu erfassen.

– **einmalige Veräußerungsverluste** (z. B. aus Verkauf von Anlagevermögen) sowie **außerordentliche Aufwendungen** (z. B. Kosten für Betriebsverlegung, Sozialpläne oder hohe Abfindungszahlungen an vorzeitig ausscheidende Mitarbeiter);

- im Gewinn nicht enthaltene **Investitionszulagen, sofern** mit solchen Zulagen in der Zukunft im gleichen Umfang gerechnet werden kann (insoweit nachhaltig); Anm.: das Investitionszulagengesetz lief Ende 2013 aus;
- der **Ertragsteueraufwand**, bestehend aus Körperschaftsteuer, Zuschlagsteuern (nur bei Kapitalgesellschaften bzw. Körperschaften) und Gewerbesteuer; da die Gewerbesteuer wie alle nicht oder nicht voll abzugsfähigen Betriebsausgaben handelsrechtlich das Betriebsergebnis mindert und nur steuerlich außerhalb der Bilanz hinzugerechnet wird, muss sie an dieser Stelle hinzugerechnet werden, obwohl sie seit 2008 zu den nicht abzugsfähigen Betriebsausgaben gehört, § 4 Abs. 5b EStG. Der gesamte Ertragsteueraufwand (und korrespondierend auch der Ertrag aus der Erstattung von Ertragsteuern, vgl. § 202 Abs. 1 Satz 2 Nr. 2 e) BewG) wird zunächst neutralisiert, um anschließend vom korrigierten Betriebsergebnis (rechtsformneutral) eine pauschale Ertragsteuerkürzung von 30 % vorzunehmen (§ 202 Abs. 3 BewG).
- schließlich sei noch einmal daran erinnert, dass **nicht betriebsnotwendiges Vermögen** und innerhalb der letzten zwei Jahre vor dem Bewertungsstichtag eingelegte Wirtschaftsgüter (sog. **junges Betriebsvermögen**) einschließlich der hiermit im wirtschaftlichen Zusammenhang stehenden Schulden gem. § 200 Abs. 2 und 4 BewG nicht über das Betriebsergebnis in den Unternehmenswert einfließen, sondern gesondert mit deren gemeinem Nettowert hinzugerechnet werden. Aus diesem Grund werden die **damit verbundenen Aufwendungen** (z. B. AfA, Erhaltungsaufwendungen, Finanzierungskosten) dem Betriebsergebnis wieder hinzugerechnet. Grundsätzlich sind nur solche Aufwendungen hinzuzurechnen, die unmittelbar auf die entsprechenden Wirtschaftsgüter entfallen (vgl. R B 202 Abs. 3 Satz 2 Nr. 1 f) ErbStR). Demgegenüber sind Aufwendungen (z. B. Finanzierungsaufwendungen) im Zusammenhang mit betriebsnotwendigen Beteiligungen an Kapitalgesellschaften i. S. d. § 200 Abs. 3 BewG nicht von der Hinzurechnung erfasst, d. h. dieser Aufwand mindert zutreffend das Betriebsergebnis des die Beteiligung haltenden Unternehmens (vgl. Wortlaut des § 202 Abs. 1 Satz 2 Nr. 1 f) BewG). Bei Beteiligungen an Personengesellschaften i. S. d. § 200 Abs. 3 BewG werden – wegen der Qualifizierung der diesbezüglichen Schulden als Sonderbetriebsvermögen bei der Personengesellschaft – damit im Zusammenhang stehende Aufwendungen im Ergebnis der Personengesellschaft berücksichtigt und sind daher bei der Korrektur des Betriebsergebnisses nicht hinzuzurechnen. Sie werden durch die Hinzurechnung des übernommenen Verlustes aus der Beteiligung nach § 202 Abs. 1 Satz 2 Nr. 1 f) BewG oder der Kürzung der Erträge aus der Beteiligung nach § 202 Abs. 1 Satz 2 Nr. 2 f) BewG berücksichtigt (vgl. R B 202 Abs. 3 Satz 2 Nr. 1 f) ErbStR).
- **übernommene Verluste aus jeglichen Beteiligungen i. S. d. § 200 Abs. 2 bis 4 BewG**, da diese Verluste bei der separaten (Ertrags-)Bewertung dieser Beteiligungen bereits berücksichtigt werden;
- **verdeckte Gewinnausschüttungen** bei Kapitalgesellschaften (bei nicht fremdüblichen Leistungen), vgl. R B 202 Abs. 1 Satz 2 Nr. 1 g) ErbStR;
- **sonstige wirtschaftlich nicht begründete Vermögensminderungen mit Einfluss auf den nachhaltig zu erzielenden Jahresertrag** und mit gesellschaftsrechtlichem Bezug, soweit sie nicht bereits in den Hinzurechnungen nach § 202 Abs. 1 Satz 2 Nr. 1 BewG enthalten sind (= **Auffangtatbestand** nach § 202 Abs. 1 Satz 2 **Nr. 3** BewG). Hierzu zählen auch solche Vermögensminderungen, die mit Angehörigen des Unternehmers oder Gesellschafters oder sonstigen diesem nahestehenden Personen im Zusammenhang stehen (z. B. überhöhte Mietzahlung der Gesellschaft an die Ehefrau des Gesellschafters;

i. H. d. Differenz zur angemessenen Miete erfolgt eine Hinzurechnung zum Betriebsergebnis; vgl. H B 202 Beispiel 1 ErbStR). Die von diesem Auffangtatbestand erfassten Vermögensminderungen müssen nicht notwendig in einem bilanzierungsfähigen Wirtschaftsgut bestehen (vgl. R B 202 Abs. 3 Satz 2 Nr. 3 ErbStR).

3678 **Abzuziehen sind** nach § 201 Abs. 1 Nr. 2 a) bis f) BewG (vgl. R B 202 Abs. 3 Satz 2 Nr. 2 ErbStR):

- **gewinnerhöhende** Auflösungsbeträge aus der **Auflösung steuerfreier Rücklagen** (z. B. bei Rücklagen nach § 6b EStG oder bei Rücklagen für Ersatzbeschaffung nach R 6.6 EStR);
- **gewinnerhöhende Wertaufholungen** nach § 6 Abs. 1 Nr. 1 Satz 4 und Nr. 2 Satz 3 EStG (da die vorherigen Teilwertabschreibungen den Gewinn ja auch nicht gemindert haben, sondern hinzugerechnet werden mussten);
- **einmalige Veräußerungsgewinne** (z. B. aus dem Verkauf von Anlagevermögen) und **außerordentliche Erträge** (z. B. aus erfolgreichen Schadensersatzklagen);
- im **Gewinn enthaltene Investitionszulagen, soweit** in Zukunft nicht mit weiteren zulagebegünstigten Investitionen in gleichem Umfang zu rechnen ist;
- ein **angemessener Unternehmerlohn, soweit** in den Betriebsergebnissen ein solcher nicht berücksichtigt ist (z. B. beim Einzelunternehmer oder beim unentgeltlich oder nur gegen geringes Entgelt tätigen Gesellschafter-Geschäftsführer einer Personengesellschaft). Auch ein potentieller Investor würde einen angemessenen Unternehmerlohn (z. B. für sich oder für die Anstellung eines Geschäftsführers) in die Unternehmensbewertung einfließen lassen. Die Höhe des Unternehmerlohns (Angemessenheit) führt in der Praxis häufig zu Diskussionen mit der Finanzverwaltung und richtet sich nach der Vergütung, die eine nicht beteiligte Geschäftsführung erhalten würde (**Fremdvergleich**). Die zur ertragsteuerlichen Behandlung von verdeckten Gewinnausschüttungen für GmbH-Geschäftsführer entwickelten Grundsätze finden unseres Erachtens Beachtung. Die für Ertragsteuerzwecke zu beachtende Unschädlichkeitsgrenze bei Überschreitung der Obergrenzen um bis zu 20 % ist vorliegend für Bewertungszwecke unseres Erachtens nicht zu berücksichtigen. Häufig kann der angemessene Unternehmerlohn aus an leitende Angestellte des Unternehmens gezahlte Bruttogehälter abgeleitet werden. Da der Geschäftsführer nicht nur für seine Tätigkeit, sondern auch für die von ihm übernommene Verantwortung vergütet wird, kann der angemessene Unternehmerlohn das Gehalt eines (leitenden) Angestellten auch erheblich übersteigen. Soweit vorhanden, kann der fiktive Unternehmerlohn auch aus Gehaltsstudien bzw. aus branchenspezifischen Datensammlungen hergeleitet werden. Bei Personengesellschaften kann der Unternehmerlohn aus dem vereinbarten Vorabgewinn für den Gesellschafter-Geschäftsführer abgeleitet werden, soweit dieser nach Art und Umfang angemessen ist. Der Abzug ist beim Einzelunternehmen erforderlich, um die Rechtsformneutralität zu gewährleisten, da ein Geschäftsführergehalt bei der Kapitalgesellschaft üblicherweise abgezogen wird. Ebenso ist abzuziehen ein fiktiver Lohn für unentgeltlich oder gegen unzureichendes Entgelt mitarbeitende Familienangehörige (vgl. R B 202 Abs. 3 Satz 2 Nr. 2 ErbStR).
- **Erträge aus der Erstattung von Ertragsteuern**; korrespondierend zur Hinzurechnung des tatsächlichen Ertragsteueraufwands (s. o.) werden etwaige Erträge aus der Erstattung von Körperschaftsteuer, Zuschlagsteuern und Gewerbesteuer ebenfalls neutralisiert und der Ertragsteueraufwand pauschaliert i. H. v. 30 % des ermittelten Betriebsergebnisses zum Abzug gebracht (vgl. § 202 Abs. 3 BewG);
- Erträge im Zusammenhang mit nicht betriebsnotwendigem Vermögen (§ 200 Abs. 2 BewG), mit Beteiligungen an anderen Gesellschaften (§ 200 Abs. 3 BewG) und mit Wirt-

schaftsgütern, die innerhalb der letzten zwei Jahre vor dem Bewertungsstichtag eingelegt wurden (§ 200 Abs. 4 BewG, sog. junges Betriebsvermögen). Die Kürzung der Betriebsergebnisse um diese Erträge ist nach dem System der Wertermittlung nach dem vereinfachten Ertragswertverfahren erforderlich, da dieses Vermögen ansonsten doppelt erfasst wäre, nämlich durch separate Erfassung der gemeinen Werte (§ 200 Abs. 2 bis 4 BewG) und zusätzlich durch den insoweit überhöhten Jahresertrag (§ 200 Abs. 1 BewG).

– bei **Kapitalgesellschaften verdeckte Einlagen** (vgl. R B 202 Abs. 3 Satz 2 Nr. 2 f) ErbStR);

– **sonstige wirtschaftlich nicht begründete Vermögenserhöhungen mit Einfluss auf den zukünftig nachhaltig zu erzielenden Jahresertrag** und mit gesellschaftsrechtlichem Bezug, soweit sie nicht in § 202 Abs. 1 Satz 2 Nr. 2 BewG bereits enthalten sind (= **Auffangtatbestand** nach § 202 Abs. 1 Satz 2 **Nr. 3** BewG; korrespondierend zur o. g. Hinzurechnung entsprechender Aufwendungen). Die Vermögenserhöhungen müssen nicht notwendig in einem bilanzierungsfähigen Wirtschaftsgut bestehen. Eine Kürzung kommt beispielsweise in Betracht, soweit der Gesellschafter oder eine ihm nahestehende Person Wirtschaftsgüter unentgeltlich oder gegen ein – im Vergleich zur angemessenen Miete – zu geringes Entgelt an die Personengesellschaft überlässt. In Höhe der Differenz zur angemessenen Miete kann nach diesem Auffangtatbestand eine Kürzung des Betriebsergebnisses vorgenommen werden (vgl. H B 202 Beispiel 2 ErbStR). Entsprechendes gilt etwa für vergünstigte Darlehensgewährungen oder Tätigkeitsvergütungen (soweit nicht schon als Unternehmerlohn erfasst).

c) Unter Berücksichtigung der o. g. Hinzurechnungen und Kürzungen ergibt sich für jedes Wirtschaftsjahr das korrigierte (vorläufige) Betriebsergebnis. Um die Rechtsformneutralität zu gewährleisten, werden die bereinigten (positiven) Betriebsergebnisse um einen in § 202 Abs. 3 BewG festgelegten **pauschalen Ertragsteuerabschlag in Höhe von 30 % gemindert.** Der pauschale Ertragsteuerabschlag von 30 % orientiert sich an der durchschnittlichen Steuerbelastung für Kapitalgesellschaften (15 % KSt zzgl. rd. 0,83 % Solidaritätszuschlag (5,5 % auf die KSt) und rd. 14 % GewSt bei einem unterstellten Gewerbesteuer-Hebesatz von 400 %). Bei Personengesellschaften ergibt sich bei Inanspruchnahme der sog. Thesaurierungsbegünstigung nach § 34a EStG (und der Gewerbesteueranrechnung nach § 35 EStG) eine in etwa vergleichbare Steuerbelastung für nicht entnommene Gewinne. Auf Grund der typisierenden Vorgehensweise beanstandet es die Finanzverwaltung i. d. R. nicht, wenn diese für gewerbliche Unternehmen errechnete pauschale Ertragsteuerbelastung von 30 % auch für das im vereinfachten Ertragswertverfahren ermittelte Vermögen eines Freiberuflers angewendet wird (R B 202 Abs. 5 ErbStR). **3679**

Die **Summe** der um die o. g. Hinzurechnungen und Kürzungen **korrigierten Betriebsergebnisse** abzüglich der Minderung um die pauschale Ertragsteuerbelastung ist **durch die Anzahl der einbezogenen Wirtschaftsjahre zu dividieren** und ergibt sodann den zukünftig **nachhaltig zu erzielenden Jahresertrag** i. S. v. § 201 BewG. Der Durchschnittsertrag kann auch negativ sein. **3680**

3681 Einen Überblick über die Ermittlung des maßgeblichen Jahresertrags zeigt das folgende Berechnungsschema:

Beurteilungszeitraum (grds. letzten 3 Wj.)	Wirtschaftsjahre		
	01	02	03
Ausgangswert: Bilanzgewinn nach § 4 Abs. 1 EStG + Hinzurechnungen / ./. Kürzungen			
Hinzurechnungen + Sonder-AfA / erhöhte AfA + Bewertungsabschläge + Zuführungen zu steuerfreien Rücklagen + Teilwertabschreibungen + AfA für Geschäfts- oder Firmenwert + einmalige Veräußerungsverluste + außerordentliche Aufwendungen + Investitionszulagen (nicht im Gewinn enthalten, auch künftig) + Ertragsteueraufwand + Aufwendungen für nicht betriebsnotwendiges Vermögen + Aufwendungen für junges Betriebsvermögen + übernommene Verluste aus Beteiligungen + sonstiger wirtschaftlich nicht begründeter Aufwand mit gesellschaftsrechtlichem Bezug (z. B. vGA)			
Kürzungen ./. Auflösung steuerfreier Rücklagen (nicht im Gewinn enthalten) ./. Teilwertzuschreibungen ./. einmalige Veräußerungsgewinne ./. außerordentliche Erträge ./. einmalige Investitionszulagen (im Gewinn enthalten) ./. angemessener Unternehmerlohn ./. Erstattung von Ertragsteuern ./. Erträge aus nicht betriebsnotwendigem Vermögen ./. Erträge aus Beteiligungen ./. Erträge aus jungem Betriebsvermögen ./. sonstiger wirtschaftlich nicht begründeter Ertrag mit gesellschaftsrechtlichem Bezug (z. B. verdeckte Einlage)			
Betriebsergebnis vor Ertragsteueraufwand ./. **pauschaler Ertragsteueraufwand** (**30 %** vom positiven Wert)			
Betriebsergebnis			
zukünftig nachhaltiger Jahresertrag (§ 201 BewG) **= Summe Betriebsergebnisse / Anzahl der Jahre**			

2.4.2 Kapitalisierungsfaktor für Übertragungen vor dem 01.01.2016 (§ 203 BewG a. F.)

Der Kapitalisierungsfaktor wurde durch das ErbStAnpG rückwirkend für Übertragungen nach dem 31.12.2015 grds. einheitlich auf 13,75 festgelegt (§ 203 Abs. 1 BewG n. F.). Nachfolgend wird zunächst die bisherige Rechtslage zur Bestimmung des Kapitalisierungsfaktors für Übertragungen vor dem 01.01.2016 dargestellt. **3682**

Zur Ermittlung des Ertragswerts ist der zukünftig nachhaltig erzielbare Jahresertrag (§§ 201, 202 BewG) mit dem **Kapitalisierungsfaktor** (§ 203 BewG) zu multiplizieren (§ 200 Abs. 1 BewG). Der nur für das vereinfachte Ertragswertverfahren geltende Kapitalisierungsfaktor ergibt sich für Übertragungen vor dem 01.01.2016 aus dem **Kehrwert des Kapitalisierungszinssatzes** (§ 203 Abs. 3 BewG a. F.). Er ist auf vier Nachkommastellen abzurunden (H B 203 (Kapitalisierungsfaktor) ErbStH). Der Kapitalisierungszinssatz setzt sich zusammen aus einem variablen, jährlich neu festzusetzenden Basiszins und einem festen **Risikozuschlag** von 4,5 %. **3683**

2.4.2.1 Basiszins

Der variable Zinsteil (**Basiszins**) wird aus der langfristig erzielbaren Rendite öffentlicher Anleihen abgeleitet, den die Deutsche Bundesbank anhand der Zinsstrukturdaten jeweils auf den ersten Börsentag des Jahres errechnete. Der Basiszins wurde vom BMF jeweils zu Beginn eines Jahres im Bundessteuerblatt veröffentlicht. Er ist für alle Wertermittlungen auf Bewertungsstichtage in diesem Jahr anzuwenden (§ 203 Abs. 2 BewG a. F.). **3683**

BEISPIEL

Der Basiszins für das Jahr 2015 beträgt 0,99 % (BMF vom 02.01.2015, BStBl I 2015, 6). Der Kapitalisierungszinssatz ergibt sich aus dem Basiszins zzgl. dem festen Risikozuschlag von 4,5 % (0,99 % + 4,5 % = 5,49 %). Aus dem Kehrwert des Kapitalisierungszinssatzes ergibt sich der Kapitalisierungsfaktor (1/5,49 % = 18,2149, abgerundet auf vier Nachkommastellen). Dieser Kapitalisierungsfaktor ist für alle Bewertungen nach dem vereinfachten Ertragswertverfahren mit Bewertungsstichtag im Jahre 2015 anzuwenden. Für Bewertungsstichtage im Jahr 2016 wurde zwar zunächst ein neuer Basiszins von 1,10 % durch das BMF bekannt gegeben (Schreiben des BMF vom 04.01.2016, BStBl I 2016, 5). Als Kapitalisierungsfaktor errechnete sich hieraus ein Wert von 17,8571 (= 1 / 5,60 %). Durch die rückwirkende Festlegung eines einheitlichen Kapitalisierungsfaktors von 13,75 in § 203 Abs. 1 ErbStG i. d. F. des ErbStAnpG für Übertragungen nach dem 31.12.2015 haben Wertveränderungen aufgrund von unterschiedlichen Bewertungsstichtagen um die Jahreswende zumindest insoweit an Bedeutung verloren.

Die nachfolgende Übersicht gibt einen Überblick über die Entwicklung der Kapitalisierungsfaktoren ab dem Jahre 2007. Die neuen Bewertungsvorschriften wurden zwar erst ab 2009 eingeführt. Bei Erbfällen in den Jahren 2007 und 2008 konnte das vereinfachte Ertragswertverfahren jedoch auf Antrag des Steuerpflichtigen bereits angewendet werden. **3684**

	Basiszins		Risiko- zuschlag	Kapitalisie- rungszins	Kapitalisie- rungsfaktor
		Schreiben des BMF v.			
2007	4,02 %	(17.03.2009)	4,50 %	8,52 %	11,7370
2008	4,58 %	(17.03.2009)	4,50 %	9,08 %	11,0132
2009	3,61 %	(07.01.2009)	4,50 %	8,11 %	12,3304

	Basiszins		Risiko-zuschlag	Kapitalisie-rungszins	Kapitalisie-rungsfaktor
		Schreiben des BMF v.			
2010	3,98 %	(05.01.2010)	4,50 %	8,48 %	11,7924
2011	3,43 %	(05.01.2011)	4,50 %	7,93 %	12,6103
2012	2,44 %	(02.01.2012)	4,50 %	6,94 %	14,4092
2013	2,04 %	(02.01.2013)	4,50 %	6,54 %	15,2905
2014	2,59 %	(02.01.2014)	4,50 %	7,09 %	14,1043
2015	0,99 %	(02.01.2015)	4,50 %	5,49 %	18,2149
2016	1,10 %	(04.01.2016)	4,50 %	5,60 %	17,8571
Ab 2016	§ 203 Abs. 1 BewG (i. d. F. des ErbStAnpG)				13,75

3685 Wie die Übersicht zeigt, resultiert der deutliche Anstieg des Kapitalisierungsfaktors in den Jahren 2007 ff. aus der Absenkung des Basiszinssatzes (langfristig erzielbare Rendite öffentlicher Anleihen). Je niedriger der Basiszinssatz und damit auch der Kapitalisierungszinssatz, desto höher ist der Kapitalisierungsfaktor (da Kehrwert). Dies lässt sich grds. damit erklären, dass im Rahmen der Unternehmensbewertung ein Vergleich angestellt wird mit einer alternativen Anlage auf dem Kapitalmarkt. Sinkt das Zinsniveau auf dem Kapitalmarkt, so muss der Anleger einen höheren Betrag investieren, um den gleichen Zinsertrag wie zuvor zu erzielen.

BEISPIEL

Ein Anleger erhält für eine Anlage von 1 Mio. € auf dem Kapitalmarkt einen jährlichen Zinsertrag von 60 000 € (Zinssatz 6 %). Sinkt nun das Zinsniveau auf 4 %, so muss der Anleger 1,5 Mio. € investieren, um den gleichen Zinsertrag zu erhalten (1,5 Mio. € × 4 % = 60 000 €). Ein potenzieller Investor für eine Unternehmensbeteiligung, die einen nachhaltig erzielbaren Jahresertrag von (ebenfalls) 60 000 € abwirft, müsste in diesem Fall für die vergleichbare Anlage auf dem Kapitalmarkt (bei Absinken des Zinsniveaus) 50 % mehr investieren. Daher wird er grds. auch zur Zahlung eines höheren Kaufpreis für die Unternehmensbeteiligung bereit sein.

Die Verwendung des Kapitalisierungsfaktors des § 203 BewG kann allerdings in Zeiten einer Krise zu widersinnigen Ergebnissen führen. Befindet sich die Gesamtwirtschaft in einer Krise, werden die Zentralbanken die Leitzinsen entsprechend ermäßigen. Dementsprechend wird sich auch der Basiszinssatz des § 203 Abs. 1 BewG ermäßigen und der Kapitalisierungsfaktor steigen.

BEISPIEL

Beträgt der Durchschnittsertrag der letzten drei abgelaufenen Wirtschaftsjahre 1 000 000 € und der Kapitalisierungszinssatz 10 %, so ergibt sich ein Ertragswert von 1 000 000 × 1 / 10 % = 10 000 000 €. Beträgt der Kapitalisierungszinssatz dagegen nur 8 %, so ergibt sich ein Ertragswert von 1 000 000 × 1 / 8 % = 12 500 000 €. Wegen diesen systemimmanenten Folgen und der vergangenheitsorientierten Jahresertragsermittlung dürfte sich in Krisenzeiten ein anderes allgemein anerkanntes Bewertungsverfahren empfehlen.

2.4.2.2 Pauschaler Risikozuschlag

Der **pauschale Risikozuschlag von 4,5 %** (§ 203 Abs. 1 BewG a. F.) gilt für alle nach dem **3686** vereinfachten Ertragswertverfahren zu bewertenden Unternehmen, unabhängig von Rechtsform, Branche, Größe, Eigenkapitalquote etc. Demgegenüber wird der Risikozuschlag bei Unternehmensbewertungen nach allgemein anerkannten Ertragswertmethoden (z. B. IDW S1) speziell für das zu bewertende Unternehmen unter Berücksichtigung des unternehmensspezifischen Risikos (Beta-Faktoren) ermittelt. Der gesetzlich festgelegte Risikozuschlag und damit auch der Kapitalisierungsfaktor findet daher bei anderen anerkannten, auch im gewöhnlichen Geschäftsverkehr für nichtsteuerliche Zwecke üblichen Methoden keine Anwendung (R B 203 Satz 4 ErbStR). Auch vor diesem Hintergrund ergeben sich bei Unternehmensbewertungen nach anderen allgemein anerkannten Ertragswertmethoden abweichende (tendenziell oftmals niedrigere) Unternehmenswerte.

Bei der Bewertung von Anteilen an **ausländischen** Kapitalgesellschaften oder ausländischem Betriebsvermögen im Rahmen des vereinfachten Ertragswertverfahrens kann der nach **3687** § 203 BewG maßgebende Kapitalisierungsfaktor grds. angewendet werden, wenn dies nicht zu offensichtlich unzutreffenden Ergebnissen führt (vgl. R B 199.2 Satz 4 ErbStR).

2.4.3 Kapitalisierungsfaktor für Übertragungen nach dem 31.12.2015 (§ 203 BewG)

Durch das Gesetz zur Anpassung des Erbschaftsteuer- und Schenkungsteuergesetzes an **3688** die Rechtsprechung des Bundesverfassungsgerichts vom 04.11.2016 (**ErbStAnpG**; veröffentlicht im BGBl I 2016, 2464 am 09.11.2016) wurde der Kapitalisierungsfaktor in § 203 Abs. 1 ErbStG mit **13,75** festgelegt.

Gemäß § 203 Abs. 2 BewG wird das **BMF ermächtigt**, durch Rechtsverordnung mit **3689** Zustimmung des Bundesrates den Kapitalisierungsfaktor an die Entwicklung der Zinsstrukturdaten **anzupassen**. D. h. es ist auch für die Zukunft eine Anpassung des Kapitalisierungsfaktors an veränderte Marktzinssätze vorgesehen. Allerdings sieht die Neufassung nicht mehr wie bislang eine Anpassung des Kapitalisierungsfaktors an die jeweiligen Zinsstrukturdaten zu Beginn jeden Jahres vor (vgl. § 203 BewG a. F.). Wann bzw. unter welchen genauen Umständen eine Anpassung des Kapitalisierungsfaktors an veränderte Zinsstrukturdaten vorzunehmen ist, ist weder im Gesetz bestimmt noch lässt sich dies aus der Gesetzesbegründung entnehmen. Dies gestaltet sich schon allein deshalb als schwierig, weil aus den Gesetzesbegründungsunterlagen nicht zu entnehmen ist, wie der nun im Gesetz genannte Kapitalisierungsfaktor von 13,75 errechnet wurde, d. h. welche Berechnungsparameter zu Grunde gelegt wurden.

Eine Anpassung der bisherigen Regelungen zur Bestimmung des Kapitalisierungsfaktors **3690** war aufgrund der tatsächlichen Entwicklung des Marktzinses und der sich daraus ergebenden Wirkungen für erheblich höhere Unternehmensbewertungen, die oftmals weit über dem Marktüblichen lag, grds. geboten. Die Folgen eines nahezu Nullzinses am Kapitalmarkt führten bei Bewertungen nach dem vereinfachten Ertragswertverfahren zuletzt zunehmend zu völlig überhöhten Unternehmenswerten. Würde man beispielsweise – rein hypothetisch – den risikolosen Zins zum 06.07.2016 von 0,04 % bei der Ermittlung des Kapitalisierungsfaktors zu Grunde legen, so errechnete sich hieraus sogar ein Kapitalisierungsfaktor von 22,0264 (dies entspricht einer Steigerung um über 23 % gegenüber dem bisher für 2016 ermittelten Kapitalisierungsfaktor von 17,8571).

2.4.3.1 Anwendungszeitpunkt für § 203 BewG n. F.

3691 Der durch das ErbStAnpG vom 04.11.2016 eingeführte neue einheitliche Kapitalisierungsfaktor von 13,75 ist **rückwirkend** für **alle Bewertungsstichtage nach dem 31.12.2015** anzuwenden (vgl. § 205 Abs. 11 BewG i. d. F. des ErbStAnpG). Damit wurde der bislang für Übertragungen im Jahre 2016 zu Grunde gelegte Kapitalisierungsfaktor von 17,8571 (s. 2.4.2.1) durch den neuen Kapitalisierungsfaktor von 13,75 ersetzt. Hiermit einher stellt sich die Frage einer verfassungsrechtlich unzulässigen echten Rückwirkung.

2.4.3.2 Verfassungsrechtliche Bedenken gegen die Anwendungsregelung

3692 Die Erbschaft- bzw. Schenkungsteuer ist eine sog. **Stichtagssteuer**. Anders als z. B. bei der Einkommensteuer, die erst mit Ablauf eines Jahres (Veranlagungszeitraums) entsteht, sind rückwirkende Änderungen bei Stichtagssteuern grds. als **verfassungsrechtlich unzulässige echte Rückwirkungen** zu betrachten. Die Änderung des Gesetzes knüpft hierbei an bereits abgeschlossene Sachverhalte an, denn es gilt rückwirkend für alle Bewertungsstichtage nach dem 31.12.2015 (§ 205 Abs. 11 BewG) und damit (u. a.) auch für Übertragungen, für die die bisherigen erbschaftsteuerlichen Begünstigungsregelungen bis zum 30.06.2016 gelten. Zwar führt ein geringerer Kapitalisierungsfaktor (13,75 statt bislang 17,8571) zu niedrigeren Unternehmenswerten und damit im Regelfall auch zu niedrigeren Erbschaft- bzw. Schenkungsteuern. Doch führt dies nicht in jedem Falle zu einer günstigeren Regelung für den Steuerpflichtigen. Nachteilhaft ist die rückwirkende Änderung für die Steuerpflichtigen in folgenden Fällen:

- Die **max. Verwaltungsvermögensquote von 50 %** (Verhältnis des Verwaltungsvermögens zum Unternehmenswert) für die **Regelverschonung** (85 %-Abschlag) wird aufgrund des niedrigeren Unternehmenswerts nicht mehr erfüllt und eine erbschaftsteuerliche Begünstigung entfällt somit.
- Entsprechendes gilt für die bisherige **max. Verwaltungsvermögensquote** für die **Optionsverschonung** von 10 %, die aufgrund des niedrigeren Unternehmenswerts nunmehr ggfs. überschritten wird und damit ein Verschonungsabschlag von 100 % nicht mehr in Betracht kommt.
- Durch einen geringeren Unternehmenswert kann es auch bei der Berechnung der als Verwaltungsvermögen zu qualifizierenden Finanzmitteln zu einer Verschlechterung für den Steuerpflichtigen kommen, denn bislang konnten 20 % des Unternehmenswerts von den Finanzmitteln (nach Abzug der Schulden) in Abzug gebracht werden. Der niedrigere Unternehmenswert kann demzufolge auch zu einer **Erhöhung der schädlichen Finanzmittel** und damit zu einer Erhöhung der **Verwaltungsvermögensquote** führen.

Diese rückwirkende Änderung ist nicht zuletzt auch deshalb in diesen Fällen verfassungsrechtlich bedenklich, da mit einer Änderung des Kapitalisierungsfaktors nicht zwingend zu rechnen war. Das Bundesverfassungsgericht hatte in seinem Beschluss über die Verfassungswidrigkeit des Erbschaftsteuer- und Schenkungsteuergesetzes keinen Anstoß an den Bewertungsregelungen genommen. Der Gesetzgeber hätte das verfassungsrechtliche Rückwirkungsproblem auch dadurch vermeiden können, indem er den von der Rückwirkung betroffenen Steuerpflichtigen ein Wahlrecht zur Anwendung des bisherigen oder des neuen Kapitalisierungsfaktors hätte einräumen können.

2.4.3.3 Gleich lautende Ländererlasse vom 11. 05. 2017 zur rückwirkenden Anwendung des § 203 BewG

Vor diesem verfassungsrechtlichen Hintergrund hat die **Finanzverwaltung** mit gleich lautenden **Ländererlassen vom 11. 05. 2017** (BStBl I 2017, 751) reagiert. Zwar ist demnach der rückwirkend geänderte Kapitalisierungsfaktor von **13,75 auch** für alle **Bewertungsstichtage nach dem 31. 12. 2015 und vor dem 01. 07. 2016** anzuwenden. Der Feststellungsbescheid nach § 151 Abs. 1 Satz 1 Nr. 2 oder 3 BewG ist grundsätzlich der Festsetzung der Erbschaft- und Schenkungsteuer zugrunde zu legen.

Wenn sich der festgestellte gemeine Wert im Rahmen der Verschonung nach § 13a ErbStG a. F. bei der Festsetzung der Erbschaft- und Schenkungsteuer **zum Nachteil** des Erwerbers auswirkt, ist jedoch im Einzelfall **auf Antrag** beim zuständigen Erbschaft- bzw. Schenkungsteuerfinanzamt eine **abweichende Steuerfestsetzung** vorzunehmen. Den Berechnungen zur Prüfung der Grenze von 50 % bzw. 10 % bei der **Verwaltungsvermögensquote** (§ 13 b Abs. 2 Satz 1 ErbStG a. F.) und der Berechnung des Sockelbetrags für die **Finanzmittel** (§ 13 b Abs. 2 Satz 2 Nr. 4 a ErbStG a. F., § 13 a Abs. 8 Nr. 3 ErbStG a. F.) ist der im vereinfachten Ertragswertverfahren auf der Grundlage des Kapitalisierungsfaktors von 17,8571 errechnete Wert des Werts des Betriebsvermögens oder des Anteils am Betriebsvermögen oder von Anteilen an Kapitalgesellschaften zugrunde zu legen. D.h. nur insoweit wird zur Vermeidung der **mittelbaren Folgen** eines geringeren Unternehmenswerts – auf Antrag – der bisherige Kapitalisierungsfaktor zugrundegelegt. Der mit dem Kapitalisierungsfaktor von 13,75 ermittelte **Unternehmenswert** selbst bleibt hingegen **unberührt.**

Dazu ermittelt das Betriebsfinanzamt nach Anforderung durch das für die Erbschaft- und Schenkungsteuer zuständige Finanzamt im Wege der Amtshilfe den Wert unter Anwendung des Kapitalisierungsfaktors von 17,8571 sowie die **auf dieser Grundlage** ermittelten Werte der **Finanzmittel** und des **Verwaltungsvermögens** und teilt diese Angaben dem für die Erbschaft- und Schenkungsteuer zuständigen Finanzamt mit. Sind im Rahmen des Feststellungsverfahrens Feststellungen für nachgeordnete Gesellschaften zu berücksichtigen und ergibt sich hieraus ein Nachteil für den Erwerber wie vorstehend dargestellt, ermittelt das für die Feststellung für die nachgeordnete Gesellschaft zuständige Betriebsfinanzamt im Weg der Amtshilfe die Werte entsprechend und teilt diese dem Betriebsfinanzamt der darüber liegenden Stufe mit (vgl. gleich lautende Ländererlasse vom 11. 05. 2017, BStBl I 2017, 751).

2.5 Gesonderte Wertansätze (§ 200 Abs. 2 bis 4 BewG)

Der Unternehmenswert nach dem vereinfachten Ertragswertverfahren setzt sich ggfs. aus mehreren Bestandteilen zusammen (siehe hierzu 2.4). Neben der Ermittlung des Ertragswerts im Rahmen des sog. Gesamtbewertungsverfahrens werden folgende in § 200 Abs. 2 bis 4 BewG genannte Wirtschaftsgüter separat mit dem gemeinen Wert angesetzt (sog. Einzelbewertung) und dem Ertragswert hinzugerechnet:

- nicht betriebsnotwendiges Vermögen (§ 200 Abs. 2 BewG),
- im Unternehmensvermögen gehaltene Beteiligungen an Kapital- oder Personengesellschaften (§ 200 Abs. 3 BewG) und
- sog. junges Betriebsvermögen (§ 200 Abs. 4 BewG).

Um eine Doppelerfassung dieser Wirtschaftsgüter (i. R. d. Ertragswerts und zusätzlich mit dem gemeinen Einzelwert) zu vermeiden, werden Aufwendungen und Erträge, die mit diesen Wirtschaftsgütern unmittelbar im Zusammenhang stehen, im Rahmen der Ermittlung der Betriebs-

3693

3694

3695

3696

ergebnisse grds. neutralisiert (vgl. § 202 Abs. 1 Nr. 1 f) und Nr. 2 f) BewG). Die Einzelbewertung der von § 200 Abs. 2 bis 4 BewG erfassten Wirtschaftsgüter wird nachfolgend näher beschrieben.

2.5.1 Nicht betriebsnotwendiges Vermögen (§ 200 Abs. 2 BewG)

3697 Wirtschaftsgüter des sog. nicht betriebsnotwendigen (bzw. betriebsneutralen) Vermögens und die mit diesen in wirtschaftlichem Zusammenhang stehenden Schulden sind neben dem Ertragswert mit ihrem gemeinen Wert anzusetzen (§ 200 Abs. 2 BewG). Zum **nicht betriebsnotwendigen Vermögen** zählen diejenigen Wirtschaftsgüter, die sich ohne Beeinträchtigung der eigentlichen Unternehmenstätigkeit aus dem Unternehmen herauslösen lassen, ohne dass die operative Geschäftstätigkeit eingeschränkt wird. Je nach Unternehmenszweck können hierzu z. B. Mietwohngrundstücke, wertvolle Gemälde, nicht mit dem eigentlichen Unternehmenszweck in Zusammenhang stehende Beteiligungen oder auch Überbestände an Wertpapieren und an Geldbeständen rechnen. Auf Grund der Betriebsbezogenheit besteht keine zwingende Deckungsgleichheit mit dem ertragsteuerlich »gewillkürten Betriebsvermögen« bzw. mit »Verwaltungsvermögen« i. S. d. § 13b Abs. 2 ErbStG (vgl. R B 200 Abs. 2 BewG).

3698 Die **separate Einzelbewertung** des nicht betriebsnotwendigen Vermögens entspricht auch der üblichen Vorgehensweise bei marktgängigen Ertragswertmethoden (z. B. nach IDW S1). Da es sich laut Definition nicht um betriebsnotwendiges Vermögen handelt, könnte ein potentieller Erwerber des Unternehmensvermögens diese Wirtschaftsgüter problemlos aus dem Unternehmensvermögen herauslösen und am Markt veräußern, ohne die eigentliche Unternehmenstätigkeit zu gefährden. Daher wird ein potentieller Erwerber diesen Wirtschaftsgütern einen eigenständigen Wert zumessen. Ohne eine separate Einzelbewertung dieser Wirtschaftsgüter würde im Regelfall auch der Unternehmenswert (erheblich) verfälscht.

3699 **BEISPIELE**

a) Zum Vermögen der Unternehmensberatung U gehören mehrere wertvolle Originalgemälde bekannter Künstler, die in den Büroräumen der Chefetage hängen. Die Originalgemälde haben einen gemeinen Wert von 1 Mio. €. Der Ertragswert der Unternehmensberatung U hat einen Wert von 10 Mio. €. Im Rahmen der Ertragswertermittlung haben sich die Originalgemälde nicht ausgewirkt, da die Gemälde selbst keine Erträge abwerfen. Bei einem potentiellen Verkauf des gesamten Unternehmens (einschließlich Gemälde) würde der Verkäufer daher einen um den Wert der Gemälde höheren Kaufpreis (11 Mio. €) verlangen. Umgekehrt wäre auch ein potentieller Erwerber bereit, einen entsprechend höheren Kaufpreis zu bezahlen, da er die Gemälde ggfs. am Markt verkaufen könnte. Der Wert der Gemälde ist daher als nicht betriebsnotwendiges Vermögen (§ 200 Abs. 2 BewG) separat zu ermitteln und dem Ertragswert hinzuzurechnen. Etwaige Aufwendungen im Zusammenhang mit den Gemälden (z. B. Versicherungsprämien) wären im Rahmen der Ermittlung der Betriebsergebnisse ggfs. hinzuzurechnen (§ 202 Abs. 1 Nr. 1 f) BewG).

b) Zum Vermögen des Finanzdienstleisters F gehört ein wertvoller Weinvorrat, der für erfolgreiche Abschlüsse angedacht ist und einen (gemeinen) Einzelwert von insges. 500 000 € aufweist. Die Weine selbst werfen keine Erträge ab. Die Weinsammlung lässt sich aus dem Vermögen des F herauslösen, ohne die eigentliche Geschäftstätigkeit des F zu beeinträchtigen. Der gemeine Wert des Weinvorrats ist daher separat zu ermitteln und dem Ertragswert des Unternehmens hinzuzurechnen (§ 200 Abs. 2 BewG).

c) Die X-GmbH hat einen dauerhaften Überbestand an Liquidität, der über das branchenübliche Maß an Liquiditätsreserve hinausgeht. Die überschüssige Liquidität beträgt 10 Mio. € und ist in Form von Festgeld mit einer durchschnittlichen Verzinsung von 1 % angelegt. Der (dauerhafte) Überbestand an Liquidität rechnet zum nicht betriebsnotwendigen Vermögen. Er kann dem Unternehmensvermögen entzogen werden, ohne dass die eigentliche Geschäftstätigkeit dadurch eingeschränkt ist (§ 200 Abs. 2 BewG). Würde man diesen Liquiditätsüberbestand nicht gesondert, sondern nur im Rahmen des Ertragswerts des Unternehmens berücksichtigen, so würde sich im Falle einer Bewertung im Jahre 2018 folgende Auswirkung auf den Ertragswert ergeben: Der Zinsertrag hat das Betriebsergebnis i. H. v. 100 000 € (= 10 Mio. € × 1 %) erhöht. Unter Abzug des pauschalen Ertragsteueraufwands von 30 000 € (= 100 000 € × 30 %) nach § 202 Abs. 3 BewG verbliebe noch ein Nettobetrag im Betriebsergebnis von 70 000 €. Bei Kapitalisierung dieses Ertrags mit dem maßgeblichen Kapitalisierungsfaktor (13,75) ergäbe sich ein Ertragswert von 962 500 €. D. h. im Rahmen des vereinfachten Ertragswertverfahrens würde der Liquiditätsüberbestand i. H. v. 10 000 000 € nur mit rd. 9,6 % in die Bewertung eingehen und damit den wahren Unternehmenswert verfälschen. Daher muss der nicht betriebsnotwendige Liquiditätsüberbestand mit seinem gemeinen Wert von 10 000 000 € in die Berechnung des Unternehmenswerts eingehen. Der Zinsertrag von 100 000 € ist im Rahmen der Ertragsbewertung zur Vermeidung einer Doppelberücksichtigung beim Betriebsergebnis mindernd zu berücksichtigen (§ 202 Abs. 1 Nr. 2 f) BewG).

Der im o. g. Beispiel c) zum Ausdruck gebrachte Effekt einer erheblichen **Unterbewertung**, wenn man die nicht betriebsnotwendigen Wirtschaftsgüter nicht separat mit dem gemeinen Wert (§ 200 Abs. 2 BewG), sondern im Rahmen der Ertragswertermittlung berücksichtigen würde, würde auch bei vielen anderen (nicht betriebsnotwendigen) Wirtschaftsgütern auftreten. Dies gilt beispielsweise auch für nicht betriebsnotwendige Grundstücke, wozu u. a. regelmäßig Mietwohngrundstücke rechnen. Nach Abzug der pauschalen Ertragsteuerbelastung von 30 % (§ 202 Abs. 3 BewG) müssten diese Wirtschaftsgüter z. B. für eine Bewertung in 2018 einen Nettoertrag von rd. 7,3 % (= gemeiner Wert 100 / Kapitalisierungsfaktor von 13,75 für 2018) ihres gemeinen Werts erzielen, um bei der Ermittlung des Ertragswerts (§ 200 Abs. 1 BewG) den gemeinen Einzelwert des Wirtschaftsguts (§ 200 Abs. 2 BewG) zu erreichen. Da die nicht betriebsnotwendigen Wirtschaftsgüter diese Erträge im Regelfall nicht erreichen und insoweit zu einer Unterbewertung führen würden, ist es daher für die zutreffende Ermittlung des Gesamtunternehmenswerts richtig, deren gemeiner Wert einzeln zu ermitteln (§ 200 Abs. 2 BewG) und dem Ertragswert hinzuzurechnen. | **3700**

In wirtschaftlichem Zusammenhang mit diesen Wirtschaftsgütern stehende **Schulden** (z. B. Darlehen zur Finanzierung dieser Wirtschaftsgüter) sind ebenfalls nach § 200 Abs. 2 BewG separat mit dem **gemeinen Wert einzeln zu bewerten** (vgl. hierzu grds. §§ 12 ff. BewG). Aufwendungen des Unternehmens im Zusammenhang mit diesen Schulden sind zur Vermeidung einer doppelten mindernden Berücksichtigung i. R. d. Ertragswertermittlung dem Betriebsergebnis wieder hinzuzurechnen (§ 202 Abs. 1 Nr. 1 f) BewG). Da von dem gemeinen Einzelwert der nicht betriebsnotwendigen Wirtschaftsgüter der gemeine Einzelwert der damit in Zusammenhang stehenden Schulden abzuziehen ist, spricht man auch vom **sog. Nettowert** des nicht betriebsnotwendigen Vermögens (vgl. R B 200 Abs. 1 ErbStR). | **3701**

Für die Ermittlung des gemeinen Werts von nicht betriebsnotwendigen Wirtschaftsgütern gelten die Ausführungen zur **Ermittlung der Substanzwerte nach R B 11.3 Abs. 5 bis 8 ErbStR entsprechend** (R B 200 Abs. 2 Satz 5). Nicht betriebsnotwendige Wirtschaftsgüter, für die nach § 151 Abs. 1 Nr. 1 bis 3 BewG der gemeine Wert gesondert festzustellen ist, werden demnach mit diesem festgestellten Wert angesetzt (R B 11.3 Abs. 5 ErbStR). Für sonstige nicht betriebsnotwendige Wirtschaftsgüter (z. B. des beweglichen abnutzbaren Anlagevermögens und des Umlaufvermögens) kommen die Vereinfachungsregelungen in R B 11.3 Abs. 6 bis 8 ErbStR in Betracht (s. hierzu 3.3). | **3702**

2.5.2 Beteiligungen an Kapital- und Personengesellschaften (§ 200 Abs. 3 BewG)

3703   Hält ein im vereinfachten Ertragswertverfahren zu bewertendes Unternehmen Anteile an einer Kapitalgesellschaft oder eine Beteiligung an einer Personengesellschaft, die nicht bereits unter § 200 Abs. 2 BewG fallen, so sind diese Beteiligungen gesondert neben dem Ertragswert mit einem eigenständig zu ermittelnden gemeinen Wert oder Anteil am gemeinen Wert anzusetzen (**§ 200 Abs. 3 BewG**). Auf eine Mindestbeteiligung kommt es hierbei nicht an (R B 200 Abs. 3 Satz 2 ErbStR). Vom Wortlaut des § 200 Abs. 3 BewG werden nur Beteiligungen erfasst, die zum **betriebsnotwendigen Vermögen** gehören. Nicht betriebsnotwendige Beteiligungen fallen unter § 200 Abs. 2 BewG (s. o.). Als betriebsnotwendige Beteiligungen kommen z. B. in Betracht

- Anteile an der Komplementär-GmbH bei einer Einheits-GmbH & Co. KG,
- Anteile an einer Betriebs-GmbH bei einer Betriebsaufspaltung,
- Beteiligung des Organträgers an Organgesellschaften.

In der Praxis dürften Beteiligungen in den meisten Konzernfällen zum betriebsnotwendigen Vermögen gehören (z. B. Tochter-Vertriebsgesellschaften oder Tochter-Produktionsgesellschaften für verschiedene Sparten etc.).

3704   Der **Grund für die separate Wertermittlung** liegt darin, dass die Einbeziehung in das Ertragswertverfahren der Obergesellschaft in vielen Fällen zu falschen Ergebnissen führen würde. Dies gilt etwa dann, wenn die zu bewertende Obergesellschaft an einer Kapitalgesellschaft beteiligt ist, die ihre Gewinne in den maßgeblichen Wirtschaftsjahren vor dem Bewertungsstichtag ausschließlich oder in erheblichem Maße thesauriert. Unzutreffende Ergebnisse würden auch in den Fällen erreicht, wenn die Tochter-Kapitalgesellschaft in den maßgeblichen Wirtschaftsjahren vor dem Bewertungsstichtag neben den laufenden Gewinnen auch noch Altgewinne in erheblichem Maße ausschütten würde, die bei der Obergesellschaft zu entsprechenden Beteiligungserträgen führen.

> **BEISPIEL**
>
> Die zu bewertende Muttergesellschaft M ist zu 100 % an der sehr profitablen T-GmbH beteiligt. Die Gewinne der T-GmbH werden seit Jahren thesauriert. Der nach dem vereinfachten Ertragswertverfahren jeweils isoliert ermittelte Ertragswert beträgt für M 1 Mio. € (ohne Beteiligungserträge der T-GmbH) und für die T-GmbH 10 Mio. €.
>
> Ohne Hinzurechnung des gemeinen Werts der T-GmbH zum Ertragswert der M würde sich für M nur ein Ertragswert von 1 Mio. € ergeben. Der gemeine Wert der M (einschließlich des gemeinen Werts der T-GmbH) beträgt jedoch 11 Mio. €. Der gemeine Wert der T-GmbH ist daher zur Vermeidung offensichtlich falscher Wertansätze dem Ertragswert der M hinzuzurechnen (§ 200 Abs. 3 BewG).

3705   Aufgrund dieses Aufbaus beim vereinfachten Ertragswertverfahren (Ansatz des gemeinen Werts der Untergesellschaft bei der Obergesellschaft) ergibt sich auch die Reihenfolge der Wertermittlung in **Konzernfällen**. Bei der Bewertung von Unternehmensvermögen mit Beteiligungsbesitz wird stets der Wert der **untersten Gesellschaft zuerst** ermittelt, anschließend die nächst höhere Ebene usw. (z. B. zunächst Wertermittlung der Enkelgesellschaft, anschließend der Tochtergesellschaft und schließlich der Muttergesellschaft). Durch die separate Bewertung jeder einzelnen Beteiligungsgesellschaft nach § 200 Abs. 3 BewG unterscheidet sich das vereinfachte Ertragswertverfahren von betriebswirtschaftlichen Ertragswertmethoden, bei denen regelmäßig eine konsolidierte Betrachtungsweise angestellt wird (z. B. nach IDW S1).

3706   Anders als bei der Bewertung von nicht betriebsnotwendigen Beteiligungen nach § 200 Abs. 2 BewG werden **Schulden**, die im wirtschaftlichen Zusammenhang mit betriebsnotwendigen Beteiligungen stehen (§ 200 Abs. 3 BewG) **nicht gesondert ermittelt**. Dies liegt darin begründet, dass der Wert einer (betriebsnotwendigen) Beteiligung nicht von der Art der Finanzierung abhängig ist. Die mit diesen Schulden im wirtschaftlichen Zusammenhang stehenden Aufwendungen (z. B. Finanzierungsaufwendungen für die Beteiligungen) bleiben daher – auch wegen ihrer Betriebsnotwendigkeit – beim nachhaltigen Jahresertrag mindernd erfasst. § 202 Abs. 1 Nr. 1 f) BewG sieht daher für Aufwendungen im Zusammenhang mit betriebsnotwendigen Beteiligungen i. S. v. § 200 Abs. 3 BewG **keine Hinzurechnung** vor (anders hingegen für nicht betriebsnotwendige Beteiligungen i. S. v. § 200 Abs. 2 BewG). Wegen dieser unterschiedlichen Behandlung der Schulden spielt es daher für die Wertermittlung eine wichtige Rolle, ob die Beteiligung dem nicht betriebsnotwendigen (§ 200 Abs. 2 BewG) oder dem betriebsnotwendigen (§ 200 Abs. 3 BewG) Vermögen zuzuordnen ist.

Bei der **Beteiligung an einer Personengesellschaft** im Betriebsvermögen stellen die mit dieser in wirtschaftlichem Zusammenhang stehenden **Schulden** sog. (negatives) notwendiges Sonderbetriebsvermögen II dar, das im Rahmen der Gewinnermittlung der Personengesellschaft zu berücksichtigen ist. Als **Sonderbetriebsvermögen** sind die Schulden bereits im Wert der Beteiligung an der Personengesellschaft enthalten (§ 97 Abs. 1a BewG). Wegen der Qualifizierung der Schulden als Sonderbetriebsvermögen bei der Personengesellschaft werden damit im Zusammenhang stehende Aufwendungen **(Sonderbetriebsausgaben) im (steuerlichen) Ergebnis der Personengesellschaft berücksichtigt** und sind deshalb insoweit bei der Korrektur des Betriebsergebnisses beim Gesellschafter nicht hinzuzurechnen. Diese Aufwendungen werden vielmehr durch die Hinzurechnung des übernommenen Verlustes aus der Beteiligung nach § 202 Abs. 1 Nr. 1 f) 2. HS BewG oder die Kürzung der Erträge aus der Beteiligung nach § 202 Abs. 1 Nr. 2 f) BewG berücksichtigt (vgl. R B 202 Abs. 3 Nr. 1 f) Satz 4 ErbStR). **3707**

BEISPIEL

Zum Vermögen der X-GmbH gehört eine Beteiligung an der Y-KG. Zur Finanzierung dieser Beteiligung hat die X-GmbH ein Darlehen i. H. v. 500 000 € aufgenommen. Die jährlichen Schuldzinsen für dieses Darlehen betragen 20 000 €. Der als Beteiligungsertrag erfasste Gewinnanteil der X-GmbH beträgt 100 000 €.

Da das Darlehen Sonderbetriebsvermögen der X-GmbH bei der Y-KG darstellt, sind auch die Zinsen für das Darlehen i. R. d. Gewinnermittlung bei der Y-KG als Sonderbetriebsausgaben (20 000 €) zu berücksichtigen. Die Zinsen sind daher nicht als Zinsaufwand im (steuerlichen) Betriebsergebnis der X-GmbH enthalten und insoweit auch nicht zu korrigieren. Bei der Bewertung der X-GmbH nach dem vereinfachten Ertragswertverfahren ist zum einen der Ertragswert der X-GmbH zu ermitteln (§ 200 Abs. 1 BewG). Im Betriebsergebnis der X-GmbH enthaltene Erträge bzw. Verluste aus der Beteiligung sind zu korrigieren (hier: Kürzung des Beteiligungsertrags i. H. v. 100 000 € gemäß § 202 Abs. 1 Nr. 2 f) BewG). Hinzuzurechnen zum Ertragswert der X-GmbH ist nach § 200 Abs. 3 BewG der Wert der Beteiligung an der Y-KG. Dieser umfasst auch das Darlehen im Sonderbetriebsvermögen (vgl. § 97 Abs. 1a BewG).

Ist für die Beteiligung an einer Personengesellschaft oder für Anteile an einer Kapitalgesellschaft ein Wert nach § 151 Abs. 1 Satz 1 Nr. 2 oder 3 BewG festzustellen, sind die **auf den Bewertungsstichtag festgestellten Werte anzusetzen.** Wurde für die Beteiligung innerhalb eines Jahres vor dem Bewertungsstichtag bereits ein gemeiner Wert ermittelt und zu Grunde gelegt (z. B. für eine frühere Schenkung), so ist dieser Wert unverändert zu Grunde zu legen, wenn die für die erste Bewertung maßgeblichen Stichtagsverhältnisse sich nicht wesentlich geändert haben (sog. **Basiswert** nach § 151 Abs. 3 Satz 1 BewG; vgl. R B 200 Abs. 3 Satz 4 ErbStR). Der Erklärungspflichtige kann eine von diesem Wert abweichende Feststellung nach den Verhältnissen am Bewertungsstichtag durch Abgabe einer Feststellungserklärung beantragen (§ 151 Abs. 1 Satz 2 BewG). **3708**

3709   Die Wertermittlung für die einzelnen Beteiligungen kann im vereinfachten Ertragswertverfahren, in einem allgemein anerkannten Ertragswertverfahren oder nach einer anderen branchenüblichen Methode erfolgen. Sie ist hierbei **nicht an die Bewertungsmethode für die Obergesellschaft gebunden.** Wird die Obergesellschaft im vereinfachten Ertragswertverfahren bewertet, bedeutet dies somit nicht, dass auch die Beteiligungen im vereinfachten Ertragswertverfahren bewertet werden müssen. Ob die Bewertung der Obergesellschaft im vereinfachten Ertragswertverfahren unter Berücksichtigung der Beteiligungen an Untergesellschaften zu einem offensichtlich unzutreffenden Ergebnis führt (§ 199 Abs. 1 BewG), ist im Einzelfall zu entscheiden (z. B. bei komplexen Strukturen, vgl. R B 199.1 Abs. 6 Nr. 1 ErbStR).

3710   Die Finanzverwaltung sieht für **Beteiligungen von geringer Bedeutung** eine **Vereinfachungsregelung** vor (R B 200 Abs. 4 ErbStR). Im Einvernehmen mit den Verfahrensbeteiligten kann demnach darauf verzichtet werden, eine gesonderte Ermittlung des gemeinen Werts von zum Vermögen gehörenden Anteilen an einer Kapitalgesellschaft und Beteiligungen an einer Personengesellschaft vorzunehmen, wenn es sich um einen Fall von geringer Bedeutung handelt. Ein Fall von geringer Bedeutung liegt insbesondere vor, wenn der Verwaltungsaufwand der Beteiligten außer Verhältnis zur steuerlichen Auswirkung steht und der festzustellende Wert unter den Verfahrensbeteiligten unbestritten ist. In diesen Fällen kann aus Vereinfachungsgründen die durchschnittliche Bruttoausschüttung der Untergesellschaft der letzten drei Jahre als durchschnittlicher Jahresertrag multipliziert mit dem Kapitalisierungsfaktor nach § 203 BewG angesetzt werden; mindestens ist der Steuerbilanzwert der Beteiligung anzusetzen. Wird von dieser Möglichkeit Gebrauch gemacht, ist – jedenfalls für Bewertungsstichtage vor Inkrafttreten des ErbStAnpG am 01.07.2016 – zu unterstellen, dass das Verwaltungsvermögen der Untergesellschaft nicht mehr als 50 % beträgt (§ 13b Abs. 2 ErbStG a. F.), soweit keine anderen geeigneten Unterlagen vorhanden sind (da eine Detailprüfung aus Vereinfachungsgründen ja gerade nicht stattfindet). Dies gilt nicht, wenn das Übersteigen der Verwaltungsvermögensquote für die Beteiligten offenkundig ist (vgl. R B 200 Abs. 4 ErbStR).

BEISPIEL

Zu bewerten ist der geschenkte Anteil von 30 % an der Holding GmbH. Zu deren Vermögen gehört neben mehreren Beteiligungen an Personen- und Kapitalgesellschaften u. a. auch eine Beteiligung von 20 % an der T-KG. Die T-KG wiederum ist (ausschließlich) zu 10 % an der E-GmbH beteiligt, deren Wert offenkundig gering ist.
Da der Wert der E-GmbH gering ist und die durchgerechnete Beteiligung aus Sicht des Beschenkten nur 0,6 % beträgt (= 30 % × 20 % × 10 %), wäre hier im Einvernehmen mit den Verfahrensbeteiligten eine vereinfachte Wertermittlung der E-GmbH denkbar.

2.5.3 Junges Betriebsvermögen (§ 200 Abs. 4 BewG)

3711   Gesondert zu bewerten ist auch sog. **junges Betriebsvermögen** (§ 200 Abs. 4 BewG). Darunter fallen **innerhalb von zwei Jahren vor dem Bewertungsstichtag eingelegte Wirtschaftsgüter**, die nicht bereits als nicht betriebsnotwendiges Vermögen oder als betriebsnotwendige Beteiligung nach § 200 Abs. 2 und 3 BewG zu erfassen sind, und mit diesen Wirtschaftsgütern im wirtschaftlichen Zusammenhang stehende **Schulden**. D. h. hierzu gehören auch innerhalb von zwei Jahren eingelegte betriebsnotwendige Wirtschaftsgüter (außer Beteiligungen i. S. v. § 200 Abs. 3 BewG). Dieses junge Betriebsvermögen und die zugehörigen Schulden werden neben dem Ertragswert mit dem eigenständig zu ermittelnden gemeinen Wert angesetzt, wenn sie am Bewertungsstichtag ihrem Wert nach noch vorhanden sind (d. h. noch nicht verbraucht sind) und nicht wieder entnommen oder ausgeschüttet wurden (R B 200 Abs. 5 ErbStR).

Zweck dieser Regelung ist die **Vermeidung von Missbräuchen und von falschen Wertansätzen**. Sie beruht auf der Überlegung, dass insbesondere solche eingelegten Wirtschaftsgüter, die einen hohen gemeinen Wert bei relativ geringer Rendite haben, **im Ertragswert ansonsten nicht hinreichend abgebildet** würden. Da sie zum Bewertungsstichtag längstens zwei Jahre dem Betrieb zuzurechnen sind, konnten sie sich zudem noch nicht in allen Betriebsergebnissen der letzten drei abgelaufenen Wirtschaftsjahre (werterhöhend) auswirken (vgl. § 201 Abs. 2 Satz 1 BewG).   **3712**

Die Vorschrift des § 200 Abs. 4 BewG erfasst nur innerhalb der Zweijahresfrist *eingelegte* Wirtschaftsgüter. Das junge Betriebsvermögen unterscheidet sich insoweit deutlich vom sog. jungen Verwaltungsvermögen i. S. d. § 13b Abs. 7 Satz 2 i. V. m. § 13b Abs. 4 ErbStG und darf mit diesem nicht verwechselt werden. Der bloße Aktiv-Tausch oder Aktiv-Passiv-Tausch stellt mangels Einlage kein junges Betriebsvermögen dar.   **3713**

BEISPIEL

Zum Unternehmensvermögen gehören am Bewertungsstichtag Wertpapiere, die innerhalb der vorangegangenen zwei Jahre durch Bezahlung vom Bankkonto (= Aktiv-Tausch) angeschafft wurden. Des Weiteren wurden innerhalb der Zweijahresfrist Maschinen mittels Darlehensaufnahme (= Aktiv-Passiv-Tausch) angeschafft. In beiden Fällen liegt keine Einlage und damit auch kein junges Betriebsvermögen i. S. d. § 200 Abs. 4 BewG vor (vgl. R B 200 Abs. 5 Satz 5 ErbStR).

Befindet sich ein eingelegtes Wirtschaftsgut i. S. d. § 200 Abs. 4 BewG am Bewertungsstichtag nicht mehr im Betriebsvermögen, sondern ein Wirtschaftsgut, das an dessen Stelle getreten ist (sog. **Surrogat**), muss das Surrogat mit dem Wert am Bewertungsstichtag angesetzt werden (ggfs. mit einem niedrigeren oder höheren Wert als dem Wert des Wirtschaftsguts im Zeitpunkt der Einlage; R B 200 Abs. 5 Satz 6 ErbStR). Dies kann beispielsweise bei einer innerhalb der Zweijahresfrist eingelegten Maschine, welche schadhaft ist und vom Hersteller durch eine neue Maschine (Surrogat) ersetzt wurde, der Fall sein.   **3714**

Die Wirtschaftsgüter des jungen Betriebsvermögens und die damit in Zusammenhang stehenden Schulden (Nettowert) werden **einzeln mit dem gemeinen Wert** angesetzt. Ist für Grundbesitz ein Wert nach § 151 Abs. 1 Nr. 1 BewG festzustellen, ist der auf den Bewertungsstichtag festgestellte Wert anzusetzen. Wurde bereits zu einem früheren Stichtag innerhalb eines Jahres vor dem Bewertungsstichtag ein Wert gesondert festgestellt, so ist dieser Wert grds. anzusetzen (sog. Basiswert, § 151 Abs. 3 BewG; R B 200 Abs. 5 Satz 3 ErbStR).   **3715**

Um eine Doppelberücksichtigung (als Einzelwert und i. R. d. Ertragswerts) zu vermeiden, sind unmittelbar mit diesen Wirtschaftsgütern im Zusammenhang stehende **Aufwendungen und Erträge bei der Ermittlung der Betriebsergebnisse zu korrigieren** (§ 202 Abs. 1 Nr. 1 f) und Nr. 2 f) BewG; vgl. R B 200 Abs. 5 Satz 4 ErbStR).   **3716**

BEISPIEL

Im Jahr vor der Schenkung des Einzelunternehmens wird ein (unbebautes) Grundstück eingelegt, das als Parkplatz für den betrieblichen Fuhrpark genutzt wird. Das (betriebsnotwendige) Betriebsgrundstück ist als junges Betriebsvermögen i. S. v. § 200 Abs. 4 BewG zu behandeln. Das junge Betriebsvermögen hat sich noch nicht im durchschnittlichen Jahresertrag der letzten drei Wirtschaftsjahre ausgewirkt. Es ist separat mit dem gemeinen Wert zu bewerten (vgl. § 179 BewG) und dem Ertragswert des Einzelunternehmens hinzuzurechnen. Bei der Ermittlung des Ertragswerts des Einzelunternehmens sind unmittelbar mit dem Grundstück im Zusammenhang stehende Aufwendungen (z. B. die Grundsteuer) und Erträge bei der Ermittlung des maßgeblichen Betriebsergebnisses (§ 202 BewG) zu korrigieren.

3717–3720
frei

2.6 Wertermittlung nach dem vereinfachten Ertragswertverfahren im systematischen Überblick

2.6.1 Wertermittlungsschema im systematischen Überblick

3721

Schritt 1

Ausgangsbasis: Steuerlicher Bilanzgewinn für letzte drei abgelaufene Wirtschaftsjahre

(ohne Sonder- und Ergänzungsbilanzen)

+   Hinzurechnungen (§ 202 Abs. 1 BewG)

./. Kürzungen (§ 202 Abs. 1 BewG)

=   Betriebsergebnis (für jedes einzelne der drei Wirtschaftsjahre)

./. pauschaler Ertragsteueraufwand i. H. v. 30 % des Betriebsergebnisses (§ 202 Abs. 3)

=   korrigiertes Betriebsergebnis nach Steuern (für jedes der drei Wirtschaftsjahre)

Schritt 2

Summe der korrigierten Betriebsergebnisse **: 3**

= **durchschnittlicher Jahresertrag** (§ 201 Abs. 2 BewG)

Schritt 3

durchschnittlicher Jahresertrag × Kapitalisierungsfaktor (§ 203 BewG)

= **(vorläufiger) Ertragswert** (§ 200 Abs. 1 BewG)

Schritt 4

jeweils Ermittlung des gemeinen Werts der

– **nicht betriebsnotwendigen Wirtschaftsgüter** (abzgl. damit zusammenhängende Schulden, § 200 Abs. 2 BewG)

– **(betriebsnotwendige) Beteiligungen** (§ 200 Abs. 3 BewG)

– innerhalb von zwei Jahren eingelegten Wirtschaftsgüter (**sog. junges Betriebsvermögen**; abzgl. damit zusammenhängende Schulden, § 200 Abs. 4 BewG)

Schritt 5

Vorläufiger Ertragswert *(s. Schritt 3 zzgl. nachfolgender Hinzurechnungen nach Schritt 4)*

+ gemeiner Wert nicht betriebsnotwendigen Vermögens abzgl. damit zusammenhängender Schulden

+ gemeiner Wert der (betriebsnotwendigen) Beteiligungen

+ gemeiner Wert des jungen Betriebsvermögens abzgl. damit zusammenhängender Schulden

= **Unternehmenswert nach dem vereinfachten Ertragswertverfahren**

Vergleich mit dem Substanzwert: Als gemeiner Wert ist **mindestens** der **Substanzwert** anzusetzen (§ 11 Abs. 2 Satz 3 BewG).

2.6.2 Beispielsfall zur Wertermittlung nach dem vereinfachten Ertragswertverfahren

BEISPIEL 3722

V schenkt seinem Sohn S zum 01. 07. 2018 seinen Gewerbebetrieb. Die Bilanzgewinne betrugen 2015 720 000 €, 2016 650 000 € und 2017 700 000 €. Die betriebswirtschaftliche Auswertung zum 30. 06. 2018 ergibt keine signifikante Abweichung für 2018.

Der Gewerbesteueraufwand belief sich in den drei Jahren auf 101 720 €, 91 400 € und 98 200 €. Nicht oder nicht voll abzugsfähige Betriebsausgaben wurden stets als Aufwand verbucht und außerhalb der Bilanz dem Gewinn zugerechnet; entsprechend wurde mit den steuerfrei zu belassenden Einnahmen im Sinne des § 3 Nr. 40 EStG verfahren.

Im gewillkürten Betriebsvermögen befindet sich ein Mietwohngrundstück mit einem festgestellten Grundbesitzwert von 900 000 €, auf dem noch Schulden aus der Anschaffung in Höhe von 400 000 € lasten. Die Mieteinnahmen belaufen sich auf jährlich 60 000 €, die Betriebsausgaben einschließlich AfA belaufen sich auf 32 000 € jährlich. Ferner befinden sich im gewillkürten Betriebsvermögen Aktien mit einem Bilanzwert von 75 000 € (am 01. 07. 2018 Kurswert 90 000 €), die jährlich 4 000 € Dividende abwarfen.

Ein angemessener Unternehmerlohn in Höhe von 120 000 € wurde (selbstverständlich) nicht als Aufwand verbucht. Im Jahr 2016 hatte V aus der Veräußerung eines unbebauten Grundstücks eine steuerfreie Rücklage nach § 6b EStG in Höhe von 100 000 € gebildet, die er wegen der bevorstehenden Übertragung in der Schlussbilanz 2017 gewinnerhöhend aufgelöst hat. Im Jahr 2017 hatte V einen PKW in das Betriebsvermögen mit dem zutreffenden Wert von 30 000 € eingelegt, für den er 2017 6 000 € AfA verbuchte. Der Buchwert beträgt am 01. 07. 2018 noch 21 000 €, der Verkehrswert 25 000 €.

Zu errechnen ist der Unternehmenswert nach der vereinfachten Ertragswertmethode.

LÖSUNG Da das Jahr 2018 bis zum Bewertungsstichtag am 01. 07. 2018 keine signifikanten Besonderheiten aufweist, kann es bei der Ermittlung des Jahresertrags nach § 201 Abs. 2 Satz 2 BewG außer Betracht gelassen werden. Maßgeblich sind somit die drei letzten abgelaufenen Wirtschaftsjahre 2015, 2016 und 2017, § 201 Abs. 2 Satz 1 BewG. Zur Ermittlung des durchschnittlichen Jahresertrags (§ 201 Abs. 2 BewG) sind die jährlichen Ausgangswerte (Steuerbilanzgewinne) zunächst für jedes Wirtschaftsjahr um Hinzurechnungen und Kürzungen nach § 202 BewG zu korrigieren und die Summe der korrigierten Jahreserträge durch drei zu dividieren.

Jahre		**2015**		**2016**		**2017**	Bemerkungen
Ausgangswert		720 000		650 000		700 000	§ 202 Abs. 1 Satz 1
Rücklage § 6b		0		0	./.	100 000	2016: Da einmaliger Vorgang i. E. keine Zurechnung bzw. bei Zurechnung nach Nr. 1a erfolgt gleichzeitig in gleicher Höhe Abrechnung nach Nr. 2b. 2017: § 202 Abs. 1 Nr. 2a (ohne Zinszuschlag nach § 6b Abs. 7, da dieser nur außerbilanziell berücksichtigt und daher im Ausgangswert nicht enthalten)
Gewerbesteuer	+	101 720	+	91 400	+	98 200	§ 202 Abs. 1 Nr. 1e
Erträge Grundst.	./.	60 000	./.	60 000	./.	60 000	§ 202 Abs. 1 Nr. 2f
Aufw. Grundst.	+	32 000	+	32 000	+	32 000	§ 202 Abs. 1 Nr. 1f
Dividenden	./.	4 000	./.	4 000	./.	4 000	§ 202 Abs. 1 Nr. 2f
AfA PKW					+	6 000	§ 202 Abs. 1 Nr. 2f und § 200 Abs. 4
Unternehmerlohn	./.	120 000	./.	120 000	./.	120 000	§ 202 Abs. 1 Nr. 2d
Betriebsergebnis vor Ertragsteuer		669 720		589 400		552 200	
Pauschalierter Ertragsteueraufwand	./.	200 916	./.	176 820	./.	165 660	§ 202 Abs. 3
Betriebsergebnis		468 804		412 580		386 540	
Summe				1 267 924			
dividiert durch 3				422 641,33			durchschnittlicher Jahresertrag
Kapitalisierungsfaktor 2018		13,75					
Ertragswert				5 811 318			§ 200 Abs. 1
Mietwohngrundstück			+	900 000			§ 200 Abs. 2
Schulden Grundstück			./.	400 000			§ 200 Abs. 2
Aktien			+	90 000			§ 200 Abs. 2
PKW			+	25 000			§ 200 Abs. 4
Unternehmenswert (€)				6 426 318			

Dieser Wert ist nun noch mit dem Mindestwert gem. § 11 Abs. 2 Satz 3 BewG zu vergleichen.

3723–3740
frei

3 Substanzwert

3.1 Allgemeines und Anwendungsbereich

Gemäß **§ 11 Abs. 2 Satz 3 BewG** darf bei der Ermittlung des gemeinen Werts des Betriebs- **3741** vermögens bzw. von Anteilen an Kapitalgesellschaften die Summe der gemeinen Werte der zum Betriebsvermögen gehörenden Wirtschaftsgüter und sonstigen aktiven Ansätze abzüglich der zum Betriebsvermögen gehörenden Schulden und sonstigen Abzüge der Gesellschaft nicht unterschritten werden (= sog. **Substanzwert als Mindestwert**). Der Substanzwert ergibt sich somit aus einer Einzelbewertung aller vorhandener Wirtschaftsgüter der Aktiv- und Passivseite (jedoch ohne Abzug von Rücklagen und ohne Abzug von Eigenkapital, vgl. § 11 Abs. 2 Satz 3 2. HS i. V. m. § 103 Abs. 3 BewG), die mit dem **gemeinen Wert** bzw. dem Verkehrswert bewertet werden.

Lässt sich der gemeine Wert des Unternehmensvermögens nicht aus berücksichtigungsfä- **3742** higen Verkäufen ableiten, so ist er unter Berücksichtigung der Ertragsaussichten der Gesellschaft zu schätzen (§ 11 Abs. 2 Satz 2 BewG). Diese Schätzung hat sich am gemeinen Wert zu orientieren. Da dieser seit 01.01.2009 rechtsformneutral zu ermitteln ist, macht es keinen Unterschied mehr, ob ein Einzelunternehmen, ein Anteil an einer Personengesellschaft oder an einer Kapitalgesellschaft übergeht. Stets erfolgt die Bewertung durch ein betriebswirtschaftliches Gutachten oder nach dem vereinfachten Ertragswertverfahren (§§ 199–203 BewG). In beiden Fällen ist stets der Substanzwert als Mindestwert zu beachten (vgl. § 11 Abs. 2 Satz 3 BewG, R B 11.2 Abs. 2, R B 11.3 ErbStR). Bei einer **Wertableitung aus tatsächlichen Verkäufen unter fremden Dritten** im gewöhnlichen Geschäftsverkehr ist der Ansatz des **Substanzwerts als Mindestwert hingegen ausgeschlossen** (R B 11.3 Abs. 1 Satz 2 ErbStR), da davon ausgegangen werden kann, dass die Vertragsparteien bei der Kaufpreisfindung ohnehin den Substanzwert als Mindestwert berücksichtigt haben. Da die Wertableitung aus Drittverkäufen in der Praxis eher die Ausnahme bildet, ist somit in den meisten Fällen neben der Bewertung nach Ertragsgesichtspunkten oder einer anderen anerkannten branchenüblichen Methode zusätzlich noch eine Ermittlung des Substanzwerts als Mindestwert erforderlich. Auch dieser Umstand trägt dazu bei, dass die Bewertung von Unternehmensvermögen im Vergleich zum früheren Recht aufwendiger und komplexer geworden ist.

3743

BEISPIEL ══

Ein zu bewertendes Unternehmen verfügt über sehr werthaltige Betriebsgrundstücke mit hohen stillen Reserven. Wenn das durchschnittliche Betriebsergebnis für die letzten drei abgelaufenen Wirtschaftsjahre 0 € beträgt, würde sich ein Ertragswert von 0 € errechnen (§ 200 Abs. 1 BewG). Aufgrund der hohen Vermögenswerte des Unternehmens beträgt der gemeine Wert des Unternehmens (erheblich) mehr als 0 €. Auch ein potentieller Erwerber würde zumindest den Wert der einzelnen Vermögensgegenstände abzüglich der Schulden für das Unternehmen bezahlen. Bei einigen branchenüblichen Bewertungsgutachten wird die Vermögenssubstanz ebenfalls in die Wertermittlung des Unternehmens einbezogen. Hierbei ist jedoch – auch im Hinblick auf den Gleichheitsgrundsatz der Besteuerung – darauf zu achten, dass der steuerliche Mindestwert i. S. v. § 11 Abs. 2 Satz 3 BewG nach den von der Finanzverwaltung für die Substanzwertermittlung aufgestellten Bewertungsrichtlinien (vgl. R B 11.3 f. ErbStR) zu ermitteln ist.

3.2 Umfang des Substanzwerts

3744   Der **Substanzwert** i. S. v. § 11 Abs. 2 Satz 3 BewG ergibt sich aus der Summe aller zum Betriebsvermögen gehörenden Wirtschaftsgüter und sonstigen aktiven Ansätze abzüglich der zum Betriebsvermögen gehörenden Schulden und sonstigen Abzüge. Die Wirtschaftsgüter und sonstigen Ansätze werden hierbei – anders als bei den Ertragswertmethoden oder sonstigen branchenüblichen Methoden (Gesamtbewertungsgrundsatz) – jeweils einzeln mit ihrem gemeinen Wert bewertet (**Einzelbewertungsgrundsatz**, vgl. R B 11.3 Abs. 2 und 5 ErbStR).

3745   Dem Grunde nach sind in die Ermittlung des Substanzwerts alle Wirtschaftsgüter einzubeziehen, die nach §§ 95 bis 97 BewG zum Betriebsvermögen gehören. Bei Einzelunternehmen, Personengesellschaften und Kapitalgesellschaften i. S. d. §§ 95 bis 97 BewG richtet sich der Umfang des Betriebsvermögens somit nach der Zugehörigkeit der Wirtschaftsgüter zum **ertragsteuerlichen Betriebsvermögen am Bewertungsstichtag** (R B 11.3 Abs. 2 und Abs. 3 Satz 1 mit Verweis auf R B 95, 97.1 bis 97.3, 99, 103.1 bis 103.3 ErbStR).

3746   Bzgl. den Wirtschaftsgütern und sonstigen Ansätzen ist dabei zwar vom ertragsteuerlichen Betriebsvermögen auszugehen, jedoch sind **folgende Besonderheiten** zu beachten:
- Aktive und passive Wirtschaftsgüter gehören auch dann dem Grunde nach zum ertragsteuerlichen Betriebsvermögen, wenn für sie ein steuerliches Aktivierungs- oder Passivierungsverbot besteht (R B 11.3 Abs. 3 Satz 2 ErbStR).
- Auf der **Aktivseite** gehören zu den anzusetzenden Wirtschaftsgütern **auch selbstgeschaffene** oder entgeltlich erworbene **immaterielle** Wirtschaftsgüter (z. B. Patente, Lizenzen, Warenzeichen, Markenrechte, Konzessionen, Domain-Namen, Gebrauchsmuster, Urheberrechte, Verlagsrechte, Bierlieferrechte, vgl. R B 11.3 Abs. 3 Satz 4 ErbStR). **Geschäftswert-, firmenwert- oder praxis*wert*bildende** Faktoren, denen ein **eigenständiger Wert** zugewiesen werden kann (z. B. Kundenstamm, Know-how) sind einzubeziehen, unabhängig davon, ob sie selbst geschaffen oder entgeltlich erworben wurden (R B 11.3 Abs. 3 Satz 5 ErbStR). Dies gilt jedoch nicht für den Firmenwert bzw. den Praxiswert des Freiberuflers; diese sind, da sie nicht einzelverkehrsfähig sind, selbst dann nicht anzusetzen, wenn sie entgeltlich erworben wurden.
- Steuerbefreite Wirtschaftsgüter (z. B. steuerbefreite Kunstgegenstände oder Gebäude unter Denkmalschutz, die die Voraussetzungen des § 13 ErbStG erfüllen) werden nicht angesetzt.
- Auf der **Passivseite** ist auch der Abzug einer **Rückstellung für drohende Verluste** aus schwebenden Geschäften abzugsfähig, obwohl diese ertragsteuerlich gem. § 5 Abs. 4a EStG nicht passiviert werden dürfen (R B 11.3 Abs. 3 Satz 3 ErbStR). Der Abzug z. B. von Drohverlustrückstellungen ist folgerichtig, da der wirtschaftliche Wert maßgeblich ist (und nicht steuerliche Ansätze) und ein potentieller Erwerber den Kaufpreis bei drohenden Verlusten aus schwebenden Geschäften entsprechend reduzieren würde.
- Weist ein Gesellschafter in der Steuerbilanz Gewinnansprüche gegen eine von ihm beherrschte Gesellschaft aus, so ist damit korrespondierend bei der beherrschten Gesellschaft ein Abzug in entsprechender Höhe vorzunehmen (§ 103 Abs. 2 BewG).
- Wegen ihres Eigenkapitalcharakters **nicht abzugsfähig** sind **passivierte Rücklagen**, die etwa nach § 6b EStG oder als Rücklage für Ersatzbeschaffung nach R 6.6 EStR oder als Zuschussrücklage nach R 6.5 EStR gebildet wurden, R B 11.3 Abs. 4 ErbStR. Ebenso sind nicht abzugsfähig Ausgleichsposten mit Rücklagencharakter, z. B. nach den §§ 14 KStG, 4 g EStG, 20 UmwStG.

3.3 Bewertungsgrundsätze für die aktiven und passiven Wirtschaftsgüter

Bei der Ermittlung des Substanzwerts sind die Wirtschaftsgüter grundsätzlich einzeln mit ihrem jeweiligen gemeinen Wert anzusetzen (§ 11 Abs. 2 Satz 3 i. V. m. § 9 BewG) und nicht mit den ertragsteuerlichen Bewertungsmaßstäben. Dies hat zur Folge, dass die in den Wirtschaftsgütern enthaltenen stillen Reserven (z. B. in Grundstücken, Vorratsvermögen oder unfertigen Erzeugnissen) und etwaige stille Lasten (z. B. in Pensionsrückstellungen) bei der Substanzwertermittlung aufgedeckt werden.   **3747**

Grundbesitz, Betriebsvermögen und Anteile an Kapitalgesellschaften, für die § 151 BewG eine gesonderte Wertfeststellung vorschreibt, sind mit diesem **gesondert festgestellten Wert** anzusetzen. Dies gilt auch für innerhalb einer Jahresfrist vor dem Bewertungsstichtag bereits festgestellte Werte (z. B. für eine frühere Schenkung), wenn sich die für die erste Bewertung maßgeblichen Stichtagsverhältnisse nicht wesentlich geändert haben (sog. Basiswerte i. S. v. § 151 Abs. 3 BewG; vgl. R B 11.3 Abs. 5 ErbStR). Darüber hinaus ist der gemeine Wert für bestimmte Wirtschaftsgüter bereits nach anderen Vorschriften zu ermitteln und für die Substanzwertermittlung zu übernehmen. Dies gilt insbesondere für den in folgenden Fällen ermittelten gemeinen Wert: **3748**
- nicht betriebsnotwendiges Vermögen und damit zusammenhängende Schulden (§ 200 Abs. 2 BewG),
- (betriebsnotwendige) Beteiligungen (§ 200 Abs. 3 BewG),
- junges Betriebsvermögen und damit zusammenhängende Schulden (§ 200 Abs. 4 BewG),
- Verwaltungsvermögen (§ 13b Abs. 2 ErbStG),
- Sonderbetriebsvermögen (§ 97 Abs. 1a Nr. 2 BewG).

Unter bestimmten (kumulativen) Voraussetzungen **verzichtet das Betriebsfinanzamt aus Vereinfachungsgründen** zunächst **auf die Anforderung eines Grundbesitzwertes** nach § 151 Abs. 1 Satz 1 Nr. 1 BewG, wenn folgende Voraussetzungen kumulativ vorliegen (**R B 151.2 Abs. 6 ErbStR**):   **3749**
1. der Substanzwert kommt offensichtlich nicht zum Ansatz,
2. bei dem Grundstück handelt es sich um betriebsnotwendiges Vermögen (kein nicht betriebsnotwendiges Vermögen i. S. v. § 200 Abs. 2 BewG),
3. es handelt sich um kein Verwaltungsvermögen (§ 13b Abs. 2 ErbStG) und
4. es liegt kein junges Betriebsvermögen i. S. d. § 200 Abs. 4 BewG vor.

Ist der Grundbesitzwert nicht schon ohnehin nach den vorgenannten Nummern 2 bis 4 gesondert festzustellen, so ist die Feststellung des Grundbesitzwerts nur für Substanzwertzwecke demnach entbehrlich, wenn der Substanzwert offensichtlich nicht zum Tragen kommt (z. B. sehr hoher Ertragswert bei nur geringer Substanz). Die Feststellungen sind jedoch nachzuholen, soweit der Verschonungsabschlag und der Abzugsbetrag mit Wirkung für die Vergangenheit nach § 13a Abs. 6 ErbStG (Verstoß gegen Behaltens- und Entnahmevorschriften) wegfallen und sie für die Besteuerung von Bedeutung sind (R B 151.2 Abs. 6 Satz 2 ErbStR).

Umlaufvermögen ist mit den Wiederbeschaffungskosten (inkl. Anschaffungsnebenkosten) bzw. den Wiederherstellungskosten anzusetzen. Aus Vereinfachungsgründen kann ihr Wert nach der retrograden Methode ermittelt werden; d. h. aus dem Verkaufspreis kann auf die Wiederbeschaffungs- oder Wiederherstellungskosten zurückgerechnet werden. Auf Grund der Verbrauchsfolgefiktion des Lifo-Verfahrens gebildete stille Reserven sind bei der Ermittlung des Substanzwerts aufzudecken (R B 11.3 Abs. 8 ErbStR).   **3750**

Der gemeine Wert des **beweglichen abnutzbaren Anlagevermögens** kann vereinfachend mit mindestens 30 % der Anschaffungs- oder Herstellungskosten angesetzt werden, wenn dies nicht zu unzutreffenden Ergebnissen führt (R B 11.3 Abs. 7 ErbStR).   **3751**

BEISPIEL

Das zu bewertende Einzelunternehmen E hat im Jahr vor dem Bewertungsstichtag ein Firmenfahrzeug zum Preis von 50 000 € zzgl. 9 500 € USt erworben. Laut Schwackeliste hat das Fahrzeug zum Bewertungsstichtag noch einen Wert von 45 000 €. Hier liegt es auf der Hand, dass die Vereinfachungsregelung (50 000 € × 30 % = 15 000 €) vorliegend zu einem offensichtlich unzutreffenden Ergebnis führt. I. R. d. Substanzbewertung ist das Fahrzeug daher mit 45 000 € anzusetzen. Etwaige Umsatzsteuer, die E im Falle des Weiterverkaufs in Rechnung stellen würde, ist nicht zu berücksichtigen, da E die USt einerseits vereinnahmen würde, diese gleichzeitig aber an das Finanzamt abführen müsste und insoweit der Substanzwert des Unternehmens nicht erhöht wäre.

3752   Der gemeine Wert von **Erfindungen oder Urheberrechten**, die in Lizenz vergeben oder in sonstiger Weise gegen Entgelt einem Dritten zur Ausnutzung überlassen sind, wird in der Weise ermittelt, dass der mit dem Lizenznehmer vereinbarte Anspruch auf die in wiederkehrenden Zahlungen bestehende Gegenleistung kapitalisiert wird, soweit keine anderen geeigneten Bewertungsgrundlagen vorhanden sind. Ist keine feste Lizenzgebühr vereinbart und die Vertragsdauer unbestimmt, kann auf die letzte vor dem Besteuerungszeitpunkt gezahlte Lizenzgebühr und eine Laufzeit von acht Jahren abgestellt werden. Der Kapitalisierung ist der marktübliche Zinssatz zu Grunde zu legen. Es ist nicht zu beanstanden, wenn der jeweils maßgebliche Kapitalisierungszinssatz nach § 203 Abs. 1 BewG a. F. angewendet wird (dieser beträgt z. B. für einen Bewertungsstichtag im Jahre 2015 5,49 % (= Basiszins von 0,99 % + Risikozuschlag von 4,5 %).

3753   Eine besondere Ausprägung des Substanzwerts ist der **Liquidationswert**, der nur **ausnahmsweise** zum Ansatz kommt, wenn feststeht, dass die Gesellschaft nicht weiter betrieben werden soll. Bei Einzelunternehmen, Personengesellschaften oder Kapitalgesellschaften, die sich in Liquidation befinden, bestehen insoweit keine Bedenken, den Liquidationswert als Bewertungsuntergrenze anzusetzen (R B 11.3 Abs. 9 ErbStR; Tz. 1.9 des gleichlautenden Ländererlasses vom 05. 06. 2014, BStBl I 2014, 882). I. R. d. Liquidationswerts dürfen auch Liquidationskosten wie z. B. Arbeitnehmerabfindungen bzw. Kosten für einen Sozialplan oder Steuerbelastungen zusätzlich zum Abzug gebracht werden.

3754   Methodisch ist so vorzugehen, dass auf den Bewertungsstichtag eine **Vermögensaufstellung** mit den gemeinen Wertansätzen der Besitz- und Schuldposten aufzustellen ist, aus der sich die für die Ermittlung des Substanzwerts erforderlichen Angaben ergeben. Dies gilt unabhängig von der für ertragsteuerliche Zwecke gewählten Gewinnermittlungsart, d. h. z. B. somit auch für einen Freiberufler, der seinen ertragsteuerlichen Gewinn nach § 4 Abs. 3 EStG durch Einnahme-Überschuss-Rechnung ermittelt (vgl. R B 109.2 Abs. 4 Satz 2 ErbStR). Diese Vermögensaufstellung ist **nach amtlichem Vordruck als Anlage zur Feststellungserklärung** abzugeben (R B 11.4 Abs. 4 ErbStR, R B 109.2 Abs. 4 ErbStR).

3.4   Vereinfachungsregelung: Ableitung des Substanzwerts aus der letzten Bilanzaufstellung

3755   Grundlage der Ermittlung des Substanzwerts ist das Vermögen des zu bewertenden Unternehmens zum Bewertungsstichtag. Falls der Bewertungsstichtag mit dem Abschlussstichtag übereinstimmt oder ein Zwischenabschluss auf den Bewertungsstichtag erstellt wurde, kann der Substanzwert aus der Bilanz abgeleitet werden. Bei **Personengesellschaften** ist auf den Wert des **Gesamthandsvermögens** (ohne Sonderbetriebsvermögen) abzustellen. Das Sonderbetriebsvermögen wird ohnehin einzeln zum gemeinen Wert bewertet. Der Substanzwert als Mindestwert hat daher nur für das Gesamthandsvermögen Bedeutung, da dieses im Rahmen der Gesamtbewertung z. B. nach dem vereinfachten Ertragswertverfahren oder einer anderen anerkannten branchenüblichen Methode bewertet wird und hierbei der Wert der Vermögenssubstanz grds. keine Rolle spielt.

Stimmt der Bewertungsstichtag nicht mit dem Schluss des Wirtschaftsjahres überein, auf den das Unternehmen einen regelmäßigen jährlichen Abschluss macht, und erstellt das Unternehmen keinen Zwischenabschluss, der den Grundsätzen der Bilanzkontinuität entspricht, kann aus **Vereinfachungsgründen** der Wert des Unternehmensvermögens zum Bewertungsstichtag **aus dem letzten Jahresabschluss vor dem Bewertungsstichtag abgeleitet** werden, **sofern** dies im Einzelfall **nicht zu unangemessenen Ergebnissen** führt und deshalb eine besondere Ermittlung des Substanzwerts auf den Bewertungsstichtag vorzunehmen ist (R B 11.4 Abs. 2 Satz 1 ErbStR). Dabei ist zunächst der Saldo der gemeinen Werte derjenigen Wirtschaftsgüter, sonstigen aktiven Ansätze, Schulden und sonstigen Abzüge auf den **Abschlusszeitpunkt** zu bilden, die bei der Ermittlung des Substanzwerts des Unternehmens anzusetzen sind (sog. **Ausgangswert**, vgl. R B 11.4 Abs. 2 Satz 2 ErbStR). Für Einzelunternehmen, Personengesellschaften und Freiberufler ergibt sich die korrespondierende Vereinfachungsregelung aus R B 109.2 Abs. 2 und 3 ErbStR. **3756**

Aus dem **Ausgangswert** ist der Wert des Unternehmensvermögens auf den Bewertungsstichtag unter vereinfachter Berücksichtigung der im Vermögen des Unternehmens bis zum Bewertungsstichtag eingetretenen Veränderungen abzuleiten. Als **Korrekturen** kommen nach R B 11.4 Abs. 3 ErbStR (vgl. auch R B 109.2 Abs. 3 ErbStR) insbesondere in Betracht: **3757**

1. **Hinzurechnung des anteiligen Gewinns bzw. Abrechnung des anteiligen Verlustes,** der auf den Zweitraum zwischen dem letzten Bilanzstichtag und dem Bewertungsstichtag entfällt. Auszugehen ist dabei vom **Gewinn laut Steuerbilanz.** Um eine Doppelberücksichtigung zu vermeiden, ist der Gewinn oder Verlust zu **korrigieren,** soweit darin **Abschreibungen** (normale AfA, erhöhte AfA, Sonderabschreibungen, Teilwertabschreibungen) **oder Aufwendungen auf betrieblichen Grundbesitz** (Grund und Boden, Betriebsgebäude, Außenanlagen, sonstige wesentliche Bestandteile und Zubehör) enthalten sind, die das Ergebnis gemindert haben, mit dem Wertansatz der Betriebsgrundstücke aber abgegolten sind. Dazu gehören auch Erhaltungsaufwendungen für betrieblichen Grundbesitz, die den Grundbesitzwert zwar nicht erhöhen (wegen der für den Grundbesitz geltenden Bewertungsmethoden), aber mit dem Ansatz des Grundbesitzwerts abgegolten sind (vgl. hierzu auch Beispiele 1 bis 3 in H B 11.4 ErbStH). Gewinn oder Verlust und Abschreibungen oder andere Aufwendungen bis zum Bewertungsstichtag sind, **soweit** dies **nicht** im Einzelfall zu **unangemessenen** Ergebnissen führt, **zeitanteilig aus den entsprechenden Jahresbeträgen** zu berechnen. Dies bedeutet, dass die endgültige Ermittlung des Substanzwerts im Regelfall erst mit deutlicher Verzögerung im Folgejahr ermittelt werden kann.

2. Berücksichtigung von **Vermögensänderungen infolge Veräußerung oder Erwerb von Anlagevermögen,** insbesondere von Betriebsgrundstücken, Wertpapieren, Anteilen und Genussscheinen von Kapitalgesellschaften und Beteiligungen an Personengesellschaften, soweit sie sich nicht bereits nach Nummer 1 ausgewirkt haben. Korrekturen für den (unterjährigen) Erwerb oder die Veräußerung von Umlaufvermögen sind somit grds. nicht vorzunehmen, was zu einer erheblichen Erleichterung der Substanzwertermittlung führt. Ohne Berücksichtigung dieser (bis zum Bewertungsstichtag eingetretenen) Vermögensveränderungen würden z.B. die stillen Reserven eines Grundstücks, das zwischen dem Abschlussstichtag und dem Bewertungsstichtag unter Aufdeckung der stillen Reserven veräußert wird, doppelt erfasst (durch Bewertung zum gemeinen Wert und durch Korrektur des Gewinns einschließlich des Veräußerungsgewinns).

3. Vermögensabfluss durch Gewinnausschüttungen;

4. Vermögenszuführungen oder -abflüsse infolge von Kapitalerhöhungen oder Kapitalherabsetzungen;

5. Vermögenszuführungen durch verdeckte Einlagen.

Die drei letztgenannten Korrekturen (R B 11.4 Abs. 3 Nr. 3 bis 5 ErbStR) beziehen sich zwar auf Kapitalgesellschaften. Auch wenn für Einzelunternehmen und Personengesellschaften eine entsprechende Parallelregelung in R B 109.2 Abs. 3 ErbStR fehlt, sind bei diesen Einlagen und Entnahmen zwischen dem Abschlussstichtag und dem Bewertungsstichtag ebenfalls korrigierend zu berücksichtigen (vgl. auch R B 109.1 Satz 3 ErbStR mit Hinweis auf entsprechende Anwendung der R B 11.2 bis 11.4 ErbStR). Wie sich aus dem Wortlaut der Richtlinien (»insbesondere«) im Übrigen ergibt, sind die dargestellten Korrekturen nicht in jedem Falle abschließend.

3758 **Schema: Ableitung des Substanzwerts aus dem letzten Jahresabschluss im Überblick (R B 11.4 Abs. 3 ErbStR)**

Ausgangswert
(Vermögensaufstellung zum letzten Abschlussstichtag vor dem Bewertungsstichtag) **Hinzu- und Abrechnungen für den Zeitraum zwischen Abschlussstichtag und Bewertungsstichtag (vgl. R B 11.4 Abs. 3 und R B 109.2 Abs. 3 ErbStR)**

Hinzurechnungen (+)	Abrechnungen (./.)
Nr. 1: anteiliger Gewinn bis Bewertungsstichtag	**Nr. 1:** anteiliger Verlust bis Bewertungsstichtag
Nr. 1: AfA, Teilwert-AfA und besondere Aufwendungen für Betriebsgrundstücke • da bereits mit Ansatz des gemeinen Werts für das Grundstück abgegolten • grds. zeitanteilige Berücksichtigung mgl. (insbes. lfd. Aufwand und normale AfA), soweit nicht offensichtlich unzutreffend	**Nr. 1:** Teilwertzuschreibungen

Nr. 2: Vermögensmehrungen bzw. -minderungen infolge Erwerb bzw. Veräußerung von Anlagevermögen (insbes. von Betriebsgrundstücken, Wertpapieren und Beteiligungen) – andernfalls wären z. B. Veräußerungsgewinne doppelt erfasst (im Ansatz mit dem gemeinen Wert und im Gewinn)

bei Einzelunternehmen und Personengesellschaften:	
Einlagen	Entnahmen

bei Kapitalgesellschaften:	
Nr. 4: Vermögenszuführungen durch Kapitalerhöhungen	**Nr. 3:** Gewinnausschüttungen
Nr. 5: verdeckte Einlagen	**Nr. 4:** Vermögensabflüsse durch Kapitalherabsetzungen

= Substanzwert

3.5 Anwendungsbeispiel zur Substanzwertermittlung

3759

BEISPIEL ————————————————————————————————————

Der Einzelunternehmer Peter Pech (P) verstirbt am 01.04.2018. Der Gewinn für sein Einzelunternehmen wird durch Betriebsvermögensvergleich ermittelt (§§ 4 Abs. 1, 5 Abs. 1 EStG). Der Steuerbilanzgewinn für das Jahr 2018 beträgt 240 000 €. Hierbei berücksichtigt sind laufende Abschreibungen von 12 000 € und laufende Aufwendungen (insbes. Erhaltungsaufwendungen) von 6 000 € für sein Betriebsgrundstück. In den ersten 3 Monaten des Jahres 2018 hatte P noch insges. 30 000 € durch Überweisung auf sein privates Bankkonto entnommen. Der nach dem vereinfachten Ertragswertverfahren (§§ 199 bis 203 BewG) ermittelte Ertragswert für das Einzelunternehmen beträgt 1 670 000 €.

In der Bilanz zum 31.12.2017 enthalten sind folgende aktive und passive Vermögenspositionen, zu denen folgende Informationen zum Abschlussstichtag 31.12.2017 vorliegen:

Aktivpositionen	**Substanzwertansatz (€)**

unbebauter Lagerplatz: 2 000 qm, Bodenrichtwert: 150 € / qm
gemischt genutztes Grundstück:
betrieblich genutzte Fläche des Gebäudes 300 qm, von P zu eigenen Wohnzwecken
genutzte Fläche: 150 qm; Grundstücksfläche 900 qm;
Bodenrichtwert: 200 € / qm; Gebäudesachwert: 800 000 €; Wertzahl 0,8
bilanzierter Firmenwert: 100 000 €
nicht bilanzierter Kundenstamm: gemeiner Wert zum Bilanzstichtag 40 000 €
Maschinen: Kauf vor 5 Jahren für 200 000 €, Buchwert 40 000 €
Lieferwagen: Kaufpreis in 2017 50 000 €, Buchwert 44 000 €
Firmen-Pkw: Kauf vor knapp 6 Jahren für 30 000 €, Buchwert 1 000 €
Beteiligung mit 50 000 € Stammeinlage an Glücks GmbH,
festgestellter gemeiner Wert nach § 151 Abs. 1 Nr. 3 BewG 850 000 €
Vorräte: Buchwert 280 000 €, Wiederbeschaffungskosten 310 000 €
Forderungen aus Lieferungen und Leistungen: 312 543 €
Wertpapiere: 2000 Commerzbank Aktien, Kurs am 31.12.2017 3,50 € je Aktie
Guthaben auf lfd. Girokonto 124 925 €
Passivpositionen
§ 6b-Rücklage 75 000 €
Pensionsrückstellungen: StB-Ansatz nach § 6a EStG 120 000,
gemeiner Wert 170 000 €
Drohverlustrückstellung 30 000 €; StB-Ansatz 0 €
Verbindlichkeiten aus Lieferungen und Leistungen 260 000 €
Bankverbindlichkeiten 360 000 €

Wie hoch ist der Substanzwert i. S. v. § 11 Abs. 2 Satz 3 BewG zum Bewertungsstichtag 01.04.2018? Welcher Betriebsvermögenswert ist für erbschaftsteuerliche Zwecke zu Grunde zu legen?

LÖSUNG Der Substanzwert zum Bewertungsstichtag 01.04.2018 kann vereinfachungshalber aus der Vermögensaufstellung zum letzten Bilanzstichtag (31.12.2017) abgeleitet werden (R B 109.2 Abs. 2 bzw. R B 11.4 Abs. 2 ErbStR). Dieser sog. Ausgangswert ist anschließend um bestimmte Veränderungen in der Zeit zwischen Bilanzstichtag und Bewertungsstichtag zu korrigieren (R B 109.2 Abs. 3 bzw. R B 11.4 Abs. 3 ErbStR). Nach R B 109.1 ErbStR finden R B 11.2 bis 11.4 ErbStR entsprechende Anwendung. Der Substanzwert ist wie folgt auf Basis der für die aktiven und passiven Vermögenspositionen sich ergebenden gemeinen Werte zu ermitteln.

Aktivpositionen	Substanzwertansatz (€)
unbebauter Lagerplatz: 2 000 qm, Bodenrichtwert: 150 € / qm Grundbesitzwert nach § 179 BewG: 2 000 qm × 150 € / qm = 300 000 € (Fläche × Bodenrichtwert), gesonderte Feststellung nach § 151 Abs. 1 Nr. 1 BewG	300 000
gemischt genutztes Grundstück: *betrieblich genutzte Fläche des Gebäudes 300 qm, von P zu eigenen Wohnzwecken* *genutzte Fläche: 150 qm; Grundstücksfläche 900 qm; Bodenrichtwert: 200 € / qm;* *Gebäudesachwert: 800 000 €; Wertzahl 0,8 (ortsübliche Miete nicht ermittelbar)* Bewertung bebautes Grundstück nach §§ 180 ff. BewG; hier gemischt genutztes Grundstück § 181 Abs. 1 und 7 i. V. m. § 182 Abs. 4 Nr. 2 BewG (grds. Ertragswertverfahren; hier ausnahmsweise Sachwertverfahren nach §§ 189 ff BewG, da ortsübliche Miete nicht ermittelbar; zum Schema Sachwertverfahren vgl. H B 189 ErbStH); vorläufiger Sachwert = Bodenwert (900 qm × 200 € / qm = 180 000 €) zzgl. Gebäudesachwert (800 000 €) = 980 000 € Anpassung an gemeinen Wert: 980 000 € × 0,8 (Wertzahl, § 191 BewG) = 784 000 € davon betrieblicher Teil: 784 000 € × 300 / 450 = 522 666 €	522 666
Bilanzierter Firmenwert: 100 000 € kein Ansatz, da kein firmenwertbildender Faktor, dem ein eigener Wert zugewiesen werden kann (R B 11.3 Abs. 3 Satz 5 ErbStR nicht erfüllt)	0
Bilanzierter Kundenstamm: gemeiner Wert zum Bilanzstichtag 40 000 € anzusetzen sind auch geschäfts- bzw. firmenwertbildende Faktoren wie z. B. der Kundenstamm, denen ein eigenständiger Wert zugewiesen werden kann (R B 11.3 Abs. 3 Satz 5 ErbStR)	40 000
Maschinen: Kauf vor 5 Jahren für 200 000 €, Buchwert 40 000 € aus Vereinfachungsgründen Ansatz mit (mindestens) 30 % der Anschaffungskosten, wenn dies nicht zu unzutreffenden Ergebnissen führt (R B 11.3 Abs. 7 ErbStR); 200 000 € × 30 % = 60 000 €	60 000
Lieferwagen: Kaufpreis in 2017 50 000 €, Buchwert 44 000 € Ansatz mit nur 30 % der Anschaffungskosten würde hier zu unzutreffendem Ergebnis führen (R B 11.3 Abs. 7 ErbStR); Ansatz mit Buchwert (mangels anderer Informationen zum gemeinen Wert) vorliegend denkbar	44 000
Firmen-Pkw: Kauf vor knapp 6 Jahren für 30 000 €, Buchwert 1 000 € aus Vereinfachungsgründen Ansatz mit (mindestens) 30 % der Anschaffungskosten, wenn dies nicht zu unzutreffenden Ergebnissen führt (R B 11.3 Abs. 7 ErbStR); 30 000 € × 30 % = 9 000 €	9 000
Beteiligung mit 50 000 € Stammeinlage an Glücks GmbH, festgestellter gemeiner Wert *nach § 151 Abs. 1 Nr. 3 BewG 850 000 €* Ansatz mit festgestelltem gemeinen Wert des Anteils an der Glücks GmbH (bewertet nach § 11 Abs. 2 BewG, R B 11.3 Abs. 5 ErbStR)	850 000
Vorräte: Buchwert 280 000 €, Wiederbeschaffungskosten 310 000 € Ansatz Wiederbeschaffungskosten (R B 11.3 Abs. 8 ErbStR)	310 000
Forderungen aus Lieferungen und Leistungen: 312 543 € Ansatz mit Nennbetrag, § 12 Abs. 1 BewG	312 543
Wertpapiere: 2000 Commerzbank Aktien, Kurs am 31. 12. 2017 3,50 € je Aktie Ansatz nach § 11 Abs. 1 BewG mit Börsenkurs, 2000 × 3,50 € = 7 000 €	7 000
Guthaben auf lfd. Girokonto 124 925 € Ansatz mit Nennbetrag, § 12 Abs. 1 BewG	124 925
Zwischensumme:	**2 580 134**

./. Passivpositionen

§ 6b-Rücklage 75 000 €

wegen Eigenkapitalcharakter ist § 6b-Rücklage nicht ansetzbar
(§ 103 Abs. 3 BewG, R B 11.3 Abs. 4 ErbStR) 0

Pensionsrückstellungen: StB-Ansatz nach § 6a EStG 120 000, gemeiner Wert
170 000 €

Ansatz gemeiner Wert der Pensionsrückstellung (d. h. einschließlich der
stillen Lasten) 170 000

Drohverlustrückstellung 30 000 €; StB-Ansatz 0 €

Ansatz mit gemeinem Wert trotz Passivierungsverbot in der Steuerbilanz
(§ 5 Abs. 4a Satz 1 EStG; R B 11.3 Abs. 3 Satz 3 ErbStR) 30 000

Verbindlichkeiten aus Lieferungen und Leistungen 260 000 €

Ansatz mit Nennbetrag, § 12 Abs. 1 BewG 260 000

Bankverbindlichkeiten 360 000 €

Ansatz mit Nennbetrag, § 12 Abs. 1 BewG 360 000

Ausgangswert (R B 109.2 ErbStR), **noch zu korrigieren** nach R B 109.2
Abs. 3 (bzw. R B 11.4 Abs. 3) ErbStR **1 760 134**

+ zeitanteilige (3 Monate) Hinzurechnung des Steuerbilanzgewinns bis zum
Bilanzstichtag, R B 109.2 Abs. 3 ErbStR

240 000 € × 3 / 12 = 60 000 € 60 000

+ zeitanteilige Hinzurechnung der im Gewinn berücksichtigten AfA für das
Betriebsgrundstück (12 000 €) und der laufenden Grundstücksaufwendungen
(6 000 €), R B 109.2 Abs. 3 Satz 3 ff. ErbStR:

18 000 € × 3 / 12 = 4 500 € 4 500

./. Vermögensminderung durch Entnahmen bis zum Bewertungsstichtag ./. 30 000
(R B 109.1 Satz 3 i. V. m. R B 11.4 Abs. 3 ErbStR)

Substanzwert (Mindestwert, § 11 Abs. 2 Satz 3 BewG) zum 01. 04. 2018 **1 794 634**

festzustellender Betriebsvermögenswert (§ 151 Abs. 1 Nr. 2 BewG)
zum 01. 04. 2018

Ansatz Substanzwert (1 794 634 €) als Mindestwert, da > als Wert nach
vereinfachten Ertragswertverfahren (1 670 000 €) **1 794 634**

3760–3770
frei

4 Ergänzungen zu den unterschiedlichen Rechtsformen der Unternehmensvermögen

Die vorstehenden Ausführungen zur Bewertung von Unternehmensvermögen gelten 3771
grundsätzlich rechtsformübergreifend und somit für alle Rechtsformen, soweit nicht ausdrücklich auf Besonderheiten bei einzelnen Rechtsformen eingegangen wird. Nachfolgend werden
lediglich ergänzende Informationen zu den einzelnen Rechtsformen gegeben.

4.1 Bewertung von Einzelunternehmen und Freiberuflerpraxen

Bei Einzelunternehmen und Freiberuflern spielt die Abgrenzung des Betriebsvermögens 3772
vom (steuerlichen) Privatvermögen auch für die Bewertung für Erbschaft- bzw. Schenkungsteuerzwecke eine wichtige Rolle. Alles, was ertragsteuerlich zum Betriebsvermögen gehört,
stellt auch für die Zwecke der Erbschaft- und Schenkungsteuer Betriebsvermögen dar (**§ 95
BewG i. V. m. § 15 Abs. 1 und 2 EStG**) und wird nach den speziellen Bewertungsvorschriften
für Betriebsvermögen bewertet. Dabei ist es gleichgültig, ob es sich ertragsteuerlich um notwendiges oder gewillkürtes Betriebsvermögen handelt. Da es gem. § 99 BewG keine Besonderheiten

mehr für Betriebsgrundstücke gibt, gilt die ertragsteuerliche Zuordnung von unterschiedlich genutzten Gebäudeteilen nunmehr auch für die Bedarfsbewertung.

3773   Entsprechendes gilt für das einem freiberuflich Tätigen dienende Vermögen. Nach § 96 **BewG** steht dem Gewerbebetrieb die Ausübung eines freien Berufes i. S. d. § 18 Abs. 1 Nr. 1 EStG gleich (vgl. R B 95 Abs. 1 Satz 2 ErbStR).

3774   Bei **bilanzierenden Gewerbetreibenden und freiberuflich Tätigen**, die ihren Gewinn durch Betriebsvermögensvergleich nach § 4 Abs. 1 oder § 5 Abs. 1 EStG ermitteln, besteht regelmäßig eine Identität zwischen den aktiven und passiven Vermögenspositionen (nicht bzgl. der Werte) in der Steuerbilanz auf den Bewertungsstichtag bzw. den Schluss des letzten vor dem Bewertungsstichtag endenden Wirtschaftsjahrs und dem bewertungsrechtlichen Betriebsvermögen. Dieser Grundsatz wird für bestimmte Fälle durch Sonderregelungen durchbrochen (vgl. hierzu R B 95 Abs. 2 ErbStR). Beispielsweise werden auch selbst geschaffene immaterielle Wirtschaftsgüter des Anlagevermögens (z. B. Patente) sowie geschäftswert-, firmenwert- oder praxiswertbildende Faktoren, denen ein eigenständiger Wert zugewiesen werden kann (z. B. Kundenstamm), bei der Bewertung des Betriebsvermögens (hier insbesondere im Rahmen der Substanzwertermittlung) berücksichtigt (vgl. R B 95 Abs. 2 Satz 2 ErbStR).

3775   Bei **nicht bilanzierenden Gewerbetreibenden und Freiberuflern**, die ihren Gewinn nach § 4 Abs. 3 EStG durch Einnahme-Überschuss-Rechnung ermitteln, **umfasst** das für Erbschaft- und Schenkungsteuerzwecke maßgebliche Betriebsvermögen das notwendige Betriebsvermögen, das ausschließlich und unmittelbar für eigenbetriebliche Zwecke genutzt wird, die beweglichen Wirtschaftsgüter, die zu mehr als 50 % eigenbetrieblich genutzt werden, und die Wirtschaftsgüter des gewillkürten Betriebsvermögens, wenn die Bildung ertragsteuerrechtlich zulässig und das Wirtschaftsgut tatsächlich dem gewillkürten Betriebsvermögen zugeordnet worden ist (vgl. hierzu R B 95 Abs. 3 ErbStR; R 4.2 Abs. 1 EStR). Forderungen einschließlich Honoraransprüche und Verbindlichkeiten, die mit dem Betrieb in wirtschaftlichem Zusammenhang stehen, gehören ebenso zum Betriebsvermögen wie Bargeld und Bankguthaben, die aus gewerblichen oder freiberuflichen Tätigkeiten herrühren. Die ertragsteuerrechtlichen Grundsätze, wonach Forderungen und Verbindlichkeiten bei der Gewinnermittlung nach § 4 Abs. 3 EStG (noch) nicht zu erfassen sind, werden somit für Bewertungszwecke durchbrochen. Soweit Honoraransprüche (ggfs. auch für Teilleistungen) zum Bewertungsstichtag entstanden sind, sind sie für Bewertungszwecke als Forderung zu erfassen (R B 95 Abs. 3 ErbStR).

3776   Grundstücke, die teilweise betrieblich und teilweise privat genutzt werden, sind nach ertragsteuerrechtlichen Grundsätzen je nach Nutzungs- und Funktionszusammenhang (vgl. R 4.2 Abs. 4 EStR) aufzuteilen (R B 95 Abs. 3 Satz 3 ErbStR). Der auf das Privatvermögen entfallende Teil des Grundstücks ist als Grundvermögen (§§ 176 ff. BewG) anzusetzen und zu bewerten. Der auf den Betrieb entfallende Grundstücksanteil ist bei der Bewertung des Betriebsvermögens anzusetzen und zu bewerten.

BEISPIEL

Das Grundstück des verstorbenen Unternehmers U wird zu 75 % betrieblich und zu 25 % privat genutzt. Der für das (gesamte) Grundstück nach §§ 176 ff. BewG ermittelte Grundstückswert beträgt 800 000 €.

Entsprechend dem Anteil der betrieblichen Nutzung ist das Grundstück zu 75 % ertragsteuerrechtlich dem Betriebsvermögen zuzuordnen (R 4.2 Abs. 4 EStR). Nur der betrieblich genutzte Teil ist dementsprechend in der Steuerbilanz aufzunehmen und nur mit diesem Anteil im steuerlichen Ergebnis des Unternehmens zu berücksichtigen. Auch bewertungsrechtlich wird das Grundstück zu 75 % als Betriebsvermögen berücksichtigt und z. B. bei der Substanzwertermittlung des Betriebs somit mit 600 000 € angesetzt (vgl. § 99 BewG). Der privat genutzte Teil des Grundstücks von 25 % ist der wirtschaftlichen Einheit des Grundvermögens zuzuordnen und hierbei mit 200 000 € anzusetzen.

In **zeitlicher Hinsicht** sind Wirtschaftsgüter auch dann bereits dem Betriebsvermögen   3777
zuzuordnen, wenn die betriebliche Tätigkeit am Bewertungsstichtag erst vorbereitet, aber noch
nicht aufgenommen wurde. Anders als für Gewerbesteuerzwecke (setzt bereits aufgenommene
betriebliche Tätigkeit voraus) werden Vorbereitungshandlungen ertragsteuerrechtlich bereits
bei den Einkünften aus Gewerbebetrieb i. S. v. § 15 EStG berücksichtigt. Dies hat Bedeutung für
die Bewertung und für die Begünstigung (insbes. §§ 13a, 13b ErbStG) des Vermögens, die an die
ertragsteuerrechtliche Behandlung anknüpfen.

4.2 Bewertung von Anteilen an Personengesellschaften

4.2.1 Allgemeines

Im Rahmen der Bewertung von Anteilen an Personengesellschaften ist zunächst zwischen   3778
gewerblichen bzw. freiberuflichen Mitunternehmerschaften und lediglich vermögensverwaltenden Personengesellschaften (s. 4.3) zu **unterscheiden**. Deren Abgrenzung bestimmt sich
nach ertragsteuerlichen Grundsätzen. Daher werden gewerblich geprägte Personengesellschaften (§ 15 Abs. 3 Nr. 2 EStG) und gewerblich infizierte Personengesellschaften (§ 15 Abs. 3 Nr. 1
EStG) genauso bewertet wie (originär) gewerbliche Personengesellschaften.

Die nachfolgenden Ausführungen beziehen sich auf gewerbliche bzw. gewerblich geprägte   3779
oder infizierte und freiberufliche Mitunternehmerschaften. Für deren Bewertung ergeben sich
die Rechtsgrundlagen aus § 12 Abs. 5 ErbStG i. V. m. § 151 Abs. 1 Satz 1 Nr. 2 i. V. m. § 97 Abs. 1
Nr. 5 und Abs. 1a BewG. § 97 Abs. 1a BewG gibt die Bewertung des Anteils an einer Personengesellschaft im Sinne des § 15 Abs. 1 Nr. 2 und Abs. 3 sowie des § 18 Abs. 4 Satz 2 EStG vor.
Danach ist zu unterscheiden zwischen der Bewertung des **Gesamthandsvermögens** und des
Sonderbetriebsvermögens, deren Zuordnung sich nach ertragsteuerlichen Grundsätzen richtet. Die Summe der beiden Werte ergibt den Wert des Anteils am Betriebsvermögen einer Personengesellschaft. Für Zwecke der Erbschaft- oder Schenkungsteuer muss nur der Gesellschaftsanteil bewertet werden, der Gegenstand des Erwerbs ist (R B 97.3 Abs. 1 Satz 4 ErbStR).
Dies hat u. a. zur Folge, dass nicht mit übertragenes Sonderbetriebsvermögen und Sonderbetriebsvermögen der anderen Gesellschafter insoweit keiner Bewertung bedarf.

Die wirtschaftliche Einheit des Betriebsvermögens ist der Gewerbebetrieb der Personen-   3780
gesellschaft (§ 2 i. V. m. § 97 Abs. 1 Nr. 5 BewG). Den Gewerbebetrieb bilden insbesondere alle
Wirtschaftsgüter, die zum Betriebsvermögen der Personengesellschaft – einschließlich des notwendigen oder gewillkürten Sonderbetriebsvermögens des Gesellschafters – gehören (§ 97
Abs. 1 Nr. 5 BewG). Der Wert des Anteils am Betriebsvermögen (Anteil am Gesamthandsvermögen zuzüglich Sonderbetriebsvermögen des Gesellschafters) ist nach § 151 Abs. 1 Satz 1 Nr. 2
i. V. m. § 157 Abs. 5 BewG **gesondert festzustellen (Betriebsvermögenswert)**. Zuständig für
die gesonderte Feststellung ist das Betriebsfinanzamt (§ 152 Nr. 2 BewG).

4.2.2 Gesamthandsvermögen

Für das Gesamthandsvermögen wird ein Gesamtwert nach den o. a. Bewertungsmethoden   3781
ermittelt (vgl. §§ 97 Abs. 1a, 109 Abs. 2 i. V. m. § 11 Abs. 2 BewG). Liegen keine Vergleichsver-
käufe vor, so kann das vereinfachte Ertragswertverfahren oder jedes andere anerkannte Verfahren herangezogen werden. Auch hier bildet der Substanzwert (§ 11 Abs. 2 Satz 3 BewG) den
Mindestwert. Wird der Wert im vereinfachten Ertragswertverfahren ermittelt, so ist von dem
steuerlichen Gesamtgewinn auszugehen, den die Gesellschaft mit ihrem Gesamthandsvermö-

gen erzielt hat. Dabei bleiben die Ergebnisse aus den Sonderbilanzen und den Ergänzungsbilanzen unberücksichtigt, so ausdrücklich § 202 Abs. 1 Satz 1 BewG, obwohl letztere Korrekturen der Wertansätze aus der Gesamthandsbilanz enthalten.

3782 Dieser **Gesamtwert wird** dann **aufgeteilt**, wobei **zunächst** die **Kapitalkonten der Gesamthandsbilanz** (insbesondere Festkapital, Anteil an gesamthänderisch gebundenen Rücklage und variable Kapitalkonten, vgl. R B 97.3 Abs. 2 Nr. 1 ErbStR) den Gesellschaftern zugerechnet werden (§ 97 Abs. 1a BewG). Dabei bleiben wiederum die Kapitalkonten der Sonderbilanzen und der Ergänzungsbilanzen unberücksichtigt. Der Grund liegt darin, dass die Kapitalkonten der Ergänzungsbilanzen zwar steuerlich in der Regel höhere Anschaffungskosten abbilden, jedoch keine höheren Entnahmerechte; auf letztere stellt aber das Ertragswertverfahren ab. Der **verbleibende Rest** wird dann nach dem **Gewinnverteilungsschlüssel** auf die Gesellschafter verteilt. Dabei bleiben Vorabgewinne unberücksichtigt, § 97 Abs. 1a Nr. 1 b 2. HS BewG. Die Verteilung des Restwerts nach dem Gewinnverteilungsschlüssel ohne Berücksichtigung von Vorabgewinnen **kann zu** erheblichen Verwerfungen und **unzutreffenden Ergebnissen führen.** Überlässt beispielsweise ein Gesellschafter ein Grundstück des Sonderbetriebsvermögens unentgeltlich oder zu einer erheblich unter dem Marktüblichen liegenden Miete und erhält hierfür im Gegenzug einen beträchtlichen Vorabgewinn, so kann dies zu unbilligen Ergebnissen in der Bestimmung des Anteilswerts führen. Ähnliche Probleme können u. a. entstehen, wenn der Vater einen Teil seines Mitunternehmeranteils auf das Kind überträgt und der Vater (oder ggfs. ein anderer Gesellschafter) – auch weiterhin – für seine Geschäftsführungstätigkeit einen erheblichen Vorabgewinn erhält. Bei einer Verteilung des Restwerts nach dem Gewinnverteilungsschlüssel (ohne Berücksichtigung von Vorabgewinnen) würde dem Kind letztlich ein erheblich höherer Anteil zugerechnet, als den tatsächlichen Gegebenheiten entspricht. Dieser Aufteilungsmaßstab lädt ggfs. auch zu Gestaltungsüberlegungen ein.

3783 Wird der Wert des Anteils eines Gesellschafters am Gesamthandsvermögen aus Verkäufen abgeleitet oder durch ein (anerkanntes) Gutachten ermittelt, ist eine Aufteilung nach § 97 Abs. 1a BewG nicht vorzunehmen (vgl. R B 97.3 Abs. 2 Satz 2 ErbStR). Um unzutreffende Ergebnisse zu vermeiden, ist es u. E. jedoch zweckmäßig, auch bei der Ableitung aus Verkäufen ggfs. die Kapitalkontenstände zu berücksichtigen. Eine rein prozentuale Umrechnung des Beteiligungswerts würde u. U. zu völlig falschen Ergebnissen führen (z. B. wenn beim Referenzkaufpreis ein vergleichsweise wesentlich höheres oder geringeres Kapitalkonto II mit übertragen wurde).

3784 Für das Gesamthandsvermögen kann sich – ebenso wie beim negativen Sonderbetriebsvermögen (z. B. Finanzierungsdarlehen des Gesellschafters) – grds. **auch ein negativer Wert** ergeben, der dann entsprechend auf die Gesellschafter aufzuteilen ist. Bei einem **nicht nachschusspflichtigen Kommanditisten**, der seine Kommanditeinlage voll erbracht hat, kann jedoch **kein negativer Wert** am Gesamthandsvermögen zugerechnet werden (vgl. R B 97.3 Abs. 1 Satz 3 ErbStR). Dem Kommanditisten kann nur ausnahmsweise und nur insoweit ein (anteiliger) negativer Wert des Gesamthandsvermögens zugerechnet werden (vgl. Tz. 2.2.1 des gleichlautenden Ländererlasses vom 05. 06. 2014 BStBl I 2014, 882), **soweit**

- er seine Einlage noch nicht oder nicht vollständig erbracht hat (ausstehende Pflichteinlage);
- eine vertraglich vereinbarte Nachschusspflicht besteht und der nachzuschießende Beitrag bereits eingefordert wurde;
- seine Haftung durch die Rückgewähr von Einlagen wieder auflebt (vgl. § 172 Abs. 4 Satz 2 HGB) oder
- die im Handelsregister eingetragene Haftsumme seine Pflichteinlage übersteigt (sog. übersteigende Außenhaftung).

4.2.3 Sonderbetriebsvermögen

Die Wirtschaftsgüter und Schulden des Sonderbetriebsvermögens werden nicht insgesamt **3785** mit dem Ertragswert bewertet, sondern **im Wege der Einzelwertermittlung mit dem gemeinen Wert** angesetzt, § 97 Abs. 1a Nr. 2 BewG. Der gemeine Wert der einzelnen Wirtschaftsgüter und Schulden des Sonderbetriebsvermögens bestimmt sich hierbei nach den für diese einzelnen Wirtschaftsgüter jeweils geltenden Bewertungsvorschriften. So werden beispielsweise im Sonderbetriebsvermögen geführte Grundstücke nach den für die Bedarfsbewertung für Grundstücke geltenden Vorschriften (§§ 176 ff. BewG) bewertet, im Sonderbetriebsvermögen gehaltene Anteile an (nicht notierten) Kapitalgesellschaften hingegen nach den allgemeinen Bewertungsgrundsätzen des § 11 Abs. 2 BewG und zum Sonderbetriebsvermögen gehörende Gesellschafterdarlehen an die Gesellschaft nach den allgemeinen Bewertungsgrundsätzen des § 12 BewG. Wurde der Wert eines Wirtschaftsguts des Sonderbetriebsvermögens innerhalb einer Jahresfrist vor dem Bewertungsstichtag bereits gesondert festgestellt (§ 151 Abs. 1 Nr. 1 bis 4 BewG), so ist dieser Wert für dieselbe wirtschaftliche Einheit grds. unverändert zu Grunde zu legen, wenn sich die für die erste Bewertung maßgeblichen Stichtagsverhältnisse nicht wesentlich geändert haben (sog. Basiswertregelung, § 151 Abs. 3 BewG). Dies gilt unabhängig davon, wie der Wert des Gesamthandvermögens ermittelt wird (marktübliches Verfahren, vereinfachtes Ertragswertverfahren oder Substanzwert, vgl. R B 97.2 ErbStR).

Zu erfassen ist **nur das Sonderbetriebsvermögen des betroffenen** (schenkenden oder **3786** vererbenden) **Gesellschafters.** Hat der Gesellschafter seiner Gesellschaft ein Grundstück zur betrieblichen Nutzung vermietet, so werden die von der Gesellschaft bezahlten Mietaufwendungen ertragsmindernd als Betriebsausgaben verbucht und mindern somit den Ertragswert des Gesamthandvermögens. Dafür wird die Substanz des Grundstücks (§§ 176 ff. BewG) beim Sonderbetriebsvermögen erfasst. Eine Doppelerfassung liegt somit nicht vor.

Einen **Überblick** über **die Ermittlung des Anteilswertes** eines Gesellschafters bei einer **3787** Personengesellschaft zeigt das nachfolgende Schaubild.

Schema: Wertermittlung des Anteils eines Gesellschafters an einer Personengesellschaft (§ 97 Abs. 1a BewG)

(1) *Anteil* des Gesellschafters am *Gesamthandvermögen*
Ausgangspunkt: Wert des Gesamthandvermögens
(= Wert nach § 109 Abs. 2 i. V. m. § 11 Abs. 2 BewG,
z. B. Wert nach dem vereinfachten Ertragswertverfahren bzw. Substanzwert)

Aufteilung auf den jeweiligen Gesellschafter:
- **Vorwegzurechnung der Kapitalkonten** aus der Gesamthandbilanz
  an den jeweiligen Gesellschafter (§ 97 Abs. 1 a) Nr. 1 a BewG)
- **Aufteilung des verbleibenden Werts** des Gesamthandvermögens
  nach dem maßgebenden Gewinnverteilungsschlüssel (ohne Vorabgewinne) auf
  den jeweiligen Gesellschafter (§ 97 Abs. 1 a) Nr. 1 b BewG)

(2) + *Sonderbetriebsvermögen des Gesellschafters*
= Wert nach § 109 Abs. 2 BewG, Einzelbewertung
- Wertermittlung nur, soweit das Sonderbetriebsvermögen (auch) Gegenstand der
  Übertragung
- Ermittlung des gemeinen Werts der einzelnen Wirtschaftsgüter inkl. der Schulden und Zurechnung dem jeweiligen Gesellschafter (§ 97 Abs. 1a Nr. 2 BewG)

(3) *Summe* = Wert des Anteils des einzelnen Gesellschafters, *Betriebsvermögenswert*
(§ 97 Abs. 1a Nr. 3 BewG)

3788

BEISPIEL

V überträgt am 01.07.2018 seinen Anteil an der U-V-W-OHG unentgeltlich mit Zustimmung von U und W auf seinen Sohn S. Die Kapitalkonten der Gesellschafter in der Gesamthandsbilanz lauten:

U Kapitalkonto I	400 000 €	Kapitalkonto II	100 000 €
V Kapitalkonto I	250 000 €	Kapitalkonto II	120 000 €
W Kapitalkonto I	150 000 €	Kapitalkonto II	50 000 €
Summen:	800 000 €		270 000 €

Da W seinen Anteil vor einigen Jahren von dem Altgesellschafter A zum gemeinen Wert erworben hatte, besteht für ihn noch eine Ergänzungsbilanz, die für ihn ein positives Kapitalkonto von 40 000 € ausweist. Der Gewinnverteilungsschlüssel des Gesellschaftsvertrages lautet für U 50 %, für V 31,25 % und für W 18,75 %.

V hat seiner Gesellschaft ein Grundstück vermietet, das er in einer Sonderbilanz erfasst hat. Das Grundstück hat einen Bilanzwert von 250 000 €, die damit zusammenhängenden Schulden betragen 40 000 € und das Kapital beträgt 210 000 €. Aus dem Grundstück bezieht V Mieteinnahmen von der OHG von jährlich 30 000 €. AfA, sonstige Grundstücksaufwendungen und Schuldzinsen belaufen sich auf 10 000 €. Der nach § 151 Abs. 1 Nr. 1 i. V. m. § 157 Abs. 3 BewG gesondert festgestellte gemeine Wert beträgt 280 000 €. Der Gesellschafter U hat seiner OHG ein Darlehen über 100 000 € gegeben, das er in seiner Sonderbilanz erfasst hat und für das die OHG ihm jährlich 6 000 € Zinsen bezahlt. Der Ertragswert des Gesamthandvermögens beläuft sich auf 2 452 386 €.

LÖSUNG Von den 2 452 386 € (für die keine Rundungsvorschrift besteht) entfallen 1 070 000 € (= 800 000 € + 270 000 €) auf die Kapitalkonten der drei Gesellschafter. Die Kapitalkonten der Ergänzungs- und Sonderbilanzen bleiben unberücksichtigt, § 202 Abs. 1 Satz 1 2. HS BewG. Von den 1 070 000 € entfallen 370 000 € auf V. Die Differenz (= 2 452 386 € ./. 1 070 000 €) beträgt 1 382 386 €. Von dieser Differenz entfallen nach dem Gewinnverteilungsschlüssel 31,25 % auf V, mithin also 431 995 €. Der Anteil des V am Gesamthandvermögen beträgt somit 801 995 €. Dem ist noch der Wert des Grundstücks mit 280 000 € hinzuzurechnen und der Wert der damit verbundenen Schulden mit 40 000 € abzuziehen. Die Werte aus dem Sonderbetriebsvermögen der übrigen Gesellschafter spielen hier keine Rolle. Der Gesamtwert des Anteils des V ist gesondert festzustellen (§ 151 Abs. 1 Nr. 2 BewG, Betriebsvermögenswert) und beläuft sich somit auf 1 041 995 €. Auch für diesen Wert besteht keine Rundungsvorschrift.

3789

Aufgrund der unterschiedlichen Bewertungsmethoden für Gesamthandvermögen und Sonderbetriebsvermögen kann das Vorhandensein von Sonderbetriebsvermögen im Einzelfall zu erheblichen Wertveränderungen führen. Während sich Sondervergütungen der Personengesellschaft an den Gesellschafter in der ertragsteuerlichen Gesamtgewinnermittlung nicht auswirken (Aufwand der Gesamthand und gleichzeitig Hinzurechnung als Sonderbetriebseinnahme des Gesellschafters nach § 15 Abs. 1 Nr. 2 EStG), wirkt sich die Existenz von Sonderbetriebsvermögen bei der Erbschaft- bzw. Schenkungsteuer nicht neutral, sondern im Regelfall – aufgrund der unterschiedlichen Bewertungsmethoden – werterhöhend auf den Mitunternehmeranteil aus.

3790

BEISPIELE

a) Der Wert des Gesamthandvermögens einer Personengesellschaft zu einem Bewertungsstichtag im Jahre 2018 wurde nach dem vereinfachten Ertragswertverfahren ermittelt. Dabei wurde ein durchschnittlicher Jahresertrag (§ 201 BewG) von 100 000 € ermittelt.
LÖSUNG Der Wert des Gesamthandvermögens beträgt somit 1 375 000 € (= 100 000 × Kapitalisierungsfaktor von 13,75). Der Substanzwert (§ 11 Abs. 2 Satz 3 BewG) soll niedriger sein und nicht zum Tragen kommen.

b) Wenn man nun den Ausgangssachverhalt abwandelt und unterstellt, dass der Gesellschafter der Gesellschaft ein mit jährlich 4 % (angemessen) verzinsliches Darlehen i. H. v. 1 000 000 € gegeben hätte, so hätte dies für die Bewertung folgende Konsequenzen:

- **Wert des Gesamthandsvermögens:** Das jährliche Gesamthandsergebnis vermindert sich i. H. d. jährlichen Zinsaufwands von 40 000 €. Aufgrund des niedrigeren Ergebnisses vermindert sich gleichzeitig der pauschal mit 30 % berücksichtigte Ertragsteueraufwand (§ 202 Abs. 3 BewG). Der ursprüngliche durchschnittliche Jahresertrag ermäßigt sich somit um 28 000 € (= 40 000 ./. (40 000 € × 30 %)) und beträgt somit nur 72 000 € (= 100 000 ./. 28 000). Der Wert des Gesamthandsvermögens ermäßigt sich auf 990 000 € (= 72 000 × 13,75).
- **Wert des Sonderbetriebsvermögens:** Die Darlehensforderung im Sonderbetriebsvermögen wird einzeln mit dem gemeinen Wert nach § 12 Abs. 1 BewG bewertet und beträgt 1 000 000 €.

Das gesamte steuerliche Betriebsvermögen, bestehend aus Gesamthandsvermögen und Sonderbetriebsvermögen, beträgt somit in der Abwandlung 1 990 000 € (= 990 000 € + 1 000 000 €) und hat sich gegenüber dem Ausgangssachverhalt um 615 000 € (= Wertermäßigung des Gesamthandsvermögens um 385 000 € zuzüglich Wert des Sonderbetriebsvermögens von 1 Mio. €) erhöht. Da das Sonderbetriebsvermögen nicht im vereinfachten Ertragswertverfahren, sondern einzeln mit dem gemeinen Wert ermittelt wird, sind die Wertermäßigung des Gesamthandsvermögens und die Werterhöhung des Sonderbetriebsvermögens nicht deckungsgleich.

Allerdings muss bei dieser Betrachtung noch berücksichtigt werden, dass die Gesamthand durch das gewährte Gesellschafterdarlehen regelmäßig eigene (andere) Finanzierungsaufwendungen erspart bzw. (Anlage)erträge erzielt und sich dadurch nochmals Wertunterschiede im Vergleich zum Ausgangsbeispiel ergeben. Unterstellt man, dass das Gesellschafterdarlehen lediglich an Stelle eines Bankdarlehens mit gleicher Verzinsung tritt, so würde sich eine Werterhöhung gegenüber dem Ausgangssachverhalt i. H. v. 1 Mio. € (= gemeiner Wert des Gesellschafterdarlehens im Sonderbetriebsvermögen) ergeben.

Die vorgenannten Überlegungen gelten auch dann, wenn der Gesellschafter der Personengesellschaft ein unverzinsliches Darlehen gewährt. Nach § 202 Abs. 1 Nr. 3 BewG wäre eine solche gesellschaftsrechtlich veranlasste Vermögenserhöhung bei der Ermittlung des Betriebsergebnisses der Personengesellschaft mindernd zu berücksichtigen. **3791**

Ergänzend ist darauf hinzuweisen, dass zum **Sonderbetriebsvermögen gehörende Darlehensforderungen** des Gesellschafters gegenüber der Gesellschaft sich auf die **Verwaltungsvermögensquote** (§ 13b Abs. 2 bzw. § 13a Abs. 8 Nr. 3 ErbStG in der bis zum 30. 06. 2016 geltenden Fassung) und damit auf den Umfang der erbschaftsteuerlichen Begünstigung nachteilig auswirken können. Der Gesetzgeber hat für Erwerbe nach dem 06. 06. 2013 den Verwaltungsvermögensbegriff um die sog. **Finanzmittel** (§ 13b Abs. 2 Satz 2 Nr. 4a ErbStG a. F. bzw. § 13b Abs. 4 Nr. 5 ErbStG n. F.) erweitert, der auch Forderungen des Gesellschafters im Sonderbetriebsvermögen einschließt (vgl. gleichlautender Ländererlass vom 10. 10. 2013, BStBl I 2013, 1272 Tz. 2 und 3). Dies kann insbesondere in den Fällen zu einer deutlichen Erhöhung oder gar Überschreitung der – für Erwerbe bis zum 30. 06. 2016 geltenden – Verwaltungsvermögensquote führen, wenn der übertragende Gesellschafter nur (noch) geringfügig an der Personengesellschaft beteiligt ist, im Sonderbetriebsvermögen jedoch noch hohe Gesellschafterforderungen hält. Auch für Erwerbe ab dem 01. 07. 2016 kann dies zu erheblichen Nachteilen (Erhöhung der Finanzmittel i. S. d. § 13b Abs. 4 Nr. 5 ErbStG) oder gar zum Ausschluss der Begünstigungen nach § 13b Abs. 2 Satz 2 ErbStG (sog. 90 %-Quote) führen. **3792**

4.3 Bewertung von Anteilen an vermögensverwaltenden Personengesellschaften

Für **Anteile an vermögensverwaltenden Personengesellschaften** gelten die vorerwähnten Bewertungsmethoden (z. B. vereinfachtes Ertragswertverfahren) und auch die Begünstigungen für Betriebsvermögen nach §§ 13a, 13b, 13c und 28a ErbStG nicht. Vielmehr gilt der **3793** unmittelbare oder mittelbare Erwerb einer Beteiligung an einer (vermögensverwaltenden) Personengesellschaft oder einer anderen Gesamthandsgemeinschaft, die **nicht unter § 97 Abs. 1 Satz 1 Nr. 5 BewG fällt** (d. h. keine gewerblichen bzw. freiberuflichen Einkünfte nach § 15 Abs. 1 Nr. 2 und Abs. 3 EStG bzw. § 18 Abs. 4 Satz 2 EStG), gemäß § 10 Abs. 1 Satz 4 1. HS ErbStG **als anteiliger Erwerb der einzelnen verwalteten Wirtschaftsgüter** (Bruchteilseigentum). Befinden sich in dem verwalteten Vermögen auch Verbindlichkeiten, so gilt der anteilige Erwerb dieser **Verbindlichkeiten als Gegenleistung**, sodass bei der Schenkung die Grundsätze für eine teilentgeltliche Schenkung (gemischte Schenkung) anzuwenden sind (vgl. § 10 Abs. 1 Satz 4 2. HS ErbStG). In Erbfällen gelten die Verbindlichkeiten als Nachlassverbindlichkeiten. Soweit die Schulden und Lasten mit teilweise befreiten Vermögensgegenständen (z. B. zu Wohnzwecken vermietetes Grundstück, § 13d ErbStG) in wirtschaftlichem Zusammenhang stehen, ist die Abzugsbegrenzung für diese Schulden nach § 10 Abs. 6 ErbStG zu beachten.

3794   Zu den vermögensverwaltenden Personengesellschaften zählen z. B. grds.:

- reine Vermietungsgesellschaften oder andere rein vermögensverwaltende Gesellschaften, deren Gesellschafter Einkünfte aus Kapitalvermögen (§ 20 EStG) bzw. Vermietung und Verpachtung (§ 21 EStG) erzielen;
- geschlossene Immobilienfonds;
- gewerblich geprägte Personengesellschaften *vor* Eintragung im Handelsregister;
- Personengesellschaften, wenn der Erwerber die Mitunternehmerkriterien i. S. v. § 15 EStG nicht erfüllt (z. B. bei Nießbrauchsvorbehalt, der über die zivilrechtlichen Vorgaben hinausgeht oder bei Schenkung unter freiem Widerrufsvorbehalt; vgl. H E 13b.5 (Schenkung von Betriebsvermögen unter freiem Widerrufsvorbehalt) ErbStH);
- ungeteilte Erbengemeinschaften, wenn z. B. ein Anteil an der Erbengemeinschaft vererbt wird.

3795   Grundbesitzwerte und Werte von nicht notierten Anteilen an Kapitalgesellschaften, die zum Vermögen der (vermögensverwaltenden) Personengesellschaft gehören, sind nach § 151 Abs. 1 Satz 1 Nr. 1 bzw. Nr. 3 BewG vom Lagefinanzamt bzw. vom Betriebsfinanzamt (§ 152 Nr. 1 bzw. Nr. 3 BewG) **gesondert festzustellen** und gleichzeitig auch Feststellungen zu Art und Höhe des Anteils an der wirtschaftlichen Einheit zu treffen (§ 151 Abs. 2 BewG). Der Anteil am Wert der übrigen Vermögensgegenstände (z. B. Sparguthaben, Bargeld) und Schulden, die mehreren Personen zustehen, ist vom Verwaltungsfinanzamt ebenfalls gesondert festzustellen (§ 151 Abs. 1 Satz 1 Nr. 4, Abs. 2 i. V. m. § 152 Nr. 4 BewG; vgl. R B 151.6 ErbStR, H B 151.6 ErbStH).

3796

> **BEISPIEL** ──
>
> Schenker S ist i. H. v. 20 % an einer vermögensverwaltenden GbR beteiligt. Er überträgt seinen Anteil schenkweise auf seine Tochter T. Laut Vermögensaufstellung der GbR zum Bewertungsstichtag verfügt die GbR über folgende Vermögensgegenstände und Schulden: vermietetes Mietwohngrundstück mit Grundbesitzwert von 2 Mio. €, vermietetes Geschäftsgrundstück mit Grundbesitzwert von 3 Mio. €, Bankguthaben i. H. v. 1 Mio. €. Daneben bestehen noch Finanzierungsschulden i. H. v. 500 000 € für das Mietwohngrundstück und i. H. v. 300 000 € für das Geschäftsgrundstück. Der Wert der steuerpflichtigen Bereicherung (ohne persönliche Freibeträge) ist zu ermitteln.
>
> **LÖSUNG** Der Erwerb der T i. H. v. 20 % an einer vermögensverwaltenden Gesellschaft gilt als anteiliger Erwerb der Wirtschaftsgüter und Schulden der GbR (§ 10 Abs. 1 Satz 4 ErbStG). Die Vermögensgegenstände und Schulden der GbR sind zum Bewertungsstichtag einzeln mit dem gemeinen Wert zu bewerten und der T entsprechend ihres Anteils zuzurechnen. Die Begrenzung des Schuldenabzugs für das nach § 13d ErbStG begünstigte Mietwohngrundstück ist nach § 10 Abs. 6 Satz 5 ErbStG zu beachten. Die Grundbesitzwerte für die beiden Grundstücke sowie der Wert des übrigen Vermögens und die Höhe des Anteils der T sind jeweils gesondert festzustellen (§ 151 Abs. 1 Nr. 1 und Nr. 4, Abs. 2 BewG).

Der anteilige Erwerb der T an den beiden Grundstücken beträgt jeweils 20 % der Grundbesitzwerte. Bzgl. des Mietwohngrundstücks greift die sachliche Steuerbefreiung von 10 % nach § 13d ErbStG. Als steuerpflichtiger Erwerb sind T insoweit jeweils anteilig zuzurechnen für das Mietwohngrundstück 360 000 € (= 2 Mio. € × 20 % × 90 %) und für das Geschäftsgrundstück 600 000 € (= 3 Mio. € × 20 %). Von dem übrigen Vermögen sind T 200 000 € zuzurechnen (= 1 Mio. € × 20 %). Von den Finanzierungsschulden der GbR anteilig abzugsfähig sind für das Mietwohngrundstück wegen der Abzugsbeschränkung des § 10 Abs. 6 Satz 5 ErbStG 90 000 € (= 500 000 × 20 % × 90 %) und für das Geschäftsgrundstück 60 000 € (= 300 000 × 20 %). Als steuerpflichtiger – nicht nach §§ 13a, 13b, 13c und 28a ErbStG begünstigter – Erwerb der T sind somit bei der Schenkungsteuer (ohne Berücksichtigung persönlicher Freibetrag) insgesamt 1 010 000 € (= 360 000 € + 600 000 € + 200 000 € ./. 90 000 € ./. 60 000 €) zu berücksichtigen.

3797 Hält ein Einzelunternehmen, eine gewerbliche oder freiberufliche Personengesellschaft i. S. v. § 97 Abs. 1 Nr. 5 BewG oder eine Kapitalgesellschaft (d. h. **im Betriebsvermögen**) **eine Beteiligung an einer vermögensverwaltenden Personengesellschaft**, so ist diese Beteiligung nicht als Tochtergesellschaft zu behandeln. Vielmehr sind die Vermögensgegenstände und Schulden der vermögensverwaltenden Personengesellschaft anteilig beim übertragenden Betrieb bzw. der Gesellschaft zu berücksichtigen. Dies gilt auch für das **Verwaltungsvermögen und** das **junge Verwaltungsvermögen der vermögensverwaltenden Personengesellschaft**, das im Rahmen der Durchführung des Verwaltungsvermögenstests bzw. für die Frage der Begünstigung **unmittelbar beim Gesellschafter** – entsprechend der jeweiligen Beteiligungsquote des Gesellschafters – **anteilig zu berücksichtigen** ist. Das Betriebsfinanzamt des Gesellschafters (Obergesellschaft) hat daher im Rahmen der gesonderten Feststellung nach § 13b Abs. 10 ErbStG auch das aus der Beteiligung an der vermögensverwaltenden Personengesellschaft rührende Verwaltungsvermögen bzw. junge Verwaltungsvermögen anteilig zu berücksichtigen (zur gesonderten Feststellung von (jungem) Verwaltungsvermögen bei Beteiligungen an vermögensverwaltenden Gesellschaften vgl. auch im Einvernehmen mit den Ländern ergangenen Erlass des FinMin BW vom 23.07.2013, ZEV 2013, 528).

3798
BEISPIEL ═══════════════════════════════

Schenker S schenkt seinen Anteil von 25 % an einer inländischen (gewerblich tätigen) OHG an seine Tochter T (Bewertungsstichtag vor dem 01.07.2016). Zum Gesamthandsvermögen der OHG gehören am Bewertungsstichtag u. a. Wertpapiere (Wert 500 000 €, angeschafft vor drei Jahren) sowie eine Beteiligung von 40 % an der vermögensverwaltenden GbR. Zum Vermögen der GbR gehört lediglich ein Grundstück (Grundbesitzwert 1 Mio. €), welches sie vor einem Jahr erworben hatte und an fremde Dritte vermietet ist. Der nach dem vereinfachten Ertragswertverfahren zum Bewertungsstichtag zutreffend ermittelte Wert der OHG einschließlich der 40 %-Beteiligung an der GbR beträgt 6 Mio. €, wovon 1,5 Mio. € (25 %) auf den von T erworbenen Anteil entfällt. Sonstiges Verwaltungsvermögen oder junges Verwaltungsvermögen existiert zum Bewertungsstichtag nicht. Ist der Erwerb schenkungsteuerlich nach §§ 13a, 13b ErbStG begünstigt (persönliche Freibeträge bleiben außer Betracht)?

LÖSUNG Der Erwerb des Anteils der T an der OHG zählt zum begünstigten Vermögen (§ 13b Abs. 2 Nr. 1 ErbStG a. F. bzw. § 13b Abs. 1 Nr. 2 ErbStG i. V. m. § 97 Abs. 1 Nr. 5 BewG n. F.). Ob und in welchem Umfang für den Erwerb die Regelverschonung (85 %-Abschlag, § 13b Abs. 4 ErbStG a. F. bzw. § 13a Abs. 1 ErbStG n. F.) oder die Optionsverschonung (100 %-Abschlag, § 13a Abs. 8 Nr. 4 i. V. m. § 13b Abs. 4 ErbStG a. F. bzw. § 13a Abs. 10 Nr. 1 i. V. m. § 13a Abs. 1 ErbStG n. F.) in Betracht kommt, hängt vom jungen Verwaltungsvermögen und – jedenfalls für Erwerbe bis zum 30.06.2016 – der Verwaltungsvermögensquote ab.

Das fremdvermietete Grundstück der GbR stellt Verwaltungsvermögen dar (§ 13b Abs. 2 Nr. 1 ErbStG a. F. bzw. § 13b Abs. 4 Nr. 1 ErbStG n. F.) und ist entsprechend dem Anteil der OHG unmittelbar im Vermögen der OHG i. H. v. 400 000 € (= 1 Mio. € × 40 %) als Verwaltungsvermögen zu berücksichtigen.

Da das Grundstück noch keine zwei Jahre dem Betrieb der OHG zuzurechnen war, liegt i. H. v. 400 000 € junges Verwaltungsvermögen vor (§ 13b Abs. 2 Satz 3 ErbStG a. F. bzw. § 13b Abs. 7 Satz 2 ErbStG n. F.), wovon 100 000 € auf den geschenkten Anteil (25 %) entfallen und insoweit keiner Begünstigung nach §§ 13a, 13b ErbStG unterliegt. Die Wertpapiere im Vermögen der OHG stellen ebenfalls Verwaltungsvermögen dar (§ 13b Abs. 2 Nr. 4 ErbStG a. F. bzw. § 13b Abs. 4 Nr. 4 ErbStG n. F.), wovon 125 000 € (25 %) auf den von T erworbenen Anteil entfällt. Der Umfang des auf den von T erworbenen Anteils entfallenden Verwaltungsvermögens beträgt somit insgesamt 225 000 € (= 100 000 € + 125 000 €) und die Verwaltungsvermögensquote (für Erwerbe bis 30. 06. 2016 maßgeblich) 15 % (= 225 000 € / 1 500 000 €). Da die Verwaltungsvermögensquote mehr als 10 %, aber nicht mehr als 50 % beträgt, kommt hier – für Erwerbe bis zum 30. 06. 2016 – nur die Regelverschonung in Betracht (vgl. § 13b Abs. 2 Satz 2 ErbStG a. F.).

Der Erwerb der T ist damit i. H. v. 100 000 € (junges Verwaltungsvermögen, s. o.) voll steuerpflichtig. Vom verbleibenden Erwerb von 1 400 000 € unterliegen nach Abzug des Regelverschonungsabschlags i. H. v. 1 190 000 € (= 85 %) noch 210 000 € der Besteuerung. Dieser Betrag ist anschließend noch um den gleitenden Abzugsbetrag nach § 13a Abs. 2 ErbStG zu verringern. Der abgeschmolzene Abzugsbetrag beträgt vorliegend 120 000 € (= 150 000 € ./. 30 000 €), so dass vom verbleibenden Erwerb noch 90 000 € (= 210 000 € ./. 120 000 €) steuerpflichtig sind. Der von T erworbene OHG-Anteil unterliegt damit insgesamt i. H. v. 190 000 € (= 100 000 € + 90 000 €) der sachlichen Steuerpflicht. Für die gesonderte Feststellung des Anteilswerts, des Verwaltungsvermögens und des jungen Verwaltungsvermögens ist das Betriebsfinanzamt der OHG zuständig (vgl. §§ 151 Abs. 1 Nr. 2, 152 Nr. 2 BewG i. V. m. § 13b Abs. 2a ErbStG a. F. bzw. § 13b Abs. 10 ErbStG n. F.).

Läge der Bewertungsstichtag nach dem 30. 06. 2016 wäre das begünstigte Vermögen zu ermitteln (Anteilswert ./. schädliches Verwaltungsvermögen). Begünstigungen werden nach neuem Recht (§ 13a Abs. 1 ErbStG n. F.) nur noch auf das begünstigte Vermögen gewährt. Das junge Verwaltungsvermögen unterläge – wie bisher – in vollem Umfang der Besteuerung.

4.4 Bewertung von Anteilen an Kapitalgesellschaften

3799 Die erbschaftsteuerliche Begünstigung nach §§ 13a, 13b, 13c und 28a ErbStG setzt bei Anteilen an Kapitalgesellschaften – anders als bei anderen Rechtsformen – zusätzlich das Erfüllen einer Mindestbeteiligung des Erblassers bzw. Schenkers von mehr als 25 % voraus (§ 13b Abs. 1 Nr. 3 ErbStG). Hintergrund hierfür ist, dass der Gesetzgeber zwar Unternehmensvermögen begünstigen möchte, nicht jedoch den klassischen Kapitalanleger. Um Anteilseigner von Kapitalgesellschaften, die selbst die Mindestbeteiligungsquote nicht erfüllen, die erbschaftsteuerliche Begünstigung zu eröffnen, können sie ihre Anteile i. R. e. (schuldrechtlichen) Poolvereinbarung i. S. v. § 13b Abs. 1 Nr. 3 Satz 2 ErbStG bündeln und dadurch – zusammen mit den gepoolten Anteilen anderer Gesellschafter – die Mindestbeteiligungsquote von mehr als 25 % erreichen.

3800 Wegen des Grundsatzes der rechtsformneutralen Bewertung gelten für Anteile an Kapitalgesellschaften – unabhängig von der Beteiligungshöhe – jedoch grundsätzlich dieselben Regelungen wie für die Bewertung von Einzelunternehmen oder Personengesellschaften (s. 1.1 und Kapitel 1 D 2.1). Auf einige Besonderheiten ist gleichwohl hinzuweisen.

4.4.1 Kurswert

3801 Für börsennotierte Anteile gilt gem. § 11 Abs. 1 BewG vorrangig die Bewertung mit dem Kurswert (s. Kapitel 1 D 3). Liegt ein solcher vor, so ist dieser zwingend anzuwenden, Wahlrechte bestehen insoweit nicht. Dies gilt auch dann, wenn der Kurswert einen völlig atypischen Wert abbildet. Wer beispielsweise am 28. 10. 2008 VW-Aktien geerbt hat, muss diese mit dem Kurswert von 1005,01 € je Stück ansetzen, obwohl dieser Wert weder am Tag zuvor noch am Tag danach und seither jemals wieder auch nur annähernd erreicht wurde. Die jeweils am Tag vor und nach dem 28.10.2008 verzeichneten Kurswerte betrugen weniger als die Hälfte dieses einmaligen hochspekulativen Wertes. Da die Vorschrift des § 11 Abs. 1 BewG keine Öffnungsklausel für den Ansatz eines anderen nachgewiesenen gemeinen Werts enthält und die Bewertung nach der ständigen Rechtsprechung des BFH Billigkeitserwägungen nicht zugänglich ist, muss es beim Ansatz dieses Kurswertes verbleiben. Für die Erwerber ein kaum nachvollziehbares Ergebnis.

4.4.2 Vergleichsverkäufe

Gibt es keinen Kurswert, da die Anteile nicht an der Börse gehandelt werden (was zum Beispiel für alle GmbHs gilt), dann ist der Wert aus Vergleichsverkäufen des letzten Jahres abzuleiten, § 11 Abs. 2 Satz 2 BewG (s. Kapitel 1 D 4.1). | **3802**

4.4.3 Andere anerkannte Bewertungsmethoden

Gibt es weder einen Kurswert noch Vergleichsverkäufe, so ist der gemeine Wert nach dem vereinfachten Ertragswertverfahren oder nach anderen anerkannten Bewertungsverfahren zu ermitteln (§ 11 Abs. 2 Satz 2 BewG; s. 1.5 ff.). | **3803**

Im Übrigen siehe zur Bewertung von Anteilen an einer Kapitalgesellschaft oder einer Beteiligung an einer Personengesellschaft in Sonderfällen (z. B. in Organschaftsfällen) gleichlautenden Ländererlass vom 05.06.2014 (BStBl I 2014, 882). | **3804**

4.4.4 Bestimmung des Anteilswerts an einer Kapitalgesellschaft

Die Aufteilung des nach § 11 Abs. 2 BewG ermittelten Werts der Kapitalgesellschaft wird **grds.** nach dem **Verhältnis des Anteils am Nennkapital** (Grund- oder Stammkapital) der Gesellschaft vorgenommen (§ 97 Abs. 1b Satz 1 BewG). Für Bewertungsstichtage ab 01.01.2016 sind **gesellschaftsrechtliche Vereinbarungen** zu berücksichtigen, die eine davon **abweichende Aufteilung** zur Folge haben (§ 97 Abs. 1b Satz 4 BewG i. d. F. durch das StÄndG 2015 BStBl I 2015, 846), wenn eine Aufteilung nach dem Verhältnis des Anteils am Nennkapital zu einem unzutreffenden Ergebnis führt (vgl. gleichlautenden Ländererlass vom 02.03.2016, BStBl I 2016, 246 mit Berechnungsbeispielen). In Betracht kommen insbesondere: | **3805**

- eine vom Verhältnis des Anteils am Nennkapital abweichende Gewinnverteilung (abweichender Gewinnverteilungsschlüssel) oder
- eine vom Verhältnis des Anteils am Nennkapital abweichende Beteiligung am Liquidationserlös.

Ungewöhnliche oder persönliche Verhältnisse (§ 9 Abs. 2 Satz 3 und Abs. 3 BewG) bleiben weiterhin bei der Aufteilung des Werts der Kapitalgesellschaft grds. unberücksichtigt.

4.4.5 Gesonderte Feststellung

Der Wert von nicht notierten Anteilen an einer Kapitalgesellschaft i. S. d. § 11 Abs. 2 BewG ist vom Betriebsfinanzamt gesondert festzustellen (§§ 151 Abs. 1 Nr. 3, 152 Nr. 3 BewG). In diesen Fällen kann das Finanzamt nur von der Kapitalgesellschaft die Abgabe einer Feststellungserklärung verlangen (§ 153 Abs. 3 BewG), d. h. nicht vom Schenker bzw. Beschenkten oder Erben. | **3806**

Dies hat u. E. zur Folge, dass die Kapitalgesellschaft als gesetzlich Erklärungsverpflichtete auch ertragsteuerlich den Aufwand für die Anteilsbewertung tragen kann.

4.5 Bewertung von ausländischem Betriebsvermögen

3807 Soweit die Voraussetzungen der unbeschränkten Steuerpflicht (§ 2 Abs. 1 Nr. 1 und 2 ErbStG) vorliegen, unterliegt u. a. auch der Erwerb des ausländischen Betriebsvermögens grds. der Besteuerung im Inland. Wird das ausländische Betriebsvermögen sowohl im Ausland als auch im Inland besteuert, so wird die Doppelbesteuerung durch Anrechnung der ausländischen Erbschaftsteuer auf die inländische Erbschaftsteuer nach Maßgabe des § 21 ErbStG abgemildert.

3808 Sofern das ausländische Betriebsvermögen nach einem **Doppelbesteuerungsabkommen** von der Besteuerung **im Inland freigestellt ist, entfällt eine Bewertung im Inland.** Derzeit hat Deutschland mit sechs Staaten Doppelbesteuerungsabkommen auf dem Gebiet der Erbschaftsteuer abgeschlossen (Dänemark, Frankreich, Griechenland, Schweden, Schweiz und USA).

3809 **Zuständig** für die Bewertung von ausländischem Vermögen, das **nicht Teil eines inländischen Betriebsvermögens** ist und damit nicht der gesonderten Feststellung unterliegt (§ 151 Abs. 4 BewG), bleibt das jeweilige **Erbschaftsteuerfinanzamt**. Gehört das ausländische Vermögen **zu einem inländischen Betriebsvermögen**, ist – unabhängig von der Art des ausländischen Vermögens (Grundbesitz, Beteiligungen) – das **Betriebsfinanzamt** für die Wertermittlung zuständig (§ 152 Nr. 2 und Nr. 3 BewG, R B 151.1 Abs. 2 ErbStR).

3810 Ausländischer Grundbesitz und ausländisches Betriebsvermögen sind mit dem **gemeinen Wert zu bewerten** (§ 12 Abs. 7 ErbStG i. V. m. § 31 BewG). Da seit 01. 01. 2009 grds. das gesamte Vermögen zum gemeinen Wert bewertet werden soll, können somit die für die Bewertung inländischen Vermögens geltenden Bewertungsgrundsätze (z. B. die Grundsätze zur Bewertung nach dem vereinfachten Ertragswertverfahren nach §§ 199 ff. BewG) grds. auch für die Bewertung des Auslandsvermögens angewendet werden. Die Bewertungsgrundlagen (z. B. Ertragswert) werden in der jeweiligen Landeswährung ermittelt und mit dem für den Bewertungsstichtag festgestellten Devisenkurs in Euro umgerechnet (vgl. R B 199.2 ErbStR).

4.6 Bewertung von Konzernen bzw. bei Beteiligungsbesitz

3811 Hält ein Unternehmen Beteiligungen an anderen Unternehmen (z. B. bei Konzernen), so ist jede Gesellschaft nach den für sie jeweils in Betracht kommenden Bewertungsregelungen zu bewerten. Es ist **nicht erforderlich**, dass alle Gesellschaften nach der **gleichen Bewertungsmethode** bewertet werden. Es ist beispielsweise denkbar, dass der Wert einer Tochtergesellschaft mittels Gutachten nach einer allgemein anerkannten Bewertungsmethode ermittelt wird, während die Muttergesellschaft im vereinfachten Ertragswertverfahren bewertet wird.

3812 Bei der Bewertung eines Anteils an einem **mehrstufigen** Konzern ist – aus mehreren Gründen – grds. auf der **untersten Stufe zu beginnen**. So setzt beispielsweise die Ermittlung des Substanzwerts (§ 11 Abs. 2 Satz 3 BewG) einer Muttergesellschaft voraus, dass der Wert der Tochtergesellschaft bereits ermittelt wurde. Auch die Prüfung der Begünstigungsvoraussetzungen nach §§ 13a, 13b ErbStG setzt grds. voraus, dass auf unterster Ebene begonnen wird.

3813 Um beispielsweise bestimmen zu können, ob eine im Betriebsvermögen gehaltene Beteiligung als Verwaltungsvermögen zu qualifizieren ist, muss – für Erwerbe **vor dem 01. 07. 2016** – zuvor deren Wert und deren Verwaltungsvermögensquote ermittelt werden (§ 13b Abs. 2 Satz 2 Nr. 3 ErbStG a.F.). Entsprechendes gilt für junges Verwaltungsvermögen (§ 13b Abs. 2 Satz 3

ErbStG a. F.) einer nachgeordneten Einheit, welches bei der übergeordneten Einheit (ggfs. anteilig) als Verwaltungsvermögen zu qualifizieren ist (vgl. § 13b Abs. 2 Satz 7 ErbStG a. F., R E 13b.19 Abs. 4 ErbStR a. F.).

Dies gilt mit Ausnahme der Verwaltungsvermögensquote (Verwaltungsvermögen i. S. d. § 13b Abs. 2 Satz 2 Nr. 3 ErbStG a. F. ist insoweit weggefallen) grds. auch für Bewertungsstichtage **nach dem 30. 06. 2016.** Neu eingeführt wurde eine sog. **Verbundvermögensaufstellung** nach § 13b Abs. 9 ErbStG n. F. Erbschaftsteuerlich begünstigt ist nunmehr nur noch das begünstigte Vermögen (§ 13a Abs. 1 ErbStG). Nicht begünstigtes Vermögen ist auszuscheiden und unterliegt grds. der vollen Besteuerung. Dies gilt auch für im Betriebsvermögen gehaltene Beteiligungen entsprechend. In einer Verbundvermögensaufstellung sind **jeweils zusammen-zufassen**

- unmittelbar oder mittelbar gehaltenen Finanzmittel,
- die Vermögensgegenstände des Verwaltungsvermögens i. S. d. § 13b Abs. 4 Nr. 1 bis 4 sowie
- die Schulden;
- junge Finanzmittel und junges Verwaltungsvermögen sind gesondert aufzuführen.

Soweit sich in der Verbundvermögensaufstellung Forderungen und Verbindlichkeiten zwischen den Gesellschaften untereinander oder im Verhältnis zu dem übertragenen Betrieb oder der übertragenen Gesellschaft gegenüberstehen, sind diese nicht anzusetzen (§ 13b Abs. 9 Satz 3 ErbStG). Zur Verbundvermögensfeststellung siehe auch Abschnitt 13b.29 des koordinierten Ländererlasses vom 22. 06. 2017.

Des Weiteren sind beispielsweise auch die **Ausgangslohnsumme** und die Zahl der **Beschäftigten** der nachgeordneten Einheiten gesondert festzustellen (§ 13a Abs. 1a ErbStG a. F. bzw. § 13a Abs. 4 ErbStG n. F.) und bei der übergeordneten Einheit (ggfs. anteilig) zu berücksichtigen (vgl. § 13a Abs. 1 Satz 4 ErbStG a. F. bzw. § 13a Abs. 3 Satz 3 ErbStG n. F.). Die gesonderten Feststellungen werden für jede wirtschaftliche Einheit von dem für sie **jeweils zuständigen Betriebsfinanzamt** getroffen (§§ 151 f. BewG). Bei einem mehrstufigen Feststellungsverfahren fordert das für die Obergesellschaft zuständige Betriebsfinanzamt das für die nachgeordnete Gesellschaft zuständige Finanzamt auf, die erforderlichen gesonderten Feststellungen zu treffen (vgl. R B 151.3 ErbStR).

3814

3815

3816–3820
frei

5 Bewertung von Verwaltungsvermögen und von jungem Verwaltungsvermögen

Das für die Bewertung einer wirtschaftlichen Einheit jeweils **örtlich zuständige Betriebsfinanzamt** (§ 152 Nr. 1 bis 3 BewG) trifft auch **gesonderte Feststellungen** über die Summen der gemeinen Werte der Wirtschaftsgüter des Verwaltungsvermögens (§ 13b Abs. 2 Satz 2 ErbStG a. F. bzw. § 13b Abs. 4 ErbStG n. F.) und des jungen Verwaltungsvermögens (§ 13b Abs. 2 Satz 3 ErbStG a. F. bzw. § 13b Abs. 7 Satz 2 ErbStG), wenn diese Werte für die Erbschaftsteuer oder eine andere Feststellung von Bedeutung sind (§ 13b Abs. 2a ErbStG a. F. bzw. § 13b Abs. 10 ErbStG n. F.). Die Verwaltungsvermögensquote – für Erwerbe vor dem 01. 07. 2016 – bestimmt sich nach dem Verhältnis der **Summe der gemeinen Werte der Einzelwirtschaftsgüter** (grds. ohne Abzug der damit zusammenhängenden Schulden; Sonderfall: Finanzmittel i. S. v. § 13b Abs. 2 Satz 2 Nr. 4a ErbStG a. F.) zum gemeinen Wert des Betriebs (vgl. § 13b Abs. 2 Satz 4 ff. ErbStG a. F.).

Somit sind die gemeinen Werte der einzelnen Wirtschaftsgüter des (jungen) Verwaltungsvermögens **jeweils einzeln** mit den für diese Wirtschaftsgüter jeweils geltenden Bewertungsrege-

3821

3822

lungen zu ermitteln und zu addieren. Beispielsweise sind fremdvermietete Grundstücke (§ 13b Abs. 2 Satz 2 Nr. 1 ErbStG a. F. bzw. § 13b Abs. 4 Nr. 1 ErbStG n. F.) nach den Vorschriften der Bedarfsbewertung (§§ 176 ff. BewG), – als Verwaltungsvermögen zu qualifizierende – Beteiligungen an anderen Gesellschaften (§ 13b Abs. 2 Satz 2 Nr. 2 und 3 ErbStG a. F. bzw. § 13b Abs. 4 Nr. 2 ErbStG n. F.) nach den Regelungen über die Unternehmensbewertung (vgl. § 11 Abs. 2 BewG) und börsennotierte Wertpapiere (§ 13b Abs. 2 Satz 2 Nr. 4 ErbStG a. F. bzw. § 13b Abs. 4 Nr. 4 ErbStG n. F.) nach dem Börsenkurs zum Bewertungsstichtag (§ 11 Abs. 1 BewG) zu bewerten.

6 Vorab-Abschlag wegen gesellschaftsvertraglicher Verfügungsbeschränkungen

3823 Der Gesetzgeber gewährt für **Erwerbe nach dem 30. 06. 2016** unter bestimmten Voraussetzungen für **gesellschaftsvertragliche Verfügungsbeschränkungen** einen **Abschlag von bis zu max. 30 %** auf das begünstigte Vermögen (§ 13a Abs. 9 ErbStG n. F.).

3824 Gemäß § 13a Abs. 9 ErbStG wird für begünstigtes Vermögen i. S. d. § 13b Abs. 2 ErbStG **vor Anwendung der Verschonungsabschläge** (Regelverschonung von 85 % nach § 13a Abs. 1 ErbStG bzw. Optionsverschonung von 100 % nach § 13a Abs. 10 Nr. 1 ErbStG) und vor der Prüfung der Großunternehmensregelung (26 Mio. €, § 13a Abs. 1 ErbStG) ein Abschlag gewährt, wenn der Gesellschaftsvertrag oder die Satzung bestimmte Voraussetzungen erfüllt.

3825 Erwähnung verdient, dass es sich **nicht um** einen **Abschlag auf Bewertungsebene** handelt. Das heißt der nach § 151 Abs. 1 BewG festgestellte Unternehmenswert bleibt unberührt. Vielmehr handelt es sich um einen **Abschlag**, der – bei Vorliegen der Voraussetzungen – **auf Begünstigungsebene** zu einem Abschlag auf das begünstigte Vermögen führt.

3826 Zum Vorwegabschlag für Familienunternehmen siehe auch koordinierter Ländererlass vom 22. 06 2017, Abschnitt 13a.19 und Ausführungen unter Verschonung von Unternehmensvermögen.

3827–4200 frei

Kapitel 2
Grunderwerbsteuer

Teil A Das Grunderwerbsteuerrecht im Überblick

1 Wesen und Bedeutung

Die Grunderwerbsteuer zählt zu den **Rechtsverkehrsteuern** (ebenso: z. B. Versicherungs- **4201**
steuer, Rennwett- und Lotteriesteuer). Rechtsverkehrsteuern knüpfen an Vorgänge des Rechtsverkehrs an, an vertragliche oder gesetzliche Beziehungen, aufgrund welcher Personen Lieferungen oder sonstige Leistungen oder Rechtsansprüche erhalten.

Rechtsverkehrsteuern, die an rechtserhebliche Vorgänge anknüpfen, sind von sog. Besitz- **4202**
steuern und Verbrauchsteuern zu unterscheiden. Besitzsteuern (z. B. Einkommensteuer,
Gewerbesteuer) knüpfen an das Ergebnis von Einzelvorgängen an (z. B. den Gewinn), während
Verbrauchsteuern (z. B. Energie-, Bier-, Tabaksteuer) an tatsächliche und nicht an rechtliche
Vorgänge anknüpfen (Überführung von Konsumgütern vom Herstellungsbereich in den
Bereich der Verwertung).

Gegenstand der Besteuerung bei der Grunderwerbsteuer ist der Umsatz von Grundstü- **4203**
cken. Die Besteuerung knüpft an Rechtsvorgänge an, die auf den **Erwerb eines inländischen**
Grundstücks gerichtet sind. Die Besteuerungstatbestände gehen regelmäßig vom Prinzip des
sog. **Rechtsträgerwechsels** aus, also dem Übergang des Rechts am Grundstück von einem auf
einen anderen Rechtsinhaber.

Rechtsgrundlage für die Erhebung der Grunderwerbsteuer ist das Grunderwerbsteuergesetz **4204**
(GrEStG). Neben dem Grunderwerbsteuergesetz sind vereinzelt auch die Vorschriften des Bewertungsgesetzes in Bewertungsfragen sowie der Abgabenordnung in Verfahrensfragen von Bedeutung.

Die Grunderwerbsteuer ist eine **Einzelfallsteuer**, d. h. die Voraussetzungen (Tatbestands-
verwirklichung, Steuerbefreiungen, Verjährung etc.) sind für jeden einzelnen verwirklichten
Sachverhalt und für jeden einzelnen Beteiligten gesondert zu würdigen.

Die Grunderwerbsteuer wird von den Bundesländern vereinnahmt. Sie zählt zu den wich- **4205**
tigsten (reinen) **Ländersteuern** (Einnahmen der Länder 2017: rd. 13,1 Mrd. €; dies entspricht
einem Anstieg gegenüber dem Vorjahr von rd. 5,6 % und gegenüber 2015 von rd. 17 %). Durch
Anhebung der Steuersätze in jüngster Zeit (s. 7) sowie in Folge der aufgrund des Immobilien-
booms gestiegenen Immobilienpreise hat sie erheblich an Bedeutung gewonnen. Ein weiterer
Anstieg ist auch aufgrund der durch das Steueränderungsgesetz 2015 rückwirkend geänderten
Bewertungsvorschriften zu erwarten, wonach (offene) Erwerbsvorgänge ab dem 01.01.2009 im
Falle der erforderlichen Bewertung zu einer erheblich höheren Grunderwerbsteuerbelastung
führen (s. Kapitel 2 B).

4206, 4207
frei

2 Steuergegenstand

Voraussetzungen für die Grunderwerbsteuerbarkeit sind grds. **4208**
- ein inländisches Grundstück,
- ein Erwerbsvorgang
- und ein Rechtsträgerwechsel.

2.1 Erwerbsvorgang (allgemein)

2.1.1 Allgemein zur rechtsgeschäftlichen Übertragung von Grundstücken

4209   Die Grunderwerbsteuer knüpft als Rechtsverkehrsteuer an Vorgänge des Rechtsverkehrs im Zusammenhang mit Grundstückserwerben an. Die **rechtsgeschäftliche wirksame Übereignung** von inländischen Grundstücken vollzieht sich grds. in **3 Stufen** (§§ 873, 925 BGB):

1. Vertragliche Verpflichtung zur Übertragung oder zum Erwerb eines Grundstücks (Kaufvertrag oder anderes schuldrechtliches Rechtsgeschäft, z. B. Tausch, Schenkung, Einbringung ins Gesellschaftsvermögen),
   - sog. **Verpflichtungsgeschäft**, das zur Wirksamkeit der notariellen Beurkundung bedarf, § 311b Abs. 1 BGB.
2. Einigung zwischen Veräußerer und Erwerber über die Übertragung des Eigentums an dem Grundstück (dingliches Rechtsgeschäft; **Verfügungsgeschäft**),
   - sog. Auflassung (Erfüllungsgeschäft), vgl. § 925 BGB.

Das Verpflichtungs- und das Verfügungsgeschäft werden meist in einer notariellen Urkunde aufgenommen.

3. **Eintragung** im Grundbuch (konstitutive Wirkung).

2.1.2 Anknüpfungsmerkmal des Grunderwerbsteuergesetzes

4210   Das Grunderwerbsteuergesetz knüpft **grds.** bereits an das **Verpflichtungsgeschäft** an, obwohl allein hierdurch der Eigentumswechsel noch nicht vollzogen ist. Dennoch ist dies zweckmäßig, da die Eintragung der Rechtsänderung im Grundbuch von der Vorlage einer steuerlichen **Unbedenklichkeitsbescheinigung** (§ 22 GrEStG) abhängig gemacht werden kann (d. h. bis zur Entrichtung der Grunderwerbsteuer kann der Eigentumsübergang blockiert werden) und sich aus dem Verpflichtungsgeschäft die **Gegenleistung** (Kaufpreis) und damit die Regelbemessungsgrundlage für die Grunderwerbsteuer ergibt (§§ 8, 9 GrEStG).

4211   Der **Grundtatbestand** ist deshalb ein Rechtsgeschäft, das einen **wirksamen Anspruch** auf Übereignung eines Grundstücks begründet (§ 1 Abs. 1 Nr. 1 GrEStG). Auf die Kaufpreiszahlung kommt es nicht an. Für einen wirksamen Anspruch ist insbesondere die Beachtung der Formerfordernisse (notarielle Beurkundung) zu beachten. Unwirksame bzw. nichtige Rechtsgeschäfte begründen hingegen keinen Anspruch auf Übereignung. Die Grunderwerbsteuer entsteht in diesen Fällen grds. erst bei Heilung des Formmangels.

4212   Das wirtschaftliche Eigentum (§ 39 Abs. 2 AO; es entsteht bei Grundstücken mit Übergang von Nutzen und Lasten) als vom bürgerlichen Recht abweichende Zurechnung ist im Grunderwerbsteuerrecht regelmäßig ohne Bedeutung (vgl. BFH vom 27. 10. 1970 BStBl II 1971, 278; Bedeutung aber z. B. im Ertragsteuerrecht). Die Grunderwerbsteuer knüpft vielmehr bereits an den wirksamen Kaufvertrag (§ 1 Abs. 1 Nr. 1 GrEStG) an.

2.1.3 Systematischer Überblick über die Erwerbstatbestände (§ 1 GrEStG)

4213   Alle Grunderwerbsteuertatbestände sind abschließend in **§ 1 GrEStG** geregelt (**Steuerbarkeit**). **Systematisch** lassen sich die Erwerbstatbestände des § 1 GrEStG in folgende Hauptgruppen einteilen:

- **Grundtatbestand** Abs. 1 Nr. 1 (s. 2.1.2)
- **Hilfstatbestände** Abs. 1 Nr. 2 bis 7

    Hierbei handelt es sich um Tatbestände, bei denen ausnahmsweise kein anspruchsbegründendes Rechtsgeschäft vorausgegangen ist (z. B. bei hoheitlichem Eigentumsübergang i. R. d.

Zwangsversteigerung (Nr. 3) bzw. bei Zwangsvollstreckung (Nr. 4)). Grundsätzlich ist das zeitlich früheste Element bereits tatbestandsmäßig für die Entstehung der Grunderwerbsteuer.

- **Ergänzungstatbestände** Abs. 2, 2a, 3, 3a.
Die Ergänzungstatbestände sind im Gegensatz zu Grundtatbestand und Hilfstatbeständen nicht auf die Übereignung eines Grundstücks selbst (»Vollerwerb«) gerichtet. Sie kommen diesen Rechtsvorgängen **im wirtschaftlichen Ergebnis** jedoch sehr nah und werden diesen daher bei der Besteuerung gleichgestellt (s. im Einzelnen unter 3.3).

BEISPIEL

Die wesentliche Änderung des Gesellschafterbestands einer grundbesitzenden Personengesellschaft **4214**
ändert zwar nichts an der zivilrechtlichen Zuordnung des Grundstücks zum Gesamthandsvermögen der Personengesellschaft (die Personengesellschaft ist weiterhin als Grundstückseigentümerin im Grundbuch eingetragen). In wirtschaftlicher Hinsicht ist der Wechsel der Gesellschafter mit dem Erwerb durch eine »neue« Personengesellschaft vergleichbar, weshalb die Steuerbarkeit unter bestimmten Voraussetzungen durch den Ergänzungstatbestand des § 1 Abs. 2a GrEStG erfasst wird.

4215, 4216
frei

2.2 Rechtsträgerwechsel

2.2.1 Allgemeines/Überblick

Erwerben kann man ein Grundstück nur von einem anderen. Ein steuerbarer Erwerbsvor- **4217**
gang setzt also begriffsnotwendig (zwei) verschiedene Rechtspersonen (Rechtsträger) voraus, zwischen denen der Erwerb (**Rechtsträgerwechsel**) stattfindet.

Im Rahmen der Definition der selbständigen Rechtsträger knüpft das Grunderwerbsteuerrecht an das **bürgerliche Recht** an. **Natürliche und juristische Personen** sind deshalb **selbständige Rechtsträger** i. S. d. Grunderwerbsteuerrechts, selbst wenn die natürliche und die juristische Person wirtschaftlich betrachtet identisch sind.

BEISPIEL

A kauft/verkauft Grundstück von/an die A-GmbH, deren alleiniger Gesellschafter er ist (sog. Ein- **4218**
Mann-GmbH).
LÖSUNG Es liegt ein steuerbarer Grundstückserwerb vor, obwohl das Grundstück auch nach der Übertragung wirtschaftlich betrachtet noch unmittelbar bzw. mittelbar dem Vermögen des A zuzurechnen ist.

Im **Zivilrecht** sind **Gesamthandsgemeinschaften** (z. B. Gesellschaft bürgerlichen Rechts) **4219**
keine selbständigen Rechtssubjekte, sondern nur »gesamthänderisch gebundenes Sondervermögen« der Gesamthänder. Das Vermögen gehört daher nicht der Gemeinschaft, sondern den einzelnen Gesamthändern in ihrer gesamthänderischen Verbundenheit. Gesamthänderische Verbundenheit bedeutet, dass die Gesamthänder nur gemeinsam über einen Vermögensgegenstand verfügen können. Davon unabhängig kann jeder Gesamthänder (i. d. R.) über seinen Anteil an der Gesamthandsgemeinschaft verfügen.

Das Grunderwerbsteuerrecht erweitert den Kreis der selbständigen Rechtsträger um die **4220**
Personengesellschaften, soweit sie Gesamthandsgemeinschaften sind, also ein vom Privatvermögen der Gesellschafter getrenntes Sondervermögen haben, über das die Gesellschafter nur gemeinsam verfügen können.

Rechtsträger (d. h. Träger von Rechten und Pflichten) i. S. d. **Grunderwerbsteuerrechts** können sein:

- natürliche Personen: voll/beschränkt geschäftsfähige oder geschäftsunfähige Personen
- Personengesellschaften (Gesamthandsgemeinschaften): BGB-Gesellschaften, Partnerschaftsgesellschaften, OHG, KG

- Nicht: typisch/atypisch stille Gesellschaften (Innengesellschaften)
- Erbengemeinschaften (Gesamthandsgemeinschaften): nur im Außenverhältnis, d. h. ggü. Dritten
- juristische Personen (des Privatrechts oder des öffentlichen Rechts): Kapitalgesellschaften (AG, GmbH (auch UG), KGaA, SE), Genossenschaften, Stiftungen, eingetragene Vereine, Gebietskörperschaften (Bund, Länder, Gemeinden), sonstige juristische Personen des öffentlichen Rechts
- nichtrechtsfähige Vereine/Stiftungen. Der Mitgliederwechsel bei einem grundbesitzenden Verein löst noch keine Grunderwerbsteuer aus.

4221 Die Rechtsträger müssen **Rechtsfähigkeit** erlangt haben, um wirksam am Rechtsverkehr teilnehmen zu können. Natürliche Personen erlangen Rechtsfähigkeit bereits mit Vollendung der Geburt (§ 1 BGB). Juristische Personen bedürfen zu ihrer Gründung eines Rechtsakts (vgl. GmbHG, AktG).

2.2.2 Personengesellschaften als Rechtsträger

4222 Bei einer Personengesellschaft handelt es sich um einen Zusammenschluss mehrerer zur Verfolgung eines gemeinsamen Zwecks. Sie sind von schlichten Miteigentümergemeinschaften zu unterscheiden (s. dazu unter 2.2.4). Sog. Personenhandelsgesellschaften (OHG, KG) haben als gemeinsamen Zweck den Betrieb eines Handelsgewerbes, während BGB-Gesellschaften jedem Zweck dienen können. Die Personenhandelsgesellschaften sind im Vergleich zur BGB-Gesellschaft in einem gewissen Umfang rechtlich verselbständigt (»teilrechtsfähig«), ohne dass sie deshalb zu Rechtssubjekten werden. Die Verselbständigung zeigt sich z. B. darin, dass sie unter einem einheitlichen Namen (= Firma) auftreten und unter diesem auch ins Grundbuch eingetragen werden.

Bei einer sog. Partnerschaftsgesellschaft (Personengesellschaft) handelt es sich um einen Zusammenschluss von Freiberuflern (z. B. Rechtsanwälte, Steuerberater, Wirtschaftsprüfer) zur Ausübung ihres Berufes (vgl. § 1 Abs. 1 PartGG). Entsprechendes gilt für die in 2013 eingeführte Variante der Partnerschaftsgesellschaft mit beschränkter Berufshaftung (PartG mbB, vgl. § 8 Abs. 4 PartGG).

4223 **Merke:** Das **Grunderwerbsteuerrecht** behandelt die Personengesellschaften (**Gesamthandsgemeinschaften**) **als selbständige Rechtsträger** (vgl. § 1 Abs. 2 a, §§ 5 bis 7 GrEStG) und weicht insofern von anderen Steuerarten (z. B. Einkommensteuer) ab.

Dies hat beispielsweise zur Konsequenz, dass auch die Personengesellschaft Steuerschuldnerin sein kann. Gleichzeitig stellt die Übertragung eines Grundstücks von einem Gesellschafter auf die Personengesellschaft und umgekehrt einen Rechtsträgerwechsel dar und ist damit grunderwerbsteuerbar.

BEISPIELE

4224 a) Ein Gesellschafter leistet als Einlage ein Grundstück aus seinem Privatvermögen in das Gesamthandsvermögen der Personengesellschaft, an der er zu 30 % beteiligt ist. Die Grundstücksübertragung ist grunderwerbsteuerbar. Allerdings ist sie von der Grunderwerbsteuer befreit, soweit der Gesellschafter am Vermögen der Personengesellschaft beteiligt ist (hier: entsprechend Beteiligungsquote 30 %; vgl. § 5 Abs. 2 GrEStG). D. h. die Grundstücksübertragung ist i. H. v. 70 % grunderwerbsteuerpflichtig.

b) Im Falle einer umgekehrten Übertragung (Gesellschaft überträgt auf Gesellschafter) wäre die (anteilige) Grunderwerbsteuerbefreiung nach § 6 Abs. 2 GrEStG zu beachten.

Weitere Konsequenz der Behandlung der Personengesellschaft als selbständiger Rechtsträ- **4225** ger im Grunderwerbsteuerrecht ist, dass die Übertragung eines Gesellschaftsanteils – sei es auf einen Mitgesellschafter oder einen Dritten – grds. keinen steuerbaren Vorgang darstellt, auch wenn sich im Gesamthandsvermögen der Personengesellschaft ein Grundstück befindet. Hier besteht die Gefahr von Steuerumgehungen, indem anstelle einer Grundstücksübertragung der Gesellschafterbestand ausgetauscht wird. Die Übertragung eines Gesellschaftsanteils eines Gesellschafters löste daher bereits nach der früheren Rechtsprechung Grunderwerbsteuer aus, wenn die Veräußerung nach Maßgabe des § 42 AO die Veräußerung eines Grundstücks der Gesellschaft ersetzen soll (vgl. BFH vom 10.05.1989 BStBl II 1989, 628). Der Gesetzgeber hat durch Schaffung des § 1 Abs. 2a GrEStG versucht, derartige Umgehungsmöglichkeiten zu beseitigen (s. 3.3).

2.2.3 Erbengemeinschaften

Die **Erbengemeinschaft** entsteht kraft Gesetzes mit dem Tod des Erblassers. Der Nachlass **4226** geht kraft Gesetzes auf die Erbengemeinschaft über und wird dadurch gebundenes Sondervermögen der Erben als Gesamthänder. Die Erben können deshalb über einen einzelnen Nachlassgegenstand nur gemeinschaftlich verfügen. Der einzelne Miterbe kann lediglich über seinen Miterbenanteil verfügen (§ 2033 Abs. 1 BGB; Erbteilskauf). Der Erwerber wird dann zwar nicht Miterbe, aber Teilhaber am Nachlassvermögen. Eine Verfügung über einen Anteil an einem einzelnen Nachlassgegenstand durch einen Miterben ist nicht möglich.

Im **Zivilrecht** ist die Erbengemeinschaft kein Rechtssubjekt und ist auch nicht – wie die **4227** Personenhandelsgesellschaft – in gewissem Umfang rechtlich verselbständigt. Die Erbengemeinschaft ist **nur im Außenverhältnis als selbständiger Rechtsträger i. S. d. Grunderwerbsteuerrechts** zu behandeln, d. h. wenn sie z. B. ein zum Nachlass gehörendes Grundstück verkauft oder ein solches für die Gemeinschaft erwirbt. Da die Erbengemeinschaft als einheitlicher Rechtsträger anzusehen ist, kann sie beispielsweise auch den Tatbestand des § 1 Abs. 3 Nr. 1 GrEStG (Anteilsvereinigung) dadurch erfüllen, dass ihre Beteiligung an einer grundbesitzenden Gesellschaft durch Hinzuerwerb weiterer Anteile oder durch eine Kapitalerhöhung auf 95 % oder mehr der Anteile an dieser Gesellschaft erhöht wird (vgl. BFH vom 12.02.2014 BStBl II 2014, 536).

Auch der Übergang eines zum Nachlass zählenden Grundstücks auf die Erbengemein- **4228** schaft ist steuerbar, jedoch von der Grunderwerbsteuer befreit, da der Vorgang der Erbschaftsbesteuerung unterliegt (§ 3 Nr. 2 GrEStG). Entsprechend ist auch der Erwerb eines zum Nachlass gehörenden Grundstücks durch Miterben zur Teilung des Nachlasses (Auseinandersetzung der Erbengemeinschaft) zwar steuerbar, aber gemäß § 3 Nr. 3 GrEStG von der Grunderwerbsteuer befreit. Nicht von der Befreiungsvorschrift erfasst ist jedoch der Erwerb von Anteilen an einer grundbesitzenden Kapitalgesellschaft i. S. d. § 1 Abs. 3 Nr. 1 GrEStG durch einen Miterben im Rahmen Nachlassteilung (vgl. BFH vom 25.11.2015 BStBl II 2016, 234).

Im **Innenverhältnis**, d. h. im Verhältnis der einzelnen Erben zueinander, liegt kein selbständiger Rechtsträger vor. Die unterschiedliche Behandlung im Verhältnis zur o. g. Personengesellschaft ist v. a. auch deshalb begründet, weil der Anteil des Miterben an der Miterbengemeinschaft zwar veräußerbar ist, aber in seiner Höhe feststeht. Daher treten hier nicht dieselben Probleme auf wie beim Anteil eines Gesellschafters.

Veräußert ein Miterbe seinen Erbteil und gehört zu dem Nachlass ein Grundstück, so ist dieses Geschäft – anders als bei der Personengesellschaft – ein grunderwerbsteuerbarer und -pflichtiger Vorgang (§ 1 Abs. 1 Nr. 3 GrEStG, nicht Nr. 1). Der gesamthänderische Anteil eines jeden Erben am Grundstück wird steuerlich wie ein Miteigentumsanteil behandelt (§ 39 Abs. 2 Nr. 2 AO; Miteigentum: s. 2.2.4).

2.2.4 Miteigentum

4229   Abzugrenzen von der Gesamthandsgemeinschaft ist die Miteigentümergemeinschaft (auch Bruchteilsgemeinschaft genannt). Die **Miteigentümergemeinschaft** (§§ 741 ff. BGB) ist eine Interessengemeinschaft ohne Zweckgemeinschaft. Rechtsträger sind hier die einzelnen Miteigentümer. Miteigentum an einem Grundstück bedeutet nicht Eigentum an einem realen, räumlich abgrenzbaren Teil des Grundstücks, sondern ideelles Eigentum am ganzen Grundstück zu einem Bruchteil. Über seinen Anteil kann der Miteigentümer frei verfügen. Die Verfügung über einen Miteigentumsanteil an einem Grundstück wird wie die Verfügung über ein reales Grundstück behandelt.

4230–4233
frei

3   Erwerbsvorgänge

4234   Die Grunderwerbsteuertatbestände sind abschließend in § 1 GrEStG geregelt. Wie oben bereits erwähnt, unterscheidet man die Tatbestände in **systematischer** Hinsicht in:
- Grundtatbestand Abs. 1 Nr. 1 GrEStG
- Hilfstatbestände Abs. 1 Nr. 2 bis 7 GrEStG
- Ergänzungstatbestände Abs. 2, 2a, 3, 3a GrEStG

3.1   Grundtatbestand (§ 1 Abs. 1 Nr. 1 GrEStG)

4235   Der **Grundtatbestand** erfasst die rechtsgeschäftliche Begründung eines Anspruchs auf Übereignung eines Grundstücks (**schuldrechtliches Verpflichtungsgeschäft**). Hierzu ist ein Vertragsabschluss erforderlich, aus dem auf die Übereignung eines Grundstücks geklagt werden kann; z. B. Kaufvertrag, Tauschvertrag, Schenkungsvertrag, Gesellschaftsverträge mit Verpflichtung zur Einbringung eines Grundstücks. Im Falle des Tausches zweier Grundstücke liegen zwei Grunderwerbsteuertatbestände vor (vgl. § 1 Abs. 5 GrEStG). Zu den Voraussetzungen für die wirksame Übertragung eines Grundstücks s. 2. 1. 1.

4236   Der schuldrechtliche Vertrag bedarf zu seiner **Wirksamkeit** der notariellen Beurkundung (§ 311b Abs. 1 Satz 1 BGB). Ohne notarielle Beurkundung handelt es sich um einen formnichtigen Vertrag (§ 125 BGB i. V. m. § 311b Abs. 1 Satz 1 BGB), der keine Grunderwerbsteuer nach § 1 Abs. 1 **Nr. 1** GrEStG auslösen kann. Im Einzelfall kann aber ein anderer Tatbestand erfüllt sein (z. B. Erlangen einer Verwertungsbefugnis nach § 1 Abs. 2 GrEStG oder erfolgte Auflassung i. S. d. § 1 Abs. 1 Nr. 2 GrEStG).

4237   Da der ganze Vertragsinhalt der notariellen Beurkundung bedarf, hat z. B. die **unrichtige Beurkundung des Kaufpreises** (z. B. statt 200 000 € nur 100 000 € beurkundet) ebenfalls die Nichtigkeit des Vertrages zur Folge (beurkundeter Vertrag mit Kaufpreis 100 000 € = nichtiges Scheingeschäft i. S. v. § 117 BGB). Bzgl. des tatsächlich verabredeten Kaufpreises (200 000 €) fehlt es hingegen an der erforderlichen notariellen Form, weshalb der Vertrag auch insoweit wegen Formmangels nichtig ist. Aufgrund der Formnichtigkeit steht dem Käufer grds. kein Übereignungsanspruch zu. Die Erfüllungsverweigerung des Veräußerers stellt grds. auch kein Verstoß gegen Treu und Glauben (§ 242 BGB) dar. Gleichwohl wird in diesen Fällen gemäß § 41 Abs. 1 AO die Erfüllung des Grundtatbestands bejaht, wenn die Beteiligten ihren Erklärungen gemäß auf die Erfüllung hinwirken. Bemessungsgrundlage ist der **tatsächlich** von den Parteien **gewollte Kaufpreis** (200 000 €).

4238   In der Praxis wird der höhere Kaufpreis dem Finanzamt oft nicht bekannt, sodass unrichtigerweise Grunderwerbsteuer auf den beurkundeten (niedrigeren) Kaufpreis (hier: 100 000 €)

erhoben wird. Der tatsächlich vereinbarte Kaufpreis soll ja nach dem Willen der Vertragsparteien zur Einsparung von Grunderwerbsteuer gerade nicht nach außen bekannt werden. Da die Vertragsparteien vorsätzlich den wahren Kaufpreis verschweigen und die Grunderwerbsteuer unrichtigerweise auf Basis des beurkundeten (niedrigeren) Kaufpreises festgesetzt wird, erfüllen die Beteiligten mithin den Tatbestand der **Steuerhinterziehung** nach § 370 AO.

Verträge, die von einer (aufschiebenden) **Bedingung** abhängen oder noch der **Genehmigung** bedürfen, lösen die Steuerbarkeit erst im Zeitpunkt des Bedingungseintritts bzw. der Genehmigung aus (vgl. § 14 Nr. 1 und Nr. 2 GrEStG). Der Genehmigung bedürfen z. B. die Willenserklärungen beschränkt geschäftsfähiger Personen (§ 107 BGB). **4239**

Die lediglich hinausgeschobene Fälligkeit des Übereignungsanspruchs (Stundung oder Betagung) berührt die Wirksamkeit des Vertrages hingegen nicht. Ebenso ist ein bloß anfechtbarer Vertrag bis zur Anfechtung voll wirksam. Erst mit der Anfechtung fällt der Erwerbstatbestand rückwirkend weg, vorausgesetzt, die empfangenen Leistungen werden zurückgewährt. **4240**

Wird ein Kaufvertrag über ein noch nicht bestehendes Wohnungseigentum, über ein noch nicht vermessenes (Teil-)Grundstück oder über ein erst noch zu bebauendes Grundstück abgeschlossen, so sind alle diese Verträge nicht aufschiebend bedingt, sondern voll wirksam (vorausgesetzt, sie sind hinreichend konkretisiert). **4241**

3.2 Hilfstatbestände (§ 1 Abs. 1 Nr. 2 bis 7 GrEStG)

3.2.1 Auflassung (§ 1 Abs. 1 Nr. 2 GrEStG)

Auflassung ist die für die Übertragung des Eigentums (**Erfüllungsgeschäft**) an einem Grundstück erforderliche Einigung des Veräußerers und des Erwerbers, die bei gleichzeitiger Anwesenheit der Beteiligten notariell beurkundet wird (§ 925 BGB). Die Auflassung setzt einen Rechtsgrund voraus. In der Praxis geht der Auflassung meist ein Verpflichtungsgeschäft (z. B. Kaufvertrag, § 873 BGB) voraus, welches bereits den Grundtatbestand des § 1 Abs. 1 Nr. 1 GrEStG erfüllt. **4242**

Die Auflassung ist nur dann nach § 1 Abs. 1 Nr. 2 GrEStG steuerbar, **wenn kein Rechtsgeschäft vorausgegangen** ist, das den Anspruch auf Übereignung begründet. Steuerbar nach § 1 Abs. 1 **Nr. 2** GrEStG ist daher nur der **kraft Gesetzes** erworbene Auflassungsanspruch. Da dies nur ausnahmsweise der Fall ist, kommt diesem Besteuerungstatbestand in der Praxis geringe Bedeutung zu.

Typische Fallbeispiele: **4243**
- **Erfüllung der Herausgabepflicht** durch einen Beauftragten gegenüber seinem Auftraggeber nach § 667 BGB.
  Bei einem Auftragserwerb wird die Grunderwerbsteuer sowohl für den Erwerb durch den Beauftragten als auch für die Auflassung auf den Auftraggeber erhoben – allerdings nach Maßgabe des § 1 Abs. 6 Satz 2 GrEStG (vgl. BFH v. 5. 11. 1986, BFH/NV 1988, 390). Die Steuer wird nur insoweit erhoben, als die Bemessungsgrundlage des nachfolgenden Rechtsvorgangs die Bemessungsgrundlage des vorausgegangenen Rechtsvorgangs übersteigt.
- Auflassung eines Grundstücks, die zur **Erfüllung eines Vermächtnisses** (§ 1939 BGB) erfolgt.
  Der Erwerb ist jedoch als Erwerb von Todes wegen grds. steuerfrei (§ 3 Nr. 2 GrEStG; dto. bei Schenkungen unter Lebenden).
- **Heimfall** eines **Erbbaurechts**.

3.2.2 Übergang des Eigentums (§ 1 Abs. 1 Nr. 3 GrEStG)

4244   Der **Übergang** des Eigentums löst die Grunderwerbsteuer nach § 1 Abs. 1 **Nr.** 3 GrEStG aus, wenn kein den Anspruch auf Übereignung begründendes Rechtsgeschäft vorausgegangen ist und es auch keiner Auflassung bedarf. Der Tatbestand des § 1 Abs. 1 Nr. 3 GrEStG ist insbesondere dann erfüllt, wenn

- die neue Rechtslage kraft Gesetzes eintritt (d. h. das Eigentum geht ohne besondere rechtsgeschäftliche Übertragung und Auflassung über) oder
- der Grundstückserwerb auf ein außerhalb der Entscheidung des alten und des neuen Eigentümers liegendes Ereignis (kein Vertragsrecht) zurückzuführen ist.

4245   **Typische Fallbeispiele:**
- Erwerb kraft Gesetzes durch Erbfolge (Gesamtrechtsnachfolge, § 1922 BGB). Allerdings ist der Erwerb von Todes wegen grds. nach § 3 Nr. 2 GrEStG befreit, da er bereits der Erbschaftsteuer unterliegt (s. 5.1).
- Umwandlungsvorgänge (Verschmelzung, Spaltung, Einbringung von Unternehmen) nach dem Umwandlungsgesetz (UmwG); ausgenommen ist der Formwechsel, der »identitätswahrend« ist und daher zu keinem steuerbaren Rechtsträgerwechsel führt (die unterschiedliche grunderwerbsteuerrechtliche Behandlung von Grundstücksübergängen aufgrund einer formwechselnden Umwandlung und einer übertragenden Umwandlung ist verfassungsgemäß, vgl. BFH vom 09.04.2008 BFH/NV 2008, 1526);
- Enteignung;
- Anwachsung des Gesamthandvermögens auf letzten Gesellschafter nach Ausscheiden der anderen Gesellschafter (§ 738 BGB);
- Heimfallanspruch des Erbbaurechtsverpflichteten (§ 2 Nr. 4 u. § 3 ErbbauVO).

4246 Die Steuer entsteht nach § 1 Abs. 1 Nr. 3 GrEStG, wenn die neue Rechtslage eintritt. Beim Erwerb durch Spaltung oder Verschmelzung ist dies beispielsweise nicht bereits der Zeitpunkt, zu dem die Gesellschafter die entsprechenden Beschlüsse gefasst haben, sondern der Zeitpunkt, zu dem die Spaltung oder Verschmelzung wirksam wird, d. h. mit Eintragung im Handelsregister.

4247   **Bestimmte Erwerbe** sind jedoch nach § 1 Abs. 1 Nr. 3 lit. a) bis c) GrEStG von der Steuerbarkeit **ausgenommen.** Hierzu zählen unter bestimmten Voraussetzungen Erwerbe von Grundstücken

- im **Flurbereinigungsverfahren** (Neuordnung ländlichen Grundbesitzes durch hoheitliches Landtauschverfahren zur Verbesserung der Produktions- und Arbeitsbedingungen, vgl. § 1 FlurbereinigungsG).

  Im **Rahmen der Flurbereinigung** werden die bisherigen Grundeigentümer grds. mit Grundstücken von gleichem Wert abgefunden. Die Rechtsprechung des BFH zur Steuerfreiheit von Mehrerwerben im **Umlegungsverfahren (siehe nachfolgend)** gilt für das Flurbereinigungsverfahren nur, soweit es sich um unvermeidbare Mehrzuweisungen handelt.
- im **Baulandumlegungsverfahren**, wenn der neue Eigentümer in diesem Verfahren als Eigentümer eines im Umlegungsgebiet gelegenen Grundstücks Beteiligter ist.

  Die **Baulandumlegung dient der** Erschließung und Neugestaltung bestimmter Gebiete innerhalb eines Bebauungsplans. Das (förmliche) Umlegungsverfahren soll ein Grundstückstauschverfahren sein, in dem die Beteiligten grds. gleichwertige Grundstücke zurückerhalten. Der Grundstückstausch ist hier ebenfalls ein hoheitlicher Akt, der Eigentumsübergang erfolgt durch Inkrafttreten des Umlegungsplans. Freiwillige Baulandumlegungsmaßnahmen, die auf vertraglicher Grundlage stattfinden (steuerbar nach § 1 Abs. 1 Nr. 1 GrEStG) fallen hingegen nicht unter den Befreiungstatbestand. Auch Mehrzuteilungen im Umlegungsverfahren, für die der am Umlegungsverfahren Beteiligte eine Gegenleistung zu erbringen hat, sind nach der Rechtsprechung des BFH (Urteil vom 28.07.1999 BStBl II 2000, 206) von der Grunderwerbsteuer befreit.

- im **Zwangsversteigerungsverfahren (Steuerbarkeit bereits mit Abgabe des Meistgebots**, vgl. § 1 Abs. 1 Nr. 4 GrEStG).

Im **Zwangsversteigerungsverfahren erhält der Meistbietende den Zuschlag. Das Eigentum** geht nach dem Zwangsversteigerungsgesetz (ZVG) über. Da das Grunderwerbsteuergesetz die Steuerbarkeit bereits an die (vorverlagerte) Abgabe des Meistgebots knüpft (§ 1 Abs. 1 Nr. 4 GrEStG), ist der Eigentumsübergang kraft Gesetzes nach § 1 Abs. 1 Nr. 3 c) GrEStG von der Steuerbarkeit ausgenommen.

3.2.3 Das Meistgebot im Zwangsversteigerungsverfahren (§ 1 Abs. 1 Nr. 4 GrEStG)

Die **Abgabe des Meistgebots** (= einseitige Willenserklärung) bei der **Zwangsversteigerung** von Grundstücken ist ein grunderwerbsteuerbarer Vorgang (§ 1 Abs. 1 **Nr. 4** GrEStG). Die Zwangsversteigerung von Grundstücken kommt in der Praxis v. a. in Betracht, wenn der Schuldner seinen vertraglichen Verpflichtungen nicht nachkommt und der Gläubiger seine Forderung dinglich durch ein Recht an dem Grundstück des Schuldners abgesichert hat (z. B. durch Grundschuld oder Hypothek). Der Gläubiger kann dann die Zwangsversteigerung des Grundstücks beantragen und Befriedigung seiner Forderung aus dem Versteigerungserlös suchen. Der Meistbietende erhält den Eigentumszuschlag für das Grundstück.

Das Meistgebot kann auch für einen anderen in dessen Namen abgegeben werden (offene Stellvertretung). Handelt der Meistbietende hingegen in verdeckter Stellvertretung und gibt er dem Vollstreckungsgericht erst hinterher bekannt, dass er für einen anderen geboten hatte, so löst dies zwei Mal die Grunderwerbsteuerpflicht aus:

1. für das Meistgebot,
2. für die Abtretung der Rechte aus dem Meistgebot (Zuschlag des Eigentums).

4248

3.2.4 Abtretung der Rechte aus einem Übereignungsanspruch oder dem Meistgebot (§ 1 Abs. 1 Nr. 5 GrEStG)

Der Anspruch auf Übereignung eines Grundstücks kann an einen anderen abgetreten werden. Die **Abtretung** (§§ 398 ff. BGB) ist ein Verfügungsgeschäft. Der Abtretungsempfänger kann den Übereignungsanspruch gegenüber dem Veräußerer geltend machen. **Zivilrechtlich** erwirbt er dann unmittelbar das Grundstück vom Veräußerer. Der (den Übereignungsanspruch) Abtretende ist hingegen zivilrechtlich nicht Grundstückseigentümer geworden (auch kein Durchgangserwerb).

4249

Grunderwerbsteuerlich liegt neben dem Verpflichtungsgeschäft (§ 1 Abs. 1 Nr. 1 GrEStG) zwischen dem Veräußerer und dem Erwerber (Abtretenden) ein **weiterer steuerbarer Erwerbsvorgang** durch Verpflichtung zur Abtretung des Übertragungsanspruch (§ 1 Abs. 1 **Nr. 5** GrEStG) vor.

Entsprechendes gilt für die (grunderwerbsteuerbare) Verpflichtung zur Abtretung der Rechte aus dem Meistgebot.

4250

3.2.5 Rechtsgeschäft, das den Anspruch auf Abtretung der Rechte aus einem Kaufangebot begründet (§ 1 Abs. 1 Nr. 6 GrEStG)

4251 Hier ist (ebenso wie bei der nachfolgenden Nr. 7) noch kein Übereignungsanspruch gegenüber dem Grundstücksveräußerer entstanden, den der Zwischenhändler abtreten könnte. Vielmehr liegt nur ein den Verkäufer bindender Verkaufsantrag (Festofferte) oder ein Optionsvertrag vor, dessen Rechte an einen Dritten abgetreten werden können.

4252 **Tatbestandsvoraussetzungen** für die Steuerbarkeit nach § 1 Abs. 1 **Nr. 6** GrEStG sind:
- rechtswirksames (notarielles, § 311b BGB) Kaufangebot,
- Abtretung der sich daraus ergebenden Rechte an einen Dritten,
- Zustandekommen des Kaufvertrags zwischen dem Dritten und dem Grundstückseigentümer und
- eigenes wirtschaftliches Interesse der Mittelsperson an der Verwertung des Angebots.

Bei der Abtretung gem. § 1 Abs. 1 Nr. 6 GrEStG entsteht die Steuer erst beim Zustandekommen des Kaufvertrags zwischen dem Grundstückseigentümer und dem Käufer des Grundstücks. Steuerschuldner im Falle des § 1 Abs. 1 Nr. 6 GrEStG ist allein der Abtretungsberechtigte. Die Bemessungsgrundlage für die Steuer richtet sich – weil keine Gegenleistung vorhanden ist – nach dem Grundbesitzwert i. S. v. § 8 Abs. 2 GrEStG i. V. m. §§ 151 Abs. 1 Satz 1 Nr. 1, 157 Abs. 1 bis 3 BewG.

4253
> **BEISPIEL** ────────────────────────────────────
>
> Ein Architekt lässt sich ein bindendes Kaufangebot über den Kauf von Baulandgrundstücken geben. Er sucht Bauinteressenten, die bereit sind, ihm den Architektenauftrag zu erteilen und verschafft dem Erwerber (Bauinteressenten) die Rechte aus dem Kaufangebot.

3.2.6 Die Abtretung eines der in den Nrn. 5 und 6 bezeichneten Rechte, wenn kein Rechtsgeschäft vorausgegangen ist, das den Anspruch auf Abtretung begründet (§ 1 Abs. 1 Nr. 7 GrEStG)

4254 Diese Vorschrift beinhaltet einen **Auffangtatbestand** analog § 1 Abs. 1 Nr. 2 GrEStG. Sie hat in der Praxis nur geringe Bedeutung.

3.3 Ergänzungstatbestände (§ 1 Abs. 2, 2a und 3, 3a GrEStG)

4255 Wie bereits erwähnt, sind die Ergänzungstatbestände – im Gegensatz zu Grundtatbestand und Hilfstatbeständen – nicht auf die Übereignung eines Grundstücks selbst (»Vollerwerb«) gerichtet. Da sie diesen Rechtsvorgängen im wirtschaftlichen Ergebnis jedoch sehr nahe kommen, werden sie diesen daher bei der Besteuerung gleichgestellt.

3.3.1 Erwerb der Verwertungsmöglichkeit (§ 1 Abs. 2 GrEStG)

4256 § 1 Abs. 2 GrEStG sieht die Besteuerung des Erwerbs der Verwertungsmöglichkeit an einem Grundstück vor, da der Erwerber hier in wirtschaftlicher Hinsicht im Wesentlichen die Stellung des Eigentümers erlangt. Der Tatbestand erfasst die Grundstückserwerbe, bei denen (gewollt oder ungewollt) ein anderer als der Eigentümer eines Grundstücks die Möglichkeit erlangt, es rechtlich oder wirtschaftlich auf eigene Rechnung zu verwerten, ohne dass er selbst Eigentümer oder auch nur Zwischenerwerber durch ein Rechtsgeschäft i. S. des § 1 Abs. 1 Nr. 1 GrEStG wird (typischer Beispielsfall: Treuhandgeschäfte).

BEISPIEL

Ein Grundstücksinteressent, der nicht namentlich als Käufer auftreten möchte, beauftragt einen anderen (Auftragnehmer bzw. Geschäftsbesorger), der das Grundstück in seinem Namen erwirbt. Der Auftraggeber ersetzt dem Auftragnehmer die für den Erwerb notwendigen Auslagen (z. B. Kaufpreis, Maklergebühren, Notariats- und Grundbuchgebühren, Grunderwerbsteuer, sonstige Auslagen; vgl. § 670 BGB). Mit dem Erwerb verschafft der Auftragnehmer dem Auftraggeber die Verwertungsmöglichkeit. Der Auftraggeber erlangt einen Anspruch auf Übertragung des Eigentums am Grundstück, den er jederzeit geltend machen kann (§ 667 BGB).

4257

LÖSUNG Zum einen unterliegt der Abschluss des Kaufvertrags zwischen dem Grundstückseigentümer und dem Auftragnehmer bzw. Geschäftsbesorger der Grunderwerbsteuer nach § 1 Abs. 1 Nr. 1 GrEStG (Bemessungsgrundlage ist die im Kaufvertrag vereinbarte Gegenleistung). Zum anderen unterliegt die Verschaffung der Verwertungsmöglichkeit des Auftraggebers durch den Auftragnehmer ebenfalls der Grunderwerbsteuerbarkeit nach § 1 Abs. 2 GrEStG (Bemessungsgrundlage ist der gesamte Auslagenersatz und sonstige Dreingaben des Auftraggebers an den Auftragnehmer). Die Verschaffung der Verwertungsmöglichkeit ist ihrerseits steuerbar gemäß § 1 Abs. 1 Nr. 2 GrEStG, wobei die Steuer nur insoweit erhoben wird, als die Bemessungsgrundlage für den späteren Rechtsvorgang den Betrag übersteigt, von dem beim vorausgehenden Rechtsvorgang die Steuer berechnet worden ist (§ 1 Abs. 6 Satz 2 GrEStG).

Der Erwerb eines Gebäudes auf fremdem Grund und Boden, welcher nach § 2 Abs. 2 Nr. 2 GrEStG den Grundstücken gleichgestellt ist, kann ebenfalls den Tatbestand des § 1 Abs. 2 GrEStG erfüllen. Gebäude auf fremdem Grund und Boden, die nicht aufgrund eines dinglichen (im Grundbuch eingetragenen) Rechts errichtet werden, sind häufig Gegenstand von Kaufverträgen, die nicht der notariellen Form bedürfen (z. B. Lagerhallen, Tankstellen und Wochenendhäuser). Ihre Duldung ist vertragsrechtlich geregelt.

4258

3.3.2 Änderung des Gesellschafterbestands einer Personengesellschaft (§ 1 Abs. 2a GrEStG)

§ 1 Abs. 2a GrEStG soll verhindern, dass die Grunderwerbsteuer dadurch umgangen wird, dass nicht unmittelbar das Grundstück übertragen wird, sondern die Anteile an einer – den Grundbesitz haltenden – Personengesellschaft (z. B. Grundbesitz-GbR). Der BFH hatte darin einen Missbrauch von Gestaltungsmöglichkeiten i. S. des § 42 AO gesehen. Der vom Gesetzgeber eingeführte Tatbestand des § 1 Abs. 2a GrEStG erfasst bereits die **unmittelbare oder mittelbare Übertragung von mindestens 95 v. H. der Anteile einer Personengesellschaft auf neue Gesellschafter** innerhalb eines **Fünfjahreszeitraums**. Änderungen der Beteiligung am Gesellschaftsvermögen der Altgesellschafter im Verhältnis zueinander sind nicht zu berücksichtigen. Tritt ein Alt-Gesellschafter jedoch aus der Gesellschaft aus, so verliert er seine Stellung als Gesellschafter i. S. d. § 1 Abs. 2a GrEStG. Tritt er innerhalb des 5 Jahreszeitraums wieder ein, ist er daher als Neu-Gesellschafter i. S. d. § 1 Abs. 2a GrEStG zu behandeln (vgl. BFH vom 16.05.2013 BStBl II 2013, 963; anders nur bei Rückabwicklung der ursprünglichen Übertragung nach § 16 Abs. 2 GrEStG).

4259

Der Gesetzgeber **fingiert** einen **Rechtsträgerwechsel**. Er unterstellt somit für das Grunderwerbsteuerrecht einen Erwerb der Grundstücke durch eine »neue« Gesellschaft. Das Grunderwerbsteuerrecht weicht insoweit vom Zivilrecht ab, denn zivilrechtlich ist die Personengesellschaft vor und nach dem Gesellschafterwechsel identisch. Da faktisch kein Rechtsträgerwechsel stattfindet, ist allein die **Personengesellschaft Steuerschuldner** (§ 13 Nr. 6 GrEStG).

4260

Bemessungsgrundlage für den fiktiven rechtsgeschäftlichen Grundstückserwerb ist grds. der **volle Grundbesitzwert nach §§ 151 Abs. 1 Satz 1 Nr. 1, 157 Abs. 1 bis 3, 176 ff. BewG**, auch wenn nicht alle Gesellschaftsanteile auf neue Gesellschafter übertragen wurden (vgl. § 8 Abs. 2 Satz 1 Nr. 3 GrEStG).

4261

Zum Vermögen der A/B-OHG, an der A und B je zur Hälfte beteiligt sind, gehört ein bebautes Grundstück. A verkauft seine Gesellschaftsbeteiligung an C. 4 Jahre später verkauft auch B seinen Gesellschaftsanteil an D.

LÖSUNG Da mind. 95 % der Anteile an der A/B-OHG innerhalb von 5 Jahren auf neue Gesellschafter übertragen wurden, ist der Grunderwerbsteuertatbestand des § 1 Abs. 2a GrEStG erfüllt. Würde B hingegen eine Gesellschaftsbeteiligung von mindestens 6 % zurückbehalten (d. h. insges. Übertragung von nur 94 % der Anteile im Fünfjahreszeitraum), so würde der Vorgang keine Grunderwerbsteuer auslösen.

4262

Bei **mittelbaren** Gesellschafterwechseln nahm der **BFH** – anders als die Finanzverwaltung – eine ausschließlich **wirtschaftliche Betrachtungsweise** vor (BFH vom 24.04.2013 BStBl II 2013, 833). Mangels ausdrücklicher gesetzlicher Regelung müsse § 1 Abs. 2a GrEStG restriktiv ausgelegt und eine wirtschaftliche Betrachtungsweise sowohl für Personen- als auch für Kapitalgesellschaften angestellt werden (sog. Transparenzprinzip, das die Finanzverwaltung nur für Personengesellschaften anwendete). Zwischengeschaltete Gesellschaften (Verlängerung der Beteiligungskette) galten demzufolge nur dann als neue Gesellschafter i. S. d. § 1 Abs. 2a GrEStG, wenn die Anteile an diesen Gesellschaften auch wirtschaftlich vollständig auf neue Gesellschafter übertragen werden. Die **Finanzverwaltung** hatte sich dieser neuen Auffassung nicht angeschlossen und mit einem **Nichtanwendungserlass** auf das Urteil reagiert (gleich lautender Ländererlass vom 09.10.2013 BStBl I 2013, 1278). Zur Anwendung des § 1 Abs. 2a GrEStG vgl. auch gleichlautender Ländererlass vom 18.02.2014 BStBl I 2014, 561. Der Gesetzgeber hat daraufhin für Erwerbsvorgänge nach dem 05.11.2015 den Wortlaut des § 1 Abs. 2a GrEStG angepasst und damit die von der Finanzverwaltung zuvor vertretene Ansicht nunmehr im Gesetz verankert.

Am Vermögen der A/B-KG, zu der ein bebautes Grundstück gehört, sind die A-GmbH zu 95 % und B zu 5 % beteiligt. Der Alleingesellschafter der A-GmbH überträgt 95 % seiner Anteile an der A-GmbH auf C.

LÖSUNG Anders als die Finanzverwaltung hatte der **BFH** eine Grunderwerbsteuerbarkeit nach § 1 Abs. 2a GrEStG abgelehnt, da wirtschaftlich betrachtet nur 90,25 % (= 95 % x 95 %) der Anteile an der Grundbesitz haltenden A/B-KG mittelbar gewechselt hatten. Nach der **Neufassung** des § 1 Abs. 2a GrEStG reicht es für die Steuerbarkeit in diesem Falle hingegen aus, wenn mind. 95 % der Anteile an der Kapitalgesellschaft (A-GmbH) übertragen werden. Da mindestens 95 % der Anteile an der A-GmbH übertragen wurden, wird die A-GmbH wie ein neuer Gesellschafter an der A/B-KG angesehen. Und da die A-GmbH ihrerseits zu 95 % an der A/B-KG beteiligt ist, ist der Steuertatbestand nach der Neufassung des § 1 Abs. 2a GrEStG erfüllt, obwohl wirtschaftlich betrachtet nur 90,25 % der Anteile übertragen wurden.

3.3.3 Anteilsvereinigung (§ 1 Abs. 3 GrEStG)

4263

Auch durch die Vorschrift des § 1 Abs. 3 GrEStG sollen Gestaltungen zur Umgehung der Grunderwerbsteuer verhindert werden. Der Anfall von Grunderwerbsteuer könnte sonst dadurch vermieden werden, dass das Grundstück in eine Gesellschaft (selbständiger Rechtsträger) eingebracht wird und anschließend die Gesellschaftsanteile hieran übertragen werden. Anders als Abs. 2a beschränkt sich Abs. 3 nicht nur auf Anteile an **Personengesellschaften**, sondern erfasst auch Anteile an **Kapitalgesellschaften**. § 1 Abs. 2a GrEStG geht allerdings der Anwendung von Abs. 3 vor (vgl. Wortlaut »soweit ...nicht...«).

Nach § 1 Abs. 3 Nr. 1 bis Nr. 4 GrEStG werden in folgenden **vier Tatbestandsvarianten** **4264** grunderwerbsteuerpflichtige Grundstücksübertragungen fingiert:

- **Nr. 1:** Das Verpflichtungsgeschäft, das den Anspruch auf Übertragung von Anteilen begründet. Nach der Übertragung müssen mindestens 95 % der Anteile – unmittelbar oder mittelbar – in der Hand eines Gesellschafters vereinigt sein. Dieser kann bereits Altgesellschafter, aber auch Neuerwerber sein.
- **Nr. 2:** Die Vereinigung unmittelbar oder mittelbar von mindestens 95 % der Anteile infolge des Verfügungsgeschäfts, wenn diesem kein Verpflichtungsgeschäft vorausgeht.
- **Nr. 3:** Das Verpflichtungsgeschäft, das den Anspruch auf Übertragung unmittelbar oder mittelbar von mindestens 95 % der Anteile begründet. Hier müssen die Anteile bereits zu mindestens 95 % bei einem Gesellschafter vereinigt sein, der diese dann auf einen anderen – Altgesellschafter oder Neuerwerber – überträgt.
- **Nr. 4:** Der Übergang unmittelbar oder mittelbar von mindestens 95 % der Anteile infolge des Verfügungsgeschäfts, wenn diesem kein Verpflichtungsgeschäft i. S. d. Nr. 3 vorausgeht.

Die ersten beiden Tatbestandsvarianten (Nrn. 1 und 2) stellen auf die Vereinigung von Anteilen ab, während die Nrn. 3 und 4 auf die Übertragung von vereinigten Anteilen abstellen. Auf **zeitliche Fristen** (z. B. Fünfjahreszeitraum i. S. v. § 1 Abs. 2a GrEStG) kommt es hierbei **nicht** an.

Verstärkungen einer schon bestehenden Anteilsvereinigung lösen den Besteuerungstatbe- **4265** stand nicht noch einmal aus; z. B. ein Gesellschafter erwirbt zu seinen 95 % weitere 2 % Gesellschaftsanteile hinzu. Der Grunderwerbsteuertatbestand erfasst auch mittelbare Anteilsübertragungen/-vereinigungen. Es werden dem Erwerber aber nur dann mittelbar gehaltene Anteile zugerechnet, wenn er an dem unmittelbaren Anteilseigner seinerseits zu mindestens 95 % beteiligt ist. Bei mehreren Beteiligungsstufen muss die Beteiligungsquote von 95 % auf jeder Stufe erfüllt sein (BFH v. 25. 08. 2010 BStBl II 2011, 225).

Zur Anwendung der §§ 3 und 6 GrEStG in den Fällen des § 1 Abs. 3 GrEStG vgl. gleichlautender Ländererlass v. 06. 03. 2013 (BStBl I 2013, 773) sowie hierzu vereinfachte Übersicht der OFD Nordrhein-Westfalen v. 29. 01. 2016 (GrESt-Kartei NRW § 1 Abs. 3 GrEStG Karte 9).

3.3.4 Anteilserwerb von mindestens 95 % nach wirtschaftlicher Betrachtung (§ 1 Abs. 3a GrEStG)

Zur Verhinderung von sog. RETT-Blocker-Strukturen wurde für Erwerbe ab dem **4266** 07. 06. 2013 ein weiterer grunderwerbsteuerlicher Ergänzungstatbestand eingeführt.

BEISPIEL

Investor I möchte die Anteile an der grundbesitzenden G-GmbH erwerben. Bei einem Erwerb von **4267** mindestens 95 % der Anteile an der G-GmbH würde der Grunderwerbsteuertatbestand des § 1 Abs. 3 GrEStG ausgelöst. Daher entschließt er sich zur unmittelbaren Beteiligung von nur 94,9 % an der G-GmbH. Die verbleibenden 5,1 % werden von einer Zwischen-GmbH (Z-GmbH) gehalten, an der I ebenfalls mit nur 94,9 % beteiligt ist. Die verbleibenden 5,1 % an der Z-GmbH werden von einem Dritten (z. B. Bank oder Ehefrau) gehalten.

LÖSUNG Obwohl I durch diese Gestaltung unmittelbar und mittelbar insgesamt i. H. v. 99,74 % (= 94,9 % + 94,9 % x 5,1 %) an der G-GmbH beteiligt ist, löste diese Gestaltung für Erwerbe bis zum 06. 06. 2013 keine Grunderwerbsteuer aus (sog. RETT-Blocker-Struktur, d. h. Gestaltung zur Verhinderung von Grunderwerbsteuer; RETT = Real Estate Transfer Tax, d. h. Grunderwerbsteuer).

Um zu verhindern, dass durch solche Gestaltungen die Grunderwerbsteuer umgangen wird, hat der Gesetzgeber für Erwerbe ab dem 07. 06. 2013 § 1 Abs. 3a GrEStG neu eingeführt, wonach es für die Grunderwerbsteuerbarkeit ausreicht, wenn ein Rechtsträger **unmittelbar und/oder mittelbar eine wirtschaftliche Beteiligung von mindestens 95 %** an der grundbesitzenden Gesellschaft erwirbt. Da I wirtschaftlich (durchgerechnet) mit mindestens 95 % an der GmbH beteiligt ist (hier: 99,74 %), wäre der neue Grunderwerbsteuertatbestand erfüllt.

Um Steuergestaltungen zur Vermeidung von Grunderwerbsteuer bei sog. Share Deals beim Erwerb von Anteilen an grundbesitzenden Kapitalgesellschaften zu verhindern, wollen die Länderfinanzminister laut Beschluss vom 21.06.2018 einen weiteren Ersatztatbestand für Kapitalgesellschaften entsprechend dem Vorbild des § 1 Abs. 2a GrEStG schaffen und hierbei auch die Mindestbeteiligungshöhe auf höchstens 90 % absenken und die Haltefristen auf 10 Jahre erhöhen.

3.4 Grundstückstausch (§ 1 Abs. 5 GrEStG)

4268

Bei einem Tauschvertrag, der für beide Vertragsteile den Anspruch auf Übereignung eines Grundstücks begründet, unterliegen sowohl die Vereinbarung über die Leistung des einen als auch die Vereinbarung über die Leistung des anderen Vertragsteils der Grunderwerbsteuer (vgl. § 1 Abs. 5 GrEStG). D. h. es liegen **zwei Erwerbsvorgänge** vor.

4269–4272 frei

4 Grundstücksbegriff

4273

Der Grunderwerbsteuer unterliegen bestimmte Rechtsvorgänge im Zusammenhang mit inländischen Grundstücken. Der Grundstücksbegriff sowie die den Grundstücken nach dem Grunderwerbsteuergesetz gleich gestellten Gegenstände werden in § 2 GrEStG behandelt. Bezüglich des Grundstücksbegriffs wird auf das Zivilrecht Bezug genommen (§ 2 Abs. 1 Satz 1 GrEStG), soweit das Gesetz nichts anderes vorschreibt. Zivilrechtlich gehören zum Grundstück insbesondere die wesentlichen Bestandteile (v. a. Gebäude, vgl. §§ 93, 94 BGB), Grundstücksrechte (z. B. Grunddienstbarkeiten, Reallasten, vgl. § 96 BGB) und das Grundstückszubehör (§ 97 BGB).

4.1 Ausgenommen vom Grundstücksbegriff (§ 2 Abs. 1 Satz 2 GrEStG)

4274

Nicht zum Grundstück i. S. d. Grunderwerbsteuergesetzes gehören v. a. (vgl. § 2 Abs. 1 Satz 2 GrEStG)

- Maschinen und sonstige Vorrichtungen aller Art, die zu einer Betriebsanlage gehören (**Betriebsvorrichtungen**), auch wenn diese nach Zivilrecht (wesentliche) Bestandteile des Grundstücks sind,
- Zubehör,
- (selbständige) Mineralgewinnungsrechte und
- das Recht des Grundstückeigentümers auf den Erbbauzins.

4275 Bei der Übertragung von Betriebsgrundstücken kommt insbesondere der **Abgrenzung** von (**nicht steuerbaren**) **Betriebsvorrichtungen** vom Grundstück große praktische Bedeutung zu (vgl. zur Abgrenzung auch gleichlautender Ländererlass vom 05.06.2013 BStBl I 2013, 734, der eine Auflistung und Zuordnung von Gegenständen enthält). Zu den Betriebsvorrichtungen zählen beispielsweise auf dem Dach installierte Photovoltaikanlagen, Lastenaufzüge, Krananlagen, Ladeneinrichtungen etc.

Im Rahmen der Übertragung eines Betriebsgrundstücks werden auch die zum Gebäude gehörenden **4276** Personen- und Lastenaufzüge mitübertragen (beide zählen zu den wesentlichen Bestandteilen eines Grundstücks bzw. Gebäudes). Gemäß dem o. g. gleichlautenden Ländererlass zählen die Lastenaufzüge zu den Betriebsvorrichtungen und sind somit insoweit von der Grunderwerbsteuerbarkeit ausgenommen. Demgegenüber sind Personenaufzüge dem Grundstücksbegriff i. S. d. § 2 Abs. 1 GrEStG zuzurechnen und damit in die grunderwerbsteuerrechtliche Bemessungsgrundlage einzubeziehen.

Werden zusammen mit dem Grundstück nicht steuerbare Bestandteile, Zubehör, oder **4277** Rechte veräußert und hierfür ein **einheitlicher Kaufpreis** festgelegt, so ist zur Ermittlung der steuerpflichtigen Bemessungsgrundlage der Anteil, der auf die **nicht steuerbaren Teile** entfällt, **herauszurechnen**. An etwaige Wertangaben der Beteiligten ist das Finanzamt nicht gebunden. Entsprechend dem Verhältnis der Verkehrswerte der erworbenen Sachen (Grundstück, Betriebsvorrichtungen, Zubehör etc.) hat es den auf das Grundstück i. S. d. § 2 GrEStG entfallenden Kaufpreisbestandteil selbst zu ermitteln.

4.2 Grundstücksgleiche Rechte (§ 2 Abs. 2 GrEStG)

Die in § 2 Abs. 2 Nr. 1–3 GrEStG genannten Rechte unterliegen – wie Grundstücke – dem **4278** Grunderwerbsteuergesetz (**sog. grundstücksgleiche Rechte**). Hierzu zählen:

- **Nr. 1:** Erbbaurechte
  Das Erbbaurecht ist das vererbliche (daher der Name), veräußerliche und belastbare Recht (z. B. mit **Grundpfandrechten**), auf oder unter dem Grundstück eines anderen ein Bauwerk zu haben. Der Erbbauberechtigte zahlt hierfür an den erbbauverpflichteten Grundstückseigentümer den sog. Erbbauzins (der nicht zum Grundstück rechnet, vgl. § 2 Abs. 1 Satz 2 Nr. 3 GrEStG). Vom Grundeigentümer aus gesehen ist das Erbbaurecht ein beschränktes dingliches Recht, das auf seinem Grundstück lastet.
  Vom Grunderwerbsteuerrecht erfasst sind u. a. die Bestellung des Erbbaurechts, die Veräußerung des Erbbaurechts an einen Dritten und die vorzeitige Aufhebung des Erbbaurechts.
- **Nr. 2:** Gebäude auf fremdem Grund und Boden
  Ein Gebäude auf fremdem Grund und Boden liegt vor, wenn ein anderer als der Eigentümer des Grund und Bodens darauf ein Gebäude (nicht: Betriebsvorrichtungen) errichtet hat **und ihm das Gebäude steuerlich zuzurechnen ist** (zivilrechtlicher oder wirtschaftlicher Eigentümer, vgl. § 39 AO).
- **Nr. 3:** Wohnungseigentum
  Wohnungseigentum ist echtes Grundeigentum. Jedes einzelne Wohnungseigentum ist ein gesondertes Grundstück. Das **Wohnungseigentum** ist das Miteigentum nach Bruchteilen am gemeinschaftlichen Grundstück (v. a. am Grund und Boden, an den tragenden Teilen und an den gemeinschaftlichen Einrichtungen des Gebäudes), verbunden mit dem Sondereigentum an der Wohnung. Der Grunderwerbsteuer unterfällt z. B. die Veräußerung des Wohnungseigentums.

4279–4281 frei

5 Steuervergünstigungen

4282 Der **Zweite Abschnitt des Grunderwerbsteuergesetzes** fasst die allgemeinen **Ausnahmen von der Besteuerung** (§ 3 GrEStG), die besonderen Ausnahmen von der Besteuerung (§ 4 GrEStG) und die Vorschriften über die Nichterhebung der Steuer (§§ 5–7 GrEStG) zusammen.

Die Vorschriften der §§ 3–7 GrEStG können **nebeneinander angewendet** werden. Führt die vorausgehende allgemeine Steuerbefreiungsklausel bereits zur vollen Steuerfreiheit für das Rechtsgeschäft, ist der Vorgang nicht mehr steuerpflichtig. Die Prüfung der Tatbestände, die zur Nichterhebung der Steuer nach §§ 5 ff. GrEStG führen, ist damit hinfällig.

Die auch für die Praxis wichtigsten Steuervergünstigungen werden nachfolgend kurz dargestellt.

5.1 Allgemeine Ausnahmen (§ 3 GrEStG)

4283 Folgende Erwerbe sind nach **§ 3 Nr. 1 bis 8 GrEStG** allgemein von der Besteuerung ausgenommen:

- **Nr. 1: Freigrenze**
  Aus verwaltungsökonomischen Gründen unterliegen Grundstückserwerbe nicht der Besteuerung, wenn der für die Berechnung der Steuer maßgebende Wert (§ 8 GrEStG) die **Freigrenze von 2 500 €** nicht übersteigt.

4284 - **Nr. 2: Schenkung / Erwerb von Todes wegen**
  Grundstückserwerbe von Todes wegen und Grundstücksschenkungen i. S. d. Erbschaftsteuer- und Schenkungsteuergesetzes sind von der Besteuerung ausgenommen. Erbringt der Bedachte im Gegenzug zur Schenkung zumindest teilweise eine **Gegenleistung** (gemischte Schenkung), so ist der Grundstückserwerb nur in Höhe des **unentgeltlichen Anteils** der Zuwendung von der Grunderwerbsteuer befreit. Entsprechendes gilt gemäß § 3 Nr. 2 Satz 2 GrEStG für Zuwendungen unter einer Leistungs-, Nutzungs- oder Duldungsauflage, die bei der Schenkungsteuer abziehbar sind. Durch Wegfall des § 25 ErbStG a. F. (Nichtabzugsfähigkeit von Nutzungslasten) mit Wirkung vom 01. 01. 2009 findet der Befreiungstatbestand des § 3 Nr. 2 Satz 2 GrEStG bei Grundstücksübertragungen unter einer Leistungs-, Nutzungs- oder Duldungsauflage nur noch eingeschränkt Anwendung.

4285 **BEISPIELE**

a) A erhält von seinem Onkel ein Grundstück im Wert von 200 000 € (§ 8 GrEStG) unter der Auflage geschenkt, seiner Schwester einen Ausgleich von 100 000 € zu zahlen.
LÖSUNG Zur Hälfte ist der Grundstückserwerb unentgeltlich und damit von der Grunderwerbsteuer nach § 3 Nr. 2 GrEStG befreit. In Höhe des entgeltlichen Teils (100 000 €) liegt hingegen ein steuerbarer und steuerpflichtiger Grundstückserwerb vor.

4286 b) Die Tante schenkt ihrer Nichte N ein Grundstück (Wert 300 000 €) und behält sich den Nießbrauch für das Grundstück vor. Der Kapitalwert des Nießbrauchs beträgt zum Übertragungsstichtag 100 000 €.
LÖSUNG Da die Nießbrauchslast vom Grundstückswert im Rahmen des Schenkungsteuerrechts abgezogen werden kann, liegt (seit 2009) eine grunderwerbsteuerbare und -pflichtige Gegenleistung i. H. d. Kapitalwerts des Nießbrauchsrechts (100 000 €) vor. Die Befreiung nach § 3 Nr. 2 GrEStG greift insoweit nicht ein. Ebensowenig greift der persönliche Befreiungstatbestand des § 3 Nr. 6 GrEStG.

- **Nr. 3: Erbauseinandersetzung**   4287
  Der Erwerb des zum Nachlass gehörigen Grundstücks durch Miterben zur Teilung des
  Nachlasses ist nach § 3 Nr. 3 GrEStG voll von der Besteuerung ausgenommen, unabhängig
  davon, ob der Miterbe wertmäßig genau das erhält, was ihm aufgrund seiner Erbquote
  zusteht, oder mehr (gegen Abfindung der anderen). Auch Teilerbauseinandersetzungen
  sind steuerfrei. Eine (grunderwerbsteuerfreie) Erb- oder Teilerbauseinandersetzung kann
  auch so vollzogen werden, dass Miterben die Erbanteile anderer Miterben kaufen (oder sie
  geschenkt bekommen). Entsprechendes gilt, wenn nicht der Miterbe selbst, sondern dessen Ehegatte oder eingetragener Lebenspartner das Grundstück unter den genannten Voraussetzungen erwirbt (§ 3 Nr. 3 Satz 2 und 3 GrEStG).

- **Nrn. 4, 5 und 5a: Erwerb zwischen Ehegatten oder Lebenspartnern**   4288
  Der **Grundstückserwerb durch den Ehegatten des Veräußerers bzw.** Lebenspartner ist
  in jedem Falle nach § 3 Nr. 4 GrEStG steuerfrei. Bei geschiedenen Ehegatten bzw. bei auf-
  gehobenen Lebenspartnerschaften ist der Grundstückserwerb nur dann von der Grunderwerbsteuer befreit, wenn er im Rahmen der Vermögensauseinandersetzung nach der
  Scheidung oder Aufhebung der Lebenspartnerschaft erfolgt (§ 3 Nr. 5 bzw. 5a GrEStG).

- **Nr. 6: Erwerb zwischen Verwandten in gerader Linie**   4289.
  Der **Erwerb von Grundstücken durch Personen, die** mit dem Veräußerer in gerader Linie
  verwandt sind (Abkömmlinge, Vorfahren; **nicht Geschwister**) oder deren Verwandtschaft
  durch **die Annahme als** Kind bürgerlich-rechtlich erloschen ist, ist stets steuerfrei. Stiefkinder und Schwiegerkinder sind und bleiben auch nach Scheidung der Eltern gleichgestellt. § 3
  Nr. 6 Satz 3 GrEStG erstreckt die Steuerbefreiung der Verwandten in gerader Linie und der
  Stiefkinder ausdrücklich auch auf deren Ehegatten oder deren Lebenspartner.

- **Nr. 7: Auseinandersetzung einer fortgesetzten Gütergemeinschaft**   4290
  Leben zwei Eheleute in ehelicher Gütergemeinschaft und stirbt der eine, kann die Gemeinschaft zwischen dem überlebenden Ehegatten und den anderen Erben fortgesetzt werden.
  Die Auseinandersetzung der Gemeinschaft fällt dann unter § 3 Nr. 7 GrEStG. Entsprechendes gilt für eingetragene Lebenspartner.

- **Nr. 8: Treuhandverhältnis**   4291
  Überträgt ein Auftraggeber ein Grundstück auf einen Treuhänder und wird dieses
  Grundstück später auf den Auftraggeber zurückübertragen, so stellt dies zwei steuerbare
  Erwerbsvorgänge dar. Erfolgt der Rückerwerb innerhalb von zwei Jahren, so wird die Steuerfestsetzung gem. § 16 Abs. 2 Nr. 1 GrEStG bei Erfüllung der dort genannten Voraussetzungen für beide Erwerbsvorgänge aufgehoben. Greift § 16 Abs. 2 GrEStG nicht ein, so
  wird gem. § 3 Nr. 8 GrEStG zumindest die Steuer für die Rückübertragung nicht erhoben,
  wenn die Steuer für die Begründung des Treuhandverhältnisses entrichtet worden ist.

5.2 Besondere Ausnahmen (§ 4 GrEStG)

Die Vorschrift des § 4 Nrn. 1 bis 5 GrEStG stellt den Erwerb von Grundstücken in bestimm-   4292
ten Sonderfällen von der Grunderwerbsteuer frei.

So ist z. B. der Erwerb eines Grundstücks durch eine juristische Person des öffentlichen
Rechts nach § 4 Nr. 1 GrEStG von der Besteuerung ausgenommen, wenn das Grundstück aus
Anlass des Übergangs von öffentlich-rechtlichen Aufgaben oder aus Anlass von Grenzänderun-
gen von der einen auf die andere juristische Person übergeht und nicht überwiegend einem
Betrieb gewerblicher Art dient. Ferner sind auch Grundstückserwerbe durch einen auslän-

dischen Staat für die Zwecke von Botschaften oder für kulturelle Zwecke unter bestimmten Voraussetzungen von der Grunderwerbsteuer ausgenommen.

5.3 Übergang auf eine Gesamthand (§ 5 GrEStG)

4293   Grundstücksübertragungen von Gesellschaftern einer Personengesellschaft ins Gesamthandvermögen der Personengesellschaft (§ 5 GrEStG) und umgekehrt von der Gesamthand in das Vermögen der Gesellschafter (§ 6 GrEStG) sind grds. von der Grunderwerbsteuer befreit, **soweit** das (Mit-)Eigentum an dem Grundstück seiner Beteiligung an der Gesellschaft entspricht. Als Gesamthandvermögen versteht man das Vermögen einer Personengesellschaft, das den Gesellschaftern in ihrer gesamthänderischen Gebundenheit zusteht. Die meisten Gesamthandsgemeinschaften werden grunderwerbsteuerlich als selbständige Rechtsträger behandelt: Personengesellschaften immer und Erbengemeinschaften im Außenverhältnis, d. h. wenn ein fremder Dritter oder ein Miterbe mit der Erbengemeinschaft Grundstücksgeschäfte abschließt (s. 2.2).

4294   Ein Grundstück (oder ein Miteigentumsanteil an einem Grundstück) kann von mehreren Miteigentümern gemeinsam (§ 5 Abs. 1 GrEStG) oder von einem Alleineigentümer (§ 5 Abs. 2 GrEStG) auf eine Gesamthand übertragen werden.

4295   **BEISPIEL**

A und B gründen eine OHG, an der sie je zur Hälfte beteiligt sind. Als Einlage leistet A ein Grundstück aus seinem Privatvermögen in das Gesamthandvermögen der OHG (Rechtsträgerwechsel). Aufgrund seiner Beteiligung von 50 % an der OHG ist das Grundstück dem A nach Übertragung auf die OHG zur Hälfte zuzurechnen und die Übertragung somit zur Hälfte nach § 5 Abs. 2 GrEStG von der Grunderwerbsteuer befreit.

Für die Bemessung der Grunderwerbsteuer ist in diesen Einlagefällen der Grundbesitzwert nach § 8 Abs. 2 GrEStG i. V. m. §§ 151 Abs. 1 Satz 1 Nr. 1, 157, 176 ff. BewG zu ermitteln. Hätte der Gesellschafter hingegen das Grundstück an die OHG verkauft, so wäre die Grunderwerbsteuer aus dem Kaufpreis (Wert der Gegenleistung i. S. v. § 8 Abs. 1 i. V. m. § 9 GrEStG) abzuleiten. In beiden Fällen ist jedoch die teilweise Befreiung nach § 5 Abs. 2 GrEStG zu beachten.

4296   Gemäß § 5 Abs. 3 GrEStG greift die Steuerbefreiung aber grds. nur ein, wenn und soweit sich der **Anteil** des Veräußerers am Vermögen der Gesamthand **innerhalb von fünf Jahren** nach dem Übergang des Grundstücks auf die Gesamthand **nicht vermindert**. Dies soll Steuergestaltungen zur Umgehung der Grunderwerbsteuer vorbeugen. Denn der Grund für die (persönliche) Begünstigung nach § 5 GrEStG ginge ansonsten fehl, wenn und soweit die Gesamthänder zeitnah nach der Übertragung aus der Gesamthand ausscheiden bzw. ihre Anteile teilweise auf andere übertragen würden.

4297   Die (teilweise) Befreiung nach § 5 Abs. 1 oder 2 GrEStG entfällt jedoch dann **nicht**, wenn ein **Missbrauch** von Gestaltungsmöglichkeiten **objektiv ausscheidet**. Dies ist beispielsweise der Fall, wenn der (anschließende) Übergang des Gesellschaftsanteils auf den Ehegatten, den Lebenspartner oder Abkömmlinge erfolgt, deren Grundstückserwerbe nach § 3 Nrn. 2, 4 und 6 GrEStG ohnehin von der Grunderwerbsteuer befreit wären. Der Rechtsnachfolger ist in diesen Fällen jedoch an die 5-jährige Behaltensfrist des Rechtsvorgängers gebunden. Eine Missbrauchsgefahr besteht auch dann nicht, wenn die nachfolgende Übertragung der Grunderwerbsbesteuerung unterliegt.

Überträgt der Grundstückseigentümer ein Grundstück auf eine Gesamthandsgemeinschaft (z. B. GbR), an der z. B. auch seine Kinder beteiligt sind, so greift auch in diesem Falle anteilig die

Grunderwerbsteuerbefreiung durch entsprechende Anwendung von § 5 i. V. m. § 3 Nr. 6 GrEStG (sog. interpolierende Betrachtungsweise, vgl. BFH vom 26. 02. 2003 BStBl II 2003, 528).

Die Vorgehensweise bei der Berechnung des steuerfreien Teils nach § 5 Abs. 1 GrEStG zeigt das nachfolgende Beispiel.

4298

BEISPIEL

A und B sind je zur Hälfte Miteigentümer eines Grundstücks. Sie übertragen dieses Grundstück auf eine Gesamthand, an deren Vermögen sie zu je ¼ beteiligt sind und der Mitgesellschafter C zu ½.

LÖSUNG Die Deckungsverhältnisse (Steuervergünstigungsquote) der bisherigen Miteigentümer und deren Anteil am Gesamthandvermögen beträgt insgesamt 50 %. Veräußert z. B. A seine Beteiligung innerhalb eines Jahres an den (nicht verwandten) C, so fällt die Steuerbefreiung insoweit (begünstigte Beteiligungsquote des A i. H. v. 25 %) nachträglich wieder weg.

5.4 Übergang von einer Gesamthand (§ 6 GrEStG)

§ 6 GrEStG regelt die Vergünstigungen bei Grundstücksübertragungen **von** einer Gesamthand in das (Mit-)Eigentum des Gesellschafters. Die Vorschrift unterscheidet folgende Grundstücksübertragungen von der Gesamthand

4299

- in das Miteigentum mehrerer an der Gesamthand Beteiligter (Abs. 1),
- in das Alleineigentum eines Gesamthänders (Abs. 2),
- auf eine andere Gesamthand, an der ganz oder teilweise dieselben Gesamthänder beteiligt sind (Abs. 3).

Grundstücksübertragungen von einer Gesamthand bleiben stets nach § 6 GrEStG steuerfrei, soweit der einzelne Gesamthänder weiterhin am Grundstück als Alleineigentümer, Miteigentümer oder Gesamthänder einer anderen Gesamthandgesellschaft partizipiert. Um Steuerumgehungen zu vermeiden, enthält § 6 GrEStG noch verschiedene Sperrklauseln. Demnach greift die Steuerbefreiung beispielsweise grds. nicht, wenn der Gesamthänder seinen Anteil an der Gesamthand innerhalb der letzten fünf Jahre vor dem Erwerbsvorgang durch Rechtsgeschäft unter Lebenden erworben hat (vgl. § 6 Abs. 4 GrEStG).

In allen Fällen der §§ 5 und 6 GrEStG sind außerdem die personenbezogenen Befreiungsvorschriften des § 3 GrEStG anwendbar (z. B. Erwerb durch Ehegatten bzw. eingetragene Lebenspartner oder durch in gerader Linie mit dem Gesamthänder Verwandte).

4300

4301

BEISPIEL

Am Vermögen der grundbesitzenden ABC-OHG sind A und C mit je 30 % und B mit 40 % beteiligt. Die ABC-OHG überträgt ein Grundstück auf die AC-GbR, an der A und C je zur Hälfte beteiligt sind.

LÖSUNG Da A und C an der übertragenden ABC-OHG i. H. v. 60 % und an der erwerbenden AC-OHG zu 100 % beteiligt sind, beträgt das Deckungsverhältnis 60 % Die Grunderwerbsteuer wird daher nach § 6 Abs. 3 GrEStG i. H. v. 60 % nicht erhoben.

5.5 Umstrukturierung im Konzern (§ 6a GrEStG)

Für Konzerne von großer praktischer Bedeutung ist die mit Wirkung ab 01. 01. 2010 eingeführte Befreiungsvorschrift des § 6a GrEStG. Sie sieht für Umstrukturierungen im Konzern, die aufgrund einer **Umwandlung i. S. des § 1 Abs. 1 Nr. 1 bis 3 UmwG** erfolgen, unter bestimmten Voraussetzungen Grunderwerbsteuerbefreiungen vor (vgl. hierzu auch gleichlautende Län-

4302

dererlasse v. 19.06.2012 BStBl I 2012, 662). Der Gesetzgeber hat diese Befreiungsvorschrift für Erwerbe ab dem 07.06.2013 ausgedehnt auf **Einbringungen** (insbesondere nach §§ **20 und 24 UmwStG**) und auf andere Erwerbsvorgänge auf gesellschaftsrechtlicher Grundlage (z. B. **Anwachsung**); vgl. hierzu gleichlautender Ländererlass vom 09.10.2013 BStBl I 2013, 1375. Der BFH hat mit Beschluss vom 30.05.2017 dem EuGH die Frage vorgelegt, ob die Konzernklausel des § 6a GrEStG eine unzulässige Beihilfe darstellt (BStBl II 2017, 916).

5.6 Flächenweise Teilung eines Grundstücks (§ 7 GrEStG)

4303 § 7 sieht Steuerbefreiungen vor, wenn die wirtschaftliche Einheit eines Grundstücks, welches mehreren Miteigentümern gehört oder welches zum Vermögen einer Gesamthand gehört, flächenmäßig – entsprechend den Beteiligungsverhältnissen – auf die Miteigentümer oder die Gesamthänder aufgeteilt wird. Wie bei den §§ 5 und 6 GrEStG liegt der Steuerbefreiung nach § 7 GrEStG ebenfalls der Gedanke zugrunde, dass der Erwerb eines Grundstücks **insofern steuerfrei** bleiben soll, als sich zwar die rechtliche Form der Beteiligung ändert, die dahinterstehenden Personen aber dieselben sind.

4304
BEISPIEL
Das Mehrfamilienhaus mit drei gleich großen Wohnungen gehört A, B und C zu je ein Drittel Bruchteilen. Das Mehrfamilienhaus wird geteilt nach § 3 WEG (Wohnungseigentumsgesetz) in drei Wohnungen, von denen A, B und C jeweils eine Wohnung erhalten.

4305–4308 frei

6 Bemessungsgrundlage

6.1 Wert der Gegenleistung

4309 Nach § 8 Abs. 1 GrEStG bemisst sich die Steuer **grundsätzlich** nach dem **Wert der Gegenleistung** für das Grundstück. Gegenleistungen, die nicht das Grundstück i. S. v. § 2 GrEStG betreffen (z. B. für Betriebsvorrichtungen oder Inventar), gehören nicht zur Bemessungsgrundlage i. S. v. **§ 8 GrEStG**. Was als **Gegenleistung** gilt, ist für verschiedene Erwerbstatbestände in § 9 **GrEStG** näher geregelt. Beispielsweise bei einem Kauf gilt als Gegenleistung der Kaufpreis einschließlich der vom Käufer übernommenen sonstigen Leistungen und der dem Verkäufer vorbehaltenen Nutzungen (§ 9 Abs. 1 Nr. 1 GrEStG). Maßgebend ist, zu welchen Leistungen die Vertragsschließenden sich verpflichtet haben und nicht, was sie als Gegenleistung bezeichnen. Neben dem Kaufpreis sind daher beispielsweise zusätzlich als Gegenleistung zu berücksichtigen:

- Übernahme von Verbindlichkeiten des Veräußerers durch den Erwerber (z. B. Restdarlehen bei der Bank);
- Verzicht auf Forderungen des Erwerbers gegenüber dem Veräußerer.

4310 Der Wert der Gegenleistung ist – soweit nichts anderes bestimmt ist – nach den allgemeinen bewertungsrechtlichen Vorschriften zu ermitteln (z. B. für Nutzungsrechte, zinslose Kaufpreisstundungen). Der (teilweise) Ausfall der Kaufpreisforderung wegen nachträglich eingetretener Insolvenz des Käufers stellt kein zur Änderung des GrESt-Bescheids führendes rückwirkendes Ereignis dar. Maßgeblich für die Bewertung der Kaufpreisforderung ist grds. der Zeitpunkt des Abschlusses des (schuldrechtlichen) Kaufvertrags. Ein späterer Forderungsausfall führt nicht zu einer Änderung der Bemessungsgrundlage für die Grunderwerbsteuer (vgl. BFH vom 12.05.2016, BStBl II 2017, 63). Die für den zu besteuernden Erwerbsvorgang zu entrichtende

Grunderwerbsteuer stellt **keine Gegenleistung** dar (§ 9 Abs. 3 GrEStG). Es ist insoweit unerheblich, ob der Käufer oder der Veräußerer die Grunderwerbsteuer trägt. Ebenfalls nicht zur Gegenleistung gehören die (üblichen) Aufwendungen des Erwerbers für die durch den Vertrag beabsichtigte Rechtsänderung, wenn er durch deren Übernahme nicht den Veräußerer von einer eigenen Schuld befreit, z. B. Übernahme von Notar- und Grundbuchgebühren, die eigenen Anwaltskosten des Erwerbers oder die eigenen Maklergebühren (d. h. keine Entgeltminderung).

Verpflichtet sich hingegen der Veräußerer im Kaufvertrag, dem Erwerber die Nebenkosten (v. a. Beurkundungs- und Eintragungskosten) zu erstatten, so ist in diesem Falle zur Ermittlung der Bemessungsgrundlage (Gegenleistung) der vereinbarte Kaufpreis um den Wert des Erstattungsanspruchs zu mindern (vgl. BFH v. 17. 04. 2013 BStBl. II 2013, 637). **4311**

Da die Bemessungsgrundlage sich unmittelbar auf die Höhe der Grunderwerbsteuerbelastung auswirkt, sind etwaige Wertangaben der Beteiligten (deren Interesse regelmäßig auf eine geringe Bemessungsgrundlage gerichtet ist) vom Finanzamt auf ihre Richtigkeit hin zu überprüfen. In Einzelfällen kann der Wert der Gegenleistung vom Finanzamt auch geschätzt werden. Dies gilt etwa, wenn überhaupt keine Werte angegeben oder Wertangaben in offensichtlichem Missverhältnis zu den anzunehmenden Verkehrswerten stehen oder wenn die Beteiligten bei der Kaufpreisaufteilung einen deutlich überhöhten Kaufpreisanteil für – nicht der Grunderwerbsbesteuerung unterliegende Betriebsvorrichtungen – angeben. **4312**

6.2 Grundbesitzwert

Ausnahmsweise bemisst sich die Grunderwerbsteuer nach dem **Grundbesitzwert gem.** **§§ 151 Abs. 1 Satz 1 Nr. 1, 157 Abs. 1 bis 3 BewG**. Nur in den **abschließend aufgeführten Fällen des § 8 Abs. 2 Nrn. 1–3 GrEStG** bestimmt sich die Bemessungsgrundlage nach dem Grundbesitzwert. Zur Feststellung des Grundbesitzwertes ist in diesen Fällen eine **Bedarfsbewertung** nach §§ 176 ff. BewG auf den Besteuerungszeitpunkt vorzunehmen. Im Einzelnen kommt dies in Betracht **4313**

- wenn ausnahmsweise eine Gegenleistung nicht vorhanden (unentgeltliche Übertragungen sind aber grds. steuerfrei nach § 3 Nr. 2 GrEStG) oder nicht zu ermitteln ist (§ 8 Abs. 2 **Nr. 1** GrEStG);
- bei den verschiedenen Arten der Umwandlungen aufgrund eines Bundes- oder Landesgesetzes, bei Einbringungen, Spaltungen, Verschmelzungen und sonstigen Erwerbsvorgängen auf gesellschaftsvertraglicher Grundlage (z. B. Sachkapitalerhöhungen), obwohl hier eine Gegenleistung (insbes. in Form der Gewährung von Gesellschaftsrechten) immer vorhanden ist (§ 8 Abs. 2 **Nr. 2** GrEStG);
- bei den unter § 1 Abs. 2a, 3 und 3a GrEStG fallenden Erwerbsvorgängen (Änderung des Gesellschafterbestands einer Personengesellschaft und Anteilsvereinigungen; zu diesen Ergänzungstatbeständen s. 3.3); § 8 Abs. 2 **Nr. 3** GrEStG).

Zur Bedarfsbewertung von Grundstücken nach §§ 176 ff. BewG siehe Ausführungen unter B.

6.3 Verfassungsmäßigkeit der Grundbesitzwertfeststellungen

Die Anwendung der **Bewertungsvorschriften nach §§ 138 ff. BewG** (die bis zur Erbschaftsteuerreform 2009 auch für die Bewertung von Grundstücken in Erbschafts- und Schenkungsfällen galten), hatte der **BFH für verfassungswidrig** gehalten (Verstoß gegen Art. 3 GG) und diese Frage daher dem **Bundesverfassungsgericht zur Prüfung vorgelegt** (Vorlagebeschlüsse vom 02. 03. 2011 BFH/NV 2011, 932 und 2011, 1009). Insoweit ergingen die Grundbesitzwertfeststellungen und die Grunderwerbsteuer-Festsetzungen **vorläufig** (vgl. gleichlautender Ländererlass vom 17. 06. 2011 BStBl I 2011, 575). **4314**

4315   Das BVerfG (Beschluss vom 23.06.2015 BStBl II 2015, 871) hatte die Anwendung der bisherigen Bewertungsvorschriften (§§ 138 ff BewG) nun auch für Grunderwerbsteuerzwecke als unvereinbar mit dem Gleichheitsgrundsatz i. S. v. Art. 3 Abs. 1 GG erklärt. Der sich nach diesen Bewertungsvorschriften errechnete Wert lag regelmäßig erheblich unter dem tatsächlichen Verkehrswert für die Grundstücke und führte insoweit zu einer nicht gerechtfertigten Ungleichbehandlung gegenüber mit dem Kaufpreis (Verkehrswert) angesetzte Grundstücke. Für Grunderwerbsteuerfälle bis zum 31.12.2008 ist das bisherige Recht weiter anwendbar. Das BVerfG hatte den Gesetzgeber verpflichtet, spätestens bis zum 30.06.2016 **rückwirkend zum 01.01.2009** eine Neuregelung zu treffen. Dieser Verpflichtung ist der Gesetzgeber mit den Änderungen durch das StÄndG 2015 nachgekommen. Durch Verweis in § 8 Abs. 2 GrEStG auf § 151 Abs. 1 Satz 1 Nr. 1 i. V. m. § 157 Abs. 1 bis 3 BewG erfolgt die Bedarfsbewertung nun nach den gleichen Regeln wie für Erbschaftsteuerzwecke, die eine Bewertung mit dem gemeinen Wert zum Ziel haben (vgl. § 177 BewG).

4316–4317
frei

6.4   Besonderheit einheitliches Vertragswerk

4318   **Grundsätzlich** ist für die Besteuerung der **Zustand des Grundstücks** in dem Zeitpunkt maßgeblich, in dem der Erwerbstatbestand gemäß § 1 GrEStG erfüllt wird. Danach stattfindende Werterhöhungen oder Wertminderungen sind für die Feststellung der Bemessungsgrundlage unbeachtlich.

Die **Parteien** können jedoch **vereinbaren**, dass das Grundstück in einem anderen Zustand Gegenstand des Erwerbs sein soll (vgl. § 8 Abs. 2 Satz 2 GrEStG). Die Kosten, die entstehen, um das Grundstück in diesen Zustand zu versetzen, gehören dann ebenfalls zur Bemessungsgrundlage. Dahinter steht der Gedanke, dass von der Grunderwerbsteuer der tatsächliche Zustand des Grundstücks erfasst werden soll, der in Durchführung des auf den Eigentumserwerb gerichteten Rechtsvorgangs eintritt.

4319   Der BFH hat in diesem Zusammenhang eine umfassende Rechtsprechung zum **sog. »einheitlichen Vertragswerk«** entwickelt. Unter einem »einheitlichen Vertragswerk« werden Verträge unterschiedlichen Inhalts verstanden, die in ihrer Gesamtheit darauf gerichtet sind, dem Erwerber eines zum Erwerbszeitpunkt noch unbebauten Grundstücks ein bebautes Grundstück zu verschaffen.

Ob ein solcher Tatbestand in Betracht kommt, ist nach den **konkreten Umständen des Einzelfalls** zu beurteilen. In der Praxis bereitet es nicht selten Schwierigkeiten, die in objektiv engem Zusammenhang mit dem Grundstückserwerb stehenden Vereinbarungen zu erkennen und bei der Ermittlung der Bemessungsgrundlage erhöhend zu berücksichtigen. Bei einem nachträglichen Bekanntwerden der steuererhöhenden Tatsachen kommt eine nachträgliche Änderung der Grunderwerbsteuerfestsetzung nach § 173 Abs. 1 Nr. 1 AO in Betracht.

4320
BEISPIEL

Ein Bauträger B bietet ein unbebautes Grundstück zum Kauf (Kaufpreis 100 000 €) an, wobei nur derjenige zum Erwerb des Grundstücks zugelassen wird, der zuvor einen Gebäudeerrichtungsvertrag mit B abschließt. Käufer K kauft das Grundstück von B und schließt mit ihm einen Vertrag über die Errichtung eines Einfamilienhauses zum Preis von 300 000 € ab.

LÖSUNG Hier liegt ein einheitliches Vertragswerk vor mit der Folge, dass die Bemessungsgrundlage sich aus dem Kaufpreis für das Grundstück zzgl. der an den Bauträger zu entrichtenden Herstellungskosten (und ggfs. weiteren Kosten für Dienstleistungen, die mittelbar der Herstellung des Gebäudes dienen, z. B. Kosten für Baubetreuung) ermittelt. Die Bejahung eines einheitlichen Vertragswerks führt in diesem Falle für K zu einer erheblich höheren Grunderwerbsteuerbelastung (vorliegend Erhöhung um 300 %).

Ein einheitliches Vertragswerk wäre unter den o. g. Voraussetzungen auch dann anzunehmen, wenn nicht der Bauträger selbst das (noch unbebaute) Grundstück verkauft, sondern z. B. dessen Ehefrau als Grundstückseigentümerin. D. h. ein einheitliches Vertragswerk kann auch dann anzunehmen sein, wenn auf Veräußererseite mehrere Personen zusammenwirken, die darauf schließen lassen, dass der Erwerber letztlich ein bebautes Grundstück erhält. Ein einheitliches Vertragswerk wird dementsprechend beispielsweise auch in sog. Bauherrenmodellen angenommen. **4321**

Die Verpflichtung des Erwerbers, das im Zeitpunkt des Erwerbs noch unbebaute Grundstück alsbald nach den gestalterischen Vorgaben der Veräußererseite zu bebauen, reicht für sich allein nicht aus um anzunehmen, dass der Erwerber das Grundstück im bebauten Zustand erwirbt. Hinzukommen muss, dass das vom Erwerber mit der Bebauung beauftragte Bauunternehmen in diesem Zeitpunkt zur Veräußererseite gehörte. Ein einheitliches Vertragswerk liegt demnach nicht vor, wenn der Grundstückserwerber die Auswahl der Bauunternehmer selbst frei bestimmen kann (vgl. BFH vom 06. 07. 2016, Az. II R 5/15). **4322**

Nach einer weiteren Entscheidung des BFH vom 08. 03. 2017 (BStBl II 2017, 1005) unterliegen die Bauerrichtungskosten im Zusammenhang mit dem Grundstückserwerb nicht der Grunderwerbsteuer, wenn kein objektiver Zusammenhang mit dem Grundstückskaufvertrag besteht oder sich nachträgliche Abweichungen zu einem bisher angebotenen Generalübernehmervertrag von mehr als 10 % ergeben. Die Finanzverwaltung nimmt im gleichlautenden LE vom 20. 09. 2017 (BStBl I 2017, 1328) ausführlich zum Problemkreis des einheitlichen Vertragswerks Stellung. **4323**

4324 frei

7 Steuersatz

Der Steuersatz beträgt **gemäß § 11 Abs. 1 GrEStG 3,5 %** und war früher bundeseinheitlich gleich hoch (von 1997 – 31. 08. 2006). Allerdings dürfen die **Bundesländer** seit dem 01. 09. 2006 den **Steuersatz selbst festlegen** (siehe Art. 105 Abs. 2a Satz 2 GG). Seither haben die meisten Bundesländer (außer Bayern und Sachsen: weiterhin 3,5 %) von dieser Regelungskompetenz Gebrauch gemacht und den Steuersatz auf zwischen 4,5 % und 6,5 % erhöht. **Zum 01. 01. 2016** ergeben sich folgende Grunderwerbsteuersätze in den einzelnen Bundesländern: **4325**

- **3,5 %:** Bayern und Sachsen,
- **4,5 %:** Hamburg,
- **5 %:** Baden-Württemberg, Bremen, Mecklenburg-Vorpommern, Niedersachsen, Rheinland-Pfalz, Sachsen-Anhalt,
- **6 %:** Berlin, Hessen
- **6,5 %:** Brandenburg, Nordrhein-Westfalen, Saarland, Schleswig-Holstein und Thüringen (ab 2017),

Die Steuer ist auf **volle € nach unten abzurunden** (§ 11 Abs. 2 GrEStG). Das Finanzamt kann gemäß § 12 GrEStG im Einvernehmen mit dem Steuerpflichtigen von der genauen Ermittlung des Steuerbetrags absehen und die Steuer in einem Pauschbetrag festsetzen, wenn dadurch die Besteuerung vereinfacht und das steuerliche Ergebnis nicht wesentlich geändert wird. Die Vorschrift hat in der Praxis jedoch kaum Bedeutung, da die Steuer von der Gegenleistung oder dem Grundbesitzwert zu berechnen ist und das Finanzamt die Gegenleistung ggf. zu schätzen hat. **4326**

4327, 4328 frei

8 Entstehung der Steuerschuld, Steuerschuldner

8.1 Steuerschuldner (§ 13 GrEStG)

4329 Steuerschuldner sind gemäß **§ 13 Nr. 1 GrEStG regelmäßig** die an einem Erwerbsvorgang als Vertragsteile **beteiligten Personen** (d. h. i. d. R. Käufer und Verkäufer).

Die am Erwerbsvorgang beteiligten Personen sind **Gesamtschuldner** (§ 421 BGB). Gesamtschuldnerschaft bedeutet, dass jeder Schuldner die gesamte Grunderwerbsteuer schuldet, der Gläubiger (= Fiskus) aber nur berechtigt ist, die Leistung einmal zu fordern. Zahlt einer der Gesamtschuldner, so wirkt diese Erfüllung auch für die übrigen Schuldner. Diese sind damit von der Leistungspflicht frei. Der leistende Schuldner kann ggfs. im Innenverhältnis von den übrigen Schuldnern einen Ausgleich verlangen.

4330 Das Finanzamt hat grds. ein **Auswahlermessen**, welche der am Erwerbsvorgang beteiligten Personen es zur Zahlung der Grunderwerbsteuer in Anspruch nehmen will. Sind am Erwerbsvorgang – wie im Normalfall – lediglich der Veräußerer und der Erwerber beteiligt, so ist der Erwerber zur Zahlung heranzuziehen, wenn er nach den Vereinbarungen der Parteien die Steuer tragen soll und dazu auch in der Lage ist. Die Inanspruchnahme des Veräußerers wäre dann ermessensfehlerhaft und damit rechtswidrig.

4331 Das Finanzamt handelt jedoch rechtmäßig, wenn es einen Grunderwerbsteuerbescheid gegenüber dem Veräußerer erlässt, wenn sich hinsichtlich der Verwirklichung des Steueranspruchs gegenüber dem Erwerber Schwierigkeiten ergeben. Die Gründe sind dem Betroffenen mitzuteilen. Die Inanspruchnahme des weiteren Gesamtschuldners muss zudem vor Ablauf der Festsetzungsfrist erfolgen. Wer als Gesamtschuldner eines Erwerbsvorganges in Betracht kommt, bedarf einer genauen Feststellung der einzelnen Erwerbsvorgänge. Gegebenenfalls können mehrere Erwerbsvorgänge in einer einheitlichen Urkunde enthalten sein.

4332

> **BEISPIEL**
>
> Beim Erwerb von Bruchteilseigentum durch zwei Personen (A und B) von einem Alleineigentümer liegen zwei Erwerbsvorgänge vor, weil jedes Bruchteilseigentum als Grundstück i. S. d. Grunderwerbsteuerrechts zählt. In diesem Falle sind die Gesamtschuldner aus jedem Erwerbsvorgang jeweils getrennt zu beurteilen: Der Veräußerer und A für den einen sowie der Veräußerer und B für den anderen Erwerbsvorgang. A und B sind untereinander hingegen nicht Gesamtschuldner.

4333 Neben dem o. g. Regelfall regelt **§ 13 Nr. 2–7 GrEStG** die Steuerschuldnerschaft in **Sonderfällen** (z. B. bei Erwerb durch Meistgebot).

8.2 Entstehung der Steuerschuld (§ 14 GrEStG)

4334 Die Grunderwerbsteuer **entsteht** grds. mit der **Verwirklichung des jeweiligen Tatbestands**, § 38 AO. Die Steuerentstehung in **besonderen Fällen** regelt § 14 GrEStG.

§ 14 Nr. 1 GrEStG regelt den Fall, dass die Wirksamkeit des Erwerbsvorganges vom Eintritt einer **(aufschiebenden) Bedingung** abhängt. Zivilrechtlich tritt die von der Bedingung abhängig gemachte Wirkung des Rechtsgeschäfts erst mit **Eintritt** der Bedingung ein. Das Rechtsgeschäft wird zu diesem Zeitpunkt wirksam. Ebenso entsteht auf diesen Zeitpunkt die Grunderwerbsteuer. Für die Bemessung der Steuer ist auf die tatsächlichen Verhältnisse abzustellen, wie sie im Zeitpunkt der Entstehung der Steuer bestehen.

4335 Bei einer **auflösenden Bedingung** (§ 158 II BGB) ist das Rechtsgeschäft zunächst wirksam, seine Wirksamkeit endet mit dem Eintritt der Bedingung. Der frühere Rechtszustand wird dann wieder hergestellt. Auflösende Bedingungen sind im Grunderwerbsteuerrecht zunächst unbeachtlich. Die Steuer entsteht mit Wirksamwerden des Erwerbsvorgangs. Tritt zu einem späteren Zeitpunkt die Bedingung ein, so **fällt der Besteuerungstatbestand nachträglich weg**. Der Steuerbescheid ist gem. § 175 Abs. 1 Nr. 2 AO nachträglich aufzuheben.

§ 14 Nr. 2 GrEStG regelt den Ausnahmefall, dass die Steuer erst mit der **Erteilung einer erforderlichen Genehmigung** entsteht. Die hier gemeinte Genehmigung muss sich direkt auf den grunderwerbsteuerlich bedeutsamen Rechtsvorgang beziehen. Zu diesen erforderlichen Genehmigungen zählen beispielsweise

4336

- die Genehmigung eines Grundstückskaufvertrags, den ein beschränkt Geschäftsfähiger abgeschlossen hat, durch den gesetzlichen Vertreter (§ 108 BGB),
- die Genehmigung eines Rechtsgeschäfts, das ein vollmachtloser Vertreter abgeschlossen hat, durch den Vertretenen (§ 177 BGB),
- die Genehmigungspflicht nach dem Grundstückverkehrsgesetz bei rechtsgeschäftlicher Veräußerung von land- und forstwirtschaftlichen Grundstücken.

Ein verwirklichter, aber noch nicht genehmigter Rechtsvorgang unterliegt nach der Ausnahmeregelung des § 14 Nr. 2 GrEStG noch nicht der Grunderwerbsteuer. Andere zum Vollzug notwendige Rechtsvorgänge, die einer Genehmigung bedürfen, fallen hingegen **nicht** unter § 14 Nr. 2 GrEStG. Hierzu zählen etwa

- der Verzicht auf das Vorkaufsrecht der Gemeinde (§ 28 BauGB),
- die Unbedenklichkeitsbescheinigung (s. 9).

4337–4340
frei

9 Zuständigkeit, Anzeigepflichten, Festsetzung und Erhebung, Unbedenklichkeitsbescheinigung

9.1 Zuständiges Finanzamt

Gemäß **§ 17 Abs. 1 GrEStG** ist im **Regelfall** das Finanzamt für die Besteuerung örtlich zuständig, in dessen Bezirk das Grundstück oder der wertvollste Teil des Grundstücks liegt (**Belegenheitsfinanzamt**). Daneben enthält § 17 GrEStG noch besondere Zuständigkeitsvorschriften für **Sonderfälle**, z. B.

4341

- wenn das Grundstück sich über mehrere Finanzamtsbezirke oder mehrere Ländergrenzen erstreckt,
- oder bei Grundstückserwerben durch Umwandlungen, Anteilsvereinigungen oder Änderungen des Gesellschafterbestandes einer Personengesellschaft.

9.2 Anzeigepflichten

Damit die zuständigen Finanzämter auch (rechtzeitig) Kenntnis von grunderwerbsteuerpflichtigen Vorgängen erlangen, sieht das Gesetz für Grundstückserwerbsvorgänge **Anzeigepflichten** vor.

4342

§ 18 GrEStG regelt die Fälle, in denen die **Gerichte, Behörden und Notare** nach amtlich vorgeschriebenem Vordruck Anzeige an das zuständige Finanzamt erstatten müssen. Anzeigepflichtig sind beispielsweise

- die Beurkundung eines Grundstückskaufvertrags (§ 18 Abs. 1 Nr. 1 GrEStG),
- Grundbuchberichtigungsanträge mit beglaubigten Unterschriften (§ 18 Abs. 1 Nr. 2 GrEStG),

- alle nachträglichen Änderungen oder Berichtigungen anzeigepflichtiger Vorgänge (§ 18 Abs. 1 Nr. 4 GrEStG).

4343   Gemäß § 21 GrEStG dürfen Gerichte, Behörden und Notare den Beteiligten die Urkunden erst aushändigen und Ausfertigungen und beglaubigte Abschriften erst erteilen, wenn sie die Anzeigen in allen Teilen vollständig (§§ 18 und 20) an das Finanzamt abgesandt haben. In der Praxis erfolgen die Aushändigung der Unterlagen und die Anzeige an das Finanzamt i. d. R. gleichzeitig, was aus organisatorischen Gründen grds. akzeptiert wird.

4344   Daneben regelt § 19 GrEStG die **Anzeigepflichten** der Beteiligten (**Steuerschuldner**). Wer Steuerschuldner ist, ergibt sich aus § 13 GrEStG (s. 8.1). Die Anzeigepflichten der Steuerschuldner in § 19 Abs. 1 Satz 1 Nr. 1–8 GrEStG betreffen Vorgänge, die nur zum geringsten Teil auch zur Kenntnis von Gerichten, Behörden und Notaren gelangen und gemäß § 18 GrEStG dann – gleichzeitig auch von diesen – angezeigt werden müssen. Um eine lückenlose Erfassung aller unter das Grunderwerbsteuergesetz fallenden Erwerbsvorgänge zu gewährleisten, haben die Steuerschuldner auch alle (nicht unter Nr. 1–8 aufgezählten) Erwerbsvorgänge anzuzeigen, über die ein Gericht, eine Behörde oder ein Notar eine Anzeige nach § 18 GrEStG nicht zu erstatten hat (§ 19 Abs. 1 Satz 2 GrEStG). Von den Steuerschuldnern selbst anzuzeigen sind z. B. die – i. d. R. nicht von einem Notar beurkundeten – Erwerbsvorgänge

- des § 1 Abs. 2 GrEStG (Erwerb der Verwertungsmöglichkeit)
- und die Fälle des § 1 Abs. 2a, Abs. 3 und Abs. 3a GrEStG (Änderung des Gesellschafterbestandes einer Personengesellschaft).

4345   Der **Anzeigepflicht** unterliegt nicht nur der Erwerbstatbestand, sondern im Ausnahmefall auch der **Wegfall** einer einmal **angenommenen Steuervergünstigung**. So müssen Steuerschuldner z. B. Änderungen im Gesellschafterbestand einer Gesamthand, die zur Versagung der Steuervergünstigung des § 5 GrEStG bzw. des § 6 GrEStG führen (vgl. § 5 Abs. 3 bzw. § 6 Abs. 3 Satz 2 GrEStG), anzeigen (§ 19 Abs. 2 Nr. 4 GrEStG).

4346   **Besondere Anzeigepflichten** für Steuerschuldner sieht § 19 Abs. 2 Nrn. 1–3 GrEStG auch für Tatbestände vor, die hinsichtlich der **Bestimmung der Gegenleistung als Bemessungsgrundlage** für die Grunderwerbsteuer **von Bedeutung** sind. Dies gilt u. a. bei Vorliegen eines sog. einheitlichen Vertragswerks (s. 6.4). Der Steuerschuldner ist in diesen Fällen zur Anzeige der neben dem Grundstücksveräußerungsvertrag abgeschlossenen Verträge (wie z. B. Bauverträge) verpflichtet (§ 19 Abs. 2 Nr. 1 GrEStG). Die in § 18 GrEStG genannten Gerichte, Behörden oder Notare haben regelmäßig von diesen Vorgängen keine Kenntnis, weshalb der Anzeigepflicht der Betroffenen besondere Bedeutung zukommt.

4347   Die Anzeigepflichtigen haben die Anzeigen grds. **innerhalb von zwei Wochen** (für nicht Gebietsansässige innerhalb eines Monats) **nach Kenntniserlangung** zu erstatten (§ 19 Abs. 3 GrEStG). Für die Anzeigepflicht ist es unerheblich, ob die Steuerschuldner den Rechtsvorgang als steuerpflichtig oder als steuerfrei ansehen. Der Inhalt der Anzeigen ergibt sich aus § 20 GrEStG. Die **Anzeigen sind Steuererklärungen** i. S. d. AO (§ 19 Abs. 5 GrEStG); d. h. wirksame Anzeigen der Steuerschuldner setzen beispielsweise die Festsetzungsfrist in Lauf.

9.3   Steuerfestsetzung und -erhebung

4348   Die vom Finanzamt festgesetzte Grunderwerbsteuer wird nach § 15 Satz 1 GrEStG grundsätzlich **einen Monat nach Bekanntgabe des Steuerbescheids fällig**. In Ausnahmefällen kann das Finanzamt eine längere Zahlungsfrist setzen (§ 15 Satz 2 GrEStG); z. B. wenn der Steuerbescheid im Ausland zugestellt wird.

In bestimmten – in § 16 GrEStG geregelten – Fällen kann das Finanzamt auf Antrag von der **Steuerfestsetzung absehen** oder die Steuerfestsetzung **aufheben oder ändern**. Dies gilt insbesondere in den Fällen, in denen der Erwerbsvorgang – z. B. durch ein vorbehaltenes Rücktrittsrecht des Veräußerers – **rückgängig** gemacht wird oder die Gegenleistung nachträglich herabgesetzt wird. Dies gilt auch in den Fällen des § 1 Abs. 2a GrEStG, wenn ein Erwerbsvorgang – aufgrund von vorherein getroffener Vereinbarung – teilweise rückgängig gemacht wird und dadurch die Mindestgrenze von 95 % im Ergebnis nicht erreicht wird. Erwirbt der Veräußerer eines Grundstücks selbiges innerhalb von zwei Jahren zurück, so wird auf Antrag die Steuer sowohl für die ursprüngliche Veräußerung als auch für den Rückerwerb nicht erhoben (vgl. § 16 Abs. 2 Nr. 1 GrEStG). **4349**

9.4 Unbedenklichkeitsbescheinigung

Die in **§ 22 GrEStG** geregelte **Unbedenklichkeitsbescheinigung** hat Bedeutung für alle auf eine Rechtsänderung im Grundbuch abzielenden Rechtsvorgänge. Der Erwerber eines Grundstücks darf erst dann in das Grundbuch eingetragen werden, wenn dem Grundbuchamt eine Bescheinigung vorgelegt wird, dass der **Eintragung keine steuerlichen Bedenken** entgegenstehen. Das Finanzamt hat die Unbedenklichkeitsbescheinigung zu erteilen, wenn die Grunderwerbsteuer entrichtet, sichergestellt oder gestundet ist oder wenn Steuerfreiheit gegeben ist. **4350**

Hierdurch wird de facto eine Grundbuchsperre geschaffen. Da der Erwerber ein Interesse daran hat, dass sein Recht möglichst zügig im Grundbuch eingetragen wird, ist ihm daran gelegen, möglichst schnell die geschuldete Steuer zu entrichten. **4351**

4352–4399 frei

Teil B Bewertung von Grundstücken für Grunderwerbsteuerzwecke

1   Vorbemerkungen

4400   Die **Bemessungsgrundlage** für die Grunderwerbsteuer richtet sich **grds.** nach dem **Wert der Gegenleistung** für das Grundstück i. S. v. § 2 GrEStG (§ 8 Abs. 1 GrEStG). **Grds.** ist dieser Wert – soweit nichts anderes bestimmt ist – nach den **allgemeinen Bewertungsvorschriften der §§ 1–15 BewG** zu ermitteln. Die Begrenzung des Jahreswerts von Nutzungen nach § 16 BewG ist für Grunderwerbsteuerzwecke ausdrücklich ausgenommen (§ 17 Abs. 3 Satz 2 BewG).

4401   Was als Gegenleistung gilt, ist für **verschiedene Erwerbstatbestände** in § 9 GrEStG näher geregelt. Die häufigsten Fälle in der Praxis sind **Grundstückskaufverträge**, bei denen sich die Gegenleistung und damit die Bemessungsgrundlage aus dem Kaufpreis einschließlich der vom Käufer übernommenen sonstigen Leistungen und der dem Verkäufer vorbehaltenen Nutzungen ergeben (§ 9 Abs. 1 Nr. 1 GrEStG). Gegenleistungen, die nicht das Grundstück i. S. v. § 2 GrEStG betreffen (z. B. für Betriebsvorrichtungen oder Inventar), sind nicht in die Bemessungsgrundlage i. S. v. § 8 GrEStG einzubeziehen. Bezüglich weiterer Einzelheiten zum Wert der Gegenleistung einschließlich Ausführungen zum einheitlichen Vertragswert s. Teil A 6.1 ff.

4402   Für bestimmte Erwerbsvorgänge ist die Bemessungsgrundlage nicht nach dem Wert der Gegenleistung i. S. v. § 9 GrEStG zu ermitteln, sondern vielmehr ein **eigenständiger Grundbesitzwert i. S. v. § 151 Abs. 1 Nr. 1 i. V. m. § 157 Abs. 1 bis 3 BewG** zu ermitteln und als Bemessungsgrundlage für die Grunderwerbsteuer heranzuziehen (§ 8 Abs. 2 Satz 1 GrEStG).

4403   Die Bewertung des Grundbesitzes für die Grunderwerbsteuer (und ebenso für die Erbschaft- und Schenkungsteuer) ist als **Bedarfsbewertung** ausgestaltet, d. h. eine Wertfeststellung bzw. Wertermittlung kommt nur in Betracht, wenn sie für die Besteuerung bei der Grunderwerbsteuer bzw. bei der Erbschaft- bzw. Schenkungsteuer benötigt wird. Im Gegensatz zur Einheitsbewertung des Grundbesitzes gelten für die neuen Bundesländer keine abweichenden Besonderheiten, d. h. die Bedarfsbewertung für den Grundbesitz ist auf ganz Deutschland in gleicher Weise anzuwenden. Die festzustellenden Werte sind Besteuerungsgrundlage (vgl. § 8 Abs. 2 i. V. m. § 151 Abs. 1 Nr. 1 i. V. m. § 157 Abs. 1 bis 3 BewG) für Grunderwerbsteuerzwecke.

4404–4408
frei

2   Geschichtliche Entwicklung der Grundbesitzwertermittlung

4409   Ursprünglich wurden die Grundbesitzwerte jahrzehntelang auf Basis der Einheitswerte ermittelt, bis das Bundesverfassungsgericht mit Urteilen vom 22. 06. 1995 (vgl. BStBl II 1995, 655 und BStBl II 1995, 672) hierin einen Verstoß gegen den allgemeinen Gleichheitsgrundsatz (Art. 3 GG) erkannte. Daraufhin wurde die Bedarfsbewertung im 4. Abschnitt des II. Teils des Bewertungsgesetzes (§§ 138 bis 150 BewG) neu geregelt. Bis einschließlich 2008 galten diese Bedarfswertregelungen noch einheitlich sowohl für Grunderwerbsteuer- als auch für Erbschaft- und Schenkungsteuerzwecke. Für Erbschaft- und Schenkungsteuerzwecke erkannte das Bundesverfassungsgericht (Beschluss vom 07. 11. 2006 BStBl II 2007, 192) in den Bedarfswertregelungen erneut einen **Verstoß** gegen den **allgemeinen Gleichheitsgrundsatz**, da die Bewertungsgrundsätze nach §§ 138 ff. BewG – im Vergleich zur Bewertung mit dem gemeinen Wert

(§ 9 BewG) für sonstige Vermögensgegenstände zu erheblich niedrigeren Werten und damit zu einer Ungleichbehandlung führten. Der Gesetzgeber hat daraufhin die Bedarfsbewertung für Grundstücke (§§ 176 ff. BewG) für Erbschaft- und Schenkungsteuerzwecke mit Wirkung ab 01.01.2009 in einem neuen 6. Abschnitt des II. Teils des Bewertungsgesetzes neu geregelt.

Für Grunderwerbsteuerzwecke galten die §§ 138 ff. BewG jedoch weiterhin. Der BFH sah **4410** in der Anwendung dieser Bewertungsvorschriften einen **Verstoß gegen den allgemeinen Gleichheitsgrundsatz des Art. 3 GG** und hatte daher diese Frage dem **Bundesverfassungsgericht zur Prüfung vorgelegt** (Vorlagebeschlüsse vom 02.03.2011 BStBl II 2011, 932 und BFH/NV 2011, 1009). Insoweit ergingen die Grundbesitzwertfeststellungen und die Grunderwerbsteuer-Festsetzungen **vorläufig** (vgl. gleichlautender Ländererlass vom 17.06.2011 BStBl I 2011, 575; s. Teil A 6.3).

Mit Beschluss vom 23.06.2015 hat das BVerfG (BStBl II 2015, 871) die Anwendung der **4411** bisherigen Bewertungsvorschriften (§§ 138 ff. BewG) auch für Grunderwerbsteuerzwecke als **unvereinbar mit dem Gleichheitsgrundsatz i. S. v. Art. 3 Abs. 1 GG** erklärt. Für Grunderwerbsteuerfälle bis zum 31.12.2008 ist das bisherige Recht weiter anwendbar. Das BVerfG hatte den Gesetzgeber verpflichtet, spätestens bis zum 30.06.2016 **rückwirkend zum 01.01.2009** eine Neuregelung zu treffen. Dieser Verpflichtung ist der Gesetzgeber mit den Änderungen durch das StÄndG 2015 nachgekommen. Die Neufassung des § 8 Abs. 2 GrEStG verweist nun in Bedarfsbewertungsfällen für Grunderwerbsteuerzwecke auf § 151 Abs. 1 Nr. 1 und § 157 Abs. 1 bis 3 BewG und damit auf dieselben Bewertungsvorschriften **wie** sie auch **für Erbschaft- und Schenkungsteuerzwecke** gelten. Zu den Anwendungsregelungen s. unten 5.

3 Anlässe für Grundbesitzwertermittlungen

4412 frei

Nur in den **abschließend** aufgeführten **Sonderfällen des § 8 Abs. 2 Nrn. 1–3 GrEStG** **4413** bestimmt sich die Bemessungsgrundlage nach dem **Grundbesitzwert** gemäß § 151 Abs. 1 Nr. 1 i. V. m. § 157 Abs. 1 bis 3 BewG. Zur Feststellung des Grundbesitzwertes ist in diesen Fällen eine Bedarfsbewertung nach §§ 158 bis 175 BewG für land- und forstwirtschaftliche Grundstücke bzw. nach §§ 176 bis 198 BewG für private und betriebliche Grundstücke auf den Besteuerungszeitpunkt vorzunehmen. In allen anderen Fällen bemisst sich die Grunderwerbsteuer selbst dann nach dem Wert der Gegenleistung (§ 8 Abs. 1 GrEStG), wenn für die Bewertung der dem Grunde nach bekannten Gegenleistung eine Schätzung nach § 162 AO erforderlich ist oder der Wert der Gegenleistung weit hinter dem Grundbesitzwert (§ 151 Abs. 1 Nr. 1 BewG) oder dem Verkehrswert des Grundstücks zurückbleibt (vgl. BFH vom 26.02.2003 BStBl II 2003, 483).

Die einzelnen Bewertungsanlässe werden nachfolgend näher beschrieben.

3.1 Gegenleistung nicht vorhanden (§ 8 Abs. 2 Nr. 1 GrEStG)

Ist eine **Gegenleistung** für die Grundstücksübertragung **nicht vorhanden**, so bestimmt **4414** sich die Bemessungsgrundlage grds. nach dem Grundbesitzwert i. S. v. § 151 Abs. 1 Nr. 1 BewG (§ 8 Abs. 2 Nr. 1 GrEStG). In der **Praxis** kommt dieser Bewertungsanlass **eher selten** vor, denn in den meisten Fällen, in denen es an einer Gegenleistung fehlt, liegt eine unentgeltliche Übertragung i. S. d. Schenkung- und Erbschaftsteuerrechts vor, welche nach § 3 Nr. 2 GrEStG ohnehin steuerfrei ist. D. h. eine Bewertung ist in diesen Fällen mangels Steuerpflicht entbehrlich.

Im Regelfall wird die Grundstücksübertragung gegen einen **symbolischen Kaufpreis** **4415** (z. B. von 1 €) nicht als ernsthaft vereinbarte Gegenleistung anzusehen sein. Nur unter besonderen Umständen kann auch ein symbolischer Kaufpreis nicht als Schenkung zu beurteilen sein, wenn der geschäftliche Vorgang insgesamt nicht den Charakter einer Schenkung hat. Dies kommt etwa bei der Grundstücksübertragung im Rahmen einer Betriebsübernahme in Betracht. Bemessungsgrundlage ist in diesem Falle der Grundbesitzwert (vgl. BFH vom 29.03.2006 BStBl II 2006, 632).

4416   **Weitere Beispielsfälle** für eine fehlende Gegenleistung sind:

- Erwerb eines Grundstücks aufgrund eines **Schadensersatzanspruchs**,
- Herausgabe eines Grundstücks nach Vorschriften über eine **ungerechtfertigte Bereicherung**,
- Übertragung eines Grundstücks **vom Treugeber auf den Treuhänder oder umgekehrt** (soweit der Treuhänder das Grundstück nicht im Auftrag des Treugebers von einem Dritten erworben hat und damit eine Gegenleistung anzunehmen ist),
- Übertragung eines Grundstücks, bei der das »**Entgelt**« **nicht zur grunderwerbsteuerrechtlichen Gegenleistung** gehört (z. B. nur Übernahme einer auf dem Grundstück ruhenden dauernden Last (§ 9 Abs. 2 Nr. 2 Satz 2 GrEStG), die nicht als Gegenleistung i. S. d. Grunderwerbsteuergesetzes zu beurteilen ist; vgl. BFH vom 04.07.1984 BStBl II 84, 627),
- Abtretung der Rechte aus einem Kaufangebot,
- auflösend bedingte oder unbedingte Sicherungsübereignung von Gebäuden auf fremdem Grund und Boden.

3.2   Gegenleistung nicht zu ermitteln (§ 8 Abs. 2 Nr. 1 GrEStG)

4417   Liegt eine **Gegenleistung** vor, ist diese **vorrangig als Bemessungsgrundlage** heranzuziehen (§ 8 Abs. 1 GrEStG). Der Grundbesitzwert darf der Besteuerung nur zugrunde gelegt werden, wenn praktisch nicht zu ermitteln ist, ob überhaupt eine Gegenleistung vorhanden ist. Dies ist nur ausnahmsweise der Fall, wenn die Vereinbarungen der Parteien offensichtlich unzutreffend sind oder so unklar oder lückenhaft sind, dass nicht auszumachen ist, ob eine Gegenleistung für den Grundstückserwerb gewollt ist oder nicht.

4418   Stellt sich die Ermittlung einer **vorhandenen Gegenleistung als schwierig**, aber als behebbar heraus, rechtfertigt dies **nicht**, den **Grundbesitzwert** an Stelle des Wertes der Gegenleistung als Bemessungsgrundlage heranzuziehen. Lässt sich der Wert der **Gegenleistung** nicht exakt ermitteln, so kann dieser nach § 162 AO **geschätzt** werden oder im Einvernehmen mit dem Steuerpflichtigen eine Pauschalbesteuerung nach § 12 GrEStG vorgenommen werden. Lässt sich die Gegenleistung hingegen zumindest schätzweise ermitteln, ist dieser Schätzwert vorrangig vor der Ermittlung des Grundbesitzwerts zu Grunde zu legen (§ 8 Abs. 1 GrEStG). Im Rahmen der Schätzung der Gegenleistung kann der (geschätzte) gemeine Wert des Grundstücks als Orientierung dienen. Lediglich in den Fällen, in denen auch eine Schätzung der Gegenleistung praktisch nicht möglich ist, ist es zulässig, die Besteuerung auf Basis des Grundbesitzwerts i. S. d. § 8 Abs. 2 GrEStG vorzunehmen.

3.3   Umwandlungen, Einbringungen und andere Erwerbsvorgänge auf gesellschaftsrechtlicher Grundlage (§ 8 Abs. 2 Nr. 2 GrEStG)

4419   Nach **§ 8 Abs. 2 Nr. 2 GrEStG** ist die Steuer bei Umwandlungen auf Grund eines Bundes- oder Landesgesetzes, bei Einbringungen sowie bei anderen Erwerbsvorgängen auf gesellschaftsrechtlicher Basis nach dem Grundbesitzwert zu bemessen. Durch die Ausweitung der Grunderwerbsteuerbefreiung bei Umstrukturierungen im Konzern nach § 6a GrEStG haben diese Bewertungsanlässe zuletzt an Bedeutung eingebüßt.

Diese Sonderregelung dient v. a. der **Vereinfachung des Gesetzesvollzugs**, denn bei   4420
Umwandlungen und Einbringungen liegen eigentlich Gegenleistungen in Form von gewährten
Gesellschaftsrechten vor. Da hierbei regelmäßig Sachgesamtheiten übergehen und die Feststellung von Anteilswerten i. d. R. komplexer und schwieriger ist und eine Aufteilung erfordert, wird
in diesen Fällen der zu ermittelnde Grundbesitzwert als Bemessungsgrundlage herangezogen.

Vom Tatbestand des § 8 Abs. 2 Nr. 2 GrEStG werden u. a. **folgende Vorgänge erfasst:**   4421
- alle Erwerbsvorgänge bei **Umwandlungen auf Grund eines Bundes- oder Landesgesetzes** (insbes. Umwandlungsgesetz), die eine Vermögensübertragung enthalten (Verschmelzungen i. S. d. §§ 2 ff. UmwG, Spaltungen i. S. v. §§ 123 ff. UmwG und Vermögensübertra-
gungen nach §§ 174 ff. UmwG; der Formwechsel unterliegt hingegen mangels Rechtsträgerwechsel nicht der Grunderwerbsteuer).
- **Einbringung** von Grundstücken oder des ganzen Betriebsvermögens in Unternehmen
gegen Gewährung von Gesellschaftsrechten. Erfasst werden beispielsweise die Übertragung von Grundstücken auf eine Personen- oder Kapitalgesellschaft zur Erfüllung einer
Sacheinlageverpflichtung (z. B. nach § 27 AktG oder nach § 5 Abs. 4 GmbHG) oder zur
Erfüllung von Beitragspflichten (§ 706 BGB). Des Weiteren kommen auch Einbringungen
in Personengesellschaften nach § 24 UmwStG und in Kapitalgesellschaften nach § 20
UmwStG in Betracht.
- **sonstige Erwerbsvorgänge auf gesellschaftsvertraglicher Grundlage.** Hierunter fallen
beispielsweise Kapitalerhöhungen in Form von Sacheinlagen bzw. die Vergrößerung des
Gesamthandsvermögens gegen Einräumung einer höheren Beteiligungsquote am Vermögen der Gesellschaft, Anwachsungsfälle und Erwerbsvorgänge eines Gesellschafters im
Rahmen der Auflösung der Gesellschaft.

BEISPIELE   4422

a) Die ABC-OHG, an der A, B und C zu je einem Drittel beteiligt sind, wird durch Vertrag unter den
Gesellschaftern Ende 03 aufgelöst. A hatte seinen Gesellschaftsanteil erst im Jahre 01 käuflich erworben. Im Rahmen der Auflösung erhält A das Betriebsgrundstück. Im Gegenzug übernimmt er die
Verbindlichkeiten der OHG und leistet Abfindungen an B und C. Für das auf A übergehende
Betriebsgrundstück wird nach § 8 Abs. 2 Nr. 2 GrEStG ein Grundbesitzwert i. H. v. 600 000 € ermittelt. Eine Befreiung nach § 6 GrEStG kommt vorliegend nicht in Betracht, da A seinen Gesellschaftsanteil innerhalb von fünf Jahren vor dem Erwerbsvorgang erworben hat (§ 6 Abs. 4 GrEStG).

b) Gemäß notariell beurkundetem GmbH-Gründungsvertrag verpflichtet sich A im Wege der Sach-   4423
einlage sein bisheriges Einzelunternehmen, zu dem auch ein Betriebsgrundstück zählt, in die GmbH
einzubringen. Für die steuerbare und steuerpflichtige Einbringung des Betriebsgrundstücks ist ein
Grundbesitzwert nach § 8 Abs. 2 Nr. 2 GrEStG gesondert festzustellen.

3.4   Erwerbsvorgänge i. S. v. § 1 Abs. 2a, 3 und 3a GrEStG
(§ 8 Abs. 2 Nr. 3 GrEStG)

Grundbesitzwerte sind nach **§ 8 Abs. 2 Nr. 3 GrEStG** auch für **folgende Erwerbstatbe-**   4424
stände (Ergänzungstatbestände) gesondert festzustellen:
- **§ 1 Abs. 2a GrEStG:** Qualifizierter Gesellschafterwechsel i. H. v. **mindestens 95 % am Vermögen der Personengesellschaft** innerhalb von fünf Jahren. In diesem Falle wird selbst
dann der **volle Grundbesitzwert** zu Grunde gelegt, wenn zwar mindestens 95 %, aber
nicht 100 % der Vermögensanteile auf neue Gesellschafter übergehen (vgl. gleichlautende
Ländererlasse vom 18. 02. 2014 BStBl I 2014, 561).

- **§ 1 Abs. 3 GrEStG:** Anteilsvereinigung von mindestens 95 % in der Hand eines (unmittelbaren oder mittelbaren) Gesellschafters einer Personen- oder Kapitalgesellschaft. Auch hier wird der ungekürzte Grundbesitzwert der Besteuerung zu Grunde gelegt.
- **§ 1 Abs. 3a GrEStG: Wirtschaftliche Beteiligung** von mindestens 95 % in der Hand eines (unmittelbaren oder mittelbaren) Gesellschafters einer Personen- oder Kapitalgesellschaft. Die Bemessungsgrundlage richtet sich ebenfalls nach dem ungekürzten Grundbesitzwert.

4425–4429 frei

4 Allgemeine und formelle Regelungen zur Grundbesitzbewertung

4.1 Gesonderte Feststellung der Grundbesitzwerte

4430 Grundbesitzwerte für Grunderwerbsteuerzwecke sind **gesondert festzustellen (§ 151 Abs. 1 Nr. 1 i. V. m. Abs. 5 BewG)**, wenn die Werte für die Besteuerung von Bedeutung sind. Steuerbare, aber nicht steuerpflichtige Grundstücksübertragungen bedürfen somit keiner gesonderten Feststellung. Ob sie für die Besteuerung von Bedeutung sind, entscheidet grds. das für die Festsetzung der Grunderwerbsteuer zuständige Finanzamt (§ 151 Abs. 5 Satz 2 i. V. m. Abs. 1 Satz 2 BewG). Bei entsprechender Aufforderung durch das Festsetzungsfinanzamt kann das für die Feststellung zuständige Finanzamt grds. davon ausgehen, dass die Feststellung des Grundbesitzwerts für die Grunderwerbsteuer erforderlich ist.

4431 Spezielle Vorschriften über die gesonderte Feststellung von Grundbesitzwerten finden sich im 5. Abschnitt des II. Teils des Bewertungsgesetzes (§§ 151 ff. BewG). Ergänzend gelten die verfahrensrechtlichen Vorschriften zu gesonderten Feststellungen nach §§ 179 ff. AO. **Zuständig** für die Bedarfsbewertung des Grundbesitzes sind das **Lagefinanzamt** und innerhalb des Finanzamts die Bewertungsstellen bzw. die dafür eingerichteten Grundstückswertstellen. Das für die Feststellung zuständige Lagefinanzamt (§ 152 Nr. 1 BewG) kann von jedem, für dessen Besteuerung eine Bedarfsbewertung von Bedeutung ist, die Abgabe einer Feststellungserklärung innerhalb einer von ihm zu bestimmenden Frist verlangen. Die **Frist zur Abgabe der Feststellungserklärung** muss **mindestens einen Monat** betragen (§ 153 Abs 1 BewG). Wer zur Abgabe einer Feststellungserklärung verpflichtet ist, richtet sich danach, wer Schuldner der Grunderwerbsteuer ist. Bei der Erfassung des Grundbesitzes für Besteuerungstatbestände des § 1 Abs. 2a, Abs. 3 und Abs. 3a GrEStG sind die grunderwerbsteuerrechtlichen Zurechnungsvorschriften zu berücksichtigen. Die bewertungsrechtlichen Zurechnungsvorschriften und der Grundbucheintrag sind hingegen nicht ausschlaggebend.

4432 Die gesonderte Feststellung gegenüber **mehreren Beteiligten** ist außerdem einheitlich zu treffen (**einheitliche Feststellung**), wenn dies gesetzlich bestimmt ist oder der Gegenstand der Feststellung mehreren Personen zuzurechnen ist (§ 179 Abs. 2 AO). Dies gilt z. B. bei erforderlichen Wertfeststellungen für Grundstücke, die im hälftigen Miteigentum der Eheleute stehen.

4433 Der Bescheid über die gesonderte Feststellung des Grundbesitzwerts stellt ein **Grundlagenbescheid** dar, dem Bindungswirkung für den nachfolgenden Grunderwerbsteuerbescheid zukommt (§ 182 Abs 1 AO). Dies hat zur Folge, dass **Einwendungen** bezüglich der Höhe der Wertfeststellung erfolgreich nur im Rechtsmittelverfahren gegen den Feststellungsbescheid geltend gemacht werden können. Die Geltendmachung solcher Einwendungen im Verfahren gegen die Grunderwerbsteuerfestsetzung (Folgebescheid) ist hingegen ausgeschlossen (BFH vom 18.01.2006 BFH/NV 2006, 904). Zur Einspruchseinlegung gegen Grundbesitzwertfeststellungsbescheide ist nur derjenige befugt, der geltend machen kann, dass er durch den Feststellungsbescheid beschwert ist (§ 350 AO).

Die Vorschriften über die **Feststellungsverjährung** sind auch bei der Bedarfsbewertung für den Grundbesitz in vollem Umfang gültig. Da es sich bei dem Feststellungsbescheid um einen Grundlagenbescheid handelt, endet die **Festsetzungsfrist** der Folgesteuern nach § 171 Abs. 10 AO nicht vor Ablauf von zwei Jahren nach Bekanntgabe des Grundlagenbescheids. **4434**

Bewertungsgegenstand ist die jeweilige **wirtschaftliche Einheit** des Grundstücks einschließlich der zugehörigen Wirtschaftsgüter im grunderwerbsteuerlichen Sinne (vgl. § 2 GrEStG). § 157 BewG **unterscheidet** folgende **drei wirtschaftlichen Einheiten:** **4435**

1. das **land- und forstwirtschaftliche Vermögen** sowie **Betriebsgrundstücke i. S. v.** § 99 Abs. 1 **Nr. 2** BewG (d. h. Betriebsgrundstücke, die losgelöst von der Zugehörigkeit zum Gewerbebetrieb einen land- und forstwirtschaftlichen Betrieb bilden würden); die Bewertung dieser Grundstücke richtet sich nach § 157 Abs. 2 i. V. m. §§ 158 bis 175 BewG;
2. das **Grundvermögen**, das nach den Vorschriften des § 157 Abs. 3 i. V. m. §§ 176 bis 198 BewG zu bewerten ist;
3. **Betriebsgrundstücke** i. S. v. § 99 Abs. 1 **Nr. 1** BewG (d. h. Betriebsgrundstücke, die losgelöst von der Zugehörigkeit zum Gewerbebetrieb dem Grundvermögen zuzurechnen wären); Grundlage für die Bewertung dieser Grundstücke sind § 157 Abs. 3 i. V. m. §§ 176 bis 198 BewG.

4436, 4437
frei

4.2 Feststellungszeitpunkt und maßgeblicher Bewertungsmaßstab

Feststellungszeitpunkt ist der jeweilige Besteuerungszeitpunkt. Bewertungszeitpunkt bei der Grunderwerbsteuer ist das **Wirksamwerden des Erwerbsvorgangs** (§ 1 GrEStG). Bei der Feststellung der Grundbesitzwerte sind somit grds. die **tatsächlichen Verhältnisse** und die **Wertverhältnisse des Besteuerungszeitpunkts** zu Grunde zu legen (§ 157 Abs. 1 BewG). Für frühere Feststellungen von Grundbesitzwerten bis zum 31. 12. 2006 galten noch die Wertverhältnisse zum 01. 01. 1996. **4438**

Grundsätzlicher **Bewertungsmaßstab** für die Bedarfsbewertung wäre eigentlich nach § 9 BewG der gemeine Wert. Dies entsprach auch der ursprünglichen Absicht des Gesetzgebers. Die Bewertungsvorschriften der §§ 158 ff. bzw. §§ 176 ff. BewG enthalten **typisierende Bewertungsregelungen**, die letztlich – ggfs. abweichend vom gemeinen Wert i. S. d. § 9 BewG – zu einem typisierenden Wert führen. **4439**

Für die Bewertung des Betriebsteils des land- und forstwirtschaftlichen Vermögens kommen aufgrund der Regelungen des § 163 BewG regelmäßig Ertragswerte mit Pauschalansätzen in Betracht (§ 157 Abs. 2 BewG). Bei der Bedarfsbewertung ist § 163 AO nicht anwendbar (§ 157 Abs. 3 Satz 3 i. V. m. § 20 Satz 2 BewG). Eine niedrigere Feststellung des Bedarfswerts aus Billigkeitsgründen ist daher ausgeschlossen. **4440**

4.3 Abrundung der Grundbesitzwerte

Für Bedarfsbewertungen, für die sich die Bewertung noch nach §§ 138 ff. BewG richtete, war der ermittelte Grundbesitzwert noch auf **volle fünfhundert Euro nach unten abzurunden** (§ 139 BewG). Die Abrundung galt für **alle Grundbesitzwerte** i. S. d. §§ 140 bis 150 BewG, d. h. sowohl für land- und forstwirtschaftliche Grundbesitzwerte als auch für Betriebsgrundstücke oder private Grundstücke sowie für Anteile daran. Daher war beispielsweise auch der zu bewertende Miteigentumsanteil auf volle fünfhundert abzurunden. Durch die Abrundung sollte den (seit 1996 bzw. 1997) höheren Grundbesitzwerten im Interesse der Verwaltungsvereinfachung Rechnung getragen werden. **4441**

4442   Bei einem geringen land- und forstwirtschaftlichen Grundbesitzwert (z. B. bei Stückländereien), der nur aus einem Betriebswert bis zu 499 € bestand, war auf 0 € abzurunden. In diesem Fall erübrigte sich die förmliche Feststellung eines Grundbesitzwerts. Es war stets der Wert der (gesamten) wirtschaftlichen Einheit abzurunden. Anteile an einem Grundbesitzwert waren nicht nochmals abzurunden.

4443   Für Bedarfsbewertungen, für die der Bedarfswert neuerdings nach den §§ **158 ff. bzw. 176 ff.** BewG zu ermitteln ist, ist **nur** eine **Abrundung** auf **volle Euro-Beträge** vorgesehen (vgl. R B 179.3 Abs. 1 Satz 2 u. Abs. 2 Satz 3 ErbStR).

5   Änderung der Bedarfsbewertungsvorschriften für Grunderwerbsteuerzwecke

4444   Gemäß den Vorgaben durch den Beschluss des **BVerfG** vom 23. 06. 2015 (BStBl II 2015, 871; vgl. 2) hatte der Gesetzgeber durch das **StÄndG 2015** die Bewertungsvorschriften für Grunderwerbsteuerzwecke (bisher §§ 138 ff. BewG) **rückwirkend** für alle offenen Bewertungsfälle **ab dem 01. 01. 2009 neu geregelt.** § 8 Abs. 2 GrEStG verweist nunmehr auf § 151 Abs. 1 Nr. 1 und § 157 Abs. 1 bis 3 BewG und damit auf dieselben Bewertungsvorschriften **wie** sie auch für **Erbschaft- und Schenkungsteuerzwecke** gelten. Für Grunderwerbsteuerfälle bis zum 31. 12. 2008 ist das bisherige Recht weiter anwendbar.

5.1   Bisherige Bewertung nach §§ 138 ff. BewG

4445   Die bisherige Bedarfsbewertung für Grunderwerbsteuerzwecke war in den §§ 138 ff. BewG geregelt (d. h. im 4. Abschnitt des 2. Teils des BewG). Diese bisherigen Bewertungsvorschriften sehen jeweils spezielle Regelungen vor für die Bewertung von
- **land- und forstwirtschaftlichem Vermögen (§§ 140 bis 144 BewG),**
- **unbebauten (§ 145 BewG) und bebauten Grundstücken (§ 146),**
- **Grundstücken in Sonderfällen (§ 147 BewG),**
- **Erbbaurechtsgrundstücken (§ 148 BewG),**
- **Grundstücken mit Gebäuden auf fremdem Grund und Boden (§ 148a BewG),**
- **Grundstücken im Zustand der Bebauung (§ 149 BewG) und**
- **Grundstücken mit Gebäuden und Gebäudeteilen für den Zivilschutz (§ 150 BewG).**

Bzgl. den Einzelheiten zur Bedarfsbewertung nach den **bisherigen Bewertungsvorschriften** wird auf die ausführliche **Darstellung** in der vorhergehenden **18. Auflage** verwiesen.

5.2   Bewertung nach §§ 158 ff. BewG

4446   Gemäß der Neufassung durch das StÄndG 2015 wird die Grunderwerbsteuer in den Fällen des § 8 Abs. 2 GrEStG nach den Grundbesitzwerten i. S. d. § 151 Abs. 1 Satz 1 Nr. 1 i. V. m. § 157 Abs. 1 bis 3 und damit nach den gleichen Wertermittlungsvorschriften wie bei der Erbschaftsteuer bemessen (6. Abschnitt des 2. Teils des BewG). Diese haben – wie vom Bundesverfassungsgericht gefordert – eine Bewertung zum gemeinen Wert zum Ziel (vgl. § 177 BewG) und sollen somit einer Ungleichbehandlung im Verhältnis zu anderen Grunderwerbsteuerfällen i. S. v. § 8 Abs. 1 GrEStG, die keine Bewertung erfordern, entgegenwirken. Zur Vermeidung von Wiederholungen wird bzgl. der **Einzelheiten** zur Bewertung auf folgende ausführliche **Darstellungen in Kapitel 1** verwiesen:

- **Teil F** bzgl. der Bedarfsbewertung des land- und forstwirtschaftlichen Vermögens (§§ 157 Abs. 2 i. V. m. §§ 158 bis 175 BewG),
- **Teil G** bzgl. der Bedarfsbewertung des Grundvermögens (§ 157 Abs. 3 i. V. m. §§ 176 bis 198 BewG).

Das Konzept der typisierten Grundbesitzbewertung nach den §§ 176 ff. BewG basiert auf den anerkannten Verfahren zur Verkehrswertermittlung auf der Grundlage der Verordnung über die Grundsätze für die Ermittlung der Verkehrswerte von Grundstücken (Immobilienwertermittlungsverordnung – ImmoWertV vom 19. 05. 2010 BGBl I, 639).   **4447**

Der Wert **unbebauter** Grundstücke ermittelt sich demnach wie folgt (§§ 176, 177 BewG): **4448**
Grundstücksfläche (qm) x Bodenrichtwert je qm = Wert unbebautes Grundstück.

Zur Ermittlung des Wertes von **bebauten** Grundstücken (§§ 180 bis 191 BewG) kommen **4449**
hiernach – in Abhängigkeit der jeweiligen **Grundstücksart** i. S. v. § 181 Abs. 1 BewG – grds. 3 unterschiedliche Verfahren in Betracht:

- das **Vergleichsverfahren** (§ 182 Abs. 2 und § 183 BewG),
- das **Ertragswertverfahren** (§ 182 Abs. 3 und §§ 184 bis 188 BewG) oder
- das **Sachwertverfahren** (§ 182 Abs. 4 und §§ 189 bis 191 BewG).

Die Vorschriften der §§ 192 bis 197 BewG regeln die Bewertung von Grundstücken in **Sonder-** **4450**
fällen. Dies betrifft die Bewertung von

- Erbbaurechtsfällen (§§ 192 bis 194 BewG),
- Gebäuden auf fremdem Grund und Boden (§ 195 BewG),
- Grundstücken im Zustand der Bebauung (§ 196 BewG) und
- Gebäuden und Gebäudeteilen für den Zivilschutz (§ 197 BewG).

Da es sich um typisierende Bewertungsvorschriften handelt, kann der Steuerpflichtige in allen Fällen der Grundstücksbewertung nach §§ 176 ff. BewG einen **niedrigeren gemeinen Wert** durch ein Sachverständigengutachten nachweisen (§ 198 BewG).

5.3   Erstmalige Anwendung der Neuregelung

Die – **regelmäßig zu höheren Werten** führende – Neuregelung (§ 8 Abs. 2 GrEStG mit **4451**
Verweis auf die Bewertungsvorschriften des 6. Abschnitts des 2. Teils des BewG) gilt nicht nur für künftige Erwerbsfälle, sondern kommt aufgrund der **Rückwirkung** grds. auch für **Erwerbs-**
fälle nach dem 31. 12. 2008 in Betracht. Der Wortlaut der **Anwendungsregelung** des § 23 Abs. 14 GrEStG enthält hierzu folgende Formulierung:

»§ 8 Abs. 2 und § 17 Abs. 3a in der am 6. November 2015 geltenden Fassung sind auf Erwerbsvorgänge anzuwenden, die nach dem 31. Dezember 2008 verwirklicht werden. Soweit Steuer- und Feststellungsbescheide, die vor dem 6. November 2015 für Erwerbsvorgänge nach dem 31. Dezember 2008 ergangen sind, wegen § 176 Abs. 1 Satz 1 Nr. 1 der Abgabenordnung nicht geändert werden können, ist die festgesetzte Steuer vollstreckbar.«

Die Finanzverwaltung hat mit gleich lautenden **Ländererlassen** vom 16. 12. 2015 (BStBl I **4452**
2015, 1082) **zur Anwendung der neuen Bedarfsbewertung** für **bereits verwirklichte** Grunderwerbsteuertatbestände nach dem 31. 12. 2008 Stellung genommen. Demnach ist in diesen Fällen wie folgt zu verfahren (wesentliche **Zusammenfassung**, zu weiteren Details s. Erlass):

- Soweit die Anwendung des neuen Rechts zu einer **Minderung** der bisher festgesetzten Grunderwerbsteuer führen würde, ist der Grunderwerbsteuerbescheid von Amts wegen zu ändern und für endgültig zu erklären (§ 165 Absatz 2 Satz 2 AO). Dies dürfte allenfalls in absoluten Ausnahmefällen zum Tragen kommen.

- Soweit die Anwendung des neuen Rechts bei bereits durchgeführten Grunderwerbsteuerfestsetzungen oder Bedarfswertfeststellungen zu einer **Erhöhung** der Grunderwerbsteuer bzw. des festgestellten Grundbesitzwertes führen würde, steht § 176 Abs. 1 Satz 1 Nr. 1 AO (Vertrauensschutz, wenn das BVerfG die Nichtigkeit eines Gesetzes feststellt, auf dem die bisherige Steuerfestsetzung beruht) einer Bescheidänderung zuungunsten des Steuerpflichtigen entgegen.

- § 176 Abs. 1 Satz 1 Nr. 1 AO ist nicht anwendbar, wenn eine vorläufige erstmalige Grunderwerbsteuerfestsetzung bzw. eine vorläufige erstmalige Grundbesitzwertfeststellung mit einem zulässigen Einspruch angefochten wurde und das Einspruchsverfahren noch anhängig ist. Der Einspruchsführer kann jedoch durch Rücknahme seines Einspruchs eine mögliche Verböserung abwenden und die Anwendung des § 176 Abs. 1 Satz 1 Nr. 1 AO erreichen.

- Erforderliche, bislang unterbliebene Feststellungen der Grundbesitzwerte sind unter Anwendung des neuen Rechts durchzuführen. § 176 Abs. 1 Satz 1 Nr. 1 AO steht dem nicht entgegen, da diese Vorschrift nur bei einer Aufhebung oder Änderung eines Steuerbescheids oder eines einem Steuerbescheid gleichstehenden Verwaltungsakts (z. B. Feststellungsbescheid) zu beachten ist.

- Falls nach Ergehen des Beschlusses des Bundesverfassungsgericht vom 23.06.2015 die Festsetzung der Grunderwerbsteuer gemäß § 165 Abs. 1 Satz 4 i. V. m. Satz 2 Nr. 2 AO vorläufig ausgesetzt worden ist, ist die Grunderwerbsteuerfestsetzung unter Zugrundelegung des neuen Rechts nachzuholen (§ 165 Abs. 2 Satz 2 2. HS AO). § 176 Abs. 1 Satz 1 Nr. 1 AO steht der Anwendung des neuen Rechts nicht entgegen, da die Steuer erstmalig und nach Ergehen der Entscheidung des Bundesverfassungsgerichts festgesetzt wird.

4453–4596
frei

Kapitel 3
Grundsteuer

Teil A Überblick über das Grundsteuerrecht

1   Einführung

a) Entwicklung

Die Grundsteuer ist eine der ältesten Steuerformen in der Geschichte der Menschheit. Sie knüpft an den Grundbesitz an und ist traditionell als Gemeindesteuer ausgestaltet, deren Aufkommen Art. 106 Abs. 6 Satz 1 GG den Gemeinden vorbehält. In Deutschland gilt derzeit ein einheitliches Grundsteuerrecht. Grundlage für die Bemessung der Grundsteuer sind sog. Einheitswerte, die nach den Vorschriften des Bewertungsgesetzes in den »alten« Bundesländern noch heute auf der Grundlage der Wertverhältnisse zum 01.01.1964 ermittelt werden.

4597

Das Bundesverfassungsgericht hat am 10.04.2018 (DStR 2018, 791) entschieden, dass die Vorschriften der Einheitsbewertung für bebaute Grundstücke in den alten Ländern seit dem 01.01.2002 mit dem allgemeinen Gleichheitsgrundsatz (Art. 3 Abs. 1 GG) unvereinbar sind. Der Gesetzgeber ist verpflichtet, spätestens bis zum 31.12.2019 eine Neuregelung zu treffen. Ab dem 01.01.2025 muss die Grundsteuer dann nach der neuen Bemessungsgrundlage erhoben werden. Würde dies nicht geschehen, könnte ab 2025 keine Grundsteuer mehr erhoben werden. Einige Bundesländer hatten bereits in der Vergangenheit einen Anlauf zu einer Neuregelung der Bemessungsgrundlage für die Grundsteuer unternommen (vgl. den Gesetzentwurf zur Änderung des BewG, BR-Drucks. 515/16).

4598

Derzeit werden mehrere Modelle diskutiert (vgl. Kriese/Löhr, Wohnungswirtschaft und Mietrecht 2018, 321), von denen wohl drei in der engeren Auswahl stehen. Nach dem **Kostenwertmodell** erfolgt eine Bewertung des Grund und Bodens anhand der von den Gutachterausschüssen in den Regionen ermittelten Bodenrichtwerte; Gebäude sollen mit den fiktiven Investitionskosten bewertet werden. Im Bundesrat fand dieses Modell 2016 eine Mehrheit, dem allerdings die Bundesländer Bayern und Hamburg nicht zustimmten. Das **Bodenwertmodell** bemisst die Grundsteuer allein nach den Verkehrswerten von Grund und Boden. Das reine **Flächenmodell** hat als Bemessungsgrundlage die Fläche des Grund und Bodens sowie gegebenenfalls die Geschossflächen der Gebäude. Beide Flächen werden jeweils mit einem festzusetzenden Euro-Cent-Betrag multipliziert. Der sich ergebende Betrag ist die Grundlage für die Bemessung der Grundsteuer.

4599

Bei einer Neukonzeption hat der Bund das konkurrierende Gesetzgebungsrecht für die Grundsteuer nach Artikel 105 Abs. 2 GG nur, wenn die Voraussetzungen der Erforderlichkeitsklausel des Art. 72 Abs. 2 GG vorliegen (vgl. dazu Henneke, Deutsches Verwaltungsblatt 2018, 794). Danach ist eine bundesgesetzliche Regelung nur insoweit erforderlich, als ohne sie gleichwertige Lebensverhältnisse nicht hergestellt oder die im gesamtstaatlichen Interesse stehende Rechts- oder Wirtschaftseinheit nicht gewahrt werden kann.

4600

Die Bundesregierung geht bei allen derzeit bekannten Modellen davon aus, dass eine Steuer- oder Feststellungserklärung erforderlich ist (vgl. BT-Drucks. 19/3077, 2). Welches Modell sich am Ende durchsetzen wird, bleibt abzuwarten (siehe auch Seer, DB 2018, 1488).

4601

b) Vorschriften zum Grundsteuerrecht

* GrStG vom 07.08.1973 BStBl I 1973, 586 mit späteren Änderungen,
* GrStR 1978 vom 09.12.1978 BStBl I 1978, 553,
* §§ 29 bis 33 GrStDV 1937 RGBl I 1937, 733 für die neuen Bundesländer.

4602

c) Wesen der Grundsteuer

4603 Die Grundsteuer ist eine Realsteuer (Sach- oder Objektsteuer). Sie nimmt auf die persönlichen Verhältnisse des Steuerschuldners keine Rücksicht. Im Mittelpunkt des Grundsteuerrechts steht also nicht eine Person, sondern das Objekt (der Grundbesitz).

d) Die Grundsteuer eine Gemeindesteuer

4604 Die Grundsteuer ist eine reine Gemeindesteuer (Steuerberechtigte nach § 1 GrStG). Nach Art. 106 Abs. 6 GG fließt das Grundsteuer-Aufkommen den Gemeinden zu.

2 Steuerpflicht

2.1 Steuergegenstand

4605 Steuergegenstand ist der Grundbesitz i. S. des BewG (§ 19 Abs. 1 BewG, § 2 GrStG), d. h. die Betriebe der Land- und Forstwirtschaft, die Grundstücke des Grundvermögens und die Betriebsgrundstücke. Hieraus folgt, dass alles, was bei der Einheitsbewertung des Grundbesitzes als selbstständige wirtschaftliche Einheit bewertet worden ist, bei der Grundsteuer einen selbstständigen Steuergegenstand bildet, der gesondert zur Grundsteuer herangezogen wird. Da Betriebsgrundstücke nach § 99 Abs. 3 BewG entweder wie land- und forstwirtschaftliches Vermögen oder wie Grundvermögen zu bewerten sind, unterscheidet man nach § 2 GrStG zwei Gruppen von Steuergegenständen:
1. Betriebe der Land- und Forstwirtschaft: **Grundsteuer A**,
2. Grundstücke: **Grundsteuer B**.

2.2 Steuerbefreiungen und Steuerbegünstigungen

2.2.1 Arten

4606 Bei der Grundsteuer unterscheidet man zwei Arten von Steuerbefreiungen:
1. Steuerbefreiungen ohne zeitliche Begrenzung,
2. Steuerbefreiungen (Steuerbegünstigungen) mit zeitlicher Begrenzung.

2.2.2 Steuerbefreiungen ohne zeitliche Begrenzung

4607 Diese Tatbestände sind in den §§ 3 bis 8 GrStG geregelt. Die Befreiungsvorschriften sind eng auszulegen. Sie bezwecken im Allgemeinen die Förderung des Gemeinwohls. Befreit ist u. a. Grundbesitz, der einem öffentlichen Dienst oder Gebrauch, der Gemeinnützigkeit, der Mildtätigkeit, den kirchlichen Zwecken, der Wissenschaft und dem Unterricht, den Krankenanstalten, den öffentlichen Straßen usw. dient.

4608 Grundbesitz, der Wohnzwecken dient, unterliegt grundsätzlich der Grundsteuer (§ 5 GrStG). Land- und forstwirtschaftlich genutzter Grundbesitz ist ebenfalls grundsätzlich grundsteuerpflichtig (§ 6 GrStG).

2.2.3 Steuerbefreiungen mit zeitlicher Begrenzung

a) Steuervergünstigung für abgefundene Kriegsbeschädigte

4609

Hierbei handelt es sich nach § 36 GrStG um eine Grundsteuervergünstigung für Grundbesitz solcher Kriegsbeschädigten, die zum Erwerb oder zur wirtschaftlichen Stärkung ihres Grundbesitzes eine Kapitalabfindung aufgrund des Bundesversorgungsgesetzes in der Fassung der Bekanntmachung vom 22.01.1982 (BGBl I 1982, 21), zuletzt geändert durch Gesetz vom 15.06.1999 (BGBl I 1999, 1328) erhalten haben. Die Vergünstigung wird nur so lange gewährt, als die Versorgungsgebührnisse wegen der Kapitalabfindung in der gesetzlichen Höhe gekürzt werden.

b) Grundsteuervergünstigung nach dem II. WoBauG

Nach dem II. WoBauG war für Wohnraum eine Grundsteuervergünstigung unter gewissen Voraussetzungen für die Dauer von 10 Jahren gewährt worden, wenn der Wohnraum vor dem 01.01.1990 bezugsfertig geworden war. Begünstigt war nach §§ 92 und 92a II. WoBauG Wohnraum, der **öffentlich gefördert** oder **steuerbegünstigt** war. Diese ebenfalls zeitlich begrenzte Grundsteuervergünstigung kam letztmals für das Jahr 1999 in Betracht. Diese Grundsteuervergünstigung wurde nur auf Antrag gewährt. Der Grund und Boden und die nicht steuerbegünstigten Räume und Wohnungen nahmen an dieser Grundsteuervergünstigung nicht teil. Der Grundsteuermessbetrag war auf einen steuerpflichtigen und einen steuerbegünstigten Teil aufzuteilen. Näheres war in der VA-II. WoBauG geregelt.

4610

2.3 Stichtag für die Grundsteuer

§ 9 GrStG regelt hierzu Folgendes:

4611

1. Maßgebend sind die Verhältnisse zu Beginn des Kalenderjahres (§ 9 Abs. 1 GrStG).
2. Die Grundsteuer entsteht mit Beginn des Kalenderjahres, für das die Steuer festzusetzen ist (§ 9 Abs. 2 GrStG).

2.4 Steuerschuldner

Für die Frage der Steuerschuldnerschaft gilt nach § 10 GrStG Folgendes:

4612

Maßgebend ist die Zurechnung, die bei der Einheitsbewertung für den Grundbesitz getroffen worden ist (§ 10 Abs. 1 GrStG). Die Zurechnungsfeststellung (§ 19 Abs. 3 Nr. 2 BewG) erfolgt insoweit nach den Regelungen über das Eigentum bzw. wirtschaftliche Eigentum nach § 39 AO. Wurde die wirtschaftliche Einheit des Grundbesitzes (Steuergegenstand) bei der Feststellung des Einheitswerts danach dem wirtschaftlichen Eigentümer i. S. d. § 39 AO zugerechnet, ist dieser Steuerschuldner. Für **Erbbaurechtsgrundstücke** gilt eine Sonderregelung (§ 10 Abs. 2 GrStG). Danach ist derjenige, dem ein Erbbaurecht zugerechnet wird (der Erbbauberechtigte), auch Schuldner der Grundsteuer für die wirtschaftliche Einheit des belasteten Grundstücks. Bei **mehreren Beteiligten** an der wirtschaftlichen Einheit gelten alle Beteiligten als Gesamtschuldner (§ 10 Abs. 3 GrStG). Bei land- und forstwirtschaftlichem Vermögen in den neuen Bundesländern gilt der Nutzer dieses land- und forstwirtschaftlichen Vermögens (§ 40 GrStG) als Steuerschuldner.

2.5 Haftung

4613 In § 11 GrStG ist für bestimmte Personen eine persönliche Haftung der Grundsteuer festgelegt. Haftender ist derjenige, dem an dem Steuergegenstand ein Nießbrauch oder ein dem Nießbrauch ähnliches Recht zusteht (Nutznießer). Dies ist etwa gemäß § 14 Abs. 1 der Höfeordnung – HöfeO – der Fall, der dem überlebenden Ehegatten des Erblassers bis zur Vollendung des fünfundzwanzigsten Lebensjahres des Hoferben die Verwaltung und Nutznießung am Hof einräumt. Mieter, Pächter und Eigentümer eines Gebäudes auf fremdem Grund und Boden sowie Inhaber von dinglichen Wohnungsrechten sind regelmäßig nicht als Nutznießer anzusehen. Wird ein Steuergegenstand ganz oder zu einem Teil einer anderen Person übereignet, so haftet nach § 11 Abs. 2 GrStG der Erwerber neben dem früheren Eigentümer für die auf den Steuergegenstand oder Teil des Steuergegenstandes entfallende Grundsteuer, die für die Zeit seit dem Beginn des letzten vor der Übereignung liegenden Kalenderjahres zu entrichten ist. Ob die Übereignung entgeltlich oder unentgeltlich erfolgt ist, spielt keine Rolle. Nach § 12 GrStG ruht die Grundsteuer auf dem Steuergegenstand (Betrieb der Land- und Forstwirtschaft, Grundstück oder Betriebsgrundstück) als öffentliche Last (dingliche Haftung). Sie normiert eine dingliche Haftung der Grundstücke für die Grundsteuer als öffentlich-rechtliche Abgabe. Dem Steuergläubiger, den Gemeinden, steht damit kraft Gesetzes das Recht zu, sich wegen einer Grundsteuerforderung unmittelbar aus dem haftenden Grundstück zu befriedigen. Die dingliche Haftung nach § 12 GrStG tritt neben die persönliche Haftung nach § 11 GrStG. Sie ist aber, anders als die persönliche Haftung, auf das Grundstück beschränkt.

3 Festsetzung des Grundsteuermessbetrags

3.1 Verfahrensstufen

4614 Bei der Grundsteuer sind **drei Verfahrensstufen** zu beachten:
1. Feststellung des Einheitswerts (**Einheitswertverfahren**),
2. Festsetzung des Grundsteuermessbetrags (**Steuermessbetragsverfahren**),
3. Festsetzung und Erhebung der Grundsteuer (**Steuerverfahren**).

Für das land- und forstwirtschaftliche Vermögen in den neuen Bundesländern gilt die Besonderheit, dass der Ersatzwirtschaftswert in der zweiten Stufe ermittelt wird (§ 126 Abs. 1 BewG). Hier fällt die erste Verfahrensstufe weg. Es sind nur die Verfahrensstufen 2. und 3. durchzuführen.

4615 Die Entscheidungen in der vorangehenden Stufe sind für das Verfahren der nachfolgenden Stufe maßgebend. **Nachträgliche Änderungen** in der vorhergehenden Stufe des Verfahrens sind von Amts wegen in der nachfolgenden Stufe zu berücksichtigen. Das Einheitswertverfahren und das Steuermessbetragsverfahren werden vom **Finanzamt** (Lagefinanzamt) durchgeführt. Innerhalb des Lagefinanzamts sind dafür regelmäßig die sog. Bewertungsstellen (bzw. neuerdings in einigen Bundesländern auch Grundstückswertstellen) zuständig. Der Steuermessbetrag wird den Gemeinden vom Finanzamt mitgeteilt. Das Verfahren über die Festsetzung und Erhebung der Grundsteuer obliegt dagegen den **Gemeinden** (Lagegemeinden).

3.2 Koppelung der Grundsteuer mit der Einheitsbewertung des Grundbesitzes

Darunter ist Folgendes zu verstehen: Die im Einheitswertverfahren getroffenen Feststellungen **4616** über die **Höhe** des Einheitswerts, die **Art** des Gegenstands und die **Person** gelten auch für die Grundsteuer. Einwendungen gegen die Höhe des Einheitswerts, die bezeichnete Art des Grundbesitzes (Betrieb der Land- und Forstwirtschaft und Grundstücksart) und die Zurechnung können nur im Rechtsbehelfsverfahren gegen den Einheitswertbescheid, nicht gegen den Grundsteuermessbescheid oder Grundsteuerbescheid, geltend gemacht werden. Jede Hauptfeststellung, Fortschreibung und Nachfeststellung eines Einheitswerts des Grundbesitzes führt zwangsläufig zu einer entsprechenden Veranlagung des Steuermessbetrags (§§ 16 bis 18 GrStG); es kommen danach in Betracht: Hauptveranlagung, Neuveranlagung und Nachveranlagung. Vgl. 4 (Rz. 4632–4635).

3.3 Steuermesszahl und Steuermessbetrag

Bei der Berechnung der Grundsteuer ist von einem Steuermessbetrag auszugehen, der **4617** durch Anwendung eines Promillesatzes (Steuermesszahl) auf den nach dem BewG im Veranlagungszeitpunkt für den Steuergegenstand maßgebenden Einheitswert oder den steuerpflichtigen Teil davon zu ermitteln ist (§ 13 Abs. 1 GrStG). Die **Formel** zur Ermittlung des Grundsteuermessbetrags lautet:

Einheitswert in DM umgerechnet in Euro × Steuermesszahl = Grundsteuermessbetrag in Euro.

Nach § 14 GrStG beträgt die Steuermesszahl für **Betriebe der Land- und Forstwirtschaft** **4618** 6 ‰ des Einheitswerts. Für **Grundstücke** beträgt die Steuermesszahl nach § 15 GrStG:

- allgemein 3,5 ‰ vom Einheitswert,
- abweichend hiervon:
- für Einfamilienhäuser (i. S. d. § 75 Abs. 5 BewG mit Ausnahme des Wohnungseigentums und des Wohnungserbbaurechts) 2,6 ‰ für die ersten 38 346,89 € Einheitswert und 3,5 ‰ für den Rest des Einheitswerts,
- für Zweifamilienhäuser (i. S. d. § 75 Abs. 6 BewG) 3,1 ‰ des Einheitswerts,
- für Grundstücke mit Einheitswerten 1935 in den neuen Bundesländern die Steuermesszahlen der §§ 29 bis 33 GrStDV 1937.

Nach § 13 Abs. 3 GrStG ist bei **Grundstücken mit Erbbaurecht** für die Ermittlung des Grund- **4619** steuermessbetrags die Summe der beiden nach § 92 BewG festzustellenden Einheitswerte (belastetes Grundstück und Erbbaurecht) zugrunde zu legen. Da jedoch ab 01.01.1996 bzw. 01.01.1997 die Einheitswerte nicht mehr (getrennt) für die Vermögensteuer bzw. für die Einheitsbewertung des Betriebsvermögens benötigt werden, wird bereits bei der Einheitsbewertung von Erbbaurechtsgrundstücken nur noch für beide wirtschaftlichen Einheiten ein einziger Einheitswert festgestellt und dem Erbbauberechtigten zugerechnet. Voraussetzung ist jedoch, dass die beiden Einheitswerte auch nicht für die Kürzung nach § 9 Nr. 1 Satz 1 GewStG bei der Ermittlung des Gewerbeertrags für die Gewerbesteuer erforderlich sind. Vgl. hierzu FinMin Ba-Wü vom 24.03.1998 DB 1998, 801.

Der **Grundsteuermessbescheid** ist vom Finanzamt zu erteilen an den Steuerschuldner **4620** und eine Durchschrift an die hebeberechtigte Gemeinde (§ 1 GrStG). Nach den gleich lautenden Erlassen der obersten Finanzbehörden der Länder vom 18.05.2015 (BStBl I 2015, 439) werden neben den Einheitswertfeststellungen auch die hierauf aufbauenden Festsetzungen des Grundsteuermessbetrages hinsichtlich der Frage, ob die Vorschriften der Einheitsbewertung des inländischen Grundbesitzes verfassungsgemäß sind, nur noch gemäß § 165 Abs. 1 Satz 2 Nr. 3 AO vorläufig durchgeführt. Die Übermittlung des Grundsteuermessbetrags erfolgt regelmäßig über die gespeicherten Daten durch Datenträgeraustausch mit den hebeberechtigten Gemeinden, da die Grundsteuermessbetragsfestsetzung wie auch die Grundsteuerfestsetzung mit Hilfe der EDV erfolgen.

3.4   Veranlagungsarten für die Grundsteuermessbetragsfestsetzung

4621   Die Festsetzung des Grundsteuermessbetrags und der Grundsteuer erfolgt ähnlich wie bei der Einheitsbewertung des Grundbesitzes nach einem bestimmten System von Veranlagungsarten (§§ 16 bis 20 GrStG).

a) Hauptveranlagung

4622   Bei der Hauptveranlagung handelt es sich um eine allgemeine Festsetzung der Grundsteuermessbeträge. Dieser Zeitpunkt wird Hauptveranlagungszeitpunkt genannt. Vgl. § 16 Abs. 1 GrStG. Normalerweise gilt der auf den Hauptveranlagungszeitpunkt festgesetzte Grundsteuermessbetrag von dem Kalenderjahr ab, das zwei Jahre nach dem Hauptveranlagungszeitpunkt beginnt (§ 16 Abs. 2 GrStG). Die Einheitswerte der Hauptfeststellung 01.01.1964 wurden dabei erstmals zum 01.01.1974 zugrunde gelegt (vgl. hierzu die Sonderregelung in § 37 GrStG für den Hauptveranlagungszeitpunkt 1974). Auf diesen Zeitpunkt erfolgte die bisher letzte Hauptveranlagung der Steuermessbeträge. In Artikel 2 des Gesetzes zur Änderung und Ergänzung bewertungsrechtlicher Vorschriften und des Einkommensteuergesetzes vom 22.07.1970, BGBl I 1970, 1118, wurde festgelegt, dass die nächsten Hauptfeststellungen der Einheitswerte des Grundbesitzes abweichend von § 21 Abs. 1 BewG (a. F.) durch besonderes Gesetz bestimmt werden; hieran fehlt es bis heute. § 16 GrStG ist in der Praxis daher gegenwärtig bedeutungslos.

b) Nachveranlagung

4623   Die Regelung dafür befindet sich in § 18 GrStG. Die Nachveranlagung entspricht grundsätzlich der Nachfeststellung des Einheitswerts (gleicher Zeitpunkt wie die Nachfeststellung, § 17 BewG). Eine Nachveranlagung kommt auch in Betracht, wenn eine Befreiung von der Grundsteuer nachträglich wegfällt, der Einheitswert aber bereits festgestellt war. Dieser Veranlagungszeitpunkt wird Nachveranlagungszeitpunkt genannt.

c) Neuveranlagung

4624   Die Regelung dafür befindet sich in § 17 GrStG. Die Neuveranlagung entspricht grundsätzlich der Fortschreibung des Einheitswerts (gleicher Zeitpunkt wie die Wert-, Art- oder Zurechnungsfortschreibung, § 22 BewG). Eine Neuveranlagung kann in bestimmten Fällen auch in Betracht kommen, ohne dass ihr eine Fortschreibung nach § 22 BewG zugrunde liegt. Vgl. hierzu die Fälle des § 17 Abs. 2 GrStG. Dieser Veranlagungszeitpunkt wird Neuveranlagungszeitpunkt genannt.

d) Aufhebung der Veranlagung (des Steuermessbetrags)

4625   Die Regelung dafür befindet sich in § 20 GrStG. Es handelt sich hierbei um das Gegenstück zur Nachveranlagung. Die einzelnen Aufhebungsfälle sind in § 20 Abs. 1 GrStG aufgezählt. Dieser Zeitpunkt wird Aufhebungszeitpunkt genannt.

3.5 Zerlegung des Grundsteuermessbetrags

a) Begriff und Voraussetzung

Bei der Zerlegung des Grundsteuermessbetrags eines Steuergegenstands handelt es sich um die Aufteilung des Messbetrags auf zwei oder mehrere Gemeinden. Die Zerlegung kommt nach § 22 Abs. 1 Satz 1 GrStG in Betracht, wenn sich ein Steuergegenstand über mehrere Gemeinden erstreckt (ähnlich wie bei der Gewerbesteuer). **4626**

b) Zerlegungsmaßstäbe

Nach § 22 Abs. 1 Satz 2 GrStG gelten folgende Zerlegungsmaßstäbe: **4627**

- Bei Betrieben der Land- und Forstwirtschaft ist der auf den Wohnungswert entfallende Teil des Steuermessbetrags der Gemeinde zuzuweisen, in der sich der Wohnteil oder dessen wertvollster Teil befindet. Der auf den Wirtschaftswert entfallende Teil des Steuermessbetrags ist in dem Verhältnis zu zerlegen, in dem die auf die einzelnen Gemeinden entfallenden Flächengrößen zueinander stehen.

- Bei Grundstücken ist der Steuermessbetrag in dem Verhältnissen zu zerlegen, in dem die auf die einzelnen Gemeinden entfallenden Flächengrößen zueinander stehen. Auf Antrag einer Gemeinde kann auch eine andere Aufteilung in Betracht kommen (§ 22 Abs. 1 Satz 2 Nr. 2 Satz 2 f. GrStG).

- Eine Zerlegung kommt nicht in Betracht, wenn sich für eine Gemeinde ein Anteil von weniger als 25 € ergibt (§ 22 Abs. 2 GrStG). In diesem Fall ist dieser Anteil der Gemeinde zuzuordnen, der nach § 22 Abs. 1 GrStG der größte Zerlegungsanteil zusteht.

c) Zerlegungsstichtag

Nach § 23 GrStG sind der Zerlegung des Steuermessbetrags die Verhältnisse in dem Feststellungszeitpunkt zugrunde zu legen, auf den der für die Festsetzung des Steuermessbetrags maßgebende Einheitswert festgestellt worden ist (Nachfeststellungs- oder Fortschreibungszeitpunkt nach §§ 23 und 22 BewG). **4628**

d) Ersatz für die Zerlegung

§ 24 GrStG sieht als Ersatz für die Zerlegung die Möglichkeit eines Steuerausgleichs vor. **4629**

3.6 Anzeigepflicht

§ 19 GrStG sieht für jede Änderung in der Nutzung oder in den Eigentumsverhältnissen eines ganz oder teilweise von der Grundsteuer befreiten Steuergegenstandes eine Anzeigepflicht vor. **4630**

3.7 Vorzeitige Erteilung von Steuermessbescheiden und deren Änderung oder Aufhebung

§ 21 GrStG sieht die Möglichkeit der vorzeitigen Erteilung eines Grundsteuermessbescheids vor. Diese Regelung entspricht der Regelung des § 24a BewG für die vorzeitige Erteilung von Einheitswertbescheiden für Nachfeststellungen und Fortschreibungen. **4631**

4 Festsetzung und Erhebung der Grundsteuer

a) Festsetzung der Hebesätze durch die Gemeinde

4632   Die Grundsteuer wird von der hebeberechtigten Gemeinde ermittelt und festgesetzt. Dafür bestimmt die Gemeinde einen Hebesatz (§ 25 Abs. 1 GrStG). Der Hebesatz ist ein Prozentsatz, der auf den Grundsteuermessbetrag angewendet wird und den Grundsteuerjahresbetrag ergibt. Der Hebesatz wird regelmäßig für bestimmte Zeiträume festgelegt. Den Gemeinden kommt bei der Festsetzung der Hebesätze ein weiter Ermessenspielraum zu, der seine Grenzen lediglich in den allgemeinen Grundsätzen des Steuer- und Haushaltsrechts findet (BayVGH vom 11.02.1976, KStZ 1976, 150; OVG NRW vom 22.07.2009, KStZ 2009, 190; FG Berlin-Brandenburg vom 11.05.2011, ZKF 2011, 239 und VG Arnsberg vom 11.02.2016, Az 5 K 637/15). Zu nennen ist hierbei das aus Art. 20 Abs. 1 GG folgende Gebot sozialer Steuerpolitik. Hiernach dürfen die Steuerschuldner nicht übermäßig belastet und ihre Vermögensverhältnisse nicht grundlegend beeinträchtigt werden. Regelmäßig werden unterschiedliche Hebesätze für Betriebe der Land- und Forstwirtschaft und Grundstücke festgelegt.

b) Festsetzung der Grundsteuer

4633   Die Grundsteuer wird für das Kalenderjahr festgesetzt (§ 27 Abs. 1 Satz 1 GrStG). Die Berechnung der Grundsteuer erfolgt durch die Gemeinde nach folgender **Formel**:

Grundsteuermessbetrag × Hebesatz = Grundsteuer.

4634   Die Gemeinde erteilt darüber einen Grundsteuerbescheid.

c) Entrichtung der Grundsteuer

4635   Wie und wann die Grundsteuer an die Gemeinde zu entrichten ist, regeln die §§ 28 bis 31 GrStG. Nach § 28 Abs. 1 GrStG ist die Grundsteuer (Jahresbetrag) grundsätzlich je zu einem Viertel am 15.02., 15.05., 15.08. und 15.11. zu entrichten. § 28 Abs. 2 und 3 GrStG enthalten abweichende Regelungen für Kleinbeträge und für die Entrichtung in einem Jahresbetrag.

5 Erhebung der Grundsteuer in den neuen Bundesländern für Grundstücke ohne Einheitswerte

4636   Die §§ 40 bis 46 GrStG enthalten besondere Regelungen für die Festsetzung und Erhebung der Grundsteuer in den neuen Bundesländern.

4637   Soweit für Mietwohngrundstücke und Einfamilienhäuser in den neuen Bundesländern keine Einheitswerte vorhanden sind und diese nur für die Grundsteuer benötigt werden, wird auf die Einheitswertfeststellung verzichtet. Die Grundsteuer wird in diesen Fällen aus der Ersatzbemessungsgrundlage erhoben. Diese Erhebungsform beinhaltet keinen mehrstufigen Aufbau. Die Grundsteuer wird hier unmittelbar aus der Ersatzbemessungsgrundlage erhoben. Die Ersatzbemessungsgrundlage wird wie folgt ermittelt:

4638   Bei einem Hebesatz der Gemeinde von 300 % bei Wohnungen
- mit Bad, Innen-WC und Sammelheizung   1 €/m2 Wohnfläche
- für schlechter ausgestattete Wohnungen   75 Ct/m2 Wohnfläche bei Garagen
- für jeden Pkw-Abstellplatz in der Garage   5 €.

Bei einem von 300 % abweichenden Hebesatz sind die Beträge/m2 Wohnraum anzupassen.

Bei einem Hebesatz der Gemeinde von 350 % sind 1,16 €/m2 Wohnfläche bzw. 87,5 Ct/m2 Wohnfläche sowie 5,83 €/Garage anzusetzen.

Wegen der unterschiedlichen Bemessungsgrundlage bei der Grundsteuererhebung in den neuen Bundesländern vgl. Band 13 Horschitz/Groß/Schnur et. al., Erbschaft- und Schenkungsteuer, Bewertungsrecht, 18. Auflage Kapitel 3 D und F (Rz. 3901–3991 sowie Rz. 4201–4463 in der Vorauflage dieses Buches.

4639–4700
frei

Teil B Allgemeines zur Einheitsbewertung

1 Begriff und Zweck der Einheitsbewertung

4701 Unter einem Einheitswert ist ein einheitlicher Wert zu verstehen, der in einem besonderen Verfahren gesondert festgestellt wird und der grundsätzlich für mehrere Steuerarten gelten sollte. Früher bildeten die Einheitswerte für den Grundbesitz und für das Betriebsvermögen die Besteuerungsgrundlagen für die Vermögensteuer, die Grunderwerbsteuer und die Erbschaft- und Schenkungsteuer (bis 1995) sowie für die Gewerbesteuer (bis 1997). Außerdem hatten die Einheitswerte noch Bedeutung für die Einkommensteuer, Kirchensteuer und die Buchführungspflicht sowie für bestimmte außersteuerliche Zwecke.

4702 Durch den Wegfall der Vermögensteuer ab 01.01.1996 und die Anwendung eigener Werte für die Erbschaft- und Schenkungsteuer ab 01.01.1996 und in besonderem Maße ab 01.01.2009 sowie für die Grunderwerbsteuer ab 01.01.1997 hat die Einheitsbewertung des Grundbesitzes nur noch Bedeutung für die Grundsteuer. Mit dem Wegfall der Gewerbekapitalsteuer ab 01.01.1998 ist auch die Einheitsbewertung des Betriebsvermögens weggefallen, so dass die Einheitsbewertung insgesamt erheblich an Bedeutung verloren hat.

4703 Zur Frage in welchem Maße die Einheitswerte für den Grundbesitz die Besteuerungsgrundlage für die Grundsteuer bilden, vgl. Teil A dieses Kapitels (Rz. 4601–4638).

4704 Die Einheitsbewertung ist ein der eigentlichen Steuerfestsetzung vorgeschaltetes gesondertes Verfahren (Feststellungsverfahren), bei dem in selbstständigen Verwaltungsakten (Einheitswertbescheiden) Einheitswerte gesondert festgestellt werden. Die verfahrensrechtlichen Vorschriften hierzu befinden sich in der AO, die materiell-rechtlichen Vorschriften im Ersten Abschnitt des Zweiten Teils des BewG.

2 Die Einheitswertfeststellung

2.1 Wertermittlung

4705 Bei der Wertermittlung geht es um die Berechnung des Einheitswerts, abhängig vom Bewertungsmaßstab und von der Bewertungsmethode. Der sich ergebende Wert (Einheitswert) ist nach § 30 BewG abzurunden. Trotz Einführung des Euro sind ab 01.01.2002 die Einheitswerte weiterhin in DM zu errechnen und auf 100 DM abzurunden (dies hängt damit zusammen, weil nach § 27 BewG für Nachfeststellungen und Fortschreibungen die Wertverhältnisse vom Hauptfeststellungszeitpunkt 01.01.1964 maßgebend sind). Dieser abgerundete Wert ist mit dem amtlichen Umrechnungskurs von 1,95583 DM/€ auf Euro umzurechnen und auf einen Euro zu runden (§ 30 BewG i.d.F. des Steuer-Euroglättungsgesetzes vom 19.12.2000 BStBl I 2000, 3).

2.2 Wertfeststellung (gesonderte Feststellung)

4706 Bei der Wertfeststellung handelt es sich um die gesonderte Feststellung nach § 180 Abs. 1 Nr. 1 AO. Die gesonderte Einheitswertfeststellung ist eine von der eigentlichen Steuerfestsetzung losgelöste (vorgeschaltete) Feststellung von Besteuerungsgrundlagen (Einheitswerten).

Die gesonderte Einheitswertfeststellung bildet daher auch eine selbstständige, mit Rechtsbehelfen selbstständig anfechtbare Entscheidung.

Wenn an einer wirtschaftlichen Einheit mehrere Personen beteiligt sind (z. B. bei einer Grundstücksgemeinschaft) ist der Einheitswert nicht nur gesondert, sondern auch einheitlich festzustellen und anschließend auf die Beteiligten im Verhältnis ihrer Anteile zu verteilen (§ 179 Abs. 2 AO und § 3 BewG). Die Aufteilung des Einheitswerts gehört hierbei zur gesonderten Feststellung. **4707**

3 Gegenstände, für die Einheitswerte festzustellen sind

Diese Gegenstände sind in § 19 Abs. 1 BewG erschöpfend aufgezählt. Danach werden Einheitswerte festgestellt für die wirtschaftlichen Einheiten des Grundbesitzes (das sind die Betriebe der Land- und Forstwirtschaft, die Grundstücke des Grundvermögens und die Betriebsgrundstücke). Zur Frage der Abgrenzung der wirtschaftlichen Einheit vgl. auch Kapital 1 C 6 (ab Rz. 1701). **4708**

Eine Einheitswertfeststellung kann auch für Teile einer wirtschaftlichen Einheit in Betracht kommen, vor allem, wenn eine wirtschaftliche Einheit des Grundbesitzes (z. B. ein Grundstück des Grundvermögens) nur zum Teil einer einheitswertabhängigen Steuer, d. h. der Grundsteuer, unterliegt. **4709**

BEISPIEL

In einem sonst steuerfreien landeseigenen Grundstück, z. B. Finanzamtsgrundstück, befindet sich auch eine Hausmeisterwohnung.

LÖSUNG

Da die den öffentlichen Zwecken dienenden Räume von der Grundsteuer befreit sind, ist nur für den Teil des Grundstücks (dem Gebäudeanteil und anteiligen Grund und Boden), der auf die Hausmeisterwohnung entfällt, allein für Grundsteuerzwecke ein Einheitswert gesondert festzustellen.

Unterliegt ein Bewertungsgegenstand keiner einheitswertabhängigen Steuer oder steht offenkundig fest, dass ein Einheitswert für die wirtschaftliche Einheit nicht benötigt wird, so hat die Einheitswertfeststellung zu unterbleiben (§ 19 Abs. 4 BewG). Eine Einheitswertfeststellung kommt auch nicht (mehr) in Betracht, wenn für den Bewertungsgegenstand die sog. Feststellungsverjährung eingetreten ist (vgl. § 181 i. V. mit § 169 AO). **4710**

4 Zuständigkeit für die Einheitsbewertung des Grundbesitzes

Für die Einheitsbewertung des Grundbesitzes ist zwischen örtlicher und sachlicher Zuständigkeit zu unterscheiden. **Örtlich** zuständig ist das Lagefinanzamt (§ 18 Abs. 1 Nr. 1 AO) für die Feststellung der Einheitswerte der Betriebe der Land- und Forstwirtschaft, der Grundstücke des Grundvermögens und der Betriebsgrundstücke. Das Lagefinanzamt ist das Finanzamt, in dessen Bezirk der Grundbesitz liegt. **Sachlich** zuständig sind innerhalb des Finanzamts (i. d. R.) die Bewertungsstellen für den Grundbesitz, in manchen Ländern neuerdings auch als Grundstückswertstellen bezeichnet. **4711**

5 Inhalt des Einheitswertbescheids

4712 Jeder Einheitswertbescheid für eine wirtschaftliche Einheit des Grundbesitzes muss folgende drei Feststellungen enthalten:

- **Höhe** des Einheitswerts, ab 01.01.2002 umgerechnet auf Euro (bei reinen Art- und Zurechnungsfortschreibungen nur nachrichtlich der zuletzt festgestellte Einheitswert),
- die **Art** der wirtschaftlichen Einheit (§ 19 Abs. 3 Nr. 1 BewG); bei Grundstücken hinsichtlich der Grundstücksart (§§ 72 und 75 BewG) und bis einschließlich 01.01.1997 auch hinsichtlich der Vermögensart (Betriebsgrundstück oder Grundvermögen),
- die **Zurechnung** der wirtschaftlichen Einheit (§ 19 Abs. 3 Nr. 2 BewG); hierzu gehört auch eine evtl. Aufteilung des Einheitswerts auf mehrere Beteiligte nach § 3 BewG.

6 Verfahrensrechtliche Auswirkungen der Einheitswertfeststellung

6.1 Mehrere Verfahrensstufen

4713 Die Einheitswertbescheide sind Grundlagenbescheide, die für Steuermessbescheide und Steuerbescheide (bis 1997 auch für die Einheitswertbescheide des Betriebsvermögens) die Besteuerungsgrundlagen liefern. Diese Steuermessbescheide und Steuerbescheide werden auch Folgebescheide genannt.

4714 Einwendungen gegen die festgestellten Einheitswerte können nur durch Rechtsbehelf gegen die Grundlagenbescheide (Einheitswertbescheide) geltend gemacht werden.

4715 Nach dem gleich lautenden Ländererlass vom 19.04.2012 (BStBl I 2012, 490) sind wegen der Frage der verfassungsrechtlichen Bedenken gegen die Einheitsbewertung des Grundvermögens die Einheitswertbescheide (und auch die entsprechenden Grundsteuermessbescheide) nach § 165 Abs. 1 Satz 2 Nr. 3 AO vorläufig durchzuführen.

6.2 Bindungswirkung der Verfahrensstufen

4716 Die Einheitswertfeststellung bindet nach § 182 Abs. 1 AO das nachfolgende Verfahren (Messbetragsfestsetzungsverfahren, Steuerfestsetzungsverfahren). Es besteht eine strikte Bindung an die Vorstufe, auch wenn die Einheitswertfeststellung fehlerhaft sein sollte.

4717 Werden Einheitswertfeststellungen nach der AO geändert oder berichtigt oder aufgehoben, dann ist nach § 175 Abs. 1 Satz 1 Nr. 1 AO auch der Folgebescheid zu ändern oder aufzuheben.

6.3 Dingliche Wirkung der Einheitswertfeststellung

4718 Nach § 182 Abs. 2 AO wirkt die Einheitswertfeststellung auch für den Rechtsnachfolger. Hierbei können sich Besonderheiten ergeben, wenn der Bewertungsgegenstand nach der Bekanntgabe des Einheitswertbescheids den Eigentümer wechselt.

7 Das System der Feststellungsarten

7.1 Feststellungsarten

Die Einheitswerte werden nicht auf beliebige Stichtage festgestellt. Ihre Feststellung ist nach folgendem System gegliedert:

4719

Feststellungsarten			
Hauptfeststellung (§ 21 BewG)	Nachfeststellung (§ 23 BewG)	Fortschreibungen (§ 22 BewG)	Aufhebung des Einheitswerts (§ 24 BewG)

7.2 Unterschiede zwischen Einheitsbewertung des Grundbesitzes und Bedarfsbewertung

Zwischen dem System der Feststellungsarten bei der Einheitsbewertung des Grundbesitzes für Zwecke der Grundsteuer und dem System der Bedarfsbewertung des Grundbesitzes für Zwecke der Erbschaft- und Schenkungsteuer sowie der Grunderwerbsteuer (und auch dem System der Veranlagung bei der Einkommensteuer) besteht folgender Unterschied:

4720

Einheitswerte für Zwecke der Grundsteuer werden nicht zu jedem 1. Januar festgestellt, sondern nur zu bestimmten Zeitpunkten (vgl. §§ 21 bis 24 BewG sowie vorstehend 7.1, Rz. 4719, und nachfolgend 8 bis 11, Rz. 4722 ff.). Die Grundbesitzwerte für Zwecke der Erbschaft- und Schenkungsteuer (vgl. hierzu Kapitel 1 Teile E bis G) und in Sonderfällen für Zwecke der Grunderwerbsteuer (vgl. hierzu Kapitel 2) werden zum jeweiligen Besteuerungszeitpunkt der Erbschaft- und Schenkungsteuer sowie der Grunderwerbsteuer festgestellt (für die Erbschafts- und Schenkungsteuer vgl. § 11 i. V. m. § 9 ErbStG). Die Einkommensteuer wird für jedes Jahr neu festgesetzt (veranlagt), auch wenn sich gegenüber dem Vorjahr nichts geändert haben sollte.

4721

8 Die Hauptfeststellung (§ 21 BewG)

8.1 Begriff und Aufgabe der Hauptfeststellung

Als Hauptfeststellung wird die allgemeine Feststellung von Einheitswerten verstanden, die in regelmäßigen Zeitabständen durchgeführt wird (bzw. durchgeführt werden sollte). Nach § 21 Abs. 1 BewG sind Hauptfeststellungen (grundsätzlich) in Zeitabständen von 6 Jahren für den Grundbesitz vorgesehen. Die Einheitswerte einer Hauptfeststellung gelten grundsätzlich solange, bis sie durch eine neue Hauptfeststellung abgelöst werden. Unter bestimmten Voraussetzungen können jedoch auch zwischen den Hauptfeststellungszeitpunkten Einheitswertfeststellungen im Rahmen des § 23 BewG (Nachfeststellungen), § 22 BewG (Fortschreibungen) und § 24 BewG (Aufhebung des Einheitswerts) in Betracht kommen.

4722

8.2 Hauptfeststellungszeitpunkt

Die letzte Hauptfeststellung für die **Einheitswerte des Grundbesitzes** (§ 19 Abs. 1 Nr. 1 BewG) fand zum 01.01.1964 statt (vgl. Art. 2 BewÄndG vom 13.08.1965 BGBl I 1965, 851). Die nächste Hauptfeststellung für den Grundbesitz wurde durch Gesetz vom 22.07.1970 auf unbe-

4723

stimmte Zeit verschoben (BGBl I 1970, 1118). Inzwischen sind jedoch die Einheitswerte auf der Basis der Wertverhältnisse vom 01.01.1964 (vgl. auch § 27 BewG) für die Vermögensteuer sowie für die Erbschaft- und Schenkungsteuer durch Beschlüsse des BVG vom 22.06.1995 (BStBl II 1995, 655 und 671) mit dem Grundgesetz für nicht vereinbar erklärt worden. Auf Grund dieser Entscheidungen hatte der Gesetzgeber im Jahressteuergesetz 1997 vom 20.12.1996 (BStBl I 1996, 1523) für die Bewertung des Grundbesitzes für die Erbschaft- und Schenkung- steuer sowie für die Grunderwerbsteuer die sog. Bedarfsbewertung für den Grundbesitz geschaffen (vgl. hierzu die §§ 138 bis 150 BewG). Durch einen erneuten Beschluss des BVG vom 07.11.2006 (BStBl II 2007, 192) wurden aber wiederum diese Grundbesitzbedarfswerte für die Erbschaft- und Schenkungsteuer für verfassungswidrig erklärt. Seit 01.01.2009 sind im Sechs- ten Abschnitt des Zweiten Teils des BewG neue Bewertungsvorschriften für die Bewertung des Grundbesitzes für Zwecke der Erbschaft- und Schenkungsteuer geschaffen worden (auf Grund des ErbStRG vom 24.12.2008). Vgl. hierzu auch die Ausführungen in Kapitel 1.

4724   Für die **wirtschaftlichen Einheiten des Betriebsvermögens** wurde zuletzt eine Hauptfest- stellung zum 01.01.1995 durchgeführt. Die letzte Hauptfeststellung davor fand zum 01.01.1993 statt. Die nächste Hauptfeststellung der Einheitswerte des Betriebsvermögens sollte zum 01.01.1999 stattfinden. Vgl. hierzu auch Art. 10 StÄndG vom 24.06.1991 (BStBl I 1991, 665) und Art. 26 § 1 des Gesetzes zur Umsetzung des Föderalen Konsolidierungsprogramms vom 23.06.1993 (BStBl I 1993, 510). Durch den Wegfall der Gewerbekapitalsteuer ab 01.01.1998 wurde jedoch die Einheitsbewertung des Betriebsvermögens überflüssig.

8.3   Hauptfeststellungszeitraum

4725   Der Hauptfeststellungszeitraum umfasst die Feststellungszeitpunkte vom Hauptfeststel- lungszeitpunkt bis einschließlich des (möglichen) Feststellungszeitpunkts, der unmittelbar vor dem nächsten Hauptfeststellungszeitpunkt liegt. Für die Einheitsbewertung des Grundbesitzes läuft der Hauptfeststellungszeitraum 1964 seit dem 01.01.1964 auf unbestimmte Zeit (bis evtl. eine neue Hauptfeststellung für den Grundbesitz gesetzlich bestimmt wird oder für die Grund- steuer die Bewertung des Grundbesitzes auf eine andere Berechnungsgrundlage gestellt wird).

8.4   Verhältnisse vom Hauptfeststellungszeitraum

4726   Grundsätzlich sind die tatsächlichen (bestandsmäßigen) und die wertmäßigen Verhält- nisse vom Hauptfeststellungszeitpunkt, d. h. vom 1. Januar 0:00 Uhr, maßgebend. Hiervon sieht das BewG einige abweichende Regelungen vor, z. B. in § 35 Abs. 2 und §§ 54 und 59 BewG für die Einheitsbewertung der Betriebe der Land- und Forstwirtschaft.

9   Die Nachfeststellung (§ 23 BewG)

9.1   Begriff und Aufgabe der Nachfeststellung

4727   Die Nachfeststellung ist eine nachträgliche Feststellung eines Einheitswerts für eine wirt- schaftliche Einheit auf einen späteren Zeitpunkt innerhalb des Hauptfeststellungszeitraums (erstmalige Feststellung). Die Nachfeststellung ist stets von Amts wegen vorzunehmen. Wert- grenzen sind nicht zu beachten.

9.2   Fälle der Nachfeststellung

§ 23 Abs. 1 BewG sieht **zwei Fälle** von Nachfeststellungen vor: **4728**
- wenn die wirtschaftliche Einheit neu entsteht (Nr. 1),
- wenn eine bereits bestehende wirtschaftliche Einheit erstmals zu einer Steuer herangezogen werden soll (z. B. weil sie bisher grundsteuerfrei war, Nr. 2).

BEISPIELE

zu § 23 Abs. 1 Nr. 1 BewG (wegen Neuentstehung einer wirtschaftlichen Einheit):
- Von einer bisher als Grundvermögen bewerteten größeren Grundstücksfläche wird eine Teilfläche abgetrennt und einer anderen Nutzung zugeführt oder veräußert und die Teilfläche bildet nach der Abtrennung bzw. Veräußerung eine selbstständige wirtschaftliche Einheit. Für die abgetrennte Teilfläche kommt die Nachfeststellung zum nächsten 01. 01. in Betracht.
- Das Gleiche gilt, wenn aus einer Fläche oder Teilfläche eines Betriebs der Land- und Forstwirtschaft Grundvermögen oder ein Betriebsgrundstück wird; ebenso für ein Baugrundstück, das aus einer Flurbereinigung oder einer Baulandumlegung hervorgeht.
- Nachfeststellungen kommen nach § 23 Abs. 1 Nr. 1 BewG aber z. B. nicht in Betracht, wenn ein bisher unbebautes Grundstück mit einem oder mehreren Gebäuden bebaut wird oder wenn infolge Abbruchs der Gebäude aus einem bebauten Grundstück ein unbebautes Grundstück wird.

BEISPIEL

zu § 23 Abs. 1 Nr. 2 BewG (wegen erstmaliger Heranziehung des Bewertungsgegenstands zu einer Steuer):
Eine Gemeinde ist Eigentümerin eines bebauten Grundstücks. Bisher wurde das Grundstück ausschließlich als Schulhausgrundstück genutzt. Nach dem Neubau eines Schulgebäudes auf einem anderen Gemeindegrundstück wird das bisherige Gebäude mit dem dazugehörigen Grund und Boden zu Wohnzwecken vermietet.

LÖSUNG

a) Da das bisherige Schulhausgrundstück bis zur Nutzungsänderung von jeder einheitswertabhängigen Steuer (von der Grundsteuer und bis 1995 auch von der Vermögensteuer) befreit war, kam nach § 19 Abs. 4 BewG eine Einheitswertfeststellung nicht in Betracht. Nunmehr wird ein Einheitswert für Grundsteuerzwecke benötigt. Es ist daher zum nächsten 01. 01. eine Nachfeststellung nach § 23 Abs. 1 Nr. 2 BewG durchzuführen.

b) Wäre die wirtschaftliche Einheit aber bisher schon teilweise steuerpflichtig gewesen (weil sich darin z. B. eine Hausmeisterwohnung befand), dann käme im vorliegenden Falle nicht eine Nachfeststellung, sondern u. U. eine Wertfortschreibung nach § 22 Abs. 1 BewG (und ggf. eine Artfortschreibung nach § 22 Abs. 2 BewG) auf den nächsten 01. 01. in Betracht.

9.3   Nachfeststellungszeitpunkte

Hinsichtlich des Nachfeststellungszeitpunkts sind nach § 23 Abs. 2 Satz 2 BewG folgende   **4729** zwei Fälle zu unterscheiden:
- In den Fällen des § 23 Abs. 1 Nr. 1 BewG (bei Neuentstehung einer wirtschaftlichen Einheit) ist Nachfeststellungszeitpunkt der Beginn des Kalenderjahres, das auf die Entstehung der wirtschaftlichen Einheit folgt (z. B. bei Entstehung eines neuen Grundstücks des Grundvermögens im Jahre 2014 der 01. 01. 2015).
  Vgl. die Beispiele bei 9.2 (Rz. 4728).

- In den Fällen des § 23 Abs. 1 Nr. 2 BewG (bei erstmaliger Heranziehung eines Bewertungsgegenstands zu einer Steuer) der Beginn des Kalenderjahres, zu dem der Einheitswert erstmals der Besteuerung zu Grunde gelegt wird.
  Vgl. die Beispiele bei 9.2 (Rz. 4728).

9.4 Maßgebende Verhältnisse für die Nachfeststellung

4730 Der Nachfeststellung sind grundsätzlich die tatsächlichen und wertmäßigen Verhältnisse
vom Nachfeststellungszeitpunkt zu Grunde zu legen (§ 23 Abs. 2 Satz 1 BewG). Die Verhältnisse
des Nachfeststellungszeitpunkts gelten jedoch in folgenden Fällen nicht:
- hinsichtlich der wertmäßigen Verhältnisse bei den wirtschaftlichen Einheiten des Grundbesitzes (§ 27 BewG); dafür gelten für den gesamten Hauptfeststellungszeitraum 1964 die
  Wertverhältnisse vom 01.01.1964; vgl. hierzu auch die Ausführungen in A 5 und 6 FoR;
- beim land- und forstwirtschaftlichen Vermögen in den Fällen des § 35 Abs. 2 sowie der
  §§ 54 und 59 BewG (§ 23 Abs. 2 Satz 3 BewG).

9.5 Nachfeststellung zur Beseitigung eines Fehlers

4731 Auch eine Nachfeststellung zur Beseitigung eines Fehlers ist unter bestimmten Voraussetzungen möglich. Vgl. hierzu die Ausführungen zu 10.6.2 (Rz. 4751–4755).

9.6 Nachfeststellung einer unterlassenen Nachfeststellung

4732 Die Nachholung einer unterlassenen Nachfeststellung ist nach § 25 BewG möglich. Die
Nachholung kommt aber nur in Betracht, wenn die ursprüngliche Nachfeststellung wegen Eintritts der Feststellungsverjährung (vgl. § 181 AO) nicht mehr möglich ist. Die Nachholung der
Nachfeststellung ist mit Wirkung für einen späteren Zeitpunkt durchzuführen. Sie wird zwar
auf den ursprünglichen Nachfeststellungszeitpunkt durchgeführt, ihre Feststellung wirkt jedoch
erst ab dem Zeitpunkt, zu dem die Feststellungsfrist noch nicht abgelaufen ist. Dieser Nachfeststellung sind daher die Verhältnisse des ursprünglichen Nachfeststellungszeitpunkts zu Grunde
zu legen. Vgl. auch die Ausführungen zu 12 (Rz. 4761–4762).

10 Die Fortschreibungen (§ 22 BewG)

10.1 Begriff sowie Sinn und Zweck der Fortschreibung

4733 Die Fortschreibung ist eine Feststellung, durch die eine frühere Einheitswertfeststellung
innerhalb des laufenden Hauptfeststellungszeitraums für einen nachfolgenden Feststellungszeitpunkt durch eine neue Einheitswertfeststellung ersetzt wird (Wirkung »ex nunc«). Die Fortschreibung kommt somit nur auf einen Feststellungszeitpunkt in Betracht, der nach einem
Hauptfeststellungszeitpunkt oder nach einem Nachfeststellungszeitpunkt liegt.

4734 Fortgeschrieben darf aber nur werden, wenn vorher schon eine Einheitswertfeststellung
erfolgt ist. Es muss also bereits eine Feststellung vorhanden sein; ggf. ist die noch nicht durchgeführte Hauptfeststellung oder Nachfeststellung erst nachzuholen (vgl. § 25 BewG und die Ausführungen bei 9.6 und 12, Rz. 4732 und Rz. 4761–4762).

Durch die Fortschreibung wird die bisherige Einheitswertfeststellung nicht beseitigt, sie ersetzt lediglich die bisherige Einheitswertfeststellung ab dem Zeitpunkt der Fortschreibung. Insoweit besteht ein entscheidender Unterschied zur Änderung bzw. Berichtigung nach der AO (Wirkung »ex tunc«). **4735**

Fortschreibungen sind stets von Amts wegen durchzuführen (vgl. § 22 Abs. 4 Satz 1 BewG). Eine Antragstellung ist nicht erforderlich. Auf welche Weise das Finanzamt von den Erfordernissen der Fortschreibung erfährt, ist dabei ohne Bedeutung (es könnte also auch eine Information durch den Eigentümer des Grundbesitzes sein, die in Form eines Antrags erfolgt). **4736**

10.2 Arten der Fortschreibung

§ 22 BewG unterscheidet folgende drei Fortschreibungen: **4737**

Wertfortschreibung (§ 22 Abs. 1 BewG)	Artfortschreibung (§ 22 Abs. 2 BewG)	Zurechnungsfortschreibung (§ 22 Abs. 2 BewG)

Alle drei Fortschreibungsarten sind für sich selbstständig durchführbar (A 2 Abs. 5 FoR). Keine der Fortschreibungsarten ist von der anderen abhängig. Sie können jedoch alle drei auch gleichzeitig durchgeführt werden, was im Bedarfsfalle in der Praxis auch üblich ist. **4738**

BEISPIEL

Ein bisher unbebautes Grundstück wird im Jahre 2014 von V an E veräußert. E errichtet darauf noch im Jahre 2014 ein Gebäude. Der Grundstückswert erhöht sich dadurch von 80 000 DM auf 200 000 DM (Wertfortschreibungsgrenzen nach § 22 Abs. 1 BewG somit erfüllt). Dieser Wert ist (ab 01.01.2002) wie folgt auf Euro umzurechnen: 200 000 DM: 1,95 583 DM/€ = 102 258 €. Als Berechnungsgrößen gilt weiterhin die DM-Währung (vgl. § 30 BewG).

LÖSUNG

Zum 01.01.2015 kommt in diesem Fall eine Zurechnungs-, Art- und Wertfortschreibung in Betracht (§ 22 Abs. 1 und 2 BewG).

10.3 Wertfortschreibung

10.3.1 Begriff und Wertfortschreibungsgrenzen

Eine Wertfortschreibung kommt nur in Betracht, wenn sich gegenüber der letzten Einheitswertfeststellung innerhalb des betreffenden Hauptfeststellungszeitraums (z. Zt. Hauptfeststellungszeitraum 1964) die Höhe des Werts der wirtschaftlichen Einheit ändert und bestimmte Wertgrenzen überschritten bzw. erreicht sind. Zu vergleichen ist der abgerundete neu ermittelte Wert mit dem letzten Einheitswert (noch in DM ermittelt). Hierbei sind zu unterscheiden: **4739**

Fortschreibungsgrenzen beim Grundbesitz (§ 22 Abs. 1 BewG) Wertabweichung gegenüber der letzten Einheitswertfeststellung	
• Bruchteilsgrenze **und** Mindestbetrag: **oder** • feste Wertgrenze:	mehr als 10 % **und** • nach oben mindestens 5 000 DM • nach unten mindestens 500 DM • nach oben mehr als 100 000 DM • nach unten mehr als 5 000 DM

Zuletzt festgestellter Einheitswert 01. 01. 1974   54 300 DM
(z. B. Nachfeststellung)
Neuer Wert 01. 01. 2015   65 200 DM
Wertabweichung nach oben   10 900 DM

Wertabweichung mehr als 1/10 und mindestens 5 000 DM (nach oben). Eine Wertfortschreibung ist somit zum 01. 01. 2015 nach § 22 Abs. 1 BewG durchzuführen.

10.3.2 Berücksichtigung von Fehlern gegenüber der vorhergehenden Einheitswertfeststellung

4740   Bei einer Wertfortschreibung wegen Änderung der tatsächlichen Verhältnisse (z. B. ein unbebautes Grundstück wird durch Zukauf einer Teilfläche vergrößert), können grundsätzlich auch Fehler einer früheren Einheitswertfeststellung berücksichtigt (beseitigt) werden, wenn für die tatsächlichen Veränderungen und die Fehlerbeseitigung derselbe Fortschreibungszeitpunkt in Betracht kommt. Vgl. hierzu die weiteren Ausführungen bei 10.6.2 (Rz. 4751–4755).

10.3.3 Wertverhältnisse bei Wertfortschreibungen

4741   Neben den tatsächlichen Verhältnissen sind grundsätzlich auch die wertmäßigen Verhältnisse vom Fortschreibungszeitpunkt der Wertfortschreibung zu Grunde zu legen. Bei Wertfortschreibungen von wirtschaftlichen Einheiten des Grundbesitzes sind jedoch die Wertverhältnisse vom Hauptfeststellungszeitpunkt 01. 01. 1964 maßgebend (§ 27 BewG, A 5 und 6 FoR).

10.4 Artfortschreibung

4742   Nach § 22 Abs. 2 BewG ist eine Artfortschreibung durchzuführen, wenn sich die Art des Gegenstands geändert hat (A 2 Abs. 2 FoR) und die Änderung der Art für die Besteuerung von Bedeutung ist (§ 19 Abs. 4 BewG).

4743   Neuerdings (d. h. seit die Art »Betriebsgrundstück« für die Grundsteuer keine besondere Bedeutung mehr hat) kommt eine Artfortschreibung nur noch in Betracht, wenn sich die Grundstücksart (vgl. §§ 72 und 75 BewG) ändert.

4744   Häufig ist eine Artfortschreibung wegen Änderung der Grundstücksart (z. B. ein unbebautes Grundstück wird durch Errichtung eines Gebäudes zu einem bebauten Grundstück) mit einer gleichzeitigen Wertfortschreibung verbunden, wenn die Voraussetzungen des § 22 Abs. 1 BewG erfüllt sind.

4745   Die reine Artfortschreibung ist an keine Wertgrenzen gebunden.

10.5 Zurechnungsfortschreibung

4746   Nach § 22 Abs. 2 BewG kommt eine Zurechnungsfortschreibung in Betracht, wenn sich die Eigentumsverhältnisse geändert haben (A 2 Abs. 3 FoR). Häufigster Anwendungsfall ist der Eigentumswechsel von Grundbesitz.

BEISPIEL

V veräußert im Jahre 2014 sein Grundstück an E. E hatte bisher keinen Grundbesitz.

LÖSUNG

Zum 01.01.2015 ist für das Grundstück eine Zurechnungsfortschreibung von V auf E durchzuführen. Wenn sich nicht gleichzeitig der Wert und die Art des Gegenstands ändern, bleiben Art- und Wertfeststellung unverändert (dingliche Wirkung für E nach § 182 Abs. 2 AO).

Schwierigkeiten bereitet vielfach die Abgrenzung zwischen der Zurechnungsfortschreibung und der Nachfeststellung. Für wirtschaftliche Einheiten des Grundbesitzes kommen Zurechnungsfortschreibungen nur unter folgenden Voraussetzungen in Betracht: **4747**
- eine bestehende wirtschaftliche Einheit muss auf einen anderen (den Erwerber bzw. bei gemeinschaftlichem Erwerb durch mehrere Personen die Erwerber) übergehen **und**
- im Zuge des Eigentumswechsels muss die (bisherige) wirtschaftliche Einheit als selbstständige wirtschaftliche Einheit bestehen bleiben.

Dies trifft nicht zu, wenn ein Teil einer wirtschaftlichen Einheit abgetrennt und veräußert wird oder wenn eine bisher selbstständige wirtschaftliche Einheit veräußert wird und beim Erwerber (bzw. bei gemeinschaftlichem Erwerb bei den Erwerbern) in eine bereits vorhandene wirtschaftliche Einheit einbezogen wird. **4748**

BEISPIEL

E ist Eigentümer des nicht bebauten Grundstücks Lgb.-Nr. 12 345 (Fläche 600 m^2). Er erwarb im Jahre 2014 das unmittelbar angrenzende nicht bebaute Grundstück Lgb.-Nr. 12 346 (Fläche 300 m^2) von V. Auf dem nunmehr 900 m^2 großen Grundstück will E ein Einfamilienhaus errichten.

LÖSUNG

Nach § 2 Abs. 1 BewG bilden bei E beide Flächen eine wirtschaftliche Einheit. Zum 01.01.2015 ist daher wegen Eigentumswechsels des Grundstücks Lgb.-Nr. 12 346 nicht eine Zurechnungsfortschreibung durchzuführen, sondern es ist zu prüfen, ob durch die Vergrößerung des Grundstücks Lgb.-Nr. 12 345 um den Flächenzugang von 300 m^2 eine Wertfortschreibung für die wirtschaftliche Einheit Lgb.-Nr. 12 345 in Betracht kommt.

Anmerkung: Da in diesem Fall die bisherige selbstständige wirtschaftliche Einheit Lgb.-Nr. 12 346 wegfällt, kommt dafür zum 01.01.2015 eine Aufhebung des Einheitswerts in Betracht (§ 24 Abs. 1 Nr. 1 BewG).

Bei einer reinen Zurechnungsfortschreibung sind Wertgrenzen nicht zu beachten. **4749**

10.6 Fortschreibungszeitpunkte

10.6.1 Fortschreibung wegen Änderung der tatsächlichen Verhältnisse

Nach § 22 Abs. 4 Satz 3 Nr. 1 BewG ist dies stets der Beginn des Kalenderjahres, der auf die Änderung folgt. **4750**

BEISPIEL

Im Jahre 2014 erwarb E ein unbebautes Grundstück, das beim Veräußerer eine selbstständige wirtschaftliche Einheit war und errichtet darauf noch im selben Jahr ein Einfamilienhaus.

LÖSUNG

Zum 01.01.2015 ist für das Grundstück eine Zurechnungsfortschreibung wegen Eigentumswechsels, eine Artfortschreibung wegen Änderung der Grundstücksart (beides nach § 22 Abs. 2 BewG) und ggf. eine Wertfortschreibung gemäß § 22 Abs. 1 BewG durchzuführen. Hierbei ist auch § 27 BewG zu beachten. Es handelt sich hierbei um eine kombinierte Zurechnungs-, Art- und Wertfortschreibung, wenn das Finanzamt alle drei Fortschreibungen in einem EW-Bescheid vornimmt (was in der Praxis regelmäßig der Fall ist).

10.6.2 Fortschreibung zur Beseitigung eines Fehlers

4751　Eine fehlerbeseitigende Fortschreibung kommt in Betracht, wenn bei der letzten Einheitswertfeststellung ein Fehler gemacht worden ist. Entgegen der früheren Auffassung des BFH kommt es auf die Art des Fehlers nicht (mehr) an. Es kann sich bei dem Fehler um einen Rechtsirrtum oder um einen anderen Fehler handeln (BFH vom 24.11.1989 BStBl II 1990, 149). Solche Fortschreibungen für den Grundbesitz sind grundsätzlich ohne Rücksicht auf die Zahl der betroffenen Fälle zulässig (BFH vom 05.05.1993 BStBl II 1993, 745).

4752　Die fehlerbeseitigende Fortschreibung ist keine besondere Fortschreibungsart. Sie kann eine Zurechnungs- oder Artfortschreibung sein. Es kann sich aber auch um eine Wertfortschreibung handeln; hierfür müssen jedoch auch die Voraussetzungen des § 22 Abs. 1 BewG (d. h. die Wertfortschreibungsgrenzen) erfüllt sein. Fehlerbeseitigende Fortschreibungen sind nicht nur zu Ungunsten, sondern auch zu Gunsten der Steuerpflichtigen vorzunehmen. Das Unterlassen einer bereits früher gebotenen Änderung (Wertfortschreibung) führt aber nicht zur nachträglichen Entstehung eines Fehlers. Die Nachholung einer Fortschreibung wegen Änderung der tatsächlichen Verhältnisse ist keine fehlerbeseitigende Wertfortschreibung, vgl. FG Berlin-Brandenburg vom 17.12.2014 EFG 2015, 792.

4753　Nach § 22 Abs. 4 Satz 3 Nr. 2 BewG kommt eine fehlerbeseitigende (Zurechnungs-, Art- oder Wert-)Fortschreibung frühestens auf den Beginn des Kalenderjahres in Betracht, in dem der Fehler dem Finanzamt bekannt wird. Erhöht sich durch diese Fortschreibung jedoch der Einheitswert, so ist sie frühestens auf den Beginn des Kalenderjahres vorzunehmen, in dem der Einheitswertbescheid erteilt wird.

BEISPIEL

Bei der Nachfeststellung für ein bebautes Grundstück zum 01.01.1992 wurde vergessen ein zweites Gebäude mit zu erfassen. Dieser Fehler wird dem Finanzamt am 10.08.2014 bekannt.

LÖSUNG

Dieser Fehler kann erst zum 01.01.2014 durch eine fehlerbeseitigende Wertfortschreibung beseitigt werden (§ 22 Abs. 4 Satz 3 Nr. 2 BewG), wenn auch die Voraussetzungen des § 22 Abs. 1 BewG erfüllt sind. Evtl. kommt nur eine Artfortschreibung zur Beseitigung des Fehlers in Betracht.
Anmerkung: Da sich im vorliegenden Fall der Einheitswert erhöhen dürfte, muss für eine fehlerbeseitigende Wertfortschreibung zum 01.01.2014 der Fortschreibungsbescheid noch im Jahr 2014 erteilt werden. Wird der Einheitswertbescheid erst im Jahr 2015 erteilt, dann darf die fehlerbeseitigende Wertfortschreibung auch erst auf den 01.01.2015 durchgeführt werden.

4754　Wäre im vorstehenden Beispiel im Jahr 2012 eine tatsächliche Veränderung eingetreten (z. B. die Errichtung eines weiteren Gebäudes), dann wäre in die zum 01.01.2013 in Betracht kommende Wertfortschreibung nur das 2012 errichtete Gebäude einzubeziehen. Der bei der Einheitswert-Feststellung zum 01.01.1992 gemachte Fehler wäre bei der Fortschreibung zum 01.01.2013 weiterzuführen. Die fehlerbeseitigende Fortschreibung käme ebenfalls erst (frühestens) zum 01.01.2014 in Betracht.

4755　Die Fortschreibungszeitpunkte gemäß § 22 Abs. 4 Satz 3 Nr. 1 und 2 BewG sind nach Auffassung des BFH zwei völlig selbstständige Fortschreibungsmöglichkeiten, die unabhängig voneinander zu beachten sind (vgl. BFH vom 15.10.1981 BStBl II 982, 15 und vom 15.03.1982 BStBl II 198, 451).

10.7 Nachholung einer unterlassenen Fortschreibung

Genauso wie die Nachfeststellung unterliegt auch die Fortschreibung einer Feststellungsverjährung (§ 181 i. V. mit § 169 AO). Eine unterlassene Fortschreibung kann daher ebenfalls
auf den ursprünglichen Fortschreibungszeitpunkt mit Wirkung für einen späteren Feststellungszeitpunkt nachgeholt werden (§ 25 BewG). Vgl. hierzu die Ausführungen zu 9.6 und zu 12
(Rz. 4732 und Rz. 4761–4762).

4756

11 Aufhebung des Einheitswerts (§ 24 BewG)

11.1 Begriff der Aufhebung des Einheitswerts

Die Aufhebung des Einheitswerts gemäß § 24 BewG ist eine Art Gegenstück zur Nachfeststellung nach § 23 BewG. Diese Regelung wurde aus gesetzessystematischen Gründen in das
BewG aufgenommen und dient der Rechtssicherheit.

4757

11.2 Fälle der Aufhebung des Einheitswerts

Eine Aufhebung des Einheitswerts kommt nach § 24 Abs. 1 BewG in zwei Fällen in Betracht
(vgl. hierzu auch A 4 FoR):
- wenn die wirtschaftliche Einheit wegfällt,
- wenn der Einheitswert der wirtschaftlichen Einheit infolge des Eintritts von Befreiungs-
  gründen für die Besteuerung nicht mehr benötigt wird.
Vgl. hierzu die Beispiele zu 9.2 (Rz. 4728).

4758

11.3 Zeitpunkte zur Aufhebung des Einheitswerts

Nach § 24 Abs. 2 BewG ist Aufhebungszeitpunkt:
- bei Wegfall der wirtschaftlichen Einheit (§ 24 Abs. 1 Nr. 1 BewG) der Beginn des Kalenderjahres, das auf den Wegfall folgt,
- in den Fällen des § 24 Abs. 1 Nr. 2 BewG der Beginn des Kalenderjahres, in dem der Einheitswert erstmals der Besteuerung nicht mehr zu Grunde gelegt wird.
Aufhebungen sind ebenfalls stets von Amts wegen vorzunehmen. Wie bei der Nachfeststellung
und der Fortschreibung kann auch eine unterlassene Aufhebung des Einheitswerts mit Wirkung für einen späteren Zeitpunkt auf den ursprünglichen Aufhebungszeitpunkt nachgeholt
werden (§ 25 Abs. 2 BewG). Es gelten hierfür die gleichen Grundsätze.

4759

4760

12 Nachholung einer Einheitswertfeststellung

Früher waren dafür in den §§ 21 bis 24 BewG entsprechende Regelungen vorgesehen
(Rechtslage bis 1997). Durch Art. 6 Nr. 8 Gesetz zur Fortsetzung des Unternehmenssteuerre-
form vom 29. 10. 1997 (BStBl I 1997, 928) wurde § 25 BewG neu eingefügt. In dieser neuen
Bestimmung wurde die Nachholung unterlassener Nachfeststellungen, Fortschreibungen und
Aufhebungen von Einheitswerten zusammenfassend geregelt. Ab 1998 hat dies nur noch für die
Einheitsbewertung des Grundbesitzes für Zwecke der Grundsteuer Bedeutung. (Anmerkung:

4761

Eine entsprechende Regelung für die Hauptfeststellung 1964 war aus Zeitüberschreitungsgründen in § 25 BewG nicht mehr erforderlich.)

4762   Nach § 25 BewG kann eine Fortschreibung oder Nachfeststellung oder Aufhebung des Einheitswerts unter Zugrundelegung der Verhältnisse vom Fortschreibungs- oder Nachfeststellungszeitpunkt bzw. vom Zeitpunkt der Aufhebung eines Einheitswerts mit Wirkung für einen späteren Feststellungszeitpunkt vorgenommen werden, wenn die Feststellungsfrist (des § 181 AO) bereits abgelaufen ist.

13   Erteilung von Einheitswertbescheiden vor dem Feststellungszeitpunkt

4763   Nach § 24 a Satz 1 BewG können Bescheide über Fortschreibungen und Nachfeststellungen von Einheitswerten des Grundbesitzes schon vor dem maßgebenden Feststellungszeitpunkt erteilt werden. Für diese Fälle sieht § 24 a Satz 2 BewG unter bestimmten Voraussetzungen auch die Änderung oder Aufhebung solcher vorzeitig erteilter Einheitswertbescheide vor.

4764–4800
frei

Teil C Einheitsbewertung des land- und forstwirtschaftlichen Vermögens (in den alten Bundesländern)

Vorbemerkung: Für die Bewertung des land- und forstwirtschaftlichen Vermögens im Rahmen der Einheitsbewertung des Grundbesitzes sind neben den §§ 33 ff. BewG auch die »Richtlinien für die Bewertung des land- und forstwirtschaftlichen Vermögens – BewR L – (abgedruckt im BStBl I 1967, 397 und BStBl I 1968, 223) von Bedeutung. **4801**

1   Bewertungsgegenstand

1.1   Begriff und Abgrenzung des land- und forstwirtschaftlichen Vermögens

1.1.1   Begriff der Land- und Forstwirtschaft

Unter Land- und Forstwirtschaft ist die Nutzung der natürlichen Kräfte des Grund und Bodens zu verstehen, einschließlich der Verwertung der dadurch gewonnenen Erzeugnisse. Der Begriff »Land- und Forstwirtschaft« ist eine Sammelbezeichnung für (vgl. auch R 15.5 Abs. 1 Satz 1 EStR): **4802**
- die Landwirtschaft,
- die Forstwirtschaft,
- den Weinbau,
- die gärtnerische Nutzung und
- die sonstige land- und forstwirtschaftliche Nutzung.

1.1.2   Begriff und wirtschaftliche Einheit des land- und forstwirtschaftlichen Vermögens

Zum land- und forstwirtschaftlichen Vermögen gehören **alle Wirtschaftsgüter**, die einem Betrieb der Land- und Forstwirtschaft dauernd zu dienen bestimmt sind (§ 33 Abs. 1 Satz 1 BewG). Nach diesem allgemeinen Grundsatz ist bewertungsrechtlich nicht die tatsächliche Nutzung, sondern die **Zweckbestimmung** des Wirtschaftsguts zum Feststellungszeitpunkt maßgebend. **Beispiele** dafür sind **4803**
a) Wiesen-, Acker-, Wald- und Weinbergflächen,
b) Ställe, Scheunen, Geräteschuppen,
c) Maschinen, Geräte, Silos sowie
d) Vieh, Futtermittel und Saatgut.
Derartige Wirtschaftsgüter gehören so lange zum land- und forstwirtschaftlichen Vermögen, als sie nicht eine andere Zweckbestimmung erhalten haben. Eine vorübergehende anderweitige Nutzung ist nicht schädlich. **4804**

Die **wirtschaftliche Einheit** des land- und forstwirtschaftlichen Vermögens ist nach § 33 Abs. 1 Satz 2 BewG der **Betrieb der Land- und Forstwirtschaft** (vgl. auch A 1.05 BewR L). Für die Abgrenzung der wirtschaftlichen Einheit »Betrieb der Land- und Forstwirtschaft« gelten grundsätzlich auch die Grundsätze des § 2 BewG. Eine Mindestgröße ist nicht vorgeschrieben. **4805**

Räumlicher Zusammenhang der einzelnen Flächen ist nicht erforderlich. Voraussetzung ist jedoch, dass die Flächen zusammen von einer Hofstelle aus bewirtschaftet werden und zwischen ihnen ein wirtschaftlicher Zusammenhang besteht. Ein Land- und Forstwirt kann auch Eigentümer mehrerer selbstständiger Betriebe der Land- und Forstwirtschaft sein. Vgl. hierzu im Übrigen auch die Ausführungen zur Bedarfsbewertung des land- und forstwirtschaftlichen Vermögens in Kapitel 1 F 2.2 (Rz. 2504–2509).

4806 Abweichend von § 2 BewG sind bei der Einheitsbewertung für die Abgrenzung der wirtschaftlichen Einheit des Betriebs der Land- und Forstwirtschaft einige **Sonderregelungen** zu beachten, vor allem in § 26 BewG. Ferner enthalten § 34 Abs. 4 bis 6 a BewG noch Sonderregelungen für die Zusammenrechnung mehrerer Wirtschaftsgüter zu einer wirtschaftlichen Einheit Betrieb der Land- und Forstwirtschaft. Danach sind bestimmte Wirtschaftsgüter, die nicht dem Eigentümer des Betriebs der Land- und Forstwirtschaft gehören oder ihm nicht allein gehören, in die wirtschaftliche Einheit einzubeziehen.

4807 Eine Sonderregelung besteht auch für sog. **Stückländereien** in § 34 Abs. 7 BewG, die ebenfalls einen Betrieb der Land- und Forstwirtschaft bilden. Stückländereien sind einzelne land- und forstwirtschaftlich genutzte Flächen, bei denen die Wirtschaftsgebäude oder die Betriebsmittel oder beide Arten von Wirtschaftsgütern nicht dem Eigentümer des Grund und Bodens gehören. Dies kommt regelmäßig nur bei verpachteten Flächen in Betracht, da bei eigengenutzten Flächen das Vorhandensein von Wirtschaftsgebäuden und Betriebsmitteln unterstellt wird. Solche Stückländereien bilden eine selbstständige wirtschaftliche Einheit Betrieb der Land- und Forstwirtschaft (vgl. auch A 1.05 Abs. 4 BewR L). Eine selbstständige wirtschaftliche Einheit kommt daher nur bei dauernder Verpachtung in Betracht.

1.1.3 Zum land- und forstwirtschaftlichen Vermögen gehörende Wirtschaftsgüter

4808 Nach § 33 Abs. 1 Satz 1 BewG gehören zum land- und forstwirtschaftlichen Vermögen alle Wirtschaftsgüter, die einem Betrieb der Land- und Forstwirtschaft dauernd zu dienen bestimmt sind. Es kommt hierbei nicht auf die tatsächliche Nutzung, sondern auf die Zweckbestimmung am Bewertungsstichtag an. Eine vorübergehende anderweitige Nutzung ist nicht schädlich (A 1.01 Abs. 1 BewR L).

4809 Zu den Wirtschaftsgütern, die einem Betrieb der Land- und Forstwirtschaft zu dienen bestimmt sind, gehören auch Grunddienstbarkeiten und wiederkehrende Nutzungen und Leistungen wie Wegerechte, Weiderechte, Streuungsrechte (A 1.01 Abs. 2 BewR L).

4810 Grund und Boden sowie Gebäude, die einem Betrieb der Land- und Forstwirtschaft zu dienen bestimmt sind, gehören auch (noch) zum land- und forstwirtschaftlichen Vermögen, wenn der Betrieb ganz oder in Teilen auf bestimmte oder unbestimmte Zeit nicht bewirtschaftet wird und diese Wirtschaftsgüter keine andere Zweckbestimmung erhalten (A 1.01 Abs. 3 BewR L).

BEISPIELE

- Sozialbrachen, d. h. Flächen, die nicht (mehr) land- und forstwirtschaftlich bewirtschaftet werden.
- Leer stehende Stallungen und andere Wirtschaftsgebäude, die noch nicht einer anderen Zweckbestimmung zugeführt wurden.

4811 Auch verpachtete Flächen gehören grundsätzlich zum land- und forstwirtschaftlichen Vermögen, wenn sie einem Betrieb der Land- und Forstwirtschaft dauernd zu dienen bestimmt sind. Das Gleiche gilt auch für Gebäude.

4812 Vgl. hierzu auch die entsprechenden Ausführungen zur Bedarfsbewertung des land- und forstwirtschaftlichen Vermögens in Kapitel 1 F 2.3 (Rz. 2521 ff.).

1.1.4 Bestimmte nicht zum land- und forstwirtschaftlichen Vermögen rechnende Wirtschaftsgüter

Nach § 33 Abs. 3 Nr. 1 bis 4 BewG gehören folgende Wirtschaftsgüter im Rahmen der Einheitsbewertung nicht zum land- und forstwirtschaftlichen Vermögen: **4813**
a) Zahlungsmittel, Geldforderungen, Geschäftsguthaben und Wertpapiere,
b) Geldschulden,
c) Überbestände an umlaufenden Betriebsmitteln,
d) bestimmte Tierbestände und hiermit zusammenhängende Wirtschaftsgüter.

1.2 Abgrenzung des land- und forstwirtschaftlichen Vermögens gegenüber den anderen Vermögensarten

Das land- und forstwirtschaftliche Vermögen ist insbesondere auch abzugrenzen gegenüber dem Grundvermögen, dem Betriebsvermögen und dem übrigen Vermögen. **4814**

1.2.1 Abgrenzung gegenüber dem Grundvermögen

Zwischen dem land- und forstwirtschaftlichen Vermögen und dem Grundvermögen ist hinsichtlich des Grund und Bodens und der Wohn- und Wirtschaftsgebäude abzugrenzen. **4815**

Bezüglich des **Grund und Bodens** sind zwei Abgrenzungsbereiche zu unterscheiden: **4816**
- die allgemeine Abgrenzung gemäß § 33 Abs. 1 Satz 1 i. V. m. § 68 Abs. 1 BewG (vgl. A 1.02 Abs. 2 BewR L),
- besondere Abgrenzungsfälle nach § 69 BewG (vgl. hierzu die näheren Ausführungen zu D 1.2.2, Rz. 5021–5030).

Als **Wirtschaftsgebäude** einem Betrieb der Land- und Forstwirtschaft dauernd zu dienen bestimmt sind insbesondere folgende Gegenstände: **4817**
- Ställe, Scheunen, Schuppen, Hopfendarren, Kesselhäuser, Arbeitsräume, Kelleranlagen usw. (A 1.02 Abs. 11 BewR L).
- Zu den Wirtschaftsgebäuden gehören bei der Einheitsbewertung auch die Wohnungen und Wohnräume von Arbeitskräften des Betriebs (A 1.02 Abs. 4 BewR L). Voraussetzung ist jedoch, dass die Arbeitskräfte wenigstens 100 Tage im Jahr zur Mitarbeit im Betrieb verpflichtet sind.

Zu den **Wohngebäuden** (Wohnteil) des Betriebs der Land- und Forstwirtschaft gehören nur Gebäude und Gebäudeteile, soweit sie zu Wohnzwecken dienen: **4818**
- dem Inhaber des Betriebs,
- den zum Haushalt des Betriebsinhabers gehörenden Familienangehörigen oder
- den Altenteilern.

1.2.2 Abgrenzung gegenüber dem Betriebsvermögen

Zwischen dem land- und forstwirtschaftlichen Vermögen und dem Betriebsvermögen ist hinsichtlich **aller Wirtschaftsgüter** abzugrenzen. **4819**

Für die Abgrenzung der Betriebe der Land- und Forstwirtschaft von den Gewerbebetrieben sind folgende **Tätigkeitsbereiche** zu unterscheiden: **4820**
- Nebeneinander von Betrieb der Land- und Forstwirtschaft und Gewerbebetrieb.
- Land- und forstwirtschaftliche Tätigkeit als Teil eines Gewerbebetriebs (vgl. A 1.03 Abs. 2 BewR L). Land- und forstwirtschaftlich genutzte Flächen, die im Eigentum einer der in

§ 97 Abs. 1 BewG bezeichneten Körperschaften, Personenvereinigungen und Vermögensmassen stehen, sind wegen der Rechtsform des Eigentümers stets Betriebsvermögen (ausgenommen die Personengesellschaften).

- Land- und forstwirtschaftliche Tätigkeit und gewerbliche Tätigkeit (gemischte Betriebe). Ein Betrieb ist nur dann ein Betrieb der Land- und Forstwirtschaft, wenn nicht dauernd und nachhaltig fremde Erzeugnisse über den betriebsnotwendigen Umfang hinaus zugekauft werden (A 1.03 Abs. 1 BewR L). Ein geringer Zukauf fremder Erzeugnisse (bis zu 30 % des Umsatzes gemessen am Einkaufswert) ist unschädlich. Vgl. hierzu auch die Regelungen in R 15.5 EStR.
- Land- und forstwirtschaftliche Tätigkeit mit Absetzung der Erzeugnisse über ein eigenes Handels- und Dienstleistungsgeschäft. Die Veräußerung land- und forstwirtschaftlicher Erzeugnisse im eigenen Laden durch den Erzeuger stellt für sich allein keine gewerbliche Tätigkeit dar (dienender Teil des Betriebs der Land- und Forstwirtschaft, z. B. Blumenladen einer Gärtnerei). Werden jedoch über ein solches Geschäft auch fremde Erzeugnisse veräußert, so ist zwischen land- und forstwirtschaftlicher Tätigkeit und gewerblicher Tätigkeit abzugrenzen (vgl. hierzu auch R 15.5 Abs. 6 EStR).
- Tierhaltung und Tierzucht mit nicht ausreichend bewirtschafteten Flächen (§ 51 BewG, A 1.03 Abs. 4 BewR L).
- Vermietung an Feriengäste (A 1.03 Abs. 7 BewR L).

4821 Gewerblich genutzte Gebäude und Gebäudeteile gehören zum Betriebsvermögen (Betriebsgrundstücke) oder u. U. zum Grundvermögen. Das Gleiche gilt für vermietete Wohnungen.

1.2.3 Abgrenzung gegenüber dem übrigen Vermögen

4822 Zum übrigen Vermögen gehören folgende Wirtschaftsgüter, auch wenn sie betriebswirtschaftlich oder ertragsteuerlich zum Bereich der Land- und Forstwirtschaft zählen:

- Die in § 33 Abs. 3 Nr. 1 bis 4 BewG aufgeführten Gegenstände, insbesondere Zahlungsmittel, Geldforderungen, Geschäftsguthaben, Wertpapiere und Geldschulden, auch wenn sie unmittelbar mit der land- und forstwirtschaftlichen Tätigkeit wirtschaftlich zusammenhängen. Sie gehören somit zum übrigen Vermögen.

BEISPIELE

- Aus der Veräußerung land- und forstwirtschaftlicher Produkte stammende Geld- und Guthabenbestände und Geldforderungen.
- Verbindlichkeiten, die mit betrieblichen Gegenständen wirtschaftlich zusammenhängen.

- Wirtschaftsgüter, die einem Betrieb der Land- und Forstwirtschaft üblicherweise zu dienen bestimmt sind, tatsächlich an dem für die Bewertung maßgebenden Zeitpunkt aber einem derartigen Betrieb des Eigentümers nicht dienen.

BEISPIELE

- Maschinen und Geräte, die nicht mehr land- und forstwirtschaftlich genutzt werden.
- Maschinen, die ein Ehegatte dem anderen Ehegatten, der den Betrieb der Land- und Forstwirtschaft betreibt, vermietet hat.

1.3 Gliederung sowie Umfang und Bestandteile des Betriebs der Land- und Forstwirtschaft

1.3.1 Allgemeines

Nach § 34 Abs. 1 BewG gliedert sich der Betrieb der Land- und Forstwirtschaft in die folgenden zwei Teile: **4823**
- den Wirtschaftsteil und
- den Wohnteil.

1.3.2 Wirtschaftsteil

1.3.2.1 Gliederung des Betriebs der Land- und Forstwirtschaft nach § 34 Abs. 2 BewG

Nach § 34 Abs. 2 BewG gliedert sich bei der Einheitsbewertung der Wirtschaftsteil des   **4824**
Betriebs der Land- und Forstwirtschaft wie folgt in:
- die landwirtschaftliche Nutzung, wobei zu unterscheiden sind: die landwirtschaftliche Nutzung und die landwirtschaftlichen Nutzungsteile Hopfen und Spargel (A 1.08 BewR L),
- die forstwirtschaftliche Nutzung mit ihren Nutzungsteilen Hochwald, Mittelwald und Niederwald (A 1.09 BewR L),
- die weinbauliche Nutzung (A 1.10 BewR L),
- die gärtnerische Nutzung mit den Nutzungsteilen Gemüse-, Blumen- und Zierpflanzenbau, Obstbau und Baumschulen (A 1.11 BewR L) und
- die sonstigen land- und forstwirtschaftlichen Nutzungen (A 1.12 BewR L);
- Abbauland, Geringstland und Unland;
- Nebenbetriebe.

Diese Untergliederung ist insbesondere für die Ermittlung des Ertragswerts von Bedeutung, da   **4825**
für die einzelnen Teile des Wirtschaftsteils eines Betriebs der Land- und Forstwirtschaft jeweils
eigenständige Regelungen gelten.

1.3.2.2 Bestandteile des Wirtschaftsteils

Nach § 33 Abs. 2 BewG gehören zum land- und forstwirtschaftlichen Vermögen (und   **4826**
somit zum Wirtschaftsteil bzw. zu den einzelnen Nutzungen und Nutzungsteilen) folgende
Wirtschaftsgüter:
- **Grund- und Bodenflächen**, die dauernd einem Betrieb der Land- und Forstwirtschaft zu dienen bestimmt sind. Das sind vor allem: Äcker, Wiesen, Forsten, Gärten, Weinberge, bestimmte Wasserflächen. Langfristig zu gewerblichen Zwecken vermietete Flächen gehören jedoch nicht mehr zum land- und forstwirtschaftlichen Vermögen. Zur Behandlung der Hof- und Gebäudefläche vgl. § 40 Abs. 3 BewG. Auch Abbauland (§ 34 Abs. 2 Nr. 2 und § 43 BewG), Geringstland (§ 34 Abs. 2 Nr. 2 und § 44 BewG) und Unland (§ 34 Abs. 2 Nr. 2 und § 45 BewG) gehören dazu.
- **Wirtschaftsgebäude**: Dazu gehören die eigentlichen Wirtschaftsgebäude (z. B. Ställe, Scheunen, Geräteschuppen usw.) und die Gebäude und Gebäudeteile der Arbeitskräfte (vgl. A 1.02 Abs. 4 BewR L).

- **Stehende Betriebsmittel**: Dazu gehören das tote Inventar (z. B. Maschinen, Geräte und Betriebsanlagen) und das lebende Inventar (z. B. Zug- und Zuchttiere, Milchkühe, Legehennen). Es handelt sich hierbei um die sog. Anlagegüter.
- **Umlaufende Betriebsmittel**: Dazu gehören die zur Verwertung im Betrieb oder zur Veräußerung bestimmten Erzeugnisse des Betriebs, z. B. Mastvieh, Dünger, Saatgut, Kraftfutter, Milch, Eier, Wein, Gemüse und Blumen. Es rechnet jedoch nur der Normalbestand zum land- und forstwirtschaftlichen Vermögen, ein evtl. Überbestand gehört zum übrigen Vermögen (§ 33 Abs. 3 Nr. 3 BewG).

4827 Auch die **Nebenbetriebe** i. S. des § 42 BewG gehören zum Wirtschaftsteil des Betriebs der Land- und Forstwirtschaft. Es handelt sich hierbei um sog. Verarbeitungsbetriebe, z. B. Brennereien, Molkereien, Mühlen, Sägewerke. Wirtschaftliche Grundlage dieser Verarbeitungsbetriebe müssen aber Erzeugnisse des eigenen Hauptbetriebs der Land- und Forstwirtschaft sein.

1.3.3 Wohnteil

4828 Zum Wohnteil des Betriebs der Land- und Forstwirtschaft gehören nach § 34 Abs. 3 BewG die Wohnungen und Räume, die dem Betriebsinhaber, seinen Familienangehörigen und den Altenteilern zu Wohnzwecken dienen. Dazu rechnen auch die Räume des Hauspersonals (A 1.07 Abs. 3 BewR L).

4829 Für die Zurechnung von Wohnungen und Wohnräumen zum Betrieb der Land- und Forstwirtschaft ist ebenfalls die Verkehrsauffassung maßgebend. Es lassen sich folgende drei Gruppen charakterisieren:
- Betriebe mittlerer Größe (Wohnung des Betriebsinhabers ist regelmäßig Teil des Betriebs der Land- und Forstwirtschaft),
- Größere Betriebe (vgl. A 1.02 Abs. 6 BewR L),
- Kleinbetriebe (vgl. A 1.02 Abs. 7 BewR L).

4830 Wohnungen, die länger als 6 Wochen im Jahr an Betriebsfremde vermietet sind, zählen nicht zum land- und forstwirtschaftlichen Vermögen (A 1.02 Abs. 10 BewR L).

4831

1.4 Zusammenfassende Darstellung des Bewertungsgegenstands des land- und forstwirtschaftlichen Vermögens

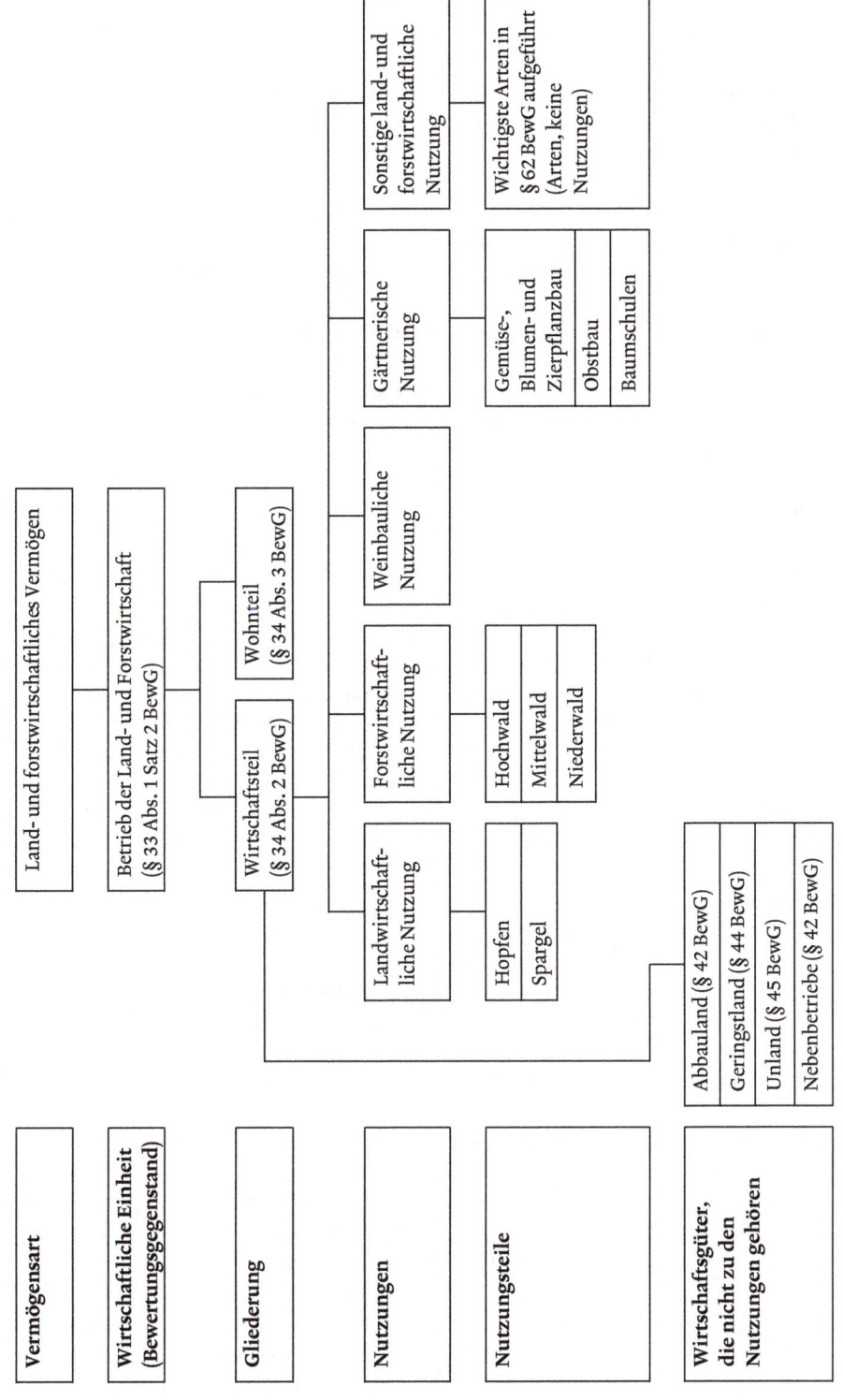

2 Bewertungsstichtag für das land- und forstwirtschaftliche Vermögen

4832 Hinsichtlich des Stichtags für die Einheitsbewertung des land- und forstwirtschaftlichen Vermögens sind zu unterscheiden:
- die bestandsmäßigen Verhältnisse und
- die wertmäßigen Verhältnisse.

4833 Für die **bestandsmäßigen Verhältnisse** sind nach § 35 Abs. 1 BewG grundsätzlich die Verhältnisse vom jeweiligen Feststellungszeitpunkt (Beginn des Kalenderjahres, d. h. dem Hauptfeststellungszeitpunkt, Nachfeststellungszeitpunkt oder Fortschreibungszeitpunkt) maßgebend. Dazu gehören die Verhältnisse:
- für die Größe des Betriebs (Grund- und Bodenfläche) einschließlich der natürlichen und wirtschaftlichen Ertragsbedingungen (vgl. auch § 38 Abs. 2 BewG),
- für den Umfang und Zustand der Gebäude (Wirtschafts- und Wohngebäude),
- für den Umfang und den Zustand der stehenden Betriebsmittel (Maschinen, Geräte, Zugtiere, Zuchttiere usw.).

4834 Diese Regelung entspricht der normalen Regelung bei der Hauptfeststellung sowie den Nachfeststellungen und Fortschreibungen. Von diesem Grundsatz gibt es Ausnahmen bezüglich der bestandsmäßigen Verhältnisse für:
- die forstwirtschaftliche Nutzung durch § 54 BewG und
- die gärtnerische Nutzung durch § 59 BewG.

4835 Bezüglich der **wertmäßigen Verhältnisse** sind bei Fortschreibungen und Nachfeststellungen stets die Verhältnisse vom Hauptfeststellungszeitpunkt 01. 01. 1964 maßgebend (§ 27 BewG).

4836 Nach § 35 Abs. 2 BewG ist für die **umlaufenden Betriebsmittel** (z. B. Erzeugnisse zum Verbrauch und Verkauf) der Stand am Ende des Wirtschaftsjahres maßgebend. Das ist z. B. für die landwirtschaftliche Nutzung der 30. Juni, der dem maßgebenden Feststellungszeitpunkt vorangeht.

3 Bewertungsmaßstäbe für das land- und forstwirtschaftliche Vermögen

3.1 Grundsätzliches

4837 Nach § 36 Abs. 1 BewG kommen zwei unterschiedliche Bewertungsmaßstäbe zur Anwendung. Es sind anzusetzen:
- der Wirtschaftsteil mit dem Ertragswert,
- der Wohnteil mit dem Wohnungswert nach § 47 BewG.

3.2 Begriff des Ertragswerts

4838 Nach § 36 Abs. 2 BewG ist der Ertragswert das 18fache des unter Berücksichtigung der Ertragsfähigkeit des Betriebs (bzw. der jeweiligen Nutzung oder des Nutzungsteils) erzielbaren Reinertrags (kapitalisierte Ertragsfähigkeit).

4839 Die Ertragsfähigkeit ist der bei ordnungsmäßiger und schuldenfreier Bewirtschaftung mit entlohnten fremden Arbeitskräften gemeinhin und nachhaltig erzielbare Reinertrag (nicht der tatsächlich erzielte Reingewinn). Bei der Beurteilung der Ertragsfähigkeit sind die wesentlichen natürlichen und wirtschaftlichen Ertragsbedingungen zu berücksichtigen (§ 36 Abs. 3 BewG).

3.3 Begriff des Wohnungswerts

Der Wohnungswert ist ein im Ertragswertverfahren ermittelter gemeiner Wert. Die Wertermittlung erfolgt wie bei der Bewertung von Mietwohngrundstücken des Grundvermögens. Hierbei sind jedoch die Besonderheiten, die sich aus der Lage des Wohnteils im Betrieb der Land- und Forstwirtschaft ergeben, besonders zu berücksichtigen (z. B. wertmindernde Einflüsse gegenüber Mietwohngrundstücken). **4840**

3.4 Berechnungsgrößen ab 01.01.2002

Für alle Einheitswertfeststellungen ab 01.01.2002 gilt als Berechnungsgröße weiterhin die DM-Währung (vgl. § 205 Abs. 2 BewG). Das bedeutet, dass zunächst alle Berechnungen in DM durchzuführen sind bis hin zur Abrundung des Einheitswerts und bis einschließlich der Prüfung der Wertfortschreibungsgrenzen des § 22 Abs. 1 BewG. Erst der festzustellende Einheitswert (im Wege der Nachfeststellung oder Fortschreibung) ist mit dem amtlichen Umrechnungskurs von 1,95583 DM/€ auf Euro umzurechnen (§ 30 BewG). Der sich ergebende Betrag ist auf 1 € zu runden (z. B. maßgebender Einheitswert 11400 DM ergibt 5828 €). **4841**

4 Bewertungsverfahren zu Ermittlung des Ertragswerts des Wirtschaftsteils

4.1 Verfahrensarten

§ 37 BewG sieht zur Ermittlung des Ertragswerts folgende **zwei Verfahren** (Methoden) vor: **4842**

das vergleichende Verfahren (geregelt in den §§ 38 bis 40 BewG)	das Einzelertragswertverfahren

Beim vergleichenden Verfahren sind zu unterscheiden (vgl. A 1.17 BewR L):

Vergleichendes Verfahren mit Hilfe von Vergleichszahlen	Vergleichendes Verfahren ohne Vergleichszahlen
Diese Methode kommt zur Anwendung für: • die landwirtschaftliche Nutzung und ihre Nutzungsteile Hopfen und Spargel, • die weinbauliche Nutzung und • die gärtnerischen Nutzungsteile.	Diese Methode wird angewendet für: • die forstwirtschaftliche Nutzung und • die einzelnen Arten der sonstigen land- und forstwirtschaftlichen Nutzung.

Das vergleichende Verfahren hat Vorrang vor dem Einzelertragswertverfahren. **4843**

4.2 Vergleichendes Verfahren

4844 Das Wesen des vergleichenden Verfahrens (vergleichende Bewertung) besteht darin, dass für die einzelnen Nutzungen und Nutzungsteile des zu bewertenden Betriebs der Land- und Forstwirtschaft die Ertragswerte (Ertragsfähigkeit) durch Vergleich mit der Ertragsfähigkeit entsprechender Nutzungen und Nutzungsteile bereits bewerteter Betriebe (sog. Bewertungsstützpunkte) ermittelt werden, wobei die unterschiedlichen Ertragsbedingungen zu berücksichtigen sind.

4845 Für jede Nutzung und jeden Nutzungsteil ist getrennt der Ertragswert (Ertragsfähigkeit) zu ermitteln.

4.3 Einzelertragswertverfahren

4846 Das Einzelertragswertverfahren kommt nur in Ausnahmefällen zur Anwendung bei Nutzungen oder Nutzungsteilen, für die ein Ertragswert im vergleichenden Verfahren nicht ermittelt werden kann.

Das Einzelertragswertverfahren ist außerdem maßgebend für die Ermittlung des Ertragswerts der Nebenbetriebe (§ 42 BewG) und des Abbaulandes (§ 43 BewG).

4847 Beim Einzelertragswertverfahren wird die Ertragsfähigkeit ohne Vergleich mit bereits bewerteten Betrieben unmittelbar ermittelt. Es ist sehr zeitaufwändig.

4.4 Fester Wertansatz

4848 Feste Wertansätze kommen in folgenden Fällen in Betracht:
- für das Geringstland (§ 44 Abs. 2 BewG), Ansatz mit 50 DM je ha,
- für bestimmte Teile der forstwirtschaftlichen Nutzung, Ansatz ebenfalls mit 50 DM je ha (vgl. § 55 Abs. 7 BewG, A 4.04 Abs. 1 BewR L).

4.5 Einzelheiten zur Ermittlung des Ertragswerts

4849 Einzelheiten zur Ermittlung des Ertragswerts regeln:
- Teil 2 der BewR L für die landwirtschaftliche Nutzung (ohne Sonderkulturen Hopfen und Spargel),
- Teil 3 der BewR L für die landwirtschaftlichen Nutzungsteile Hopfen und Spargel,
- Teil 4 der BewR L für die forstwirtschaftliche Nutzung,
- Teil 5 der BewR L für die weinbauliche Nutzung,
- Teil 6 der BewR L für die gärtnerische Nutzung und
- Teil 7 der BewR L für die sonstige land- und forstwirtschaftliche Nutzung.

Auf die Wertermittlungen der genannten Nutzungen und Nutzungsteile wird im Rahmen dieses Buches nicht eingegangen.

4.6 Zusammensetzung des Wirtschaftswerts

4850 Nach § 46 BewG setzt sich der Wirtschaftswert zusammen aus
- den Vergleichswerten der einzelnen Nutzungen und Nutzungsteile,
- den Einzelertragswerten einzelner Nutzungen,
- den Einzelertragswerten für Nebenbetriebe und Abbauland und
- den festen Werten für Geringstland und für bestimmte Teile der forstwirtschaftlichen Nutzung.

5 Ermittlung des Wohnungswerts

Der Wohnungswert ist der Wert, mit dem der Wohnteil des Betriebs der Land- und Forstwirtschaft angesetzt wird. Nach § 47 BewG ist der Wohnungswert nach den Vorschriften zu ermitteln, die beim Grundvermögen für die Bewertung der Mietwohngrundstücke im Ertragswertverfahren gelten, also nach den §§ 71 und 78 bis 82 BewG (vgl. hierzu die Ausführungen bei E 4, Rz. 5106 ff.).

4851

Als Jahresmiete kommt stets eine übliche Miete (nach den Wertverhältnissen vom 01.01.1964, vgl. § 27 BewG) zum Ansatz, weil die zu bewertenden Wohnungen stets vom Betriebsinhaber selbst, den zu seinem Haushalt gehörenden Familienmitgliedern oder den Altenteilern genutzt werden. Die übliche Miete ist stets zu schätzen.

4852

Der ermittelte Wert (Jahresrohmiete × Vervielfältiger) ist nach § 47 Satz 3 BewG um 15 % zu vermindern. Der Abschlag darf nicht bereits bei der Ermittlung der Jahresrohmiete vorgenommen werden.

4853

6 Einheitswert des Betriebs der Land- und Forstwirtschaft

6.1 Zusammensetzung des Einheitswerts des Betriebs der Land- und Forstwirtschaft

Nach § 48 BewG bilden der Wirtschaftswert und der Wohnungswert zusammen den Einheitswert. Ist ein Wohnungswert nicht vorhanden, besteht der Einheitswert nur aus dem Wirtschaftswert.

4854

6.2 Bewertungsmaßstab und Bewertungsverfahren (Übersicht)

4855

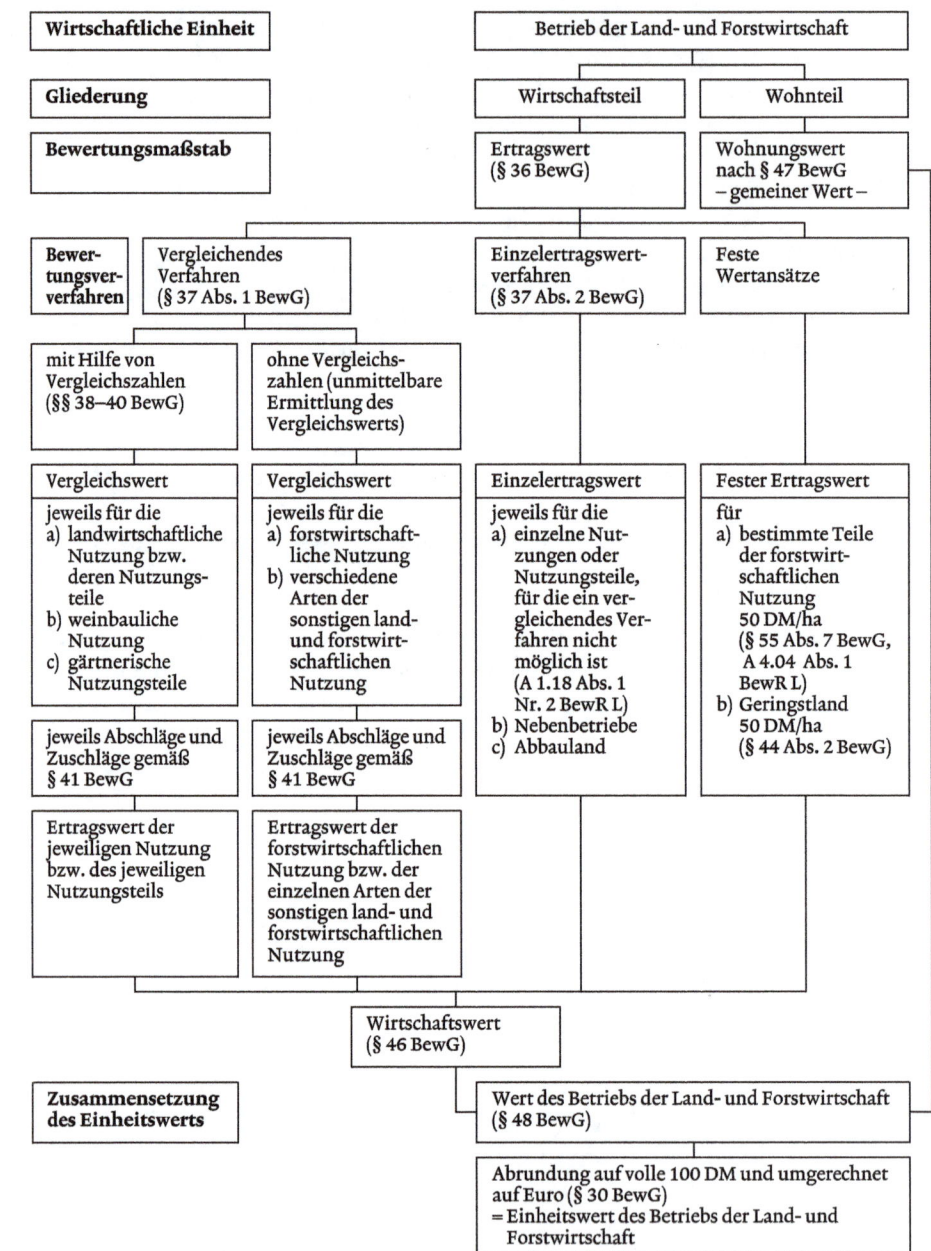

Wirtschaftliche Einheit	Betrieb der Land- und Forstwirtschaft	
Gliederung	Wirtschaftsteil	Wohnteil
Bewertungsmaßstab	Ertragswert (§ 36 BewG)	Wohnungswert nach § 47 BewG – gemeiner Wert –

| Bewertungsverfahren | Vergleichendes Verfahren (§ 37 Abs. 1 BewG) | | Einzelertragswertverfahren (§ 37 Abs. 2 BewG) | Feste Wertansätze |

| mit Hilfe von Vergleichszahlen (§§ 38–40 BewG) | ohne Vergleichszahlen (unmittelbare Ermittlung des Vergleichswerts) |

| Vergleichswert | Vergleichswert | Einzelertragswert | Fester Ertragswert |
| jeweils für die a) landwirtschaftliche Nutzung bzw. deren Nutzungsteile b) weinbauliche Nutzung c) gärtnerische Nutzungsteile | jeweils für die a) forstwirtschaftliche Nutzung b) verschiedene Arten der sonstigen land- und forstwirtschaftlichen Nutzung | jeweils für die a) einzelne Nutzungen oder Nutzungsteile, für die ein vergleichendes Verfahren nicht möglich ist (A 1.18 Abs. 1 Nr. 2 BewR L) b) Nebenbetriebe c) Abbauland | für a) bestimmte Teile der forstwirtschaftlichen Nutzung 50 DM/ha (§ 55 Abs. 7 BewG, A 4.04 Abs. 1 BewR L) b) Geringstland 50 DM/ha (§ 44 Abs. 2 BewG) |

| jeweils Abschläge und Zuschläge gemäß § 41 BewG | jeweils Abschläge und Zuschläge gemäß § 41 BewG |

| Ertragswert der jeweiligen Nutzung bzw. des jeweiligen Nutzungsteils | Ertragswert der forstwirtschaftlichen Nutzung bzw. der einzelnen Arten der sonstigen land- und forstwirtschaftlichen Nutzung |

| Wirtschaftswert (§ 46 BewG) |

| Zusammensetzung des Einheitswerts | Wert des Betriebs der Land- und Forstwirtschaft (§ 48 BewG) |

| Abrundung auf volle 100 DM und umgerechnet auf Euro (§ 30 BewG) = Einheitswert des Betriebs der Land- und Forstwirtschaft |

7 Besondere Regelungen für einzelne Nutzungen

4856
In den §§ 50 bis 62 BewG sind besondere Einzelheiten geregelt für Besonderheiten der landwirtschaftlichen Nutzung, der forstwirtschaftlichen Nutzung, der weinbaulichen Nutzung, der gärtnerischen Nutzung und der sonstigen land- und forstwirtschaftlichen Nutzung.

Teil D Einheitsbewertung des Grundvermögens (in den alten Bundesländern)

1 Bewertungsgegenstand

1.1 Begriff und Umfang des Grundvermögens

1.1.1 Allgemeine Grundsätze

Grundvermögen ist Grundbesitz, soweit es sich nicht um land- und forstwirtschaftliches Vermögen und auch nicht um Betriebsgrundstücke handelt (§ 68 Abs. 1 Satz 1 BewG).   **5001**

Grundbesitz ist eine Sammelbezeichnung für (vgl. § 19 Abs. 1 BewG):   **5002**
- die Betriebe der Land- und Forstwirtschaft des land- und forstwirtschaftlichen Vermögens,
- die Grundstücke des Grundvermögens und
- die Betriebsgrundstücke.

Da für die **Abgrenzung des Grundvermögens** in § 68 Abs. 1 Satz 1 BewG eine sog. negative Abgren-   **5003**
zungsregelung besteht, ist für Grundbesitz zunächst immer zu prüfen, ob es sich um land- und forstwirtschaftliches Vermögen oder um Betriebsgrundstücke des Betriebsvermögens handelt.

Zum Grundvermögen gehören (§ 68 Abs. 1 BewG)   **5004**
- grundsätzlich: der Grund und Boden, die Gebäude, die sonstigen Bestandteile und das Zubehör,
- außerdem: das Erbbaurecht, das Wohnungseigentum und Teileigentum sowie das Wohnungserbbaurecht und Teilerbbaurecht nach dem Wohnungseigentumsgesetz (WEG).

Grund und Boden ist ein Teil der Erdoberfläche, der nach dem BGB als Grundstück bezeichnet   **5005**
wird. Zum Grund und Boden gehören bürgerlich-rechtlich auch die wesentlichen Bestandteile.
Hierbei sind zu unterscheiden:

Bestandteile	
wesentliche Bestandteile (§§ 93 und 94 BGB)	Scheinbestandteile (§ 95 BGB)

Zu den **wesentlichen Bestandteilen** eines Grundstücks im bürgerlich-rechtlichen Sinne   **5006**
gehören die mit dem Grund und Boden fest verbundenen Sachen, insbesondere die Gebäude
und die Außenanlagen (§ 94 Abs. 1 BGB).

Zu den **Scheinbestandteilen** eines Grundstücks gehören solche Sachen, die mit dem   **5007**
Grund und Boden nur zu einem vorübergehenden Zweck verbunden sind (§ 95 Abs. 1 BGB)
oder Sachen, die nur zu einem vorübergehenden Zweck in ein Gebäude eingefügt worden sind
(§ 95 Abs. 2 BGB). Diese bürgerlich-rechtliche Unterscheidung gilt grundsätzlich auch bewertungsrechtlich, d. h. die Scheinbestandteile werden nicht bei der wirtschaftlichen Einheit des
Eigentümers des Grund und Bodens erfasst, sondern beim Eigentümer der Scheinbestandteile.

Bewertungsrechtlich ist ein **Gebäude** ein (von Menschenhand geschaffenes) Bauwerk, das   **5008**
(sämtliche) folgende Merkmale erfüllt. Das Bauwerk muss (vgl. A 1 Abs. 2 BewR Gr):
- Menschen oder Sachen Schutz gegen Witterungseinflüsse gewähren,
- den Aufenthalt von Menschen gestatten,

- fest mit dem Grund und Boden verbunden sein,
- von einiger Beständigkeit sein **und**
- ausreichend standfest sein.

5009   Liegen bei einem Bauwerk nicht sämtliche Voraussetzungen vor, dann handelt es sich

- entweder um eine Betriebsvorrichtung (wenn mit dem Bauwerk unmittelbar ein Gewerbe betrieben wird, z. B. ein Getreidesilo oder eine Umspannanlage) oder
- um einen sonstigen wesentlichen Bestandteil des Grund und Bodens (z. B. ein privat genutztes Freibad).

5010   Zum Gebäude gehören auch die wesentlichen Bestandteile eines Gebäudes (§ 94 Abs. 2 BGB, A 1 Abs. 2 BewR Gr).

5011   Zu den **sonstigen Bestandteilen** gehören insbesondere die Außenanlagen (z. B. Einfriedungen, Wege- und Platzbefestigungen, Terrassen und Gartenanlagen; vgl. A 1 Abs. 3 BewR Gr). Zum Begriff des Zubehörs vgl. § 97 BGB. Zum Zubehör rechnen z. B.: mit vermietete Treppenläufer, Beleuchtungskörper, Mülltonnen, Waschmaschinen, Kühlschränke und Herde (vgl. A 1 Abs. 4 BewR Gr).

1.1.2   Nicht zum Grundvermögen gehörende Wirtschaftsgüter

5012   Nach § 68 Abs. 2 BewG gehören nicht zum Grundvermögen:

- **Bodenschätze:**
  Dazu rechnen z. B. Steine, Kohle, Salz, Minerale, Heilquellen usw., die vom Eigentümer gefördert und verwertet oder verkauft werden. Geschieht dies im Rahmen eines Gewerbebetriebs, so gehören die Bodenschätze zum Betriebsvermögen (§ 95 ff. BewG). Werden sie nicht im Rahmen eines Gewerbebetriebs genutzt, so rechnen sie zum übrigen Vermögen.
- **Betriebsvorrichtungen:**
  Das sind Maschinen und sonstige Vorrichtungen aller Art (z. B. maschinelle Anlagen), mit denen ein Gewerbe unmittelbar betrieben wird, soweit es sich nicht um Gebäude oder Gebäudeteile oder sonstige Bestandteile des Grundstücks handelt. Die Abgrenzung zwischen Grundvermögen und den Betriebsvorrichtungen erfolgt mit Hilfe des Gebäudebegriffs. Nähere Einzelheiten dazu sind nachstehend in 1.1.3 (Rz. 5013 ff.) behandelt.

1.1.3   Abgrenzung des Grundvermögens von den Betriebsvorrichtungen

5013   Für die Abgrenzung des Grundvermögens von den Betriebsvorrichtungen sieht der gleich lautende Ländererlass vom 05. 06. 2013 – **Abgrenzungsrichtlinien** – (BStBl I 2013, 734) weitere Einzelheiten vor. Diese Regelungen gelten auch für die Abgrenzung der Betriebsgrundstücke (§ 99 BewG) von den Betriebsvorrichtungen (Tz. 1.1 Abs. 1 Abgrenzungsrichtlinien).

5014   Nach Tz. 1.2 Abs. 1 der Abgrenzungsrichtlinien ist bei der Abgrenzung des Grundvermögens von den Betriebsvorrichtungen zunächst zu prüfen, ob das Bauwerk ein Gebäude ist. Handelt es sich bei einem Bauwerk nicht um ein Gebäude, liegt nicht zwingend eine Betriebsvorrichtung vor, sondern es muss geprüft werden, ob es sich um einen Gebäudebestandteil bzw. eine Außenanlage oder um eine Betriebsvorrichtung handelt (Tz. 1.2 Abs. 2 Abgrenzungsrichtlinien).

5015   Nach Tz. 1.3 der Abgrenzungsrichtlinien gehören zu den Betriebsvorrichtungen nicht nur Maschinen und maschinelle Vorrichtungen, sondern alle Vorrichtungen, mit denen ein Gewerbe unmittelbar betrieben wird. Das können auch ganze Bauwerke und Teile von Bauwerken sein, die nach den Regeln der Baukunst geschaffen worden sind. Bei der Abgrenzung des Grundvermögens von den Betriebsvorrichtungen sind daher **zu unterscheiden**:

- Abgrenzung der **Gebäude** von den Betriebsvorrichtungen,
- Abgrenzung einzelner **Gebäudebestandteile** von den Betriebsvorrichtungen und
- Abgrenzung der **Außenanlagen** von den Betriebsvorrichtungen.

Gebäude sind mit Hilfe des Gebäudebegriffs von den Betriebsvorrichtungen abzugrenzen. Vgl. im Einzelnen Tz. 2 der Abgrenzungsrichtlinien sowie die dazu vorgesehenen Zeichnungen. **5016**

Zur Abgrenzung einzelner Gebäudebestandteile von den Betriebsvorrichtungen vgl. die Ausführungen in Tz. 3 der Abgrenzungsrichtlinien sowie die dazu vorgesehenen Zeichnungen. **5017**

Zur Abgrenzung der Außenanlagen von den Betriebsvorrichtungen vgl. die Ausführungen in Tz. 4 der Abgrenzungsrichtlinien. **5018**

Die Abgrenzungsrichtlinien enthalten in **Anlage 1** eine umfangreiche Auflistung über Gebäude, Gebäudebestandteile und Außenanlagen sowie Betriebsvorrichtungen und in **Anlage 2** eine Auflistung von Einrichtungen und Anlagen bestimmter Sportanlagen. **5019**

1.2 Abgrenzung des Grundvermögens vom land- und forstwirtschaftlichen Vermögen

1.2.1 Allgemeine Abgrenzung

Grundsätzlich hat die Abgrenzung negativ nach § 68 Abs. 1 i. V. mit § 33 Abs. 1 Satz 1 BewG zu erfolgen. Es ist daher bei Grundbesitz zunächst zu untersuchen, ob es sich bei den Grund- und Bodenflächen einschließlich der darauf stehenden Gebäude und den sonstigen Bestandteilen um land- und forstwirtschaftliches Vermögen handelt. Liegen die Voraussetzungen für land- und forstwirtschaftliches Vermögen nicht vor, dann handelt es sich um Grundvermögen, falls der Grundbesitz nicht als Betriebsgrundstück zu einem Gewerbebetrieb gehört. Vgl. hierzu im Einzelnen die Darstellungen zur Abgrenzung des land- und forstwirtschaftlichen Vermögens in C 1 (Rz. 4801 ff.). **5020**

1.2.2 Besondere Abgrenzungsregelung

Nach § 69 BewG sind in ganz bestimmten Fällen nichtbebaute Flächen, die zum Feststellungszeitpunkt noch land- und forstwirtschaftlich genutzt werden, bereits als Grundvermögen zu behandeln. § 69 BewG ist eine Ausnahmevorschrift zu § 33 BewG. Da es für die Zugehörigkeit zum land- und forstwirtschaftlichen Vermögen in erster Linie auf die Zweckbestimmung ankommt, können auch Flächen, die im Feststellungszeitpunkt tatsächlich ungenutzt sind, darunter fallen (vgl. A 1.01 Abs. 3 BewR L). **5021**

§ 69 BewG sieht in drei Absätzen **drei verschiedene Sonderfälle** vor. Dabei ist es zweckmäßig zunächst die Fälle des Abs. 3, dann erst die Fälle des Abs. 1 und 2 zu untersuchen. **5022**

1.2.2.1 Abgrenzung nach § 69 Abs. 3 BewG

Danach sind Flächen grundsätzlich **stets** dem **Grundvermögen** zuzurechnen, wenn folgende Voraussetzungen vorliegen: **5023**

- Die Flächen müssen in einem Bebauungsplan als Bauland festgesetzt sein. Der Bebauungsplan muss durch Satzung der Gemeinde bereits festgelegt und genehmigt sein.

- Die Bebauung der Flächen muss rechtlich und tatsächlich sofort möglich sein. Es dürfen daher z. B. keine Baubeschränkungen bestehen, auch die Größe der Fläche muss eine Bebauung ermöglichen.
- Die Bebauung der Flächen muss innerhalb des Plangebiets in benachbarten Bereichen bereits begonnen haben oder schon durchgeführt worden sein.

5024 Von diesem Grundsatz sieht § 69 Abs. 3 Satz 2 BewG eine Ausnahmeregelung vor. Trotz Vorliegens der Voraussetzungen nach § 69 Abs. 3 Satz 1 BewG kommt für folgende Flächen eine Bewertung als Grundvermögen nicht in Betracht:

- für die Hofstelle und
- für die mit der Hofstelle unmittelbar räumlich zusammenhängenden Flächen bis zur Größe von 1 ha.

5025 Hofstelle ist die Grundstücksfläche, die im Grundbuch i. d. R. eine eigene Lgb.-Nr. (auch Flurstücks-Nr. genannt) hat und auf der sich die Wirtschaftsgebäude und i. d. R. auch das Wohngebäude des Betriebsinhabers befinden (BFH vom 09.10.1985 BStBl II 1986, 3). Die Hofstelle zählt bei der Flächengröße von 1 ha nicht mit. Zur Hofstelle gehört nicht der Hausgarten i. S. des § 40 Abs. 3 BewG (vgl. A 1.14 Abs. 1 BewR L). Der unmittelbare räumliche Zusammenhang muss nach der Verkehrsauffassung beurteilt werden. Für die die Fläche von 1 ha übersteigende Fläche muss wiederum eine tatsächliche sofortige Bebauung möglich sein. Diese Ausnahmeregelung des § 69 Abs. 3 Satz 2 BewG wird von der Finanzverwaltung als eine allgemeine Begünstigungsvorschrift betrachtet, die auch in den Fällen des § 69 Abs. 1 und 2 BewG gelten soll.

1.2.2.2 Abgrenzung nach § 69 Abs. 1 BewG

5026 Liegen die Voraussetzungen des § 69 Abs. 3 BewG nicht vor, so kann auch unter folgenden **Voraussetzungen** eine Bewertung **als Grundvermögen** in Betracht kommen:
Für die land- und forstwirtschaftlich genutzten Flächen muss

- nach ihrer Lage,
- den im Feststellungszeitpunkt bestehenden Verwertungsmöglichkeiten
- oder den sonstigen Umständen
- anzunehmen sein, dass sie innerhalb einer absehbaren Zeit (das sind 6 Jahre vom jeweiligen Feststellungszeitpunkt an gerechnet, vgl. A 2 Abs. 7 BewR Gr) anderen als land- und forstwirtschaftlichen Zwecken dienen werden; das ist insbesondere die Nutzung als Bauland, Industrieland oder Land für Verkehrszwecke.

5027 Als Hinweise für eine **anderweitige Zweckbestimmung in absehbarer Zeit** können in Betracht kommen:

- die Absicht der Gemeinde, neues Baugelände zu erschließen,
- Grundstückskäufe durch Siedlungs- und Wohnbauunternehmen, wenn erheblich höhere Preise (sog. Baulandpreise) bezahlt werden, als für land- und forstwirtschaftliche Flächen,
- Neubau von Straßen,
- Grundstückskäufe durch Industrieunternehmen,
- Einleitung eines Umlegungs- und Erschließungsverfahrens zur Nutzung als Industrie- und Gewerbegebiet.

5028 Beim Vorliegen der genannten Voraussetzungen sind **alle Flächen dieser Gegend** als Grundvermögen **umzubewerten** (ausgenommen es liegt ein Fall des § 69 Abs. 2 BewG vor oder es kommt die Schutzbestimmung des § 69 Abs. 3 Satz 2 BewG in Betracht). Auf die Absicht des Eigentümers kommt es nicht an. Diese Regelung gilt auch für Flächen, die vom Eigentümer nicht selbst bewirtschaftet werden, sondern an andere Land- und Forstwirte verpachtet sind.

1.2.2.3   Abgrenzung nach § 69 Abs. 2 BewG

Hierbei handelt es sich prinzipiell um die gleichen Fälle wie in § 69 Abs. 1 BewG, jedoch   **5029**
sind **strengere Maßstäbe** angelegt. Solche Flächen sind nur unter der Voraussetzung als Grundvermögen zu bewerten, wenn **mit großer Wahrscheinlichkeit** anzunehmen ist, dass sie **innerhalb von 2 Jahren**, vom jeweiligen Feststellungszeitpunkt an gerechnet, eine **andere Zweckbestimmung** erhalten.

Diese Schutzbestimmung ist jedoch nur zu beachten, wenn: **5030**
- der Betrieb die Existenzgrundlage des Betriebsinhabers bildet,
- die Flächen von einer Hofstelle aus ordnungsgemäß bewirtschaftet werden und
- es sich um Flächen handelt, die dem Betriebsinhaber selbst gehören und von ihm selbst
  noch in diesem Betrieb land- und forstwirtschaftlich genutzt werden (vgl. A 2 Abs. 5 und 6
  BewR Gr).

1.3   Das Grundstück als wirtschaftliche Einheit des Grundvermögens

1.3.1   Allgemeine Grundsätze

Nach **§ 70 Abs. 1 BewG** ist die wirtschaftliche Einheit beim Grundvermögen das **Grund-**   **5031**
stück. Dieser Begriff »Grundstück« deckt sich nicht in allen Fällen mit der gleich lautenden
Begriffsbezeichnung im bürgerlichen Recht.

Bewertungsrechtlich sind im Allgemeinen folgende **Fälle** zu unterscheiden: **5032**
- Ein Grundstück (Flurstück) i. S. des § 94 BGB bildet auch gleichzeitig eine wirtschaftliche Einheit Grundstück des Grundvermögens (häufiger Fall, insbesondere bei Wohngrundstücken).
- Ein größeres Grundstück (Flurstück) bildet bewertungsrechtlich zwei oder mehrere
  selbstständige wirtschaftliche Einheiten des Grundvermögens.
- Mehrere Flurstücke (bürgerlich-rechtlich selbstständige Grundstücke) bilden eine einzige
  wirtschaftliche Einheit Grundstück des Grundvermögens.
  In den Fällen der Zusammenfassung mehrerer Flurstücke zu einer wirtschaftlichen Einheit ist grundsätzlich ein räumlicher Zusammenhang der Flächen erforderlich. Die Rechtsprechung hat jedoch zugelassen, dass eine Garage, die wirtschaftlich zu einer Wohnung
  gehört, mit dem Wohngrundstück zu einer wirtschaftliche Einheit zusammengefasst werden darf bzw. muss, wenn die räumliche Trennung zwischen dem Wohngrundstück und
  dem Garagengrundstück nicht zu groß ist (A 4 Abs. 1 Satz 6 BewR Gr).
- Doppelhäuser und Reihenhäuser, die einem einzigen Eigentümer (oder mehreren Miteigentümern gemeinsam) gehören.
  Sie sind jeweils als selbstständige wirtschaftliche Einheiten zu bewerten, wenn sie baulich so
  gestaltet sind, dass sie unabhängig voneinander veräußert werden können (A 15 Abs. 5 BewR Gr).

1.3.2   Einbeziehung von Anteilen an anderen Grundstücken nach § 70 Abs. 2 BewG

§ 70 Abs. 2 Satz 1 BewG enthält eine **Ausnahmeregelung** zum einheitlichen Eigentum des   **5033**
§ 2 Abs. 2 BewG. Danach kann auch ein Anteil an einem Grundstück (Anteil an anderem
Grundvermögen) in eine wirtschaftliche Einheit einbezogen werden, wenn folgende Voraussetzungen erfüllt sind:
- Alle Anteile der jeweiligen Miteigentümer an dem Grundstück müssen von ihren Miteigentümern zusammen mit ihrem (Haupt-)Grundstück zusammen genutzt werden.

- Die Zusammenfassung muss nach der Verkehrsauffassung (§ 2 Abs. 1 Sätze 3 und 4 BewG) zulässig sein (§ 70 Abs. 2 Satz 2 BewG, vgl. auch A 4 Abs. 1 Sätze 5 und 6 BewR Gr).

5034   **Typische Fälle sind:**
- Gemeinsame Hofflächen und Zugangswege.
- Gemeinsame Garagen oder Vorplätze zu Garagen (vor allem bei Reihenhausgrundstücken).

1.3.3   Gebäude auf fremdem Grund und Boden

5035   Als Grundstück gilt nach **§ 70 Abs. 3 BewG** auch ein Gebäude, das auf fremdem Grund und Boden errichtet oder in sonstigen Fällen einem anderen als dem Eigentümer des Grund und Bodens zuzurechnen ist, selbst wenn es wesentlicher Bestandteil des Grund und Bodens (vgl. § 94 BGB) geworden ist. Wegen der steuerlichen Zurechnung vgl. § 39 AO sowie A 4 Abs. 3 BewR Gr. Bei Ehegatten oder Lebenspartnern geht § 26 BewG dem § 70 Abs. 3 BewG vor. Zur Bewertung von Gebäuden auf fremdem Grund und Boden vgl. § 94 BewG sowie 6.4 (Rz. 5186 ff.).

1.4   Gebäude und Gebäudeteile, die dem Zivilschutz dienen

5036   Nach **§ 71 BewG** sind Gebäude, Teile von Gebäuden und Anlagen, die zum Schutze der Bevölkerung sowie lebens- und verteidigungswichtiger Sachgüter vor der Wirkung von Angriffswaffen geschaffen worden sind, bei der Einheitsbewertung des Grundvermögens außer Ansatz zu lassen. Voraussetzung ist jedoch, dass sie im Frieden nicht oder nur gelegentlich oder geringfügig für andere Zwecke benutzt werden. Vgl. auch die Ausführungen in A 5 BewR Gr.

1.5   Bewertungsmaßstab und Berechnungsgrößen

5037   Für die Einheitsbewertung der wirtschaftlichen Einheiten des Grundvermögens ist im BewG kein eigener Bewertungsmaßstab vorgeschrieben. Es kommt daher für alle Grundstücke des Grundvermögens (§§ 68 bis 94 BewG) der allgemeine Bewertungsgrundsatz des § 9 Abs. 1 BewG, nämlich der **gemeine Wert**, zum Ansatz.

5038   Für die Einheitsbewertung der **unbebauten Grundstücke** (§ 72 BewG) ist für die Ermittlung des gemeinen Werts keine besondere Bewertungsmethode vorgeschrieben. Nach A 7 Abs. 2 BewR Gr sind durchschnittliche Quadratmeter-Richtwerte nach den Wertverhältnissen 01.01.1964 (§ 27 BewG) zu Grunde zu legen. Vgl. hierzu die Ausführungen zu 3 (Rz. 5091 ff.).

5039   Für die Einheitsbewertung der **bebauten Grundtücke** sieht § 76 BewG **zwei Bewertungsmethoden** vor, nämlich das Ertragswertverfahren (§§ 68 bis 82 BewG) und das Sachwertverfahren (§§ 93 bis 90 BewG). Sondervorschriften befinden sich außerdem für Erbbaurechtsgrundstücke, für Wohnungs- und Teileigentum und für Gebäude auf fremdem Grund und Boden in den §§ 92 bis 94 BewG. Vgl. hierzu die Ausführungen zu 6.2 bis 6.4 (Rz. 5168 ff.).

5040   Für alle Einheitswertfeststellungen ab 01.01.2002 gilt als Berechnungsgröße weiterhin die **DM-Währung** (vgl. § 22 Abs. 1 und § 30 BewG). Das bedeutet, dass zunächst alle Berechnungen in DM durchzuführen sind bis hin zur Abrundung des Einheitswerts und bis einschließlich der Prüfung der Wertfortschreibungsgrenzen des § 22 Abs. 1 BewG. Dies gilt sowohl für die Einheitswertermittlung der unbebauten Grundstücke, als auch für die Einheitswertermittlung der bebauten Grundstücke im Ertragswert- oder Sachwertverfahren (vgl. 3 bis 5, Rz. 5091 ff.). Erst der festzustellende Einheitswert (im Wege der Nachfeststellung oder Fortschreibung) ist mit dem amtlichen Umrechnungskurs von 1,95 583 DM/€ auf Euro umzurechnen (§ 30 BewG).

Der sich ergebende Betrag wird auf volle Euro abgerundet (z. B. maßgebender Einheitswert 62 500 DM ergibt 31 955 €).

5041–5050
frei

2 Einteilung des Grundvermögens in Grundstücksgruppen und deren Abgrenzung

Für die Einheitswertermittlung werden die Grundstücke des Grundvermögens in folgende **zwei Grundstücksgruppen** aufgeteilt:

1. die unbebauten Grundstücke (§§ 72 und 73 BewG) und
2. die bebauten Grundstücke (§ 74 BewG).

5051

2.1 Abgrenzung der unbebauten Grundstücke

Die Begriffsbestimmung und Abgrenzung der unbebauten Grundstücke regelt § 72 BewG. Danach sind folgende **drei Fallgruppen** zu unterscheiden:

- Nichtbebaute Grundstücke,
- Grundstücke mit Gebäuden von untergeordneter Bedeutung,
- Grundstücke mit zerstörten oder dem Verfall preisgegebenen Gebäuden.

5052

2.1.1 Nicht bebaute Grundstücke

Nach **§ 72 Abs. 1 BewG** sind unbebaute (nichtbebaute) Grundstücke solche Grundstücke (des Grundvermögens), auf denen sich keine benutzbaren Gebäude befinden. Die Benutzbarkeit beginnt mit dem Zeitpunkt der Bezugsfertigkeit. Gebäude sind als bezugsfertig anzusehen, wenn den zukünftigen Bewohnern oder sonstigen Benutzern zugemutet werden kann, sie zu benutzen; die Abnahme durch die Bauaufsichtsbehörde ist nicht entscheidend.

5053

Für den Gebäudebegriff gelten die allgemeinen Grundsätze des § 68 Abs. 1 Nr. 1 BewG und A 1 Abs. 2 BewR Gr.

5054

Ein Grundstück bleibt solange ein unbebautes Grundstück, bis ein auf ihm errichtetes **Gebäude im Ganzen bezugsfertig** ist (grundsätzlich, vgl. die Ausnahme des § 74 Satz 2 BewG und die Ausführungen zu 2.2, Rz. 5061–5065). Sind bis zu einem Feststellungszeitpunkt, z. B. die Wohnungen im Obergeschoss bezugsfertig, die im Erdgeschoss befindlichen Räume jedoch noch nicht benutzbar, so ist das ganze Grundstück noch als unbebautes Grundstück zu bewerten.

5055

Hinsichtlich der Bezugsfertigkeit kommt es darauf an, dass die Benutzung zumutbar ist. Dabei sind in Bezug auf die Zumutbarkeit strenge Maßstäbe anzulegen. Die tatsächliche Benutzung ist nicht Voraussetzung. Es müssen die wesentlichen Bauarbeiten verrichtet sein; geringfügige noch zu leistenden Restarbeiten schließen dagegen die Benutzbarkeit nicht aus. Allerdings kann die Benutzbarkeit trotz tatsächlicher Benutzung noch nicht gegeben sein.

5056

Vgl. auch die Ausführungen in A 6 BewR Gr.

Wird ein **Gebäude in Bauabschnitten errichtet**, so gilt der fertig gestellte und bezugsfertige Teil als benutzbares Gebäude (§ 74 Satz 2 BewG; vgl. dazu auch § 91 BewG und 6.1, Rz. 5167). Ob ein Gebäude in Bauabschnitten errichtet wird, kann nur von Fall zu Fall entschieden werden. Dabei ist darauf abzustellen, ob der im jeweiligen Bauabschnitt errichtete Gebäudeteil für sich betrachtet eine gewisse Eigenständigkeit hat. Das ist z. B. dann gegeben, wenn vorerst nur das Erdgeschoss eines mehrgeschossigen Gebäudes errichtet und dieses Erdgeschoss mit einem festen Dach versehen wird, weil die Mittel für die Errichtung der Obergeschosse feh-

5057

len. Eine Errichtung in Bauabschnitten liegt dagegen nicht vor, wenn die Fortführung der Bauarbeiten vorübergehend durch technische Schwierigkeiten (z. B. schlechtes Wetter) unterbrochen wird. Nach Auffassung der Finanzverwaltung kann i. d. R. davon ausgegangen werden, dass eine Errichtung in Bauabschnitten nicht vorliegt, wenn die zweite Wohnung eines von der Baubehörde genehmigten Zweifamilienhauses innerhalb von zwei Jahren seit Bezugsfertigkeit der ersten Wohnung bezugsfertig wird. In einem solchen Fall ist das ganze Grundstück bis zur Bezugsfertigkeit der zweiten Wohnung als unbebautes Grundstück zu bewerten.

2.1.2 Grundstück mit Gebäuden von untergeordneter Bedeutung

5058   Nach **§ 72 Abs. 2 BewG** gilt ein Grundstück auch dann als unbebaut, wenn sich auf ihm Gebäude befinden, deren Zweckbestimmung und Wert gegenüber der Zweckbestimmung und dem Wert des Grund und Bodens von untergeordneter Bedeutung sind. Das wäre der Fall, wenn beispielsweise ein größeres und wertvolles Grundstück mit einem geringwertigen Gebäude (Kiosk, Baracke, o. ä.) bebaut ist (vgl. auch A 11 Abs. 1 BewR Gr). Die Merkmale »Zweckbestimmung« und »Wert« sind hierbei jeweils eigenständig zu beurteilen (A 11 Abs. 2 BewR Gr). Handelt es sich um Gebäude von einigem Wert, so steht dies einer alleinigen Behandlung als unbebautem Grundstück entgegen.

5059   Von den Grundstücken mit Gebäuden von untergeordneter Bedeutung ist jedoch der Fall der **Mindestbewertung** eines bebauten Grundstücks (§ 77 BewG in der für den Hauptfeststellungszeitraum 1964 geltenden Fassung) **zu unterscheiden**. Bei der Mindestbewertung nach § 77 BewG wird das Gebäude nach seiner Zweckbestimmung nicht als von untergeordneter Bedeutung angesehen.

2.1.3 Grundstücke mit zerstörten oder dem Verfall preisgegebenen Gebäuden

5060   Nach **§ 72 Abs. 3 BewG** (A 12 Abs. 1 BewR Gr) gilt als unbebautes Grundstück auch ein Grundstück, auf dem infolge der Zerstörung oder des Verfalls der Gebäude ein auf Dauer benutzbarer Raum nicht mehr vorhanden ist. Sind auf einem solchen Grundstück jedoch noch Keller vorhanden, die zu gewerblichen oder Wohnzwecken ausgebaut und auf die Dauer benutzbar sind, so muss das Grundstück als bebautes Grundstück bewertet werden (A 12 Abs. 1 Satz 3 BewR Gr).

2.2   Abgrenzung der bebauten Grundstücke

5061   Die Begriffsbestimmung und Abgrenzung der bebauten Grundstücke ist in den §§ 74 und 75 BewG geregelt. Bei den bebauten Grundstücken werden in § 75 BewG sechs verschiedene Grundstücksarten unterschieden.

5062   Nach **§ 74 Satz 1 BewG** ist ein Grundstück ein bebautes Grundstück, wenn sich auf dem Grundstück ein oder mehrere benutzbare Gebäude befinden.

5063   Wird ein **Gebäude in Bauabschnitten** errichtet, so ist nur der fertig gestellte und bezugsfertige Teil des Gebäudes als benutzbares Gebäude anzusehen (§ 74 Satz 2 BewG, vgl. die Ausführungen zu 2.1.1 letzter Absatz, Rz. 5057).

5064   Für die Bestimmung der Grundstücksart (§ 75 BewG) ist nur der fertig gestellte Gebäudeteil maßgebend (vgl. A 47 Abs. 2 BewR Gr).

5065   Es gelten für die Abgrenzung der bebauten Grundstücke somit die gleichen Kriterien wie für die Abgrenzung der unbebauten Grundstücke. Unbebaute und bebaute Grundstücke schließen sich somit gegenseitig stets aus.

2.3 Grundstücksarten der bebauten Grundstücke

2.3.1 Einteilung in 6 Grundstücksarten

Nach **§ 75 Abs. 1 BewG** sind bei den bebauten Grundstücken folgende 6 Grundstücksar- **5066**
ten zu unterscheiden:
- Mietwohngrundstücke,
- Geschäftsgrundstücke,
- gemischtgenutzte Grundstücke,
- Einfamilienhäuser,
- Zweifamilienhäuser und
- sonstige bebaute Grundstücke.

Liegt ein bebautes Grundstück vor, so muss es einer der sechs Grundstücksarten zugeordnet **5067**
werden. Zweckmäßigerweise geht man bei der Abgrenzung der Grundstücksarten in folgender
Reihenfolge vor:
- zuerst untersucht man die Abgrenzung der Ein- und Zweifamilienhäuser,
- dann die Abgrenzung der Mietwohngrundstücke, Geschäftsgrundstücke und gemischtgenutzten Grundstücke
- und zuletzt die Abgrenzung der sonstigen bebauten Grundstücke.

2.3.2 Abgrenzung der Ein- und Zweifamilienhäuser

2.3.2.1 Allgemeine Abgrenzungsgrundsätze

§ 75 Abs. 5 und 6 BewG enthalten eine allgemeine Begriffsbestimmung zur Abgrenzung **5068**
der Ein- und Zweifamilienhäuser von den übrigen Grundstücksarten. Danach handelt es sich
bei einem Einfamilienhaus um ein Wohngrundstück mit nur einer Wohnung und bei einem
Zweifamilienhaus um ein Wohngrundstück mit zwei Wohnungen. Ob die Wohnung bzw. die
beiden Wohnungen eigengenutzt oder vermietet oder ungenutzt sind, spielt für die Abgrenzung
keine Rolle.

Wohnungen des Hauspersonals sind bei der Abgrenzung der Grundstücksart nicht mitzu- **5069**
rechnen.

Für die Einordnung als Ein- oder Zweifamilienhaus ist es unschädlich, wenn das Wohn- **5070**
grundstück zu gewerblichen, freiberuflichen oder öffentlichen Zwecken mitbenutzt wird und
dadurch die Eigenart des Einfamilienhauses bzw. Zweifamilienhauses nicht wesentlich beeinträchtigt wird.

2.3.2.2 Begriff der Wohnung

Für die Abgrenzung der Ein- und Zweifamilienhäuser von den übrigen Grundstücksarten **5071**
ist allein das Vorhandensein von einer Wohnung oder von zwei Wohnungen entscheidend.

Nach A 15 Abs. 3 Sätze 3 und 4 BewR Gr wird allgemein unter einer Wohnung die Zusam- **5072**
menfassung von Wohnraum und Nebengelass verstanden, die den Inhaber der Räume in die
Lage versetzen können muss, in diesen Räumen einen eigenen Haushalt zu führen. Schon
immer waren die Finanzverwaltung und der Bundesfinanzhof der Auffassung, dass dies in der
Regel dann der Fall sei, wenn eine eigene Küche oder zumindest eine Kochgelegenheit und eine
Toilette vorhanden sind (vgl. A 15 Abs. 3 Satz 5 BewR Gr).

5073   Zu den einzelnen Merkmalen des Wohnungsbegriffs hat sich die Auffassung der Finanzgerichte und des Bundesfinanzhofs jedoch im Laufe der Zeit entscheidend geändert. Nach **neuer Rechtsauffassung** (Errichtung des Wohngebäudes nach dem 31.12.1972) sind für die Annahme einer Wohnung folgende Voraussetzungen erforderlich (vgl. BFH vom 05.10.1984 BStBl II 1985, 151 und vom 08.02.1985 BStBl II 1985, 319 und 320):

- Mehrere Räume können nur zu einer Wohnung (Wohneinheit) zusammengefasst werden, wenn sie von einer anderen Wohneinheit baulich getrennt ist und einen eigenen Abschluss hat. Ob die Wohneinheiten von einer Familie oder von mehreren Familien genutzt werden, ist ohne Bedeutung. Die Wohneinheiten dürfen jedoch nicht durch Verbindungstüren miteinander verbunden sein.

- Jede Wohneinheit muss einen eigenen separat abschließbaren Zugang vom Freien, von einem Treppenhaus oder von einem Vorraum haben.

- Nach Meinung des BFH (Urteil vom 24.11.1978 BStBl II 1979, 255) muss die Wohneinheit mindestens 23 m² Wohnfläche aufweisen.

- Es muss eine Küche oder Kochgelegenheit vorhanden sein. Hierbei genügt es, dass die erforderlichen Einrichtungs- und Ausstattungsgegenstände installiert sind, die die Führung eines Haushalts erfordern; das sind die Anschlüsse für Wasserzu- und -ableitung sowie für einen Herd. Eine tatsächliche Nutzung als Küche ist aber nicht Voraussetzung (BFH vom 20.06.1985 BStBl II 1985, 497).

- Nach dem Grundsatzurteil des BFH vom 05.10.1984 (BStBl II 1985, 151) müssen eine eigene Toilette und ein eigenes Bad oder eine eigene Dusche vorhanden sein. Früher wurde u.U. in Ausnahmefällen ein eigenes Waschbecken für ausreichend angesehen; dies ist nach Meinung des BFH in der heutigen Zeit nicht mehr ausreichend.

- Die Räume müssen tatsächlich Wohnzwecken dienen oder im Falle des Leerstehens zu Wohnzwecken vorgesehen sein (vgl. hierzu BFH vom 22.02.1985 BStBl II 1985, 284).

- Nach A 15 Abs. 3 Satz 6 BewR Gr (und des dort zitierten Urteils des BFH vom 01.08.1952) sollten bei der Abgrenzung der Ein- und Zweifamilienhäuser die Verkehrsauffassung und die besonderen örtlichen Verhältnisse zu berücksichtigen sein. Daran hält der BFH nicht mehr fest. Nach seiner jetzigen Auffassung ist der bewertungsrechtliche Einfamilienhausbegriff nicht ein von der Verkehrsauffassung bestimmter Begriff, sondern nach den vorstehenden Kriterien des Wohnungsbegriffs zu entscheiden. Hierbei ist außerdem entscheidend, dass die zu einer Wohnung zusammengefassten Räume auch tatsächlich Wohnzwecken dienen

Dieser neuere Wohnungsbegriff ist erst für Wohngrundstücke anzuwenden, die erstmals zu Feststellungszeitpunkten ab 01.01.1974 zu bewerten sind. Vgl. hierzu auch BFH-Urteile vom 25.10.1985 BStBl II 1986, 278 und 279.

2.3.2.3   Besonderheiten bei der Abgrenzung der Ein- und Zweifamilienhäuser

5074   Bei der Frage der Abgrenzung der Ein- und Zweifamilienhäuser sind **die Wohnungen des Hauspersonals** nicht mitzurechnen (§ 75 Abs. 5 Satz 2 BewG). Solche Wohnungen müssen allerdings für das Hauspersonal bestimmt sein und vom Hauspersonal auch tatsächlich genutzt werden (BFH vom 15.11.1985 BStBl II 1986, 247). Dies bedeutet, dass eine derartige Wohnung nach objektiven Gesichtspunkten eine Hauspersonalwohnung ist, also in der Regel auch von untergeordneter Bedeutung ist. Zum Hauspersonal rechnen Personen, die grundsätzlich Dienstleistungen für die Wartung und Pflege des Wohngrundstücks selbst erbringen (z.B. Pförtner, Gärtner, Heizer, Wächter). Eine Hausgehilfin gehört nicht zu diesem Personenkreis (BFH vom 15.11.1985 a.a.O.).

Nach § 75 Abs. 5 Satz 4 (bzw. Abs. 6) BewG gilt ein Wohngrundstück auch dann als Einfa-   **5075**
milienhaus bzw. Zweifamilienhaus, wenn es **zu gewerblichen, freiberuflichen oder öffentli-**
chen Zwecken mitbenutzt und dadurch die Eigenart des Einfamilienhauses (bzw. des Zweifamilienhauses) nicht wesentlich beeinträchtigt wird (vgl. hierzu auch insbesondere A 15 Abs. 3
Satz 11 BewR Gr). Hierbei darf es ebenfalls nicht auf die Verkehrsauffassung ankommen (vgl.
BFH vom 05. 02. 1986 BStBl II 1986, 448). Maßgebend ist das äußere Erscheinungsbild. Eine
schädliche Beeinträchtigung liegt bei gewerblicher Mitbenutzung dann vor, wenn durch Schau-
fenster oder Reklametafeln darauf hingewiesen wird. Bei freiberuflicher Mitbenutzung wird
meist nur durch ein entsprechendes Schild am Hauseingang darauf hingewiesen. Dieses stellt
keine Beeinträchtigung dar, wenn die Fläche die für andere Zwecke als Wohnzwecke genutzt
wird, nicht größer ist als die zu Wohnzwecken genutzte Fläche. Nach Meinung des BFH darf es
für die Zuordnung als Ein- bzw. Zweifamilienhaus nur darauf ankommen, ob das Wohngrundstück eine Wohnung oder zwei Wohnungen aufweist.

Erst wenn es sich bei dem Grundstück weder um ein Einfamilienhaus noch um ein Zwei-   **5076**
familienhaus handelt, kann eine der übrigen Grundstücksarten des § 75 BewG in Betracht kommen. Die Abgrenzungsfrage ist nach Auffassung des BFH in erster Linie nach dem **äußeren**
Erscheinungsbild unter Berücksichtigung von bewertungsrechtlichen Kriterien zu den Ein-
bzw. Zweifamilienhäusern zu beantworten, die nicht zu gewerblichen, freiberuflichen oder
öffentlichen Zwecken mitbenutzt werden. Auf die Verkehrsauffassung könne auch deshalb nicht
abgestellt werden, weil der Begriff des Ein- und Zweifamilienhauses im bewertungsrechtlichen
Sinne nicht ein von der Verkehrsauffassung bestimmter Begriff, sondern ein durch die
Umschreibung in § 75 Abs. 5 und 6 BewG gekennzeichneter Rechtsbegriff sei, von dem ausge-
hend die Frage der wesentlichen Beeinträchtigung durch die Mitbenutzung zu anderen als
Wohnzwecken zu entscheiden sei.

2.3.3 Abgrenzung der Mietwohngrundstücke, Geschäftsgrundstücke und gemischtgenutzten Grundstücke

Die Abgrenzung erfolgt nach **§ 75 Abs. 2 bis 4 BewG** grundsätzlich nach dem Verhältnis   **5077**
der Jahresrohmieten. Ist das Grundstück im Sachwertverfahren zu bewerten, dann ist hilfsweise
der umbaute Raum oder die Nutz- und Wohnfläche heranzuziehen.

Ein Grundstück ist ein   **5078**
- Mietwohngrundstück:
  bei einer Nutzung von mehr als 80 % zu Wohnzwecken,
- Geschäftsgrundstück:
  bei einer Nutzung von mehr als 80 % zu eigenen oder fremden gewerblichen oder freiberuflichen oder zu öffentlichen Zwecken,
- gemischtgenutztes Grundstück:
  bei einer Nutzung zwischen 20 % und 80 % zu Wohnzwecken und eigenen oder fremden
  gewerblichen oder freiberuflichen oder zu öffentlichen Zwecken.

Zu den eigenen oder fremden gewerblichen Zwecken zählen auch die eigenen oder fremden   **5079**
freiberuflichen Zwecke, weil die Ausübung des Freien Berufs gemäß § 96 BewG bewertungsrechtlich dem Gewerbebetrieb gleichgestellt ist.

Weitere Einzelheiten sind in A 15 Abs. 2 BewR Gr festgelegt. Dienstwohnungen und   **5080**
andere Wohnungen in einem sonst wegen Steuerfreiheit nicht zu bewertenden Dienstgebäude
(z. B. Hausmeisterwohnung in einem Schulgebäude) sind stets wie ein Mietwohngrundstück zu
behandeln (A 15 Abs. 2 Satz 15 BewR Gr). Eine solche Wohnung ist danach ein Mietwohn-

grundstück. Das Gleiche gilt für eine Wohnung in einem Wohngebäude eines Land- und Forstwirts, die an Personen vermietet ist, die nicht wenigstens (mindestens) 100 Tage im Jahr im Betrieb des Land- und Forstwirts mitarbeiten (A 1.02 Abs. 4 BewR L).

2.3.4 Abgrenzung der sonstigen bebauten Grundstücke

5081   Zu den sonstigen bebauten Grundstücken gehören nach § 75 Abs. 7 BewG alle bebauten Grundstücke, die nicht zu einer der ersten 5 Grundstücksarten rechnen (vgl. auch A 15 Abs. 6 BewR Gr). Das sind vor allem:
- Vereinshäuser,
- Bootshäuser,
- Jagdhütten,
- allein stehende Garagen, die nicht gewerblich oder freiberuflich genutzt werden und auch nicht zur wirtschaftlichen Einheit eines Wohngrundstücks gehören (und daher nicht zu den ersten 5 Grundstücksarten zählen),
- Wochenendhäuser, die nicht Einfamilienhäuser sind.

5082–5090
frei

3   Einheitswertermittlung der unbebauten Grundstücke

5091   Wie bereits bei 1.5 (Rz. 5037 ff.) ausgeführt sind die unbebauten Grundstücke mit dem gemeinen Wert zu bewerten. Es kommt der allgemeine Bewertungsgrundsatz des § 9 Abs. 1 BewG zur Anwendung, da im § 72 BewG zum Bewertungsmaßstab nichts geregelt ist (vgl. auch A 7 Abs. 1 BewR Gr). Bei der Ermittlung des gemeinen Werts zum jeweiligen Einheitswertfeststellungszeitpunkt sind jedoch stets die Wertverhältnisse vom Hauptfeststellungszeitpunkt 01.01.1964 zu Grunde zu legen (§ 27 BewG).

3.1   Bewertungsmethode für die Ermittlung des gemeinen Werts der unbebauten Grundstücke

5092   Die Bewertungsmethode, d. h. wie man den gemeinen Wert von unbebauten Grundstücken ermittelt, ist nicht im BewG beschrieben. Die Grundsätze zur Wertermittlung enthalten die Bodenwertrichtlinien (gleich lautender Ländererlass vom 20.12.1956 in BStBl II 1957, 28). Weitere grundsätzliche Einzelheiten zur Ermittlung des gemeinen Werts der unbebauten Grundstücke regelt A 7 BewR Gr.

5093   Danach setzt sich der gemeine Wert eines unbebauten Grundstücks (unter Beachtung des § 27 BewG) wie folgt zusammen (Wertermittlungsschema):
Bodenwert (grundsätzlich: Fläche × m²-Preis, Wertverhältnisse 01.01.1964)
+ Wert der Außenanlagen (falls solche vorhanden, Wertverhältnisse 01.01.1964)
= Grundstückswert
= Einheitswert (abgerundet nach § 30 BewG auf volle 100 DM)

5094   **Anmerkung für Einheitswertfeststellungen ab 01.01.2002:** Erst dieser Wert ist mit dem amtlichen Umrechnungskurs von 1,95583 DM/€ auf Euro umzurechnen. Auch die Prüfung einer Wertfortschreibung ist noch mit Hilfe der DM-Werte durchzuführen (vgl. § 22 Abs. 1 BewG).

3.2 Grundlage für die Ermittlung des gemeinen Werts

Als Grundlage für die Ermittlung des gemeinen Werts der unbebauten Grundstücke zum **5095**
Hauptfeststellungszeitpunkt 01.01.1964 und während des gesamten Hauptfeststellungszeitraums 1964 dienen den Finanzämtern die von ihnen anhand von Veräußerungsanzeigen und
Kaufverträgen angelegten Kaufpreissammlungen, die daraus erstellten Bodenpreiskarten und
die aus ihnen abgeleiteten Richtwertkarten.

In den **Richtwertkarten** wurden auf Grund der geführten Kaufpreissammlungen und **5096**
Bodenpreiskarten Durchschnittspreise getrennt geführt für:
- Bauerwartungsland: das sind Flächen, die nicht mehr zum land- und forstwirtschaftlichen
  Vermögen gehören, aber noch kein Rohbauland sind – sog. Zwischenstufe;
- Rohbauland: das sind Flächen, die bereits in sog. Bauleitplänen oder Flächennutzungsplä-
  nen als Bauland ausgewiesen sind;
- Baureifes Land: das sind Flächen, die rechtlich und tatsächlich sofort bebaut werden kön-
  nen; vgl. auch § 73 Abs. 2 Satz 1 und § 69 Abs. 3 Satz 1 BewG;
- Industrieland;
- Land für Verkehrszwecke;
- Freiflächen: das sind Versorgungs- und Grünflächen.

Bei der Ermittlung der Bodenwerte der zu bewertenden unbebauten Grundstücke ist grundsätzlich **5097**
von **Durchschnittsquadratmeterpreisen** auszugehen, die sich für ein Gebiet, eine Straße oder einen
Straßenabschnitt ohne Rücksicht auf die besondere Gestaltung des einzelnen Grundstücks ergeben.
Aus diesen Durchschnittswerten je m^2 ist der Bodenwert für das jeweils zu bewertende Grundstück
entsprechend seiner Größe, seinen Besonderheiten und Abweichungen gegenüber den durchschnittlichen Verhältnissen abzuleiten. Vgl. A 7 Abs. 2 und 3 BewR Gr. Nach dem Urteil des BFH
vom 26.09.1980 (BStBl II 1981, 153) ist jedoch der Ermittlung des gemeinen Werts unbebauter
Grundstücke durch Ableitung aus Kaufpreisen für vergleichbare Grundstücke der Vorzug zu geben,
vor der Wertermittlung auf der Grundlage von Richtwerten der Richtwertkarten.

3.3 Besonderheiten bei der Ermittlung des gemeinen Werts

Als Besonderheiten und Abweichungen kommen vor allem in Betracht: **5098**
- Anteil des Vorderlandes und Hinterlandes (vgl. A 8 BewR Gr);
- eine besondere Lage des Grundstücks; z. B. die Ecklage (vgl. A 9 BewR Gr), die Größe, der
  Zuschnitt, die Oberflächenbeschaffenheit, der Baugrund, eventuelle Nutzungsbeschränkungen (vgl. A 10 BewR Gr);
- bei Trümmergrundstücken oder bei Vorhandensein von dem Verfall preisgegebener
  Gebäude eine etwa notwendig werdende Beseitigung (vgl. A 12 Abs. 2 BewR Gr).

3.4 Berücksichtigung vorhandener Außenanlagen

Eventuell vorhandene Außenanlagen (z. B. Einfriedungen, Platzbefestigungen, Zufahrten) **5099**
sind mit dem gemeinen Wert nach den Wertverhältnissen vom Hauptfeststellungszeitpunkt
01.01.1964 zu bewerten (vgl. § 27 BewG). Hierfür können hilfsweise die (zur Ermittlung des
gemeinen Werts von Außenanlagen im Sachwertverfahren erstellten) Tabellenwerte der Anlage
17 BewR Gr zu Grunde gelegt werden. Werden zur Ermittlung des gemeinen Werts von Außenanlagen die tatsächlichen Herstellungskosten herangezogen, so sind diese auf die Wertverhältnisse vom 01.01.1964 nach Bauindizes umzurechnen.

3.5 Beispiel für die Einheitswertermittlung eines unbebauten Grundstücks

5100

Sachverhalt

Privatmann Peter Portner (P) erwarb am 15.09.2016 (Übergang der Nutzen und Lasten) von der Stadt Harthausen ein 2 610 m² großes Grundstück (Breite 45 m, Tiefe 58 m) für 469 800 €. Das Grundstück war im Laufe des Jahres 2016 von der Stadt aus einer Baulandumlegung gebildet und als Industrieland erschlossen worden. P will darauf in den kommenden Jahren ein Geschäftsgebäude errichten. Der durchschnittliche Richtwert für das Gebiet beträgt nach den Wertverhältnissen vom 01.01.1964 = 47 DM/m². Besonderheiten liegen nicht vor. Im März 2017 ließ P das Grundstück einzäunen und zum Teil mit einer Platzbefestigung versehen und vermietete es an ein Unternehmen als Parkplatz. Aufwendungen dafür in 2017 insgesamt (umgerechnet auf) 60 000 DM; nach den Wertverhältnissen vom 01.01.1964 insgesamt 13 580 DM.

Führen Sie die bis zum 01.01.2018 erforderlichen Einheitswertfeststellungen für den Grundbesitz des P durch. Gehen Sie dabei davon aus, dass das Grundstück bei P eine selbstständige wirtschaftliche Einheit bildet!

LÖSUNG

a) Einheitswertfeststellung zum 01.01.2017:

Durch die Baulandumlegung und Baulanderschließung ist im Jahr 2016 eine neue wirtschaftliche Einheit entstanden, für die zum 01.01.2017 nach § 23 Abs. 1 Nr. 1 BewG eine Nachfeststellung durchzuführen ist. (Eine Zurechnungsfortschreibung nach § 22 Abs. 2 BewG kommt nicht in Betracht, da die wirtschaftliche Einheit im Jahre 2016 neu entstanden war.)

Bei dem Grundstück handelt es sich um ein unbebautes Grundstück gemäß § 72 Abs. 1 BewG. Als Bewertungsmaßstab kommt der gemeine Wert (§ 9 BewG) mit den Wertverhältnissen vom 01.01.1964 (§ 27 BewG) in Betracht. Bei der Wertermittlung sind die Regeln des A 7 BewR Gr zu beachten.

Wertermittlung: Fläche 2 610 m² × 47 DM	= 122 670 DM
Nach Abrundung gemäß § 30 BewG ergibt sich ein Wert von = Einheitswert	122 600 DM

Feststellungen im Einheitswertbescheid zum 01.01.2017:

- Einheitswert:
  122 600 DM, umgerechnet auf Euro:
  122 600 DM : 1,95 583 DM/€ = 62 684 € (§ 30 BewG)

- Artfeststellung
  (§ 19 Abs. 3 Nr. 1 BewG):
  Unbebautes Grundstück
  (Die Artfeststellung »Grundvermögen« ist nicht mehr erforderlich, da sie steuerrechtlich keine Bedeutung mehr hat, § 19 Abs. 4 BewG)

- Zurechnung (§ 19 Abs. 3 Nr. 2 BewG): Peter Portner

b) Einheitswertfeststellung zum 01.01.2018:

Trotz Errichtung der Einfriedung und Platzbefestigung bleibt das Grundstück auch zum 01.01.2018 ein unbebautes Grundstück gemäß § 72 Abs. 1 BewG.

Prüfen, ob wegen der Errichtung der Außenanlagen eine Wertfortschreibung in Betracht kommt. Wertermittlung zum 01.01.2018:

Bodenwert: wie 01.01.2017		122 670 DM
+ Außenanlagen: Gemeiner Wert		
(Wertverhältnisse vom 01.01.1964)	=	13 580 DM
Grundstückswert	=	136 250 DM
abgerundet nach § 30 BewG	=	136 200 DM

Prüfung der Wertfortschreibungsgrenzen des § 22 Abs. 1 BewG zum 01.01.2018:

Letzter Einheitswert 01.01.2017	122 600 DM
Neuer Wert 01.01.2018	136 200 DM
Wertabweichung nach oben	13 600 DM

das sind mehr als 1/10, Mindestbetrag von 5 000 DM ebenfalls erreicht. Somit ist zum 01.01.2018 eine Wertfortschreibung durchzuführen.

Feststellungen im Einheitswertbescheid zum 01.01.2018:

- Einheitswert: 136 200 DM, umgerechnet auf Euro:
  136 200 DM : 1,95 583 DM/€ =
  69 637 € (§ 30 BewG)
- Artfeststellung (§ 19 Abs. 3 Nr. 1 BewG): Wie 01.01.2017:
  Unbebautes Grundstück
- Zurechnung (§ 19 Abs. 3 Nr. 2 BewG): Wie 01.01.2017: Peter Portner

**5101–5105
frei**

4 Einheitswertermittlung der bebauten Grundstücke im Ertragswertverfahren (§§ 78 bis 82 BewG)

4.1 Wertermittlungsschema (§ 78 BewG)

Im Rahmen der Einheitsbewertung werden die gemeinen Werte der bebauten Grundstücke im Ertragswertverfahren nach § 78 BewG wie folgt ermittelt: **5106**

Jahresrohmiete gemäß § 79 BewG × Vervielfältiger nach § 80 BewG
(ggf. getrennt für einzelne Gebäude bzw. Gebäudeteile der wirtschaftlichen Einheit)

=	Errechneter Wert
+/./.	Korrektur wegen außergewöhnlicher Grundsteuerbelastung nach § 81 BewG
+/./.	Zu- und Abschläge in Einzelfällen nach § 82 BewG
=	Grundstückswert (= gemeiner Wert)

Einheitswert (abgerundet nach § 30 BewG)
Evtl. Ansatz eines Mindestwerts nach § 77 BewG (ebenfalls abgerundet nach § 30 BewG)

4.2 Ermittlung der Jahresrohmiete (§ 79 BewG)

Von der Konzeption des BewG her sind hinsichtlich der Ermittlung der Jahresrohmiete folgende **zwei Fälle** zu unterscheiden: **5107**
- Tatsächliche Jahresrohmiete nach § 79 Abs. 1 BewG,
- übliche Miete als Jahresrohmiete nach § 79 Abs. 2 BewG.

4.2.1 Tatsächliche Jahresrohmiete

Die tatsächliche Jahresrohmiete ist eine Jahresmiete, die auf die Jahresmiete eines tatsächlich vermieteten Gebäudes oder Gebäudeteils (z. B. eine Wohnung) abstellt, bezogen auf die Wertverhältnisse vom 01.01.1964 (vgl. § 27 BewG).   **5108**

Hierbei war bei der Hauptfeststellung 01.01.1964 auszugehen von der eigentlichen Miete (Kaltmiete), die zu erhöhen war um besondere Entgelte für einzelne Grundstücksteile (z. B. für   **5109** mit vermietete Zubehörräume, vgl. A 21 Abs. 1 BewR Gr), um die Bewirtschaftungskosten (vgl. A 21 Abs. 4 BewR Gr), um sonstige Leistungen des Mieters (z. B. Übernahme der Kosten der Schönheitsreparaturen, Zuschläge für berufliche oder gewerbliche Mitbenutzung der Wohnung) und in bestimmten Einzelfällen (z. B. Baukostenzuschüsse und Mietvorauszahlungen, vgl. A 21 Abs. 3 BewR Gr). In die Jahresrohmiete sind nicht einzubeziehen: Entgelte für mit vermietete Betriebsvorrichtungen (da diese Gegenstände nach § 68 Abs. 2 Nr. 2 BewG nicht zum Grundvermögen gehören, vgl. A 21 Abs. 2 BewR Gr) und die in § 79 Abs. 1 Satz 4 BewG genannten Kosten (z. B. Heizkosten).

4.2.2 Übliche Miete als Jahresrohmiete

5110   Die übliche Miete ist eine Jahresrohmiete, die üblicherweise von einem Mieter für ein vergleichbares Grundstück oder einen vergleichbaren Grundstücksteil (z. B. eine Wohnung) für ein Jahr, bezogen auf die Wertverhältnisse vom 01.01.1964 (§ 27 BewG), gezahlt worden ist.

5111   Die übliche Miete ist in Anlehnung an die Jahresrohmiete vermieteter Räume gleicher oder ähnlicher Art, Lage und Ausstattung zu schätzen. Dabei waren früher (als noch die sog. Mietpreisbindung galt) die mietpreisrechtlichen Vorschriften zu berücksichtigen. Die übliche Miete wird abgeleitet aus vergleichbaren vermieteten Grundstücken und Grundstücksteilen oder aus einem von dem jeweiligen Finanzamt nach den Wertverhältnissen vom 01.01.1964 aufgestellten **Mietspiegel**. Zur Frage der Schätzung der üblichen Miete vgl. auch die Ausführungen in A 23 BewR Gr und für Ein- und Zweifamilienhäuser in A 24 BewR Gr.

5112   Die übliche Miete kommt nach § 79 Abs. 2 BewG in Betracht:
- wenn das Grundstück oder Grundstücksteile eigengenutzt werden, ungenutzt sind, zu einem vorübergehenden Gebrauch überlassen sind oder unentgeltlich überlassen sind,
- wenn das Grundstück oder Grundstücksteile dem Mieter zu einer um mehr als 20 % von der üblichen Miete abweichenden tatsächlichen Miete überlassen ist bzw. sind (war nur zum Hauptfeststellungszeitpunkt 01.01.1964 bedeutsam; vgl. auch die Ausführungen in 4.2.3, Rz. 5113–5115).

4.2.3 Maßgebende Jahresrohmiete bei Nachfeststellungen und Fortschreibungen

5113   Bei Nachfeststellungen und Wertfortschreibungen muss von einer Miete ausgegangen werden, die für das Grundstück oder den Grundstücksteil zum 01.01.1964 (im Hauptfeststellungszeitpunkt) nach seinen im Nachfeststellungs- oder Fortschreibungszeitpunkt (ab dem 01.01.1974) tatsächlich bestehenden Zustand (Lage, Größe, Ausstattung, Finanzierungsart usw.) gegolten haben würde (§ 79 Abs. 5 BewG, A 6 Abs. 3 FoR). Das kommt für Wohnungen und Räume in Betracht, die nach dem Hauptfeststellungszeitpunkt 01.01.1964 neu errichtet oder tatsächlich verändert worden sind.

5114   Hierbei ist Folgendes zu unterscheiden:
- Für **vermietete** Wohnungen und Räume gilt eine tatsächliche Jahresrohmiete, die den Wertverhältnissen vom 01.01.1964 entspricht. Wird bei der Schätzung dieser Miete (bezogen auf die Wertverhältnisse vom 01.01.1964) auf die Mietspiegelsätze zurückgegriffen, so wird man in der Praxis regelmäßig Durchschnittsmieten zu Grunde legen. Diese Durchschnittsmieten werden dann in aller Regel den üblichen Mieten entsprechen, so dass ab 01.01.1974 für Nachfeststellungen und Fortschreibungen (diese waren im Hauptfeststellungszeitraum 1964 erstmals zu diesem Zeitpunkt durchzuführen, vgl. BewÄndG 1971) für vermietete und eigengenutzte Wohnungen und Räume gleiche (»übliche«)

Durchschnittsmieten zu Grunde gelegt werden. Dadurch erübrigt sich praktisch für vermietete Objekte ab 01.01.1974 auch die Überprüfung nach § 79 Abs. 2 Satz 1 Nr. 2 BewG.

- Für **eigengenutzte** Wohnungen und Räume ist die übliche Miete nach den Wertverhältnissen vom 01.01.1964 (vgl. § 27 BewG) zu Grunde zu legen, die ebenfalls eine Durchschnittsmiete ist.

Bezüglich der Behandlung der **Schönheitsreparaturen** kommt es praktisch nur noch darauf an, ob diese Kosten in der Durchschnittsmiete (üblichen Miete) bereits berücksichtigt sind oder nicht. Wer die Kosten letztlich zu tragen hat ist bei Nachfeststellungen und Fortschreibungen praktisch ohne Bedeutung. Ist dafür ein Zuschlag vorzunehmen, so beträgt er (abweichend von A 22 Abs. 2 BewR Gr nach dem Urteil des BFH vom 24.06.1974 BStBl II 1974, 670): **5115**

- für Wohnungen und Wohnräume 5 % und
- für andere Räume 3 %.

4.3 Vervielfältiger (§ 80 BewG)

4.3.1 Regelmäßiger Vervielfältiger

Nach **§ 80 Abs. 1 BewG** sind für den Vervielfältiger maßgebend (vgl. auch A 26 BewR Gr und A 6 Abs. 5 FoR): **5116**

- die Grundstücksart,
- die Bauart und Bauausführung,
- das Baujahr (Baujahrgruppe) **und**
- die Einwohnerzahl der Lagegemeinde (vom Hauptfeststellungszeitpunkt 01.01.1964).

Einzelheiten zur Bauart und Bauausführung sowie zur Gemeindegrößenklasse ergeben sich aus den **Vervielfältigertabellen.** Für das Baujahr ist das Jahr der Bezugsfertigkeit des Gebäudes maßgebend, wobei es grundsätzlich auf die Fertigstellung des ganzen Gebäudes ankommt. Die Einwohnerzahlen vom Hauptfeststellungszeitpunkt gelten auch für die Nachfeststellungen und Fortschreibungen (auch wenn zwischenzeitlich Eingemeindungen und Gemeindezusammenschlüsse stattgefunden haben). **5117**

Die Vervielfältiger sind den Tabellen der **Anlagen 3 bis 8 des BewG** oder den Tabellen der **Anlagen 1 bis 8 zu den BewR Gr** zu entnehmen. Sie gelten für den ganzen Hauptfeststellungszeitraum 1964. **5118**

BEISPIEL

Einfamilienhaus, Massivbau mit Mauerwerk aus Ziegelsteinen, Baujahr 2017, liegt in der Gemeinde Waldstadt (Einwohner zum 01.01.1964 = 8 000, zum 01.01.2018 infolge Bevölkerungszunahme 12 000). Maßgebender Vervielfältiger bei der Einheitswertfeststellung zum 01.01.2018 (nach Anlage 7 BewG, Anlage 3 BewR Gr) = 12,0.

Sind einzelne Gemeinden zum 01.01.1964 gemäß § 80 Abs. 2 BewG in eine andere Gemeindegrößenklasse eingestuft worden, so ist der Vervielfältiger dieser Größenklasse maßgebend. **5119**

4.3.2 Besonderheiten bei der Anwendung der Vervielfältiger

4.3.2.1 Vervielfältiger bei Gebäuden und Gebäudeteilen verschiedener Bauart und Bauausführung oder verschiedenen Alters

Befinden sich auf einem Grundstück Gebäude oder Gebäudeteile, die eine verschiedene Bauart oder Bauausführung aufweisen oder die in verschiedenen Jahren bezugsfertig geworden **5120** sind (mehrere selbstständige Gebäude oder Ausbauten), so sind nach **§ 80 Abs. 4 BewG** für die einzelnen Gebäude oder Gebäudeteile die nach Bauart und Bauausführung sowie nach dem Baujahr maßgebenden Vervielfältiger anzuwenden. Voraussetzung ist jedoch eine gewisse Selbstständigkeit und Abgrenzbarkeit der Gebäudeteile. Außerdem darf es sich nicht um Teile handeln, die im Verhältnis zum Gesamtgebäude als geringfügig anzusehen sind. Vgl. A 28 Abs. 1 und 2 BewR Gr.

5121   In diesen Fällen sind die Merkmale Bauart und Bauausführung sowie das Baujahr unterschiedlich. Grundstücksart und Gemeindegrößenklasse sind jedoch für alle Gebäude und Gebäudeteile einer wirtschaftlichen Einheit gleich.

5122   Bei **Aufstockungen** ist im Allgemeinen das Baujahr der unteren Geschosse zu Grunde zu legen (vgl. A 28 Abs. 2 Satz 3 BewR Gr). Es ist jedoch zu prüfen, ob durch die baulichen Maßnahmen die restliche Lebensdauer des Gebäudes wesentlich verlängert wurde (vgl. nachstehend 4.3.2.2, Rz. 5123). Zu den Fällen eines durchschnittlichen Baujahres vgl. § 80 Abs. 4 Satz 2 BewG und A 28 Abs. 3 BewR Gr sowie A 6 Abs. 4 FoR.

4.3.2.2   Vervielfältiger bei Gebäuden, deren Lebensdauer wesentlich verlängert wird

5123   Ist die Lebensdauer eines Gebäudes gegenüber der nach seiner Bauart und Bauausführung in Betracht kommenden Lebensdauer infolge **baulicher Maßnahmen** wesentlich verlängert, so ist nach **§ 80 Abs. 3 BewG** der Vervielfältiger nicht nach dem tatsächlichen Baujahr des Gebäudes, sondern nach dem um die entsprechende Zeit späteren fiktiven (jüngeren) Baujahr zu ermitteln. Voraussetzung ist dabei allerdings, dass eine durchgreifende Erneuerung oder Verbesserung an tragenden Bauteilen (z. B. Mauern, Decken, Dach) vorgenommen worden ist. Vgl. A 27 Abs. 2 BewR Gr und A 6 Abs. 4 FoR.

4.3.2.3   Vervielfältiger bei Gebäuden, deren Lebensdauer wesentlich verkürzt ist

5124   Ist die (restliche) Lebensdauer eines Gebäudes gegenüber der nach seiner Bauart und Bauausführung in Betracht kommenden Lebensdauer infolge **nicht behebbarer Baumängel oder Bauschäden** wesentlich verkürzt worden, so ist nach **§ 80 Abs. 3 BewG** der Vervielfältiger nicht nach dem tatsächlichen Baujahr des Gebäudes, sondern nach dem um die entsprechende Zeit früheren fiktiven (älteren) Baujahr zu ermitteln. Von Baumängeln spricht man, wenn von Anfang an Fehler in der Bauausführung vorliegen, z. B. Gründungsmängel, mangelhafte Bauausführung, Mängel im verwendeten Baumaterial. Bauschäden treten dagegen erst nach der Fertigstellung des Bauwerks auf (z. B. Wasserschäden, Erschütterungsschäden, Schwammschäden). Sie dürfen außerdem nicht durch Reparatur behebbar sein.

5125   Vgl. A 27 Abs. 3 BewR Gr und A 6 Abs. 4 FoR.

4.3.2.4   Sonderfälle

5126   Es gibt Fälle (Sonderfälle), in denen die Verkürzung der Lebensdauer infolge nicht behebbarer Baumängel und Bauschäden zu einem fiktiven Baujahr führt, das sich nicht in einer Verringerung des Vervielfältigers auswirkt (z. B. wenn das tatsächliche Baujahr eines Massivgebäudes vor 1895 liegt) oder gar zu einer Erhöhung führen würde. In diesen Fällen kommt dann ggf. ein Abschlag nach § 82 Abs. 1 BewG in Betracht (vgl. hierzu A 27 Abs. 4 BewR Gr).

4.4 Ermäßigung oder Erhöhung des errechneten Werts wegen außergewöhnlicher Grundsteuerbelastung nach § 81 BewG

Bei der Festlegung der Vervielfältiger sind die Bewirtschaftungskosten im Wege der Pauschalierung berücksichtigt worden. Dazu gehört auch die Grundsteuer. Im Normalfall ist somit die Grundsteuerbelastung im Vervielfältiger berücksichtigt. Wich jedoch zum Hauptfeststellungszeitpunkt 01.01.1964 die Grundsteuerbelastung in einer Gemeinde, z. B. infolge außerordentlich hoher oder niedriger Hebesätze, erheblich von der in den Vervielfältigern berücksichtigten normalen Grundsteuerbelastung ab, so sind die Grundstückswerte in diesen Gemeinden nach § 81 BewG bis zu 10 % zu ermäßigen oder zu erhöhen. **5127**

Einzelheiten dazu enthält die VO zur Durchführung des § 81 BewG vom 02.09.1966 (BStBl I 1966, 882) und A 30 BewR Gr. **5128**

Diejenigen Gemeinden, für die danach eine Korrektur des errechneten Werts (Jahresrohmiete × Vervielfältiger) in Betracht kommt, mussten zum Hauptfeststellungszeitpunkt 01.01.1964 ermittelt werden. Diese Korrektur (Abschlag 5 % oder 10 % oder Zuschlag 5 % oder 10 %) ist während des gesamten Hauptfeststellungszeitraums 1964 mit dem zum Hauptfeststellungszeitpunkt 01.01.1964 maßgebenden Prozentsatz vorzunehmen. **5129**

4.5 Ermäßigung oder Erhöhung des errechneten Werts in Einzelfällen nach § 82 BewG

4.5.1 Grundsätzliche Voraussetzungen für eine Ermäßigung oder Erhöhung

Der durch die Multiplikation »Jahresrohmiete × Vervielfältiger« (ggf. korrigiert wegen außergewöhnlicher Grundsteuerbelastung gemäß § 81 BewG) sich ergebende Wert, stellt im Normalfall auch den Grundstückswert dar. In bestimmten Einzelfällen ist dieser Wert jedoch zu korrigieren. Voraussetzung dazu ist, dass wertmindernde oder werterhöhende Umstände vorliegen, die sich weder in der Höhe der Jahresrohmiete, noch bei der Festlegung der Vervielfältiger ausgewirkt haben. Die Ermäßigungsfälle des § 82 Abs. 1 BewG sind nur beispielhaft, die Erhöhungsfälle des § 82 Abs. 2 BewG dagegen abschließend aufgezählt. **5130**

4.5.2 Fälle für einen Abschlag

Nach **§ 82 Abs. 1 BewG** können unter bestimmten Voraussetzungen folgende Ermäßigungen (**Abschläge**) berücksichtigt werden: **5131**

- Abschlag **wegen Beeinträchtigungen durch Lärm, Rauch oder Gerüche** (§ 82 Abs. 1 **Nr. 1** BewG):
  Diese Beeinträchtigungen müssen ungewöhnlich stark sein (der übliche Verkehrslärm fällt nicht darunter). Der Abschlag ist prozentual vom Grundstückswert vorzunehmen (A 33 Abs. 4 BewR Gr).
- Abschlag **wegen behebbarer Baumängel und Bauschäden** (§ 82 Abs. 1 **Nr. 2** BewG):
  Die Abschläge betreffen nur den Gebäudewert, nicht den Bodenwert (A 33 Abs. 4 BewR Gr).
- Abschlag **wegen der Notwendigkeit eines baldigen Abbruchs** (§ 82 Abs. 1 **Nr. 3** BewG):
  Das Gebäude muss aus objektiven Gründen vorzeitig abgebrochen werden (z. B. aus städtebaulichen Gründen oder auf Grund vertraglicher Vereinbarungen). Der Abschlag ist nur zulässig, wenn das Gebäude innerhalb von 10 Jahren, vom jeweiligen Feststellungszeitpunkt an gerechnet, abgebrochen werden muss (A 31 Abs. 4 BewR Gr).

Die Höhe des Abschlags richtet sich nach der noch verbleibenden Nutzungsdauer und nach der Bauart und Bauausführung des Gebäudes, jedoch nicht nach der Grundstücksart. Die Prozentsätze für den Abschlag sind der (fortgeführten) **Tabelle zu Anlage 9 BewR Gr** zu entnehmen (Anhang 25 der amtlichen Handausgabe 1990 der BewR Gr). Als Restlebensdauer ist der Zeitraum vom jeweiligen Feststellungszeitpunkt (nicht Hauptfeststellungszeitpunkt 01.01.1964!) bis zum Jahr vor dem Abbruch zu Grunde zu legen (vgl. A 7 Abs. 2 FoR mit Änderung durch das BFH-Urteil vom 03.07.1981 BStBl II 1982, 761; vgl. auch gleich lautenden Ländererlass vom 08.10.1982 BStBl I 1982, 771). Der Abschlag betrifft (wie in den Fällen des § 82 Abs. 1 Nr. 2 BewG) nur den Gebäudewertanteil (A 33 Abs. 4 BewR Gr).

Ein Abschlag ist allerdings nur dann vorzunehmen, wenn das Gebäude ohne Entschädigung abgebrochen werden muss. Bei voller Entschädigung soll nur ein Abschlag bis zu 10 % des Grundstückswerts (nicht Gebäudewerts) zulässig sein, und zwar zum Ausgleich für die Belästigungen, die das Entschädigungsverfahren mit sich bringt, und für die Tatsache, dass das Kapital nicht langfristig angelegt ist (vgl. FinMin Ba-Wü vom 25.05.1970 in Bew-Kartei Ba-Wü zu § 82 BewG Karte 3).

- Abschlag aus **sonstigen Gründen** (nicht ausdrücklich in § 82 Abs. 1 BewG genannt, z.B. wegen Grunddienstbarkeiten); vgl. A 31 Abs. 5 BewR Gr.

4.5.3 Fälle für einen Zuschlag

5132 § **82 Abs. 2 BewG** sieht folgende Fälle für einen **Zuschlag** vor (erschöpfende Aufzählung):
- Zuschlag **wegen der Größe der nicht bebauten Fläche** (§ 82 Abs. 2 **Nr. 1** BewG):
  Ein solcher Zuschlag kommt nur in Betracht, wenn bei Ein- und Zweifamilienhäusern die gesamte Grundstücksfläche mehr als 1 500 m² sowie bei den übrigen Grundstücksarten, wenn sich auf dem Grundstück kein Hochhaus befindet und die Grundstücksfläche mehr als das Fünffache der bebauten Fläche beträgt. Zur Berechnung des Zuschlags vgl. A 32 Abs. 3 BewR Gr.
  Die übergroße Fläche darf sich nicht bereits in der Grundstücksmiete ausgewirkt haben (BFH vom 17.05.1974 BStBl II 1974, 506). Regelmäßig wird dieser Umstand bei der Kalkulation der Miete nicht berücksichtigt worden sein.
- Zuschlag **wegen nachhaltiger Ausnutzung des Grundstücks für Reklamezwecke** (§ 82 Abs. 2 **Nr. 2** BewG):
  Ein solcher Zuschlag kommt nur in Betracht, wenn die Reklamenutzung nachhaltig gegen Entgelt erfolgt (Eigenreklame zählt nicht dazu). Der Zuschlag ist regelmäßig mit dem Vierfachen des jährlichen Reinertrags (nach den Wertverhältnissen vom 01.01.1964) anzusetzen.

4.5.4 Begrenzung der Ab- und Zuschläge

5133 Nach § **82 Abs. 3 BewG** ist die Summe bzw. das Ergebnis der Abschläge gemäß § 82 Abs. 1 Nr. 1 und 2 und des Zuschlags gemäß § 82 Abs. 2 Nr. 1 BewG auf 30 % des errechneten Werts (einschließlich evtl. Korrektur gemäß § 81 BewG) zu begrenzen.

4.6 Beispiel zur Bewertung eines bebauten Grundstücks im Ertragswertverfahren

5134

BEISPIEL

Sachverhalt

E ist Eigentümer eines unbebauten Grundstücks in Markthofen, auf dem er im Jahre 2017 ein Wohngebäude mit 3 Wohnungen errichtete. Alle 3 Wohnungen sind vermietet. Maßgebende Jahresrohmiete 19 800 DM (Wertverhältnisse vom 01.01.1964), Massivbau, Einwohnerzahl 65 000 (Stand 01.01.1964), Grundstücksfläche 1 700 m², bebaute Fläche 220 m², m²-Preis des Grund und Bodens (Wertverhältnisse vom 01.01.1964) 140 DM. Zuletzt festgestellter Einheitswert zum 01.01.1985 = 165 500 DM als unbebautes Grundstück.

Ermitteln Sie den Einheitswert zum 01.01.2018 und führen Sie die erforderliche Einheitswertfeststellung durch!

5135

LÖSUNG

Wegen der Bebauung im Jahr 2017 kommt zum 01.01.2018 eine Artfortschreibung und ggf. eine Wertfortschreibung in Betracht. Das Grundstück ist nach der Bebauung ein Mietwohngrundstück (§ 75 Abs. 1 Nr. 1, Abs. 2 BewG).

Ermittlung des Einheitswerts im Ertragswertverfahren (§ 76 Abs. 1 Nr. 1 BewG):

Errechneter Wert: Jahresrohmiete (§ 79 Abs. 1 BewG) 19 800 DM × Vervielfältiger (§ 80 Abs. 1 BewG, Anlage 3 zum BewG) 9,0	= 178 200 DM

Zuschlag wegen der Größe der nicht bebauten Fläche
(§ 82 Abs. 2 Nr. 1 BewG), da sämtliche Voraussetzungen dafür
vorliegen:

Wert der ganzen Grundstücksfläche:	
1 700 m² × 140 DM	= 238 000 DM
./. Wert der Normalfläche (unschädliche Fläche):	
bebaute Fläche 220 m² × 5 = 1 100 m² × 140 DM	= 154 000 DM
Zuschlag	84 000 DM
höchstens 30 % von 178 200 DM (§ 82 Abs. 3 BewG)	53 460 DM
Erhöhter Grundstückswert	231 660 DM
Einheitswert (Abrundung nach § 30 BewG)	231 600 DM

Mindestwert nach § 77 BewG i. d. F. von Art. 7 StÄndG 1969 vom 18.08.1969 – BGBl I 1969, 1211 – (wäre 50 % von 238 000 DM = 119 000 DM) kommt nicht zum Zuge.

Wertfortschreibung ist zum 01.01.2018 durchzuführen, da die Voraussetzungen des § 22 Abs. 1 BewG erfüllt sind.

Außerdem kommt zum 01.01.2018 eine Artfortschreibung vom unbebauten Grundstück zum Mietwohngrundstück in Betracht (§ 22 Abs. 2 BewG).

Feststellungen im Einheitswertbescheid zum 01.01.2018:

Einheitswert:	231 600 DM, umgerechnet auf Euro:
	231 600 DM : 1,95 583 DM/€ = 118 415 €
Art (§ 19 Abs. 3 Nr. 1 BewG):	Mietwohngrundstück
Zurechnung (§ 19 Abs. 3 Nr. 2 BewG):	Eigentümer E

4.7 Übersicht zur Bewertung bebauter Grundstücke im Ertragswertverfahren

5136

Ermittlung der maßgebenden Jahresrohmiete   (§ 79 BewG)

Zu unterscheiden sind

Hauptfeststellung 01. 01. 1964		Nachfeststellungen/Fortschreibungen auf 01. 01. 1974 und spätere Zeitpunkte
Vermieteter Teil	Eigengenutzter/un-genutzter/unentgeltlich überlassener Teil	Räume am 01. 01. 1964 bereits vorhanden, aber danach nicht wesentlich verändert
Gesamtentgelt lt. vertraglicher Vereinbarung (tatsächlich gezahlte Jahresrohmiete einschließlich Umlagen und sonstige Leistungen der Mieter) (§ 79 Abs. 1 BewG) + evtl. 3 %/5 % Zuschlag für Schönheitsreparaturen		Vermieteter sowie eigen-genutzter/ungenutzter/unent-geltlich überlassener Teil
= Summe evtl. 12 % bzw. 14 % in den Fällen des § 79 Abs. 3 und 4 BewG a.F. (diese Regelungen bezogen sich auf bestimmte GrSt-Vergünstigungen und sind ab 2002 weggefallen)		Mietansatz wie bei Hauptfest-stellung; bei zwischenzeitli-chem Wegfall der GrSt-Ver-günstigungen korrigiert um Auswirkungen dieser Ände-rung (Wegfall des bisherigen Zuschlags und Ansatz der Miete für freifinanzierten Wohnraum, d. h. Marktmiete), durch Weg-fall des § 79 Abs. 3 und 4 BewG a.F., ab 2002 keine Bedeutung mehr
= Summe Vergleich mit üblicher Miete (§ 79 Abs. 2 Nr. 2 BewG)		
= Ergebnis maßgebende Jahresrohmiete	Übliche Miete (§ 79 Abs. 2 Nr. 1 BewG)	

Ermittlung der Grundstücksart   (§ 75 BewG)

Lärm, Rauch, Gerüche

Behebbare Baumängel und Schäden

Notwendigkeit des baldigen Abbruchs

Sonstige Gründe

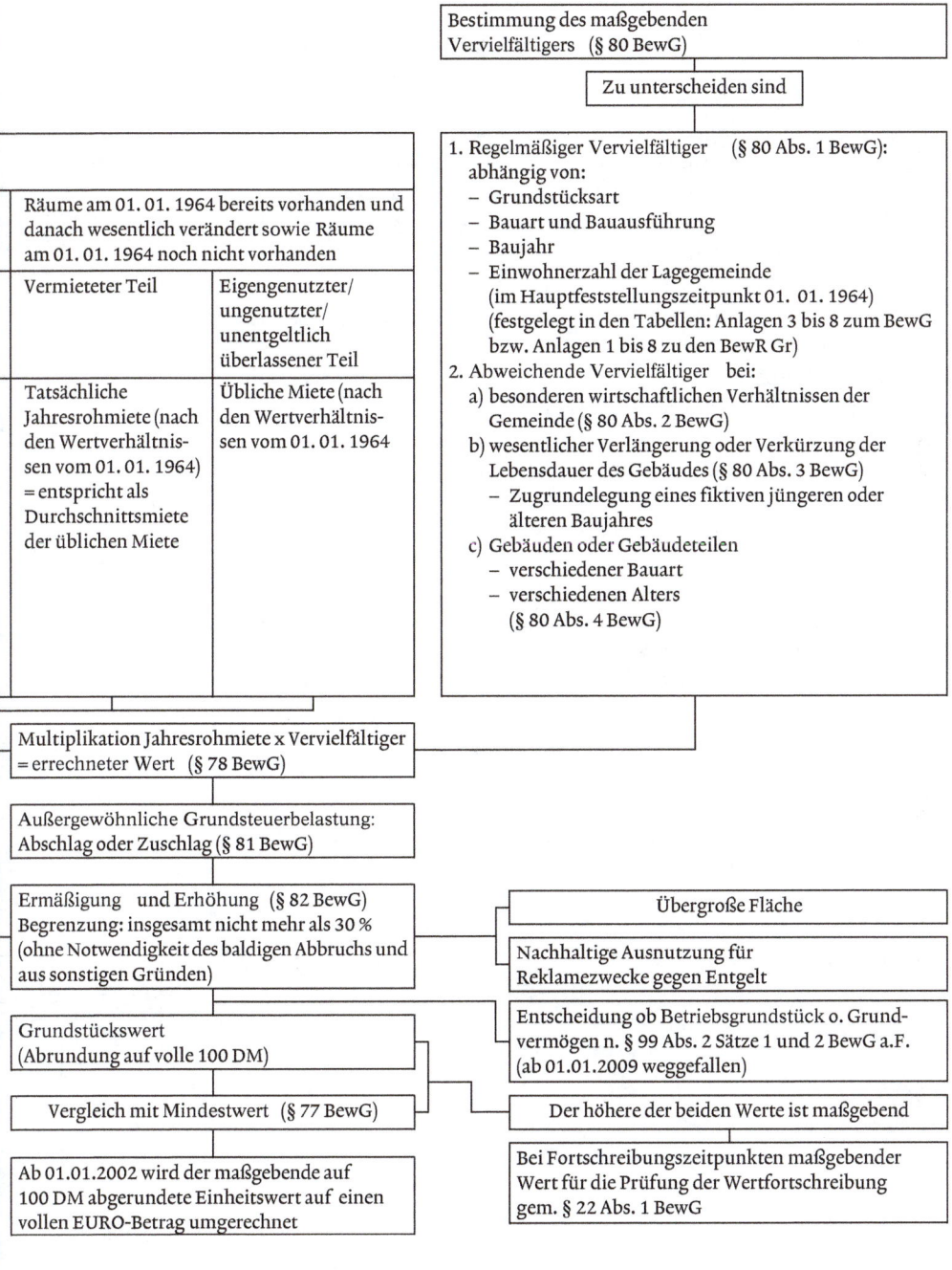

Bestimmung des maßgebenden Vervielfältigers (§ 80 BewG)

Zu unterscheiden sind

1. Regelmäßiger Vervielfältiger (§ 80 Abs. 1 BewG): abhängig von:
   – Grundstücksart
   – Bauart und Bauausführung
   – Baujahr
   – Einwohnerzahl der Lagegemeinde
     (im Hauptfeststellungszeitpunkt 01. 01. 1964)
     (festgelegt in den Tabellen: Anlagen 3 bis 8 zum BewG
     bzw. Anlagen 1 bis 8 zu den BewR Gr)
2. Abweichende Vervielfältiger bei:
   a) besonderen wirtschaftlichen Verhältnissen der Gemeinde (§ 80 Abs. 2 BewG)
   b) wesentlicher Verlängerung oder Verkürzung der Lebensdauer des Gebäudes (§ 80 Abs. 3 BewG)
      – Zugrundelegung eines fiktiven jüngeren oder älteren Baujahres
   c) Gebäuden oder Gebäudeteilen
      – verschiedener Bauart
      – verschiedenen Alters
      (§ 80 Abs. 4 BewG)

Räume am 01. 01. 1964 bereits vorhanden und danach wesentlich verändert sowie Räume am 01. 01. 1964 noch nicht vorhanden

Vermieteter Teil	Eigengenutzter/ ungenutzter/ unentgeltlich überlassener Teil
Tatsächliche Jahresrohmiete (nach den Wertverhältnissen vom 01. 01. 1964) = entspricht als Durchschnittsmiete der üblichen Miete	Übliche Miete (nach den Wertverhältnissen vom 01. 01. 1964

Multiplikation Jahresrohmiete x Vervielfältiger = errechneter Wert (§ 78 BewG)

Außergewöhnliche Grundsteuerbelastung: Abschlag oder Zuschlag (§ 81 BewG)

Ermäßigung und Erhöhung (§ 82 BewG) Begrenzung: insgesamt nicht mehr als 30 % (ohne Notwendigkeit des baldigen Abbruchs und aus sonstigen Gründen)

Übergroße Fläche

Nachhaltige Ausnutzung für Reklamezwecke gegen Entgelt

Entscheidung ob Betriebsgrundstück o. Grundvermögen n. § 99 Abs. 2 Sätze 1 und 2 BewG a.F. (ab 01.01.2009 weggefallen)

Grundstückswert (Abrundung auf volle 100 DM)

Vergleich mit Mindestwert (§ 77 BewG)

Der höhere der beiden Werte ist maßgebend

Ab 01.01.2002 wird der maßgebende auf 100 DM abgerundete Einheitswert auf einen vollen EURO-Betrag umgerechnet

Bei Fortschreibungszeitpunkten maßgebender Wert für die Prüfung der Wertfortschreibung gem. § 22 Abs. 1 BewG

5137–5140
frei

5 Einheitswertermittlung der bebauten Grundstücke im Sachwertverfahren (§§ 83 bis 90 BewG)

5.1 Anwendungsfälle des Sachwertverfahrens

5141   Das Sachwertverfahren ist anzuwenden:

1. Stets für sämtliche sonstige bebauten Grundstücke (§ 76 Abs. 2 BewG).
2. In bestimmten in § 76 Abs. 3 BewG aufgeführten Fällen und zwar bei:

– Ein- und Zweifamilienhäusern, die sich durch besondere Gestaltung oder Ausstattung wesentlich von den im Ertragswertverfahren (§ 76 Abs. 1 BewG) zu bewertenden Ein- und Zweifamilienhäusern unterscheiden.

Das sind vor allem sog. Luxusbauten. Zur Frage der besonderen Gestaltung und besonderen Ausstattung vgl. A 16 Abs. 3 und 4 BewR Gr. Diese Fälle sind in der Praxis besonders schwierig abzugrenzen.

– Gruppen von Geschäftsgrundstücken und in Einzelfällen von Mietwohngrundstücken, Geschäftsgrundstücken und gemischtgenutzten Grundstücken, für die weder eine Jahresrohmiete ermittelt noch die übliche Miete geschätzt werden kann.

Dazu gehören vor allem die Gruppengeschäftsgrundstücke (wie z. B. Fabrikgrundstücke, Warenhausgrundstücke, Lagerhausgrundstücke, Bank- und Versicherungsgrundstücke), die unabhängig davon, ob sie im Einzelfall vermietet sind, stets im Sachwertverfahren bewertet werden müssen. Vgl. hierzu die Ausführungen und Aufzählungen in A 16 Abs. 6 und 7 BewR Gr.

– Grundstücke mit Behelfsbauten und bei Grundstücken mit Gebäuden in einer Bauart und Bauausführung, für die ein Vervielfältiger in den Anlagen 3 bis 8 BewG nicht bestimmt ist. Vgl. hierzu A 16 Abs. 9 BewR Gr. Solche Fälle sind in der Praxis relativ selten.

5.2 Verfahrensablauf des Sachwertverfahrens (Wertermittlungsschema, § 83 BewG)

5142   Beim Sachwertverfahren ist der Grundstückswert, anders als im Ertragswertverfahren, nicht im Ganzen, sondern stufenweise zu ermitteln. Nach § 83 BewG ist getrennt auszugehen:

- vom Bodenwert (§ 84 BewG),
- vom Gebäudewert (Summe aller Gebäudewerte, §§ 85 bis 88 BewG) **und**
- vom Wert der Außenanlagen (§ 89 BewG).

Aus der Summe dieser drei Werte ist ein Ausgangswert zu errechnen, der mit Hilfe einer Wertzahl an den gemeinen Wert anzugleichen ist (§ 90 BewG).

5143   Einen Überblick über die stufenweise Wertermittlung zeigt das folgende **Schaubild**, das der Anlage 10 der BewR Gr entnommen ist:

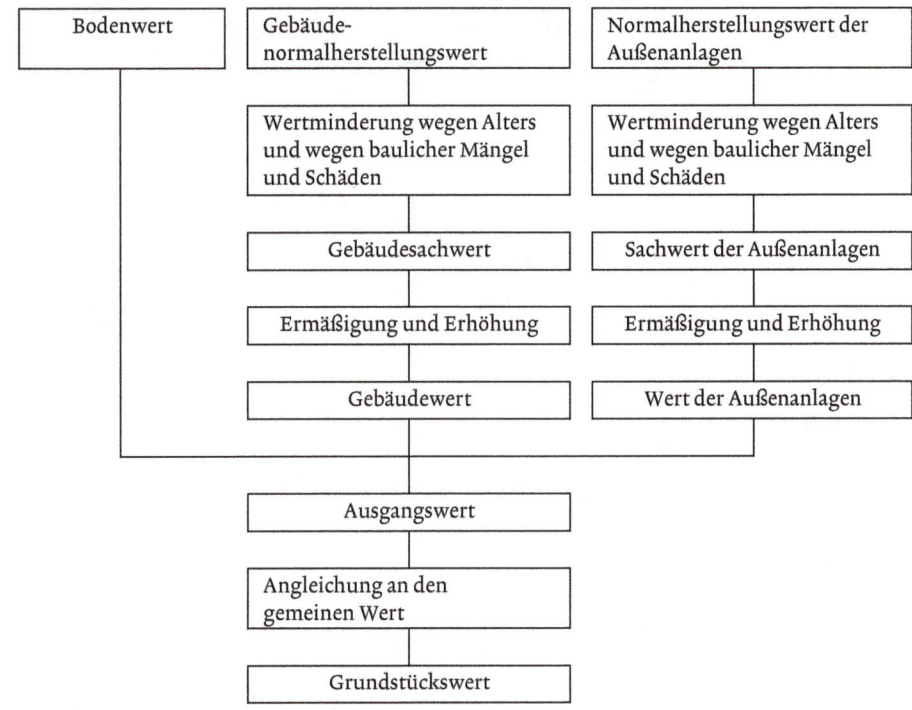

Bei der Ermittlung des Grundstückswerts (gemeiner Wert) sind grundsätzlich auch die **5144** Vorschriften über den Mindestwert zu beachten (§ 77 BewG, A 34 Abs. 3 BewR Gr). In allen Fällen, in denen die Wertzahl nach § 90 BewG jedoch nicht unter 50 % liegt, kommt ein Mindestwert nicht zum Zuge.

BEISPIEL ──

Beispielsfall für die Ermittlung des Einheitswerts eines Fabrikgrundstücks im Sachwertverfahren auf einen Nachfeststellungszeitpunkt
(In diesem Fall ein Beispiel zum 01.01.2018, weil durch Neuabgrenzung im Jahre 2017 eine wirtschaftliche Einheit neu entstanden ist, sowie zusätzliche Errichtung eines weiteren Gebäudes im Jahre 2017.)
Für die Ermittlung des Einheitswerts gelten die §§ 83 bis 90 BewG. Maßgebend sind die Wertverhältnisse vom Hauptfeststellungszeitpunkt 01.01.1964 (§ 27 BewG, A 6 Abs. 1, 2, 6, 7 und 8 FoR).
Wertermittlung:
Bodenwert (§ 84 BewG):
Grundstücksfläche 10 000 m² × 50 DM   = 500 000 DM
Gebäudewert (§§ 85 bis 88 BewG):
Fabrikhalle, massiv, eingeschossig mit Raumaufteilung und ohne Decke,
Geschosshöhe 4 m, keine Unterkellerung, umbauter Raum 3 000 m³, Baujahr 1950,
Lebensdauer 80 Jahre, Gebäudeklasse 2.35 mit 37 DM/m³
Gebäudenormalherstellungswert:
3 000 m³ × 37 DM   = 111 000 DM
./. Wertminderung wegen Alters:
1,25 % × 14 = 17,50 %
aufgerundet = 18 %   = 19 980 DM
Gebäudesachwert   91 020 DM

Shedhalle, massiv, Geschosshöhe 4 m, keine Unterkellerung, umbauter Raum 5 000 m^3, Baujahr 1960, Lebensdauer 80 Jahre, Gebäudeklasse 2.42 mit 36 DM/m^3

Gebäudenormalherstellungswert:	
5 000 m^3 × 36 DM	= 180 000 DM
./. Wertminderung wegen Alters:	
1,25 % × 4 = 5 %	= 9 000 DM
Gebäudesachwert	171 000 DM

Bürogebäude, massiv, eingeschossig, umbauter Raum 1 000 m^3, Baujahr 1960, Lebensdauer 100 Jahre, Gebäudeklasse 1.122 mit 100 DM/m^3

Gebäudenormalherstellungswert:	
1 000 m^3 × 100 DM	= 100 000 DM
./. Wertminderung wegen Alters:	
1 % × 4 = 4 %	= 4 000 DM
Gebäudesachwert	96 000 DM

Lagerhalle, zweigeschossig, Massivgebäude mit Raumaufteilung, Baujahr 2016, Lebensdauer 80 Jahre, 2 Obergeschosse mit insgesamt umbauter Raum 6 000 m^3 (Geschosshöhe je 3,50 m), Kellergeschoss mit umbauter Raum 2 000 m^3 (Geschosshöhe 2,80 m), Gebäudeklasse 2.56 (auch für Kellergeschoss) mit 63,50 DM/m^3

Gebäudenormalherstellungswert:	
8 000 m^3 × 63,50 DM	= 508 000 DM
Keine Wertminderung wegen Alters, da Gebäude	
nach dem 31. 12. 1963 errichtet (A 6 Abs. 6 FoR)	0 DM
Gebäudesachwert	508 000 DM
Summe der Gebäudesachwerte	866 020 DM
./. Ermäßigung wegen unorganischer Anordnung der Gebäude 2 %	
(A 44 Abs. 8 bis 10 BewR Gr)	17 320 DM
Gebäudewert (insgesamt)	848 700 DM
Wert der Außenanlagen (§ 89 BewG):	
Platzbefestigung 1 200 m^2 × 15 DM	18 000 DM
./. Wertminderung wegen Alters:	
Lebensdauer 10 Jahre = 10 %, Baujahr 1956 = 10 % × 8 Jahre = 80 %,	
höchstens 70 % (A 45 Abs. 3 BewR Gr)	12 600 DM
Wert der Außenanlagen	5 400 DM
Ausgangswert:	
Bodenwert	500 000 DM
Gebäudewert	848 700 DM
Wert der Außenanlagen	5 400 DM
Ausgangswert	1 354 100 DM
Angleichung an den gemeinen Wert (§ 90 BewG):	
Wertzahl nach § 2 Abs. 1 Abschnitt A Nr. 1 der VO zu § 90 BewG	
(Nachkriegsbauten) = 70 %:	
somit Wertansatz: 1 354 100 DM × 70 %	= 947 870 DM
Einheitswert auf den 01. 01. 2017 (abgerundet nach § 30 BewG)	= 947 800 DM
Umgerechnet auf Euro: 947 800 DM : 1,95583 DM/€	= 484 602 €

5.3 Ermittlung des Bodenwerts (§ 84 BewG)

5145   Grundsätzlich ist der Bodenwert nach § 84 BewG wie bei einem unbebauten Grundstück zu ermitteln, d. h. regelmäßig durch die Multiplikation »Grundstücksfläche × m^2/Preis (Wertverhältnisse vom 01. 01. 1964, § 27 BewG)«. Der Umstand, dass das Grundstück bebaut ist, bleibt bei der Wertbemessung des Grund und Bodens außer Betracht (A 35 Abs. 1 BewR Gr). Es gelten also die gleichen Grundsätze wie bei einem unbebauten Grundstück (vgl. A 35 Abs. 1 und 2 i. V. m. A 7 bis 10 BewR Gr).

Bei Fabrikgrundstücken sowie bei Arkaden und Passagen sind ggf. Besonderheiten zu beachten (vgl. hierzu A 35 Abs. 3 bis 5 BewR Gr). **5146**

Auf weitere Einzelheiten zur Ermittlung des Bodenwerts wird im Rahmen dieses Buches nicht eingegangen. **5147**

5.4 Ermittlung des Gebäudewerts (§§ 85 bis 88 BewG)

Der Wert jedes einzelnen Gebäudes einer wirtschaftlichen Einheit ist gemäß **§ 85 BewG** **5148**
(i. V. m. §§ 86 bis 88 BewG) nach folgendem **Bewertungsschema** zu ermitteln:

Umbauter Raum × Raummeterpreis = errechneter Wert

+/./. ggf. Erhöhungen und Ermäßigungen

=   Gebäudenormalherstellungswert

./. Wertminderung wegen Alters (WwA) nach § 86 BewG

=   Gebäudesachwert

./. ggf. Wertminderungen wegen baulicher Mängel und Schäden nach § 87 BewG

+/./. ggf. Ermäßigungen und Erhöhungen nach § 88 BewG

=   Gebäudewert (getrennt für jedes Gebäude)

Bezüglich der einzelnen Schritte der Ermittlung des Gebäudewerts wird auf Folgendes verwiesen: **5149**

- Ermittlung des **Gebäudenormalherstellungswerts**
  - Der Gebäudenormalherstellungswert ist nicht auf der Grundlage der tatsächlichen Baukosten zu ermitteln, sondern nach § 85 Sätze 1 und 2 BewG sind durchschnittliche Herstellungskosten anzusetzen. Dabei sind die durchschnittlichen Herstellungskosten durch Vervielfachung der Anzahl der Kubikmeter umbauten Raumes mit einem Raummeterpreis zu errechnen, was zunächst zu einem sog. errechneten Wert führt. Bei Überdachungen werden durchschnittliche Herstellungskosten nach Durchschnittspreisen je m^2 überdachter Fläche berechnet. Vgl. hierzu A 36 BewR Gr.
  - Zur Berechnung des umbauten Raumes vgl. A 37 sowie Anlage 12 BewR Gr.
  - Die Bestimmung des Raummeterpreises erfolgt nach den Tabellenwerten der Anlagen 13 bis 16 Bew Gr. Vgl. hierzu A 38 BewR Gr.
  - In bestimmten Fällen ist der mit Hilfe des umbauten Raumes und des Raummeterpreises errechnete Wert durch Zu- oder Abschläge zu korrigieren. Vgl. hierzu A 39 BewR Gr und die Anmerkungen zu den Raummeterpreistabellen.
- **Wertminderung wegen Alters (WwA)**
  - Im Regelfall ist nach § 86 Abs. 1 und 2 BewG die WwA nach dem Alter des Gebäudes im Hauptfeststellungszeitpunkt 01.01.1964 und der gewöhnlichen Lebensdauer von Gebäuden gleicher Art und Nutzung zu bestimmen. Die WwA darf grundsätzlich höchstens 70 % betragen (§ 86 Abs. 3 BewG und A 41 Abs. 9 BewR Gr). Vgl. hierzu A 41 Abs. 1 bis 3 BewR Gr.
  - Bei Gebäuden und Gebäudeteilen verschiedenen Alters sind die Ausführungen des A 41 Abs. 4 und 5 BewR Gr zu beachten.
  - Ist die gewöhnliche Lebensdauer eines Gebäudes verkürzt oder verlängert, so ist dies bei der WwA zu berücksichtigen. Vgl. § 86 Abs. 4 BewG und A 41 Abs. 6 bis 8 BewR Gr.

- **Wertminderung wegen baulicher Mängel und Schäden**

  Nach § 87 BewG kommt außerdem eine Wertminderung wegen baulicher Mängel und Schäden in Betracht, wenn sich dieser Umstand nicht bereits bei der Ermittlung des Gebäudenormalherstellungswerts oder der Wertminderung wegen Alters ausgewirkt haben. Vgl. hierzu A 42 und 43 BewR Gr.

- **Ermäßigung oder Erhöhung des Gebäudesachwerts nach § 88 BewG**

  Der Gebäudesachwert (Ergebnis aus Gebäudenormalherstellungskosten abzüglich WwA) kann in bestimmten Einzelfällen noch zu ermäßigen oder zu erhöhen sein. Nach A 44 BewR Gr handelt es sich hierbei um folgende Möglichkeiten:

  – Ermäßigung wegen der Lage des Grundstücks,

  – Ermäßigung wegen wirtschaftlicher Überalterung,

  – Ermäßigung wegen der Notwendigkeit baldigen Abbruchs,

  – Ermäßigung wegen unorganischen Aufbaus,

  – Ermäßigung wegen übermäßiger Raumhöhe,

  – Erhöhung wegen nachhaltiger Ausnutzung des Gebäudes für Reklamezwecke.

Auf weitere Einzelheiten der Ermittlung des Gebäudewerts wird im Rahmen dieses Buches nicht eingegangen. Vgl. hierzu die Ausführungen in dem vorstehenden Beispiel 5.2 (nach Rz. 5144).

5.5 Ermittlung des Werts der Außenanlagen (§ 89 BewG)

5150 Vgl. hierzu die Regelungen in § 89 BewG. Danach ist der Wert der Außenanlagen grundsätzlich in gleicher Weise zu ermitteln wie der Gebäudewert und zwar wie folgt (vgl. § 89 BewG und A 45 Abs. 2 und 3 BewR Gr):

Normalherstellungswert (z. B. lfd. m. Umzäunung × Preis pro lfd. m):

./. Wertminderung wegen Alters (WwA) bis zum Hauptfeststellungszeitpunkt 01. 01. 1964

= Sachwert der Außenanlagen

./. ggf. Wertminderungen wegen baulicher Mängel und Schäden im Sinne von § 87 BewG

+/./. ggf. Ermäßigungen oder Erhöhungen im Sinne von § 88 BewG

= Wert der Außenanlagen

5151 Zur Ermittlung des Normalherstellungswerts der Außenanlagen sind die Erfahrungswerte der Anlage 17 BewR Gr zu Grunde zu legen. Bei der Ermittlung der Wertminderung wegen Alters sind hinsichtlich der gewöhnlichen Lebensdauer und des Wertminderungssatzes die Erfahrungswerte des A 45 Abs. 2 BewR Gr maßgebend. Bei Geschäftsgrundstücken kann der Wert der Außenanlagen auch pauschal mit 2 bis 8 % des Gebäudesachwerts angesetzt werden (A 45 Abs. 2 Sätze 2 und 3 BewR Gr).

5152 Was alles zu den Außenanlagen gehört ist in A 45 Abs. 1 BewR Gr beispielhaft aufgezählt.

5.6 Angleichung an den gemeinen Wert (§ 90 BewG)

5153 Die für den Grund und Boden, die Gebäude und die Außenanlagen ermittelten Werte sind gemäß § 90 BewG an den gemeinen Wert anzugleichen.

5154 Zunächst ist ein Ausgangswert wie folgt zu errechnen:

Bodenwert

+ Gebäudewert (Summe aller Einzelgebäudewerte)

+ Wert der Außenanlagen (Summe aller Einzelwerte)

= Ausgangswert

Da dieser Ausgangswert in aller Regel nicht dem gemeinen Wert entspricht, ist er nach **5155** § 90 Abs. 1 BewG noch mit Hilfe einer Wertzahl an den gemeinen Wert anzugleichen. Die **Formel** dafür lautet: Ausgangswert in DM × Wertzahl (Prozentsatz) = Grundstückswert, der den gemeinen Wert darstellen soll. Der Grundstückswert ist noch nach § 30 BewG abzurunden und ergibt somit den Einheitswert (zunächst in DM; dieser Betrag ist dann noch auf Euro umzurechnen, nach evtl. Prüfung der Wertfortschreibungsgrenzen des § 22 Abs. 1 BewG).

§ 90 Abs. 2 BewG gibt nur den gesetzlichen Rahmen für die Wertzahl vor, nämlich zwischen 85 und 50 %. Die einzelnen Wertzahlen sind in der VO zu § 90 BewG vom 02.09.1966 **5156** (BStBl I 1966, 885) bindend festgelegt. In § 2 der VO wurden eigene Wertzahlen für die einzelnen Grundstücksarten bestimmt. Bei den meisten Wertzahlen ist noch zwischen Altbauten, Neubauten und Nachkriegsbauten zu unterscheiden. Für die wirtschaftlichen Einheiten der Geschäftsgrundstücke ist außerdem noch weiter zu differenzieren bezüglich der einzelnen Gruppen von Geschäftsgrundstücken und bei den Fabrikgrundstücken und Werkstätten des Handwerks bezüglich der Höhe des Ausgangswerts.

In bestimmten Fällen sind auch durchschnittliche Wertzahlen zu ermitteln (§ 2 Abs. 4 und **5157** 5 der VO zu § 90 BewG). § 4 der VO zu § 90 BewG sah außerdem in bestimmten Fällen eine Ermäßigung der Wertzahlen vor, wenn sich das Grundstück im Zonenrandgebiet befand.

5158–5165
frei

6 Sondervorschriften zur Einheitsbewertung des Grundvermögens

Die §§ 91 bis 94 BewG sehen für folgende Grundstücke des Grundvermögens besondere **5166** Bewertungsregelungen vor:
- für Grundstücke im Zustand der Bebauung in § 91 BewG,
- für Grundstücke mit Erbbaurecht in § 92 BewG,
- für Wohnungs- und Teileigentum in § 93 BewG,
- für Grundstücke mit Gebäuden auf fremdem Grund und Boden in § 94 BewG.

6.1 Grundstücke im Zustand der Bebauung (§ 91 BewG)

§ 91 BewG enthält die Regelung, dass bei Grundstücken, die sich am Einheitswertfeststel- **5167** lungszeitpunkt im Zustand der Bebauung befinden, die nicht bezugsfertigen Gebäude oder Gebäudeteile bei der Einheitswertermittlung des Grundstücks außer Betracht bleiben. Die früher im § 91 Abs. 2 BewG vorgesehene Regelung, für das im Bau befindliche Gebäude einen besonderen Einheitswert festzustellen, hatte bis Ende 1995 für die Vermögensteuer Bedeutung. Seit dem Wegfall der Vermögensteuer bestehen für die Bewertung von Grundstücken mit Gebäuden im Zustand der Bebauung für die Erbschaft- und Schenkungsteuer in § 196 BewG und für die Grunderwerbsteuer in § 149 BewG eigenständige Regelungen, so dass § 91 BewG für die Einheitsbewertung nur noch klarstellend wirkt.

6.2 Erbbaurecht (§ 92 BewG)

6.2.1 Zivilrechtlicher Begriff und Allgemeines

Ein Erbbaurecht ist das veräußerliche und vererbliche Recht, »auf oder unter der Oberflä- **5168** che des Grundstücks ein Bauwerk zu haben« (§ 1 Erbbaurechtsgesetz, ErbbauRG).

5169   Zivilrechtlich bietet das Erbbaurecht dem Grundstückseigentümer (Erbbaurechtsverpflichteter) die Möglichkeit, Grundbesitz grundsätzlich im Eigentum zu behalten, den Grundbesitz aber langfristig gegen einen Erbbauzins zur Nutzung an Dritte zu überlassen. Der Erbbauberechtigte hat die Möglichkeit, auf dem Erbbaugrundstück ein Gebäude zu errichten oder (wenn das Erbbaurecht an einem bereits bebauten Grundstück bestellt wird) zu erwerben, ohne gleichzeitig den teuren Grund und Boden mit erwerben zu müssen. Zivilrechtlich besteht somit die Besonderheit, dass sowohl für das Grundstück als auch für das Erbbaurecht beim Grundbuchamt ein besonderes Grundbuchblatt angelegt wird; das Gebäude wird dann wesentlicher Bestandteil nicht des Grundstücks, sondern des Erbbaurechts. Dies bedeutet, dass das Gebäude in das Eigentum des Erbbauberechtigten fällt. Das Erbbaurecht wird meist langfristig (häufig für 99 Jahre) bestellt, so dass der Erbbauberechtigte für sich und seine Familie zumindest für etwa drei Generationen eigenes Eigentum an dem Gebäude erwirbt. Der Grundstückseigentümer dagegen (häufig Kirchen oder Kommunen) pflegt in größeren Zeiteinheiten zu messen. Der Grundstückseigentümer erhält für die Nutzungsüberlassung den Erbbauzins und am Ende der Laufzeit des Erbbaurechts ein bebautes Grundstück. Allerdings muss der Grundstückseigentümer, wenn nichts anderes vereinbart ist, am Ende der Laufzeit für den Eigentumsübergang des Gebäudes eine Entschädigung bezahlen (§ 27 ErbbauRG).

6.2.2 Bewertungsrechtliche Behandlung

6.2.2.1 Ermittlung eines Gesamtwerts und Verteilung auf die beiden wirtschaftlichen Einheiten

5170   Bewertungsrechtlich wird die Belastung eines Grundstücks mit einem Erbbaurecht als solch intensiver Eingriff in die Rechte des Eigentümers verstanden, dass man davon ausgeht, dass die bisherige wirtschaftliche Einheit des Grundstücks (vor der Belastung mit dem Erbbaurecht) wegfällt und folgende zwei neue wirtschaftliche Einheiten entstehen: eine wirtschaftliche Einheit »**belastetes Grundstück**« (d. h. das mit dem Erbbaurecht belastete Grundstück) und eine wirtschaftliche Einheit »**Erbbaurecht**« (§ 92 Abs. 1 Satz 1 BewG). Für das bisher unbelastete Grundstück ist daher der Einheitswert zum 01. 01. des Folgejahres aufzuheben (§ 24 Abs. 1 Nr. 1 BewG) und für die beiden neu entstandenen wirtschaftlichen Einheiten »belastetes Grundstück« und »Erbbaurecht« ist jeweils im Wege der Nachfeststellung (§ 23 Abs. 1 Nr. 1 BewG) ein neuer Einheitswert festzustellen. Die Grundstücksart der beiden wirtschaftlichen Einheiten richtet sich ab der Bezugsfertigkeit des Gebäudes nach dem Katalog des § 75 BewG. Dabei haben beide wirtschaftlichen Einheiten, sowohl das belastete Grundstück als auch das Erbbaurecht dieselbe Grundstücksart (§ 92 Abs. 1 Satz 3 BewG). Vgl. auch A 48 Abs. 1 BewR Gr.

5171   Für die Wertfeststellungen ist zunächst ein **Gesamtwert** zu ermitteln, der sich nach der Beschaffenheit des Grundstücks richtet, und zwar so, als ob die Belastung mit dem Erbbaurecht nicht bestünde (§ 92 Abs. 1 Satz 2 BewG). Dieser Gesamtwert ist danach auf die beiden wirtschaftlichen Einheiten belastetes Grundstück und Erbbaurecht zu verteilen. Beträgt die Dauer des Erbbaurechts am Bewertungsstichtag noch 50 Jahre und mehr, dann ist der Gesamtwert allein der wirtschaftlichen Einheit Erbbaurecht zuzurechnen; das belastete Grundstück ist somit mit 0 DM und folglich auch mit 0 € zu bewerten.

5172   Beträgt die **Dauer des Erbbaurechts** am Bewertungsstichtag **weniger als 50 Jahre**, dann ist der Gesamtwert grundsätzlich nach den Grundsätzen des § 92 Abs. 3 BewG zu verteilen.

5173   Aus dieser Regelung und der Tabelle des § 92 Abs. 3 Satz 2 BewG folgt, dass diese Einheitswerte alle 5 Jahre fortgeschrieben werden müssen. Bei dieser Wertfortschreibung sind ausnahmsweise die Wertfortschreibungsgrenzen des § 22 Abs. 1 BewG nicht zu beachten (§ 92 Abs. 7 Satz 3 BewG).

Zur Ermittlung und Aufteilung des Gesamtwerts vgl. auch A 48 Abs. 2 und 3 BewR Gr.   **5174**

Bei Wegfall des Erbbaurechts ist für die wirtschaftliche Einheit »Erbbaurecht« und die   **5175** wirtschaftliche Einheit »belastetes Grundstück« der Einheitswert nach § 24 Abs. 1 Nr. 1 BewG aufzuheben. Für das »neue« bebaute Grundstück (ohne Belastung mit dem Erbbaurecht) ist eine Nachfeststellung nach § 23 Abs. 1 Nr. 1 BewG durchzuführen.

6.2.2.2 Besonderheiten

Geht das Gebäude ausnahmsweise am Ende der Laufzeit des Erbbaurechts **entschädi-**   **5176** **gungslos** auf den Grundstückseigentümer über, dann kann (von vornherein) die Aufteilung des Gesamtwerts auf Grund und Boden und Gebäude unterbleiben, da dann der Gesamtwert entsprechend dem prozentualen Verhältnis des § 92 Abs. 3 Satz 2 BewG aufgeteilt wird (§ 92 Abs. 3 Satz 5 BewG). Vgl. auch A 48 Abs. 4 BewR Gr.

Hat sich der Erbbauberechtigte verpflichtet, das Grundstück am Ende der Laufzeit des   **5177** Erbbaurechts im unbebauten Zustand zurückzugeben (**Abbruchverpflichtung**), dann ist dies nach § 92 Abs. 4 BewG noch zu berücksichtigen. Vgl. auch A 48 Abs. 5 BewR Gr.

Eine **weitere Besonderheit** besteht allerdings beim Erbbaurecht noch im Rahmen der Ein-   **5178** heitsbewertung für Zwecke der **Grundsteuer**: Nach § 10 Abs. 2 GrStG ist der Erbbauberechtigte sowohl Steuerschuldner der Grundsteuer für die wirtschaftliche Einheit des Erbbaurechts, als auch für die wirtschaftliche Einheit des belasteten Grundstücks. In diesen Fällen ist daher eine Aufteilung des Gesamtwerts für die Grundsteuer ohne Bedeutung und daher nicht vorzunehmen (vgl. hierzu FinMin Ba-Wü vom 24. 03. 1998) und somit hat auch § 13 Abs. 3 GrStG keine praktische Bedeutung mehr. Eine steuerliche Relevanz der Aufteilung des Gesamtwerts auf das Erbbaurecht und das belastete Grundstück ergibt sich lediglich noch für die Fälle, für die die Vorschrift des § 9 Nr. 1 Satz 1 GewStG (bei der Ermittlung des Gewerbeertrags für die Gewerbesteuer) von Bedeutung ist. Das ist dann der Fall, wenn es sich um Betriebsgrundstücke (vgl. § 99 BewG) handelt. Früher (d. h. bis 01. 01. 1996 bzw. 01. 01. 1997) war die Aufteilung des Gesamtwerts auf die beiden wirtschaftlichen Einheiten »Erbbaurecht« und »belastetes Grundstück« für die Vermögensteuer und für die Einheitsbewertung des Betriebsvermögens bedeutsam.

Auf weitere Einzelheiten wird im Rahmen dieses Buches nicht eingegangen.

6.3 Wohnungs- und Teileigentum (§ 93 BewG)

6.3.1 Zivilrechtlicher Begriff und Allgemeines

Zivilrechtlich ist **Wohnungseigentum** das Sondereigentum an einer Wohnung in Verbin-   **5179** dung mit dem Miteigentum an dem gemeinschaftlichen Eigentum, zu dem es gehört; **Teileigentum** ist das Sondereigentum an nicht Wohnzwecken dienenden Räumen eines Gebäudes in Verbindung mit dem Miteigentumsanteil an dem gemeinschaftlichen Eigentum, zu dem es gehört (§ 1 Abs. 2 und 3 WEG). Gemeinschaftliches Eigentum im vorgenannten Sinne sind der Grund und Boden sowie die Teile, Anlagen und Einrichtungen des Gebäudes, die nicht im Sondereigentum oder Eigentum eines Dritten stehen (§ 1 Abs. 4 WEG). Gemeinschaftliches Eigentum können auch z. B. eine Hausmeisterwohnung sowie vermietete Wohnungen oder Läden sein. Vgl. hierzu auch A 49 Abs. 1 Sätze 2 bis 5 BewR Gr. Zur Begründung des Wohnungs- und Teileigentums vgl. § 8 WEG und § 3 WEG.

6.3.2 Bewertungsrechtliche Behandlung

5180 Bewertungsrechtlich bildet jedes Wohnungseigentum und jedes Teileigentum eine **selbstständige wirtschaftliche Einheit** (§ 93 Abs. 1 Satz 1 BewG). Bei der Abgrenzung der wirtschaftlichen Einheit sind § 2 Abs. 1 und § 70 Abs. 2 BewG anzuwenden. Vgl. hierzu auch A 49 Abs. 1 Sätze 1 und 6 BewR Gr.

5181 Die **Grundstücksart** richtet sich nach der Nutzung des auf das Wohnungseigentum oder Teileigentum entfallenden Gebäudeteils. Ein Wohnungseigentum kann demnach als Einfamilienhaus, als Mietwohngrundstück, als gemischtgenutztes Grundstück und – in Ausnahmefällen sogar – als Geschäftsgrundstück zu bewerten sein. Teileigentum ist regelmäßig als Geschäftsgrundstück zu bewerten. Bei Wohnungseigentum liegt regelmäßig die Grundstücksart »Einfamilienhaus« vor. Ganz selten kann auch die Grundstücksart Zweifamilienhaus in Betracht kommen. Vgl. auch A 49 Abs. 2 BewR Gr.

5182 Das **Bewertungsverfahren** richtet sich **grundsätzlich** nach der allgemeinen Vorschrift des § 76 BewG. Für **Wohnungseigentum**, das zu 20 % oder mehr Wohnzwecken dient, ist jedoch in § 93 Abs. 2 BewG eine **Sonderregelung** getroffen. Danach gilt:

- Wohnungseigentum, das zu mehr als 80 % Wohnzwecken dient, ist im Wege des Ertragswertverfahrens nach den Vorschriften zu bewerten, die für Mietwohngrundstücke maßgebend sind. Das gilt auch, wenn das Wohnungseigentum als »Einfamilienhaus« zu bewerten ist.
- Wohnungseigentum, das zu nicht mehr als 80 %, aber zu nicht weniger als 20 % Wohnzwecken dient, ist im Wegen des Ertragswertverfahrens nach den Vorschriften zu bewerten, die für gemischtgenutzte Grundstücke maßgebend sind.

5183 Nur wenn Wohnungseigentum im Ausnahmefall zu mehr als 80 % gewerblichen oder öffentlichen Zwecken dient, kommt die Bewertung nach den für Geschäftsgrundstücke maßgebenden Vorschriften in Betracht. **Teileigentum** ist nach den Vorschriften zu bewerten, die für die im einzelnen Fall in Betracht kommende Grundstücksart – im Allgemeinen Geschäftsgrundstücke – in Betracht kommen. Vgl. auch A 49 Abs. 3 BewR Gr.

5184 Das Wohnungseigentum und das Teileigentum umfassen jeweils das Sondereigentum und den Miteigentumsanteil am gemeinschaftlichen Eigentum (z. B. Grund und Boden, Flure, Treppenhäuser usw.). Der Wert des Miteigentumsanteils ist bei der Bewertung im Ertragswertverfahren durch den Ansatz des Mietwerts der Eigentumswohnung in der Regel voll erfasst. Das gilt aber nur, wenn das Verhältnis der Miteigentumsanteile dem Verhältnis der Jahresrohmieten entspricht. Ist das nicht der Fall, kann nach § 93 Abs. 3 Satz 1 BewG eine anderweitige Aufteilung erfolgen. Vgl. auch A 49 Abs. 4 BewR Gr. Sind einzelne Räume, die im gemeinschaftlichen Eigentum stehen, vermietet (z. B. eine Hausmeisterwohnung, Läden usw.), so ist ihr Wert nach den im Grundbuch eingetragenen Anteilen zu verteilen und bei den einzelnen wirtschaftlichen Einheiten zu erfassen (§ 93 Abs. 3 Satz 2 BewG); vgl. auch A 49 Abs. 5 BewR Gr.

5185 Für die wirtschaftlichen Einheiten des Wohnungs- und Teileigentums, die nach dem Hauptfeststellungszeitpunkt 01. 01. 1964 entstanden sind, kommt jeweils eine **Nachfeststellung** gemäß § 23 Abs. 1 Nr. 1 BewG in Betracht. Auf nachfolgende Zeitpunkte sind (wie sonst auch) Zurechnungs-, Art- und Wertfortschreibungen unter den Voraussetzungen des § 22 BewG möglich. Der bisherige Einheitswert der wirtschaftlichen Einheit, die in Wohnungs- bzw. Teileigentum umgebildet wurde, ist nach § 24 Abs. 1 Nr. 1 BewG aufzuheben.

Auf weitere Einzelheiten wird im Rahmen dieses Buches nicht eingegangen.

6.4 Gebäude auf fremdem Grund und Boden (§ 94 BewG)

6.4.1 Begriff und Allgemeines

Nach § 70 Abs. 3 BewG gilt als selbstständige wirtschaftliche Einheit im Sinne des BewG   **5186**
auch ein Gebäude, das auf fremdem Grund und Boden errichtet ist. Hierbei sind **zwei Fälle** zu
unterscheiden (vgl. auch 1.3.3):

1. Das Gebäude ist **Scheinbestandteil** i. S. v. § 95 Abs. 1 BGB, nur für vorübergehende Zwecke errichtet und muss vom Hersteller nach Ablauf der Miet- und Pachtzeit des Grund und
Bodens wieder entfernt werden. In diesem Fall ist der Mieter bzw. Pächter des Grund und
Bodens als Hersteller des Gebäudes zugleich bürgerlich-rechtlicher und wirtschaftlicher
Eigentümer. Der Eigentümer des Grund und Bodens wird also weder bürgerlich-rechtlicher noch wirtschaftlicher Eigentümer des Gebäudes und der evtl. vom Mieter bzw. Pächter erstellten Außenanlagen.

2. Das Gebäude ist **wesentlicher Bestandteil** des Grund und Bodens (§§ 93 und 94 BGB),
aber dem Mieter bzw. Pächter des Grund und Bodens (i. d. R. auch Hersteller des Gebäudes) als wirtschaftlichem Eigentümer zuzurechnen. Vgl. hierzu A 4 Abs. 3 BewR Gr.

In beiden Fällen muss jedoch ein Gebäude vorliegen (A 1 Abs. 2 BewR Gr). Bewertungsrecht-   **5187**
lich werden beide Fälle also (anders als im Ertragsteuerrecht) gleich behandelt. Nach Auffassung der Finanzverwaltung (Ziff. 1 des Erlasses des FinMin Ba-Wü vom 04. 07. 1968 Bew-Kartei
Ba-Wü zu § 94 BewG) sollen jedoch Bauwerke auf fremdem Grund und Boden allgemein nicht
als Gebäude gelten, wenn der dafür sich ergebende Wert (Einheitswert) nicht mehr als 1 000 DM
beträgt.

6.4.2 Bewertungsrechtliche Behandlung

6.4.2.1 Selbstständig wirtschaftliche Einheiten und Bestimmung der Grundstücksart

§ 94 Abs. 1 BewG bestimmt, dass bei Gebäuden auf fremdem Grund und Boden der   **5188**
Bodenwert dem Eigentümer des Grund und Bodens, der Gebäudewert dem (ggf. wirtschaftlichen) Eigentümer des Gebäudes zuzurechnen ist. Außenanlagen (z. B. Umzäunungen, Wegebe-
festigungen), auf die sich das wirtschaftliche Eigentum am Gebäude erstreckt, sind in die wirtschaftliche Einheit des Gebäudes einzubeziehen.

Das Gebäude auf fremdem Grund und Boden und der Grund und Boden selbst bilden   **5189**
somit **zwei selbstständige wirtschaftliche Einheiten** (wirtschaftliche Einheit »Grund und
Boden« und wirtschaftliche Einheit »Gebäude auf fremdem Grund und Boden«). Für jede der
beiden wirtschaftlichen Einheiten ist ein selbstständiger Einheitswert zu ermitteln und festzustellen.

Wird von einem größeren Grundstück nur eine Teilfläche verpachtet und errichtet der   **5190**
Pächter auf dieser Teilfläche ein Gebäude (Gebäude auf fremdem Grund und Boden), so ist
diese Teilfläche aus dem größeren Grundstück herauszulösen und als besondere selbstständige
wirtschaftliche Einheit zu bewerten.

Aus Vereinfachungsgründen wird von der Finanzverwaltung zugelassen, dass zusammen-   **5191**
hängende Flächen, die an mehrere Pächter verpachtet sind, beim Eigentümer des Grund und
Bodens zu einer wirtschaftlichen Einheit zusammengefasst werden, wenn und soweit die Flächen im Falle ihrer Einzelbewertung nach § 94 Abs. 1 Satz 3 BewG in ein und dieselbe Grund-

stücksart einzuordnen wären. Voraussetzung ist jedoch, dass sich hierdurch bei der Grundsteuermessbetragsveranlagung keine Benachteiligung ergibt (dies wäre bei der Grundstücksart »Einfamilienhaus« mit einem Einheitswert bis 31.12.2001 über 75 000 DM bzw. ab 01.01.2002 über 38 346,89 € der Fall, vgl. § 15 GrStG).

5192   Für die **Grundstücksart** des Gebäudes gilt § 75 BewG. Der Grund und Boden, auf dem das Gebäude errichtet ist, gilt als Grundstück derselben Grundstücksart wie das Gebäude. Vgl. auch A 50 Abs. 1 BewR Gr.

6.4.2.2   Bewertung der wirtschaftlichen Einheit »Grund und Boden«

5193   Obwohl der Grund und Boden als bebautes Grundstück gilt, ist sein Wert nach den für unbebaute Grundstücke geltenden Grundsätzen zu ermitteln (**§ 94 Abs. 2 BewG**). Beeinträchtigt die Nutzungsbehinderung, welche sich aus dem Vorhandensein des Gebäudes ergibt, den Wert des Grund und Bodens, so ist dies zu berücksichtigen. Dies dürfte jedoch nur in Ausnahmefällen gegeben sein. Der Umstand, dass auf dem Grundstück ein Gebäude errichtet ist, berechtigt nicht zu einer Wertminderung. Vgl. auch A 50 Abs. 2 BewR Gr.

6.4.2.3   Bewertung der wirtschaftlichen Einheit »Gebäude auf fremdem Grund und Boden«

5194   Für die Bewertung gilt nach **§ 94 Abs. 3 BewG** im Einzelnen Folgendes:
a) **Regelfall** (§ 94 Abs. 3 **Sätze 1 und 2** BewG)
   Für die Bewertung des Gebäudes gelten die Vorschriften des § 76 BewG, d. h. es kann das Ertragswertverfahren oder das Sachwertfahren zur Anwendung kommen. Wird das Gebäude im Ertragswertverfahren bewertet, so ist von dem sich nach §§ 78 bis 80 BewG ergebenden Wert der Bodenwertanteil abzuziehen; die Berechnung des Bodenwertanteils erfolgt mit Hilfe der in den Anlagen 1 bis 8 BewR Gr jeweils am Schluss aufgeführten Multiplikatoren.
b) **Berücksichtigung einer vereinbarten Abbruchverpflichtung** (§ 94 Abs. 3 **Satz 3** BewG)
   Ebenso wie beim Erbbaurecht kann ein Abschlag bei der Ermittlung des Grundstückswerts (Gebäudewerts) in Betracht kommen.
c) **Behandlung eines entschädigungslosen Übergangs des Gebäudes**
   Ist vereinbart, dass das Gebäude nach Ablauf der Miet- bzw. Pachtzeit gegen Entschädigung auf den Grundstückseigentümer übergeht, so ist während des Bestehens des Gebäudes über die Bewertung nach § 94 BewG hinaus nichts Besonderes zu beachten. Ist dagegen ein entschädigungsloser Übergang vereinbart, so hat sich dies bei der Bewertung von Grund und Boden und Gebäude nach § 94 BewG noch nicht ausgewirkt. Ggf. ist dieser Umstand bei einer Erbschaft- oder Schenkungsteuer zu beachten; jedoch gilt für die Bedarfsbewertung von Gebäuden auf fremdem Grund und Boden für Zwecke der Erbschaft- und Schenkungsteuer die Regelung des § 195 BewG.

6.4.2.4   Feststellungsarten

5195   Hinsichtlich der Feststellungsart ist Folgendes zu unterscheiden:
a) **Beginn der Miet- bzw. Pachtzeit**
   Für die wirtschaftliche Einheit »Gebäude auf fremdem Grund und Boden« kommt eine Nachfeststellung gemäß § 23 Abs. 1 Nr. 1 BewG in Betracht, da diese wirtschaftliche Ein-

heit neu entsteht. Für die wirtschaftliche Einheit »Grund und Boden« ist eine Artfortschreibung als bebautes Grundstück nach § 22 Abs. 2 BewG durchzuführen (ggf. eine Nachfeststellung, wenn die vermietete bzw. verpachtete Fläche von einer größeren wirtschaftlichen Einheit abzutrennen ist).

b) **Beendigung der Miet- bzw. Pachtzeit**

Geht das Gebäude auf den Eigentümer des Grund und Bodens über, dann entsteht aus den bisherigen zwei selbstständigen wirtschaftlichen Einheiten »Grund und Boden« und »Gebäude auf fremdem Grund und Boden« eine einzige wirtschaftliche Einheit »bebautes Grundstück«. Für die bisherige wirtschaftliche Einheit »Gebäude auf fremdem Grund und Boden« ist der Einheitswert nach § 24 Abs. 1 Nr. 1 BewG aufzuheben. Für die wirtschaftliche Einheit »Grund und Boden« kommt evtl. eine Wertfortschreibung in Betracht (§ 22 Abs. 1 BewG). Vgl. auch A 50 Abs. 6 BewR Gr.

c) **Abbruch des Gebäudes auf fremdem Grund und Boden**

In diesem Fall ist der Einheitswert der wirtschaftlichen Einheit »Gebäude auf fremdem Grund und Boden« nach § 24 Abs. 1 Nr. 1 BewG aufzuheben. Für die wirtschaftliche Einheit »Grund und Boden« kommt eine Artfortschreibung als unbebautes Grundstück in Betracht (§ 22 Abs. 2 BewG). Vgl. auch A 50 Abs. 5 BewR Gr.

Auf weitere Besonderheiten wird im Rahmen dieses Buches nicht eingegangen.

Stichwortregister (Die Zahlen beziehen sich auf die Randziffern.)

Ihr Feedback ist uns wichtig! Bitte nehmen Sie sich eine Minute Zeit:

www.schaeffer-poeschel.de/feedback

SCHÄFFER
POESCHEL